凯恩斯传

John Maynard Keynes 1883-1946

约翰·梅纳德·凯恩斯与莉迪娅·凯恩斯,威廉·罗伯茨画

凯恩斯传

John Maynard Keynes 1883-1946

Economist,

Philosopher,

Statesman

［英］罗伯特·斯基德尔斯基 相蓝欣 储英 译

Robert Skidelsky

生活·讀書·新知 三联书店

 母亲，佛萝伦丝

 父亲，内维尔

三岁时的梅纳德

梅纳德(12岁)与妹妹玛格丽特(10岁)和弟弟杰夫里(8岁)

邓肯·格兰特

阿瑟·李·霍布豪斯

邓肯·格兰特画的凯恩斯像（1908年画于船上）

莉迪娅与凯恩斯

1925年，凯恩斯在苏俄

赛缪尔·科塔德从他卖给了凯恩斯的罗斯—罗尔斯轿车中出来　　罗伯特·布兰德

维拉·鲍温

凯恩斯与莉迪娅在柏林（1928年）

皮埃罗·斯拉法、凯恩斯(中)和丹尼斯·罗伯逊在提尔顿庄园(1927年)

范奈莎·贝尔所画的漫画（1927年）。画中莉迪娅和凯恩斯在跳《奇异商店》中的坎坎舞

凯恩斯与比阿特丽丝和西德尼·苇伯夫妇在帕斯菲尔德角（1928年）

凯恩斯与萧伯纳在剑桥菲茨威廉博物馆(1935年)

使凯恩斯"起死回生"的亚诺什·普莱什医生,莉迪娅称他为"妖魔"

凯恩斯在戈登广场46号白天休息的床上口述信件（1940年3月）

1941年5月8日上午七时,凯恩斯夫妇抵达纽约。从这张刊登在"要人版"上的照片看,他还没来得及刮胡子

理查德·霍布金斯

列昂奈尔·罗宾斯

哈里·戴克斯特·怀特

威尔弗里德·艾迪

凯恩斯与怀特在大西洋城克拉莱齐饭店（1944年6月）

凯恩斯和哈利法克斯在英美贷款谈判开始前的记者招待会上（1945年9月12日）

签署贷款协定（自左至右）：凯恩斯、哈利法克斯、贝恩斯和文森（1945年12月6日）

凯恩斯夫妇从南安普敦港匆忙赶往贵族院（1945年12月17日）

凯恩斯与鲍伯·布兰德在萨凡纳（1946年3月）

凯恩斯在萨凡纳会议上发言。他希望不会有"邪恶的精灵"在国际货币基金组织的命名大会上搅局。文森听说后抱怨道:"说我邪恶我还能接受,称我为精灵可不敢当。"

凯恩斯与朱利安和昆廷·贝尔以及克莱夫·贝尔在西威特琳（1915年）

伯特兰·罗素、凯恩斯、利顿·斯特拉彻在加辛顿别墅（1915年）

1919年6月28日，刚刚签署了《凡尔赛和约》的克雷蒙梭、威尔逊和劳合·乔治

奥斯汀·张伯伦

瑞吉诺尔·麦金纳

出版商,丹尼尔·麦克米兰

凯恩斯在查尔斯顿,《和平的经济后果》即撰写于此

凯恩斯与莉迪娅·卢波科娃(1922年)

凯恩斯与维吉尼亚·沃尔夫在多赛特（1923年）

彼得·卢卡斯、达迪·瑞兰兹和塞巴斯蒂安·斯普罗特在剑桥(1922年)

里查德·卡恩与莉迪娅在提尔顿庄园(1931年)

休伯特·韩德森

弗里德里希·哈耶克

奥斯瓦尔德·福尔克

目 录

中文版序 5
序言 9

第一部分　责任与善行 23
第 1 章　王朝起源 25
第 2 章　剑桥文化：赛吉维克和马歇尔 45
第 3 章　在剑桥长大 57
第 4 章　伊顿年代 75
第 5 章　剑桥本科生 97
第 6 章　我的早期信仰 117
第 7 章　剑桥与伦敦 133
第 8 章　利顿、邓肯、梅纳德 147

第二部分　危机边缘 159
第 9 章　第一次世界大战之前的经济兴趣 161
第 10 章　私生活 173
第 11 章　战前小阳春 195

第三部分　纯真的终结 213
第 12 章　适应战争环境 215
第 13 章　凯恩斯与第一次世界大战 227

第 14 章	快节奏生活	239
第 15 章	千回万转——凯恩斯在巴黎和会上	261
第 16 章	文明受到威胁	279

第四部分　战争的经济后果 297
第 17 章	20年代的凯恩斯	299
第 18 章	向和平过渡	315
第 19 章	概率与善行	331
第 20 章	俄德事务	345
第 21 章	货币改革	367

第五部分　金十字架 389
第 22 章	黄金与婚姻	391
第 23 章	凯恩斯的中间道路	417
第 24 章	同劳合·乔治的合作	429
第 25 章	储蓄之谜	445
第 26 章	经济大衰退	469

第六部分　救世的经济学家 507
第 27 章	一个不寻常经济学家的肖像	509
第 28 章	现实的预言家	529
第 29 章	新政	557
第 30 章	"向月亮开枪"	587

第七部分　为战争筹款 611
第 31 章	治疗慢性虚弱症	613
第 32 章	战时的中间道路	641
第 33 章	战争的巨龙	657

目 录

| 第 34 章 | 特使 | 671 |
| 第 35 章 | 战争期间的凯恩斯 | 695 |

第八部分　这次比上一次要好 723

第 36 章	凯恩斯的"新秩序"	725
第 37 章	怀特奇案	747
第 38 章	建设一个更美好的英国	763
第 39 章	大妥协	785
第 40 章	美国的谈判方式	809

第九部分　最后一搏 829

第 41 章	诱惑	831
第 42 章	避免"金融敦刻尔克"	845
第 43 章	人死灯灭	875

后　　记　凯恩斯的遗产 887

译后小记 905

中文版序

约翰·梅纳德·凯恩斯同中国或者亚洲没有什么直接的接触。他对印度的情况比较了解，因为这曾是大英帝国的版图，而且他在印度事务部做过短期的文官。他的第一本书是关于印度的金融问题，尽管他从未想到到印度去访问是写作这本书的必要条件。但是，他对中国的事情并不是一无所知。他对中国金融的了解来源于他的朋友——汇丰洋行的董事查尔斯·艾迪斯爵士，对中国政治和社会的了解则通过另一个朋友，曾在中国服务过的英国领事官员阿吉·罗斯。

1912年，他在《经济学杂志》上撰文评一位中国学者的著作，这就是陈焕章撰写的《孔门理财学》（陈焕章是康有为的弟子，1911年获哥伦比亚大学博士学位——译注）。凯恩斯在这篇书评中指出中国学者很早就懂得"格雷欣法则"（劣币驱逐良币法则——译注）和"货币数量说"。他引用了明初叶子奇在1378年就提出的"价格下降，应当发行纸币；价格上升，应把纸币收回"。他对中国的人口数字大感不解。他说，中国众多的人口显然是在近代产生的。中国人口从18世纪初的1亿上升到1842年的4.13亿。他发现在中国并没有发生西方世界的那种经济或自然条件的巨大变化。因此，中国人口的迅速发展令人无法解释。他担心"中国的黄金时代恐怕一去不复返，因为享受这个条件的人口太多"。

凯恩斯是作为一个货币经济学家开始他的职业生涯的，因而只有涉及中国的货币问题才让他感兴趣。他从一开始就是一位货币改革家。他设计的第一个货币计划是1910年的中国"金汇兑本位"计划。他不赞成在中国发行纸币，因为中国人的历史经验表明，纸币"将无可避免地带来经济不稳与最终的灾难。而且它将阻挠农村地区从实物贸易到货币贸易的过渡"。他建议"一种以白银为流通的货币，但以黄金为本位货币"。他认为中国不应当积累黄金，而应当在伦敦保留生息存款，在对外支付时可把这些存款转换为黄金。他举日本为例，说它把大多数的储备都转换成英国的国债券。凯恩斯的这个计划一直被锁在一个抽屉里，直到他去世后才被人们发现。

从一个更广泛的角度看，凯恩斯对W.S.杰文斯笔下的亚洲十分着迷。杰文斯把亚洲称为"贵金属的巨大储藏地和市场"，他还认为"东方产品的低廉价格引起了贵金属向东方的不断流动"，"从我们手上拿走了成百上千万的金砖。而这些金砖在西方放在那里毫无用处"。这种强烈的形象化描述在凯恩斯的脑子里触发了一个经济史的"货币"理论，把长时段的经济兴衰同黄金和白银的升降联系在一起。尽管西方的贵金属不断向亚洲流失，但由于亚洲人偏爱囤积贵金属而不使用之，所以他们仍然很贫穷。西欧则在16世纪充分利用从南美洲流入的金银，和在18世纪攫取的印度黄金财富开始了商业和工业革命。凯恩斯关于利率的流动性偏好理论也许就是在思考这些问题的时候产生的。1918年，中国又一次进入凯恩斯的视野。他反对在德国赔款问题上援引强加于中国的"庚子赔款"为先例。1937年，他敦促英国和美国在日本不愿放弃对中国的侵略时，中断与之的全部贸易关系。在第二次世界大战中，他参与了对中国发放贷款的讨论。总体而言，他确实是中国的一个朋友，不过他对中国知之甚少。

尽管凯恩斯的《和平的经济后果》已被译成中文，我并不知道他的经济理论在中国的影响如何。凯恩斯本人留下来的凯恩斯主义在本质上是一种短期的就业理论。他把一个社会的经济结构设为"已知条件"，仅仅寻求保证对该社会的工业产品的足够的有效需求。因此，凯恩斯主义似乎同经济发展所涉及的问题没有什么关系，因为经济发展要求对传统经济结构做大规模的改造。凯恩斯的弟子琼·罗宾逊和罗伊·哈罗德在凯恩斯经济学的结构里加上了长时段的发展视角：我不知道他们的理论对毛泽东时代的经济思想有何影响。

凯恩斯理论也许对今日的中国没有多大用处，中国面临的是转型问题——即摒弃低效率的国有经济，推进同全球市场经济体系的经济融合。然而，假定政府是称职和诚实的——这是一个重要的先决条件——凯恩斯政策能够通过为基础建设项目提供临时工作来帮助经济结构的转型——这就是人们过去所说的"公共工程"。在20年代的英国，老的出口工业被新型的消费品出口工业所取代，产生了大量的失业。凯恩斯认为，政府额外支出所产生的乘数效应能够加快新型工业的发展步伐，最终能够吸收老的出口工业所丢弃的劳动力。英国一直没有采纳这个政策，但对一个总需求由于传统工业领域（或社会主义经济的畸形发展的工业领域）的失败而长期受压抑的经济来说，这个政策仍然有用。

90年代初，"华盛顿共识"似乎已经把凯恩斯主义彻底埋葬。但从那以后发生的大量事件某种程度上驳斥了90年代初的那种简单的思路。我在这里只需要指出日本和德国经济的长期停滞，1997—1998年间的亚洲金融崩溃以及2001年的华尔街股市的崩盘。这些事件尚不足以表明"资本主义已进入全面的危机"，但它们也显示出在很多领域里，经济潜力得不到发挥，经济状态十分不稳。凯恩斯如果还活着，对此一定有话要说。

凯恩斯的三个信条同今天特别有关系。

第一，他从来都不是一个充满激情的自由贸易鼓吹者。他认为，由于没有保障充分就业的国内政策，很多国家不得不过分依赖出口推动的发展方式，最终引起国际贸易保护主义的强烈反应。他写道，在推动一个国家同国际经济的融合过程中，"强有力的自我节制"是必要的。在中国快步奔向全球化的时刻，凯恩斯的这个警告是适宜的。

第二，他相信工商业活动受到无法降低的不确定性的制约。生意上的决定取决于长远预期，而对长远预期"不可能找到科学根据并在此基础上形成可预测的概率"。这就意味着，在资本主义市场经济体制下，金融市场的波动是一种特有的流行病。

最后，在汇率问题上经济学界至今似无定论。凯恩斯本人信任用国际协定来调节的固定汇率制。他经历了20年代和30年代的货币战，亲眼目睹了国家操纵汇率以达到贸易上的竞争优势的手段。他把英国在1921年的经济衰退归罪于东亚货币的大幅度贬值。因此，他必定会反对一个国家利用汇率偏低的货币来不断积累外汇储备以达到出口推动型经济发展的目的。他不厌其烦地指出，外汇储备不是为了囤积而是为了使用。因此我认为他一定会敦促中国多花少省。

正如我在本书的结尾部分中所说的，"只要这个世界有需要，凯恩斯的思想就会一直存在下去"。然而，一本凯恩斯的传记不可能只描述他的经济思想。正如他的夫人莉迪娅·卢波科娃用她那种带俄国腔的英语所说的，他"不仅仅是个经济学家"。凯恩斯在很多方面都做出了贡献，特别是哲学。他在这些领域里都留下了自己的印记，而这些领域也对他思考经济学和经济问题的方法产生了影响。尽管经济学家都致力于"做至善的事情"，很少有人把伦理学当成一回事。经济学家们以为，只要能让人们的物质生活得到改善，就是对他们有好处。然而凯恩斯坚持认为，经济发展只有在当它能够使人们在道德上得到改善时，才算是正当的事业。从某种程度上讲，经济学和伦理学应当携手并进。但当人们的收入水平超出一定的标准时，经济学和伦理学就开始分道扬镳。今日的西方出现了失控的消费主义浪潮，文化和精神价值成了"酷爱金钱"的牺牲品。凯恩斯对此一定非常不快。

在哲学方面，凯恩斯是一位直觉主义者，相信人们对善与恶、真理与谬误、对与错的行为有直接的、先验的认知。这种直觉是在一个人的经验之外就存在的。从这个意义上讲，他更加信奉的是康德主义而不是功利主义。他对艾萨克·牛顿的评价是："他的直觉肌肉最强壮，最有韧性。没有一个人像他那样受到上天如此的厚爱。"这段话对凯恩斯也适用。他的朋友奥斯瓦尔德·福尔克怀疑他的脑子"是否真是典型的西方式的，抑或只是徒有虚表"。凯恩斯认为对任何问题的分析只是他的"思想结构的外表，而不是实质"。这更像艺术家的头脑，而不是科学家的头脑。

从个性上看，凯恩斯具有审美家和管理人才的双重性格。他的情趣和爱好是唯美的：他的经济学佳作都有一种诗意。但这些艺术火花是为保卫受到威胁的社会秩序这个任务服务的。他常常愿意牺牲他认为是正确的东西，以换取他认为可以得到的东西。他在这方面的直觉十分敏锐。他意识到："文明是少数几个人的个性和意志建立起来的一种单薄、脆弱的外壳。人们只能通过巧妙地制定和不择手段地维护规则和习俗来维持文明。"他之所以能够继续引起我们的注意是因为他正是属于那"少数几个人"之一。他将自己的一生和思想贡献给了捍卫"单薄、脆弱的"文明外壳的事业。

罗伯特·斯基德尔斯基

2005年6月

序 言

I

  这部单卷本的约翰·梅纳德·凯恩斯的传记被我的三卷本传记所耽搁了。我这样说是因为我同麦克米兰公司在70年代初的合同本来是写一本15万字的凯恩斯传，最后交稿日期"不得超过1972年12月31日"。

  在当时看来，这是一个好主意。我曾把凯恩斯传作为另一个三部曲的第三卷。第一卷是麦克米兰公司出版的《政治家与大衰退》，1967年问世。这本书是我在牛津大学的博士论文的缩写本，是对英国工党政府对1929—1931年大危机的反应的描述。该书试图回答的问题是：为什么一个工党政府会拒绝接受一项由其内阁部长奥斯瓦尔德·莫斯利和经济顾问之一的约翰·梅纳德·凯恩斯提出的"新政"计划，目的是对付大规模的失业？我当时想，加上两个单卷本的传记，即莫斯利传和凯恩斯传，我的"三部曲"很快就能完成。这两人都是不受重用的经济激进分子。莫斯利后来成为法西斯分子，而凯恩斯则在经济理论和政策上发动了一场革命。当时还没有人写过一本像样的莫斯利传记。罗伊·哈罗德的《凯恩斯正传》已经出版了20年，很多内容已经过时。我的《莫斯利传》很快就写成出版了，而《凯恩斯传》却花了30年的工夫，以三卷本结束。

  对于这个缓慢的进展，我能做什么辩解呢？第一个辩解是大多数传记作者常常碰到的事情：取得私人文件的困难。尽管凯恩斯的弟弟，已故的杰夫里·凯恩斯爵士允许我阅读存放在剑桥国王学院的凯恩斯私人文件，但是拥有凯恩斯经济文件版权的经济学家理查德·卡恩拒绝让我阅读他手中的宝贵文件。为什么呢？他的一个研究生，唐·莫格里奇当时正在编纂皇家经济学会主持的《凯恩斯文集》，凑巧也由我的出版社，麦克米兰公司的另一个部门出版。所以任何人都不能干扰这个重要的计划。重要人物如前首相哈罗德·麦克米兰亲自为我说情也无济于事。卡恩勋爵在1970年2月9日给麦克米兰的信的结尾如是说:"不幸的事实是,就经济文件的渠道而言,现在不是写一本新的传记的时候。"莫格里奇试图让我心情好一些,说他完成这个工作不会费很长时间,然后我能从《凯恩斯文集》中看到我想要的经济文件。他在1970年7月28日写信给我:"你放心,这不是我尽一生努力所要做的事,甚至不要五年的时间。"《凯恩斯文集》在12年之后仍然继续在出,最后一卷于1989年问世。莫格里奇自己的一卷本《凯恩斯传》直到1992年才出版。

我同麦克米兰公司的合同依然有效,但完成该书的期限不再被提及。由于我在凯恩斯传记的写作方面非常丧气,于是接受在美国的大学教职,在那里完成了《莫斯利传》。

在这个时刻,运气或者说命运开始主导我的生活。由于《莫斯利传》引起了很大争议(该书于1975年由麦克米兰公司出版),我在华盛顿的约翰·霍普金斯高级国际问题研究院竞争终身教授尽管差一点获胜,最终还是失败。所以我同妻子在意大利的伯伦亚特待了愉快的一年之后回到英国。我确信,如果我继续待在美国,不可能完成梅纳德·凯恩斯的长篇传记。回到英国后,我重新开始对凯恩斯的研究。我从私人文件入手,并利用《凯恩斯文集》已发表的文件,希望在我完成早年的凯恩斯的写作以后,中青年以后的凯恩斯私人文件将向我开放。我仍然以为将写单卷本的传记。

从1976年开始,我在剑桥着手进行认真的研究。我在国王学院和剑桥各个图书馆做笔记(拍照是不允许的,只能用铅笔)。我还结识了凯恩斯的家庭成员,还有朋友,诸如达迪·瑞兰兹和哈里·林托特,当时还健在的同事有琼和奥斯汀·罗宾逊,以及理查德·卡恩。1977年,我和妻子带着两个幼小的孩子第一次在亚当斯街2号,尼基和克拉丽莎·卡多夫妇那舒适、房间很多的别墅里消夏。尼基在年轻的时候也同凯恩斯一道工作过,他喜欢讨论(或阐述)经济学。当时他全神贯注地要把世界从"货币主义"的邪恶中拯救出来。他常常在这个问题上一谈就是几个小时。我问了一些问题,他也许把我的问题归于无知或者不够资格,也许两者兼有。但他找到新的机会大肆攻击米尔顿·弗里德曼和各类"新古典派"经济学家和自由贸易主义者。尼基患有嗜眠症。他常常进入梦乡,然后在10到15分钟以后醒来,继续他中断的谈话。他是一个优秀、宽宏大量的老师,我从他的教诲中学到很多东西,但我有一种强烈的直觉,感到他斗不过黑暗势力。

传记作者最重要的关系,除了同传主本人以外,就是同维吉尼亚·沃尔夫所称的"遗孀"的交往，"遗孀"就是对伟人的回忆的监护人。我打交道的两位"遗孀"是杰夫里·凯恩斯和理查德·卡恩。凯恩斯真正的遗孀，芭蕾舞演员莉迪娅·卢波科娃没有继承任何凯恩斯的私人文件。杰夫里·凯恩斯爵士在40年代末将撰写他哥哥"正传"的任务交给罗伊·哈罗德。尽管他允许我阅读凯恩斯的私人文件，但他认为没有必要再写一本新的传记。我开始研究时，他已经80多岁，但他那逼人的语言风格仍不减当年。

我花了几年的工夫才获得他的信任。有两个主要的障碍。第一，他一想到他的哥哥，家庭不快的往事就会浮现。尽管他是一位著名的外科医生和藏书家，但他无法克服同梅纳德相比之下的自卑感。他也对父母偏爱梅纳德感到愤愤不平。我常把早期研究时写的有关他哥哥的文章寄给他，他有一次告诉我，这些文章让他感到巨大的痛苦。我做得不够得体。我把这些没有生命力的文章看成是实验性的抛砖引玉之作，而他则把它们看做我的最终看法，所以对我发火。他于是不再允许我阅读私人文件，两人的关系又不得不重新开始修复。

第二个障碍是梅纳德·凯恩斯的同性恋倾向。杰夫里有一次问我，除了想告诉全世界他的哥哥是个同性恋以外，你还有其他目的吗？我回答说，自从迈克尔·霍尔罗伊德于1967—1968年出版两卷本的利顿·斯特拉彻的传记以后，全世界都知道这件事。我的目标是把凯恩斯的私生活包括到他的公开成就中去。令人烦恼的是，每当媒体对我加以"吹捧"的时候，总是向读者们突出这一方面，认为这是我的著作中最吸引人的地方。艾伦·华特金斯在1978年4月30日的《观察家报》上写了一篇愚蠢的文章，说我被授权描写凯恩斯的"床笫生活"。这就证实了杰夫里最担心的想法。

我们的关系渐渐好转。到他在1982年去世时，我们的关系已经极好。通往杰夫里心灵的是他的藏书室。他有一批很好的古旧书藏品。每次到他在剑桥附近的拉马斯别墅造访时，我总是同他一起观赏这批藏书。他最喜爱的一本是弗朗西斯·培根的《论说文集》的第一版，上面有威廉·布莱克的亲笔批语。当他向我介绍每本珍品的来历和购买经过，这位暴躁的老人便变得温和起来，脸上也开始露出迷人的微笑。在这种时候，我常常觉得他是否已经允许我把隐藏起来的痛苦公之于众。

一个夏日后的傍晚，他乘坐孙子赛蒙·凯恩斯开的车到亚当斯街来同我们共进晚餐。我记得杰夫里几乎是从赛蒙的低位跑车中弹出来的。他当时应该是93岁。他的高龄让我的两个男孩惊讶不已。此后若干年里，只要我们碰到任何一位看上去很老的人，小儿子威廉就会说，"他有杰夫里·凯恩斯爵士那么老吗？"

凯恩斯经济文件的监护人是理查德·卡恩,凯恩斯最得意的门生。他曾协助凯恩斯完成了《就业、利息与货币通论》。他住在国王学院,年事已高,但不如杰夫里年长。与杰夫里不同,卡恩耳背,脸色发紫,从耳朵中长出很多须发。但他的笑容特别亲切。既然我不再同他纠缠要看"他的文件",他对我十分友好。我当时并不知道的是,他从来都不喜欢罗伊·哈罗德的《凯恩斯正传》。

但是他也有很多古怪的地方。每次我来到国王学院,他都在公共休息室里热情欢迎我,请我到他那里去"同他长谈"。然后他又唠叨一句,"只要你先打电话预约。"

一天上午,我打电话给他。接话的那一头说:"理查德·卡恩。"我告诉他我是谁,然后听到他打开助听器的尖声噪音,以及在翻阅预约本的声音。我们定了会面的时间,看上去十分简单。我告诉尼基·卡多说两天之后我将去见卡恩,尼基大笑,"不,你见不着。你等着瞧。"在会面的那天早晨,电话铃响了,"这是理查德·卡恩,我非常抱歉,我发现下午有事。你能否在下周的同一时间来?"这种情况持续了几乎整个夏天。我离开剑桥时也没能同他"长谈"。

当我在第二年回来进一步做研究时,在国王学院的图书馆台阶上碰上理查德。他说,"我认为你在躲避我。"我后来终于获得了面谈的机会。那是一个灰暗的冬日下午。理查德请我到他在国王学院图书馆上面的书房里喝下午茶。他的书桌上堆满发黄的纸张,我确信我的几封信也在那里。他让我坐在同他有些距离的椅子上,谈话有一些困难。下午的时光过得很快,室内光线也越来越暗,但理查德没有开灯的意思,于是我们就在黑暗之中相对而坐。我向他大声发问(一连几次),然后一种幽灵般的答复从阴暗处飘过来。

1981年,我准备开始写作。我的一家人搬到法国南部的加德—弗莱奈。我们在那里有一幢房子。我用一辆货车来装运一大批书籍。我在1981年9月1日写下最先的两句话:"约翰·梅纳德·凯恩斯不仅仅是一个统治阶级的人物,而且是他所属的每个统治阶层中的精英分子。在约翰·梅纳德·凯恩斯的一生中,几乎没有什么时候他不是从一种高高在上的地位俯视着周围的英国以及世界的绝大部分。"

加德—弗莱奈是普罗旺斯的一个海风很大的渔村。但那里并不缺乏智力资源。克里斯托弗·托尔金(J.R.R.托尔金,即《指环王》作者之子——译注)从牛津的英国文学世界逃出,同夫人贝丽一起来到这里。经济学家伊安·利特尔和夫人多布丝在村外有一幢房子。多布丝当时正同癌症做殊死的搏斗,但最终败北。尼基·卡多也有一个度假屋。这两位经济学家在理论问题上的意见常常不一致。正是在珍妮·希顿夫人的午餐会上,我

序　言

聆听了他俩的争论。通过这些争论，我意识到，经济学是后基督教的一种神学形式，经济学家则是每个互相争斗的教派的神父。希顿夫人住在村中央的一座由教堂改造的房子里。在地下室的一张长条桌上，卡多和利特尔坐在希顿夫人的两边，开始打高质量的"知识网球"。尼基发球凶狠，而伊安的过招也很妙。争论的焦点是：李嘉图的比较优势理论是否假设规模收益不变？卡多大喊当然是，而利特尔则坚持不是。希顿夫人以迷人但大惑不解的姿态主持这场辩论，不断地给他们添加盛放在一只大碗中的鲜汤。

从我在当时的通信中，我惊讶地发现直到1982年4月，我仍在考虑写一本单卷本的凯恩斯传，并在1983年出版。到1982年11月21日，我向经纪人迈克尔·西森斯通报一个坏消息：我将在1983年完成一本书，但它将是两卷本的第一卷。我告诉他，这么做的原因是"很多材料不断地出现，要求我掌握它们，并对很多地方进行重写"。尽管我的写作日程安排总是不现实，但我说的原因并没错。事实证明，当我在是年秋天被许可阅读经济文件时才发现有一大批本来就没有准备发表的哲学手稿。一位年轻的澳大利亚经济学者罗得·奥唐纳提醒我注意这批资料的存在。第一次阅读这批东西之后，我立即对第一卷中的关键一章匆忙进行了重写，同时，我对凯恩斯经济学与伦理学和概率论的重要关系的直觉更加强烈。然而，我写作的规模已经同单卷本的初衷完全不相符合。

第一卷于1983年11月出版，佳评如潮。我觉得我成功地做到了把青年凯恩斯从哈罗德在"正传"中给他罩上的那一层不甚透明的光环中解放出来，这就是诺埃尔·阿南在1951年2月1日对哈罗德的正传所批评的那种光环。我特别高兴地收到理查德·卡恩的如下一封信（1984年6月1日）："我发现这本书非常感人，非常有意思，文笔也很优美。你花了巨大的心血，涵盖范围之广出人意料……我期盼着下面几卷。"

麻烦的是，此时我已决定写三卷本的传记。第一卷只写到1919年，凯恩斯才36岁，刚刚开始产生他的经济学。但我仍然预计在1985年能够完成第二卷。一个拦路虎是"凯恩斯革命"本身。这并不是一个无人问津的题目。数以千计的文章和书籍已经对凯恩斯革命做了分析：凯恩斯怎么说的，凯恩斯本意是什么，他应当怎么说，其他人说他说了什么，等等，不一而足。在这一片注释的浩海中，我有什么相对优势呢？我能做出什么有价值的贡献呢？

II

这里，我对本书的姗姗来迟做第二轮的辩护。当我更加深入之后，我对两个问题尤其关注：历史学家如何撰写一个经济学家的传记？传记本身有何价值？在撰写《凯恩斯传》的过程中，很多传统写法已不能适用。历史学家的知识范围随着他在技术上的训练的改善而扩大。传记越来越坦率，传记作者也越来越对自己的职业手艺加以关注。

对第一个问题的回答是显而易见的：必须学习经济学。我感到惊讶的是，在我打算写此书之前居然没有想到这一点。在撰写《政治家与大衰退》（博士论文）时，我有一些经济学的训练。马丁·费尔德斯坦（后为美国总统经济委员会主席——译注）当时正在牛津德纳菲尔德学院。他在黑板上用图像给我把凯恩斯理论做了正统的解释。但所有技术性的东西都会把我打垮，而我对经济思想史也是一无所知。我受到的真正的经济学教育是通过尼基·卡多的教诲，同伊安·利特尔的谈话，我还自学了标准的经济学教科书以及在美国旁听经济学课程。阅读凯恩斯本人所写的东西则是最重要的经济学课程，因为它们展示了一个经济学家的头脑是如何运作的。促使我突破学科界限的原因有三：坚信我必须涉及凯恩斯的理论；担心在讨论经济问题时犯错误；以及对经济学的思维方式十分着迷。麦克斯·贝洛夫在（1967年11月30日，《每日电讯报》）评我的《政治家与大衰退》一书时说，我"有一种历史学家不常有的心态，愿意对付经济问题本身"。我绝不能接受这样一个正统观念，认为历史学家应当把思想作为已知因素，而把自己的任务限定在解释这些思想产生的效果上。我更不能同意马克思—弗洛伊德式的观点，认为思想没有独立的效果，因为它们本身是经济或心理原因的结果。如果我们接受这样一种观点——思想能够影响事件，那么一个历史学家对涉及他的题目的理念和原则也应当像神学家、哲学家或经济学家一样准确地进行表达。如果这需要一种专业训练，那也是应该的。任何对凯恩斯的影响所做的描述如果没有涉及他的"神学"，那就不可能是一部完整的历史著作。

但是，在学习经济学的过程中的一个重要问题是不能失去他的历史方向。不能上经济学的当，不能失去对经济学原则是一定环境下产生的历史感，同时，应当记住，传记的对象是人的个性和历史背景，而不是理论命题。尽管在经济思考过程中有一个逻辑核心，作为一个凯恩斯传的作者必须记住一个问题：为什么凯恩斯的原则在行为世界里获得成功，而他的反对派却遭到失败？这是一个历史问题，而不是经济学问题。我的传记写作正好是在凯恩斯经济学走下坡路，而凯恩斯有可能真正成为一个历史人物——即他那个时代的美德和缺陷的代表和产物——的那个年代里。经济学知识对于理解凯恩斯的"神学"以及反凯恩斯派的"神学"都是必要的。而强烈的历史感对独立于这些"神学"之外是必要的。任何一个书评人说他看不出我属于凯恩斯经济学派还是反凯恩斯学派，我总是特别高兴。

在第一卷和第二卷之间长达九年。我在学习经济学以便把凯恩斯的理论发展道路讲清楚，而且还要找到一种让非经济学读者也能够看下去的写作方法。今天，我可以自称是懂得经济学的历史学家而不是经济学家。事实上，我对经济学科有种互相矛盾的态度。我对大多数史学界同事对经济学观点一窍不通感到震惊，我对大多数经济学家对行为的源泉和社会生活毫无感觉同样感到震惊。我现在对第二卷中过多的经济学内容感到后悔，这是一大败笔，当时我渴望让世人看到我能够"对付"经济学那一套玩意儿。

三部曲最终完成于2000年，这是在第二卷出版以后的第八年。我在第二卷里讨论到他的伟大著作《就业、利息与货币通论》。这样，第三卷只需讨论他的最后九年。而这几年是凯恩斯在公共服务中最活跃的阶段，在第二次世界大战中和战后，他最杰出的成就就是1944年的布雷顿森林协定。对第二卷到第三卷之间的延缓我无法辩解，只有一个解释。整个90年代，我忙于其他一些活动。在1991年我成为册封勋爵，并成为社会市场基金会的主席。1994年，我第一次访问俄罗斯，并花一年时间写了一本小书《共产主义之后的世界》（在美国出版时定名为《从奴隶制来的道路》）。1992—2001年间，我在上议院担任保守党党鞭（即议会中负责督导本党议员按党的要求行事的党团领袖或召集人——译注）。然而，我在玩政治牌的过程中如此精明，以至于能够从所有的政治纷争中辞职或被解职。不久就不再有新的任命。这样，通向凯恩斯去世的故事的道路就打开了。

III

我的解释还未结束，因为我尚未提及传记作家面临的特殊问题，这主要是：一个思想家的生活同他的思想是否有关系；如果有，又是什么关系。奥地利经济学家约瑟夫·熊彼得在1946年发表的纪念凯恩斯的悼文中写道："他个人没有后代，而且他的生活哲学是一种短期哲学。"我在第一卷里对凯恩斯的同性恋所做的描述给反对凯恩斯经济学的人们带来了机会。威廉·利斯—莫格（现在是勋爵）在1983年11月10日的《泰晤士报》上声称，凯恩斯对道德规则的拒斥促使他反对"能够"自动控制通货膨胀的金本位。凯恩斯经济学的支持者则把"思想"和"生活"隔离开来以对批评者做出反应。所以莫利斯·佩斯顿（现在是勋爵）于1983年12月9日在《新政治家》杂志上说："凯恩斯的性偏好同他的经济学有关的这个说法是哲学上的胡言乱语。一个理论的逻辑可行性与实证的贴切性都独立于理论创造者本身。（对牛顿和爱因斯坦生活的了解对我们预测天体运行有什么帮助呢？）"在我看来，利斯—莫格和佩斯顿同样犯了错误，但却是相反的错误。利斯—莫格不懂相关性并不是原因本身，而佩斯顿不懂经济学不是物理学那样的一种科学。

生活与著作的关系上最强有力的理论是弗洛伊德的心理分析。弗洛伊德对头脑的研究产生了一大批质量参差不齐的传记作品。我对弗洛伊德对"成就"的解释有情感上的厌恶。这些解释在我看来过于简单。它们允许传记作者把一个人的思想看做是儿童时代的创伤的表现，所以不必把思想看得过于认真，或用其自身的语境来讨论这些思想。不管怎么说，我觉得弗洛伊德的方法对我写《凯恩斯传》并无帮助。弗洛伊德用来解释反叛精神的具体心理机制——即俄狄浦斯情结（恋母情结）对凯恩斯完全不适用，其次是他的同性恋倾向或者是他的革命性的经济学都无法用它来解释。他反抗维多利亚时代的正统观念，但不是对他的父亲和家庭的价值观的反叛。社会学提供了较好的线索。凯恩斯是一个爱德华七世时代的人物，他试图利用经济事实来恢复在第一次世界大战的恐怖中消失的后维多利亚时代的愉快心情。这个说法在我看来是凯恩斯经济学产生的背景，比对他童年时代的背景分析更有说服力。

我对弗洛伊德的诗歌比对他的心理学更感兴趣。他对生活有一种悲剧式的看法，认为对直觉的欲望的压抑是文明和进步必须支付的代价。我们也可以用这个方法来描述凯恩斯：责任战胜了欲望：布鲁斯贝利为白厅（即英国政府机构——译注）做出牺牲。但这种解释仍然不准确。凯恩斯的一生不是悲剧，而是极度愉快、成功和自我实现的生活。我们可以说，凯恩斯真正是工作、生活两不误，享受了最大可能的快乐。重要的是，弗洛伊德采用了大量的古典人物作为心理分析的原型，然而他从来没有描绘过奥德赛，"那个说话温和、头脑机智和谨慎小心"的英雄。这才是同凯恩斯最相似的古典人物。

我对新马克思主义的观点有些同情。这种观点认为凯恩斯是他的阶级背景的产物，所以总是从一个特殊的角度来观察经济问题——也就是说，从"有教养的中产阶级"的角度,而这个阶级置身于一个衰落的大帝国的权力中心。我们可以把这个方法大大加以完善。但传记作者仍然需要认真对待凯恩斯的思想。同时这个方法还忽略了凯恩斯的天才,而少数天才的存在对全人类有着普遍意义。

一个天才的作品是复杂的东西,需要展示它的形成过程。即使在科学和数学领域里,我们可以对知识的现状、未解决的问题、为何这些问题有意思,还有,解决问题的那个人的能力对问题的解决有什么特殊贡献,等等,做出大量的说明。在另一个极端是艺术作品。这种作品同艺术家的背景和生活有直接的关系。在这两个极端之间是凯恩斯作品的领域,一部分属于科学,另一部分属于艺术。这就使传记研究方法有广泛的说服力。我在第一卷的序言里曾经说过:"如果凯恩斯理论的支撑点是他对那个时代的看法,对他的心态和产生这种理论的背景的了解就至关重要,这样才能理解他对世界的看法以及对理论本身做出评判。"尽管如此,我并不想用功利主义的原因来解释传记作品。人们阅读传记,一方面是想了解一个杰出人物的个性和成就是如何产生的,另一方面,传记是叙事的最古老的形式,出现在小说之前。我们总是想知道那些名人是怎么生活的,总想了解他们的丰功伟绩和经历的事件。这种阅读兴趣一直未减,所以传记仍然是最流行的阅读类别之一。

最后,传记同历史的关系如何呢?在威斯敏斯特大教堂的凯恩斯追悼会上,人们念了福音书上的一段话:"让我们赞美伟人。"这正是我对他的最终看法。这是一种伟人创造历史的历史观。但这是我的信念。个人可以在历史上起特殊的作用,凯恩斯就是这样一个人物。毫无疑问,历史的长河淹没了各种在历史上产生过的独立的影响。但我相信,没有一位严肃的史学家会否认伟人们正是"独立的影响"的一个部分。这就是为什么我们应当撰写伟人的传记。

IV

凯恩斯生于1883年,死于1946年。他的职业生涯的大部分内容都是两次世界大战的产物。一开始,他是个爱德华时代的乐观主义者,相信自动的进步过程会向人们提供越来越多的机会,让更多的人过上美好的生活。这个信念来自于他的恩师G.E.摩尔和布鲁斯贝利小圈子的朋友。他去世时给世界留下了一个理论、许多政策和两个国际机构(即国际货币基金组织和世界银行，又称国际复兴开发银行）。这些理论、政策和机构都是为了加深自由经济的基础，让人们再次享受他自己在成长阶段里所拥有的希望。在这段时间里也发生了灾难和倒退，它们起源于欧洲，但蔓延到了全球。我们在评判他的追求和成就的时候必须考虑到上述的历史背景。

在这本书单卷本的出版准备工作中，我重新阅读了原来的三卷本，我更加感到凯恩斯的生活中存在几个一以贯之的基本信念，这些信念使他的思想成为一个统一体，尽管在技术层面上的表达方式大不相同。在经济学里，他一贯相信的是经济的不确定性，而且这种不确定性使经济达不到充分发挥其潜力的水平，"刺激"经济的阶段当然除外。他把经济看成是"黏性"的物体，而不是"流动性"的物体，因此，让经济从震荡中恢复过来只能是漫长、困难重重、代价高昂而且不完全。所以他强调政府的责任，即让经济潜力尽可能地得到发挥，经济资源得到充分或有效的利用。

正是由于古典经济学不能够理解经济生活，特别忽略不确定性以及它对工资和物价的流动性的假设是错误的，因此凯恩斯创造了一个崭新的经济学分支——"宏观经济学"。这种理论把社会产出作为一个整体，展示出无限可能的均衡状态的组合，或不同的经济活动水平。他认为古典理论构建在失业问题无须被解释的假设条件上。但这种愉快的经济状况与我们实际生活中的经济社会并不相同。然而，如果他提出的中央控制政策成功地保持了充分就业之后，"古典理论从这时又可进入"。也就是说，他对古典理论对稀缺资源的种种不同的配置方法，以及对竞争性的市场机制并不反对。他认为市场机制是获得最佳资源配置的最强有力的工具。因此，即使在他最激进的理论里，凯恩斯仍然着力于他的新理论同古典理论的调和。他把两种理论的作用限制在两个不同的领域里。第一个理论解释总产出的水平，而第二个理论则解释它的分配方式。总体来说，这就是凯恩斯革命同传统经济学达成妥协的条件。然而，两个领域之间缺乏理论上的和谐，尤其是，凯恩斯未能通过古典分析的基本对象，即个人的动机与行为来解释大规模失业现象。这就是在70年代和80年代里凯恩斯革命开始解体的重要原因。

经济学理论是凯恩斯著作中最引人注目的方面。他是人类历史上最伟大的三四个经济学家之一。但我们还不应当忘记他对现代思想的贡献。我们可以把他称为"有自我保护意识的个人主义哲学家"。他既不愿意接受共产主义和法西斯主义，也反对激进好战的工会主义以及工业资本的日益集中，这些都是现代经济的"黏性"的具体表现，它们把自由放任的经济政策变成自由政治体制的大敌。凯恩斯在1925年写道："经济体制不应当要求'扩散理论'去完成它无法完成的任务。"在本科生时期写的论伯克的论文里，凯恩斯批评了这位他曾敬佩过的哲学家，说他没有区分自由体制的"中心结构"和"外围工事"。对中心结构必须不惜任何代价加以捍卫，而外围工事有时是可以放弃的。凯恩斯的"中间道路"哲学（更贴切地说是理智的道路）正是为了放弃个人主义社会制度的一些"外围工事"，并接受一些集体主义原则以捍卫自由体制的"中心结构"。1944年，凯恩斯同哈耶克的著名对话探讨了这样一个问题：为了保卫自由社会需要放弃多少"外围工事"。凯恩斯对提高资本主义经济的平均水平有紧迫感，这种紧迫感源于他对整个自由体制的危机感。他在1925年写道："现代资本主义是绝对非宗教式的，没有内在的统一，没有多少公共精神，只是一群财产所有者和财产追求者的乌合之众，这样一种体制必须依靠极大的成功，而不是一般性的成功，才能生存下去。"

凯恩斯决心要让资本主义市场经济运作得更好，这同他的思想中的道德观有联系。市场经济所做的让大家都富起来的承诺越快兑现，人类就能越早进入享受"美好生活"的状态——人们就会着眼于现在而不是将来，着眼于目的而不是手段，着眼于"至善"而不是"功利"。凯恩斯在学生时代对G.E.摩尔的伦理观的忠诚不是年轻时期的一个闪失，而是毕生的追求。他在《我们孙儿辈的经济前景》这篇有趣的论文中完全回到了摩尔伦理学。他在1928年第一次宣读这篇文章时的听众是曼彻斯特公学的一群男生。它的中心思想是，解决"经济问题"是文明的一个必要但不充分的条件。

因此，凯恩斯的经济哲学由三个互相依存的部分组成：他的技术性的宏观经济学、他的防御性的政治哲学以及他的终极道德目的。当自由世界面临的政治威胁已经消失以后，人们也许应当问，凯恩斯的"中心结构"是否还有存在的必要？今天，在发达国家里已经没有同政治自由主义竞争的对手，因此，政治体制比过去更能承受经济的波动。然而，经济波动仍然会给国计民生带来重大损失。每次损失都会限制目前的"美好生活"的可能性，并延迟把美好生活扩及更多的民众。

在技术性的经济学方面，凯恩斯对大规模失业的产生和持续做了经济理论的分析。这个分析仍然有经久不衰的价值。在今日的经济学领域里，凯恩斯经济学的研究项目仍然很多、很活跃，主要原因正是在这个问题上还存在不少有待解释的问题。然而，对失业问题的研究方法已与过去不同，对"古典经济理论"的态度也同凯恩斯的态度有区别。经济学家们现在已经意识到，古典经济学理论虽然坚信经济的自我调节性，但没有对各种制度做具体的分析（包括货币、银行、政治和法律制度）。事实上，古典经济学没有任何制度理论。凯恩斯也同样把制度设为已知因素。因此，他试图用反周期的货币与财政政策来改进或稳定人们对将来的预期。对不确定性更加关注的经济学家现在更加重视稳定经济的制度建设，而不再注重对经济周期的"微调"。目前仍然有争议的问题是，稳定市场经济的制度建设、规划建设和政策稳定是一个简单、容易的任务还是一个非常复杂和困难的工作。随着东欧共产主义的垮台，这场争论已经具有全球化的特点。但是，古典经济学的天真和幼稚也已荡然无存。不管经济学家们如何看凯恩斯，今天的经济学领域里已经不存在"前凯恩斯经济学家"。

英国广播公司最近做了一项民意测验，要求人们指出历史上最伟大的英国人。温斯顿·丘吉尔高居榜首。戴安娜王妃排名第三。凯恩斯甚至没有进入前一百名。其他经济学家，包括亚当·斯密也未能进入。这并不令人惊奇。公众对伟大的思想家一般都不熟悉。这些历史人物做的是默默无闻的工作，他们是我们文明的智囊。他们的思想渗透在社会氛围之中，而实践家们则根据需要从中汲取知识的营养。但这些营养的来源对实践家来说仍然十分模糊。大多数人今天都相信政府能够，而且应该防止经济衰退和相伴而生的大规模失业。但在每一千人里面也找不到一个人知道这个信念来自于凯恩斯。也许在十万人当中也不会有一个人能够勉强准确地说出凯恩斯对政府的功能是怎么考虑的。我在这里考虑的还仅仅是英语国家的人。在经济学伟人当中，凯恩斯在活着的时候差不多已算是一个"名流"。即便如此，他的声誉也难以超出他称之为"有教养的中产阶级"的小圈子。这种小圈子过去是，现在在任何社会仍然只是人口中的极小部分。

然而，正如凯恩斯在著名的一段话中所说的，"或早或晚，思想而不是既得利益，才是最危险的东西，好歹且不论。"我总是对凯恩斯使用的"危险的"一词大惑不解。凯恩斯是遣词造句的高手，怎么能说一样东西既"危险"，又有"好处"呢？一个明显的替代词是"强有力的"。也就是说，这句话的潜台词是，思想对事件的影响比既得利益对事件的影响要大，好歹且不论。这是人们对凯恩斯这段话的通常解读。但"危险"一词是凯恩斯的微妙之处。他认为，无知是危险的，但"有知"也是危险的，因为它能使人傲慢自大——造成人类对神权的篡夺——而其不可避免的后果就是受到复仇女神的惩罚。凯恩斯的宏大的革命性宣言《就业、利息与货币通论》以这种讳莫如深的语调来结束，展示了他的伟大远远超越了经济学。这是一个似乎可以无限腾飞的思想家，但他在管理人类事务的过程中接受了人类社会局限性的制约。这正是我所热爱的凯恩斯。我试图把他的个性和成就奉献给读者。

序　言

V

　　这个单卷本删除了三卷本的百分之四十的内容。删减的方法主要是删除和压缩。同时，我也做了不少重写工作：重新思考，改正谬误，把各卷之间的缝隙加以弥合，并把读者的批评和后人的研究成果一并考虑进去。因此，从某种意义上说，这是一本可以自立的新书。读者可以第一次把它作为一个整体来阅读。我希望本书能够吸引那些对三卷本望而生畏的新读者。

罗伯特·斯基德尔斯基
2003年6月

第一部分

责任与善行

1   到目前为止，我们所知道的或所能想象的最有价值的东西是某些意识状态，这些意识状态大致上可描绘为人际交往所带来的快乐与对美丽事物的享受……正是出于这样一种目的，有时为了能使其发挥到最大限度，任何人都有理由去履行任何一种公众的或个人的责任；这些意识状态解释了美德存在的原因；也正是这些意识状态……形成了人类行为的理性终端，形成了评价社会进步的唯一标准；但是这些真理显然往往被人们所忽略。

G.E.摩尔，《伦理学原理》，第188—189页

第 1 章

王朝起源

1 先祖

在约翰·梅纳德·凯恩斯的一生中,几乎没有什么时候他不是从一种高高在上的地位俯视着周围的英国以及世界的绝大部分。中学时代,他上的是英国最好的学校——伊顿公学,后来成为剑桥顶尖学院之一的国王学院的大学生和研究员。他当年所服务的财政部是政府最重要的国内部门,还曾是一位首相的密友和许多其他首相的高参,跻身于英国经济体制的核心圈子并且是其金融寡头政治的中心人物。与此同时,他还是英国最有势力的上流文化圈子——布鲁斯贝利俱乐部的成员。在受过教育的公众眼里,他的看法从来都具有不可动摇的权威性,这种权威来自于他那令人炫目的智慧以及不脱离实际的天才才干。当然,他的出身确实给了他很大的优势,使他自己的聪明才智较为容易地与他的地位相契合,他一辈子在社交场合都是游刃有余,从未受到地点和口音的困惑。在他所具有的所有优势中,主要还是因为他出生在剑桥这样一个由大学教授组成的社区里,是约翰·内维尔和佛萝伦丝·艾达·凯恩斯夫妇的儿子。

在凯恩斯五岁时,他的曾外祖母简·伊丽莎白·福特曾给他写信道,"你将会非常聪明,因为你一直住在剑桥。"这样一种表达期望的措辞方式读起来令人感到很有意思。在今天看来,凯恩斯之所以被认为有头脑是因为他生来就是凯恩斯。但是他的曾外祖母福特在写这封信时,凯恩斯王朝还远远没有建立起来。确实,这位曾外祖母对凯恩斯家族所知道的全部情况也就是他们来自维尔特郡,梅纳德·凯恩斯的祖父是一位成功的商人,而自己的孙女佛萝伦丝嫁给了他的儿子,一个名叫约翰·内维尔·凯恩斯的年轻聪明的剑桥大学教师。从乡下非国教教徒的角度来看事情,简·伊丽莎白·福特一定没有感到凯恩斯家族有什么特别之处。

在凯恩斯16岁之前,他也确实从未想过这方面的事。他是在上伊顿公学期间发现凯恩斯家族在历史上居然曾有过一些相当令人注目的辉煌过去。借助伊顿公学的图书馆,他进行了家谱整理工作,了解到凯恩斯家的先祖竟是1066年与征服者英王威廉一世一起来到英国的。

梅纳德·凯恩斯生活中的某些奥秘的东西似乎也能从这个姓的本身得到些启迪。凯恩斯这个姓如果拼音准的话,则发音往往就有偏差变成了肯思(Keens),而如果发音准的话,则拼音时有时就会拼成坎恩思(Canes)。这似乎是对来自法国诺曼底的卡尔瓦多地区一个名叫卡阿昂思(Cahagnes)的美丽地方来的人的不经意的惩罚。这个名字可能来自拉丁文橡树(casnus)这个字,现代法文的橡树(chêne)就是从那里来的。卡阿昂思当年有一个名叫威廉姆的人,是诺曼底的威廉公爵的同父异母兄弟,莫登的罗伯特男爵(后成为伯爵)的一个陪臣。他跟随罗伯特伯爵参加了在哈斯丁斯的战斗,因战功而被奖赏了几处产业,总面积加起来有大约5000多英亩。其中主要部分有些是在北安普敦郡的道蒂夫,这些土地在1086年英王威廉一世颁布的全国土地、财产、牲畜和农民调查清册中载明是属于卡阿昂思的威廉姆;而另外一些则是在苏塞克斯郡的赫思泰德—凯恩斯。威廉姆死后,他的儿子拉菲尔继承了他的遗产。而等到拉菲尔死后,遗产被一分为三传给了拉菲尔的三个儿子小拉菲尔、休和威廉姆。

到了14世纪时,前二支嗣绝了脉。梅纳德这位伊顿公学的中学生写道,"凯恩斯家族似乎并不是一个好战的家族",较为慎重地说,"他们只是在如果不参加战斗会给他们带来金钱上的惩罚时才会去打仗"。按梅纳德·凯恩斯的说法,拉菲尔的第三个儿子威廉姆在不甚好战的凯恩斯家族中是个例外。在1142年的林肯战役中,威廉姆抓获了斯蒂芬国王。作为奖励,他分到了在德文郡的温克莱庄园(后称温克莱·凯恩斯庄园)。大约在1330年左右,威廉姆的后代约翰·德·凯恩斯迎娶了伊莎贝拉·威克,作为陪嫁嫁妆,她给凯恩斯家带来了相当大的一笔在桑姆塞特的家产。到了16和17世纪时,凯恩斯家族已定居在桑姆塞特的康普顿—旁思夫特,他们仍然信奉罗马天主教并忠实于斯图亚特王朝,这个双重错误致使他们失去了所有的财产。家族中有的人是耶稣会牧师,其中最著名的是(比利时)列日大学的逻辑学教授约翰·凯恩斯(1625—1695),他于1683年被教皇任命为英国的大主教,是被提图斯·欧特迫害的牺牲者之一。按照梅纳

第 1 章 王朝起源

德·凯恩斯的研究,"对詹姆斯二世的倒台,约翰·凯恩斯的糟糕的建议似乎应负有一定的责任"。约翰·凯恩斯的哥哥亚历山大·凯恩斯上尉"在内战中为查理一世战斗",家族中的最后一点财产也因他是拥护英王查理一世的保皇党而丢掉了。凯恩斯家族由此家道中落,变得湮没无闻。亚历山大下面两代的情况很难确定,他可能有好几个儿子,大多数都成了耶稣会教士,而根据我所能了解的情况来看,其中的一个儿子亨利应是居住在威厄汉姆的理查德·凯恩斯的父亲。

从这位理查德·凯恩斯到我们这本书里的主人公梅纳德·凯恩斯,家族发展的整个脉络则十分清楚,没有什么问题。理查德·凯恩斯死于1720年,他下面的三代都起名理查德,再下一代则起名约翰·凯恩斯,而他的儿子也叫约翰,这位约翰就是梅纳德·凯恩斯的祖父。亚历山大·凯恩斯上尉的这些后代们——如果他们确实是他的后代的话——开始时是英国国教教徒,但是很快就成了浸礼会教徒,他们这时在索尔兹伯里所从事的职业各种各样,有帮人做装饰的泥水匠,也有做毛刷的。到这个时候,梅纳德·凯恩斯写道,"他们先辈中较为有意思的传统似乎已经完全丧失了"。

5　一般说来,家谱只会引起其家族成员或专门研究家谱的人的兴趣,对其他人来说则比较乏味。从传记的角度来看,家谱也不一定总能给人以多少启发,因为没有人知道遗传法则究竟是怎么回事。谁知道梅纳德·凯恩斯从所有这些凯恩斯身上实际上"继承"了什么东西?而上面之所以要叙述这一切的原因则在于这本传记的主人公认为他有一个与之相匹配的姓氏。

如果说他父亲的家族把先祖们已经失去的庄园主的辉煌带回到梅纳德·凯恩斯的记忆中,那么他母亲的家族则唤起了他在道义和求知上的努力精神。他的外祖母家族可追溯到1768年被国王手下人杀掉的来自苏塞克斯的走私贩汤姆·福特。他的后代们悔过自新,走私贩的儿子大卫·埃菲阿德·福特成了一名公理会牧师,他"常常会由于在化石研究上的兴趣而引起宗教问题上的困惑并由此导致情绪低落"。1834年,他的儿子,汉姆郡的理明登公理会牧师,名字也叫大卫·埃菲阿德(1797—1875)与简·伊莉莎白·唐结婚。简是"一位极其活跃且具有超群能力的年轻女子",她的母亲来自于西部的两个老家族,海顿家族和兰顿家族。简一共生有十个孩子,同时还在理明登开办了一所女子寄宿学校。1843年,当大卫·福特赴曼彻斯特的瑞奇蒙公理会任职时,简又与她的第二个女儿艾达·海顿·福特一起在那里重新开办了另一所寄宿学校。

正是这位艾达·海顿·福特嫁给了梅纳德·凯恩斯的外祖父约翰·布朗。约翰·布朗出生于1830年，是兰卡郡的一位小商人的儿子，15岁时开始跟在一位印刷商后面做学徒。在印刷那些与宗教有关的书籍时自己也开始阅读，产生了兴趣并由此决定要成为一名牧师。他参加伦敦的大学入学考试，被录取在曼彻斯特的欧文学院学习古典文学，于1851年获得伦敦学士学位。1855年，布朗成为曼彻斯特位于齐特汉姆·希尔路上的派克小教堂的公理会牧师，从此有机会把他的戏剧直觉融会到他的布道工作中。与梅纳德母亲的家族中所推崇的说教与理性想象力相比，近代的凯恩斯家族则缺少这样的血缘。梅纳德母亲家族中的女子的道义责任感尤其特别强烈，在这一点上对梅纳德很可能有所遗传。布朗和凯恩斯两家族的氛围主要是围绕着教会和商业，他们同属中产阶级，甚至可以说是有钱的中产阶级，但是还没有达到维多利亚女王时代的人所说的上流人士。

2　约翰·内维尔·凯恩斯

　　梅纳德·凯恩斯的祖父约翰·凯恩斯1805年生于索尔兹伯里，正是他使凯恩斯家族开始恢复他们的财富。他年轻和年老时的画像显示出他身材瘦小，有着一双精明的眼睛，一张有趣的嘴巴和一副对事物总体上较为满足的神态，这是一种靠个人奋斗而成功的人的满足。约翰·凯恩斯11岁时开始在他父亲的制刷厂里做学徒，到1830年时，他已把他父亲的这个小厂子变成了一个"非常赚钱的制造业"。但是，"他的心中住着花魂"，一份园艺杂志的编辑充满诗意地写道。17岁时，他因自己所栽培的石竹花而第一次获奖——奖品是一对用糖做成的钳子。

　　他决心用自己的园艺技能来挣钱，因此他放弃了制造毛刷的行当，转而投向大丽花。1841年，他在斯通亨举办的个人大丽花展吸引了好几千人，这次花展为他带来了名声也为他的财富积累打下了基础。之后，他很聪明地不断开拓新品种，帮助推动了大丽花这一行当的兴旺发展，大丽花造就了他。而当大丽花业务的泡沫破裂时，他又同样成功地转向了玫瑰花。随着财产的不断积累，约翰·凯恩斯还把投资扩大到银行和其他商业活动。像大多数维多利亚时代自我奋斗成功的商人一样，他把生活的成功归功于努力工作和宗教教义。他曾说过，他的生活之所以幸福是因为他在所办的所有企业中都获得成功，他似乎确实是这样认为的。

　　约翰·凯恩斯足可以为自己的成功而感到自豪，但是当时却因为儿子的表现而感到略

第 1 章 王朝起源

有缺憾。约翰结过两次婚,他的第一个妻子马蒂达·布莱克生有一个女儿,取名范妮,范妮后来嫁给了一位成功的杂货店老板爱德华·帕切斯。马蒂达死于霍乱之后,约翰·凯恩斯于1851年又娶了安娜·梅纳德·内维尔,安娜来自埃塞克斯的一个农场家庭。1852年8月31日,他们唯一的儿子,梅纳德的父亲,约翰·内维尔出生了。如果说,在造就梅纳德·凯恩斯的过程中,祖父约翰·凯恩斯通过赚钱进行了第一步铺垫的话,父亲约翰·内维尔则通过使自己在剑桥大学站稳脚跟而做了关键性的第二步铺垫。这个过程充满艰辛,来之不易。

内维尔,人们一直喜欢这样称呼他,是在索尔兹伯里市的城堡街上一座舒适的房子里长大的。他们家隔壁就是他父亲的苗圃。他们的家庭似乎充满了温情,内维尔一直是以一种带有感情和崇敬的口吻谈到他的父亲,不过我们很难了解当时他与父亲之间关系的真实情况。约翰·凯恩斯笃信宗教,把宗教当成道义一样来信奉。在现存的给儿子的最早一封日期为1857年1月21日的信中,他写道:"我亲爱的小内维尔将不会是一个淘气的孩子,慈善的耶稣从来不淘气,你一定要努力像他那样。"约翰·凯恩斯的母亲更为家庭增添了浓厚的宗教气氛,她与他们住在一起,直到1869年以94岁高龄去世。她是一个虔诚的教徒,年纪大且耳聋以后,整天坐在那儿,膝盖上放一本圣经,嘴里喃喃自语着圣经教义。自从内维尔表现出聪明才智后,约翰·凯恩斯就给他施加很大的压力,希望他在学业上能出人头地。学业上的成功是脱离做生意这一行当的最佳途径,况且内维尔对园艺也从未有过像他父亲那样大的兴趣。当然,约翰·凯恩斯也并不纯粹是一个严厉的、维多利亚式的家长,他显然也有其轻松愉快和爱交朋友的一面。他有很多的个人爱好,他的财产实际上就是建立在他其中的一个爱好上。他喜欢与内维尔下棋,但内维尔从12岁起就开始赢他。约翰·凯恩斯还带儿子去伦敦看童话剧,后来大一些了则去看戏剧和清唱剧。因此,从他父亲身上,内维尔继承的东西是多样性的,有要求他成功的压力,但同时也传递着这样的信息:即生活有其凝重的部分但也有其愉快轻松的地方。内维尔后来在性格上也显示出具有同样的多面性。他的成长充满着焦虑不安,而最终的解决办法就是把自己沉浸在个人爱好上。

内维尔与他母亲的关系很近。母亲去世时,他已经五十多岁了,对她的去世他悲痛万分,不能自已。他母亲是一位热情的、感情充沛的人,一点也不愚蠢,但也不是那么有知识。她也像梅纳德母亲家那边的女性成员一样都长于教训人,但对社会工作没有什么兴趣(她曾经尝试卖过《圣经》,但是据说再也没有做过同样的尝试了)。住在他们家的还有约翰·凯恩斯的未婚姐姐玛丽姑姑,她喜欢瞎忙,易于急躁,对内维尔则是全心全力地投入。朋友是家里的常客。对内维尔影响最大的来自家庭以外的成员要数亨利·弗赛特。亨利的父亲威廉姆·弗赛特是约翰·凯恩斯在索尔兹伯里的老朋友,他曾经出过一件非常骇人听闻的事故,开枪失手打瞎了他当时25岁的儿子亨利的眼睛,亨利那时正在剑桥大学三一学院做研究员。亨利·弗赛特没有气馁,继续努力,于1863年成为剑桥大学政治经济学教授,以后又于1880年成为格莱斯顿政府的邮政大臣。这是一个典型的维多利亚式的成功例子,人们可以从中看到个人勇气及决心能够战胜哪怕是最为不利的环境。当内维尔在努力实现父亲对自己的希望的过程中,每当遇到种种困难时,弗赛特的道德榜样总是在他面前闪光发亮。弗赛特为内维尔选中剑桥作为奋斗目标起了十分重要的作用。

1864年,内维尔11岁,进入艾莫沙默中学学习,这是一所为非英国国教的孩子们专门设置的规模不大的学校,约有一百名左右的男孩在那里学习。学校位于离瑞丁市不远的卡夫沙默镇上。在校长埃伯乃泽·威斯特的领导下,学校"向非国教教徒们提供必要的教育以帮助他们战胜目前所承受的歧视……"但这可不是随便说说的事:为得到它的考试结果,约翰·凯恩斯每年要付70英镑,不过孩子们还是允许带自己的兔子到学校去的。在学校里,内维尔的各项学习准备工作都是围绕着伦敦大学的入学考试——类似于现在的中等教育合格证书——而进行的。通过这条途径,艾莫沙默中学培养出不少"剑桥的特优生,和外科、医药、法律以及文学方面的顶尖人物"。

很难说内维尔在艾莫沙默中学时过得是否愉快。他从去那儿上学开始就养成了写日记的习惯,这个习惯保持了有53年之久直到1917年为止。14岁时,他在班上数学排名第一,古典文学排名第二,他的学业由此开始腾飞,但也有不尽如人意的时候。在1869年4月老师在一份报告单上提到他在入学考试时,可能会有"一些分数因紧张而丢掉"。后来果然如此。那年夏天,内维尔体面地通过了大学入学考试,但不是最优秀,不过还是非常运气地拿到了一份伦敦大学学院的格尔克瑞斯奖学金。

1869年10月5日,刚刚过17岁生日不久的内维尔在位于布鲁斯贝利的戈登广场的大学宿舍内住下了。此宿舍建于1849年,原本是用来为非国教教徒学生提供简易旅馆的。同住在这里的许多人都是毕业于艾莫沙默中学,内维尔在这里的一帮艾莫沙默朋友包括亨利·邦德、阿瑟·斯卜克思和威廉姆·洛德。他的同学中大多数都是来自靠自我奋斗成功的商人家庭,知道需要通过教育来使自己脱离商人这一行业以进入更加受人尊敬的职

第 1 章　王朝起源

业中去。伦敦大学学院正好迎合这种需求，其教育体制的基础是"具有惊人长度"的考试。但是对内维尔来说，这里还不是他的最终目的地。弗赛特"建议我先去伦敦学上两年，然后再去剑桥"。作为父母的唯一的儿子，内维尔承载着父母希望的全部重担。他后来经常说，他从未像在大学学院那两年学习那样辛苦。过度紧张对他的健康和个性产生了影响，他开始抱怨头痛、牙齿痛和胸口痛，以至于他母亲担忧他的身体会出大事情。她给他写道："我亲爱的唯一的孩子，你知道你对我们是多么的珍贵，如果我们没有你，我的生命也就没有意义了。"17岁前，内维尔"相当健谈"，但是之后就渐渐话不多了，而等到去上剑桥时，他已经学会以一种空谈家喋喋不休的时尚来抱怨事物。凑巧的是，与此同时他的个子也不再长了，停留在五英尺四英寸，这个身材即使按照维多利亚时代的标准来看也称得上是矮子。

到伦敦以后，内维尔就开始记录每天学习和工作的小时数，然后把它们加在一起得到一年的总数，这个习惯一直保持到他停止写日记为止。在大学学院时，他一般每天工作10个小时，但仍然有时间花在个人爱好上，他参加棋类锦标赛，收集邮票，还玩五厘息金的股票。每个周末，他躲进由维多利亚情节剧、喜剧、童话剧和歌剧所构成的幻想世界中；有时他会为园艺业务与父亲一起去伦敦。只在假日时和女孩子一起出去玩玩：与弗洛丝·威廉姆一起滑冰，和米妮·托德一起打槌球游戏和惠斯特牌。忘情之下，他亲吻了米妮的手，米妮则回赠他一绺头发。但是不久他与弗洛丝"愉快"相处，"好像就没有米妮·托德这个人一样"。

1870年7月，内维尔获得他学士学位第一部分考试的第一名。1871年10月，在学位第二部分考试中，他选了逻辑学和道德哲学荣誉学位考试项目，与别人并列第一。第二年夏天，他被剑桥大学的彭布罗克学院录取接受，并获得60英镑的最高数学奖学金。但是最麻烦的事也跟着来了。问题出在他选择的专业不对路，他很快就发现他不只是不喜欢数学，而且是痛恨它。他感到对他更加合适的应该是1848年设立的伦理学荣誉学位考试，这个学位刚刚才被规定可作为第一学位供学生选择。但是，此学位不仅几乎没有任何奖学金（所以内维尔是作为数学专业学生进入剑桥的），而且他也没有什么希望在这门专业上出类拔萃而获得研究员基金资助，因为在那个时候研究员基金资助一般只给在数学和古典文学荣誉学位考试中名列前茅的学生。在这种情形下，摆在他面前的只有两条路，一是在他不喜欢的数学上拼命地干，二是转到当时还看不出有什么学术前景的伦理学专业上去。当然有一个办法能使他逃避这种情形：这就是马上离开剑桥。1872年10

第一部分 责任与善行

月19日和20日,他给父母亲连写了两封充满苦恼的信。他们会把他带回去吗?他们"也许"过高地估计了他的能力,也许他实际上只适合于做一名低档次的律师并最好现在就开始为此做训练准备。"我不在乎被人耻笑或被人称为笨蛋,我知道人们会这样做的。我想最佳和最勇敢的做法就是承认我现在所意识到的偏差,果断地做我认为对我的未来前途最有可能得到最好结果的事。"内维尔同时也担心自己会成为父亲经济上的负担,他的父亲这时已快近70岁了,健康状况也不是太好。

他的父母亲对此可没有丝毫的犹豫。在1872年10月22日的日记中,内维尔这样简短地记述,"他们绝对不乐意看到我离开剑桥,因此我同意留下来。"现在的打算是让内维尔在数学专业上坚持到5月,"然后看我是否喜欢"。但是由于同剑桥的著名数学辅导教师鲁思之间存在有矛盾,内维尔变得更加沮丧。到了圣诞期间,他下了决心,给在大学学院时的导师C.E.西厄勒(后成为彭布罗克学院的院长)写信,告诉他自己确实打算放弃数学,转读伦理学。"我并不是要征求他的意见,因为在这件事上我已经基本上打定主意了。"但是索尔兹伯里那边还未同意,弗赛特还是敦促他留在数学里。1873年1月21日,他过完圣诞节返回剑桥,在那里"我的心情开始变得非常的忧郁,我十分怀疑我到剑桥的决定是否正确。我的面颊疼痛依然如故"。第二天,他去见了西厄勒,

> 他非常和蔼。由于他说他认为我应该得到一份研究员资助,再加之弗赛特先生的说法和父亲的愿望,他的指导意见终于说服了我,到5月之前继续攻读数学。我自己并不认为这是一个聪明的举动。我还没有任何"精力"开始工作,但是至少我可以断定我让别人满意了。

内维尔在数学上一直坚持到1873年的夏天,但他还是不喜欢,这时他终于被允许放弃数学了。采取了这样的行动,他认为他获得研究员资助的机会也随之消失了。那年夏天,他开始探索新的知识体系,整个长长的夏天里,他待在学院里阅读穆勒的《政治经济学原理》第一卷,并做了详细的笔记,"对它喜爱万分"。这一年的8月31日是他21岁生日,这天他开始第一次刮胡子。

内维尔对伦理学开始感兴趣的那个年代也正是伦理学发展和剑桥大学历史上的一个意义深远的阶段。当时,那些有着悠久历史传统的大学正从长期蛰伏状态中苏醒过来,感受到了一种时代的召唤,一种对当前的以工业化、宗教信仰降低、民主观念上升和理

性骚动为标志的时代有着培养和提供领袖人物的当仁不让的责任。内维尔能进入剑桥读书这件事本身就是这些学校对那些从17世纪以来就一直被考试法排斥在外的新教教徒知识分子们的一种新的友好表示。剑桥大学设立伦理学荣誉学位考试也是这种觉醒过程中所采取的措施之一。这个学位所牵涉的学科对学者们很有吸引力，包括道德及政治哲学、逻辑学、心理学和经济学，这些学科全都处在不断的变化当中，对创造性学术工作提供了机会，对内维尔这样逻辑领会能力强于其数学能力的学生来说是非常有吸引力的。伦理学的一些部分，尤其是道德及政治哲学和政治经济学正被逐渐看做社会智慧的源泉而取代某些迄今为止只有宗教才能起的作用。内维尔向伦理学的这一转向为未来的梅纳德·凯恩斯的成长环境奠定了基础。内维尔是剑桥传统伦理学的产物，而剑桥经济学与剑桥道德哲学是并肩发展起来的。

19世纪60年代末，剑桥伦理学专业的规模还不大，但是已吸引了有能力、有献身精神的年轻教师和学生中的优秀分子。亨利·赛吉维克从古典文学那边来了，阿尔弗雷德·马歇尔则从数学那边过来；这两位"新来的教授"都有着知识分子和牧师的强烈责任感。威廉姆·卡宁汉姆、赫伯特·福克斯威尔、弗里德里克·麦特兰德和詹姆士·沃特都是60年代末期和70年代早期的杰出毕业生，而阿瑟·巴尔夫，未来的保守党首相，是1869年伦理学专业的第二等荣誉毕业生。

内维尔跟着亨利·赛吉维克学道德及政治哲学。赛吉维克原是剑桥三一学院的研究员，1869年由于不赞同学院的"教条主义的和约义务"而辞去了这一职位，他是这个兼具理性怀疑和高度责任感的新时代的代表性人物。他曾试图构建一个由世俗道德标准组成的有机体系来取代宗教，但因他的主张过于尖锐而未能获得成功。内维尔，像差不多所有其他人一样，被赛吉维克的富有感染力的个性、对真理追求所带来的困惑以及公平对待每一件事的渴望所吸引。但是，内维尔自己没有什么宗教信仰上的困扰，所以他对赛吉维克的形而上学的抽象推理并不特别感兴趣。从知识才智上来说，他与教他们经济学的阿尔弗雷德·马歇尔更接近。马歇尔是圣约翰学院的研究员，最先是教数学，后任教于被他自己认为是浪费时间的道德学，最后转入经济学。马歇尔不久"就对我为他准备的一些文章大加赞赏，甚至在课堂上也公开称赞"，内维尔在自己的日记中这样写道。与此同时，内维尔还在圣约翰学院另一位年轻研究员福克斯威尔那里上思维哲学课；在塞尤斯学院研究员约翰·万斯那里学习逻辑学，在这门功课上，内维尔表现出了极大的才能，有时他会认为万斯的课的有些部分"毫无用处"。通过学习这些课程，内维尔终于在自己喜爱的知识领域里恢复了自信心。"斯波克斯（他这时也已入读剑桥）告诉我，他听说我的举止表现非常自负"，内维尔在自己的日记中吐露道。

那几年里，内维尔继续以几近疯狂的节奏学习，所表现出来的脑力能量以后再也没有出现过。他除了剑桥的课程以外，还在准备考伦敦科学学士学位中的两门学科，地质学和化学，并于1874年获一等荣誉学位。他在大学学院时的导师C.E.西厄勒建议他去参加1875年7月举行的伦敦硕士考试以争夺金牌，但是弗赛特却主张他考过了剑桥的荣誉学位考试后再做此尝试，所以他就没有去参加。内维尔之所以修习剑桥以外的功课，其目的是为了增加获得研究员位置的机会。然而，所有这些课程的学习似乎还不足以消耗完他的精力，他又沾上了"棋癖"，为学校棋队下第一局，参加蒙眼的象棋锦标赛，尽管这样做会使他头疼。

作为六年神经高度紧张的回报，1875年12月，他被授予资深伦理学者的称号——他是伦理学荣誉学位考试的第一等的第一名。

考官们认为他具有"非常清晰的头脑"，但是缺乏哲学上的创见。研究员位置这时也还未到手。彭布罗克学院有一空缺，当然也有其他人申请。为了更加保险起见，内维尔参加了1876年6月的伦敦政治经济学硕士考试。四天后，他得知在他已经得到的大学学院荣誉研究员的头衔上，他又可以加上这次考试的金牌了。到了1876年8月10日，"一封电报传来说我已经被……一致同意并且在基本上没有多加讨论的情况下选为彭布罗克学院的研究员"。家里是双喜临门，因为两个月后他的父亲被任命为索尔兹伯里市的市长。可是，父亲约翰·凯恩斯的健康情况却每况愈下，不到一年半就去世了。

内维尔达到了他的奋斗目标，但是他一定已经知道这个位置将不会像原来那样稳定。1876年政府任命的专员即将对终身研究员制度进行改造，以消除大学研究员在拿到位置以后即使不再尽职也能终身有工资可拿的弊病。新的制度将把研究员位置的时间限制在六年。（在新的体制引进以前已在研究员位置上的人有两种选择，一种是继续沿用旧体制的条文，但他们必须保持单身；或者是按新体制的规定来办。某些工作，如财务主管的位置可以申请延长。）综观内维尔从1876年到1882年这六年时间，一个很重要的事实是他没有很好地利用这段时间在已获得的资深伦理学者的基础上再进一步以取得更大的成就，他在这段时间里什么东西也没写出来，因此，当他该离开彭布罗克学院的时候，他的职业选择是有限的。

要找出问题出在什么地方不是一件容易的事。内维尔在逻辑学上所得到的评价很高，但是在马歇尔的影响下，他还是决定专攻经济学。马歇尔一直欣赏内维尔，直至20年后，他仍认为内维尔是他所曾有过的两三个最好的学生之一。学校新设立了一个考布登奖，尽管内维尔对所设定的题目"机械化对工资的影响"不甚感兴趣，但在马歇尔的鼓励下，他还是参加了竞争。此奖后来由约瑟夫·希尔德·尼考松夺得，在此奖的基础上，尼考松获得爱丁堡大学的一个讲座教授位置。此次失败对内维尔的自信心一定是个巨大的打击。

1877年，马歇尔与他的学生玛丽·帕莱结婚，他只得从他在圣约翰学院的研究员位置上退下来，离开剑桥去了布里斯托尔市的大学学院。随着马歇尔的离去，内维尔也脱离了经济学领域，开始在剑桥的一些学院和两个新设立的女子住宿学院，即吉尔顿和纽汉姆学院里教逻辑学，这使他有机会与这些刚刚在剑桥开始落脚的被当时的人们看成像异类的女大学生们打交道。（1881年，妇女被正式接受可参加剑桥大学的荣誉学位考试，但是不准拿学位，这种状态一直持续到1947年才被改变。）妇女接受高等教育所产生的一个附加效果是出现了知识分子之间的婚姻。马歇尔开了一个风气，内维尔则紧随其后。内维尔被这些女学生们迷住了，尤其是其中较会调情的范妮·赫里，但是她太不安稳，不是一个合适的结婚对象。

17岁的佛萝伦丝·艾达·布朗，牧师约翰·布朗的长女，于1878年10月进入剑桥的纽汉姆学院。73年后，在她90岁生日那一天，英国广播电台采访她，她记述了当时的感受：

> 事情是这样的，当时的纽汉姆学院是一个只有大约300名学生的住宿学院。克鲁芙小姐是我们的院长——她的个性非常好，受其剑桥朋友的鼓励而成为剑桥大学女子教育的先驱者。自然喽，她最希望的就是她的这些学生们能够做到品性端正……比如说，她希望我们穿衣服不要太招摇。但不幸的是，与可怜的、可爱的克鲁芙小姐的愿望相违，我们更喜欢前拉斐尔派式样，我们喜欢穿着孔雀蓝、赤褐色和橘色的长袍在校园里慢悠悠地散步……我们没有招人现眼，而是被所有的注视者们观察评论着！

在克鲁芙小姐负责的学生中，佛萝伦丝是最小的："我一开始感到很害羞，什么事也不懂。"但是在有人陪伴的情况下，她有时也出去。其中有一次是到居住在布鲁克塞德的邦德家里去参加派对。威廉姆·邦德是当地一个成功的杂货店老板，非常好客，认识约翰·布朗，对他的女儿时有关照。邦德的儿子亨利曾与内维尔一起就读过艾莫沙默中学和伦敦大学学院，现在同样也是剑桥大学的毕业生；而亨利的妹妹安妮对内维尔有些意思。正是在布鲁克塞德，内维尔和佛萝伦丝于1878年12月有了第一次相遇。那时，内维尔与范妮·赫里梦幻般的热恋已经最后演变成了一场噩梦，从梦中醒来，内维尔愿意面对新的爱情袭击。1880年5月20日，他向佛萝伦丝求婚，她接受了。

3 佛萝伦丝·艾达·布朗

为战胜维多利亚时代普遍存在的反对妇女受教育的歧视，佛萝伦丝来纽汉姆学院学习这件事是对新教教徒势力的一个贡献。佛萝伦丝·艾达是约翰·布朗和艾达·海顿·福特的长女，1861年3月10日生于曼彻斯特。三年后，约翰·布朗带着夫人和小女儿搬到拜德夫特，成为那里的邦阳集会教堂的牧师。艾丽丝、杰茜、瓦特、哈罗德和肯尼斯在那里相继出世，最小的肯尼斯出生于1879年。

13

他们所居住的牧师住宅位于拜德夫特的艾丽丝夫人街。在这所房子里，对男孩和女孩在"道德品质和知识才能上的追求都有着很高的要求"，而艰苦的生活环境对这样一种努力起了很好的帮助作用。在她的家庭回忆录中，佛萝伦丝记录了一所巨大、穿风、基本上没有什么取暖装置的房子，里面堆满了拜德夫特集会教堂的创始人之一约翰·邦阳牧师的遗物。冬天时，乌兹河水结了冰，她们家里放在盘子里的肥皂也冻得邦邦硬，卧室里的地像冰块一样，没有鸭绒被，也没有热水袋。

书和讲道是对没有取暖条件的补偿。父母亲双方都对文学、政治和神学感兴趣。佛萝伦丝的父亲约翰·布朗虽然作为一家之主的权威越来越大，但却是一个友善的学者，一个讲理的人，他通过对新教历史和教义的广泛研究和讲道来消除自己在宗教上的疑虑。他的有关邦阳牧师的演说被扩展成一本受人欢迎的传记，于1885年发表。他是一个优秀的布道者，成为该地区新教教徒们的"主教"。梅纳德的弟弟杰夫里记得他"有着凸出来的白胡子、健康红润的脸色和敏锐洞悉一切的蓝眼睛，在那高于众人的讲坛上，用他那铜钟般的嗓音为底下全神贯注的听众们讲道"。政治上，他是一位坚定且活跃的自由主义者，他会戏剧般地朗读格莱斯顿就任英国财政大臣时的演说来取悦他的家人。

佛萝伦丝本人是一个"带有些忧郁的病弱不堪和紧张不安的孩子",她的要好朋友这样说,"她母亲从未指望能把她养大"。她的孩提时代生活经常会被姑姑或姨妈的去世消息以及随之而来的肃穆气氛和长久的哀悼等较为沉重的事情所打断。孩子们经常被提醒要对那些居住在他们牧师住宅对面一长排贫民所里的穷人具有责任感。艾达·海顿·布朗则忙于伦敦布道会、慈善组织社团和自由党的政治活动等工作。像维多利亚时代后期的许多人一样,佛萝伦丝的社会责任感要比她的宗教信仰更具耐久力。

应该说,正是她的母亲为佛萝伦丝的成长做了起始的准备,使她能够达到这样一个层次以具有与一位彭布罗克学院年轻教师相遇的机会。艾达·布朗是一位这样的妇女,她具有"活跃的头脑、无限的精力和与她母亲同样的对教育的无限热忱",她在牧师住宅里办起了一所学校,让她的女儿们得到了在那个时代她们本来不会受到的教育。

除了在语言和数学上得到一些其他人的帮助之外,艾达·布朗的教育使她的女儿通过了剑桥地方考试,并以足够的成绩获得一小笔在纽汉姆学院学习的奖学金,在那儿准备参加高等地方考试(类似于现代的A水平)以便将来能在她母亲的学校里教书。到她来纽汉姆学院时,她已经在帮助她的母亲主持邦阳集会教堂的主日学校了。她来纽汉姆时也许的确害羞和没有经验,但是作为那座牧师住宅的长女,她已经尝试过责任感的滋味了。

对佛萝伦丝,人们很难以一种自认为是了解内维尔的方式来做同样的认识了解。在我们面前所展现出来的她的长长的生活画卷显得干巴巴、枯燥无味和非常真实,就像她晚年时写的两本书一样,有关她一生的两个生活圈子——剑桥和布朗—凯恩斯家族——的事实和成就全都在那儿,但是其个性却被小心翼翼地藏到这些东西的背后。她的讣告基本上是一张罗列她所属的各种委员会的清单。佛萝伦丝的能量和兴趣很大、很广泛,这使她无法把自己局限在家里。她来自于这样一个家庭,他们把身心投入到自身的和世界的改良上,而她所生活的时代正好又是公益和自发慈善事业成长的时代,因此她能有比她母亲更多的机会投身于公益事业。

但是,从精力充沛、永远追求美好的事业这副公众妇女的形象上,我们并不能得出对她性格的完整了解。很显然,她与同事们在一起时,她是以特殊的魅力去吸引和说服,而不是命令他们。一位当地记者在她去世时这样写道:"她在做任何一项工作时都表现得非常谦和,人人都觉得与她在一起工作是一件十分愉快的事情。"《泰晤士报》的讣告这样写道,她对她的孩子们,"既是母亲也是朋友"。佛萝伦丝不是那种因忙于公益事业而无暇顾及家庭的母亲,她虽然不刻意表现她对他们的感情,但毫无疑问,她的忠诚首先是给予她的丈夫和孩子们的。

另外一点对她与梅纳德之间的关系也起了非常重要的作用。佛萝伦丝成长于一个各方面要求都很严格的环境，像许多出身于新教教徒家庭的英国妇女一样，她的同情心和品位有着很高的境界但却不开阔，整个审美和感情生活领域超过了她的思考范围。但是她还没有固执到摒弃时代的潮流。她把孩子们的兴趣当成是自己的兴趣。在孩子们的成长道路上，内维尔的火焰要比她更早地发挥指导作用，但是更甚于内维尔，她与孩子们一起长大进入到20世纪，这使她能够超越出她的维多利亚时代的风尚，甚至以一种超乎寻常的方式，在拜德夫特的牧师住宅和布鲁斯贝利俱乐部之间的巨大鸿沟上建立起一座沟通的桥梁。正是因为她能与她的孩子们一起成长，所以才能使孩子们永远不从这个家里出去。

4 维多利亚式的订婚

从1881年到1882年这段时间里的内维尔日记有大约三分之一的部分被撕掉了。这一段丢失的和残缺不全的记录所囊括的时间段正是内维尔从一个年轻的单身教师转变为一位手头宽裕的一家之主的过渡期，这是一个确确实实的绝望低谷，只有佛萝伦丝的召唤才使得他保持向前并最终从这个低谷中安全地走出来。

内维尔的父亲约翰·凯恩斯于1878年2月死于胃癌，他留下的财产价值4万多英镑，在当时是一笔相当大的数字。遗产中内维尔的份额是17000英镑，他的姐姐范妮分得12000英镑，而他的妈妈安娜则分得12000英镑的信托财产，再加上索尔兹伯里的房子、凯恩斯家在苗圃上的股份以及其他经营业务，这些业务后被廉价出售了。按照所分得的遗产，内维尔每年能有大约800英镑的非工作收入，他以一种殷实中产阶级的生活方式，即一座宽敞的房屋和适量的佣人，来开始他的婚姻生活是绝对没有问题的。

就在他们宣布订婚后不久，佛萝伦丝于1880年5月通过了高级地方考试（佛萝伦丝没有像玛丽·帕莱一样参加剑桥的荣誉学位考试，连非正式的都没有参加，因此她不算是纽汉姆的"毕业生"），回到拜德夫特帮助她的母亲操办那所主日学校。她在那里一直住了两年直到她与内维尔结婚。内维尔每三个星期去一趟拜德夫特，坐火车大约需要不到一个小时的时间，佛萝伦丝有时也会来看看他，住在布鲁克塞德的邦德家里。假期里，

15

他们要么一起在拜德夫特，要么在索尔兹伯里。

在他们订婚后的这段日子里，内维尔大部分时间都患有严重的抑郁症，部分原因是身体不好。除了牙痛还在折磨他以外，现在又加上了头痛和感冒，而感冒又引发了疑心病，对此他感到完全的无能为力以至于认为自己将成为一个残废人。他确信佛萝伦斯与他结婚是把自己与一个残废人绑在一起，她自己也未必能活太久，然而即使这样，在这个看来注定不能长久的婚姻中，她还得照料他这个残废人。"她的身体情况经常非常不佳，"内维尔的母亲悄悄地对内维尔说，"她一定非常的脆弱，我有时禁不住会对此感到十分担心，尤其你的身体也不很强壮。当然，我们仍然希望一切都会好起来。"安娜·凯恩斯与儿子的关系很近。在1882年给他的信中，她曾写道："你是我的一切，我要感谢上帝给了我这样一个儿子。失去了你父亲之后，是你给了我极大的安慰。"而在内维尔这方面，除了感到未能对母亲恰当地表达他的爱使他沮丧以外，现在更增加了因为要结婚而感到的一种要抛弃她的犯罪感，这种感觉也因为安娜·凯恩斯与佛萝伦丝之间不是那么和谐而更加加深了。佛萝伦丝不同意他的母亲在他们结婚之后来与他们同住。作为一个受过教育的女子，佛萝伦丝可能觉得安娜·凯恩斯比较肤浅，没有素养，且全然没有她家父母对知识才能的推崇和对社会的关注。一直到1881年夏，安娜·凯恩斯才开始逐渐接受内维尔的订婚和佛萝伦丝本人。1881—1882年之间的冬天，母子俩一起去法国和意大利过了一个告别式的假期，内维尔感到蒙特卡洛公国是"法—意沿地中海的里维埃拉游憩胜地中最令人愉快的地方"。这趟出游，内维尔回来后总结道，"给了我极大的满足，因为我能与她在一起，而且还能稍微表现一下我对她的热爱。"

与佛萝伦丝的会面和书信来往尽管经常都很愉快，但有时也会引发一些猜忌使他认为她对他的爱情还不够坚定热烈，或诱发一种绝望的想法认为他不值得她的爱。猜忌有时也会使他愤怒和不满，认为她没有感情、易变或忘恩负义。1881年暑假期间，他对她"像对待一个人面兽心的人一样"。而佛萝伦丝也毫不退让地反诘道："是的，你是一个喜欢批评的人……我必须好好研究研究你的个性来找出到底是什么东西使你的不停的批评能够让人忍受。"但同时，她也尽力打消他的疑虑："你说如果我发现你的任何缺点可能会改变我对你的爱情。为什么要这样想呢？我这样做只是为了给自己找一点额外的理由希望你不要对我的缺点太过挑剔。我爱你并将永远地爱你。"佛萝伦丝自己这时也因需对她所深爱的内维尔和对拜德夫特的家和工作都保持忠诚所产生的矛盾中分身无术而苦恼，但是她从未被内维尔的绝望洪流所吞没。她虽然还没有太多的阅历，但她感到她比内维尔要坚强，在他们以后的婚姻生活中，她的任务不是照顾他的身体，而应是他的自信心。

> 我有时也会担心疑虑，但是我不喜欢悲观的想法——我有办法把它们放到一边留待另外一个时机去考虑，而它们往往也就消失了。我的担心经常产生于对自身和自身能力的思考。有时，我会对这个自身产生一种轻蔑感，我想你对此也应该会有同样的感觉，这也是再自然再正常不过的了——我不喜欢这种自我轻蔑。如有这种想法，我想从总体上说最好还是把它放在一边，因为我认为对自身做这种病态的调查只会阻碍成长而不是帮助它……

尽管在外人看来，内维尔是个能够胜任角色的男人，但是实际上却是佛萝伦丝使他们之间的关系得以保持前进。

那段时间里，不仅与佛萝伦丝的关系使得内维尔一直感到有所不安，同时也有着其他围绕他的事业前途的不确定因素。正是在订婚期间，佛萝伦丝归结出了她认为是内维尔表现出来的最大缺点：没有雄心壮志。在他们快要订婚的那段时间里，她有着十足的理由相信内维尔注定会沿着学术阶梯一步步地向其顶峰攀登，但是事实上事情后来并没有向这个方向发展。在他们订婚后不久，内维尔对自己的前途做了一个后来被证明是关键性的决定。根据新的研究员聘用体制，当时的情况很清楚，内维尔的研究员位置到1882年也即任命后六年将终止，而剑桥暂时没有适合他的学术工作。当时，学校的行政部门正好有一份空缺。学校在1858年设立了一个地方考试管理特别委员会，为中学生们出题和批阅试卷。1873年时，作为学校扩展活动的一部分，另一个组织校外教学的特别委员会成立。这两个委员会共用一个秘书，但各自还有一个单独的助理秘书。1881年初，地方考试委员会的助理秘书位置正好空缺。内维尔的朋友们大多都不主张他去申请这个位置，而是建议他集中精力争取学术工作机会。这时在伦敦大学学院因为W.S.杰文斯的去世而正好有一个经济学教授的位置。马歇尔为他写了一封热情洋溢的推荐信，虽然信里在措辞方面会有些习惯上的夸大，但它表明了马歇尔对他所寄予的厚望。但是当内维尔拿到了那份行政工作之后，他决定撤回对经济学教授位置的申请，这个位置后来给了福克斯威尔。内维尔的决定使佛萝伦丝感到失望。后来她的孩子们，尤其是梅纳德的成功给了她极大的安慰，使她得到从内维尔的事业上从未真正感受到的快乐；而对有着极其

第 1 章 王朝起源

聪明头脑但却没有野心的内维尔来说，他能鼓励他的孩子们，却不同他们竞争。

既然在剑桥有了一份工作，他们就需要有一个剑桥的家。他们决定在哈威路为已婚教师的新"开发"区里买下一幢即将动工建造的房子。房子的蓝图于11月定下来，在接下来的冬天和春天里，房子一点点地盖起来，预示着新生活的开始。

婚礼的时间与内维尔1882年结束彭布罗克研究员一职的时间正好凑在一起。内维尔与布朗一家的关系更加融洽了，"杰茜与我终于像兄妹应该做的那样互相亲吻了"，他在1882年2月的日记中这样写道。他也承认他变得非常喜爱瓦特，感到婴儿肯尼斯"可爱"，并且越来越喜欢布朗先生的布道，他的演讲使他得到一种平静安详的感觉。

约翰·布朗写信给佛萝伦丝说内维尔是一个"可爱的好小伙子"，他可以相当放心地让她离去了。佛萝伦丝"好几次歇斯底里地大哭"，而艾达·布朗也禁不住地哭了。索尔兹伯里的情形也是一样。1882年7月17日，这是"跟妈妈和玛丽姑姑告别的日子，令人担心的是，对她们俩来说，这就像是索尔兹伯里的家要破碎了一样。但是我相信，我的结婚终究会使母亲得到的要比失去的多"。从安娜·凯恩斯在内维尔新婚后不久写给他的一封信中，可以看出她埋藏在心底的感情，在这封信中她也谈到要到剑桥来住的想法：

话说回来了，我应该对佛萝伦丝有更多的了解。像你一样，她是一个非常沉默寡言的人，所以我不可能十分了解她。我很确信她对人们的好意是领情的——但是仍希望更多一点的表示——毫无疑问，总有一天她会得到的。你知道吗，亲爱的内维尔，你亲爱的父亲是一个多么可爱和充满柔情的丈夫——我非常怀念所有那些爱和柔情，这种怀念随着时间的推移就变得更加厉害——也许这使我变得更加敏感。你认为佛萝伦丝会高兴我住到剑桥来吗？她从未说过她希望我这样做——布朗太太也未说过……好了，所有这一切都只是我们之间谈谈，最亲爱的内维尔。一切都会好的，我知道，但是仍然……我感到这是一个好机会把我一直所感受的东西说出来。你知道我为你的幸福感到多么的欣喜，毕竟，这比任何个人事情对我都更加重要。

随着婚期的临近，内维尔和佛萝伦丝比以往更加互相依靠以寻求彼此的支持。她在充满柔情的散文中重申她的爱情，而他则以沮丧的诗句来重申他的爱情。她敦促他不要唠唠叨叨地老是说自己不行，而他则写道："我亲爱的人！她还不知道她可能会因为我的

第一部分 责任与善行

原因而受罪！"8月12日，他从彭布罗克研究员的位置上正式退下来。若不是因为"难以抑制或控制的疑虑害怕"，他应该已是一个完完全全幸福的人了。"我最深爱的女孩子很快就要成为我亲爱的妻子。只要我能保持说得过去的健康……"

内维尔的惊恐不安一直持续到最后一刻，1882年8月15日，他娶佛萝伦丝为妻。在拜德夫特举行的婚礼基本上是一个以布朗家为主的场面，由佛萝伦丝的父亲所主持的整个婚礼过程"由于它的真诚和简朴而令人十分动情"。（穿着象牙色织锦缎衣服的新娘比新郎要高出一英寸半。）婚礼后，他们即前往瑞士去度蜜月。

在以后的岁月里，他们携手共度了67年的婚姻生活，直到1949年内维尔在97岁高龄时去世。从所有方面来看，这都是一个完美的爱情组合。在他们结婚14周年纪念日那天，内维尔在日记中写道："我们现在在一起……比以往任何时候都更加幸福。实际上，确切地说来，我们的婚姻生活是一个未曾间断的幸福。"三年后，他又写道："一年又一年，我越来越为自己当年选择我的妻子时所表现出来的惊人的远见卓识而感到庆幸。"确实，人们很容易相信，如果没有佛萝伦丝那岩石般的支持和精神力量，那么内维尔在工作上能够坚持下来的铁一样的纪律早就瓦解了。至于内维尔对具有佛萝伦丝这样脾气的人是否是一个理想的丈夫却不是那么确定。随着他的生活变得渐渐平静下来，她的雄心壮志毫不留情地从丈夫身上转移到儿子身上了。

蜜月之后回到英国，他们为新家买了家具，并于1882年11月11日入住哈威路6号。这时，佛萝伦丝"基本上整天都是病恹恹的"，而她的母亲告诉了她"是怎么一回事，我们两人都感到吃惊"。这样，他们才开始晓得自己快要做父母了。在1883年2月18日的日记中，内维尔写道："我们是如此的幸福。我们太幸福了吗？我们需要承受痛苦的训练吗？对'这个小东西'我们想了和谈了很多很多。"

1883年6月5日凌晨3点，阵痛开始，内维尔向他的母亲报告说：

> 9：30时我来到门口站在外面听……佛萝伦丝不时地发出一声声轻微的呻吟（他们说她非常的坚强）；9：45时，我听到一阵喧闹声，然后布朗太太来到门口说是个男孩（这应该是个打击——我想要一个女孩子——但是我想您会满意）……他们说这个男孩长得和我一模一样，那是够丑的了……给他起名约翰·梅纳德，你认为如何？这是我们建议的……

第 1 章　王朝起源

约翰·布朗从拜德夫特写信来:"我喜欢你们提议的这个名字——约翰·梅纳德·凯恩斯,听上去像某本明理小说中的严肃的主人公的名字。"

第 2 章

剑桥文化：赛吉维克和马歇尔

1 权威危机

梅纳德·凯恩斯出生在一个特殊历史阶段的特定文化当中，是这种文化的最重要的产物之一。他既继承了这种文化的追求和抱负，也继承了由此所产生的紧张因素。他是在这个文化的伟大人物们的影子下长大的。这当中最著名的人物有亨利·赛吉维克和阿尔弗雷德·马歇尔，二人都是他父亲的老师和同事。他的思想风格和生活方式都毫无疑问地带有剑桥的烙印。凯恩斯的第一部传记作者罗伊·哈罗德经常会谈论凯恩斯成长过程中的"哈威路6号先决条件"，其实，剑桥文明才是更具本质性的先决条件。因此，不明白剑桥的这一文化遗产，就不能真正地理解凯恩斯。

维多利亚时代的剑桥知识分子们深受宗教信仰危机及其最终所产生的衰退的影响，而19世纪60年代是剑桥人失去他们宗教信念的十年：爱德华·卡宾特、莱斯利·斯蒂文、亨利·赛吉维克、阿尔弗雷德·马歇尔和阿瑟·巴尔夫全都属于60年代的"怀疑"学生。这个十年起自1859年达尔文发表《物种起源》一书所造成的轰动影响，而终结于1867年产生的第二议会改革法案。上帝的死亡和大众民主的诞生差不多同时出现，把人们的注意力一起奇妙地集中到了个人行为与社会秩序的问题上。

维多利亚时代的社会秩序以福音派教义及社会服从为基础，正是在这块以"既定秩序"为组成成分所构成的岩石上，英格兰及苏格兰的启蒙运动思想家们建立起了以个人、个人利益及个人选择为基础的政治、道德及经济的哲学理论体系。他们从未设想过个人利益及个人选择能在基督教义框架以外得到实现，也从未设想过能在不受现有社会结构的限制和调和的情况下得以实现。而当这个保护体制面临土崩瓦解的威胁时，他们唯一所能求助的只剩下个人主义；这样他们立刻就面临另一个问题：如何保证个人选择的总和能产生出一个理想的社会结果？在排除了天堂给予的奖励之后，如何确保个人幸福能与社会责任相协调？

在所有的机构中，历史悠久的大学受基督教信仰危机的冲击最为直接。过去，他们所从事的知识传授活动主要是围绕着神学或神学上的思考来进行的，他们为英国国教提供所需的神职人员，是维护既定社会秩序的一支不可缺少的支撑力量。但在此时，神学正失去其对道德的影响控制以及在政治上的功用，学校的学生已不再或至少不那么热心地寻求供职于教会的机会，在这种情况下，这些传统大学如何继续发挥它们的社会功能呢？

这些问题主导着大学的改革运动，而回应的措施之一就是向不信奉国教者敞开大学的校门。内维尔·凯恩斯能在剑桥得到一席之地正是这种改革的结果。采取这项措施的基本动机是保守的——防止出现一个竞争的、或持异见的知识分子阶层。从这方面来说，这项措施是成功的：除了一小批费边主义者以外，此后60年中对英国思潮稍有些影响的人无一不是出自牛津或剑桥的教育制度；这与前60年的情况形成了鲜明的对比，在前面60年里，大多数改革派知识分子都是来自大学以外的世界。毫无疑问，英国式的绅士概念的相对包容性帮助了知识分子的这种整合。人们只会以先生来称呼内维尔·凯恩斯，尽管他的父亲从11岁就开始当制刷学徒工。

然而，知识分子阶层的整合统一还只是部分答案，并不能解决宗教衰落的全部问题。通过这种整合，大多数知识分子精英希望得到或提供一种权威学说——这种权威性具体表现在专家们拥有被赛吉维克称之为"不受压制的共识"权力。最初，人们期待哲学，尤其是道德哲学来完成创造这样一种学说的任务，期待道德哲学能为一个世俗时代提供真正的信仰。

后神学知识分子从道德哲学中汲取了两个主要传统概念：直觉主义和功利主义。这两个概念都有神学的根基，但是可以做非神学方面的推广发展，因为二者都要求以人类理性思考作为出发点。区别这二者的最简单的方法就在于，在行为方式与结果之间，直觉主义不管行为所造成的结果如何，只按照行为方式的好坏来宣称其为正确的或错误的；而功利主义则认为行为的好坏必须以结果来判断：好结果的定义，按照功利主义中的边沁主义学派或享乐主义者的看法，就是增进人的幸福。实际上，这两种概念所诉诸的是人类理性思考的两个不同方面：第一种情况可以泛泛地称之为良心；而第二种则被称为工于心计，二者都是以一定的知识作为先决条件的：直觉主义以道德官能所产生的道德知识为先决条件；而功利主义则以对结果的知识作为先决条件。因此，以好的动机为基础的哲学和希望得到好的结果的哲学二者之间就产生了对立矛盾。

这种哲学观点上的歧见也造成在政治内涵上的意义深远的影响。功利主义哲学观点旗帜鲜明地指出，任何体制和实践活动只要不通过实用的考验都应该被取消或改造，因此自然成为那些在现存统治阶层以外的人所信奉的纲领。与之相对应，直觉主义则成为统治阶层内的人所信奉的哲学。早期功利主义者威廉姆·巴雷指出，任何建立在固有思想基础上的道德体系都"会从已形成的概念和实践活动找出理由和借口来"。这当然也是约翰·斯图亚特·穆勒的观点，他称直觉主义为"伪哲学和糟糕制度的强有力的理性支撑"。借助于直觉论，他写道，"出处已被人们忘却的那些长期形成的根深蒂固的信念和那些强烈的感受都可以无须以理服人。"而在直觉主义阵营中，剑桥最著名的直觉论者，三一学院的阿达姆·赛奇维克和威廉姆·维威尔则认为，功利主义破坏了"那种通过传统……道德和宗教教育所传下来的、并一直维护着人们已习以为常的美德形式的尊严"。对赛奇维克来说，"功利主义培养了一批不择手段地大肆攻击社会制度的年轻人，使得大胆的犯罪想象永远存在下去"。但绝对没有必要把这些论战看得过于认真，因为这些哲学上的辩论都是在被大多数人所接受的宪法规定的框架内，同时也是在神学传统内展开的，其"宽泛"性（或细微性）足以让大多数理性的人感到满意。19世纪的英国并不真正存在像欧洲大陆上的那种保守派与自由派、教权与反教权之间两极分化的状况。在欧洲的大多数地区，知识分子的能量集中在争取民众统治形式的运动中，而与之相反，英国的知识分子力量则被动员起来限制这种运动所会造成的后果。

实际上，一旦社会观念发生变化，这两个哲学派别之间的差异很容易弥合。19世纪后半叶开始，作为功利主义思潮主要来源的新教徒知识分子被英国国教逐渐吸收接纳。自然，从体制内看问题比从体制外感觉上要好得多。另一方面，直觉论者们看到神学支柱正在瓦解，也更加愿意支持那些可以为他们的装满"直觉"的潘多拉盒子找到根据的主导原则。两个学派都为宗教信仰的衰退所引起的社会问题担忧。除此之外，历史学、社会学和法学等学科在研究中强调许多现有制度的功能特点以及被早期启蒙哲学家斥为迷信的风俗习惯的功能作用也促使这两个哲学派别在观点上更加靠近。在这样的情形下，著名的且具有深远影响的维多利亚式的妥协就产生了。在此妥协中，直觉论者被说服接受了以实际功效作为检验理论学说和行为的最终手段,而功利主义者则承认现行社会体制毕竟也有它实用功利的方面。通过这种哲学观念上的调和,具有改良保守主义特色的英国传统获得了与之相适应的理性解释,并因此在这个工业时代中得以成功地生存下来。甚至工人阶级运动也被迫在一定的理念框架内争取其政治和行业目标,而这些理念的主要(尽管不是唯一的)来源就是这种哲学妥协的知识分子代表人物。23

然而,互相竞争的这两个哲学学派的理性合成还远未达到圆满,哲学家们只在涉及社会本身这个主题时才达成一致意见,而当牵涉到社会行为与个人行为之间关系时,合作就产生了困难。而最终结果表明,把社会哲学与道德哲学两者在同一的非神学理念框架下结合起来的做法是行不通的。社会哲学一定要用到功利主义,而道德哲学则发现难以接受功利主义的观念。

为了理解这个困难的表现形式,人们必须回顾一下维多利亚时代的某些特征。简而言之,对于那些生活在维多利亚时代的长于思考的人来说,在许多方面他们既不能得到审美上的满足,也没有什么个人幸福可言。一方面,文化活动与非文化活动之间的分工变得越来越明显,老派绅士式的文化,包括求知与艺术,同这个大大扩张的工商业、赚钱和政治活动的世界尖锐地对立。另一方面,一个广义上的清教徒式的道德观取代了18世纪较为宽松的道德规范标准,从而在社会责任的名义下对个人道德提出了更加严格的要求。由于这两方面的原因,维多利亚时代在取得物质和社会稳定等成就的同时,却因文化匮乏和精神极度紧张而付出了昂贵的代价。当神学一旦不能继续为善于思考的维多利亚时代的人在道德与社会要求之间提供一种大家公认的联系时,文明生活的理想与社会"需求"之间、个人幸福与社会责任之间的矛盾就开始暴露出来了。

这些矛盾正是大学改革运动的中心议题。摆在改革者面前的问题是如何在保持一定文化水准的同时,又能满足一个围绕挣钱而组织起来的社会所提出的需求。所采取的措施就是接受具有更广泛代表性层面的精英人才,但是以老派绅士文化去教育他们。希腊文被保留为入学的必备条件;以古典文学和(在剑桥)数学为基础的学校课程安排仍然严格地保持非专业化。通过这些措施,大学学府既保证不会被商人的儿子们所淹没,而且(更重要的是)他们的毕业生将不会去从商。以前,他们的毕业生大多会成为神职人员;现在,他们会去从事教育、公共服务以及像律师、医生这样需要学问的职业。这种教育的主旨是为了给20世纪上半叶的英国公众生活培养很少受工业社会习性污染的领袖人物,希望这些人对利益动机产生根深蒂固的反感。这样一种教育方法对英国究竟是有利还是有弊

第 2 章 剑桥文化：赛吉维克和马歇尔

仍在无休止的辩论当中。但是，从更小的范围来看，它也为英国造就了一个统治阶层，他们把公职生活的价值看得比私生活要低，认为它不过是对个人的种种追求的一种牵制。

个人生活应该与公众生活保持距离，并且在某种意义上二者是相互对立的，这样一种日益增长的感觉破坏了企图将二者加以调和的哲学意义上的努力。尤其是破坏了约翰·斯图亚特·穆勒试图将社会哲学和道德哲学在功利原则下结合起来所做的尝试。但穆勒也没有完全失败，通过采纳那些对他进行批判的直觉主义者们的"主要实证观点"，他对许多现行社会实践活动成功地做出了功利主义的解释。但是他在把他的社会学说与他的道德学说相联系时则远远不够成功。

穆勒的自传对维多利亚时代的"中年"危机进行了极具才华的剖析，它所提出的两个问题对帮助理解凯恩斯年代的剑桥文化有着十分重要的作用。首先，当个人幸福与由社会责任所提出的需求出现分歧时，人们应该如何处理这种分歧？再者，幸福或享乐是人类行为的合适目标吗？有没有什么仍然值得人们去做而不需要用功利原则来证明是合理的事情？有没有这类情感值得人们去培养？也就是说，对一样东西，如果不从功利角度来衡量，它自身是否还具有一定的价值？事事不如意的苏格拉底与万事如意的傻瓜相比，难道前者就一定不比后者更幸福吗？

穆勒成功地促使剑桥边沁主义学派去思考社会政策的层面。穆勒的功利主义、剑桥的数学以及剑桥新教教徒的道德意识是构建剑桥经济学派的主要成分，此学派的创始人是阿尔弗雷德·马歇尔。但是，穆勒把剑桥的道德哲学转变为边沁主义学派。亨利·赛吉维克，一个与马歇尔同时代的伟大人物，曾经尝试过，但也未能修复穆勒在边沁主义堡垒中打开的缺口，因此为G.E.摩尔留下了可乘之机。摩尔吸取了剑桥传统中的某些其他特色并以此打造出了剑桥道德哲学学派，一个反边沁主义的学派。社会哲学与道德哲学在剑桥孕育长大，但逐渐开始分家，并且再也没有重新回到一起。梅纳德·凯恩斯的一生则是在这二者之间曲折前进。

2　剑桥氛围

维多利亚时代后期的剑桥有两个主要人物是我们所感兴趣的，他们是亨利·赛吉维克和阿尔弗雷德·马歇尔。他们俩基本上是同时代人，赛吉维克出生于1838年，马歇尔出生于1842年。两人都为伦理学荣誉学位教授课程，赛吉维克于1882年成为道德哲学教授，而马歇尔则于1885年成为政治经济学教授。他们都有着崩溃中的神学所带来的困惑并由此而积极参与本质上基本相同的尝试：寻找某种能对神学的权威性起到替代作用的其他思想体系。他们两人都意识到这种尝试必须与维多利亚时代的基调相妥协，像穆勒一样，他们两人都是妥协者和集大成者。但是当赛吉维克把努力集中在伦理道德观的整个体系上时，马歇尔则把注意力放在实用道德论的一个分支上，而他所注意的分支就是经济学。这种差异的产生是由才智资质和性情气质上的差别所造成的。赛吉维克是一个古典学者，马歇尔则是数学家，失去宗教信仰对赛吉维克所造成的个人打击要比对马歇尔大得多，因此赛吉维克希望能有所作为的雄心就更大。这种努力完全是为了以世俗哲学取代神学来作为所有社会行为和个人行为的科学基础所做的一种尝试。马歇尔很快就意识到这种尝试注定是要失败的。他认为，经济学如果从道德哲学中分离出来，将会有大得多的科学拓展潜力。这种不同看法反映到剑桥学科组建上，引起了一场旷日持久的争辩，马歇尔为使经济学从伦理学荣誉学位考试中分离出来而挑战赛吉维克。这场争斗一直持续到赛吉维克去世才以马歇尔的胜利告终。赛吉维克不仅在这场学术思想争论上输了，而且在体制问题上也输了。他的《伦理学方法》一书（1874年）不仅被他自己，也被广泛地认为没有达到他早先所制定的目标；而马歇尔的《经济学原理》（1890年）一出版就立即被接受为权威性著作。但是，赛吉维克的失败远称不上是彻底的，因为他的失败并未能阻挡其他人继续寻找伦理学科学基石的努力，许多受基督教熏陶培养的知识分子仍然认为他们需要一个权威性指南来引导他们的生活——而这些从经济学上是得不到的。

赛吉维克是一个具有多方面素质的人物，问题是他的这些方面互相之间不相包容。他一生都在努力寻找一种哲学能使各方面的世界观磨合成一个整体，但是他失败了。这些自相矛盾的看法只能在永恒中得到调和，而永恒又是赛吉维克所不相信的东西。他是卡莱尔笔下典型的维多利亚时代的知识分子，"没有信仰，但对怀疑论又感到害怕"。

赛吉维克是一位英国国教牧师的儿子。1858年取得剑桥古典文学和数学二门学科的第一名。他成为剑桥三一学院研究员的时候正是神学影响衰退、而穆勒的影响处于巅峰阶段的时期，所以毫不令人惊奇，他全盘接受了穆勒的功利主义思想，从而失去了自己的宗教信仰，尽管他仍然需要信仰。他于1869年辞去了三一学院研究员的位置，因为他发现他不再能够认同英国国教的三十九条教规。在他那个时代，赛吉维克应属于具有最

第 2 章 剑桥文化：赛吉维克和马歇尔

佳社会关系的人之一，他在充满着维多利亚时代的焦虑的各种社交场合，如果称不上毫无痛苦的话，至少也算得上是毫不费力地交往自如了。通过他姐姐与E.W.本森，这位未来的坎特伯雷大主教的婚姻和他自己与阿瑟·巴尔夫，一个上升中的保守党政治家的妹妹的婚姻，他有着进入英国国教上层和政治高层的通路。但是，即使教会和政治权贵二者加在一起也不能告诉他应该怎么办。为了找到答案，他探索的领域涵盖从阿拉伯语言到心理现象研究，其范围之广可称得上是个奇迹。此外，他还深深地卷入到一些同性恋朋友，如约翰·艾丁顿·西蒙等人的麻烦中，与他们一起谈论诗歌并攻击他们的诗作。他的头脑就像一扇窗口，从中可以看到维多利亚时代的各种各样的病症。

确定无疑，正是这些多姿多彩的个性表现给梅纳德·凯恩斯留下了深刻的印象。凯恩斯偶尔会和赛吉维克一起打打高尔夫球，1906年他对赛吉维克有过一段精彩的描述："他从不做任何事情，只是在那里思索基督教是否是真实的，是否有确切的意义。他随后证明它不是真实的，但又希望它是的。"为了使个人幸福和公众责任之间达到和谐，赛吉维克感到他还是需要他已经不再信奉的基督教。但是真正到了关键时刻，他不会因为"神秘的象征性享受"而放弃他的理性。因此，他最终，用他自己的话来说，仍旧是一个"残废的知识人士"。

像穆勒一样，赛吉维克也认为人们应该以增进总体幸福为目标来指导自己的生活。但是，如果这需要他们牺牲自己的幸福，他们将会如何去对待这个问题呢？并且再进一步，有些品质、想法和生活方式，尽管与增进或减弱个人或整个世界的幸福毫无关系，也会被人们从本能上得出好与坏的评判来。这些矛盾被赛吉维克在其1874年出版的《伦理学方法》一书中郑重地提出来，但却未能得到满意的解答。被赛吉维克称之为适用于道德判断的三种"方法"分别为合乎情理的利己主义、直觉主义和理性的善行。

赛吉维克把合乎情理的利己主义（以增进自身的幸福为目的）与理性的善行（以增进全体幸福为目的）这二者之间的关系称为"伦理学中意义最为深刻的问题"。他认为人们应该按照后者来行事，但是他连自己也不信服这样做会使人们感到幸福。他写道，"我们不能在经验基础上满意地证明在功利主义责任和履行这一责任的过程中个人所得到的最大幸福之间存在着不可分割的联系"，因为我们没有"经验"凭据证明上帝的存在，上帝的认可"当然将永远足以使每个人都有尽其最大努力以促进全体幸福的愿望"。

赛吉维克感到他可以比较成功地解释第二对矛盾，即直觉主义与合乎情理的利己主义之间的矛盾。他认为，直觉主义与功利主义并不对立，因为被我们认为是好的事物也会

第一部分 责任与善行

有着要使世界变得更加美好的倾向,因此,直觉产生的大多数道德判断以及由此而制定出来的道德标准也都能从功利主义的角度得到解释。

在确定人之不死是建立一个完整连贯的道德体系的必要条件之后,赛吉维克将他后半生的绝大部分时间都用在发现可以证明永生的经验性证据上。他接受心灵研究会会长一职,试图能与死去的人进行接触。可是不幸得很,这些研究所产生的主要结果在"相当大程度上加强了我的关于人类总是轻信奇谈异说的看法"。1883年他当选为剑桥道德哲学的骑士桥讲座教授,但是此次当选却导致了他的精神危机,这可从他下面的日记摘选窥见一斑:

1886年1月28日:
  我一直在面对这样一个事实……我们没有,并且很可能永远不会有,人死后还会存在的经验性证据。因此,不久的将来,作为一个有理智的动物——尤其是作为一个职业哲学家——我有责任去考虑,在这样的情况下,人类每一分子应该在什么样的基础上来构建他的生活。15年前,当我撰写一部伦理学著作的时候,我倾向于康德的看法,即我们必须假设灵魂在人死后仍继续存在以达到责任与幸福之间的协调一致,在我看来,这种协调一致是理性道德生活所必不可少的。当初我开始极其认真地寻找经验性证据时,我想至少我可以暂时做这样的假设。但是如果我确认我的这种寻找努力失败了,我最终还能明确地做这样的假设吗?我(这样做)能与我对真理的整个认识和达到这种认识的方式方法相一致吗?如果对所有这些问题的回答都是否定的话,我还有任何道德体系吗?如果没有的话,我还能继续做一名教授吗?……

赛吉维克在灵魂不死"假设"上的失败正好是发生在一个特别令人担忧的时刻。19世纪80年代的经济倒退使得"失业"这个不祥字眼第一次出现在1888年出版的《牛津英语词典》中。在经济麻烦出现的同时,还伴随着出现了其他一些引人注目的事件,如1884—1885年间将公民权进一步延伸到工人阶级,爱尔兰出现恐怖主义和民众不满,社会主义的复活,还出现了帕内尔、约瑟夫·张伯伦和伦道夫·丘吉尔勋爵这样善于蛊惑人心的政客。种种现象表明一个新的、令人高度不安的时代的到来,在这个时代中,政治理性将被愚昧和疯狂所替代。与罗伊·哈罗德对英国物质发展"强劲向上"趋势

第 2 章 剑桥文化：赛吉维克和马歇尔

所做的充满信心的描述相反，下面一段摘自赛吉维克在1885—1886年间的日记反映了他的忧虑：

1885年1月26日：
　　阅读日新月异不断增长的英国工商业成就，一种好奇并混合着为国担忧的感觉从心底油然而生；我们显然已经过了所有的相对的顶峰阶段，因此与过去的历史发展相反，我们将开始走下坡路；但是，我们不知道这种衰落将会是灾难性的、毁灭性的打击呢，还将是一个逐渐的、无痛苦的过程？我担心，这才是唯一具有实际重要性的问题；但是谁能回答这个问题呢？

　　虽然赛吉维克未能建立起一个自圆其说的道德体系，但是他从对社会问题推理的角度缔造了剑桥边沁主义，在像剑桥这样一个以培养数学而不是古典人才为目标的大学里产生边沁主义也许本来就是一个不可避免的发展事态，这种事态又对人们的认识产生了重要的影响，使人们感到只有以享乐主义为基础发展起来的哲学才能对社会政策提供精确的推理：阿尔弗雷德·马歇尔就是赛吉维克时期的剑桥的产物。但是另一方面，赛吉维克又把剑桥的道德哲学弄得面目全非，直觉论得到恢复，但却掺和着黑格尔主义，并以更具活力的唯心主义形式表现出来。道德哲学的大本营本来也不在剑桥而是在牛津，其领军人物是牛津大学的哲学家布雷德利和T.H.格林。剑桥已经变得批判性太强，太经验化以致不能接受道德哲学的形而上学形式，其出路将留待G.E.摩尔去为剑桥建起一个与边沁主义和形而上学二者都相脱离的道德体系。就像马歇尔一样，摩尔也是从赛吉维克的失败中所孕育出来的产物。

　　如果说赛吉维克给他的学生传授的只是他的疑虑的话，那么阿尔弗雷德·马歇尔给他的学生传授的却是一种使命感。马歇尔是英国经济学学术的创始人，他给予经济学一个新的科学的和道德的权威性使之至少能够代替过去一直由神学所担当的一部分政治功能，而这部分功能又是哲学所不能替代的。

　　马歇尔来自一个有着广泛社会关系并具有教会背景的知识分子家庭。他的数学资质是从中学时期开始发展起来的，因此大学他上的是剑桥而不是牛津，他于1865年以第二等优等生的资格从剑桥毕业。这时，他对数学的喜爱还不足以改变他自己或他家庭对他将来担任神职的计划；正像梅纳德·凯恩斯在他的以优美笔调撰写的对马歇尔回忆中所描述的那样,"科学家和布道者的双重性格在他以后的生命路程中一直伴随着他",而这两种性格对形成剑桥传统经济学都起了一定的影响。众所周知的怀疑宗教的危机只是到了19世纪60年代中期才发生,这时也恰逢他与赛吉维克的圈子有了最初的接触,"经过一小段时间的挣扎之后,他的宗教信仰一点点地消失了,他成了……一个不可知论者"。马歇尔从未感到他需要以基督教来支撑他的道德观念,他只是简单地把他服务于上帝的精力转而用来服务于经济学。走过贫民窟,看着人们的面孔,他确信美德在很大程度上取决于经济状况,因此经济状况的改善是促进美德的最重要的条件。

为了把经济学提升到一个适当的位置以充分发挥其增进道德进步的功能,大量的重建工作有待完成。作为一个经济学家,马歇尔开始他的生命之作的时刻正是这门学科的科学基石被打碎之时,杰文斯和其他一些人从主观效用的角度挑战古典价值理论的核心部分,即产品的价格取决于它的生产成本。然而理论混乱(或理论太多)对经济学所造成的威胁还不是最主要的,更大的威胁来自于方法论上所产生的危机。经济学自诩是一门具有内在的、不因时间和地点而变化的规律的科学。这个信念从两个方面受到挑战:一方面是社会学家,他们认为经济学只能有限地解释人类的局部行为;另一面则是德国历史学派,他们认为每个时代都受制于它自己的发展规律,而这些规律只能通过历史才能得到发掘。而问题争辩的环境则更让人不能清楚地分辨究竟谁是经济学家。19世纪70年代初的情景在福克斯威尔看来,"好像科学已被不同观点的交战所替代了"。[29]

经济学在道德上的权威性这时也处于低潮,由亚当·斯密及其追随者所创建的古典政治经济学由于不能为慈善动机提供任何理论依据而与维多利亚时代的福音派教义相悖,因此批评家们要求以道德标准来限制财富创造活动的权力。与此同时,除了道德上的关注以外,也有政治上的担忧。维多利亚时代的伟大的道德主义者如卡莱尔和罗斯金强调,基于古典经济学家说教而制定出来的社会政策会通过破坏现有社会关系而造成无政府状态和革命,这一说法触动了维多利亚时代人的敏感神经。

马歇尔决心要为这个正在失去控制的经济学界恢复秩序。1885年2月,在他担任剑桥大学政治经济学教授时所作的题为"经济学的目前状况"的就职演讲中,他为自己定了三项任务:加强经济学的科学权威性;使经济学与维多利亚时代的道德和政治氛围相匹配;把剑桥最优秀的人才吸引到这个学科上来。在他任职剑桥讲座教授的23年中,只要他身患的忧郁症不妨碍,他总是竭尽全力地去实现这三大任务。

马歇尔是经济学领域的集大成者,他利用著名的一把剪刀两面锋刃的直喻,把生产成

第 2 章 剑桥文化：赛吉维克和马歇尔

本和主观效用价值理论调和起来，并由此建立起了与旧学说的连续性，而杰文斯则认为对旧理论应当发动一场革命。对价值理论的基础命题——即价值由供需的均衡点来决定，他进行了一般性的解说，使之同时适用于分配理论和货币理论，而在此之前，这两个理论一直被认为是受毫不相关的规律所制约的。马歇尔对结束方法论上的争辩也起了重要的作用，他认为经济学是一门具有"可测动机"的科学，按此科学，任何行为都有其经济的或可计算的一面，但是他并不认为人们的目标只是为了增加他们的物质财富。尽管马歇尔自己在历史学上的看法，按照J.S.尼考松的说法，"是模糊的、老派的和极其薄弱的"，但是从总体上他也赞同德国历史学派对经济学的看法。马歇尔的真正创见在于他对时间和局部均衡的处理，它使得剑桥经济学有着与所有其他学派迥然不同的风格，也使得梅纳德·凯恩斯在40年后能够构想出他自己的《就业、利息与货币通论》。在把英国经济学发展成为一门能提供专门训练和有统一评判标准的专业学科上，马歇尔所做的主要贡献是于1903年设立了剑桥的经济学荣誉学位考试。

通过把道德演化理论糅合到他的经济学中，马歇尔实现了他给自己设定的第二个目标——使这个重建的科学与开明的中产阶级的道德渴望相一致。马歇尔认为，商业活动中的美德培养因素并不亚于商业活动本身，具体说来，"产业和企业的自由经营"是与发展两类美德相联系的：一方面是精力的花费、主观能动性和企业家精神；另一方面是合理性、节俭、勤奋和商业信誉。马歇尔还认为，物质条件的改善会通过对人的基因的直接影响而自动地培育出一种更为优良的性格类型，即更具活力和更愿意自我奉献的类型，因此资本主义的长远效应是使需求"道德化"。

马歇尔绝对不可能抱怨他被人误解，1890年他的《经济学原理》一书出版，像梅纳德·凯恩斯所说的那样，"立刻获得完全的"成功。

马歇尔要吸引"有新颖头脑、独立见解和有天分的年轻人"来学习经济学的目标最终也实现了。到20世纪20年代时，有200多剑桥学生攻读经济学，而到了80年代时则已增加到450人。

通过马歇尔的生活和工作，维多利亚时代对权威性社会教义的渴望在剑桥经济学派找到了最重要的表现形式之一。梅纳德·凯恩斯与此传统的关系正是这本传记的中心议题之一，这种关系从来都不是一帆风顺的，其原因就在于马歇尔的成就还不够完备。马歇尔已经阐述了如何能够使现有道德标准服务于社会而不是上帝，但是他的工作没有揭示如何去改造这种道德标准以使个人能够有一个更为幸福和更加文明的生活。马歇尔本人

第一部分 责任与善行

并未在做这方面的工作时感到任何压力，但是赛吉维克感到了，许多其他勤于思考的维多利亚时代的人也感到了。对下一代人来说，重组个人生活而不是重组社会似乎才是更为紧迫的问题，尤其是19世纪八九十年代的社会和经济阴霾已被爱德华七世时代的灿烂阳光所驱散之后，就更是如此。

第 3 章

在剑桥长大

1 哈威路6号

31　　梅纳德·凯恩斯出生于1883年6月5日,是三个孩子中的老大;妹妹玛格丽特出生于1885年2月4日,而弟弟杰夫里则出生于1887年3月25日。他是在哈威路6号长大的,一座"既不吸引人也没什么特色"的房子。这座房屋属于为已婚年轻教师建造的小区的一部分,土地属凯由思学院,当时在镇子的外面。房子的正面有双层,窗户是略向外突出一点的半弧圆形,而被孩子们戏称为"墓地砖"的深黄色砌砖让人感到沉闷。整幢房子包括地下室一共有四层,居住舒适,但因常年总有大约九到十人住在里面,所以也并不能算得上太大。

梅纳德出生的那年,内维尔把隔壁的房子也买了下来,想着他妈妈也许会搬过来住在那里。但是这个计划并没有得到实现,佛萝伦丝担心"婆婆会在一些小事情上不断地做些暗中的批评"。因此,安娜·凯恩斯没有搬到隔壁,而是于1885年搬到附近的白特曼街的希尼别墅居住。星期日的时候,内维尔大多都会带着孩子们过来和她一起喝午茶,并幸福地睡上一会。至于他隔壁的房子——哈威路5号,内维尔过了很久之后将其一楼的一间房间变成了自己的书房,而其他部分则租给了其他有家室的教师。内维尔的房产购置并未就此结束,1895年他又以1070英镑的价钱把他母亲隔壁的房子——白特曼街55号买了下来。

凯恩斯家的房子里没有什么东西可以激发美学上的感受力。内维尔的父亲在索尔兹伯里时曾买过些画像,但是除了一副小小的乔治·莫朗德的画以外,其他甚至按照维多利亚时代的标准来看,也都是些名不见经传的作品。佛萝伦丝和内维尔很少买新的画作,不过1889年，她在客厅里挂上了一幅由弗雷德·沃克所作的名为"一个下雨的日子"的版画。音乐也不是他们生活的一部分，只是偶尔去听听吉尔伯特和沙利文的音乐会，内维尔也到了后来才开始收集歌剧咏叹调的唱片。

取代艺术的是自然。哈威路本身连着开阔的田野，佛萝伦丝后来写道，"我的孩子们从儿童室的窗口可以一直看到巴尔曼牧场的那一边。周末时，做牲畜买卖生意的商人们把他们的牲口集中在牧场那里以为周一的市场做准备，奶牛的哞哞叫是我们非常熟悉的声音。除了在火车站路上的房子以外，我们和高戈斯（马高戈山）之间确实几乎没有任何东西。"从哈威路到镇上去，要么走路，要么坐二轮马车或双座的出租马车，凯恩斯家自己没有那种剑桥的一些著名人家如杰布家所拥有的四轮马车。自行车出现在19世纪80年代，但是凯恩斯家直到1895年才在梅纳德12岁生日时为他买了一部不踩踏脚靠惯性滑行的自行车。没过多久，梅纳德在骑车时与一辆双座出租马车相撞，伤了小手指。他父母亲一年后也开始学自行车，也同样不够成功，内维尔尤其感到几乎不可能上下车，而佛萝伦丝则总是忘记用刹车，经常从自行车上摔下来以至于内维尔试图阻止她继续使用自行车。

每年7月的时候，内维尔和佛萝伦丝都喜欢两人单独离家到苏格兰或瑞士去度上两个星期的假，而整个8月再加9月的一部分时间里，整个家庭包括孩子、仆人和亲戚一起出发到诺福克郡、德温郡、约克郡或康沃去租一幢房子住上六个星期。圣诞节一般在拜德夫特的牧师住宅中度过，在那儿，他们在冰冻的乌兹河上滑冰和参加星期日的全套主日活动。内维尔喜爱探望他的岳父母们，但是不喜欢听他们多谈政治和宗教。

像维多利亚时代的大多数中产阶级一样，凯恩斯夫妇也喜欢阅读大量的书籍，而读小说是家庭的主要娱乐活动，他们通常都是大声地为全家朗读。他们读维多利亚经典著作，也读一些轻松作家如安东尼·霍普和里德·哈格德的作品。内维尔和佛萝伦丝对法国文学作品有些不太喜欢，感到它们低级趣味，但是却对《安娜·卡列宁娜》情有独钟，认为它是"一本精彩的书"。内维尔还是剑桥和伦敦的热情戏迷，但是他的口味传统，虽然他感到易卜生戏剧"非常有意思"，但是绝对不会成为易卜生的崇拜者，因为他发现他不能原谅在《玩偶之家》里娜拉对她丈夫和孩子们的抛弃。生活里已有足够的离恨别痛，人们指望从艺术里得到振奋和解脱，而不是更多的悲观失望。

除了偶尔去看看戏剧和哑剧以外，家庭娱乐主要还是通过读书和各种各样的游戏与业余爱好来避免无所事事的无聊。内维尔的业余爱好已到了一种着迷的地步。作为父

第 3 章 在剑桥长大

亲,他的一个最大优点是能够融合到孩子们的兴趣中去,并且在不越俎代庖的情况下把他们的兴趣变成自己的。当他还是一个年轻的未婚教师时,他就喜欢下棋、打网球,现在尽管不如以前那么活跃,但仍然保持参加这些活动。他还发起了哈威路读书和惠斯特牌俱乐部。梅纳德三岁时显露出对邮票的兴趣。在1887年3月20日的内维尔日记中,我们可以看到一段颇有意思的记载:"没想到在我现在已经老了的时候(他当时34岁),我又开始集邮了。"到1895年,内维尔有大约8000枚邮票,梅纳德为这些邮票所做的估价是2000英镑。哈威路的夜晚,当佛萝伦丝在一边为他大声地念书的时候,内维尔会把这些邮票十分好看地、整整齐齐地排起来欣赏。每个星期日上午,他都要在他的书桌上放一堆被他选剩下来的邮票,让孩子们轮流从中挑选一张,这个过程会一直持续到所有邮票都被选完。"拿着邮票目录册,他们仔细地研究各种邮票的价值并据此进行选择,这样做让他们既学会了如何使用目录册,又学到了有关其他国家的许多知识,"佛萝伦丝教训似地评述道。1895年8月3日,内维尔的日记第一次提到同杰夫里和玛格丽特一起去捉蝴蝶。杰夫里后来除了喜爱昆虫学以外,对收集和分辨化石也有很大的兴趣;他父亲则以当年在考伦敦科学学士时所学过的知识来帮助他。但是父亲没有像俩兄弟一样把他们的收集癖好延伸到书籍收藏上。玛格丽特的兴趣主要是在手工艺品、绘画和园艺上。

内维尔的最大爱好始于1892年,这个爱好主宰了他的中年生活。那一年的9月20日,在诺福克郡的谢灵汉姆,他的朋友亨利·邦德在倾盆大雨中把他和佛萝伦丝引进了神秘的高尔夫球世界。内维尔那天的日记列了"一批特别糟糕的击球",而这篇日记不过是成打的类似日记的第一篇,这些日记大多都记得很长,其中记载着如何努力克服他那不听指挥的手臂挥舞问题,其干劲之大,一点也不逊色于维多利亚时代的人与罪恶抗争的精神,而二者的结果都同样徒劳无效。内维尔设法使梅纳德也喜爱上了高尔夫球,梅纳德对此项运动的兴趣保持得比集邮还长,父子俩在一起打高尔夫球一直持续到第一次世界大战。在整个90年代,他们经常一起去离剑桥有几英里的罗尔斯通高尔夫球场打高尔夫球;在赛吉维克于1900年去世的几个星期之前,梅纳德还曾与他在那儿打了一圈高尔夫球。1900年间,梅纳德会在假日里陪他父亲去打高尔夫球。

假期里,全家还会通力合作办上一份报纸,这个习惯在整个90年代里一直保持着。梅纳德和他的父亲都喜爱玩文字游戏,尤其是双关语,也喜欢把几个词的第一个字母互相调换位置从而使它们具有不同的意义。像许多没有什么运动才能的孩子一样,梅纳德只从统计的角度对这些体育运动感到极大的兴趣,搜集汇编击球手和投球手的平均得分数。1896

第一部分 责任与善行

年夏天,只要下午有空,他都去与哈威路相连的凡勒板球场地看大学比赛。他与父亲坚持不懈地记录他们的高尔夫球成绩,事物所具有的可测性使他们二人都十分着迷。

在哈威路6号的天地里,仆人是一个永久的、不可缺少的部分。在梅纳德孩提时代的大部分时间里,凯恩斯家都雇有三个佣人:一个厨师、一个客厅女佣和一个保姆,而在佛萝伦丝怀孕期间和生产之后还会临时多雇些帮手。1892年来了家庭女教师莱克斯顿小姐,她在那儿待了有两年时间,之后又相继有过两个德国家庭女教师。对那些来到哈威路以后又到其他地方去了的佣人们,大多数情况下我们也就只知道他们的名字。

两个德国家庭女教师,奥特曼小姐和休伯小姐给梅纳德的德文打下了良好的基础,在以后他开始写作《论概率》一书时,德文对他是一门不可缺少的语言。梅纳德的家庭比较偏爱德国,这在当时并没有什么特别异常之处,尤其是在受过教育的人的圈子里,德国仍是哲学和科学的家园,不是大马靴(指还未变成好战之国——译注)。佛萝伦丝在上剑桥纽汉姆学院之前,就曾去布朗博士在波恩的牧师朋友那里住过好几个月;而玛格丽特和杰夫里在成年前也都曾在德国住过一年。与很多其他家庭一样,凯恩斯家对法国人不太看重。从梅纳德成人后的思想中,我们能看到这种早期家庭环境影响的痕迹。

支撑凯恩斯家这种生活方式的经济来源从来都是充裕的,而且还逐年在增加。按照马歇尔的说法,一个有家室的、"整天从事紧张脑力劳动的"人一年至少需要500英镑的收入。而内维尔和佛萝伦丝结婚时已有1000英镑的年收入,其中600英镑来自内维尔所继承的遗产(其中的一部分现在包括哈威路上的二幢房屋,总共花了2000英镑多一点);另外的400英镑则来自内维尔作为考试委员会助理秘书的津贴以及教课和监考的收费。他们所需要交纳的所得税也不高,低于每英镑6便士的惩罚性税率。他们也没有人需要赡养,安娜·凯恩斯有着自己足够的收入来养老,1891年时她的年收入达到700英镑。内维尔一般每年能节省下来400英镑以添加到他的资产上去,他们每年的两个长假期都已包括在那600英镑的总开销里了。这些度假费用本来也不贵,夏天时租上一个很大的农庄,一个星期也不过约5英镑。1889年,内维尔和佛萝伦丝在比利时度了10天假,总共才花了23英镑10先令;而1891年在瑞士度假一个月,费用为68英镑。

随着梅纳德渐渐长大,他的父母亲也更加富裕起来,资产和收入都在往上涨,而物价却在往下降。到80年代末期,凯恩斯家的年收入平均为1400英镑,支出为1000英镑。1892年,内维尔升为地方考试委员会的秘书,工资也随之增加到500英镑;而到1896年时工资更增为775英镑。内维尔在管理钱财上是个易于紧张的人。70年代后期时,内维尔

第 3 章　在剑桥长大

已是一个有着自己独立收入的单身汉,他把收入中的一部分用来与弗兰克·蒂凡一起进行投资,蒂凡是他从小在索尔兹伯里一起长大的朋友,这时是劳埃德航运公司的保险商。但是,后来的情况表明蒂凡这边并不可靠,内维尔发现从该保险业上所得的利润还不足以抵消它所带来的"担忧和焦虑",因此就从中退了出来。他后来又在锡矿上面投资,曾估计其价格会达到600英镑,但是1888年6月30日,他对锡的价格下跌感到十分担心。到1900年时,他的总资产已超过24000英镑。他母亲于1907年去世,他继承了更多的财产,所以到1908时,他所拥有的资产已增到38000英镑。但是他的脾气和性格决定了在每一次形势稍有些不利时,他马上就会感到已是大祸临头了。其实,在今天的人看来,他的位置是多么的稳定,他总是越来越富,而自己又没有做多大的努力。

　　内维尔对自己的富有感到心安理得,享受起来丝毫没有过意不去的感觉。具有浸礼会的宗教背景,他在政治上的起点是传统的自由派,但对改革却没有太大的热情。1878年内维尔有机会与格莱斯顿一起共进早餐,知道母亲会"高兴地看到居然会有这样的好事落到我的头上"。但是他天性悲观和紧张,没法成为一名坚信不疑的自由派分子。他认为格莱斯顿的第一个爱尔兰自治法案"完全是个很糟糕的法案",而张伯伦和哈丁顿对此法案的批驳是"非常有道理的"。在1886年6月8日的日记中,他写道:"我对格莱斯顿的信心已经打碎了;我害怕我对民主本来一直就不太强的信心也会被打碎了。"1886年,像剑桥的许多其他自由派知识分子一样,内维尔投了保守党的票。如果要内维尔描述自己的政治观点的话,19世纪90年代里他会把自己称为自由派反爱尔兰自治分子;而20世纪的头十年里,则是自由派帝国主义者。但是长期以来,他真正的政治直觉却属于保守派。1898年和1900年在选举学校校务委员会时,他曾两次让他的名字既上保守派,也上自由派的竞选名单。在涉及社会党人、社会主义和工人阶层的事务时,他尽管从来没有激烈反对过,但却变得越来越缺乏同情心。

　　他的保守主义产生的一个重要根源是他对礼仪的注重和喜爱,他受政治的华丽排场而不是其实质问题所驱动。他也是颇有点社交势利的人,能遇上贵族,哪怕就是离贵族靠得近一些都能使他变得容光焕发。他曾给八岁的梅纳德写信道:"我们有幸能与奥地利皇帝的女儿,瓦勒瑞大公夫人同坐一辆火车旅行。"这种感慨是高层次人物在他心里所引起的一种典型感情表白。内维尔的这种表现与梅纳德在一般情况下对权威所表现出来的不够尊重和喜欢嘲弄的态度形成了鲜明的对比。但是梅纳德也同样过分看重外观和世袭地位,这部分地反映了新教教徒知识分子在适应上流社会生活的过程中所会产生的一种精神状态。

佛萝伦丝的自由主义色彩则有着更鲜明的多样性,她的直观以及家庭传统都促使她寻求自我改进和普行善事。在她和内维尔互相朗诵浪漫诗歌的热火劲头过去之后,佛萝伦丝便开始把注意力转向夜校、母亲聚会以及马歇尔的讲课。1890年秋天,她给母亲们所作的有关健康的讲座吸引的人数大大超过了内维尔给吉尔通学院的女生们上逻辑课的人数。佛萝伦丝对医学确实有兴趣,她的弟弟瓦特和妹妹艾丽丝都成为医生。她非常注意她的孩子们的身体健康,给他们吃补药,尤其注意不让他们受风,也许是因为她自己的父母不太注意这些事,所以才使得她有这方面的特殊担心。1895年2月,她的公众生活有了一个确定的方向,她成为慈善组织社团的剑桥秘书,从那以后,她的社会工作以纯粹布朗家的作风铺展开来了。"她是一个多么热心助人的女子啊!"内维尔五年后给在伊顿公学读书的梅纳德写信时这样说道,"如果有什么东西可以遗传,那么她的孩子们当然也应该有一种责任感。"但是私底下,他却为佛萝伦丝的责任感而焦躁,总是想让她少做一点公益工作,他不喜欢看到她不在家里。内维尔完全是一个居家男人,佛萝伦丝也是一个认真的妻子和母亲,但是她需要能引起她全部身心共鸣的更伟大的事业。话说回来,就是撇开她自己所取得的成就不说,梅纳德所能给予她的那种满足感也足以替代了她对内维尔的失望。梅纳德从父母那继承了一份有不同意义的遗产,他的父亲代表着私人乐趣,而他母亲则代表着公众乐趣。

2 内维尔的焦虑

梅纳德10岁时,他父亲已成为学校的全职行政官员,把他原来在学术工作上的才智能量转移到对他的孩子们的关注上。内维尔未能在资深伦理学者的位置上再进一步发展让他的同事们感到十分的失望,但是却符合他自己的脾性。他的头脑明晰缜密但不太富有创造性(他也许会成为一个很好的法官或政府文官),但是缺乏创造性并不是阻碍他在学术事业上发展的真正障碍,他的真正障碍在于缺乏干事业的渴望或紧迫感。内维尔采取的生活策略是尽量减少对自己的压力,在他一旦不需要去"讨好别人"之后,他为自己制定的任务就包括诸如减少过度紧张。减少紧张压力的一个办法就是投入到业余爱好中,而另一个办法则是从事智力要求不高的工作。马歇尔年轻时曾放弃那些"没有出路"的活动，与马歇尔相反，内维尔则放任自己把越来越多的精力投到这类活动上去。让自己超脱在学术同事们可以进行评判的范围之外，让人们以不需要付出极大努力的标准来评判自己成了他追求的目标。

这个目标并不是一下子达到的，当时对他在学术上能有所造就的期望值很大，他自己也期望有所建树。梅纳德平安出世后不久，1883年7月5日，内维尔就他讲课所得体会开始撰写"一本有关形式逻辑的问题与练习的小书"。他写作的速度很快，到7月14日时，他已经完成了62个问题，而可怜的佛萝伦丝则不得不在假期的夜晚里做这些问题的解答。到27日时，他开始把书的内容扩大到包括术语、命题和演绎推理。到了9月，书稿已经差不多完成了。他的写作感受并不特别好，懊恼自己没有能力把它写成一本"真正的符合最高标准的文学作品"。10月27日，他在日记中提到詹姆士·沃特"对我这本书的内容相当不快，他最多只会说它是准确的——而这当然是不言而喻的"。《形式逻辑的学习与练习》一书于1884年由麦克米兰公司出版，得到了他的剑桥朋友们的一片赞扬声。此书有一定的新意：（第四部分）尝试在传统逻辑的框架内推出一种布尔代数，但是避免使用数学符号。内维尔认为逻辑符号的意义应该尽可能地靠近论题原始叙述时所使用的语言，这是具有标志性的剑桥知识分子的风格；也是梅纳德·凯恩斯所继承的风格。内维尔后来又对此书做了几次修改，于1906年确定了最终版本。在这个题目上，他没有再做任何进一步的工作，因为他感到他已经走到了路的尽头。

这本书，就像所希望的那样，为他争取到伦理学学科的一个讲师位置。他的第二本书也是他授课的副产品。在1885年2月16日的日记中，他写道："我已经决定在牛津教一门关于政治经济学方法的课；我也想就同样的题目写一本小书。这将是我暑假里打算要做的工作。"正是马歇尔把他拉回了经济学。马歇尔在离开布里斯托大学后去了牛津，曾从那里给内维尔写信暗示，待在考试委员会只能是浪费才能。1884年11月，亨利·弗赛特去世，马歇尔被选中继任剑桥的政治经济学教授，这意味着在成功地任教于牛津的巴利奥学院四个学期之后，他现在要离开了。马歇尔希望内维尔可以到牛津来接替自己，他给凯恩斯接连不断地发电报和写信召唤他，同时也争取到佛萝伦丝的赞同。马歇尔急于要在牛津建起一个"科学的"经济学前哨基地，他认为内维尔这个他的最好的学生，是驻扎在那儿的最佳人选。

马歇尔的全力游说为内维尔争取到了在巴利奥学院的一个临时讲师位置。在此压力下，内维尔产生了相当剧烈的胸口痛，他因此开始怀疑自己还能再活多久。但是最终，他还是完全听从了马歇尔的劝说，同意在1885年的冬季学期或夏季学期里每星期去牛津教一天的课。内维尔发现，牛津是一个比剑桥更加美丽的小城。他在那儿的教学对象主要是准备参加印度文官考试的报考者，人数众多，对教师都比较尊重，但内维尔从没有产生出马歇尔式的要在贫瘠的牛津经济学文化园地上辛勤耕耘的热情。尽管巴利奥学院当时在乔伊特的领导下，如梅纳德·凯恩斯后来所说的，"正处于其最辉煌和最出名的阶段"，但是内维尔从未喜欢过它。他不喜欢牛津人，感到巴利奥学院"对我可能太过注意了"。此后，他也再未做过同样的尝试。实际上，在结束牛津的工作之后，内维尔也放弃了在剑桥教授经济学的工作，因为马歇尔回到剑桥也减少了对他在这方面的教学上的需求。

马歇尔式的经济学艺术是协调各种不同学派观点以便为经济学重新获得被福克斯威尔称之为"在立法和事务上的权威性"。而内维尔的第二本书基本上就是对这种艺术的一种练习。J.S.尼考松1885年曾抱怨说，经济学所需要的不是在方法上的更多争论，而是"有效地运用正确的方法"。而内维尔·凯恩斯则认为，只有等到演绎派、归纳派和道德学派之间的方法论之争得到解决之后，经济学才能具有实际影响。这一点在1885年时是有一定合理性的，但是到1891年当内维尔的这本书出版时，方法论上的争论已经有点过时了。这本350页的书综合了合同术语和各持己见、各成门户的种种方法论学派，是一本企图在各学派间达成妥协的书。像他的第一本书一样，他的研究把这个题目引上了"绝路"，尤其是就他自己来说，在这个问题上已不可能有所突破了。

这本书的整个写作过程所花的时间相当长——长达五年之久——部分原因是其他工作占据了内维尔的时间，部分原因则是由于别人对此书的批评所带来的沮丧。剑桥有一个习惯，即传阅正在写作中的著作，这个习惯对于那些自信心较强的人比较适应，而对像内维尔这样自信心不够强的人来说则是一种意志考验。1888年，他已经完成了该书第一稿的写作，请马歇尔阅读以提供意见，马歇尔则打碎了他想尽早发表此书的希望。在1888年4月21日的日记中，内维尔写道，马歇尔"使我感到非常的沮丧"，"他特别指出我应该就德国人的著作先做上一年的研究，然后再全部重写。"而更为困难的是，内维尔并不通德语，因此只好由佛萝伦丝来做有关德国经济学家的研究工作。与此同时，在1888年和1889年的整整两年时间里，马歇尔把他自己正在写作的《经济学原理》一书的大量草稿交给内维尔，请他阅读。对此，内维尔一点也不吝啬时间，非常慷慨地回以长长的、认真的评语。当然也有观察家认为，内维尔"太缺乏自信，太自我贬低"，因此不能提供很有价值的评语。这种情形所产生的部分结局是，马歇尔的书很快写就并于1890年夏天发表了，而内维尔则因松松垮垮而落在了后面。

1888年1月，牛津大学的政治经济学教授博纳米·普赖斯去世。马歇尔立即给内维尔写信："我很高兴地听说你打算去竞争这个位置……"内维尔则解释道："我自己还是第一次听到这个消息。"他考虑到"一方面我的书很不幸地还未发表，另一方面我对离开剑桥，丢下我在这儿的工作感到可怕"。赛吉维克、沃特和马歇尔都建议他应该去争取，他的岳父布朗博士也认为"你现在所做的与地方考试有关的工作与你的知识才能不相称……"而福克斯威尔则劝他留下来：

> 请不要走。把研究集中在一个特定地方会有大得多的成效，就像工业地方化一样能产生许多同样的优势。你的离开会给我们的伦理学团体留下一个极难恢复的破损的伤口。

福克斯威尔又以较为轻松的语调继续劝说道：

> 如果你漂流而去远离你的停泊处，还有什么意思成为一个定居下来的恋家男人呢！想想你的搬迁将会对你的儿子所造成的影响，他也许会长成一个机智的人但却无礼，并最终成为一家低级趣味报纸的业主，或一个流行政党的中心人物，而不是仿效他父亲的高贵榜样，成为一个具有精确清晰头脑的剑桥人，为志同道合的事业默默地奉献自己的一生和有价值的服务。一个人死在朋友们的爱戴中，受到有头脑的人的尊敬而又不为大众所知才有真正的价值，是最值得的了。

内维尔不抱任何希望地申请了这个位置，当经济学家索罗德·罗杰斯得到这个位置时，他也没有感到任何的遗憾。

但是马歇尔并未停止他的唠叨。当时他正为成立经济学协会（后改为皇家经济学学会）做筹备工作，而与协会同时筹办的还有协会的专业杂志（第一期《经济学杂志》发行于1890年），马歇尔想要内维尔做杂志的编辑，内维尔谢绝了。他告诉马歇尔，这个工作将"会给我带来太多需要担心的事"。取而代之，埃奇沃斯做了该杂志的编辑。

1911年,梅纳德·凯恩斯接替埃奇沃斯担任杂志的编辑,梅纳德从不会在这种挑战面前退缩。埃奇沃斯曾努力劝说内维尔为杂志撰稿,但并不成功:"不幸的是,我并不具有作家的快笔头,实际上,我做任何文字工作都不快。"

《政治经济学的范畴与方法》一书终于在1891年1月由麦克米兰公司出版。内维尔把不同学派之间的方法论争论转变成为一项如何进行正确分类的工作,认可演绎法在处理事务中的首要位置——"首先确定过程中的主要作用力,然后推出它们的结果。"然而所推出的结论必须接受历史和统计数据的检验和修正。而伦理学的作用则在于提供判断经济行为的道德标准。这本书因为"它的众多的读者人数和无偏见性与准确性"而受到赞扬。借助此书的强势,内维尔被授予科学博士学位(doctorate),这使四岁的儿子杰夫里感到焦虑,想知道他父亲"如果成了医生(doctor),是否还和我们住在一起"。该书中非常引人注目的德文资料来源的工作主要是由佛萝伦丝完成的,但她的工作却未在书中得到承认和感谢,而她的丈夫在以后的版本中也未对此遗漏做任何修补工作。在一片赞扬声中也夹带着一种该说的都已说完了的松一口气的感觉,"因为我们不能否认,"埃奇沃斯在《经济学杂志》上写道,"我们对那些已得到权威们基本……同意的问题继续进行质疑的做法已经感到有些不耐烦了。"

通过写作一本抽象逻辑学和一本应用逻辑学的书,内维尔已环绕游历了他的全部学术兴趣。他当时只有38岁,之后又活了60年,但是除了对英格利斯·帕尔格雷夫的《政治经济学辞典》做了一些贡献和偶然的随笔以外,他的笔从此只限于修订原有的著作、写日记和信件以及起草会议记录上了。如果他早一点完成他的第二本书,也不排斥到别处落脚的想法时就得到一个教授位置的话,那么即使才气不够,责任感可能也会促使他以他那清晰、缜密、刻苦的方式去写更多的书。

可是他应被人尊敬而不是怜悯,因为他既然已经无话可说,自然应该知趣地保持沉默。事实上,在《政治经济学的范畴与方法》一书出版之后不久,他在考试委员会的上司,G.F.布朗,成为圣保罗大教堂的教长,这样,内维尔就于1892年继任布朗而成为地方考试委员会的秘书,工资一年500英镑。马歇尔最终承认执拗不过内维尔,他在给内维尔的信中写道:"我从来不确切地认为这个工作对你合适;但是我一直确知你是这个工作的合适人选。"成为考试委员会大楼里的主管让内维尔感到如鱼得水。现在行政工作占据了他越来越多的时间,那年晚些时候,他被选入大学评议会的理事,梅纳德后来也曾任职于该理事会。六个月后,内维尔成为该理事会的名誉秘书长,并从此成为其不可缺少的角色。1894年芝加哥大学聘请他为政治经济学教授，他拒绝了。他回信说，他的"根在剑桥已经扎得太深，没法再考虑移到其他地方去"。但是他把信的最后一句话画掉了，"我感到我会一辈子在这里住下去"。

3 梅纳德的早年生活：1883—1897年

父母两人都给小家伙梅纳德迷住了：内维尔感到他可以连续几小时一直看着他，尽管也会担忧他是否能"身心健全"地成长起来。梅纳德天生舌头短，在做了一个小手术后，佛萝伦丝终于能给他正常地喂奶直到九个月后断奶；但不知是不是因为这个原因，梅纳德长大后讲话稍有些口齿不清。1884年3月24日，内维尔在他的日记中写道，"佛萝伦丝说她对孩子爱得如此强烈以至于成了一件相当伤脑筋的事。对我来说，我可以说，他的笑容和他那向我伸过来的小胳膊成了我一生所曾拥有的最大快乐之一。"

但是梅纳德并未因父母的爱而得以逃避其因犯错误而受到的惩罚，在两岁到七岁之间，他经常挨打，有时甚至会受到"鞭笞"，而这往往是当"他脑子里有个坏思想在引诱他不干好事时"。七岁之后，这些惩罚停止了，大概这时开始有些"讲道理"了。梅纳德和杰夫里二人还都是小孩子时就做了包皮割除手术，显然是为了使他们停止手淫。我们不能确切地了解手术的日期，只是大概地知道手术是1891年在伦敦做的，当时杰夫里四岁，梅纳德八岁。

按照那时的道德标准，内维尔和佛萝伦丝是慈爱和细心的父母，甚至有些过于细心了。内维尔的日记表明，从一开始他就被梅纳德迷住了——超过他对另外两个孩子的迷恋。佛萝伦丝显然没有保留日记，因此不太容易了解她对她的孩子们的感情，或她是怎样一位母亲；杰夫里·凯恩斯的回忆录也未能对此缺憾有所补救，因为在他的回忆录中，对作为父母的佛萝伦丝和内维尔只有一句普普通通的话。佛萝伦丝最喜欢梅纳德的原因并不清楚；从兴趣和做伴上来说，她应与玛格丽特更为亲近，胜过与两个男孩中的任何一个。她不像内维尔那样易于表露自己的感情。父亲与母亲之间也存在着差别：随着孩子们的逐渐长大，父亲的兴趣逐渐变窄而转向家庭，而母亲的兴趣则向外扩大面向社区。

对于他的母亲，梅纳德的感情随着时间的推移发生强弱的自然变化。在六岁到八岁之间，他与母亲的关系特别的亲近，而与父亲比较疏远。正是在这段时间里，他称佛萝伦丝是他在"全世界的最伟大的朋友"和他的"可以寻求避难的城市";在这段时间里,光是看着她就能使他感到无比的幸福,他什么事都想学她,像她一模一样,永远不离开她,或者作为另一种选择,是想要内维尔为他找一个像佛萝伦丝一样的妻子。对他的不良行为,有时所有其他方法都无效,只有求助于他对母亲的爱才能使他有所矫正。从1891年起,他的父亲开始逐渐更多地进入情景,对邮票的共同爱好把梅纳德和他的父亲吸引到一起。从八岁往上,中学、大学以至于成人,梅纳德与他父亲的关系是一种必不可少的关系。后来,当他的父亲退缩到漠然中时,这种关系又发生了变化。这些关系的不寻常之处在于它们一直延续了有62年之久,这使每个人都有很多很多的时间去适应其他人不断发展变化的个性与兴趣。

像人们所猜想的那样,梅纳德与他妹妹玛格丽特的关系要比他与弟弟杰夫里的关系更近些。20个月的年龄差距毕竟要比45个月更容易沟通些,玛格丽特是他可以进行说教的第一对象。然而,除了年龄差别以外,他的思维发展也比另外两位要快得多,这一条使得他比较愿意与年龄较大的人相处。一个显然定格在杰夫里的早期记忆中的他与梅纳德的孩提关系是1897年当梅纳德得到伊顿公学奖学金时,他冲上去想拥抱他的哥哥,但是却被不耐烦地推到了一边。在与他差不多年纪的人的关系上,梅纳德可能与佛萝伦丝的小弟弟,只比他大四岁的肯尼斯"舅舅"的关系最近。哈威路上有的是年轻教师们的孩子,但是只是到了伊顿以后,朋友对梅纳德来说才变得重要起来。

他是一个瘦长、孱弱的孩子。佛萝伦丝和内维尔早就得出结论认为他不够强壮,他们的家庭医生,"个子很高、有着一副忧郁面孔和态度"的威瑞医生也有着同样的看法。三岁之前,梅纳德经常生病和腹泻,后来则经常发烧,他的父母感到,梅纳德的头脑发育比起他那羸弱的身体来说是太过活跃了。他经常要被家长从学校接走或被允许不做家庭作业,其部分原因就是他那不平衡的体质发育所造成的。他的身高经常隔一段时间就会猛地往上蹿了一大截,这种快速发育使他感到筋疲力尽,他14岁时就已经比他的父亲还要高了。

从六岁起,梅纳德就确信自己是"出奇的丑,认为从来没有人真正地像他一样如此之丑"。这不只是一种儿童时的幻想,他多年后告诉利顿·斯特拉彻,这是一种"他一直"痛苦地承受着的"确定的、经常的、不变的、摆脱不掉的想法"。梅纳德12岁时与妹妹和弟弟一起拍的照片显示出他根本不是如他自己所认为的那样。乔治·埃利奥特形容他的面容"看上去就是一副一般男孩的模样,并不能看出任何特别的地方";但是也不能说一点也不吸引人。事实上，他有着一副不同寻常的面孔，聪明，机警，充满了个性，与他相比，在他边上的弟弟和妹妹看上去则仅仅是比较可爱。这个被他父亲称为"小虾子"的梅纳德，有着引人注目的高颧骨，眼里和嘴角带着少许柔和的笑容，当时就显示出来将来是个不同凡响的人物。

　　他周围的人都坚信他将来一定是个很聪明的人，会大有作为，然而如果他最终没有成为这样的人，那么失望的人则远远不只是他的曾外祖母，但是人们从来就没有怀疑过他们的判断力。远在梅纳德两岁之前，佛萝伦丝就担忧他"脑子用得太多"。梅纳德的早熟是出了名的，多年后他的剑桥同事C.R.费伊写道："我听说当他还只有几个月大的时候，一位护士敦促他喝一种讨厌的药，而他则通过严谨的说理辩论而带总结性地证明他对这种药物的需求弹性指数为零从而驳倒了那位护士。"但是按照他父亲笔下对这位萌芽中天才的描述来看，所记录的大多数事实反映了一位杰出少年的不俗表现，但是可以确信还没有达到约翰·斯图亚特·穆勒的成就标准。一位对儿童早熟颇有见地的鉴赏家也许会津津乐道于这位未来的经济学家在四岁半时对利息所下的一个定义："如果我借给你半个便士，你过了很长时间以后才把它还给我，那么你必须还给我这半个便士还要再加另外半个便士，这另加的半个便士就是利息。"当然他的经济学理解并不完整，这表现在他在德皇威廉二世发表了像战争宣言一样的演说后，认为所有的椅子（而不是股票）会发生崩盘。作为一个才华横溢的少年，他有着口无遮拦、脱口而出的习惯，说出的话往往会令人感到尴尬。有一个星期天，全家人正要离开教堂，梅纳德以清晰、响亮的嗓音说道："我最不喜欢的人就是这些祈祷者。"一次复活节在金顿郡，玛丽·凯恩斯姑姑犯了一个"少有的错误，因为她"在说"him时说成了im"，梅纳德立刻直接且很严肃地指出，"我认为him的拼音中有'h'这个字母。"当时他还不到六岁。当他的父母亲告诉他伤害别人的感情是不对的时候，他也完全没有丝毫退让的意思，他回答道："爸爸妈妈经常伤害我的感情。"在他六岁生日时，他把妹妹玛格丽特弄哭了，因为他向她论证她是一件东西从而使她觉得有一种侮辱感。他的论证是这样的，"她不愿意成为一件不存在的东西，如果她不是一件不存在的东西，那么她一定是某件存在的东西，但是如果她是某件存在的东西，那么她就是一件东西。"逻辑学家W.E.约翰逊造访凯恩斯家，决定进一步继续此次谈话。他说道，"你称玛格丽特为一件东西，但是东西能说话吗？这张桌子是一件东西吗？""是的。""那么，它不能说话，而玛格丽特可以说话。"梅纳德泰然自若地回答道："有些东西不能说话，而有些东西能说话。"

成人之后，梅纳德回忆起他父亲的社交圈子时颇带感情：

> 破天荒头一次，在剑桥的已结婚的人的圈子里，以学院的头儿们的夫人和一些教授的夫人占主导的狭窄社交圈子头一回扩展了。几个最有名的年轻教师，尤其是伦理学院的年轻教师，娶了纽汉姆住宿学院的学生。这种丈夫之间再加夫人之间的双重纽带关系就组成了一个小小的、非常坦率且颇具个性的有教养的社交圈。在我少年时代时，这个社交圈正当处于鼎盛阶段。因此当我长到一定的年龄第一次可以被邀请去参加午餐或晚餐时，我所去的地方正是这些人的家。我记得那是一种洋溢着温暖家庭气氛和知识分子情趣的令人怀念的氛围，这种氛围在今天这个各色人等混杂且扩大了的剑桥校园里已经很难找到了。

杰夫里补充道，梅纳德"从很小时就为参加学术上的讨论而做好了准备"。W.E.约翰逊，头脑缜密细致，性情温和，是内维尔最亲密的朋友，玛格丽特和杰夫里所上的学校正是他的妹妹哈蒂所主持的圣母学校。梅纳德记得约翰逊和内维尔一起在没完没了的午餐中争辩逻辑要点。严肃而可爱，有着一把飘拂白胡子的赛吉维克是他们的高尔夫球和晚餐的伙伴。而另一位朋友是哲学家兼心理学家詹姆士·沃特，他自称是"一个易怒、易激动的家伙"：凯恩斯和沃特两家人夏天时会一起到河边去野餐。既是藏书家又是经济学家的赫伯特·福克斯威尔是他们的另一位朋友，1898年结婚时也搬到哈威路上来了。行为古怪但令人着迷的阿尔弗雷德·马歇尔是哈威路6号的常客，他来的目的常常是为了讨论问题而不是共进晚餐。内维尔的朋友中还包括剑桥以外的经济学家——詹姆斯·波纳、亨利·威克斯蒂德、罗伯特·吉芬和英格利斯·帕尔格雷夫。毋庸置疑，这样一个社交圈子的教育所起到的效果正如梅纳德的曾外祖母写信给他时脑子里所能想象的，"你一直住在剑桥，所以你将会非常聪明"。

五岁半时，梅纳德开始上帕斯女校的幼儿园。1889年年底，他显示出算术上的"才能"。但是"梅纳德的神经似乎非常衰弱，"担忧的父亲在1889年10月10日的日记中写道，"他一直不停地眨眼睛，有时还会把眼睛可怕地翻上去，只露出白眼珠。"10月30日，他的这种阵阵抽搐变得如此可怕，威瑞医生诊断他得了西登汗姆舞蹈病或圣维突斯舞蹈病，可能是夏天时他所患的风湿热的后遗症，因此他只好短暂地休学了一段时间。

第 3 章 在剑桥长大

一年后,即1890年的12月,梅纳德表现出数学上的"能力";但是出于某种原因,他离开了这所幼儿园以图更好的发展,在家里接受了一年的教育。

1892年1月,他作为非寄宿生开始了在位于特朗平顿路上的圣菲斯预备学校的学习生活。这所学校由拉尔夫·古得恰尔德创建和主持,拉尔夫是一位粗暴的维多利亚式的教师,但是如果一旦发现"学术上可造就的人才",他会对他们加以特别的关注。但是内维尔反应迅速且敏感地阻止了对梅纳德的过早开发:

> 显然(内维尔于1892年2月12日写信给古得恰尔德),梅纳德觉得下午的功课时间太长。他有时回到家——就像今天——感到过于疲劳。我将非常感谢如果他能够不留在学校里改正作业上的错误,而是放学后先直接回家,然后在晚上改正错误……他还抱怨说,在被留在教室里的时候,有一个比他大两岁的叫沃森的寄宿生曾用尺子打他的头和拧他的手腕。孩子自己并不愿意我给您写信,因此希望您目前不要对沃森或其他孩子说起此事,对此我深表谢意。如果我听到任何类似的事件再次发生,我将会给您再写信。

到了3月的时候,父亲注意到梅纳德"做起算术和代数时速度很快",同时也得出结论认为他在"体育运动上不太可能超过他的父亲",而现在要注意的主要问题是不能让古得恰尔德对梅纳德敦促得太过分。梅纳德10岁不到就学完了第一册欧几里得教科书,开始做代数里的二次方程式和用算术来计算股票,用拉丁文写作奥维德式的长长散文,并用英文写作《大力士阿贡尼斯特斯》。

他的父母担心这些学习活动会影响他的健康,因此1893年秋把他转到拜德夫特,他的外祖母布朗太太为此专门重新执起教鞭。布朗太太十分惊异梅纳德"在文学上所显示的总体能力和兴趣大大超出了他的年龄。她说他做事情非常认真,但是不太能扎实地运用"。那一段时间里梅纳德经常得到这样的评语。但是内维尔并不十分满意拜德夫特的教育尝试,"梅纳德已经回来了,并没有达到预想的目标,"内维尔在1894年1月2日的日记中写道,"佛萝伦丝对他的身体失调也许注意得太过分,但是在拜德夫特,他们却是另一个极端,对他的饮食丝毫也不关心,并且当他不能很好地表白自己时,他们还会取笑他。"

然而尽管如此,正是从拜德夫特回来以后,梅纳德的学业开始真正起步了。1894年7月,经过内维尔在考试技巧上的指点,梅纳德第一次在考试和课堂作业上取得领先地

第一部分 责任与善行

位,而他的这一领先地位从此在圣菲斯学校学习期间就一直没有动摇过。他的优势稳固地建立在数学上,他现在已确认是具有数学上的癖好。从1894年10月起,每个星期四天,每天两小时的额外数学辅导。11月30日,他父亲注意到"梅纳德自己已经发现了对若干两位数采用方程式 $(x+y)^2=x^2+2xy+y^2$ 进行平方的方法",这是梅纳德娴熟于代数的第一个迹象,代数是他数学上的强项。那年的12月,他的老师赫特,也是一位剑桥的优秀毕业生,对梅纳德是这样评价的:"在学习上往往是很杰出的,但很快容易感到厌烦并且在困难面前不愿坚持下去。"第二年7月,内维尔松了一口气,因他注意到"学习看来对他并不是一件苦差事,并且他看上去身体也比以前要强壮得多了"。梅纳德能极快地领会重点,但对细节则粗心大意。古得恰尔德告诉内维尔"两小时的功课他可以在不到一半的时间里完成",令人吃惊的是,"当我检查这些功课时,我自己还未看到他的错误,他却已经看到并开始改正那些错误了。"那段时间里,梅纳德对代数已经到了走火入魔的地步,以至于在全家做祈祷时,他发现自己嘴里喃喃念的是,"让妈妈等于 x,让杰夫里等于 y。"

他在学校里受欺负的日子也远远而去,他的个子相对他的年龄来说是很高的。从拜德夫特回来后不久,他的个子一个劲地往上蹿。1896年年底,古得恰尔德写信给内维尔说,梅纳德站在那"比学校所有的男孩都要高得多",他所指的既是身高也是智力。

> 毫无疑问(他的弟弟回忆道)……他的同学们差不多都是敬畏地看着他。他有一个小走狗,整天跟在他后面帮他背书包以交换得到帮助和保护;而另一个男孩则与他签有用血封的"商业合同",保证在任何时候都不得离他近于15码。这些故事都不是虚构的,我到现在都还记得那第二个男孩的名字。

梅纳德在哈威路上也建立起了威信,鞭笞早已成为历史。在假日里他现在可以晚上睡得晚,而早晨不到接近中午是不屑下楼吃早餐的。他也可以使用内维尔的书房,在那儿读书。当父母假日外出时,梅纳德则很有经验地为他们的信件进行分类,对此内维尔表示感谢"我亲爱的私人秘书"。梅纳德在家里的地位是建立在父母对他的崇拜上,而这种崇拜更是随着他赢得的一个个奖励而变本加厉。"我为我可爱的孩子感到如此的骄傲,"内维尔于1897年1月12日写道,"这种骄傲与我对他的爱交织在一起而变得更加强烈。"

1896年年底,尽管对梅纳德日益厉害的口吃感到担心,父母亲还是决定让他参加第二年7月举行的伊顿公学奖学金考试。梅纳德本来就打算去上公立学校——古得恰尔德推荐托普瑞杰公立学校——他的父母现在不但不属于新教教派而且已经成了英国国教的一分子并很满意他们目前的地位。但是正是梅纳德的头脑为他打开了伊顿的大门，他的父母做梦也未曾想过他能跻身伊顿公学与那里的贵族或有钱的自费生们为伍。伊顿在这里指的是伊顿公学，每年根据一项专门竞争考试结果来"选拔"大约15名男孩入读。这是梅纳德与英国的一批萌芽中的知识精英的第一次较量。

正如人们想象的那样，对参加此次考试，内维尔决心不抱任何侥幸心理。他们请了专门的辅导教师，父子俩每天早晨七点钟起床，一起学习到吃早饭以使梅纳德习惯于将来的考试时间。毫不奇怪，这种紧张生活很快就使内维尔开始感到"非常累"了，因此除了一想到梅纳德的前景就感到沮丧以外，内维尔现在又因为身体不适而增添了一份"想到这亲爱的孩子与我在此书房里共同学习的时间将不会太长久而引起的悲伤"。7月5日，星期一，他和佛萝伦丝及梅纳德起身前往伊顿，此时的他已是处于"一种可怕的担忧状态"。而更糟糕的是，他们下榻的位于主街上的旅馆"极其嘈杂"，以至于他整晚都没有合眼，脑子里尽盘旋着悲观的想法。

7月6日，星期二，他们在6点15分就起来了以便有时间送梅纳德去高中部参加拉丁文作文考试。到考试快结束时，还没等内维尔起身去迎接梅纳德，他的儿子已经提早完成了考试，高高兴兴地走进了旅馆。当天剩下来的考试还有拉丁文翻译和数学。第二天早晨，在匆匆吃完瓦伦丁浓缩牛肉汁后赶赴希腊文法考场。这次他也是提前出考场。接着又考难度更高一些的数学。而那天下午的希腊文翻译考试又提前完成，梅纳德抱怨说"这一天似乎太长了"。他的父母亲对伊顿男孩子们的举止形成了极其良好的印象。星期四早上的考试是拉丁文诗歌，最后一项考试是综合考，"这一项不是特别符合（他）"。

考试结束了，对考试本身的担心现在变成了对考试结果的担心。一方面古得恰尔德对梅纳德考试的悲观估计让人感到消沉，另一方面敏感地觉察到作为伊顿考官之一的副院长的不甚友好的态度，内维尔丧失了信心："就这样了，但是我确信我亲爱的孩子已经尽他最大的努力了。"星期一没有消息过来，他和佛萝伦丝都对此不抱任何希望了。忙到最后还是得上托普瑞杰公学，或者也许是鲁格比公学。然而"在参观了伊顿之后，我们更加喜欢这所学校；在点燃了对这个孩子的所有希望之后，我们简直不能想象他会在第一次公开尝试上就失败"。到了下午5点30分，一份电报终于来了："梅纳德，第十名公学奖学金获得者。"他的数学帮他在此次考试中脱颖而出，他在这门功课上并列第一。

第一部分 责任与善行

"我想这是我所接到过的电报中最令人高兴的一份,"感激不尽的内维尔在他的日记中写道,"我自己的成功还从未给过我如此次成功所带来的喜悦。"而这仅仅是许多这种喜悦中的头一次,在未来的日子里,他的父亲会不断提高他的期望,而梅纳德将把这些期望一一付诸实现。

那年夏天,在廷塔格的莱哈农场上,内维尔怀着全身心的爱注视着他那身高已有五英尺五寸的儿子,"梅纳德,"他写道,"现在还正是一个好奇的混合——在某些事情上还十分孩子气,完全能够沉迷在一些最简单的快乐中,连杰夫里或甚至更小的孩子都能与其共享其快乐;然而在其他一些事情上,他又完全长大了,能够最敏感和最认真地进入那些基本上是成年男子的想法当中。"古得恰尔德写道:"他离开了我的时候已经大名鼎鼎,非常优秀。"

第 4 章

伊顿年代

1 伊顿教育

作为第十名国王奖学金获得者,梅纳德将于1897年9月入读伊顿公学。随着去伊顿读书的时间越来越近,他变得消沉和易于烦躁。好像是作为一种抗议,他得了很厉害的感冒以至于错过了头一个半学年的开学日子(在伊顿,一学期被称为"半学年":三个"半学年"组成一个全学年)。"非常不幸的是,这个亲爱的孩子没能在这个特定日子里露面,"既担心梅纳德的身体,又担心违反了规章的父亲在日记中这样写道。9月26日,也即开学后的第五天,梅纳德终于可以和母亲一起离开剑桥前往伊顿了,但是看上去"仍像一个病人"。公学的女舍监哈凯特小姐不是特别地欢迎他们的到来,"这不是医院",她对着佛萝伦丝发火道。但是,照顾这些男孩子们的女佣中"一位非常和蔼的母亲般的妇女"在梅纳德的宿舍里为他打开行李,放置衣物,看到一切都安置得十分妥当,佛萝伦丝算是松了一口气。10月4日,梅纳德给他的弟弟写信:

亲爱的傻蛋:

……我们用一种被我们称之为虹吸管的管子来感受(原文如此)澡堂,任何不顺从都会被管子重击一下以示惩罚,我们把它称之为虹吸。今天我头一次参加了墙式足球(一种具有伊顿特点的英式足球——译注),这是一种最无法形容和最不寻常的游戏,你得穿上一种最无法形容和最不寻常的被称为墙壁袋的服装。

第一部分　责任与善行

请告诉妈妈我今天收到了她寄给我的装有袜子和书的邮件包裹了。

爱你的哥哥
JMK（约翰·梅纳德·凯恩斯）
哈利路亚！

　　开学迟到给梅纳德至少带来了一个好处，这就是错过了那个传统的新生与高中部主任的第一次见面。高中部主任埃德蒙·沃诺牧师有着非常发达的肌肉，也是一位虔诚的基督教徒，总是要利用这个机会来发表一通关于使用"猥亵语"危险的警告，因为他演说中的其他话几乎都听不见，所以这种警告就变得更加引人注目和更加神秘了。梅纳德的外祖母布朗太太非常及时地填补了他在这方面的知识缺陷，她给他写信道："绝对不要做或说任何如果你母亲在身边时能使你感到羞耻的那些事情。"带着这些不绝于耳的传统禁令，梅纳德和其他同期"选拔"出来的男孩子们一起将在这里被重新塑造成伊顿人。五年后，展现在我们面前的将是一个带有未来成年凯恩斯鲜明色彩的伊顿毕业生。那是什么样的一种经历啊？

　　他的伊顿经历取得了超乎寻常的成功且大多数情况下都是幸福的，这些事实有助于理解他在英国生活中所逐渐起到的作用。许多有天赋的中产阶级的子弟们被他们的家长或他们的寄宿学校弄得精神痛苦，其中有些人并由此而变成了反叛者。中产阶级的这些经验教训，无论它是多么的真实，都未在凯恩斯身上得到验证。他是典型的具有"第一流聪明头脑的人"，从来不会成为一个"触犯禁忌的人"。

　　这种情况产生的一个显而易见的原因是，他从未感到有必要去反抗他的家庭。他父母的价值观念是学者知识型的，而不是情感型；他自己也从来不否定他在这方面有着得天独厚的优势。当然伊顿一定也有着其影响力，他在那儿的经验没有把他变成一个反抗者，这当中最重要的原因也许是因为所有的70名奖学金获得者都住在同一座房子里——公学里——而没有散落到学校的各个角落。正是在这所公学里，他的才智得以在友好伙伴和鼓励学习的氛围中成长起来。公学本身也使学校的其他部分逐渐产生了变化，梅纳德从来不必要"踢打"以对抗失控了的市侩和崇尚体育的价值观念，而这种价值观念曾压抑了许许多多的聪明男孩，使他们的生活变得悲哀和无聊。在家里，在伊顿和后来在剑桥的国王学院，他的思想发展一直受到周围环境的支持而不是被它们所扭曲。

第 4 章　伊顿年代

伊顿从来不愿意向强大的基督教义投降。作为顶尖公立学校，它所处的特殊地位使得它能有着比别处多一点的人性化和较少压制的文化内涵。家长们对学生所具有的绅士地位认为是理所当然的，因此对学校在培养单一标准的学生这方面的要求也比较小。那些受过启蒙教育的教师如威廉姆·约翰逊和奥斯卡·布朗宁都赞同人的培养应该着重于他们的思想和感情而不是身体，这种思想至少在一段时间里能够在独立于校长意志之外的特殊条件下得到发扬光大；此外，伊顿还有一个特有的辅导体制，在此体制下，每个学生都配备有一个辅导教师，这个辅导教师将监督所负责学生各方面的进展情况并提供总体咨询帮助。而更重要的是，每个男孩（在入学一年后）都有自己单独的卧室兼书房，这意味着他们有着完全属于自己的独立天地。整个学校在要求学生服从一致方面的压力也比在其他公立学校小。像一位老伊顿人所描述的那样，伊顿是这样一处地方，在那儿"你可以思考和热爱你所喜欢的任何事物：只是在外在事物上，在衣服或在行为举止上，你需要做得和别人一样"。

伊顿公费生和伊顿校外住宿生（自费生）之间仍然存在着很大的差别。公费生按照伯纳德·科里克的精辟语句来说，是"知识精英插入到社会精英的心脏当中"。它的一个实际效果可从梅纳德在三年级时给家里写的一封信中窥见一斑（1900年1月28日）：

> 古德哈特（公学的校长）在昨天的祈祷后给我们作了一番演讲，内容是关于公费生因模仿校外自费住宿生而产生懒散和奢侈的现象正有所抬头。
>
> 他讲话的要点非常正确：公费生将来必须靠自己挣钱生活，因此现在必须干事情；那些有钱能奢侈的人不应该到公学来，而那些不能靠自己挣钱生活的人也不应该到公学来。

公学的氛围是理智的和超凡脱俗的，它倾向于培养出神职人员、学者和教师；而校外住宿生的伊顿则是培养军人、国务活动家和银行家。被人们称为塔戈斯的这些公费生们本来就被期待要比自费校外住宿生更加努力地工作或"认真地学习"。他们到学校要穿校袍，去教堂要穿上宽大的白色法衣。他们有着自己的田径场，在那儿他们玩着一种外人无法明白的墙式足球。他们有着自己特别的社会组织和习惯用语。从地理位置上来看，位于学校广场上的公学大楼正是在学校的心脏位置，而自费生们在镇上有着他们自己的住宿房屋。除了最后一两个学期，梅纳德在伊顿期间的所有日常兴趣、活动和朋友都是以公学为中心展开的。尽管他们和校外住宿生们在一起做学校的功课，但是却是他们这些被选拔来的公费生少数派们占据了各学科的领先地位，并在各项竞赛中为获奖而互相比试。

在伊顿的岁月里，有两个人对梅纳德的成长起了至关重要的作用。第一个是他的辅导老师，赛缪尔·格涅·卢伯克。卢伯克以古典文学第一名毕业于剑桥国王学院，刚刚回到伊顿担任助理教师，内维尔在国王学院做了情况调查后，亲自选定他做梅纳德的辅导老师。这是一个极佳的选择。卢伯克是一位真正的绅士式的学者，是一个多才多艺综合发展的完美典型。他立刻就发现梅纳德是一个有着不同寻常的能力和兴趣范围的孩子，因此便鼓励他去扩展自己的视野。梅纳德，像我们将会了解到的那样，不是一个权威崇拜者，但是却喜欢和尊敬他的这位辅导老师。从梅纳德后来选择报考剑桥国王学院的决定和不愿把他的兴趣局限在他的最强项数学上，我们可以看出卢伯克对他所产生的影响。也正是卢伯克培养了他对中世纪拉丁文诗歌方面的兴趣。伊顿期间对梅纳德有着重要影响的第二个人就是内维尔·凯恩斯自己。在梅纳德去伊顿后不久，内维尔给他写信要求"每星期都让我们知道你在学校的功课情况"。梅纳德听从了父亲的指示；作为回应，父亲源源不断地给他发来有关学习方法、考试技巧、散文风格和一般行为举止的指导意见。

内维尔很快就对儿子在学校的学业、社交和竞争情形了如指掌、差不多与梅纳德了解自己一样好。梅纳德采纳了父亲在学习上的建议，但在追求知识兴趣上却保持了自己的独立性。不管怎么说，他的工作节奏是不同于父亲的。对内维尔来说，学术造诣总是与痛苦相联系；而对梅纳德说来，学术上的成就则来得轻松得多。随着获奖次数的增多和荣誉的纷至沓来，内维尔讲话的腔调也从告诫渐渐变成了敬畏，"不管你是不是也这样认为，但是这些东西似乎是自己跑到你这里来的，"他于1901年2月4日这样写信道。

2 伊顿的这位男生

关于梅纳德在伊顿的学校生活肯定有很多可能已经回忆不起来了。我们现在所拥有的材料包括一套完整的学校成绩报告单和他给家里写的信，他的一些文章和笔记也保留下

第 4 章 伊顿年代

来了。他在伊顿的最后三年里大部分时间都记有日记，其中的大部分是后来根据他的记忆和给父母的信件而搜集起来的。通过这些材料，我们能对他的思想成长过程、他的兴趣、所参加的体育活动、对各种事物的看法、他的写作风格以及他愿意向他的老师和父母表露的那部分个性有一个相当全面的了解。然而，他的内心世界生活素质以及他与同学之间关系的实质，即使在最好的情况下，也只能根据很少一些事实来进行推测。凯恩斯和他的朋友们后来曾为分析他们自己的"心理状态"交换过大量的信件，但是现存下来已经不多了的这些信件并没有什么涉及个人的地方。给人的感觉是，这些信件，如果有必要，是可以给家长看的。

从他的学校报告单来看，梅纳德是一个模范学生，他的一些思想和性格上的品性经常会在报告单上得到赞扬。常常受到表扬的优点包括他能迅速领会和掌握事物的基本要点并由此快速地完成功课；还有对英语语言的运用。他在代数上的超乎寻常的能力使得他在数学上的霸主地位变得日益巩固，以至于在第三年时他被禁止参加习题竞赛。但是尽管如此，除了他的数学老师吉尔伯特·哈里森·赫斯特以外，没有人希望他在他的这一最强项上变得专业化。拉斯莫尔，伊顿著名的古典学者，希望"这个讲究精确性的科学将不会干涸他对更具激励性和人性的主题给予深厚的同情心和敏捷的洞察力，因为他的关于'安提戈涅'的小短文不像出自一个要专事数学的人"（1901年4月）。

伊顿期间，凯恩斯曾在大量竞赛中获奖。第一年他得了10项奖，第二年18项，第三年11项，总共获得过63项奖。他在所有的重要数学竞赛中都获胜，甚至还曾获得过一个化学奖。而最让卢伯克感到高兴的是，梅纳德的学习不存在任何"唯利是图的杂念"，他学习的目的是因为学习本身带来了快乐而不是单纯的获奖。"他是很少几个人中的一个，他们珍惜他们所正在学习的书所具有的价值和用处"（1898年12月）。对此，杰夫里·凯恩斯对他哥哥有他自己的一面之词。他们的父亲，他写道，"把我们的成绩和在班里的名次大量地搜集排列，这刺激了梅纳德的竞争心理，看到自己具有领先其他男孩的能力对他是一种乐趣。"这段话的第一部分毫无疑问是真实的，因为在内维尔给梅纳德的信中充满了这样的评语，如"你没有告诉我在古典文学的头一次双周排名中，你差赫里翰姆和巴利有多远"（1898年2月28日）；"安格似乎开始赶上来了，你一定不能让他在考试中超过你"（1898年5月12日）。至于梅纳德需要多少这样的竞争刺激乃是一个疑问。看来更可信的是，内维尔由于自己过去的经验教训，从来不可能理解和欣赏梅纳德在学习中所体会到的乐趣程度。

第一部分　责任与善行

　　有两件梅纳德在伊顿时期所做的事情可以显示出他在这方面的追求，这两件事与获奖比赛毫无关系：一个是他对自己家族历史的研究，这项研究占据了他第四年的大部分时间；而另外一个就是他对中世纪诗歌的热爱。这种偏离他学校功课主线的精力分散使他父亲着实感到担心。在他的一生中，梅纳德总是会着迷于某些东西，它们似乎偏离了但最终却被证明是更加充实了他的主要努力方向。课程以外的兴趣就曾为他的经济学写作增添了新的思考范围。

　　凯恩斯的课内或课外兴趣远没有局限在纯粹的理性思考内容。一开始，卢伯克发现他的写作方式有些老处女式的古板。但是到了第二学期，卢伯克松了一口气，能够感到梅纳德已经"变得稍微多了一些孩子气"（1898年4月）。那年8月，卢伯克又写道，凯恩斯"对运动和学校功课彻底地感兴趣了"。他的板球表现一般，"我的成绩是5、3和2，"1898年5月22日他以他通常所具有的精确习惯向内维尔报告道。第二年夏天，他尽情地享受水上运动，成了一个"湿沙蝎"，并与他的朋友们一起悠闲自在地沿着泰晤士河划船去喜爱的地点游泳和喝茶。

　　梅纳德所具有的分享正常学龄孩子们之所爱的能力使得他在他的同学眼睛里变得不是那么令人生畏，因此也就不是那么生分了。卢伯克于1899年8月5日曾记述道："梅纳德与我班里的一些非常无知的学生时有接触，他们十分喜欢和尊敬他，这件事本身就充分证明了他在这方面的能力。"与他同期进校的公费生们则视他为他们的自然代言人。他比大多数同学都要大一些，已经14岁而不是13岁了。他的个子很高，这意味着一到站队他就得走到"尾巴"上去，他身着一袭黑色的晨西服，头戴高高的黑绸礼帽，而颈子里扎着白色的领结（佛萝伦丝一般是买一大批这样的领结，用一次之后就扔掉）。他的嗓音已经开始变声；一个公费生同学记得"一个相当高、瘦骨嶙峋到令人难以置信的"男孩在室内唱歌班里"以极大的热忱和完全不准的音调"唱着"三个蓝瓶子"。在头一个半学年结束的时候，他被选入宿舍波普会（伊顿公学的低年级辩论俱乐部），积极地参加俱乐部的演讲，而他的父亲也为他提供演讲题目和技巧指导。在第三学期里，梅纳德成为该波普会的会长，一个"我并不是完全不喜欢"的位置，他这样告诉内维尔。显然他不是在开玩笑；梅纳德的性格使得他的同伴们不得不肃然起敬。

　　他给他的老师也留下了同样良好的印象。他谦虚，不自负，能够不厌其烦地按照吩咐去做事情，所有这些都得到了人们的注意和欣赏。他很少会卷入到与高年级男孩们的麻烦中去，除了在第五学期时有过一次，他平时尽量设法避免被人当"出气筒"（被用笞

52

第 4 章　伊顿年代

杖打），而那一次是"绝对地不公平"，他在1899年7月3日的日记中这样写道。他在权威们的眼中唯一不够服从的行为就是他那总也改不掉的早晨睡懒觉的习惯。

从他给家里的信中可以清楚地看到，凯恩斯对权威者的不满程度已经远甚于权威者们对他的不满。这些信件满是尖锐的评语，矛头直指考官、教师、牧师、财务监理和女舍监等等，攻击他们的愚蠢无知和迟钝。即使在伊顿，他也不能容忍蠢人。他对考官的看法似乎总是要低于他们对他的看法。在1898年7月3日给家里的一封信中，他说到一位在一年级考试时他曾从他那儿得过低年级数学奖的考官，认为他早就应该"被看成是一个危险的精神病人而关起来"。然而这种评语在凯恩斯那里还算是客气的。他与公学的女舍监——那个著名的"哈凯特"——之间无休止的摩擦给他招来了一次少有的父母训斥："你绝不要因为她的一点小怪癖就看不见她的好的地方。"1900年10月14日，他抱怨没有热水："但是你能从一个财务总管那里期望得到什么呢？他会认为这些事情是多此一举，因为他记不得在那个他与他的老朋友诺亚曾共度过一个暑假的'方舟'里冷热水是怎么安置的了。"若干年后，听到这种辛辣讽刺的国王学院的财务总管（也就是凯恩斯自己）气恼万分。

他喜欢那些能给予他指导意见或让他感到有趣的教师，憎恨那些让他感到无趣的人。教师中他最嫌恶的人是"迈克"·米歇尔，一个板球迷，梅纳德在第三年夏天的古典文学课上和他"较上了劲"。梅纳德"简直不能想象一个人能如此单调乏味；但是不管怎么说，这半年我将不会承受想要打瞌睡的痛苦了"（1900年5月6日）。两星期后，他又写道："我们还没能成功地探知他的无知的深度，但是我想，这个深度一定是无底的。"梅纳德在学校期间得到大量的赞美，而唯一给予他不佳评语的是米歇尔的报告单："一个在校颇喜欢挑衅的男孩——当他应该认真听课时，他却经常在那儿看笔记，总是喜欢与邻座的同学说话，只有被强烈禁止时才能停下来。他给人的印象是自视是一个有特权的孩子，也许还有着一些才智上的骄傲自满。"这个报告有一定的真实性，不像卢伯克的那种令人难以置信的完美评语：具有非常之多的天赋却又是非常的谦虚。

具有讽刺意味的是，正是教堂的牧师激起了他心中的大部分的非基督教感觉。在1899年11月12日的一次教堂布道中，他"焦躁不安地坐在那里有25分钟"，布道者"是一位副主教，但是你一定已经猜到了，他的讲道，我认为，糟糕得差不多可以成为一名主教"。四个月后（1900年3月4日），他描绘另一个布道者："他的表现让人作呕，他们应该立刻让他来当一名副主教，因为他已经具备所有的资格了。"无疑，布道为大声讲废话提供了无可争辩的机会,它把梅纳德所最不喜欢的两件事结合在了一起:不精确的思想和浪费时间。

　　梅纳德已经是一名唯精确论者,他想知道事物的确切意思。"什么叫做事物的不朽根基?"在读了基普林的一首诗后,他这样问道。他有着对信息的准确性的特别兴趣,尤其是当这些信息是用数字来表达时。在他的信件里有着很多与数字有关的东西,如诗歌的长度、火车时间、人的高度和重量、他自己的体温及其升高与下降、他的资金账目等等。在日记中,他也学他父亲的习惯,记录每天工作的小时数(早晨、下午和晚上),一年中所阅读的书,去剧院的次数,年账目,甚至高尔夫球的成绩。他随时随地都注意着自己的时间,记载做事情时所花掉的时间。1902年5月2日在给佛萝伦丝的信中,他写道:"这封信应该得到表扬,因为按照我的钟,我写这封信只花了10分钟不到的时间。"1901年年底,他使他的父亲都感到震惊,因为他居然能在《伊顿记事报》向他约稿后一分钟后就开始写一篇文章,而一小时后文章已经到了印刷者的手上。"这篇文章,"内维尔评述道,"非常有独创性,文章的构成,考虑到当时的情况,从风格和润色来说都相当好。"尽管表面上梅纳德很少给人一种匆匆忙忙的感觉,但是在他的耳朵里始终像有个时钟在那里滴答作响催促他一生匆匆。

　　他的关于校外生活的许多说法表露出,像人们可以预计的那样,他对自己的阶层即后来被他称之为"有教养的中产阶级"的偏爱。对那些蜂拥在温莎城的皇室贵族,他的态度显然是不敬的。内维尔对瑞典国王参观剑桥所做的追星族似的描述——"一个有着极其动人面容的人,浑身都散发着国王的气味"(1900年5月15日)——明显地与梅纳德对德皇威廉二世的较为轻松的描述(1899年11月26日)形成反差:"我对他那合乎国王身份的举止印象深刻,他的胡子与我预想的一模一样。"忠心耿耿的内维尔急于想知道梅纳德是否能看到一眼"女王陛下",而梅纳德终于在近处看到这位"好夫人",但是"不幸的是,她的鼻子是红的,我毫不怀疑这是天冷的关系"(1900年5月20日)。但是这一切并不是说他更喜欢低层次人的生活。"温莎有着一群超乎寻常凶恶的人,"他在1899年11月26日写给家里的信中这样写道。去地处威克姆高地的学校看他的妹妹玛格丽特,他叹息道,镇上"连一个稍微富裕些的中产阶级的住宅区都没有"(1899年11月2日)。当澳大利亚队在一场五个半小时的球赛中努力拼搏以89分打了一个平局时,梅纳德评论道:"但是你能指望一个由砌砖工人这一类的人所组成的球队打得怎么样呢?"(1899年7月19日)有意思的是,他的这些态度不仅存在于那个时候,就是后来

第 4 章 伊顿年代

也从未变过。贵族是愚蠢荒谬的，而无产者总是"像乡巴佬"，生活中的美好事物只产生于中产阶级。

没有哪个经济学家能像梅纳德·凯恩斯那样有效地使用手中的笔；与众不同的凯恩斯风格已经在他给家里的信件中初露头角，不过这种风格并不见于他那不怎么激发联想的日记中。他具有简明扼要直奔主题的能力，并且同时常常能认识到该主题的荒谬之处。他已经开始说一些巧妙的笑话了。在等待德皇1899年的访问中，他写道："上次他来这里，他要求看体罚学生是怎么回事，但是校长搪塞说现在正好没有人应得到惩罚，而威廉二世则立刻提议说他可以把他随从中的一员交给校长让他来处罚。"梅纳德喜欢玩文字游戏，曾用首音误置的方法和他父亲说："看到一帮正在干活的挖土工，而'首音误置先生'说'这些大量坚实的土方'（原意应为'这帮结实的干苦力活人的儿子们'，因为首音误置而变成了现在这里的句子——译注）（1899年10月1日）。"

梅纳德的写作文体简练、直接、清晰；语句简短、段落紧凑，从一个要点到另一个要点，几乎从来不会有什么交叉衔接的地方。他描述事件，但很少描述人，更从来不涉及思想状态。他感到记载事实要比绘画容易得多，曾在某个场合承认"我没有想象力"（1901年2月17日）。但是他并不满意自己的这种自称为"电报式的风格"。1898年11月20日，他写道："我希望我写的信能更加连贯一些。"在他16岁生日的前二天，他又写道："我刚刚读完自己写的信，这是一串糟糕透顶的既短又拗口的句子，我如何才能对此有所改进呢？"内维尔回答道（1899年6月9日）："我不认为你的信写得那么糟糕。其实短句子也确有其特定的优势，只要句子之间的转换不是太唐突，这一点你可多加注意。但是我毫不怀疑，多加练习之后，你将会练就一个好的英文文体。"尽管当时有模仿使用大人物们短语的风气，所幸的是——"我的回应是否定的"——梅纳德没有学内维尔的写作风格，这个风格虽然明晰，但却有着典型的学术界的浮夸。他从来未能掌握好处理从一个论点到另一个论点，或从一个层面到另一个层面，从一个主题到另一个主题的衔接问题。其原因在于，他的各种想法和兴趣，就像他性格的不同方面一样，倾向于保存在相互分割的空间里。但是这个缺陷也有其好的方面，使他具有一种不可思议的能力，这种能力使他能关上对一个主题的思想窗口，而把全部注意力转换到另一个主题上。没有这一点，他永远不可能做成如此众多的事情，而且做得如此出色。但是它也带来惩罚，这个惩罚就是文章结构上的脆弱性。

他性格中有一面并没有在给家中的报告单和信件中反映出来，而这一面已经开始变得

第一部分 责任与善行

越来越重要并在未来具有突出重要的地位：他在给予和接受爱的方面的需求。他的第一个重要友情可追溯到他在伊顿的时光。作为青少年，他情感上的发育开始追上他在智力上的发育——这在一个聪明男孩身上是很正常的。有些男孩能在诗歌或宗教上找到情感的主要宣泄口，自然的美丽或英雄式的探索都能激发他们的感情。梅纳德太过于理性化和喜欢讽刺，因而不大能为这些事物所动心。诗歌固然可以给予他一种真实的享受，但是所带来的精神上的神迷也不能与统计数字所带来的神迷相差太大。教堂并不能唤起他的宗教情感，虽然他确实曾为某些圣歌所打动。在他三年级时，在一次他称之为"糟糕的礼拜式"中（1900年3月31日），他甚至似乎要行坚信礼了。但是他从未能认真地看待宗教，他认为宗教是人类思想的一个奇怪心理失常。甚至在学校里，他也喜欢通过驳斥有关上帝存在的论点来戳破他朋友们的宗教信仰。不具备诗歌才能或美学欣赏能力，梅纳德把他的情感开始集中到两点上：他的学习和他的友谊。他对二者都注入了高度的热情，尤其是在后者上，他有着痛苦也有着幸福。他不是一个漂亮英俊的孩子。确实，按照1900年来伊顿担任助理教师的杰夫瑞·文斯罗普·扬的说法，梅纳德"在乍一看时显然是难看的，嘴唇突出似乎要把形状很好的鼻子往上顶，两道浓眉稍有些像猿人的样子"。可能正是因为他的长相的关系，朋友们昵称他为"猪拱嘴"。事实上，这种难看的印象很快就消失了。他有着一双非常富有表情的眼睛，他的脸在激动起来时是吸引人的，并且他还有着一副富有同情心的嗓音。然而，他确信自己是难看的。对一个小男孩来说，不管他有多么聪明，如果缺乏对自己外形上的信心和体育方面的杰出才能，总是一件痛苦的事；这也使得梅纳德尤其看重已建立起来的友谊。

十分自然，他在学校的早年朋友来自他同期的公费生同学，这当中最主要的朋友是迪尔文·诺克斯，梅纳德在头四年中的几个学期里都是和他一起吃饭的。

"迪利"（迪尔文的昵称——译注）的父亲是一位主教，有三个都很优秀的兄弟，他在兄弟中排行老二。尽管他比梅纳德要小两岁，但也和梅纳德一样是同期公费生中最聪明的学生。迪利弱不禁风，看上去像一个稻草人，在伊顿的数学竞赛中是梅纳德的主要竞争对手；他是一位才华横溢的古典学者，但眼光有些狭窄。在梅纳德的朋友中，迪利是最有意思的一位，他们之间的关系的性质可以从几年后凯恩斯所写的两封信中窥见一斑。第一封信的时间是1905年的圣诞，写给迪利本人，但这封信并未寄出。信的末尾写道："但是自从我们第一次在一起用餐以后，甚至通过为我们在伊顿的最后两年刻下痕迹的那些奇妙的插曲，我们之间一直存在着一种爱……"这些插曲可以差不多肯定是与性有关的。几年以后,凯恩斯告诉另一位公学时的朋友斯威辛邦克有关那些奇妙的插曲,"我还从未见过任何一个人会如此地惊讶和如此嫉妒。显然,他自己也曾想同样这样去做,但是却从来不敢……"

3 布尔战争

帝国的责任主导了梅纳德在伊顿第三年的大部分时间。"我不知道该如何去看待在特兰西瓦发生的事,"他于1899年10月8日写信给他的父亲,"但是我想我变得越来越反战了。"在三天后的日记里,他写道:"布尔人发出的最后通牒书于今天的3点10分过期。赫恩汉姆在那个时刻站起来走到奥考科老师面前,拿出他的怀表说:'请注意,先生,战争开始了。'他被罚写200行字和得了一张罚单。"

在两次世界大战中,凯恩斯都是处在或靠近英国政府的核心部门。自1914年以后,他生活中的大部分时间都用在对国家利益和自己与国家利益之间关系的思索上。1899年时,这类问题还是第一次闯进他的头脑。从总体上来说,当时他那学生娃式的态度预示了他以后的态度取向;这些态度,当然,大部分代表了他家庭的态度。

他父母所持的态度是一种温和的立场。"我当然希望我们能赢,"10月20日佛萝伦丝写道,"但是我必须坦承,当我读到这些白人互相残杀的消息时,我感到我的血都要凝固了——这些精力充沛的好战之徒们看上去并不是那么坏——我指的是对他们的屠杀。"梅纳德10月22日写信回家:"我并不比以前更加倾向于武力外交政策,但是既然战争已经开始了,我们不得不与此保持一致。"他父亲完全同意他的观点。

不久,布尔人重创英国布勒将军的部队,这使凯恩斯家更坚定地站到支持这场战争的立场上。"你母亲和我星期一晚上与马歇尔夫妇一起共进晚餐,"内维尔12月13日给梅纳德写信道,"马歇尔教授是亲布尔人的,我们发现他让人感到十分不舒服。"

在新的学期里——也是新的世纪的开始——战争直接进入到公费生们的生活中了。与梅纳德同期公费生中的赫恩汉姆入伍离开时只有16岁。1900年1月29日,梅纳德写道:"12点钟后,校长就志愿兵的事情给学校高年级学生(做了一次讲话)。他说,当国家处在目前的危机中时,我们每个人都有责任做些力所能及的事,我们可以通过参加志愿兵使自己对国家更有用处。"他写信给父母:"我去参加吗?我并不是那么想去,训练是一件讨厌的事情，但是如果我非得要去，我也愿意这样做。成为唯一一名不开枪的兵将不会是一件乐事。"对这个人们早已熟悉的道义和社会责任之间的两难境地，或者说如何调和拜德夫特和伊顿之间的价值观，他的母亲在思考后于2月4日给他回信道："如你所知，我们过去不急于要你去参加志愿兵，现在也没有改变，事实上，我们更愿意你不要去。然而，如果你感到这是一件正确的、需要做的事情，并且如果不做的话会使你处于一个不舒服的地位，我们将不会提出反对意见……"接到此信后，梅纳德采取了一个鲜明的立场。"我动摇了一阵子，然后说变就变！就这样定了——或更确切地说还没有完全定。你们的信的总的意思是不去，我想如果没有你们的来信，我一定已经被这个把整个学校都激动起来的奇妙的战争热情所吞没。有的人说爱国主义需要人们去参加那个毫无用处的伊顿枪队，但是在我看来，那种爱国主义只需要人们去挥舞英国国旗。"

金伯莱的解围激起了梅纳德父亲的爱国热情。"有一件事是举国上下都同意的，"他在1900年3月18日的日记中写道，"这就是对（英军司令）罗伯茨勋爵的崇拜。"在情感影响下，他购买了4000英镑的战争贷款，尽管其中只有500英镑是可以保证得到偿还的。梅纳德的观点则比较超然："校长的战争热情已经到了有点疯疯癫癫的地步，除了战争以外已经没有任何其他事情可说的。"2月18日他写信给家里："那天他来给我们上语法课……告诉我们正是通过坚持这样的事情，英国才取得了战斗的胜利。"为了平衡他父亲的日益高涨的热情，他在3月18日写道："罗伯茨横扫奥兰治自由邦的进军的确是了不起，但是我想大部分报道都是从布勒姆枫丹居民对他欢迎时的喜悦中得来的；因为，不管怎么说，留下来的人当中的大部分都是英国后裔。"

1900年5月19日，梅纳德参加了为收复马夫金所举行的狂欢庆祝，但是在给家里的信中仍保持他一贯的超然态度：

> 报纸把此次庆祝称为是一个"发自内心的热诚感谢"，但是我不认为我们这里的人是这样的伪君子。大多数人都知道马夫金庆祝会不过是一个为得到一整天假日和扔开所有约束所找出来的堂而皇之的借口。我们打碎窗户并不是因为我们高兴得发疯，而是因为我们知道在这样的气氛下，我们可以这样做而不会受到惩罚。

而对温莎城"暴乱"式的庆祝，梅纳德却有着与众不同的看法：

男人们喝得醉醺醺地摇摇晃晃,女人们则变得挑衅且粗野得无法用语言来描述。还好被包围的是马夫金而不是温莎郡的王宫。

他的结论是:"温莎城是皇家橡树上的霉菌。"

在他1901年3月所写的题为《英国国家个性》的论文中,针对这场战争的背景,梅纳德提出了他的如何恰如其分地定义爱国主义的观念。典型的英国人,他说,是"既不保守也不激进"。以这样的性情,他赞成基普林对于那些好大喜功的爱国者的描述,他们是"大腹便便、摇旗呐喊的乌合之众"。然而,同样令人讨厌的是那种反对爱国主义的人,这种人不幸地成为这个时代的象征之一。"部分原因是对现代帝国主义的一种反应,部分原因是思想和言论更加自由产生的效果,然而最主要的还是由于英国社会的某个阶层对少数民族和弱势群体的偏爱。"凯恩斯现在已经是一个思考型的爱国者了,以后他也一直保持这样。他对大英帝国的信心成功地经受了布尔战争的考验。他还太年轻无法认同像J.A.霍布森这样的老一代反战激进分子们的反帝国主义主张,尤其是他没有来自家庭在这方面的压力。在他的一生中,他认定大英帝国是生活的事实,从未表现出任何兴趣去抛弃它。与此同时,他又是一个绝对的经济自由主义者,因此也没法同情约瑟夫·张伯伦及其他人要把这个帝国焊接成一个经济整体的企图。他从未太多地动摇过他的这一观点:综合所有的因素,由英国人统治世界总要比其他外国人更好些。

4 闪亮的奖章

到第四年时,梅纳德已经修满了头100个学分,因此事实上达到了初中部的六级,他现在可以自由地选择专业。赫斯特,他的数学老师,想要他放弃他的所有其他科目专攻数学,这使梅纳德感到十分不快。他的好奇心现在不但没有缩小,反而是在扩大。在古典文学上,他喜爱拉斯莫尔的课,对他的好挖苦人的方式十分钟情,只是遗憾他喜欢让学生们以《疯子》这样没有什么意义的题材来创作诗歌。在C.K.马登那里,他自始至终享受着有关"炸药案"阴谋(指1605年11月图谋炸毁议会大楼的案件——译注)的历史"附加课",想要知道它是否事实上是当局所策划的一个阴谋以打击天主教徒(他那时正好热衷于研究他的耶稣会祖先们,他当时每星期天下午在研究员图书馆里从事有关其家族历史的研究，在此过程中发现了他的这些祖先）。1901年的夏季学期里，卢伯克还扩展了他的另一个兴趣，他和梅纳德一起读一首由克鲁尼的伯纳德修士所作的"极其美妙的诗"——《冷眼看世界》。"中世纪的拉丁诗词现在成了他的业余爱好之一，"内维尔在1901年6月22日的日记中写道。一个人怎么能想到为数学而放弃所有这些喜爱的东西呢？而赫斯特并不罢休又找到了另一个理由。1901年6月，R.G.霍特利，前国王公费生和未来的财政部官员，在数学荣誉学位考试中只达到第18名的位置，赫斯特便把他的例子拿来警告把精力分得太散的坏处。但是梅纳德并没有被说服，他在1901年6月16日给内维尔写信道，霍特利本来就不是一个具有"卓越数学才能"的人；赫斯特认为"他在欣赏数学以外的东西中已经掉了魂"的说法是荒谬透顶。两方面的观察都表明梅纳德拒绝专门化；这种拒绝显然得到了他父亲的赞同，也许他父亲还记得当年自己作为一个大学数学专业学生所经历的痛苦。

梅纳德的兴趣延伸到体育，他并不擅长比赛，但也不是一个完全的"书呆子"。在"米迦勒"节的那个学期里（即从10月初到12月初的学期——译注），他踢一种被称为伊顿足球的原始的英国式足球。而在第二个学期里，他则玩一种很深奥的称为"伊顿五人"的游戏，这个游戏起源于几百年前的一种消遣，把一个球在教堂的墙和支柱之间的空间里扔来扔去。1900年时他开始打一种网球游戏，发现它是一种"非常棒的运动"。他也参加划船，1901年2月得到公学的划船绶带。然而，顶着冰冷的风和扑面而来的雨的划船比赛并未给他带来多少乐趣，他很明智地给自己得出结论："在成为一个好划手的过程中所付出的劳动和时间抵不上所得到的东西。"因此当他被"提升"到君主号上去时，他很高兴。君主号是专为差的划手所准备的一条船，在那里人们"放弃野心"以换取"有修养的舒适"（1901年5月12日）。梅纳德喜欢和朋友们一起到河上去。夏天时他也会和其他水上运动爱好者一起玩一种名为"水球"但却是在学校操场上进行的轻松愉快的板球游戏。

但是对他最有刺激性的体育项目还是墙式足球。这也是一种伊顿游戏，游戏的设置要根据特殊地理形状来安排。在公学操场的一处角落里有一堵墙、一个门和一棵树。从这些代表性物体，一代代的学生们设计出一种游戏，它让旁观者感到毫无乐趣，但是参加者们却能欢喜到入迷的地步。背对着墙，两边形成并列争球的场式，每一边都通过带球把另一边向后推以争夺场地，如果一球员能在球上停留足够长的时间，进程就得暂停。梅纳德认为这是一个"非常有趣的游戏"，一周里总有那么几个下午，他会浑身是泥、

第 4 章 伊顿年代

疲惫不堪但精神昂扬地回到房间里。有的时候尽管给纠缠在一起的四肢和身体压得透不过气来，他对此游戏的热情也丝毫不减。平时他还会就此话题展开认真的讨论，对规则中的某些微小修改进行细致而又恰当的争辩和建议。梅纳德因为体重太轻而不能成为一个真正的好"墙"，但是他的个子和勇气使他成为一个有价值的球员。每年11月30日的圣安德鲁节，伊顿的公费生和校外住宿生之间都要展开一场年度大赛。这种比赛真有些像第一次世界大战中西部战线上的那些战斗，花了巨大的努力，却没能赢得可观的地盘。1900年时，梅纳德是公学的第12号种子选手，第二年他经常作为公学的"第二道墙"参加比赛，有一次他曾在勇猛对抗巨形对手的惊人场面中持球长达八分钟之久。1901年的圣安德鲁节，他父母来看他打球，对所看到的场面并不是特别欣赏："梅纳德和其他人看上去累得够呛，"内维尔在他的日记中写道，"有一次他说他差点认为自己要完了，所有的壮男孩们都压在他身上，他既喘不过来气也叫不出声。"卢伯克却很高兴地看到"他是如此的喜爱这样的事情"。

梅纳德身上现在已经显现出伊顿教育的某些成果了。1900年的米迦勒节学期，他与汉密尔顿、邓达斯和扬在正规茶室（下午五六点之间供有肉食冷盘的正式茶点——译注）里一起优雅地"用餐"，这当中他是领头的。"昨天晚上，"他在9月30日给内维尔的信里写道，"我们要了3先令的烤猪排作茶点，然后我又要了一份香肠卷，最后以扬从家里带来的一种非常好吃的果酱，还有蛋糕作为结束。今天早晨喝过麦片粥后，我们又吃了用15个鸡蛋做成的牛油煎蛋，然后是沙丁鱼和果酱。"他母亲对他这样乱吃有些担心："但是，真的，我亲爱的儿子，如果你这样继续下去，你会给自己的胆囊找麻烦并增加发病几率的。"几个星期后，他膝盖上长了疖子病倒了，这些疖是因为在玩墙式足球时的擦伤处被泥感染所造成的。医生的结论是认为梅纳德的血液不是特别的健康。梅纳德的一生中，他的工作负担一直都是靠着他那健康不很稳定的身体承载着。他在第二学期时得了麻疹，第四学期时是面部抽搐，经常会莫名其妙地发热，对此他称之为他的"例假"。佛萝伦丝和内维尔都认为他的身体太虚弱，冷热时敦促他加减衣服，嘱咐他不要受风，给他大量的补药和关于饮食的指导意见。甚至在划船时也必须带上大大的白布帽子，佛萝伦丝1900年7月25日写道，"因为我确信把头和脖子暴露在外面对你不安全，"她给自己的署名是"你太过紧张的母亲"。对于这些啰唆，梅纳德从未表示任何一点的反抗，他以他的风趣幽默把这些很快转变成一种家庭玩笑。

1901年1月，当他被选入公学波普会，即公学辩论俱乐部时，他在公费生同学中的地

第一部分 责任与善行

位得以肯定,他是同期学生中继邓达斯和汉密尔顿之后第三个被选入该会。每星期六的晚上,会员们在会长的主持下相聚在公学的阅览室里。正如此会的名字所代表的意思一样(指的是波普会的英文名Pop——译注),能被选入此会代表了一个高年级男生在同学中的受欢迎程度,因为人们完全可以通过秘密投票把某些人几乎永远地排斥在此会之外。梅纳德积极地参与它的活动,并就"本届议会宁愿要一个自由的而不是清醒的英国"这样的主题发表诙谐的演讲。他也积极参与个人事务小组的工作,公学波普会成员在这个小组里要决定阅览室的规章制度。当牵涉到要惩罚把私人物件留在阅览室的相关条例时,这位未来的经济学家发表了下述高见(1901年3月3日):"我不认为把罚金作为经费的来源之一是一个好的政策;这是间接税收的一种极其麻烦的形式并且还牵涉到收税时的很多问题……我更赞成采用固定会费的形式以代替罚金。"故弄玄虚地鼓吹一般性原则,梅纳德其实是希望减小他自己对阅览室经费的贡献,因为他老是会把他的五人游戏的手套丢在那儿。在伊顿的最后一年里,他所担任的事务工作大量增加:他现在成了图书馆委员会的一员,该委员会把112本书从公学的图书馆中清理出去;在学校商店的管理委员会里,他花了几小时完成了对该商店的货品清册;而在学校的运动员俱乐部委员会上,"我发现我就像你一样,"他于1902年2月9日给他父亲写信道,"不管我被指定到哪个委员会,我都一成不变地会被指派去做所有的工作。"

对学校生活感到无聊是许多聪明孩子通常都会遇到的情况,但是这在梅纳德身上根本就没有发生,他的伊顿的生活始终充满着兴趣和活动。他告诉父亲,他希望一天有36个小时,一星期有14天,这样他就能有时间合理安排他的所有兴趣了。在给家里的一封信中,他抱歉道他必须匆忙结束他的信了,"因为离熄灯还有1分钟25秒,但是我还有许多事要在熄灯前做完。"他的一生也何尝不是这样呢?

伊顿的两个主要大奖是3月举行的古典文学及神学的纽卡斯尔奖,和6月举行的数学汤姆莱因奖。第四年时,梅纳德决定集中精力在第二个奖上。内维尔以他惯有的一丝不苟态度负责对此考试的准备工作,他在日记中写道(1901年4月11日):"梅纳德在我的指导下一天固定地学习大约三个小时,我感到我就像一个训练师一样,正在为一场赛跑或一个奖金决斗而训练他。"汤姆莱因考试在1901年6月5日,也即梅纳德的18岁生日那天举行。"代数和解析圆锥曲线简单得可笑,"他告诉他父亲,"但是微分学和方程理论我想要比一般的难得多……我在考试中按照所说的很少查书。"他和他父亲本来都认为这场竞争是在他和迪尔文·诺克斯之间;但是事实上,他很轻松地夺冠,而诺克斯只

第 4 章   伊顿年代

刚刚进入入选名单（超过某个最低分数的人进入入选名单）。梅纳德认为，诺克斯是被他的考试技巧和缺乏清晰思路拉了后腿。"他是我所遇到的头脑最为混乱的人中的一个，"他在6月15日给内维尔的信中写道，"即使在交谈中，他也完全不可能把他所想表述的意思表达出来；除此之外，他的工作没有条理，已到了极不正常的地步，总是忘记写下最必要的步骤。"

当杰夫里听到梅纳德成功的消息时，他说，"可怜的家伙，他没法不获奖。"这是梅纳德迄今为止所获得的最大的奖——价值32英镑的书籍。他现在开始在剑桥市场上的戴维旧书店里买书，这次决心要把奖金的一部分用来买非规范装订书（规范书必须用皮革封面装订），这样他就能买更多的书。他最终得到了校长的同意，因此买到了45册书。到他离开伊顿时，他所收集的书籍数量已超过300本，其中有一半是用学校获奖的奖金买的。他离开伊顿去读大学时所得到的礼物是伊顿16世纪30年代的校长尼古拉斯·尤德尔所用的一本精致的祷告诗篇。

汤姆莱因奖过去了，在下轮考试还未到来之前，梅纳德可以和朋友们一起到泰晤士河上去放松几天。到了7月的最后一个星期，他参加了剑桥高等证书考试——佛萝伦丝在纽汉姆寄宿学院时也参加过同样的考试——"胡乱作答"了30份考卷。对梅纳德具有主要吸引力的是钱伯莱奖，四年60英镑的奖学金，伊顿用来奖给其成绩最优秀的学生，梅纳德将把它用在上大学的费用上。梅纳德"以前从未工作得如此辛苦"，他以他那特有的精确性告诉他父亲，"在上个星期前，我一天学习从不会超过10个小时，或一个星期每天平均不超过七个半小时；但是上个星期，我平均每天学习10个半小时，而星期四，我学习了12个半小时。"他认为此考试中的数学要比汤姆莱因奖考试中的数学难得多。他的古典文学考得很差，但是数学和历史两科加在一起为他赢得了总分第一名。"就连我，"卢伯克1901年8月2日写信给内维尔，"也给所得的实际结果弄得眼花缭乱，这绝对是一个出类拔萃的表现。他确实把成功发挥到了一个令人惊奇的地步，但另一方面也从来没有人能比他更应该得到此奖。他在接受此奖时的风度也是其特有的；总是那么安静、真诚和谦虚……但愿他没有让自己过于疲劳。"

在伊顿的最后一年，大家认为梅纳德应该尝试申请大学的奖学金，至于哪所大学则是毫无疑问的："开任何价钱，我都不会去牛津"（1901年11月24日）。所有人都认为他应该申请剑桥的国王学院，这是由与伊顿差不多时间创立起来的姐妹王家基金会所设立的。"除了国王学院，剑桥没有其他地方值得一去，"梅纳德最后下了决心。

第一部分 责任与善行

申请哪个学科的奖学金？这个问题得到了仔细的推敲。卢伯克认为如果梅纳德攻读古典文学，他可以比较有把握地得到古典文学的一等荣誉；而赫斯特则认为梅纳德肯定可以进入数学的头12名优秀生。最后还是决定让梅纳德选他的强项数学；而接下来的问题是他是否只考数学卷子，还是也考古典文学的一些卷子，如果梅纳德想的话他是可以这样做的。赫斯特想要他只考数学卷子，但是梅纳德的直觉更加准确些，他认为如果他二者都考，会给人以更深刻的印象。从某种意义上来说，他在为他的拒绝专门化付出代价，然而这种拒绝是有根据的，其精明之处在于他不相信自己会以数学作为一辈子的职业。考试准备工作的周密细致给人留下了深刻的印象，尽量没有任何遗漏的地方。等到梅纳德12月参加奖学金考试时，他像已经受过完美训练的赛马一样，对自己和对手的能力了如指掌，比赛中的每一个障碍物都被预见和准备到了，对考试结果的预测误差范围也很小。当然，之所以能达到如此的训练有素，其原因在于一些学校和学院之间的紧密关系和共同合作。

95名古典文学学科奖学金申请者和60名数学学科申请者在一起争夺10个公开奖学金位置；每一学科的申请者中各有四人也要求同时参加另一学科的考试。此外，每个人还要写一篇综合论文：梅纳德写的论文题目是"货币"。内维尔又像往常一样开始慌乱起来，认为梅纳德在微分学和技巧上不好。他试图得到一些关于他儿子表现的暗示，为此他夜不能寐。到了12月9日，他的苦难总算结束了：无论何种情况，梅纳德都已经赢得了一份内部定下来的奖学金位置，而他的古典文学加试把他的内部奖学金位置转变成了一个有着80英镑的公开竞争奖学金位置。内维尔还被告知，在所有参赛的数学申请者中，只有梅纳德的论文值得一读。教务长奥斯汀·利在给梅纳德的信中写道："这是一个特别的祝贺，除了这80英镑以外，你还将被免去学费，并且在取得第一个学位之前，你的住宿也是免费的。"12月的好消息并没有到此结束，梅纳德于12月15日给内维尔写信道："你简直不会相信，我被选到了波普会。"不要把这个波普会与公学波普会相混淆，这个波普会是伊顿社称呼自己的特定名称，是伊顿最孤傲排他的社交俱乐部。罗伊·哈罗德评论道："这个俱乐部的年轻人现在是暂时管理学校，因为他们预期……或者说通常是预期将来要管理国家的。"在这个俱乐部里，梅纳德是一个不寻常的成员，因为波普会向来都是以运动员型的学生占主导而出了名的社团。梅纳德和内维尔显然都不曾预料到此般荣誉，与这个地位显要的会员资格相应而来的是一整套在服装和纪律上的特权；然而，尽管进入这个俱乐部扩大了梅纳德的社交圈子，但是他的最好的朋友仍是公费生们。

第 4 章　伊顿年代

即使现在也不能有丝毫松懈的念头，内维尔已经在为未来计划了。1902年1月14日他在日记中写道："我一直在查阅国王学院的章程，发现在过了1908年的'米迦勒'学期后，梅纳德可能会太大而不能申请研究员的位置了。假如他于1905年考他的荣誉学位考试，1906年参加文职人员考试，那么这样会给他留下足够的时间写他的研究员论文。"以后六年的计划就这样制定出来了。与此同时，伊顿还有一项梅纳德还未赢得的奖：纽卡斯尔奖，也叫神学奖。"你知道的，神学真是太有意思了，"他告诉邓达斯。1902年3月21日，他不抱太大希望地坐进了考场，知道有比他强得多的古典学者要争夺此奖。最后，他干得也不赖，进了入选名单，排名第七，他的父亲注意到自1888年以来，这还是头一次一位汤姆莱因获奖者能取得这样的成绩。内维尔掐指算来，梅纳德应是他伊顿同期公费生中干得最好的。很久以前，内维尔回忆道，古得恰尔德太太曾说过梅纳德"是一个天才"，还特别指出是在"总的能力上"，现在这些结果证明了这一点。

在伊顿的最后一年里，梅纳德的声誉如日中天，英国公学只能短暂地给予它的最聪明和最受欢迎的男孩子这种声誉，许多已经达到这个声誉的人以后的生活与名气相比似乎是一条长长的下坡路。梅纳德现在是公学的学生领袖之一，"对低年级的公费生们，"按他父亲的说法，他发挥着"一个有益的影响"。作为一个六年级的学生，他被赋予维持学校一般规章制度的权力。毫无疑问，当他身着白色的背心马甲，与波普会的另一个会员手拉手一本正经地漫步在校园里时，一般人常会被激起敬畏和羡慕的感觉。他按照规矩身着讲究衣着活跃在伊顿的公开场合——在2月的授奖典礼上、他穿着礼服、短裤和黑丝绸袜诵读着伯克对福克斯的赞美词（指爱德蒙得·伯克在18世纪对议员查尔斯·福克斯的赞美之词——译注）；而在6月4日的授奖典礼日上，他穿着一件"最合体的燕尾马甲——淡紫色上点缀着淡红色的点"。从某种程度上说来，他在社交方面的成功要胜于他在才智方面的成功，而二者对他的未来都有着同样重要的影响力。梅纳德缺少著名的伊顿魅力，但是他显现出一种能博得权威们和同学们对他尊敬和欣赏的非凡才能。他的才智既不狭窄也不咄咄逼人，而是融合在他周围的集体当中。与此相配的还有他那富于同情心的、温和的但具权威性的行为举止，这使人们为之深深地吸引。后来，梅纳德对他圈子以外的人表现的自负变得越来越明显，他也更加有意识地不让人了解他的价值观，然而他的才能天性却继续把他与社会拴在一起。他也从未丢失赢得知识界和社交界同行们对他尊敬的能力。

此外，他还能够持久地保持朋友们对他的爱戴。尽管他后来在公共事务上非常成功，但仍然是身处小团体时状态最佳,也感到最幸福。他在伊顿的最后两个学期里的社交圈子主要有两个,而这两个圈子里的有些人物有所重复。第一个圈子由他的公费生朋友所组成,著名的有他自己的同期同学伯纳德·斯威辛邦克、1896年期的公费生哈罗德·巴特勒和1898年期的公费生丹尼尔·麦克米兰。他的第二个圈子是伊顿文学沙龙,是他和哈罗德·巴特勒于1902年2月把这个文学沙龙从垂死的状态下挽救出来的,梅纳德成了这个沙龙的会长。沙龙的其他成员还包括查尔斯·巴克斯登和汉弗莱·保罗,二人都是伊顿的校外住宿生,还有公费生伯纳德·斯威辛邦克。他们一学期聚会一两次,互相之间读他们就文学题材所写的文章。梅纳德在1902年5月3日给这个沙龙朗读了一篇他写的论克鲁尼的伯纳德修士的文章,他花了差不多整个复活节假期做有关的研究和撰写文章。对此内维尔又开始慌张,因为他希望梅纳德能复习数学以为入读剑桥做好充分准备。梅纳德的这篇文章中有一部分是文学和语言上的解释和评注,他在被这个摒弃尘世躲进修道院的祈福派僧侣的诗歌所吸引的同时,也被他的性格所吸引。梅纳德后来几次扩充和修改这篇文章,并给沙龙朗读修改后的文章。他文章的主题是关于这位绅士的选择:在行为生活和思考生活之间的选择;在尘世的浮华虚荣与腐败和天国的"宁静、快乐与灵光"之间的选择。文章的文体通篇优雅,但是略为简单化了一些。人们也许会猜测是否是一种自我意识使得梅纳德会以伯纳德修士的《冷眼看世界》中的下列几行诗句来结束他的文章:

> 那些可尊敬的人,
> 是能够清楚地听到天堂回声的人。
> 不管这个尘世拥有什么,
> 他们才是上帝庇护的人。
> 尽管芸芸众生充耳不闻,
> 他们却能听到天堂的隐约回声;
> 尽管芸芸众生视而不见,
> 他们却能看到山坡上身着白色长袍的诸神。
> 也许他们永远找不到梦幻中的音乐,
> 但是他们却是上帝庇佑下的最快乐的人。
> 他们无须别人的怜悯,也不在乎尘世间的爱与恨。

第 4 章   伊顿年代

在诵读文章后的第二天,他给他父亲写信道:"这篇文章至少激起了伯纳德这个傻小子(伯纳德·斯威辛邦克)要把克鲁尼的伯纳德修士的所有作品通读一遍的愿望。"斯威辛邦克比梅纳德小一岁,是一位英国国教牧师的儿子,他虽然与梅纳德同时被选拔上伊顿,但却比他晚两个学期到公学来,因此在斯威辛邦克于1901年7月被选到公学波普会之前,他们两人在公学里和在课程上没有多少交往机会,但是自那次遇上以后,他们两人的友情迅速发展。梅纳德在伊顿的最后一年里,斯威辛邦克是他最要好的朋友。在公学波普会的发言里,梅纳德半开玩笑地谈到"斯威辛邦克的警句式的嘴唇皮",并称赞他是"18世纪最优秀的孩子"。

斯威辛邦克,一位优秀的古典学者,英俊,脆弱,超凡脱俗:结合了对梅纳德一直具有吸引力的各种素质。他在梅纳德的眼里是精致的艺术品,需要受到崇拜和保护而不能被打碎,这种感觉也同样激发了梅纳德未来生命中的两个伟大的爱情——邓肯·格兰特和莉迪娅·洛波科娃。梅纳德和斯威辛邦克两人当时共同注意的主要"对象"是丹尼尔·麦克米兰,他当时16岁,一个聪明、漂亮的男孩,他成了梅纳德终身的朋友,出版了他所有的书。伯纳德·斯威辛邦克后来按照他的记忆描述了当时的那种情感气氛:

> 在公学里,情感和欲望差不多全是单一地针对男性——我基本上不知道有任何人想过女子,但是这并不代表我们有多严重的生理"畸形";确实,许多受制于害羞或道德观念的人在不赞同的同时也不无一点嫉妒色彩。梅纳德也分享着这种普遍存在的情感,但是我并不认为他沉湎于此。在剑桥时,柏拉图对精神恋爱的描绘曾深深地打动他。

梅纳德的伊顿生活就像开始时一样紧张地结束了。在6月4日的授奖典礼上,他与莎士比亚剧社的其他成员一起演出了《无事生非》中的一场戏(梅纳德饰道格柏瑞);而在谢里登的《对手》一剧中,梅纳德的角色是阿克斯,与扮演路思尤斯爵士的哈罗德·巴特勒演对手戏。7月初,他给他那"兴奋过度引起的发烧"弄得病了一小阵子,斯威辛邦克"全心尽力地"照顾他。1902年的7月底,他又考了一遍剑桥高等证书,虽然这次考试对他没有什么吸引力,但毫无疑问是对抗懒散的一个好方法。考试前他没有做什么准备,但还是取得了名列前茅的成绩。他现在已经19岁了,伊顿已经不能为他提供更多的东西。在7月30日给内维尔的信中,他写道:"我感到非常的伤感。昨天晚上,我在公学波普会上得到了一致的感谢,这也许是我在这儿的剩下时间里所最想得到的东西——伊顿所给予我的要远胜于我所应得的。"卢伯克写道:

  对他的离去,每个认识他的人都感到遗憾。他在这里的时光里,我想他是幸运的:在过去的一两年中,这里的杰出男孩子们在我看来全都是非常的优秀,而他居然还能在他们中间脱颖而出。毫无疑问,他有着精致成熟的头脑,而且丝毫没有像许多同龄孩子们可能会出现的那样被自己的头脑所压垮;我几乎还没有碰到过任何一个孩子是如此的聪明,且没有半点的自命不凡……恐怕要过很久我才能得到另一个学生,可以把能力和勤奋结合得如此完美;关于他的品格,我将只会说,我认为他是一个人们可以完全信赖的孩子。以他所有的聪慧,他从来都是最顺从地、没有任何怨言地接受所赋予他的责任,而且从不质疑他自己是否是最明白的人。

第 5 章
剑桥本科生

1 国王学院

凯恩斯在剑桥大学的经历可以说是一种哲学和情感上的觉醒,他的价值观也随之发生了变化。尽管他从未失去家族传统上的为公众服务的价值取向,但这种取向被朋友之间的情谊和审美观所平衡。在这个价值取向的转变过程中,剑桥国王学院起了重要作用。

国王学院是亨利六世在1441年建立的,其目的是建一所伊顿公学的姐妹学校。亨利六世说他想让"伊顿公学的贫穷公费生在学习了文法的基础知识以后,进入剑桥的这所学院继续深造,在这里他们可以接受完全的文科教育……"400年以后,这个计划仍在施行。国王学院"共有70名成员,部分是公费生,部分是研究员,互成反比……一旦有空位,伊顿公学的毕业生总能进国王学院,成为研究员,获取不需考核的学位。只要他不结婚或另谋职业,他就能在那里一直待到经济上和社会地位都有保障时才离开"。不管怎么说,国王学院基金本来是一个资助学术研究的优秀机构,现在却成了那些多年在伊顿公学"惩罚厅"里受煎熬的毕业生的永久栖身处。

在19世纪上半叶,国王学院给人们的印象是一处空空荡荡、但很漂亮、雄伟的建筑群。在公园和草地之间有两幢宏伟的楼房,一幢是教堂,建于1515年,另一幢是研究员楼(又称吉布斯楼),建于1725年。然而,这里却鲜有人迹,更没有什么学术生活。研究员们拿着学院的丰厚津贴,却没有教学任务,所以大部分时间都不在校内。而公费生的人数则很少超过12名。

到了19世纪下半叶,伊顿公学和国王学院这两家昏睡的靠基金维持的学校才在维多利亚时代的改革魔棍的驱使下苏醒过来。国王学院的复兴从19世纪50年代开始,当时内外都有压力。外部压力来自议会,而内部压力是由于学生的成分随着伊顿公学的改革而发生了变化。当梅纳德进入国王学院时,改革正值顶峰期。他后来回忆道:"1875—1884年那十年是国王学院取得非凡成就的时期。而当学院已取得如日中天的声誉时,我还是一个年轻人。"改革的要旨是以公费生为主体,并要求所有的学生跨学科修课,这样一来,国王学院就开始有意识地培养学术精英。1873年有34名在校生,约有19名获得一等优秀荣誉。凯恩斯入学时,学院已有30名研究员、30名研究生和130多名本科生(当时剑桥大学共有3000多名本科生)。剑桥只有两所最大的学院,即"三一学院"和"圣约翰学院"可以和国王学院在声誉上相媲美。当然,国王学院的学生们仍然区分为"学者型"和"运动员型",以及"伊顿生"和非伊顿生,凯恩斯发现这里的环境与他刚刚离开的伊顿公学差不多——尊重知识,尊重同学之间的情谊,师生关系也比较密切。学院的研究员在19世纪下半叶往往是优秀的教师,而不是学者。

  凯恩斯读书时期的国王学院是剑桥最著名人物奥斯卡·布朗宁(又称O.B.)的杰作。如果用英国小说家E.F.本森的典型人物——一种昏庸的天才来描绘布朗宁,恐怕并不为过。但这种在弗洛伊德心理分析方法发明之前的判断并不十分准确。事实上,O.B.作为教育家是个天才,作为学者则平平。他的教育天才正是建立在他的"缺点"之上——他有恋少男癖。O.B.能在维多利亚时代幸存下来,并成为名人,实属不易。他的生存秘密在于他行事待人的风格。这个人集蛮横、下流、风趣、啰唆、势利、自私、情感和性爱于一身,但他从不流露对男孩的色欲。在个人情感受压抑的维多利亚时代,人与人之间的亲近被视为犯忌,而布朗宁勇于打破许多成规,而他的荒唐行为反而使得那些成规显得荒唐。他的天才在于能让所有不同类型的人感到放松,这就使他与人们之间互相建立了深厚的感情,而他终生也没有逾越雷池一步,总是在社会允许的极限前面退却。不用说,他的行为举止在当时被认为是古怪的。

  布朗宁的教育思路在于侧重培养政府领导人才,所以他反对当时流行的两种教育倾向,一是崇尚体育,二是知识专门化。他同剑桥同事、英王钦定讲座教授、现代史专家希利的看法一致,即培养领导人才的途径是通过历史学和政治学方法。布朗宁于1880年被任命为国王学院的历史辅导老师,三年后成为正式讲师。当时的国王学院以历史学见长,但布朗宁作为辅导老师并不尽职,学生们在阅读指定文章时经常看到他在呼呼大睡。他的教学宗旨不在学术和学术批评的精湛,而在于师生之间的新型关系。他创建了著名的"政治

第 5 章 剑桥本科生

协会"，将每周日的晚上定为"无忧晚会"，还自告奋勇地参与本科生的种种课外活动（作为剑桥自行车俱乐部的主席，他曾经骑着一辆三轮车越过阿尔卑斯山）。如同他当年在伊顿公学做校长助理时一样，他在国王学院也带领一些最得意的弟子到欧洲大陆去旅游，开拓他们的视野。布朗宁也不忽略对英国工人阶级的教育问题。他是剑桥教师训练班的创始人，并自任主任长达18年之久。他对英国海军协会的剑桥分部非常关切。他的传记作者H.E.沃特汉姆写道："他对水兵有一种特殊的同情心。"他常常带领这些海军学生到伦敦去看戏。他家里雇佣的多是工人阶级的子弟，他们与他同睡一屋，帮他洗澡擦背，而他教他们弹奏乐器。在本书中布朗宁的重要性并不在于他和梅纳德·凯恩斯有特别亲密的关系，而在于当时国王学院的社交气氛源于布朗宁，这种气氛一直延续了很多年。

1908年布朗宁已经71岁，由于年龄和工作效率的原因，他被解除在国王学院和剑桥教师训练班的职务，只保留一个研究员的位置。他认为学院对他不公，一怒之下迁居到罗马定居。直到1923年去世，他一直是一座"活火山"。梅纳德那时已成为学院的研究员，他在紧张工作之余还不忘抽空与这位老人联络，帮他处理纳税问题。布朗宁在给梅纳德的一封写于1918年1月19日的信中说："我正在写一本世界史的著作——这是唯一值得写的历史。"他还加上一句："我喜欢当一位81岁的老人。"

另一位个性不如布朗宁有魅力的人物是单身的历史教师G.L.狄金森。此人从1887年开始任研究员。如果说布朗宁所代表的是国王学院的"外向精神"，狄金森则代表它的另一面——远离世界的栖身之地。他这么做不是出于信念，而是性格使然。他也曾经想过要服务于大众，但总不能写出像样的东西。无奈之下，只好躲进学院，自成一体。他自己也明白他的人生哲学是有缺陷的。狄金森渴望被人所爱，也甘于被异性恋的男朋友们所主导，所以在他的笔下出现的是一个四海之内皆兄弟的理想世界。他最有影响的著作都是苏格拉底式的对话录，他对国王学院的教学的影响不是通过授课，而是他创建的以柏拉图研讨会为形式的"讨论协会"。据凯恩斯同一时期的学生温夫里德—斯特拉福德所言："在讨论协会的活动中，两种倾向并存：一种是颇有修养的不敬言行，另一种是古典希腊的学术气氛。"

尽管狄金森确立了以文明方式讨论问题的标准，他本人的意志不强，缺乏智力和内心感情上的激情。1914年第一次世界大战的战火摧毁了他对轻松、恬淡生活方式的向往。他开始自责，认为"今后不再会有人愿意听从我的那种表达和行为方式"。其实在国王学院，狄金森仍然很有影响力。他的传记作者和好友E.M.福斯特就这么认为。他的影响力主要在私人关系上。同赛吉维克和布朗宁一样,狄金森是维多利亚晚期一个典型的知识分子。这类知识分子既对服务于公众有所眷恋,又觉得它与自身未能实现的欲望不断冲突;这两者在他脑海中既不能分开,也不能和谐相处。

还有其他几位教师也是既聪明又古怪。比如说,威德先生是古典文学的辅导老师,他常常戴红色的领带,而且言语中多有亵渎的表述。J.E.尼考森先生的癖好是搜集各种雨伞,而詹姆斯先生是博学多识的藏书家,他喜欢将钟爱的伊顿生聚集在一起,向他们朗读他自己写的神怪小说。然而,从根本上说,国王学院并没有成为布朗宁所希望的"政治家"的摇篮。它实际上成为"培养个性的最完美的暖房。它的产品中有各色人等:从伟大人物到最荒谬的角色,应有尽有"。尽管如此,国王学院仍是那些羞于面对世界或性格异常的学者们的栖身处:这里是一个由既聪明又有点疯癫的小圈子所组成的社会,学者们已萎缩了的情感在源源不断进入学院的可爱和聪明的年轻人的刺激之下能够重新焕发青春。梅纳德·凯恩斯生来就不是一个自闭的人,他对国王学院的氛围十分满意。对于伊顿公学和国王学院,他愿意竭尽全力去维护和表达自己的忠诚。

2 一年级学生

大学一年级时期,凯恩斯住在国王街的一间简易的宿舍里。他的同学,后来成为经济史学者的查尔斯·费记得这位小伙子"有一撮小胡子,身穿漂亮的马甲",就邀请他去喝下午茶。这个小伙子说:"我叫凯恩斯,你呢?"不一会他又告诉费:"我已将宿舍周围仔细地看了一遍,看来条件不大好。"凯恩斯在国王学院最好的朋友是罗宾·福尔内斯。罗宾人挺聪明,举止优雅,是英式橄榄球公费生,主修古典文学。他的一个特长是能记住各个历史时期的文学作品当中的色情情节,几乎所有的西方语言他都懂。另一位住在国王街的是威廉·佩奇,他是数学公费生。凯恩斯曾同他一起去向后来成为"萨得来安"讲座教授的数学家厄内斯特·霍布森求教过。厄内斯特正是那位非传统的经济学家J.A.霍布森的哥哥(J.A.霍布森是现代帝国主义理论的创建者——译注)。梅纳德一直对数学家霍布森比对他的弟弟更敬重。

如同在伊顿一样,凯恩斯从来不想全力攻读数学,他在给父亲的信中说他实在不想专攻数学,尽管他"能够轻而易举地参加高年级的数学考试并拔得头筹"。进校以后不久,

第 5 章　剑桥本科生

他先是大量购买书籍，然后又参加划艇队，但他最喜欢的去处是国王学院和三一学院的那些俱乐部和研讨小组。尽管这里的俱乐部也同伊顿一样很难加入，但他在这个小圈子里已有了很大的名气，所以各种邀请纷至沓来，应接不暇。其中有布朗宁的政治协会和狄金森的讨论协会。还有三一学院的"论文写作协会"，在那里凯恩斯于1902年11月10日聆听了利顿·斯特拉彻（后来成为著名的传记作家——译注）宣讲的关于基督教的论文。凯恩斯是第一次见到这位三年级的学生，认为他的这篇论文是"最优秀的关于基督教的讽刺作品"。不久，凯恩斯加入了四个辩论协会，其中有国王学院和三一学院联合主办的由十名被选拔的本科生组成的"十人团"。

梅纳德在第一个圣诞假期中做了一些数学题，但他同时也在研究彼得·阿贝拉（中世纪哲学家、神学家——译注）的著作，并"打算写一篇关于这位先生的论文"。他写信告诉还在伊顿的朋友斯威辛邦克：这篇论文的写作越来越难于控制，"但我写此文是出于自身的好奇，不管听众的反应如何，让他们见鬼去吧"！在第二个学期的"亚平宁文学协会"的一次会议上，梅纳德宣读了他对阿贝拉这位神学家的评论。阿贝拉的经历复杂，他曾同比自己年轻几十岁的女学生艾洛伊丝一起坠入爱河，又曾被教会谴责为鼓吹异端邪说，而对他迫害的主谋正是梅纳德过去一直崇拜的伯纳德修士。梅纳德崇敬伯纳德修士的苦行作风，但又崇敬阿贝拉对理性的信仰。他引用阿贝拉的话："某个事物可信，不是因为上帝的教导，而是实际的证明。"在他原先评价伯纳德修士的论文里，凯恩斯指出修道的理想与现实生活的体验是有冲突的。在这篇关于阿贝拉的论文里，他将基督教信徒对理性和爱的执著与一般人的道德观加以比较。也就是说，此时的凯恩斯已开始进入成年，跨入了爱德华七世的时代。

梅纳德对有意思的学科都很感兴趣。第二学期里，他拉着同学费去修历史课，去听哲学家G.E.摩尔的伦理学，还有J.E.麦克塔加尔教授的形而上学。在麦克塔加尔的这门课中，梅纳德开始理解形而上学意义上的时间观，撰写了一篇题为《时间和变化》的文章并在另一个辩论协会上进行了宣读。他还与另一个爱好藏书的同学阿瑟·科尔一起创办了一个叫巴斯克维尔俱乐部的藏书协会。如此繁忙的梅纳德还抽空与伊顿老同学史蒂文·盖斯利（盖斯利后来成为外交部的首席历史顾问——译注）一起参加桥牌比赛。他父亲内维尔知道后叹道："他的活动实在太多！"

其实，内维尔自己也给梅纳德躲避数学网开一面。他设法使儿子成为"剑桥辩论协会"的会员。1902年11月2日，梅纳德在该协会发表了新会员入会演讲，他告诉父亲这是他"做得最勇敢的一件事"。剑桥本科生办的报纸《格兰塔》认为凯恩斯的演讲非常出色,协会主席爱德温·蒙塔古也十分赞赏,他邀请凯恩斯两周以后再做一次演讲,不过不要求即席演说,而是宣读一篇论文。蒙塔古当时是一颗上升的自由党政治明星,他日后成为凯恩斯的第一个、也是最重要的政治恩主。蒙塔古长相奇丑无比,但他的丑陋被个性所弥补,他待人随和,既聪明又玩世不恭,而且酷爱小道消息。梅纳德在他的早期生活中受到他的多方提携,不能不感激他。在辩论协会里,蒙塔古并不欣赏凯恩斯的演说方式,而对他的逻辑思维感兴趣。梅纳德在第一年里多次就协会最关心的政治议题发表过演讲,第二年他经过两次努力终于成为协会组委。

梅纳德的演讲缺乏激情,原因是他对政治信仰本身没有激情。他参加了剑桥的自由党人俱乐部,原因不是由于自由党人热衷改革,而是由于他们智力较高。他在1903年5月的一次辩论会上以实际操作困难为由来反对爱尔兰自治的主张。一旦涉及基督教的问题,他总是兴致盎然,滔滔不绝。他和同学杰克·谢帕德在第二学期曾动员学院的所有反教会力量阻止英国国教在伦敦东区建立传教点,因为东区当时是大学生们寻欢作乐的好去处。他写信给斯威辛邦克说:

> 谢帕德和我同其他人一起成功地赢得了75对25票的绝对多数,所以教会只能在东区建一个非宗教性的点……这真是一个巨大的胜利。……我还在全院大会上当着教务长的面作了演说。

多年之后,人们还记得凯恩斯的演说,认为它是辩论学的一个杰作。

他的反教会朋友谢帕德是波尔汉的浸礼会牧师的儿子,后来成为国王学院的教务长。他也是布朗宁刻意培养的尖子。他在剑桥是个特殊人物,常常在辩论协会上滔滔不绝,并载歌载舞,后来居然成了协会的主席。他对古希腊悲剧特别热衷,但不是学术上的兴趣,而是剧情本身。他讲授异教徒的伦理观时颇有浸礼会牧师的激情。谢帕德同凯恩斯第一次见面时是一个瘦弱、天真的小伙子。而他对凯恩斯的第一印象是"敏感而有表现力的双手和漂亮的眼睛"。他们很快成为朋友,后来是终生的同事。

梅纳德对所有的知识都感兴趣,就是不喜欢数学,他父亲内维尔对此开始有所警惕。霍布森教授对学生的要求十分严格,梅纳德一定要"戴眼镜"才能考到一等的成绩。内维尔还记得自己在大学一年级时的狼狈景象,他在日记中担心"他的心思不在数学上"。

3 信使会与"芸芸众生"

第一学期的12月里,两个高个子年轻人来梅纳德处造访。一个人自称斯特拉彻先生,另一个是沃尔夫先生。前者精瘦而肤色苍白,留小胡子,戴单边眼镜;后者则肤色黝黑,生就一张悲哀的长脸。凯恩斯的传记作者罗伊·哈罗德爵士告诉我们他们之间有一场生动的谈话。梅纳德并不知道两位来造访的原因:他们是想看看凯恩斯是否符合"剑桥研讨会"——又称"信使会"——的会员条件。信使会是一个秘密组织,一方面会员们不想让非会员朋友感到难堪,另一方面也有利于保守组织的机密。由于该协会的会员来源主要是国王学院和三一学院,会员们不可能不注意到凯恩斯——他在伊顿时期就声誉很高,成绩优异,而且是内维尔的儿子。布朗宁和狄金森两人都是信使会的"天使"——即退休荣誉会员。他们在第一学期就注意观察凯恩斯,对他赞赏有加。谢帕德亦是会员,他已和凯恩斯在辩论协会里相识。这样,在斯特拉彻和沃尔夫造访之后,梅纳德就顺理成章地进入了预选程序。这个秘密预选程序就是由协会秘书斯特拉彻组织早餐会和午时茶会,让其他的会员有机会对梅纳德做进一步的考察。考察结果认为他是合适的人选,于是在1903年2月28日,星期六,梅纳德在经过协会的种种秘密仪式之后成为新会员。谢帕德是他的"父亲"即担保人。对一个一年级的学生来说,这是很少有的荣誉,但是梅纳德也确实是不同凡响的大一学生。

从1820年的创始人乔治·汤姆林森作为第1号开始算起,梅纳德在信使会里的排号是第243号。协会的活动安排沿袭了哲学教授亨利·赛吉维克那个年代传下来的规矩,即每周六晚,在信使会秘书的房中开展闭门的活动,学校放假时例外。退休会员在自愿的基础上也常常加入这些活动。每次活动时,由一个主持人宣读事先征得大家同意的文章,然后开始讨论。发言者要站在壁炉前的地毯上,发言顺序由抓阄决定。最后将针对讨论中出现的问题进行投票表决。整个学术活动中,会员们一面品尝被称为"鲸鱼"的鳀鱼酱涂抹的烤面包,一面喝茶或咖啡。整个氛围和目的后来一直没有大的变化,如同赛吉维克教授所言:"这种活动是由一群亲密的朋友在一起坦诚地、绝对认真地寻求真理。"

挑选的文章大多具有严肃的主题,但文章的名称则往往带有幽默和诙谐,以冲淡主题的严肃性。会员们每周六开会,平时也多住在一起,所以信使会与其说是一个俱乐部,还不如说是一个大家庭。他们之间的讨论往往隐含着内圈人的玩笑和局外人难懂的意思。言谈之间总是如同在学校里一样,夹杂着亵渎和色情的暗示。

梅纳德的这些新朋友都是一些超脱尘世、玩世不恭、既聪明又富有哲理的家伙。梅纳德入会的那个时候,最活跃的会员中有三个来自三一学院,即斯特拉彻,希尼—特纳和列昂尼德·沃尔夫;两位来自国王学院——杰克·谢帕德和列昂尼德·格林伍德。老会员中常常参加活动的有E.M.福斯特(后成为著名小说家——译注)、拉尔夫·豪特利(后成为著名经济学家——译注)、A.R.安斯沃斯(后成为著名工程师——译注)以及H.O.梅里狄斯(后成为著名经济史学家——译注)。他们都是国王学院新近毕业的学生。老一辈人中则有19世纪90年代的"天使",如查尔斯·桑杰(著名文学评论家——译注)、伯特兰·罗素(著名哲学家——译注)、R.C.和G.M.特莱维兰兄弟(著名史学家——译注)、G.E.摩尔(著名哲学家——译注)、G.H.哈帝(著名数学家——译注)以及戴斯蒙德·麦卡锡(著名文艺评论家——译注)。他们都来自三一学院。还有资格最老的一批,其中有西奥多和克朗普顿·戴维斯兄弟(美国富商之子——译注)、罗杰·弗拉埃(英国著名的印象派画家——译注)、J.艾利斯·麦克塔加尔(哲学家——译注)、路易斯·狄金森和A.N.怀特海(著名哲学家——译注)。布朗宁资格最老,他向信使会捐赠了一只松木箱子以存放协会记录,大家把这个箱子称为"诺亚方舟"。

成为信使会会员以后,梅纳德的生活发生了很大的变化。最明显的是一个新的朋友圈子,而且不断有新人进来,所以凯恩斯对新成员的甄别过程格外关注。他的一生大部分时间都在新老信使会会员的圈子里度过的,当然还包括这些人的亲朋好友。利顿·斯特拉彻的两个亲近的三一学院的非会员朋友也是这个圈中的人物,他们是托比·史蒂文(著名女作家维吉尼亚·沃尔夫之弟——译注)和克莱夫·贝尔(著名文艺评论家——译注)。这批人不久以后在伦敦成立了信使会的一个延伸俱乐部,即著名的"布鲁斯贝利俱乐部"。当然,梅纳德的老朋友也不是一下子就消失了。他同伊顿公学的联系纽带仍是老友迪利·诺克斯(1904年入国王学院)、伯纳德·斯威辛邦克和丹尼尔·麦克米兰(这两位都去了牛津大学的巴利奥学院)。他也与福尔内斯和费保持良好的友谊,尤其是前者。然而,梅纳德确实进入了一个新世界,这个世界比他的旧世界更充满活力。

朋友圈子的变化也改变了他的价值观。随着年龄的增长而加强的自我意识固然也是原因，但信使会的会员身份更促进了这种意识。在伊顿公学时，他已是一个全面发展的学生：他是数理化的优等生但同时又具有很强的"艺术家"气质；是一个一流的读书人但绝不是不懂世故人情的书呆子。1903年以后，梅纳德的生活明显地分成了私生活和公共领域两部分。一种生活是环绕着哲理、美学观念和友谊；另一种生活是参与政治和公共事务。值得注意的是他更加热心于第一种生活，这是一种价值观的选择。梅纳德的天才使得他做什么事都能成功；但从1903以后，他觉得不管政治和行政事务多么"有意思"，他的激情不在于此，而在于个人的追求。他本来就有着重视私人天地的价值取向，而信使会会员的身份则更增添了对这种取向的鼓励和道义上的支持。

正如信使会的一句康德式的笑话所指出的：信使会才是"现实存在的"，而大千世界则是虚幻的"表象"而已。当老会员麦克塔加尔教授在晚年出乎人们意料地结婚时，他特意告诉信使会会员，说他不过是找了一个"表象的"夫人。梅纳德则总是称非会员们为"芸芸众生"，也就是说，协会之外的世界远不如协会的集体生命更为真实，所以不值得过多关注。这个康德式的笑话实际上有一种严肃的道理，即对信使会的评判标准是超出常人的理解力的。

然而，信使会不过是一个"典型的、好玩的本科生的辩论俱乐部"，它何以有如此巨大的能量能够改变会员的生活道路呢？我们首先不能低估"秘密活动"的重要性。秘密团体的特征就是对外部世界嗤之以鼻，保持共同的秘密是联结不同兴趣的人们的生活的纽带。会员之间打交道的便利是互相之间不必保密，所以互相之间的关系随着时间的推移将更为亲密。此外，信使会的会员是终身的，老会员们不会从大家的生活中消失，他们在协会活动室附近的地方仍有活动地点，所以参与协会事务非常方便。从1903年到1908年或1909年，梅纳德的私生活中的大部分时间是在协会成员之中度过的。也就是说，从20岁到25—26岁的成年时期，他与人交谈和获得各种小道消息的渠道多与协会有关。长期生活在一个意气相投的小圈子里必然会对他们的价值观和人生观产生终生的影响。

信使会会员资格无疑给这批人一种相对外部"表象世界"的优越感，每个会员都认为自己是剑桥的精英人物。哲学家伯特兰·罗素写道："正是由于信使会的存在，我才有机会结识一批最优秀的、最值得结交的人。"这种自我感觉不完全准确，正如史蒂文·图尔明所指出的，大部分最伟大的19世纪的剑桥科学家，如达尔文、莱利、金斯和埃丁顿等，并不是会员。其他还有加尔顿、卡尔·皮尔逊、阿尔弗雷德·马歇尔和阿瑟·庇古等也不是会员。不管怎么说，人总是很容易觉得自己生活在一种高尚、孤独的超然地位上。梅纳德在几年后给斯特拉彻的一封信中说："我们这种强烈的道德优越感算不算是一种偏癖狂呢？我总觉得其他人都太笨或太邪恶，对世界根本看不懂。"

图尔明认为，"参加信使会的本科生们在遣词造句上都是有天分的……"这是重要的一点。信使会从19世纪初的莫里斯和斯特林时期到亨利·赛吉维克、麦克塔加尔和摩尔，哲学，特别是伦理哲学是它的主要关注对象。梅纳德入会以后仍有四位世界级的哲学大师：怀特海、麦克塔加尔、罗素和摩尔。所以，梅纳德的第一兴趣是哲学而不是经济学就不足为奇了。当然，凯恩斯家庭里也经常讨论哲学，他父亲和W.E.约翰斯顿就常常无休无止地辩论逻辑学问题。梅纳德在信使会获得的哲学入门教育的重点是对生活哲学的一种坚定的信念。多少代的信使会成员都有一种坚强的、健康的生活理念。梅纳德入会后六个月，摩尔发表了他一生中最重要的著作《伦理学原理》。我们将在下一章里谈摩尔对凯恩斯的伦理观的影响。摩尔所谈的远远不是大部分学生们在夜半喝咖啡时讨论的那些空泛的东西，而是给人生提供的指南。梅纳德当时的第二个兴趣是美学，信使会的麦卡锡、梅里狄斯、福斯特、希尼—特纳、斯特拉彻、谢帕德，以及贝尔和史蒂文都偏爱文学和艺术，而把哲学放在第二位。尽管如此，他们对文学艺术的审美观却都受到哲学，特别是摩尔哲学的影响。所以，哲学和美学这两股清泉汇成一股，成为信使会成员"寻求真理"的途径。梅纳德在协会内写的文章亦属于这两个方面。经济学和政治几乎从未涉及。

信使会的关注重点也反映出它的超然出世的特点：大多数会员都是老师，他们中有刚出道的，有成功的，也有不成功的。他们之所以成为会员是因为他们将非凡的智力与超脱尘世的情操结合在一起。每个人的超脱情操的来源是不同的。摩尔是一个圣人般的人物，他的纯真是显而易见的。路易斯·狄金森却是被外部世界击败的人。利顿·斯特拉彻"并非没有雄心，而是自信心欠足"，他的传记作者迈克尔·霍尔罗伊德如是说。信使会会员的另一个共同特点是他们大多数缺乏公开社交场合的两种有利条件，即魅力和形象。正如作家维吉尼亚·沃尔夫后来所说的，这些人不仅缺乏"形体美"，而且不懂得窃窃私语的技术。在公开场合他们都是傲气十足，动辄发怒而且矜持得很。他们善于用大胆和聪明来互相吹捧，过分夸张他们理想中的超脱精神，以及对外部世界的一成不变的批评态度，来弥补他们在公开社交场合中的不足。除了家人以外，他们的女性朋友很少。这在当时的剑桥以及整个维多利亚社会来说，是年轻男人的正常状态。不过信使

第 5 章　剑桥本科生

会的成员由于刻意与世隔绝，与女性接触的机会更少。从这个意义来说，信使会是一个让那些羞于社交、过于聪明的会员远离尘世的避难所。在这里，他们的思想可以碰撞出火花，互相进行社会心理治疗。与此同时，这些被古典哲学和绅士理想长期熏陶的年轻人有点超然的情操是件好事，因为维多利亚时代的生活氛围是那么丑陋和压抑。

多年以后，当两位在20世纪30年代加入信使会的会员盖·伯杰斯和安东尼·布朗特被发现是苏联间谍时，当时的报纸大肆发表评论，说这些人成为间谍的原因是将自己长期与"正常人的道德价值"相隔离，而培养出一种欣赏神秘莫测的事物的品位。其实，信使会的最突出的特点恰恰是它的"英格兰性"，其成员的排他性正是英国社会的排他性的一个缩影。这是一个以血缘纽带为基础的排他性社会，每个阶层都为了保证自己生来俱有的某种特权而排斥他人。信使会是对工业化生活的一种强烈反应，它的文化基础是对已死亡的语言（如拉丁文）、骑士精神、道德伦理的乌托邦的崇拜以及对工商业的排斥。这是对英国公学制度的野蛮性和英国家庭制度的压抑的道德伦理的一种文明化的反应。同时，它也显现出英国的一个特别之处：即社会总能将上流社会的男孩子们保持在僵化的成长阶段。最后，信使会现象还反映了大学文明的一个方面，剑桥大学的自我形象是在野蛮人和庸人包围之中的一块世界级的知识净土和美丽岛，这是剑桥教师们心中的"剑河边上的天堂"。尽管如此，从我们目前所掌握的有关凯恩斯一生的资料来看，虽然信使会对他的性格方面的某些因素有吸引力，但他同时也能从现实生活当中获得很多乐趣。

梅纳德入剑桥读书以后，他的父母决定放弃家里的8月度假的传统。国王学院在8月的假期中提供六周的居住条件以利在校学生参加暑期班。他父母认为梅纳德读书更为重要。1903年7月12日，他搬进了威尔金斯宿舍楼A座的新房间。窗外即是教堂。内维尔和佛萝伦丝为了鼓励他学习数学，给他买了一张新写字台。这段时间里不断有朋友打断他的学习。伊顿老朋友在他那里住了一阵子；8月底，他与汉弗瑞·保罗到萨赛克斯玩了一个星期。他回到哈威路后给斯威辛邦克写信说："我在做一些无用的研究：电学、动力学和高尔夫球。"他当时还在写一篇评论小说家狄更斯的论文，这是国王学院对每个本科生硬性规定的磨难，"我实在厌恶读狄更斯的作品，所以我开始编造一些假想的文艺理论来评他的作品。后来果不出所料，我发现论文里没有他小说中的任何故事情节……"9月25日，梅纳德随父亲到谢里汉城去参加一个星期的数学和双明家桥牌比赛。内维尔自己当时因打高尔夫球所得的肋膜炎发作，但是他仍欣慰地发现梅纳德在此次假期以后"恢复了精力"。

他的精力很快开始下降。据学生报纸《格兰塔》报道,梅纳德在11月24日的"剑桥辩论协会"上做了捍卫自由贸易的演讲,这场演讲"完全缺乏活力和辩论力"。内维尔担心至极,考虑是否要让他参加练习发声的课程。然而,梅纳德在第二年年底的演讲已有大大的提高,以至于被选为协会的秘书,这就成为协会主席的当然候选人。关于贸易保护的问题是约瑟夫·张伯伦于1903年提出的。张伯伦还提出了帝国特惠制的设想。梅纳德在这场争辩中将兴趣转向经济学和政治。内维尔日记中记有他在1903年9月研究政治经济学。剑桥的经济学家大多是自由贸易派,他们在1903年8月15日的《泰晤士报》上发表了一篇由马歇尔领头署名的《自由贸易宣言》。这篇宣言信心十足地宣称进口商品不可能造成失业。梅纳德也是自由贸易的卫道士。在第一次世界大战之前,为自由贸易辩护是他参与政治的唯一原因。他在辩论协会的演讲中说:"保守主义已经死亡,但又以更低级动物的形式获得再生。"1903年12月15日,他给斯威辛邦克的信中说:"我痛恨所有的神父和贸易保护分子……自由贸易和自由思想并存!打倒教皇和关税,打倒那些说我们上当受骗和行将灭亡的人。废除一切赎罪和贸易报复的措施。"

这一学期里,梅纳德的学习也受到其他因素的干扰。先是三年一度的古希腊戏剧演出。谢帕德在阿里斯托芬的喜剧《鸟》中扮演滑稽的佩斯特泰鲁斯。他的朋友汉密尔顿、斯威辛邦克和顿达斯从牛津过来看他,丹尼尔·麦克米兰从伊顿过来玩。内维尔在1903年11月27日的日记中写道:"这个顽皮的孩子已去看过两次希腊剧表演",而且第二天还要同母亲和伊顿的朋友们再去一次。内维尔在12月2日写道:"14天中,梅纳德只有一晚上空闲,他不可能做什么数学题。"只是到了假期,他才开始振作起来。他告诉斯威辛邦克:"一学期里,我总是聊天,社交,聊天,自觉很正常。现在在假期里,我却坐下来看书和写作,然而脑子里变得很不正常,经常有疯狂的念头。一周里面心情起落不定几次。"

在下一个假期里,凯恩斯家里的事务将梅纳德带到德国去旅游。他的妹妹玛格丽特在1903年未能通过瓦埃科姆寄宿学校的入学考试,父亲内维尔很疼爱这个"非常漂亮迷人的姑娘",在10月将她送到德国去读书。玛格丽特在一位已不富裕的德国男爵夫人冯·吉辛家中寄宿了六个月,感到难以忍受。1904年3月中旬,梅纳德和母亲佛萝伦丝一起到德国去"拯救"玛格丽特。这是梅纳德第一次去德国,母子二人顺路观光,还造访了梅纳德儿时的家庭教师罗特曼小姐——她现在已经结婚。3月24日,梅纳德从德累斯顿写信给斯威辛邦克:

78

第 5 章　剑桥本科生

这里有着每一个画家的作品，但我对16世纪早期的德国画家——丢勒、霍尔班、克拉纳赫等——更感兴趣。如有可能，我一定要分析一下为什么。在柏林，我们看到更多的绘画，特别是一幅霍尔班的作品。到处都看得到希腊、罗马以及之后的雕塑。在柏林，我们看到奥古斯都大帝时期的两尊最漂亮的男孩半身塑像，还有一尊古罗马执政官西皮奥的精彩的雕像——好作品简直不胜枚举。

4月30日，梅纳德在信使会宣读他的一篇从德国回来后写就的题为《美》的论文。他在文中试图说明人们应该更加热爱自然而不是绘画作品和雕像。但将画与雕塑作品相比，则后者更接近自然。这种观点固然是维多利亚时代的中产阶级的典型审美观，然而也证明梅纳德对视觉艺术的偏爱远在加入"布鲁斯贝利俱乐部"之前。

1904年6月5日是梅纳德的21岁生日，他收到父母送的一只手表和其他亲友送的礼物。尽管他的生活的一部分，包括对知识的渴求，已经超出了父母的控制，但是内维尔夫妇仍未停止对梅纳德的前途的干预。内维尔在给梅纳德的新数学辅导老师，从圣约翰学院请来的莱瑟姆的信中说，"这个孩子（在数学方面）尚未到停滞不前的地步"，但他还是不放心，提出了若干具体的建议。现在，哈威路6号成为梅纳德在每个学期里的第二个家，几乎每个周末他都要带朋友回家吃饭。内维尔和佛萝伦丝对尖声唠叨的斯特拉彻和胆小的列昂尼德·沃尔夫是什么样的看法我们现在不得而知，因为它们没有被记录下来。然而他们对梅纳德朋友的热情款待并不涉及他们的隐私，虽然维多利亚时代与爱德华时代的价值观不尽相同，但在基本礼仪上，维多利亚时代的礼节方式仍然延续了很长一段时间。当然，内维尔夫妇也不失时机地试图为梅纳德寻找过女朋友。到家里来的女孩子很多，有的是内维尔同事的孩子，有的是内维尔还在任教逻辑学的戈尔顿和纽汉姆学院的女生。内维尔具有传统的绅士风度，他对这些女孩子的兴趣似乎比梅纳德还要高。梅纳德最不喜欢的就是舞会，他一般都予以谢绝，即使出席也很不高兴。他在1903年12月23日写信告诉妹妹玛格丽特："感谢上苍，我今年拒绝了所有的舞会邀请。没有一位女士能够迷住我。"

这个时期，梅纳德的剑桥朋友圈子里既有信使会成员，也有"芸芸众生"。1904年6月，他到利物浦去看老朋友费。多年后，费还记得他非常有说服力地证明基督教义的不正确性，但他的高尔夫球打得实在太糟糕。7月中旬，他到伯兰特·罗素和他的夫人艾丽丝在法恩汉的乡村别墅度假，但没有休息好，因为有26位客人不请自到。罗素在1903年发表的《数学原理》一书使他一举成为世界级的哲学大师之一。凯恩斯在给斯特拉彻的信中如是说："周六晚上，罗素和一位名叫列昂尼德·霍布豪斯（后成为著名的社会学家——译注）的家伙花几个小时一起擦洗地板，其情景妙不可言。"罗素对凯恩斯的智力评价非常高，他说，"这是我所认识的具有最敏锐、最聪明头脑的人。当我与他辩论时，总觉得要把我的生命攥在手上，而辩论后很少不感到自己的愚蠢。"1904年8月29日，梅纳德与列昂尼德·沃尔夫一起，背着背包去威尔士徒步旅游一周。他们爬了斯诺顿山并在回来的路上到信使会老会员桑杰和他的夫人多拉家中暂住。梅纳德从来就不是一个优秀的步行者和登山者。但是沃尔夫这一次发现他是一个"非常好的同行人"，他俩一路大谈哲学，而晚上则玩玩比锡牌。在剑桥1904年的"米迦勒"学期里，梅纳德每个周日都与信使会的"天使"，著名史学家乔治·特莱维兰一起散步。特莱维兰是一个热情的步行运动爱好者。梅纳德那时也已成为剑桥辩论协会和自由党俱乐部的主席，并常到牛津大学和爱丁堡大学发表演说。他还带领国王学院的代表队到伊顿公学参加"墙式足球赛"。他在1904年11月5日告诉斯威辛邦克，"伊顿是世界上最令人震撼的地方，跟其他机构相比，从经验角度看几乎不可思议。"特莱维兰鼓励他从政，"我认为你是一位天生的政治家"。这当然是对他还不够了解的评语。

4 种种心态

梅纳德在本科最后一年的最好朋友是利顿·斯特拉彻。这位后来以《维多利亚时代的名流》一书而声名大噪的作者当时还在三一学院攻读研究生，撰写关于沃伦·海斯廷斯（曾任印度首位殖民总督——译注）的论文。斯特拉彻对凯恩斯有一种有益的道德权威性，从这个意义上说，他应算是梅纳德最重要的朋友。梅纳德在一般朋友关系上总是处于权威地位，因为他总是比别人聪明，比别人表达能力强，同时又比较客观和现实，他的不断成功使别人，也使他自己感到在任何议题上都有着定夺的能力。但是在与斯特拉彻的交往中，这种关系颠倒过来了。斯特拉彻比梅纳德大三岁，更加成熟，而且个性更鲜明。他虽然未能成为职业的哲学家，但他的头脑思考问题尖锐，分析能力极强，即使与罗素也能一比高下，是一个具有生活品味和情感的哲学家。即使在他与凯恩斯的亲密关系于1908年结束以后，斯特拉彻仍能让梅纳德感到道德上的内疚。

第 5 章 剑桥本科生

斯特拉彻出生于伦敦的一个知识精英家庭。他在家中排行第八，父母与印度殖民政府有着很深的渊源。他成年后成为一个"奇异的绅士"。凯恩斯第一次见到他时，对他的外表很为反感。斯特拉彻自己也因长相而自卑。他又高又瘦，脸色苍白，精神似乎老是不集中；他的胳膊和腿长得像蜘蛛爪子；眼睛近视，鼻子太大，并有一副他的传记作者所称的"灾难性的马牙"。他的声音常常是尖声刺耳的，偶然有时用下沉的音调说话时，则伴随着仍然刺耳的假声。他称他在伦敦的兰卡斯特门69号的家是"象皮病"的住所，因为他的六个姐姐和一个哥哥说话都是那个样子，尖声刺耳，鼓噪不休。在强调某一观点时更是矫揉造作，这后来被称为是"斯特拉彻式的说话方式"。他受教育的过程经常会被莫名其妙的干扰中断，取而代之的是标准很低的教育水平，其主要原因是他母亲在这方面不太关心孩子。他在1899年入剑桥三一学院时，帮他提行李的挑夫根本不相信这位长得细长的小伙子"是一位将军的儿子"，他的大多数同学也不相信。他不久就开始与不多的几位志同道合的朋友在几个文学团体中转悠，到1902年毕业时，他被选中加入信使会。

尽管这些不如人意的天生因素和早年的一些不利条件，斯特拉彻居然能够以个性压倒他人；他胜过朋友的秘密是观点明确和说话方式的刻意修饰，这两者当然是有密切联系的。斯特拉彻将他的性格完全押在某一种特定的世界观上，这样的人很少见。他的个人权威来自于说话方式和语调的运用，他在句子上的强调重点往往与众不同，常常用一些自己发明的玩笑词语，一旦不赞同某个观点，他以让人发怵的沉默来表达。凯恩斯多年后写道，他40年前第一次听到把某个智力不强的人称为"光线暗"（迟钝的意思——译注）的说法就是在斯特拉彻家人那里，这个用法后来才变成为大众的俚语。而对于比"光线暗"还要差的人，斯特拉彻兄弟姐妹们还有另一个词，叫做"裹尸包"。斯特拉彻最喜欢谈论维多利亚时代忌讳的题目，让别人对此震惊不已。在某次的晚宴上，他对一位老年寡妇说："男女之间的区别无非像高尔夫球一样，是洞和球的关系。"他在谈话中最津津乐道的就是犯忌的幽默，他的私信和后来写作的传记作品与他的犯忌的幽默一样是为他的一套价值观服务的。他的价值观来源于G.E.摩尔，但是摩尔的思想在他那里变得更加牢固。只有符合他的价值观的人和事才算圈中的人和事，反之亦然。他对朋友和敌人的描写都是上乘之作，对他们的个性分析更是入木三分。他热爱聪明人，这是他喜欢凯恩斯的原因之一。关于凯恩斯，他曾告诉列昂尼德·沃尔夫，说"他的分析具有令人震惊的持久性和精辟性，我还从来未遇到一个具有如此活跃头脑的人。与他谈话是非常有意思的事情。而他对别人的兴趣也很大,很注意听别人的说话"。然而,他对梅纳德并不完全欣赏,并认为梅纳德在"个性上"有缺点。对此我们将在下面提到,这实际上是出于某种嫉妒心态。梅纳德尽管经常被利顿搞得不快,但是仍然崇拜他。梅纳德已步入成年,他同利顿一样喜欢亵渎的言行和英俊的男子。

他两人的友谊刚开始不久就差一点决裂,起因是对一个三一学院的大一学生的感情争夺。这个男孩来自伊顿,形象特别帅,名叫阿瑟·李·霍布豪斯。此人是斯特拉彻首先发现的,他向凯恩斯推荐霍布豪斯做"胚胎"——即信使会会员的候选人。斯特拉彻写信给当时在锡兰殖民当局服务的老朋友沃尔夫,告诉他:"霍布豪斯皮肤白净,一头卷发,弓形的鼻子,面部表情十分迷人。他的谈吐令人心动。……他的兴趣在形而上学和人际关系,并不是基督徒,谈吐间妙趣横生。我已坠入爱河。凯恩斯今天与他共进午餐……亦认为他不错……他面色粉红,令人愉快,信使会的'胚胎'理应如此。"斯特拉彻在信使会里多方游说,特别是获得G.E.摩尔的首肯,霍布豪斯顺理成章地成为会员。但不久以后,利顿发现霍布豪斯更喜欢和凯恩斯在一起。在1905年2月18日的入会仪式上,凯恩斯,而不是斯特拉彻,是霍布豪斯的介绍人。利顿将霍布豪斯的行为视为背叛,这种背叛使得他本来在性问题上信心就不足的心态又遭遇一次沉重的打击,他决定与梅纳德断交。他写信给沃尔夫说凯恩斯"让我感到如此的厌恶,我一见他就难免要对他咒骂不已"。

不少人认为霍布豪斯的当选是信使会发展史上的一个新阶段。男孩的长相而不是智力和心态成为入会的主要标准。伯特兰·罗素在自传中如是说:"乔治·特莱维兰和利顿·斯特拉彻(在同性恋问题上)的长期争斗之后,信使会成员之间的同性恋关系一时成为风气。而我在会的那个时代,这可是闻所未闻的。"这个记载其实不准确,特别对霍布豪斯为何当选的原因有误导。斯特拉彻和凯恩斯可能确实被霍布豪斯的形象所迷,乔治·特莱维兰支持霍布豪斯的原因则是对他的智力比较欣赏。他在1905年2月给凯恩斯的信中说:"我非常赞赏霍布豪斯,我认为他的智力远在他人之上。"

伊顿时期,凯恩斯亦有同性恋的朦胧经历,但是霍布豪斯是他的第一个重要恋爱对象。在以后的17年里,凯恩斯有多次同性恋史,其中一人至关重要,而多数都是随便的性关系。如何解释同性恋倾向是件困难的事情。梅纳德的弟妹俩都是双性恋。然而,什么家庭环境会培养出三位同性恋则不得而知。一种可能的解释是,像梅纳德一样的男孩子们在青春期和长期的成人阶段里都生活在一个除家庭女性成员以外排斥其他女性的陪伴或呵护的环境中

第 5 章 剑桥本科生

时,那么他们在成长期就不感到有必要改变家庭内部或寄宿学校里已经建立的关系。当然,如果确有很强的意志和愿望去建立新型的关系,还是有可能做到的。

读书用功的公学学生们在同性恋中寻求的是正常和简单的人际交往。1903年间,斯特拉彻恋上了一个低年级学生,他给谢帕德写信说:"我们这帮人都一样——聪明过人,生活不幸福,艺术感强,互相不团结,情感上不知所措。我们追求爱是执著、热情的,但总得不到它。"于是,在与正常人交往机会不多的情况下,这些人就很容易编造一种更崇高的爱的意识形态。凯恩斯和斯特拉彻一样,在成长过程中所受的灌输是女人不如男人——无论是脑力还是体力。所以从伦理上说来,男人之间的爱要比男女之间的爱崇高。他们为自己的同性恋行为的辩护是将它称为一种"高级鸡奸"的道德立场。凯恩斯当然知道这种行为的危险性。作家奥斯卡·王尔德因同性恋被送上法庭和送进监狱还是不久前刚刚发生的事。他在1906年6月20日给斯特拉彻的信中说:"只要我们不同下等阶级和街上的那些人发生关系,而且我们在给中立者(即非同性恋者)的信中措辞谨慎,就没有任何风险——几乎没有。"他们俩的通信当然大可不必过于小心。凯恩斯和斯特拉彻都自认为下一代的人将会把他们看做是开路先锋,而不是罪犯。所以他们都精心保存了自己的来往通信,以便将来有一天昭示众人。

1905年3月,梅纳德在准备期末考试中结束了他在剑桥辩论协会担任的主席职位。他在告别演说中攻击了保守党政府。据《剑桥评论》所载,这个演说是"卸任主席的最佳表现——冷静,逻辑严谨,且充满敬意,特别是他体现了一个政治家的最高道德原则……我们祝愿他在其他领域里做出伟大的成就"。3月30日,他和霍布豪斯到特鲁洛去过三周的"工作假期"。4月16日,他写信给家里说他在准备剑桥的三级考试,"本周是我今年效率最高的一周。天文学已复习完毕,立体圆锥曲线和光学已开始复习……我下周四回来,此前没有什么值得报告的事情,我只是想说我回来后在上午的时间安排会使你们吃惊"。内维尔放心地写道:"梅纳德似乎在欢度一段安静又愉快的时光。"

这三周里的实情在他于4月23日给斯特拉彻的信中有所披露,他当时已与斯特拉彻重归于好:

> 这个插曲已经结束;我不知道你是否会知道发生了什么事情……我起誓我从未想过这段时间的事情会使我的生活发生如此巨大的变迁。我想你不可能理解我的感情经历了什么样的风暴。

不过，我们再见面时你会有些感觉。目前我只能说我与他已进入狂恋阶段，船已离开码头，一切风平浪静——但这平静能保持多久则不得而知。

他一直在生病，而且总是超负荷运转。可是，这是我所度过的，从道德伦理上讲，最有价值的三个星期。

梅纳德在4月27日从罗依斯顿高尔夫俱乐部给霍布豪斯的信中说：

尽管你的念头中有背叛我的苗头，我还是很想与你见面。你说得很对，我的头脑聪明，性格懦弱，感情充沛，而长相令人厌恶。我近来得的病是读小说；这个病多年未犯了，现在我已无从招架……

不管怎么说，我希望你恢复健康，保持诚实，而且如果有可能，喜欢我。如果你不能爱，而只能让我得到你的同情，我亦知足矣！

你讨厌的，充满爱心的

JMK

事实上，在特鲁洛的三周里，霍布豪斯不允许梅纳德与他有任何肌肤之亲；他告诉利顿的弟弟詹姆士："每回他（凯恩斯）想强烈表示感情时，我都开始感到恶心。"梅纳德则回忆道："他（霍布豪斯）总是用一只手来挑逗我，然后每三天要告诉我一次他作为信使会员必须诚实地告诉我，他讨厌我。"在第二年的同样时间里，凯恩斯为了纪念特鲁洛的假期写信给霍布豪斯，并签上"你的永远的爱，JMK"。对特鲁洛的回忆仍然让他泪水涟涟；他怀疑下一次这样的机会恐怕永远不会超过第一次。此后，他对霍布豪斯的感情开始淡化。正如他告诉利顿·斯特拉彻那样："他丝毫不懂感情，对感情的意义一窍不通。"

梅纳德的一个极有好处的特点是，当下一件事开始时能够把上一件事完全驱赶出头脑。剑桥三级毕业考试将至，父母亲自上阵督战。内维尔重掌督导大权，让"梅纳德做了一个周密的学习计划。他还有大量的事情要做"。到了5月11日，内维尔的心情开始沮丧；5月15日大考开始，"我一大早到他的房间去看他起来了没有"。一周下来，内维尔"感觉疲乏，心情忧郁……我觉得他这次考不好。我总是自责，觉得当初不该逼他读数学，他一直对数学厌烦至极"。

第 5 章 剑桥本科生

好不容易考完以后,内维尔仍不放心。"梅纳德自以为能考到总分第12名;但我觉得他过于自信。"梅纳德在最后阶段的状态甚佳。剑桥三年里,他作为本科生,什么活动都参加了,在毕业大考中居然真的拿到了总分第12名。内维尔在日记中写道:"总体来说,我们是满意的。当然这孩子如在数学上多下一点工夫会考得更好。大部分人都向我祝贺,也有人因为梅纳德未能得到一个研究员职位而惋惜。国王学院的人似乎都很高兴……"内维尔对这个结果还是不太满意,认为"梅纳德的复习方法恐怕还有问题"。其实,梅纳德确实是按照父亲指点的方法严格去做的。他成不了第一名是意料之中的。此后他终于把数学抛到了一边,开始研究其他的学科。1905年6月28日,他开始钻研马歇尔的《经济学原理》。

第 6 章

我的早期信仰

1　G.E.摩尔和他的《伦理学原理》

1938年9月9日，梅纳德·凯恩斯在布鲁斯贝利的"回忆俱乐部"里宣读了一篇题为《我的早期信仰》的论文。此文在凯恩斯去世后由他的朋友戴维·加奈特于1949年发表，并收入了《凯恩斯文集》的第十卷。这是一篇理解凯恩斯一生贡献的至关重要的文件，为何这样说是有一个重要原因的。凯恩斯基本上是属于那个有"信仰"的年代，那个年代跟我们现在这个年代大相径庭。这不是说我们这一代人失去了任何信仰，而是说我们失去了对能否获得真正信仰的可能性的信心。也就是说，我们的信仰对我们生活的影响远远不如他那一代人。凯恩斯十分重视他发现信仰的过程，并花大量的精力寻求信仰与行动的关系，并总是用信仰来证明他的行动的正确性。这样一种心态在我们这个时代恐怕早已不复存在。但是凯恩斯的这种心态同时也给人一种道德权威感，因为他的行为和思虑都是为了他认为是正确的信仰而服务的。

哲学是凯恩斯生活的基础。他接触经济学还是在接触哲学以后的事；也就是说，对于他来讲，关于生活目的的哲学优先于关于生活手段的哲学（即经济学）。凯恩斯的哲学观形成于1903—1906年间，这是他读本科的最后两年加上研究生的第一年。他的哲学观主要是在信使会的圈子中得到发展的，并且是以一套问答题加以阐述的。所幸的是，我们不必过于依赖凯恩斯自己在1938年的那种自白，因为他的一些早期文章和论文片断被保留了下来，我们可以从中窥视到他树立价值观与行为之间关系的艰苦努力。1938年在回忆俱乐部所作的演讲中,他按时间顺序倒叙了他寻求解决问题的答案的心路历程。他的解释既不十分准确,也不算完全。

　　这篇论文的核心是解释G.E.摩尔的《伦理学原理》以及这本书对他的影响。他证实这本书对他的影响巨大。他说:"它对我们的影响非常之大,以至于这本书在出版之前和之后都主导着我们之间的讨论话题,恐怕直到现在也还是如此。"他接着说:"这本书令人激动,令人心醉,我们觉得这是一个新文艺复兴运动的开始,是在地球上开辟了一个新的天堂。"凯恩斯的这些说法并不是多年后回顾历史时才有的感觉。早在1903年10月7日,当时《伦理学原理》刚刚出版几天,梅纳德在给斯威辛邦克的信中说:"这是一本伟大而有魔力的著作,是在这个论题上最伟大的著作。"1906年2月21日,他在给利顿·斯特拉彻的信中如是说:"对摩尔创造的奇迹和他的独创性怎么夸赞也不过分;有些人现在说他不过是一个玩弄逻辑概念的折衷主义论者。天哪,为何这些人对摩尔的成就视而不见?"

　　摩尔的《伦理学原理》是时间、地点和人物三者结合的产物。从哲学意义上讲,它是接着前辈哲学家赛吉维克的伦理哲学的思路讲下去的。赛吉维克在这条路上走不通,而摩尔继承了他的衣钵之后,试图找到解决问题的方法。这些难题包括对没有上帝的宇宙是否会进入混沌的境地,当时的物质享乐主义和功利主义的缺陷,和对一种新的哲学的渴求以期能够减轻传统道德观给人们带来的精神负担。摩尔是否做出了新的贡献,抑或是"他不过将赛吉维克认为是行不通的解决方法奉为思想启蒙和解放的至宝",直到今天,人们仍有争议。在这里,我们撇开争议不谈,只想说明摩尔的弟子们确实认为他做出了贡献并向他们提供了"伦理学理论的真谛的基础知识"。

　　摩尔的理论向信使会提供了一种对传统价值观的秩序重新排列的理性证明。这样,信使会成员就能够将他们认为——而不是社会认为——是正确的价值观与他们自己的行为准则结合起来。换句话说,当时剑桥信使会的价值观已经发生了变化,只是在等待一个合理的说法。摩尔的这本书是这种价值观变化的结果,而不是原因。当然,他的书提供了捍卫和加强信使会价值观的理性武器。这种价值取向的转变在1900年12月由信使会会员戴斯蒙德·麦卡锡宣读的一篇论文中已经初露端倪。麦卡锡把他这一代人和信使会的上一代人进行了比较,认为两代人的根本区别在于,"我们这一代人对任何事情的看法都更注意个人情感,而我们这一代人对人际关系和人生目的总体看法则不如上一代人的视野宽广"。这种代际变化的原因在于新的一代"认为所有对个人有所制约的制度,包括家庭、政府和法律等等都不能证明它们有干预个人生活的权威"。麦卡锡接着说:

第 6 章 我的早期信仰

（我们这一代人）还有一个特点，我们不大相信成规和传统的生活目标，所以个人之间的关系变得更加重要。上一代人不像我们，他们对自己的即时判断力没有信心，所以他们的社会关系以及其他关系就比较简单。他们比我们更相信成规。

麦卡锡的这种观点指出了一个重要的事实：一个人越是注重分析，越是不愿轻信成规和传统生活价值，也就越加依赖自己的"直接"的判断力。然而恰恰是这种"直接"或我们将称之为的"直觉"的判断力很容易使人与大众的目标相脱离，而陷入具有同样"直觉判断力"的小圈子里去。麦卡锡认为正是由于"在任何特定时刻的个人关系状态"相对于"他们的其他目的"的重要性的上升才是造成两代人的分水岭。上代人并非不重视朋友，但他们不大关心朋友的内心世界，也就是说，他们重视友谊，但不重视相互之间心灵的交流。摩尔的贡献恰恰在于提供了一种能够为这种价值观辩护的特殊话语系统，并使会员之间的亲密关系和心灵交流不再显得不自然。

摩尔的个性也是他成功的重要原因。列昂尼德·沃尔夫曾说他"是一个伟大的人物，也是我所见过的唯一的伟人"。人们对他的智力还不如对他的个人魅力更加赞赏。事实上，他的魅力来源之一是他一心一意地执著地追求真理。他是伦敦南区达维奇公学的产物。13岁时他被宗教问题弄得如醉如痴，此后两年里他不断用"耶稣将会如何做？"来排解所遇到的所有困难。他后来对基督教信仰失去了信心，这个转变对他的心态影响巨大，他发誓要对所有的命题都发出疑问。他于1892年作为古典哲学的公费生来到剑桥三一学院。两年后，他转攻伦理学并在1898年以一篇论康德的毕业论文获得三一学院的研究员身份。

摩尔在1894年加入信使会。从一开始，他就展露了迷人的风采。他的长相英俊，对哲学有激情，而且对别人的批评和讥讽不屑一顾，由这三种特点结合而形成的个性在信使会有震撼的效果。罗素曾写道："他（摩尔）在那个时代算得上英俊而且身材很好。他的长相几乎给人一种灵感，他的智力则充满像斯宾诺莎一样的激情。他有一种气质文雅的近乎完美的纯真。"摩尔在入会仪式上演说的主题思想是："我们要传播怀疑一切的思想，直到有一天，人人都知道我们对任何事情都是一无所知。"此言一出，整个会场笑声轰然。罗素在给他的未婚妻艾丽丝·波赛尔·史密斯的信中说："我们听了他的话如遭电击，感到多年来我们都在昏睡不醒，从来没有意识到那种无畏、纯真的智者为何等样人。"三天以后，罗素又告诉艾丽丝："我感觉到既不能喜欢，又不能不喜欢这个人，因为我尚未看透他的性格中的人性的本质。但是与他谈话倒有一种奇异的兴奋感：他对事物的批评就像阿尔卑斯山高处的纯净空气。"

摩尔的怀疑精神的对象既是（康德式）的唯心主义，又是英国功利主义传统。在信使会内部，唯心论的代表是麦克塔加尔和路易斯·狄金森，功利主义则是赛吉维克的遗产。麦克塔加尔—狄金森唯心论的要旨是，所谓"绝对精神"不过是"出于完美的友爱状态下的不朽灵魂的一种交流"。摩尔并不反对这是一种理想——其实他心目中的"天堂"也与此相似，但他在方法上不能接受这种从不可知的世界所推断出来的结论。这种哲学是没有上帝的神学哲学。摩尔对功利主义的语言和心境亦十分不满。他对在1896年结识的费边派学者格拉姆·瓦拉斯的评价是："此人是糟透了的笨蛋……他的每个观点都推翻了他的可悲的功利价值——比如要教育大众！但是教育他们什么？对此他没有给予回答。他是给盲人领路的盲人……"

摩尔作为哲学家的魅力的一个秘密是他的文学素养。他对别人的用词，尤其是日常用词，特别当真。每当人们谈论某人某事好与坏、美与丑、聪明与愚笨时，他都听不出话中有话；他以为他们论及的事物都同自然物体一样真实。凯恩斯曾写道："摩尔有一次做了一个噩梦，在梦中他分辨不清哲学命题和桌子的区别。然而，即使是醒着的时候，他也分不清爱、美和真理与家具的区别。它们和哲学命题的定义一样，都是稳定、坚固的客观现实的存在。"《伦理学原理》中的一句格言是从巴特勒主教（18世纪的英国国教主教——译注）那里引来的："每个事物都是它的自身，而非它物。"摩尔的辩论方式中的杀手锏是——"你到底是什么意思？"如果他得不到满意的回答，他的表情是一副为对方的愚笨之极而感到十分惊讶的神态。就像凯恩斯注意到的那样，摩尔精于运用他的"一贯正确的特征"。他的立论思路，他那激烈的摇头方式，以及急切地点燃烟斗的方式都是哲学表现的不可分割的形式。摩尔用他特有的点烟斗方式，他的手势和论辩式的音调将唯心论从剑桥驱逐出去。麦克塔加尔被击败，但仍不服输，继续坚持他那自以为得意的唯心论。对于摩尔，他只能说："不管怎么说，我确信摩尔是错的。"路易斯·狄金森则彻底放弃了哲学。他在1898年写信给R.C.特莱维兰："我同摩尔讨论形而上学以后，实在是疲乏至极。这家伙的头脑真是不可思议，他让我的头脑完全脱水，把我的海洋和湖水全部吸光，成为不毛之地。"

保尔·列维对摩尔的看法是有道理的：摩尔的权威来自于他的个性，如同一个不食人间烟火的傻瓜，不习惯私下交谈，对什么观点都较真。如同凯恩斯所说的："他的头脑没有想象力，过于朴素。"摩尔的另一个引人注目的特点是，过分较真的思维方式给他带来很多痛苦，尤其是当他没有把某个意思讲清楚的时候，他更是苦不堪言。凯恩斯对他的哲学的评价是："像从一段便秘的直肠中痛苦地、竭尽全力排出的粪便。"列维则认为摩尔过于纯真。在一次信使会的聚会中，摩尔坦承他以为在现代社会，男女私通和鸡奸的行为早已不复存在。当他知道在剑桥仍有这类行为时，他的态度毫无变化，仍是一个清教徒。对他来说，良好的心态必定意味着痛苦。这样一种人容易引起人们的崇敬，但不会觉得和他在一起轻松自如。凯恩斯在1905年12月20日写信告诉利顿·斯特拉彻："摩尔在人际关系上过于冷漠和缺乏知己，但我们也从不能把他当作外人。"1906年1月25日，他又说："摩尔对我来说，太过神秘，不能算是信使会员中的（可爱的人）。我对他的了解只能停留在描述阶段，他则生活在我们信使会神圣信念的三位一体之中，即苏格拉底、莎士比亚和汤姆林森。"

摩尔的伦理哲学有四大基石。第一是"善"的概念的不可定义性。"善"是一种非自然的简单特性的名称，与"黄色"的概念差不多，只能由直接观察和体验方能分辨。这个概念不可定义还表现在过去所有的学者给出的定义，如"令人心旷神怡"，或"美的"，或"更加进化的"等等，都不能自圆其说。这是他在《伦理学原理》里的开宗明义的观点。处于上述任何一种状态的事物仍然有一个是"善"还是"恶"的问题。所以任何将"善"与事物的其他特性等同的做法都是一种"自然主义的谬误"。在这个问题上，赛吉维克已做了基本的理论铺垫。赛吉维克与摩尔的共同点是放弃将伦理哲学与人性特点的事实建立因果关系，从而将人们欲望得到的东西与是否对人们有益的东西混为一谈，互为因果。摩尔的特殊贡献在于将赛吉维克竭力保存的"善"与"幸福"之间的联系割断开来。

摩尔哲学的第二个基石出现在他的《伦理学原理》一书的最后一章，也就是著名的"理想"篇。在这一章里，摩尔提出这样一个观点，认为在事物的所有内在价值里，价值最高的只能是人的"心态"，而在人的心态里，"人际交往所带来的快乐和对美丽事物的享受"又具有最高价值。这个观点有很多内涵，我们在这里只需要点出的是他认为人的心态比人的行动状态要重要。

摩尔哲学体系的第三个基石是关于人的行为是否正确的评判标准的理论。他认为人的正确行为应以获得事物发展的理想状态为目标，而这种理想状态又以人的最佳意识状态为准绳。摩尔写道:"正是出于这样一种目的——有时为了能使其达到最大限度,任何人都有理由去履行任何一种公共的或个人的责任。"

最后,摩尔对人类行为的目标应获得理想状态的理论做了一个修正,提出人们能够获得的最佳理想状态的事情总是一些"复合的整体",所以,每个部分的价值加在一起并不等于整体的价值,这就是他的第四个,称为"有机统一体"的理论。摩尔的这个理论的意思是说,一些事物就其本身来说可能只有零价值或负价值,但一旦与某些有内在价值的事物(比如人的至善心态)结合在一起,可能会产生一个复合体,其价值要大于"至善心态"本身的价值。这个"有机统一体"原则旨在限制人们将各种孤立存在的意识状态进行简单的加减,从而得出关于"好"的价值的判断。也就是说,摩尔将事物的好的状态特征,其中包括行动状态特征(其本身并无好坏之分)包括在他的理论中,这就为后来戴斯蒙德·麦卡锡讨论"人生的一般目标"的命题敞开了大门。

正如我们已经讨论过的,信使会成员当时正在极力寻找一种新的伦理观,这种伦理观的着眼点在于实际结果,而不是手段——即维多利亚时代的绅士应该负起的责任。摩尔的哲学应运而生。他将当时的伦理观从社会功利和传统道德的桎梏中解放出来,因为他把伦理的最终目的同寻求与维多利亚时代的生活观大相径庭的幸福观联系起来,并用"应该"作为与新的幸福观的关联词。他丢弃了享乐主义,同时又宣称人的"心态"本身具有内在的价值,这就回避了穆勒和赛吉维克在这个问题的处理上的过于机械的论辩困境。穆勒和赛吉维克曾将人的性情和心态作为科学对象进行机械论的解释,结果走入理论的死胡同。自摩尔提出幸福观之后,任何一个愿意追求个人至善心态的人都不再会把维多利亚时代的道德观奉为至尊了。但是摩尔并没有解决他的幸福标准与实际生活的联系。他的标准中的大部分内容都与实际生活脱节。也就是说,赛吉维克未能解决的难题——即如何在公共领域和私人领域之间,幸福生活与不虚度的生活之间,建立和谐的关系——并没有被摩尔解决,只不过以另一种形式再现罢了。

2 凯恩斯和摩尔

凯恩斯在1938年的那篇自述中提道:"我们这些人从摩尔那里获得的并不是他向我们提供的全部,"他们"只接受了摩尔的'宗教'……而摒弃了他的道德观"。此处,

第 6 章　我的早期信仰

凯恩斯的所谓"宗教"意指"一个人对自己和终极目标的看法",而"道德观"是指"一个人对外部世界和中期目标的看法",也就是说,这两者的区别在于前者要求一个人"成为好人",而后者则强调一个人要"做好事"。

这种"宗教"正是摩尔的"理想":除了我们的心态以外,其他一切都不重要。这种理想的心态与人的行为、成就和后果并无联系。它是一种超越时间概念的、永恒的、热情的思索和交流,与"过去"和"未来"没有关系。这种热情的思索和交流的对象应该是所爱的人,对美的创作与感受,以及追求知识。而"爱"总是居于第一位的。凯恩斯又说他和朋友们主要关心的是"对自己灵魂的拯救",在这样一个封闭的小圈子里供奉着神灵,这就是摩尔的理想。但以行动为主的生活并不是这个理想的一部分。凯恩斯的朋友圈子中既有权贵,也有世界级名人和满怀雄心壮志之人,经济上亦十分成功,所以他们就"不像圣徒弗朗西斯那样关心别人。圣徒弗朗西斯至少还为鸟儿募捐"。摩尔的"宗教"对凯恩斯有很大的影响,因为后者在进大学之前就对修道院生活所代表的某种现代人的理想激动不已。凯恩斯在他的文章中总结道:"这样,我们这批人在成长过程中的精神因素包括柏拉图对善的自身存在的追求,某种比阿奎那式的经院主义还要严格的信条,加尔文教的那种对名利场中的快乐和成功的排斥,以及'少年维特之烦恼'式的全面压抑。"

可以看出,凯恩斯所说的并不是一种成熟的"宗教",很难令人相信这种信条在他们的成长过程中能够延续下去。摩尔"宗教"的实际作用是向信徒们提供了一种评判一般人的生活目的的价值标准。从这个意义上讲,凯恩斯一生中都把摩尔的"宗教"奉为圭臬。即使在中年以后,他仍然接受《伦理学原理》的基本直觉:"我们是这一代中唯一的一批能够逃离边沁功利主义传统的人。"功利主义传统"过分强调经济标准",所以,"由它导致的更简单荒谬的经济决定论,对我们没有任何侵害"。当然,摩尔伦理学的缺点是"忽视情感的某些来源,包括人性中的一些较盲目的激情以及那些与社会秩序和生活方式有关的因素"。

这就冲击了道德问题。凯恩斯指出,摩尔的目的是为了"区分心态的好与坏的特征,以及行为的正确或错误的特征"。摩尔的道德观是边沁主义的"工于心计"与"正确行为的规则"的混合物,也就是说,这是维多利亚时代两种价值观的妥协。这种道德观的基础是两次重叠的错误推理造成的。他在推理中的盖然率用法错误百出,他的"基本规则"中除了基督教的那些"陈词滥调"之外,鲜有道德约束力。"我们认为完全没有责任要遵守这些'基本规则'。我们对事物的判断完全建立在个案的基础上，自认为有能力做出正确的判断……也就是说，我们将传统的习惯、习俗和道德观一并摒除。实际上，我们从严格意义上讲是一群非道德分子。"

中年后的凯恩斯意识到自己年轻时的那种"傲慢"来源于对人性的一种"灾难性的误读"。他和朋友们拒绝接受"原罪说"，坚信人类的理性"不需要成规的束缚，只要依靠对事物好坏的直觉判断即足矣"。这种观点忽略了一个事实，即"文明不过是极少数人以人格和意志建立起来的单薄脆弱的外壳，而维持它的存在必然需要传统和成规作为后盾"。

总之，凯恩斯在1938年对他的早期信念的解释并没有得到他的圈内朋友的完全认同。而当这篇文章在1949年凯恩斯已经去世后发表时，后世的人们对他的解释也不能苟同。一些人，比如伯特兰·罗素和列昂尼德·沃尔夫认为凯恩斯对摩尔对他们教诲的蔑视非常不满，他们为摩尔辩护道："他的'有机统一体'的原则直接导向行为的正确方式，所以与外部世界的事物有关联。"其他人，如罗伊·哈罗德、R.B.布莱斯威特和洛得·奥康诺尔则极力为凯恩斯的说法辩解，认为凯恩斯在成长过程中及至一辈子受摩尔的价值观影响并非很大。然而，哈罗德认为凯恩斯一生的成就证明了他能够从摩尔的"封闭而又贫乏的价值观里逃脱"。布莱斯威特和奥康诺尔则认为凯恩斯是摩尔的忠实信徒，正是"摩尔主义"将凯恩斯引上了"人道功利主义"的道路。还有一些学者，如文学家F.R.利维斯更是声称凯恩斯的这篇回忆录证明了在19世纪末"剑桥文化"是何等的不成熟和不足挂齿。

上述的这些评价都有些过分。凯恩斯这篇回忆录的听众是一批朋友，自然会为了增加幽默而对事实有所不忠。同时，他对那一代人的"超凡出世"的气质进行的夸张是另有所指。他是在告诫年轻一代的听众，尽管对社会实际的关注十分重要，但在马克思主义之外还有其他的生活。

凯恩斯的回忆录究竟是否准确？我们对此评判的标准有二：一是他在年轻时的实际生活；二是他和朋友们在当时如何解释摩尔的哲学。读者想了解第一点，就必须往下读。而关于第二点，现存的大量史料，包括他的笔记本和未发表的在信使会里宣读的论文，已经可以证明年轻的凯恩斯确实是一个摩尔的积极追随者，但这时的"摩尔主义"已经被一批有优越感的知识分子所改造和运用。这批人对即将到来的新世纪充满信心，外部世界将不会对他们的生活过于苛求，也就是说，他们的希望是成年以后的生活仍然是学生生活的继续。

第 6 章　我的早期信仰

3　凯恩斯在哲学上的入门

对凯恩斯思想的最佳入门介绍，是他在1905年7月和9月之间的笔记，那本被他称之为"伦理学杂记"的笔记，当时他刚刚完成剑桥的荣誉学位大考：

一本伦理学的论著，我认为应有如下结构：第一，它有两个方面——即假设的和实践的伦理学。

假设的伦理学首先关注的是某种半形而上学或逻辑学的问题；它应确定基本概念的用法和重要性。然后，在此基础上，开始分析"善"这个概念本身。事实上，它将包括（用摩尔的话说）"任何一种在今后自诩为科学的伦理学的前言"。

我甚至可以用一笔钱请摩尔本人代写这个前言。在上述基础之上，可以建立对恰当的研究对象和好的感觉的分类目录。当然也不应排除恶感；任何作者只要处心积虑地寻找，所有经验上的、感情上的因素都可以包括。

我们还应该讨论"美"、"悲剧"、"爱情"和对待真理的态度。这些论题虽然有意思，但我们讨论中得出的结论恐怕都超不过亚里士多德。

第二部分——实践伦理学——的关注对象是行为。它将研究行为的可能性这类的难题，以及"可能"与"应该"的行为之间的奇异的关系；同时，它还要制定或更确切地说，研究现存的一般行为准则，并且不能忘记这些准则的相对性，即以个案为准的特点。再者，它还应该关注产生"好的感觉"和"恰当研究对象"的手段。这一部分可能不如第一部分更有意思，但它可能试图回答下列问题：

（1）美德的性质和价值

（2）教育的理论与方法

（3）政治的理论与方法

（4）利己主义的实际功效和局限性——也就是说，我们将自己看做是目的还是手段的分寸如何掌握

（5）对"真理第一"原则的例外

整本书将有150卷，用巴斯克维尔字体印刷。

这段笔记充分证明凯恩斯的兴趣从一开始就在于"假设"和"实践"伦理学之间的关系，其研究的问题恰恰是摩尔对这类关系的处理所引起的。

他的第一个研究目标是摩尔的"有机统一"原则。摩尔认为"善"的整体是好的心态与本身为非至善物质的事物相结合的联合体。所以，对"美的享受"和"个人的情感"都含有物质的和精神的实体，因此对美的东西和智力的特质进行思考是值得做的事。凯恩斯认为这些提法是让人误入歧途。他认为这些物质和精神的实体的存在固然是好事，但不能把它们当作伦理上至善的一部分，因为伦理上的至善特指好的心态。在他的笔记中我们看到他写的一条"某个周六的晚上，我将'有机统一'的原则彻底摒除了"。我们不知道这件事是什么时候发生的，但一定是在1906年以前。凯恩斯此后提出用另一个原则来取代"有机统一体"说。他用作为心态的属性的"善"和作为实体属性的"合适"之间的区别来证明："精神状态本身就是善的"（他在1905年所写的《美的一种理论》），"那些能使人产生好的感觉的实体都是合适的……而相对于每一个好的心态都有一个合适的实体。……对一个合适的实体进行的思考应该产生出良好的心态。"

此处凯恩斯在做一个逻辑论证：即，如果感觉是唯一的至善的东西，那么被感觉的对象或实体则不能是至善的。他的论证对实践伦理学有一种潜在的关联：如果至善的感觉要求合适的实体之存在，则实践伦理学的任务就在于创造合适实体的一个群体。在这一点上，凯恩斯仍是追随摩尔，强调作为善的属性的"坚定信念"的重要性：一个粪堆组成的群体应该引起人的厌恶感和坏的心态。尽管如此，凯恩斯在当时摒弃"有机统一体"理论的动机是为了追求与尘世隔绝的至善的心态——这正是他在1938年回忆录中所描述的。

上述的推测得到凯恩斯在另一个相关问题的处理上的佐证。既然伦理上的至善只有一个内容，即良好的心态，那么我们的目标是改善自己的心态还是整个人类群体的心态？摩尔宣称后者是伦理学的唯一理性的目标。凯恩斯认为摩尔对前者的拒斥的根据不过是一种断言而已。他有两个有力的反驳：第一，"既然我们没有机会去直接检验别人的心态，怎么可能断言何种方法能够增加人类群体的至善因素呢？"（他在《伦理学杂记》中如是说）第二，摩尔对于牺牲个人的利益去造福全人类的献身精神，没有提供任何站得住脚的理由。1906年在信使会上宣读的一篇题为《利己主义》的论文里，凯恩斯问道："我们每个人难道不是自己的终极目标吗？"难道说一个人应该将自己变坏（此处指参与政治），为的是改善他人的心态？凯恩斯认为摩尔在这个问题上的处理并没有超过赛吉维克。

摩尔的《伦理学原理》的第三个难题是他在结果论上的混乱思路。结果论强调一个行为的好与坏只能由它产生的实际和预期的结果来评判。结果论提出的一个问题是：一个结果论的体系需要什么样的知识来支撑，其回答必然是：对概率的知识。所以，凯恩斯在《伦理学杂记》中才会有一个重要的说法，即"'可能'和'应该'之间的关系十分奇异"。

在《伦理学原理》中的"伦理与行为之关系"那一篇里，摩尔追随休谟将所有的概率知识都建立在经验之上，这就很容易证明经验本身很难获得对长远的行为的概率上的判断。他的结论同休谟一样，只要我们没有概率的知识，传统和习惯仍是"人类生活的伟大向导"。这个保守的结论一直在青年凯恩斯的喉咙中卡着，欲吐不能，欲咽不下。他在1938年回忆道："我们当时指天发誓，宣称我们是自己的主人。"他在1906—1914年间的大部分空余时间里都在试图创建一种证明这种豪言壮语合理的概率理论。他第一次讨论这个问题是在1904年1月23日，当时他在信使会宣读了一篇题为《伦理学与行为的关系》的论文。这很清楚地表明他的学术兴趣的来源是摩尔的《伦理学原理》。这篇论文已经包含了凯恩斯在1921年出版的《论概率》一书中的主要观点。所以这篇文章具有重要的传记价值。

在这篇1904年的论文里，凯恩斯攻击摩尔的概率理论，认为它是错误的。他的论证如下："如果我说'行为A发生的概率大于行为B'，我并不是断言A一定会比B发生的几率高，而是说我对A的发生几率高于B有更多的证据。再者，如果我知道在不久的将来A产生好的效果的几率要大于B，而且在更久远的将来，我没有证据表明A产生坏的效果的几率将大于它产生好的结果，这样，我就有比较充分的证据相信行为A是正确的选择，而不是B。"凯恩斯认为："（摩尔的）无知并不能阻止他就概率问题发表意见。"其实，这是一种将未知的事物中立化的方法。凯恩斯则运用"无关法则"或"不充分理由"原则来证明比摩尔哲学中设想的要多得多的概率的存在。

这篇文章反映出凯恩斯的概率逻辑理论的特点，这种理论认为概率是命题，而不是具体事件的特征，也就是说，概率如同摩尔的"至善"概念一样是凭直觉可以获得的。这种理论的出处来自于罗素在1903年发表的《数学原理》。罗素认为哲学的基础是逻辑学，而伦理学、数学和科学的基本真实性是不言自明的。从传记作者的角度来看，我们可以认定凯恩斯是试图在结果论的大框架之下,为个人自主决定自己的道德观进行辩护。

到这里为止,我们不能说凯恩斯在他的1938年那篇《我的早期信仰》的回忆录中歪曲了事实。他对摩尔主义的修正出于扩大私人领域、减小公共领域的动机。摩尔伦理体系中的那些强调公共责任和"一般"生活目的的内容被视为并不重要,而那些鼓励"某个精英小集团内部的互相倾慕"(正如罗素后来用轻蔑的口气说的)的内容则被放在了中心位置。

然而,凯恩斯在1905年的计划是写一本"完整的伦理学理论",其中包括实践伦理学,即"行为至善"而不是"处于至善状态"的那个方面。他的概率理论也可以被运用到公共行为当中去。既然凯恩斯一生的最大贡献在于艺术、科学和治国方略,我们就有兴趣要了解青年凯恩斯对公共领域的看法如何。

对这个问题的一个重要线索是凯恩斯对不同职业的优劣排比。在一篇1909年写就的论文里,他向信使会成员们问道:"有哪一位兄弟宁愿做商人也不愿做科学家?或者宁愿做科学家而不愿做艺术家?"他认为艺术家和科学家的地位最高,因为他们有最高尚的伦理价值。凯恩斯把艺术家放在科学家之上"并不是因为科学家的活动只牵涉实用而不涉及价值观,而是因为第一,科学家作为人的质量(恐怕)比艺术家要低;第二,科学家花大量的时间在那些没有内在价值的事情上"。凯恩斯的优劣标准十分明显,他将对人的心态有内在价值的职业和那些只有使用价值、同时还有可能引起恶的心态的职业严格区别开来。经商当然有使用价值,但它导向恶的心态——即贪婪。有充分证据证明,凯恩斯在青年时期是把政治放在比"经商和桥牌"更低的位置上。同时,他对自己的评价也是确定无疑的:他给自己的定位是具有一定艺术能力的科学家。

他在《伦理学杂记》中建议写一篇题为《政治的理论与方法》的论文。但他一直未能完成这篇文章。但在他的私人文件里,我们发现有一篇未发表的长达100页的论文,题为《爱德蒙·伯克的政治原则》。这是1904年作为剑桥大学英文写作竞赛的作品,凯恩斯的这篇文章获得大奖。凯恩斯早在伊顿时期就开始对伯克感兴趣。作为一个自由派的新教徒,选择伯克作为研究对象是不寻常的,因为伯克是现代保守主义的创始人之一[凯恩斯对(自由派的)约翰·斯图亚特·穆勒反而了解得很肤浅,而且也不欣赏他的作品]。这篇论文很有意思,因为它展示了一个摩尔信徒在当时是如何看待公共生活的价值的。

在摩尔伦理学体系里,政治最多是导向至善的一个手段,而且是一种间接手段。凯恩

第 6 章 我的早期信仰

斯赞扬伯克是第一位功利主义的政治哲学家——即第一位始终如一地推崇功利主义的"最大幸福原理"的人。然而，他认为伯克的"最大幸福原理"是政治的，而不是伦理的。在这一点上他同意伯克的观点，因为，身体状况平稳、物质的享受和思想的自由是达到人类的幸福同时也是伦理上至善的手段，所以一个政府"在开始为公众服务（即行善事）之前，先要确定何为民众的幸福，而不管这个政府受何种伦理学理论的启发"。凯恩斯进一步认为平等法则——即法律和政策中不应存在"对个人或阶级的人为歧视"——并不是一个独立的政治或者伦理原则，而是一种对公众的满意程度的贡献。

凯恩斯认为伯克的政治功利主义的一个重要后果是他坚持实际"反对抽象权力"的概念，最明显地反映在他反对英国当时威胁北美殖民地的做法。凯恩斯引用伯克的名言："就我而言，问题不在于你（指英国政府）是否有权让自己的臣民过悲惨的生活，而在于让臣民生活愉快是否是自身的利益所在。"凯恩斯认为仅就这一立场，伯克就应该跻身于"非常伟大"的思想家之列。

伯克理论的另一个特点是他"极其不愿为了将来的利益而把邪恶引入现时阶段"。凯恩斯认为：

> 伯克一直坚持认为把现在的利益加以牺牲，仅仅为了将来所能获得的某种令人怀疑的回报是不明智的。……我们不应该过分地展望未来；我们的预测能力微不足道，而且我们对事情发展的结果只有最小的控制力。所以，我们这一代人的幸福才应该是我们关注的重心所在；我们必须提防为了某种看上去有利的结果而牺牲大多数人的幸福，因为我们永远不可能知道为什么要冒这个风险。……这里还需要强调另一个方面：我们光是试图改善目前的状况（与过去相比）是远远不够的；这种改善必须能够弥补在过渡时期所遭受的所有的损失。

凯恩斯对伯克的这种原则上拒绝任何革命的立场是赞同的。他还强烈支持伯克不愿轻易开战的态度，他引用伯克的话说："对战争问题必须要有一种谨慎、敬畏和深思熟虑的态度。"凯恩斯提出了一个合理的论断，即在公共领域中，保守主义更值得捍卫，因为如果公共领域里激进分子占上风，其影响面大大超过私人领域。

另一方面，凯恩斯也认为伯克过于强调"谨慎"原则而反对任何理性的社会改革方案则为太过。伯克不信任理性，凯恩斯认为有两个原因：第一，伯克相信传统和习惯的继续存在会使民众感到心满意足,政府和社会公德则会感到更加安全。第二,他"怀疑现时的评判人们行为的标准没有实际基础……"凯恩斯用一种含混的语言来描述伯克保守主义的第二个来源似乎在暗示一个观点,即伯克也同摩尔一样在概率理论上犯了错误,否则他不会对社会改革充满疑虑。

凯恩斯竭力论证理性与民主是相和谐的。目前的民主范围仍是非常有限的,但民主发展的过程有可能增加全体公民的理性。然而,凯恩斯对当时的一小批时髦的伯克主义分子是不屑一顾的。他属于自由派,尚未沦为社群主义分子。

如果说,伯克对理性的不信任让凯恩斯远离政治保守主义,他对私有财产权的一套理论却让凯恩斯躲开社会主义。伯克对私有财产的捍卫有两个理论基础。首先,对社会财富的再分配对穷人来说无济于事,因为穷人的数量大大超过富人。其次,它将"大大减少能享受"财富的人数,同时也减少富人的存在给国家带来的那些有利因素。凯恩斯认为这个双刃的论证利器"无疑分量很重:在某些社会里它的说服力势不可当,而在任何以财富均等为终极目标的社会计划面前,它也是最强有力的批判武器之一"。然而,伯克对现存的私有财产制度的维护不遗余力,以至于他的关注重心停留在整个私有财产制度的外表,而未能意识到他的这种做法可能会伤及整个私有财产制度的核心。换句话说,伯克的功利主义的随机原则也可以被用来驳斥他自己将契约和合同奉为神明的理论。

凯恩斯对伯克的政治遗产做了一种模棱两可的总结:

> 他认为至善的东西都是现时存在的——和平与安逸、友谊与情感、家庭生活以及人们之间时而相互帮助的那些微不足道的善行。他想不到人们在遥远的将来为达到伟大而光荣的至善境界要经过多少血与火的洗礼;对他来说,现时的努力和牺牲不会带来一个政治上的黄金时代……这也许不是一种正确的心态。然而,历史上的一些伟大的政治理想曾经激励多少代的人,这些理想算不算是狂想或者错觉并无关紧要,重要的是这些理想给人们提供了行动的强烈动机,而伯克的理论在这一点上则望尘莫及……是学者和哲学家给我们提供了那些措辞严谨的格言和箴语。政治家的热情再高,发表言论的机会再多,也不能给我们留下永恒的遗产。政治家应当从伯克学派中汲取智慧;但如果将伯克的智慧用于任何伟大和艰难的事业,他们还要从别处寻找政治领导艺术的真谛。

第 6 章　我的早期信仰

至此我们可以看出，像凯恩斯这一类的摩尔信徒为什么对伯克非常感兴趣：因为伯克提出了一种反对公共领域的事务占主导地位的原则性立场。当然，凯恩斯不可能预见在20世纪的大部分时间里，伯克的政治哲学的格言和箴语会从政治舞台上销声匿迹，他也不能预测到伯克的影响力的消失会对他的生活道路发生决定性的影响。尽管如此，我们从凯恩斯对治国方略的态度来看，伯克影响力的残余仍然存在。

第 7 章

剑桥与伦敦

1 遗骸

第四年时,梅纳德仍旧留在国王学院。1905年7月16日,内维尔的日记记道:"我们还未决定梅纳德应该选伦理学还是经济学的荣誉学位考试的第二部分。"梅纳德现在在阿尔弗雷德·马歇尔的指导下开始学习经济学,但是这并不意味着他已经决定要当一名经济学家,他的主要学术注意力仍集中在道德哲学上。斯特拉彻走了——"三一学院的那帮心怀恶意的教师不愿给我一个研究员的位置",他告诉邓肯·格兰特——因此凯恩斯成了信使会的秘书。信使会现在只剩下一个本科生会员霍布豪斯,急需补充新鲜血液。梅纳德决心以恢复其元气为己任,把他研究生的第一年里的大部分时间都花在这项工作上了。

10月以斯威辛邦克的到访为开张,对"胚胎"的第一轮审查工作也同时开始。"从没有哪个学期是以如此看好的前景开始的,"梅纳德兴奋地告诉利顿。这个令人眼花缭乱的前景包括三个一年级的本科生——亨利·诺顿和亨利·古德哈特,二人都是来自伊顿的三一学院学生,而第三个是利顿的弟弟詹姆士,他从圣保罗公学来到三一学院读书。梅纳德觉得数学家诺顿有着一个"很好的逻辑头脑",但是他将被"一帮多数是如醉如痴的美学和文学的欣赏家们所包围,而到现在为止,我还未找到任何办法来降低他们的这种痴迷程度",他其貌不扬,与"一般的公立学校学生"无甚两样。古德哈特的风度"以及头脑都很符合信使会的要求"。詹姆士·斯特拉彻却从来不在寓所里。"斯威辛邦克在此地的最后一晚,我们俩有一个美妙的深夜会晤,"梅纳德告诉利顿,"我们谈

第一部分　责任与善行

得很尽兴，但完全是纯粹的友谊，并没有什么激情。"当斯威辛邦克上了出租车就要动身去车站时，他从车子里伸出头来，微笑着说："我现在要离开天堂了。"

但是梅纳德很快就发现，不管剑桥可能会是什么，但绝不是天堂。筵席已经散了，他感到他现在是住在一个被遗弃的世界里。费和福尔内斯是很有趣的同伴，但没有一个和谐到能算得上是属于摩尔思想波段里的人。谢帕德理论上说是属于这一波段里的，但是却缺少H.R.梅雷迪思所说的一种"严肃的根基"，在该轮到他为信使会宣读文章时，他从来不愿意准备，使得梅纳德的日子变得不好过。而最糟糕的是霍布豪斯，他后来取得了自然科学学位的第三名，而现在正为此而勤勤恳恳地学习呢，这位"霍比"给他们一个令人不堪忍受的提醒，告诉人们他们的希望寄托错了地方。甚至连他吃牛油的样子都让梅纳德恐怖得打颤："原因很简单，我过去对他的一切都喜欢，而现在……恨他这个人……他从不会添加任何新意，只会循规蹈矩地生活，而当规矩不存在时，他则扭曲自己以试图找到它们。"

100

给信使会带来希望的那个前景在短暂出现之后很快就消失了。诺顿由于他的才智特性而仍停留在胚胎状态。古德哈特则从视野里很快消失了："他是一个宗教信仰很强的人……而且他的演讲冗长得惊人，令人厌烦，有一种非常吓人的倾向性。"（亨利·古德哈特—兰德尔后来成为牛津大学的斯莱德美术讲座教授。）詹姆士·斯特拉彻似乎很有希望，但是看上去年龄太小，并且像他哥哥一样，也不太爱说话。牛津那边至少还有两个朋友，斯威辛邦克和丹尼尔·麦克米兰，利顿在11月造访牛津时为麦克米兰而倾倒。利顿告诉梅纳德："就这个学校总体来说，我也毫无例外地被它那非常突出的彬彬有礼和高度智慧所打动。你不认为也许信使会破坏了剑桥吗？但是除了信使会，剑桥哪里还能找到另一个哪怕只具有中等水平的意识、修养和不敬行为的'推动力'呢？要么完全赞同我们，要么完全反对我们，而牛津却颂扬一种二者兼而有之的做法。"

两位朋友经常以此方式来讨论摩尔主义，它的"鼻对鼻"的理想观念使得他们没法适应信使会范围以外的生活。一定要有一种"新的方法，它能够使事情变得较为轻松些，十个人的就应该允许一半对一半，而两个人的时候就是全部"，梅纳德这样回应斯特拉彻。这种希腊式的含有猥亵意味的腔调既然在这两个会员兄弟之间能运用得如此之好，也就会让局外人感到一种丑恶，而对此梅纳德至少根本就没有意识到。当他的弟弟杰夫里和卢伯特·布鲁克12月过来参加奖学金入学考试时（杰夫里申请彭布罗克学院，卢伯特申请国王学院，他们两人都得到了所申请的奖学金），梅纳德为他俩开了一个派对，

134

第 7 章 剑桥与伦敦

但派对的结果却使他感到"非常的愤世嫉俗……既对意外产生的事情的腐败和无能,也对不能创造出我所希望的印象感到完全的无能为力"。霍布豪斯、诺德、谢帕德、福尔内斯和梅纳德围着这两个橄榄球学生球员晃荡了五个小时。"在我看来,"梅纳德对利顿继续说道,

> 我们力图把卢伯特和我可怜的弟弟拽进来,然后用我们自己的脏带子来裹住他们;而一旦我们不这样做,其结局就会使我们感到绝对的丧气。我想做一点事来反对我们的做法——因为我认为我们内部并不堕落。事实上,我们——作为整体——并不是这些年轻人的合适伙伴。

尽管他在感情上感到失落,梅纳德却能积极地面对学术上的挑战,他发现跟马歇尔学习经济学很有意思。有四大卷他的笔记和文章保存下来了,分别是"理论经济学"、"资本"、"税收"和"托拉斯与铁路"。理论方面,他还学习了马歇尔的两篇未公开发表的论文,《外贸抽象理论》和《国内价值抽象理论》,以及杰文斯、库洛特和埃奇沃斯的著作。马歇尔对梅纳德的工作有着良好的印象,用红笔在他的文章上字迹潦草地到处写上评语。梅纳德的一篇关于"资本"的文章并不太符合马歇尔的口味,感到过于玩弄字眼,但是他仍认为凯恩斯在比较铁路系统的问题上做了一个"出色的回答"。而梅纳德自己的感觉则可从他11月15日给利顿·斯特拉彻的信中看出:

> 我发现经济学越来越有意思,我想我在这方面还颇有特长。我希望能有机会管理一条铁路或组织一个托拉斯,或者至少骗骗投资大众们。这些东西的原理很容易掌握,也让人十分着迷。

他在11月23日又写道:

> 马歇尔一直缠着我要我成为一个专业的经济学家,并在我的论文上写上赞赏的评语以促成这一目标。你认为这有干头吗?我很怀疑。
> 如果我愿意的话,我可能可以在这里工作,但是让我在这儿再多待下去,我可以肯定就意味着死亡。但问题是,在伦敦做一个政府职员是否不会死得这么惨?

第一部分 责任与善行

斯特拉彻于11月27日回道:"啊,不会的,除非你疯了才会想着去做一个剑桥的经济学家。到伦敦来,进财政部,我们一起找个房子住。我们就能开派对……"梅纳德为能在伦敦与斯特拉彻无休止的闲聊这样的情景感到动心,同时他也许也感到需要离开哈威路的家。他于12月14日到18日在伦敦的兰卡斯特门路69号利顿处小住了几天,此行使他下决心要搬到伦敦来。回去后,他告诉他的父母他将放弃经济学荣誉学位考试,把精力集中到国家文职人员考试上。马歇尔对此感到惋惜,直到1906年的5月,他还催促梅纳德参加经济学荣誉学位考试:"你只需要在考前几天温习一下经济学,也许你就会得第一等呢。"但是梅纳德没有动心。他确实从来没有拿过经济学学位。

从伦敦回来以后,他还曾有一段时间短暂地卷入到政治中,起因是保守党首相巴尔福放弃了由这个因为关贸保护问题而分裂极深的党来管理国家的徒劳努力,几星期后,也即1906年1月,坎贝尔——柏纳曼的少数派自由党政府下令举行大选。财政问题是唯一能把梅纳德带进政治生活的东西,他一连几天都在忙于竞选活动,在剑桥郡为埃德温·蒙塔古竞选出力,在斯特拉福德郡为弗雷迪·格斯特帮忙。虽然自由党在1月12日的压倒多数性胜利没能让他热血沸腾,但至少刺激了他要把信使会的目标更多地转向政治。他于1月20日给斯特拉彻写信道:

> 今天早晨我尝试组织了一次新型的早餐会——有基林(弗雷德里克·本·基林是秋季里来三一学院的,又重新参加了学校的费边社)和费;我认为这个早餐会相当成功。我们以讨论劳工运动开始,以讨论伦理学作结束。看来他们对生产合作的了解程度不亚于我们对没有结果的交配的了解,谈话内容十分精彩。

102

要把信使会变得更加政治化的计划,其中包括选择费为会员,很快就消失殆尽。随着自由贸易得到保证,梅纳德也随着自己的脾性尽可能地完全脱身了政治。

他现在又为信使会找到了一个新的胚胎目标:他试图重新激活他与"迪利"·诺克斯之间的友谊。诺克斯于1903年来到国王学院,但是与梅纳德之间很少见面,各自有着自己不同的生活圈子。而现在诺克斯作为信使会会员候选人而得到考虑,"只要再多一点点人情味,他显然将是一个非常好的会员,"梅纳德在1905年11月28日在私底下对斯特拉彻吐露道。但是这正是诺克斯的麻烦,他那极聪明的头脑被用在了卖弄学问和琐事上了:他缺乏"严肃的根基"。然而,梅纳德还是努力了好几个月以图"打进诺克斯堡垒

第 7 章 剑桥与伦敦

中,撕下他那龇牙咧嘴的假面具",不仅仅是为了信使会,也是为了他们的旧谊。"升起来,放出光芒,"他在给他的一封未发出的信中写道。但是诺克斯也很快消失了。这使得凯恩斯只剩下两个一开始时选中的胚胎了——躁狂的数学家亨利·诺顿和沉默的詹姆士·斯特拉彻。1906年2月17日,这两个胚胎终于"诞生"了。

1905年12月,梅纳德为准备参加文职人员考试开始读心理学。1906年1月他转到较为熟悉的领域,"你有没有读过伟大的亚里士多德的伦理学?"1月23日他问斯特拉彻,"从来没人能把它的意义讲述得如此之好——在他之前或之后都不曾有过。"2月7日,他又给斯特拉彻写信道:

> 亲爱的,这几天我已经深陷在希腊哲学里面了,泰勒斯和毕达哥拉斯,芝诺和他的情人帕尔默尼德斯。我一连几个小时地阅读这些奇怪的诡辩论者们的东西,既好奇又兴奋;一点也不奇怪为什么亚里士多德会把这样一种智力活动放在首位。但是我仍不同意他的观点。爱情第一,哲学第二,诗歌第三,而政治第四。我宁愿和你交换——因为他(邓肯·格兰特)似乎喜爱你。

如果说形而上学使他神魂颠倒,那么他现在开始学习的政治学和法学却使他感到抑郁,"我几乎不做任何学习,我将永远不会通过那个考试以进入可怕的文职人员行业,"他告诉斯特拉彻。

3月初,梅纳德在牛津度过了一个长长的周末。在那里他参加了乔伊特协会的一个会议,并在会上宣读了一篇题为《时间与绝对》的文章,这篇文章引起了一场"不愉快的讨论"。他在万圣协会进晚餐,发现他们浮华得"令人难以相信"。但是他与丹尼尔·麦克米兰的调情并没有取得任何进展。当斯特拉彻惋惜他未能如愿以偿地得到一个"半拥抱"时,梅纳德回应道(3月11日):"亲爱的,我一直肯定我将永远要承受一个最不可改变的摆脱不掉的思想,这就是我的外形是如此的令人反感,以至于我决不想把自己的身体扑到别人的身上。这个想法是如此的确定和不变,因此我认为任何东西——当然也包括争论——都不能对此有一丝一毫的动摇。"

3月19日星期一,梅纳德离开英国去意大利。他在巴黎稍事停留以看望在那学绘画的邓肯·格兰特,又在热那亚与利顿共度了一两天,"吃煎蛋卷和讨论道德原则与鸡奸"。最后,梅纳德到达佛罗伦萨与玛丽·贝伦森会合。梅纳德和玛丽·贝伦森是通过她的妹妹

第一部分 责任与善行

艾丽丝·罗素结识的。玛丽·贝伦森是一个充满活力、生活奢侈、喜欢调情的41岁的女人，来自洛根·皮尔沙·史密斯家庭，其家庭是美国费城的贵格会教徒，现已定居在英国。她嫁给了费边社律师弗兰克·科斯特洛，并育有两个女儿：蕾切尔和卡琳；后来她与艺术鉴赏家伯纳德·贝伦森一起私奔到意大利，在上流圈子里引起了很大的反感。身穿毛皮大衣的梅纳德开始了与这位母亲及其两个女儿和一位牛津大学生杰夫里·斯科特在意大利托斯卡纳地区为时一周的旅行。他在4月2日给利顿·斯特拉彻的信中讲述道：

  和玛丽一起开车旅行真是一件乐事——她作为女主人确实是尽心周到，把客人安排得十分舒适。她非常了解意大利，又有的是钱，知道哪些旅馆最好，它们的拿手菜是什么。我们一定让她破费了不少——因为所有的费用甚至包括画廊门票全都是她包下来的。

  我没有学到对食物太高雅的品味。我们在车子里总是感到饥饿，整天都在吃东西。而每次开车的最后一小时都是花在计划菜谱上，而到达住地后的头一件事就是订菜。她总是放声大笑，也让你笑她，从不会让人感到有所不安。

到了西耶纳城之后，玛丽·贝伦森和她两个女儿与凯恩斯和斯科特分手了，他们俩要留下来做十天的研究，住在艺术大街上的一个"有着11个老处女的膳宿公寓"里。梅纳德一星期里花了六个小时学习历史，一个劲地对利顿说，他从来没有碰到一个题目"是如此的容易且这么快就感到腻烦了"。

意大利之行的最后一个星期是与贝伦森夫妇一家在他们位于佛罗伦萨郊外的塞提那洛小镇上的塔蒂庄园里度过的，梅纳德对他们别墅里的那些已故著名大师的作品崇拜不已。"在我的卧室和书房里有六件这样的作品"，他告诉他的父母。同时也有点爱上了蕾切尔，"但是因为她不是男的，所以我一定没想过要采取任何合适的步骤，"他对利顿说道。

与此同时，巴黎那边传来了不好的消息，利顿告诉他霍布豪斯去巴黎看望邓肯，他们俩相爱了。"伟大的上帝啊，"梅纳德回信道，"这比世界上所曾发生过的任何事情都更要野蛮和疯狂。啊，是我们把它创造出来的，是从你和我的阴茎（原文如此）头上发源和萌芽出来，它将在全世界传播和成长起来。"但他还是小心翼翼地表达了适当的同情："你知道的——对你和邓肯作为一个整体，我一直都非常爱你们——因此我禁不住会有这样的感觉，认为这将只不过是一个插曲。"

第 7 章　剑桥与伦敦

他于4月18日离开塔蒂别墅去德国与他弟弟杰夫里会合。此次会面并没有达到梅纳德所期望的结果。梅纳德第二天从菲尔德伯格霍夫给利顿写信说：

> 我在这里和我的兄弟在一起——他的身体承受力极强，哪怕是雪中的高山顶也没有任何问题。我原来想要利用此次机会来了解他——并且还梦想过如何才能把他所有的爱情故事都慢慢地打探出来，或者就算不成功，也至少能听听所有最新的橄榄球球员的丑闻。
>
> 但完全是一个沉重的打击！我亲爱的，他已经19岁了，但是……完全没有开化。天哪，橄榄球有什么用处呢？

对即将到来的文职人员考试，梅纳德和内维尔像往常一样做了充分的准备。为了参加从8月2日一直持续到8月24日的考试，内维尔在伦敦的克尔亨大院33号租了一幢公寓，梅纳德和佛萝伦丝、玛格丽特于8月1日入住。第二天是英文作文考试，他所选择的作文题目是《戏剧、情节剧和歌剧》，他在信使会里曾就这个题目宣读过一篇论文。对那些和他一起参加考试的应试者们，他是这样向詹姆士·斯特拉彻描述的（8月2日）："他们更确切地说是一帮水手——有那么几个我认识的较为拿得出手。但是上帝啊！当我看到他们中的大多数人时，我为我们的印度帝国而颤抖。"8月24日星期五，全家人为庆祝折磨结束而去皇家剧院观看萧伯纳的《你永远不能区别》一剧。之后，梅纳德躲到萨里和他的伊顿朋友汉弗莱·保罗一起共度周末。"莫里斯·麦克米兰一家在那儿租了一幢房子，"他于8月28日写信给斯特拉彻，"所以我昨天大部分时间都是和丹尼尔在一起。他的弟弟哈罗德刚刚进中学，也长得颇有丹尼尔的风度，但是更加敏锐得多……我与他一起打高尔夫球。"9月中旬，他前往苏格兰高地，在那儿与詹姆士·斯特拉彻和亨利·诺顿在一个离英弗尼斯不远的小屋共度了十天的假。利顿也来参加他们"去山里的兴致盎然的远足"。梅纳德告诉他父亲他已经开始在读概率论，"并且我感到颇有希望，我的方法相当新颖……"文职人员考试过去了，他又开始他的研究员论文准备工作，整个时间进程正是按照他父亲五年前所制定下来的计划。

在与父亲通览了一遍他的考试文章以后，凯恩斯估计自己可以进入前十名，但是这个成绩对他所想要进的财政部或印度事务部还不是足够好。最终结果出来了，他考了第二名，成绩是3498分，满分约为6000。第一名是奥托·尼迈耶，一个从牛津巴利奥学院来的古典学者，他的成绩是3917分，他进了财政部，最终成为那里的首席经济政策制定者，而他的经济政策后来受到凯恩斯的攻击。

10月4日，梅纳德向利顿·斯特拉彻宣布道："是的，我现在是印度事务部的一位职员了——我已经完全顺利地通过了体格检查，他们说我的眼球和视力是出奇的好。我的成绩单也到了，它使我感到非常的生气。确实，知识题似乎是此次失败的绝对因素，而我丢分丢得最多的正是两门我具有坚实知识的学科：数学和经济。"

2 印度事务部

1906年10月16日，梅纳德作为印度事务部下属的军事司的一个低级职员开始了他的国家文职人员生涯，他的工资为一年200英镑，而他的第一项工作任务是安排把十头艾荷郡的小公牛运到孟买去。印度事务部由6个司组成，每个司有秘书处负责日常运行，它有6个助理国务秘书、8个高级职员、10个低级职员和76个辅助职员。它的主要职能是处理与印度有关的各种文件，每年经手处理的文件有大约10万份之多。这种工作不太可能激发凯恩斯的全部兴趣，每一件事都转换为一个例行公事——以维护一个已经消失的世界，在那儿问题也是例行公事。这个已经过了时的机器对在印度的英国总督府行使着最高控制权。印度事务大臣约翰·莫利自己也差不多是个老古董；而常任副大臣阿瑟·戈德莱爵士有那么一点改革精神，但面对传统也是一事无成。

凯恩斯选择印度事务部并不是因为他对印度有什么兴趣，而是因为它是两个最顶尖的国内部门中的一个。他对大英帝国统治的态度从各方面来看都是因袭传统，认为殖民政府是在保护穷人不受那些贪得无厌的高利贷者的掠夺，带来正义和改善物质生活，并给这个国家一个坚实的货币体系；简言之，是在把良好的政府体制介绍到那些自己不能建立起这样体制的地方去。他既不像列昂尼德·沃尔夫从锡兰这样一个地区官员的低级位置来看殖民统治，也不像在亚洲旅行过的E.M.福斯特和洛斯·迪金森，梅纳德总是从英国政府白厅来看这个英国在印度的殖民政府：他从来没有考虑过帝国统治对人和道德所意味的东西，或者说英国是否在剥削印度人。尽管他将为印度事务撰写意见和提供大量的咨询，但是他所去过的最远的东方是埃及；他所遇到过的唯一印度人都是那些生活在剑桥或伦敦的；而他所读过的唯一关于印度的书是有关金融的专门学术著作。这是一种

第 7 章 剑桥与伦敦

106 由麦考利和米尔斯在19世纪定下来的传统：印度管理机构的好坏不取决于对当地情况的了解，而是取决于如何从伦敦有效地运用实用主义原则。

按这种方法制定政策的一个好处是它大大节省了需要花在办公室里的时间。文职人员的生活也调整到尽可能地适应那些进入政府行政机构工作的牛津和剑桥的毕业生的习惯，因此早晨晚起的习惯由于上班时间从11点开始而安然无恙，下午则到5点就结束了，中间还有一个小时的休息时间吃中饭。一年有两个月的假期，还要再加上公假日和德比赛马日。星期六的工作时间是从上午11点到下午1点。"我很高兴地发现我们比其他办公室的工作时间要短，而假日却长些，"梅纳德在10月17日给父亲的信中这样说。佛萝伦丝一开始还想着他将没有时间继续写他的研究员论文，现在她不用担心了。凯恩斯处理工作事务的速度总是惊人，在上班时，他有足够的空闲来写他的论文和处理自己的私事。显然，有人注意到梅纳德的才能在军事司是浪费了，或者更简单点说是另外一个地方有了一个空缺。在与戈德莱进行了"一次口若悬河的正式面谈后"，梅纳德于1907年3月初被调到"税收、统计及商业司"。在这里，他告诉父亲，"几乎没有什么例行公事……需要处理有关商业、土地税收、瘟疫、饥荒、鸦片走私等等的所有问题。"他有一间"自己的舒适的办公室，从办公室看出去就是公园"，他被指定负责编辑有关"印度的道德及物质生活进展"的年度报告。"今年报告的特写，"他在和利顿闲聊时说，"是关于鸡奸的一个带图例说明的附录。"在3月7日给利顿的信中，他说道："昨天我参加了我的第一次议事委员会会议，它简直就是一帮老糊涂虫的机构；到场的人中至少一半表现出明显的年老体衰的症状，而剩下的人则没有发言。"

他在圣詹姆士大院125B号租了一个职员公寓，离他的办公室只要五分钟走路时间，租期两年，租金为一年90英镑。但是他很快就开始抱怨这里"像是得了开晚会的传染病一样——六天中有五次派对"。他隔一段时间就和斯特拉彻在一起或者吃中饭或者是喝午茶。他们在一起议论邓肯·格兰特，梅纳德就1906年11月20日死于伤寒的托比·史蒂文向斯特拉彻表示慰问。那个时候，梅纳德还不是布鲁斯贝利俱乐部的成员，他在剑桥还不太认识克莱夫·贝尔和托比·史蒂文，只是偶尔与范奈沙和克莱夫·贝尔在伦敦一起共进晚餐，但是并不属于老布鲁斯贝利大家庭的一部分。然而，在伦敦除了利顿之外，还有许多其他信使会成员，其中桑格夫妇是比较特殊的朋友；还有以杰夫里·扬、希尔顿·扬、罗宾·迈耶和拉尔夫·霍特利为基础建立起来的伊顿人社团；玛丽·贝伦森在伦敦有一套维多利亚式的公寓，她在那宴请梅纳德和杰夫里·斯科特——而斯科特则经常会在梅纳德的圣詹姆士大院的公寓里过夜。梅纳德的文化生活还包括去欣赏萧伯纳的《人与超人》和瓦格纳的《特里斯坦和伊索尔德》。1907年3月梅纳德第一次明显地流露出收购画作的兴趣。斯特拉彻带他去了一次西蒙·布塞在莱顿宫举办的画展，布塞的妻子正是斯特拉彻的姐姐多萝西。"看来我非得要买一幅画——便宜货！"他写信告诉佛萝伦丝。

每个周末，梅纳德都离开伦敦，一般是待在剑桥他父母的家里，有时参加信使会的会议，事情似乎没有太大的变化。梅纳德1906年11月5日告诉斯特拉彻：

> 我们的心全被珀西·桑格给俘虏去了，想不通为什么在他离去时没有亲吻他一下。
>
> 伯蒂（罗素）也过来了。
>
> 麦克塔加尔向"星期日论文协会"宣读了一篇关于摩尔伦理学的文章，文章的形式是攻击性的，但实质上却是一篇最后投降书。但是不管怎么说，麦克塔加尔还是直率的。啊，他的外貌漂亮得惊人。
>
> 至于我和迪尔，没有什么太多的新闻值得报告。

1907年3月，假期时间又到了。梅纳德、詹姆士·斯特拉彻和诺顿去巴黎与邓肯·格兰特共度一个长周末。回来之后，梅纳德参加了在德温郡北莫尔顿举行的摩尔读书会。这是他第一次被邀请参加这类著名的集会之一，被邀请者把这看成是受到摩尔青睐的一种殊荣。参加的人还有斯特拉彻兄弟俩、诺顿、安思沃斯、鲍勃·特利威廉和桑格。当时天气好得"令人简直不能想象"，斯特拉彻4月1日写信给邓肯·格兰特，"两个星期里一丝云都没有见到。"安思沃斯在他边上躺着，带着"一副蓝色护目镜以挡住太阳光……读柏拉图"。诗人特利威廉"一下子就睡着了，做着他的关于巴克斯和阿里亚登歌剧的梦，他刚刚才将剧本写完交给托维去作曲，胡诌乱扯得你都不能想象"。几步之外的太阳伞下坐着梅纳德，正在读高尔斯华绥作品，而诺顿则在他边上的草地上做数学，摩尔则在"一个毯子上全身舒展地躺着，一把太阳伞正好斜遮过来，他用一支铅笔在洛克的《人类理解论》扉页上做些注笔"。

6月，梅纳德又出发旅行去了，这次是到法国的比利牛斯山脉，在那里他和费（费现在在剑桥的圣主学院教书）一起会合内维尔和杰夫里度过一个步行及爬山的假期。对这

第 7 章　剑桥与伦敦

两项运动，梅纳德从来没有太大的热情，因此总是偷挤出一点宝贵的时间在卧室里学习他的概率论或在山崖的避风处读简·奥斯汀的作品。"我应该喜欢在这儿继续几个月这样做，"他于7月5日写信给利顿·斯特拉彻，"已有很长一段时间，我的欲望都是如此的委靡不振（我想可能是走路太多的结果）……"

梅纳德和费告别了内维尔和杰夫里，一路走到比阿雷茨，在西班牙一户农家的农舍里住了三天。这个地方靠近陶拉，是在一个"我所看到过的最美丽的山谷里"。在比阿雷茨过的日子是梅纳德所喜欢的那种假期，早餐在床上吃，读上一个多小时的小说，再学上一两个小时的概率论，然后，像他告诉他母亲的那样，"整个一天的其他时间都花在食物、晒太阳和无所事事上。"晚上，他们会去赌场，在那儿梅纳德以他自己一套独有的系统，很快就在"小马"上输掉了所有的钱，只好在旅馆里与费玩皮克牌以图从他那赢回一点钱。

尽管他所写的一份具有"极佳前途"的会议记录得到了约翰·莫利大臣和其他人的称赞，梅纳德很快就开始对他的工作感到不耐烦了，讨厌在伦敦度过炎热的夏天。他先是抱怨工作太多，然后是抱怨没有足够的事可干。治疗压抑的一个办法就是大量地乱买书，其中就有一本"极其漂亮的四开本书，是用17世纪时的技术精致装订而成的"，作者是耶稣会牧师约翰·凯恩斯。正是在这个夏天里，梅纳德决定离开印度事务部。他在9月13日给斯特拉彻的信中抱怨说，他"在十分之九的时间里都感到十分无聊，而在另外的十分之一时间里，只要事情不顺我的意，我就会非常不近情理地被激怒"。

一直到1907年10月12日星期六，梅纳德才回到剑桥开始了一个三星期的假期。"我很少在剑桥待上这么长时间，"他于16日写信给斯特拉彻，"并且也没有什么东西好讲述的。每天写论文，与费和戴金边眼镜的迪尔一起打高尔夫球，就这些。"萧伯纳在剑桥工会上"使我们全都改信了社会主义"。利顿像往年一样来这里对那些"胚胎们"进行观察了解。在梅纳德回到伦敦之后，"胚胎"卢伯特·布鲁克经过几个月的"大量产前阵痛"终于按时出生成为信使会会员。

梅纳德三个星期的剑桥生活促使他萌发了想干另一番事情的愿望，而他能否很快脱身印度事务部则取决于他是否能得到一个国王学院的研究员位置。他现在差不多整日地在准备概率论。12月6日，他写信告诉佛萝伦丝："我一天花在工作上的时间平均还不到一个小时，因此我的论文进展十分良好。"他于1907年12月12日把论文递交上去，考官是W.E.约翰逊和阿尔弗雷德·诺斯·怀特海。

第一部分 责任与善行

1908年2月3日,内维尔与W.E.约翰逊谈起梅纳德的机会,"总体上说,他的评价比怀特海要更好些。"对梅纳德想要辞去印度事务部一职之事,内维尔不大赞同。一个研究员位置只有六年,并不具有任何职业前景,但好处在于梅纳德可以同时保留他在印度事务部的位置。1908年3月1日那天,父子俩发生了第一次、也是唯一一次有记载的口角。"如果能得到国王学院的研究员位置,梅纳德想要抛弃他在印度事务部的位置,我与他白费力气地争论了一番。我想如果我确定地说我希望他应该保留那个位置,他会放弃他的想法的,但是我想我不应该采取这样一个确定的立场。他将放弃一个稳定的职位,而宁愿冒险,但这是他的生活,不是我的。"

第二天,梅纳德告诉评委之一的庇古,如果他被选上,他将回到剑桥做专职研究员。3月17日举行评选,四个候选人竞争两个位置。15票投完之后,形势变得很明朗,梅纳德将得不到位置。新选上的两个研究员是佩奇和道布斯。"我们非常失望,非常沮丧,"内维尔在他的日记中写道,"我已经在梅纳德想要放弃印度事务部的职位的问题上让步,因为他似乎已经完全下定决心要回剑桥,回到学生生活。"梅纳德却是愤怒大于失望,尤其是听到他被拒绝的原因之一是他明年还会有另一次机会。他对怀特海不愿试图理解他所说的东西感到生气,认为他不配做一个考官。

凯恩斯的论文基本上是在他1904年1月的信使会文章(见前)中所提出的观点上的进一步发展。他试图创造"一种新的推理"以用于"有争议的论点和不确定的结论",这些论点和结论虽然有争议或不确定,但却可能具有合理性和客观性。他在这篇文章中的观点可总结如下:

> 在正常思辨过程中,我们经常会断言,一个说法的真实性,尽管不能"证明"另一种说法的真实性,但却为相信第二种说法提供了"某种基础"。我们断言,当我们握有这种证据时,我们"应该"做出这样那样的相信……我们认识到,"客观上"说来,证据可以是"真实的",但还不一定是"确定的"……我想,如果我把这种东西称做概率关系,我并不是在滥用词语。
>
> 前提对建立结论具有某种影响,而这种影响的大小可处于具有充分说服力和毫不相干两极之间的区域内的任何地方,这样一种看法对那种认为前提必须证明或者不证明所宣称的结论的推理方法完全是一种标新立异。这种观点,从事物的本质来说,是不可能得到确切的证实。这种概念,我感到,作为某种独立

第 7 章   剑桥与伦敦

和独特的东西而在人们的头脑中表现出来……

然而从严格的意义上来说，"概率"是不可定义的，我们不需要对它太过忧虑；它所具有的特性与我们许多最必要和最根本的概念有着相同之处……

这篇论文最引人注目的特点之一是凯恩斯所提出的论点的大胆性，论点的内容是认为概率论的概念应该被确定地考虑为是逻辑的"一般性理论"，而演绎逻辑只是它的一个特例。与此类似，1936年，他又提出一个关于就业的"一般性理论"，而传统就业理论只是它的一个"特例"。

尽管当时被拒仅仅只是一种延期，1908年未能选上国王学院研究员这件事对梅纳德来说是学术上前所未有的沉重打击。然而，回归学生生活的机会比他自己预期的要来得更快些。就在研究员位置被拒后两个星期，梅纳德从马歇尔那里得到一个秘密消息。马歇尔一直在从他自己的教授年薪中拿出100英镑来资助经济学的一个讲师位置，而这个奖金的获得者现在刚刚得到利兹大学的一个讲座教授位置。马歇尔向凯恩斯谨慎地提议说，这笔钱可以想办法留给他。马歇尔的谨慎是可以理解的，因为他马上就要退休了，而他不能肯定他的继任者会愿意这样做。但是如果他自己中意的候选人庇古能够继任他，则他可以肯定他能给凯恩斯这个位置。事实上，正是庇古向马歇尔建议给梅纳德写信的。

5月30日，梅纳德重返剑桥的第一个条件成熟了，庇古击败其他三个候选人埃希列、坎农和福克斯威尔，被选中继任马歇尔的讲座教授位置。6月3日，由内维尔任主席的经济学和政治学委员会批准了经济学的两个讲师位置，一个将给梅纳德，而另一个则给了刚从三一学院毕业的沃尔特·莱通，对此的理解是庇古将为他们每人每年提供100英镑的资助。内维尔则立刻向梅纳德每年追加100英镑的补助，一直到他不需要为止。1908年6月5日是梅纳德的25岁生日，他向印度事务部正式辞职。"请不要认为，"他很得体地给托马斯·霍德尼斯爵士写信道，"我不喜欢我在税收司的工作……但是我必须在两种相互抵触的生活方式之间做一选择。从总体上说，我想，从任何角度来看，这里的生活方式对我都更加适应些。"

他的上司尽管十分惋惜他的离去，但毫不怀疑他做了正确的选择。"我个人来说将是最后一个不赞同你的决定的人，"戈德莱写信给他。对霍德尼斯，梅纳德的信是一个打击，但是"我自己也从来不认为这个国家的政府部门对有活力和有雄心壮志的年轻人来说是一个最好的地方。它有着舒适的生活方式，并且可以确信能够一步步地（尽管缓慢达到中等程度的富裕和退休生活,但是很少令人感到有趣和兴奋,不能充分地激发人性中的好强及自信成分"。1914年,当时的印度事务副大臣埃德温·蒙塔古写信给霍德尼斯,"我经常为那些在此部门工作的低级官员们的单调乏味的生活所触动。如果……当年凯恩斯有表达自由和机会,我们还会失去他吗?"而回答也许是"会的"。

尽管梅纳德在印度事务部待得时间不长,但是对他的职业前途却有着重要的影响。他给斯特拉彻的那些信中所表露出的无礼和厌恶腔调反映出了他的一部分处事态度,而且毫无疑问是他最重要的一部分态度。这些信中并不包括他在工作上的优异表现,以及他与上司们的相处情况。他的秘密武器在于他所具有的上层社会的坦率能力,以及戴斯蒙德·麦卡锡所谓的"精心计算过的谈话方式以给40岁的中年人留下深刻印象"。他当然对他部门工作中的统计部分有兴趣,并从财务司的头儿莱昂内尔·亚伯拉罕那儿学会了关于印度货币的处置问题。戈德莱在一封1909年3月30日的信中提到他希望梅纳德会"继续关注印度的事务";税收及统计司的助理国务秘书弗朗西斯·德雷克则表示"我们将会不时地有一些事情来打扰你"。而这些对他的期望后来都被证明还是过低了。他在印度事务上的专长,再加上他在经济学上的研究教学以及他与文职人员的交往都顺理成章地铺垫了他的关于印度货币体系的写作以及得到"皇家印度货币和金融委员会"的委员资格,而这些又给他在白厅(英国政府机构的所在地和代称——译注)带来了更大的名气和重要的政治关系交往。1914年当国家出现危机时,凯恩斯被召去帮忙;1915年则被召到财政部,在那儿他不仅是一个货币经济学家,而且也是一个能把理论用在行政管理上的人物。奥斯汀·罗宾逊说得很对,他认为凯恩斯在印度事务部已经学会了"从一个行政长官的角度来看经济学上的问题"。

1908年7月21日,梅纳德回到了哈威路,第二天搬到国王学院。他比他父母还要更开心些,因为他不仅重新找回了剑桥,而且也赢得了邓肯·格兰特的心。

第 8 章

利顿、邓肯、梅纳德

1908年，邓肯·詹姆士·科罗·格兰特23岁，比梅纳德小18个月。1885年1月21日，他生于苏格兰的道恩—英弗尼斯，这是格兰特家族在罗西默恰斯的老宅。邓肯早年生活在印度，因他父亲巴特勒·格兰特少校驻扎在那里。从那儿他上了位于罗格比的希尔布罗预备学校，然后于1899年进了圣保罗学校，他是个走读生，住在兰卡斯特门69号他的表兄弟斯特拉彻家里，而当他父母在英国时，他则与父母一起住在汉普斯泰德。17岁时邓肯结束了"在圣保罗中学为时不长的教育"，进入威斯敏斯特艺术学校学习。邓肯继承了他母亲爱塞尔·麦克尼尔的美貌和他父亲在音乐上的品味。他是父母唯一的儿子，十分受宠，但是父母从来不十分明白如何待他才好。邓肯有时感到他的家庭认为他有些糊里糊涂。

梅纳德是通过利顿·斯特拉彻认识邓肯的。实际上，有那么几年工夫，梅纳德对邓肯的了解要远甚于邓肯对他的了解，因为利顿把对自己表弟邓肯的感情都一股脑儿地在梅纳德那里倾述，同时他也对梅纳德在霍布豪斯那里的失意给予安慰。他们俩都感到一种被拒，因此互相之间不断倾诉——其热烈程度达到差不多一天一封信，保持了有近一年的时间。斯特拉彻的信充满了罗曼蒂克但有些自嘲的激情，而凯恩斯的信则以简短、匆忙的段落从爱情跳述到剑桥花边新闻再跳到工作。

利顿和邓肯这两个表兄弟之间的暧昧关系几乎从一上来就遇到了麻烦。"这个受宠爱的家伙，如果说他的色欲没有什么特殊的地方的话，那么至少可以说他的感情是有些与众不同的地方，"利顿在1905年10月13日给梅纳德的信中抱怨道；而梅纳德则回应道，要他不要老想着所有的灾难都必会降临。利顿很快就为邓肯的冷漠而感到伤心了，"一

第一部分 责任与善行

块金刚石似的、不可改变的岩石,天底下没有任何力量能够感动他。"而梅纳德回信时则很现实地指出也许邓肯是因为在国家美术馆绘画太多而累了。我们将能看到,凯恩斯作为一个倾诉对象并不完全令人满意。利顿是一个既理性又浪漫的人,他既想确认他的担心是毫无根据的,但又想尝尝单相思的痛苦——而两者又难以达到调和。对此,凯恩斯尽了他的最大努力。利顿后来说,梅纳德的常识足以冰冻一个火山,称他是"一个没有眼泪的信使会会员"。也许,在梅纳德对他的痛苦的不太有说服力的回应中已经可以找到他们之间亲密关系解体的种子。然而,利顿的火气有时只是在书信里,为了追求某种时尚,往往会言过其实。对此,梅纳德是了解得再清楚不过了。

1906年2月,邓肯·格兰特得到一个机会去巴黎学习绘画,因为他姨妈科尔维勒夫人给了他100英镑作为他21岁的生日礼物。他注册入读雅克—埃米尔·布兰奇主持的巴莱特艺术学院,住在离皇宫不远的"大葡萄牙帝国旅馆"。不久,他就与霍布豪斯恋爱上了,这个关系断断续续一直持续到年底,并与霍布豪斯在8月时在罗西默恰斯共度了一个假期。这一次,邓肯的感情是完全投入进去了。他在7月10日写信给霍布豪斯:"我亲爱的,只要我能确信你是'真正地'爱过我,我也就感到非常幸福了……啊,我最亲爱的天使,确确实实地告诉我吧,你和我在一起的感受是不同于你和凯恩斯在一起时的。"利顿和梅纳德这时忘记了他们之间原有的竞争,团结起来一起指责霍布豪斯的行为。"在所有的妓女中,精神妓女是最坏的,"斯特拉彻傲慢地宣称道。在这种折磨下,利顿的健康情况恶化了——胸口痛,眼球痛,并且"梦中遗精频繁到不能忍受的地步……梅纳德,我愿放下所有的事来见你"。到了12月,这场恋爱过去了,"阿瑟告诉我,他对我毫无任何感情,"邓肯于12月18日写信告诉詹姆士·斯特拉彻。

1906年10月,邓肯回到巴黎,在那儿一直住到1907年夏天,在这个世界艺术之都,他是一个古怪到不愿与人交往的外国旅居者。梅纳德在1907年3月与诺顿和詹姆士·斯特拉彻一起去看邓肯。在给利顿的一封信中,邓肯写道:"有凯恩斯和诺顿在这儿让人感到愉快。我确实觉得比以前更喜欢凯恩斯了……"在霍布豪斯的插曲结束之后,利顿和他这位表弟之间的恋爱关系又以某种随意的方式开始起来了。利顿似乎从来未把梅纳德看成是一个潜在的情敌,与他自己对伟大爱情的能量相比,凯恩斯的那种有气无力的色欲似乎不可能构成一种威胁。他其实应该对那些他已经注意到的燃烧着"晦暗火焰"的眼睛给予更多的警惕;他也应该对他所了解的邓肯的性格有更多的警惕性。梅纳德缺乏激情的性格使他对邓肯的欲望要求没有像利顿那样强,而利顿的要求是邓肯难以满足的。

第 8 章 利顿、邓肯、梅纳德

关于梅纳德，利顿忽略了一条，这就是梅纳德珍爱那些他所爱的人和事——而正是这一点使邓肯产生一种很放心的感觉。邓肯是这样一种人，他过于骄傲和不明世故，因而不能在这个世界上保护好自己。

邓肯身材中等，皮肤黝黑，面容俊俏。他的眼睛"有着一种出奇的灰色，清澈水灵，眼仁大而睫毛长"。他还有两片被斯特拉彻称之为"无法比拟的非常性感的嘴唇"。他有着独创但完全未经训练的智慧。梅纳德十分高兴地发现他从未掌握好乘法运算表。邓肯热爱音乐和舞蹈，他的视觉才能使他有着"很强的敏锐观察力并对所看到的每一件事都感到有趣：尤其是那些大多数人视而不见的东西"。他的绝对的心不在焉使他在一般人眼里看上去似乎有些迷迷糊糊——比如说，他的衣服看上去经常像是其他人扔掉的东西，但是在梅纳德眼里这却是他可爱的一部分。然而，邓肯确知他想要做的事情。简言之，邓肯正符合那类梅纳德一直崇拜的人：一个艺术家，有着自己完整的内心世界却需要外部的保护。

1908年6月初，利顿到剑桥去了一个月，留下邓肯和梅纳德在伦敦。利顿那边刚走，他们这边就恋爱上了。6月28日星期天，佛萝伦丝给在瑞士的内维尔写信道："约翰和邓肯·格兰特一起回来了。今天早晨我们全都坐在花园里读书，下午他们两人骑自行车一起去克莱希瑟喝茶。"对他俩此次来剑桥的事情，利顿一定是毫无所知。6月29日，从汉普斯泰德的费罗斯路，邓肯写信给梅纳德："我知道我不用告诉你我有一个多么愉快的剑桥之行……确实，自从离开学校之后，我还未曾如此开心过。"回到伦敦后，他们继续经常见面。利顿在回到伦敦之后于7月14日带他们两人一起去辛普森饭店吃饭，席中利顿对凯恩斯和邓肯的窃窃私语有所警觉，这表明——他写信给他的弟弟詹姆士说——"邓肯与我们亲爱的捣乱分子之间有私情"。第二天他与梅纳德见了面，事情全都清楚了。凯恩斯立刻给他的新情人写信道：

我最亲爱的邓肯，利顿和我谈过了。他一上来就说"我听说你和邓肯在一起调情"。我感到这次会面把我弄得要垮了，但是我想还没有严重到糟透了的地步。他讲挖苦话——要做一个人类生活的学生。但是他说这事使他吓了一跳……啊，亲爱的，我希望在这个世界上除你之外没有任何其他人存在。

利顿的愤怒在两天后给他弟弟詹姆士的信中爆发出来：

第一部分　责任与善行

　　我与"他"会面时,他宣布了这件事,而最令人感到震惊的是那种难以置信的无情,就连我都对此吃了一惊。如果我在谈话中没露什么痕迹地把话题从这转到了概率论上——他一定不会注意到这些。不幸的是,我太过诚实,还是发了一大通脾气,这至少会确实使他稍稍开始感到他"在恋爱中"也许是相当奇怪和重要的。我想自从霍布豪斯事情之后,(我们之间的关系)就已经有了明显的恶化。但是那时只不过是一点点罗曼蒂克,而现在是彻底结束了。

在斯特拉彻的所有爱情危机中,他的传记作者提到这一次是"最严重的"。然而,某种程度上的和解还是有的。梅纳德于7月20日首先给利顿写信:

　　我很想给你写信,但不知道该说什么好。你的困惑已经过去了吗?想起我们俩时的各种感受都尝透了吗?请不要没有同情心,并且如果你能做到的话,不要恨我。我可以来看你吗?这是我在此上班的最后一天,不过我会在伦敦一直待到星期三。

"这封信在我看来是表现出一些感情的,"利顿在7月21日给他弟弟的信中这样写道。而对梅纳德,他回道:"我只知道我们已经做朋友很长时间了,因此现在没法不做朋友。"当梅纳德于22日回到哈威路时,他看到"三本最可爱的书——它们是利顿的礼物。我感到这是一个很重要的表示——他这样做实在难得"。

梅纳德于7月25日搬到了国王学院。两天后,邓肯出发前往奥克尼群岛,他母亲的朋友,百万富翁托马斯·米德尔莫邀请他到霍伊岛上去玩,这个岛是米德尔莫于1898年以32000英镑的价钱买下来的。

虽然邓肯不在有些美中不足,但是梅纳德对重返剑桥还是感到十分开心,他又能像以往一样以小道消息来取悦他的朋友了。"没有比待在这儿更平静的事",他在7月26日给邓肯的信中写道。第二天,当邓肯一晚上顶风冒雨地向霍伊岛进发时,梅纳德在聆听着施劳斯先生(阿瑟·施劳斯1907年来到国王学院,后来改名为韦利并以翻译中文诗歌而出名)在本·基林房间里向一群"费边男孩子们"宣读一篇题为《人际关系》的文章。梅纳德写道:

第 8 章 利顿、邓肯、梅纳德

在这篇糟糕透顶、愚蠢可笑且胡言乱语的文章之后,道尔顿"老爹"(休·道尔顿是工党政治家,1906年从伊顿来到国王学院,1945年任财政大臣)接着做了一番搞笑的发言。他不管在场的有各阶层的女性,这篇文章主要是谈论鸡奸,所谓"同志间的激情相爱"。詹姆士说得不错——这些费边主义者们除此之外没有其他任何东西可谈……我不在这里的两年中,事情已经发生了很大的变化,实际上,剑桥的所有人,除我之外,都成了公开的、并公开承认的鸡奸者。

舒夫(杰拉尔德·舒夫也是1907年来到国王学院的,后成为一名经济学家)我已经见过两次了。他在他们中间应该算是最好的——以我看比其他人都可爱。他确实很迷人,尽管并不是太聪明,但看上去确实不赖……

亲爱的邓肯,要是我能吻你并拉着你的手,我该是多么幸福啊,可是现在做不到,我不开心,差不多是苦不堪言了。让我们在北边找一间可爱的草屋,我们要在那儿永远地住下去……

与此同时,邓肯在暴风雨中勇敢地经历了三个小时的海上航行之后,从斯特姆尼斯抵达霍伊。在到达米德尔莫的庄园梅尔塞特时,主人以香槟为他接风。"我简直无法描述这些岛屿有多美丽,还是等你以后自己来看吧,这样我就不用描述它们了,"他于7月29日写信给梅纳德。米德尔莫的房子俯瞰大海,是"凯尔特艺术的经典之作",房子里挂满了伯恩—琼斯的漫画、特纳的水彩画和莫里斯的挂毯。"老米德尔莫"是一个"典型的真正谦恭有礼的人,但是说话比世界上所有的人都慢,而思考问题则更慢"。邓肯绘画,读书,陪妇女们散步,陪男人们说话,同男女来客打牌,大吃大喝,同时极度想念梅纳德。"只要我能吻你和被你吻,我愿把我的灵魂交给魔鬼,"他于7月29日写道,"我希望你能在这儿站在我和世界之间。"

他们于8月18日在斯特姆尼斯重聚。"我知道我们会幸福的,"邓肯写道。他的愿望的确得到了满足。随后两个月也许是梅纳德一生中最为幸福的时光。在斯特姆尼斯,他们在梅森的阿姆斯旅馆住了两个星期。梅纳德给利顿写信道:"在镇的上游,风景看上去像那不勒斯海湾和卡普瑞岛。今天傍晚,我们散步过去想看个仔细,我的毯子和论文以及邓肯的画作就丢在我们待的野地里,等到回去时发现,所有的东西都被一大群牛的唾液……给弄湿了。可想而知,情景十分可怕。但是画作反而受益了,而我的概率论论文也没有弄坏……"他们又去了霍伊岛,并说服一家他们喜爱的农场的农场主让他们住宿在那儿。梅纳德告诉他母亲,他们在这里专心致志地用"固定时间来作画和研究概率论"。泥炭火始终点着,而那里的牲口这么古怪又这么多,甚至梅纳德都开始对它们发生了一点兴趣。唯一的问题是人人都被怀疑成德国间谍,因此"他们必须要熟悉我们之后才会坐下来让你画像"。到9月13日时,邓肯已经开始为梅纳德作画,概率论的绝大多数工作都已完成,梅纳德开始为《经济学杂志》撰写一篇文章。按照邓肯的说法,此次之后梅纳德开始真正地欣赏绘画了:"梅纳德和他的写字板在一起形成了一个很好的绘画主题,因此当他全身心地投入在他的概率理论中时,我……也全身心沉浸在试图琢磨出他脸部的形状来。而这样做的结果是,我想,梅纳德渐渐接受了这样一个事实,即绘画也有它的困难之处;事实上,他承认,不用我指出,画家手头上做的是一项严肃的工作。"

这样的日子一直过到10月22日,终于梅纳德和邓肯要分别了,邓肯要去罗西默恰斯。梅纳德于23日晚上回到剑桥,他父亲像往常一样在车站接他。他于24日搬进了他在国王学院的新的住所,利顿是他在那儿的第一个客人。"待在剑桥使我兴奋得无以复加,"梅纳德给邓肯写信道,"你,再加上剑桥,有了这两样,我是世界上最幸运的人。"而利顿对他的这位成功的竞争者的陪伴并不高兴,"除了厌恶以外几乎没有什么东西可说的,"他告诉他的弟弟,"这不仅仅是他的粗俗——完全的,自始至终的,而且还有一种感觉,即最好不要再去指望从那个关系中得到任何东西……它已经成了灰烬和枯骨……以后我住到三一学院那边去。"这次重逢的失败将让梅纳德在以后几个月中尝到苦果。

过去的生活又回来了。与内维尔在罗依斯通俱乐部冒着连绵不断的阴雨中打高尔夫球得病,不得不服用奎宁。迪金森宣读一篇关于永恒的论文,而卢伯特·布鲁克现在则称呼凯恩斯为梅纳德。有几个美男子等着甄选进信使会:乔治·马劳瑞看上去"十分可爱"(乔治·利·马劳瑞于1924年在登珠穆朗玛峰时去世。他这时正在玛格林达学院读三年级,他同杰夫里的关系比同梅纳德更好)。邓肯于10月31日到剑桥来。"他的火车晚点17分钟半,在1:14分时至少梅纳德是这样通知我的,"詹姆士·斯特拉彻告诉他的哥哥,"总体上说,样子是一副奇特的、已婚的架势——然而,如果邓肯到这儿来住,我敢保证他将会与所有的人都调上情。但是我现在所看到的一切并没有什么大不了的……这个'机器'将只会高兴地大声说'你永远会回到我这里——我这里——我这里!'他永远会的。"

第 8 章　利顿、邓肯、梅纳德

11月10日，梅纳德去伦敦。他监督工人把他的东西从圣詹姆士广场的寓所里搬出来，在那儿他得了很严重的流感，不得不在汉姆斯泰德医院里住了一两天。斯特拉彻去看他，见他"穿着带着长长灰色袖子的谢特兰德式的马甲，一个劲地傻乐着，整个看上去就像一个大猩猩想要成为玛丽·摩尔一样。情景实在太让人震惊！而可怜亲爱的邓肯则坐在床角抛媚眼……我大声号叫地逃离那个地方"。梅纳德于11月16日回到哈威路，身体仍然很虚弱，在那儿他的大部分时间都花在概率论上，他于20日回到国王学院。

邓肯已于11月初回到伦敦，他和梅纳德两人现在要经历一段痛苦的时间，部分原因是他们俩都感染上的流感的后遗症。邓肯当时正在找一个单间公寓，这样他可以在那作画，而凯恩斯也可以把它用来作为在伦敦的歇脚点。11月18日，邓肯"情绪极其低落，并且……差不多要哭了，完全失去了平衡，就是因为你不在此拯救我的缘故。我偶然会受到这种突如其来的抑郁的打击，仅仅是因为有人对我妄加评论，而这种评论在我看来表明了他们把我看成只不过是一棵包心菜"。梅纳德白天快乐，但是到了晚上则情绪不佳，因为邓肯不在那儿；他的感觉就像"一个想家的学生的感受"。到了11月23日，他变得"在白天里的大部分时间都是闷闷不乐，简直不知道如何才能支撑下去……如果我知道你要来的话，我会感到好一些……"为了吸引邓肯能来住长一点时间，梅纳德向他保证"许多人都会来，坐在这里让你画像……只要你来，我的身心就会愉快，就能真正地干事情"。学校的新生也不是那么有意思，只有一个较为引人注目的是"从伊顿到三一学院来的（丹尼斯）罗伯逊，（他）昨天来和我一起共进午餐并散步。很多人都说他不错，但是他也许有些傻"。不清楚这是指他的外貌还是指他的智力。（罗伯逊当时没有入选为信使会会员，一直到1926年他已经36岁时，才成为不常有的大龄会员。）邓肯于11月28日来到国王学院，在梅纳德那里一直待到12月15日，并同时完成了他在奥克尼已经开始的画作。内维尔买下了这一画作送给佛萝伦丝——这是邓肯通过梅纳德所卖出去的许多画作中的第一幅。

邓肯的到来激发了梅纳德在学术上的兴趣。他的研究员论文的修改稿到12月4日实际上已经结束了。斯威辛邦克的来访就像过去一样甜蜜而令人担忧。斯威辛邦克在牛津巴利奥学院的古典文学得了一个令人失望的第二等，差一点就前往斐济群岛去当一名环境卫生巡视官。但他在9月的文职人员考试中得了第三名，出乎所有人的意料之外。这个成绩本来可以让他得到一个在英国国内的文职人员位置；但是也许他自己也未预料到能考这么好，所以他自己只选了一个印度文职人员位置；此时他正忙于阅读有关缅甸的书籍，准备去那儿做一个地区专员。邓肯刚刚在伦敦斯特拉彻家里遇到过斯威辛邦克,觉得他是"我所见过的最俊美的人"。在国王学院,梅纳德和斯威辛邦克像以往一样兴致极高地聊了差不多一个通宵。与此相反,与另一个老情人霍布豪斯的会晤却使梅纳德感到"绝对地垮掉了"。"他在我看来是糟透了,可怕极了,是一个应该被扔在一边的东西;然而我不会忘记我曾经是多么爱他;但是我敢肯定他那时不像现在这个样;这是不可能的。"邓肯在圣约翰学院租了一个单间公寓,梅纳德在1月的头两个星期住在他那里。早晨,珀奈尔,利顿的一个姐姐,坐在那儿让邓肯给她画肖像,而梅纳德则在旁边研究金融问题。中午他们自己准备午餐,而下午的大部分时间搞清洁卫生,晚上他们去剧院。梅纳德告诉他妹妹玛格丽特说:"新公寓真是一个可爱的地方——一个相当大的白色房间有着两个落地坐窗。"

除了难以确切表达的身体吸引之外,梅纳德和邓肯之间的吸引力主要是两人身上所具有的相反部分;而每个人都崇拜和尊重对方身上自己所缺少的东西。邓肯漂亮,有艺术气质,超凡脱俗;梅纳德聪明、理性而为人亲切。然而很明显,也恰恰是这种缺少一致性会成为摩擦的潜在因素。梅纳德喜欢把生活安排得井井有条;而邓肯的生活则是一团糟。梅纳德体贴朋友;而邓肯则不顾及他人。邓肯不能按期写信并老是拖延到访时间,这种失望的等待使得梅纳德开始感到内心十分痛苦,导致情人间的口角。"亲爱的梅纳德,你把我说成了一个多么残忍的人,"邓肯于12月29日写信给梅纳德。事情起因于邓肯答应在某天给梅纳德写信,但没有做,因此梅纳德抱怨邓肯给他带来了悲哀。

1909年初,邓肯写道:"最亲爱的梅纳德,我们一定不能常像今天这样来处理事情,这让人的神经实在受不了……你必须努力试试——不,这没有用……我必须努力表现好一点,少一点含糊,少一点自私,这样什么事都能发展得比较平稳些。"梅纳德用钱作礼物来表达他感情的方式也会引起误解。邓肯在他24岁生日(1909年1月21日)时接到梅纳德从邮局寄来的5英镑汇款时变得"非常气愤"。"你真是太荒谬了,"梅纳德写信给他,"这件东西只是作为一种手段来表示好的情感,而本身绝对不代表什么重要的意思。"

梅纳德和邓肯的生活非常充实。梅纳德已经开始了在剑桥的教课、辅导和写作工作;而邓肯则在伦敦开始了职业绘画生涯。他们的社交生活也很多。但是与梅纳德安排自己生活总是留下空间给邓肯的做法相反,邓肯的生活安排倾向于排斥梅纳德。邓肯的大部分业余时间都花在听音乐会上——有时是和利顿一起去。1月24日,邓肯拿到瓦格纳

第 8 章 利顿、邓肯、梅纳德

的歌剧《戒指》的戏票时,感到"十分兴奋"。而梅纳德不喜欢音乐,他担心邓肯会陷入"各种没有必要的约会中,使得我们不可能再相见了"。

到了2月中旬,梅纳德提醒邓肯,在过去的五周里他们只有三次在一起。然而,邓肯的不在还不是他目前情绪低落的唯一原因。有迹象表明,斯特拉彻对他把邓肯从他身边抢走一事还在耿耿于怀,尽管斯特拉彻这时感到邓肯已经"相当不吸引人了"。他和他弟弟两人对梅纳德发起了一场恶意攻击。他们在剑桥的朋友、信使会会员和候选人中称梅纳德为"马戏团小丑",并且颇有成效地使人们改变了对梅纳德的看法。梅纳德的心受到了伤害,感到不再受人欢迎。最终,斯特拉彻意识到他做得太过分了。"我对这个小丑感到有些过意不去,"他于2月14日写信给詹姆士,"星期三晚上,我在理查蒙德,摩尔偶然提到他,说他看上去情绪十分低落和沉默——'看上去他好像可能感受到人们不喜欢他'。我确实希望这不是确切的事,或者甚至可能是假的。但是我禁不住感到相当的内疚……还有,我想也许他开始在邓肯那里感到有一些冷淡——甚至会开始想到邓肯并不能给他太多他所想要的东西。然而,毫无疑问最有可能的事是他仅仅是困惑于一种永远也说不清的方式。可是,我不喜欢对其多加想象;毕竟,他已经读过这些信了!"

利顿的态度是易于理解的。在他与梅纳德的交往中,他总是处于支配地位,而现在梅纳德变得已经太成功了。梅纳德在工作上成功,而斯特拉彻还在拼搏着靠一点微薄收入生活,煞费苦心地做着那些他所痛恨的评论;梅纳德同时在爱情上也表现得很成功——并且是以损害利顿而达到的,而且还要把爱情降低到用数字来表示。"他的统计数字把我气得气都透不过来,"詹姆士写信告诉利顿,因为梅纳德讲出了他的性交流的细节。(他在他的约会日记中记录下了这些性交流的次数。)梅纳德的那些用来活跃谈话的淫秽事情现在涉及邓肯时,在斯特拉彻那里看来只不过是令人作呕。利顿稍后在给詹姆士的信中说:"他的谈话在我眼里显得肮脏透顶。我感到就像在阴沟里走路一样。"

利顿这时对梅纳德的态度直接影响到布鲁斯贝利俱乐部后来对梅纳德的态度。他不仅仅只在他弟弟面前发泄他对梅纳德的不满,1909年2月5日,他还给远在锡兰的列昂尼德·沃尔夫写信:

> 至于可怜的老凯恩斯,他是绝对地完蛋了——十分明显地,公开地垮掉了。如果人真的有灵魂审判,那就是他。以上帝的名义,我认为他应得这样的惩罚。

第一部分 责任与善行

回首往事,我认为在每一个关口和每一个危机中,他都是一个可怕的和不足挂齿的人,一个邪恶的妖怪对着那本不属于他的命运嘟嘟哝哝……他最终将成为精神上的尼克松,[J.E.尼克松(1839—1916)是一个性情乖僻的古典文学讲师,他的一部分身体是由"金属临时凑合"而成的。笑话说的是:尼科尔森和迪克松两个人在一次事故中支离破碎得十分厉害,以至于所剩下的部分只够铆接成一个人——尼克松。]整个内部机体都是用金属临时凑合组成的:肺脏、心和生殖器官;但他将永远都不会知道;他也永远不会听到那个铿锵声音。

维吉尼亚·史蒂文也接到类似看法的信。维吉尼亚几乎不了解梅纳德,而沃尔夫在锡兰期间什么情况也不知道,只是因为利顿的关系而对梅纳德的印象变坏了。因此他们一生对凯恩斯所持的批评态度可以追溯到利顿的性嫉妒。

这种嫉妒是真实的,但是人们也必须考虑到这些朋友互相之间的感受,像斯特拉彻于1903年3月25日向约翰·谢帕德表明的书信体的哲学那样:"说脏话要比说好话容易得多,对这一点人们是太了解了……对任何一个人的看法需要14年才能全面了解,因此人们就只说那些最能让人逗笑以及当然最恶意的事情了。"

一旦他的对手给打了下去,利顿自己的伤口开始得到愈合,他现在能够少一点恶意了。于是当1909年3月16日,梅纳德得知,与他论文的完全失败相反,他被选上国王学院的一个研究员位置时,利顿于3月17日从他的新家贝尔萨兹花园公寓,写信给梅纳德:

亲爱的梅纳德:

我很高兴地听到研究员一事。人们绝对吃不准这些魔鬼!我想你现在对以后的安排已经确定下来了,显然你的决定是明智的……

有一段时间了,我一直想给你写信,尽管我想几乎没有这个必要——告诉你一定要永远把我看做是你的朋友,我也将同样地看你。但是我担心你近来可能感到事情变得有些不一样了,不过我不这样看。事情仅仅是,有时我有些不安,也许有些尴尬,部分原因我想是因为我的神经方面的组织不是特别好——但是这也是没有办法的。我只能求你尽可能地少想这些事,相信我是一个明白事理的正派人。

第 8 章 利顿、邓肯、梅纳德

梅纳德显然很高兴接到这封精心写就的道歉信,但是在3月21日的回信中却无法"恰当地"予以回应:

亲爱的利顿:

我"非常"高兴地接到你的来信。

今晚我是第二次在教师餐桌那儿用晚餐。吃得好极了,但是以上帝的名义,人们可以感到我是一个大学教师,我把那个角色扮演得很好,也许它就是属于我的。但是我应该在那个公共休息厅里强奸一个大学生,这样就能使他们把事情的真相看得更清楚些……我希望这个星期能去伦敦,但是寻找下学期住房及其他事情使我不得脱身。

利顿怨恨地对他的弟弟说,他的和好姿态只换来了一封"冷冰冰的回信"。他和梅纳德仍旧是朋友,但他们友谊的最好时光已经过去了。

第二部分

危机边缘

> 萨拉热窝发出的那一枪,摧毁了我34年生命当中所熟悉的那种文明。
>
> 列昂尼德·沃尔夫,《一切重新开始:1911—1918年间的自传》,第114页

> 1914年8月结束的那个时代是人类经济发展史上何等不寻常的一个阶段!毋庸置疑,那时大多数人都勤奋工作,生活水准很低,但看上去都对自己的处境感到满意。对那些在能力和性格上超出常人的下层人士来说,进入中产和上等阶层的希望总是有的。这个时期的中产阶级和上流社会的生活方式,由于消费价格低廉而且没有大的社会动荡,连以往历史上最富有的阶级和最有权力的皇室也望尘莫及。一位伦敦的居民可以一面坐在床上喝茶,一面用电话预购全球各地生产的各种商品……并知道很快就能收到这些商品;同时,他也可以用自己的财富投资于全球自然资源的开发或种种新型的企业项目,与业主共享成果;或者,他还能给他的财富加上双保险,将它投资于任何大楼、任何国度的债券,只要他获得的信息是准确的或对自己的想象力有足够的信心。他不需任何护照或正式文件就能到有着各种气候条件的任何其他国家去旅行,其费用十分低廉而且还很舒适。他可以让仆人到附近的银行去购买贵金属,并携带到任何国家,而对当地的宗教、语言和风俗根本不需要了解……而更重要的是,他当时认为这种生活状态是正常的、确定的、也是永久存在的,人们所需要做的仅仅是对它的进一步改善而已。
>
> J.M.凯恩斯,《和平的经济后果》,第6—7页

第 9 章

第一次世界大战之前的经济兴趣

1 对经济学的态度

1914年以前,凯恩斯对经济学只有断断续续的兴趣。他回到剑桥是因为对印度事务部的工作感到无聊,同时又想回到剑桥居住,而不是因为经济学上的爱好。他的主要学术兴趣在概率论和统计学上。他早期发表的论文都多与统计测量问题有关。但剑桥给他的职位是教货币理论,这个方向后来确实成为他发表重大著作的领域。第一次世界大战之前的经济条件不可能刺激他对货币政策的兴趣——只有关于印度殖民地的财政安排才有点意思,这是他在印度事务部工作的阶段留下的遗产。英国当时正处于繁荣阶段,并达到了充分就业的水平。国际货币体系仍由国际金本位所主导,其地位不容挑战。伦敦是国际金本位体系的核心,这个体系(在1914年之前)仍十分有效。社会问题也不能引起凯恩斯对经济学的兴趣。自由贸易能够自动解决贫困等社会问题。而且,他当时注意力过于集中在私生活方面,对公共政策兴趣不大。

在经济学这个新领域,凯恩斯还是一个新手。他并没有经济学的大学文凭,他在这方面的正规训练仅限于在马歇尔手下做的一个学期的研究工作。他其实是边干边学。同今天的经济学相比,当时这门学科的内容没有多少东西,也并不复杂。在马歇尔之前,绝大多数英国经济学家的训练只靠一本书,即约翰·斯图亚特·穆勒的《政治经济学原理》。马歇尔以后的经济学家也是靠一本书,即马歇尔的《经济学原理》,再加上以口相传的传统教学,以及马歇尔在皇家委员会的一些证词和未公开发表的一些论文。凯恩斯手头的那本《经济学原理》是1895年的第三版,上面写满了读书笔记,说明他认认真真地研读过这本书。他肯定是在1905年夏天攻读过它。此外，他在家中也受到了经济学的熏陶；他在印度事务部工作的部门并不是财政司，但他离开白厅时对印度的货币和银行制度已有了足够的实际知识。但是他阅读的范围并不广泛，他只是到了1910年才开始读亚当·斯密的著作，在经济学领域他从来都没有博览群书。他理解理论问题也不是靠阅读，而是靠自己的能力去解决这些问题以及同别人进行讨论。所以，他在理论上只对很有限的一些问题有扎实的理解。

既然开始从事经济学的研究，凯恩斯与其他经济学同行一样，都想在这个领域里证明自己的专业能力。他不遗余力地抓住朋友和熟人提供的每一个机会。他一回到剑桥就开始他的经济记者的生涯。他的文笔优美，语言简练明了，而且工作效率非常高。他在1909年2月6日写信给邓肯·格兰特：

> 噢，我还没有告诉你我在从事新闻事业。上个星期二，我收到一封《经济学人》杂志的来信，当中夹着一篇题为《船东、银行家和代理商》的文章……并问我能否就这篇文章尽快地写一封"启发式的和带挑战意味"的信。我抓起笔用一个半小时的时间完成了该信。今天我打开新到的《经济学人》杂志，发现信已登出，有一篇专栏文章那么长，并在最显著的位置。编辑（F.W.赫斯特）写信告诉我他将把这篇东西当作投稿来处理，所以我至少能得到一个金镑（合一英镑一先令——译注）。

他作为专业经济学者写的第一篇文章是1909年3月在《经济学杂志》上发表的《印度最近的态势》。他试图用黄金的流入和流出来解释印度物价的走势。他在1908年12月18日写信告诉格兰特，他在制作可以实证的统计数字，这件工作让他"激动不已……除了性交以外，恐怕没有其他的事情比这件事更让人心醉"。

1911年10月，凯恩斯被任命为《经济学杂志》的主编——他父亲20年前曾拒绝过这个位置。这项任命是凯恩斯作为专业经济学者的一个重要里程碑。阅读经济学来稿成了他的专业训练的一个重要组成部分。他当时28岁，担任这个职务还嫌资历太浅，杂志社为此专门给他配备了一个专家咨询委员会。但他从一开始就很有主见。作为主编的第一个决定是将经济史学家卡宁汉姆副主教的来稿退回。他告诉父亲说，"这篇东西从头到尾都是空话，与经济学毫无干系。"凯恩斯是一个优秀的主编，他的约稿方法很有创新，

第 9 章 第一次世界大战之前的经济兴趣

对作者的回复很快，对文章的评论多有见地。他做主编非常成功的基础是工作速度。1912年他入选为"政治经济学俱乐部"的会员，这是一个1822年创建的精英团体。凯恩斯经常到伦敦去参加每周三晚上的例会，而星期四则在位于伦敦闹市的阿得尔菲街区的《经济学杂志》社里处理有关的事务。

凯恩斯的经济学训练大有长进，但他的知识范围远远不如马歇尔和庇古。第一次世界大战前，他开的课主要是关于货币的纯理论和应用理论。他在1906年曾上过马歇尔的货币学课程，他仍记得马歇尔用一些"非常典雅的图表"来解释货币。1914年以前，凯恩斯对马歇尔在货币理论上遗留的问题没有做任何进一步的研究与发展。但他对金融市场的行为非常感兴趣，认为金融市场展示了他的一个理论观点，即在不确定条件下的理性行为是怎么回事。1908年中，他有一次告诉父亲："我今天早晨躺在床上好几个小时，阅读那些伦敦股票市场上的股民们关于概率的哲学的文字。到现在为止，最有说服力的是一位铅桶店老板的观点。"他在1910年写道：

> 显而易见，股票投资者的行为受预期的而不是实际收到的远期回报的影响。这类预期值往往受到潮流、广告或者纯粹的非理性的乐观和悲观的浪潮所左右。

他在这里已经部分地提出了投资者的决策会受到"预期值、无知和不确定条件"的影响。

他的另一个学术兴趣的焦点是经济行为的因果关系问题，尤其是对统计数字能否解释这种因果关系方面的探讨。总体来说，凯恩斯认为统计数字只具有描述性功能，因此他拒绝接受概率论的数理统计理论。他认为用过去的数据来预测未来只有在严格限制的条件下才有可能。

马歇尔退休以后，本来有希望的继任者福克斯威尔也退出了竞争，在此情况下，凯恩斯对货币的兴趣正好符合剑桥荣誉学位考试的需要。而凯恩斯所加入的这个剑桥集体正是由一批被马歇尔称之为"一小群才华横溢、工作勤奋的人"所组成，他们包括阿瑟·庇古教授、W.E.约翰逊、路易斯·狄金森、约翰·克拉伯汉姆、C.R.费、H.O.梅里狄斯、沃尔特·雷顿和L.艾尔斯顿。经济学荣誉学位考试的人数仍不多，1905年只有6名学生参加第一部分的考试；而1910年时有21人。庇古和凯恩斯是剑桥经济学的两位主要理论学者，算得上是马歇尔和福克斯威尔的真正传人。

凯恩斯在1915年写道："过去几年里，我们的经济学派之所以能够吸引一批有能力的学生，主要原因是由于我们的教师在基本原理上的看法能够趋于一致，但在观点、偏好和方法上又能做到丰富多彩。这两种因素的组合，据我个人之见，是我们成功的真谛。"这里所指的"基本原理"当然是指马歇尔的经济学原理。此时，凯恩斯仍是他老师的忠实信徒，但他不像庇古那样对马歇尔过分地敬畏——他认为马歇尔"就个性而言，是一个蠢人"。在个人情感方面，凯恩斯也与马歇尔不同，他不赞同把经济学看做是"伦理学的侍女"，也就是说，他不是通过经济学来表达他的伦理观。相反，他是摩尔的信徒。马歇尔将经济学与伦理学联结在一起的纽带早已被摩尔所切断。事实上，凯恩斯的社会哲学观按照当时的标准来看已趋于保守。同他的母亲和"慈善协会"的观点一样，他认为好的个性必定能够产生个人的良好物质环境。但反过来的推理则不对。他写道："任何有超出平均能力和个性的人都能逃出贫困状态。"就整个社会的经济发展而言，他同意马歇尔的观点，即在现存的法律和机构的框架之中，让市场来主导经济才是安全的。最关键的条件是保持贸易自由。在第一次世界大战之前，凯恩斯除了对印度殖民地的货币制度有改革的建言之外，还算不上是一个货币改革派。也就是说，他的基本态度是，现在不需要经济理论和实践上的创新。他的这种态度受到1900年以后再一次重新出现的英国市场经济"自动"运行的特点的影响，而他所经历的成长过程又是这段经济发展的受益者。他的写作当中没有赛吉维克和约瑟夫·张伯伦的那种英国经济开始走下坡路的预警论调。

尽管凯恩斯自认是马歇尔的门生，在个人关系上，他在某些方面则与福克斯威尔更加接近。福克斯威尔写作很少，但在经济思想和经济制度史上的知识却是惊人的渊博。凯恩斯非常敬佩他攻击传统观念的精神，酷爱他的写作风格，喜欢他的藏书癖和他对手工艺术与音乐精品的热爱。一句话，福克斯威尔的价值观对凯恩斯的吸引力大大超过了马歇尔。福克斯威尔在凯恩斯和庇古之间当然偏爱凯恩斯，这不仅仅是因为在竞争教授位置时输给了庇古，而且他认为庇古"是一个自命不凡的家伙"，这是他在1901年对庇古的评价。

凯恩斯与"教授"庇古的关系友善但从不亲近。他们两人从凯恩斯读本科时就已认识，在一起玩过"五人游戏"，也谈论过经济学的问题。但他们俩的价值观和气质相差甚远。庇古从马歇尔那里继承了道德上的权威。他"个子高挑，长相英俊，像个北欧海盗"。他是陆军军官的儿子，毕业于哈罗公学。他平时行走的姿态好像是在接受检阅。庇古脑子里的道德观念不用说与体育锻炼有关。他最高兴的是率领一帮英俊、强壮的学生到瑞士去爬山，或到英格兰西北部的"湖区国家公园"去活动。他认为经济学是一门道德伦理的事业。1908年在获得教授任命的首场演讲中，庇古说他欢迎每一位"走遍伦

第 9 章 第一次世界大战之前的经济兴趣

敦贫民区"的学生加入经济学的行列。

作为同事,凯恩斯和庇古也有很大差异。庇古在30岁即被任命为教授。他缺乏行政经验,一辈子在这方面都没有改善。他虽然著述颇丰(他对一个问题的研究总是以书的形式完成),但不喜欢授课和主持考试,至少在第一次世界大战之前是如此。1911年,凯恩斯不得不对庇古"进行了一通训斥。但庇古愉快地接受了,他说他没有意识到会给别人留下玩忽职守的印象……"凯恩斯的父亲在1911年10月8日的日记中记道:"(梅纳德)在很多方面实际上已经取代了庇古的政治经济学教授的位置。"

在1914年以前的剑桥,庇古,而不是凯恩斯,才是经济学的学术带头人。凯恩斯研究经济学不是为了某种拯救世界的使命,而是因为他对经济学驾轻就熟。他将经济学的重要性看得不高,只有某些方面使他感兴趣,而且也不需花大量的时间;这一点很重要,因为他的主要兴趣仍在概率论,在长假里的大部分时间里,他都在将他的研究员论文题目写成书。

1909年1月19日星期二,这一天凯恩斯开始讲授一周两次的课程"货币、信用与价格"。他写道:"来听课的学生不少,至少有15位,他们的视野非常开阔。"由于他的授课内容都是现炒现卖,所以他在第一次世界大战前的授课负担就很重。到了第三年已达到一年100个小时左右,或者说每周四个小时,三个学期都有课。在这段时期里,他还没有形成在课堂上念他的书稿的习惯,所以是一个优秀的授课教师。他的父亲注意到他授的课比梅里狄斯,甚至庇古的课还要受欢迎。

梅纳德也开私人辅导课,但主要是为了收费,每小时10个先令。他告诉邓肯·格兰特说:"这个价钱实在太吸引人了,我经不住诱惑。"到了1910年的米迦勒节学期,他已招收了24名辅导生,每学期能进账近100英镑。他对那一年的收入总数的计算是700英镑,到了12月以前,他已经节省了220英镑。他实际上很厌恶这种雇佣关系的辅导工作,他感觉到自己已成为"一架按小时出售经济学的机器"。他特别不喜欢辅导女学生,正如他告诉格兰特的那样:"我对她们思路活动的每一个步骤都厌恶。"他决心尽快找到一个不用开辅导课的赚钱方式。其实,在1909年年底,他已开始减少辅导课时。

凯恩斯并不讨厌与聪明的学生在一起,他厌恶辅导课是因为花费时间太多。在1909年10月21日,他创办了一个"政治经济学俱乐部"。多年以后,这个俱乐部成为剑桥经济学学科最著名的机构。这个俱乐部的模式来自国王学院和三一学院的那种师生共同参与和辩论的俱乐部。政治经济学俱乐部每周一晚上在他的住处聚会,会员是以邀请为基础的。每周有一篇论文，所有与会者以抓阄决定发言的先后顺序。在所有人的评论完毕以后，由凯恩斯做总结发言。凯恩斯对学术难题的思路在亲近的环境下最为敏捷。他对周围环境特别敏感。他曾说："房间的形状……对一个人能否静下心来，让思路畅通至关重要……一个人在一间房顶很高的房间里，或者一间摆设过多的房间里必然难以感到放松。"

他的政治经济学俱乐部的开会地点是一间长长的房间，里面布置得错落有致。墙上的壁画是邓肯·格兰特的作品，上面是一群半裸的摘葡萄少女和舞者。凯恩斯最惬意的姿势是坐在一个舒服的圆椅上，两腿伸开，胳膊袖子卷起。然而这时他的脑子里却在呼呼生风，紧张地运转。他在讨论结束后的总结发言，据一位战前的学生的回忆，"是大家渴望的时刻"。尽管有时他会想入非非，但是他的总结总是妙趣横生，"非常富有人情味"。他对学生的态度很好，总是设法让他们的想法得到表达，而不是粗暴地将他们未成型的思绪一步击垮。如果有名人来参加活动，凯恩斯就毫无保留了。诺曼·安吉尔（名著《大幻想》的作者）在1912年参加一次活动后抱怨说："我在好几个问题上都未能躲过（凯恩斯的）暗算。"

他在这个时期的学生中有很多后来成为私人好友；有的成为同事和合作者，并在"凯恩斯革命"的发展过程中起了关键作用。其中最重要的是丹尼斯·罗伯逊。罗伯逊是一个神职人员的儿子，在凯恩斯离开伊顿的那一年才进入伊顿公学。1908年，他进入三一学院攻读古典文学。1910年，罗伯逊转读经济学荣誉学位课程的第二部分，所以凯恩斯得以成为他的指导老师。然而，罗伯逊早期发表的关于贸易周期的理论都是受到了庇古，而不是凯恩斯的影响。休伯特·韩德森在20年代成为凯恩斯的另一位重要的合作者。韩德森是苏格兰阿伯丁人，1909年进入伊曼努埃尔学院。还有一位英年早逝的学生弗里德里克·拉文顿则是剑桥货币学派发展中有重大贡献的一位。此外还有达得利·沃德，他是卢伯特·布鲁克的朋友，圣约翰学院的学生。他随凯恩斯在第一次世界大战期间一起加入英国财政部工作；休·道尔顿也是凯恩斯的学生，但他更喜欢庇古。关于弗莱德·哈德曼和阿奈鲍尔德·罗斯则成为凯恩斯的私人朋友。哈德曼在第一次世界大战中阵亡。最后，马歇尔教授的外甥克劳德·吉勒鲍也是凯恩斯在"一战"前的学生。

梅纳德很爱护他的学生。1914年当杰拉尔德·舒夫为申请奖学金而向国王学院呈交一份关于税收体系的论文时，庇古和爱德华·凯南给论文提了不佳的评语，为此，凯恩斯向奖学金选举委员们传阅了一张表达了对评判者极其不满的字条，其不满程度之大使得克拉夫曼认为是"带侮辱性的"。

2 货币、统计与贸易

凯恩斯开设的课程几乎全是有关货币以及货币在经济生活中的作用。对普通人来说，货币不过是"让世界运转起来"的中介。经济学家当然不这么看。当时的经济学并不看重货币——只把它当成是以货易货贸易的延伸。对经济学的主要研究对象而言，货币运用的研究没有任何理论创新的意义。而当时经济学的主要研究对象是如何使自由竞争体制下的资源配置和使用达到最优化。马歇尔在1893年版的《经济学原理》中干脆将与货币有关的以货易货贸易价格的那部分删去，因为这种价格由于"货币的一般购买力发生变化"时，就会变得十分复杂。马歇尔对这个问题的"后续研究"一直推迟到1923年他的《经济学原理》的第三卷《货币、信用和商业贸易》问世。货币只是在经济危机和恐慌时期才开始发挥作用，但是经济学家对它的这种独立作用无法加以理论性的一般解释。况且，人们当时普遍认为货币的独立功能在金融体制和机构不断被完善的过程中将逐渐降低。所以说，只有凯恩斯革命才把货币推到了经济生活舞台的中心位置。

凯恩斯在战前的课程都是讲述当时占主导地位的"货币数量说"。这种理论旨在证明价格变化与货币供应量的变化成正比——也就是说，与贸易和就业量无关。货币与价格之间的关系是用著名的"交易方程式"来表述的。凯恩斯在授课中用了两种交易方程式的形式：第一种是费雪的"现金交易说"，这个理论最早于1911年发表；另一种则是马歇尔早期（未发表）的"剑桥现金余额说"。凯恩斯认为这两种表述是"殊途同归"。费雪的交易方程式即$MV=PT$说明：在任何一个时段里，货币的数量（M）乘以流通速度（V）——即一美元或一英镑在特定时间里的平均交易次数，等于商品平均交易价格（P）乘以商品交易速度（T）。也就是说，货币的花费总量＝货币的购买总量，没有任何新奇之处。马歇尔的现金余额说——即$M=kPT$中的M、P、T的定义与费雪方程式相同，而k则是指一个社会将财富总和的一部分以现金形式保存的平均比例，这个比例必然与V，即货币的流通速度呈倒数关系。

剑桥现金余额说的特点是强调货币是商品买卖过程中显示购买力的短暂载体，它承认工资和其他收入并不是在被收到的那一刻就被全部消费掉。这就是说，个人以现金和流动资产形式保存财产的动机至少是值得进一步分析研究的。马歇尔对此曾进行过一种假设,他认为消费者个人经过一番比较之后,觉得持有现金以赚取利息或持有非利息的增值流动资产的好处总是比较明显,他并根据自己财富的计算来确定持有流动资产或现金的比例。这个假设暗示了一种现象——即银行利率的降低以及随之而来的货币供应量的增加并不一定会相应地增加消费量,但是会减少持有非利息流动资产的费用。这是凯恩斯后来发明的关于利率的"流动性偏好理论"之滥觞。这个理论的要旨是说明利率的调整有助于消费者放弃现金(即加入消费)。

要使交易方程式成为物价水平的理论还需三个必要条件:第一,货币和物价之间有因果关系;第二,货币流通速度或现金持有比例是由体制决定的,而且变化速度很慢;第三,交易量大小是由"实际"的变量,即劳动生产率和储蓄率决定的。如果这三个条件同时具备,M和P必然是同比例变化的。这就是货币数量说的要旨。

凯恩斯在"一战"前的授课中不仅仅把货币数量说作为一种逻辑练习题来阐述——即说明必要条件的真实性——而且把这些条件作为现实世界的一套假设来处理。他确信货币和物价之间有因果关系,对"商人"和"大众"所持的相反观点嗤之以鼻。他也确信货币流通速度或现金持有比例是由金融体制决定的,不会发生不规则的、失控的变化。他也接受第三个假设条件,即社会交易量,或生产和就业总量,是由"实际"的因素所决定的。同时,他承认物价的涨跌会对货币流通速度和贸易状况有短暂的影响,但他对此问题的讨论还流于随意和肤浅。最有意思的是,他总是对物价下跌而不是上涨更感兴趣。

凯恩斯关于从货币到物价的"传动机制"的看法完全来自于马歇尔,尽管他更加强调银行在产生信用贷款中的作用。他认为"提供购买力主要靠银行业和黄金的结合"。凯恩斯说明,中央银行的黄金储备上升,利率就要下降,企业家便开始增加借贷;他们在使用这些新的贷款时,一开始会引起物价上扬,并"逐步刺激社会的每一个部分,直到贸易量开始需要新的黄金量。而此时的实际贸易量并不比先前的大"。这里需要指出的要点是,增加货币数量对物价的最终影响的过程很长,所以,当物价针对货币供应量变化开始调整的阶段正是贸易受刺激或受打击的时刻。

凯恩斯在战前对经济周期的观点见诸他在1913年12月在伦敦政治经济俱乐部宣读的一篇论文,题为《银行家对经济危机和萧条的交替生成究竟应负多大责任》。他认为银行家可以向企业家发放借贷,其数量不必与他们从存户账户上借出的一致;借贷业务本身可以成为独立的一项投资业务。但是,如果这种投资"大大地超过了储蓄量,必然会

第 9 章　第一次世界大战之前的经济兴趣

引起萧条以使储蓄量跟上来"。他在20年代中期将再次研究这些理念。

在这个阶段，凯恩斯不像费雪那样致力于用稳定货币价值的方法来控制经济周期的走向。然而，他对"货币数量说"的经典教条式的解释并不是没有保留的。正是由于这些保留和修正，他的经济学理论才得以发展起来。比如说，他认为："人们对货币的使用不仅仅着眼于即时的交易目的，而且还有其作为储值货币和对将来的预期值的关注。所以说，货币现时的价值不仅有赖于现时的货币流通量，还有赖于人们对将来的货币流通量以及需求量的预期判断。"这一修正实际上已将货币数量说的大部分功用摧毁。但是凯恩斯在第一次世界大战以前对他这一修正的含义既不需要，也没有兴趣深入思考下去。

他当时对经济学领域中感兴趣的那一部分是对统计资料的使用和滥用。他并不厌恶统计学。"他观察和吸收事实的能力非常卓越，对他来说，事实中包括数字。他在研究问题时，总是喜欢掌握各种问题的重要性的排列顺序……"他在剑桥大力推进统计学课程和研究的提高。在他的努力下，统计学专家乌德尼·菇尔在1912年被剑桥任命为讲师。他认为滥用统计学的根源是统计专家总是不能意识到如何用描述事实的统计数字来做归纳性的一般推理。

他特别讨厌的是在统计学这个难以捉摸的领域里，有不少在数学和统计学上技术较好的学者居然以为自己能够对人世间的事件得出精确的了解，甚至能够完全控制这些事件。这就是为什么他一直对概率论的性质特别感兴趣。在他的研究员论文中，他强烈批评了概率频数理论。这种理论认为概率是某事件发生的次数（相对频数）和某事件可能会发生的相对频数的一个比率。这是一种归纳推理理论，用过去发生的事实来预测将来。凯恩斯的论文论证了他的逻辑概率论的合理性。但他也看到了彻底摧毁归纳法作为预测工具的重要性。他于1910年开始撰写他的论文的新内容，即关于逻辑和归纳论证是否合理的那一部分。写作过程中，他又将范围扩大到统计推理的逻辑基础。他后来对计量经济学表示怀疑的著名观点，也被有的人称为臭名昭著的观点，即源于此。计量经济学的要旨在于用两个或两个以上可以观察的变量之间的关系来预测这些关系的未来走向。

他在《经济学杂志》上发表的那篇关于印度殖民地货币制度的文章中，最困难的部分是统计图表。他一开始为发现黄金进出与物价变化有关系而欣喜若狂，但后来又发现统计学方法所带来的精确性是有局限性的，所以他的头脑又开始清醒一些。他指出："（这篇文章中的）物价指数并不可靠，货币流通量仅仅是靠估计得出的，而两者关系的展示恐怕出于偶然，与本文讨论的因果关系不一定有关联。"

凯恩斯于1909年4月4日写信告诉利顿·斯特拉彻："经过改善的物价指数也许能帮我的忙，但是如何建立这种指数呢？我正在撰写一篇艰深晦涩的论文，叫做《测量一般交换价值的指数方法》。"他在复活节假期里以惊人的速度写完了这篇论文，并于5月10日告诉邓肯·格兰特他已获得剑桥大学的亚当·斯密奖，奖金为60英镑。这篇文章回到了他在1905年给马歇尔写论文时期的那个主题，展示了他青年时期的卓越的数学才能，是一篇优秀的论文。凯恩斯对于如何测量国民收入的讨论也是在这里第一次出现。像往常一样，他对评委们的批评怒不可遏。他尤其对埃吉沃斯的批评不满："我确信，那些被他批评的每一个观点几乎都是正确的。我的观点有创新之处，他却视而不见。他的批评不过显示了他头脑的闭塞……"

他特别提出讨论的关键问题并没有消失，只是被暂时搁置起来。这个问题就是"一般物价水平是不可能通过严格的数量来确定的"，所以也就不可能确切地建立一般物价指数——也就是说，我们得不到一种能够测量物价升降的"平均值"。任何一个时间段里，有些物价上升，有些下降，如果每种商品对消费者的相对重要性都是一成不变的，那么可用正确的加权法得出平均值。但在现实生活中，商品的相对重要性总是在不断地变化着，它们的价格也随之变化，所以找不到物价变化的每一年的常数。解决这个问题的方法只能是建立起这样一种指数，它要尽可能地包括最大种类的商品，而这些商品又必须具有两个特性：一是它们是绝对重要的商品，二是它们的相对重要性在最大限度上是稳定的；这些商品必须通过正确的加权法以取得平均值；而且基准年度还要不断地修改。他强烈批评杰文斯和埃吉沃斯提出的另一种方法，即用未加权平均的几何平均数作为测量的尺度，而这个几何平均数是从随机选择的物价中取得的。他们的根据是，既然货币是影响所有物价的同比值的一般因素，相对物价的升降就可能从概率的演算过程中获得。凯恩斯似乎认为，现实的问题是不可能用高雅的数学理论来解决的。埃吉沃斯在1926年去世时，凯恩斯写道："那种想用数学推理来逐步地控制伦理学的希望一点一点地破灭了。"

凯恩斯对"归纳相关性"的批评尤为强烈。他确信归纳推理所需要的必要条件很少能够成立。他对任何试图用实证方法来证明货币数量说的努力都不屑一顾：

134

第 9 章 第一次世界大战之前的经济兴趣

在黄金价格的历史上……黄金的非生产因素也使得金价变化起伏如此巨大……所以，用任何显而易见的金价和黄金产量之间的偶然相关的因素来支撑货币数量说是一种典型的"之后是如此，所以如此"的错误因果论。由于其他因素并没有保持不变，所以货币数量说只会将我们引向金价与黄金产量之间的偶然相关性，而这种相关性则有赖于其他因素互相抵消的条件。所以，人们不能够在没有接受货币数量说之前对这种相关性做出证明。

然而，凯恩斯攻击最激烈的目标则是统计学的滥用。1910年，他对概率论中的统计学派的学术带头人卡尔·皮尔逊进行了强烈批评。皮尔逊曾对爱丁堡和曼彻斯特的贫民区儿童进行过一项研究。他把儿童的父母按照"不饮酒者"和"酗酒者"两类分开，他发现穷孩子在身体健康状况、体力和智力上受到的损害程度与酗酒家长有负的相关性，而与不饮酒家长却反而有正的相关性。凯恩斯指责皮尔逊滥用统计学以证明他的优生学理论。酗酒家长的孩子的处境不比不饮酒家长的孩子的处境更坏些这样一个事实并不能证明酗酒和贫穷没有相关性。真正的问题是，如果酗酒家长不喝酒的话，他们的孩子是否会比不饮酒家长的孩子们的处境要更好些。这是一场典型的维多利亚时代的争斗：在统计数字交锋的背后是两种互不相让的原则立场：一种是戒酒运动鼓吹者（以凯恩斯母亲为代表），另一种是优生论的理论家。值得注意的是凯恩斯对"假定其他条件不变"的部分均衡论的严格界定。他认为，部分均衡的条件实际上很难成立，所以它是用统计学方法研究社会问题和用归纳法运用计量经济学数据的最大障碍。

凯恩斯对货币数量说的追随同他对自由贸易的态度一样。他认为自由贸易的观点是建立在科学基础之上的，否认自由贸易只能证明在经济学上推断能力的不足。他捍卫自由贸易的最重要的证据是幸存下来的那些1914年以前的文件，其中最关键的是他为在1910年11月8日的剑桥辩论协会上作演讲所准备的笔记。这篇讲演稿的主要观点是贸易保护主义不能增加就业。他强调超过一般需求的生产不可能发生。失业是由于种种误算所造成的，而增加贸易关税的第一个效果就将是增加误算的可能性。他在结束语中写道：

我还没有说出任何支持自由贸易的论点
国际关系
国内的腐化

第二部分 危机边缘

托拉斯

生活费用的提高

不理想的财富分配

生产费用的提高将限制中立的市场竞争。他在1910年2月给《新季刊》杂志的投稿中的观点更加正统。他捍卫资本无限制的流动。此时他还没有任何新的思路。

我们必须懂得，从1880年以后，"就业的不规则性"使人们逐渐把它看做是严重的社会邪恶之源。约瑟夫·张伯伦从1903年开始发动关税改革运动，他特别推崇保护主义作为解决就业问题的良方。他的很多论点固然是错误的，特别是在外贸和就业的关系上解释不清。而凯恩斯这时的观点也显得过于自信。然而事态的发展进一步促使人们去重新思考正统的观念。1900—1914年间，英国的出口贸易又东山再起，自由贸易看来仍能支撑英国经济的繁荣。所以，凯恩斯仍然认为自由贸易的好处良多。况且，保护主义已成为保守党内的最顽固、最不懂经济的那个派别的座右铭。凯恩斯实在没有改变他继承下来的政治和经济学的立场的动力与动机。 *136*

第 *10* 章

私 生 活

1　优先考虑事宜

凯恩斯回到剑桥以后,他的生活节奏加快了。他从印度事务部的一名常常无所事事的下级职员一跃而成为勤奋工作的剑桥大学教师、新闻工作者、杂志主编和作者。他的关于印度殖民地货币制度的第一部书发表于1913年。从1909年到1912年的四年中,他的每个长假期里都待在英格兰,想把他的研究员论文写成一部关于概率论的专著。这个写作过程不断加长,因为他不停地重写和增加新的章节。不管他到哪里,概率论总是伴随着他。他去比利牛斯山、希腊和西西里度假也在思考这个问题。甚至参加凡尔赛和会也在思考物价指数,到埃及访问则在考虑印度货币问题。跟他的父亲不同,他能将学术活动与处理实际事务结合起来做。这段时间里,他开始管理国王学院的财务;1913年,他被任命为皇家印度货币与财政委员会委员;1911年,他开始购买第一批重要的艺术作品;同时,他还去蒙特卡洛赌场赌钱,并在1913年进入伦敦股票市场进行"豪赌"。如此繁忙的日程安排中,凯恩斯总是能找出时间搞他偏爱的学术研究。

只是在政治方面,他的兴趣索然。如果说当时英国的自由主义已经濒临死亡的边缘,凯恩斯和他的朋友们对此却毫无意识。费边社会主义已进入剑桥,女子投票权的支持者将自己绑在大街的栏杆上进行抗议活动。劳合·乔治的1909年预算和议会上院对它的反应造成了宪政危机。阶级斗争日益加剧,爱尔兰的反抗运动风起云涌。而国际上的种种危机也是接踵而来。梅纳德对这些事件是知晓的,但他几乎没有参与进去,而且对它们无动于衷,更不用说对这些事件的长远影响有何高见了。他在第一次世界大战之后对战前欧洲的描绘是从一个不同的角度——这是一个旅游胜地，人们享受贸易自由，货币稳定，让人感到不断进步的有秩序的生活。爱斯梅·文菲尔德——斯拉特福德笔下的那种"政治和社会问题上的激烈争斗"在凯恩斯对欧洲的描绘中荡然无存。

凯恩斯的这种态度部分地由于他仍在受摩尔的《伦理学原理》的影响。然而在当时，人们确实有可能对生活存有一种与危机感不同的期望。这种期望只是由于第一次世界大战才被打碎了。诺尔曼·安吉尔在1911年发表的颇有影响的著作《大幻想》中几乎明确地宣称大规模的战争在经济上来讲是不可能的，更是荒谬的，因为世界已经变成了一个相互依存的世界；从任何理性的观点来看，没有任何国家能够成为"战胜国"。凯恩斯和他的朋友们同安吉尔一样，是理性主义者，也是社会向善论者。他们意识到有潜藏的黑暗势力试图偷袭人类的文明，但他们相信自由经济的"自动"进步会把这些黑暗势力一扫而光。在"一战"之前，凯恩斯和他的朋友们所经历的是一种"文化再生"运动。在他们的意识中，文化再生的问题是主旋律；而政客们的那些返祖、怀旧文化的装腔作势在凯恩斯看来不过是"报纸上的笑料"而已。

2　剑桥的人际交往

1905年夏天，梅纳德搬进了一幢门楼里的套间公寓。这幢门楼横跨国王街和威伯院之间。凯恩斯在那里一直住到去世。他一直没有成为国王学院的带有典型个性的，如同奥斯卡·布朗宁、谢帕德或庇古那样的人物，以怪异的行为博得大学生的喝彩。对他的那个小圈子来说，他是一位"能够随时报出数字"的教师。这个小圈子仍然是信使会成员和他们的朋友，也就是说，凯恩斯的社交圈子并无任何变化。在这个圈子里，"即使是爱好女色的家伙也要假装有同性恋'鸡奸癖'，否则他们就得不到尊重"，梅纳德在回到剑桥后这样告诉邓肯·格兰特。在凯恩斯担任讲师的第一个学期里的重大事件是杰拉尔德·舒夫被选为信使会员，凯恩斯告诉邓肯，利顿·斯特拉彻对此事坚决反对。"选举新会员真是一件讨厌的、令人惧怕的事情。"此时的国王学院师生们在行为举止上已经越来越超出常规。1909年12月5日，梅纳德写信向邓肯讲述了前一天晚上在"国王学院奠基人宴会"上的情景：

第 10 章 私生活

我认为昨晚将是国王学院师生的行为举止在历史上的一个新的里程碑。如果说有下流的事情发生，也只是私下里的事，然而大家的行为举止而不是道德品性使我们出洋相。突然之间，我们传统上的不在大众场合接吻的严格规矩彻底垮台了——我们都开始互相接吻！我简直无法描绘这个场景。阿尔弗雷德（卢伯特·布鲁克的兄弟）、法兰基（自由党派政治家奥古斯丁·比瑞尔的儿子，于1908年从伊顿到国王学院读历史，当时是信使会的"胚胎"）、杰拉尔德、哈德曼先生（弗雷德里克·哈德曼是凯恩斯的学生）、谢帕德——还有很多人……大家都在场。天晓得我们今后的声誉会怎样……我们过去从来没有这样做过，今后也不会这样做。

毫无疑问，梅纳德给在伦敦的邓肯的叙述中颇有添油加醋之嫌；但是，据研究国王学院历史的专家帕特里克·威尔金斯的记载，1908年访问国王学院的一位人士对"男士伴侣之间公开示爱的做法"颇为吃惊。

1909年4月7日，梅纳德和邓肯到法国的凡尔赛去度两周的假，他俩之间的第一次情感危机亦由此开始。事实上，他们度假归来之时，两人的关系似乎已经结束。邓肯告诉詹姆士说："我已告诉他不再爱他。"利顿·斯特拉彻听到这个消息后颇有幸灾乐祸之感。这个消息看来还欠准确。但是，显然梅纳德仍然一如既往地深爱着邓肯（他于4月26日从国王学院给邓肯写信中可怜巴巴地表示"我在思考任何一件事时都仍然把何时再能见你一面的期望联系在一起"），然而邓肯却不愿将自己陷入单一的关系当中去。他们俩后来又重归于好，但关系仍然飘忽不定。对利顿来说，"我发现我虽然不再爱邓肯，但我对那个臭小子（指凯恩斯）的痛恨仍在与日俱增"。

在夏季那个学期里，剑桥发生的最让人难忘的事件是由梅纳德的弟弟杰夫里和他的两个朋友策划的一次访问活动。杰夫里当时在彭布罗克学院读最后一年，他和朋友们邀请了小说家亨利·詹姆士到剑桥来访问。梅纳德告诉邓肯说，詹姆士接受了邀请，他的回信"如此之长，内容比他的小说还要复杂"。1909年6月13日是星期日，梅纳德在国王学院为亨利·詹姆士安排了一次早餐会，但是早餐会进行得不是太理想。梅纳德邀请的客人中有哈里·诺顿，此人对与会者的每句话都报以大声怪笑，詹姆士非常不快。戴斯蒙德·麦卡锡发现詹姆士心情郁闷地坐在那里，面对"一盘已经冷掉的煎蛋却不肯动刀叉"。围着他入座的是一批对他恭敬有加的大学生。尽管如此，在这次访问中，詹姆士

第二部分 危机边缘

还是留下了他的典型妙语。当他得知那位有着一头美发时而露出笑容的俊小伙子卢伯特·布鲁克经常写一些不太像样的诗时,他的回答是:"我应该说感到非常欣慰,因为他有着这一副长相,再要加上才能,那实在是太不公平了。"

杰夫里在策划詹姆士访问成功之后,又在荣誉学位大考中获得自然科学的第一名。凯恩斯全家为了表示庆贺,一起到两年前他们曾去过的比利牛斯山去旅游。梅纳德觉得此次同弟弟一起出游令他十分失望。他于6月28日从里申给邓肯写信道:"杰夫里实在是不可救药。我真不知道在这里做什么。"他们在山中坐车和散步。不久梅纳德又告诉邓肯,他正在"很愉快地干一些学术上的正事",但他觉得"令人厌恶地缺乏激情"。这次旅游是梅纳德与父母最后一次游览欧洲大陆。

从比利牛斯山回来后,他只在剑桥待了四天——其间他有幸见到了奥古斯特·约翰(英国名画家,在一次受伤后,性情大变,成为街头流浪汉——译注),他在格兰切斯特的帐篷里,"和两个妻子与十个光身子的孩子住在一起"。他于7月26日赶到考斯沃兹的伯尔福德,在那里租了一幢度夏的房子,朋友们接踵而来。斯威辛邦克第一个造访。从他那里听到在缅甸的事情和关于伊顿和丹尼尔·麦克米兰的丑闻("在葡萄酒和女人上面的放纵")。他还向梅纳德抱怨说他"从未有过性交经验,而且他认为永远不会有"。7月31日,詹姆士·斯特拉彻到访。8月2日斯威辛邦克离开去训练丹尼尔的弟弟哈罗德(后成为英国首相——译注)踢墙式足球,当时哈罗德是伊顿校队成员。8月3日,奥古斯特·谢帕德带着外号为"太太"的塞西尔·泰勒到来。邓肯则于5日赶到继续为泰勒画尚未完成的肖像。詹姆士写信给哥哥利顿·斯特拉彻:"(在现代生活中)这两位(指梅纳德和邓肯)生活在这样一种难以确定的关系中真是可耻至极。很明显,我们对他俩无法理解的原因是他们对自己也不理解……可怜的邓肯。'邓肯,对不起,你不应把那个杯子放在那里';'如果你看完这本书,请务必放回原处。'云云。"

梅纳德和邓肯在9月的大部分时间里都是住在伯尔福德。中间只有母亲佛萝伦丝和妹妹玛格丽特来短暂地造访过。梅纳德专心研究概率论,而邓肯在上午画静物写生,下午则开始画风景画。他们常常一起骑自行车长途观光,想要找回在霍伊时所产生的那种感觉——心满意足和彼此陪伴的那段时光。怀特海希望梅纳德立即将他的研究员论文发表,而梅纳德则对它并不满意。他于8月24日告诉利顿,"第一部分将要完成……每次修改以后,我都感到添加的内容不必要,是画蛇添足。所有的惊人之语渐渐地都被删去,因为它们并不真实。而剩下的部分则是晦涩难懂的华丽词语,来解释那些无人怀疑其正确性

140

的事情。"他在10月3日告诉父亲,"我将把概率论搁在一边,直到下一个复活节假期再重新开始。"此时,他已完成了原定的26章中的16章,涉及概率论的基本概念以及数学表达方式。他仍然希望能早日出版。

3 政治

1909年11月7日,梅纳德到卢伯特·布鲁克在格兰切斯特的家中造访,看到他基本上一丝不挂,只穿了一件绣花的毛衣与一群仰慕他的费边社的女士们坐在一起。女人和政治开始向剑桥大学生的生活进攻,他们聚会的地点是剑桥大学的费边社。本·基林于1906年重新组建的费边社是剑桥第一个向男女都开放的俱乐部,一年之内便吸引了100名会员。此时剑桥的激进主义的含义不再是以鸡奸和无神论为主导,社会主义和妇女投票权成了更重要的主题。毫无疑问,重新组合的英国工党在1906年的大选中的成功对这种变化有影响。(工党领袖)凯尔·哈第和拉姆塞·麦克唐纳来到剑桥,但为他们组织的聚会很不成功。自从全国范围内妇女投票权组织出现后,女权运动变得更加富有战斗性。1909年4月29日,自由党内阁的财政部长劳合·乔治提交了一个"阶级斗争"的预算方案,建议征收一种不高的附加税和土地税,目的是为了筹措制造无畏舰和社会保险制度的经费,这使右派势力大为光火。而在英国和欧洲大陆,激进主义和它的反对势力似乎也已跃跃欲试,准备拼搏一番。所以,那些平时对政治漠不关心的人也不得不正视政治斗争的现实。

性关系的环境也发生了很大的变化,其原因是多方面的,其中之一是剑桥大学生中的奇才卢伯特·布鲁克所推动的声势浩大的异性恋运动。希尔顿·扬认为,布鲁克除了有一副英俊外表以外,他喜爱的是显示男性阳刚之气的"牛肉和啤酒,而不是(同性恋者所喜爱的)甜酒和芳香食品"。男女同校的贝代尔斯学校的影响也很重要。此外,还存在着一批聪明、迷人并有造反精神的女学生。在剑桥,有三个家庭将妇女地位的问题推到大学生精英的圈子里去,这就是考斯特洛家、奥利维尔家和达尔文家,而前两个家庭的家长都是费边社成员。摩尔于1911年回到剑桥时,他的声誉仍然很高,但在新一代的学生中,他的重要性远远不如苇伯夫妇、萧伯纳、H.G.威尔斯,甚至还不如威廉·莫里斯(英国社会主义者,著名设计师和艺术家——译注)。乡村酒馆里的男孩读书会已不复存在，青少年们现在热衷的是野营、爬山和男女混合游泳。更古老传统的简单生活开始风行，健康的食品、身体不受束缚的简单服装在异性恋的环境下成为新的时尚。维吉尼亚·沃尔夫在1911年写信告诉她的妹妹："凯（考克斯）昨天骑车来我这里，正好赶上午餐。她身背一个帆布包，脖子上挂着几串红色的念珠，大衣上还插了几枝雏菊。"沃尔夫称卢伯特·布鲁克的那个圈子是"新异教徒"。这批人到了夏天就都到威尔士海边的费边社办的夏季班去，他们睡在海滩上，致使比较严肃的毕阿特丽丝·苇伯（费边社领袖之一——译注）都对他们"在性方面的无政府主义"感到吃惊。

由于费边社成为学生们关注的中心，信使会的吸引力就大不如前。当然两者也有交叉。卢伯特·布鲁克就是信使会同性恋圈子中的社会主义斗士，而詹姆士·斯特拉彻则在费边社夏季班上大肆鼓吹摩尔的信条。信使会抵抗社会主义思潮入侵的方法是屡试不爽的故技——自我封闭：从1909年到1912年，信使会只接受了一名新会员。但是到了1912年，社会主义运动的高潮已过，差不多已经是一蹶不振了。在这段时间里，凯恩斯的生活方式也不能不受这些新潮流的影响。比他年轻一些的女大学生，特别是凯·考克斯以及达芙妮和布伦茜德·奥利维尔已成为他的圈中朋友。然而，这时的凯恩斯还是像莱·考斯特洛在1906年所观察的那样，仍然不为女色所动。

彼得·克拉克对梅纳德在这段时期内的政治立场有如下描述："他毫无疑问地对这种新自由主义情有独钟。"克拉克认为有证据表明，凯恩斯在1911年2月告诉希尼·苇伯，说他支持剑桥辩论协会的一项动议，"对该协会应一步一步地进行改造，以集体主义的社会主义为模式。这个发展趋势是合乎需要的，也是不可避免的"。几个月以后，他突然告诉父亲说他"支持对私有财产的没收"，他父亲大吃一惊。还有在1913年同毕阿特丽丝·苇伯在纽汉姆共进午餐以后，他感到发现了一种"深度的心灵体验"。克拉克用这些证据来说明凯恩斯当时的"坚定的政治立场"，这样的说法有些勉强，因为这些证据本身是极不可靠的。不管凯恩斯的政治态度如何，他也不太会积极地参与到政治活动中去。

在剑桥辩论协会演讲中，凯恩斯曾为公共服务作为个人行动的动机进行过辩护。他说纳尔逊（曾大败拿破仑的海军上将——译注）"是一个国家公仆，他的工作效率之高不是由于物质利益的驱使，而是他为国家服务感到高兴，所以才会尽力而为"。更主要的是，凯恩斯的政治见解还受到当时在财政问题上的辩论的影响，而辩论的焦点是以累进税还是以"没收财产"式的直接税收来作为贸易保护政策的一种替代选择。凯恩斯对直

142

第 10 章　私生活

接税收的支持主要不是着眼于社会财富的再分配，而是关注如何才能保住自由贸易政策。换句话说，凯恩斯在这段时间里断断续续地参与了一些政治活动，但他的动机不是受到"新自由主义"的影响，而是为"旧自由主义"面临的威胁感到担心。财政大臣劳合·乔治宣布预算的第二天，即1909年4月30日，凯恩斯作为剑桥大学自由贸易协会的秘书长在行会大厅召开了盛大的自由贸易集会。这一年夏天，他把概率论放在一边，为《新季刊》杂志撰写了一篇文章，反驳保护主义分子对劳合·乔治预算方案的攻击，否认这个方案将会导致资本外逃。而《新季刊》的主编正是凯恩斯的朋友戴斯蒙德·麦卡锡。11月30日，英国上议院否决了劳合·乔治的预算方案，议会大选提前。凯恩斯在《剑桥日报》上撰文，呼吁读者投票支持自由党，因为保守党一旦上台就会引起宪政危机。接着他又到伯明翰市的东沃斯特选区为希尔顿·扬争取击败奥斯汀·张伯伦的竞选活动助一臂之力。1910年1月14日，他在伯明翰的"女王酒店"里写信告诉利顿·斯特拉彻，"今后的生活中如果没有每天晚上面对大喊大叫的听众恐怕会变得十分无聊。"1910年11月8日，他再次在剑桥辩论协会发表演说，捍卫自由贸易。大学生校报《格兰塔》评论道："他的冷峻的学术风格对摧毁经济学上的谬论非常适宜，而且他的论点有雷霆万钧之势，并妙趣横生。"是年12月，他又到希斯顿为埃德温·蒙塔古（后成为印度事务大臣——译注）的竞选助威。上述这些便是凯恩斯在战前参与政治活动的突出事件。

4　布鲁斯贝利俱乐部

凯恩斯在这个阶段的生活关注点并没有把他引向议会政治、外交和金融。相反，他的兴趣被伦敦西区的布鲁斯贝利所吸引。1909年12月，邓肯在费兹罗伊广场21号租下了底层的公寓：前厅是他的画室，梅纳德在后面有一间卧室。所谓布鲁斯贝利俱乐部——或者用维吉尼亚·沃尔夫和范奈莎·贝尔的叫法为"老布鲁斯贝利"——此时已经存在。这个名字来源于伦敦的一个不太时髦的街区，在那里有一批在社会生活和文化生活上志同道合的朋友，他们一起在互相毗邻的几个乔治五世时期建造的广场附近长大。这个小圈子正式成立的日子应该算1905年3月，当时史蒂文夫妇的几个孩子——范奈莎、托比、维吉尼亚和亚得里安在戈登广场46号发起了"周四晚会"。托比的一些朋友从剑桥赶来参加：其中有萨克森·希尼—特纳、克莱夫·贝尔、利顿·斯特拉彻和戴斯蒙德·麦卡

第二部分 危机边缘

锡。托比·史蒂文（绰号"哥特人"）是信使会成员，他成为剑桥和伦敦两个世界之间的联系人。然而，这批人之间进行交流的条件早已具备。斯特拉彻这一辈信使会成员在摩尔的影响下正在创建一种打破成规、蔑视世俗价值观的人生哲学。恰在此期间，史蒂文爵士的几个孩子决定逃离在时髦的南坎辛顿的贵族华宅，躲开上流社会种种关系的羁绊。他们在布鲁斯贝利区找到了维吉尼亚称之为"原始的和不拘礼节"的生活。也许，他们当时就有要把托比的朋友纳入这个沙龙的念头。他们讨论艺术、美和哲学这些让他们感到思想解放的题目，但谈话气氛并不激烈和生动。克莱夫·贝尔来的时候例外，他总是要来上一长串小道消息和趣闻。贝尔对绘画作品有见地，酷爱猎狐活动。但在大部分时间里，他们都是默默相对无言，这恐怕是麦克塔加尔教授教育的结果。布鲁斯贝利俱乐部的另一个特点是让男女青年在不调情的环境下进行接触。范奈莎和维吉尼亚姐妹俩都十分漂亮，但她们都不愿意接受世俗的婚姻安排，而这本来是上流社会圈子里免不了的事情。托比的朋友们有的对女性本来就不感兴趣，有的则在这对姐妹面前感到性压抑而藏而不露，这样，男女双方都有一定的安全感。此外，这几个男青年用维吉尼亚的话说，"缺乏外形的华美"。她认为："如果你是一位女士，在一群男同性恋的圈子里有很多好处。在那里关系比较单纯、真诚，而让人感到放松。"

1907年，托比死于伤寒病。这个悲剧将两颗伤感的心结合到一起，克莱夫·贝尔与范奈莎结为夫妇。这时布鲁斯贝利俱乐部分为两个沙龙，一个在贝尔夫妇的戈登广场46号，另一个在维吉尼亚和弟弟亚得里安住的费兹罗伊广场29号。范奈莎·贝尔有一副前拉斐尔画作中的漂亮面孔，但她的性格直爽，言语不登大雅之堂，下决心要成为一名画家。她每周五在家中主持的俱乐部活动多以视觉艺术为主题。维吉尼亚不擅长社交，而且惧怕男人，这时已开始撰写她的第一部小说《出游》。她们的小弟弟亚得里安则是一位待人随和、个子很高、干事常常不得要领的小伙子。他在剑桥时，（用昆廷·贝尔的话说）是托比的"影子"；但他头脑聪明、玩世不恭而且有时会有过分高昂的情绪，让人吃惊。费兹罗伊广场的周四晚会有一批新一代信使会成员和他们的朋友出入，比如哈里·诺顿、詹姆士·斯特拉彻、杰拉尔德·舒夫和弗朗西斯·伯瑞尔。从这个阶段开始，布鲁斯贝利俱乐部的那套作风逐渐形成：在谈话中要求真诚，人际关系上也必须如此，尽管这样做有时会感到痛苦，同时，成员们还要有对文学和视觉艺术的激情。他们还视政治和布尔乔亚的性关系传统为最典型的鬼话，应该大加鞭挞。但这批人对知识界和文化界高层的精华部分还是有深刻的洞察力的。同时，他们也一直关注着家庭雇用仆人的问题。

第 10 章 私生活

这时大家还远没有讨论布鲁斯贝利俱乐部的目标是什么，什么人能参加，它是好还是坏，等等。这些是后来那些研究布鲁斯贝利俱乐部的人们所极力关注的议题，不管这些人对该俱乐部所持的态度是崇拜还是批评，都是如此。这类议题只能在布鲁斯贝利名声大噪以后才有可能。而布鲁斯贝利也只是在成员们的个人成就和互相之间的公开支持展示在世人面前之后，才成为一个有影响的文化圈子。公众对布鲁斯贝利的印象实际上在"一战"以前就已形成，他们被认为是"惊世骇俗"的现代艺术和设计的斗士，而这个印象更因为布鲁斯贝利俱乐部总体上的反战态度而变得更加鲜明。利顿·斯特拉彻的著作《维多利亚时代的名流》对那个时代进行了大肆的抨击，成为布鲁斯贝利公众形象的代表作。到了20年代以后，对布鲁斯贝利俱乐部批评的主线开始清晰起来。正如阿诺德·朗恩在1957年1月16日给克莱夫·贝尔的信中所指出的那样，布鲁斯贝利犯的最大错误是企图用"一声窃笑"和"皱皱眉头"就想把所有的传统价值观一概否定。

迈克尔·霍尔罗伊德撰写的《利顿·斯特拉彻传》（1965年出版）披露了布鲁斯贝利集体生活的另一面：普遍流行着同性恋和双性恋，互相之间的性关系非常随便，今日为情人，明日又回到朋友，简直像性关系的旋转木马。从今天的角度看，布鲁斯贝利俱乐部既有其让人感到恶心的一面，也有它极具吸引力的一面。但是人们还是要问，这些人难道真的能够有对他人和任何事物的深层次的关怀吗？他们使用的语言看起来很乏味：对任何人和他们的观点的评价无外乎"可爱的"、"有趣的"或"荒谬至极"这样的字眼。但是尽管如此，我们还是不能不承认这批人同时也是摧毁虚伪和酷爱艺术的人。

对布鲁斯贝利性质的讨论一旦上升到上述的高度，自然就不能回避一个问题，即摩尔和他的《伦理学原理》对布鲁斯贝利俱乐部的影响。这个问题与另一个并不重要的相关问题——即布鲁斯贝利俱乐部的成员中究竟有哪些人读过摩尔的书——不能混为一谈；但有一点可以确定无疑，即成员们对摩尔的书的了解程度已足以使之成为布鲁斯贝利的共同（精神）财富。正是摩尔试图重新界定伦理学的基本问题：不再是"我应该做什么"而是"何为至善"。摩尔以精确的哲学形式将某一类人的注意力吸引到"做一个文明的人是何含义"这样一个问题上。他提出这个问题的社会背景是英国社会中普遍存在的对维多利亚时代的某些行为理念的不满，这些行为理念包括两性关系的传统习俗，对财富的追求，对任何"有用"的活动的过高评价，以及由这些理念所引起的对待艺术的低级庸俗的态度。

第二部分 危机边缘

布鲁斯贝利运动缺乏基督教信仰是事实，但这并不是其所具有的独特现象，而它的"无神论"也不是来自摩尔的哲学。这个运动更突出的特点在于它对任何被人像宗教信条一样恪守的信仰都持敌对立场的这样一种态度。他们认为，任何信仰都应该在理性的基础上对自身提出问题。如果基督教不属于这样一种理性的信仰，那就说明它自身存有问题。他们对马克思主义的信仰也这么看，正如凯恩斯所说的，这种信仰是"伪装地为社会服务"的宗教。在第一次世界大战和第二次世界大战中间，布鲁斯贝利对所有的政治信条一概怀疑的态度遭受了右派和左派同样的攻击。毫无疑问，这种怀疑精神虽然不是产生英国社会中政治消极态度的主因，至少也对这种消极态度的产生起了促进作用。当然，如果出现对文明价值的政治威胁——比如说战争的危险——布鲁斯贝利仍能支持参与政治的合理性。但是将整个生活都投入到政治里则与他们的价值观极不合拍。

上述的种种分析并不否定在剑桥的理性和布鲁斯贝利的感性之间存在着一定的紧张关系。维吉尼亚·沃尔夫（她已与列昂尼德·沃尔夫结婚——译注）确信她父亲（莱斯利·史蒂文爵士）被剑桥的"分析精神"影响后有一种心理"缺陷"，无论"用什么方法——比如音乐、艺术、戏剧和旅游"——都不能让他解脱出来。布鲁斯贝利的世界观试图把剑桥的理性主义与美学和性感加以结合，方法是将剑桥分析法运用到爱情和艺术中去。这种结合方式由于摩尔提出的"至善"本身不可被分析的原则而变得比较容易。

从第二个角度来看布鲁斯贝利，我们可以将它视为一群朋友。当然，他们之所以很容易地"相互发现"是因为当时的条件使然。固然，我们也不能忽略个人在加入这个圈子时所做的抉择和其他的偶然因素。不可否认的是，布鲁斯贝利是建立在已经存在的相互交叉的家庭和文化纽带之上的：剑桥信使会为一方，斯特拉彻和史蒂文家为另一方。这就从某种程度上解释了布鲁斯贝利俱乐部的特殊性。

他们自称是"开花的浆果"（Bloomsberries）。他们对圈外的人很好奇，但也感到畏惧，所以常常有冷漠的态度。布鲁斯贝利同时也给其成员提供了一个避风港，有的成员在成长过程中曾有过社会交流上的惨痛经历。在这个亲密无间的圈子里，他们有自己的一套观点和谈话方式，甚至在行为和服装上都有怪异的一面。这一切往往使圈外人感到震惊。亵渎的言行在剑桥的学生时代就已经成为信条，而色情的用语更成为日常交往的正常礼仪范式。他们对朋友的个性和性欲偏好津津乐道，他们互相之间不断交换的性伴侣关系则更是热门话题。凯恩斯在这种环境中可谓是如鱼得水，对任何事情都不会感到震惊，而他对朋友的不雅言行和完全放任的态度更被认为是一种社交长处。范奈莎·

第 10 章 私生活

贝尔在1914年4月16日写信给凯恩斯,谈及对他在上周末家中主持的聚会上的印象:"作为主人,你简直像中国的一位活佛。你很沉默,但又不像萨克森那样一言不发,而且还能创造出一种无所不能的氛围。也许你比活佛说话还是多了一点。但是这次聚会让我感到,参加一个活佛主持的聚会就应该是这样,活佛才能做到完全不动声色地谈论性交、鸡奸、口交等等话题。"

从第三个角度来看布鲁斯贝利,我们可以肯定它不是一个学术的,而是文化的圈子。梅纳德·凯恩斯是布鲁斯贝利俱乐部成员中极少的有学术职务的人之一。也许,这在英国历史上是最后一个在大学体制外的能够在伦敦聚集起来的这么一批优秀知识精英的尝试。布鲁斯贝利的传统不是大学教师的公共休息室的文化,而是将知识精英与沙龙传统相结合的产物,正因为如此,布鲁斯贝利的文化影响力才如此重要。它不但拥有创造性的艺术家,而且还有评论家。应该说,后者的地位更为显著。按照国际标准来看,布鲁斯贝利的画家群——范奈莎·贝尔、邓肯·格兰特和罗杰·弗拉埃——都还不算第一流的;同样,在文学方面,只有维吉尼亚·沃尔夫是毫无争议的一流作家。然而,在重新界定文化与社会的关系以及推广某些文学艺术理论上,布鲁斯贝利的评论家们堪称一流。

从今天的视角来看,当时确实存在着让任何一个聪明的、有强烈动机的文化圈子都能抓住而一举成名的机遇。布鲁斯贝利运动是"反抗维多利亚时代"的一种特殊表现形式,不仅如此,它还为这种反抗指明了方向,而拒绝接受传统的性道德观不过是这个反抗运动的一个层面而已。整个运动的对立面是维多利亚时代的"错误的价值观",而正是在此价值观的名义下那个时代的人们曾牺牲了过上美好生活的可能性。布鲁斯贝利的成员多是一批特别优异的父母生养的特别优异的孩子,他们从小到大看惯了父母亲被许多不必要的责任而把生活搞得毫无生气和一团糟。为了取代这种生活方式,他们用"至善"作为行为的标准,而并不是随心所欲,想干什么就干什么。他们至善的生活方式的中心是对文化的享受。文化不再是导致至善行为的一个因素,而至善行为被重新界定为是通往文化的手段,这就改变了文化的理论与实践。他们试图把文化的客体从传统上被接受的很多相关因素中剥离出来。在1914年以前,罗杰·弗拉埃和克莱夫·贝尔这两位布鲁斯贝利的主要艺术评论家就坚持这样一种观点,即对画作的美的享受与审美者心里对作品的种种联想并无关系,而是来源于画作的某种"特殊的形式"(包括线条和颜色——译注)。在维吉尼亚·沃尔夫的小说里,情形也是一样,故事情节本身远远没有叙事形式重要。利顿·斯特拉彻在他写的传记作品中也有意歪曲传主的形象,以让读者大吃一惊,觉得从耳熟能详的事情中又能看出新意。同他们的艺术一样,布鲁斯贝利成员们的生活情趣也不愿受到传统关系的束缚。他们并不是性放纵主义分子,而是创造一种与至善生活概念和谐的新的性秩序。正因为如此,他们互相之间在频繁交换性伴侣的同时还能避免(相对而言)性嫉妒。

从上述这些方面来看,布鲁斯贝利成员是文化和性关系的革命派。从另一方面来看,他们仍未能完全脱离当时的一些观念。事实上,他们的反抗形式有赖于另一些维多利亚时代的价值观的继续存在。他们并不把文化看做是重新组合社会关系的力量,而是将社会的精英分子导向"至善"生活的力量。他们对所谓的"阶级文化",不管是"普罗大众文化",还是"资本主义文化"之类的概念是一并拒绝的。这两种文化不过是工业社会在堕落时期的征兆。布鲁斯贝利运动本来无意与"大众思想"进行接触,也不相信存在某种"共同文化"。布鲁斯贝利的文化作品都是阳春白雪,它们所针对的对象都是受过很高教育的中产阶级。当然,在这种文化理想和民主情感之间一直有某种紧张关系:克莱夫·贝尔有言,文明教化总是需要一些人出头做恶事。梅纳德·凯恩斯,我们在后面将看到,也试图突破这一对矛盾,但不能说十分成功。他和他的布鲁斯贝利朋友们一样,在生活上完全依靠家中的仆役。在这些方面,布鲁斯贝利的成员们并没有脱离维多利亚时代的阶级观念。他们对维多利亚生活方式的修改实际上是倒退到18世纪的有教养、有文化的贵族生活概念,而绝不是向前推进到文明的民主理想。更确切地说,他们不能想象一种没有聪明和富有的贵族的文明民主社会,社会的不平等是势所必然;同时,他们自身的经历也表明这种贵族不可能没有根基地突然出现。

布鲁斯贝利运动后来获得的文化影响力得力于它的评论家的清晰的思路和成员之间的互相提携。然而我们必须还要加上另外两个因素:一是它在经济上的相对独立性;二是它的赞助实力。这些人并不是富人,但他们也绝不至于沦落到为了资金而投靠那些与他们的精神不合的机构。这批人依靠从父母那里接受的遗产能够选择他们自己的生活方式,直到他们的才华显露以后,在经济上完全独立为止。如果斯特拉彻、贝尔、维吉尼亚和范奈莎等人只能上得起那些地方性的大学,布鲁斯贝利运动也完全不可能出现。同时,这个运动多年以来一直能够为他们的作品找到展示的出路和平台,比如有影响的杂志和艺术画廊等。这样,布鲁斯贝利本身就在某种意义上成为文化时尚的评判者。通过这样一种地位,它的成员们就能够为他们的年轻朋友们找到工作,寻求作品佣金,以及帮他

第 10 章 私生活

们举办艺术展览。布鲁斯贝利成员的画笔和文字的力量是他们成功的根本原因。但这还远远不够,经济上的支持也是必要的。在这一方面,梅纳德·凯恩斯起了关键作用。他为布鲁斯贝利运动提供了资金保障,这不仅在于他将自己赚的许多钱慷慨解囊,而且还在于他的卓越的理财能力。(在1914年以前,他已经开始为一些朋友打点财务。)事实上,从第一次世界大战以后,布鲁斯贝利成员们参与的每个项目,文化或者个人财产方面的,都有凯恩斯的功劳。他不但出手大方,而且有理财的精明,再加上他的社会关系,朋友们从中受益匪浅。他自己的职业很不幸地,也可以说是命运的安排,属于生活的手段(即经济学——译注),而不是生活的目的。他在经济学上有心,也有能力,所以他的这种职业选择可以说是一种推崇至善生活的理想并向至善生活加以报答的方法。只有这样,他才能与朋友们一起共享大家都认同的生活方式。

大致是在1910年和1911年之间,外部世界开始注意到布鲁斯贝利运动的存在。1910年11月5日,剑桥信使会成员罗杰·弗拉埃主办了一个画展,名为"马奈和后印象派画家",地点在伦敦的格拉夫顿画廊。弗拉埃当时刚刚从纽约大都会博物馆辞去一份薪水优厚的工作。这个画展是英国艺术时尚史上的一个重大事件。这次展出的有21幅塞尚的作品、37幅高更的作品和20幅梵高的作品等。这些都是弗拉埃和戴斯蒙德·麦卡锡从巴黎的画商和私人收藏者手中精心挑选出来的。尽管大部分作品也就是二三十年前的作品,英国观众还是受到了极大的震撼,不明白为何英国人以前对印象主义毫不知晓。(在英国只有"新英格兰艺术俱乐部"一家代表印象主义。)此时的英国大众仍然只习惯于弗朗茜丝·斯鲍尔汀所称的"用颜料来讲述故事"的那种风格。大部分评论家对这次画展中的法国画的评价是"疯人院中的产品"。对一些人来说,这些作品使用的刺目的色彩、不连贯的风格以及扭曲的线条,实在是社会秩序大乱的象征。罗杰当时与贝尔夫妇已是好朋友;布鲁斯贝利为后印象主义竭尽全力,摇旗呐喊。范奈莎和克莱夫·贝尔、维吉尼亚、亚得里安、罗杰·弗拉埃和邓肯·格兰特都参加了1911年3月的"后印象主义舞会"。让新闻媒体震惊的是,参加舞会的女士和其他的客人都以高更画笔下的土著人的形象出现,身着非洲人的袍子。弗拉埃于1902年10月再次举办了后印象主义画展,这次他组织得更加职业化。主题是毕加索和马蒂斯的作品,但邓肯·格兰特也和其他一些英国画家携作品参加了画展。1911年6月,俄罗斯芭蕾舞团在伦敦的第一个季度的表演更有戏剧性的轰动效果,尽管没有后印象主义画展那么激进。该团的经理迪亚格列夫向英国观众推出了著名的男主角尼金斯基。上演的两出舞剧是舒曼的《狂欢节》和韦伯的《玫瑰幽灵》,由米歇尔·弗金编舞。在《玫瑰幽灵》里,尼金斯基从法式窗户中飞跃穿出,身轻如燕,像空中的花瓣一样落在熟睡不醒的卡莎维娜身边,博得全场轰动的效应。

列昂尼德·沃尔夫在锡兰度过七年之后回到伦敦,他立即强烈地感受到1911年的生活的喜悦,似乎世界已到了文明化的边缘。这是一个美好的、阳光充裕的夏天。在政治领域里,"军国主义、帝国主义和反犹太主义似乎已夹着尾巴逃窜"。汽车和飞机引起的革命已经开始;弗洛伊德、卢瑟福和爱因斯坦也开始了他们的研究。"同样令人激动的是艺术领域里的事件。在戏剧舞台上,易卜生的震撼效果来得虽然晚了一点,但还是强劲有力;而我们发现了革命性的剧作家萧伯纳,他堪称为易卜生的当然继承人……在绘画方面,我们正处于塞尚、马提斯和毕加索的革命进程中……而真正的高潮是考文垂花园每晚的俄罗斯芭蕾舞表演。我们被这种新的艺术弄得如醉如痴,趋之若鹜。俄罗斯芭蕾舞在迪亚格列夫和尼金斯基的时代对我们这些愚昧无知的英国人来说,简直是一种启示。"此时的布鲁斯贝利运动对将要到来的灾难丝毫没有感觉,它只在享受着维多利亚时代的长夜之后醒来的欢愉。

5 恋爱关系的结束

梅纳德在布鲁斯贝利的圈子里有很多朋友,同他们的价值观在很多方面都有相同之处。但他加入这个圈子的时间却是出乎意料的晚。他在印度事务部工作的那段时间里,布鲁斯贝利并不是他学术生活和社交生活的中心,尽管他有时去看望贝尔夫妇。到1909年时,范奈莎和维吉尼亚仍然称呼他为凯恩斯,而不是亲近的"梅纳德"。利顿对他的态度非常不友好,这也许能够解释为什么布鲁斯贝利到很晚才接受他为成员。邓肯是凯恩斯进入布鲁斯贝利的铺路人。梅纳德的天分,有时过于外露让人畏惧。而邓肯为人谦和,风度迷人,更能让人接受。

对邓肯·格兰特来说,他在1909年加入布鲁斯贝利的圈子如同史蒂文姐妹在五年前一样,有思想受到解放的感觉。费兹罗伊广场当时是先锋派艺术家的大本营。衣冠楚楚的沃尔特·希克特是"英格兰艺术俱乐部"的领导人。他在费兹罗伊广场19号有一个画室,他在那里召集"费兹罗伊帮"的聚会,其中包括斯宾塞、戈尔、奥古斯特·约翰、罗伯特·比万和哈罗德·基尔曼。亨利·兰姆从奥古斯特·约翰手中接管了他在费兹罗

149

第 10 章 私生活

伊广场8号的工作室。斯莱特艺术学校的年轻学生格温·达尔文和斯坦利·斯宾塞常去范奈莎·贝尔的周五俱乐部。在那里，1910年2月21日，邓肯聆听了罗杰·弗拉埃所作的演讲《表现形式是表达的一种方法》。弗拉埃此时正处于其生涯中的转变当口。他本来是一位古典油画的研究专家，也是模仿17世纪风景画的一把好手，而现在他是布鲁斯贝利运动的内圈人物，也是现代艺术理论革命的主角。邓肯与范奈莎、克莱夫和罗杰的友谊在这种新的环境下迅速发展。范奈莎于1910年写信给克莱夫，说"邓肯也许会成为一名伟大的画家，他的作品有些非常优秀的素质，他的风格气势宏大。他是年轻画家中最有意思的人"。

1910年2月，邓肯在颇具异国情调的贵族女士奥托琳·莫瑞尔的家中——贝特福特广场44号——与她第一次共进晚餐。她发现邓肯是一位羞涩、爱发呆、让人捉摸不定而又十分迷人的小伙子；邓肯也被她那显赫的、梦幻般的世界所吸引，他尤其着迷于莫瑞尔那张有着一副向前突出下巴的特殊面部特征和她那华丽的衣着。奥托琳并不是布鲁斯贝利的圈中人，但这对邓肯来说十分适宜，让他感到能够从布鲁斯贝利的朴素环境中解脱一下。上流社会生活对人的刻薄和文化上的势利倾向与布鲁斯贝利的环境形成鲜明的对比，而邓肯需要这样的氛围。奥托琳是艺术的狂热追求者，她出手大方，头脑聪明，但同时也是一个行为荒唐的贵族。她将鼓励和提携文学家和艺术家视为自己的使命。她在这方面很成功，但并没有得到别人的回报。邓肯很快成为她的沙龙的常客，曾于1912年与尼金斯基在那里见过面。梅纳德在奥托琳那里吃晚餐的最早记录是1911年6月15日。

邓肯对新生活的投入使他不可避免地与梅纳德和剑桥更加疏远。他开始往费兹罗伊广场29号跑，这里是维吉尼亚和她的弟弟亚得里安的住所。他常常穿着借来的过于肥大的裤子，一副心不在焉但又十分迷人的样子。他们三人的关系由于1910年2月20日发生的一场闹剧而更加亲密起来。那一天，邓肯被亚得里安说服，（由一个朋友）化装成阿比西尼亚（今埃塞俄比亚——译注）皇帝，率领家人和邓肯等人，身着奇异的服装和像王子戴的那种首饰。然后一行人在邓肯和维吉尼亚的带领下，随着"父王"到停泊在威莫斯港的英国皇家舰队去访问。在那里，他们在海军上将威廉姆·费雪爵士的旗舰上受到皇家的礼遇。费雪海军上将是亚得里安的表兄，他被这位自称是"翻译"的6尺5英寸高的表弟骗得糊里糊涂。这件事后来由于一位参加者的出卖，被捅到了报界，成为名为"无畏战舰欺骗案"的头条新闻。梅纳德不无担忧地询问邓肯，"这简直是疯子才会干

第二部分 危机边缘

的事！你是否会因此入狱？"（邓肯当时被一帮朋友藏了起来。最终在海军大臣瑞吉诺尔·麦金纳那里，邓肯只受到了温和的斥责，此事便以此作为政府方面的反应而结束。）

1910年2月28日，邓肯向梅纳德坦白地说他正在热恋着亚得里安·史蒂文。大卫·加奈特对亚得里安有如下描述："亚得里安有一双特别纯真的眼睛，他用它们观察眼前事物时，就像安徒生童话里面的那个盯着'皇帝的新装'看的孩子——总是一副对所看到的事情不敢相信的表情。他自知语言表达能力不强，所以见人不是做个吓人的滑稽表情，就是张嘴大笑以吸引对方的注意。"这就不难理解为什么邓肯和他在一起感到特别轻松。作为画家，他对荒唐和不合理的事物独具慧眼。在心理上，他总是怀疑聪明的人把他看成是个半痴呆。梅纳德听到这个消息之后，假装对此事看得很淡，他于3月3日告诉邓肯，"从个人享乐的角度看，这是非常好的事"。这个答复看上去不是那么真诚。也许梅纳德意识到，如果采取斯特拉彻当年对付他的办法，即深度绝望和大动肝火，只能摧毁他与邓肯的友谊。他竭尽全力以适应新的环境。邓肯并没有抛弃梅纳德，他只是让亚得里安加入而已。梅纳德对邓肯的爱没有消亡。但他接受了这样一个现实，即他在邓肯生活中的地位将日益降低。这种心态就使他能够接受邓肯的朋友们，也让邓肯的朋友们愿意接受他。

1910年3月17日，梅纳德和邓肯从伦敦起程到法国的马赛，在那里登上了"多瑙河号"客轮，到希腊和小亚细亚地区去度假七周。他们俩同居一间很大的客舱。到3月22日，梅纳德已经"读完亚当·斯密《国富论》的近一半篇章。（感叹）这是一部奇书！"在雅典，他们住在一个俯瞰帕特农神庙的旅馆里；然后骑马去伯罗奔尼撒半岛游览一周。在给父母的信中，梅纳德极力夸赞"普拉克西泰勒所作的赫耳墨斯神塑像"和巴萨埃的"完美无缺的神庙"。其实，他俩感到最有吸引力的是布鲁色——奥斯曼帝国的旧都。他们在那里度过了一周，欣赏那里的"大批清真寺、土耳其浴池和陵墓"。他们取道君士坦丁堡回到柏林，而到达英格兰时已是5月8日。

是年夏天，梅纳德下决心要完成概率论一书。他增加了关于归纳法是否合理的新章节。他写道："关于这个问题还没有前人做过任何令人满意的证明。"利顿在剑桥消夏，他在6月7日写道，"信使会……现在变得毫无生机，形而上学大行其道。那个小丑（指梅纳德——译注）在研究归纳推理，与霍特利、可怜的老狄金森、罗宾·梅厄、哈第那帮人在一起讨论这种一本正经、大而无当的话题。"梅纳德在有长假的那个学期里回到

151

国王学院继续写概率论。他感到工作起来很困难。他在7月10日告诉邓肯："我不得不一次一次地重写，但我认为还是有进展，而且我对科学论证的性质的最终解释超过了前人，不过有时它还是有可能站不住脚。"他于7月27日完成了概率论的第一章。

夏季来临，他又一次租下伯尔福特的那幢"小屋"，重新开始攻概率论。朋友们仍然交替地来访。他对邓肯解释说："总的来说，我并不喜欢独居。如果独居，我就不能继续工作，而我的头脑也开始用一种最让人厌恶的方法来折磨自己。"詹姆士·斯特拉彻在费边社夏季班结束后于9月3日来到凯恩斯住处，他发现梅纳德和杰拉尔德·舒夫在一起讨论概率论。他写信给哥哥利顿说："我觉得我需要一种艺术氛围的调节。这两个人并不关心我的心态。每天晚上，'那个小丑'都故作很有耐心。"斯特拉彻走后，梅纳德骑自行车单独到伯克郡去旅行，口袋里装着哈代的《群王》。他在外三天，车胎被戳破了20次，但他在概率论方面大有进展。8月19日，他感到"已能看到尽头"。到8月29日，他完成了第三部分中关于归纳与类比的六章，而且开始写关于实际运用的第四部分。9月25日，他已完成了第一稿的全部，期待着在秋季里将它交给剑桥大学出版社。

邓肯直到9月14日才到来，在那儿住了两周。他在7月底曾到剑桥与梅纳德住过很短一段时间，但是那次到访并不很成功。邓肯离开后写信给梅纳德说，"我只希望我的行为没有恶劣到让你实在不能忍受的地步。"8月，邓肯没有去伯尔福特，相反，他与亚得里安一起去斯凯格内斯度假。为了弥补感情上的缺憾，梅纳德将注意力转移到一个"轻浮的小蝴蝶"法郎基·伯瑞尔的身上。他写信告诉邓肯，"如果能做到的话，我必须设法爱上除了你以外的任何人。"

尽管他和邓肯有时仍然做爱，但他俩的关系已到了尽头。邓肯每日早餐前与亚得里安一起做慢跑运动；而到了周末，他则常常去罗杰·弗拉埃在基得福特附近的德宾斯的家中玩。12月17日，梅纳德给费兹罗伊广场21号发了一封信：

最亲爱的邓肯：

我非常悲哀地发现你不在家——尽管我知道你最终会待在29号（即亚得里安住处——译注）。我不知道在伦敦可以做些什么。你和从前大不一样，你已经和亚得里安结婚了。所以，你在没有其他必要的事情时，自然会想跟他在一起。你在怜悯我时才会刻意安排我们的见面，否则我根本就很难见到你。所以我总是处在一种强迫你做你不愿做的事情的境域。而你也在考虑你对我的喜爱

152

是否对你的负担太重。我无法再忍受这种事态。对我来说,用你的同情心做交易实在很可怜,而且我总是处于一种不确定的状态,不知你是否会如约而来。

你怎么想呢?我觉得你与我单独在一起的时候还可以,但每当亚得里安在隔壁的房子里时,你与我在一起就变得心不在焉,感觉到离开他的怆然。而且,你与我见面是我的愿望,并非出自你的本意。请你不要误解我这封信。这是命运的过错,不是你的过错。但是我心情极坏,不知下一步该怎么做。

永远爱你的
JMK
附言:读此信后,请你设法确定你的真实情感。

邓肯第二天就回了信,但语气并不确定,也许他就是有意这么做的:

最亲爱的梅纳德:

请不要这么沮丧。我希望你的沮丧心情主要是来自极度疲乏和工作过量,因为确切地说我不认为你我之间存在着你所认为的变化。我与你在一起时,我并不是每次都想和亚得里安在一起。我知道与他一直在一起是不可能的,而且,只有当我确信他对我的感情是稳固的时候,我才会更具有你所说的那种"同情心",而我不能确定,所以也不能做到如此。我的意思是说,我不再有过去的那些忧虑,这样我就能够比过去更能享受自我,包括与我喜欢的朋友们在一起。

实际上,我几乎每个白天都会在我的画室。也许晚上我想同亚得里安在一起,但有的时候我也做不到。我不知道你对目前的状况是否喜欢——但是这种安排意味着常常与你见面……

你的
邓肯·格兰特

梅纳德在"圣乔治"那里找到些许的慰藉。"圣乔治"(梅纳德和邓肯一直这么称呼他)是一个"可爱的"伦敦东区的穷小子。他的全名是法朗西斯·圣乔治·尼尔逊,17岁那年,也就是1909年被邓肯第一次雇为绘画模特儿。他是一个哑剧演员,经常很长一段时间都不见人影,因为雇他演出的很多戏班子都在巡回演出途中倒闭,将他孤零零地抛弃在各种各样的海滨城市，而梅纳德则会立即想办法把他救回来。梅纳德和邓肯都真心喜欢这个爱"开玩笑"的圣乔治。

1911年3—4月间，梅纳德和邓肯在摩洛哥和西西里度过他们在第一次世界大战之前的最后一次国外旅游。在旅行安排上，两人不免像过去一样又发生口角，因为邓肯想在意大利与亚得里安见面。他们在突尼斯玩了几天（梅纳德告诉利顿，"阿拉伯人真不错——长相很英俊，是我见过的一流同性恋人物"），然后渡海到西西里的帕莱默市，他们在那里观看了歌剧。他们在陶尔美纳市住在英国人达士沃德医生夫妇开的旅店，那里的规矩与英国的乡村俱乐部一样，进晚餐要正式着装。他们在赛吉斯塔看到了一些"西西里岛最好的（古希腊）神庙"。在去塞拉库斯之前，他们还欣赏了在蒙利亚尔的那座被"油画和镶嵌画包裹的"大教堂。邓肯在这里受到拜占庭文化遗迹的感染，不久在他的画中也开始出现拜占庭艺术的影响。梅纳德则敬佩邓肯对意大利语掌握的程度。但是，他们的假期在快结束时又出了问题。邓肯在4月9日乘船离开了西西里，留下梅纳德与利顿的妹妹多萝西在一起，多萝西的丈夫是画家西蒙·布塞。邓肯和梅纳德这两个朋友于4月15日在拿波里再次相聚，彼此心情都很痛苦。相聚分手之后，梅纳德写信给他：

> 今晚我让你走的原因是太过疲惫，我的神经和情感被今天白天的事弄得过于紧张。你试图不承认我有感情，所以我觉得单独留下也许能让我尽快地好过一点。但事实并非如此，所以我必须写这封信，因为在这个令人厌恶的城市里，我感到悲哀和孤独。你如果让你的感情对我说上一句明确的同情词语，你就能使我非常快乐。最亲爱的邓肯，我深切地需要你对我的感情的明示，尽管我感觉到你内心里还是对我有感情，但是你似乎表现得非常麻木不仁，对我没有任何表示。

邓肯的冷漠给他带来的创伤在佛罗伦萨郊外的塔蒂庄园的三天里有所治愈，他在那里与杰夫里·斯科特（后成为著名美学和建筑学家，梅纳德与他有一段情史——译注）重逢。同时，他也为塔蒂庄园的主人贝伦森夫妇展示的豪华摆设所吸引，使他的心态有所缓和。贝伦森与约瑟夫·杜文一起经营艺术品，看来获利颇丰。

下面的几个月里，由于邓肯提供的情感中心的垮台，梅纳德的日子很不好过。更有甚者，朋友当中一大批人纷纷结婚，对他更是一个打击。1911年夏季中，雅克·拉维拉和格温·达尔文、奥列佛·斯特拉彻和莱·考斯泰洛分别结了婚。费也不例外。甚至弗尔内斯在结束学术假后回到剑桥,也宣布了结婚计划。梅纳德不能不为自己生活的不确定性感到担忧。

然而,凯恩斯并不像利顿想象的那么脆弱。由于同卡尔·皮尔逊的一场争论(前已述及),梅纳德的概率论书稿又起波澜,他决定再加一部分关于统计学的逻辑基础的内容。1911年7-8月间,他常常半夜梦到邓肯,其梦境之悲惨让他惊醒后大哭不已。尽管如此,他的主要精力仍放在撰写新增的那几章上。当然,他的生活节奏有时同样也会被打乱。他到卢伯特·布鲁克在格兰彻斯特的住处去拜访,发现杰夫里(斯科特)"看上去更像一棵树或别的什么自然物体"。梅纳德与贾斯汀·布鲁克有半真半假的调情,他觉得贾斯汀像一尊"半人半羊的农牧神,或林中的某种动物"。当他对统计学感到厌烦时,就溜到伦敦去观赏"尼金斯基的腿"。此间,他曾去在考特街玛丽·贝伦森的家中小住。他于7月29日写信给邓肯:"我们将与奥利维尔家的一群女士们一起出去野餐。可怜的我在这么多美女当中将欲何为?"8月22日,(他告诉利顿)他"完全孤独地阅读了一大批骇人的德文书。本来我心态尚安详,只不过在性欲方面要求一点刺激而不能得令我不快"。

8月底,他与几个女性朋友一起到德温郡去野营,心情好转。同他一起去的有维吉尼亚、凯·考克斯和达芙妮·奥利维尔。他写信告诉父亲:"野营生活对我十分合适。睡在硬地上,每天早晨洗个澡,不吃肉食,没有椅子。这些条件并没有像人们所讲的那样会让人生病。"不过邓肯不愿来。他在夏季开始的时候曾在德宾斯与罗杰和范奈莎在一起,那时这两个人刚刚成为恋人。现在,他待在伦敦为"大象与城堡"商业街上的社区理工学院画以沐浴者和足球运动员为主题的壁画。《泰晤士报》对这些壁画的评价是:"这些人不是东区的沐浴者,而是如同'蛇形画廊'(伦敦著名画廊之一——译注)里的作品所展示的那些晨起的地中海人。"回到剑桥以后,梅纳德感到"既孤独,又好激动。每天下午对我有所慰藉的是从书架上拿下几本书,到斯托克利先生的装订店里去选择封面的款式,然后回家开始刮胡子"。他在9月初再次去伦敦访问邓肯,但是会面的结果又不成功,使他的心情更加郁闷,"我总是非常想与你见面,但是你心中的事一开始干涉我们的关系,我就非常失望"。绝望之余,他带着一个男妓到费兹罗伊广场21号去找邓肯,"那个男孩告诉我这一周街上(做皮肉生意的——译注)人不多,因为上周警察出动,抓了两个人关了起来"。尽管有类似的举动,正如梅纳德告诉邓肯的那样,他

第 10 章 私生活

"从来不会受到……'机械色欲'的影响"。他主要期望的还是感情,但他已不能从邓肯那里得到更多。

从伦敦回到剑桥以后,他在概率论上的工作受到一个新的奇遇的干扰。有一个名叫比姆拉·萨卡(意为纯净女神的新郎)的印度学生于上一年的秋季来到剑桥,想进入其中的某个学院学习。他不但未能入学,反而欠了一屁股债,而他的父亲拒绝偿还这些债务。没人知道梅纳德是如何与他搞在一起的,反正他开始帮这个学生渡过难关;1911年3月16日,萨卡写信给梅纳德说:"只要我活着一天,就不会忘记你对我的恩典。"他还决定要随凯恩斯攻读经济学。9月,梅纳德在同"新异教徒"们一起度完夏季野营回到国王学院时,他发现萨卡正在等他。他在9月7日告诉邓肯:"我一整天都在处理他的事情,安慰他,让他想开点。"

> 他是一个奇怪而又可爱的动物。我不知道我们的关系如何了断。我今天一整天对他都有一种最强烈的性欲;他也找种种借口来见了我四五次。最后他说,他来我这里是因为到别处去心情都很悲哀。

萨卡成为梅纳德的又一个弟子。他帮萨卡进了克莱尔学院,但萨卡不久因为父亲不愿再寄钱而退学。梅纳德支撑了他几个月,后来又威胁要把他解送回国。萨卡拒绝离开:他认为回去太丢人。渐渐地,他的境遇有所改善,他找到一位愿意支持他的叔叔,让他住进伦敦塔夫奈尔公园附近的家。梅纳德继续与他来往,送给他礼物,并在危急时刻助他渡过难关。

这个孤独的夏季的最后一个干扰来自政治。9月中旬,梅纳德与杰拉尔德·舒夫和50名自由党的议会下院议员一起前往爱尔兰旅行两周。这批人都是"八十年代俱乐部"的成员,凯恩斯也是。与政客在一起的好处是有助于恢复自己的自信心。他在10月3日写信告诉邓肯:"我估计你从来没有同政客们近距离地混在一起过。这些人真是糟透了。我认为他们当中的有些人本来就是社会渣滓,而我发现了我过去认为是不太可能的现象:政客在私生活里的言行与他们在公众场合的表现一模一样。他们的愚蠢已到了非人性的地步。"梅纳德最终忍无可忍,脱离了这"50位自命不凡的家伙",在旅途中单独过了一周。他对爱尔兰的印象是,除了高尔威,其他地区都没有任何神秘感。而格伦加里夫周围的乡村景色则使他感到这才是他那个阶层中具有最好品味的旅店管理者所能创造出来的东西。他告诉母亲:"这个地方尽管很荒芜,而且鲜有人居住,但被弄得就像维多利亚女王夫妇曾于1850年亲临此地,宣布揭碑仪式开始一样的地方。"对爱尔兰的访问使他的政治态度转向爱尔兰自治,尽管"很清楚的是,20年前的那种社会条件和人的心态已荡然无存,因为这里的人民总体来说比过去要富有"。这段话是凯恩斯在第一次世界大战以前的那种满足心态的又一个明证。

他回到剑桥时心情大为好转。他于10月31日写信给邓肯:"今晚我感到格外快乐,而且非常爱你。似乎不管你做过什么或者爱上谁对我都无关紧要。但我想这不过是一个短暂的狂妄。"

第 11 章

战前小阳春[1]

1 生活方式的变化

凯恩斯属于那种具有特殊素质的人，这种人能够在思考和行动两方面都达到最佳状态。他的生活带有周期性和阶段性的特征，他能够自如地将生活重点从一个方面转到另一个方面，而这些转向则与世界上当时所发生的事情有关。有的时候，尤其是在两次世界大战中，凯恩斯在实际工作上的天才比他的学术才能更受重视，而他也因为能够发挥实际工作才能而获得更大的满足。然而，这种周期性也可以用行动——反应模式来解释。头脑在经过一段时间的高度思维活动之后，其能量需要在实践活动中得到释放，而一段时间的实践工作之后又不可避免地产生追求学术上的象牙塔的渴望。1914年以前，凯恩斯对象牙塔的追求达到了顶峰，因为这个阶段他主要是受到摩尔哲学的影响。当然还有其他的原因。他的性关系的性质决定了这种生活方式更适合私生活而不是公共生活——这一点即使在今天也是如此，而当时由于同性恋处于非法状态而更有甚之，因为同性恋的人物受别人恐吓敲诈的可能性更大。

当他接近30岁时，实践上和行政上的"此世"而非象牙塔的"彼世"方面就开始凸显出来。1912年，他终于把概率论一书中的大部分工作完成了。与此同时，他和邓肯的性关系也渐渐了断。他需要更多的工作和"乐趣"来充实他的业余时间。梅纳德一旦想做什么事都会全力投入，而当他的效率越高时，他卷进这件事的范围就越大。

---

[1] "小阳春"原文是"Indian Summer"。因为凯恩斯这段时间忙于印度货币问题，固有此双关语。

第二部分 危机边缘

他的生活方式的变化在第一次世界大战到来前的那几年里已在剑桥生活上反映出来。他在1910年11月24日给邓肯的一封信中很清楚地反映了他当时的心态:

> 我收到的消息很少,因为我太忙而且越来越多的是纯粹工作上的事情——我完成这些事以后总觉得怅然若失,对生活变得不满起来。我将去帮助他人的竞选活动,有时则爱打打桥牌。这些事情做起来还是有趣的,但是正如圣乔治所说的那样,不能让自己对长远的生活前景感到高兴。将来似乎也不会有什么好转,我又渴望,同时又并不想做这些事情。几天前教务长叫我去一趟,我去时感觉好像是当年公学校长不知什么原因召我去训话的那种味道。其实他只是想知道我是否能在不久的将来接手学院的财务主管(管理学院全部财产)的位置。我说如果这个工作不会太操劳,也不会干涉我的其他更重要的专业活动,我将乐意接受。这个位置将使我的研究员身份永久化,而且,这个工作的某些方面对我来说还是有兴趣的。再者,梅里狄斯在贝尔法斯特当上了教授,我将有可能接替他所放弃的大学讲师位置(梅纳德于1910年12月被任命为任期五年的"哥得乐经济学讲师")。我不懂为什么在例行公务和过量工作之间划分一个分界线是如此之难?

事实上,在第二年6月,梅纳德的研究员身份成为终身的,因为他被任命为国王学院的正式经济学讲师。然而,教务长选中他管理财务显示了他在学院本身管理上也有很大的影响。他对任何财务管理的事情都"兴趣盎然"。早在1909年,他已被任命为财务审计员,他在此位置上仔细审视了学院的所有出入账户。到了1911年,他被提升为学院财产管理委员会的委员,在此位置上,他与两位保守的财务主管格朗特和考尔贝特发生了争执。这两位的理财思想是缩减学院的设施和服务条件,减少投资,由此而保留大量的现金账户。凯恩斯鼓动一批年轻的研究员——其中包括刚加入的狄尔温·诺克斯——在1912年5月11日的学院全体年会上击败了两位财务主管。作为成功的造反派,他顺理成章地成为财务委员会的委员,为今后成为一名主管铺平了道路。1912年他又成为研究员选拔委员会的成员,这个工作要求他每年审阅几份冗长的、任何学科都可能涉及的论文。他在学院的责任越来越大,而他在大学里的其他公职并未因此而减少。他仍然在剑桥辩论协会和自由党人俱乐部担任职务,坚持参加所有老的俱乐部的活动。1911年,麦克塔

第 11 章 战前小阳春

加尔还邀请他参加了一个新的名为"伊拉诺斯"的俱乐部,他欣然从命。他还对心灵现象发生兴趣,常常出席剑桥"心灵研究会"的活动,并于1911年成为执行委员之一。他自己是否有心灵现象的体验则不得而知,但这表明他又回到了亨利·赛吉维克的立场。凯恩斯在1906年对赛吉维克试图用实验手段证明灵魂不死的研究曾大加讥笑过。

当然,凯恩斯在行政工作上获得的"乐趣"并不能取代他在剑桥生活中更加重要的方面,特别是寻求友谊方面。他在信使会的近八年中,一共宣读了20篇论文。1910年11月,他从信使会"荣退",成为"天使"——即老会员,但他的朋友圈子仍然是以信使会成员为主。对他来说,考察候选会员仍提供一种新鲜感和情感上的满足,当然这种感觉已不像过去那样强烈。到1911年时,他在剑桥的最好的朋友是杰拉尔德·舒夫——卢伯特·布鲁克称他为"沉默的舒夫"。舒夫的性情郁闷,但时而又有激动、尖刻、亵渎和天不怕地不怕的一面,梅纳德觉得这一面非常有吸引力。他俩经常一起去大学的运动会观赏运动员们。舒夫特别被菲力浦(后来叫诺埃)·贝克在半英里中长跑中展示的美感所倾倒。(贝克后成为工党政治家,1959年获诺贝尔和平奖。)舒夫在惊叹之余还臆测说,庇古教授的眩晕病恐怕也和这类刺激的场面有关。1912年3月,舒夫和梅纳德到蒙特卡洛去度一个"美食和赌博"的复活节假期。这是三年来梅纳德的第一次没有邓肯的复活节假期。

梅纳德的浪漫情结不在舒夫,而是别有他属。1912年春季,他与国王学院的大学生切斯特·波弗斯有短暂的"探险"。但到了夏天,他则比较认真地心仪埃曼努尔学院的戈登·汉宁顿·鲁斯(此人是该学院在那段时间里所吸引到的最优秀的本科生之一)。鲁斯于1912年1月成为信使会成员。鲁斯,他的朋友们戏称他为"露茜",是一个贫穷的国教牧师的第十三个儿子。他皮肤白皙,身材矮壮,对写诗有雄心大志。梅纳德对他钟爱有加,以他的保护人自居,并向过去一样,借钱给他让他继续攻读英国文学。鲁斯也是知恩图报的人。两人的关系在1912年夏天达到高潮。但是,在当时的英国,要成为诗人而没有私人经济来源是不太可能的。鲁斯决定到东方去闯一闯。梅纳德动用了自己在印度事务部的关系网帮他找到了一份在缅甸仰光的公立大学教英文的职位。他于1912年9月起程,同行的还有返回埃及的弗尔内斯,以及到印度去的E.M.福斯特和路易斯·狄金森。在缅甸,他与斯威辛邦克见了面,他对后者的印象是消瘦而英俊,但面色苍白,"温和,但有点公事公办的样子……不冷淡,但有点自闭"。让梅纳德十分不快的是,鲁斯不久便娶了一位缅甸姑娘,名叫"娣娣梦婷"。但他俩的友谊仍然保持了下去。

第二部分　危机边缘

鲁斯离开英国的几天之后，梅纳德起程到匈牙利去造访一位名叫弗伦奇·贝卡西的信使会员。此人是诺埃尔·奥利维尔在男女混合学校读书时期的朋友，是匈牙利贵族后裔，于1911年进入国王学院攻读历史。贝卡西绝对不是信使会的典型成员，他偏爱尼采而不是摩尔，尽管他也有想当诗人的倾向，但是他重视行动而不是思索。梅纳德在9月间来到贝卡西家在洛姆城的基斯塞恩的老宅，在那里住了两个星期。这里的中世纪情调足以让人联想到托尔斯泰笔下的俄罗斯。他回程取道维也纳，那里的"许多公寓式的新建筑"和"令人震惊"的布罗盖尔的画作给他留下深刻印象。

从维也纳回来之后，他见到了一位从维也纳的辉煌文化中产生的最辉煌人物之一——一位23岁的瘦弱青年，他有着一头美发、一双凝视的蓝眼睛和一腔对哲学的热情，他的名字叫路德维希·维特根斯坦。他的父亲是一位拥有百万家产的奥地利工业家。在他父亲的敦促下，维特根斯坦来到英国曼彻斯特大学学习刚刚起步的航空工程。当他读过罗素的《数学原理》一书之后，被"罗素悖论"所吸引，不能自拔，于是下决心放弃学习设计飞行器的计划，到剑桥来跟从罗素学习哲学。（罗素悖论把集合分成两类，凡是不以自身作为元素的集合称为正常集，凡是以自身作为元素的集合称为异常集。设V为全体正常集所组成的集合，那么V是不正常集吗？这类悖论古来有之。著名的是"说谎者悖论"：克里特岛的一个人说："克里特人总是撒谎。"这句话是真是假？如是真的，则说话人在撒谎；如是假的，则这句话又是真的——即"我正在说谎"。）罗素在1912年10月3日把维特根斯坦介绍给梅纳德认识，梅纳德立即意识到此人是个天才，因此设法只用了两个星期就将他选入了信使会。罗素警告他说维特根斯坦是不会因此而感激他的，但是梅纳德还是坚持这么做。罗素是对的，维特根斯坦无法忍受每个星期六晚上与他痛恨的匈牙利贵族子弟贝卡西和另一个名叫弗朗西斯·布利斯的国王学院一年级学生在一起，他们虽然在其他方面有所成就，但对哲学一窍不通。第一次聚会之后，维特根斯坦决定退出信使会，他给凯恩斯写信："那些兄弟们连文明如厕都未学会，和他们一起上厕所总觉得十分不雅观。"利顿·斯特拉彻劝他不要退会，但维特根斯坦执意不再参加活动。凯恩斯认为他"是一个最令人惊奇的人物……我非常喜欢和他在一起"。维特根斯坦出手十分慷慨大方，他甚至拿出200英镑让W.E.约翰逊请一年的学术假，不必教书。然而，人们与这位动辄发火的天才打交道很不容易。从他给凯恩斯的一张便条中我们可以看出每个人与他交往都会产生误解，凯恩斯负责管理维特根斯坦给国王学院捐款的具体细节，在这张便条中维特根斯坦写道："感谢你在此事上为我费心打点。我上一学期不大与你见面的原

第 11 章 战前小阳春

因是,在你没有表示出希望与我交流之前,我不想继续见你。"

梅纳德的学生当中有两个人没有成为经济学家,但都成了他的私人朋友。一个是希尼·罗素·库克,他后来成为股票经纪人;另一个是阿奇巴德·罗斯,他当时已是一位外交官。梅纳德与"库奇"在1913—1914年间有几个月的恋爱关系,他们还一起在伦敦股票市场上炒了有限数额的股票。阿奇巴德·罗斯是一位年纪较大的学生,在来学院念书之前已在英国驻中国的使团担任过领事部门的职务长达13年。他身材矮小,爱挑剔,举止滑稽可笑。他懂中文,还是一名业余骑手。梅纳德教他经济学知识,他则教梅纳德骑马术。1912年中,只要梅纳德在剑桥,他们俩在星期六下午多半出去骑马。罗斯于1913年再度回到东方。他属于梅纳德密友中很少的几位能够理解他酷爱行动那一面天性的人,而且对此十分赞赏。他在1914年2月4日从印度德里给梅纳德写信说:"我希望你在剑桥之外的某个地方有一个'中间段落',这样你就能真正充分地发挥自己的特长。"是年7月24日,他又写信敦促他"做一些与实际行动有关的事"。罗斯对梅纳德的期望实现得比他想象得要早。

库克和罗斯是梅纳德的正常朋友圈子之外的人,他们进不了他的剑桥信使会成员、候选会员和那些常在乡村酒店轻松度假和以耍小计谋和散布流言飞语为乐的"新异教徒"女士们的那类圈子。梅纳德参加了1912年新年由卢伯特·布鲁克在多塞郡西卢沃斯组织的"新年朗读晚会"。梅纳德在那里度假时开始写下一年的授课内容,而凯·考克斯则当着卢伯特的面与画家亨利·兰姆调情,让卢伯特大为愤怒。利顿·斯特拉彻也很不高兴,但没有卢伯特那么生气。这次度假在英国文化史上还是有一定的重要意义的,因为这是卢伯特与布鲁斯贝利交恶的开始,也是他后来在"1914年从一个费边知识分子变成沙文主义的代言人"的初始原因。

1912年7、8月里,梅纳德在马尔波罗郡附近的艾弗里租下了王冠酒店,这给"新异教徒"们创造了另一次聚会机会。奥利维尔姐妹来了三个,凯·考克斯也来了,她被卢伯特拒绝之后,心情非常不快。奥利维尔姐妹中最漂亮、但不是最聪明的布琳西尔当时对梅纳德非常着迷。梅纳德乐意带她去骑马,但并没有让她在与他的关系上得到进一步的发展,不久布琳西尔就嫁给了另一位国王学院的毕业生A.E.波布汉。梅纳德仍然觉得女人是他个人生活小天地的入侵者,范奈莎和维吉尼亚当然例外,因为她们与梅纳德没有感情纠葛,所以对他的私生活没有威胁。他于7月26日从王冠酒店写信给邓肯:

第二部分 危机边缘

这些女士们创造的那种氛围对我没有吸引力。我不喜欢这一拨人,上星期的那一拨人要好一些。诺埃很善良,达芙妮非常纯真,但布琳西尔太愚笨——我开始不太喜欢她了。从窗口看出去,我看到卢伯特在与她做爱……又是牵手,又是坐在她身旁,凝视她的眼睛。噢,这帮喜欢追逐女性的家伙,我真不晓得他为何能这么做?

梅纳德与他的家庭的关系在一次大战前也开始发生变化,他对母亲的依赖增强,而对父亲的依赖则下降。1910年10月,48岁的约翰·内维尔·凯恩斯成为剑桥大学的行政主管,在这个位置上他后来一直干了有15年,把工作做得有声有色。六个月后,内维尔又成为他当年读书的彭布罗克学院的终身研究员。然而,他的工作狂特点最终也开始淡化,在1910年时,他每年工作2000个小时,而到了1913年,只有1500小时。相反,佛萝伦丝的精力却日益膨胀,她想做事情的欲望非常之高。1911年她成为剑桥市政厅的委员,同时她也成为全国妇女委员会的成员。她在英格兰到处走动,参加各种各样的会议;在剑桥,人们常常看到她不大稳当地骑着自行车从一个公益活动奔向另一个。时而为市政卫生上的问题向市卫生委员会发难,时而又为青少年的就业问题大声疾呼。佛萝伦丝对梅纳德的性偏好到底知道多少我们并不清楚。梅纳德在1910年10月11日告诉邓肯·格兰特:"我和母亲和玛格丽特就结婚问题进行了一场令人讨厌的谈话,我差不多已承认我的现实状况。她们俩有没有听明白,我则不得而知。"不管佛萝伦丝知道多少,她仍然热爱梅纳德,并为他的成就感到自豪,而他同样也以爱来回报母亲。他们之间的关系没有中断或争吵,有的只是发展和变化。

梅纳德与弟弟杰夫里的关系则一直不怎么样。当然,当他听到杰夫里在圣巴特洛美奥医院参加医学奖学金考试中获得第一名的消息时,还是十分高兴的。这意味着杰夫里已向外科医生的职业迈进了一步。他在1910年写信给父亲说:"请您代我向他祝贺。总体来说,我们这一家人真是考场上的英雄,也许是全英国最优秀的家庭。如果这种考试制度还能维持两三百年,我确信我们这一家将成为皇家。"杰夫里也和梅纳德一样有着双重的性格,也就是说,他是一个科学家,但也酷爱艺术。1911年,他向剑桥大学出版社投寄了关于布莱克的书目提要。(剑桥大学出版社没有同意出版。)他喜欢搜集旧书,酷爱芭蕾舞表演,是卢伯特·布鲁克和雕塑家艾瑞克·基尔的朋友。(梅纳德曾经买过基尔的几尊作品。)然而,杰夫里不懂诗,而梅纳德则喜欢交有幻想气质的人做亲密的

第 11 章　战前小阳春

朋友。杰夫里对哥哥对他的冷淡很伤心，并且对父母偏爱梅纳德很不满。他父亲曾拒绝借给他350英镑让他去购买布莱克的一部名著，只是轻描淡写地一言以拒之，"布莱克是个人崇拜的偶像"，这件事对他的打击很大。而形成鲜明对比的是，内维尔越来越信任梅纳德的理财能力，把佛萝伦丝的价值5000英镑的嫁妆交给他去管理。但是，杰夫里只把他的不满藏在心里；70年后，在他的自传中，我们可以从被省略的内容中看出些许端倪。凯恩斯一家的生活在表面上没有起什么波澜。

梅纳德同妹妹玛格丽特的关系倒是很密切。他在1910年7月1日告诉邓肯："昨天，玛格丽特来和我一起共进午餐，我们过得很愉快。她很可爱，比那个讨厌的杰夫里要好得多。用凯恩斯家族的标准来看，玛格丽特在学业竞争方面的成就是有限的。""玛格丽特在年终考试中赢得两个第二名，小考第三名，"梅纳德在7月如是报告父母。然而，在1911年2月，他读了玛格丽特所写的一本题为《关于男童工的问题》的小册子，感到"特别好——这种写法使这本小册子成为最有意思、甚至最感人的文件"。玛格丽特在婚前的重要恋人是艾格兰坦·杰布，此人的妹妹也是纽汉姆学院的学生。梅纳德和玛格丽特的亲密关系由于他对这一恋情的了解而进一步加深。1913年2月，在双方朋友的努力下，玛格丽特在很短的一段恋爱之后，与A.V.希尔订婚。希尔是一位生理学家，是三一学院的研究员和副院长。他们在1913年6月结婚，后来有了一个女儿——名叫玛丽·艾格兰坦，但大家一直叫她"波丽"。梅纳德告诉邓肯，说希尔是"一个让人害怕的清教徒式的人物，但这对玛格丽特来说正合适"。

1908年，梅纳德离开伦敦回到了剑桥。而现在，他却越来越多地受到伦敦的吸引。从1911年秋季开始，他成为《经济学杂志》的主编，因此学期中几乎每周的中间一段时间都在伦敦度过，这种生活习惯一直维持到1937年。而他这种有规律地往返于伦敦与剑桥的生活正好同布鲁斯贝利圈中的一些朋友们在生活上的重新组合发生了巧合。如同昆廷·贝尔所描述的：

> 费兹罗伊广场29号的租约到期了；维吉尼亚和亚得里安，也许是因为两人之间的不断争吵，建议一场家庭革命；他们想与其他朋友合住，曾考虑搬到贝德福特广场的一幢房子，但后来还是决定搬进他们看中的布朗斯威克广场38号的那一幢。他们在（1911年）10月搬家。

第二部分 危机边缘

这场"革命"对凯恩斯有利,他住在邓肯那里的一小间后屋里,感到拥挤和身心疲惫。布朗斯威克38号的租约是在他的名下,他在第一层占了整个一间与房子一样宽的前屋,亚得里安住二楼,而维吉尼亚住在三楼。几个月后,列昂尼德·沃尔夫从锡兰回来,搬进了顶楼。范奈莎很喜欢列昂尼德,"……他当然很聪明,而且他在荒野里(指锡兰)的经历使他对生活的看法与这里的一帮人有所不同。"维吉尼亚负责管理住户的生活,住宿是集体式的,但吃饭以个人为准。维吉尼亚称每个住客为"亲密朋友",她规定每个人自己到大厅中去领饭,吃完以后,再将托盘和餐具退回大厅。维吉尼亚负责收房租,从每人每周35先令到2个英镑不等。她给奥托琳·莫瑞尔的信中说:"可以肯定的只有一件事,就是租一幢房子是最便宜的住法,而且,有一幢房子,则一定需要有仆役。"这样一种集体生活安排是以后十来年中布鲁斯贝利圈中的未婚者们的生活基础。

梅纳德在布朗斯威克38号住了三年。在此中间,情况有所变化。列昂尼德·沃尔夫与维吉尼亚·史蒂文于1912年8月结婚,并于10月搬了出去。梅纳德的弟弟杰夫里则于1913年1月搬进了列昂尼德曾经住过的顶楼。杰夫里在自传中刻意指出他并不是布鲁斯贝利的成员,而且他对一些成员,特别是克莱夫·贝尔和哈里·诺顿非常厌恶。他与维吉尼亚最亲近的一次是在1913年9月救了她一命。当时维吉尼亚在亚得里安的房间里服用了过量的佛罗那安眠药。维吉尼亚并不特别喜欢梅纳德。她在西班牙度蜜月时写信给凯·考克斯说:"我不喜欢他,即使到了西班牙我也并不会更喜欢他。"杰拉尔德·舒夫和亨利·诺顿也在不同的时间内住进了维吉尼亚原来住的那一间。梅纳德的那间房的里面也不断发生变化,邓肯和弗里德里克·艾切尔斯用连贯的街景在他的墙上作画,风格很像西尼亚克(即新印象派画家保罗·西尼亚克——译注)。这幅壁画的主题是两辆华丽的出租车相撞。至于这幅画对梅纳德的神经是否有安抚作用是值得怀疑的。但梅纳德到伦敦去的目的不是寻求安静而是刺激。

这段时间里有迹象表明,但不十分清楚,梅纳德将在20年代里更加融入伦敦的生活。他曾说过对城市行政主管的位置和《早邮报》编辑的位置有兴趣,但没有任何结果。他还差一点当上基尔克斯特信托基金的主席,但董事们认为他们需要一个"有经验"的主席,而不是"新鲜血液"。他还拒绝了一个每年有200英镑报酬的咨询工作。当时有一个依次轮流在剑桥和伦敦聚会的经济学人的聚餐俱乐部,梅纳德通过在该俱乐部和政治经济学俱乐部的会员身份结识了金融新闻记者,如F.W.赫斯特——《经济学人》杂志的主编,以及今后对他有用的银行家和生意人。他开始用他的存款的利息和内维尔在生日那天给他的钱进行股票投资。到了1914年，他还利用他的银行——巴克莱银行提供的1000英镑的透支支取限额，以及从罗杰·弗拉埃那里借来的1000英镑进行股票投机。他在1919年的那本书（即《和平的经济后果》——译注）中描绘的那种场景，即战前的"伦敦居民"一边在床上品茶，一边打电话在全球范围内投资的那个场景正是他自己的真实写照。

2 印度货币与财政

凯恩斯对印度财政所保持的兴趣一直远远超出了他与比姆拉·萨卡的私人关系。他从印度事务部退下来以后，地位很微妙，因为他对正在形成中的印度财政制度既要在公共场合上加以捍卫，又要在私下场合里进行批评。在1911年的大斋学期里，他在伦敦经济学院和剑桥作了六场关于"印度货币、财政和物价"的报告。这些报告的内容成为一篇论文的基础，这篇题为《印度货币问题的最新进展》的论文于1911年5月9日提交给皇家经济学会，并在会上宣读。同往常一样，他将初稿送给印度事务部的财政秘书列昂奈尔·亚伯拉罕姆斯。印度事务部把凯恩斯看做是官方许可的对印度财政的批评家。

梅纳德对印度货币安排的实质是理解的。这不是一种不完善的或弱势的金本位，而是一种在货币发展史前沿的一种"更科学、更节省的制度"，他称其为"金汇兑本位"。他在1910年2月写道："如果只是在对外支付而不是在对内支付中需要使用黄金，那么我们将一笔信用贷款存放在某个世界金融中心就会便宜很多，因为它可以在不需要兑换成黄金时赚取少量的利息，而当需要黄金时，又可以将其随时兑换。"这个观点的出现远在他着手研究金汇兑本位产生的实际后果之前。但这时他已经确信，如同他在给皇家经济协会的论文中所说的，从金汇兑本位制中"将产生一种理想的货币"。在他到伦敦经济学院作演讲之前，他已在考虑将这个观点写成"一本小书"。

他在1912年11月初突然做出决定，暂时把概率论放在一边而开始写一本关于印度的书。在11月初，印度的金融体制一下子成为公众的关注对象，原因在于英国政界爆发了"印度白银丑闻"。这个丑闻是更大的"马科尼丑闻"的余波，而这两个丑闻之间的联系是一些政府官员利用政治权力将政府的订单和合同给那些与自己有金钱利益的公司。《泰晤士报》为此发表了五篇关于印度金融体制的文章；下议院也就此问题进行了质询。

第二部分 危机边缘

凯恩斯于12月15日与麦克米兰公司签约，写作一本关于"印度金融事务"的书。同时，他也决定将概率论一书交由麦克米兰公司，而不是剑桥大学出版社出版，原因是剑桥方面不愿在书稿未成之前就出部分清样。麦克米兰公司提供的合约都以百分之五十利润对半平分为基础。另一个对凯恩斯有吸引力的是，他又能同伊顿的老同学丹尼尔·麦克米兰打交道了。

这本书的写作速度快得惊人（书名已改为《印度的货币与财政》），凯恩斯在圣诞假期中一挥而就。到了1913年3月6日，内维尔已开始阅读该书的清样。两天后，梅纳德动身到埃及去造访弗尔内斯。弗尔内斯这时已是埃及内政部的高级官员，他向梅纳德许诺："戈莫拉是个非常有吸引力的城市，它是一个游客如云的地方，人们可以享受过去的好时光。"在埃及度假期间，他接受了他过去在印度事务部的老上司汤马斯·霍德内斯爵士的邀请，担任"皇家印度金融与货币委员会"的委员。这个委员会是英国政府成立以用来缓解对政府批评的机构。参加这个委员会对梅纳德来说当然是一个很高的荣誉，当时他还差两个月才到30周岁。

《印度的货币与财政》一书以金汇兑本位制的发展史和它的种种优点为开篇。这个制度的特点是以纸币同黄金做人为的挂钩为核心。这与金本位制不同，因为金本位要求金币在国内体制内流通，而且对外支付以黄金储备为基础。金汇兑本位则可用英镑作为对外信贷的结算单位，不需用黄金支付对外的债务。凯恩斯在著名的第二章中指出，金汇兑本位绝不是与金本位相对的"二等公民"的体制，恰恰相反，金汇兑本位是"货币发展的主流"，因为它在对内和对外支付中节省黄金的使用，因而使货币更有"弹性"，能及时地回应商业贸易的需要。凯恩斯在超越印度体制的思考中，预见到国际金本位制度将被一种更加科学的体制所取代，这种体制以一两个储备货币中心为支撑。他信心十足地宣称："对一种有形的储备货币的偏爱是……那个时期当政府在金融问题上不太受到信赖时所造成的后遗症，而政府现在的可信赖度已比那时大有改善。"

梅纳德在书中对印度财政机构的种种错综复杂的运作方式显然是了如指掌。他解释了几种交叉的机制，比如在伦敦的印度公债的买进卖出过程、关于纸币发行的规定以及印度殖民当局如何管理储备货币与现金。总之，他对印度事务部大臣如何用这些机制来支撑印度卢比的汇率进行了详尽的分析。他指出，印度民族主义分子的观点是错误的。印度将储备货币放在伦敦并不是损失，而是从中受益。

然而，印度殖民地没有中央银行也是它的金融体制的一大弱点。政府用于保持汇率的

第 11 章 战前小阳春

储备货币不是银行储备的一个组成部分。这就是说，当金融活动频繁时，黄金和白银的需求量增大，需要从伦敦进口。为了抵消汇款的费用，贴现率就得提高，这样印度货币市场就缺少资金。此外，进口的部分金银将会进入私人囤积的领域。只有政府的储备能够与银行的储备合为一体，才能使纸币发行量增大，同时降低利率，并阻止囤积金银的行为。关于是否应该在印度建立中央银行，凯恩斯的态度是不置可否。他在这件事上谨慎小心的做法更由于被任命为皇家委员会委员而得到加强。

同凯恩斯一贯的文风一样，这本书虽然具有严肃、技术性的主题，但因被一些带有幻想的、对当朝人物多有不敬之辞的段落所修饰，所以读起来还是有一定的轻松感的。当他引用某一个印度事务大臣在1867年否决建立中央银行的提议时所讲的话时，他评论道："我们在这里不必点他的名，这是'永久的'印度事务大臣在说话，而不是一个昙花一现的某个人物。"一个合理的项目"被政治智慧所带来的那种华丽而又空泛的言辞所扼杀"。他还发现了一个"惊人"的事实，即印度殖民政府的股票经纪人的工资仅次于总督，而高于所有其他官员。他评论道："我们何时将会发现政府给金融掮客的工资要大大高于其他的社会公职人员，而后者对社会所做的服务并不比前者轻松和不重要。"梅纳德有时被人看做是激进分子，其实这主要是由于他用的语调，而不是他的思想。

《印度的货币与财政》一书问世时，皇家委员会已经开始取证达一个月之余。该委员会正式开始工作是在1913年5月5日，直到8月6日才休会消夏。委员会主席是约瑟夫·张伯伦的儿子奥斯汀·张伯伦。他在8月间第一次阅读凯恩斯的书，他告诉作者，他"不知应该向你祝贺还是安慰我自己"，因为梅纳德"肯定会被考虑担任委员会报告的撰稿人"。梅纳德在委员会的调查听证会上非常活跃，对支持在印度建立完全的金本位，以及批评建立印度中央银行的那一批人，他盘问得特别严厉。

在印度是否应该建立金本位制度的中心问题上，整个委员会除一人之外，都赞成凯恩斯的观点，即现行的金汇兑本位应该维持下去。但在印度是否应该建立一个中央银行的问题上，委员会有明显的分歧。印度事务部的列昂奈尔·亚伯拉罕姆斯在6月间起草了一份备忘录，认为建立中央银行的最大好处在于，"可以将现存于英国财政部储备局的资金置于贸易的需要之上，从而对银行贴现率和整个商贸活动都有良性的影响"。然而，委员会拒绝在支持这一建议上表态，相反，凯恩斯和另一位委员欧内斯特·凯波尔爵士被责成起草一份关于建立一个国有银行的计划，并限令在夏季中完成。

第二部分 危机边缘

梅纳德对这段在伦敦的生活非常满意。在委员会的工作中,他的表现是一位标准的完美无缺的官员的形象,整日衣冠楚楚地与政府官员和政客相处得亲密无间。他与阿斯奎斯有了头一次见面(阿斯奎斯是自由党领袖——译注)。他的社交生活是在与过去不同的圈子里,他当然很快就开始喜爱那些来自高层人物的有趣的种种流言和小道消息。而在晚上,他则常常与亚得里安、杰拉尔德·舒夫和萨克森·希尼—特纳在一起打扑克牌。有时诺埃尔·奥利维尔和卡琳·考斯泰洛也会加入。还有一个亚得里安的不善交际的年轻朋友大卫·加奈特,他当时是皇家科学学院的生物专业学生。他小时候常戴一顶兔皮帽,所以朋友们爱称他为"小兔儿"。布鲁斯贝利圈中的晚会也变得越来越放肆。卡琳在1913年6月底写信给母亲玛丽·贝伦森,对一次晚会有如下描述:

> 奥利弗(斯特拉彻)和我装扮成卡萨维娜和尼金斯基(他穿了一件红色的芭蕾舞服装,我穿了一件紫色缎袍,并戴了一个花环),我俩表演了一段《玫瑰幽灵》,大获成功。之后由凯恩斯和罗杰·弗拉埃表演约伯的芭蕾舞。凯恩斯扮演魔鬼,端一盆热水,以樱桃般的图形,一圈一圈地洒在满地打滚的弗拉埃身上。然后,由克拉弗、玛约丽、范奈莎和邓肯上场,表演利顿写的戏剧。这批演员们各展其能,疯狂地表现自己。他们的表演非常细腻,充满幽默,但未必合乎体统……

当然,比较严肃的文化活动也在展开。那一年夏天,迪亚格列夫在伦敦举办了两次首场演出:一次是查利亚宾的《波利斯·古得诺夫》,另一次是斯特拉文斯基的《春之祭》。7月8日,罗杰·弗拉埃设在费兹罗伊广场33号的"奥米茄画室"正式开张。这个画室的目的是将布鲁斯贝利的画家和朋友们往装饰艺术方向吸引。梅纳德并不是这个画室的资助人,但他是最早的顾客。他在9月25日告诉邓肯:"这些奥米茄作品放在椅子上非常好看。不幸的是,我觉得那位装潢师把这幅作品安装反了。"

他抓住任何机会到外地去度假。7月,他到怀特岛与希尼·罗素·库克和他的家人一起待了几天。然后,他又到苏塞克斯郡的"桦树林"与麦克米兰家族一起度假(也许就是在这一次,哈罗德·麦克米兰记得他的父母对凯恩斯穿着拖鞋来吃早餐而大为光火)。8月中旬,他到诺弗尔克去短期野营,同行的有邓肯、范奈莎、亚得里安、罗杰、杰拉尔德和达芙妮·奥利维尔。9月10日,他到沃尔夫夫妇在苏塞克斯郡的亚什汉姆的家去参加

第 11 章 战前小阳春

布鲁斯贝利的一个大型周末聚会，然后又匆匆赶到伯明翰去出席"英国促进科学协会"的一次会议。当时伯明翰所有像样的旅馆都已经被订满，他只能住在一个大型的酒吧里。他在9月11日写信给邓肯："我昨天晚上见到了圣乔治［感谢上帝，他的病（梅毒？）已痊愈了］，他与我同住在一家勉强算是旅馆的地方。其实我白天都是和科学界的朋友在一起，只不过是晚上见到他。"梅纳德在白天与费和梅里狄斯等探讨学术，晚上与圣乔治在一起，他还抽空去看了一场足球赛。他感到足球赛让他想起古罗马的竞技场。"观众不停地吼叫，赛场只要有一点新的动静，他们便不是狂喜，就是大怒。"他还参观了伯明翰的轮换剧目的剧场，并告诉邓肯，"我们在剑桥也需要有这样一个剧场。"这个想法即使在圣乔治从他的生活中消失了多年之后也还一直留在他的脑海里。

与此同时，印度委员会的事务又重新开始。他于8月27日到德温郡的欧内斯特·凯波尔的家中小住。凯波尔曾经是印度孟加拉商会的委员，是经营大宗黄麻生意的业主。他这时写出一份关于国有银行的资本构成的建议提纲，所以邀请梅纳德到他家去讨论这份备忘录并"打上一两天的鹧鸪"。梅纳德回到国王学院去撰写这份备忘录的最后一稿。他认为这份东西"会让任何一位银行家都垂涎欲滴"。1913年10月6日，这份备忘录被提交到委员会讨论，上面只有他一个人的签名。

这份备忘录分为几个部分，其中包括该银行的章程、资本构成和功能等等。凯恩斯认为英格兰银行（即英国中央银行）的模式并不符合印度的现实。在他的计划中，新的安排是建立在现存体制的基础之上的。他建议在加尔各答、孟买和马德拉斯三地各建一个"统筹银行"，成为联邦银行体制的三个"首要分行"，并在德里成立一个中央董事会进行集中管理。这是德国银行的模式，并且与美国正在建立的联邦储备体制相接近。对于研究凯恩斯思想的学者来说，这个计划中最有意思的是他的一个信念，即某些公共的功能由半独立的机构来执行比国家直接干预会更有效果。这个信念预示了他在1925年写的那一篇著名的《我是否仍是自由党人？》那篇文章中的观念。一个独立的中央银行的优势是保护印度事务大臣在政治上不受攻击。

他也强调这个机制在经济上的优势。一个中央银行能够将散置在银行和财政制度当中的储备资金动员起来，这样印度就能在出现金融危机时从容地加以应付。（"如果没有中央储备，信贷货币没有弹性，再贴现市场几乎不存在，银行利率政策也很难存在，小型和冒险的银行日益增多，储蓄量大增，而整个社会对银行业毫无知识，一有风吹草动则开始囤积货币……这就是这个体制的种种弱点，而它的优点几乎不存在。"——引自

第二部分 危机边缘

《凯恩斯文集》，第15卷，第197页。）这个国有银行不但控制政府的账户，而且管理纸币储备基金，这样，这个银行就有更多的资金和更大的决定权以扩大货币信贷。

10月23日到11月14日之间，委员会又召集了更多的听证会。最后，由主席张伯伦和拜西尔·布莱凯特秘书两人共同起草了一份报告送交各方听取意见。到此时为止，各方的一致看法和不同意见已经很清楚，金本位制被断然拒绝，而对于国有银行的建议，怀疑者太多，而各方实际利益也牵动过大，所以没有能够通过。最后的妥协方案是，凯恩斯的备忘录作为委员会报告的附件，并且委员会建议成立一个专家委员会对此进行研究。同时，考虑到中央银行的不存在，它还将建议给印度货币更多的弹性。在参加委员会最后报告的起草会议时，凯恩斯对张伯伦产生了敬意。他在给母亲的信中说道："奥斯汀能从这场困苦的经历中挣扎出来很了不起。我相信他有一天能做上首相。从学术头脑来看，我并不认为他比坎贝尔——班奈曼还要不如。"

这时，委员会内部由于一个张伯伦所称的"货币发行管理的小问题"而发生争执。这是一个非常技术性的争端。凯恩斯坚持要把几种储备基金——即黄金储备、纸币储备以及政府在财政储备中存放的现金储备——统统看做一种单一的储备，这从借贷角度上看是一个必需的原则。但是他的同事们对此大感不解，这些委员们觉得凯恩斯和另一个委员R.W.吉兰姆提出的这个技术上的改革实在有点哗众取宠，无实质意义。

圣诞节假期来临，委员会解散，但这个争执仍未得到解决。1914年1月初，凯恩斯离开英国到法国地中海边的罗克布鲁内去度假。他本来希望希尼·罗素·库克能同他一起去，但库克未能成行。凯恩斯本来打算在1月12日委员会再次开会时赶回去，但就在他准备起程回国时，却"染上了一种严重的扁桃体炎——体温达到103华氏度"。他告诉家里，多萝西·布塞的姐姐朗代尔夫人在照顾他。不久，他又被确诊是得了白喉症。他母亲佛萝伦丝在接到他患了白喉症的电报后一个小时便从剑桥起程，1月14日渡过英吉利海峡，15日半夜到达芒东。梅纳德在那里的一家看护所里住着，感觉已经好了一些。他不仅为母亲的到来感到高兴，而且还看到了邓肯。邓肯到这里来是为了探访他自己的母亲。由于梅纳德仍处于高度传染的状态，佛萝伦丝竟不可思议地在邓肯的陪同下到蒙特卡洛的赌场去玩了一把。多年后，她回忆道："我的同伴赢的钱比我输的要多，当我拉他离开时，他不断地提出抗议。"梅纳德直到月底才离开那里，但一直到了3月，他还在服用医生开的士宁以治疗"软腭部位的麻痹感"。他父亲在1914年1月22日的日记中写道："梅纳德担心他如果不在场，那帮保守派在委员会里肯定要过于得势。"

第 11 章 战前小阳春

果然，他不在时，委员们试图弄懂他的备忘录的含义，结果搞出了一个比早先的那个计划更加有限制力的文本。梅纳德非常生气，他从芒东写信给委员会，说如果这个方案得以通过，他将不得不写一份反对的附件。回到英国以后，他于2月3日给张伯伦提交了一封论证有力的信。信中写道，这个新方案的基本谬误在于将各种不同的储备基金看成是存放在互相隔绝、滴水不漏的载体之中，"政府对外借出短期资金的真实能力取决于它能否将手中的纸币储备和现金综合起来考虑……事实上，这个新的方案将使印度体制中的一大弊病，即储备制度的多重性质加以延伸和永久化"。他同时建议起草新的修正方案。在他发动攻击之前，张伯伦以委员会主席的身份做出了让步，同意将新方案加以修改，但是张伯伦对这个改动的含义是否真正地理解则很难说。他认为这个问题没有任何实践上的重要性。在委员会报告正式发表后，马歇尔教授读到这份东西，"被凯恩斯的（国有银行的备忘录）迷住了，认为这是一项奇迹般的建设性工作。如果这些年轻人能够如此大刀阔斧地干事业，而且在这么困难的环境中仍然游刃有余，我们这帮老家伙就只好上吊自杀算了。"

3 在文明的边缘

一个人在回顾过去时，失去的世界总是不尽相同的：要么更加辉煌，要么更加黑暗。心灵的愉快和痛苦总是在回忆和历史中才更加强烈。更有甚者，当一段时光戛然停止时，人们总觉得先前的那一段时光似乎比实际上的更美好。所以，不足为奇的是，凯恩斯和他的朋友们都把1914年以前的那个世界看成是一个理想的世界，或者说，如果没有第一次世界大战，那个理想世界一定会到来。这批人当然是一批有特权的阶层，而他们回顾的那个黄金时代恰恰是他们这个阶层的世界。结果如此，他们对当时的前景和将来的种种可能性的预测也不是彻头彻尾的错误判断。即使他们的判断是错误的，对传记作者来说也无关大局，因为他们对自己的经验的解读影响了他们后来的生活和努力。

克莱夫·贝尔在1917年写的《战前时光》一文中说："我认为，自1789年以来，没有任何一段时间像1914年春天的那段时光更让人对未来充满美好的憧憬。"对布鲁斯贝利的一帮人来说，对未来的美好憧憬主要是文化上的，而在1914年间，对他们来讲，文化的表现形式就是芭蕾舞艺术。芭蕾是这个时代的艺术象征，如同30年前瓦格纳歌剧是那个时代的艺术象征一样。芭蕾舞艺术的兴起主要得益于20世纪最伟大的艺术团体经营者之一的迪亚格列夫。迪亚格列夫不仅向世界推出了天才歌唱家查利亚宾和芭蕾舞演员尤萨维娜和尼金斯基,而且致力于将芭蕾舞艺术变成为现代艺术的催化剂。他费尽心机地从拉维尔、斯特拉文斯基、施特劳斯和德彪西等作曲家那里获得了奇迹般的作品;他的舞剧中的视觉效果非常深远——特别是贝诺瓦和巴克斯特设计的布景和服装,以及尼金斯基的大跳动作的高度均令人叹为观止。正如理查德·尚恩所指出的:"芭蕾艺术的影响是广泛的,它对戏剧、室内装演设计和绘画艺术都有影响……对画家们来说,不仅仅是芭蕾艺术的色彩使他们震撼,而且舞蹈者的身体动作和对空间的控制也达到了无与伦比的高水平。"

然而,俄罗斯芭蕾舞团的影响并不仅仅限于艺术方面,它让社会和艺术进行的那种接触是布鲁斯贝利试图用"后印象派"艺术所做不到的。布鲁斯贝利的艺术家们曾经天真地以为可以做到使上流社会的统治精英文明化。正如莉迪娅·卢波科娃(俄罗斯著名芭蕾舞演员,后成为凯恩斯夫人——译注)多年后所指出的:"迪亚格列夫的聪明就在于他能够将卓越的艺术与时尚相结合,让革命化的艺术与传统社会的氛围相匹配。"奥托琳·莫瑞尔和库那德爵士夫人是这种新时尚的领军人物。据奥斯伯特·希拉维尔的说法,"玛格特·阿斯奎斯(自由党首相夫人——译注)将唐宁街10号的首相府变成了一个文化气息强烈而又丰富的社交中心,实为百年以来之罕见,今后也不会再发生。"布鲁斯贝利的一批人物对艺术所承担的文明教化和振奋人心的使命是看得很重的,这与他们对未来充满信心的心态有关。在战前的伦敦,人们看不到1914年以前的维也纳的那种文化氛围,即审美精神是逃避一个行将崩溃的社会的一个出路。与维也纳相反,艺术、"进步的政治"以及经济条件的改善都与一个美好的未来相辅相成。政治作为一种职业也许被布鲁斯贝利看得很低,但这批人中的宣传家对于人民大众在哪些方面能与他们心目中的文明社会进行融合则毫无定见,他们只是确信日子会越来越好。因此,1914年8月爆发的事件不能不对他们是一个强烈的震撼。那些在他们看来是过时的、滑稽戏角色一般的政客们能够将整个文明关闭起来实在是出乎他们的意料之外。

大战前夕,战争风云密布,但凯恩斯仍忙于他的概率论一书的清样,对局势毫无感觉。奥匈帝国的弗朗茨·费迪南大公在6月28日遇刺,而凯恩斯在一个月后才在给别人的信中提到国际局势的恶化。而且,他提到国际局势的背景是因为他对伦敦股票市场的今后走向感兴趣。他当时决定购买加拿大太平洋铁路和西班牙矿业公司的股票,他说:"我

第 11 章 战前小阳春

这次胆子够大的……在我看来,股市趋势对俄国和德国稍微有点不利。"直到7月30日,他还有心思对内维尔说些鸡毛蒜皮的小事,诸如"我对那间大房间的地毯样式的选择尚举棋不定",或者关于他到康沃尔与杰夫里、玛佳丽和布琳茜尔德·奥利维尔等人一起去野营的计划。7月31日,梅纳德写信给父亲说:"战争的新闻开始令人讨厌地干扰我的工作——我不再能保持心态安详。"第二天,德国开始入侵比利时。1914年8月4日,英国对德国宣战,布鲁斯贝利和梅纳德的世界发生了永久性的变化。

第三部分

纯真的终结

我在圣诞节思考的问题是,战争的继续……将有可能使我们所熟知的那个世界消失得无影无踪。虽然我心里不快,但总体来说,我还不懊悔。将富人的财产剥夺也许是好事,他们也是罪有应得。但我感到害怕的是整个社会总体上的贫困化。战争再打上一年,我们将会失去在新大陆的所有经济利益,而我们的国家将在经济上仰仗美国。然而,唯一的选择……是搞布尔什维克那一套;我今天早晨躺在床上很是自足地想到,因为我们的那帮领导人既不称职,又疯狂尚且邪恶,使得某一个特定历史时期的某种特定文明行将结束。

1917年12月24日,J.M.凯恩斯给佛萝伦丝·凯恩斯的信

同你一样,我对富人收入的大幅减少——甚至包括我们自己的收入——仍能泰然处之。我想我们大家都应该到公共社区的饭厅里去买饭,这些饭厅现在已经存在。然而,要将我们家的房子重新改造,以减少对仆人的需要,则是难上加难的事情……

1917年12月26日,佛萝伦丝·凯恩斯给J.M.凯恩斯的信

如果我们的目的是蓄意让中欧(主要指德国——译注)贫困化,我可以大胆地预言,中欧的报复心态是不会弱的。

J.M.凯恩斯,《和平的经济后果》,第170页

第 *12* 章

适应战争环境

1 等待就职

凯恩斯即使在剑桥也不能置身于局势之外。在英国宣战的两天之前,他收到财政部贝西尔·布莱凯特的一封神秘兮兮的信,说他"为了国家利益",需要向梅纳德紧急咨询。凯恩斯劝说他的妹夫A.V.希尔用他的双人摩托车当天送他到伦敦,直奔财政部。8月6日,他从财政部会议室给父亲写信说:

> 到明天以后,金融危机的压力将要过去。
> 那些银行家们已经完全不知所措,只能在那里发呆,不能将两个思绪连贯起来。
> 英格兰银行的硬币支付手段已被拯救——实际上是幸免于难。我们现在关注的问题是拯救承兑银行(我怀疑现在是否还有一位英格兰银行的董事仍然具有偿付能力),然后是关于1英镑纸币发行的问题。我听人说,财政部认为在防止硬币支付被中断的过程中是我起了重要作用,因为我的一份备忘录说服了劳合·乔治(时任财政大臣——译注)。

凯恩斯就这次危机发表过三篇详细的分析文章,他本来打算以此为基础写一本书,但一直未能如愿。这次危机的起源是外国借贷者不能向伦敦金融公司偿还债务,由此引起了双重连锁反应,差一点使得英格兰中央银行失去捍卫金本位的黄金。

第三部分 纯真的终结

1914年7月底，外国人欠伦敦商行的债务为3.5亿英镑。这些外国债务人在债券到期时不能及时偿付，对债权持有人的偿付能力是一个威胁，同时又威胁到中间债权持有人——贴现行，最终威胁到最后持有人——股份银行。对银行的第二个威胁来自于购买伦敦股票的外国人。他们在购买股票之后，不能在结账日期及时支付，所以对伦敦股票经纪人是一大压力。由此而引起的债券的被迫出售又进一步减少了银行的资产价值。银行的反应是从贴现行收回贷款（而这些贴现行则被迫到英格兰银行去以高利率再贴现的方式获得支付票据），或用纸币到英格兰银行去兑换黄金，同时对客户拒付任何数量的黄金。这样一来，就造成伦敦金融街——"针线街"上排起挤兑金币的长龙。几日之内，仅仅由于这种"国内的挤兑"就造成英格兰银行的2700万英镑的黄金储备损失掉1200万。为了保护储备黄金，英格兰银行将7月29日的3%的利率提高到8月1日的10%，同时将8月的银行假期延长了三天。7月31日，伦敦股票市场关闭。

8月1日，英格兰银行行长面见首相阿斯奎斯和财政大臣劳合·乔治，要求该行不再有义务在客户的要求下支付金币。劳合·乔治一开始是支持这个举措的。在正式决定出笼之前，政府宣布一个月的债务缓期偿付。

在这次危机当中，凯恩斯向政府提供了咨询，在整个第一次世界大战中，他的金融咨询工作一直没有中断。凯恩斯在8月3日写了一份备忘录，对劳合·乔治的态度转变起了决定性的作用。凯恩斯认为，"在绝对必要条件来到之前"，不应该停止支付金币。他赞同巴吉浩特（英国经济学家——译注）的立场，即黄金储备不是作囤积之用，而是在实际操作中使用的。他用"信心"来作为他的论据，说如果英格兰银行在金融危机的开头就停止支付金币，日后人们对它的信心就会大大降低。伦敦金融地位的发展使得它成为其他国家和地区的黄金储备的管理银行，这有助于大大提高其金融中心的地位，所以信心问题就会变得更加重要。凯恩斯的建议是，在国内对黄金支付进行一定的限制，但对外支付则仍应保留。这样一种观点基本上被政府所接受。国内各银行的黄金储备被英格兰银行集中起来管理。同时，财政部被授权印发1英镑和10先令的应急纸币，又称为"布莱得贝里"纸币，因为这些纸币是由财政部的常务副大臣约翰·布莱得贝里爵士签署的。对外黄金支付仍保持不变，银行危机得以结束。

剩下的问题是如何重振伦敦金融市场的活力。凯恩斯认为，只要英格兰银行对贴现行的新到业务进行担保，而且对过去的债务延期偿付，问题就可迎刃而解，因为银行和贴现行不过是将坏账攥在手里一段时间而已（当时谁也没有想到战争会如此旷日持久）。

第 12 章 适应战争环境

然而，政府却采取了一个一揽子挽救伦敦金融市场的计划。凯恩斯认为此计划过于铺张浪费。英格兰银行在政府的担保之下，自行购买了1亿8000万英镑的债务，用纳税人的利益来减轻金融市场和股份银行的负担，这样就在货币市场上注入了大量的资金，降低了利率，为战争头几个月的通货膨胀财政打下了基础。

从凯恩斯在《经济学杂志》和其他地方发表的文章来看，他对股份银行深恶痛绝。他批评这些银行不适当地限制向股票市场投放贷款，没有必要从贴现市场收回如此大量的债务，同时还从英格兰银行挤兑黄金并加以囤积，最后还对客户拒付黄金。他写道："我们的金融体系面临的危险不是来自公众挤兑银行，而是银行挤兑英格兰银行。"他在10月10日向马歇尔抱怨道，联合银行的总裁菲力克斯·舒斯特爵士是一个懦夫，伦敦米德兰银行的总裁爱德华·霍尔顿爵士只谋私利，而其他的那帮银行家则"胆小如鼠，噤若寒蝉，群龙无首"。他认为这些银行的董事和经理的水平太低，所以才有这种混乱局面。

然而，一位近期的学者，马切洛·德切科则认为这些银行家在当时的所作所为是伦敦金融界内部斗争的延续。尤其是因为股份银行当时试图从英格兰银行手中接管黄金储备和与商业银行的利润丰厚的业务。10月9日，菲力克斯·舒斯特爵士写信给凯恩斯，拒绝接受他的批评，辩称股市的下挫与国内的挤兑现象是由贴现行业造成的。而就股份银行对挤兑现象的责任而言，他说是因为英格兰银行没有向他们提供足够的5英镑和10英镑的纸币。顾客对这两种纸币的需求高，因为夏日假期即将来临，而政府没有足够的纸张来印刷这些钞票。更为重要的是，舒斯特指出，提出要中止金币支付的不是股份银行的总裁们，而是英格兰银行的行长康利夫勋爵。凯恩斯收到此信，将某些批评之辞收回。

在一篇1914年12月发表在《经济学杂志》上的文章里，凯恩斯嘲笑那种认为黄金储备只是摆在那做样子的观点；如果真是这样，我们"不妨将所有的黄金储备熔化掉，然后打造成总出纳员的塑像，将它放在一个高不可攀的纪念碑上，永远也不需要把它拿下来"。更加能够预示凯恩斯思想发展方向的是他对金本位的看法；他认为金本位是对货币管理任务的一种干预，"学术和科学上的解决方法已经存在"。他担心在英国保持金币支付体制成功之后流入英国的大量黄金会引起通货膨胀。而且在协约国当中，只有英国成功地捍卫了金本位。他认为：

> 如果这次金融危机带来一个后果，证明黄金终于从它统治我们的地位上被推翻，从暴君成为立宪君主的话，历史将翻开新的一页。人类将在争取自治的道路上向前迈进一步……

第三部分 纯真的终结

这次金融危机也牵涉到个人利益。凯恩斯和他的父亲都向贴现市场提供过贷款,他们同其他一些在那里有债权的人一样,担心违约或拖欠出现。但是,他在8月5日给政府的备忘录中建议政府不要给贴现行的票据提供担保是直接与他自己的利益相违背的。

他的1914年8月3日的备忘录也许帮助劳合·乔治成了一位货币问题专家,但是他俩并没有因此成为合作伙伴。凯恩斯的政策干预并没有给他带来财政部的任何委任状。相反,劳合·乔治任命经济记者乔治·派利斯爵士为他的特别顾问,在经济问题上长期向派利斯请教,而凯恩斯则被送回剑桥。

他回学校后曾试着回到他原来的工作习惯,开始批阅概率论的清样。8月23日,他到康沃尔同奥利维尔姐妹们一起参加了几天的野营。但他一直心神不定,想干一番与战争有关的事业,于是他发现写文章是一个好办法。8月11日,他的文章《论他国的货币措施》出现在《早邮报》上。从8月28日到9月7日,他在阿什汉姆小住时向《经济学人》杂志写信,讨论股份银行的黄金储备问题。他还在《经济学杂志》上连续登完了他对这次金融危机的解释。既然不能处身于战争机器之中,他能做的最多是提供局外人的建议。所幸的是,财政部里还是有人听得进他的忠告。这个人就是在2月被任命为金融国务秘书的爱德温·蒙塔古。在一封9月4日的信中,凯恩斯警告蒙塔古关于通货膨胀的危险性,还表示不能信赖劳合·乔治,他说:"作为对这些问题有特殊知识而又没有将来的仕途野心的少数几个人中的一员,我对自己处在被动观望的位置十分不满。"他于12月中旬悄然渡过英吉利海峡到巴黎去撰写《关于法国财政》的报告。他在报纸上还写文章分析德国战时的财政措施,并批评政府的新闻检察官不让人们大量地接触德国报纸的信息。他用这些方法争取在今后有资格获得政府委任的公职。

1914年10月10日,他回到剑桥,发现本科生大都人去楼空,国王学院的后院则成了一个军队医院。他现在只能"给黑人和女士上课","慰问一下伤兵……他们中有的人看上去很帅"。他还帮助谢帕德照顾比利时难民——"丑陋,布尔乔亚,而且十分无趣的人。"在伦敦的集体生活也有变化。9月底,布朗斯威克广场38号的租约到期,凯恩斯搬进奥尔蒙街10号的几间屋子。布鲁斯贝利成员之间的恋爱关系又开始重新组合。亚得里安和邓肯的关系已经结束,而且他已与卡琳·考斯泰洛订婚。与此同时,范奈莎与罗杰·弗拉埃的关系也结束,而邓肯成为范奈莎的新欢。邓肯虽然并没有爱上范奈莎,但他们对绘画的共同兴趣促使他俩走到一起。布朗斯威克的集体生活结束后,邓肯搬到戈登广场46号,并在费兹罗伊街22号租了一间画室。范奈莎在10月初发现梅纳德的心情十分低落,"他在他的屋

178

第 12 章　适应战争环境

子里感到非常的孤独。他不停地讲到邓肯，并痛苦地说，亚得里安的结婚居然促成了他和邓肯的分手，实在不可思议——他们两人的同居关系已经断断续续地维持了六年。"

从积极的方面来说，梅纳德和范奈莎的友谊却在与日俱增。从他们在1913年去诺弗尔克野营那个时刻开始，他们之间的关系到了1914年4月更加成熟，当时范奈莎受邀到梅纳德从沃尔夫夫妇那里租来的房子里参加大型聚会。梅纳德对朋友不够体贴，甚至连利顿都感到受辱，而范奈莎则因为一贯喜欢淫猥的言行，而被梅纳德的表现刺激得很兴奋，她想成为男孩圈子中的一员。到了1914年秋天，他俩的友谊更加牢固，因为他们都对邓肯有爱心，但都得不到回报。范奈莎曾经提出让梅纳德搬到戈登广场46号去住，但他也许觉得感情负担过于沉重，决定待在奥尔蒙街。

梅纳德从来没有考虑过是否参军的事。这不仅仅因为他觉得自己在其他方面更能为战争服务，而且因为他对在战场上厮杀没有一丝浪漫主义的感觉。他的这种态度与一些贵族子弟的态度截然不同。比如朱利安·格伦费尔就认为战争是逃避百无聊赖的无用生活的一个途径。格伦费尔的态度同梅纳德的朋友弗伦奇·贝卡西的见解不谋而合，这让梅纳德非常抑郁。他竭尽全力劝说贝卡西不要回国参加匈牙利军队。他还试图劝说弟弟杰夫里不要志愿参加皇家陆军医疗队，而这两次努力都没有成功。他也害怕邓肯在家庭的军队传统的压力下去当一名志愿兵。

另一方面，梅纳德在战争开始时并没有强烈的反战情绪。他既不是一个和平主义者，也对战争的政治根源没有兴趣。比如说，他没有参加"民主控制联合军"的任何活动。这个组织是由自由党左派和一批有自由主义倾向的社会主义者所创立的，它的指导思想是把战争起源归罪于英国对法国的秘密军事承诺。他对战争的直觉与经济学家和国家公职人员的那种态度相同。战争是生活中的一个现实，只要战争没有结束，就应该在管理上做到尽可能的高效率，而他（正确地）自信他能够在战争管理上做出贡献。他也同大多数人一样，认为战争不可能旷日持久地打下去。这倒不是说他相信协约国的军队很快就能打进柏林，而是因为他认为，如同诺尔曼·安吉尔的看法一样，现代世界的组织结构是为和平而设计的，不可能一下子转变成战争机器。所以，他对战争的起始态度是冷静的，因为这场战争的吸引力和恐怖远远在他的想象力之外。

梅纳德的朋友们对战争的反应各不相同，差别很大。贝卡西回国为轴心国方面而战。他的另一个好友F.L.（彼得）卢卡斯最近刚被选为信使会成员，也放弃了在三一学院攻读古典文学的学业，报名参军。卢伯特·布鲁克也上了前线，而戴斯蒙德·麦卡锡则志愿

第三部分 纯真的终结

为红十字会服务。但是大多数布鲁斯贝利的成员和他们的朋友都拒绝从军。利顿的传记作者写下这么一段话:"利顿自己似乎相信所有身体健康的知识分子都应该做好保卫英格兰海岸线的准备:但是有一条,没有一个知识分子的身体符合条件。"利顿在马尔波罗郡附近的拉克特别墅阅读梅纳德关于金融危机的一篇文章的间歇中,"织了一条海军蓝的羊毛围巾准备送给我们的一位水兵。我尽管不认识他,但可以想象得出他的样子"。从根本上来说,布鲁斯贝利不想被任何事情所干扰。他们不愿参战的态度并没有转变为积极的反战行动。在这一方面,他们与伯特兰·罗素很不相同。罗素出于政治原因,从一开始就反对这场战争。罗素那一代的信使会成员中亲德国、反俄国的情绪仍是根深蒂固的。梅纳德在这方面也不能不受他们的影响。 *180*

直到战争伤亡报告源源不断地到来时,梅纳德才开始感到这场战争的恐怖。8月15日那天,他收到朋友弗莱德·哈德曼的一封情绪高昂的信:"你是否想让我从柏林给你带一件特殊礼物,也许是一幅蚀刻画?"梅纳德10月25日写回信时,大谈剑桥近来的流言飞语,然而这封信被退回,上面写着"阵亡"。哈德曼在率领他的弟兄们与敌军肉搏时牺牲。梅纳德于11月4日写信给邓肯说:"这样的事情会发生实在太可怕。它让人感到不管任何条件,战争必须立即停止。我无法忍受他死去的现实。"11月9日,他提到卢卡斯入伍前曾来向他道别。"他就这么走了实在令人伤心。我心里的所有下意识情感都是极度忧郁的。过去不是这样。即使我方最终获胜也无补于事,改变不了我的心情。"

2 财政部官员

1915年1月6日,在埃德温·蒙塔古的推荐下,凯恩斯终于在白厅获得一项任命,作为乔治·派利斯爵士的助理,年薪600英镑。这项任命是根据战争进程的长短而定的,不是永久性公职。他的办公桌设在白厅的财政部套间的巴西尔·布莱克特的办公室里(从后面可以看到骑马的皇家卫队),而财政部也允许他继续编辑《经济学杂志》,并在不使用官方资料的前提下从事写作。他于1月18日开始上班,并于21日写信给父亲说:"在一上来的无所事事之后,我现在非常繁忙,因为我现在是首相主持的一个内阁秘密委员会的秘书。今天上午第一次开会,所以我现在开始懂得内阁会议是怎么个开法。当然这件事要绝对保密。"(阿斯奎斯首相对他的知心女友维内西娅·斯坦利曾提到过这个委

第 12 章 适应战争环境

员会的秘书,"是一个叫做凯恩斯的聪明、年轻的剑桥教师"。)该委员会的任务是研究食品价格上涨的问题。到了1月25日,凯恩斯已经写出了一份备忘录;后来的几个月里,他则一直忙于政府以低于国际市场水平的价格购买印度小麦的交易。

1月30日,他父亲又听到更多的消息,"我将去巴黎——我们星期日或星期一出发。这可是一个一流的代表团:劳合·乔治、蒙塔古、英格兰银行行长(康利夫勋爵)、我以及一个私人秘书。我们是法国政府的客人。"凯恩斯获得这个机会的原因是劳合·乔治告诉蒙塔古,说他不需要带上常务副大臣布莱得贝利和金融司长马尔科姆·拉姆赛,这些人对他"无用"。蒙塔古建议带上凯恩斯,所以他被选中,与布莱克特一起代表财政部。他的朋友们发现他"很高兴,对这次出访感到兴奋"。他则告诉他的朋友们,说英国将向俄国提供6000万到1亿英镑的贷款,而且还要给意大利"一笔巨款,这实际上是贿赂意大利,促使它参战——非常不道德的行为"。在巴黎,凯恩斯见到了法国财政部长亚历山大·瑞波,也出席了普恩加莱总统举行的招待会。法国报纸则报道协约国方面的一位新人物:"伦敦经济学院的卡恩斯(Kains)教授"。

凯恩斯在2月2日至5日参加的巴黎会议是协约国之间的第一次协调会议,它是战争中建构一种非常复杂的盟国之间的战争信贷制度的开端。俄国已不能够出口足够的产品和黄金以换取战争必需的商品;法国境况稍好一点,但也十分严重;英国的金融地位比这两个盟国都要强得多,所以不得不开始向它们提供资金。英国和法国同意向俄国提供双方出资的贷款,而俄国则保证一旦达达尼尔海峡被打通之后,立即增加小麦的出口。俄国和法国还同意将黄金转入英格兰银行。英国对法国的信贷从4月开始发放。这次会议上做出的决定实际上是战后的整个战争债务问题的根源所在,因为这些资金的转手是以贷款形式,而不是以拨款形式来执行的。也就是说,英国一旦开始向它的协约盟国发放资金,就不可避免地要控制这些贷款在国外的使用方式,防止这些资金被浪费,或仅仅被用来支撑所在国的货币汇率。这种资金控制方法一步一步地造成了一套中央集权的采购制度。协约国在国际市场上的订货通过伦敦下订单,而其结算则是通过在英格兰银行里那些明确标明是发放给协约国账户的英国信贷。这是凯恩斯在此后的两年里逐渐建立起来的制度,他自己也成为这个制度的管理者。

在这个阶段里,凯恩斯还不过是众多的低级顾问中的一员。然而,他很快就在财政部里崭露头角,这也与乔治·派利斯爵士的地位迅速下降有关。在战争刚开始的时候,凯恩斯后来回顾道,派利斯

第三部分 纯真的终结

被劳合·乔治召到财政部做他的首席金融专家,而在1914年8月间,他在财政部的重要性只维持了一天半左右。然而像往常一样,劳合·乔治先生很快就对他感到厌烦了,不愿再读他的那些冗长的备忘录。他的工资和头衔都很高……不过他的办公室在卡克斯顿大楼的公路管理委员会里,离这边有很远的距离。

凯恩斯在两次世界大战中都曾在财政部服务。这里的氛围对他来讲要比印度事务部好得多。财政部在格莱斯顿执政时是英国政府节省各个部门的开销的核心部门——而在那个时代,开销最大的是军队——并且也继承了格莱斯顿的年度预算平衡的原则和他对百姓口袋里的钱越多越好的信念。但是这些理念对眼下的这场大战则不再能适应,而且,正如凯恩斯后来所指出的,这些理念也不能用来在经济萧条的状态下制定经济政策。但是在1914—1918年间,财政部还是竭力同战时无限制使用资金的做法进行了斗争,而凯恩斯则是财政部的一员悍将。财政部对它的一贯理念仍是坚持到底的。凯恩斯加入的那个财政部的规模很小,但排外性很强。即使在第一次世界大战中,财政部迫于总体战争的前所未有的压力,也才不过增加了三名全职的文官,从37人增加到40人,同时也增加了12名临时聘请的专家。部里的官员分为六个司,管辖范围从收取财政收入到对政府各部门的资金分配。由于人员很少,下级官员和临时聘请人员也有机会担当非常重大的任务。凯恩斯本来就认识财政部的唯一的一位专业经济学家拉尔夫·霍特利,巴西尔·布莱克特也是老熟人,布莱克特是金融司的一等文官。他还结识了其他一些人,如在20年代和他发生冲突的奥托·尼迈耶和30年代与他合作甚欢的弗里德里克·菲力浦斯。凯恩斯在这么一个"精英小圈子"里获取了政府财政工作的知识,也给他日后在公共场合提出的一些看法奠定了权威性的"内圈人物"的声誉。

正如伊丽莎白·约翰逊正确地指出的那样,凯恩斯"从一开始就具有一种财政部的眼界"。他很快就能将具体的拨款要求同财政政策的总的原则结合起来看,而且理解国内金融和国际金融之间的关系。他也具有文官的那种必不可少的素质,在很短的时间里,写出短小精干而又明晰的备忘录。他很欣赏财政部的氛围——这批人"非常聪明,没有幽默,而且从某种意义上说是玩世不恭;而他们在知识上非常自信。有些人觉得财政部官员并不那么神秘而且对他们提出的问题未必都能理解,对这些人,财政部的官员们根本是不屑一顾的"。凯恩斯对财政部撰写草案的那种特殊形式赞不绝口,认为它具有审

182

第 12 章　适应战争环境

美观,是财政部的声誉的一个主要组成部分。在这一点上,他与劳合·乔治毫无共通之处。他写道,财政大臣"对形式主义的含义没有任何审美的观点",而且他"对货币的含义一窍不通"。在他第一次出差到巴黎期间,凯恩斯毫不客气地当面告诉劳合·乔治,说他对法国财政的观点是"胡说八道"。

1915年1月6日,梅纳德在"皇家咖啡店"开晚会以庆祝他在财政部的工作任命,参加晚会的17个人中有贝尔夫妇、谢帕德、赛西尔·泰勒、法朗基·伯瑞尔、邓肯·格兰特、大卫·加奈特,还有奥利维尔姐妹们、斯特拉彻兄弟以及戴斯蒙德·麦卡锡。之后,他们又一起到戈登广场46号参加克莱夫和范奈莎组织的晚会。在那里,他们先欣赏了一段莫扎特三重奏的演奏,然后到楼上观看了拉辛(法国剧作家——译注)的一部剧作的最后一段,表演者则是邓肯制作的三个木偶人,而台词则是由斯特拉彻兄弟用阴阳怪气的语调表现出来。"晚会的高潮是杰拉尔德·舒夫在屋子的正中被用玫瑰花做成的王冠进行加冕仪式……"布鲁斯贝利成员们正从战争爆发初期所带来的那种震撼心态中恢复过来。奥托琳·莫瑞尔又开始她的周四晚会,大肆喝酒,并在菲力浦·莫瑞尔的自动钢琴的伴奏下疯狂地跳舞。在这个时候,上前线的人和留下来的人的心情都是一样的兴奋和愉快,可怕的大屠杀尚未到来。

在一次晚餐请客中,梅纳德把大卫·加奈特的座位安排在范奈莎和邓肯之间,而这恰好就是这个绰号为"小兔儿"的加奈特在后来的四年生活中的实际位置。邓肯完全陷入对"小兔儿"的热恋之中,而且时时担心会失去他。迈克尔·霍尔罗伊德对"小兔儿"的评价是,他的动物本能"很强,而且是令人吃惊的多样化"。(他有天晚上甚至大肆挑逗梅纳德。)范奈莎则由于迷恋邓肯,不得不让"小兔儿"夹杂在她与邓肯之间。他们的恋爱三人行正式开始,常常一起出入于租来的农庄里。1915年春,他们三人从圣约翰·哈奇逊夫妇手中买下了在苏塞克斯郡西威特琳附近的艾琳诺农庄。梅纳德则常常在周末到那里去,成为第四个人,但他的形象则更像一个叔叔辈的人。1915年4月,邓肯从艾琳诺农庄写信给希尔顿·扬:

> 我们曾有过一次类似的过夜聚会,其中包括利顿·斯特拉彻和凯恩斯。梅纳德现在已是个大人物……他每天到财政部上班,工作非常努力。他还告诉我他在一个上午就为国家节省了上百万英镑……利顿也变得越来越和善。我听说他在写一本非常棒的书,一部关于那些讨厌的维多利亚时代的人物的小传……

第三部分 纯真的终结

梅纳德在生活中再也找不到能够替代邓肯的人。法朗基·伯瑞克答应与他睡觉，但只不过是"看在过去的情分上"。他有时也到街上去寻找性伴侣，但这类随机的冒险活动也不是没有风险的。他在奥尔蒙街10号的女房东被她房客屋里的一些奇怪的性活动所吸引，曾向梅纳德做过敲诈的暗示。梅纳德于1915年2月搬到高瓦街3号，他把顶楼转租给杰拉尔德·舒夫和约翰·谢帕德。谢帕德当时是战争部的一位翻译人员。阁楼则被卡特琳·曼斯菲尔得和米德尔顿·莫瑞租去了，这两人后来结了婚。

凯恩斯在财政部工作中的投入和在布鲁斯贝利圈中的活动使得他不去多思考他在前线的朋友们的命运，也不去多关心那些反战的朋友们的事业。然而，面对那些反战的朋友们，他的愉快心情多少有点做作，而且他的观点也不大直率。他的工作很有成绩，常常在24小时之内的期限中写出一篇又一篇的备忘录精品，他对此十分满意。此外，他能将公众利益与他自己的职位联系起来，这当然是可以原谅的，所以他促使自己相信，战争的管理最终是落在一批能干的人的手中。1915年1月20日，他同沃尔夫夫妇在一起吃生蚝时告诉他们："我们必定能打胜这一仗，而且能非常体面地赢，因为在最后的紧急关头，我们将所有的智力和财力都用在这个方面了。"但当他被问及为何让他自己的智力参与战争时，他就变得不大自在了。他的标准说法总是他工作的目的是寻求快乐——而与战争有关的工作能够给他带来快乐。1915年3月7日，伯特兰·罗素和D.H.劳伦斯（著名作家——《查特莱夫人的情人》的作者）在剑桥与他共进晚餐，他们也发现凯恩斯的回答闪烁其词，回避问题的实质。罗素在给奥托琳·莫瑞尔的信中说："凯恩斯的心肠很硬，学究气浓而且不够直率，他用他的智力来掩饰他的灵魂所受的折磨……他自称想要享受一段不中断的快乐时光，其实这根本不是事实。"罗素和劳伦斯都认为凯恩斯对战争的那种轻描淡写的态度来源于同性恋对他的性格的"隔绝效应"；劳伦斯甚至认为凯恩斯是个"堕落，肮脏"的家伙。其实，凯恩斯的回答中是有一定的真实性的，但也没有完全反映他的心态。他这时还没有认真地思考过他个人与这场战争的关系。他对自己的工作非常着迷，这对他来说已经足够了。他能将一些不安的念头摒除的原因是他认为战争很快就要结束。他在1月告诉沃尔夫夫妇，"德国财政正在崩溃。"

其实，在他欢快的外表之下，一直有一种忧郁。他在4月25日写信给邓肯：

> 这个周末真是太可怕了，我本来以为在弗莱德死后我的那种心情不会再来了，可是它又出现了。昨天收到消息，说我们的两位大学生在前线阵亡。我认识

第 12 章　适应战争环境

他们两位，虽然不是很熟，但我很喜欢他们。今天又听到卢伯特（布鲁克）死去的消息。尽管大家对他颇有微词，我还是要为他哭一场。这么可怕的一个噩梦是无法被中止的。我希望今后不要再有一代人像我们一样生活在这样一种乌云之下。

6月25日，贝卡西在布科维那阵亡。梅纳德向邓肯追述了贝卡西的生平，最后写道："我们现在谈论他已毫无用处。我觉得最好是把这一切都忘掉，越快越好。"

1915年5月，政府的构成有变化，凯恩斯有机会获得新的任务。5月19日，阿斯奎斯同保守党组成联合政府。有两个因素促使联合政府的产生。第一，"军火不足已成为公众丑闻。海军司令费雪尔勋爵在'经过深思熟虑之后'，认为他不能再同（温斯顿）丘吉尔（时任海军大臣——译注）一起共事下去。"第二个背景是英法联军在西线的春季攻势受挫——据说原因是大炮没有炮弹——同时，协约国在达达尼尔海峡的战斗也失利。劳合·乔治被任命为军火部大臣；瑞吉诺尔·麦金纳则出掌财政部"暂时代行劳合·乔治的职权"。梅纳德成为金融司的成员之一，他的关注重点是战时的金融政策的走向。6月初，他陪同新财政大臣到法国尼斯与英国新的盟国意大利的财长举行一天的会谈。他们去时乘坐的是战舰，回来时则是驱逐舰，这让梅纳德像小孩一样兴奋不已。

但是他刚刚开始新的工作就不得不休息近两个月。一开始是患盲肠炎，要立即开刀，然后又得了肺炎。直到7月9日，他才同父母一起坐火车回到剑桥。7月14日，他可以到国王学院进晚餐了。几天之后，他到牛津附近的加辛顿别墅去继续养病。那本来是一幢破旧的都铎风格的房子。奥托琳·莫瑞尔刚刚把它改造成一个华丽、香气扑鼻的文化人的绿洲，供她的作家和画家朋友们使用。奥托琳"比在战争初期更加喜欢凯恩斯"，当时凯恩斯曾在她在贝德福特的家中过夜。她觉得"凯恩斯是个欲望狂，对工作、名声、影响力、控制他人的能力以及被人羡慕的心情贪得无厌。他的那种神态，除了同几个密友在一起例外，几乎是目空一切"。现在在加辛顿别墅的那种较为放松的条件下，奥托琳开始欣赏"他的个性的那种氛围——一种超然、沉思而又带一半温情的对人谈话的方式。他的头偏向一边，一副和善而又宽恕的笑容，一双非常迷人的眼睛在那里漫游、寻找和猜测，然后发出一声爽朗、发自内心而又亲切的大笑……"在后来的几个月里，梅纳德常常在加辛顿别墅组织过夜晚会，将布鲁斯贝利的朋友们和一些自由党政治家聚集在一起。在奥托琳记载的那次晚会之后，他到英格兰银行行长在怀特岛的别墅去度周末。他在8月初重新回到财政部上班。

第 *13* 章

凯恩斯与第一次世界大战

1 这是一场什么样的战争?

他一回去上班就被卷进麦金纳和劳合·乔治在英国战时经济问题上的争斗之中。财政部的立场非常清楚:因为资源不足,拨款的原则是"区别对待",所以必须分清轻重缓急。国家的财力应该在扩大兵员、弹药生产和出口商品之间做出明确的选择。劳合·乔治任财政大臣时是接受这个原则的,但他的职务变化使他的立场也发生了变化。他现在是军火大臣,要求70个师的英国陆军有足够的弹药。麦金纳从劳合·乔治手中继承了"区别对待"的原则,而他的解释则是出口贸易第一,扩军和增加弹药生产其次。财政部的观点非常简单,协约国联盟的财政结构有赖于英国的出口能力或对外借贷的能力,否则难以支付联盟的对外费用。所以,对英国的出口工业无论什么代价也要保护下去;尚且,英国还必须保证英镑汇率不会下降,以维持同美国的借贷信誉。劳合·乔治对这个观点嗤之以鼻。他坚称还存在着财政部没有看到的其他资金来源,比如说,应该把妇女纳入战时工作的轨道;而且美国人鉴于他们自己的利益,总是愿意向英国提供贷款的。

财政部这次终于有了一个理解它的大臣。劳合·乔治和麦金纳在性情上也是南辕北辙。"一个人的头脑中尽是形象,而另一个人的头脑中却尽是数字,冲突在所难免;双方互不让步,使这场争斗一天天地情绪化。"麦金纳同劳合·乔治即使在最好的时光里也互不买账,现在他们在政治立场上又处于两个极端。劳合·乔治同联合政府中保守党的阁员一样,支持义务征兵制,而麦金纳、格雷、朗西曼、克鲁以及阿斯奎斯身边的传统自由党人都坚决反对。

第三部分 纯真的终结

正是围绕着义务征兵制，经济上的争论才有了政治上的含义。大家都同意打赢战争是最理想的目标，但打一场什么样的战争则给政客们留下了辩论的空间。对那些相信英国的参战应该尽量不干扰"经济生活的正常运转"的人来说，财政部的观点大受欢迎，阿斯奎斯和他的支持者们正是坚持这样一种基本立场的。他们承认战争为必要的一场灾难，但担心战争的后果不可收拾，所以想尽办法减少战争带来的损害。但是这批人的弱点是，首相阿斯奎斯本人的性格太弱。他反对义务征兵制，但同时又支持大规模的军力扩张，使得义务征兵制成为必要的措施。他与他的战争大臣克基纳勋爵的看法一致，都支持将军们提出的集中兵力和火力争取在西线打开缺口的战略。他们这样做是为了避免，而不是促成义务征兵制。然而，这个政策的基点是将军们能够取得速胜——他们曾保证速胜但没有成功。劳合·乔治的政策则没有这种前后不一贯的问题，他希望英国打上一场总体战争，这样他的组织天才和政治天才就能够充分发挥出来。他对所有的"专家"都有着一种本能的不信任感，这种不信任感也延伸到将军们以及这帮人所发出的要在比利时的佛兰德地区突破敌军防线的誓言。他想要大量的军队——但却是派别的用场。

财政部的麦金纳在这场争论中的地位显然是举足轻重的，而凯恩斯则顺理成章地成为他最喜欢的顾问，由此而被卷入争论的旋涡中。这两个人的家庭和个人背景相似，所以一开始就非常合得来。凯恩斯的经济学思想和心态都使他倾向于阿斯奎斯派。他在这个阶段并不反战，只不过想减少战争带来的损害。他的地位使他能够理解国内政策对英国对外金融政策的影响，同时他也能理解如何用国际金融的强制力来影响国内政策。他最关心的是政府对他的朋友们的生活不要再多加干扰（而义务征兵制就必须让一大批人上前线——译注）。他的直觉告诉他英国不应打一场全民皆兵的战争，而应该用资助他人参战的手段。这本来就是英国的传统政策，从经济上讲是有道理的，但从道德上讲就大有问题，因为这等于说英国的自由派对盟国参战的伤亡人员无动于衷。凯恩斯不久就开始意识到这一点，所以从1916年开始，他倾向于用双方调和的手段结束这场战争。

英国在第一次世界大战中所采取的一些典型的战争管理做法在第二次世界大战中亦有重复。政府在战争伊始就预期这场战争时间很短，所以用发行公债的办法来筹集战争费用。1914年11月，政府第一次发行国债3.5亿英镑。然而，这些国债的买主大都是银行，这些银行将财政部的国债券算做自己储备的一部分，于是继续向私人客户发放同战前同样数量的信贷，所以通货膨胀立即发生。凯恩斯刚到财政部工作时就提出政府的支出应以税收为基础，不能依赖有通货膨胀倾向的国债。他在1915年5月的一份报告中写道：

第 13 章　凯恩斯与第一次世界大战

"一国物质财富的最终控制者还是民众，所以要掌握国民财富，最安全可靠的办法是直接取之于民。只有在特殊情况下，而且数量不大的条件下才可以例外。"凯恩斯反对通货膨胀的原因有二：一是它对收支平衡的负面影响；二是对英镑——美元兑换率的影响。政府无非有两种政策选择，要么更大规模地"征用"国民财富；要么减少战争费用的增长速度。凯恩斯从政治立场上来讲，支持后一种政策。而麦金纳则决意要两者双管齐下。在他于9月21日制定的政府预算中，他增收了所得税和利润附加税，还对某些进口产品增收"麦金纳关税"。同时，他又开始鼓吹对劳合·乔治的军火生产计划进行限制的政策。

按照E.V.摩根的观点："美元汇率才是问题的关键所在。英国和它的盟国对食品、原材料和弹药的庞大采购计划完全有赖于足够的、而且价格合理的美元的供应量。"到1915年春天，美元汇率开始逆转——由于美国出口商手中的英镑已经超过了英国出口商手中的美元数量，美元的价格开始上扬。1915年4月，英格兰银行开始从渥太华向纽约运送黄金，指令英国政府在纽约的采购代理J.P.摩根公司收购在英国公民手中的美元债券。(7月，麦金纳曾征用保诚保险公司的价值4000万美元的美金债券以支付一笔弹药合同的预付款，这样才避免陷入一场困境。) 与此同时，英国向其盟国施加压力，将它们的黄金储备集中到伦敦来管理，这样才能向它们发放信贷。

这一系列措施并不能够避免1915年8月的一场汇率危机。到了9月1日，纽约市场上英镑的卖出价下跌了7%（正式国家牌价是1英镑兑换4.80美元，此时只能兑4.47美元）。为了恢复英镑的地位，英格兰银行向纽约运去了更多的黄金。同时，财政部在J.P.摩根公司开专用户头，用于存入卖出美元证券，抵押证券和黄金的收入。然而，9月间瑞丁勋爵与美国谈判美国贷款的结果非常令人失望，英方原来指望能有2亿英镑，结果只得到1亿，而这1亿英镑的债券中，美国民众只认购了3300万。显然，除了纽约的金融界以及与其有相关利益的军火商之外，一般老百姓对向协约国贷款没有多少热情。

1915年8月23日，麦金纳在内阁新成立的"战时政策委员会"上发表了与劳合·乔治的扩军计划不同的观点，他的立论基础是凯恩斯准备的一份备忘录。他的主要观点是认为"英国目前的劳动力已经配置在完全有用的各行各业，如果将这批劳动力用于充军，只能算是对人力资源使用的另类选择，不可能增加对他们使用的价值，所以对英国支援其盟国的作战无补于事"。他坚持说，如果对社会消费不进行大幅度的控制，生产也不可能得到控制。所以"如果我们不废除私人收入的话，大规模扩充军队和继续在财力上支撑盟军是两个可以互相替代的选择"。

第三部分 纯真的终结

麦金纳的观点没有获得内阁的认可。这倒不是由于他的论证过于新颖,有哗众取宠之嫌,真正的原因是当时协约国已经做出了有利于西线战略的重大决定。就在麦金纳参加这次会议的三天以前,即8月20日,战争部长克基纳已告诉内阁,他不能不同意法国提出的重新展开秋季攻势的建议。法军总司令霞飞将军坚信他能够打赢这一仗,这就是9月25日开始的卢斯战役。这次战役只打了两周便不得不放弃,协约国联军没有获得一寸土地,而损失却十分惨重,英军伤亡6万人,法国的伤亡则高达15万人。将军们对这次失败的回答是在1916年还要再打更大的战役。

1915年9月8日,德国泽普林飞艇轰炸伦敦,炸弹落在凯恩斯住的高瓦街附近。当天他写信给母亲:"在财政部里,我一直忙个不停,但我很喜欢这一工作。今天我受财政大臣委托撰写一份备忘录,同往常一样,我只有一天的时间。"凯恩斯这篇在9月9日完成的备忘录叫做《本财政年度的金融形势展望》,写成以后送交内阁周游了一圈,麦金纳在9月13日召开的秋季预算紧急内阁会议上所作的发言也是以此为基础的。麦金纳说他采取一系列大家都熟知的手段能够维持到1916年3月31日,随即又回到他的一贯立场,提出英国必须对国民财富的使用加以节减,这样就能在财政上超过德国政府,拖垮敌人。凯恩斯的这篇备忘录对金融形势的前景非常悲观。据他的计算,当年的财政赤字为7亿英镑,而且增长速度飞快。他认为赤字中的5亿英镑可以被"实际的资源"——税收和货款收入、资产的销售和变现以及从国外取得的贷款等等——所抵消。剩下的部分则只能用"通货膨胀主义"的方法来解决——也就是说,加印纸币。"如果在1916年能获得和平,那么通货膨胀政策就可以立即中止,这样,我们在本财政年度就安然无恙。否则的话,我们下面几个月的支出将很快使我们的金融地位不能自保。"原因是通货膨胀必将带来英镑兑换率的垮台,从而英国将不能支付从美国进口的商品。

据当时的一位评论家所言:"麦金纳的报告和凯恩斯的备忘录使得财政大臣和他的才华横溢的助手成为英国政府内部的'拉奥孔'(即曾警告特洛伊人勿中木马计者——译注)和'卡桑德拉'(特洛伊公主,能卜吉凶——译注)。"凯恩斯对金融形态的危言耸听的判断使得劳合·乔治大为光火。在他的《战争回忆录》一书中,他写道:

> 麦金纳先生的神经被他的首席顾问J.M.凯恩斯的预言所震撼。后者作为在紧急状态下的顾问并不合适,因为这个人太反复无常而且爱冲动。他像杂技演员一样轻而易举地就得出他的结论,但他也能同样十分轻松地得出相反的结

第 13 章 凯恩斯与第一次世界大战

论……当那个预期的灾难时刻到来时,我们仍能从国外购买更多的食品、原料和军火,而且仍有支付能力,借贷信誉仍很高。实际上,这个预期的垮台日子被推迟到了秋季才到来。

麦金纳—凯恩斯观点也未能说服阿斯奎斯。为了逃避他在政治上越来越困难的处境,麦金纳—凯恩斯的悲观主义反而促使他下决心为争取速胜而豪赌一番。因此,这种悲观主义所产生的实际效果是使政府更热衷于西线战略,而这个战略从长远上来看则必须采取义务征兵制。

麦金纳的政策在1915年秋季里的失败对战争有着决定性的影响。财政部在国内开支议题上失去了控制权,这就意味着战争的主要资金来源将通过贷款来筹措,因为税收来源是有限的,不可能无限制地扩展。因此财政部在此争论上的失败使得义务征兵制变得不可避免。

在财政部,每年制定预算方案的时候都是最忙碌的时刻。凯恩斯在10月15日写信给父亲,说他"完全累趴下来了……当然这是工作和兴奋两者结合的结果。这一周的大部分时间我都在过着非常高层的生活,而且周末将与首相在一起过"。阿斯奎斯夫人玛格特在10月16日的日记中记道,她和"财政部的一个叫凯恩斯的男士"联手在桥牌中击败了特拉福夫人和埃德温·蒙塔古结成的对子,并赢了他们9英镑。这个周末是凯恩斯同阿斯奎斯夫妇友谊的开始。首相在周末喜欢离开伦敦,到他在伯克郡萨顿·考特尼的乡村码头别墅去度假,在那里他可以与朋友一起打桥牌消遣放松。他有时也和女儿维亚蕾一起开着摩托车到加辛顿的奥托琳那里去吃周日午餐。在那里,他的牛津巴里奥学院的那种高贵的自由主义得以小心翼翼地与剑桥信使会的那种造反派文化进行交流。梅纳德并不是桥牌高手,但比玛格特要强得多,因为她的牌术实在太不高明;他在码头别墅和唐宁街10号首相官邸常常大把大把地赢钱,尽管有的时候受到玛格特的养女伊丽莎白·阿斯奎斯的调情而有所干扰。(伊丽莎白后来成为罗马尼亚的比贝科王妃。)玛格特在晚上常常睡不着觉,因此喜欢在这些不眠之夜里记下她对主要朋友们的印象。她笔下的人物性格都十分鲜明,但她对凯恩斯并没有写下任何东西,也许梅纳德此时的资历尚不足以让首相夫人上心。后来当凯恩斯成了大人物时,玛格特·阿斯奎斯已经不再撰写日记了。

1915年10月,德尔比勋爵被任命为征兵总监。政府的目的是最后一次挽救自愿兵役制,但德尔比被告之,如果这次的征兵计划失败,则开始施行义务兵役制。凯恩斯继续用"替代选择说"来说明"向国外增派一个新的远征师和向国外的盟军运送食品、军火和其他物品是两个政策选择中的一个"。但他的这类观点对战争事态的发展没有什么影响力。阿斯奎斯虽然同意凯恩斯的观点，但他不愿与将军们的意见相左。到1915年年底，英国陆军已经完全被"西线派"所控制。新任陆军总司令黑格将军和新任帝国总参谋长罗伯逊将军都"坚信取胜的途径只能是在佛兰德地区消灭德军。同时，他们对英军在这种战略中将损失的兵员数额没有任何犹疑和不安"。12月28日，战时内阁批准了罗伯逊提呈的在1916年春季发动大规模新攻势的计划。正如罗伊·詹金斯所指出的："在这种情况下，政治家的工作就不再是寻求替代的战略，而是集中精力为这场大屠杀提供兵员和弹药。"同一天，内阁还在原则上同意了义务征兵的制度。1916年1月27日，政府的"兵役法案"获王室批准。这样，关于打一场什么样的战争的问题终于得到了解决。

2　道德原因拒服兵役？

按照新的义务兵役法案，所有18至41岁的单身汉以及没有孩子的鳏夫都被视为"已在参军之列"。各政府部门有权对那些"从事对国家有重大利益的工作"的官员发放免除服兵役的证书。其他要求免除服兵役的人则应在以下的几个条件下向地方法院提出申请：（A）他们的工作牵涉主要的国家利益；（B）个人处境艰难；（C）身体状况很差；（D）"由于宗教或道德的原因拒服兵役"。地方法庭要么直接拒绝这种申请，要么以上述的四个理由之一给予豁免权。而豁免权又分为"绝对豁免"和"有条件豁免"或"暂时豁免"。对于以"宗教或道德的原因"拒服兵役者，法庭也可做出"立即豁免"或者"只豁免参加作战，或者当他正在，或将要从事法庭认可的，与国家重大利益有关的工作的条件下，也可得到豁免"。兵役法案还设立了上诉程序，以处理地方法庭的决定引起的不服案件。

克莱夫·贝尔在1957年出版的一本回忆录《记老朋友们》中这样写道："人们似乎都不知道凯恩斯是一个'以宗教和道德原因拒服兵役的人'。"他的证据是，当凯恩斯收到征兵通知时，向地方法庭递交了以上理由要求豁免的申请。他在1916年3月28日被要求到霍尔邦地方法庭出庭，而他在3月27日从财政部写信给法庭说工作实在太忙，不能分身。两天后，他收到法庭的信说他的申请已经被撤销，因为"你已经被财政部豁免了六个月"。

第 13 章 凯恩斯与第一次世界大战

凯恩斯传记的第一位作者罗伊·哈罗德对此事糊里糊涂，毫无疑问，凯恩斯确实以"道德原因拒服兵役"为由提出过申请。他那封寄给霍尔邦地方法庭的信的草稿是这样的：

> 我要求彻底的豁免权，因为我对放弃个人判断事物的自由权利而被迫服兵役这件至关重要的大事有道德上的反对因素。我并不是说在任何情况下我都不会自愿服兵役。然而，在我审视了现存的状况之后，我确信自愿服兵役目前并不是我的义务。所以我庄严地向贵庭宣告我不愿从命的原因是从道德角度考虑的。我不能接受在这么一个问题上，我必须放弃自我决定的权利来确定哪些是、哪些不是我的义务，从而让任何一个人来替我做决定。我认为从道德上讲这是错误的。

法庭肯定收到过这么一封类似的信，不然不会召他到庭作证。

实际上，凯恩斯拒服兵役的理由并不十分清楚。他是否用古典自由主义的观点来证明政府在任何情况下都没有权利推行义务兵役制呢？还是说，如果他在实际情况下认为没有义务去从军，那么政府就没有权力强迫他去参加作战。凯恩斯在第二次世界大战中并没有反对义务兵役制。所以，最合理的解释是他仅仅是使用"宗教或道德原因拒服兵役"的权利。也就是说，他认为政府无权强迫公民去做他们从良心上感觉到是错误的事情。因为凯恩斯在原则上不是一个和平主义分子，所以他实际上在对现行的战争性质发表个人的看法——也就是说，这不是一场他认为应该自愿参加的战争。

剩下的问题是，既然他已被财政部所豁免，为什么还要提出申请？显而易见，这是一封阐明自己立场的信，以支持他的布鲁斯贝利朋友们——这批人中很多是和平主义者，还有一些人反战的原因是政见的不同。但也可以有另一种解释：凯恩斯这封信是有实际用途的。他在撰写这封信时已经获得财政部的豁免，因此，他在1916年2月28日写这封信的时候一定在考虑从财政部辞职。如果是这样的话，那么他在一个月后没有出庭就能被解释为是他又不打算提出辞呈了，所以法庭的判决结果就无关紧要了。

1916年1、2月间，凯恩斯离辞职到底有多近？迈克尔·霍尔罗伊德认为"他的辞职绝无可能"。但是，我们有必要将一个重要的证据展开，以便让我们理解他当时的心态。

在义务征兵制出现之前已有先兆。从1915年秋天开始，凯恩斯参与战争管理的行为越来越受到朋友们的批评，这些朋友中的一些人开始感到日子变得不太好过。那年10月，

第三部分 纯真的终结

邓肯·格兰特和大卫·加奈特("小兔儿")两人起程去巴黎,邓肯被邀请去为一出戏剧设计服装。在福尔克斯顿时,一位英军军官对邓肯极尽羞辱,骂他为和平主义分子。而到达法国时,邓肯又被拒绝入境,被当作"不受欢迎的外国人"而遣返回英国。"小兔儿"被允许只身继续前往巴黎,虽然凯恩斯设法让那个英国军官受到了上级的训斥,但仍接到了"小兔儿"11月15日从巴黎写给他的一封愤怒的信:"你是什么东西?你不过是他们极端政府所需要的一个人才……你是被那些野蛮人从国王学院的'宝瓶'中不经意取出的那个妖怪。他们利用你为他们的野蛮行为服务,然后再把你送回宝瓶中去。"大卫·加奈特后来对这封信感到很不好意思,但出乎意料的是,梅纳德"同意我说的这些有很多是事实"。

整个1916年1月间,凯恩斯的心态起伏不定。在6日那天,他写信给父亲说他想提出辞职。13日,他又写信给母亲佛萝伦丝,说他要继续在财政部待到"他们真正开始折磨我的朋友们的那个时刻"。他认为英国内部的分歧"会促使和平更快地到来"。这些说法还应放到大背景中来看。1915年12月29日,阿斯奎斯的五个阁员:西蒙、麦金纳、朗西曼、格雷和奥古斯特·贝瑞尔一同提出辞呈。阿斯奎斯在一天前给埃德温·蒙塔古的信这样解释这件事的背景:

> 他们(指麦金纳和朗西曼)提出辞呈的理由并不是针对内阁的实际决定:他俩都说不反对提议中的新法案。他们的真正原因是关于扩充67个师的兵力的决定;他们认为不可能招到这么多的兵,除非我们对国民财富和责任进行毁灭性的打击。

阿斯奎斯提出一个调和的建议,即成立一个"以一个月为限来探讨不同的军事和经济观点的内阁委员会"。除了西蒙以外,其他四人都同意暂不辞职。

如果麦金纳和朗西曼双双辞职,凯恩斯会怎么做?我们有一个重要的线索。1915年12月31日,利顿·斯特拉彻写信给奥托琳·莫瑞尔说:

> 今天上午我去看(伯特兰·罗素),然后我们一起同梅纳德在特拉法加尔广场附近的一个奇特的地下通道里共进午餐,在那里的绅士们都像鹦鹉站在栖木上一样坐在高脚凳上吃饭……梅纳德不能告诉我们多少事情——他只说麦金纳

第 13 章 凯恩斯与第一次世界大战

仍然举棋不定；但他似乎认为麦金纳和朗西曼不会辞职。如果他们真的辞职，他自己亦将辞职以助他们一臂之力。

后来麦金纳决定留任，梅纳德也留下来继续帮他的大臣捍卫财政部的立场。内阁委员会中的财政部的那一部分内容是由凯恩斯在1月底起草的。其核心论点是财政大臣认为保持黄金支付手段至关重要，而"大规模的扩军计划"与此相左。内阁委员会的正式报告由阿斯奎斯、奥斯汀·张伯伦和麦金纳三人于1916年2月4日共同签署。该报告的结论是，扩充60多个师的计划所带来的风险在短时间之内尚可应付，同时亦需要盟军在减少开销上加以配合。这实际上还是在"速胜"上进行豪赌。既然麦金纳在2月4日参与签署了这份报告，为什么凯恩斯在2月28日写信给霍尔邦地方法庭的那一天仍然在考虑辞职的事情呢？这里，我们必须指出另一个原因：他的布鲁斯贝利朋友们，特别是利顿·斯特拉彻向他施加压力，希望他辞职，在他写那封信之前，这种压力达到了高潮。

按规定，每个要求豁免的申请必须要在3月2日以前提交。几乎所有的布鲁斯贝利的男士都决定以道德理由拒服兵役。说他们全是和平主义分子有点过分，杰拉尔德·舒夫确实是个不折不扣的和平主义分子，然而在战争爆发之初，几乎每个布鲁斯贝利的成员都在原则上愿意参战，但是战争进程促使他们改变了看法。到1916年时，布鲁斯贝利的成员中没有任何人再相信这场战争的目标和可能的后果，他们认为战争带来的损失——生命损失和自由权利的损失——不能再给它提供任何正当的理由。梅纳德在政治上和伦理上与他的朋友们的立场是相同的，他也开始意识到战争继续进行下去是个错误，他希望看到的是"没有胜利的和平"。他知道有些内阁成员，特别是兰斯当勋爵，也是这个观点。他真心希望这类阁员辞职以领导一场敦促政府开始和平谈判的运动。

然而，正如保罗·列维指出的那样，由于他对战争是这样一种立场，他就必然会对此做出某种回应。如果他不同意战争的目的和方法，他怎么能够证明他自己的与战争有关的工作是正当的呢？凯恩斯并不能简单地用个人的"责任感"来回答这个问题。他在1938年时曾写道："我们当时完全否定了个人有遵从一般规则的责任。"他曾许诺说如果麦金纳辞职，他也一定求去。但是，麦金纳的良心从根本上说与他的良心有何干系？迈克尔·霍尔罗伊德写道："毫无疑问，利顿和罗素都认为他当了'叛徒'，他俩还分别向他施压，要求他从财政部辞职。他们认为他一方面坚称支持那些因'道德原因拒服兵役'的朋友，另一方面又从事一项关于如何才能用最便宜的方法杀德国人的工作。"

第 三 部 分 纯 真 的 终 结

这种压力在1916年2月20日达到高潮,那一天,利顿·斯特拉彻"将一个类似于白羽毛的东西——即指人为懦夫的象征物——放在凯恩斯的晚餐盘子上"。这是一张从报纸上剪下来的报道,上面提到埃德温·蒙塔古的一次慷慨激昂、穷兵黩武式的演说。(利顿告诉他的弟弟詹姆士,说"这场演说可怕极了——不但要保卫国土,还要把德国彻底摧毁……")利顿还加上只有一行字的信:"亲爱的梅纳德,你为什么还在财政部? 你的,利顿。"利顿给他弟弟的信中接着说:

> 我本来打算把这封信寄给他,后来看到他正好在戈登广场吃饭,我也在那里,所以我把这封信放到他的盘子里了。他读完以后,确实非常窘迫……这个可怜的家伙尽量保持和气,承认说他留在财政部的原因之一是他对他的工作颇有成就感到高兴。他似乎认为他每周为国家节省了几百万英镑是在给国家做重大贡献……最后,他承认在某一点上,他将考虑辞职——但他不愿说出是哪一点。

第二天,凯恩斯签了一张50英镑的支票,将它寄往"全国反义务征兵制委员会"。他在2月23日得到财政部的六个月的豁免证书。五天后,他赶在3月2日的期限之前提交了"道德原因拒服兵役"的申请。这是对朋友的一种绥靖,或是一个以防万一的应急计划? 最有可能的回答是,他让自己今后的选择留有余地。他尚未决定辞职,但可能性是有的,他在给母亲的信中已说明了他会辞职的条件,那就是政府"开始折磨我的朋友们"。当时大家都不知道上诉程序能否有用。布鲁斯贝利的一帮人都准备要坐牢。如果梅纳德辞职,他必定会拒绝自愿入伍,或受政府强行征召,在那个时候,他的处境就会同布鲁斯贝利那帮朋友们一模一样。

如果说凯恩斯在2月的最后一个星期里还在举棋不定的话,到了3月28日他应该出庭的那一天,他已经明显地决定要留在财政部工作。这其中有几个因素。首先,我们必须明白他的父母在这段时间里也在向他施加压力,叫他"不要把取得的一切付诸东流"。父母的情感至少和朋友的友谊一样重要。其次,凯恩斯确实希望战争能够很快结束。1916年1、2月间,美国总统威尔逊的特使豪斯上校到交战国的首都逐个造访,敦促大家召开和谈。3月6日,英、美政府达成一项谅解,即"当时机成熟时",欧洲协约国成员将邀请威尔逊主持召开和平谈判。凯恩斯肯定从他在内阁的关系那里听说过这个协定。他认为"成熟的时机"很快就要到来。英国的资金已经行将告罄,他认定的金融崩溃的

第 13 章　凯恩斯与第一次世界大战

日子是1916年3月31日，尽管这一天被推迟了几个月。他也可能是一篇在杰拉尔德·舒夫办的和平主义杂志上的文章的真正作者。这篇署名为"政治学"的文章题为《正视现实》。文中谈到，西线战事的僵局"使得立即开始和平谈判成为无可辩驳的事实"。他于3月15日在海军部的一次发言中也表明了类似的观点。既然和平即将到来，辞职就没有任何意义了。此外，他也似乎意识到他也许能利用职权来拯救他的朋友们，而他最关心的自然是邓肯的境况。1916年初，他曾劝说邓肯和加奈特设法让法庭感到他们在"从事与重大国家利益有关"的事情，这样才有希望获得豁免权。邓肯的一位表兄刚刚去世，留下一幢在索弗尔克郡威塞特村的空房和一个果园，邓肯和"小兔儿"在那里做果农，范奈莎则在那里照顾他们的起居生活。5月4日，他俩在布莱茅斯的地方法庭出席申请豁免权的听证，梅纳德也到场为他们作证。然而，亚得里安·史蒂文代表他们做的申辩效果极差，"他好像是在高等法院对大法官说话"。法庭庭长被告知，加奈特的母亲康斯坦丝一直是位和平主义者，而且去俄罗斯拜访过和平主义运动的"圣人"托尔斯泰。而庭长根本不知道托尔斯泰是何许人也，以为是俄国一个小城的名字，所以完全不为所动，一口拒绝了他俩的申请。5月底，他们在伊普斯维奇出席上诉法庭听证。此时，梅纳德已经接管这个案子为他们进行辩护。他出庭时一副财政部官员的派头，"手提一只上面有皇家画押的带锁的大公文包，他要求听证会以最快的速度举行，因为他放下对国家利益有着极其重要影响的工作来参加这次听证"。这一回，他们俩被授予非作战人员豁免权（也就是说，兵役还是得服，但不去作战部队）。凯恩斯代表他们立即再一次提出上诉。直到1916年7月中旬，邓肯和"小兔儿"终于获得不服兵役的权利，但先决条件是能证明他们在从事"对国家利益重要"的行业。但这两人在威塞特村所从事的职业不符合条件，因为他们是个体果园业主。8月11日，凯恩斯设法为他们争取到留在威塞特的权利以便等待去"中部上诉法庭"去作证，但这时他们已经决定到别处去另谋职业。

这只是凯恩斯在夏季参与的案子之一。他在6月曾出庭为杰拉尔德·舒夫作证；还帮助一位剑桥彭布罗克学院的大学生的上诉；他还请麦金纳为小说家基尔伯特·凯南写过一封支持他的信。1916年6月18日，他写信给丹尼斯·罗伯逊："法庭危机即将结束，因为对COs（'道德原因拒服兵役'的申请者——译注）的让步很快就要开始。这种事情实在令人厌恶。我的一半时间都花在为朋友们的诚实、真实和高尚情操进行无趣的作证。"他通过这种活动为他继续留在财政部找到了合理的说辞。

第 14 章

快节奏生活

1 社交生活

197　　梅纳德在战争期间的生活方式现在已固定下来。白天他在财政部上班,晚上则与政要、好友或那些待在伦敦的一般朋友一起度过。他尽量到乡村去,或者到剑桥去同父母一起度周末。他的社交生活发生了一个明显的变化,坦率地讲,这个时期的男青年已经不可得,剑桥不再能为他的个人情欲提供新的来源;现有的朋友要么已上前线,要么散居在全国各地的乡村里务农。

在他的生活当中,他第一次需要女性同伴的慰藉。当然,女士们现在也很难找到合适的男伴。在布鲁斯贝利的圈子里,也有一批被称为是"短发女郎"或"兔儿"的女士,因为她们都喜欢留短的发型。这批人里面有三位是斯莱特公学的学生,多萝茜·布莱特、多拉·卡林顿和芭芭拉·海尔丝,其他则有剑桥纽汉姆学院毕业的芙莱得冈特·麦特兰、菲丝·贝吉纳尔以及爱丽丝·萨金特·佛萝伦丝。事实上,战争使得布鲁斯贝利向异性恋方向发展,这帮同性恋者终于开始享受家庭生活的乐趣。亚得里安·史蒂文首开纪录,同卡琳·考斯泰洛结婚;杰拉尔德·舒夫亦坦白地说他最希望被人照顾——于是在1915年同芙莱得冈特·麦特兰结婚。这个女士是维吉尼亚·沃尔夫的外甥女。詹姆士·斯特拉彻在爱丽丝·萨金特·佛萝伦丝的长期进攻之下,于1920年俯首称臣。"小兔儿"加奈特在1915年的大部分时间里都待在法国,邓肯和范奈莎也成为一对情人。1916年,最令人惊讶的是利顿·斯特拉彻,用克莱夫·贝尔的话说,"他明显地爱上了(多拉)卡林顿……他发现自己被她的那双腿所深深地吸引。我想他很快就会发现她有一个让人赞叹的灵魂"。1917年12月，他与她搬进一幢在朋本附近的房子里开始同居，梅纳德每年向他们捐赠20英镑的房租。

梅纳德自己迷上了芭芭拉·海尔丝。芭芭拉是一位活泼的、长得像洋娃娃的女孩子，她脸色红扑扑的，有一对蓝眼睛，一头卷发，但梅纳德此时还没有安居乐业的念头。他的弟弟杰夫里则不同，他在1917年娶了玛格丽特·达尔文。梅纳德的生活比他的布鲁斯贝利的朋友们更加充实，更加激动人心。他在财政部的年收入现在有700英镑，所以他能够组织单身汉的社交活动。他的"家庭"生活主要在剑桥父母那里，当然还有范奈莎、邓肯和加奈特，他们已经不在威塞特，搬到查尔斯顿去了。

他的空闲周末并不都是在这"两个家庭"中度过的。1916年里，他同奥托琳·莫瑞尔的关系非常之好，所以他常常到加辛顿去。在那里，有一次阿斯奎斯的女儿维奥莱特同利顿·斯特拉彻就"道德原因拒服兵役"的问题争得不可开交，梅纳德尽其诙谐之能，再加上戴斯蒙德·麦卡锡的口若悬河的掌故，才化解了这场大战，挽救了这个周末。

加辛顿别墅用了一大批"道德原因拒服兵役"的朋友做"荣誉园丁"，菲力普·莫瑞尔雇用他们"从事与国家重要利益有关"的事情。1916年夏天，阿尔都斯·赫胥黎、杰拉尔德和芙莱德冈特·舒夫夫妇、克莱夫·贝尔还有其他一些人都在这幢主楼或边上的小屋里住过。他们时而乘兴去劈劈柴，修剪篱笆，或者负责养母鸡（杰拉尔德负责照看鸡圈之后，鸡蛋的供应量突然大减）。加辛顿常常聚集着大批健谈、风趣而又令人不安地喜欢散布流言飞语的作家和知识分子，其中包括D.H.劳伦斯和夫人芙里达，这对奥托琳的声誉无补于事。她致力于鼓励艺术和美，但她自己素质上的缺点太多，以至于常常暴露在她所喜欢的那些人性鉴赏专家面前，她那热情好客的作风反而成为人们谈话中、信中和小说中的讥讽对象。梅纳德对奥托琳的好客没有恶感，但他也很喜欢听朋友们在背后散布的中伤她的流言飞语。在加辛顿，阿尔都斯·赫胥黎对凯恩斯的印象是"非常有魅力——他的知识非常渊博，对事物总有一些奇特的、精炼的看法"。

6月16日，战争大臣克基纳在奥克尼尼域附近罹难，他当时正在前往俄国去谈判军事和金融战略的路上，所乘坐的船触发了水雷而沉没。梅纳德可说是三生有幸，他本来也要参加这个代表团的，只是在最后关头被取消了资格。而内维尔只要一想到他儿子差一点同克基纳一起去就后怕得头痛不已。梅纳德待在伦敦会见了俄国东正教会和塞尔维亚政府的代表。他告诉父亲"他代表政府送给他们的礼物正是他自己想要的"。（他签单购买的给俄国教会的礼物是蜂蜡,而给塞尔维亚一位公爵夫人的礼物则是内衣。)他的备忘录继续让劳合·乔治不快,后者已经接替克基纳成为战争大臣。在1916年5月的一个批示里,劳合·乔治批评财政部试图对俄国的采购实行定量控制,称这个做法"愚蠢至极",他说美国的合约人将愿意直接向俄国人提供信贷,而不收取英国财政部的费用,因为他们不愿让俄国工业由于缺少订单而垮掉。而麦金纳对此的回应则是一份由凯恩斯起草的,于1916年7月5日提交内阁讨论的报告。这份报告对劳合·乔治的逻辑和所举的事实进行了详细的批评,就像一位导师在批评一个不用功的落后学生一样,这让劳合·乔治对凯恩斯记下了一笔新仇。7月过得很快,主要是与法国和意大利的财政部长进行会谈。

1916年9月,凯恩斯到麦金纳夫妇在戈达尔明的家里造访。他告诉母亲:

> 财政大臣在断断续续地度假,我们有时谈谈国家大事,有时则到山坡上去散散步。我们现在的关系非常密切,我也特别喜欢他。在这里,我生活得非常奢侈,在床上睡到吃午餐,他们对我宠爱有加。在这次度假之前,我已有好长一段时间感到前所未有的筋疲力尽。

布鲁斯贝利的人已经几乎都不在伦敦了,这就产生了一个问题,戈登广场46号的那幢房子怎么办?克莱夫·贝尔希望梅纳德把它租下来,他这样想是有私心的。他同律师圣约翰·哈钦森的夫人玛丽有染,他每两周同她见面时需要一个地方睡觉。玛丽是斯特拉彻兄弟的表姐。梅纳德觉得他接受戈登广场46号会有麻烦,他在高瓦街的租约还有九个月才到期。他写信给范奈莎:

> 我刚刚同克莱夫谈过话,我觉得他可能会给我找麻烦。他显然想多待在伦敦,而且想住在戈登广场;其实那里并没有他的房间。我如果拿下那个住处,就很可能成为没有安全感的一个两间屋的住户,而不是真正户主。

梅纳德的抱怨是有道理的;但这个安排也有好处,他在1916年9月底搬出了高瓦街的公寓,把谢帕德一起带到戈登广场。他负责付各种杂费和支付两个仆人杰茜和布朗茜的工资;贝尔夫妇则继续付全部的房租并占用其中的四间房间。哈里·诺顿在1917年3月搬

第三部分 纯真的终结

进了戈登广场46号,而多萝茜·布莱特、多拉·卡林顿和芭芭拉·海尔丝则搬进了高瓦街3号。

当中央区上诉法庭判决邓肯和"小兔儿"不能以私人业主身份拒服兵役后,他们放弃了威塞特。他们一开始计划到加辛顿去加入那一帮"荣誉园丁",但这样做就会与范奈莎分开。与此同时,维吉尼亚在苏塞克斯郡发现一个农庄,距富尔一英里,距艾什汉姆四英里,她敦促范奈莎把它租下来。她说:"它有一个迷人的花园,一口小池塘,还有果树和蔬菜。当然现在都无人照管,任意疯长,但你可以把它整治得很漂亮。这幢房子很不错,房间很大,一间有大窗户的正好适合作画室。"这座房子于1916年9月空出来;范奈莎在路易斯的一天中,一鼓作气地从詹姆士·斯泰西手中拿下了这幢房子,斯泰西并不是主人,他从主人盖吉勋爵手里签过租约。在这同一天中,范奈莎还说服了当地的一位年轻的农庄主海克斯先生雇邓肯和"小兔儿"做田里的帮工。10月底,梅纳德第一次来到这幢叫做"查尔斯顿"的农庄来造访,他称这个农庄是"邓肯的新乡村别墅"。这里很快成为他喜欢度周末的地方。

由于这种双重的集体生活安排,梅纳德在布鲁斯贝利的地位更加稳固。戈登广场46号,用克莱夫·贝尔的话说,是"布鲁斯贝利的历史丰碑",而现在的房主是梅纳德,所以,布鲁斯贝利在伦敦的集体活动安排主要在他手中。在查尔斯顿居住,他也感到安全,那里不久就成为布鲁斯贝利在乡村的前哨基地。这里离伦敦只有一小时的火车路程,是理想的周末去处。此外,在查尔斯顿他能非常放松,这一点是他同性格比较刚烈的沃尔夫夫妇和斯特拉彻兄弟在一起所不可能得到的。他的性格在这里被朋友们接受,他也能享受朋友对他的佩服和温情,这里没有剑桥的那种对个性无情地分析和对人的动机问题盯住不放的习惯,而他在这方面常常吃亏,很少获益。同布鲁斯贝利的其他聚会地点相比,查尔斯顿的生活很有特点,拥有自己的世界。利顿·斯特拉彻和沃尔夫夫妇,甚至克莱夫·贝尔尽管都自认为对世俗的价值漠不关心,但他们与梅纳德相识的时间很长,不能不对他的种种成功感到嫉妒,而他们的嫉妒往往反映在自我保护的形式上,也就是对凯恩斯的所作所为进行批评。梅纳德同范奈莎、邓肯和"小兔儿"的关系没有竞争的因素,他们能够很容易地承认梅纳德在他们的知识面以外的事情上的权威性。他们把他进入高层圈子的活动看成是趣味横生的小道消息的来源,而不会视为道德说教的议题。即使他的粗野的一面在查尔斯顿的实在、淫猥的环境中也很契合,而利顿·斯特拉彻就对它难以接受。

查尔斯顿成为梅纳德在战时的最重要的家。他一般是星期五或星期六晚上到,给他们讲完有关战争的故事后就待在床上一直到第二天午餐时光。在起床前,他已经将带来的工作做完,废纸篓里装满了撕碎的纸片,然后他就完全自由了。他们要么闲聊,要么到小镇街上去散步。他从某种意义上也成了一名荣誉园丁,他喜欢跪在一小块地毯上用随身所带的小刀认认真真地清除鹅卵石小路上的杂草。大卫·加奈特后来回忆道:"他来这里住的时间长短,我们只要一看那条石子路的状况就知道了。"梅纳德的活泼心态对大家都是一种感染。

2 金融危机和政府更迭

在战争的第三个冬天到来时,财政部一直预测会出现的危机终于开始了。这时,英国在欧洲大陆的战争已经完全依赖于美国,协约国的汇率能否稳定、其整个内部的金融体制都有赖于英国向美国借贷美元以支付战费的能力。1916年10月3日,在外交部的一位官员理查德·斯波林的提议下,成立了以尤斯泰斯·波西勋爵为主席的跨部门委员会,研究这个形势。凯恩斯是财政部的代表,他在两份论点犀利的备忘录中详细地分析了英国对美国日益依赖的后果。他估计在未来的六个月里,英国每个月将要在美国花掉2.5亿美元,而其中的2亿美元必须从美国借贷。但他怀疑美国的私家银行能否继续以这么大的规模贷款给英国。在麦金纳圈阅的一段话中,我们看到了不祥之兆:"如果目前的形势继续下去,我可以斗胆地说,在明年6月或者之前,美利坚合众国的总统就能够,如果他希望的话,向我们强加任何条件。"在内阁里,劳合·乔治再次攻击这种悲观的结论:"如果我们在战旗上看到胜利的光芒,所有的困难都会一扫而光。成功即意味着金融信誉:金融家们从来不会在是否向一种繁荣昌盛的事业借款的问题上犹豫不决。"英国依赖美国这个现实的暴露(尤斯泰斯勋爵写道:"我们的工作……是设法让美国人感到心情舒畅,这样他们就能不加限制地向我们贷款。")促使内阁重新审视英国的战争目标。与此同时,兰斯当勋爵在1916年11月13日写出一份备忘录,要求立即开始和平谈判。

在美国,除了德裔银行家如保罗·瓦堡格这些人以外,大多数的金融家都是亲协约国的,美国财政部的态度也如此。美国的农场主和工业家也希望协约国方面保持采购的势头,因为协约国采购的规模大大高于德国。同时,纽约也渴望能够取代伦敦成为世界金融中心。然而,英美两国的政治关系在1916年的大部分时间里都很糟糕。英国利用它的海上优势阻止美国供给品进入德国,而且开始把与德国做生意的美国公司列入黑名单。当时,德国的政策非常小心谨慎,并刻意减少潜艇战的规模,所以英国的举措让美国人很不高兴。同时,英国对爱尔兰"复活节闹事"的领袖处以死刑,也让爱尔兰裔美国人非常愤怒。美国的总统大选将要到来,威尔逊想安抚爱尔兰和德国裔的选民,这些选民都是反英的,而且还想得到波兰和犹太裔选民的支持,而这些选民都是反俄的。尚且,威尔逊想结束战争,德国人至少在口头上要相对地欢迎他的和平努力。与此相反,劳合·乔治在1916年9月22日的一次著名的媒体采访中向一位美国记者声称英国的政策是"一棍子打死"敌人。更有甚者,英国对美国的J.P.摩根公司的依赖性在政治上对英国政府是不利的,因为这会将协约国的事业同华尔街银行家传统的恶劣名声联系在一起。凯恩斯在10月10日的一份备忘录中说:"我国的对美政策不但应该避免相互指责或有意刺激对方,而且应该安抚和取悦对方。"这些话表明了金融的霸权已经开始不可避免地向大西洋彼岸迁移。

1916年11月27日,美国联邦储备局告诉会员银行,它们应该减少对国外借户的信贷,而且警告私人投资者不要进入与协约国国债券有关的投资项目,这就引起了英国在战时最严重的金融危机。美国的动机是要用金融压力迫使协约国早日结束战争。威尔逊总统以同样的理由加强了联邦储备局的立场。英国别无选择,只得自行支付。在三个星期之内,英国每天平均流失价值500万英镑的黄金。凯恩斯回忆道:"在当时,我们认为这已非常可怕。"到了12月中旬,金融危机有所缓解,一方面协约国减少了开支,另一方面,摩根公司允许协约国使用大量的透支额度。

凯恩斯对这次危机的心情是矛盾的。一方面,他竭尽全力帮助政府渡过这一难关,另一方面,他又希望这场危机能够早日结束战争。他再次寄希望于威尔逊总统。这位美国总统在12月18日再度发起了和平攻势,呼吁交战国将和平条款提交到桌面上来。与此同时,凯恩斯不得不开始为一个新的、不大友好的政治领袖服务。12月6日,劳合·乔治取代阿斯奎斯成为首相,而保守党的伯纳德·劳则接替麦金纳成为财政大臣。凯恩斯在这个政治变动关头心情十分沮丧,而他虚弱的身体素质也偏偏在这个时候来跟他捣乱。在1916年到1917年的冬季里,他三次患上流行性感冒,身体基本上被击垮。

从另一个角度来看,迫于金融形势的现实,威尔逊总统在1917年1月22日所发出的呼吁各交战国开始"没有胜利者的和平谈判"的口号变得似乎更有说服力。英国的黄金外

第 14 章　快节奏生活

流仍在继续，到了2月22日，凯恩斯的估算是，剩下的资源"已不能维持四个星期了"。然而，英国人终于被德国人拯救了。德国人并不了解英国当时的金融形势是处于何等绝望的境地，如果英国当时决定停止黄金兑换政策就会把它的危机暴露无遗，而凯恩斯一直都在积极而又成功地说服政府不要采取这样的措施。德国人在2月1日启动了无限制的潜艇战，目的是彻底切断协约国从美国获得资源，但德国完全没有意识到协约国的金融地位本来已快要让它达到此目标。对德国发起的这场潜艇战，威尔逊总统的看法是，它使"没有胜利者的和平"计划的最后一线希望彻底破灭了。所以，在4月6日，美国向德国宣战。这样，凯恩斯控制英国在海外开支的能力以及对避免金融垮台的努力反而促使威尔逊总统向劳合·乔治靠拢，转而支持了后者的"一棍子打死"的战略思想。

在这个时刻，凯恩斯并没有认真地考虑辞职的问题。劳合·乔治对凯恩斯的不信任则反映在他的一个蓄意报复上。梅纳德在2月11日向母亲解释说：

> 我已被批准进入获得巴斯勋章的最后名单中。但劳合·乔治看到这份名单以后，提笔将我的名字勾掉了——这种做法真是闻所未闻。他这么做的部分原因是对麦金纳的战时委员会的那份备忘录进行报复，他知道我是作者。

作为安抚，凯恩斯被任命为"A"司司长。这是从金融司新划分出来的一个专门主管对外金融政策的新单位，凯恩斯直接向主管常务副大臣罗伯特·查默斯和财政大臣本人负责。到战争结束时，他的这个司一共有17个官员，多数是临时聘请的。这批人中有他过去的学生达得利·沃德；还有一位聪明的18岁小伙子卢伯特·特鲁顿，此人战后成为凯恩斯的学生；还有奥斯瓦尔德·托因比·福尔克，此人本是"巴克马斯特和莫尔"股票经纪公司的合伙人。福尔克是一位保险统计专家，对芭蕾舞十分热衷，曾发起一个规模很小的晚餐俱乐部——"星期二俱乐部"，每周二在皇家咖啡馆聚会探讨战后金融问题。凯恩斯是这个俱乐部的原始发起人之一。福尔克在1917年10月加入财政部。当时一位从别的部门调到凯恩斯手下工作的官员安德鲁·麦克法丹回忆起在凯恩斯手下工作的极度喜悦：

> 作为一个年轻人，对凯恩斯犀利的思路感到非常振奋。他能够分析一个问题，将它解释得让人看起来非常简单，而且他用的语言读来令人十分有快意……凯恩斯很少在中午以前到财政部——至少这是我的印象——他每天晚上

8点钟离开。他的工作速度快得惊人，一天结束之后，他办公桌上的文件夹里已没有多少未处理的材料。

凯恩斯的提升使他与财政部的工作更加密切。不久，他开始对俄国发生的事件感到高兴。1917年3月12日发生的革命（即俄国二月革命——译注）中，沙皇被迫退位。他告诉佛萝伦丝说他"真是非常的兴奋与快乐。这是这场战争中到目前为止最值得庆祝的一件事情"。梅纳德那一代人的反俄情绪一直是根深蒂固的。

美国的参战和俄国的逐步退出预示着前几个月的金融危机必定会得到缓解。7月以后，凯恩斯拒绝向俄国提供任何新的贷款。他对俄国十月革命的反应我们不得而知。而他对俄国事务的最后一次官方行动是为设在阿奈安吉尔的白俄政府设计了一个货币委员会，该委员会在1918—1920年间运作。

3 战时金融外交

1917年5月底，凯恩斯获得三级巴斯勋章，"承蒙他的好意，查默斯给财政大臣施加最大可能的压力而使我的提名作为财政部的唯一人选上报"。出乎意料的是，他与新财政大臣伯纳·劳关系处得极好。劳没有麦金纳的那种学究气，但他抓住一个问题的实质非常之快，而且能过目不忘。"在每次正式会议之前，财政部的文官只有非常短促的机会与大臣见面，向他指出某一问题的要点"，他却立即能够加以掌握。劳在所有对外金融有关的事务上都完全依赖凯恩斯。凯恩斯越来越真正地喜欢劳。这是一个心情忧郁的人，当他的两个儿子在前线阵亡之后，就更是如此。凯恩斯不久就成为唐宁街11号（即财政大臣官邸——译注）的四人桥牌的成员之一。

当美国加入协约国方面参战以后，国际金融的游戏规则发生了变化，凯恩斯的工作性质也发生了变化。资金现在有保障了，但新的问题又出现了，这些问题包括获取这些资金的条件、这种新的关系对战争的管理有什么影响、战争的目标以及战后的均势。美国的目标是支持协约国一直到胜利，但同时要求在战后的和平安排和贸易、金融上占主导地位。英国必须想方设法减少战争债务以便在战后保持最大限度的灵活余地。正如在第二次世界大战中显示得更加清楚的那样，英国人的集体智慧足以和美国人的金钱实力旗

第 14 章 快节奏生活

鼓相当——至少英国人是这么看的，而凯恩斯正是这个集体智慧中的一员。

当然，英美金融外交发展的实际进程并不是那么简单、清晰的。英美双方都有各自的内部争斗。在美国，金融大权分布在四个中心，即财政部、联邦储备局、华尔街和国会。财政部长是威尔逊的女婿威廉·吉布斯·麦克阿都。此人一方面有绝对的雄心要将金融大权从其他三个中心夺回，进行独揽；另一方面，他对金融问题在很大程度上并不理解。而且在实际操作过程中非常惧怕国会山。他在1917年的政策从某种程度上讲正是出于这样一种考虑，即美国应该防止英国人利用美国财政部的资金来支付欠纽约银行界的贷款。联邦储备局的最重要的人物是本杰明·斯特朗，他一方面想让联邦储备系统独立于财政部，同时还试图让其麾下的纽约储备银行取代英格兰银行成为国际货币体系的领军力量。而纽约华尔街的银行家们，特别像亲英的汤马斯·拉蒙特却认为通过私人银行向欧洲发放信贷，纽约就最有希望成为世界金融的霸主；他们不赞成政府对借贷生意的干预。在国会山，很多议员们既不喜欢纽约的银行家，也不信任英国人，他们希望美国最好能置身于战争之外。

英国金融政策在管理上比美国更有效率，但其内部也有部门之间的权力斗争因素。财政部一贯采取的限制资金使用的老办法同其他与战争有关的部门以及欧洲大陆的盟国的漫无止境的要求发生矛盾。财政部之所以能够控制资金支出的总量是由于两个原因：一是英镑—美元的兑换率神圣不可侵犯的原则；另一个是海运的吨位总是有限的。然而，财政部在汇率管理上必须分一部分权力给英格兰银行，该行行长康利夫勋爵对财政部官员干预银行的传统领域感到不满。1915年间，康利夫利用他同劳合·乔治的友谊，迫使麦金纳同意成立一个集中管理汇率的"伦敦汇率委员会"——这是一个由银行家组成的联合机构，由他自任主席。可是，财政部官员，特别是罗伯特·查默斯爵士和凯恩斯将该委员会的功能一点一点地剥夺。到了1917年夏天，康利夫摩拳擦掌，准备与他们摊牌。

在英国对美国的金融外交中还有第三种力量，这就是驻美大使馆。但是使馆的作用与其说有益，还不如说帮倒忙。大使塞西尔·斯普林—赖斯爵士是老牌外交官，也是西奥多·罗斯福的朋友，与当政的民主党政府关系很糟糕。大使是个幽默的人，而且喜欢用圣经的语言来表达自己的意思（他曾写过一首赞美诗《吾立誓献身祖国》）。他在晚会上最爱讲的一句笑话对英国的利益有害无益，他说"威尔逊是美国民族的牧羊人，而麦克阿都（财政部长）是他手中的弯柄杖（弯柄杖在英文中也有骗子的意思——译

注)"。英国使馆还可悲地缺乏金融方面的专业人才。当能干且具有外交手段的瑞丁勋爵在1918年1月被任命为新的大使之前,英国不得不依赖一些高层次的临时委员会来推进英国在美的金融利益;但这些临时委员会也制造出新的部门权力之争和个人之间的恩怨。

凯恩斯希望美国能够解决他面临的问题,但这一希望落空了;问题仍然存在,不过换了一种形式而已。1917年1月,英国财政部试图与J.P.摩根公司和英格兰银行拉开一定的距离,派遣它的新任金融国务秘书塞缪尔·哈德曼·莱弗尔爵士到纽约去争取资金并接管在摩根公司的账户。莱弗尔是一个专业注册会计师,与纽约金融界有紧密的关系。到美国参战之前,莱弗尔将英国政府对摩根公司的欠债提高到4亿美元。但当他于4月9日向麦克阿都财长要求获得为期六个月、总值为15亿美元的贷款时,美方表示震惊和不快。麦克阿都怀疑这笔钱不会被用来购买美国的商品,而只会被用于支付摩根公司的债务以支撑英镑对美元的兑换率;而且,当时国会虽已批准20亿美元的"自由贷款",但是如何在众多盟国当中发放这笔贷款的计划尚需时日予以制定。莱弗尔脾气很坏,而且行动诡秘,所以更加于事无补;后来英国政府连续组织了几次由巴尔福和诺斯克利弗(报业巨头)率领的代表团进行秘密访问,都未能使美方大规模地发放这些贷款。英国财政部的麦克法丹不无讥诮地写道,麦克阿都是"华尔街的失败者,但有当总统的野心"。他甘愿每周向英国零星地支付一些急需的资金,为的是利用协约国的金融困境将它们的购买活动集中控制在财政部手中。

到了6月,形势更加恶化,因为英国对小麦的巨大需求与在伦敦的美国资金撤出并转向"自由贷款"项目投资这两件事同时发生,英镑的地位被削弱。在伦敦,凯恩斯主导了财政部的回应行动。他通过撰写一批重要的备忘录和电报向美方解释英国的立场,同时也帮助伯纳·劳起草了给莱弗尔的指示,这样美元才得以继续向英国流入。美国在最后关头发放的一笔款子让英国勉强度过了6月。可是,到了7月20日,伯纳·劳向麦克阿都传递了凯恩斯起草的信息:"我们在美国的所有支付手段已经告罄。除非美国政府能够支付我们在美国的所有费用,包括汇率,协约国的整个金融机制将垮台。这个结论不是以月,而是以天来计算的。"

7月28日,在凯恩斯的建议下,财政大臣指示莱弗尔用手中尚有的美元对英镑—美元的兑换率捍卫到最后一刻,然后停止英镑同黄金的挂钩。英格兰银行手中剩下的黄金必须受到保护,因为这些黄金将是最后的现金储备。正如卡特琳·伯克所指出的,在此

第 14 章　快节奏生活

关键时刻，凯恩斯"迎难而上，做出了一个迄今为止不可想象的决定：即在捍卫兑换率和保存黄金储备的两难选择之间，他毫无疑问地选择了后者"。凯恩斯起草的一封给麦克阿都的电报，解释了汇率的形势，终于在关键时刻获得美方发放的资金，挽救了大局。

但政府在这一时期内应付危机的能力由于财政部与英格兰银行之间的争斗而大受影响。1917年7月3日，康利夫向伯纳·劳抱怨说查默斯和凯恩斯两人正在将他领导的"汇率委员会"的作用"降低为零"，对它封锁信息，而且限制其资源。为了报复，他指示银行将存在渥太华的黄金扣压住，不发放给在纽约的塞缪尔·哈德曼·莱弗尔爵士使用。他还要求财政部开除查默斯和凯恩斯。而伯纳·劳的反应是强迫这位有自大狂的行长辞职。所以，人们很容易理解为什么财政部的官员都热爱他。

这次危机"是开战以来我的记忆中最严重的一次"，凯恩斯感到彻底的筋疲力尽。一连五个星期里，他每天工作9—13个小时，而且其工作任务也是"完全难以想象的艰苦"。更糟糕的是，德国轰炸伦敦的行动迫使他不得不钻进戈登广场的地下室休息。他在这段时间里唯一的放松是在查尔斯顿庄园清除杂草的那6个小时。佛萝伦丝对梅纳德的重要性感到非常自豪："你能参加内阁会议，这一定是非常让人激动的事。我觉得你现在的经历将会使今后的全部生活都感到无趣。"

他度假以后所得的休息效果"消失得非常之快。我必须设法获得更多的假期，这样才能保持身心的健康"。机会出乎意料地来临，他将陪同瑞丁勋爵到美国去待上一个月，而且几乎没有多少工作要做。他在9月3日，也就是临行的那一天在"码头"别墅告诉范奈莎这个消息。

瑞丁被派往美国的目的是为了解决莱弗尔和美国财政部之间出现的僵局（麦克阿都现在拒绝与莱弗尔见面）。凯恩斯乘坐皇家海军的"路易斯号"战舰起程。在一周的航行中，他有三天晕船。他每日与瑞丁和战时内阁的副秘书欧内斯特·斯文顿上校开两个小时的会议，其余时间他都待在甲板上，或者打一种"皮克牌"，从同行的一位波兰侯爵手里赢了20英镑。到达华盛顿以后，他住在瑞丁夫妇的一幢"不大但很舒适的房子里"。瑞丁夫妇都"特别喜欢凯恩斯"，尽管瑞丁夫人耳朵有点聋。像其他的特使一样，瑞丁的工作是从麦克阿都手中尽可能地挤出更多的资金，他最后成功地说服麦克阿都制定了一个恰当的按月发放贷款的计划。此外，他还在凯恩斯的帮助下获取了一笔5000万美元的贷款以购买加拿大的小麦。美方在这个问题上做了很大的让步，因为美国的既定政策

第三部分 纯真的终结

是，美元贷款必须被用来购买美国的产品。瑞丁对凯恩斯十分欣赏，想让他在美国再多待上十天，但是伯纳·劳不批准。凯恩斯给英国驻美大使的印象倒不怎么好，斯普林—赖斯大使在给他的夫人佛萝伦丝的信中写道：

> 今天上午，瑞丁带来的财政部官员来造访，这是一个典型的财政部的架子十足的人。他的谈话让迪克（理查德·克劳福特爵士，大使的经济顾问）大生闷气，而让马尔科姆（罗伯逊参赞）高声抗议。他的冒犯行为实在无法用语言描述。我将对此采取一些措施。他同时还是一位大学教师，这两种身份的结合让人不快。他也是一位有才华的年轻人。我想现在的年轻人的习惯做法是显示自己的极大优势，所以要摧毁所有一切他看不上的事物。他下手厉害。瑞丁勋爵本人倒是一位最和善、最好打交道的人。

凯恩斯向伦敦报告说，大使的思路很混乱；不久大使就退休了。

凯恩斯也不讨美国人的喜欢，布莱克（财政部官员）从华盛顿发回的报告写道："他在伦敦对美国人的态度粗鲁，教条，不肯通融；而在华盛顿，他的无礼也让这里的人不快。"同样，凯恩斯对美国的感觉也非常不好。他告诉邓肯·格兰特，"美国唯一令人喜爱而又有本土特点的东西是黑鬼——这帮人怪可爱的。"他回英国乘坐的是皇家海军的"奥拉尼亚号"军舰，这是一艘已被改装成运送美军的运输舰。他们在大西洋上迂回航行了两个星期以躲避德国的潜水艇。1917年10月20日，他们在利物浦港靠岸。

汇率危机终于结束了。迄今为止，英国对英镑—美元兑换率的担忧占主导地位，因为这个汇率的稳定是协约国内部的金融体制的关键所在。现在的问题不再是汇率问题，而是在与协约国盟国和美国官员之间就如何分配美方提供的大批资金所要进行的谈判，它的游戏规则、技术和专业要求都与过去大不相同，政治和外交因素开始占主导地位，而经济上的技术问题则不再重要。在对外金融方面，政治因素的重要性也上升到与国内金融领域一样重要。尽管凯恩斯现在的工作负担比过去要轻，他总体来说不喜欢这种变化。作为训练有素的经济学家和财政部官员，他总是在分配资源的问题上同明显的政治干预进行斗争。同瑞丁勋爵相比，凯恩斯缺乏他的那种热情奔放的待人处事的风格。他认为自己和他所代表的传统大大优越于美国人提出的不同意见。他很深切地意识到英国地位的下降使得它的聪明的头脑与金钱实力相分离，对此他感到非常不满。

208

第 14 章 快节奏生活

他现在的主要精力都花在没完没了的与英国盟国的谈判之中,他曾于1917年11月到巴黎去参加过这样一场闹剧,英国代表团的其他成员还有巴福尔、瑞丁和诺斯克利夫。1917年12月,他的大量时间浪费在"一个新成立的名叫'协约国战时采购和融资委员会'的猴子屋里",在那里,他不得不倾听"那种自负、虚张声势的法语和令人痛恨的'洋基腔'(指美式英语——译注)"。这个委员会是美国人坚持要求成立的,它的主席是美国财政部助理部长、曾经做过一家街车公司主管的奥斯卡·T.克劳斯比,其主要任务是审查各协约国对美国资金的竞争状况。该委员会每月开一次会,开会地点则在伦敦和巴黎之间轮流。英国对美国资金在下几个月的需求由设在白厅的一个"美国委员会"制定,主席是奥斯汀·张伯伦,凯恩斯是财政部的代表。这些资金需求计划被提交到"协约国委员会"。凯恩斯1月参加了在巴黎举行的协约国委员会第二次会议后,写信告诉在华盛顿的巴西尔·布莱克:"我们一大批人在一座金碧辉煌的宫殿大厅里围坐在一张桌旁,听克劳斯比的滔滔不绝的发言——时而法文,时而英文,出言极为不逊。"尽管这种工作实在无趣,凯恩斯发现它也有一定的好处,财政部对政府对外支出的控制更加有效,因为"只要有些部门表示不服从,向它们炫耀一下克劳斯比的名字就能够收到效果"。对他在查尔斯顿的朋友们,他则大谈在巴黎的短期观光中的小道新闻。他在"利兹"酒店同比弗布鲁克勋爵曾一同共进晚餐,"他长得丑陋无比,言行下流至极"。

凯恩斯为财政部利益打的最后一仗是试图让美国接管法国和意大利的资金管理,这就能减少英国对美国欠债的增长率。按照先前与麦克阿都达成的分工原则,美国向每个协约国单独发放购买美国产品的贷款,而英国则负责向欧洲各协约国发放购买其他国家的产品的资金。但是英国自己现在已经不能承受这个已减轻了的负担,它的自身资源远远不够用,所以还需向美国大量举债以向其盟国融资。正如英国财政部所预见的——后来证明是正确的——英国向美国借的大量债务最终得偿还,而它向欧洲盟国借出的资金大部分恐怕都是有去无回。美国当然希望多积累一些英国的债务,因为英国的信誉好,不会是法国或意大利的那类"坏债"。

1918年3月底,伯纳·劳给瑞丁勋爵的一封由凯恩斯起草的电报中说:"美国财政部应该接管法国和意大利在今后的金融责任……"英国仍将继续为欧洲盟国寻找非美国的产品资源,但必须用美国财政部发放的美元而不是欧洲的赊账单来支付。这个建议中隐含的一个内容是英国财政部仍将控制其盟国对非美国产品的采购。凯恩斯看到英国有抓住世界商品市场的一个机会。法国人和意大利人理所当然地反对这一部分的内容,他们建议将对非美国产品的采购权放在一个协约国的联合执行委员会的手中。凯恩斯对此非常不满,但不得不承认"如果麦克阿都先生接受我们的建议,将我们肩头的法国和意大利这两个负担除去……美国人必然有理由要求成立一个协约国联合委员会来对美国出资的采购分配是否合适做出决断"。凯恩斯的计划由于英国对美国的金融依赖而搁浅。这个计划并不现实,因为美国人不可能出资让英国在国际市场上增强自己的竞争力。凯恩斯怒气冲冲地说,美国人似乎十分乐意地"将我们的地位降低到彻底的无助和依赖他国的境地"——在后来的第二次世界大战中他也说过同样的话。

如果说管理英国对外金融已不能让他感到思想上和情感上的满足,国内政治则更让他感到极度的绝望。他在1917年12月15日告诉邓肯·格兰特:"我对我服务的这个政府根本不屑一顾,而且认为它的目标具有犯罪性质。"他反对劳合·乔治要求彻底胜利的目标,而且担心这个目标会产生的可能结果。首相的娴熟的政治技巧在他心里只能引起审美和道德方面的厌恶感。他一直希望劳合·乔治的恶行总有一天会让他自食其果。他幻想劳合·乔治身处的那个阶级整体垮台,因为它居然把最高权力交给这么一个冒险家。梅纳德在这个时期对政治事务的判断并不是十分准确,政治判断也不是他的突出优点之一。他对阿斯奎斯派的失败,从而为劳合·乔治掌权铺路的教训看得过于严重。他看不到劳合·乔治在逆境之中所表现出来的勇气和足智多谋,还有他决心要从将军们的手中拯救英国士兵的生命;他所看到的只是劳合·乔治同将军们一起"狼狈为奸",竟然认为他的观点与将军们的观点如出一辙。他也没有意识到,阿斯奎斯、麦金纳和其他一些人物并不比劳合·乔治更加热恋于和平谈判。而这些人也从来未能解释如何将德国人带到谈判桌上来,所以他们的选择无非是,要么德国人打不下去,自己要求谈判,要么就是在协约国的强迫下开始和谈。事实上,整个英国的中产阶级的和平运动都大大高估了德国的温和派的力量,而同时又误解了德国温和派的目的。

凯恩斯的1917年圣诞节是在查尔斯顿度过的。在那里他写信给母亲,对战争前途做了如下的判断:

> 我在圣诞节期间的想法是,如果战争继续延续下去,而且按照我们目前这样的打法,我们迄今为止所熟悉的那种社会秩序恐怕就要消失。我有些遗憾,但又不完全懊悔。富人权力被剥夺将是好事,他们现在正是罪有应得。但令我害

第 14 章 快节奏生活

怕的是总体贫困化的趋势。再过一年,我们就会失去在新大陆的所有资产,换来的则是对美国的资金依赖。

这样,我面临的唯一选择是成为积极的布尔什维克;今天早上躺在床上我心满意足地在想,由于我们的统治者们既不称职又疯狂和邪恶,一个特殊时期的特殊文明已经快要结束。

这封悲观的信的起因大致是由于政府已宣布了对食品配额供应的措施。同其他那些不大自省的中产阶级成员一样,凯恩斯总是将社会秩序与他的那种舒适生活方式能否继续下去等同起来。一旦他的生活条件有所下降,就大惊小怪。对母亲佛萝伦丝来说,梅纳德这封信就意味着公共食堂和仆人来源的枯竭。其实,梅纳德内心里的"布尔什维克主义"在食品配额供应政策上就会却步。他对这一政策非常惧怕,担心他必须常常去国外旅行才能吃上几顿像样的大餐。他说:"这次食品管制的规定在我看来非常可怕——目的是让食品供应枯竭,同时要让我饿肚子。"事实上,在两次世界大战中,食品配额供应政策都非常成功,没有对社会秩序造成任何持久性的威胁。

然而,在私人财产受到剥夺或者富人受饿的前景产生之前,战争的结束还是有希望的。1917年11月29日,《每日电讯报》发表了兰斯当勋爵的《和平公开信》,呼吁以和谈结束战争。凯恩斯的精神为之一振,他对早日取得和平的希望一直被威尔逊总统的结束战争的"十四点计划"所鼓舞,而劳合·乔治在工会联合会的演说中提出的协约国和平条件也让他心存的一线希望没有完全破灭。但是不久他又大失所望,只能寄希望于政府的变更来结束战争。首相这时由于把帝国总参谋长威廉·罗伯逊爵士解职而陷入困境,但他仍然竭力维持。梅纳德在1918年2月22日写信给佛萝伦丝:

这一周开始的政治进程非常令人震惊。伯纳(劳)如果愿意,他就能当上首相,但他不敢接手。既然没有人愿意接掌这个位置,"山羊"(劳合·乔治的绰号之一)只好竭力维持下来……他把罗伯逊解职所用的方法是典型的欺骗、诡辩和赤裸裸的撒谎。

与他的希望相反,"山羊"在1918年5月9日又一次在捍卫他的领导地位中获胜,这一次的事件是源于前陆军作战部长莫利斯的一封信,指控劳合·乔治在作战问题上对议会撒谎。德国将军鲁登道夫在西线发起了一次孤注一掷的攻势之后，凯恩斯在码头别墅的舒适环境中是这样思考的：

> 政治与战争同样令人沮丧，或者说比它们表面上看来还要糟糕。如果这个政府能够打垮德国人，我应该在将来对所有的理性过程都丧失信心——但这看来不大可能。在我所接触的领域里，对任何事情的决策都是由于某种原因，而不是由于它自身的真实优点而做出的。
>
> 我相信任何事情都是一样。尽管如此，我仍然信心十足地把我们目前的不幸归罪于乔治。我们受一个骗子的统治，其结果自然是可以预料的。

4 "我们必须找他谈谈"

如果说凯恩斯对政府已经绝望，那么他的布鲁斯贝利的朋友们也开始对他表示绝望。他们反对的不仅仅是他的战时工作的性质，而且是这种工作和他的社交生活对他的个性的影响。维吉尼亚·沃尔夫预言，如果他在财政部继续待下去，他将会丧失人性，也许他已经丧失了。确切地说，他仍是伦敦和乡村布鲁斯贝利的活跃分子。人们常常见到他出入"1917年俱乐部"，这是在"苏荷"区的一个激进和反战的知识分子的集会场所，陪他去的常常是芭芭拉·海尔丝。他的朋友们对这类嬉闹式的聚会感到非常可笑。但是，在码头别墅的周末活动，与协约国官员和议会议员们的晚餐会和酒会以及与伯纳·劳一起的桥牌聚会都使他充分感受到自己的重要性和具有权威性的发言权——这些事情可就完全不同了。

他的关系和工资并不是毫无作用。他曾请新任新闻大臣麦克斯·比弗布鲁克帮忙，用新闻部的"战时艺术家计划"中的拨款购买邓肯和其他画家的画作。他也向"小兔儿"在查尔斯顿的养蜂事业提供资金。他最成功的操作之一是在1918年3月，当时邓肯听说画家德加（著名的印象派画家——译注）的画室里的收藏作品将要在巴黎拍卖，他问梅纳德能否劝说政府为伦敦的国家艺术馆买上一批？梅纳德此时正准备动身去巴黎参加协约国金融联席会议，他保证去跟伯纳·劳说一说。3月2日，邓肯在查尔斯顿收到一封电报："油画的钱已经到手。"两天之后，梅纳德向范奈莎解释说："我这次搞钱买

第 14 章　快节奏生活

画的操作简直像一阵旋风——在一天半之内搞定，而大家都还来不及思考为什么要批这笔钱。我得到20万法郎（约合2万英镑）买画费用；霍尔姆斯（查尔斯·霍尔姆斯爵士，国家艺术馆馆长）将和我们一起去巴黎。我希望能和他一起去参加拍卖。"他还加上一句："伯纳·劳对我想买画的事情觉得十分有趣。他终于答应批钱是把这件事当个笑话来看的。"范奈莎兴奋地回答道："我们对你充满希望，而且觉得你待在财政部总算是有道理的。"大卫·加奈特加上一句："你得到彻底的赦免，你将来的罪行也一并宽宥。"

3月26—27日，梅纳德同霍尔姆斯一起参加了拍卖活动。这些油画的价格被压得很低，因为德国的轰炸声就在50英里开外，大家都能够听到。第二天傍晚，凯恩斯搭奥斯汀·张伯伦的便车返回伦敦，在路上，他在通往查尔斯顿的那个小路的路口下车。在他到达农庄时，范奈莎、邓肯和大卫·加奈特刚刚要结束晚餐，他告诉他们，他将一幅塞尚的油画放在了草堆上。霍尔姆斯在参加拍卖时为国家采购了一幅戈罗、一幅高更和其他几幅德拉克洛瓦、英格利斯和马奈的作品。凯恩斯也自掏237英镑买了一幅这次拍卖的精品：塞尚的"苹果静物"，还有两幅德拉克洛瓦的油画和英格利斯的一幅素描。这是他作为一个认真的收藏家的开始。由于霍尔姆斯素来对塞尚有偏见，所以不存在个人与国家利益的冲突。事实上，伯纳·劳的拨款中还有5000英镑没有花掉。

然而，对梅纳德的"赦免"好景不长。他称他的生活为"高层生活的体验"，这种体验在春夏两季继续进行——同罗马尼亚的一位王子和摩纳哥的公主共进晚餐，而最值得一提的是同英王乔治三世的曾孙康诺特公爵一起吃晚饭。5月中旬，他得以在查尔斯顿度假一周，天气十分完美。"我要么在外面坐坐，要么去清除杂草，而我带来的工作每天只需一两个小时的时间即可完成。"邓肯、范奈莎和罗杰·弗拉埃都给他画肖像，但他的朋友仍然认为他的个性有缺陷。大卫·加奈特在1918年5月28日的日记中对布鲁斯贝利的朋友们对梅纳德的个性有如下一段很长的思考：

> 梅纳德：大家都普遍觉得他在迅速向魔鬼靠拢。（范）奈莎告诉我有一次在伦敦的情形：哈里、谢帕德和她正在谈话，梅纳德进来了，他对每个人的看法均不同意，但又不提新的看法。当时的议题是在英国政府拒绝了奥匈皇帝的和谈意图之后，谁还能对英国有好感呢？（奥皇在3月20日向法国总统普恩加莱提出放弃阿尔萨斯—洛林的建议。）……梅纳德对大家都嗤之以鼻，就像一个最恶劣的公学

第三部分 纯真的终结

学生，对他们说了几次"睡觉去吧，睡觉去吧！"谢帕德对此十分生气，说："梅纳德，你将会发现你对老朋友如此蔑视是个错误。"

奈莎……认为梅纳德在下坡路上已经可能走得太远了，完全不可救药。哈里认为事情并不那么简单。梅纳德实际上知道他的一些习惯让人感到厌恶——比如添菜时用自己的勺子和叉子直接去取，而不是将自己的盘子递上来让人用公用的勺子和叉子取。他故意坚持这么做，因为他自认为大家对他如此喜欢，所以不会对他的这种行为提出异议。（我对他也一直这么看，但不是为了他的吃饭举止而是他对邓肯的那种完全公开的卑鄙举动。）

谢帕德说梅纳德对……自己的重要性有点发狂。他有一次听到他跟杰茜（46号的女仆）说："今晚我将同康诺尔公爵一起吃饭，怎么样，很了不起吧？"杰茜答道："当然啦，先生。"谢帕德拒绝认为梅纳德显然百分之九十九是在开玩笑。他说梅纳德真的认为这件事很了不起。他知道不能让哈里和谢帕德这样看，所以去跟杰茜吹康诺尔公爵。"他是一个新教的势利小人，我对这种人看得很透，他们就像地毯中的臭虫一样。是地毯上的臭虫。"

大家的结论是梅纳德的血液中有很多卑微的成分——谢帕德……说这来自于他的新教势利小人的祖先。他现在处在他一生中的关键时刻，也许是因为疲劳或脑力的衰退，而他的脑子本来是使他个性卓越的唯一原因……大家让邓肯去给他上一课……

"小兔儿"自己对梅纳德的看法还是比较宽宏大量和平衡的：

> 我自己的看法是这一切不过是间歇性的一些大惊小怪……梅纳德总是十分疲倦，他工作太辛苦了，所以他需要做一些他只要花上十分之一的注意力就能做的事——这就是同心里空虚的人谈些空虚的事情。一旦让他再思考新的问题和讨论新的议题就会在他的脑子里产生一种自卫的激烈反感。他的个性并不是完全依靠脑力，他有爱和被爱的巨大能量。这就是说，如果他不能马上回头，至少能曲折地、一步一步地回头。

214

不久，克莱夫·贝尔也加入了批评凯恩斯的阵营。克莱夫将他在戈登广场46号的那

第 14 章 快节奏生活

间屋借给他的一个朋友和他的女朋友暂住,不幸的是,他们找错了房间,住进了谢帕德的那一间。梅纳德在1918年6月16日向邓肯解释说:"我们事先没有得到通知,并且对我们这些长住在那儿的人来说,这实在是太难堪了,因为这段时间大家正好都在家里。可怜的谢帕德紧张地……连觉都不敢睡,一直等到这对恋人在夜里三点半钟离开。我们向克莱夫写了一封抗议信,告诉他应该把他的好意收敛收敛。"克莱夫收到这封信十分不快。他"蓄意给我写了这样一封信,就像一位没有教养的百万富翁在训斥一个工作拖拉的办事员一样",克莱夫这样向范奈莎抱怨道。克莱夫决定采取对抗措施:"如果梅纳德的行为能像一个犹太老处女一样,我的行为一定会像一位英国实业家那样。这幢房子是我们大家的,我的名字也在租客之中。我要说我不再接受这种安排。"然而,凯恩斯作为房东的地位和他那已增加到1000英镑的年薪让克莱夫还是敢怒不敢言。1918年9月,戈登广场46号的租约到期,还是由梅纳德承租,克莱夫得以继续住在阁楼的那两间。但是争吵并未停息,这一次梅纳德决定将克莱夫的那张床换给自己,而换给他一张"更像火车三等车厢里的椅子"一样的床。战争行将结束时,克莱夫写信给梅纳德说:"我要把我的床换回来。对你来说,买一张新床是易如反掌的事情。"梅纳德并不急着理他,克莱夫就自己将那张床搬回了阁楼,然后在加辛顿给梅纳德写信,"亲爱的梅纳德,我本意不是让你睡在地板上,"他只是将那张"三等车厢的椅子"送还给他。他还加上一句,"这样安排是合理的,因为你的性事比我少得多。"

到了1918年8月时,德国的最后一次攻势显然已经失败。英军的反攻在9月29日突破了兴登堡元帅的防线。同一天,鲁登道夫将军提出立即停战以挽救他的部队。10月4日,巴登·麦克斯亲王领导的德国新政府以威尔逊的"十四点"为基准提出停战要求。梅纳德在10月13日写信给母亲:"这真是世界历史上令人震惊的两个星期!从现在起,六个月以后我将退出财政部,回剑桥。"12天后,他对前途又开始怀疑了:"我仍然认为和平的前景是好的。但我怀疑我方可能会用邪恶的手段,而且不愿意全部接受威尔逊的十四点。"

战争结束时,梅纳德整天忙于社交活动。周末在阿斯奎斯、麦金纳、莫德·库纳得以及托马斯·比切姆爵士的家里度假。每天晚上都与政客、外交家和上流社交贵妇们共进晚餐。同时,邓肯和范奈莎搬进了戈登广场46号为梅纳德的会客室搞装潢。迪亚格列夫的芭蕾舞团又回到伦敦。奥斯瓦尔德·福尔克邀请梅纳德一起去看演出。梅纳德在9月17日写信给邓肯:"今年的演出没有出现一位天才人物,但这无关紧要,因为它是最有意思的一场演出。女主角卢波科娃很不怎么样,但是新的尼金斯基——(斯坦尼斯拉夫)伊得齐

第三部分 纯真的终结

科夫斯基——尽管只是一个训练有素的年轻人，不能同尼金斯基相比，但还是有些迷人的地方。至少我是这么想的。"10月10日，梅纳德在切尔西参加西特维尔夫妇安排的晚会，第一次与莉迪娅·卢波科娃见面。10月19日，他带一位年轻的画家朋友爱德华·沃尔弗再次去看芭蕾。结束后，他写信给邓肯以很熟悉的语调描绘卢波科娃——尽管他的兴趣不在她：

> 我们在散场后走到后台去看卢波科娃，她同往常一样迷人。（让我们捏她的腿以示她是多么的强壮——我们不大好意思地捏了几下；克莱夫在那里才好呢。）我讲这些是为了引起下文，我终于与伊得齐科夫斯基相识了。这场芭蕾讲的是关于魔法灰姑娘和依果尔王子的故事。沃尔弗被伊得齐的身体迷住了。我们和卢波科娃交谈时，问到他。莉迪娅喊道："我听到他的声音，在外面的走道上，请他进来一下。"他进来后，我们看到的是从来没有见过的荒唐人物。他身材矮小（这我们知道），但有一头淡白的亚麻色头发和从额前向后梳起的发式，脸色苍白，一脸滑稽但憔悴的样子，还戴了一副没有镜框的夹鼻眼镜……大家都不把他当一回事。巴罗克先生（莉迪娅的丈夫鲁道尔夫·巴罗基）在临走的时候与他开了几句轻松的玩笑，然后搂了他一下，大喊"晚安，亲爱的"。莉迪娅说："我不喜欢同他一起跳舞。同一个只到你齐胸高的人跳芭蕾实在很不舒服，我老觉得他要把我摔着。"

白天，梅纳德总是筋疲力尽地同法国人谈判。11月初，他在"撰写一份备忘录。这份关于战后赔款的东西必须以最快的速度完成，因为凡尔赛和约的谈判急需要它"。德国投降后的第10天，即11月21日，他写信告诉母亲，"我的任务是对和谈的金融问题负主要责任"。

一个噩梦刚刚结束，另一个噩梦却即将开始。不到一年之后，凯恩斯从财政部辞职，开始写作对凡尔赛和约的最有力的批判。但是，他写作《和平的经济后果》一书时的愤怒心情不仅仅是由于参加凡尔赛会议的经历所引发的，它是整个战争的经历积累的结果——其中主要有对劳合·乔治的不信任，对美国人的蔑视，对政治排挤理性的愤怒以及对总体贫困化的恐惧——所有这些都反映在他在战争期间的书信当中。对他来说，凡尔赛的"猴子屋"不过是"协约国金融委员会"那个"猴子屋"的放大。按照传记作家哈罗德等人的说法，凯恩斯到凡尔赛开会的时候心中充满希望，但对凡尔赛和约的结果

第 14 章 快节奏生活

感到大失所望,有被出卖感,其实这个说法是站不住脚的。事实正相反,在战争结束前他就怀疑战胜国会用邪恶的手段获取和平:凡尔赛不过证实了这一点。我们还应该提到另外一点,凯恩斯去参加和会时不仅仅有集体内疚感,而且还对自己在战争中所起的作用有个人内疚感。他希望通过和会找到一个对自己有所解脱的方法,凡尔赛和会正是向他提供了"自我赔款"的一个途径。从和会的相关问题的性质来看,这是势所必然。

第 15 章

千回万转——凯恩斯在巴黎和会上

1 战争费用

巴黎和会于1919年1月开场。在和会之前的两个月里,凯恩斯的任务是制定财政部在德国赔款问题上的方针和立场。早在1916年12月2日,他同经济史家W.J.艾什里就写过一份关于历史上收取战争赔款的经验教训。他们的立论基点是德国在1871年对法国索取的战争赔款。结论是,如果战败国对战胜国支付赔款,一揽子支付的方式对战胜国并没有好处,所以应该分若干年还清为佳。从一次大战的停战协定来看,德国必须支付一定的赔款是毫无疑问的。

威尔逊在"十四点"中提到德国须"将夺取的领土恢复原状"。但在德国签字的停战协定里,英法设法塞进了一个附加条款,即协约国方面认为"恢复原状"的含义是"德国必须为它在海陆空三方面的侵略行为给协约国方面的人民和他们的财产所造成的全部损失进行赔偿"。(原本本来是用"侵犯",英国将它改为"侵略行为",目的是获取更大数额的赔款。)尽管这个赔偿模式不可能要求德国支付战争的全部费用,但协约国各国在争取赔款的份额上还是有很大的讨价还价的余地。

财政部对赔款问题的计划是在由附加条款修改过的威尔逊"十四点"的框架中制定的。凯恩斯在1918年10月31日的一份备忘录中第一次对这个问题提出了一个新的观点:即对德国所要求的赔款不应该大到足以摧垮德国的生产能力;因为除了流动资产、黄金和外国证券以外,德国只能以出口商品来赚取外汇才能偿付。也就是说,要研究两组数字,一是德国"侵略行为"造成的损失是多少,另一个是其"偿付能力"的范围。第一组数字是实际数字,第二组数字是假设的数字,这两组数字没有理由一定要相同。

财政部在1918年11月26日提交的备忘录主要是依据凯恩斯在10月31日撰写的草稿,其中的这两组数字在很大程度上并不相匹配。这份备忘录估计协约国在"赔款"这个条目下的要求是40亿英镑这个整数。该文件强调这个赔偿是针对侵略造成的"直接损害"——主要是人民生命和财产的损失。它不包括"非直接的损害"——比如说协约国不要求德国偿付它们在战争中阵亡将士家属的赡养费。据这份报告,英国将要求15%的全部损失赔偿。然而,德国的偿付能力据估算是30亿英镑左右;而其中的20亿在实际支付中的"任何情况下都是可行的"。备忘录的结论是,"如果要把德国的奶水挤出来,首先不能把它杀了",也就是说,战争赔偿要分若干年一步一步地还清。

财政部并不是决定德国赔款数额的唯一政府机构,由实业界和帝国领地势力组成的一个强有力的游说集团相信"德国应为全部战争费用支付赔偿"。劳合·乔治则两面讨好,他一会儿对德国气焰万丈,另一会儿又承认不能要求得太过分,因为德国资金的大量转手会危及英国的出口市场。然而,他不得不关注保守党的意见,因为没有保守党,他就不能在下院拥有多数,同时他还不能忽略参加伦敦的帝国战时内阁的各领地的领导人。

1918年12月14日,英国举行了大选,这场大选将"战争心态,特别是经济战的心态与创造和平的心态联系在一起"。澳大利亚总理威廉·莫里斯·休斯对威尔逊提出的方案(将澳大利亚排除在赔偿之外)以及英国财政部据此做出的索款方案大为震怒。11月7日,他曾公开要求德国赔偿全部的战费,他的呼吁为主要大报所支持。几天之后,休斯又一次重复了他的看法。劳合·乔治非常紧张,因为他必须率领各领地的领导人一起参加巴黎和会。这样,在议会解散后的第二天,也就是11月26日,帝国战时内阁决定成立一个特别委员会来确定德国应付多少,以及其偿付能力如何。为了让休斯少开尊口,内阁任命他为委员会主席。为了让该委员会在金融问题上更有权威性,前英格兰银行行长康利夫勋爵也被延揽进去。凯恩斯和财政部A司的赫伯特·鲁威林·史密斯参加了头几场听证会。

该委员会在12月10日提交的最后报告将全部战争费用结算为240亿英镑(同财政部的计算大致相等),声称德国能够,也应该全部赔偿,只要一年支付12亿英镑即可。战时内阁拒绝接受这个报告,称其为"纯粹的狂想和幻觉"。但是在此之前的12月11日,劳合·乔治已在布里斯托尔信誓旦旦地保证,说他一旦重新当选首相,他将要求德国偿付

第 15 章　千回万转——凯恩斯在巴黎和会上

全部的战费，而且有一个专家委员会已经告诉他德国有能力偿付。在他的大选活动中，劳合·乔治的竞选班子对获胜的前景很悲观，所以他只能投选民之所好，所提出的竞选纲领是两党联合一致为战后重建取得成功。但他发现，如果不声称要惩罚德国，他的演说就得不到热烈的回应。其他阁员所用的语言则更加极端。在剑桥大学，海军部大臣艾瑞克·盖迪斯爵士在12月9日宣称："我们将像挤压柠檬一样挤压德国人，直到里面的柠檬籽开始吱吱作响。"

议会大选对和平谈判的影响不仅仅限于劳合·乔治和其他人物在竞选中的许诺，而且还把旧的自由党扫地出门（连阿斯奎斯本人都丢失了席位），选民们选出的是一个好战的议会。劳合·乔治必须面对一个保守党占383席位居主导地位的、而且其中多数是实业家的议会。更有甚者，在竞选的高潮中，劳合·乔治接受了帝国战时内阁的一项建议，任命休斯和康利夫——即那份"狂想和幻觉"的报告的主要作者——为巴黎和会的赔款委员会代表。同时还加上一名法官桑姆纳勋爵。这样，凯恩斯和财政部就正式被排除在和谈的赔款问题之外。这个决定后患无穷。在巴黎和谈中，劳合·乔治最终向凯恩斯等人求救，希望他们提供比较现实的数字。但他无法对付那"一对孪生圣子"——康利夫和桑姆纳的绰号。在他俩的干预下，英国对赔款问题不可能产生出一个首尾一贯的方针。

凯恩斯和财政部的观点不是没有支持者的。美国财政部同他们的意见一致。财政大臣伯纳·劳同时也是保守党领袖，他代表一种明显的温和立场。南非代表团的团长扬·克里斯蒂安·史沫兹同时兼任战时内阁的阁员（他的双重身份是战时宪政安排的一个特例）。他对凯恩斯很佩服，认为他对赔款问题所写的备忘录非常高明。另一方面，殖民大臣列奥·爱莫里在12月26日写信给史沫兹：

> 休斯提供的数字在我看来是夸大的；但另一方面，财政部的那份备忘录在相反的方向上也走得太远。从一个像凯恩斯那样的教授那里，我们得到一份充满经济谬误的报告是意料之中的事。他们两人都忽略了一个真正的最重要的问题，即不管德国最终偿付多少，我们应该得到合理的份额。

在法国，人人都知道任何一届政府如果不向德国要求全部战争赔偿就无法维持下去，向老百姓增加税收等于政治上的自杀。这样，英法两国的政治领导人都坚持把赔款问题放在首位，而他们之间的区别不过在于分赃的比例而已。

2　梅绍尔博士

凯恩斯于1919年1月10日到巴黎参加和会。他是英国代表团中的财政部的首席代表，助手是达得利·沃德、奥斯瓦尔德·福尔克和A司的杰夫里·弗莱。他住在代表团下榻的帝王酒店，他的任务是在向和平过渡的过程中处理金融事务。战后救援的事务由"协约国救援和供应最高委员会"掌握，美国人赫伯特·胡佛（后任美国总统）任总干事，而凯恩斯在这个委员会中是瑞丁勋爵的副手。委员会于1月12日决定向德国供应27万吨食品的救济，但条件是向协约国交出德国的商务船队。然而，在法国福熙元帅主持的停战委员会中，法国财政部长路易—吕西安·克劳茨却反对"德国不用它用于支付赔款的资金来购买这些食品"。凯恩斯代表英国的立场与其据理力争，"结果形成僵局，这个问题不得不在1月13日被提交到协约国战时最高委员会去讨论"。在那里，威尔逊总统颇有说服力地强调，如果德国人没有饭吃，布尔什维克主义的危险就会大大增加。胡佛则急于要将"一大批劣质但高价的猪肉食品"尽快地卸给德国人，所以也加强了威尔逊的观点。克劳茨很不情愿地接受了一个折衷的方案，即德国在其金融状态被摸清之前，应该标明那些可用于支付一部分食品的现有资金。第二天（1月14日），凯恩斯和美国财政部助理部长诺曼·戴维斯、法国财政部代表拉斯特里伯爵以及意大利财政部代表阿道里科教授一起登上福熙元帅的专列。他们的目的地是德国的特里尔城，在那里福熙元帅将与德国总统艾茨伯格会晤，同时还将与德国方面的金融专家讨论赔款的支付手段。凯恩斯后来回忆，在去的路上以及到特里尔以后，只要没有会议，他都不停地打英—美式的四人桥牌。

关于金融问题的讨论是在专列上进行的。德国代表团团长是帝国中央银行行长考夫曼博士，但是给凯恩斯印象最深的是另一位德国人——卡尔·梅绍尔博士，此人是瓦堡格银行的一个合伙人。凯恩斯撰写了一篇文章题为《梅绍尔博士：被击败的敌人》。这篇文章在凯恩斯去世后才公开发表，这是他所写的作品中最发自内心的、也是文笔最优美的一篇，它对一个人的戏剧般的生活做了极其充满感情的描述。凯恩斯曾在1920年2月把这篇东西在布鲁斯贝利的"回忆俱乐部"里宣读过。维吉尼亚·沃尔夫对它的"人物性格刻画"印象很深，认为"物景描述非常高明"。凯恩斯对梅绍尔博士的描绘是"一个短小精干、特别整洁、衣着入时的人。他戴的一副硬高领看上去比一般人的高领更加干净和纯白"，他接着写道：

第 15 章　千回万转——凯恩斯在巴黎和会上

这就是那位与我在后来的几个月中有一种最奇妙的亲近关系的人，这些经历非常奇特。梅绍尔博士是个犹太人，尽管他看上去不像，我是后来才知道的。他是唯一一位在战败之时仍能保持尊严的人。

然而，战胜者和战败者之间的友谊是不允许的。这次会议以生硬的礼节形式召开，也以同样的方式结束，只有美国的那种爱闹的天性才使得当时的气氛略有和缓。会议几乎没有任何成果，但是凯恩斯和梅绍尔用无声的语言进行了交谈。凯恩斯对梅绍尔面部流露的难过表情比对整个法国所遭受的战争苦难还要更加关注。法国代表拉斯特里是一个"温和的天主教徒"，在凯恩斯看来，他是法国那种令人乏味的贪婪本质的象征；"或者是克莱夫·贝尔和罗杰·弗拉埃所说的那种法国的特性"。凯恩斯后来写道："我一生中对任何人从来也没像对这个人那样粗暴无礼。"

特里尔会议之后，凯恩斯被严重的流感击倒，他不得不到地中海的布西去休养两个星期。在离开巴黎之前，他于1919年1月25日给布莱得贝利写了一封描绘和会场景的信，信中显示出他在很短时间内就对和会丧失了全部信心：

这是一个让人震惊的地方：一片混乱而又确确实实地存在；有人大谈信仰，也有人故作理智地夸夸其谈。美国总统是一个卑俗的新教徒，身边尽是一帮恶棍。美国人不大有理想主义的倾向，但他们对法国人如此痛恨，足以达到理想主义的境界。我们和美国佬在大大小小的问题上都联手对抗法国人……中央供应的暖气太热，饭食油水太大，所以每个代表的脾气都变得非常暴躁以至于经常有代表团成员在大厅里跌倒，摔断手足。

2月19日，凯恩斯参加了第二轮在特里尔的毫无结果的谈判后回到巴黎。他同克劳茨又干了一仗。他向这位法国财政部长简短地说道，英国将不能再支撑法郎的汇率，由此法郎立即大跌，而英镑不久也开始大跌，这样，已经存在了百年的法—英固定汇率就寿终正寝了。克劳茨在1924年写的一本书中，将"世界金融灾难的降临"归罪于凯恩斯的"膨胀的自负心态"。其实，凯恩斯是遵照新任财政大臣奥斯汀·张伯伦的指令行事的。当时张伯伦做出这个决定是因为豪斯上校（威尔逊总统的特别顾问）告诉他美国对英国的正式援助即将结束。凯恩斯与这位喋喋不休的法国财长的继续接触没有让他对法国的要求增加本来就很有限的一点同情心。当时的交锋舞台是协约国最高经济委员会，原来的救援和供应委员会已于2月8日由这个新的委员会所取代。他对克劳茨的描绘是："矮小、肥胖、长着一撮浓浓的小胡子的犹太人。他衣着整洁，保养不错，但有一双不安分、转来转去的眼睛。他表示不同意时，双肩便不由自主地弯曲。"同时，克劳茨在凯恩斯看来还代表法国社会令人乏味的另一面，即犹太人享有的社会地位。凯恩斯所属的阶级和他这一代人中，反犹主义是正常的事情。

3月4日，凯恩斯又开始参加与德国人的谈判，这一回是在比利时的斯巴城，这里曾是德国在战时的司令部。凯恩斯与英国参加停战委员会的首席代表海京将军一起住在鲁登道夫曾经住过的别墅里，"周围被一片带有戏剧性悲哀的黑松林所环绕"。英国代表团团长霍普海军上将通知德国代表，说在德方交出其客运和货运船队之前，救援食品不会发放。德国代表团团长布劳恩则说只有在协约国方面保证在下一季农作物收获时期（即8月）之前，向德国提供足够的食品，德方才能交出商用船队。但是这种保证是不可能的，因为法国到现在也还没有同意让德国支付很小量以外的任何食品的费用。与此同时，海京将军告诉凯恩斯，德国人民在挨饿，社会秩序已到了崩溃的边缘。

凯恩斯确信能够找到打破僵局的办法。只要德国在商用船队上做出让步，他可以和美国人一起联手向各自的国家领导人施压，制服克劳茨财长。正如凯恩斯所描绘的：

> 我端详着坐在桌子对面的梅绍尔，他似乎也感觉到我在看他。他和过去一样，双眼凝神，眼皮低垂，看上去像一头忍着伤痛的尊贵的动物。为什么我们不能打破这种空洞无聊的会议仪式，三道门栅后面坐着三种语言的译员，而好好地谈谈事实和实际问题呢？就像正常和理性的人一样交谈该多好啊！

他还提到在某个场合，他和梅绍尔设法避开梅绍尔的那些不受管制的"布尔什维克化"的助手，到一间小房间去谈话，他俩终于有机会单独在一起了：

> 我因为兴奋而有些颤抖，非常害怕我的这一行为可能产生的后果，因为当时不许与敌方个人交流的规定并没有被取消。我很是激动，梅绍尔想知道我这么做的目的何在。我试图向他传达我对事态发展的感觉，并且说我方对他的悲观预测是相信的，尚且我们对开始向德国运送救援食品的迫切心情并不亚于他本

第 15 章 千回万转——凯恩斯在巴黎和会上

人的焦虑。只要他们下决心交出商用船队，也就是说，如果他能够得到魏玛方面（德国当时已成为魏玛共和国——译注）的首肯，我们双方可以创造一种方法，既能够在实践上开始运送食品，又能避开法国的阻挠。

在这个当口，凯恩斯和梅绍尔两人情绪都非常激动。"我们在交谈时一直站着说话。从某种意义上说，我已坠入爱河。"凯恩斯和梅绍尔商定了一整套承诺，让霍普海军上将提交给德国代表团，其要旨是，只要德国人同意交出商用船队，协约国将按德国的需要提供食品，具体数量由协约国战时最高委员会决定，而关于如何支付的问题，则由最高经济委员会来确定。"我们紧紧地握手之后，我迅速地溜到了大街上……"

魏玛政府得到这一讯息后仍然拒绝让步。凯恩斯去了巴黎，他下决心设法引起"那些大人物"的注意。而在巴黎，这批"大人物"正在浪费大量的时间辩论无关紧要的事情，比如讨论巴西在某个小组委员会里应有多少投票权，或者聆听种种用罕见的语言发表的无休无止的演说；比如科普特、亚美尼亚、斯洛伐克、阿拉伯和犹太复国主义的代表的发言。这一次，凯恩斯成功地让劳合·乔治开始关注德国救援食品发放的问题。3月8日，协约国战时最高委员会开会。

这次会议具有戏剧性效果。劳合·乔治对克劳茨大动肝火的故事是凯恩斯后来写的回忆录当中最生动的一段文字；而凯恩斯的描述大都能从瑞德尔勋爵的《巴黎和会近距离目击日记》得到证实。罗伯特·塞西尔勋爵代表英国政府作了发言。他指出，德国必须承诺交出商用船队，而一旦移交船队开始，协约国必须承诺向德国立即运送食品，德国人可以用黄金支付。对德国的经济封锁应该立即结束，至少应该允许它对外出口某些产品，并从中立国进口食品。劳合·乔治则在罗伯特勋爵的平铺直叙的发言上加进了耸人听闻的形象化的描述，他说如果协约国拒绝向德国提供食品，这就等于埋下了布尔什维克的种子，为下一轮的战争铺平了道路。他的演讲是"常识和情感、自然的论辩能力和处心积虑的算计相结合的绝妙的混合物"。克雷蒙梭（法国总统）不得不在黄金支付问题上让步。

劳合·乔治还玩了另一个绝招。会议当中，一个秘书飞奔而入，向他递上一封电报，他当场拆开，当庭宣读这份从英国在莱茵河地区占领军司令普鲁默将军那里发来的电文，请求立即运送食品，"不得延误"。妇女和儿童濒临死亡；老百姓已经绝望，与其死于饥饿，还不如死于枪弹。这场戏剧性的表演很有效果。但是法国财长克劳茨对当时的气

第三部分 纯真的终结

氛判断有误,还是在这个问题上继续制造麻烦,凯恩斯对此有如下描述:

> 我从来没有见过与此匹敌的攻击力量,迫使那个可怜的家伙当场就范……劳合·乔治从来就痛恨和看不起他;现在看到了一个可以灭掉克劳茨的机会。劳合·乔治大喊,妇女和儿童们正在忍受饥饿,而克劳茨先生还在唠唠叨叨地谈他的"黄金",他接着把身体前倾,做出一个大家都看得明白的动作———一个邪恶的犹太人双手护着一只钱袋。他两眼在喷火,从他嘴里吐出的每一个字都带有如此巨大的蔑视效果,看上去就像在向他啐唾沫。每个人都把眼光转向克劳茨……这个可怜的家伙坐在那里躬起背,明显地在瑟瑟发抖。

224

首相还不肯罢休,他嚷道:"除非克劳茨停止他的妨碍行为,历史将永远记住布尔什维克主义的三个奠基人的名字:列宁、托洛茨基和……"劳合·乔治故意打住话头。但"你可以见到大厅里的每个人都在窃笑,并向邻座的人说'克劳斯基'"(影射克劳茨将成为引发西欧布尔什维克革命的罪魁祸首,如同克伦斯基在俄国十月革命中的作用一样——译注)。在这个时刻,梅纳德对劳合·乔治的看法发生了很大的变化。他突然意识到:"如果你同他的观点一致,就会发现他非常让人惊奇。我从来没有像现在这样佩服他的巨大人格力量。"20年代后期,凯恩斯"背叛了阿斯奎斯",而在"自由工业调查案"中与劳合·乔治合作,这个合作的种子大体就是在这令人振奋的半小时播种下的。

四天之后,凯恩斯陪同海军大臣威米斯海军上将去布鲁塞尔。威米斯的任务是接受德国交出的船只,他担心德国人不愿无条件地交出协约国战时委员会要求的全部船只,因此请凯恩斯一起去以便帮助移交过程的顺利进行。在布鲁塞尔,凯恩斯又到梅绍尔的旅馆房间去找他谈。他告诉梅绍尔,德国代表团团长将被告知在会议一开始就交出船只。然而,就在梅绍尔脸色沉下来的时刻,凯恩斯补充说,一旦德国正式发表交船的声明,协约国将立即开始运送食品。他问梅绍尔能否保证德国方面毫无保留地进行配合?梅绍尔说:"可以,没有任何问题。"第二天,一切都按照这个计划在进行。几天之后,"运送食品的火车已经驶向德国"。后来又在巴黎附近召开过几次后续会议,凯恩斯同梅绍尔讨论德国黄金和证券资产的移交问题,凯恩斯赢得了这场争斗。

在这段时间里,凯恩斯一直处在高度兴奋状态。他在3月16日给母亲的信中写道:

第 15 章 千回万转——凯恩斯在巴黎和会上

在协约国最高经济委员会上,我是财政大臣的副手,有全权做决策;我还是大英帝国在和会的金融委员会的代表之一;在与德国停战谈判委员会里,我是协约国的金融代表团团长,此外还是财政部在巴黎的首席代表。这些头衔看上去很高,实际上并不那么了不起,但整天忙忙碌碌是肯定的。

他成天"坐着三人摩托车从一个过热的房间赶到另一个房间",大量享用高热量的食物,时常被工作压得喘不过来气。他住的帝王酒店里到处都是伦敦警察厅的保安人员。英国代表团的成员从一个委员会奔向另一个委员会,大批的红色文件箱源源不断地运来,其中很多备忘录人们都无暇阅读。"对巴黎和会这个地狱似的地方,人们开始流传种种狂热的、持续的和无聊的飞语,把它同心胸狭窄、玩世不恭、自负和乏味的激动联系起来。这是巴黎和会给人们留下的挥之不去的印象。"他给范奈莎·贝尔的信中说:"我完全被卷入这场离奇但又悲哀的游戏当中。我希望我能在每天晚上告诉你每天发生的种种曲折,因为你必定会对这些令人惊讶的心理和个性的复杂因素感到好奇。这类阴谋诡计让即将到来的欧洲的灾难看上去像一场高尚的体育运动。"

3 赔款问题的较量

到这个阶段为止,凯恩斯尚未参与和平协定中有关金融条款的制定。关于和会的具体细节由各个专家委员会确定,如果有争议,则上报到协约国最高委员会——又称"十人委员会",但在3月底变成了"四人委员会"。"赔款委员会"分成三个小组委员会,即评估、偿付能力以及保障三个小组。第一小组的主席是澳大利亚总理休斯,这是一位说话直率、脾气暴躁的人。他的耳背正好让他对反对意见不屑一顾。休斯的立场与法国相同,要求德国支付全部战争费用。他立论的基础是,协约国在战争期间向人民征收的附加税也应被视做德国侵略战争给人民带来的损失。这样算下来的费用就高达1250亿美元或250亿英镑。美国代表约翰·福斯特·杜勒斯则坚持说,协约国与德国已有一个合同,规定德国的债务最高在250亿和300亿美元之间,或50亿到60亿英镑之间。

由于面临美国方面的否决,法国人放弃了对全部战费的索求,因为他们听杜勒斯说,由于法国遭受的损失最大,获赔的份额亦应最大,这样才在心理上有所平衡。然而,一

第三部分　纯真的终结

且在赔款份额上开始谈判，英国认为它的份额相对于法国应该增加，因为它将包括阵亡将士的家属赡养费，以及在作战期间由政府提供给士兵家属的生活费。美国财政部助理部长诺曼·戴维斯"最终同意将这些项目列入损失的范围，因为我们认为这是正当的要求，而且不会增加德国赔款的总数，只是将它付款的划分方法重新界定，使其更加公平合理"。然而，法国代表拒绝对赔款要求提出一个具体数字，担心数字过低不能让法国公众舆论满意。

这一切都是在2月发生的。在第二个小组委员会（即偿付能力委员会）里，主席康利夫勋爵开始认为德国应能支付250亿英镑，但后来同意在美国人首肯的条件下，他愿意建议德国支付80亿英镑。法国战后重建部部长路易·卢舍尔私下里告诉戴维斯，说他虽然对德国没有能力支付这个数字是相信的，但却不能支持比康利夫勋爵提出的数字更小的赔款额。3月1日，凯恩斯向奥斯汀·张伯伦报告说，双方有争执的范围当在60亿和90亿英镑之间。当美国代表，金融家汤玛士·拉蒙特拒绝接受超过60亿英镑的赔款额度并且其中的一半可以用德国货币支付时，双方陷入僵局。正如提尔曼所总结的那样："到3月初，各方通过对德国的偿付能力的确定而进行的直接谈判以期达成一个具体数字的做法完全失败。同时，他们试图通过对战争损失的估算来达到同样目的的做法也未能成功。"

3月10日，为了设法打破僵局，劳合·乔治、克雷蒙梭和威尔逊的代表豪斯上校（威尔逊此时正在国内）一起任命了一个秘密委员会，由埃德温·蒙塔古、戴维斯和卢舍尔三人组成，任务是确定从德国索取的赔偿数字以及份额的分配方法。他们达成了一个分配比例：55%归法国，25%归英国。蒙塔古和卢舍尔还同意戴维斯的建议，即德国应在30年内分期付清的款项最高不超过30亿英镑——这个数字正是英国财政部在1918年11月26日的备忘录中提出的——卢舍尔告诉蒙塔古"德国至多只能偿付20亿英镑，其他部分只能用抵押方法来补偿"。劳合·乔治在3月15日似乎已经接受这个方案，而且告诉戴维斯，说他"将把事实告诉英国人民"。但到了18日，他又决定暂时不把这件事情公开。凯恩斯是通过这一系列的事件才开始正式牵涉到赔款问题中去。蒙塔古自然免不了要找他咨询。他在3月11日就此问题写了一份备忘录，指出，尽管德国应该在它的偿付能力的基础上赔偿战争损失，但在目前的情况下不可能确定德国的偿付能力究竟有多大，所以，我们应该推迟对赔款的数额做出决定。这个建议与财政部迄今为止的策略并无区别。相反，这同他在后来写的《和平的经济后果》一书中提出的协约国应该在和约中确定一个赔款数额的说法相矛盾。其实，凯恩斯在3月的时候还在设想整个赔款数字不会大于30亿

226

第 15 章　千回万转——凯恩斯在巴黎和会上

英镑,而且他以为协约国的政治领导人并没有决定将阵亡家属赡养费和战时生活费包括进去。

劳合·乔治此时的策略是设法让康利夫和桑姆纳同意接受一个"合理的数额"。专家们制定了一个有灵活性的方案,即最低50亿英镑,最高70亿英镑,这是能够将戴维斯—拉蒙特的立场与康利夫—桑姆纳的立场进行调和的最有希望的方案。3月22日,凯恩斯向劳合·乔治呈送了一份备忘录,其内容主要是他同拉萨尔银行的R.H.布朗特合作制定的以最低赔偿数字为准的年度偿付计划。凯恩斯个人的观点跃然纸上:"根据我们的看法,在所有赔款还清之前,协约国政府也许,而且很可能早就发现这种索款方式对它们自己的损害大于对敌方的损害。"劳合·乔治不愿接受50亿英镑的数字,因为如果康利夫和桑姆纳反对,他将会在议会里被"钉上十字架"。而这对"孪生圣人"当然绝不让步。凯恩斯这时对劳合·乔治开始有些好感,他在3月30日给父亲的信中说:"过去的十天里,我有了在首相身边工作的经历,而且常常看到威尔逊和克雷蒙梭。事实上,劳合·乔治,至少在目前,开始从地狱转向天堂,所以我对他提供的服务就不像在过去一样让他感到不满意。"

在枫丹白露度完周末以后,劳合·乔治回到巴黎,自由党人的心态又开始占上风。他在3月26日再次声称他和克雷蒙梭都应该把事实真相告诉人民。威尔逊对此大加赞赏,他说:"我必须表达我对劳合·乔治的话里蕴含的那种精神的敬佩。一个人为了正当的行为而被选民赶下台,没有任何事情比此更光荣了。"当然,劳合·乔治绝对不是这么考虑的,他并不想失去权力。几天之后,他又决定在和约中不提具体数字,另外成立一个赔款委员会,限定在1921年以前制定具体数额,同时,德国必须先付10亿英镑。千回万转,劳合·乔治终于找到了一个逃避自己对好战派和"孪生圣人"的双重承诺的两全之策。

如前所述,将阵亡将士家属的赡养费和战时生活费包括在战争损失之中是2月产生的想法。但是美国总统威尔逊尚未同意这种明显的违反"十四点"的要求,一开始他极力反对,但后来被南非的史沫兹提出的"法律观点"所说服。史沫兹应劳合·乔治的要求于3月31日提交了一份备忘录,指出,从国际法的角度来看,向德国直接索取各协约国的战争费用是不可能的,"但伤残士兵的生活费用、阵亡将士家属的赡养费以及战时士兵家属的生活费则可以合法地索取"。史沫兹的目的当然是为了给大英帝国争取更大的赔款份额,他知道这会增加德国赔款的总数,但他也理解这个数额终归要根据德国的"偿付能力"而受到削减。他同凯恩斯和美国人的观点一样,估计赔款额在20亿到30亿英镑之间。威尔逊这时看到他有可能用自己的良心来感化英国人和法国人,促使他们达成协议,所以不愿意接受他的法律顾问们对此事的反对意见,他嚷道,"你们成天就知道逻辑!逻辑!我才不管逻辑呢。我要把赡养费等加进去"——尽管他承认在签订停战协议时,各方都没有提到这个问题。这是凯恩斯在《和平的经济后果》一书中对威尔逊总统做的不恭维的评价,这个评价主要是根据这一件事而言的。但他认为这是威尔逊的诡辩术的典型例子。 228

1919年4月5日,要求限制德国赔款数额的那一派终于战败。在"四人委员会"上,劳合·乔治根据桑姆纳勋爵的观点,同意将德国赔款的期限延长到30年以上,"如果德国在30年内确实不能付清的话"。威尔逊不在场,由豪斯上校代表他正式改变了美国的原有立场。这一举措的后果是原来关于"包括赡养费后不会增加赔款总额"的设想不再成立。正如拉蒙特夫人佛萝伦丝的日记所记载的:"劳合·乔治不想加入任何对赔款数额加以限定的内容。"

美国人指责凯恩斯没有与劳合·乔治抗争,但是英国代表团里没有任何人作此抗争。史沫兹有可能会抗争,但他在3月的大部分时间里都在生病,不在现场。而且他回来以后就撰写了那份灾难性的关于赡养费的"法律观点"——他的传记作者说,这份东西"对他的声誉的损害超过他一生中撰写的所有文件"。然后,他又被派到匈牙利出差。外交大臣阿瑟·巴尔福本来是有权力向首相进言的,但他有意躲开和会的具体活动。阿斯奎斯夫人玛格特在此期间曾去巴黎,发现"没有人知道巴尔福是否在巴黎"。凯恩斯有一天晚上在大街上碰到他,外交大臣"显然处于一种微醉的状态。他热情地一把搂住我,然后挽着我的胳膊一边走一边大谈提耶波洛(近世意大利画家——译注)的优点"。凯恩斯本人并不是劳合·乔治的圈中人,这同战争期间没有什么区别,劳合·乔治不过是利用他和蒙塔古设法让自己逃避对"孪生圣人"的许诺,但首相并不想向凯恩斯进行政策咨询。凯恩斯后来告诉玛格特·阿斯奎斯,说在巴黎的英国代表团有着最强的阵容,但就首相对它的使用来看,"我们这批人恐怕都是白痴"。凯恩斯终于意识到他在财政部干下去没有任何意义。在辞职以前,他还是为了将事态向理性和温和的方向影响而做了最后一次努力。

4 "欧洲重建的宏伟计划"

凯恩斯在巴黎最亲密的政治朋友是南非国防部长扬·克里斯蒂安·史沫兹。史沫兹是剑桥大学1894年的毕业生,是个有知识的将军,同时也是一个有哲学兴趣和雄心的政治家。(他后来创造了一门新的哲学,叫做"整体论"。)他同凯恩斯一样,对和平的创造有一种高尚的心态,对法国人非常厌恶,而且明显地不信任劳合·乔治。他们两人对巴黎和会上发生的事件渐渐失望的过程是同步的。从匈牙利出差回来以后,史沫兹在4月9日写信给他的朋友吉莱特夫人:

> 今天下午……凯恩斯来看我。我向他描述了中欧的可悲的困境,他(他是这方面的金融专家)向我坦陈他不相信有任何可行的办法。这些可怜的中欧人几乎没有什么信贷,我们非但不能从他们那里索取赔款,相反,我们必须借钱给他们,让他们能够活下去。

史沫兹对中欧遭遇的描述使得凯恩斯能够集中精力思考一个已经在他头脑中酝酿已久的计划,这个计划的要旨是将战争赔款与协约国之间的战争债务联系起来。英国人和法国人想榨干德国人的目的之一是为了偿还欠美国的债务,如果美国能够被说服减少对这些债务的讨还,就能减轻对德国的压力。早在1918年11月,凯恩斯就指出过协约国之间债务全部取消对英国的好处:英国在欧洲盟国那里有很多不良债务,而美国在英国这里有大量的好债,如果英国不设法减少所有的债权债务关系,则今后将处于美国的某种难以描述的压力之下,而它的对外投资的潜力也将会被摧垮。1919年3月28日,他提交了一份报告,指出对这次战争索求任何债务(包括赔款)的努力将会损害,甚至可能会摧垮整个资本主义制度。"我不相信任何一种债务的支付将会超过几年的时间,因为这与人的本性不符,也难以与时代精神同步。"这篇报告的特点是对资本主义文明的脆弱性十分敏感。然而凯恩斯明白所有债务的取消是不现实的,因此他暗示了一个新方案,即协约国政府将同意接受德国赔款以国债券形式支付,这些国债券"最终将用于协约国之间的债务清算"。

4月12日,凯恩斯回到英国。五天之后,他写信给母亲说他正忙于让内阁通过他的

"欧洲重建的宏伟计划",这个计划是通过与史沫兹谈话产生的。史沫兹对它热情支持,并承认这个思路来源于凯恩斯。奥斯汀·张伯伦将它推荐给劳合·乔治,并批示说,这个计划反映了"凯恩斯先生的全部能力和丰富的思想根源"。劳合·乔治也很感兴趣:以减少对德国索求的代价降低对美的债务这个方案他是能够让议会批准的。他将凯恩斯计划递交给威尔逊总统,并写了一封热情洋溢的推荐信。凯恩斯计划让德国政府和它的盟友提供价值13.45亿英镑的国债券作为赔款的一部分,"用来偿付协约国之间和相关国家之间的全部债务"。同时,五年之内不付利息,而且这些国债券将由发行的政府和协约国政府共同担保。具体的划分是,10亿英镑的债券将分给欧洲的协约国,其余部分由同盟国留在手上。这些债券"将被视做一等的借贷附属担保"。[230]

凯恩斯试图一石击数鸟。所有的协约国内部的战争债务将被减少,而用德国的债务来清偿的这些债券则可以转手,所以不会立即对德国的收支平衡产生压力。欧洲的借贷信誉很快就会恢复,而美国则能保证其出口产品有需求;同时,同盟国亦能贷款让人民不至于挨饿。所以这个计划既能向欧洲国家立即提供购买进口物品的资金,又能达到减少战争债务这一长远目标。这个方案同协约国已经做出的向德国首期索取10亿英镑,同时在它的支付能力范围以内,确定一个最后数额的决定是相符合的。在一个附加的、准备给威尔逊和克雷蒙梭看的备忘录中,凯恩斯写道:

> 一个展示未来、向欧洲各国人民指明一条有食物和就业机会的道路的计划,同时能让他们感觉到社会秩序的稳定将会到来,这个计划就是为了防止布尔什维克主义的那种社会秩序的最有力的武器。我们相信这才是改善未来、获得更大福利的最佳起点。

美国人的反应却是令人失望的冷淡。汤玛士·拉蒙特以J.P.摩根公司的合伙人的权威谴责这个计划,说它"概念上缺乏根据,实践上难以操作"。他还说,采用这个计划将会给人一种欧洲国家都已经破产的印象,同时让欧洲人没有情绪参加就业。此外,这种计划必须由国会通过,而国会是不会批准的。拉蒙特想让美国的信贷通过"正常的商业和银行渠道"进行发放。他建议在美国成立一家私营的金融公司,同英国银行集团合作把美国人的储蓄融资到欧洲来。

在5月3日的一次晚宴上,戴维斯和拉蒙特向凯恩斯和史沫兹披露对凯恩斯计划的另

第 15 章　千回万转——凯恩斯在巴黎和会上

一个反对意见:"他们认为美国对德国的任何帮助,不过是让英国可以索取更多的赔款,所以他们决心不这么做。"也就是说,对威尔逊减免欧洲的一部分战争债务的希望由于劳合·乔治的赔款政策而破灭。5月3日,总统写信给首相:

> 你曾建议我们大家都集中心思帮助德国经济重新站起来,但是你的专家和我的顾问们不可能制定一个向德国提供流动资本的新计划,因为我们从一开始就已经打算将它现有的资本全部剥夺。

凯恩斯对这种解释进行了反驳,但他的反驳缺乏真心实意。正如他告诉劳合·乔治的私人秘书菲力浦·科尔的:"总统的观点很大程度上是正确的。"

凯恩斯指望巴黎和会的可怕场景之中至少能够产生一个欧洲重建的计划,但这个最后的希望彻底破灭了。5月初,在和会58个专门委员会和最高四人委员会的努力之下,和约的初稿已经形成。凯恩斯第一次有机会审视整个和平安排的内容,他感到太可怕了。在5月4日的一封信中,他声称:"这个安排是纸上谈兵,即使获得通过,也不可能维持多久。"他怀疑德国人是否愿意签字。5月14日,他写信给邓肯·格兰特:

> 好几个星期没有给你写信了——然而我已经彻底累垮了,一方面是由于不停的工作,另一方面是由于对周围的邪恶感到沮丧。上两三个星期,我的痛苦已经达到了任何人可以忍受的极限。和平安排令人不能容忍,而且不可能行得通。它给我们带来的除了不幸没有其他任何东西……
>
> 感谢上帝,我将很快从中脱身。我想许多星期以后,我会忘掉这个噩梦。我正在给财政部写信,请求在6月1日以前,或者尽可能不超过6月15日解除我的职务。

劳合·乔治自己也开始对这种安排产生怀疑。后来成为法国总理的安德烈·塔迪欧写道:

> 这些日子真是糟透了。劳合·乔治先生面临两难,一方面拒绝在和约上签字,另一方面则要对付德国的危机。他在几乎每一个要点上都提出令人不可接受的要求。他说他这么晚才提出这些问题是因为要同下院商量。我们两个月的

第三部分 纯真的终结

工作就要泡汤。克雷蒙梭先生坚决不肯让步。

劳合·乔治还"要求对赔款的全部条款进行全面修改,而且倾向于凯恩斯先生的观点,接受美国专家在3月提出的兑付计划"。凯恩斯竭尽所能向首相作了要点汇报。5月7日,史沫兹写信给吉莱特夫人:

> 可怜的凯恩斯常常在吃过一顿丰盛的晚餐后跟我在一起坐一会。我们开始咒骂这个世界,谈及即将到来的大洪水。我告诉他,我们在这个时候只能做"格里古阿"式的祈祷(即上帝亲自出马,而不是派他的儿子——耶稣出马,因为这不是儿童所能对付得了的事情),然后我俩一起大笑。而在笑声的背后,是胡佛对前景所作的可怕描绘:如果我们不加干预,3000万人将会死亡。

吉莱特夫人以历史上的"反谷物法同盟"为例提醒史沫兹,说在19世纪,经济改革是超前于选举改革的,所以"现在也似乎差不多,在经济世界的问题未得到纠正之前,政治和领土问题是得不到解决的"。史沫兹将这个观点告诉凯恩斯,凯恩斯回答说:"真是非常正确,而他从来没有从这个角度去想过这个问题。"也许从这里,我们能够看到《和平的经济后果》一书的主题来源。

凯恩斯仍然想做一点有益的事情。5月底,他试图让协约国解除奥匈帝国解体后的后继国家向意大利和塞尔维亚出口肉牛的义务,但他没有成功。

此后,他病倒了,"部分原因是心情恶劣,部分原因是长期的紧张工作"。他从帝王酒店搬到布瓦边上的一个公寓里,"有一个极好的法国厨师和一名做听差的军人"为他服务。只有开会以及与财政大臣、史沫兹和首相等人见面的时候,他才起床参加。但这时大局已定,无可挽回。克雷蒙梭的固执撇开不说,威尔逊也居然相信巴黎和约的草约符合他的"十四点"。此外,在最后关头,他又提出"不能因为条款的苛刻就修改和约……他想让它成为一个历史教训,警告后人不要再学德国的榜样,否则将受到最严厉的惩罚"。劳合·乔治也准备签字,也许他已收到秘密情报,说德国人的抗议只是形式主义,他们不管怎么样都会签字的。

《凡尔赛和约》于1919年6月28日签字生效。到这一天,凯恩斯已经离开了巴黎,也离开了财政部。他在6月5日写信给诺曼·戴维斯:"我在这里已经毫无裨益。你们美国

第 15 章 千回万转——凯恩斯在巴黎和会上

人是不可靠的人。"同一天,他又写信给劳合·乔治:

> 我应该让你知道,本星期六我将从噩梦般的场景中溜走,我在此已经毫无裨益。我甚至在最近几周里还在希望你能设法让这个和约成为公正而又现实可行的协定,但现在显然一切都太晚了。这场战役已经失败,让那两个"孪生圣人"为欧洲的毁灭去沾沾自喜吧!让他们按自己的意愿去向英国纳税人仅剩的那一点资产去征税吧!

第 16 章

文明受到威胁

1 著书过程

1919年6月25日，凯恩斯从查尔斯顿写信给母亲："从星期一开始，我在写一本新书……主要是关于欧洲经济现状，包括对和平协定的激烈批评，以及我自己提出对将来的建议。我之所以被煽起写这本书的情绪，是因为对星期一发生的事情感到深深的、强烈的羞愧。而且我担心现在不动笔，我的愤怒可能不能保持到我写成这本书。"星期一，也就是6月23日，协约国让所有想修改和约草案的人的希望彻底破灭，这个草案中的内容将送交给德国人。凯恩斯当时就有公开抗议的念头。他在6月8日给史沫兹的信中这样谈到回伦敦后的想法："我非常希望你能得出这样一个结论，即公开解释和会上发生的实情以及向它表示抗议是恰当的行动。如果你这么认为，我的笔将随时为你服务。用其他方法也可以。"史沫兹在6月10日催促他立即"对和约经济条款的实际含义写出清晰和互相关联的描述，并说明这些条款将可能会产生什么后果"。史沫兹最终于6月28日在和约上签字，但同时也公开抗议它存在的不足之处。7月17日，他在回南非的前夕又写信给梅纳德，但他似乎对先前的忠告开始打退堂鼓，

> 我对这件事再三考虑之后，觉得由我出面对和平协定不停地批评并无裨益。这件事已经过去，完全无法逆转，我们只能取信于上帝的仁慈来克服人类的愚蠢行为。最好还是持建设性的态度。我在签字的时候所发的抗议言论在这里和欧洲大陆都造成了巨大的影响……你将发现为这个世界做贡献的机会还很多，

第三部分 纯真的终结

尤其因为赔款和金融条款所造成的真正的麻烦将从德国开始。

凯恩斯此时已从财政部辞职,他告诉史沫兹他的心情"非常悲愤"——这种心情从战争一开始就在那里滋长。他在绝望之余,对写这本书的心情更加迫切。维吉尼亚·沃尔夫在查尔斯顿与他见面后,在7月8日的日记中写道:

> 他说他已经醒悟过来。他对过去所喜欢的事情是否还能继续下去完全丧失了信心。伊顿已经完了,统治阶层和剑桥恐怕也要完蛋。和会上凄惨、可耻的闹剧迫使他得出了这些结论。那帮人在和会上的无耻游戏不是为了欧洲,甚至也不是为了英国,而是为了在下次大选中能够重返议会。 234

7月26日,他写信给罗伯特·塞西尔勋爵:"我对欧洲前途的悲观丝毫没有减轻,除非及早采取步骤并承认和约的许多经济条款是不现实的。你是否同意我的看法?"

还有其他一些因素影响了这本书的写作过程。玛格特·阿斯奎斯写信给他,语无伦次地要求他将巴黎和会上的人物特点描绘一下,以作为她日记中的素材。她这封信很可能促使他在讨论经济问题的时候,不时加上一些对协约国领导人个性的描述。另一个关系不太密切的因素是利顿·斯特拉彻在1918年出版的《维多利亚时代的名流》一书,大卫·加奈特认为这本书将凯恩斯引向"更加大胆的写作方式,并有勇气写出他过去只愿意在聊天中使用的一些内容"。

在他定下心来写作之前,还有一些实际的事务要处理。从财政部辞职自然让他失去1200英镑的年薪。他回到伦敦的几个星期以后,伦敦经济学院便提出给他一个新的货币与金融教授的位置,他没有接受。同样,他也婉拒了利兹大学的一个教席。比较有吸引力的是北方商业银行的董事会主席一职,这个位置年薪2000英镑,而且每周只需工作一天,但他发现该银行的控股权在斯堪的纳维亚人手中,便不愿接受。但同时他也放出风声,仍在待价而沽。与此同时,他感到在货币市场上进行投机的赚钱机会很多,而且很有兴趣,比教经济学课程要好得多。于是,他回到剑桥,与校方达成了减少课时的协议。他在7月17日从国王学院写信给邓肯·格兰特:

> 大半天里我都在思考我这本书,并写了约两个小时,所以进展十分顺利。我

第 16 章 文明受到威胁

已经写完八章中的第三章的一半。然而，实际写作还是非常困难的，我现在更加羡慕那些写作成功人士。我今天完成了对克雷蒙梭的外貌和个性的速写，明天将开始描绘威尔逊。我认为应该尝试这类写法，但总觉得自己才气不够。

7月29日，他在伦敦给母亲的信中说：

我在戈登广场的家中开了本季度的最后一场晚会，大家都认为非常成功——我自己忙于招待客人的安排，没有看到多少内容。在半夜快到之前，我们共有23人坐下来吃晚餐，一直吃到一点半才起身。家里的仆役在我的催促下还是能够令人惊讶地胜任愉快。第二天（7月30日）晚上也很让人兴奋，因为这是芭蕾舞演出的最后一场，我的各方面朋友都在场。我还有很多事务性的活动，在印度货币委员会作证，在"与饥荒作斗争委员会"作演讲，还在"金融区聚餐俱乐部"（"星期二俱乐部"）讨论和平协定的条款问题，午餐和晚餐都在外面吃，这以后我就准备到乡村去了。有趣的是，在剑桥我仍然没有什么名气，但到了伦敦，我就成了名流。

从8月开始，凯恩斯在查尔斯顿过起了很有规律的生活。他每天早上八点钟吃早餐，然后写作到中午。午餐后，他开始阅读《泰晤士报》，然后做园丁工作，直到午茶的时间。午茶之后，他开始处理来往信件。他把两个佣人布朗茜和杰茜带来为他服务，并把戈登广场的房子关闭。他把写好的一些内容送给朋友们传阅。列昂尼德·沃尔夫在8月21日给他的信中写道："我觉得你对威尔逊的心理分析是绝对正确的，它解释了所有的问题。"他还说："我希望你对劳合·乔治也能有同样的描述。"事实上，凯恩斯确实写过一段对英国首相的素描，但他自己对它很不满意，后来在阿斯奎斯的劝告下，没有放进这本书里。9月3日，他告诉母亲，说他"每天能够平均写作一千字，并在打字以后送交印刷工，一周七天均是如此。当然还有一些难点要克服。我希望在10月的第一周里完成写作，而在月底出版这本书"。他通常每写完一章，就立即送到剑桥佩特小姐那里打字。到9月23日，他已经给麦克米兰公司在爱丁堡的克拉克印刷厂送交了五章，在那里被排印成清样，这已经差不多是五分之四的内容了。然而，他对最后两章却一时写不下去了，因而比原计划推迟了十天。他告诉佛萝伦丝："这两章分量太重，我的思路开始变

第三部分　纯真的终结

得不太流畅，我真想休息一个月……但我想我必须坚持到底。"到10月初，他已开始写最后一章，并决定推迟离开查尔斯顿的时间。

与此同时，在美国，威尔逊总统在一次他召集的号召人们支持巴黎和约的集会的演讲中严重虚脱。利顿·斯特拉彻在10月4日从旁伯恩给凯恩斯的信中说：

> 我从报纸的零星消息中得知，你的朋友（威尔逊）总统已经发疯了。有没有可能他逐渐开始意识到自己是一个失败者，而当他最终开始意识到这一点时，脑子却完蛋了？此事真是有戏剧性。但是你对他的那些评价是否是有点太残酷了呢？

凯恩斯即使在全力以赴地写作，他也不是甘心只做一件事情的人。他决定自己出钱来印制这本书，给麦克米兰公司10%的利润来做推销工作，而不是传统的各拿一半的利润分成做法。他在8月21日签订了这样一个合同，一次印刷5000本，凯恩斯支付所有的英文版的制作费用，并监督制作全过程，最终也获得主要利润。他从来没有雇请一位出版经纪人。他在巴黎碰到的一位美国律师，费利克斯·法兰克福特（后成为最高法院大法官——译注）设法从美国的一家新成立的公司，哈库特——布莱斯·霍尔出版社拿到了美国版的代理权。凯恩斯接受了这个安排，但对"15%的低版税"不甚满意。

凯恩斯同麦克米兰公司在8月的谈判中还自己出资出版鲁斯的一本诗集。（这本诗集于1920年发表，而且正如凯恩斯预测的那样，没有赚到钱。）与此同时，他还资助两个朋友，大卫·加奈特和法朗基·贝瑞尔在伦敦开了一家书店。最后，为了排遣乡村生活的枯燥，他还开始做货币投机买卖。他在9月23日写信给佛萝伦丝，说他炒外汇"肯定让父亲感到震惊，但我希望能做得很好。钱是一个有趣的东西。在我看来，现行的经济体制不可能维持很久，所以，我的那些特殊知识和经历开始开花结果，我炒外汇时总是不断地进账（虽然我绝对受之有愧）"。他不久就发现他的"那些特殊知识"并不能预测到经济的大崩溃。此时，他也接受了"国民人寿保险协会"的董事一职。

10月11日，凯恩斯交出了第六章和第七章的大部。像很多作者一样，他的书也是越写越长。原计划4万字，现在已经达到了6万字。他现在必须回到剑桥授课，而在重新走上讲台之前，他应荷兰中央银行行长维瑟林博士的邀请于10月13日至15日在阿姆斯特丹参加了一个银行家会议，主要讨论一个国际贷款项目的实施计划，这项贷款的来源主要

282

是美国银行。在这个背景下,凯恩斯接到对他书稿的一个很重要的批评。他给协约国赔款委员会秘书长阿瑟·萨尔特一份书稿清样请他提意见,萨尔特指出他对美国总统被欧洲盟友玩了一把的描述将减少从美国银行获取贷款的机会。凯恩斯同意降低调门,但在主要观点上仍然不愿修改:

> 温和派可以做些好事;也许激进派也能做些好事。但激进分子要假装是温和派阵营中的一员则是徒劳无益的。此外,判断一个人的行为的心理后果是一项劳而无获的工作,所以我感到最佳的解决办法是直言不讳地将事实真相公之于众。

他在11月27日给史沫兹将军的信中说:"任何让美国人或其他人感到高兴,感到被安抚的意图都是无济于事的。我个人以为,除了无情地把事实真相揭露出来,别无他法能够有任何效果。揭露真相最终将有效果,即使这是个缓慢的过程。"

《和平的经济后果》于1919年12月12日正式发表。它让很多读者都感到震惊,要不是凯恩斯听从了亲朋好友们的劝告将不少谩骂、羞辱他人的段落除去的话,这本书的震撼效果还要强烈。到圣诞节时,该书已经售出了2642本——令人满意但还不够惊人的成果。12月29日,丹尼尔·麦克米兰写信给他,说"毫无疑问,你当时决定印行5000本是有道理的"。他们两人谁也没有想到这本书很快将成了国际畅销书。成为20世纪最有影响的著作之一。

2 《和平的经济后果》

《和平的经济后果》有资格被认为是凯恩斯写得最好的一本书,他的其他书都没有像这本书那样能够让他全部的聪明才智在一个问题上得以发挥得如此淋漓尽致。尽管这本书的核心是对赔款问题的一种明晰的解析,但它绝不是技术性的论文。巴黎和会的那种炽热的场景被他生动地重新塑造出来,而对克雷蒙梭、威尔逊和劳合·乔治的失败则给予无情且准确的披露。他的写作基调是气愤的、讥讽式的,而且与他的其他作品不同,充满了激情;这本书之后,他对弄虚作假、撒谎欺骗作风的鞭挞和对这类行为的道德义愤再也没有像在这本书里这样旗帜鲜明了。作为这本书的主题轮廓的一部分是他的一种

第 三 部 分　纯 真 的 终 结

沉思型的感受——认为整个西方的文明正在面临威胁，即将崩溃，随之而来的将是一群没有头脑的暴民侵占行将崩溃的文明遗产。而同时，西方政治家们在面临威胁时又是如此的无能和心胸狭窄。他的这种观点不啻是20世纪文献中的一种特殊的个人宣言——他要让经济学家成为20世纪的（马基雅维里式的——译注）"君主"。其他的统治方法都已经行不通了，只有经济学家对社会福祉的看法，再加上专业技术上的出类拔萃的新标准，才能筑起一道防止动乱、制止疯狂和避免衰退的最后防线。

如果我们对凯恩斯的观察视角不了解，就会对他对社会的谴责之激烈感到不理解，甚至会觉得他有点刚愎自用。不管怎么说，和平协定还是取得了让自由派人士能够认可的成绩：协定建立了国际联盟；把被统治的各民族从原先的专制君主手中解放了出来；也防止了德国领土被肢解的命运。但是凯恩斯对这些成就没有作心平气和的评价，他是从英美的角度来写的，而大多数英美人都倾向于从经济的角度来评价这个和约：好战派评价的着眼点是德国是否为其战争罪责"偿付"了应有的代价；而自由派则以和约能否让经济重新振作起来为标准。战争已经结束，法国人所最关注的防务问题很快就被英美的意识所取代。英美的传统派对德国海军的灭亡很满意，因为这是战前对英国国家安全的第一大威胁；而英美自由派则将他们的希望寄托在国联身上。很少有人注意到凡尔赛和约中由奥匈帝国的领土裂变而来的几个东欧国家的附加条约，其疆界划分是按照威尔逊的"民族自决权"原则而执行的。凯恩斯的书也基本上没有涉及东欧的问题，只有在这些国家与他的主题有关的时候才会提上几句。这本书的中心论点是，第一次世界大战毁坏了欧洲人民在1914年以前赖以生存的那种脆弱的经济机制，而凡尔赛和约非但没能修复这些损害，反而将它送进了坟墓。

他的强有力的论据主要在第二章里体现出来：尽管19世纪的欧洲人口增长飞快，但是自由贸易和资本主义的伦理防止了马尔萨斯人口论中所描述的那种大灾难。在欧洲，"国际经济和关税方面的政府干预被控制在最低可能的限度……在这里，财产与个人都享有几乎绝对的安全"。德国是欧洲大陆经济体制的引擎，"欧洲经济体制是以德国为核心而建立起来的，大陆的经济繁荣主要依赖的是德国的企业精神和繁荣"。自由贸易同资本输出两者的结合还产生了新大陆和旧大陆之间的平衡，以欧洲的工业产品换取美洲大陆的食品和原材料，而欧洲的"剩余资本"在美洲的投资可以说让它从新大陆获取"岁贡"。这种全球体系之所以能够在支撑人口增长的同时提高生活水准，是因为有一种共同的道德观。这种道德观首先强调的是节俭、谨慎、精心计算和有远见——这是资

第 16 章 文明受到威胁

本积累的基础。在欧洲各地,那种在过去引导人们脱离现实世界的"清教徒的美德"被重新引向创造财富的努力之中。极不均匀的收入分配之所以能够维持下去,是因为工人们被资本家虚张声势的欺骗所迷惑,以为资本家把大部分的利润都"存放起来"(以利于扩大再生产——译注),所以世界经济的构架最终是靠维多利亚时代的美德来支撑的。

甚至在大战之前,凯恩斯认为,这个"经济的理想国"已经受到威胁,因为欧洲对新大陆的原材料需求降低,而且维持社会秩序的"心理条件"十分不稳。战争所造成的后果是摧毁了欧洲的经济架构,几乎摧毁了欧洲在新大陆的经济利益,而且震撼了整个社会秩序——因为它向人们揭示"所有的人都将受到资源损耗的影响,同时对许多人来说,虚伪的节制消费已没有任何意义"。其结果是把"马尔萨斯的恶魔"释放出来,这个恶魔所造成的第一个后果便是俄国。

这一章中对即将到来的威胁的不安心态在第六章中也有突出的体现。这一章的内容主要是关于欧洲在战争结束时的处境,那些让布尔什维克主义得以滋生的问题现在已在欧洲大陆到处滋生,战争的结果使得欧洲面临"生活水准绝对下降"的局面。更有甚者,所有的交战国都在战时被迫采取对经济杀伤力很大的通货膨胀政策,这种政策对资本主义文明具有潜在的致命效果。凯恩斯引用列宁的话说,"没有比摧毁货币更好、更微妙的方法来推翻现存的社会基础。"

"一种好的和平安排",凯恩斯声称,应该是为了直接解决这些对战胜国和战败国双方都有利益的问题。而巴黎和会的和约制定者们却创造了一个他称之为"迦太基的和平",也就是说,这种和平不管有意还是无意,都将使欧洲贫困化。他将这个和平结果归罪于两个因素——政治家缺乏思想,而他们在个性上的缺陷也是原因之一。

第二个原因的解释使他声名大噪,其主要内容在第三章里。但是他对和约的批判总体上来说取决于他对第一个原因的分析。凯恩斯的观点简单地说,就是政客们将政治放在第一位,经济问题次之。所以,他在第二章中解释了欧洲面临的经济问题之后,在第四章的开头指出:

> 我在第二章中的思想并不在巴黎和会的参加者的脑子里。欧洲人民生活的前途不是他们关注的对象,欧洲人的生存手段也不是他们焦虑的所在。他们当中不管是好人还是坏人,关注的焦点都在于边界和民族问题、均势问题、帝国版

图扩张的问题。还有就是复仇,将战胜国自己难以承受的经济重担转嫁到战败国身上。

凯恩斯指出,和约制定者缺乏远见卓识也不打紧,只要他们按照(威尔逊的)"十四点"建议去做也无妨大局,因为"十四点"排除了"迦太基的和平"的可能性,而且明确地取消了惩罚性的赔款。为了解释凡尔赛和约为何没有达到"十四点"的要求,凯恩斯着意对"三巨头"的个性做了简略的描绘。

在协约国的领导人当中,克雷蒙梭的形象在凯恩斯笔下被描绘得最佳。一方面,凯恩斯对他的描写让人读后难以忘怀:"他戴着一副灰色的手套,像皇帝一样坐在锦缎面子的椅子上,他的灵魂已经枯竭,对什么都不抱希望,他年老体衰,在那里只是以一种讥讽的心态和一副差不多顽皮的样子审视着这一切。"另一方面,凯恩斯认为克雷蒙梭之错不在于个性的缺陷,只不过是观点上的不正确。他很清楚他的目标——将帝国摧毁至少一代人或者更多的时间,所以他一心一意地追求这个目标,并巧妙地利用他的同事们的弱点来达到自己的目的。"人们不能够蔑视或不喜欢他,而只能对文明人的性质有不同的看法,或至少沉醉于对生活的另一种希望而已。"

美国总统和英国首相则不然。他们两人对创造一种合理的和平均有责任,因为美国的钱袋和英国的智力的结合,本来完全可以对付法国的顽固立场。同时,美国和英国两国的财政部在赔款问题上的看法是一致的,它们的失败应该归罪于两国政治领袖的气质。

凯恩斯试图让我们相信,威尔逊对他周围的环境和氛围没有任何感觉。他的脖子由于高硬领而显得十分僵硬,他带着他的"十四诫"来到巴黎(克雷蒙梭讥讽地说,上帝也不过只有"十诫"),但他对这场游戏的规则一直都未能掌握,被击败是势所必然。威尔逊的脑子里尽是大的原则,没有多少具体政策。他在协约国最高委员会里是不称职的,而且他有神学家的那种自我蒙蔽的能力——这一点是凯恩斯对他分析的要点。总统不愿意做任何违反他的原则的事情,但那些原则"本身是可以被重新注释和理解的。我可以大胆地说,总统的所有前任都曾用这种自我蒙蔽的智力手段使他们相信所做的一切都是符合'旧约首五卷'(即犹太人的圣经)的每一个字的……然后就开始用诡辩术和耶稣会对圣经的注解所织之布将和约当中的语言和内容上的不诚实包装起来"。

给总统缠上一张致命大网的那个蜘蛛正是劳合·乔治。劳合·乔治被描绘成一个妖

第 16 章 文明受到威胁

妇,一个威尔士女巫或者致命女郎。

当我们看到英国首相在和会上的动作,就知道美国总统注定要在这场游戏中扮演盲人的角色。首相用常人没有的第六或第七感官来观察周围,判断每个人的个性、动机和下意识的冲动。他知道每个人在想什么,而且还知道每个人将要说什么。他以一种心灵感应术来制造论点,或者以最适合他的听者的自负、虚弱或自私自利特点的说法来吸引对方。

尽管凯恩斯对劳合·乔治的个性描写不大公平,但是很可惜他没有把这一段放进书里。读者本可以读到劳合·乔治的最大缺点是没有原则性;他

> 本来就没有任何原则;他是一个空虚、没有内涵的人……和他在一起你能感到他根本没有目标,没有内在的责任感,他并不生存在我们撒克逊人(首相是威尔士人——译注)的善、恶观念之中,或者说是偏离了这种观念。另一方面,他又是一个狡诈的、对任何事情都不悔恨而且酷爱权力的人。他的这些特点足可以让北欧民间传说中的那些中等水平的魔术师们都变得具有魔力和让人害怕。

劳合·乔治的目标是在和会的环境中产生的;他人在巴黎,但却是议会多数派的人质,同时他也由于曾经承诺要让德国支付所有的战费而受制于国内公众舆论。由于这个承诺是违反停战协定的,他的顾问们告诉他要避免在国内政治上被击败,他必须设法让美国总统感到他的政策是与"十四点"完全吻合的。所以他一开始就做这个长老会教徒(威尔逊)的工作。他没想到这个工作非常容易,这让他开始警觉起来,正如凯恩斯所说的:

> 劳合·乔治先生在最后关头使出全身解数表现出愿意让步的温和姿态。但令他大为惊骇的是,他不可能用五天时间来说服总统那个他曾用五个月的时间来使总统相信是个正确且公正的政策其实是错误的。毕竟,将这个长老会教徒从迷惑中解救出来比迷惑他的时候要难得多。

第三部分 纯真的终结

凯恩斯计算过以停战协议的条款为准，协约国可以合法地要求16亿到30亿英镑的赔款，这样，取一个中间数字20亿英镑就比较"明智和公允"。这本书的这一段内容基本上是复述财政部1918年11月26日备忘录中的论点和估算。正如备忘录所显示的，他认为战时家属生活费和阵亡将士家属赡养费并不在其中。他谴责把这些费用包括进去的做法是"违背契约"。他写道：

> 在历史上很少有这样的阶段，让子孙后代没有多少理由对它加以宽恕……这场战争是以捍卫国家契约的神圣性为理由而开始的，但最终却以战胜国一方——尽管自称是捍卫这些理想的斗士——违反最神圣的契约而结束。

关于德国的偿付能力那部分内容，很多是直接引用这份财政部的备忘录。凯恩斯强调，用缩小领土和其他没收财产的手段来降低德国的经济实力的做法与增加它的赔偿额是相矛盾的。除了将黄金和其他流动资产立即转手以外，德国的偿付能力只能依靠出口贸易的顺差才能支付这种"岁贡"。然而，在战前的五年里，德国的贸易逆差已达到年均7400万英镑。只有通过增加出口和减少进口，德国在"适当的时间里"才有可能产生每年5000万英镑的顺差，以战后的价格计算等于1亿英镑。以30年的贴现率计算，总数将达到17亿英镑。再加上现存的1亿到2亿英镑之间的黄金和流动资产，凯恩斯认为"20亿英镑的总数是德国可以完全有保障的支付极限"。因此，把这些数字联系起来估算的数字恰恰应是德国的偿付能力。德国交付的商用船队和其他资产共值5亿英镑，所以以30年付清的计划为准，德国一共还要支付15亿英镑，而每年需支付5000万英镑。

在第七章里，凯恩斯设计了他自己认为可行的和约。首先，领土的变更应交由国联来处理，当然，他也意识到国联的"一致同意"的决策原则"不可避免地对维持现状有利"。经济条款的修正可以在国联的体制之外进行。德国的现金赔偿不能超过15亿英镑，绝大部分由法官接受，而英国则放弃赔款要求。同时，协约国内部的战争债务一笔勾销，这样，美国纳税人手中的净债务为20亿英镑。为了对付欧洲领土的重新划分所带来的经济结构的瓦解，将成立一个"欧洲自由贸易同盟"。同时，欧洲需要安排以美资为主的国际贷款，为欧洲的对外贸易逆差和汇率的稳定提供资金。如果要让共产主义的吸引力降低，必须"通过德国的企业精神和组织为中介"，将俄国重新纳入欧洲大陆的贸易体系。

第 16 章　文明受到威胁

凯恩斯为修复战争和和约对欧洲政治和经济所带来的损害而提出的设想在今天看来还是非常独具匠心，气势恢弘而富有先见之明。可是他所提的计划中连一个也没有被采纳。赔款和战争债务问题一直处于岌岌可危的状态，并且正如他所预见的那样，很多年里一直在毒化着战后国际关系。穷困潦倒的德国后来终于发动了一场报复性的残酷战争，而凯恩斯对此早有先见之明。美国对欧洲重建的支持以及"欧洲自由贸易同盟"这些观念要一直等到第二次世界大战以后才得以实现。在俄国，"战时共产主义"牢固地建立了起来。凯恩斯的结论是："人类历史上还从来没有像现在这样，人类灵魂中的普世的火花已经快要熄灭。"这正是两次世界大战之间这段历史的一则墓志铭。

3　争议

1919年12月23日，凯恩斯写信给利顿·斯特拉彻：

> 这本书受到一片赞扬。我没有听到一句抱怨，也没有看到一个坏的书评，内阁部长们写给我的信都说完全同意我的每一句话，等等。我估计首相将会写给我一封短笺说我的书如何在根本上代表了他的观点，说我的写作风格有多么优美。我是否有义务拒绝接受克雷蒙梭颁发的法国军团荣誉勋章呢？

和往常一样，凯恩斯喜欢用夸张的语言让朋友们高兴。布鲁斯贝利的圈子对这本书非常热心：《和平的经济后果》是凯恩斯在为战争服务之后对他们的一种"赔款"。至少这一次，大家都对他褒奖有加。利顿·斯特拉彻在12月10日从旁朋恩写信说：

> 你的书昨天收到，我一口气读完了它。我认为这是一本最成功的书。它的权威性任何人都不能加以忽略。在查尔斯顿的时候，我还觉得这本书有点太极端，现在看来完全不是那么回事。就其论点来讲，毫无疑问具有摧枯拉朽之力，而且令人敬畏。

1920年1月30日，鲁斯（凯恩斯以前的学生）从仰光写信说：

第三部分 纯真的终结

  我认为从伯克关于化解与北美殖民地的矛盾的演说以来，还没有人用英文对政治发生这么大的影响，而且有这么大的感召力……顺便说一下，你的写作风格对我也是别开生面。你从哪里得到这种风格的？……
  有的时候，我曾希望你回到政治中去，成为国家的舵手，但是我决不会让你去牺牲自己的幸福。特别令人激动的是我在这本书里找到了我过去热爱、现在仍然热爱你的正确理由的证明。

  最早的批评来自奥斯汀·张伯伦。张伯伦对"这本杰作充满了敬仰之情"，但他在12月22日给他的信中仍写道："直率地说，我痛心的是，一个曾经居于重要位置和受如此信任的人居然会用这样的语言来描写他的国家在和平谈判中的作用。我不得不担心这些由一位前任公职人员写的评论将不会使我们国家的国际交往更加容易。"
  12月27日，银行家R.H.布兰德写信说这本书的第三章"将伤害美国，而且将在不久的将来损及你自己对这件事所能起的帮助作用"。麦金纳则不同意这种观点，他在信中说："一派胡言！这本书对全世界都有好处。如果我们不能面对事实，世界就没有希望了。"
  最早出现的一些书评也是意见各不相同。自由派和工党的报纸杂志对它都是赞不绝口，但右派的《星期日记事报》则在12月21日称凯恩斯是"一种非人性化的知识分子观点的代言人"，因为这种观点不愿让德国受到惩罚。在这些右派圈子里，对凯恩斯的惯常批评是说他亲德。《星期日评论》的一位读者甚至提议给凯恩斯颁授（德国的）铁十字勋章。
  这本书的销售量很快就大大超出了麦克米兰公司的悲观预测。不幸的是，12月从爱丁堡到伦敦的一艘货轮遇上风暴，在船即将倾覆的时刻，2000册尚未装订的《和平的经济后果》被扔进了海里以防止船再度倾斜。（这些书后来被冲上丹麦海滩，被当作废纸卖掉了。）这样，凯恩斯不得不提前预定3000册的重印版。到年底时，他又第二次重印了5000册。到1920年1月21日，他在英国已经销出了7700册，于是凯恩斯又第三次重印了5000册。他亲自安排了在法国出版的版权事宜，由《法国新评论》杂志于6月出版。他还同工党的政策研究部达成协议，以2先令6便士的书价，出版了1万册的简装本。到2月9日为止，他印的16000册已售出12300本。他又第四次重印了5000册，一个月后又第五次重印了相同的数量。美国版销售的情况更好，第一次印刷的2万本顷刻售完。到4

第 16 章 文明受到威胁

月22日,在英国售出18500本,而在美国则卖了7万本之多。直到6月,销售量才开始下降。他在8月又第六次重印了3000册。此时在全球的销量已达10万本,而且被翻译成德文、荷兰文、佛莱芒文、丹麦文、瑞典文、意大利文、西班牙文、罗马尼亚文、俄文、日文和中文。凯恩斯开始赚取很多的利润,他在英国的纯利以3先令一本书计算,有3000英镑;而美国版给他带来了6000英镑。这些钱尽管大都被他用来炒外汇和股票,然而他的收入从1918—1919纳税年度的1802英镑增长到1919—1920纳税年度的5156英镑。

在英国,对凯恩斯的主要批评不在于指责他列举的数字有问题,而在于他对各个问题的孰轻孰重的处理。历史学家R.W.华特生写道:"建设一个新欧洲的绝对的先决条件是政治边界的重新划分。"《泰晤士报》主编威克汉姆·斯蒂得认为这本书是经济学对政治的一种误置的反抗:"如果这场战争给我们一个最重要的教训,那就是证明那些经济学家、银行家和金融掮客所处心积虑鼓吹的战争不可能论——即战争对任何人都没有好处——的说法不过是一种危险的谬论……德国参加战争正是因为它在1870—1871年间(即普法战争——译注)已经尝到了甜头,所以相信它还能再次获得好处。"《煤—钢贸易评论》杂志中(1月9日)有一则短评很有启发性:"正是那个在1914年之前从欧洲的体制中获取最大好处的国家(指英国)将这个体制摧毁了。经济繁荣并不能保证好的政治行为。"

同经济自由派不同的是,政治自由派对凯恩斯不关心政治目标和国联感到不安。按《泰晤士报书评》的说法,对这本书的"最基本的批评"是指责凯恩斯只对"和会工作的一个方面"有兴趣。有些批评家认为忽略政治是一门尽其可能性的艺术。巴黎和约是当时的形势下所能够取得的最佳结果。性格怪异的美国经济学家托斯坦·范布伦对和约的制定者,特别是威尔逊总统进行了较为有力的辩护。他认为威尔逊对德国表示的那种"明显的怜悯"是出于同布尔什维克主义进行搏斗的考虑。在今天看来,大家都一致公认凯恩斯对威尔逊个性的描写是有误的。他的立论基础是对总统的政策要点孰先孰后不明白。威尔逊做出让步的那些要点在凯恩斯看来是重要的,但威尔逊并不这么看。此外,我们现在都知道巴黎和约作为法国外交的胜利并不是像凯恩斯所描绘的那么确定。

凯恩斯直到1921年年底之前都不打算对这些批评做一个总结性的答复。而这年年底,麦克米兰公司又出版了他的《对和约的一种修正》一书。此时,美国和法国的一些主要参与和约制定的人也发表了他们的意见。威尔逊式的对凯恩斯的回复反映在1920年

3月用伯纳德·巴鲁克署名的《赔款和和约的经济条款的制定》一书中，其实这本书的内容主要是由约翰·福斯特·杜勒斯撰写的。总的说来，威尔逊派并没有与凯恩斯的经济逻辑或结论发生争执，尽管他们当中的某些人认为和约本身对今后所要做的修正留有足够的余地。他们最关心的是如何能够挽救威尔逊的信誉，他们希望美国在国际事务中能够处于领导地位，所以积极地修复像麦克米克所说的被凯恩斯的那本"恶毒的书"给威尔逊形象所带来的损害。他们为威尔逊辩护，说在当时的公众舆论之下，威尔逊创造了所能得到的最佳和平安排。具体地说，"和约对复仇因素的压制和最大限度的减少几乎都应归功于伍德罗·威尔逊。"如果这个和约有缺点，那也是民主制度的缺点。

巴鲁克的观点，再加上1920—1921年间发生的事件，促使凯恩斯修改了对劳合·乔治的看法。在《对和约的一种修正》中，劳合·乔治从一个只有权力欲的人变成了"浮士德"。凯恩斯写道，他之所以要为劳合·乔治辩护，是因为劳合·乔治在一帮暴徒提出的要求和政治领导人的个性的双重压力下，能够争取最佳的、即刻的解决方案，而且"他在和会之后的两年里用他的权谋和实力来避免或者减轻和约所带来的危险"。他的成就至少有一部分是真实的，而且不能被一笔勾销。凯恩斯承认"对真实和诚实的追求也许是某种审美观或个人标准基础上的一种方法。这种方法与政治上追求实际可行的至善也许是不一致的"。然而，不管怎么说，"个人还是没有义务为了公众的福利而牺牲求真的努力"。同他过去的立场相比，他的观点已经发生了很大的变化。他在这里承认知识分子和政客也许有不同的责任；而知识分子的责任在于讲真话，纵然政治家仍有必要撒谎。这样，在迫使政治家少说一点谎话的时候，知识分子才有成就感。今天的知识分子中，已经不大有人还在信心十足地坚持在公共事务中有真、假的区别，但在凯恩斯那一代人中还是可能的。

在《对和约的一种修正》一书中，凯恩斯写了关于赔款索求是否有法律基础的一章。在《和平的经济后果》一书中，他略去了史沫兹在"蒙骗"威尔逊总统的过程中所起的作用。但是巴鲁克的书中将史沫兹的那份在1919年3月31日写的重要的备忘录（即那份让史沫兹后来的声名大跌，让他后悔不已的备忘录——译注）公之于众，这对凯恩斯和史沫兹来说都是一件十分难堪的事情。凯恩斯积极地为史沫兹进行辩护，反驳巴鲁克的指控，说是史沫兹提议将赡养费和战时生活费包括在赔款条款中的。（尽管在私下里他写信给史沫兹，说"我不能不说你写这份备忘录是咎由自取"。）可是，在他的第二本书里，凯恩斯对"史沫兹备忘录"的内容完全不屑一顾。他认为，当时协约国同德国签订

第 16 章　文明受到威胁

的停战协定是一个契约，而不是德国无条件投降的协定，这个观点事后被证明是非常正确的。德国在西线的军队并没有被击败，而它对东线的征服更是没有任何人可与之挑战。对协约国来说，把战争再打到下一个冬季也是不可能的。所以，德国和凯恩斯都有足够的理由觉得和平安排必须留有谈判的余地，而不能由单方面强加。

可以想象，《和平的经济后果》一书在巴黎最不受欢迎。法国批评家例如拉斐尔·乔治—列维就在《正义的和平》一书中声称，德国完全有能力支付协约国要求的赔款。他认为凯恩斯对德国的生产能力加以忽略，"仅此一点就足以毁掉这本书的全部立论"。近年来基于法国政府档案以及美国和欧洲银行档案所做的研究表明，法国当时的金融动机和逻辑立论并不是像凯恩斯所批评的那样坏。学者们现在的看法是，法国的赔款要求同英国的要求相比，前者应该说是更有节制和更有一定的道理。这件事情的重要性并不在于赔款与国家安全的关系，而在于赔款、协约国内部债务以及美国贷款之间的三角关系。（美国学者）舒克认为，在美国官方贷款不复存在的情况下，赔款是法国获取稀缺的资本和能源的唯一途径，是法国战后重建的唯一希望。（另一位美国学者）特拉登堡的研究表明，法国的目标是能够获得德国的煤（以实物形式抵债）和美国的信贷（将德国债务以"货币"形式确定下来）。因此，和会的制定者们未能成功地确定一个具体数额对法国来说是一个失败而不是胜利。在赔款问题上产生的不合常理的结果是列强之间固有的利益冲突所决定的。劳合·乔治在大选中的利益以及威尔逊被人"蒙骗"充其量是整个故事中的次要情节。

凯恩斯在生前从来没有面临对他这本书最流行的一种批评，即他让凡尔赛和约名声扫地的结果对30年代的针对独裁者的"绥靖政策"起了推波助澜的作用，从而对第二次世界大战的起因要负一定的责任。持这类观点的首当其冲的要数埃迪恩·芒铎。芒铎的《迦太基和平或者凯恩斯先生的经济后果》一书发表于1946年，其时凯恩斯已经去世，而芒铎本人也在1945年同德军作战中阵亡。他写这本书是有个人动机的。他的父亲保罗·芒铎曾在巴黎和会的"四巨头委员会"的私下会谈中担任过口译，他对凯恩斯对场景和氛围的描述进行过挑战，说他当时并不在现场。埃迪恩·芒铎声称凯恩斯的这本书让美国从法律上最终放弃了凡尔赛和约，让英国从道义上放弃了和约，而让法国失去了执行和约的意志。结果是，美国又回到孤立主义，英国则开始搞绥靖主义，而法国的士气一蹶不振。其产生的实际结果是为希特勒在30年代撕毁和约开了绿灯，让他可以随心所欲。芒铎特别指出了凯恩斯恶劣影响的两个方面：（1）由于他对协约国违反契约的指控，让

第三部分 纯真的终结

战胜国有一种内疚情结；（2）由于他认为"边界和主权"问题并不重要，所以战胜国在30年代对德国的领土扩张视而不见。

其实，这种对凯恩斯的指控并不像它一眼看上去那么有说服力。凯恩斯并没有摧毁凡尔赛和约，和约毁于自身存在的问题，因为它的条款的严苛程度使得各方利益都难以得到调和，但又没有严苛到强制各方执行的地步。芒铎自己也承认，对和约强制执行的先决条件是协约国对莱茵河上所有桥头堡的永久占领。凯恩斯不可能为和约缺乏强制执行条款负责。此外，芒铎对凯恩斯帮助美国参议院否决凡尔赛和约的指控也不能成立，尽管后人不断重复这个看法，显而易见的是，在国会山上击败凡尔赛和约的正是威尔逊总统本人，因为他拒绝接受国会提出的修正条款，否则的话，和约被通过是没有问题的。芒铎还大肆指控凯恩斯对威尔逊"被欧洲人蒙骗"的说法加强了美国人的孤立主义心态。其实美国的公众舆论对美国领导世界的欲望尚未成形，即使是东部的亲英势力集团也没有做好让美国正式承担欧洲重建重任的准备。

同样，指责凯恩斯将英国公众舆论引入反对凡尔赛和约的方向也毫无道理。是和约的事实起了作用，而凯恩斯只是把事实摆上了桌面。自由派在凯恩斯的书出版之前已经开始质疑"迦太基和平"，而英国代表团的所有成员，包括劳合·乔治，都认为经济条款迟早得进行修改。劳合·乔治把无法执行的条款写进和约的策略才是摧毁和约信誉的根本原因。这样，在20年代对德国赔款安排的不断修改反而给希特勒在30年代成功地发起对和约中领土条款的攻击铺平了道路。总体上说，30年代的绥靖主义心态是诗人、小说家和剧作家所创造的，而不是反对惩罚性赔款的政策所引起的，这些文学家们在大量作品中表露了对第一次世界大战中的大屠杀的强烈反感。

芒铎攻击凯恩斯的"经济主义"，他指出，不是经济学，而是第二次世界大战才解决了"德国问题"。然而，第二次世界大战是在世界经济大危机将希特勒推上台以后才发生的，而这场大危机恰恰是来源于20年代初世界经济的领导艺术的失败。如果凯恩斯在1919年的那个经济计划能被付诸实施的话，希特勒恐不大可能成为德国首相。所以，把凯恩斯的建议没有被采纳而发生的事件归罪于凯恩斯真是荒谬绝伦。

当然，所有这些都不是要否认凯恩斯的《和平的经济后果》是一本非常有影响力的书。事实上，在20年代出版的几十本与和约有关的著作中，凯恩斯的这本书所具有的影响力最大。它是唯一一本没有被后人遗忘的关于这个问题的书，它有时代感，并以其极高的权威性、鲜明的立场和道德的义愤说出了"知识精英"们心中想说的话。同时，这

第 16 章　文明受到威胁

本书还在更深的层面上有一种影响。威克汉姆·斯蒂德的看法是正确的：这是经济学对政治的一种反抗。战争是以民族、国家和君主的名义进行的，然而凯恩斯认为这些名义都是人造的神灵，他的目标是要将人们对这些神灵的效忠转移到经济任务中去。凯恩斯知道，一旦英国公众从军事胜利的狂热心态中清醒过来，他那种处心积虑设计的信息就会被有"考部登和布莱特"（著名英国自由派政治家——译注）传统的英国民族所感兴趣。他的信息帮助创造了新一代人的世界观。我们在20年代可以看到一批新型的"经济学家兼政治家"的人物，这批人对金本位和贸易收入平衡这类问题掌握的程度绝不亚于战前的那一代人对"海军两强标准"和均势问题的娴熟运用。20年代甚至还出现了"经济学诗人"，比如艾兹拉·庞德和T.S.艾略特。统治者的主要任务是创造经济的繁荣，这个思想是在1919年诞生的，尽管这个思想在第二次世界大战之后才开始（以凯恩斯主义的形式——译注）开花结果。芒铎对凯恩斯后来发表的《就业、利息与货币通论》一书非常敬佩，但是他所敬佩的《通论》一书的作者凯恩斯与他所谴责的《和平的经济后果》一书的作者凯恩斯是不可能相分割的。

芒铎在书中的主要部分是站在标准的法国立场上，声称德国本来可以偿付比凯恩斯的数字或实际所付的多得多的赔款，但他并未就他的这一立论提供强有力的论据（尽管当时已经存在这样的论据）。他声称德国魏玛共和国本来可以采取紧缩民众消费的方法来偿付赔款，正如希特勒后来用同样方法筹措重振军备的费用。这种观点的谬误是两方面的：一方面，它忽略了德国人在消费水平上的牺牲所换取的是比重振国家军备更让人反感的偿付赔款；另一方面，这种牺牲是建立在向外国"转移"财富的基础之上的。芒铎还指出，德国在第二次世界大战中对所征服的国家征收"赔款"并没有遇到任何麻烦。但是凯恩斯当时考虑的是和平时期的环境，而没有想过协约国对德国的永久占领。最后，他坚称美国在第一次世界大战中向英法提供了巨额贷款，而它自己的出口也成比例地增长。但是芒铎忽略了一个事实：美国提供的贷款是为军火需求的追加特别制定的契约；而且，由于英法两国的工人大部分被征召到前线当兵，所以没有就业率下降的问题。因此，我们很难反驳哈罗德的认为芒铎的论点是"极度的虚弱"的批评看法。

凯恩斯对德国"偿付能力"问题上的处理反映出他对经济生活的一种态度，这种态度后来在"凯恩斯革命"中起了关键作用。这种态度就是认为各种经济形态都有"僵固性"而不是"灵活易变"的。德国经济不会由于要求赔款而"自动地"进行自我调整，必须用政府的政策来进行调整，而且调整是有限度的。

第三部分 纯真的终结

凯恩斯的雄辩在众多的批评家面前能否站得住脚呢？应该说，指控他帮助了第二次世界大战的形成是没有道理的。他对赔款的观点在今天看来仍然是无懈可击的。这并不是因为他的所有论点都是正确的，而是因为他明白协约国向德国索取30年或更多时间的赔偿没有政治意志的基础。他认为将赡养费和生活费包括在赔款单中的做法是"违反契约"的，这个观点是强有力的，但不是说无懈可击。关于对参与和约的主要角色的动机和个性的描写，他对克雷蒙梭把握得十分准确；对威尔逊则失误多于精确；而对劳合·乔治则失之偏颇。他认为经济繁荣是持久和平的"必要条件"，这是正确的；但暗示它也是持久和平的"充分条件"的看法是错误的。1945年以后，德国重新融入欧洲共同体的先决条件是建立在德国的战争能力被彻底摧毁的基础之上的。

从传记的角度来看，《和平的经济后果》是一份关键的文件。它使凯恩斯名声大噪，而在此之前，他的名声只限于一些小圈子。1919年他的优秀素质在全球各地传播，一本在充满激情和绝望的时刻所撰写的书决定了它的作者的人生道路。他像天使那样陈述自己的观点，同时这些观点被专家的知识所支撑。他成功的基础是对科学和文学的双重精通。然而，还有另一个方面值得注意。凯恩斯不仅因此一举成名，而且让经济科学对将来世界的形成发挥了作用。过去的那个世界里的统治精英留下了一个烂摊子，正需要一批科学家去清理和接管，这一信息对新生一代是非常有吸引力的。但它也立即提出了一个让凯恩斯困惑不已的问题：我们从19世纪继承下来的经济学是否能足以胜任这个接管和清理的任务？或者说，这个传统经济学作为旧世界的一个组成部分是否也已被战争所扫除了呢？他为这个困惑又奋斗了整整16个年头。他最终对它的答案便是那本《就业、利息与货币通论》。

第四部分

战争的经济后果

摩西：统治者绝不应当诚实，而应该懂得玩弄权术。如果美德同权宜之计不在一个地方，那么他应该远离美德。统治者的责任是牺牲那高不可攀的最高至善而去追求伸手可及的微小善行。

洛克先生：如果人们被告知以真理，难道他们不会相信吗？如果人们从来没有被给予美德或智慧的机会，我们怎么知道他们对此不会愿意接受呢？让统治者胆大且诚实一些吧，这样他们的子民们的愚昧就有可能消失。

这段"显然以伏尔泰手法"写作的"对话""第一次"发表在利顿·斯特拉彻的《书与人》中（1922年），谨献给"约翰·梅纳德·凯恩斯"

第 17 章

20 年 代 的 凯 恩 斯

1 剑桥

253　　战争使得凯恩斯的大学生时代的那种生活方式彻底地结束了。他现在成了一位公众人物，而且直到去世都有一种公众人物的神态。他的体态也开始变化。战争结束时他的年纪是35岁，仍然比较纤细。但在20年代里，他身体开始发福，看上去踌躇满志，头发开始脱落，而且后背有一点弯曲。他于1908年离开伦敦回到剑桥，又于1915年从剑桥回到伦敦为国服务。此后，他一直同财政部和金融界有千丝万缕的联系，这些联系让他经常参与公共政策，而这种联系的紧密性甚至堪比他同剑桥的联系。在这种情形下，结婚成家和拥有一座乡村别墅就成了顺理成章的事。

　　除了一些密友之外，最早听到他对凡尔赛和约谴责的是剑桥的本科生。他退出财政部以后，于1919年10月回到国王学院开设秋季的课程，"和约的经济内容"作为授课讲义取自于他手头上即将出版的著作的清样。这些讲授给听课的人留下了极其深刻的印象。他的中心思想是世界将被毁在一群愚蠢的庸人而不是恶人的手中，这对剑桥的那帮聪明过人的学生来说特别有吸引力，这也是后来"凯恩斯革命"之所以有魅力的原因。他在巴黎结识了一位新的美国朋友，新闻记者沃尔特·李普曼，与李普曼一样，凯恩斯对事态气愤的原因不是出于对"正义和平等的热情"，而是对"社会被如此不中用的人所管理感到丧失耐心"，这是战后自由派的新的精神状态。20世纪统治权的基础不再是理想，而是统治能力。理想造成的代价实在太大了。

　　然而，凯恩斯说法的实际效果却是自相矛盾的。《和平的经济后果》使他成为左派的英雄,但是正如金斯利·马丁所指出的,凯恩斯"从来不属于左派"。可是,左派知识分子对凯恩斯的观点至少总是竖起一只耳朵来听。英国工党在战争中成为保守党的主要挑战对象,而凯恩斯能够在一个中间立场上向左右两派进言是后来"凯恩斯革命"获得成功的关键因素。

凯恩斯回转剑桥,这确立了他此后18年的生活和工作方式。总起来说,在开学期间,从星期四晚上到星期二的中午,他一直都待在剑桥,而每周的中间时间他则去伦敦;而在假期里,他则去伦敦、国外或苏塞克斯郡。当时大学里还没有学术假制度,凯恩斯不大喜欢请整学期的假,从1919年到1937年,他只请过一次整学期的假。因此,他的写作和其他活动都必须在学年允许的正常范围内进行。

他在长周末里干些什么呢?由于他的生活已经不再依靠"按小时出卖经济学"了,他的教学时间比战前少了很多。他放弃了戈得乐讲师教席,所以每年只需授八次课,而在战前的1910—1911年间,他一年必须授课上百次。现在的八次课在秋季或者夏季开设,一般在星期五或星期一的上午。授课的内容一般都是他正在撰写的著作的初稿。1922年以后,他开设"货币理论"长达10年之久,然后在1932年改为"生产的货币理论"。他在1919年和1920年开设的两门课吸引了数百学生,其中很多根本不是经济专业的学生,他们来听的目的是听他为拯救这个世界指点迷津。

凯恩斯负责国王学院的经济学教学工作。他往往在星期五或星期六的晚餐前组织以三四个人为小组的辅导和指导活动。一开始,国王学院的经济专业学生人数并不多,每年不过五六人而已。凯恩斯不愿辅导一年级学生,所以让一上来还没有学院或大学正式教职的杰拉尔德·舒夫负责他们的教学。

"政治经济学俱乐部"又称"凯恩斯俱乐部",因为这是他于1909年创建的,大多数情况下仍然于星期一晚上在他那面对韦伯广场的起居室里聚会。维吉尼亚·沃尔夫在1923年去过这个起居室后说:"这是我见过的最令人愉快的起居室。"那时,范奈莎·贝尔和邓肯·格兰特已用八组代表古希腊神话中掌管文学、艺术和诗歌的缪斯女神的壁画把它墙上战前的那些表现一群半裸的美女和摘葡萄姑娘的壁画加以取代。凯恩斯俱乐部的会员资格只有通过邀请才能获得,他们当中包括凯恩斯最亲密的同事、研究生和二三年级本科生中的佼佼者。1923年,其资深会员包括国王学院的庇古教授(尽管他不大来)和杰拉尔德·舒夫,三一学院的丹尼斯·罗伯逊和弗兰克·拉姆齐,考波斯学院的奥斯汀·罗宾逊,埃曼奴埃尔学院的弗里德里克·拉文顿,凯尤斯学院的菲力浦·萨金

第 17 章 20年代的凯恩斯

特·弗罗伦斯以及克莱尔学院的莫里斯·道伯。在战后最初一段时期内的最优秀的经济学学生是琼·莫里斯（即后来著名的经济学家琼·罗宾逊——译注）。她于1922年入读戈尔登学院，然而她却被排除在只接受男性会员的凯恩斯俱乐部之外。

在两次世界大战之间的大部分时间里，凯恩斯主持着剑桥大学的经济和政治教学委员会。由于《和平的经济后果》一书的出版，他获得年轻一代的经济学家中最激进一员的名声。然而，一方面由于他的生活方式上的安排，另一方面由于他不断卷入公共政策的争议当中，直到1930年出版《论货币》一书之前他没有对经济学做出重大的理论贡献。他在20年代的论辩性著作针对的是政策制定人的错误，而不是经济学同行的理论错误。直到1925年英国重返金本位以后，他才开始意识到错误的政策乃是错误的理论所造成的。此后，他对政策的批评就开始有越来越浓厚的理论色彩。但是，即使到30年代初，他的政策建议相比他的理论建树还是超前的，他的理论仍然是相对保守的经济学说。

凯恩斯的大学生活中最早形成的固定习惯是每周六晚餐后的信使会聚会。信使会是战争的牺牲品之一，1914—1918年间停止了活动，后来由F.L.卢卡斯重新启动。卢卡斯是战前最后一批新会员，他在经历了可怕的战争之后于1919年回到剑桥。他负过伤，也曾尝过德国的毒气弹（凯恩斯后来帮他在英国情报部门找了一份工作）。1920年，卢卡斯尚未从三一学院毕业就被任命为古典文学的研究员，后来又转成英国语言文学的研究员。作为一个乔治五世时代的幸存者，他对战后的那个世界痛恨不已。卢卡斯决心要重振信使会的努力得到了凯恩斯以及他的最早的老朋友，现在已成了"枯槁的小天使"的约翰·谢帕德的支持。1919年11月，信使会接受两名国王学院的新成员：亚历山大·平罗斯和"斯堪思"·斯帕瑟；1920—1921年间，又接受了克莱尔学院的杰克·斯普洛特和平罗斯的弟弟，圣约翰学院的列昂奈尔——此人后来成为著名的遗传学家。1922年，法兰克·拉姆塞、乔治·瑞兰兹和理查德·布莱斯威特相继加入。这批人就是凯恩斯在战争结束不久之后组织的"年轻男孩"的圈子。然而，新一代的信使会成员同战前的一代相比，同性恋意识不强，而且早婚的比较多。卢卡斯自己就树立了榜样，他在1921年同小说家托普茜·琼斯结婚。

对凯恩斯来说，剑桥在很多方面都是他的家。他的父母仍然住在哈威路6号，开学中的大多数星期天他都从国王学院回到那里去吃午饭、喝茶或者扯扯外部世界的种种小道消息。战争结束时，内维尔·凯恩斯已经66岁，他仍然在大学注册主任的位置上并一直干到1925年。他的责任一天天减少，忧虑也随之降低，终于开始了安安静静的老年生活。他的一个新的癖好是搜集和欣赏留声机唱片。佛萝伦丝比内维尔小八岁,根本没有退休的心态。内维尔的生活节奏越来越慢,过得很滋润,而佛萝伦丝的生活节奏却开始达到巅峰。老夫妻俩都为儿子日益增长的名声感到骄傲,而这种骄傲没有一点儿嫉妒和批评的成分,只有时不时的担忧。他们对梅纳德仍然具有道德上的权威,特别是佛萝伦丝,总是提醒他的牧师家庭背景。

梅纳德自己没有孩子,但他深深地扎根在布朗和凯恩斯两个伸展的大家庭中。尽管他是家庭成员中唯一的天才人物,但是家庭成员们所取得的总体成就水平也是骄人的——这对祖上和家庭传统都是莫大的安慰。他的弟弟杰夫里和妻子玛格丽特给梅纳德带来四个侄儿:理查德(1919年生)、昆廷(1921年生)、米洛(1924年生)和史蒂文(1927年生)。梅纳德的妹妹玛格丽特和丈夫A.V.希尔也有四个孩子:波丽(1914年生)、大卫(1915年生)、珍尼特(1918年生)和莫里斯(1918年生)。梅纳德的外祖父母约翰·布朗医生——"浸礼会主教"和艾达·海顿·布朗在战争结束时仍然住在汉普斯泰得。外祖父于1922年去世,外祖母则逝于1929年,享年都是92岁。凯恩斯对这些家庭关系是否感到有压力呢?他从来没有流露出这种压力。相反,他总是热心地给家庭成员,特别是下一代提供他的看法和进行实际帮助。

随着岁月的流逝,国王学院日益成为他的精神家园。凯恩斯很少用"精神家园"这个词,但他认为自己是这里的"世俗僧侣"文化中的一个成员,这种文化确定了某种价值观和行为准则,而实践中则运用领导艺术和互相调和的手段。他全方位地参与学院的公共生活,是学院的领导结构——理事会的成员,每周六,有时连周一,都要开会,而会议经常会长达四五个小时,只有午餐时间才能休息一下。在学院事务中具有主要影响力的有三个委员会:财产、建筑和研究员基金委员会。第一个委员会几乎是由他一手控制的,这个情况甚至在1924年他成为财务主管之前就已经如此。20年代初期,他对学院的财产管理做了革命性的改革——将学院的投资重点从土地转向有价证券。到1925年,他估算这个政策已经让学院多赚了23.5万英镑。在建筑委员会里,他也起了主导作用。他主持了一项大规模的重建计划,这项计划一直到30年代还在断断续续地进行着。他对建筑物的兴趣同所有的大建筑师一样,希望在地球上留下他的痕迹。作为研究员基金委员会的成员,他的作用不那么重要,但很少有人在他的支持下会得不到研究员基金的资助。在这一方面,同在其他方面一样,他主要依靠的是在1929年成为副教务长的谢帕德。凯恩斯一直没有成为剑桥大学的领导人,但从1920年到1927年,他是学校评议会的成员。

在评议会的领导下，剑桥成功地将教学和研究按学科分类的方法集中进行管理。

凯恩斯过的是剑桥教师的那种寻常的忙碌生活，但剑桥不过是凯恩斯的外部世界中的一个，而且在20年代的大部分时间里还不是他的最重要的一个。

2 布鲁斯贝利的朋友们

战争结束以后，布鲁斯贝利的朋友们又回到了戈登广场46号。其人数大增，以至于利顿·斯特拉彻预言戈登广场将成为"像一所学院那样的地方……我每次一想到这么多人在花园中聚会便感到不寒而栗"。利顿的母亲，即那位仍然充满活力的斯特拉彻爵士夫人，和几个女儿一起住在戈登广场51号，利顿在那儿也有一个歇脚的地方。他的弟弟詹姆士同爱丽丝·萨金特·佛萝伦丝在1920年结婚后，搬进了41号。他们常常去维也纳接受弗洛伊德的心理分析，其余时间都在这里。他们的房子有一部分租给了布鲁斯贝利的年轻一代人。维吉尼亚·沃尔夫的弟弟亚得里安·史蒂文和太太卡琳在50号开设心理分析的诊所。维吉尼亚·沃尔夫本人则还住在离这里较远的里奇蒙，她觉得戈登广场就像"动物园中的狮子房。人们来到这里，从一个铁笼子串门到另一个铁笼。里面的野兽都十分危险，互不信任，但非常有意思并充满了神秘感"。布鲁斯贝利的"野兽"还延伸到了外面的铁笼子里：塔维斯托克和布朗斯威克广场、大奥尔蒙街以及伯纳德和费兹罗伊街。沃尔特·西科特仍然住在费兹罗伊街慧斯勒的那个小套间里，竭力维持19世纪90年代的那种氛围。奥托琳·莫瑞尔爵士夫人已经开始浓妆艳抹，试图遮掩她的满脸皱纹，此时也搬回了贝得福特广场。加辛顿别墅在战争期间的那些让人麻烦的常客们总算搬迁一空。最后一批离开的客人中有维奥莱·卡特，她带走了菲力浦·莫瑞尔心爱的113只母鸡，她告诉凯恩斯说："带走这群鸡真是太困难了。"

布鲁斯贝利在伦敦的集体生活方式被战争打断之后，再没有恢复起来，而且渐渐地瓦解了。他们年纪已经不小，各自已经成家，有的住在乡村，有的甚至住在国外。当然，他们继续互相访问，频繁地通信，并在伦敦保持几个基地。但是，战前的那种亲密无间的特点已经荡然无存，连范奈莎·贝尔后来也不得不承认这个现实。他们有两次试图重新恢复制度化的聚会，但总是缺乏过去的那种自然的共同生活的气氛。1920年2月5日，凯恩斯在"王家咖啡馆"主办午餐会，庆贺邓肯·格兰特在"派特森和卡尔法克斯画廊"

举办第一次个人画展,请的都是邓肯"最老的朋友们"。利顿·斯特拉彻后来说,他们不能每周这样聚会一次真是憾事。另外一次是一个月之后。也许受上一次聚会的启发,莫莉·麦卡锡组织了一个"回忆俱乐部",本来的目的是帮他的丈夫戴斯蒙德写作那本大家都等待已久的"文学巨著",后来却成了布鲁斯贝利的老会员们聚会谈论自己的经历的场所。这个俱乐部在两次世界大战之间这一时期常常有活动。1921年凯恩斯在那里宣读了他写的《梅绍尔博士》,1938年则宣读了《我的早期信仰》一文。1924年,大卫·加奈特和法朗西斯·伯瑞尔创办了一个叫做"头盖骨"的俱乐部,它的会员们每月的第一个周四在瓦尔多大街的"威尔第饭店"共进晚餐。头盖骨俱乐部是20年代布鲁斯贝利世界的一个缩影。"一战"前,布鲁斯贝利有16名内圈和外圈的成员。战争期间和战后又加进来11位,大多是老成员的亲朋好友或恋人。奇怪的是,凯恩斯直到1929年才被邀请加入头盖骨俱乐部,这期间必定有人反对他的加入。

    凯恩斯在这帮朋友组成的大家庭里的地位仍然同战前一样复杂。朋友们喜欢他那卓越和不安分的头脑,觉得他那漫不经心的目光十分有趣;但他们仍然不停地批评他,说他世俗,有控制欲和操纵欲,为人尖刻、固执。他们认为这些缺点并不能因为他在审美上的感觉而被抵消。在布鲁斯贝利的人物中,除了克莱夫·贝尔,就数凯恩斯的个性最有争议。与此形成对比的是,凯恩斯自己却几乎是可怜巴巴地对这帮朋友忠心耿耿。这些人不仅是他的朋友,而且代表他的理想。据说利顿·斯特拉彻在战时被一个女人问及为何不为文明而参战时,他的回答是:"夫人,我就是他们在争夺的那个文明。"利顿的玩笑话却正是凯恩斯的信仰。他一生都在为他的布鲁斯贝利朋友们在一定程度上代表的那种文明而奋斗。朋友们对他个性的批评虽然十分尖锐,但他们是用特定的小圈子内的极高的标准来对他下判断的。布鲁斯贝利的理想是整日思绪迷惘的那种青春期少年的理想,从这种角度来看问题,则成长过程中所做的一切牺牲都是背叛这种理想的。但是梅纳德更懂得,如果他们的那个让人陶醉的花园不能自我卫护,则会变成荒园。当这些朋友步入中年时,凯恩斯也更加成熟,他们对他越来越欣赏,正如克莱夫·贝尔所说的,他们终于成了"老朋友"。然而眼前,一场激烈的争辩即将到来。

    凯恩斯最重要的朋友是"查尔斯顿大家庭",这是范奈莎于1916年租下来与邓肯·格兰特和大卫·加奈特一起居住的农庄。加奈特于1921年与蕾·马歇尔结婚,"被布鲁斯贝利的朋友们一顿咒骂"。邓肯决定仍然同范奈莎住在一起,他虽然仍旧同年轻小伙子坠入爱河,但他需要家居生活作为间歇的调节。他也知道,只有范奈莎能够给他提供

第 17 章 20年代的凯恩斯

继续作画的条件,这是他最关心的。1918年圣诞节那天,范奈莎为邓肯生了一个女儿,取名安吉丽卡,梅纳德同意做孩子的教父。范奈莎曾开玩笑地说:"如果这不是一个男孩,我将感到非常内疚!"安吉丽卡出生时,凯恩斯正参加巴黎和会,从那儿寄来价值200英镑(相当于现在的4000英镑)的礼物。在布鲁斯贝利的下一代中,他最喜欢的是昆廷·贝尔,这是范奈莎和克莱夫·贝尔所生的两个男孩之中的弟弟。战争结束以后,他带朱利安和昆廷两兄弟去看芭蕾演出,发现朱利安(10岁)对谢幕中的小丑表演杂耍最感兴趣,而八岁的昆廷则"为芭蕾舞本身所倾倒"。他同查尔斯顿联结的纽带是对邓肯的爱,这种爱他至死都没有抛弃。在两次世界大战之间,他仍然在财力上支持邓肯,并在1937年给他安排了一份固定而丰厚的收入。在查尔斯顿大家庭里,凯恩斯可以算是一位富有、大方、世故而又有一点调皮捣蛋的叔叔。所以,当他决定同一个完全局外的人物结婚时,查尔斯顿大家庭成员对此反应之激烈是不难想象的。

1919年11月8日,利顿·斯特拉彻告诉弟弟詹姆士:"我并不喜欢那个小丑(指凯恩斯——译注)。"但是后来他似乎为《和平的经济后果》一书所折服,对它赞不绝口。利顿自己于1918年出版了《维多利亚时代的名流》一书,大获成功,所以他也开始变得更加成熟。在他生命的最后十年里,他对凯恩斯的批评明显地减少了很多,但仍没有少拿他开玩笑。1920年5月,他到国王学院小住,发现那里的氛围"宜人",尽管有那个让人讨厌的财政部的查默斯勋爵在那里无休止地夸夸其谈。利顿告诉卡林顿:"我实在不懂'小丑'何以能如此认真地对待这种荒谬的事情。"1921年,在另一次到国王学院造访以后,他告诉弟弟:"在同塞巴斯蒂安·斯普洛特喝完下午茶后,我同'小丑'一起走回去。在一片野地里,小丑突然说他要小便,并立即开始,将两腿叉开,边尿边走,周围都有人,这真是不可思议。他说'没关系,没关系,边尿边走,人家看不到'。他看上去就像一个极其可恶的园丁,手里拎着一个不大管用的撒水壶……"

维吉尼亚·沃尔夫还是不大喜欢梅纳德。她在1920年2月13日的日记中提到,凯恩斯显然没有被他的名声所冲昏头脑,而且变得更加谦虚而不是骄傲。她认为这是剑桥的大环境使然,而非凯恩斯的本性。她不可抑制地要贬低一下凯恩斯的书,说《和平的经济后果》是"一部影响世界的著作,但是没有一丁点儿艺术气息"。她于1920年9月22日访问查尔斯顿时,对凯恩斯在灯光底下的形象如此描写:"梅纳德在灯下的生动形象像一个肚皮吃饱了的海豹,双下巴,向外突出的红唇,一双小眼睛充满性感,非常残忍而且没有想象力。他对某个问题有即兴的看法,但一转脸已经不再谈论下去,我想这正说明了我

第四部分 战争的经济后果

对他的感觉为何如此不佳。然而，他对我的书一本也没有读过。"维吉尼亚在1920年特别不开心的是，利顿和梅纳德都已名声大噪，而她却默默无闻。梅纳德有时劝她不要再写小说，专注非小说类的写作，这更让她不痛快。直到她的小说《雅各的房间》于1921年出版以后，评论家们把它誉为天才的成熟作品，她才开始有了一定的安全感。

在两次世界大战之间，布鲁斯贝利处于自相矛盾的地位上。一方面，它有巨大的影响力；而另一方面，世界的动力源泉则离它越来越远。从某种意义上说，它是成功的，它的作家、画家和宣传家都在20年代达到了事业成功的高潮和影响力的顶峰。他们成为文化时尚的仲裁者，通过他们，作家如陀斯妥耶夫斯基、普鲁斯特和契诃夫，画家如塞尚、马蒂斯和毕加索，思想家如弗洛伊德等开始进入英国公众的视野。列昂尼德和维吉尼亚·沃尔夫夫妇创办的霍加斯出版社在出版翻译作品之外，也刊行实验性的文学作品和思想家的著作。同西特维尔夫妇一起，布鲁斯贝利大力扶植芭蕾舞事业。他们的"奥米茄艺术工作室"则对家具设计有很大影响。同时，布鲁斯贝利的道德价值观也在四处传播。

然而，恰如范奈莎·贝尔所指出的，布鲁斯贝利实际上在1914年就已经寿终正寝。它在爱德华七世时期的根基使得它同战后的先锋派和新维多利亚主义的兴起非常不合拍。事实上，战后的许多在生活、文学和艺术上的实验不是源于对将来的希望，而是绝望，这种绝望心态正是英国公众生活中清教徒道德观重新崛起的关键。这一切都是对战争的复杂的回应；而原来的布鲁斯贝利同这场战争并没有什么可唤起人们想象力的切实联系。它的理性主义是对英雄主义生活的反抗；它的个人主义面对集体主义的恢复感到惶惶不安。即使它对弗洛伊德的推崇——他们当中有四个心理分析师——也是对非理性存在的一种徒有虚表的让步，而不是正视战争悲剧的现实："一旦理性死亡，恶魔便开始诞生。"布鲁斯贝利的成员们是伏尔泰式的幸存者，他们现在对社会的反抗只是一种习惯而已，而更关心的则是保持经济收入的水平和继续拥有那些漂亮的乔治五世时期建的房子。

利顿·斯特拉彻的讥讽文风只是短暂地抓住了社会的心态，但真正具有讽刺意味的是，他所推崇的那种"文明"，而不是他那本《维多利亚时代的名流》，不久将被民众所抛弃。他在1921年出版的《维多利亚女王》一书所遭到的冷遇便是一个明证。20年代代表大众呼声的真实声音来自伊夫林·沃和T.S.艾略特。艾略特的诗反映了一个分崩离析的世界和苟延残喘的人群。在绘画上，原先的那个颇怀偶像崇拜的"后印象主义"被"超现实主义"的恐怖所取代，这在鲍什、布鲁格尔和戈雅的作品中比比皆是。布鲁斯贝利是在阿斯奎斯式的自由主义的阳光照耀下成长起来的，自由主义是它的自然土壤。它的主

260

体工程是将"文明化"的价值观传播到统治阶层的精英中去,就像费边运动试图在统治阶层中传播集体主义思想一样。从伦敦的那些整洁、漂亮的广场上,布鲁斯贝利对外部世界的态度仍是玩世不恭、一副清高的样子,其实是对窗外革命形势的威逼的一种懦弱反应。鲍德温(时任英国首相)、麦克唐纳(工党领袖)、乔治五世和玛丽王后这些人不再是布鲁斯贝利人心目中的爱德华七世时期的开明的叔叔辈,而成了维多利亚时代的严苛的祖父母辈。鲍德温的内政大臣威廉·约翰逊·希克斯爵士主持了对D.H.劳伦斯的小说《查特莱夫人的情人》的公诉,罪名是淫秽。另一个遭到同样起诉的是拉迪克利夫·霍尔的《孤井》。工会领袖也是一批在战争中崭露头角的维多利亚时代的"恐龙族"。布鲁斯贝利和20年代这个世界又有什么关联呢?更不用说30年代那个更加疯狂的世界。换句话说,当旧的体制被摧毁以后,伏尔泰这样的人物还有什么事情可做呢?

凯恩斯固然是布鲁斯贝利的一员,但同时也是白厅的一员。他的主体工程是用一种新的促进进步的机器来支持爱德华七世时期的自由主义。正如他在去世前不久曾令人难忘地指出过的,重要的是"对文明存在可能性"的希望永不熄灭。

3 官场圈子

凯恩斯与两次世界大战间歇期间的"官方心态"之间到底有什么关系是一个非常复杂的问题。凯恩斯身上有一个"布鲁斯贝利问题"。拉索·莱芬维尔是在巴黎和会上的一位美国财政部官员,他对凯恩斯有如下的评价:

> 凯恩斯总是扮演着古怪、调皮捣蛋的角色。他对任何好的、传统的、大家公认的事物都要攻击一番,一方面他觉得这样很有趣,另一方面是为了刺激辩论。他这样做完全没有责任感,不管造成多少危害也满不在乎。他不过是一个聪明的男孩以"上帝是否存在"和"十诫是否正确"之类的问题来让对他宠爱有加的长辈大为惊骇。

然而,莱芬维尔从来没有错误地认为凯恩斯没有影响力。在1931年12月30日给沃尔特·李普曼的一封信里,他提到"凯恩斯和他的那一派人——几乎所有的财政部文官都在某

第四部分 战争的经济后果

种程度上追随他……斯特拉考其、布莱克特、索尔特、霍特利等,都相信他的'通货膨胀理论'"。而凯恩斯自己在那一年写作那些理论时,认为这只不过是在提醒人们"狼来了",并不会影响事情发展的进程。他当时的这种看法着实令人费解。

他的这个看法是如何产生的呢?回答是复杂的。在两次世界大战之间,凯恩斯的影响力时起时伏。他的观点和个性面临各式各样的反应。同时,他的理论和政策也不断地变化。在20年代支持他的"货币管理"政策的人并非支持他在30年代里提出的"无需平衡预算"理论。重要的是,我们必须记住一点,凯恩斯并不是种种政策制定中唯一的参与者。他的活动舞台总是牵涉一大批上流人物,他们来自互相渗透的金融、政界、行政部门、经济学界以及新闻界。这些人还不仅仅限于英国,很多来自美国和欧洲大陆。他们当中的大多数人对凯恩斯的特别素质非常感兴趣,尽管对这些素质表示怀疑。头脑稳健的人,如美国银行家伯纳德·巴鲁克认为凯恩斯对语言的娴熟运用恰恰是他垮台的原因。然而,从来没有人把凯恩斯从这个舞台上挤走,他的声音总让互相之间的交流带有一种特殊的印记。

《和平的经济后果》一书出版后,凯恩斯并未因为此书而不再充当政策顾问的角色。在1919年12月出书之后的几个月内,战后的第一位财政大臣奥斯汀·张伯伦仍然一如既往地找他咨询货币政策,好像他根本就没有离开财政部。他的朋友和崇拜者巴西尔·布莱克特成了财政部新位置金融总监司的司长。在赔款问题上,他向英国和德国政府都提供特殊的单独咨询。在20年代里,如果说凯恩斯受人冷落,那是来自于学术界,而不是政界。1920年7月,英国皇家科学院在年会上否决了他作为经济部院士的提名,这种不太寻常的做法是由一批"考古学家和文学家"发起的,他们对凯恩斯的书表示不满。凯恩斯对这件事非常恼火,与此同时他对上一年科学院否决庇古的院士地位的原因也甚为不满——因为庇古是一位和平主义者。所以他告诉格拉斯哥大学的推荐人W.R.斯考特教授说今后请他不要再提交他的提名。直到庇古于1927年当选之后,凯恩斯才又开始同意被提名,他于1929年当选院士。

凯恩斯在财政部的影响是渐渐地失去的,这可以从两个方面做出解释。1922年,他曾经工作过的金融司的大权从巴西尔·布莱克特手上转移到奥托·尼迈耶那儿,后者继而代之成为金融总监司的司长,而布莱克特则成了印度德里的总督委员会的金融委员。尼迈耶是财政部的新一代"清教徒式"的官员,在他升迁过程中,凯恩斯的影响力达到最低点,这种情况一直持续到1928年尼迈耶离开财政部去英格兰银行工作为止。

第 17 章 20年代的凯恩斯

更主要的是，正如亨利·罗斯维勒所指出的，由于战争期间财政部A司的出现以及财政部在巴黎和会上参与了赔款和欧洲重建问题，其金融部门开始倾向于一种"彻底的世界主义立场"。财政部官员如布莱得贝利、麦克法丹和雷斯—罗斯都在和约签订后的最初几年参加了巴黎赔款委员会，而拉尔夫·霍特利作为1919年以后任命的金融调查司司长是1922年热亚那国际经济会议决议的主要撰稿人，这份决议呼吁各国回到金本位。这批"国际主义"官员的一个共同立场是相信战后经济的恢复有赖于重建战前的那种国际经济体制，而凯恩斯则渐渐倾向于各国应在最小的社会成本的基础上率先让国内的经济取得均衡。凯恩斯的经济思想越来越趋向英国本位主义，而原先持本位主义的财政部则日益崇尚国际主义。他在1923年写的《论货币政策》一书中将这两种思想的斗争戏剧化地表现出来。凯恩斯在1922年同英格兰银行，特别是行长蒙塔古·诺曼闹翻也是由于同样的原因。诺曼积极主张同美国清算债务，凯恩斯对这个观点大加攻击。诺曼是一个行为怪僻的人（瑞士心理分析家荣格曾判定他为精神错乱），但他是一位有远见卓识的银行家，他的目标是建立一个由各国中央银行组成的管理体系来取代国际金本位体制。凯恩斯对这个想法倒不反对，但他正确地估计到，各国必须首先将本国经济纳入正常的轨道，解决各自存在的问题，只有当国内经济调控好以后，国际金融才能繁荣发展；而不能把国际金融作为强迫各国进行调控的工具。

当然，在20年代，财政部和英格兰银行直接参与了金融外交，凯恩斯并未直接参与。从这个意义上说，他的《和平的经济后果》将他自己排除在决策圈外。更有甚者，这本书使他成为法国人眼中"不受欢迎的人"，因为他对法国总理和他的政策进行了如此恶毒的攻击。在美国自由派的圈子里，他也受到排斥：伯纳德·巴鲁克永远不能原谅他对伍德罗·威尔逊的冷嘲热讽。当然，说凯恩斯加强了美国的孤立主义和法国的顽固政策仍然很过分。人们没有给予足够注意的问题是，在20年代凯恩斯为何反美？一方面，他对美国领导能力失去了信心，另一方面，他对美国的金融实力耿耿于怀。尽管被邀请多次，他在20年代从来没有访问过美国，反映出一种针对美国的反向的孤立主义心态。

他之所以发表《和平的经济后果》是因为他设想他在体制之外要比在体制之内更加能够让公众明白巴黎和约的邪恶性质，这比在体制内试图改善和约要对社会有益得多。不管怎么说，他坚持的这样一种立场使得他没有必要参加那些所谓的"专家"们召集的各种会议；因为他坚称只要和约的经济条款未被废除，协约国之间的债务未被取消，任何重建经济的计划都不可能成功。这种立场当然不是基于现实政治的基础之上的，所以他

第四部分 战争的经济后果

除了"无情地揭露真相"以外,对实际政策的制定毫无用处。

到了1929年,凯恩斯"又开始变得时髦起来"。他所持的1925年英国重返金本位是一个错误的观点已获得一些有影响的人物的认同。然而,30年代的氛围与20年代不同,总的来说,他比在战后的第一个十年中更加孤立,更被排除在权力机制之外。主要原因是自由党和它的知识精英网络的垮台,而在20年代凯恩斯正是通过这个网络施加影响力的。

如果凯恩斯想从政,他本来可以轻而易举地做到的。他同"旧"自由主义的领袖阿斯奎斯和麦金纳仍然保持着良好的关系,而且也常去"码头别墅"度周末,当时很少有人相信自由党已经寿终正寝。1920年,玛格特·阿斯奎斯从派斯利给凯恩斯寄过一封具有她的特色的短笺,当时她丈夫正在那里竞争一个补缺选举的议员席位(后获胜)。她警告凯恩斯不要受"亲工党的趋炎附势的运动的影响——这种趋炎附势的倾向同推崇艺术上的丑、音乐上的不和谐和女人的非性感化一样。但是,时髦的东西没有一样是能够长久的"。

凯恩斯固然不想加入工党,但也不愿参与拯救自由党命运的从政活动。他在1920年三次拒绝了让他出马竞选议员的提议,其中差一点诱惑住他的一次的是剑桥的那个席位。在两次世界大战的间歇阶段,他一直都不愿接受从政的请求。他个人对自由党政策制定的参与则是1926年以后才开始,当时劳合·乔治从阿斯奎斯手中接过了自由党的领袖地位。凯恩斯希望看到自由党能够东山再起,与工党组成联合内阁,所以他花了很大精力为自由党制定行动纲领。

到1931年为止,凯恩斯一直是自由党要人组成的重要的关系网络的成员之一。这批人"经常聚集在白厅、威斯敏斯特议会走廊、俱乐部、舰队街(即伦敦新闻街——译注)、金融城以及古老的大学里"。事实上,这批人中产生的"中间道路"的趋向和观念对鲍德温首相时期的温和政治有很大影响力,尽管人们几乎没有意识到这一点。凯恩斯自己的那些特殊的货币理论在《民族》杂志的专栏上和"星期二俱乐部"的聚会中得以阐发。这个俱乐部是奥斯瓦尔德·福尔克于1917年创建的,核心成员包括福尔克本人和剑桥的四个经济学家——凯恩斯、莱顿、韩德森和罗伯逊;伦敦金融界则有查尔斯·艾迪斯、鲍伯·布兰德、瑞吉诺尔·麦金纳和亨利·斯特拉考其;财政部的官员是巴西尔·布莱克特和奥托·尼迈耶;政府文官有约翰·安德逊和焦西亚·斯坦普;金融新闻的代表则有A.W.基迪和哈特利·威瑟斯。凯恩斯在这个俱乐部共发表过15次演讲,主持过多次的聚会,听过他演讲的人中有蒙塔古·诺曼。福尔克后来回忆说,凯恩斯是这个俱乐

第 17 章　20年代的凯恩斯

部的主导人物，而且也是让人感到不舒服的同仁。他的思绪变化发展的速度飞快，很少有人能够跟得上他。但他一旦形成一些观点，就能够对它们充满激情地、不顾及他人地进行辩护。他的思路如此尖锐，对语言的运用如此的娴熟自如（包括羞辱性言辞），以至于那些智力很高的人物都感到与他争辩会显得自己愚蠢。同时，他同其他大部分成员一样，也是知识型的管理人员。他具有文官的那种头脑；在这种圈子里，在把抽象的概念运用到实践问题上时，他以工作速度、效果和干劲而表现得非常突出。

人们常常把"凯恩斯革命"看做是一场经济学理论的革命，而很容易忘记它同时也是国家治理上的革命的一部分。由于学术界的人物越来越多地被吸引到政府部门工作，政治权威和知识权威开始融合为一体。政府增加使用学人的目的本来是给民主设置一个屏障，而同时也反映了治理一个城市化的工业社会的复杂性。然而，由于大学培养的精英对僧侣和殖民地的工作的兴趣大减，这也是政府对他们寻求一种新的职业的回应。1870年以后，英国文官制度改革的一个关键步骤就是以考试来竞争高级文官的职位，从而使公共行政体制职业化。然而，第一次世界大战是政府部门向大学知识精英开放的开端。这批知识分子通过对航运和食物限量供应等项目的管理，对白厅内部的运作有了感性认识。有些人战后决定留下来工作，另一些人即使离开也总是将自己看做是国家机器的延伸。第一次世界大战使得知识界的氛围发生了很大的变化；知识精英越来越不信赖市场和私人企业的作用，而对政府解决问题的期望提高。新的一批精英有个共同点，即对企业家的能力嗤之以鼻。从这个角度来看，经济学上的"凯恩斯革命"实际上是大学接管政府功能和议事日程的一个关键时刻。

政府不仅仅需要凯恩斯这样的人发挥作用，而且在两次世界大战的间歇期间，英国政治和政策制定都需要一种细致入微的方法，因为没有一个领域可以再被忽略。到1931年为止，两党一致的政治和"中间道路"的经济理论是并肩前进的——这在50年代和60年代也是如此。经济理论和政策上发生的争执（经常非常激烈）正说明了在实际的运用中的灵活性，很少有某项政策绝对不可更改的情况。1931年以后，发生了一个变化，企业界的保守主义开始上升——如同在80年代（即撒切尔主义的崛起——译注）一样，但后来在绥靖主义政策失败后名声扫地。总体而言，两次世界大战之间的大部分时间里，英国并不存在一种根深蒂固的右派正统观念。政府寻求的是一种政治上的"中间道路"，并试图找到一种有安抚社会倾向的经济理论。这个理论最终恰恰是由凯恩斯所提供的。

4 赚钱的门道

同布鲁斯贝利的大多数朋友相比,凯恩斯并不富有,因为他没有可继承的遗产。他的生活方式日益奢华,所以他急需找到赚钱的门道。战前,他用投资手段来弥补学术职位工资的不足。1915年,他的税前收入刚刚超过1000英镑(即今日的4万英镑),而其中的30%来自于投资收入。从1919—1920税收年度到1928—1929税收年度,他的平均年收入是5068英镑(约为今日的13万英镑),其中"学术职位的收入"为2372英镑,是其总收入的一半不到一点;而且,这个"学术收入"包括"授课、研究员基金、考试、皇家经济学会的院士津贴、书籍和文章的稿费和版税以及作为国王学院的财务总管的收入"。就教学和院士位置来说,在20年代,这部分的年收入不超过700英镑,也就是总收入的14%左右。"书籍和文章的收入"则占总收入的三分之一,这就表明凯恩斯的写作对他保持其生活方式的重要性。这部分收入在1920—1923年间的所占比例达到其最高点,几乎是总收入的80%。即使是在20年代后期,这个比例仍占20%左右。他在投资、担任公司董事以及咨询工作方面的收入则从1919—1920和1922—1923年度之间的占总收入21%的比例上升到1923—1924和1928—1929年度之间的70%还多。

凯恩斯的主要生意合伙人是奥斯瓦尔德·托因比·福尔克(绰号"小狐狸")。凯恩斯在1917年将"小狐狸"带进财政部,而在战后,"小狐狸"将凯恩斯带入伦敦金融圈。他们之间的友谊亦常常被激烈争执所主导,因为他俩的脑子都很聪明,个性也很强,而且对自己的主张有完全的自信心。这种友谊一直延续到凯恩斯去世。在30年代里,他们之间的关系由于在共同控股的公司的董事会中发生了一系列的争执而有所冷淡。

福尔克是股票经纪商巴克马斯特—摩尔公司的合伙人。他个子很高,脑袋硕大,面部像老鹰,并有一副高尔夫球好手的宽肩膀。他酷爱绘画艺术,崇拜芭蕾舞,并曾与俄国芭蕾演员巴甫洛娃有一段恋情。他的智力超常,缺点是对人傲慢和脾气暴躁。他赚钱的能力(包括为自己和为客户)要大大高于守钱的能力。他痛恨社会主义是从第一次世界大战时期开始的,当时英国政府花了在他看来远非恰当的美元征购了他所收藏的并已送到美国去安全保管的毕加索作品。但是,他同凯恩斯一样,对上流社会的愚蠢行为不能宽恕:英国(在1925年)返回金本位以后,他永远不再与他的朋友蒙塔古·诺曼说过一句话。

第 17 章　20年代的凯恩斯

1915年，在福尔克和杰夫里·马克斯的安排下，凯恩斯成为国民保险公司的董事，并在1921年当上董事会主席，年薪1000英镑。同往常一样，凯恩斯立即就明白公司业务应该如何开拓。上任的第一天，他就宣布："国民保险公司应该只有一个投资方向，但投资内容每天都要变换。"在福尔克的支持和马克斯的鼓舞下，凯恩斯发起了所谓的"活动投资政策"，以当时看来是风险较大的房地产为投资方向，再根据对利率变化的预测决定对房地产证券采取短期还是长期的投资，并在两者之间不断地更替，这在当时被认为是带革命性的投资政策。他和福尔克还当上了经营百货商场的德本汉姆公司总裁的金融顾问，年薪500英镑。伦敦金融界的其他董事位置也接踵而来，所以凯恩斯每个星期的中间时期大都花在伦敦金融城的业务上。

凯恩斯在1919年写作《和平的经济后果》的间歇期间就开始炒外汇，他觉得这件事既刺激又有挑战性。他在9月1日写信给福尔克说："我绝对有信心的是，我应该买美元，卖马克。"尼古拉斯·戴文波特说过："投机买卖改善了他的经济学，而经济学又改善了他的投机能力。"我们下面将看到，在30年代里，他的投资哲学是随着他的经济理论的变化而变化的。

凯恩斯赚钱的另一个门道是通过新闻界。他本来就有意要向大众阐述他的思想，而他是将抽象概念大众化的专家。在1920—1923年间，他几乎是有求必应，部分原因是他急需赚钱，在此之后就不再这样了。他在1920年写过四篇发表在报纸上的文章，1921年则有14篇，1922年有25篇，而1923年则高达51篇。在这一年中，他亦成为《民族与雅典娜》杂志的出版人。我们如果把他的文章所拥有的全球版权和作为特约撰稿人的收入综合起来考虑，他在新闻界的额外收入在1921年为1500英镑，而在1922年高达4000英镑。凯恩斯直到1930年也没有写出一本重大的理论著作，原因就在于他在战后的头几年中把大量时间花在新闻媒体上了。

凯恩斯终生相信人不应该聚敛财富，而应把它花在文明的生活方式中。他自己是身体力行的，他把炒外汇赚来的钱一部分花在购买艺术家的画作上。尽管他对视觉艺术的感受不是特别深切，他要以高度的审美标准来生活，而拥有这些画作正是文明生活的一部分。每次买画他都要请教邓肯·格兰特和范奈莎·贝尔，但购买的时机则要看他在巴克马斯特—摩尔股票公司的户头上的账面价值而定。在1919年秋季和1920年春季，他的炒汇进账颇丰，这段时期里他也购买了收藏中最佳的画作。1919年11月，他从"切尔西图书俱乐部"——巴黎维尔德拉画廊在伦敦的代理商——那里以320英镑的价钱买下了修拉的《海滨大道》，这是修拉的由28幅油画组成的"大钵"系列杰作中的一幅。后来的几个月里，他又购买了毕加索、西尼亚克、马蒂斯和德兰的作品，这个时期的采购以1920年5月在巴黎以300英镑买下雷诺阿的《男孩的头像》而告一段落。除了1924年他自作主张购买的那幅塞尚的画作以外（他的朋友都不无揶揄地说这是塞尚画得最糟的一幅作品），他在1935年以前没有再购买法国绘画大师的作品。1935年他在炒股上大获成功，又开始搜集画作。其间，他还购买了英国作品，大都是朋友的画作，以对他们的活动表示支持。

凯恩斯未来的生活道路在1920年就已经展示出来，但没人想到他的主要贡献将会在经济理论领域。相反，他在战争时期的表现证明他是一个不同凡响的公职人员，具有将经济理论透彻地运用于实际金融管理问题的特殊才质。接着他出版了《和平的经济后果》一书，该书表明他是一个有特殊说服力的作者。在这本书里，他提出了革命性的观点，即经济学应当主导和平，而不是和平需要一种经济学的革命。此时他并不知道他一生中最重要的工作将朝着哪个方向发展，但他的直觉告诉他必须把战争与和平所带来的一些难题理出头绪。

第 *18* 章

向和平过渡

1 欧洲未结束的内战

凯恩斯和他那一代人的生活被损毁的原因是因为第一次世界大战的后果一直未能被克服。也就是说,政治和经济上的持续复苏由于战争的影响而一直未能实现。那个勉强支撑、摇摇欲坠的战后国际体系在1929年的世界经济大危机中一触即垮,并引出1939年的第二次世界大战。集权主义的铁掌牢牢地控制了世界人口的多数。凯恩斯生前亲眼目睹了苏联大帝国从纳粹帝国的废墟上在东欧崛起的过程。直到半个世纪以后,这个战争的最后一个后果才被消除。

在这个世界走下坡路的过程中,很大的一个台阶便是美国和欧洲的政治家们不能够解决两重债务问题——即相互关联的协约国内债和德国赔偿问题。这两个问题在战后的头五年中处于主导地位,因而使得战后重建的每一个方面都动荡不安。这些问题消耗了世界领导人的主要精力,并制造了一种让人感到危机不断的氛围,从而阻止了经济关系的正常化。这些问题迫使美国同欧洲分手,离间了英法同盟关系,而且几乎摧垮了新生的德国魏玛共和国。当20年代中期乌云开始消失的时候已经为时过晚,巴黎和约所造成的损伤已经无法修复,所有人的期望都已经落空。

凯恩斯的私生活亦是在预期即将到来的大灾难的背景下展开的。但是1920年夏天还是一个喘息之机。这年夏季,布鲁斯贝利的朋友们仍然开展了一系列的、也是最后一次的聚会活动。同战前一样,这些聚会是智力、艺术和性方面的把戏,他们对那些即将成为他们的"伊甸园中的蛇"的化身的政治阴谋毫不在意。在查尔斯顿,梅纳德继续处理

第四部分　战争的经济后果

着他的《论概率》一书的清样,邓肯·格兰特和范奈莎·贝尔在花园围墙后面新建的画室中照常作画,利顿·斯特拉彻则向他们宣读他的《维多利亚女王》一书的内容,而玛丽·哈钦森则缠着克莱夫·贝尔,不让他工作。大卫·加奈特骑一辆摩托车来访。彼得·卢卡斯接踵而至,"还像过去那样风度翩翩"。他的到来使狂躁的数学家哈里·诺顿安静了许多。维吉尼亚·沃尔夫在附近的洛德维多写她的小说《雅各的房间》。她在写作的空余时间里总爱跑过来与他们共进午餐或晚餐,一边辩论一边听听小道消息。梅纳德坚持说"查尔斯顿作息时间"应该比正常夏令时间要早安排一个小时,所以引起一片混乱;下午茶的时间让很多人都不习惯,在厨房里干活的人亦时而造反,让克莱夫·贝尔心情不快地唠叨不停。"这些人全疯了,"利顿给卡林顿的信中如是说,"简直是契诃夫笔下的那种场景的极端表现。但是幸运的是,这个气氛有喜剧效果……每个人都大笑大嚷,然后继续我行我素。"

梅纳德希望剑桥的本科生塞巴斯蒂安·斯普洛特到查尔斯顿来和他一起度完最后一段假期。他在10月3日写信给塞巴斯蒂安说:"我们大家——也就是说克莱夫·贝尔、邓肯·格兰特、诺顿、卢卡斯和我——都为你不能来这里而感到沮丧。""但是我知道你的家庭的重要性。"无奈,梅纳德于10月6日到伦敦带回了布莱尔·阿特金,一位年轻的画家和音乐家,他的天资不是很高。他与梅纳德和西戈弗里德·萨松都曾有过一段恋情。然而这一次,阿特金脸上有一个脓肿,不得不待在床上,没有参加什么集体活动。邓肯很高兴地告诉范奈莎,阿特金整日"孤独地待在床上"。

自从1911年与邓肯·格兰特断绝恋情之后,梅纳德一直没有寻找新的激情伙伴——至少他是这样告诉朋友们的。他有点模棱两可地告诉利顿:"淌淌浅水对我来说足矣。在我这个年纪,站在浅水中比在没顶的水里要好过得多。"塞巴斯蒂安·斯普洛特正是这样一个理想的人选。从1920年10月开始,布鲁斯贝利的朋友们都认为梅纳德已与斯普洛特"结婚"了。斯普洛特是一个控制欲很强的母亲和一个严肃的寄宿学校的双重因素的产物。他于1919年进入剑桥大学攻读伦理学,并在学业上取得两个第一名。他成为剑桥一批明星人物——比如凯恩斯、斯特拉彻和E.M.福斯特等——的好友,但他自己从来不是一个明星,尽管他有时也矫揉造作地模仿罗纳德·弗尔班克(后成为小说家和剧作家——译注)。但他适合明星的圈子:没有野心,社交带得出去且头脑聪明,为人和蔼——这种人是理想的家庭客人或度假的伴侣。斯特拉彻有一次在给他的信的信封上写道:"仁慈的剑桥邮差:请不要因为闲荡、情爱或聊天而忘记把这封信交给斯普洛特——他住在布朗斯威克街7

第 18 章　向和平过渡

号。"这封信准时到达。

斯普洛特是中产阶级出身的那种有审美感的同性恋者,对工人阶级的男青年特别感兴趣。他如同后来的克里斯托弗·伊舍伍德和W.H.奥登一样,在柏林的夜总会里留下了丰富多彩的浪漫史。他后来不愿再用布鲁斯贝利对他的称呼"塞巴斯蒂安",而改用工人阶级的称谓"杰克"。凯恩斯对他喜欢低层人物的生活从来不愿苟同。他不同意将工人阶级理想化,无论是英国的还是德国的工人阶级。他崇拜艺术家,而不是粗犷的硬汉。不管怎么说,凯恩斯自己的性爱倾向这时也进入了一个过渡阶段,他至少已在考虑同异性发展恋爱关系的可能性。他同芭芭拉·海尔丝的调情一如既往,即使在芭芭拉成为贝吉纳夫人之后也未中断。1920年邓肯·格兰特在给范奈莎·贝尔的一封奇怪的信中曾提到"芭芭拉成为凯恩斯孩子的母亲是否合适"的问题,好像贝吉纳先生不存在一样。更令人难以捉摸的是梅纳德同他的新任女秘书内奥米·本特维奇的关系。

1920年8月,内奥米·本特维奇毛遂自荐地成为凯恩斯的兼职秘书,她当时在剑桥的佩特小姐的秘书介绍公司做登记员,收入仅够糊口。在凯恩斯秘书的位置上,她在给《和平的经济后果》的手稿打字的过程中,心情越来越激动,想要成为凯恩斯的正式秘书。8月23日,凯恩斯写信告诉她说愿意以年薪300英镑的条件雇她为半职秘书,工作的性质是一方面为凯恩斯直接服务(记录口授内容,给他的文稿打字),另一方面帮助凯恩斯给他仍在任主编的《经济学杂志》编纂十周年的内容索引。他问道:"这是否是你想要的工作呢?"她欣然应允。在凯恩斯于1920年10月回到剑桥以后,她开始为他的口授做记录。她为他做了七个月的秘书,在这七个月里(以及后来若干年中),她对凯恩斯产生了一种特别强烈的感情,并将她的心理活动记在日记中。她后来将日记和凯恩斯与她的通信作为一本未发表的自传的基础,这本自传题名为《星光里的魔王:一个人的记录》。

内奥米·本特维奇作为凯恩斯的秘书却有着一番不同于他人的背景。她一头黑发,长相迷人,头脑非常聪明而且有理想主义色彩。她出身于一个著名的英国籍犹太人的家庭,时年29岁。她在学习了秘书课程之后,进入剑桥纽汉姆学院学习伦理学直到1917年。她在剑桥的"拒服兵役研究基金运动"中非常积极,并同伯特兰·罗素一起到加辛顿去住过。她的导师是W.E.约翰逊。她对约翰逊从来没有发表过一本著作而感到羞耻,因为她认为约翰逊的逻辑思想应当被传下去,所以她自告奋勇,不要报酬,帮助约翰逊记录他的口授内容。约翰逊正需要这样来推动,在1915—1920年间,内奥米把大量空

第四部分 战争的经济后果

余时间都花在记录、打字和对约翰逊的思想提出自己的看法上,最终她得以完成三卷本的《逻辑学》。毫无疑问,没有内奥米的帮助,约翰逊自己是不可能完成这些著作的。

但事情还没有这么简单。约翰逊在1915年失去妻子,当时他已57岁,却爱上了内奥米。她对约翰逊的情欲感到"不安",于是拒绝他的求爱,并告诉他,她"对他的爱"只能永远停留在"女儿对亲爱的父亲"那种关系上,但为了对他表示安慰,每天"亲吻他两次"。约翰逊只好让步。他写信给她说:"你实在是高高在上,让我只能感受那种远距离的崇敬之爱。"这个回复让内奥米"非常高兴"。但不久她又发现约翰逊并非他所说的只有"远距离"的爱。她告诉他应当为了他的著作而共同克服"动物本能的冲动"。然而到了1920年,他俩终于决定结婚,但是他们的计划由于遭受两方面的阻挠而不得不放弃。一方面是约翰逊的妹妹兼他的家务总管范妮,她说这将会使她"发疯";另一方面则是内奥米的犹太父亲,他也坚决反对女儿嫁给一个非犹太人。正是在内奥米从同激情的约翰逊的关系中解脱出来的时刻,她发现了凯恩斯的那种十分微妙、几乎没有任何流露的性感。她在回忆录中写道:

> 我在他那间位于女王街通往国王学院的公寓的大会客室里感到太适应,那个会客室的墙上是邓肯·格兰特画的壁画……上面有一个裸体的黑人少女……旁边则是一位身着红袍的红衣主教……显示了一种可从凯恩斯的文风中所看到的那种个人自由……不管怎么说,我还是在他那间小小的书房里感到更舒适些,在裸红的窗帘下,我几乎总能单独地和他在一起。我一般是坐在壁炉前的那个巨大的扶手椅上,而他坐在窗边的书桌前,背对着我。我不记得第一次见面时是否握手,但绝对没有上茶,他的态度是无礼的。

271

本特维奇小姐每周到凯恩斯那里去两三次,有时还要加上一个傍晚。凯恩斯一般向她做了口授之后,就打发她回去,他们的关系是纯粹正规的。但是她记下了1920年11月的一个下午:"他靠在书桌跟前的那个椅子的背上,转过头来注视着我,我立即沉浸在一种深切的情感之中。从他眼睛中流露出来的爱和脸上的微笑,我知道他对我比任何人都要了解。"

2 无法维持的现实

第一次世界大战之后曾有过一段因通货膨胀而引起的经济繁荣时期。在战争的最后两年中,英国的工资增长速度快于物价的增长速度,但是商品管制政策却让收入增加的民众买不到所需要的消费品。战后取消了管制,民众开始疯狂地采购,从1919年4月到1920年4月之间,物价上涨了50%。货币工资现在落后于物价的增长速度,产生出凯恩斯后来称之为"利润膨胀"的效应。

一旦这种通货膨胀推动的繁荣出现,物价就会不断地上扬,因为人们在银行利率低迷的状态下,会不断地在商品、股票、不动产方面进行赌博。当物价以每月4%的速度增长时,谁不想在年利率4%的基础上向银行借钱呢?原有的公司被买进卖出,新的公司又开始上市,这几乎是每天都发生的事情。凯恩斯在1929年写道:"几乎所有的国家都放弃了金本位,所以货币作为商品的一种而被大量地、没有任何阻力地生产出来是势所必然的。"英国本身在1919年3月放弃了金本位,因为政府担心战后复员的大批劳动力因为没有工作将被迫领取救济金从而引起社会动乱。内阁将1919年4月在克莱得兵工厂的总罢工视为革命暴动。所以金融和政治的逻辑合二为一,决定将利率降至令人惊讶的低水平,即使在通货膨胀繁荣所带来的弊病早已险象环生时,仍不肯放弃这个政策。也就是说,政府对面临的问题束手无策,只能采取战时的老办法,即以通货膨胀来加以解决。

正如苏珊·霍森所指出的,1919—1920年冬季之所以出现"高价货币政策"的原因在于,英格兰银行在财政部的约翰·布莱得贝利爵士的帮助和鼓励之下已经把政客们在战时所篡夺的金融决策权夺了回来。这些财经官员的强有力的论据是,如果要让英镑能够以战前同美元的汇率水平重返金本位体制,首先必须迅速消除通货膨胀,甚至扭转英镑价值的走向。在1918年8月的"康利夫报告"中,这个目标被所有的政党接受。贯彻执行这个目标要求政府预算的平衡,充分利用利率政策来控制信贷的增长,以及在纸币供应上制定法定的限制。劳合·乔治、伯纳·劳和奥斯汀·张伯伦都接受这个目标,但不愿采取应有的手段。然而,正因为他们接受这个目标,就没有办法找到反对采用这些手段的理由,当通货膨胀到了已经不能控制的时候更是如此。其实,如果他们在早先时候就采取果断措施抑制通货膨胀的繁荣,英国经济后来也不至于遭受如此严重的衰退。

凯恩斯从来都没有把英镑重返战前的金本位地位作为政策的主要目标。但他痛恨通货

第四部分 战争的经济后果

膨胀，认为它将毁掉资本主义经济，所以他在这场争执中站在财政部和英格兰银行一边对抗政客。奥斯汀·张伯伦在1920年2月向他询问正确的货币政策应该如何时，他回答说利率在必要的时候应该提高到10%，并保持这个水平直至通货膨胀繁荣被击垮。据张伯伦说，凯恩斯说他不相信"高价货币政策"会造成大量的失业。当年4月15日，银行利率提高到7%，并维持了一年。同月里，政府颁布了新的税收项目。

政府财政和金融紧缩政策两者的结合，很快就平息了通货膨胀的繁荣。任何人，特别是凯恩斯，都没有预见到即将到来的经济崩溃的严重性。首先是消费者的支出下降，投资者的投资额也随之下降。到10月份，物价开始大跌；11月间，失业率大大上升，此后的12个月里，总产值下降了15%，而失业率则上升了22%。英国经济最终展示了一种前所未有的现象，即物价和工资的弹性如此巨大，以至于商品的批发价格几乎下跌了一半，而在同一时期，货币工资则下降了三分之一。焦西亚·斯坦普爵士后来曾精明地评论道："这次的经济崩溃是由于政府在通货膨胀尚未达到预期的最高点时就采取了行动而造成的。就像一个人在黑暗中上楼，发现自己抬脚去踩那个并不存在的最后一个台阶时的那种心情一样。"

凯恩斯自己也参与了市场豪赌的行为，而且也同大家一样，对自己的赌博颇有自信心。他在1919年秋季同"小狐狸"福尔克一起炒外汇。他相信由于英国物价增长速度大于美国，所以英镑的价值相对美元必然下降。同时，由于法国、德国和意大利的通货膨胀率皆高于英国，所以英镑对这三种货币将要上扬。在一段时间内，这种判断是正确的。从1919年3月开始，英镑和美元的汇率脱钩，到1920年2月，英镑对美元的汇率从4.7美元下降到3.4美元，到1919年年底为止，凯恩斯就赚了6000英镑。在这个成绩的鼓舞下，他决定同福尔克一起组建一个合伙人公司。该公司于1920年1月开始运行，起始资本为3万英镑，双方各出一半。凯恩斯出的一半中，有8000英镑是他自己的资本（主要是从他父亲和妹夫A.V.希尔那里借的），4500英镑是邓肯·格兰特和范奈莎·贝尔的投资，另外2500英镑是弟弟杰夫里的资本。凯恩斯对他出的那一半资金有全部决策权。他的那些不懂行的合伙投资人充满信心地把钱交给他，指望他的内行头脑能给他们带来加倍的利润。凯恩斯自己也这么认为。正如他在1919年12月11日向父亲解释的那样："这件事当然是有风险的，但是福尔克和我，鉴于我们的声誉所系，必定会万分小心的。"内维尔·凯恩斯是一个过于担忧的人，他愿意向儿子提供5000英镑的赌资实在是一个非常了不起的壮举。

一开始进展得非常顺利。凯恩斯方面买进印度卢比，卖出意大利里拉和法国法郎。到

第 18 章 向和平过渡

1920年2月27日，这笔买卖已实际赚进8643英镑，账面上赚进18525英镑，总投资额度为20万英镑。杰夫里·凯恩斯写信给哥哥说："我对你的感激之情（如同我的资本一样）在按几何级数增长。"3月初，公司做出一个灾难性的决定，做美元的长线。他们在3.68美元兑一英镑的价位上购买了15万英镑的美元，然而英镑一直没有下跌。福尔克在3月30日写信给凯恩斯说"美元简直令人不可思议"，因为英镑反而上升到3.89美元。很清楚，福尔克和凯恩斯豪赌美元是因为他们认为英国的利率调整将在5月进行。事实上，英格兰银行在4月15日即按预期的那样做出了提高利率的决定。

尽管如此，他们在美元上的损失在目前阶段内由于从法郎上赚取的利润而得到弥补，而且还有盈余。于是在3月中旬，凯恩斯带着范奈莎·贝尔和邓肯·格兰特到意大利作为期六周的复活节度假，并以罗马的"俄罗斯大酒店"为旅途的开场。他们对意大利严峻的工业和政治形势不大注意，而对里拉的汇率大跌感到震惊。1914年间，25里拉可换一英镑；1919年3月，则需35里拉才能换到一英镑；而到了1920年4月3日一英镑可换到81里拉，16日则更高达100里拉。凯恩斯告诉同伴们，花钱不仅仅是件快事，更是责任。于是他们开始疯狂采购，在家具和纺织品上就花了300多英镑，凯恩斯的购物中包括17双送礼用的手套。他从罗马给父亲的信中说："不管输还是赢，这种高赌注的玩法让我兴奋。"可以想象内维尔·凯恩斯对此是什么样的反应。

在4月底结束度假之前，他们到"塔蒂庄园"（即佛罗伦萨附近的著名艺术庄园——译注）去住了几天。凯恩斯战前来过这里。这次来，主人伯纳德·贝伦森邀请了佛罗伦萨的社会名流来会见这位世界著名的经济学家，活动的高潮是美国的艺术商查尔斯·洛瑟为凯恩斯举办的大型晚餐会。在宴会上，客人们错把邓肯·格兰特当成是凯恩斯，向他提出许多关于德国赔款的问题。而凯恩斯乐得扮演"画家格兰特"的角色，以专家的口吻评论主人拥有的几幅塞尚的画作。这个玩笑被拆穿之后，无人觉得这件事很有趣。凯恩斯后来也就没有再去过塔蒂庄园。

在回到英国的几个星期之后，凯恩斯终于从豪赌中败下阵来。法郎、里拉和马克都对英镑升值。这段升值的时间虽然不长，但至少能一直持续到把他清除出局。到5月27日，他不得不彻底清账。他这一半的所有资本已损失殆尽，而且还欠经纪人5000英镑。他的债务——包括从家人和朋友那里借的"道德债"——差不多有2万英镑。

凯恩斯把他剩下的所有资产折算为21500英镑，所以还能宣布自己尚未破产。庆幸的是，他的债务主要是家人和朋友。他父亲立即将他的贷款中除去2000英镑，而且表明他

第四部分 战争的经济后果

们所有的资产都可以供儿子使用。(他在5月27日的电报中称"只要能做到的,我们就会全力以赴"。)母亲佛萝伦丝则对梅纳德遭受的挫折泰然处之,她在6月3日的生日信中说:"也许有必要抛弃一些东西以安抚神灵——如果神灵喜欢金钱,我们不会不给它们。"布鲁斯贝利的朋友们对此也没有发出一句怨言。尽管他们对凯恩斯的审美观和政治见解多有批评,但他们对他在金融方面的天才从来没有怀疑过。没有人会觉得他们的钱不会再赚回来。

他们当然没有看错人。凯恩斯首先用从金融家和慈善家欧内斯特·卡西尔爵士那里获得的一笔5000英镑的贷款还清了福尔克的债,卡西尔是佛萝伦丝·凯恩斯于1919年帮助创立的为结核病人服务的帕普沃什社区的热心赞助者。然后他又从他的出版商丹尼尔·麦克米兰那里预支了1500英镑,并从巴西尔·布莱克特那里借来500英镑,转而又进入了炒汇市场。他在5月26日告诉卡西尔爵士说他确信"远期出售马克、法郎和里拉是不会错的",只要能够在危局中支撑上一两个月。他同他原来的学生希尼·罗素·库克一起组建了一个新的合伙人公司,库克是股票商"凯普尔、库尔和泰利公司"的经纪人。这一次,凯恩斯的判断是正确的。他在9月13日告诉父亲:"近来我的资金状况越来越好。"到1920年年底,他还清了欠卡西尔和布莱克特的债,并小有结余。1921年,他同瑞吉诺尔·麦金纳又组成一个投资公司。到1922年,他已还清了亲友们的"道德债务",而且他自己"还赚了25000到30000英镑之间"的纯利润。

凯恩斯在投资上的得与失都是一种短期行为。很多经济学家当时都相信经济体制对大的震撼的反应如同个人一样是非常的敏捷;迅速发生的损失必然引起快速的复苏,因为参与经济的众角色会像凯恩斯个人投资方式一样——即迅速转向新的货币式商品——而将注意力转移到新的生意机会中去。事实上,第一次世界大战后的经济衰退的一大教训恰恰在于,整个经济体制对衰退的反应要比个人滞后、缓慢得多。1920年7月以后,物价开始下跌,人们都认为物价的下跌将持续下去,于是采取了种种促使其下跌的行动。股票交易人开始抛售所持股;银行要求收回贷款,所以不动产所有人和企业主纷纷将房屋和企业售出;生产商则停止招收工人,而工人们则抵制企业主降低他们工资的举措,所以当利润率下降时,实际工资反而上升,企业破产和个人破产此起彼伏。这些行为的总的效应是经济活动的下降,而不是上升。很显然,经济并不如同中央供暖系统一样可以用恒温器来调控温度,一旦经济降温,经济学家便开始寻找自动调节的机制,但发现它并不存在,或者说比他想象的要费力得多。

第 18 章　向和平过渡

凯恩斯在1920年秋季开设的课程名称是"世界货币体制现时的失调"。他在10月18日星期一中午12点的第一讲中吸引了300名学生。这个课程反映了他自己和整个英国当时的经历，他的讲课风格并没有戏剧化的色彩，但他将经济学与戏剧般的大事件联系起来的能力是吸引众多学生的主要原因。他的主题是货币的失调将如何对生产和就业带来重大的影响。他开宗明义地指出："物价与工资以货币来计算所产生的变化将能够将一个阶级的财富转移到另一个阶级手中。而且这种财富的再分配方式不可预料，且不能首先预防。所以，我们必须集中精力对付那个只能算是交换中介的、而且本身不是消费对象的东西，即货币。"他接着指出，货币的不稳定将破坏资本主义的优点以及企业家捍卫自我生存所做的努力。战后普遍存在的货币失调乃是"社会结构根本变化"的主要原因之一。"货币失调"在凯恩斯的眼中就是通货膨胀。"萧条"的直接后果尽管更为严重，但它是衍生的后果，是战后通货膨胀繁荣崩溃所带来的恶果。这就是为什么凯恩斯同20年代的货币改革派一样，认为物价稳定是最为关键的目标。货币稳定是资本主义制度稳定的必要条件。

政府同企业和工会联手维持战后的通货膨胀繁荣直到崩溃那一天为止，这使凯恩斯意识到同战前相比，英国的体制已经发生了另一个根本变化。在关于公共财政的第四讲中，他指出"政府在战争的压力下发现了一个隐形征税的办法——加印钞票"。这个观点后来引出了他在《论货币改革》一书中关于"通货膨胀税"的那一个章节。他的第七讲的题目是"我们是否希望物价下降呢？"他在这个问题上同财政部和英格兰银行的现行政策意见相左。他同意通货膨胀必须被消除，即使造成失业也在所不惜，但是他坚持认为，消除通货膨胀并不应该造成实际物价的严重下降。"我们一旦使物价降到了某一个水平——不管是哪一个水平——我们就应该力图维持这个水平，而不应该将目标定在回到战前的某个纯粹是主观臆断的那个水平。"也就是说，凯恩斯认为与其让物价继续下跌，还不如让货币本身贬值，"我们应该接受我们的标准硬币兑换黄金的数量已经永久性减少这样一个现实"。

在这里，凯恩斯感到他是面对英国货币体制的革命性的创新而重申正统的货币观。正如摩根所指出的，在物价和经济活动崩溃的阶段里长期维持高利率同传统的做法是直接相对的。传统上，一旦繁荣的高峰已过，银行便开设降低利率。凯恩斯在回顾这个阶段时认为，如果政府在1920年年底，当时通胀率为零，就采取一系列的稳定物价的措施，后来就不会有这些麻烦。（当然，光靠货币政策本身能否奏效还是很令人怀疑的。）

他认为，货币失调的很大一部分原因是因为"人们对自然力量的盲目反应，其结果必然是降低人民生活水准"。他还指出，欧洲人口过多，"收益递减律暂时不起作用的那个时代已经终结。正如19世纪的生活水平不可避免地上升一样，现在的生活水平不可避免地会下降"。问题在于："我们是减少人口还是回到欧洲历史上大多数时期都存在的低生活水平中去呢？"凯恩斯在提出这个悲观的预测性问题之后，离开了教室。这300个学生中有C.R.费、奥斯汀·罗宾逊、卢伯特·特鲁顿、莫里斯·道伯以及阿卡迪欧斯·斯基德尔斯基（即本书作者的父亲——译注）。

3 "亿万元废话"

整个20年代，凯恩斯震惊地看到专家和政客们在欧洲各处的旅游胜地讨论他称之为"亿万元废话"的德国赔款问题。这个问题本来是由巴黎赔款委员会正式操作的，该委员会应于1921年5月提交一份报告。然而，英国和法国意识到德国赔款数字不尽早定下来对他们十分不利，于是彼此之间开始举行直接的双边谈判，同时也开始与德国的谈判。法国人尤其急于将德国的资源弄到手以重建那些被战争摧毁了的地区。

这些活动背后的主要推动者是劳合·乔治——他现在成了欧洲的希望。他自诩在巴黎和会上赔款数字的推迟决定，让1919年的那种"炽热的情感"降温，都是他一人所主，刻意忘却了他本人在争斗中推波助澜的细节。巴黎和会上的那对"神圣孪生兄弟"已不复存在，所以他能毫无顾忌地争取将德国的年度赔款降到最低水平。他一方面受凯恩斯的影响，认为德国不可能每年偿付巨额赔款，一方面他又担心如果德国能够支付得出，就意味着出口贸易的增加，从而会影响英国的贸易地位。所以他的心态在这两者之间徘徊。然而，他为减少德国赔款的努力受到美国人的阻碍，因为美方绝不愿意减少协约国之间的战争债务。无奈之余，劳合·乔治只能同法国人协调，而后者则日益不肯做出让步。由于美国人不肯相助，法国人只能完全依靠德国赔款来进行战区的战后重建。但是，他们对实物赔偿比现金更感兴趣，所以法国用种种手段威胁德国，说要攫取其矿山和森林，试图通过同德国人直接打交道获取这些资源。此外，没有美国的支持，劳合·乔治无法向法国提供安全防务上的保障，而一旦有了这个保障，法国本来是愿意放弃大量赔

第 18 章　向和平过渡

款的。绝望之中，法国采取了将莱茵河地区独立化的政策，而这个政策与法国想同德国达成经济交易的初衷是矛盾的。德国则采取了坐观其变的策略，对战胜国的种种建议不置可否，并在过渡期不履行提供煤炭资源的义务。

劳合·乔治的策略是让德国接受在表面上看来很大的一笔赔款，而让法国接受实际上很小的一个数字。他用无人能比的种种手段，时而对法德两面讨好，时而又对它们进行威逼。在此过程中，他以专家的眼光对数字进行不断的调整，好多次似乎已经胜利在望，但最后关头总是不了了之。最后，尽管他的耐力仍存，他的耐心已达到了极限。在1920年年底，他告诉法国新总理白里安，说英法必须确定一个共同立场，白里安同意了。1921年1月在巴黎召开了一个会议

凯恩斯接受《曼彻斯特卫报》的C.P.斯考特的约稿，对这次巴黎会议上的建议发表评论。他的文章于1月31日和2月1日见报，这是他与该报富有成果的合作的开端。凯恩斯估计德国在42年付清赔款的基础上，每年最多只能偿付4亿英镑——而会上提出的"比这个最高数字加一倍的赔款额，任何在这里或在美国的称职的经济专家都不会试图去证明其合理性"。他得出的唯一结论是巴黎赔款会上提出的建议没有任何实际意义，不值一提。凯恩斯写道："人们一想到两位政府首脑在巴黎糊里糊涂地讨论一些可笑的建议，而卢舍尔先生（法国财长——译注）则在两人中间来回穿梭……这实在是一种说不清道不明的噩梦。"法国经济学家亨利·德贝瑟不满凯恩斯描述的这种场景，对此，凯恩斯激烈地回应道："不管过去有何负疚，我将不愿再参与欧洲血亲大战的延续过程。在剑桥，我们这学期将上演埃斯库罗斯的悲剧三部曲……我希望看到三个复仇之神转化为三女神，身着红袍，安安静静地坐在巴特农神庙之中。"在另一封给英国记者尼尔·马尔科姆的信中，凯恩斯表示希望看到德国人对这些荒谬的赔款建议做出切实可行的、有尊严的反应，而不要提出一些"半实用、半诡辩的反建议"。

然而，德国人在1921年3月1日伦敦会议上提出的反建议给人的印象是"有意回避问题，没有诚意"。劳合·乔治对德国的反建议嗤之以鼻；他同白里安一起指控德国在过渡时期支付赔偿和提交受审战犯这两个问题上没有履行承诺，所以他俩宣布了一套惩戒措施。3月8日，协约国的军队进占杜伊斯堡和杜塞尔多夫。

凯恩斯对此的观点见诸《曼彻斯特卫报》在3月5日的评论。在批评德国反建议为"判断失误"的同时，他的主要观点是谴责协约国的惩戒行为为"非法"。他写道：

这些惩戒措施的目的绝不是在于筹集资金,而在于威吓德国人,迫使他们接受他们不可能、也不能够做到的事情。这种威吓的手段是以法国将永久保持莱茵河地区的省份的独立性为基础并朝这个方向跨了一大步。协约国此次宣布的措施的严重性一方面在于向上述的法国政策更加靠拢,另一方面则说明他们对国际法的形式和程序采取了蔑视的态度。

4 心理幻觉

在这个阶段,内奥米·本特维奇小姐已经陷入对凯恩斯的热恋之中,她相信是凯恩斯有意煽起了她的热情。这年春季的那个学期里,她在记录凯恩斯口述的过程中感到了"个人内心的躁动"。她将一页纸递给他时无意中接触到他的手就会脸色绯红。有一次凯恩斯将几页《经济学杂志》的公用信笺递到她手中,她感到"他的优美的长手指在我的手背上颤动,有电击的效果"。又有一次,他请她转过身来,以便观察她的身材,至少她是这么想的。3月13日,凯恩斯开始口述一封信时,突然停下来注视着她,她感到这个注视持续了很久:

> 我的心在狂跳,但有约翰逊的前车之鉴,我将目光低垂。我在面临我所敬仰的人的那种爱,但仍然在毫无目标地挣扎。突然我感到我正在用全身的力气阻止自己向他靠拢,我的全部身心都集中在抵抗之上;而室内的安静延续了很久,让我觉得自己的意志力随时都会崩溃。此时,让我如释重负的是,他开始喃喃自语,而我也敢于以乞求的眼光去看他。他用一只手托住腮,眉头紧皱;他眼睛迅速地眨着,我能感觉到他的自尊在力图控制局面。大约五分钟以后,也许只有一分钟,他用一种古怪而且窘迫的语调结结巴巴地问我:"你觉得谁做阿尔巴尼亚的财政部长最好?"

她在日记中写道:"他的自信心太强,绝对没有一丁点儿的厌世主义。然而他是多么的迷人,我从来没有见过任何一个男人像他在上星期五和今天那样的帅气十足:他那修长优雅的身材,苍白、神经质的脸,眼睑毛又长又黑,几乎遮住他那双清澈、神采

第 18 章　向和平过渡

奕奕的眼睛。"

内奥米·本特维奇这时每天都期盼着从凯恩斯那里得到向她示意爱情或至少欲望的明确信号。他向她口述一封信后，说他下面三个星期都无法与她保持通讯联系，而她则幻想他也许会邀请她一起去度假三周。然而，当她第一次在1921年3月17日到戈登广场46号去做口述记录时，"看到面前小书桌上有两本护照。我竭尽全力，强忍地咽下我的失望。"两天后，她再来做口述记录时，凯恩斯大发脾气，说《经济学杂志》的索引工作进展太慢，接着他又语气和缓地说他将到阿尔及尔的沙漠中去休假16天。他于3月20日起程，塞巴斯蒂安·斯普洛特是他的"随身秘书"。在沙漠中，他俩完成了对概率论一书清样的审读，斯普洛特则为该书做了索引。正是在这次度假中，凯恩斯曾拒绝增加给一位擦皮鞋的小伙子的小费，说"我绝不愿参与让货币贬值的事情"。他们于4月12日回到伦敦。内奥米·本特维奇在家中度假时对自己对凯恩斯的感情做了分析，如果他"向我示爱，我将在一天之内毫不犹豫地答应做他的妻子……"但他并不是她心目中的白马王子：她觉得他像梅里迪斯小说《自我主义者》中的那个威洛比派顿爵士一样。所以她的任务是帮助他改善他的人格，"这比我让约翰逊写他的《逻辑学》还要难，因为这要求完全不同的素质：微妙、幽默、机智和才华横溢——所有这些我都不具备……但我不应该因此而失去信心，只要我能清楚地看到那些是应该做的事……"

本特维奇小姐回到剑桥继续她的秘书工作。凯恩斯的每个动作现在在她看来都证明她的怀疑是正确的：即他由于被她摈斥而生气。他的便条内容很少；他时而向她发无名火，时而心情很沉重。她在4月28日星期四的日记中写道："他要是能丢掉他那种一本正经、公事公办的架势就好了！但他是不会这么做的。我今天预计他会撕掉面纱，我一整天都在紧张地等待拒绝他的时刻。但他自我克制得很好，想尽办法同我友好地讨论政治问题。他告诉我在这个周末他将写另一篇文章，当我问他是否需要用电报发给我时，他眨眨眼睛。"第二天，他非常暴怒，飞快地口述这篇文章，"我将永远不会忘记他怒声责骂我的情景。当我对某个看上去有矛盾的句子发出询问时，他嘘声责骂道：'我不这样认为。'"

这是本特维奇小姐为凯恩斯做的最后一次口述记录。她对她的色相已控制凯恩斯这件事深信不疑，所以她不及等到凯恩斯如同约翰逊那样向她示爱之前就决定发起进攻。她在当天给凯恩斯写了如下一封信：

第四部分 战争的经济后果

我最亲爱的凯恩斯:

我确实理解你——我坚信如此。我不应该被你的感情所击垮,因为这对我俩的将来都是悲惨的事情,而我并非是你竭力想获取的那个想象中的人物。但是我也不是今晚你想象中的那个神秘莫测的人物。我配合你玩你的游戏只是为了你好;因为我对你的爱是那种看到你的缺点之后想帮你克服缺点的爱。在这个宇宙中,除了至善的力量之外,别无它物。你一旦有了这种力量,就会成为在我看来是"王中之王"的那种人。

你的一大缺点是以自我为中心。它使你不愿冒险,这就成了你的一大实际弱点。比如说,在我们之间的那场愚蠢的神秘游戏中,你曾有两次被我的力量所征服。然而,更糟糕的是,你的利己主义使你时而变得冷酷无情:为了保护自己,或得到想得到的东西,你时常会做一些连你自己在一个小时头脑冷静的状态下也会谴责的可耻的事情。

在我看来,如果我能使你爱我达到忘我的境界,这正是向你提供你所需要的力量的境界。这就是我试图要做的全部事情。

凯恩斯的回信几个小时后就到达。本特维奇小姐难以置信地读到:

我刚收到你的信,它让我大为惊骇,无言以对。整个这件事是你单方面的灾难性的误解所造成的。我并没有你所想象的那种感觉,从来也没有过。我甚至不能回忆起那些在你看来是具有某种意义的那些场合。我觉得你的举止有时有点古怪,时而有点无礼,但我愚蠢地认为这是工作劳累所致。

我对不经意之间给你带来这么多的不快感到十分抱歉。很显然,你将不能再做我的秘书,我们之间的那种安排必须结束。但我希望你能继续完成《经济学杂志》的索引工作。如果你想见我,我今晚六点在这里。如果你认为不妥则不必来了。请不要把这封信看做是不仁慈的,但我希望将事情绝对讲清楚。

她在六点钟还是去了凯恩斯那里。凯恩斯还没有意识到她正处于歇斯底里的边缘。他半躺在椅子上,将全身舒展开来,双手插在口袋里,眼中闪着带点顽皮的目光说:"噢,本特维奇小姐,你怎么会写这样一封信呢?"他否认在任何场合下有挑起她的感情的做

第 18 章 向和平过渡

法。如果佩特小姐（即本特维奇的介绍人——译注）和其他人听到这些事情就会认为是她自己的想象力所致。他最后说："我真是愚笨至极。"接着迅速地仰起头，站起来在房间中踱步。

本特维奇小姐试图从她的错误中挽救自己，说："那么，如果我确实搞错了，我非常高兴，让我们像过去一样，从头开始吧。"但凯恩斯不愿再用她，

"不，不可能——非常不可能"，他一边说一边继续踱步。我告诉他我觉得这不可思议并起身要走，他开了门，我缓慢地走下楼梯，心情迷惑，非常失望，但又不大愿意认输。突然，他冲到楼梯口，以一只举起的胳膊支住他的前额，以一种最甜蜜的神态看着我，那种眼神奇妙极了——这一眼看穿了我的灵魂。一种天国里的销魂感攫住我的身心——任何分析都不能说明这种美的存在；在这个时刻，我俩之间进行了一种神秘的眼神交流，意味深长，真心实意……我在他的眼中看到了上帝——我俩心中的爱的上帝……从这以后我再也没有从他眼里看到了。

内奥米·本特维奇记录的最后一篇由凯恩斯口述的文章于1921年5月6日见诸《曼彻斯特卫报》。这篇文章谈到协约国赔款委员会于4月27日发表的德国赔款数字为1320亿金马克，或66亿英镑，这个数字是在当时政治条件下所能取得的最低数字。然而，当谈判者在完成他们的工作时，这个数字又进一步被降低为500亿马克（或25亿英镑）以下——"这个数字，"劳合·乔治写道，"恰恰是德国代表团当年在凡尔赛提出的那个建议。"进一步降低德国实付赔款的关键一招是让德国发行三种国债券，但只需为前两种债券支付利息和偿债基金，这样，德国的年支付额只需1.5亿英镑。正如一位比利时官员加斯东·弗尔斯特所指出的："对德国还债的集体安排非常优雅地解决了过去谈判中一直解决不了的难题：既要把德国的债务在实际中减少到可行的幅度，同时又不能让公众意识到这一点，并引起公众的激烈反应。减少的德国债务被小心翼翼地掩盖住了。"

凯恩斯在他的文章中赞扬赔款委员会的决定，认为"它显示了正义精神的胜利，德国人民亦不会看不到这点"。尽管他仍然不相信德国会履行还债义务，他还是敦促德国政府接受这个赔款计划。德国接受了这个计划，但这只是在一场典型的政治危机之后，由约瑟夫·维尔特和沃尔特·拉特瑙组成一个"履行债务内阁"才获批准的。凯恩斯在这

个过程中也起了一定的作用,他"敦促德国政府接受协约国的最后通牒,并说他煞费苦心地将这篇文章的全文用电报发给德国新闻媒体"。

内奥米·本特维奇认为她对凯恩斯的真实用意了如指掌。她心目中的凯恩斯本来就从某种意义上说是个小说中的人物,随着时日的推移,她觉得更容易造就一个她的梦幻世界。在这个世界里,凯恩斯对她的爱的否认"并非是针对我,而是针对他受压抑的情欲"。所以他的关于赔款问题的那篇文章中就有了一套秘密暗语,凯恩斯通过这些暗语在与她发生隐蔽的恋爱关系。1921年11月,她写了32页的信给他,描述她的伦理观,信的抬头写道:"最俊美的梅纳德·凯恩斯是我的灵魂。"凯恩斯将原信寄回,并附上一张便条:"谢谢你让我看这份附件。"11月16日,她又写信给他:"到我这里来,带着我远走高飞吧!"

此时,凯恩斯已与本特维奇的家人取得了联系,告诉他们内奥米需要有人在身边。但是,内奥米仍然不停地写一些指控他的充满激情的信。凯恩斯有时写几封简短、不关痛痒的回信。在他的朋友圈子中,她被称为"疯女人"。如果凯恩斯不再发表文章,或者她按她曾承诺过的只阅读《泰晤士报》的宗教评论去做,也许她会接受凯恩斯对她毫无感情的现实。然而,凯恩斯公开发表的每一句话,或者报界对他的任何报道,都会让她的激情重新燃起。凯恩斯每次给她的答复都像一张破损的留声机唱片:"我不给你答复,因为我担心我不管说什么,你都会将它扭曲为某种幻觉……你所说的那几篇在《曼彻斯特卫报》上的文章不是我写的,与我毫无关系。"

今天,我们对内奥米·本特维奇的幻觉有了一个准确的医学名称——"克莱朗博综合症"。这个病是1942年被确认的,定义为:"幻觉产生的信念,认为自己与另一个人有爱情的交流。"如果内奥米·本特维奇从来没有遇到过凯恩斯,她的"疯病"也许不会发生。1926年9月,她彻底崩溃了,被送到瑞士去疗养。后来她渐渐地恢复了正常人的生活,并于1928年4月同尤纳斯·毕思堡结婚。毕思堡是一位素食主义中学校长,他的道德标准很严格,并以圣经中约伯的那种耐心等了本特维奇整整十年。本特维奇小姐写道:"对我们来说,这个结合不需要任何英雄主义的要求。"她一直活到90多岁。这个住在布莱克希斯的小妇人一直都坚信多年之前确实同凯恩斯发生过什么事情。

第 *19* 章

概率与善行

1 未完成的事情

凯恩斯战前留下来的一件最大的未完成的事情就是他的《论概率》，这本书早在1913年就已经付印，但是直到1921年8月才正式出版，这期间他对样书做了"大量的修正"。他告诉他的出版商丹尼尔·麦克米兰，这本书是他战前十年的"长伴之物"。这本书的首印2500册是他自己花767英镑11先令印的。

这本书最早可追溯到1904年他在信使会上宣读的那篇论文，当时他还是一个本科生。在那篇论文里，他对G.E.摩尔关于人在面对不确定因素时应该如何处置的理论进行了攻击。他的这种理论上的努力得自于他想要更多地以个人评判范畴而不是传统习惯来作为"生活的指南"的决心。这样就需要，按照他的观点，把概率上的概念与信念度而不是经验式的规则联系起来。从这本1921年出版的书中，我们可以看到凯恩斯这一代信使会成员为解放伦理学、弥补G.E.摩尔在把道德从维多利亚时代的实用主义桎梏中解放出来之不足所做的探索。

它的颇具特色的哲学成分在于它主张用理性而不是观察来作为获得知识的来源，并信奉这样一种学说，认为理念是一种独立的物体，更确切地说它具有柏拉图式的形式，可以为头脑所"悟解"。因此在凯恩斯看来，概率是一种我们"认识到"的"真正的客观"关系，这种说法与摩尔的关于"至善"是事物的一种"直觉的"非自然性质的说法如出一辙。而这样一种研究哲学的方法在20年代时也已经过时了。维特根斯坦问道："世界上的'什么地方'有形而上学主体？"

凯恩斯的这本书属于那种把概率作为逻辑和演绎推理来理解的早期现代学派，持这种学派观点的代表性人物有莱布尼兹、伯努利和拉普拉斯。由于它的某种已经过时的认识论，所以不足为奇这学派很快就变得不时兴了。这个学派的攻击对象是那个把概率看成是自然事实的频率理论，但是这个学派本身却很快就被"主观主义"所取代或吸收了。按照主观主义的看法，概率应是某些命题中的信心度，而不管这个信心度是合理的还是不合理的。让人极感吃惊的是，尽管凯恩斯经济学的根子是那些由无知和非确定性所引起的问题，但是他的研究者们长期以来却没有对凯恩斯经济学的这个背景来源给予多少关注。出现这种情况的原因在于，人们在解释凯恩斯经济学时通常没有对非确定性给予应有的注意。所幸的是，这种忽略现在由于罗德·奥多奈尔和安娜·卡拉贝利等学者的工作而有所弥补。人们现在可以看到，凯恩斯的概率理论给他的经济学带来一种特别之处。确实，他的经济学的某些特性也非得借助于其概率理论才能被理解。

《论概率》是一项探索性的尝试，解释什么叫做在不同认识条件下的合理行为表现，这种认识条件的变化范围可以是从确定的到非确定的整个区域。但是它并不是合理行为的全部理论，按照凯恩斯的哲学观点，合理行为是受到概率和道德二者的共同控制。因此在决定行为的行动方向时，人们必须要做两个方面的决定：行为所能达到的最有可能的效果是什么？这些效果将为世界带来任何好处吗？换句话说，合理性必须同时考虑到手段和目的，这与现代经济学是截然相反的。现代经济学把目的作为一个给定条件（即纯粹的主观臆断条件），然后把研究的焦点单单地集中在手段的合理性上。凯恩斯的主要哲学工作属于一个"现实性的"而不是"理论推测性的"道德领域，这表明他的人生态度是入世的而不是出世的。当然，他对物质生活所要达到的目的从来都有着清楚的认识，但是作为一名经济学家，他能注意到社会进步中的道德代价已是一件很不容易的事了。

2 行为准则

摩尔不认同概率可以用来指导行为这样一种观点，因为他认为人们不可能知道行为在遥远的将来会产生什么样的概率结果。在大多数情况下，就像休谟所建议的那样，我们最多只能遵循那些适用于一般性场合和被大多数人在实践中所采纳的道德原则。这样一

第 19 章 概率与善行

个结论让年轻的凯恩斯耿耿于怀。"在上帝面前,"他在1938年回忆道,"我们发誓要做我们自己事务的主宰者。"凯恩斯在1904年就曾说过,摩尔所着眼的概率理论是错的,他把概率的认识与事件发生的相对频率的认识这二者混淆了起来,并且声称如果没有这样一种认识——尤其当我们不知道我们在近期所能达到的任何好效应是否将会超过远期的坏效应时——我们就没有做出个人判断的理性基础。凯恩斯认为这是不正确的,他认为我们所需要的全部(先决条件——译注)仅仅是"没有理由相信"近期所达到的好效应将会被长远的结果所推翻。更广义地说来,概率认识是一种逻辑认识,考虑的是与结论的"证据关系",因此它与信念度有关,而不是与实际发生的事情有关。17年后发表的《概率专论》就是这样一种大胆见解的产物。

凯恩斯声称,通过领悟论点的证据(前提)和结论之间的关系,头脑常常会把非确定性"减弱"为概率,如此将认可该结论中的一个"信念度"。也就是说,他所建议的这个(前提与结论之间的)逻辑是部分必然结果或推论中的一个。他把概率想象为是逻辑推论的"一般性理论",而亚里士多德的演绎推理只是其中的一个特例。

像我们将要看到的那样,概率有着两面性。从相对于我们的认识能力和推理能力的意义上来说,它是"主观的"。然而在此条件下,概率关系又是"独一无二的和客观的":任何具有类似认识和推理能力的人都会领悟到同样的概率关系,得出同样的结论,并会在同样的假设条件下有所作为。

凯恩斯从逻辑上的"领悟"来看概率被认为是对当时的一个主流理论——频率理论——的攻击,频率理论认为概率是一种"自然事实":例如,10个抽烟人中有一个死于癌症,那么抽烟者死于癌症的概率就是10%。把概率与频率等同起来,凯恩斯写道:"是严重违背了已经确定下来的词语的使用功能;因为它显然排斥了大量的被一般认为是与概率有关的事物判断。"此外,频率理论采用"归纳假设",而这种假设并不能通过归纳法得到证实。频率可以是我们用来做概率推断的证据的一部分,但是它们不是概率本身。

这一看法的重要性在于它表明了我们能够、并确实拥有非数字表达的概率。我们不能没有任何来由地说"这个可能性是另一个可能性的三倍",但是却能够有充分根据地认为某个结论比另一个结论更为可靠。(就像我们不能说"这个比那个要绿三倍",但是却能说"这个比那个更绿些"。)事实上,在凯恩斯的《论概率》中,大多数的概率都是非数字性的;它们接受近似的而不是精确的比较——"差不多很可能的"——但是同时也有可能能够在认识的某些限制状态下给概率赋予数字。当然，概率有时是未知的；有时它们是已知的但却不能进行比较。为阐述对由不同论点产生的这些概率进行比较的困难，凯恩斯举出了下面的例子：

> 当我们要出门散步时，我们对下雨的预期无外乎是极有可能，或不太可能，或有可能这三种。我想要争辩一番的是，在某些情况下，这三种看法中没有一条是成立的，因此决定拿不拿雨伞将是一个任意事件。如果气压高，有乌云，那么在我们的脑子里无论是以一种看法胜过另一种看法，或者甚至是平衡这些看法都不总是理性的——而理性的做法是随性而定，不要把时间浪费在此争辩上。

在凯恩斯这里，理性信念的范围要比休谟或摩尔所允许的要广泛得多。当我们没有频率的时候，我们能够有概率；即使我们有了频率，我们所能确切知道的也仅仅是存在着一个结论正确的概率：概率以概率开始，也以概率结束。因此凯恩斯理论既对人类理性的力量感到乐观又对其探索宇宙秘密的能力感到悲观。我们对"现实的性质"只具有有限的洞察力。他引用洛克的话，大意是："对我们所关心的事务中的最大部分，上帝所给予的仅仅是一线曙光，我可以恰当地说，是概率的曙光，我相信，上帝很高兴把我们放在这样一种平庸而幼稚的环境之中。"

然而，这还不是对凯恩斯关于非确定状态下的理性"行为"的理论的完整论述。要确定我们应该如何行为，我们还需要在两方面做进一步的考虑，这两方面就是凯恩斯所称的"论点的分量"和"道德风险"。对于前者，凯恩斯指的大致上是对这个概率的信念予以支持的证据的"量"，它不一定改变这个概率，但是却能改变我们在判断这个概率时所具有的信心程度。我们所拥有的事实越多，我们就越坚信我们对此概率的信念是有道理的。"道德风险"的原理认为，向至善的努力中更为理性的做法应是把目标定得低一点但实现的可能性更大些，而不是与此相反——即目标较高但实现的可能性却较小。因此，在其他条件相同的情况下，"重的分量和无风险就能增加它们所要涉及的行为的理想程度"。

对行为的一个重要结论是，在大多数情况下，把行为的目标锁定在一个近期的而不是远期的至善上的做法要更加理性，因为在近期的至善目标背后有一个较重的"论点分

第 19 章 概率与善行

量",而且得到的概率也更大些。这一类的考虑无疑会影响凯恩斯对一个改革者的目标如何定才算理性的问题上的想法。明白这一点尤其有助于解释他为什么对革命性的社会主义持敌对态度,因为革命性的社会主义所偏爱的是一个程度很高但实现概率小的至善,而不是一个程度较低但实现概率较大的至善。这样一种论点反映了我们前面所提到过的政治哲学家爱德蒙·伯克的影响。

第一次世界大战之前,凯恩斯在准备关于概率论的著作时又添加了归纳法和统计推理的章节,对此有两点需要提出来加以关注。凯恩斯提到,一个彻底的经验主义者不可能在没有矛盾的情况下使用归纳法,因为归纳法要求对它的有效性有一个预先指定的概率。凯恩斯对归纳法作为一个逻辑原理的看法对罗素很有影响,罗素在他的《哲学问题》(1922年)一书中曾承认凯恩斯在这方面对他的影响。凯恩斯的那个长达100多页关于统计推理的章节值得注意,其主要之处在于它试图把有效区域缩小到几种特殊情况,这些特殊情况具有"稳定的"而不是"平均的"频率。在《论概率》一书中,凯恩斯没有告诉我们他是如何看待社会结构而不是自然结构的稳定性的问题。对于数据,凯恩斯总希望得到原始数据,而不是"整理过的"形式,并且倾向于以表格的形式而不是图形。这样做的好处是,对变化中的现实世界的"生动的观察"不会因为混杂的其他因素和"假定"的现实不变的种种人为操纵而遭到扭曲。这就是为什么他反对在社会学研究中滥用计量经济学。这些增加部分更加明确了这本书的中心观点,即概率的感性认识、"分量"以及"风险"等都与判断力有着密切的关系。不管天上是否有一个天体图,反正地上是没有这样一个地图。任何时候在选择和组织由我们感官所接受到的那些数据并在人们心目中产生出具有高低不等信心度的论点时,理性都控制着概率。这说明了为什么凯恩斯会把他的理论看成是逻辑学的一部分,它既有别于纯粹的信念,也有别于纯粹的统计。

凯恩斯的概率理论和他的经济学之间存在有两个交叉点。第一,任何在确定的知识假设上建立起来的经济学都会对经济行为做出一个误导的描述。"概率微积分"据称能够通过保险统计员式的精确无误计算把非确定性转化为如同确定性条件下的可计算状态,这种说法从内在本质上来说是蒙骗人的。非数字概率能给出判断的理性基础,但它不能保证事情一定会像我们所预期的那样发生。

第二个交叉点是关于经济学的研究方法,这点所受的关注比较少。凯恩斯一直反对过分的形式主义,他认为过分的形式主义会给那些最多被认为是很可能的——按他的感觉是十分可能的——结论带来一种不合逻辑的确定性。在他的经济学文章中,他偏爱于使

第四部分 战争的经济后果

用普通语言。按照亚里士多德的说法，我们可把这种语言称为论辩逻辑，因为它的前提给人一种直感上的说服力，而它的结论也是建立在说服性而不是证明性的论点之上的。他喜欢说"一个经济学家不能证明他的对手有错，他只能试图去说服他"。

概率是凯恩斯达到理性行为的工具，但是要使行为达到完全的理性不仅仅需要理性的手段，也需要理性的目的。凯恩斯放弃摩尔的行为标准，但并未放弃他的道德原则。摩尔曾经写道："到目前为止，我们所知道的或所能想象的最有价值的东西是某些意识状态，这些意识状态大致上可描绘为人际交往所带来的快乐与对美丽事物的享受。"他又补充道："正是出于这样一种目的，有时为了能使其发挥到最大限度，任何人都有理由去履行任何一种公众的或个人的责任；这些意识状态解释了美德存在的原因；也正是这些意识状态……形成了人类行为的理性终端和评价社会进步的唯一标准。"

摩尔的标准对社会改革者来说显然是有问题的。只有心态是有价值的东西，那么有价值的心态与一般社会改革的目的——自由、平等、和平之间又是什么关系呢？举例来说，是否能够不言自明地说，人们从更平等的收入分配中所得到的总是要大于人们在这个到目前为止由富人创造的文明生活方式中所失去的？克莱夫·贝尔，也是一个摩尔的追随者，并不这样看。他在1928年出版的《文明世界》一书中提出，高等精神文明取决于世界上存在着不平等现象。那么问题又回到了这里，尽管摩尔说达到最大程度的有价值的心态是解释善行存在的唯一原因，但是他并没有说人人都有责任这样去做。而大多数布鲁斯贝利成员们所关心的主要是他们自己的心态，而不是大众的。年轻的凯恩斯就曾问过：我应该使自己的心态不好以使别人的心态更好吗？

摩尔认为，心态是一个"极其复杂的有机统一体"，它既具有一个感受的主体，又具有一个被感受的客体。这就说明，人们不可能在孤立中得到至善心态；并且一个残忍丑恶的世界的至善心态程度不如一个美丽仁慈的世界的至善心态。凯恩斯认为，"有机统一体"的原则有助于使摩尔的理论与"其他道德体系"之间得到调和，并且它还"使我们实际上在修正善行总和时能考虑到差不多任何一种情形，尽管这种善行的最初来源在任何情况下都一定是有意识生物的心态"。

然而，摩尔也指出一类有着"混合程度善行"的情形，在这类情形下，至善的心态"取决于"事物的恶的一面的存在，这种恶的一面可以是想象的，也可以是真实存在的。摩尔曾以怜悯与受苦之间的对应关系举例说明过这一类情形。他认为，（相对于针对想象中的受苦而产生的对应感情）真实存在的受苦从来不可能成为一个善行"整体"的一

第 19 章 概率与善行

部分,因为受苦的负面价值大于怜悯的正面价值,但是凯恩斯对此观点不完全同意。他写道:"我不是那么确定地认为,当所有的因素都考虑到之后,事物的悲惨一面从总体上说都是坏的,或者说即使心态的仁慈非常之大也不足以抵消事物的恶的一面……(但是)我想,我们可以想象两种情形,一种情形里具有悲惨或不公平的因素,而另一种情形里则没有。如果在两种情形下的心态都具有完全相等的价值,那么我们就有理由认为具有悲惨因素的情形不如另一种那么令人满意。"这一观点曾于1910年凯恩斯在信使会宣读的那篇论文中提出过,并于1921年1月再一次被提出。而在第二次提出时,这个观点的有些部分可能已做了一些修改。然而即使这个观点没有修改过,人们也完全相信他在1921年选择这个题目作为演讲主题的目的是要在摩尔哲学的框架下对他的朋友弗昂克·贝卡西(死于战争)和彼得·卢卡斯(他从战争中活下来了,并于1921年来听凯恩斯作该演讲)的那种信念进行回应,这些朋友们认为战争尽管可怕,但却是一个令人崇敬的经历。凯恩斯对生活的看法是乐观的,而不是悲观的,但是他的才智太过于超人,不会不理解战争的吸引力之所在,不会不意识到社会进步是要付出道德代价的。

那么当产生至善感觉的环境已经消失时,这些至善感觉如何能够继续保持下去呢?1928年凯恩斯给卢卡斯写的一封信对这个问题做了坦率的回答,而卢卡斯此时也刚刚发表了他的《悲剧》一书:

在现实生活中,许多被我们看做是高贵的且最值得拥有的感情往往是与困境、不幸和灾难联系在一起的。就其本身而言,我们一般都把一个走上沙场的英雄的心态判断为是美好的——但是对他将战死在沙场上感到无比的可惜。与之类似,同情心就其本身来说也是美好的。事实上,现实生活中最可怕的东西就是,那些自身是美好的情感往往都是由坏的事端所激起、引起或挑起的。另一方面,如果我们能够在认同或间接地享受与崇拜那些高尚美好的感情的同时也"不会有"那些通常在现实生活中总是与之相伴的坏的事件发生的话,那么我们就能同时得到两个世界的最好部分。目前就我看来,《悲剧》的目的正是要为我们寻找到一个能使这种情形产生的会合点……在萌发高尚美好感情的同时又能避免产生坏的实际结果……

所有这些正是我一向喜爱谈论的一种进退两难的处境——既要做善人又要做善事,要同时达到这两者的困难性或甚至不可能性。在《悲剧》一书中,我们可以看到这样的情景，人们在一个完全脱离所有结果的国度里可以成为善人。因为在这样的国度里，我们不需要按照善人的优秀品质来衡量由其行为及有关事件所造成的结果的令人惊骇的性质。

英雄主义，或换言之怜悯的代价能够转变成为一张戏票的价钱；这对社会改革者来说当然是一个合算的买卖，但是对那些习惯于以怀疑眼光看待事物的人，却很难让他们相信戏台上的英雄和真实的英雄的心态具有同等的价值。

凯恩斯对美好生活的思想既影响他对自己的生活所选择的生活方式，同时也影响他为公众服务的目标。他试图把文明生活的个人理想与提倡给多数人带来美好生活——美好心态——的奋斗目标结合起来。从事经济管理是他的主要努力，但是他也提倡自由道德法规并自己出钱支持艺术。就摩尔主义对他的社会哲学观的影响程度来说，它实际上限制而没有扩大他对社会改革的热情，其原因在于摩尔的"理想"功利主义对社会改革家的评价不像享乐功利主义有那么高的推崇，因为摩尔理想功利主义的评判标准是物质进步对人的心态所产生的影响，而心态的至善并不等同于快乐或幸福。凯恩斯基本上没有受到他那个时代的民主激情主流的影响；确实，他对民主本身的态度是相当冷漠的。与此同时，他对坏的心态——那个他称之为"工商业与桥牌"的东西——的欣赏程度却远远超过了一个真正的摩尔信徒所应该采取的态度。像大多数成功人士一样，凯恩斯所从事的是他所最擅长的事情并在大多数情况下能尽享其中之乐趣，他直面生活中的矛盾，并找到合适的表达形式以使他所正在从事的和那些他相信他应该从事的事情之间得到和谐的结合。

3 对《论概率》的反应

对《论概率》一书的最早书评是相当好的。C.D.布罗德，一个摩尔和罗素的追随者，比凯恩斯小四岁，表示他与凯恩斯"在主体上有着一致的看法"。伯特兰·罗素则认为"它有着令人震惊的强有力的数学演算"，并且"此书从总体上来说再怎么高的评价也不算过分"。但是他不接受凯恩斯的两个孪生命题：一是概率是不可定义的，二是许多概率都不是数字上可测的。罗素渴望得到一个"修正的"频率理论。

第 19 章 概率与善行

老信使会会员、统计学家查尔斯·桑格很高兴凯恩斯"没有因为偏爱代数学而脱离现实世界",并颇为欣赏地引用《论概率》里的一句话:"感觉敏锐的研究者们用相关系数来测试或证实他们基于其他根据所得到的结论。"《观察家杂志》的"观察家们"发现"凯恩斯教授的方程要求一种与阅读不太一致的思想活动"。

但是剑桥的年轻人并没有被凯恩斯说服。凯恩斯于1922年1月31日在给布罗德的信中写道:

> 我发现拉姆齐和其他年轻人……相当的固执,仍然相信概率要么是一个可与频率联系在一起的确定可测的实体,要么就仅仅只具有心理上的重要性而且确信它是非逻辑性的。我感到他们能够就这些问题对我发起很有伤害性的批评。但是不管怎么样,我都很有信心地认为他们是错的。

1920年,弗兰克·拉姆齐17岁,从温彻斯特来到三一学院读书。凯恩斯认为他"毫无争辩的是哲学和数学这个交叉领域里多少年才会出现的一个最优秀的本科生"。他在中学时写的一篇理论文章,按照他父亲——玛格德琳学院院长——的看法,已具有研究员论文的水准;弗兰克的兄弟是后来的坎特伯雷大主教。拉姆齐长得像一个大呆熊,人们敬佩他的才智,喜欢他的可爱个性。他于1921年成为信使会会员并于1924年成为国王学院的研究员。作为信使会的一员,他的观点给人耳目一新的感觉。在经过一场有关不同心态价值的无休止的讨论之后,拉姆齐告诉他的会员兄弟们,这样的讨论"尽管是一种打发时光的好方法,却没有对任何实质性的东西进行任何讨论,只不过是在比较各人的心得体会而已"。这是战后一代人的真正哲学声音,它的矛头很快就指向凯恩斯在战前所提出的那一套观念。

拉姆齐对凯恩斯理论进行了两点批判。在1921年10月的《剑桥杂志》上,他指责凯恩斯把知觉过程与概率关系的存在搅和在一起,指出这二者之间缺少必要的一致。他的那篇题为《真理与逻辑》的文章更是对凯恩斯理论的一个致命性的攻击,这篇文章于1925年在剑桥"伦理学俱乐部"上宣读,经过一个多小时的精致的破坏工作,《论概率》中的那套风格复杂奇特的理论观念基本上已经所剩无几。

拉姆齐说,概率既有其客观的一面,也有其主观的一面。无论是它的统计论解释还是认识论解释在日常用语中都是有根基的。概率经常指的是比例,比如当我们说天花的痊愈概率是四分之三时，我们指的是天花痊愈的比例，因此概率是一种自然性质。但是我们也能运用语言的权威性来把它看做是"部分相信度"，当有人说四分之三的天花患者会痊愈时，我们可以回应道："这也许是真的。"我们如何来说明这一句话的道理呢？凯恩斯说："我们感觉到这一点。"换句话说，我们从证据中的全部相信度推到了结论中的部分相信度。

拉姆齐的批评直截了当，他否认，

有像他（凯恩斯）所描述的那样的概率关系。他假设那些概率关系至少在某些情况下是能够看出来的；但是就我看来，我很有信心地说事情并不是这样。我看不出这些关系，如果我能够被说服这些关系存在的话，那么一定是通过辩论才能做到；此外，我怀疑其他人也看不出这样的关系，因为在对哪一个概率关系能够把任何两个给定前提联系起来的问题上，他们无法得到一致意见。

拉姆齐的观点一经提出，便给人一种显而易见的感觉。皇帝没有穿衣服。凯恩斯所确立的所有东西只说明我们可以进行概率判断，但是并没有说明与这些判断相对应的客观概率的存在。

拉姆齐感到，凯恩斯的错误在于他把基于事实的论证与基于逻辑的论证混淆在一起。我们可以从一个事实前提推断出一个事实结论，但是我们不能说这个结论在逻辑上是必然的。逻辑上的主要关注点是保证论点之间不相互矛盾，但是按照凯恩斯的概率观念，"我们能够接受前提，同时又在没有任何不一致或矛盾的情况下完全否定结论"。归纳法并不是演绎法的较弱表现形式，归纳法与信念度的获得有关，而演绎法则与思维规律有关。凯恩斯的概率理论则把发现的逻辑与蕴涵的逻辑混为一谈。

拉姆齐从不同的角度探讨了怎样才能得到理性的信念度问题。做赌注比率的庄家是那些为了得到所想要的东西而使用策略的人，也即这些策略被假设具有前后一致的偏爱度。因为策略的合理性是由它们的成功性来判断的，因此人们对不同的可能结果就会以相应的概率来描述之，这些概率是主观的——它们不具有逻辑和自然上的必然认可。在这个基础上，拉姆齐进一步把这些主观上的信念度看成是打赌的比率：这样所有的概率都能变成数字。达到理性的第一个要求就是做赌注比率的庄家对不同的前提所愿意下的赌注

第 19 章 概率与善行

比率在任何情况下都不能让一个聪明的赌客能够做成一个"荷兰赌账册"（由一套赌注比率和比例组成的账册以保证在任何情况下都能赢——译注）或赚到利润。第二个要求是采取的策略应与实际情况相一致，个人的或主观的概率要通过学习过程而与客观概率相接近。按照马丁·霍利斯的说法，当"起始价格的赌注比率反映出马匹的价值"时，我们就达到了完全的理性。这个学习过程就是一个归纳的过程。与凯恩斯不同，拉姆齐从实际的角度来看归纳法。归纳法是一种"思想习惯"，评判思想习惯的唯一方法就是看这种习惯是否"行得通"。不管归纳法在认识论中的地位如何，它是一种有用的思想习惯。

在这场辩论中，拉姆齐的批评得胜。到了30年代初，拉姆齐的朋友理查德·布雷斯威特称凯恩斯的概率"实在是令人十分费解"。"凯恩斯真的能看出来两个前提之间的逻辑概率关系吗？如果他看不出来，那么有什么理由去假定它们的存在？因为它们与其他逻辑关系很不像。"摩尔的道德理论也在退却，剑桥哲学家们——除了布罗德——现在按照赞同和不赞同的主观论述来分析道德命题，由此产生了现代哲学。一位中国哲学家来访剑桥以期学习关于事实的性质，结果他发现他学了很多有关英语语言的正确使用方法。

尽管经常有这样的说法，认为拉姆齐仅仅是建设性地"发展"了凯恩斯理论，但是他们二人的处理方法却是源于不同的精神世界。在凯恩斯的思想里，客观善行概念和概率组成了道德和实践理性的基石，没有这些基石，思想是"飘浮的"。而拉姆齐的思想世界是由偏好和赌注所组成，在这个世界里，思想的主观和实际特性被认可，而人们则是哪种方法行得通就采用哪种方法。凯恩斯学派的追随者们是思想家，他们从凯恩斯那儿得到的用来武装自己的思想武器是逻辑；而拉姆齐学派的追随者们是行动者，他们从拉姆齐那儿得到用来武装自己的行动工具则是计算能力。

这两个人之间的悬殊差别是由代沟所产生的。当凯恩斯这一代人把形而上学看做是把自己从怀疑主义中拯救出来的方法时，拉姆齐这一代人却抛弃形而上学，因为他们感到形而上学对第一次世界大战负有责任。通过展示某些说法是荒谬的，他们似乎在说，人们也许就会停止在这些方面的争论，而把精力集中到那些能够解决的问题上。把理性引导到科学而不是形而上学上，你就能得到一个和平、繁荣的世界。一种幻想代替了另一种幻想：形而上学的幻想被实证主义的幻想所代替，而在实证主义的幻想中，狂热是一种错误而不是需求，恶念头产生于不完善的思维，而"人类行为完全是由认识状态所决定的"。

很难说凯恩斯在多大程度上因为拉姆齐的批评而改变了自己的战前观念。依他的个性,他敬佩拉姆齐的杰出才华,并因此十分喜爱他。拉姆齐在1930年去世时年仅26岁,理查德·布雷斯威特将拉姆齐已发表和未发表的文章编辑成书。在对这本编辑出版的书写书评时,凯恩斯一定想到过拉姆齐对他的《论概率》一书的批评,他在书评中提到,书中的这些文章是"一个特别典型的例子,反映了年轻人能够在前一代人颇费周折才达到的层次上接过问题,然后就开始往前推进,但没有用超过一周的时间来好好消化前人已经做过的所有研究……"

在他的书评中,凯恩斯声称,拉姆齐已发表的对他的概率理论的批评是非常令人感兴趣的,这既表现"在其本身,并且也从细节上反映出他的思想正在脱离……他所刚刚继承的那一辈人的形式逻辑和客观逻辑的处理方式"。拉姆齐承认自己受到罗素的很大影响,他在早期研究中曾提出过这样的看法,认为逻辑的范畴可以"大大地延伸"。但是维特根斯坦和拉姆齐自己已经把罗素的那种"逐步完善形式逻辑的处理方式掏空了内容,使它渐渐只剩下了干骨头,直到它(逻辑)似乎不仅排斥所有的经验,并且也把大多数理性思维中一般被认为是符合逻辑的那些原理排斥在外"。拉姆齐最后得出一个"人的逻辑"的概念以区别于"形式逻辑"。他争辩道(凯恩斯在他的书评中写道——译注):

> 反对我以前提出的观点,即概率所关心的不是前提之间的客观关系而是(从某种意义上说的)信念度……因此概率计算属于形式逻辑。当然,我们的信念度——或者如习惯上所称谓的逻辑推理概率——的根基来源于我们人类的精神素质……因此就这点来说,我认同拉姆齐的观点——我想他是正确的。但是在试图把"理性的"信念度与一般意义上的信念区分开来这项工作上,我认为他还不怎么成功。深究归纳法不仅仅只是为了说明它是一个有用的思维习惯。然而,在尝试一方面把"人的逻辑"与"形式逻辑"区分开来,另一方面把描述性心理学与其他区分开来的过程中,拉姆齐可以说已经指出了通往下一个研究领域的道路,因为形式逻辑已经成形,而它很有限的应用领域也已适当地确定下来了。

凯恩斯式和拉姆齐式的关于概率的两种不同思维方式具有深远的经济学意义。凯恩斯理论强调，对未来的信念或期望可以是理性的但同时也常常会有失望与之相伴，因为未来是未知的。过去发生的频率知识是进行概率判断的一个重要元素，但是它不可能产生一个数学预测。这就是为什么投资可能破产：当前的价格并不包含预测未来情况所需求的全部信息。与此观点相反，拉姆齐认为，随着知识的积累——人们从所犯的错误中积累这些知识——他们对可能的结果所给予的主观概率会达到与发生这些结果的客观概率相等的地步。这就离开了凯恩斯经济学学说而指向强有力的现代合理预期学说，按照这个现代理论，人们对未来事件持有真正的信念，这就等于说，永远不会存在有人们不想要的失业。在70年代，合理预期理论是作为打击凯恩斯经济学的一根大棒而出现的，它要把古典经济学恢复到其原来占有的、而后被凯恩斯赶走的位置上。

第 20 章

俄德事务

1 查尔斯顿和剑桥

战后的第三个暑假,凯恩斯是在查尔斯顿度过的,他在那儿撰写他的第三本战后著作:《对和约的一种修正》。他把该书描绘成是《和平的经济后果》一书的"续集",它一半是历史,一半是反击那些对他早先那本著作的批评。它基本上是一个没有什么创造性的编辑工作,他的母亲仍像过去一样帮他剪辑报纸。到了1921年,法国总理乔治·克雷蒙梭"精竭虑尽",躲开公众注意,回到他自己在凡黛的家中。"这片树林的好处,"克雷蒙梭说到他家的那片松树森林,"在于在这儿根本没有任何机会与劳合·乔治或威尔逊碰面,这儿什么都没有,只有松鼠。""我希望我的这本书也能有同样的有利条件,"凯恩斯在他书的前言中不无幽默地讥讽道。但正是"我们当中的这位浮士德"劳合·乔治仍在继续激励他的神学想象力:"劳合·乔治把我们带入的这个泥塘越是深,越是臭,则他把我们从中救出来的功劳就越大。他把我们带进去是为了满足我们的渴望;而他把我们带出来是为了拯救我们的灵魂……谁曾像我们这样尝到了天堂和地狱里的最好的东西?"

《对和约的一种修正》一书并不是凯恩斯那个夏天里所写的唯一的东西。在8月和9月里,他的五篇关于"欧洲经济前景"的文章登在《星期日时报》上,这些文章涵盖了他在前一个秋季讲课的大部分话题。8月21日发表的第一篇文章所产生的影响最大。凯恩斯预测"在1922年的2月和8月之间的某个时候,德国将会由于一个不可避免的违约而轰然垮台"。《星期日时报》驻巴黎记者写道:"很少——恐怕在国际政治的历史上还从来

第四部分　战争的经济后果

没有过——有一篇代表个别观点的文章会产生如此深远的影响。"人们能够看出来他所指的是什么。1921年年底，比凯恩斯的预计稍微早一点，马克一落千丈，德国超乎寻常的通货膨胀开始，德国不得不请求延缓偿付欠款。梅纳德的父亲认为他自己"聪明地"在这篇文章见报之前就已经把他在巴克马斯特和摩尔银行的马克账户注销了。凯恩斯做出这一判断的角度实际上并不是经济而是道德。他处于一个奇特的位置，他完全有权力就他的预测打赌；但是他的权威使得他的预测一旦发表，就成了一种引发因素，尽管这个因素毋庸置疑只是产生该结果的真正原因中的一个次要因素。到10月时，他在忙着把马克卖出去，其所获利润颇丰。

1921年夏天与凯恩斯一起在查尔斯顿的有范奈莎·贝尔和邓肯·格兰特，同时还有剑桥朋友来访，如塞巴斯蒂安·斯普洛特、彼得·卢卡斯和道格拉斯·戴维森——道格拉斯此时刚刚进入他哥哥安格斯所就读的玛格德琳学院。10月，范奈莎、邓肯和孩子们离开查尔斯顿到圣托比（法国著名的海滨休憩胜地——译注）去过冬。在此期间，凯恩斯给他们寄去书籍和罐头食品，提供有关货币走向的建议以及他们爱听的剑桥花边新闻。10月19日他给范奈莎写信说：

> 昨天晚上，我不得不请王妃（伊丽莎白·比拜斯科，阿斯奎斯的女儿）共进一个已经答应她很久的晚餐，看剧院演出再加上私晤。在前排座位席中，她的手在我身上摸索，一点也不回避陪同她前来的人，等到灯亮以后，我才发现坐在她那边的人是我的朋友弗兹威廉姆博物馆的考克瑞尔先生——这对我的声誉一定会大有好处。

凯恩斯现在又增添了两份重要的校外责任。他接受老朋友印度事务大臣埃德温·蒙塔古的邀请，将于1922年年初作为皇家委员会的副主席去印度次大陆就印度财政政策提供咨询——"最后一个努力，差不多确信无疑注定是一个无用的努力，为了修正的自由贸易而拯救印度。"另一方面，在10月24日访问了曼彻斯特以后，他又接受《曼彻斯特卫报》主编C.P.斯科特的邀请，为该报的"商业专栏"编辑12期增刊。他向范奈莎吹嘘道，他1922年的收入将达8000英镑。

对所有这一切他都轻松地应付自如，而"真正使我累垮掉的（和影响我写作的）东西，"他于12月12日写信给范奈莎说，"不是工作，而是太多的派对和大吃大喝。这个

第 20 章　俄德事务

学期我在剑桥受邀参加的款待非常之多。"他的记事本显示大多数这些款待都是在塞巴斯蒂安·斯普洛特、道格拉斯·戴维森和达迪·瑞兰兹那里。达迪是他那一期中一名非常优秀的大学生演员，尤其是在演女性角色时更为出色。他和梅纳德因为对戏剧和英国文学的共同热爱而互相吸引，成为亲密的朋友。达迪是一个漂亮、淘气和情绪高昂的年轻人，对国王学院的那种暧昧和怪僻的氛围，他是如鱼得水。利顿·斯特拉彻在重游他的剑桥旧地之后，曾于11月26日给他弟弟詹姆士写信道："（凯恩斯的）活动看来很有声色——尤其是他的社交活动，他自己也承认保持这些活动使得他累得够呛。我不知道是否还有其他事情使得他这么累，但是我想应该是会有的。"

2　莉迪娅·卢波科娃

297　在提得马什的乡村别墅里，梅纳德和塞巴斯蒂安"与利顿一起度过了一个安静和非常幸福的圣诞节"，而梅纳德的个人生活也即将发生一个使他的朋友们震惊的变化。这种即将到来的新生活的第一个迹象是他于1921年12月22日写给在圣托比的范奈莎的一封信："卢芘（指卢波科娃——译注）上个星期六来吃中饭，我再一次深深地爱上了她。在我的眼里，她十全十美，而她新增的一个可爱之处是对英文字词的精湛知识和得体运用。"12月18日那个星期天，他的记事本记下了高深莫测的一天安排："1：30，卢芘……8：00，加布里埃尔（阿特金）。"

12月23日星期五，在芭蕾舞剧《沉睡中的公主》演出之后，梅纳德带着莉迪娅·卢波科娃去"萨沃依酒店"用晚餐，在那儿他们一直聊到凌晨1点钟。他们还约定等他从提得马什回来后再聚。从这次之后，他们之间恋情的发展快得令人瞠目结舌。他在12月27日写信给利顿："我陷入了情网——糟透的事情——对此不知道该怎么恰当地说。"第二天他又写信给范奈莎："对此该怎么办呢？我开始感到害怕了。"范奈莎于1922年1月1日回信道："不要和她结婚，逃到印度去也许能拯救你。不管她有多么的可爱，她将会是一个花费很高的太太，她会放弃她的舞蹈生涯。总起来说，还是把她当作一个情妇更好些。"范奈莎似乎一下子已经得出了结论。梅纳德于1月6日回信道："你不用担心结婚，但是我们之间的这个关系是很认真的，而我一点也不知道该怎么办。我不禁想到去印度是个好办法。但是，她真的是非常的可爱。"1月9日他又给范奈莎写信："我的处境糟透了,差不多不可救药。克莱夫看到我变得如此谦卑高兴得直笑。"1月21日,凯恩斯终于告诉埃德温·蒙塔古,说他不会有时间去印度。

从梅纳德第一次被莉迪娅迷住到现在已经有三年多了,那一次她在伦敦大剧院的表演攫住了对战争感到担忧的观众的心。她给梅纳德的第一封信的时间是1918年12月29日,她在信中感谢他送给她的《和平的经济后果》一书,祝愿他有一个"非常快乐的新年",并说"我的丈夫也和我一样衷心地祝愿您"。评论家西里尔·博蒙特曾就莉迪娅在那个秋天里给他留下的印象做过如下描述:

走下舞台的卢波科娃很像舞台上的玛丽奥茜娅。中等个不到一点的,她有着娇小玲珑的身材,西奥费尔·戈蒂埃(首倡"为艺术而艺术"的19世纪法国文学家——译注)都会为之赞赏不已。她的头发是金色的,前额处蓬松着,而在颈项处则扎成一个小圆髻。她有着一对小小的蓝眼睛,脸颊白皙而丰满,并且还有一个奇妙的、有点像蜂鸟嘴的鼻子,这给她的表情带来一种很少有的调皮的感觉。她的举止轻松愉快,时而会被郁悒的心情所打断。她的英文说得很好,口音富有感染力,并且还习惯于发表一些听上去好像完全是玩笑的意味深长的评论。我忘不掉她那银铃般的笑声。

1919年6月,梅纳德从巴黎和会回来,正好赶上在阿尔哈姆布拉剧院观看她在马辛的《奇异商店》一剧中的成功表演。弗雷德里克·阿士顿说,她的表演就"像香槟酒瓶木塞砰的一声打开那样有爆发力"。而博蒙特则说,卢波科娃"极像一个洋娃娃,她那圆润的四肢、丰满的形象、弯弯的嘴唇和纯真的表情都极佳地符合一个洋娃娃的样子"。

但是,1919年7月10日她突然"失踪"了。博蒙特注意到在《奇异商店》一剧演出之后"卢波科娃和(她丈夫)巴罗基之间的某种冷漠"。她从萨伏依酒店给迪亚格列夫写信道:"由于个人性格上的原因,我的神经衰弱到了极点,以至于我只能在承受困难的情况下完成这些演出……"莉迪娅显然想要躲避巴罗基,而她要这样做就必须离开迪亚格列夫芭蕾舞团,因为巴罗基是该团的经营主管。没有人知道这突如其来的疏远是什么原因造成的,也许与巴罗基在感情上的不专有关系。莉迪娅在伦敦北区与她的俄国朋友待在一起,整整18个月没有看到和听到她的任何消息。那么这段时间里她究竟在哪里?

第 20 章 俄德事务

我们不能确定，但很多有力的证据都表明，她有一段时间是在俄国。莉迪娅从未提过这一段"失踪"的时光，而认识她的人也都不知道她这一段时间里做了什么，梅纳德也许知道些情况，而他也保持沉默。莉迪娅只是简单地把这一段经历抛在了后面。

1921年5月，莉迪娅随着迪亚格列夫芭蕾舞团重返伦敦，在王子剧院开始了新的一轮辉煌演出季节。她的重新出现抓住了许多人的心，其中包括人造丝制造商兼画作收藏家塞缪尔·库尔多和他的夫人伊丽莎白（"莉儿"），他们成为她的终身朋友。但是莉迪娅似乎是在迪亚格列夫团的《沉睡中的公主》于1921年11月在阿尔哈姆布拉剧院上演之后才又重新进入凯恩斯的生活，但即使那时也不是立刻就开始的。他在剑桥学期于12月5日结束之后又搬回戈登广场46号，但在到圣诞节前的这段时间里，他大部分时间都用在完成他的新书《和约的一种修正》上。他在12月21日给在巴黎的邓肯写信时并没有提及莉迪娅，只是在第二天给仍在圣托比的范奈莎写信中提到了她，也许他感到向一个过去的男朋友提起一个新的女朋友有些尴尬。

莉迪娅当时30岁，但是已经有了极不寻常而丰富多彩的生活经历。她于1891年10月21日出生于圣彼得堡，起名莉迪娅·瓦西里埃夫娜·卢波科霍娃，在五个孩子中她排行老三。五个孩子中有四个——埃夫吉妮娅、费多、莉迪娅自己和安德列伊——是在帝国芭蕾舞蹈学校受的教育，毕业后进了马利英斯基大剧院，成为专业舞蹈演员，费多最后成为马利英斯基大剧院的导演和首席芭蕾舞蹈设计者。除了莉迪娅以外，其他人都在俄国，十月革命后就滞留在那里。莉迪娅自己于1909年加入马利英斯基的芭蕾舞团，1910年与迪亚格列夫临时组成的帝国芭蕾舞团的其他成员一起到巴黎演出，在《窈窕淑女》一剧中，她的精湛技艺和纯真表演给观众留下了非常深刻的印象。演出结束以后，她没有回圣彼得堡，相反，就在迪亚格列夫于1911年建立起他的专业芭蕾舞团之前，她受到一个巡回歌舞杂耍表演项目邀请出场作一次"特别演出"的吸引，与她的哥哥费多和姐姐埃夫吉妮娅一起去了美国。她当时只有19岁，这是她在她成名的事业中进行冒险的第一次。她与巴甫洛娃和与她经常一起配舞的米凯尔·莫得金一起，在美国的版图上留下了芭蕾的足迹。她的魅力、快乐和调皮使她在各地都受到观众的喜爱。到1915年年底，在多轮连续演出之后，她开始谈论要永远定居在美国，并谈到要与《纽约先驱论坛报》的体育名记者海伍德·布隆结婚，海伍德在报道棒球比赛的同时也为莉迪娅的惹人注目的表演时而写上一些"吹捧性的短文"。

如果不是因为因战争而带着一个空架子舞团滞留在瑞士的迪亚格列夫想要组织一次美

第四部分 战争的经济后果

国巡回演出的话,莉迪娅也许把这一切已经做完了(一次)。这次巡回演出于1916年1月在纽约展开。在聘请莉迪娅做他的第一舞蹈演员的过程中,迪亚格列夫精明地意识到她在美国的关系对他的价值;她在舞台内外都不懈地努力工作以保证这次巡回演出的成功。4月在大都会剧院,她与尼金斯基在《玫瑰幽灵》里第一次合作,但是在这次演出中,她的表演很少有地得到了不如卡莎维娜的评价。事实上,是她从实质上一手拯救了这些俄国芭蕾舞剧。迪亚格列夫明白她的价值,也意识到她的反复无常,想方设法使她与鲁道尔夫·巴罗基结婚以便把她与剧团绑在一起。巴罗基是一个有钱的赞助人,现在是该团的经营主管——他是一个个子很小的意大利人,连络腮胡子都修理得非常整齐,有着吸引人的魅力和模仿天才。

尽管她的表演具有很高的精湛技艺和魅力,但是莉迪娅并不是像当时杰出的芭蕾舞女演员巴甫洛娃或卡莎维娜那样的古典演员,她缺少最完美的古典型芭蕾舞的那种优雅和抒情风格。她的个子很矮,甚至可以说是矮胖;她的头经常被比喻为鸽鸟蛋;而她那喜剧性和情绪化的个性通过她所做的每一件事情都暴露无遗。但是她不仅仅只是一个"性格舞蹈家","让人们吃惊的是",她的朋友莉迪娅·索考洛娃写道:

> 她所努力的每一件事都获得成功。没有哪个舞蹈家曾像她那样信心十足地表演或在空中飞过。莉迪娅有着一双坚实的小脚、一双小手和短短的胳膊,她一点也不在乎她的发型,在舞台上的脸部化妆也极少——这些化妆经常留到第二天早晨还留在那儿——但是当她站在那里,仰视着大塞基(这是她对迪亚格列夫的称谓),以她那盘得紧紧的小发髻、颤动的鼻尖和半哭半笑的表情,我敢说任何人都会说她的价值足可用与她身体一样多的金子来衡量。

迪亚格列夫以极大的热情重新推出了充满19世纪浪漫主义情调的柴可夫斯基的芭蕾舞剧《睡美人》,这是对第一次世界大战后的艺术品味进行挑战的一个大胆姿态。但是也许他对此次的重新推出信心不十分充足,因此在阿尔哈姆布拉剧院老板奥斯瓦多·斯托德爵士的劝说下,他把剧名《睡美人》改为《沉睡中的公主》。(迪亚格列夫开玩笑地告诉莉迪娅,说他之所以改名字为《沉睡中的公主》,是因为莉迪娅的鼻子形状不对,不能被认为是一个美人。)迪亚格列夫的作品于1921年11月2日举行首演,是已经上演过的这一类作品中花费最高昂的,由斯托德提供的1万英镑预算很快就超支了,斯托德只好

第 20 章 俄德事务

很不情愿地又补上1万英镑。

在"曙光女神"一幕中,莉迪娅是扮演主角的四个芭蕾舞女演员中的一个,但是她自己的特定角色则是"蓝鸟"一幕中的紫丁香(或善良)仙女和被魔法魔住的公主,与伊得奇科夫斯基合作跳双人舞,一般都认为伊得奇科夫斯基的突出表演吸引了观众的注意。但总体来说,评论家们的反应冷淡,公众们更喜欢去看圣诞期间演出的童话剧。如果演出能维持到初夏,迪亚格列夫本来是可以偿还斯托德的债务的,但是到了1922年2月4日,《沉睡中的公主》被匆忙地拉下了舞台。

凯恩斯在半空的剧院里一直坐到舞剧结束,《沉睡中的公主》至少给他留下了终生难忘的印象。珀罗特的童话与他小时候和父亲一起去看过的维多利亚式的童话剧和情节剧的记忆混杂在一起,与他和莉迪娅的恋爱一起呈现在他的想象之中,这本身就是一种非常奇异的结合,它所具有的象征性渗透进他的思想。1946年2月20日,在他去世前的两个月,他选的正是《睡美人》芭蕾舞剧以庆祝考文特花园的重新开张。

在《沉睡中的公主》停演前的几天,迪亚格列夫为躲避债主逃到巴黎去了,留下他的芭蕾舞团在伦敦一筹莫展,一无所有。梅纳德立刻为莉迪娅的财务进行打点,说服她开一个银行账户而不是把她的进账交给她所居住的华尔道夫酒店的门房主管。范奈莎当时仍在国外,梅纳德便把莉迪娅安置在范奈莎在戈登广场50号的公寓里,莉迪娅在那儿为饥饿的舞蹈演员们举办了大量的茶会。梅纳德当时反正也需要在伦敦度过春季学期的大部分时间以编辑他的《曼彻斯特卫报》商业增刊,因此他大多数时候都是与她在一起,这在剑桥"引起塞巴斯蒂安的苛刻抱怨",他这样告诉范奈莎。

梅纳德对莉迪娅的迷恋让他最亲密的朋友们一开始感到的不是苦恼而是一种震惊。邓肯于1月25日写信给范奈莎说:"对于梅纳德,除非我亲眼看到他与莉迪娅调情,要不然我是绝对想象不出来发生了什么——它出乎我的想象力。"邓肯的怀疑是可以理解的,他的吃惊不是因为梅纳德想与一个女子"调情"或"定下关系",因为其他布鲁斯贝利的同性恋者已经这样做了,包括邓肯自己,甚至利顿,让邓肯吃惊的是他选择的女子和他情感的强度。莉迪娅不是来自一个梅纳德的朋友们认为对他合适或切合实际的女子圈子,如果他与剑桥的或斯莱特学派的"新异教徒"中的某个女子结婚,布鲁斯贝利圈子中没有人会吃惊。其实,凯恩斯同性恋原因的部分解释正是因为他不能与这类女子建立起一种恋爱关系,他的性和情感想象力受到无约束的情绪的支配。他一生中的两个伟大爱情,邓肯和莉迪娅,都是"未受教育的",他们的反应都是自发的、新鲜的、不能预测的。凯恩斯不是要找一个像他自己一样的次一等的模型，而是要找一个能对他的理智有互补作用或平衡作用的人。人们也必须记住，凯恩斯的头脑从不缺乏想象力，他的想象力能够跃出任何理性的障碍而翱翔。他是一个赌家，选择莉迪娅是他最大的赌博。

3 重建欧洲

凯恩斯取消了去印度的计划，这样他就能全力以赴地筹划《曼彻斯特卫报》商业增刊的"重建增刊"。第一期增刊已于1922年4月出版，一共要出12期。作为主编，凯恩斯从每一期所得的报酬是200英镑，而他所写的署名文章的国际版权是一个字一先令，而他的不署名文章还有另外的报酬。他最终一共写了12篇署名文章，有的文章相当长；因此这一工作的收入差不多达4000英镑。

凯恩斯从这一工作上所得的报酬是很高的，而他在上面所花的心血也是很大的。他尽可能地缩短在剑桥的时间，只局限于周末，他那个学期的教学工作则由杰拉尔德·舒夫帮他承担，这就使他在1922年春季的那个学期里能把大多数时间都花在准备增刊的工作上，包括他自己要写的文章。按照事先宣布，这些增刊将是一份"由欧洲的主要权威人士撰写的有关欧洲金融、经济和工业形势的详尽调查"。"增刊"将以五种语言印刷出版，并且"是基于比至今任何已有知识的更加全面的认识"。凯恩斯，就像迪亚格列夫一样，是一个复杂项目的总管，他必须为每一期"增刊"确立主题和讨论要点；组织撰稿人；确定报酬的多少；计算每期的费用；并安排翻译。《曼彻斯特卫报》为他提供了广泛的后援工作，尽管卫报主编C.P.斯科特对凯恩斯产生了一种复杂的感觉，他不赞同他的"毫无生气的智力活动"，他写信告诉历史学家J.L.哈蒙德："凯恩斯在他自己的领域里是一个才华横溢、具有原创性的思想家，但是在我所遇到过的人当中，他也差不多是一个最为固执和最自我中心的人。"

凯恩斯的舰船在拯救知识的旗帜下航行了，他决心要为他的舰队集合一批耀眼的船员。他明白心理因素对欧洲重建的重要性，所列的作者和思想家都是一些不寻常人物，如马克西姆·高尔基、亨利·巴布斯、阿纳托里·弗朗斯（然而他的文章从未到位）、伯纳戴特·克罗切和古戈里尔莫·弗莱罗，其他撰稿者还包括卡尔·梅绍尔、哈尔马·沙赫特、沃尔特·李普曼、路易基·艾诺迪、阿瑟·庇古、奥斯瓦尔德·福尔克、阿斯

第 20 章 俄德事务

奎斯和西德尼·苇伯。

第一期增刊于1922年4月20日问世,英文版印了3万份。其他期刊则以大约三个星期的间隔陆续出版,一直持续到1923年1月4日,每份增刊的价钱是一先令。第一期的主题是关于外汇兑换的问题,这一期中凯恩斯至少有三篇署名文章:这当中有两篇后来被收进他的《货币改革小册子》一书。尽管所讨论的问题牵涉到令人生畏的技术细节,但是它的轮廓简单清晰并具有立竿见影的实际意义。人人都同意这样的观点,认为世界应该尽可能快地回到固定汇率体系,而凯恩斯所提出的问题是"要稳定还是要通货紧缩?"欧洲的混乱货币应该按照黄金来固定在它们现有的已贬值的价值上,还是应该做一番努力使其恢复到它们在战前的较高价值?那些包括大多数经济学家的货币改革者们的回答是"稳定"(或者说贬值),而那些主要由银行家们所组成的"稳妥货币"者们的回答则是"通货紧缩"。凯恩斯是一个货币改革者,他坚持认为"固定汇率远远要比改进汇率重要得多"。这使得他与英格兰银行和英国财政部之间的矛盾更加尖锐起来,因为英格兰银行和英国财政部的目标是要恢复英镑的价值到战前的金价。在他文章发表的当天,凯恩斯写信给路易基·艾诺迪说:"我们两人都认为,目前急需要解决的问题是要说服世界,回到战前的汇率是一种荒谬的行为……"

第一期以及后来所有12期增刊的"重要和新颖之处"在于它们具有一个以景气状况"指数"为衡量基数的景气"晴雨表"。这些景气晴雨表数据在欧洲由伦敦经济学院负责收集,在美国则由哈佛大学的经济研究系收集,它们声称能对经济上的风云变幻进行预测。凯恩斯花了大量的时间与伦敦经济学院的威廉姆·比弗里奇和A.L.鲍莱以及哈佛的查尔斯·巴洛克讨论这些晴雨表数据的理论根据,并取得在增刊中发表这些数据的版权。一般情况下,他对用归纳法来预测未来事件的做法是相当怀疑的,但是在这段时间里他却信服了。事实上,在1921年10月26日一封给奥斯瓦尔德·福尔克的信中,他曾提议建立特殊指数以表示"趋势的强度"以别于"趋势",他把这种特殊指数称之为"加速指数"或"加重指数"。1923年,凯恩斯帮助建立了"伦敦及剑桥经济服务中心"——一个对景气状况做定期调查的机构,并为此机构出版有关大宗商品股票的年度备忘录达七年之久。凯恩斯与某些他的"唯晴雨表论"的同事之间的区别在于,他在实质上并不认为景气状况犹如潮汐——不受人类的控制。相反,他一直在寻找一种合适的统计基础以便"科学地"控制信用贷款,按照他的观点,信用贷款是控制景气周期的成功关键。

第四部分 战争的经济后果

4 热那亚会议

等到第一期增刊出版发行时，凯恩斯已在圣玛戈丽塔市的米拉马尔旅馆里舒适地安顿下来了。他于4月8日来到这里为《曼彻斯特卫报》报道"热那亚经济会议"，这是他成功的记者生涯中的第三次也是最后一次采访报道活动。在这次报道活动中，他一共写了13篇文章，收入超过1000英镑。这次活动令人心生好奇，因为凯恩斯一定知道此次有29个国家出席的会议不会有太多很有成效的结果，甚至根本得不到任何结果。它不过是劳合·乔治宏伟设计中的一个不甚起眼的插曲，而那个宏伟设计的中心议题是英国为法国安全提供保障以换取它在战争赔款问题上的让步，但是该设计也包括使美国和其他欧洲主要强国参与一项旨在为苏俄重建筹措资金的国际合作。德国参与这项资金筹措的好处在于，它能够在不伤害英国贸易的情况下筹集用于赔款的国家财政收入。

然而，这些大的方面很难达成一致意见。法国总理阿里斯蒂德·白里安在1922年1月的戛纳会议后辞职，也许是因为劳合·乔治的压力造成的。而他的继任者，雷蒙德·普恩加莱，一个来自洛林地区的固执的律师，有着会计师的头脑，掌权时就发誓要"在凡尔赛和约下坚定地维护法国的全权利益"。他拒绝亲自前来热那亚参加会议，并从会议日程中取消了赔款议题。这促使美国也打退堂鼓，因为他们感到不会做成什么真正的"事情"。劳合·乔治只能一相情愿地希望通过他没有资金去做的事情，即资助俄国的重建来激活欧洲经济（和英国委靡不振的外贸）。劳合·乔治显然已变成了一个纸上谈兵的凯恩斯主义者，但是已经太晚了。如果他在过去能按照凯恩斯所提议的那样向法国提供一个较小赔款中的较大份额的话，他可能会取得进展，但是由于他自己1919年在巴黎和会上的不端行为以及美国对英国全部债务的偿还要求而未能如愿。他也没法提供任何英国部队以保卫法国，只有纸上的承诺。与此同时，德国在实质上已经停止支付赔款，而且马克汇率（票面价是20马克兑1英镑）已经从1920年3月的250降到了1922年3月的1000。

尽管凯恩斯是作为一名记者来到热那亚的，但是如果他没有带来一个精心打算过的计划，他就不是凯恩斯了。他的计划是要稳定汇率。这一方案刊登在4月6日的《曼彻斯特卫报》上，它的出现是精心策划的，要使它成为这次会议的头一个议题；文章样本也已发给有关人员。

凯恩斯提议，战胜国和中立国应立即根据它们货币的现有金价来固定它们的兑换率，

第 20 章　俄德事务

这些将是那些贬值已经超过20%的货币的永久价值；如果有必要保持较坚挺的货币的崇高地位,这些货币如英镑可被允许在一年内不超过6%的条件下"慢慢地爬"回到它战前的平价。中央银行应该允许黄金的买卖价格之间有一个5%的差价或"幅度"以承受对它们货币需求中所产生的暂时性波动。它们应该允许以10%的年利率向美国联邦储备局借黄金，任何一个国家所借的数额不得超过1.5亿美元，而在任何一个时期段里的总额不得超过5亿美元。在以后的一生中，凯恩斯一直在做这样的计划，只是在技术细节上有所不同；而他的最后一个计划在1944年导致了布雷顿森林体系（即战后国际货币体系——译注）的建立。但是所有这些计划,包括他最后的一个，都是建立在让不太情愿的美国扮演最后支付手段的债权人的既定角色上。热那亚会议上的货币体制改革的思路不同，会上采纳的决议是建议"通过储备外汇以减少储备黄金的费用"。建立金汇兑本位的这一建议是拉尔夫·霍特利的杰作，他对英国财政部的影响当时正处于顶峰时期。

在热那亚让凯恩斯最感兴趣的是俄国代表团的到场，这是欧洲的政要在战后第一次邀请俄国人参加他们的磋商。在一篇发表于4月10日的文章中，凯恩斯否认"近期内的问题（是）布尔什维克主义与19世纪式的资本主义国家之间的力量消长"，布尔什维克主义就像雅各宾主义一样，只不过是暂时性的谵妄，"是从神魂颠倒的理想主义和受苦难的人的理智错误中滋生出来的，是斯拉夫人和犹太人所特有的气质"。他预计俄国和西方总有一天会聚集在温和的社会主义的旗帜之下。同时，"军人和外交家们才是永久的敌人。"凯恩斯不相信苏联是一种新型的国家政权，它对自由价值可能具有比"军人和外交家们"还要大的威胁。

凯恩斯对俄国和西方的融合所寄予的希望毫无疑问是因为他对齐契林的喜爱。齐契林是一位高雅的老派同性恋者，此次是作为苏俄外交人民委员来到热那亚。凯恩斯于4月12日邀请他共进晚餐，告诉他"这次会议是否有成效几乎完全取决于你本人和劳合·乔治先生"。事实上，只有齐契林允许凯恩斯于4月13日在圣玛戈丽特的帝国旅馆对他进行采访。凯恩斯对这位"相当和蔼可亲的、令人愉快的老滑头"产生了一种亲和力，而齐契林只不过是苏联外交政策的一个执行者而已。

凯恩斯每天都接到一封莉迪娅从伦敦寄来的崇拜信；而他给她的回信，除了两张短笺以外，没有一封保存下来。（实际上，1923年9月以前的信没有一封保存下来。）在她4月11日的信中，她说她"很急迫地要看你发表的文章；今天我跑了三家报亭，但是没有一家……有《曼彻斯特卫报》出售"。她然后又补充道："我过着简单的工人的生活，你晚上去什么地方消遣吗？"（凯恩斯一直都去拉帕洛的赌场赌博。）

4月18日，凯恩斯又一次把目光转向了俄国。劳合·乔治也想与齐契林做一次切合实际的讨价还价，但是因为法国坚持要苏联首先承认沙俄时期的债务而一直不能得手。在凯恩斯看来，这是凡尔赛和约和它的"有关几十亿的废话"的又一次可怕重演。

我们给俄国施加压力以迫使他们重复已说过的话，而根本没管这些话是否代表他们的真实意图，就像我们成功地施压于德国一样……我们表现得像是一个高贵的牧师，而不是讨债人，而异教徒们则必须跟在我们后面重复我们所说的信条……热那亚会议没有设法解开这一团无休无止、不现实的债务乱麻，所提出的只不过是另一堆愚蠢的债券而使事情变得更加混乱。那种认为这一切能够保护和维持契约的神圣性的想法只会是事与愿违。

英国应该一笔勾销俄国对它的战争债务，应该允许俄国与它的其他战前债主们达成一个妥协方案，在五年的延付期之后，每年偿还有限的数量。只要有可能，外国人所拥有的财产"都应该在财产所有者和布尔什维克政府之间达成的合作关系或利益共享安排的基础上归还给它们的原有主人……"，这样就能为外国资本重返苏联打开道路。对苏联的吸引力应当是正式承认其政权的合法性，并给俄国5000万英镑的出口信用以让其购买英国和德国的农业机器以及运输工具。"相比没有机器的情况，如果俄国能够借助于这些机器提早一年开始出口粮食，那么就可以将小麦的价格降低到一定程度，足以使我们在食品一项上就能节省很大一笔花销。"

当然，这些建议中没有一条得到通过。那两个"二等公民"，俄国和德国，于4月16日在拉帕洛签署了一项双边条约，互相取消对方的所有债权要求，这使得别的债主们非常难堪。这项条约并没有导致以德国资本来重建俄国这一计划的实现，因为德国没有任何资本。有人提出这样的问题：是否能够用西方信用资本来贿赂布尔什维克使之放弃他们的革命？这场革命当时还未被限制在斯大林主义的僵化结构中。列宁是一个最大的机会主义者，他在1921年3月已经通过"新经济政策"开始有限地重返资本主义经济，欢迎外国资本的回归。拉特瑙（德国外长——译注）的观点是："让私人贸易公司单独地进去，当他们得到足够数量的合同时，苏维埃体系就将垮台。"劳合·乔治和凯恩斯都有同感。但是因为从未有人试图做过这样的贿赂，因此我们永远也不会知道事情究竟会怎样发展。

306

第 20 章 俄德事务

梅纳德关于俄国的文章让莉迪娅十分激动,"我能看到你对俄国有同情心",她于4月18日写信给他。"齐契林看到你的文章会按照你的办法去做的……"莉迪娅的评价说不上有什么道理,但这不是这些评价的目的,它们的目的是要用以建立梅纳德的自尊。他从来未从他的剑桥或布鲁斯贝利朋友那里得到过这样的赞扬。维吉尼亚·沃尔夫说,一年前,他曾向她透露过"他喜欢表扬的话,并且总是想要夸耀自己。他说许多男人结婚就是为了有一个他可以向她自吹的妻子。他说过'对那些我心存疑虑的事情,我想得到它(表扬)'"。凯恩斯对自己的新闻写作尤其感到信心不足,不信任自己的能力,而莉迪娅则把他对自己的怀疑一扫而光。"不要说反对你的新闻文章的话(原文如此),"她在4月22日的信中写道,"只要想想有多少人读它,明白它和记住它,"4月28日,她又写道,"你说你没能做得怎么好,这不是真的……你没有看到他们是多么需要你吗?"莉迪娅的称赞总是慷慨的:"你的文章……是对我的耳语;""你的计划……清晰得就像结实的建筑一样。"

然而,莉迪娅所想要的也不仅仅是他的头脑,她的早期信件充满了性方面的内容,主要是与口部有关的抚慰方式:"我要吞了你,亲爱的梅纳德;""我永远记住你那温暖、湿润的亲吻;""我要用如火的吻亲吻你的全身;""我要像大海一样拥抱你;""我想缠绕着你,把我(丰富)的感情全都给你。"她署名时经常把自己写成是"你忠实的狗"。在性方面激起这样的忠诚一定会使某些认为凯恩斯对两性都没有吸引力的人的看法有所动摇。凯恩斯无疑地回应着莉迪娅的这些信——"我想要……给多多地吞了,"他在4月24日从热那亚回信道。可以肯定,他们之间有着性关系,1924年时,莉迪娅表示对梅纳德的"敏感的手"十分欣赏。她的那种孩子般的幽默感也正好符合梅纳德的口味。她在4月21日写道:"昨天晚上有一件事极其好笑,我觉得简直没法不笑——麦阿森跳舞时把衬衫、衣领和帽子都跳掉了;当我看到时,我马上就想到如果他把裤子也跳掉了那才是绝对好笑的灾难。"

5 礼节

梅纳德于5月4日从热那亚回到伦敦,他与莉迪娅之间的热恋现在正受到一些复杂情况的困扰。梅纳德已经把莉迪娅安置在戈登广场50号范奈莎的住处,这样的安排在范奈

第四部分 战争的经济后果

莎待在巴黎时是一点问题也没有的。但就在梅纳德去热那亚的时候，范奈莎回到了伦敦，而与舞美设计家雷奥尼德·马辛有着协定的莉迪娅则仍住在她那里作为一名房客。这时她们之间似乎一点问题也没有。范奈莎告诉罗杰·弗拉埃说她很少见到莉迪娅，就是见到一般也只是在晚上很晚的时候，并说她非常可爱，尽管"确实有些像克莱夫所说的那样，她的唯一谈话内容就是芭蕾"。其实，正是范奈莎的丈夫克莱夫首先向莉迪娅发难。克莱夫当然对莉迪娅打有念头，他曾写过一首热情的诗献给她：《献给舞蹈中的莉迪娅》（"这是真实的吗？/还是艾瑞尔的幻想/在你那艺术肢体中成为了现实？"）。他就像对待所有漂亮女子一样向她调情，这显然让他的情妇玛丽·哈钦森心生嫉妒，至少看上去是玛丽"使克莱夫对莉迪娅刁难起来"。克莱夫突然向范奈莎提议说他们应到法国去度夏，因为让莉迪娅在查尔斯顿过一整个夏天让人感到厌烦。戈登广场的住宿也需要重新进行安排，而事情复杂在莉迪娅不愿以凯恩斯情妇的身份与他住在一起，她认为这样做"太难堪"。范奈莎告诉克莱夫，无论如何，"我认为我们不能特地为他们来考虑礼节——我也不同意让莉迪娅与我们这一圈人一起共度夏天。我与她相处得很好，也很喜欢她——但是我认为把任何一个人，尤其是女性，引进我们这样一个亲密无间的团体中，超过一个星期一定只会带来灾难性的结果"。范奈莎（她显然是受到克莱夫的怂恿来做恶人）最终在5月19日给梅纳德写了一封语气生硬的信，告诉他，他们不欢迎他和莉迪娅9月到查尔斯顿来。

事情并没有解决。莉迪娅感觉到情况起了变化。在她1922年6月12日给梅纳德的信中有一段很少有的粗硬口气："克莱夫招待了一个茶会——冰咖啡十分可口；像往常一样，许多无聊的人都来了：奥托琳、玛丽、J.H.史密斯和其他人。"6月和7月的大多数时间里，莉迪娅都在大剧院演出，而梅纳德则继续做他的增刊工作。

凯恩斯于8月4日去牛津给自由党夏季俱乐部作有关赔款问题的演讲。第二天，莉迪娅在大剧院的演出也结束了。8月8日，这两个热恋中的人一起去奥斯登观看迪亚格列夫的芭蕾并和谢帕德一起参与赌博：礼节问题在"国外"时可以置之一边了。回来之后，梅纳德去康沃尔的麦纳比利与麦金纳夫妇待了几天，而莉迪娅则在曼彻斯特演出。"我在康沃尔、汉堡、苏塞克斯和威尔特郡之间来回穿梭，"凯恩斯8月19日从麦纳比利给塞巴斯蒂安写信道。8月23日，莉迪娅为哈罗门的患老年风湿病的贵夫人们表演了坎坎舞蹈；三天后，凯恩斯向汉堡的患老年风湿病的银行家们展示了他的最新金融计划。9月7日，他们俩一起搬进了位于威尔特郡马尔波鲁附近的奥荷的巴松纳吉别墅，这幢别墅是

308

梅纳德从原来在财政部他手下工作的杰夫里·弗莱那里租来的,在那里他们终于在一起共度了三个星期。他们的邻居是戴斯蒙德和莫莉·麦卡锡,而唯一前来造访的是谢帕德和塞西尔·泰勒。"我们在这儿过得非常愉快,"梅纳德于9月17日给范奈莎写信道,"时间过得飞快,我们每天在这最完美的乡村里骑马,骑马教练认为莉迪娅到周末时会骑得很好。"

在布鲁斯贝利内部的住宿安排游戏总算有了结果:莉迪娅从50号搬到41号去,范奈莎从50号搬到46号,而克莱夫则从46号搬到50号。莉迪娅从10月9日在大剧院又开始为期三周的《欢乐》一剧的演出。这次,在梅纳德的鼓励和指导下,她筹建了一个自己的芭蕾舞团。斯托德付她每星期175英镑的酬金,而莉迪娅则用此来支付其他演员。"从艺术的角度来看,"西里尔·博蒙特给她写信道,"你的演出要远远高出马西尼的演出。"11月19日,一个由她的朋友维拉·鲍恩制作、马西尼编舞和邓肯·格兰特场景设计的新的文娱剧目《莫扎特的夜曲》在大剧院上演。10月29日,范奈莎告诉罗杰·弗拉埃:"梅纳德这几天在伦敦,然后他要去柏林帮助处理金融相关事宜。莉迪娅和他似乎已经定下来想要过婚姻生活,说不准它就会导致一个真正的婚姻,因为我想她已经开始非常想要一个孩子了,因此很快将会坚持结婚。唉,如果那样的话,我就又得搬家了。"

6　倒运的专家们

凯恩斯于1922年11月2日在柏林露面,这标志着在劳合·乔治的宏伟政治提案失败之后,专家们又回到了前台。劳合·乔治在热那亚的失败不仅仅判决了他的首相职位的命运,而且也标志着英法协约的实际结束。他曾确信,如果白里安继续当权的话,一个"从乌拉尔山脉到莱茵河畔的欧洲绥靖于1922年就可以达到了"。这是一相情愿:英法之间的分歧太大了。热那亚会议之后,伦敦认识到,欧洲事务稳定的关键不在巴黎,而在华盛顿。美国的目标是要把金融问题与政治分离开来,把它们作为纯粹的商业事务来处理,这是沃伦·哈定新一届共和党政府和纽约银行界的共同观点。这届政府把恢复美国对欧洲的私人借贷与协约国对美国的战争债务偿付,同由金融专家而不是政客们所确定的赔款问题以及货币稳定联系在一起。1922年的整个夏季和秋季,专家和银行家们聚集在一

第四部分　战争的经济后果

起制定计划；而这些计划全都未能付诸实施，因为普恩加莱拒绝"让银行家委员会来仲裁法国的权力或者影响法国的目标"。1922年8月的"巴尔福照会"宣布英国打算把它对赔款和欠它的战争债务的要求限制在净数额能够达到满足它对美国还贷的程度内。这一打算虽然在美国和法国都不受欢迎，却为调整英国政策开启了大门。

1922年8月4日在对自由党夏季俱乐部所作的演讲中，凯恩斯批评巴尔福照会把战争赔款问题与英国对美国的债务联系起来的尝试。"我们必须放弃赡养费要求，结束占领莱茵河地区……如果法国也同意这样做，因为不管怎么说这也符合她的利益……那么我们就应该原谅她（以及我们的其他盟友们）所欠我们的所有债务……而不管美国可能会说什么或做什么。"他更为担心的是所有这些讨债计划，合理的或不合理的，会不会误解现代经济生活。把政府和商业机构进行类比是不对的：如果一个国家拖欠债务，"是没有法律程序去对付它的……因此假定一个现代国家能够采用某种方法强迫另一个国家多年连续进贡的想法是极其愚蠢的"。欧洲文明进程需要德国的支持以抵抗布尔什维克主义的"黑暗势力"。凯恩斯对劳合·乔治的所有旧有敌意全都爆发出来：他"已经证明他是英国长期拥有权力的人中最不具有持久的和建设性治国之才的人"。

新人上台的一天终于来了。1922年10月22日，劳合·乔治从权力宝座上摔下来，成为查纳克危机的牺牲品和"册封丑闻（执政党被指控用册封贵族头衔来换取竞选捐助——译注）中的过街老鼠"。他的继任者是凯恩斯在财政部时的老上司安德鲁·伯纳·劳。在11月的大选之后，他组成了一个纯粹的保守党政府。在德国，威尔海姆·库诺在11月14日接替约瑟夫·威尔斯成为总理，库诺是一个"非政治的"汉堡船业大王，并且还是梅绍尔的朋友。而在意大利，一个类型很不相同的新人，本尼托·墨索里尼于10月30日掌握了权力。

英国驻柏林大使达伯农勋爵曾说服德国威尔斯政府邀请凯恩斯到柏林来做专家委员会的成员，对货币改革提供咨询。这个委员会由一些"非常聪明的人"（凯恩斯、卡西尔、布兰德和美国教授詹克斯）和"必不可少的以显示社会地位起着压台作用的蠢人"（威瑟林、杜波依斯和卡曼卡）组成。在柏林，赔款委员会成员——巴杜和布莱得贝利——也加入了他们的讨论，这两人此时正为延缓偿付期的条件而争执不休。这么多"货币医生"的到来也证明该货币已经差不多濒临死亡——"就在他们出现的那一刻，德国马克如野马脱缰；这一次是达到了完全失控的地步，一头栽下了无底深渊。"

凯恩斯在柏林待了一个星期；梅绍尔为他提供了在贝勒伍大街上的汉堡—美国航运公

第 20 章　俄德事务

司总部的一套公寓和秘书服务。到了11月5日，布兰德开始抱怨过量的工作，也对凯恩斯不满："（他）把委员会的其他成员弄得非常不开心。他是如此的专横和苛求……以至于他那过人的聪明不能发挥效果。他们对他不信任，他总是想要催赶每个人。"11月7日，专家们向德国政府呈交了他们的报告，"一个银行家加上三个教授"（布兰德、卡西尔、詹克斯和凯恩斯）签署了由凯恩斯起草的那份主要报告。该报告呼吁德国依靠自己的努力立刻对马克采取稳定措施，但是强调这需要对赔偿款项给予两年的延长偿付期和"通过对政府开支的最大节减和最严格的税收"来平衡预算。外国贷款是有益的，但并不是必不可少的。达伯农勋爵认为这份报告是"在近期赔款论辩中所撰写的最重要的文件"；但是他又补充道："不管是在协约国还是在德国，它都没有得到哪怕是最微不足道的注意。债主和债务人——在任何其他事情上都不能达成一致意见——唯有在不理睬这份报告上达成了一致意见。"

这份专家报告并不是亲德国的。德国人认为马克的崩溃源于贸易逆差，因此在这种情况下，马克的稳定需要大量的外国贷款。凯恩斯对此观点不屑一顾。正如他在12月7日出版的第11期《重建增刊》中所写的那样："如果一个货币的总量能够得到控制，那么这个货币迟早能够稳定下来，这个简单的事实即使在今天仍然是适用的。除非政府处在金融困境中，否则是可以控制货币总量的。"因此货币稳定的关键，凯恩斯告诉德国中央银行行长鲁道夫·哈文斯坦，是停止印制钞票。

这正是凯恩斯身上最传统的一面，说话的口吻与休谟和李嘉图如出一辙，这也是法国人的立场。但是与法国人意见不同的地方在于，他坚持认为一个社会体系在崩溃之前所能承受的张力是极其有限的。

随着库诺成为柏林的新总理，梅绍尔是他的顾问；而伯纳·劳成为英国的首相，凯恩斯现在与两国的政策制定者们都有了直接接触渠道。在伦敦，他发现对他的咨询"差不多就像过去在财政部的时候那样"。他在12月19日面见伯纳·劳，呈交给他一份他自己的计划，该计划仍然保证法国在缩减了的赔款支付中得到较大的份额。在前一天，财政大臣斯坦利·鲍德温曾向他咨询有关美国债务的问题，鲍德温即将前往华盛顿就此事做出安排。与此同时，通过梅绍尔，凯恩斯与新一届德国政府打开了一个对话渠道。他在12月1日给梅绍尔的信中写道："我想在英国几乎没有一个著名的政治家不会因为德国政府的出奇软弱而吃惊和沮丧……它总是在努力尝试和寻找某些不犯过错的无用方法……在德国难道就没有人能够以一个清晰的声音大声疾呼吗？……"也许正是这个时候,他决定他将要成为这个清晰的声音。梅绍尔将他的评论转达给了库诺总理。凯恩斯感到,他终于到了那个他想要达到的位置:从内部和外部两方面对两国的政策制定施加影响。

7 凯恩斯—梅绍尔

接下来的几个月里,尤其是在1923年的5月到6月间,发生了凯恩斯一生中可说是最为奇怪的插曲之一,也可说是两次世界大战歇期间最令人好奇的秘密外交中的一个片断。他和银行家梅绍尔把他们于1919年在比利时的斯巴城建立起来的"奇妙的亲近关系"现在用在建立起一个英德协定的任务上。上一次在胜利者和战败者之间的那种同谋关系这次又通过书信进行重演,可惜的是,部分通信信件已经找不到了。在这些通信中,凯恩斯对德国的策略提出建设性的批评意见,梅绍尔把这些意见转交给库诺总理;而梅绍尔则向凯恩斯提供他将在与英国官员进行讨论时所要用到的"内部"政治和金融情报。通过这种方法,两位朋友希望能把他们自己的政府协调到互相适应的波长里。

他们的友谊使他们能够(而不是导致他们)去从事一项在他们看来是对他们各自的国家的国家利益并对整个欧洲都有好处的游戏。对梅绍尔来说,好处在于能够孤立法国,而凯恩斯则认为普恩加莱领导下的法国政策暗藏着经济和领土野心,这些野心对英国商业造成威胁。这种民间外交的危险性是显而易见的,鼓励德国人相信英国人迟早会站在他们那一边,凯恩斯实际上对德国人在应付法国人的要求中采取强硬立场起到了促进作用。同时,像大多数英国人一样,他也低估了法国人的决心。所以所产生的实际结果是双方都未曾料到的。凯恩斯—梅绍尔行动对排除法德之间的直接谈判起了推动作用,但却为美国的最终干预做了铺垫,并由此而引出了道威斯计划。

产生这种私下互动的诱因是因为法国想要通过诉诸武力以解决德国不履行赔款诺言的问题。国务活动家和专家们再次聚集在一起讨论他们的计划——一次是1922年12月9日于伦敦,另一次是1923年1月2日于巴黎。在第一次会议上,伯纳·劳"条理清楚,敏锐,但是极其悲观",向会议介绍了英国财政部的提案,该提案暗示要"对赔款问题进行彻底的反思"。像预计的那样,普恩加莱拒绝了英国的想法,准备采取行动。普恩加莱就德国未履行输送煤的义务发出指控,在说服了赔款委员会的大多数成员后,于1923年1月

第 20 章　俄德事务

11日派遣法国工程师和军队进驻德国鲁尔地区。"法国,"凯恩斯宣称道,"已经决意要撕毁和约,破坏欧洲的和平。"

　　凯恩斯在取得财政部对他的信任的同时,却失去了英格兰银行的信任。新任财政大臣鲍德温与英格兰银行行长蒙塔古·诺曼于12月底坐船前往华盛顿安排解决美国债务问题。在英格兰银行行长的眼里,英国偿还借债事关声誉,而声誉又与伦敦金融城的利益、恢复金本位的英美合作以及美国对欧洲贷款的恢复等联系在一起,所有这些都是诺曼宏伟设计中最基本的要素。凯恩斯曾一直鼓吹要取消协约国之间的战争债务,他不认为具有道德义务偿还这些债务,因为这些债务全都出自一个共同的原因。他担心英国即使自己得不到别人的偿还也会感到有责任单方面地偿还别人的债务。此外,战争债务提出了与德国赔款同样的有待解决的理论和实际问题。从偿还中不会创造出有利可图的资产:偿还只能通过降低生活标准来实现。在他的《对和约的一种修正》一书中,他正确地预言过:"美国对协约国偿还债务的要求最终不会超过协约国目前对德国赔款要求的时间,从长远来说,没有一样是真正的政治问题。"从长远来说,像他自己所说的那样,我们都将死去;而近期内,美国债权人想要偿还债券。像卡尔文·柯立芝总统所说的那样:"我们让他们租用了这些钱,不是吗?"

　　鲍德温于1月份带着一项临时解决方案回来了,该方案保证在未来的62年中英国每年偿还1.61亿到1.84亿美元,这让凯恩斯震惊之极。他和麦金纳向伯纳·劳建议否决这些条款:让"美国人发现他们完全要听从我们的支配,就像我们得听从法国的支配,而法国则要听从德国的支配一样",凯恩斯在1月30日给鲍德温的私人秘书J.C.C.戴维森的信中这样写道。伯纳·劳威胁说,如果内阁批准这些条款,他将辞职;但是曾经怂恿他坚持下去的麦金纳这时却退却了。诺曼对凯恩斯非常气愤,认为凯恩斯会使他的宏伟计划付诸东流。在华盛顿时,诺曼对"美国人想要重回欧洲的新发现"印象深刻,他现在把凯恩斯斥之为是一个"聪明的外行,他造成危害的潜在能力要比不负责任的比弗布鲁克(英国报业巨头,保守党政治家——译注)更大"。

　　与此同时,中欧地区的外交陷入了僵局。法国军队进驻鲁尔地区非但没能使德国政府像普恩加莱希望的那样举手投降,反而使德国政府呼吁采用一种消极抵抗政策——在被占领地区停止工作——这一政策的背后支撑是空空如也的国库,给马克带来最后一次毁灭性的打击。这就迫使法国和比利时征用鲁尔地区的铁路和矿山,让自己的劳工在那里工作。英国人此时在中间玩平衡,"既不想与法国交恶,也不想约束德国"。(达伯农把伯纳·劳比做旁迪斯·彼拉特——即判耶稣死刑的罗马总督——译注。）而美国人在债务问题没有得到最终解决之前则绝对不愿插手进来。这些情况就促使"产生了一系列的个人动作，这些动作与各个政府的立场不完全一致。"一直到4月20日，亲法的英国外交大臣寇松勋爵才邀请德国提交解决提案。5月2日，由梅绍尔参与草拟的德国回电表示愿意以美国贷款偿付比伯纳·劳所要求的稍少一点的赔款，同时提出愿意把德国偿付能力的问题提交出来以获得公正仲裁。法国和比利时于5月6日拒绝了德国的回电提案；英国也于5月13日拒绝了这一提案，但同时又建议德国"重新考虑和扩大"它的提案，这至少对进一步交换意见留有余地。凯恩斯的反应十分强烈：

> 从凡尔赛和约直到今天，德国政府的照会从来都是既缺乏热情又缺乏说服力……人们可能会以为德国的政客们……的营养除了土豆以外别无他物。上帝知道宣传是一件罪恶之事！但是这并不是说用短句子写作是一件错事……欧洲的和平几乎正在受到写作风格的威胁。曾经对他的德国家庭教师（凯恩斯孩提时曾有过两个）微笑的人早应该预见到这个民族的（文字简练的）特点原来是如此的重要！
>
> 问题还不仅仅是出在文字上……提案竟然被德国政府弄得像是既要骗人还要找借口，因为它显然要依赖于国际贷款，数量上也不够实际并且还要靠别人对它的资助。

但是他的讽刺挖苦却是冲着法国而来的：

> 还未等到与它的盟友们进行磋商，法国就作了回应。法国批评的远不只是技巧或风格上的东西。那瘦小且邪恶的普恩加莱甚至连冷酷、善于奉承的灰色老猫头鹰克雷蒙梭都不如。人们感到置身于一个黑黑的大山洞里，它最后狭窄到没有人能够爬过去的地步，那是一种噩梦般的狭窄。

凯恩斯5月10日给梅绍尔的信已经找不到了，但他显然告诉过他的这位朋友，说他打算"到德国来掀起这块面纱"。在做这趟访问的准备中，他曾给德国总理写过一封私信，信中并附有"一封对寇松勋爵回复的建议草稿"。

第 20 章 俄德事务

这封由凯恩斯草拟的回复建议由简短的四个段落组成。其中包括,"假如于1927年开始的年金(也即第一批新公债的利息)是像其先前通信中所建议的那样由一个独立法庭通过适当程序所确定的",那么德国将接受伯纳·劳于1923年1月提出的"总框架",包括在不履行情况下发行的债券。在接下来的5月24日信中,凯恩斯敦促德国在回复时"避开不动产资本总数(它注定要低于这里的人们所期待的数值),也避开贷款(它是荒谬的),只讨论年金"。他再一次强调语言使用的重要性:"从长远角度来说,坚定的语气和有自尊的姿态要比妥协和悲叹在观念上更能产生效果。"

通过梅绍尔,他建议德国推迟对英国照会的回复,等待英国政府的更迭。斯坦利·鲍德温于5月22日取代伯纳·劳成为英国首相;罗伯特·塞西尔确定无疑是在内阁名单上,而瑞吉诺尔·麦金纳预计将成为财政大臣,因此"(政府中)现在将有两位不相信巨大数字的很有影响力的人物"。(事实上,鲍德温想让麦金纳做其财政大臣的计划没有通过,最后是由内维尔·张伯伦担任财政大臣。)

凯恩斯决定那个周末溜到柏林去。5月30日,他与鲍德温和麦金纳见面,向鲍德温解释他将去德国以便能对德国政府施加一些影响,使他们进入"更有成效的轨道"。他于6月1日星期五到达柏林,住在梅绍尔的公寓里。周末期间,德国的回复就在凯恩斯、库诺、梅绍尔和德国外交部长罗森伯格的交谈中设计了出来。梅绍尔讲,他们"全都意识到这未必能成功"。凯恩斯于6月4日星期一返回伦敦,这天正好是他40岁生日的第二天,他立即将这份草拟的德国回复交给了鲍德温。麦金纳和诺曼都看了并同意这份回复,英国财政部也对此回复表示接受。等到这份回复于6月7日正式发送时,"库诺和冯·罗森伯格已经意识到这份回复将不会被英国政府所拒绝"。

这份德国回复照会以它的妥协特性和严谨风格而受到广泛好评。德国同意将它的"偿付能力"以及偿付的数额和方法提交给一个国际仲裁委员会去处理。如果大规模贷款行不通时,它将代之以年金的形式偿付,这样就对偿付提供了确定的保证。照会最后总结道:"因为牵涉的事务如此巨大和复杂,靠交换书面文件是不能获得真正进展的,而只能通过在谈判桌上的面对面交谈才能达到。"凯恩斯则处于一个有利位置,能够对他自己的这份杰作写上一份好评。他大赞这份照会的"处理腔调和方法",说它避免了"不相干的和有争议的议题"以及"不善表达的弱点"。他敦促鲍德温"按照德国的提议推动解决问题的方案",并同时"交好法国,准备宽宏大量地站在它一边以换取它对我们观点的让步"。

第四部分 战争的经济后果

　　凯恩斯—库诺动议是凯恩斯参与赔款外交的高峰点，但它并没有能使这一外交坚冰得以"解冻"。鲍德温对德国的这一步骤表现得并不是那么积极，但是手法却很高明；然而事情的发展随着德国经济的崩溃最终还是沿着凯恩斯曾经为之努力但未获成功的外交方向前进。9月，德国马克对英镑的兑换率达到了2.5亿比1。因为现在已经没人愿意接受它的货币，德国政府不得不举手投降。库诺的继任斯特莱斯曼宣布取消原先采取的消极抵抗；哈马·沙赫特接替哈文斯坦成为帝国银行的行长并于11月引进了一个新马克。这些事态发展为法国最终接受一个"公正专家"委员会扫清了道路，这个委员会将在美国银行家查尔斯·盖茨·道威斯的领导下设计出一个新的赔款方案。1924年4月发表的专家报告设法避免提及资本总和，提议给予一年的债务延缓偿付期，并提议在那之后采取根据在固定汇率体制下德国出口顺差的大小来决定的可变化年金。1924年6月，普恩加莱被艾都阿德·艾利奥所接替，这一政府变化使得法国较易接受道威斯报告。对道威斯计划的普遍接受又促成了道威斯贷款，美国私人投资则通过这一贷款又回到了欧洲。看来，人们是必须要把噩梦的所有阶段都过上一遍然后才能最终建立起美国银行业的新金融霸权，才能使中欧重新恢复其经济生活。

　　20年代，银行家和金融专家们填补了在政府的"自由放任主义"思想方式和稳定需求之间的空档。道威斯计划没有像凯恩斯所希望的那样取消战争债务，而是让私人银行为建立在债务之上的资金回流机制负责。通过这些方法，赔款的问题得到了"解决"。1923年年初，凯恩斯已经又开始写一本新书，在这本书里，他对采用货币方法解决英国失业问题详述他的计划。反对英国回到金本位的战斗已经打响了。

第 *21* 章

货币改革

1 英国病？

促使凯恩斯走上"凯恩斯革命"道路的原因是自1920—1922年的经济萧条之后，英国一直未能完全恢复元气。从拿破仑战争以来，人们还没有见过物价、生产和失业一起崩溃的局面。当经济形势在1923年最终稳定下来时，英国的失业率为10%，而且在整个20年代里一直高踞这个数字不下。最后，在1929—1932年间又爆发了世界经济的大危机，英国从这次危机中亦未能全然恢复过来。在两次世界大战的间歇期间，英国一直没有达到充分就业的水平。迄今为止，大规模失业被认为是由于经济周期循环造成的，现在，失业也许成了一种流行病。

当时的经济学对失业率居高不下的事实毫无解释能力。回顾战后经济史，我们现在比当时更能够看得清楚，即1919—1922年间，英国经济经历了"双重震撼"，而在两次世界大战之间从来没有恢复元气。第一个"震撼"是真实的，一次性的：那就是英国劳动力工资的攀升。1919—1920年间，英国工会得以获得在劳动生产率不变的状况下，减少13%的周工作时间，也就是说，效率工资——即以单位产品计算的工资——增长了13%。在这个震撼之上，还要加上"货币震撼"——大规模的、无情的物价下跌。这就意味着实际工资——即货币工资的购买力——在1922年年底萧条结束时要高于在1920年繁荣时期的实际水平。之所以造成这个结果，是因为货币工资，尽管从日后的标准来看还算是有弹性的，没有批发和零售价格的下跌速度那么快。正是这个致命的双重打击——即工会造成的单位生产成本的上升和政府造成的萧条，使得企业主的预期利润达到如此之低的水平，以至于充分就业成为不可能。然而，经济中的这种持续的"失衡"居然无人能够加以解释。

我们已经看到，凯恩斯认为政府如果在1920年年底采取措施稳定经济，后来一系列的麻烦本来是可以避免的，因为当时的通货膨胀率为零，失业率为6%—7%之间，而英镑同美元的兑换率仍为1∶3.60。政府没有采取任何行动，而让通货紧缩持续下去。在1921—1922年间的物价下跌过程中，银行利率一直保持在高水平，这对经济是一种惩罚。国家权力机构之所以放任经济自行萧条下去是因为其目的旨在改善英镑与美元的兑换率，从而为今后恢复战前的1∶4.86的水平创造条件，并最终达到恢复金本位的目标。直到英镑上升到4美元以上时，通货紧缩的现象才有所缓解。所以，英国经济在1922年在与1920年年底相比的物价很低而失业率很高的基础上"重新恢复"均衡。从这个发展过程来看，英国在20年代存在的失业问题似乎是政策造成的——这个政策就是在萧条时期仍然维持"高价货币"。如果英国政府允许工业在较低的汇率基础上进行竞争，工会获取的减少工人工作时间的那种震撼就有可能被缓解。

尽管凯恩斯对过分的通货紧缩批评最烈，但是他也同其他人一样没有看出它会引起持久性的高失业。所以，在1921年9月，他仍然期盼着"贸易的恢复，失业率达到可以忍受的水平，以及一种新的均衡"。然而，让他跌破眼镜的是，在1922年最后一个季度中物价下跌停止之后，并没有出现"可以忍受的失业率"。1923年春季的失业率同一年前差不多一样糟糕。这种持久的失业现象促使他警觉地看到通货紧缩所产生的后果恐怕不是"过渡性的"。

他的这个思路成为凯恩斯革命发展过程中的关键。他的观点在1922年11月15日至12月5日的四次演讲中已经开始反映出来。在伦敦金融家研究所所作的演讲中，凯恩斯指出问题的根源在于工资下降的速度滞后于物价下跌的速度。既然"那些强迫工资水平进入均衡状态的措施几乎毫无效果，或者说需要很长的时间，所以解决失业的唯一方法就在于，要么让物价上涨，要么让汇率下跌"。

从这些演讲中我们已能看出凯恩斯在日后所提出的理论的早期线索。也就是说，工资的"黏性"大于消费物价的粘性。这个观点本身并不新颖，新颖的是他认为在实际操作过程中，物价水平和汇率必须根据工资的走向进行调整，而不是反其道而行之。最有新意的观点是他认为用减少货币工资的手段来试图达到实际工资水平的总体下降几乎是不可能的。然而这个现象的产生是由于现存的劳资双方的工资水平的安排方式还是有其他更基本的理论原因，凯恩斯此时还无力回答这个问题。

2 一个更伟大的国家

到1923年年初,凯恩斯已拥有了一个批判通货紧缩政策的新闻阵地,是年3月,他成为自由党人的报纸《国民与文学论坛》周报的董事会主席,休伯特·韩德森是该报的主编。这份报纸于1907年由朗特利出资创办,它成为自由主义崇高理想的大本营。在战前的牛津大学和知识分子居住的汉普斯泰德区,这种自由主义十分盛行。20年代初,《国民周刊》与自由党一样濒临垮台的状态。在这种形势下,一批在曼彻斯特的自由党人决定在牛津和剑桥轮流举办暑期班以制定自由党在20年代的政策。他们的领导人是自由党下议员和企业家E.D.赛蒙、《曼彻斯特卫报》的C.P.和泰德·斯科特父子以及曼彻斯特大学的现代史教授拉姆塞·缪尔。

1922年年底,朗特利家族决定出售《国民周刊》。这时自由党"暑期班委员会"正好在寻求一个鼓吹现代自由主义的新闻阵地,而凯恩斯也希望他对货币政策的观点有个经常性的论坛,所以在他的牵头下,以非凡的精力,组织了接管《国民周刊》的筹资工作。他同阿诺得·朗特利、L.J.凯德贝利和E.D.赛蒙一起组建了"新国民周刊公司",以便从朗特利信贷基金会手中买下这份报纸。这次购买在1923年3月以12500英镑成交,凯恩斯成为董事会主席,董事中除他自己之外还有赛蒙、雷顿和朗特利。他无情地阻止拉姆塞·缪尔成为主编,而将这个工作提供给他在剑桥的同事、克莱尔学院研究员休伯特·韩德森。韩德森不愿接受,说他"从来没有当过任何编辑,也没有搞过新闻。梅纳德像一匹跳跃的战马把他的种种说法踩在脚下"。当凯恩斯同意了许多本来不愿给予缪尔的条件(包括原主编的工资水平)后,韩德森表示可以接受。雷顿预言这份报纸将被"剑桥经济学派"所控制,但他也阻挡不住这个势头。凯恩斯因而获得塑造这份报纸的几乎不受限制的权力,这正是他所希望的。

为什么他要自告奋勇担当这个额外的重任呢?首先,在1923—1925年间,即他参与报纸事务最多的阶段里,他有一个双重信息要表达:阻止英国回到金本位,同时,在赔款问题上找到一个可行的理智的解决办法。他是一个布道者,自然需要一个布道坛。其次,尽管他散布的"福音"是针对所有政党的,其主要目的是让自由党有一种统治哲学,而他相信自由党人的性情比世袭的保守主义以及热恋阶级斗争的工党更能接受他的信息。第三,凯恩斯想成为布鲁斯贝利的恩主,让布鲁斯贝利的作家在副刊里占主导地位。最后,《国民周刊》是对他的企业家素质的挑战。他积极地参与报纸的运作,试图恢复它的发行量和收入。他之所以能积极干预,是因为主编韩德森是一个俯首听命的角色。凯恩斯在20年代与韩德森的合作同他后来与丹尼斯·罗伯逊在剑桥的经济理论上的合作一样令人惊叹,因为这两个人的性情与他完全不同。韩德森是一个喜欢争执、为人吝啬的苏格兰人,他处事小心,怀疑心重,而且不愿逞英雄。凯恩斯在1925年11月15日曾告诉莉迪娅,说他"从未见过(像韩德森那样)为自己的习惯做显而易见的辩护的人物"。他根本没有凯恩斯那样的写作能力。莉迪娅后来对凯恩斯说:"休伯特每周三到夜里三点钟才回家,以便保证第二天的周刊能出版,而你只要一个或一个半小时就能做完。你们两人的身体功能不同,办事速度不同,个人的长处也不同。"韩德森在学术问题上比凯恩斯更加挑剔,他不喜欢出名,对凯恩斯不时出现的想象力不以为然,而且特别能从他的恩主的论点中找出弱点。他对英国经济的病源的分析侧重于结构上的不和谐,而不是货币政策。他认为货币政策加重了病情,但不是根本的病因。30年代里,他对凯恩斯和财政部把货币政策看成是万能的良方的观点不愿苟同。他在30年代里用激烈的语言来批评凯恩斯,反映了他心中对自己在20年代里被迫支持他的专横的老板凯恩斯的观点的痛苦和愤恨。

凯恩斯挑选的第一位文学版编辑是T.S.艾略特,此人当时还在劳埃德银行里混个差事。但是艾略特"总是给他带来无穷无尽的麻烦",于是他去请列昂尼德·沃尔夫。E.M.福斯特向沃尔夫指出为凯恩斯做事的危险性:"梅纳德,自从我看到他同剑桥朋友圈子分开之后,总是有两种奇怪的素质,一方面是他的仁慈,另一方面是他那种公学生式的自私……我如果为他工作,必定是因为急需工作,而且还要保证能拿到它,否则我是不会这样做的。"沃尔夫当时确实需要钱,所以接受了这个工作。他的年工资只有500英镑,是韩德森的一半,后来又降为400英镑。

如果说"剑桥经济学派"控制了《国民周刊》的正刊版面,那么剑桥信使会和它的关系网则占领了副刊的园地。沃尔夫起用的是两类作者:一类是布鲁斯贝利的新老写手,另一类是在他主持的霍加斯出版社发表作品的作者。几个月后,韩德森向沃尔夫抱怨说,文学评论版被"傲慢无礼的语调"所主导,这些评论家包括克莱夫·贝尔、"小兔儿"加奈特、弗朗西斯·贝瑞尔、达迪·瑞兰兹以及雷蒙·莫蒂摩尔,他敦促沃尔夫挑选一些对"非布鲁斯贝利"的文学风格更能欣赏的评论家。沃尔夫不肯让步。贝尔则抗议说"当今最好的作家不应该被金融家所控制"。凯恩斯设法平息了这场争斗。他对双方都有同情的地方，因为在他的个性中，剑桥的功利主义同审美观总是既有冲突又有融合，这在他的写作中也可以反映出来。

凯恩斯不能保证周刊销售量的增加。尽管他把每一期的费用从9便士降到了6便士，并积极地争取国外客户，宣称他自己同媒体联系的唯一渠道是《国民周刊》，销售量还是从8000份下降到6000—7000之间——比《观察家杂志》的发行量要低得多，甚至还不如《新政治家杂志》。到20年代末，这份报纸才勉强达到收支平衡的状态。尽管如此，凯恩斯在这段时期里还自掏腰包，支付了4000英镑以保证《国民周刊》继续运转，同时，他还要寻找其他的财力保障。《国民周刊》的有限成功同当时的自由主义难以复苏为社会和经济力量是同步的。1931年，凯恩斯决定将《国民周刊》与《新政治家杂志》合并，这就象征性地表明历史上著名的英国自由主义已经寿终正寝。

3 三思而后行

对《国民周刊》既欣赏又有眼光的一位读者是莉迪娅·卢波科娃。她在5月5日给梅纳德的信中说："我得到一份时心情非常激动。"这一天是《国民周刊》在新的管理机制确定之后发行的第一期。她认为"封面设计给人一种自信的力量。关于英国的欧洲政策那一篇（凯恩斯所作）气势很大，而阅读起来则很轻松……关于萨拉·伯恩哈特的评论（利顿·斯特拉彻所作）才华横溢，不过我仍很困惑，不知应不应该把它认真对待，以及在何时应该认真"。5月26日，她又写道："这一期看上去充满活力，因为它曾被你的巧手修饰过。"

用布鲁斯贝利的圈内人的话说，莉迪娅和梅纳德已经算是"结婚"了，这就是说他们是大家都认同的一对情侣。莉迪娅住在戈登广场41号，克莱夫在50号，范奈莎和梅纳德则共同住在46号，莉迪娅用餐也在46号。她最近的一次演出是马西尼的芭蕾舞剧《多哥，一个高贵的野蛮人》。这部舞剧质量很差，并客串在一部闹剧《你将大吃一惊》之中。这部闹剧在考文特花园面对半场的观众演出，最后在1923年3月24日收场。此后，莉迪娅也加入了失业者的行列。然而，即使她有工作时，星期日总是自由的。如果梅纳德在剑桥，她总是找范奈莎为伴。范奈莎在2月里一次与她的会面后向罗杰·弗拉埃抱怨说，莉迪娅"今天在我的房间里坐了整整三个小时，无非是瞎聊一通。她差不多每个周日都来，你知道这是我处理杂事的一天，而且总是下午茶的时间到"。

梅纳德的朋友们都明显地希望他对莉迪娅开始厌倦，他们不明白他究竟看中她什么地方。用情欲来解释似乎过于夸张。维吉尼亚·沃尔夫对他俩的婚姻毫不保留地反对。她对凯恩斯的许多方面并不喜欢，但尊重他的才智，所以不能忍受他被"一只长尾小鹦鹉"拴住。4月28日，她写信给姐姐："我们与梅纳德在周二共进晚餐。莉迪娅怎么啦？我希望上帝对梅纳德有所抑制——这是一个致命的、不可挽回的错误。"一个月以后，她又写道："在同莉迪娅聊天时，我不幸地把梅纳德称为'你的丈夫'，我不应该这么说。这个可怜的小鹦鹉身穿一件粉红色的日本和服，坐在窗边，我想是在等梅纳德回来。她说'梅纳德非常喜欢你的文章，列昂尼德……'我猜想她现在必须阅读《国民周刊》。这些小鹦鹉们要经受多少悲剧啊！"

1923年对莉迪娅来说是极其糟糕的一年。她同巴罗基的离婚案迟迟未决，因为牵涉到在三个国家的三批律师。她今后的婚姻前景同她的艺术生涯一样捉摸不定，梅纳德对她的感情仍然神秘莫测，他的种种活动使得他无法与她共享多少时光。他曾想在复活节假期到北非去，不过是让塞巴斯蒂安·斯普洛特陪伴！莉迪娅大怒，迫使他放弃了这个计划。但梅纳德想在男女两方都得到享受的心态暴露无遗，这使莉迪娅非常焦虑。她现在没有演出机会，而且她的芭蕾教练恩里科·切盖蒂已退休回意大利，所以她开始考虑舞台剧的生涯。她全神贯注地研究易卜生的话剧《罗斯梅尔斯霍姆》，发现"只用脑子来做动作非常之难，扮演易卜生的角色绝非易事"。范奈莎对莉迪娅的不满与日俱增，对失去与梅纳德的那种亲昵关系非常不快，不管什么时候见梅纳德总是有莉迪娅在场；而他则只顾谈论政治、《国民周刊》、投资、经营问题等。范奈莎认为莉迪娅的出现标志着过去的那种秩序的消失。

在这段困难的时光里，莉迪娅靠的是她自己那个圈子中的朋友的支持。这是一批有钱的艺术爱好者，对芭蕾和莉迪娅都是情有独钟，他们比布鲁斯贝利那帮人的社会地位更高，但也比他们更传统。芭蕾艺术是将他们的财富和时尚同前卫艺术、音乐和思想联结在一起的纽带。

20年代里，维拉·鲍温是莉迪娅最要好的女朋友。她是一个聪明、充满活力、喜欢争辩的俄国人。她于1914年定居英国后，以她的钱财和充裕的时间在伦敦组织芭蕾舞演出。她于1922年同一位波斯学专家、语言学家并同时又是一位不太成功的剧作家哈罗德·鲍温结婚。维拉同凯恩斯一起试图重振莉迪娅的芭蕾生涯，他负责安排演出合同，

第 21 章 货币改革

而她则负责舞剧制作。当时莉迪娅参演的《沉睡中的公主》一剧惨遭失败,凯恩斯和鲍温于1922—1923年间让莉迪娅能在伦敦大剧院和考文特花园再次演出。鲍温是个特别讲究生活的女人,她自作主张要负责对莉迪娅的"教育",首先是教她如何穿着打扮,其次是带她参加种种音乐会和艺术展出活动,莉迪娅对后者比较感兴趣。但是,不管是在台上还是在台下,她永远是一个不懂穿着打扮的人。维拉是莉迪娅唯一愿意与之谈论她同凯恩斯的关系的朋友;但是她们俩之间的关系由于在1923年夏天的一场争执而变得冷淡下来,当时梅纳德和维拉为7—8月间将出演的芭蕾舞剧《化装舞会》进行筹备工作,由于财务上的问题而发生纠纷。

除梅纳德以外,莉迪娅生活中最重要的男人当数塞缪尔·库尔多,人造丝生产商和油画收藏家。库尔多待客极为慷慨而且乐善好施,莉迪娅和鲍温夫妇常常在周末到他位于波特曼广场20号的豪宅中大吃大喝,完了还要抱怨说与他们在一起十分无聊。鲍温夫妇均认为库尔多夫妇〔特别是山姆(塞缪尔)的夫人伊丽莎白〕是热恋提高社会地位的势利小人。1923年,山姆向伦敦泰特画廊捐赠了5万英镑,维拉宣称这笔捐款的目的名为帮助画廊购买19世纪的法国画作,实际是为了获取册封的贵族头衔,"是向上爬的隐蔽的一招。"伊丽莎白对歌剧最感兴趣,1925年到1927年在考文特花园上演的歌剧都是由她出资赞助的。他们夫妇每年都要在美国待上一段时间,因为山姆·库尔多在那里拥有维斯科斯公司。莉迪娅对山姆这个人是非常喜欢的,他是一个害羞、没有幽默、对生活标准要求很严苛而且热情奔放的角色。她在1924年11月22日写信告诉梅纳德:"我总是觉得同山姆有一种友谊的契约(我并没有同他上过床),这就是为什么这种友谊是如此美好。"她在1925年3月7日写道:"诚实、表里如一、能干、聪明和谦虚,这都是山姆的羽毛,但他飞不起来,受一双小脚的拖累。"梅纳德则不同,他的头脑是"人性的,也是神圣的"。山姆也十分宠爱莉迪娅,只要与她在一起,他就会和颜悦色,时而与她调调情,时而又带她坐上他的罗斯·罗伊斯豪华车出去长途兜风。他同梅纳德的关系也很好,是梅纳德所敬重的那种有远见的生意人,尽管梅纳德常常宣称家庭式企业已经衰亡。不久以后,梅纳德说服他支持邓肯和范奈莎以及伦敦艺术家协会中的其他布鲁斯贝利的画家。

布鲁斯贝利的势利行为总是反映在学术和审美上,他们担心莉迪娅的富有的朋友们会腐蚀梅纳德。他们预测梅纳德将会脱离布鲁斯贝利的轨道是有道理的,因为梅纳德越来越愿意同那些"有思想"或"文明的"金融家、企业家和政治家进行交流。这些人同他一样,既有思想也参与行动,既酷爱艺术又不忘赚钱。莉迪娅并没有把他强行拉入这个圈子,是他对公共事务的关注使然。不管怎么说,梅纳德同莉迪娅在一起要比他单独一人在社交圈中要更有吸引力,即使同布鲁斯贝利的某个女才子在一起也没有如此的魅力。库尔多夫妇、格兰菲尔夫妇、鲍伯·布兰德以及奥斯瓦尔德·福尔克这类人物对凯恩斯的尊重是因为他的智力,而他们对莉迪娅的欢快性格和风度则是倾心之爱。在看重社会价值的上流社会世界里,他们两人的特点的结合成为社交的宝贵财富。我们也不应该忽略这种社交在凯恩斯政治倾向的变化过程中所起的重要作用:如果说他在学术思想上渐渐开始倾向左派,那么他在社会问题上则越来越偏右。

1923年夏天,梅纳德和莉迪娅没有去查尔斯顿。相反,梅纳德租下多塞特郡海边的一幢豪宅——是位于斯塔得兰镇的汉密尔顿公爵的住宅。像过去一样,他请了大批朋友来访,其中有雷蒙·莫蒂摩尔、达迪·瑞兰兹、韩德森夫妇以及沃尔夫夫妇。维吉尼亚·沃尔夫想来刻意观察莉迪娅,把她作为小说《达洛威夫人》中的人物瑞齐娅的原型。她对这次来访写下了两段令人难忘的刻薄的回忆。在9月11日的日记中,她写道:

> 梅纳德现在变得越来越显胖,特别是他站在壁炉前,浑身到膝关节都紧裹着那件豹皮图案的浴衣时,显得更是如此。他那副样子就像一条肥大的鳗鱼,令人不快。但他的眼神仍然光彩悦人,当他把几页他的新书(关于货币改革)的内容给我阅读时,我感到他的思路就像莎士比亚一样让我追赶不上。

维吉尼亚对莉迪娅的评价则完全是另外一回事。认为她"对女人生活的所有规矩都全然不懂",居然把自己的月经带扔进了壁炉前的空炉格中。她在1923年11月4日给雅克拉·维拉特的信中说:

> 你可以想象事情发展的结局。厨师的丈夫,即公爵的贴身男仆负责清理房间,不久厨师本人要求与莉迪娅谈。据说当时大闹一场,连房梁都被震动——怒气、眼泪、伤害、战栗、惩罚与和解,应有尽有。如果你认识莉迪娅,你就会明白这件事的结局——在几片沾血的破布上建立起了终生的友谊。确实,大家都觉得这种家政管理方式很奇怪,也许是基础不同罢了。莉迪娅有松鼠那样的灵魂:你不能想象她的举止:她能坐在那里用两个爪子给鼻子两侧擦拭磨光

第 21 章 货币改革

达一个小时。但这个可怜虫陷在布鲁斯贝利里面,除了必须背诵莎士比亚的戏剧她还能做什么呢?我向你保证,她坐下来读《李尔王》的那副样子真是凄惨。没有人能认真看待她:每个心善的男人都亲吻过她,于是她就开始激动起来,自称自己同范奈莎、爱丽丝·萨金特·佛萝伦丝或凯·考克斯一样……是一个认真的"女人"。

这是莉迪娅同布鲁斯贝利度过的最后一个假期,这一次使梅纳德残存的恢复集体生活的幻想彻底破灭了。她对她所受到的待遇大为震惊,于是逃到鲍温夫妇在贝得福特郡考尔沃斯的乡村别墅,向愿意耐心听讲的维拉倒了一肚子苦水,而梅纳德则到德温郡去猎鹿。"维拉对布鲁斯贝利做了最为尖刻的批评,而莉迪娅则认为她同梅纳德的关系必定会结束,她确信如此。"

人们很容易同情莉迪娅,因为这帮布鲁斯贝利的人物对她一直看不顺眼,而且傲慢无礼。她原先的老板迪亚格列夫现在住在蒙特卡洛,她孤身一人,既没有家,也没有职业生涯。她在异国他乡飘零,虽然她敬仰和热爱凯恩斯,但他既不会说俄文,对俄国文化也一无所知。莉迪娅对新的生活所付出的适应性努力要比凯恩斯大得多,因为凯恩斯不过是将她纳入了他的繁忙的生活之中而已。他当然不想放弃莉迪娅。在写作一篇关于人口问题的文章的间歇之余,他写信给莉迪娅说:"你我两人是否也将开始添丁加口?"并说:"我最亲爱的诗人,我确信一旦你为添丁加口做出贡献时,那一定会是一个诗人。"

在戈登广场46号,范奈莎更变本加厉地将自己与莉迪娅隔绝开来。她为贝尔夫妇另设了一个单独的餐厅,这样她就能逐渐将莉迪娅和梅纳德从她的生活中挤出去。对梅纳德来说,这也迫使他做出选择,结果在最后关头,他还是选择了莉迪娅。他同范奈莎的友谊并没有结束,只是降温了。莉迪娅对凯恩斯的爱已承受了布鲁斯贝利的敌对态度的考验,她几乎要放弃这个关系,这在她送给维拉的一张结婚照中可以反映出来。莉迪娅在这张照片的背后写着:"三思而行是为最佳"——显示她在此事上颇有犹豫。在她的信件中看不到她在范奈莎手中被折磨的任何证据,真正的证据在于她如何安排同凯恩斯的婚后生活以及她在凯恩斯去世后的生活。正如范奈莎所估计的那样,莉迪娅对她所受到的排斥的反应是永远不愿意再同范奈莎见面。她们两人在晚年一同住在苏塞克斯郡,两家的距离不过数百码,心里都保留着对梅纳德的回忆,但几乎是形同路人,从不来往。

第四部分 战争的经济后果

4 三只恶魔：通货紧缩、人口增长和贸易保护

1923年7月7日，英国的失业大军多达130万人，相当于劳动力总数的11.4%。银行利率则从3%升为4%。在7月14日出版的《国民周刊》上，凯恩斯强烈地批评利率上升，认为它是"最误导的政策取向之一"。他认为，英格兰银行更"关注提高英镑对美元的汇率，希望它有所升值，而不是重振委靡的对外贸易"。

这次的批评是他与政府政策公开决裂的开端。他的批评语调中充满了自信，这是因为从年初起他已经开始撰写一部关于货币政策的新著。从这时起，凯恩斯对英国试图回到战前的英镑——美元汇率水平的金本位体制发动了攻击。从长远的角度来看，这也是凯恩斯革命的正式启动。从1923年到1937年，凯恩斯成为对政府的货币政策、后来又逐渐包括财政政策批评甚烈的重要理论家。

6月间，英格兰银行提高利率是因为英镑兑美元的汇率从4.70降到4.56，这个措施也不是没有反对声音的。6月12日，鲍德温在下院宣称英国"最需要的乃是低价英镑"。汇丰银行的总裁查尔斯·艾迪斯爵士同时也是英格兰银行的一名董事，他在6月4日写信给蒙塔古·诺曼，说"利率的变化首先应视贸易和工业的状况而定"。也就是说，凯恩斯在这个问题上并非没有同盟军。另一方面，瑞吉诺尔·麦金纳则在6月20日告诉诺曼："我们的利率本身太低，3%和4%之间的区别完全不足以影响贸易。"

凯恩斯提出的问题既有理论意义，也有实践上的重要性。银行利率的提高也许能暂时提高英镑汇率，将美元吸回伦敦，但若要达到"真正的、持久的汇率效果，只能靠减少信贷和降低英镑的价格"。也就是说，提高利率是政府打算促使英镑下跌的信号，而且如果4%的利率不能达到这个目的，人们就应该做好利率上升至5%甚至更高的准备。"所以刻下英格兰银行故意向准备开设新企业的投资人提出新的警告，使其失去信心，并促使其暂缓行动再等一段时期，尽管这意味着工人们也要再等上一段无所事事的时光。"更重要的是，预期的利率将比实际利率更能影响投资者的决策。

反对这个观点的人批评凯恩斯为"通货膨胀派"，对此他进行了有力的反驳：

> 稳定物价的政策正是永久性的廉价货币政策的对立面。在上一次的经济繁荣过程中，本文作者曾积极地支持高价货币的政策，并在英格兰银行采取同样措

第 21 章 货币改革

施的几个月之前就已提出这个建议。然而，当前的就业状况极差。企业毫无信心而物价有持续下跌的倾向，在这个时机提高利率就大错特错了。

《泰晤士报》的金融编辑非常机敏地加入了这场论战："由于过去18个月里物价一直比较稳定，所以人们对那些坚决主张稳定政策的人所提出的观点的分量就掂量不清楚。"这一说法所引起的一系列新问题一直到很多年后才得到解决。"价格水平"究竟是什么含义？影响价格水平变化的因素到底是什么？在《国民周刊》的7月28日的那一期中，凯恩斯承认批发价格确实比较稳定，但他同时指出实际购买力则"悄悄地、一步一步地"在下降。部分原因是因为英国的"贸易和就业复苏落后于美国的水平"。他列举的证据有英国银行的储蓄额自1922年1月以来下降了10%，而同一时期的零售价格指数也开始下跌。他认为"英格兰银行利用它的秘密的、巨大的权力使信贷额缩减了至少10%"。他要求"对英格兰银行搜集和汇编指数的方法进行一次权威性的调查"。

凯恩斯的批评中有一个重要的前提，即价格水平取决于货币政策。"专家的观点"支持他的这样一种信念：

> 英格兰银行和财政部有权在宽泛的范围内确定创造多少信贷的长远政策。如果英格兰银行采取的是另一种政策，我相信价格水平必定会与现在的水平不同。康利夫委员会的政策基于金融权力机构能够决定物价水平的长远目标，而赞成物价稳定政策的人也是这么设想的。

凯恩斯的结论是，"对物价水平"缺乏信心是"目前造成失业问题的主要原因，而且也可能是唯一一个可以补救的原因"。他的这一界定是重要的，因为他从来都不认为所有的失业都可以被货币政策所纠正。相反，只有通货紧缩所造成的失业才可以。如果首相和英格兰银行行长下决心"竭尽全力地提高并保持人们对现行英镑汇率水平的信心（也就是说将它同美元的兑换率忽略不计），这必定会给经济带来非常好的结果"。

1923年8月8日，凯恩斯在自由党人举办的剑桥暑期班中对他的新书中的思路做了进一步的发挥。他指出，现代资本主义经不起商业价值标准的大起大落。一个资本主义社会一定要有意识地控制货币价值才能抵抗住"社会主义和共产主义创新改革家们的攻击和批评"。凯恩斯进一步解释说，价格的下跌，特别是"一般预期的价格下跌对经济活

第四部分 战争的经济后果

动损害很大"。"如果他们（指经济行为人）有信心，认为物价不会下跌，就会毫不犹豫地开始购买。他们推迟购买的原因并不是缺乏购买力，而是因为他们的需求本身可以被推迟，所以认为在以后的更低价格下购买会令他们感到更加满意。"凯恩斯后来才将这种消费者能够"推迟需求的能力"确认为"货币经济"的一个特征。在他的演讲中，他提出了两个他后来放弃的观点。一方面，他宣称"经济学家将如同在自由贸易问题上团结一致那样在一种旨在稳定货币的科学理论上团结起来"。事实后来证明两者都不可能。另一方面，他此时仍然坚持市场机制的自我调节作用，"价格上涨的趋势或早或晚总会出现……部分原因是推迟的需求不可能永久地被推迟下去，部分原因是突发的灾难将会减少商品的供应量，同时增加而不是减少货币供应量。因此，我不像外贸大臣那样对长远的就业问题如此悲观。"后来凯恩斯也放弃了这个观点。他认为经济不可能自我调节，而且用他的话说，推迟的需求就是"毁掉"的需求。

在他的这些对失业问题的早期论述中，凯恩斯总是坚称"失业问题……部分是由人口问题所引起的"。也就是说，可就业人口超出了现存实际工资水平的范围。他认为这同工农业产品的交换比率发生的变化有关。一定数量的工业产品已不能同过去一样购买那么多的食品和原材料，这就意味着工人的实际工资必须下降才能取得同样水平的就业率。从长远来看，人口的增长率必须降低才能提高生活水准，于是控制生育率便成了重要的一环。

1923年秋天，凯恩斯在不经意当中同伦敦经济学院的新任院长威廉·比弗里奇爵士发生了一场对上述一些问题的论战。9月18日，比弗里奇在英国经济学会的金融分会发表当选主席的演讲中，列举数字证明国际市场并没有出现对工业发达国家不利的贸易条件变化。他还认为英国的经济问题不需用马尔萨斯的人口论来解释；这不过是一个结构性调整的问题，因为"上帝没有给予英伦三岛全球的煤炭和铁矿的储藏量"。所以控制生育力没有必要，必要的是自由贸易。凯恩斯在10月6日的《国民周刊》中回复道，他承认他自己关于贸易条件的统计数字尚不足以得出任何结论，但他仍然坚持"失业可能是同与人口有密切关系的失调所引起的，也就是说，是由于工会和社会整体试图保持实际工资的水平，使这种水平高于现存经济条件所能够支撑的水平所造成的"。他仍然是一个新马尔萨斯主义者。在20年代，他好几次提出过要政府制定人口政策。他相信英国如果没有那么多人需要工作和吃饭，就会大大改善自身状况。并说："人类所取得的成就绝大部分已经被巨大的人口数字所吞噬。"

第 21 章 货币改革

凯恩斯对自由贸易的信念不久就遭到一次检验。鲍德温在争取低价货币中失败,所以在1923年10月25日在普利茅斯宣布贸易保护主义是医治失业症的唯一良方。11月12日,他决定通过议会立法采取贸易保护和帝国特惠的措施。伯纳·劳曾经许诺过,只有通过一次大选才会采取这类措施,所以大选的日子定在12月6日。

凯恩斯对鲍德温的普利茅斯演说的第一个反应是:"鲍德温完了,再见,鲍德温,至少各党派都对他赞扬的那个时光已经过去,而旧的党派之争即将重新开始。"这次大选是一个分水岭,但并不像凯恩斯所预测的那样。大多数专家的预测是鲍德温将获胜。蒙塔古·诺曼甚至劝说莉迪娅·卢波科娃到拉法叶特服装店去多买几套女装,以期在进口服装增加关税之后获利。然而,这场大选实际上是自由贸易派的大胜,但得益最多的并不是在阿斯奎斯麾下重振起来的自由党,而是工党。工党获得191个席位,自由党只有157席(保守党仍是第一大党,占257个席位),工党领袖拉姆塞·麦克唐纳在自由党的支持下成立了第一个工党政府。一些神经紧张的富人将银制餐具收藏起来;有的干脆移居国外,再也没有回英国。英国的现代两党制政治正式开始。

剑桥自由党协会邀请凯恩斯在无保守党对手的环境下竞选下议员。尽管莉迪娅希望他这么做(她说"这不过是多出一件事情,对你不是无关紧要的吗?"),凯恩斯还是拒绝了。但他在大选中稍有参与,曾在兰卡斯特郡的布莱克普尔、布莱克伯恩和巴罗作过演讲。他也在《国民周刊》中发表了三篇有关大选的文章。他自己期望的是一个旗鼓相当、各党互不相让的议会,这样就能避免无论来自左派的还是右派的"庸医"的偏方。为了反对保守主义的"神秘莫测的愚蠢",他提出的对策是坚持自由贸易——这也是同样神秘莫测的一种信念。他在11月24日写道:"如果有一样事情贸易保护主义做不到,那就是医治失业的病症。""如果以为贸易保护能奏效则是这种错误政策的最糟糕、最原始的表现形式。"但他接着又开始自相矛盾,认为保护主义也许能暂时增加就业,其唯一途径是提高价格并降低工资。凯恩斯忘记了他自己提出的方案也是通过廉价货币和贬值来达到同样的目的。为了支撑他的不稳的理论基础,他声称英国将最终回到充分就业。所以他的论点似乎为:"贸易保护主义不能医治失业病,因为届时失业已不复存在。"

凯恩斯对竞选演说一直都有一种模棱两可的心情。他的一套新衣服尚未做好,他到兰卡斯特郡助选时穿的是一套旧衣服,因为他觉得穿这一套衣服向纺织工人讲话更合适。他在布莱克伯恩发现他的3000名听众"很认真,也很聪明,同伦敦的工人阶级不是一种类型。这些工人对政治的兴趣之强令人惊异；演讲的内容越严肃，他们似乎越喜欢。这次大选对他们是一次重要的教育；我感到自己像一个牧师在说教——对这个角色只有部分的喜欢。如果我的讲话声音不一样的话，恐怕我要自我陶醉了"。他不忘加上一句自嘲，"我比过去更加痛恨我的难听的声音"，他于12月4日在布莱克普尔的歌剧院发表演说后对莉迪娅如是说。凯恩斯的观点至少对莉迪娅来说是有令人满意的效果的。她写信告诉他："自由贸易是值得尊敬的，这是多么明白的事。用保护主义来解决失业问题，完全不可能！当你把进口商品比做我们的收入时，我觉得如果不搞自由贸易就等于自杀。没有收入的生活是可叹的生活。"

凯恩斯于12月13日在全国自由党俱乐部所作的演讲反映出他在过去12个月中思想发展的变化。从演讲一开始就显示出他对政治与经济的关系的重视："很明显的事实是，任何一个孤立无援的社会都不可能运转得很成功，甚至连基本成功都达不到……时势越是艰难，自由的市场经济的运转就越是困难。"他列举现代社会的"三大邪恶"为唯利是图、对前景预期渺茫以及失业。这一切都"主要归罪于货币价值的不稳"。然而，他相信由于在"经济科学上的一个最大的飞跃"，控制信贷的周期已成为可能。只要政府能"调控货币的供应量和银行信贷的数额以使其同商品的关系变得稳定，即可解决问题，也就是说，价格指数将不会大幅度地偏离某个固定的数值"。这种调控由英格兰银行就能做到，无需任何议会法案。

他认为问题的实质并不在于集体主义与自由经济的关系如何，而在于有目的的政府行为同"过时、违反人性的"社会主义之间的选择。凯恩斯认为英国能够避免走向社会主义所剩下的时间已经不多了：

> 我想警告金融界的先生们，如果他们再不聆听理性的声音，他们生存的日子已经屈指可数了。我对伦敦金融城这个伟大城市的演讲就像（《圣经》中）约拿对尼纳威人所讲的那样……我预言，如果他们不能及时地拥抱智慧，他们所赖以生存的那个体制就将难以维持下去，而他们将被不可抗拒的力量所征服，而这些将发生的不可抗拒的事情比现在尚能做到的温和而有限的补救方案要糟糕得多。

这些补救方案在凯恩斯心中已经成形，他已准备将它们公之于众。

5 "从长远的角度看,我们都已经死去。"

《论货币改革》一书于1923年12月11日发表。同往常一样,凯恩斯总是在年底发表有关时政的著作,因为他的写作时间主要是在大学放暑假的那个长时段中。这本书总结了他在过去三年里对货币理论、货币实践和货币政策的目的所做的思考和写作过程,其中大部分内容来自他已发表的,或者是授课的内容。这是一本才华横溢的著作,(经济学家)米尔顿·弗里德曼认为这是凯恩斯经济学著作中最好的一本。

该书提出的中心政策建议是货币政策的目标应该是稳定价格水平而不是影响汇率。它的理论核心在于认为促进经济活动的方法是稳定"货币的需求量"而不是供应量。如果货币需求量可以被政策所稳定,那么根据"货币数量说",金融权力结构就能决定任何水平的物价。

从个人的学术发展思路来看,这本书是凯恩斯在1913年出版的《印度的货币与财政》一书中对卢比周期性波动担心之继续,同时也是他在战前讲授的货币理论的进一步发展。然而,他所说的"科学突破"是什么含义呢?他的意思是说,人们对货币理论,特别是对金融体制创造信贷的能力有了进一步的了解之后,便能让中央银行采取措施减少经济行为的周期波动。这还算不上是理论上的革命,更不能说这是凯恩斯发明的,他不过是大量地借鉴了剑桥经济学派的观点,而且还从几十年来货币政策上的创新中汲取了实践经验而已。

这本书让人震惊的是他破坏偶像崇拜的表达方式以及对金本位的正面攻击。他的语调里充满了冷嘲热讽,他还是像剑桥信使会成员那样,对传统的道德伦理刻意亵渎。从某种意义上讲,他是为赞同利顿·斯特拉彻价值观的那类读者写此书的。也就是说,它的可读性极强但说服力就不够了。如同《和平的经济后果》一书一样,他总是按捺不住要嘲笑那些他需要说服的"头脑健全的人"。

《论货币改革》一开始就显示出一种科学的乐观主义。"目前我们最迫切需要的是在货币问题上的创新,"他在前言中开宗明义地宣称。他还将该书"献给英格兰银行"。他指出:"失业、工人生活不稳定、对未来失望、个人储蓄突然消失,而投机家和唯利是图者则攫取暴利——这一切都来源于货币本位的不稳。"

第一章讨论了货币价值的变化在短期内对财富分配和生产水平的影响。尽管这种关于价格变化所产生的负面影响的讨论并不新颖，但是凯恩斯与众不同地强调"社会和经济安排的黏性特征"引起一种需要，即如果资本主义必须与社会安定同步的话，价格水平的全面稳定就是必要的。他认为通货膨胀对财富分配造成的损害最大，而通货紧缩则阻滞财富的生产。在通货膨胀的状态下，企业主相对储户和大部分个人来说得益，因为工人的收入在短期内是固定的，但是收入的价值却在下降。这对企业来说是好事，但从长远来说则对资本主义制度有损害，因为这样一来，企业家就成了奸商，同时逐步挤走了储蓄资金。物价下跌的坏处是损害生产和就业，因为企业主的产品价格下降，而其生产成本（包括工资成本）在短期内是固定不变的，所以遭受巨大损失。在通货紧缩的状态下，"价格下跌的事实损及企业主；在对价格下降恐惧的心态下，他们必定会用缩小生产规模的方法来自保"。所以"在一开始出现的那种相对微弱的恐惧冲动已可能酿成大规模的经济动荡"。

凯恩斯在第一章的结尾写了一段著名的、非常微妙的话：

> 通货膨胀没有正当的理由，通货紧缩是不明智的政策。两者之间，如果排除像在德国发生的那种极端的通货膨胀情况，那么通货紧缩是更为糟糕的事情，因为在一个日益变穷的世界里，造成失业总比使靠收租吃饭的人失望要糟糕得多。

有些批评凯恩斯的人宣称这一段话正是他对通货膨胀无动于衷的明证，但他们忽略了"在一个日益变穷的世界里"这个修饰语。事实上，正如他明确指出的："我们没有必要将一种邪恶与另一种邪恶进行比较。承认两者都是应该被避免的邪恶就更好。"

在讨论了货币价值变化所产生的后果以后，凯恩斯在第三章开始讨论产生这些后果的原因。这些原因都与著名的"货币数量说"有关。根据这个学说，价格水平同金融体制发放的货币数量成正比例的变化。凯恩斯写道："这是一个基本的理论，它与事实相符是没有任何疑问的。"然而，在宣布这个判断之后，他却开始显示这个理论与事实几乎都不相符。

货币是以银行发行的钞票形式存在的，在任何一个特定时间，总是有一部分货币在人们的口袋里留做现金，而另一部分则存在银行账户上——两者都是马歇尔所称的备以开销的"现金余额"，而凯恩斯则叫它为K＋K'。假定从某个时段到另一个时段里，这些现金被使用的速度相同，那么货币和物价之间就必定有一种恒量关系，因为商品的价格必须等同于你所支付的货币。"从长远来说,"凯恩斯写道,"这个恒量关系必然是存在的,但是'从长远的角度来看'本身对分析现状就是一种误导。从长远的角度来看,我们都已经死去。经济学家们给自己定下的任务未免过于轻松,也过于无用,因为在恶劣的气候里,他们能够告诉我们的不过是暴风雨过去之后,大海将会恢复平静。"

凯恩斯的这段最著名的话的意思是说,在短期内,人们使用现金的速度——即经济学家所称的"货币流通速度"——能够改变物价,而与货币的数量无关。据凯恩斯的观点,当物价上涨时,货币流通速度就会上升,而物价下跌时则反之。他列举了一组统计数字以证明从1920年10月到1922年10月之间,同样数量的货币流通量在1920年10月支撑了比1922年10月高50%的物价水平,两者的区别在于1920年10月以后,银行的储蓄额大幅度上涨。所以,金融体制想要稳定价格水平,就要在人们开支下降时增加货币供应量,而在人们开支增长时则减少货币供应量。正如凯恩斯指出的:

> 稳定物价水平的方法,不仅是保证长期稳定,而且还要避免周期的振荡,应该在一定强度上让K+K'(现金余额)达到稳定,如果这一做法未能奏效或在实践上不可能,则应该有意识地改变N(钞票的供应量)以及R(银行的储备与负债的比率)以制约K和K'的运动。

这个观点是现代"科学"货币政策理论的核心。

凯恩斯将注意力集中在对货币持有的需求上,这就偏离了传统的货币数量说,因为该学说认为现金供应量或其他合法支付手段的供应量才能决定物价水平。对马歇尔的学生们来说,这种偏离正统也不是第一次。除了预期的物价走向以外,凯恩斯尚没有对货币流通速度的变化找出其他解释。该书除了对一些农业国家出现的季节性的价格变动有所分析以外,完全忽略了对人们开支行为的起落的非货币原因的关注,这显然还是局限在正统的学说范围内。

在第五章里,凯恩斯列举了货币政策的目的与运作机制。他认为货币权力机构的目标应为"防止(一种标准的综合商品的价格)超出某个特定的百分比而偏离正常价格做上下运动"。何为"正常价格"?货币体制应综合考虑"就业状况、产品生产数量、银行得到的实际信贷的需求量、新的货币发行量、进入流通的现金数额、对外贸易的统计数字以及汇率水平"。只有根据这些指标才能判断"正常价格"。凯恩斯已经明确提出过,他希望物价上涨而汇率下跌,这样才能稳定物价;也就是说,价格正常化应在价格稳定之先。

一旦达到"正常"价格水平,货币机制应维持这一水平,所采取的手段应为对信贷供应量的调控,以抵消公众手中的现金余额(即货币流通速度)的升与降。

从这里,我们可以看出他的理论要点:如果英国回到战前的金本位制度,为国内经济和社会稳定所做的对物价的管理就不可能成功。在面临两个选择之时,物价稳定必须优先于汇率稳定,因为"以稳定汇率为前提所制定的商业契约和经济行为肯定比以稳定国内物价为前提的要少得多,即使在英国这样一个贸易大国也不例外"。汇率政策一定要服从于国内经济的需要。

凯恩斯承认,在19世纪,"金本位制度不但提供了稳定的汇率,而且也提供了稳定的物价"。但这是由于当时的"特殊条件",而这个条件已经消失。总起来说,当时大量黄金的发现与经济需求是同步的,所以能够避免黄金价值的大起大落;同时,黄金的分布情况也反映了主要贸易大国之间的那种竞争性的均衡。而现在距离上次黄金储藏量的重大发现已有四分之一个世纪。此外,世界的大部分金币都在美国的金库中。所以,按照现时(以及将来)的黄金分布状况来看,英国回到金本位就意味着"我们把调控物价水平和信贷周期的权力拱手交给了美国的联邦储备局",而后者的利益可能与英格兰银行相左,而它对货币的管理能力还未经受考验。凯恩斯坚持英国必须在独立于美国的状态下管理自己的货币本位。

凯恩斯也承认联邦储备局已成功地为了保持美国国内物价的稳定而抵消了黄金流入带来的影响,但他仍担心美国黄金的抛售会最终引起全球性的通货膨胀——这个现象后来确实发生了,但那已是60年代的事了!凯恩斯认为联邦储备局设法"管理"货币但又想在表面上做出不干预的样子:

> 联邦储备局控制贴现率的理论是以黄金的进出以及黄金储备同债务比率为基准的,这是一种僵化的理论。一旦联邦储备局开始忽略这个比率,并开始让黄金流入但并不让它全面影响(物价水平)时,这个理论就垮台了,而且是应该垮台的,其原因不过是因为在那个时刻增加信贷数量和价格水平是不明智之举。从这一天开始,这个几乎是最后一个表面上仍忠于金本位的国家就会开始让货币与黄金脱钩,并在那个原先是金牛犊站着的座架上开始建立美元本位

制。在过去的两年里,美国假意在维持金本位,事实上它已经建立了美元本位,非但不让美元向黄金靠拢,而是反其道而行之,迫使黄金向美元靠拢。这是一个富有的国家能够将陈旧的偏见与新的智慧相结合的方法。这个国家能够享受哈佛大学的经济实验室中研制出的最新科学进展,同时又能让国会相信它不会很快地放弃那个巴比伦东极王、波斯达里尤斯王、君士坦丁大帝、利物浦勋爵和奥德里奇参议员都以智慧和经历来奉献一生的硬通货(黄金)。

凯恩斯没有丧失调和稳定物价和稳定汇率这两个目标的信心:一种明智的货币政策应该争取达到这两个目的。如果两个国家的国内物价达到稳定的时间是足够的,两个货币的汇率最终将按"购买力平价"而稳定下来。所以稳定物价、信贷和就业的政策必然有稳定汇率的倾向。为了将"长期的物价稳定与短期的汇率稳定"两者结合起来,金融机构应该"调控",但不应该固定黄金价格。"英格兰银行能够愿意在当下的固定汇率下买卖黄金则能保持美元—英镑汇率的稳定,这样汇率就不会一有风吹草动就上下起伏,而这样做只有在英格兰银行深思熟虑地认为有必要为了英镑稳定而做出相应变化时才能达到。"黄金储备应被视做是紧急情况下使用的"战备基金",应该将它与货币的发行切断关系,而货币的发行只能完全同物价稳定和贸易要求有关。

凯恩斯预测世界将最终向一个中央管理的货币体系发展,但与此同时,他认为最佳的方案应该是以两种货币为主导,即美元和英镑,而两者之间以浮动挂钩的方式联系起来,并由两国的货币机构紧密合作以保证物价和汇率的稳定,其他国家则应以金汇兑本位将本国货币同美元或英镑挂钩,将黄金储备存在本国,但将美元或英镑储备存在纽约或伦敦。

这是该书论述的主线。凯恩斯还就"通货膨胀税"和"远期货币市场"这两个问题做了技术上的详细论证。通货膨胀税可以让政府将资金转移到自己手中,而不必通过议会要求拨款。凯恩斯对这个方法情有独钟,将之描绘为"有效、有节、必须被接受"——他的朋友拉尔夫·霍特利希望他是用带点冷嘲热讽的语调来推荐这个方法,而不是直接用命令式的口吻。在第三章的最后一部分里,他揭示了贸易人和投资人如何利用"远期市场"来两边下注,防止汇率波动带来的损失。这一章是为行家里手写的,他用自己的经验来展示对这两个技术的运用。一是他在战前财政部服务的经历,另一个是他在战后作为炒汇专家的心得体会。

《论货币改革》一书反映了凯恩斯从事经济新闻活动的那种特殊氛围——既对深奥的

知识进行披露，又对传统的观念加以亵渎。书中大量的亵渎言辞让布鲁斯贝利的朋友们高兴，而使对现状感到满意的人们受到挑衅。他将金本位描绘成"野蛮人的历史陈迹"。他故意用斯特拉彻式的玩笑语言来悲叹那种省吃俭用的消费者所受到的折磨，他们节省的结果都被通货膨胀一扫而光——"这种人既不肯花钱，又不肯投机，他们为家庭提供充裕的生活保障，为生活的安定大唱赞歌，并对那些老于世故的贤人们的命令和道德教诲始终不渝，但他们实际上被命运女神捉弄得最厉害，尽管他们极少向命运女神起誓。"

有些人认为货币贬值是"违反契约"，凯恩斯对此有如下的答复：

> 这种人由于忽略了所有社会准则中最重要的一条，即个人毁约的权力与国家控制既得利益集团的权力是不同的，从而成为他们想加以保护的那些东西的最大的敌人。因为除了用政府的行政手段来改变那已经不能容忍的状态，没有任何东西能够保护个人之间的契约的完整性。无人敢动的利益集团的势力太大，如果让利益集团的权力继续膨胀，那么几代人之后，一半的人口将成为另一半人的奴隶。对契约的绝对主义的支持者……是革命之真正父母。[335]

在《论货币改革》的技术性和讥讽性的面纱之下是一系列相互关联的论题，这些论题对凯恩斯后来的经济著作都有所启示。经济的健康实在太重要，不能让"自由经济"原则来左右。经济管理此时已经开始启动，它应该成为现代政府管理科学的一部分，而不应成为利益集团手中的操纵工具。战争大幅度地增加了社会动乱的危险程度，为了保护以个人为主的社会的核心利益不受革命的危险，社会的一些外围工事必须放弃。

6 反响

在当时对《论货币改革》的书评中，大家都公认凯恩斯无与伦比的才华，但对他提出的具体建议则不以为然，多数人认为这些建议不但不现实，而且还是有害的。罗伊·哈罗德曾写道，这本书让金本位是否应该保留成为时尚的议题，但是这一点在读者对该书的最初反应中并没有体现出来，甚至连凯恩斯的朋友们都未能在这一点上理解他。怀疑论者最不高兴的是凯恩斯假设的那些经济管理者们都是无所不能、纯正廉洁的人。经

第 21 章　货币改革

济学同事焦西亚·斯坦普不满意的是，凯恩斯"放弃我们最佳的有形的基础（黄金），而去依靠那种不一定可靠的思想基础——即我们平时的判断能力。我们常常发现那些身居国家最有名的机构中的人物尚且还缺乏实际的工作素质，而凯恩斯则居然令人吃惊地相信人类能够把理论与实践完美地结合起来"。《泰晤士报》文学副刊中有一篇不署名的书评，反映了大多数人都相信的观点，即金本位的好处是"防止政客轻而易举地制造钞票"。

社会主义者则从凯恩斯的书中得出了相反的结论。《曼彻斯特卫报》的书评问道：如果可以把集体主义原则运用于货币管理，为什么不能消除"不平等、不公正和贫穷"？H.G.威尔斯是凯恩斯的一位崇拜者，他认为这本书证明了凯恩斯的思想既有"洞察力"，又有局限性，因为他看不到在比货币管理更广泛的领域里能够用公共服务政策来取代个人的获利。凯恩斯提倡的"中间道路"介于政府不干预经济的政策和社会主义原则之间，所以难于引起各方的重视。

如果凯恩斯少用一点冷嘲热讽的语气，也许他的观点不至于那么让人震惊。而他如果以一个头脑清醒的聪明人的身份并假借管理金本位的幌子来提出他的建议的话，那么效果就会更好些。正如焦西亚·斯坦普正确地指出的那样，凯恩斯"讨厌传统理论的包装"，但这对说服那些头脑僵化的人们来说是完全必要的。凯恩斯在这一点上不能自我抑制，因为他是现代主义运动的一员，其使命在于破坏"幻想"（这是布鲁斯贝利的特定术语，意指基督教和维多利亚时代的道德观），因为这种"幻想"限制了个人自由和理性的展开。直到后来，凯恩斯才勉为其难地意识到，这类"幻想"对道德上的过失和人的无能能够起到必要的保护作用。

对凯恩斯来说，《论货币改革》还只是他的经济理论的过渡时期的观点。当这本书刚要出版之际，他已经写下了另一个写作提纲，打算把它当作《论货币改革》的续篇。在他的计划中，这将是一本"小书"。1924年5月，他在给莉迪娅的信中说："在准备讲课的过程中，我的那本新书已经在我的脑海中成形。"1925年4月23日，他在同一个德国记者的通信中说："我现在开始感到我那本《论货币改革》里所有的观点都是出自于某个死人，而不是现时的我。在筹备撰写的这本关于货币理论的新书中，我希望能够对我当时在匆忙之中发出的那些说教加以论证和阐明。"《论货币》将在《论货币改革》出版了七年之后以两卷的形式出版。而在这个时刻，凯恩斯的注意力被吸引到反对英国重返金本位的战斗中去了。

第五部分

金十字架

1925年在不合适的汇率下重返金本位以后,英格兰银行给自己制造了一个无法加以克服的调整政策的难题。一方面,用高利率或信贷紧缩的办法来大幅度减少保持现行汇率的费用是明显不现实的。另一方面,如果采用低利率则会使伦敦失去对国际短期资本的吸引力,从而引起黄金的迅速流失,使金本位更早地垮台……

J.M.凯恩斯,1932年4月,《劳埃德银行评论》

我不认为在1925年英国回到战前的英镑汇率是一个错误。真正的错误是允许工会在全国大罢工之后给工业界强制性地建立了一个无弹性的工资标准,而且还为今后的失业建立了失业救济的制度。

汤玛士·拉蒙特给路易斯·威利的信,1931年11月4日

第 *22* 章

黄金与婚姻

1 婚姻的前景

1923年的圣诞节那天,梅纳德带着莉迪娅到蒙特卡洛去度假两周。当他与谢帕德在赌场中玩牌时,莉迪娅则去观赏已定居在蒙特卡洛的俄罗斯芭蕾舞团的排练演出,并帮助迪亚格列夫的新男友安东·多林进入《达芙妮斯和施洛埃》一剧中的角色。在用现代货币进行赌博之后,凯恩斯精神抖擞地回到剑桥去研究古老的货币。从早到晚,他都在浏览,查阅和记下古巴比伦和古希腊的度量衡的问题,他在1924年1月18日给莉迪娅的信中说,他在专注这一问题上"已经到了疯狂的地步"。莉迪娅对他的"巴比伦疯狂"完全持有同情心,说"这正是你的学术精神的可贵之处,我对在这种状态下的你挚爱有加"。

他与莉迪娅的恋情已进入了平静的阶段。他曾寄给她一首在公元前2000年由一位巴比伦妇女写的诗:"到我这里来吧,我的伊施塔瓦,向我展示你的强健/将你的利器推将出来,触碰我那细微的地方"——凯恩斯在感觉到阳刚之气高昂的状态下,居然解了一道代数题。莉迪娅则很灵巧地用凯恩斯的语言来描述两人的关系,她曾写道:"我的偏好是清理东西或者写信;在两者之间也有一种中间道路的概率,即读一本书。"凯恩斯寄钱给她以后,她会回答:"谢谢你增加了我的购买力。"他则称她为"可爱的小傻瓜"。

在他俩的恋情开始两年之后,凯恩斯的父母终于知道这件事了。佛萝伦丝第一次见到莉迪娅是在1923年2月15日,但却是个偶然的、令人尴尬的场合,当时她正好在伦敦杰夫里·凯恩斯的家里向他咨询如何治疗一个发炎的大脚趾的问题。她在凯恩斯订婚之后与莉迪娅的会面则是在1923年11月16日,地点是梅纳德的妹妹在伦敦海格特的家。这次会

第五部分 金十字架

面双方都十分愉快。莉迪娅写信给梅纳德说："你母亲是一个好女人。你有她的眼睛和孜孜追求的头脑。我喜欢观察她。我心情太激动,说话太快,忘了很多词……临走时,她吻了我一下。"佛萝伦丝也和许多人那样认为莉迪娅很可爱,而她更为高兴的是她的才华横溢但任性的儿子找到了一个可以和他终身相伴的女人。不久,她和莉迪娅就开始"倾诉对你的感情,并相互之间培养感情,因为你是我们两人共同的偶像,"莉迪娅这样告诉梅纳德。莉迪娅和梅纳德开始称他的父母为"斯塔尔奈基"(俄语中对老人亲昵的称呼,"二老")。对莉迪娅来说,佛萝伦丝和内维尔在她的笔下将成为M.i.l.和F.i.l.——即英文的婆婆和公公。

但他俩仍然不可能立即成婚。莉迪娅同巴罗基的离婚案仍旷日持久地没有结束。负责此案的是梅纳德的舅舅肯尼斯·布朗律师,他对此案很悲观。莉迪娅想以巴罗基的重婚行为作为离婚的理由,因为巴罗基同美国女子玛丽·哈格里夫斯的婚姻尚未正式结束时就与莉迪娅结了婚。但起诉方一直到1924年5月才找到玛丽·哈格里夫斯,这才使案子获得全部资料。然而,高等法院原定在7月的开庭审理又被推迟到1925年1月。

与梅纳德不同,莉迪娅大部分时间里都没有工作。她在1924年的第一场演出要到4月1日才开始,这是一次为期两周的在伦敦歌剧院的演出,男主角是斯坦尼斯拉斯·伊得齐科夫斯基。莉迪娅认为她之所以能得到这个角色是因为"奥斯瓦多·斯托德(歌剧院老板——译注)想讨好凯恩斯"。哈罗德·鲍温尖刻地评论道:"莉迪娅跳得实在不怎么样,但今天早上的《泰晤士报》居然有一张她的特写照片,不过服装实在滑稽透顶。"演出结束以后,莉迪娅和梅纳德从4月19日到23日到查尔斯顿去度了一个长周末,而范奈莎和邓肯则借故到别处去住了。他们对这个地方非常喜欢,梅纳德采取措施将附近的一个农庄提尔顿租下来作暑期之用。

4月24日,莉迪娅到巴黎为在西加尔剧院为期六周的演出进行排练。埃提安·波蒙伯爵和列奥尼德·马西尼编排了一套芭蕾舞剧叫做《巴黎之夜》,他们希望以此剧为契机成立一个与迪亚格列夫抗衡的芭蕾舞团。在梅纳德的劝说下,莉迪娅同意接受一个降低了的工资待遇:15000法郎(200英镑),希望这个舞剧最终能搬到伦敦去上演,但这个想法最终没能实现。莉迪娅对巴黎的热情没有持续多久。"同戈登广场相比,拉斯巴伊大道像地狱一样嘈杂,让人无法入睡。"她在凯瑞酒店的客房太小,无法进行形体训练。不久,莉迪娅与波蒙伯爵发生了第一次争吵。波蒙伯爵是一个既有美满的婚姻、又有同性恋倾向的人。他编了一组称为《时尚》的舞蹈,其中充满性的反常动作,他希望莉迪

第 22 章 黄金与婚姻

娅同被称为"巴黎风暴"的男主角卢伯特·布恩同台演出这一出舞剧。莉迪娅告诉梅纳德这出舞剧的内容:"我们三人躺在威尼斯海滩上,那个男人和男孩开始调情,而我必须做出一种惊愕的表情……但我无法表现出嫉妒心,因为在这种状态下,我的本性是不会吃醋的。"后来她告诉伯爵说这出戏她没法演,他回答说"我对你十分讨厌",但还是让她走了。

在剑桥发生的事情也令凯恩斯讨厌。国王学院的院务会议常常要开六个小时。5月20日,梅纳德告诉莉迪娅他"在剑桥评议会上发表了一个演讲,内容涉及老年教授的退休金问题。我不能想象为什么会卷入这类事情"。他感到莉迪娅不在身边的孤独,在戈登广场的"暗夜和孤寂"之后是"五场接踵而来的董事会会议"。他对范奈莎抱怨他的鳏夫生活的枯燥,范奈莎在5月13日为他举办了一个布鲁斯贝利的晚会。然而在这个晚会上,利顿·斯特拉彻的夫人玛嘉丽"坦白了她曾犯下的种种过失",只有梅纳德和维吉尼亚·沃尔夫在她的丑闻中幸免。5月15日星期四,凯恩斯回到剑桥,他"开始为《国民周刊》撰写一篇文章,而且兴致很高……但我要在明天的课上完了之后才能完成这篇东西"。这篇文章的题目是《失业问题是否需要一种极端的补救措施?》。它于5月24日发表,是凯恩斯思想发展过程中的一个重要的里程碑。

5月17日星期六,莉迪娅的首场演出开始。这部叫做《美丽的多瑙河》的舞剧是马西尼的作品,莉迪娅在剧中扮演一个街头舞女,而马西尼是同她调情的轻骑兵。她认为马西尼这个角色是有意创造出来抢她的风头的,鲍温夫妇也这么看。法国报界对这出舞剧评价苛刻,说"她作为女人还不错,作为舞蹈演员则不敢恭维了"。梅纳德在第二个星期六上演《齐格》一剧的时候来到巴黎,此时她已搬到另一个旅馆中去了,在那里至少清晨六点钟听不到送奶工人将奶瓶弄得乒乓作响。哈罗德·鲍温在日记中写道:"梅纳德突然在剧场出现,并要求维拉对波蒙的那场演出写一篇评论,而且要在星期一以前完成,以便能发表在下周的《国民周刊》上。"维拉写完之后,对梅纳德对她评论文章的删减非常不满。凯恩斯在回信中"令人不快地说,这是搞新闻的人不可避免的遭遇,他自己——简直不可思议——也曾碰到过类似的待遇"。

梅纳德在巴黎过完"愉快的两天"后回到伦敦,参加了接待罗马尼亚王后的盛大活动。在那场活动中,鲍德温告诉他说:"你戴着那个色彩(即他的巴斯勋章)看上去像一只温驯的狗。"劳合·乔治对他的过分客气则让他生疑。(两周以后,这位王后不请自来地到达巴黎,莉迪娅只得为她做了一次表演。)凯恩斯感到他的脑子特别好使,他

第五部分 金十字架

做到了"我一年之中只能有一天能做到的事——连续五个小时全神贯注地写作,没有任何松懈。结果我几乎完成了将在下周六的《国民周刊》上发表的对我的批评者们的回应长文。我真希望我能一直处于这种最佳的工作状态"。

梅纳德在6月8日从国王学院写信给莉迪娅:

> 我今天在洗澡的时候思考了你的优点——真是了不起。像往常一样,我惊异你为何能够富有智慧。你一定花了很多时间在品尝上帝的金苹果,并同伊甸园的那条蛇进行交谈!但是我也认为你代表了几种年龄的人的组合——老年妇女、女主人、初进社交圈的少女、妙龄女郎、小女孩和女婴,所以你对任何场合都能适应。对我的这些赞美之词,你有什么托词呢?
> 今天我写了很多东西——笔头生风。
> 我同意你对那种新芭蕾舞的看法;如同绘画应该躲避立体主义那样,新式芭蕾必须从那些丑陋的抽象概念中脱离出来。它实在不像样。

两天后,她从圣莱济旅馆给他回信道:

> 噢!梅纳德,你上星期天在洗澡间对我的思考是在我不在场的状态下向我求爱。我受宠若惊,而且也很害羞,然后又感到受宠若惊。我并不是你所说的全部,但随着时间的推移我将努力改善自己,多吃一点苹果。

6月初,凯恩斯大部分时间花在搜集物价和为11月将在牛津大学作西尼·鲍尔演讲做准备工作。这个演讲的题目是《自由放任主义的终结》。与此同时,波蒙伯爵的芭蕾节目形势不佳。同迪亚格列夫不同的是,波蒙没有权威和远见;他的"彬彬有礼但微弱的假声"不能让他手下难对付的人马正常运作起来,观众也越来越少。6月15日,莉迪娅开始了第三个首场剧目,《玫瑰花》和《爱情》。后者是一个七分钟的舞剧,描绘一个"梦想得到玩具娃娃的女孩,而我是玩具娃娃之一"。鲍温夫妇看了以后,认为这出剧"不可思议的虚弱无力"。梅纳德于6月21日又来到巴黎,陪伴莉迪娅度完她的最后两周演出。

凯恩斯当然希望当年夏天能够在提尔顿农庄开始写作他的新书,但他未能实现这个计划。

第 22 章 黄金与婚姻

他于5月16日曾写信给莉迪娅说：

> 我最亲爱的莉迪娅，我今天下午心情触动很大。我听说那位把我带进经济学的大师活不了多久了，因此我到他那里去做了最后的探视。他戴着睡帽躺在床上，看上去像一个年老的贤人——这正是他的写照——非常中国化的人物。他的声音非常微弱，但他告诉我他是如何进入经济学领域的，并说这个领域的工作是为了人类的一种类似宗教的工作。他仍然能够笑，但他已记不清发生的事情了，也许他已经忘记了我的造访。

阿尔弗雷德·马歇尔于7月13日去世，享年82岁。8月，在马歇尔夫人玛丽的帮助下，凯恩斯在提尔顿农庄清新的空气里——他告诉母亲说在哪里也找不到如此适合工作的空气——写下了70页（2万字）的纪念文章，文章发表在9月的《经济学杂志》上。在这篇文章里，他很奇妙地在对剑桥经济学派的创始人表示敬意和他对马歇尔的"维多利亚时代的热忱"并不欣赏的两条思路中间寻求中间道路，马歇尔代表的那个时代正是凯恩斯所不喜欢的。庇古在10月作了一次纪念马歇尔的演讲，庇古是马歇尔的正宗传人，凯恩斯对他的演讲亦不以为然。

凯恩斯的平衡术下产生的这篇纪念文章是一篇让人赏心悦目、恰如其分的颂词。它不可避免地回避了一些牵涉到马歇尔个人生活的难题。马歇尔夫人为此文所倾倒，而熊彼特（后为著名经济学家——译注）则断言这是"我所读过的一位科学人物的最光辉的生涯"。利顿·斯特拉彻代表了布鲁斯贝利的反应，认为这是凯恩斯"最好的作品之一"：

> 这篇文章打开的是怎样的一个世界！这对夫妻真是19世纪的一对奇怪的结了婚的修道士。顺便说一下，你没有说明——或者你受环境所限不能够说明——马歇尔是否总是用避孕套，或者他（或她）患有先天性不育症？不要后代似乎是他们生存系统的一个重要组成部分。我感到震惊、恐怖、佩服——几乎被这种生活方式给吓倒了。

凯恩斯回答说："不，我不认为他使用了避孕套，但在结婚以后不久就患了不育症。"利顿不得不接受这个软弱无力的解释。

第五部分 金十字架

查尔斯顿的朋友们仍然不能原谅梅纳德同莉迪娅的"婚姻"关系。1924年7月18日在戈登广场46号有一个传统的布鲁斯贝利晚会,由邓肯设计了一出有莉迪娅参演的男女易装的芭蕾表演。安格斯和道格拉斯·戴维逊兄弟和达迪·瑞兰兹扮演女歌手,而芭芭拉·贝吉奈尔、弗朗茜丝·马歇尔和碧·霍尔(后来成为卢波克夫人)则演男歌手。但是当夏天来临,凯恩斯和莉迪娅出现在离查尔斯顿很近的提尔顿农庄时,查尔斯顿的朋友们则开始惶惶不安。范奈莎对他们住在附近很是恼火,便跑到诺弗尔克去寻觅另一幢房子。她的妹妹维吉尼亚写信告诉罗杰·弗拉埃,说范奈莎"一点也不肯让步"。

但住在不远处罗德麦尔的维吉尼亚自己也同样反应强烈。在她看来,莉迪娅尽管兴致很高,让人感到愉快,但是不可救药的一点是她"没有头脑"。只要她在那里,"我们就无法进行认真的辩论"。既然"我们这批人认为理性比兴致更为重要,莉迪娅开的一些玩笑常常让我们受不了"。莉迪娅有一次向列昂尼德询问有关(工党领袖)拉姆塞·麦克唐纳的事情,然后抓住一只青蛙,并把它放在一棵苹果树上。"这就是为什么她如此迷人,但一个人能否一辈子去抓青蛙呢?"莉迪娅对离婚案担心不已,而梅纳德的朋友们对她明显地表示不满,再加上没有芭蕾舞的合同,1924年秋季对她来说又是一段不愉快的时光。她在10月从伦敦给在剑桥的梅纳德写信:"请你深深地喜欢我,不然的话我将在夜里流出大海一般的泪水……"

2 对失业应否采取极端措施?

1924年里,凯恩斯写了一大批的文章和演讲稿,其中最重要的是11月6日在牛津所作的西尼·鲍尔演说。所有这些文稿都是围绕着三个相互联系的主题:自由放任主义作为政治哲学的缺陷;对资本的对外投资不能采取自由放任的态度;以及政府应该采取防止国内资本的投资余额流向国外的措施。我们将在下章里专门讨论凯恩斯对自由放任主义的批判,此处我们将讨论第二和第三个主题——这两个主题最早出现在5月24日的《国民周刊》上,成为他关于政府通过公共工程的设立来解决失业问题的理论基础。

在一系列有关"政府与对外投资"的文章和演说中,凯恩斯否认对外投资一定会为理性的投资者的个人利益或者为国家利益的极大化服务。它的产生是由对海外投资和向帝国版图以内地区的投资有着偏好的现存体制所造成的:因为伦敦金融界认为巨大数额的

第 22 章　黄金与婚姻

政府债务最容易管理，而议会通过的"信托人法案"则对资本向殖民地流动造成一种"人为"的刺激。在19世纪，个人投资者常常在南美洲的投资活动中失去资金，而且，"一旦用来维持在南美洲的投资项目的债务损失之后，投资者则一贫如洗，而对建造一座白杨木住房的贷款发生问题之后，房子至少还在"。据凯恩斯的估算，英国人的积蓄中有50%流向国外，而这当中的大部分如果用在国内投资的话则对英国的经济将十分有利。"如果我们国家的固定资产的增长要能赶上人口的增长的话，这些国内投资就是必要的。"

凯恩斯的下一步是将这种分析运用于英国的现状。尽管对外贸易已经恢复，英国的失业率仍然顽固地停留在10%的水平（以所有拥有失业保险的工人为计）。于是凯恩斯的思绪开始转向"极端措施"上。在1924年5月24日和6月7日发表在《国民周刊》上的两篇文章中，他首次承认英国经济也许已经"陷入泥淖"之中，而且没有自行产生的"有利动力"将其推出这个困境，但是他并没有就这个现象产生的原因做进一步的解释。在这种状态下，"我们需要一种动力、一个启动和一个加速的因素"来制造"逐步的繁荣"。他认为这个动力就在手边：设法将流向海外的英国积蓄吸引回到国内来。他在这里第一次提出了设立公共工程吸引资本回流的办法。当时的背景也很重要，劳合·乔治4月12日发表在《国民周刊》上的一篇文章曾呼吁政府设立公共工程项目的计划，这篇文章引起很大的争议，而凯恩斯在这一点上支持他的宿敌。

凯恩斯论证的出发点是承认失业率并未如同他在上一年12月所预测的那样下降到4%或5%。他根据历史经验判断说，正常情况下，在经济周期进入现在的好转阶段，失业人数应当下降到30万左右，但实际的失业人数就男性成年人来说仍停留在77万人。凯恩斯的结论是，自由放任主义已经不可依赖，因为它不能恢复充分就业水平。企业家们面临的是体制上的障碍，其中包括工会对他们的限制、劳动力缺乏流动性以及工资标准的固定性。他们因而对在国内投资新的企业没有利润刺激的动力，于是国内积蓄开始流向海外。但是，对劳动力施加压力使其在新的方向上就范时不能采取以饥饿威胁的做法。相反，"繁荣是一个渐进的积累过程"，"我们必须提高"信心和勇气的"海平面以淹没目前的礁石"。他建议政府不要把偿债基金用来解决沉重的债务，而是用于一项每年耗资1亿英镑的公共工程——建造住房、修建公路和扩大电气化。他并不认为政府应该用税收来集聚公共工程的全部资金，或自行建造房屋和公路。"政治经济的历史指引我们向公私合作的方向发展。"凯恩斯写道："未来的真正社会主义将会从不断的实验中产生，而这些实验的目的旨在发现个人与社会各自的适当权利范围……"

他在理论上的论证是不完全的。英国积蓄到海外投资与留在国内到底有什么区别？凯恩斯认为"向海外的贷款并不会……自动产生相应的出口额"。债权国要想增加出口也许有必要大幅度地让自己的货币贬值，因为用降低实际工资的办法来增加出口会在有工会保护的企业中引发一场劳资斗争。"我们的经济结构远远缺乏弹性，出口价格的调整需要很多时间，而这段时间里，由于现存的体制障碍会造成间接的损失和资金的损耗。"将海外投资引向国内是回到充分就业的一条捷径，但是凯恩斯忽略了将购买力转移到国外也能自动地在现有价格下提高对英国出口商品的需求，而不至于受到低价竞争的排挤。在他的经济学同事的眼里，凯恩斯提出的建议既不是自由经济的方案，也未能保证总就业水平的提高。

凯恩斯在整个20年代里不断地在这几个主旋律上进行变奏，虽然他的理论尚未得到发展，但他的心态已十分清楚。他认为国民经济是一种黏性物，不能像液体那样流动自如。古典经济学的价格自动调节机制从长远来说是有效的，但一个社会能不能承受短期内发生的对经济的破坏呢？在英国准备重返金本位的时刻，这个问题就越来越引起人们的共鸣。

3　为何回到金本位？

凯恩斯从来都不相信货币贬值是医治失业病的灵丹妙药，但同时他也不相信货币升值是唯一的办法。让外国人花更多的钱来购买英国产品是不可能解决失业问题的，因为提高英镑的价值必须用降低英国产品的生产成本来补偿；历史经验证明，这个做法将会进一步增加失业率。

然而，这正是英国政府所推行的政策，让英镑与美元在1：4.86的战前汇率下重返金本位制度就是这个政策的全部含义。1919年，英国政府暂时停止了英镑同黄金的自由兑换，英镑汇率开始自由浮动。然而1919年的康利夫委员会的报告中提出要以回到战前对美元的汇率为目标，所以从1920年中期开始，英国政府的货币政策一直是为实现这个目标而制定的。这就是说，正如我们在前面已经看到的，当1920—1922年发生经济崩溃时，政府无法使用货币政策来减轻经济危机的后果。在1920—1925年间，英格兰银行的

第 22 章 黄金与婚姻

行长是蒙塔古·诺曼。他的政策手段是用"道德规劝"来限制对海外发放贷款,目的不是凯恩斯所希望的鼓励国内投资,而是加强英镑的地位。到1923年年初,英美两国的商品批发价格的差距已经大大缩小,英镑对美元的汇率已恢复到1:4.70,一个新的"黄金时代"似乎已在眼前。然而,当英美两国都处于通货紧缩状态时,欧洲大陆却遭受了无法控制的通货膨胀;德国马克最终全面崩溃,而法国法郎和意大利里拉则贬值到只相当于战前的一小部分。

将英镑重新纳入金本位意味着让它回到一个固定汇率的体制中去,让国内货币供应量由国际黄金流动的状况来控制,英镑可以在一个固定价格下自由兑换黄金——至少对住在英国的外国人是如此,同时,资本的进出是没有限制的。固定汇率对国际贸易是有利的;因为金本位是提高国际支付的一个手段和让纸币自由兑换黄金的机制,这样就能保持货币之间的官方兑换率并防止在国际货币体系中出现任何总体上的向上或向下的积重难返的价格走向。凯恩斯在《论货币改革》一书中攻击金本位,说它并不能提供足以让价格稳定的因素;他还含蓄地反对用物价再度紧缩的手段促使英镑回到战前的黄金兑换水平。他的理想解决方法是在稳定物价之前,先让物价上扬,而不是下跌。对凯恩斯改革计划的批评者们则认为以一种商品(此处指黄金——译注)作为货币的本位是防止通货膨胀的唯一方法。

凯恩斯的朋友尼古拉斯·达文波特相信回到金本位的政策乃是英国银行家们想要伤害工人阶级的虐待狂心理所造成的。凯恩斯也暗示过弗洛伊德心理分析的解释。在《论货币》一书里,他引用了他的朋友詹姆士·斯特拉彻编辑出版的《弗洛伊德论文集》中弗洛伊德所说的一个断言,声称"婴儿对粪便的兴趣以后会转化为对黄金和货币的高度重视"。银行家们对这种说法必然会感到不以为然,认为这是主观臆想而已。他们必然会说,固定汇率和健康的货币是经济发展的必要条件,而金本位为这两者提供了唯一安全可靠的基础。

不管回到金本位是理性的或是非理性的,人们在对黄金的"贪婪"中显露了大量的冷酷无情。欧洲的统治者们在"不惜一切代价战胜敌人"的口号下摧毁了战前的那种脆弱的社会和经济体制之间的平衡。现在他们在重建过程中希望工人阶级来承担代价,他们声称这不过是做出一丁点儿的牺牲,而这个世界将回到他们所能记得的1914年夏天那个"黄金时代"。

凯恩斯提出他的替代方案。他赞成对各国的货币制定一个独立的管理体系,这意味着

第五部分 金十字架

长远地保证汇率的稳定,但他也明白这在政治实践中是做不到的。于是他的目标是争取在英国回到金本位之后,尽量减少其对经济的冲击。他在1924年的主导观点是"等等看"。他并不是在任何条件下都反对英镑回到战前的汇率,不过他争辩道这不应该成为货币政策的目标,他特别不赞成用处心积虑的通货膨胀政策来达到这个目标。所以,从战术的角度考虑,凯恩斯放弃了对回到金本位直接反对的立场,而在推迟实现这个目标上努力。1920年开始实行的黄金出口禁运将于1925年结束,英国政府要么再次延长禁运,要么让它自行失效。

如果不是由于金融界对鲍德温政府和它的工党继任内阁的政治前途感到不稳,1923年或1924年就有可能回到金本位。政局的动荡使得1923年中期发生英镑大跌,并在1924年的大部分时间里保持在兑换4.30—4.40美元的低水平。工党内阁的大臣们也不赞同凯恩斯对回到金本位的怀疑看法。菲力浦·斯诺顿,工党的财政大臣,实际上是金本位的积极支持者。他在1924年4月任命了一个"纸币发行委员会",由奥斯汀·张伯伦担任主席,目的是"向他提供何时能够采取最后行动的建议"。

张伯伦委员会的专家观点也是一致赞同恢复金本位。他们提出金本位的三大好处:第一是稳定国内货币的价值,从而防止通货膨胀。第二,回到金本位被认为是政府的一个实业政策。伦敦银行家菲力克斯·舒斯特爵士强烈地否认从长远的观点来看,伦敦银行的利率同贸易厂商的利益不一致,因为贸易厂商在汇率波动中所受的损失要大大高于他们向银行多付的服务费用。英国工业家联合会并不同意这种观点,但这个组织也认为货币"总体回到黄金的基础上对我们是大为有利的"。第三,银行家们一致赞成回到金本位,认为这是恢复伦敦城国际金融领导地位和英镑重新成为主导货币的必要条件。在黄金支付没有恢复之前,不仅仅是美元,甚至德国马克也"会比英镑更为受欢迎"。

凯恩斯在《论货币改革》中提出金本位是物价不稳定的重要因素之一,但是这个观点远不如一般人认为不可兑换黄金的纸币会引起通货膨胀的观点更有影响力,因为人们很容易感到印刷纸币只需中央银行总出纳的签字,没有什么成本。有些人指出英国在1922—1925年间的经历表明纸币本位未必会引起通货膨胀,蒙塔古·诺曼在1925年对此回应说,"这三年中对金融的'管理'之所以可能是因为政府采取了一系列的有意识的措施,目的是回到一个黄金的夏天。"

凯恩斯对两个政策做了明确的正确的区分,一个是对汇率的固定,另一个是固定汇率的比率基础。他写道:"我将仅仅力争把汇率维持在返回金本位时我们已经调节到的那个水平。"在有名气的经济专家中,他是唯一一位愿意考虑那个让人感到不快的货币贬值政策的人。庇古在1924年9月为"张伯伦委员会"所起草的报告中说:"我们提及货币贬值的目的是要排除它。"在这一点上,英国的金融政策总是受非理性的影响。强迫英镑升值的政策没有考虑到要对国内货币工资的强制性减少。凯恩斯理解英国的政策制定者不能采取墨索里尼的那种残酷手段。1927年,墨索里尼简单地宣布意大利里拉的票面价值与实际价值相等,并下令将所有的工资降低20%。这就是为什么在20年代,英国的某些圈子中对墨索里尼崇拜有加。

4 努力劝说

凯恩斯本人于1924年7月11日到张伯伦委员会作证。自从他转为孤立主义的资本主义支持者,财政部已对他失去了兴趣。但他仍然与该委员会成员所属的圈子来往;这些人包括奥斯汀·张伯伦、奥托·尼迈耶、布莱得贝利、庇古和银行家加斯帕·费尔——参与作证的人有蒙塔古·诺曼、查尔斯·艾迪斯爵士、爱德温·加南、亨利·戈升爵士、沃尔特·李夫、瑞吉诺尔·麦金纳、乔治·佩什以及菲力克斯·舒斯特。凯恩斯必须要保护自己的名誉,他不能公开支持任何意味着通货膨胀的政策。

他在张伯伦委员会的辩论有一种现代"半货币主义"理论的色彩。凯恩斯指出,国家货币管理的任务是为了达到物价的稳定,而不是将英镑价值固定在黄金上。我们是否能够依靠英格兰银行来管理货币?凯恩斯对此毫不怀疑:英格兰银行"是上帝赐予英国的机构之一,我们可以通过它采取种种非常规的方法来获取私营机构和公共机构两者所拥有的种种优势"。在伦敦金融界总是有"半打完全有能力的人来管理有自主权的货币政策"。另一方面,对付一个"邪恶的"财政大臣——即一直推行财政赤字的大臣——的唯一办法是把他"赶出财政部"。凯恩斯反对立即回到战前的英镑—美元汇率的一个实用性的理由是担心它会"大幅度地减少信贷",足以将货币工资水平下降约12%。这个规模的通货紧缩"无论从政治上还是从社会效果上来看都是不能承受的"。奥斯汀·张伯伦问他:"你是否认为我们不应该回到战前的汇率?"凯恩斯对此加以否认,说他认为在美国物价上涨的不久的将来,恢复战前汇率本来可以自动地发生的。该委员会的报告由庇古执笔,并于1924年9月提交给政府。该报告的建议是目前需等待时机,一旦外部条件合适就可以轻而易举地回到金本位。

凯恩斯作证的几天之后,银行家查尔斯·艾迪斯爵士在委员会发起一场更加深奥的讨论。艾迪斯敦促政府在回到金本位之前事先定下一个日期,以影响预期工资水平。凯恩斯在7月25日对此作了答复,他只专注经济预期问题,而避而不提艾迪斯的观点:

> 如果政府宣布的固定日期被人们确信,那么未来的经济收益就会立即因为汇率而打上折扣,这样就会造成激烈和突发的通货紧缩;而另一种情况是,政府的宣布无人相信,或只相信一半,那么我们就会向通货紧缩的同一个方向缓慢地运动,而且会预期紧缩将继续下去,它对贸易和就业的影响简直不堪设想。一旦企业界确信价格将要下跌,企业主别无他法,只能缩小经营范围,偃旗息鼓,并在这个灾难性的过程结束之前不再开业。

这种对预期心理如何影响企业行为进行观点鲜明的讨论在当时是不多见的。

1924年10月的议会大选中,凯恩斯发表了很少几场助选演说,他仍然对自己的声音质量痛恨不已。同过去一样,他这一次对自由党的前景还是太过乐观:范奈莎和邓肯听从凯恩斯的预测,各自输了70英镑的赌注,凯恩斯没有让他们还这笔债(他本人一共输掉了350英镑)。在鲍德温的领导下,保守党获胜,终于打开了通向"黄金时代"的大门。英镑兑换美元从1924年夏天的4.40—4.50上涨到1924年12月至1925年4月之间的4.70—4.80。这一方面反映了国际投机商对英镑上扬的期待,另一方面也与国际上发生的重大事件相对应。1924年夏天,英国和美国的批发价格尚存在10%—12%的差别,而到了年底和1925年年初,这个差别大幅度地减少,因为美国的物价开始上涨。美国联邦储备局在纽约联邦储备银行行长本杰明·斯特朗的领导下,推行了放松银根的政策,一方面是为了给国内的经济萧条注入活力,另一方面则为英镑回到金本位的汇率水平铺路。这个政策使得纽约的利率比伦敦要低1%,这样,从纽约借钱再向伦敦放贷就有利可图。

在这种情形下,斯特朗向英国政府施加了巨大的压力,要求英国不要错过这次"黄金机遇"。斯特朗认为稳定英镑价值是结束国际货币无组织状态的关键一着,而货币制度的混乱又被认为是对国际贸易产生不良影响的根源。蒙塔古·诺曼于1924年12月抵达纽约,他同斯特朗一致认为,如果英国政府放弃这个重返金本位的机会,后果"将不堪设想"。诺曼获得许诺,一旦在不久的将来英镑重返金本位,他将获得一笔"缓冲"信贷

第 22 章　黄金与婚姻

用以捍卫英镑。他在1925年1月6日发电报给英格兰银行:"在这里的负责人物都赞成我们重返金本位,反对者只是一些政客和偏执狂。"他建议将1925年3月定为回到金本位的日子。

凯恩斯于1月14日在"星期二俱乐部"的一次演讲中对不可避免的将在事实上重返战前汇率的英镑问题做了让步,并试图弥合"货币改革派与金本位派"之间的政策鸿沟,提出一个十分简单的问题:"黄金禁运的取消应先行还是后行?"凯恩斯建议应在汇率调整的过程结束时再取消禁运而不是迫使其撤消:"我们必须采取措施让英镑的票面价值与实际价值相吻合,在我们达到这个水平以后再说我们已经做到了。"他强调说,眼下英镑的价位是国际市场对英镑的投机和美国经济景气造成的。将英镑在美国经济景气的高峰与美元挂钩,会让英国承受日后美国通货紧缩的重担,再加上在景气之前英镑对美元的汇率低于现在8%的额外负担。凯恩斯建议"采取坚决的货币政策以调整英镑的汇率"。他愿意让英镑对美元的比价达到1:4.86,然后抽紧银根,将它保持在这个水平。一旦所有的内部调整都已完成,而且美国没有特别景气的现象以及国际市场对英镑投机的牛市不存在,就可以取消黄金禁运,但仍然禁止其在国内流通,并将铸金币的权力保留在英格兰银行手中。立即取消黄金禁运的政策"在我看来只是关注结果,不管手段。我认为这个政策由于在起始阶段完全可行,所以更加危险"。凯恩斯显然希望一种明确的政策,而不是模棱两可的政策。

在英格兰银行内部,查尔斯·艾迪斯爵士听从了凯恩斯的劝告,也开始争取拖延取消黄金禁运。张伯伦委员会(此时的主席正是布莱得贝利)的最后一次会议于1925年1月28日进行,英格兰银行行长让艾迪斯也与会,以便让委员会听听双方的意见。诺曼认为英镑"对美元的升值"是尽早回到金本位的主要依据。艾迪斯反驳道:"无人对我们现在重返金本位的能力感到怀疑,但这不是问题的实质。实质在于我们达到这个目的之后能否保持这个汇率水平。"他建议将该政策推迟六个月再实行。

庇古教授对艾迪斯的论点动了真格。他说艾迪斯一方面认为英镑汇率"需要稳定一段时期才能采取行动",另一方面他又认为政府应当保证回到金本位。这两者是否有矛盾呢?难道宣布回到金本位本身不能够保证汇率的稳定吗?还有什么必要对汇率稳定做个检验呢?委员会同意了诺曼的观点,即重返金本位的时机已到,并把此建议写进了要提交的报告中。该报告作者之一的尼迈耶立即采取行动争取财政大臣温斯顿·丘吉尔的支持。

第 五 部 分 　 金 十 字 架

丘吉尔对现代经济学和古典经济学都不大懂,但他担心回到金本位以后对整个经济所带来的通货紧缩的后果。1月29日,丘吉尔手拿一本委员会的报告同主席布莱得贝利进行了一场"演习"。他故意提出反对立即回到金本位的种种理由,这让布莱得贝利感觉到财政大臣"似乎在凯恩斯—麦金纳的领地里找到了精神家园"。丘吉尔显然对凯恩斯的观点是熟悉的,因为他常常阅读《国民周刊》。

在很短一段时间里,凯恩斯也许感到他的劝说开始产生效果。巴克莱银行的总裁查尔斯·古德诺在回答丘吉尔的"演习"题时说:"英镑在政府做出决定之前应通过自然的过程达到战前汇率,而且,在我们宣布回到金本位之前应有几个月的稳定期"——这恰恰是艾迪斯的立场。更重要的是,丘吉尔在读了凯恩斯于2月21日在《国民周刊》上的一篇新作以后,向尼迈耶发了一炮,这是他在星期天早上坐在床上口授的一篇对财政部和英格兰银行的批评。最残酷的是这是出自一位财政大臣之口的训斥。有关的一段是这么开始的:"在我看来,财政部从来都没有正面对待凯恩斯先生所说的那种'物品匮乏条件下的失业问题的严重性'。英格兰银行行长对英国在世界上的金融信誉感到完全满意,但同时我们还有125万人处于失业状态。"他最后说:"我情愿看到工业界多一点满意,而金融界少一点自满。"

财政部和英格兰银行用两个观点来说服丘吉尔。第一是英国和美国的物价差别已经小的可以忽略不计。尼迈耶在2月份声称这个差别"只有4.5%,甚至更接近"。所以,重新回到战前汇率所引起的"额外牺牲"不值得考虑。布莱得贝利则认为两国的物价差别在2%—2.5%之间。这些估计数字对反对派的打击是重要的,因为这证明英镑汇率的上升不是以资本拉动为主因。尽管如此,关于两国的价格差别在今后将会进一步缩小的原因上仍然存在分歧。一派认为美国的通货膨胀将最后弥合剩下的差异,而另一派则认为这要靠英国的通货紧缩才能成功。财政部提出的第二个观点是,回到金本位的政策恰恰是创造就业机会的政策。只有全球贸易的全面恢复才能消除英国的失业,而恢复贸易的先决条件是汇率的稳定,其在金融和工业的利益上并无矛盾,因此丘吉尔在这一点上的暗示是不成立的。尼迈耶最后指出:"真正的对立是长期观点和短期观点的冲突。"

我们也许可以想象,在这几个月里,凯恩斯也许会懊悔1919年不该从财政部辞职。然而,即使他一直在财政部工作,在金本位问题上的决策是否会有所不同呢?或者换句话说,他自己会不会在观点上与现在不同呢?不管怎么说,他同财政部直接对垒的机会到3月17日才到来,而此时基本上大局已定,无法逆转。他的记事本上对这一天是这样记载的:"8:30:温斯顿。"丘吉尔这一天在唐宁街11号的财政大臣官邸举行晚宴,想对这个问题再进行一次辩论。他邀请了凯恩斯、尼迈耶、布莱得贝利和麦金纳。关于这次宴会的情形只见诸丘吉尔的私人秘书P.J.格里格的回忆录。格里格当时在场,他这样回忆道:"那场研讨会一直持续到半夜,或者更晚。"最后争论的结束是由于丘吉尔向麦金纳提出了一个问题:"根据目前的形势,你将会做出什么决定呢?"麦金纳这位前财政大臣回答说:"没有别的道路可走,只能回到金本位;但那是个地狱。"所以凯恩斯总是要说麦金纳"总是在最后关头辜负别人的期望"。

这就结束了这场争论。3月20日,丘吉尔决定在他的预算演说中宣布撤消黄金禁运。在4月28日宣布英国重返金本位演说中,这位财政大臣宣称:"如果我们没有采取这个行动,大英帝国的所有其他成员将自行采取行动,而整个帝国将会走进一个不是以英镑、而是以美元为基础的金本位制度。"

5 "丘吉尔先生的经济后果"

在回到金本位的几周之后,凯恩斯形成了三条对这个决定的批评看法。

第一,他指出用银行利率来维持恢复后的汇率的正负两面的效应。如果利率高得足以吸引外国资本到伦敦来,但又没有高到能够紧缩信贷的地步,那么就会产生这种政策工具的两个最糟糕的结果:英国将通过借贷而不是出口的办法来维持价值过高的货币,同时经济又将陷入永久性的失业当中。这是在金本位制度时期对政策如何在实际中运行的一个有先见之明的预言。

第二,他试图用更为严谨的方法来分析英镑的价值偏高的幅度。他第一次将物价分为两个部分:即"未受庇护"和"受庇护"两类商品的价格。所谓"未受庇护"的商品指国际贸易的商品和服务——其价格必须由世界市场的供需关系所定。所谓"受庇护"的商品则指在国内交易中的商品和服务——比如住房和交通服务——这一类价格没有自动向"未受庇护"商品价格靠拢的倾向。用一个具体的例子来说,假设对外出口一吨煤的英镑收入突然下降了10%,这并不能保证在英国国内生产这一吨煤的成本——包括运输和利息支付费用——一定也会下降10%。对1925年1月英美两国生活费用的比较表明,两者之间的差距高达18%。这种比较比用两国之间的批发价格的对比更能确切地反映出英国

第五部分 金十字架

通货紧缩的幅度。

凯恩斯提出的第三点是，劳动力乃是主要的非交易商品。政策制定人总是假定国内物价会"自动地"根据汇率的变化而进行调节，所以工作变化率是处于完全的竞争状态之下的。这个观点忽略了"目前值得悲叹的工业组织缺乏价格弹性的事实"。1925年7月9日，凯恩斯在有关贸易和工业的"巴尔福委员会"的作证中指出，工会的力量足以阻止由于失业工人所引起的降低工资的竞争；而失业救济金则缓解了失业工人"寻求新的职位的极度压力"。他还指出英国没有一个合理的房地产市场。他告诉委员会"我们现在所处的环境同中世纪的条件差不多，在这种条件下，人们很难改变我们货币的对内价值，因此当货币的对外价值处于不平衡的状态时，我们只能诉诸货币的贬值……"相比越来越没有灵活性的供应方来讲，需求方的条件变化更为重要：在19世纪时，经济的"各个方面都是呈大致上升的趋势"，从来没有遇到现时的要求降低平均成本10%这样的难题。

在到巴尔福委员会作证之前，凯恩斯向《泰晤士报》的杰夫里·道森提供了一系列评论重返金本位的文章。道森读了以后，谢绝刊登这些文章，并说"这些文章写得很妙，也很有意思，但我确实感到在现时由《泰晤士报》发表这批文章是弊大于利"。（报业巨头）比弗布鲁克则比较愿意接受它们，并于7月22、23和24日将它们连载在《旗帜晚报》上。一周以后，凯恩斯将内容扩充之后由霍加斯出版社出版，书名为《丘吉尔先生的经济后果》。首次印刷7000册，定价每本一先令，在英国这本书顷刻销光，在夏天又增加了几次印刷。而在美国，销路却不佳，六个月之内只卖了210本，同时又免费赠送了216本。

这本书不仅仅是在名称上与《和平的经济后果》相呼应的著作，同这前一本畅销书一样，凯恩斯的这本小书将他对政策的精辟入里的分析同对不公正的激烈谴责结合在一起。如同在巴黎和会时期那样，人们可以批评凯恩斯是在致命的决策制定以后才看清问题实质的事后诸葛亮。但这正是说明这本书需要等到决策下来以后才能使他的批评具体化。

他认为"我们的困难"来源于一年前上升了10%的英镑价值。提高英镑汇率10%的政策意味着工人工资中每英镑下降了10便士。只有减少信贷才能做到这一点。银行信贷的减少是如何降低货币工资的呢？

> 除了故意地增加失业以外别无他法。银行信贷的紧缩旨在从企业主手中撤走在现有物价和工资水平上雇用工人的资金。这个政策只能用无限制地增加失业来迫使工人就范，在严酷现实的压力下接受降低的工资……通货紧缩并不能

第 22 章 黄金与婚姻

"自动"地降低工资,只有造成失业才能降低工资。高价货币的合理的目标应该是抑制过早出现的景气现象,限制那些想使用高价货币以加剧萧条的人!

凯恩斯并没有把回到金本位的决策归罪于温斯顿·丘吉尔本人,丘吉尔也没有感到这是对他个人的攻击。1927年,凯恩斯还入选为"另类俱乐部"的成员。这个俱乐部是一个聚餐和下赌注的组织,由丘吉尔和F.E.史密斯在1911年发起成立。

凯恩斯知道英格兰银行和政府必定会在为贯彻它们的政策所必要的措施上打退堂鼓,它们将宁愿举债也不愿紧缩通货,而且政治将迫使它们采取一些击垮自己的经济目标的政策。其实在凯恩斯的小书上市的第一天这些事情就已经开始。6月里,煤矿主们要求与矿业工会联合会达成一项新的旨在降低工资的协定。在全英工会联合会的支持下,矿工们准备总罢工。鲍德温首相先是直言不讳地宣称:"英国所有的工人都必须接受降低的工资以资助工业重新站起来。"但在7月31日他又同意给煤矿业提供1000万英镑的津贴,以帮助矿主维持九个月的现有工资水平。

凯恩斯头脑十分精明,当然不会放过这个从一开始就证明他的判断是正确的事件,他立即让霍加斯出版社加进一章对煤炭工业问题的分析。丘吉尔曾不明智地说过,英国回到金本位与煤炭工业没有任何关系,就像墨西哥湾流同它毫不相干一样。凯恩斯则展示如果英国煤矿主想同美国和欧洲的同行竞争的话,必须将每吨的价格降低1先令9便士,而矿主为了达到这个目的才建议降低矿工的生活水平。在为他的论点做了如此铺垫之后,他继续指出:

> 矿主对我们管理经济的方法提出了强烈批评,而每个人都能看到他们提出的建议是合理的……如果矿工们可以自由地转移到其他行业中去,比如一位矿工可以在接受较低工资的条件下去做烤面包工人、砖瓦工或火车站上的行李搬运,这样情形就完全不同。但是矿工们并没有自由选择职业的灵活性,这个事实是十分明显的。正如过去在经济过渡期的那些受害者一样,矿工们只有两个选择:要么饿肚皮,要么屈从,而他们屈从所带来的好处将由其他阶级来享用。

凯恩斯即使是在心情最为愤懑时也有一套政策建议。他的解决办法(在现存的金本位的条件限制下)总是具有很强的应变能力:降低银行利率,让信贷变得便宜,同时鼓励黄金流向美国，以刺激那里的物价上升（财政部官员霍特利也提出过同样的政策建议）。与此同时，在国内达成一种"社会契约"，即让所有的工资收入者同意减少5%的货币工资，同时要求所有的靠投资收入生活的人增加一先令的所得税。只有将成本的所有因素一揽子地降低才有可能在没有扰乱所有互相关联因素的情况下降低物价水平，同时也不会引起社会对物价和工资下降是否公平的愤怒。凯恩斯写道：

> 我们处在经济社会的两种经济理论的中间。一种理论认为工资水平的确定标准应以"公平"和阶级之间的"合理"分配为基础；另一种理论——经济强权理论——则认为工资应在经济压力之下确定，或者说应该承认"经济的残酷现实"，而我们的经济机器应当不顾一切地向前推进，不要顾及特定社会群体的利益，而只管整个经济的均衡与否。
>
> 金本位靠的纯粹是运气，它相信经济会"自动地调节"，并不顾及社会效果的细节，但是它却是那些坐在经济机器领导地位的人物的座右铭和偶像。我认为这些人实在太草率……他们不相信任何严重的事情会发生。应该说，十次当中也许有九次确实没有严重的事态发生，只是一些个人和社会群体感到一些苦恼而已。但是如果我们继续运用那种建立在自由放任的假设和自由竞争原则上的经济学理论来对付经济，同时我们的社会已经迅速地在抛弃这些理论前提，我们就要冒第十次出大乱子的风险（不用说这是愚蠢的）。

6 凯恩斯的观点正确吗？

凯恩斯对1925年恢复金本位所持的反对意见大致可以归纳如下：回到战前汇率水平的决定迫使英国必须降低生产的货币成本，然而，生产成本的降低同英国货币的国际价值上涨之间很难达到相应比例的变化，因为货币工资率和其他成本具有"黏性"的特点。在这种情形下，更好的政策选择是让英镑的国际价值按照国内的生产成本的要求进行调整。

历史证明凯恩斯是正确的。今天的经济学家中鲜有人否认在1925—1931年间英镑的价值定得过高。对这个决策进行辩护的人后来都寻找其他一些"不可预料的"因素来作借口：比如工资的"黏性"（与1921—1922年间相比）、法国和比利时的货币后来稳定在其面值的一小部分上等。然而，这些人并不能为英国恢复金本位所带来的后果进行辩护。今日的批评家们也并不认为较低的汇率在当时能够解决英国经济的所有问题，但是低汇率确实能够为解决问题营造一种较为宽松的氛围。

按照（经济史家）莫德里吉的观点，英镑在与欧洲大陆的贬值的货币相比时，其价值过高的情形要比与美元相比时看得更加清楚得多。在恢复金本位之前，凯恩斯同大家一样把着眼点放在同美国相对的购买力平价上。这种观念的形成与战争时期的现实有关，当时英镑与美元的比价是唯一重要的影响国际金融的因素。凯恩斯对英镑与美元比价的专注使他忽略了反对恢复金本位的一个最有力的论据：即英国应当等待欧洲大陆的货币，特别是法国法郎被稳定下来之后再说。现在回过头来看，对1925年恢复金本位最有力的批评应当是，回到固定汇率体制的政策并不是一个各国通力合作、事先达成"游戏规则"的协议的结果。英国在恢复金本位过程中对"细节"的忽略对英国本身以及整个国际货币体系所造成的损失在今后的数年中是巨大的。

7 凯恩斯先生和凯恩斯夫人

1925年8月4日，在圣潘克拉斯婚姻登记处，莉迪娅·卢波科娃成为J.M.凯恩斯夫人。她的离婚案的初次判决于1月由法庭宣布，只要在一定时间范围内对方不提出反对即可生效，最后的判决书于7月下来。婚礼举行得"不能再简单了"。维拉·鲍温和邓肯·格兰特是双方的证婚人，其他都是凯恩斯的家庭成员。凯恩斯的外祖母以88岁的高龄参加了这场婚礼，但他73岁的父亲却没有出席。莉迪娅身着一袭浅黄褐色的婚装，"看上去像一个幽灵——面对报界人士和摄影师非常恐慌，好像是第一次在公共场合下亮相一样，"佛萝伦丝这样写信告诉不在场的内维尔。两周后，凯恩斯的老朋友戈登·鲁斯在缅甸的仰光打开报纸时看到几张"令人瞠目的名人夫妇"的照片：梅纳德以他180多磅的身躯已明显进入了春风得意的中年时代。邓肯向在查尔斯顿未去参加婚礼的朋友们毫无表情地描述了婚礼的情况，并说："我今后的生活前景已化为泡影。"到此时为止，他还是梅纳德的法定继承人。克莱夫·贝尔同邓肯打了一个香槟晚餐的赌，说梅纳德和莉迪娅在一定时间内不会要孩子。他说："梅纳德的活动实在太多。"

第五部分 金十字架

梅纳德和莉迪娅本来打算在婚后的第一个月住在提尔顿农庄，但当时提尔顿农庄已租给其他人，而这家人不愿搬走。无奈之下，他们在附近的艾福德另租了一个叫做奥克兰的农庄。朋友们又像往常一样接踵而来，其中一位让人非常不快的客人是哲学家路德维希·维特根斯坦。他于8月20日从纽黑文轮渡至此，准备住六天。维特根斯坦当时已经放弃了哲学，并在奥地利的小村庄里教小学。他向凯恩斯解释说，研究哲学给他带来的痛苦被在小学教书所带来的痛苦所克服，就像牙疼时，用一个盛热水的瓶子紧贴在脸颊上减轻痛苦一样。他也放弃了从他的家庭继承的一笔巨大遗产，所以凯恩斯不得不为他的来访而寄上10英镑的路费。维特根斯坦的谈话方式如同用拳头抨击别人的脸一样。莉迪娅有一次高兴地说："多美的一棵树啊！"维特根斯坦两眼瞪着她说："你这话是什么意思？"莉迪娅顿时泪水涌出，大哭起来。凯恩斯也被维特根斯坦不让人插话的独白弄得发狂。他曾下了一番工夫想读懂维特根斯坦发表于1922年的《逻辑哲学论》，但凯恩斯发现自己的脑子"离基本哲学问题的距离太远，不可能搞清楚这些东西"。他在11月试图将维特根斯坦的哲学介绍给剑桥信使会的成员，但发现他"已经忘记了不少内容——我只记得一半而已"。

9月3日，梅纳德和莉迪娅动身到苏联去访问两个星期。梅纳德非常喜欢坐火车旅行：在人被运送的同时，他可以坐在一个圆椅上阅读大批的书报杂志，而且没有任何责任和义务，这是他心目中最理想的休息。他到列宁格勒去访问了莉迪娅的家庭，也见到了剑桥大学参加俄罗斯科学院200周年庆典的代表。他们在列宁格勒待了一周之后，动身去莫斯科。梅纳德对莉迪娅的家人有什么看法，以及她的家人怎么看梅纳德我们都不得而知。只有莉迪娅的母亲卡尔露莎在9月17日给佛萝伦丝·凯恩斯的信中提到一句："我已经很热爱他了。"

在莫斯科，他的活动非常正式：同苏联国家计划委员会官员和中央银行的官员会面，在莫斯科艺术剧院欣赏音乐会和观看莎士比亚的《哈姆雷特》（估计是俄文的表演），以及参加宴会。当时在莫斯科的莫里斯·道伯记得凯恩斯向计委的官员们"灌输正确的金融观以及财政部如何对经济进行调控"。凯恩斯还会见了普列奥布拉任斯基（老布尔什维克，《共产主义ABC》一书的合著者——译注），此人自称是"职业革命家"。在这些"超现实"的会面活动的间隙，他还给俄国的学者们作了两次报告，一次是关于"英国的经济状况"，另一次是关于"英国经济的转型"。其中第二次演讲是基于他在牛津的自由党夏季班中的演说《我是否仍是自由党人？》。他在报告中提出用集体主义原

第 22 章　黄金与婚姻

则重新改造过的自由主义乃是无政府的资本主义和马克思的共产主义之间的真正的第三条道路。可以想象，苏联的经济学家是不会同意这个观点的。

他们回到艾福德以后，梅纳德和莉迪娅徒步走到附近的罗德威尔小镇去拜访沃尔夫夫妇——"M（梅纳德）身穿一件托尔斯泰式的衬衣，头戴黑色的阿斯特拉罕帽子——他俩站在大路上的风姿很好，"维吉尼亚·沃尔夫这样评论道。她接着写道：

> 他浑身充满了好意和活力，而她则跟在他后面哼哼唧唧，像个大人物的老婆。人们可以对他们吹毛求疵，也可以发现他们是令人愉快的客人。我的心在我进入中年以后开始对他有点好感，对他我已经认识这么多年了，常常与他争吵，关系也不密切。我们就俄国的事情进行了热烈的讨论：M说这个国家一塌糊涂。他又谈到这个苏联的优点和缺点，以及一些极端的地方，对此他找不到言辞来进行表达——他不信这个国家能够被治理好。

凯恩斯在艾福德度完暑期，并把他看到的"混乱"变成了一组文章：以"苏维埃俄国"为主题的三篇系列文章，分别于10月10日、17日和24日发表在《国民周刊》上。在12月，这几篇文章以《俄国掠影》为书名由霍加斯出版社出版，这是他最富有雄辩的著作之一。利顿·斯特拉彻来看他们的新家，但印象不怎么样。他告诉卡林顿："到凯恩斯家中做客感觉非常不快。首先，这幢房子非常难看，其次，莉迪娅在我看来是一个可怜虫，一点特点都没有。梅纳德同往常一样只关注自己的事情。他谈俄国和维特根斯坦倒很有意思；但同他进行交谈有些困难，因为他是那么漫不经心。"

梅纳德的婚姻是好是坏仍然是他的朋友们激烈争论的话题。他们只看到他性格中有世俗和超脱尘世的两个方面，而他同莉迪娅的结合则是向世俗的东西投降。他们没有看到的一点是，凯恩斯对经济政策的革命是不可能在布鲁斯贝利的城堡中发动的，这场革命需要一种不同的对世界事务的看法，也需要另一个落脚点。也许他的婚姻确实让他变得世俗起来，换句话说，他在这个世界上感到更加轻松愉快，但这未必是坏事，如果他的使命是为拯救这个世界则更是如此。婚姻减少了他的性格上的粗暴方面，扩大了他的同情心，使他变得更加有"人情味"，而不再只是冷酷无情地展示他的才华。同时，婚姻给他的将来发展提供了精神和肉体上的安全感，他由此获得了对前途更明确的方向感。早在1921年，他曾告诉丹尼尔·麦克米兰，说他"永远不会再写《论概率》这么宏大的

第五部分 金十字架

工程"。然而在他同莉迪娅结婚后的11年里,他写了两本同《论概率》一样篇幅、但更加重要的著作。在1921年,他在剑桥信使会的一次演讲中讲到他有才华但缺乏创造力的头脑,并说他的脑筋最适用于赚钱的行当。1925年以后,他开始意识到在经济学上也可以有所创造。如果说莉迪娅,或者同莉迪娅的结合才让这个新的思想在头脑中生根是不正确的,但是她确实理解,并一再告诉他,他具有创造性的素质。她对他说:"这个事实呈现在你的眼睛里。"他开始意识到同莉迪娅生活在一起能够给他所发现的真理提供时间和空间去发展。

对梅纳德来说,莉迪娅迷人的大部分原因在于她的那种非常个性化地对英语的使用,凯恩斯称其为"莉迪娅说话方式"。她讲话的加重语气、发音以及准确无误的用词和短语对梅纳德是一种持续不断的享受。在参加了(在法国)的一次婚礼之后,她评论道:"耶稣用戛纳的水酿造出这种葡萄酒。"在参观了一个女主人对各种鸟类标本的出名的收藏以后,她告诉凯恩斯,说"我同格雷夫人一起共进下午茶,她想请每个人看看她的卵巢"。她曾告诉梅纳德,说她的用词"是为了让你捉摸不透"。确实,对他来说,她一直是一个可爱的谜,一股充满惊异的欢快的溪流。

同莉迪娅的婚姻也让梅纳德产生了保护意识。他知道她在布鲁斯贝利之类的朋友的那种自鸣得意的文雅的知识分子氛围之中是没有任何自我防卫的能力的。一个对自己不够自信的男人也许会常常阻止莉迪娅发表看法,因为她的风格确实让人难堪。但梅纳德接受莉迪娅的本性,从来没有——至少在公开场合——流露出对她说话风格的讥讽心态。当克莱夫·贝尔有一次对她评论普鲁斯特(法国著名小说家——译注)的一段话加以斥责时,梅纳德大怒,并为她辩护。他认为她的语言享有一种特权,不能用理性的方法来批评。他让她明白,不管布鲁斯贝利的朋友们怎么看她,她都永远是他的"至爱"、他的"最亲爱的美人儿"、他的"最亲爱的莉多希卡"、他的"最亲爱的小动物"或"小肚脐"。她则用不太浪漫的词语来称他为"大个子"、"我亲爱的大树"或"你这个可爱的麝香味的家伙"。莉迪娅对她自己缺乏知识有着很深的感受,她曾写信给他说:"我是个没有知识的女人,今后也不会改变,这对你是不是太糟了?"他立即回信说:"不要悲哀,特别是不要做一个有知识的女人。你的梅纳洛希卡。"克莱夫·贝尔常说她的精神家园是在沃尔沃斯百货商店。她对犹太人和黑人有着强烈的偏见,而当时有教养的英国人已经不屑于用她那种语言来表达这类偏见了,梅纳德对此似乎不以为然。

莉迪娅在家务上的兴趣也包括梅纳德的衣着。当她第一次打开他的衣柜时大吃一

第 22 章 黄金与婚姻

惊，她发现他的许多裤头都有洞，没有几双袜子，却有大批的礼服衬衫。当她有一次申斥他像"耶稣在临死前的那副样子上床"时，梅纳德倒在那里，笑个不停。她对他的内衣的关注与他的健康有关。她总是劝他穿上马甲以抵御剑桥的凛冽的寒风，当然她坚持认为马甲同短裤头不同，需要一些可以透气的孔。梅纳德特别容易受凉而生病，他常常说这是他的"例假"。他曾开玩笑地说，这个例假的最低值同莉迪娅的月经周期——她称之为"客人"——相吻合。有一次她写信告诉他"我流血的时间同你的预测正好符合"，这说明凯恩斯对她的月经活动产生了数字上的兴趣。但他关注的不仅仅是统计数字。当她抱怨说身体欠佳时，他立即给她不断地写信、发电报和从剑桥打电话。他对她的身体状况感兴趣还有一层实际原因，他们打算在莉迪娅停止跳芭蕾舞以后开始要孩子。

尽管她从来不自称为有知识，莉迪娅有时也会让布鲁斯贝利的那帮爱挑剔的朋友们对她在艺术问题上的充满自信的判断而大吃一惊。维吉尼亚·沃尔夫有一次问自己："莉迪娅的脑子如何工作的呢？像一只云雀高高飞起……最后落在梅纳德的手中。"这就是她的结论。

他俩结婚后最大的变化是在生活安排上。莉迪娅从戈登广场41号搬进46号，而范奈莎从46号搬到37号。那个旧家的分裂也不是没有引起争执的，他们在房租和其他费用上吵了几次。梅纳德拿了一幅邓肯的画作，将它钉在46号的墙上，范奈莎则带一把螺丝刀到46号将它卸下拿回37号。范奈莎的意思是说，你已同莉迪娅结婚，不再有共享邓肯的作品的权利。不久，凯恩斯开始在46号修建一个书房和几个洗澡间，他们决定安装浴盆，这就显示了与过去那种生活秩序的告别。另一个告别措施是将邓肯和范奈莎画的壁画用石灰抹去。莉迪娅坚持要创造出自己喜欢的那种氛围。她最喜欢的场合是星期日的俄国式午餐会，几乎要进行一整天。客人中有芭蕾舞演员弗里德里克·阿什顿，在一起的还有剑桥的年轻人比如达迪·瑞兰兹、道格拉斯·戴维森——这两位在范奈莎那里租了房间，还有其他的朋友如鲍温夫妇、法兰克·道布森和波利斯·安瑞普，有时还有一些自诩文雅、出身高贵的从俄国来的波尔修剧团的芭蕾舞演员。在她自己的圈子里，她的思路敏捷，无所顾忌，让人感到十分有趣。同许多从事舞台生涯的人一样，她既传统，又对新奇的事情毫不惊异。作为芭蕾舞演员，她能够在时尚和市井生活中都游刃有余。可是，在每个星期的中间阶段当梅纳德在伦敦时，她必须安排或者出席银行界和政界人物参加的那种气氛比较冰冷的晚宴，这让她厌恶不已。梅纳德总是小心翼翼地向她解释在社交艺术上如何发邀请、接受邀请以及婉拒邀请，但她痛恨做这类事情。她说："我的所有的语言能力在此时就发挥不出来了,笔下毫无生气,我成为不识字也不合法的人了。"

莉迪娅对梅纳德的同性恋性史了如指掌,尽管她不愿多想这件事。她让梅纳德产生了异性恋,但并没有消除他的同性恋倾向。实际上,在20年代末期,她成为连接两个充满同性和双性恋圈子的桥梁:一个是伦敦的芭蕾舞圈子,以马利·兰波特和尼奈特·瓦洛阿两个舞蹈工作室为核心;另一个是以黄头发的达迪·瑞兰兹为核心的文学和戏剧青年组成的剑桥圈子。瑞兰兹于1927年重返国王学院。然而,梅纳德此时在这个同性恋圈子里已经是叔叔辈的人物,而不再是活跃的一员。一方面他的年纪已大,另一方面他很爱莉迪娅。唯一的一次有记载的"出轨"是在一次晚宴上,他在戈登广场46号的阳台上给弗里德·阿什顿和他的朋友威廉·查普尔几个响吻。莉迪娅表现出完全理解,并镇定地处理这件事,当他回到客厅时,她对他说:"梅纳,亲爱的,再来一点波尔鸡尾酒吧。"

1926年3月3日,凯恩斯同盖吉家族进行了复杂的谈判之后,以21年的租约拿下了在东埃塞克斯郡的提尔顿农庄。直到几年之后,他才发现"1000年前提尔顿叫做'台利顿'……而当时的住户名叫'卡阿内斯'——也就是凯恩斯家族的旧名"。他在提尔顿度过了余生中最愉快、也是写作效率最高的那些月份。提尔顿是一幢外观平凡但里面空间却惊人的宽敞的两层楼房,环境十分优美,坐落在几顷草地上,还有果园和树林,位置在南高地的边缘。他告诉母亲,说这是一个理想的写作环境,他对提尔顿做的早期改造是把南边院子里的几间偏房改造成为一个书房和一条凉廊。这两个建筑面对一个果园,可以看到高地的延伸,而在高地的顶端可以看到纽黑文镇和英吉利海峡。

凯恩斯所用的建筑师是伊顿老同学和布鲁斯贝利的边缘人物乔治·肯尼迪。他给凯恩斯建了一个宽敞、正规的书房,还有一个意大利式的有拱形天花板的平台,一直通向果园。从这个非常潮湿的书房走到主楼要经过一条有顶的小路,正是在这个附加建筑里,凯恩斯写下了《论货币》和《就业、利息与货币通论》的大部分内容。

提尔顿不是一座豪宅,但与查尔斯顿农庄不同的是,提尔顿安装了电灯和电话。然而,尽管有好几个洗澡间,水管却常常破裂,热水炉也爱出故障,家里人常常一连几天无法洗浴。房内还有一个原始的中央取暖设备,把一个铁格炉发出的热量传送到大厅,其他房间则用壁炉烧煤,烟囱里冒出大量的黑烟并到处弥漫。很多地方都比较潮湿,书架上的书不久就卷起页面。莉迪娅坚称英国人不懂使用烟囱。在圣诞节里,她和梅纳德只能蜷缩在烟雾弥漫的炉灰旁,多裹上几层毛毯,眼睛被熏得流泪。

提尔顿仅有六个人负责管理,尽管从今天的角度看,佣人是太多了。常年负责管理的人是茹比和爱德加·威勒夫妇,他们住在院子里的一幢小房子里。茹比是管家,爱德加既做车夫又是园丁。爱德加营造了一个花园,并将它保持得完美无缺。到1926年时,提尔顿花园里到处挂的都是小黑果,在菜园中则有大量的四季豆和胡萝卜。在梅纳德的鼓励下,爱德加开始再辟一个正规的蔬菜和水果的园子,这个园子不久就可以生产上市的产品。后来又开始养猪,梅纳德和莉迪娅常常将大声号叫的猪装在他们的莫里斯考利车的后面,拉到路易斯城的市场上去卖。凯恩斯夫妇来提尔顿的时候还要带上哈兰夫妇,他们是在戈登广场的佣人,丈夫是贴身跟班,妻子是厨师。此外,还有爱德加的姨妈佩妮,她是莉迪娅的裁缝和制衣匠,此外是其他一些没有记载的佣人。

提尔顿是我们今天所称的度假别墅。除了梅纳德于1937年突发心脏病和1939年第二次世界大战爆发例外,他们每年去那里的时间安排都差不多。他和莉迪娅总是在圣诞节和复活节假期在那里过上一段,然后在夏天住上两个半月。如同查尔斯顿的朋友们一样,提尔顿的居住者同当地的社区并没有什么往来。他们同房东盖吉勋爵的关系不错,盖吉喜欢将房子租给艺术家和文学人士,但他们不喜欢与乡村的社会打交道,他们的朋友是从外面请来的客人。提尔顿的主人们不大与查尔斯顿的人来往,后者每年到法国南部的加西斯度假的时间越来越多。在1927年夏天,范奈莎"在大部分时间里都试图忘掉凯恩斯的存在",这是她对凯恩斯不屑一顾的典型语言。范奈莎对凯恩斯的刻薄同凯恩斯对朋友像狗一样的忠诚形成鲜明对比,这常常让维吉尼亚差不多要"掉眼泪"。凯恩斯还为范奈莎和邓肯提供了经济上的支持。邓肯对范奈莎的刻薄心态并不赞同,他连一点这样的心态都没有,但他总是随着范奈莎的意思去做,这是他为了能够自由地做越轨的事情而付出的代价。此外,他也许不能理解或者接受梅纳德的新的异性恋倾向。凯恩斯夫妇和沃尔夫夫妇总是在圣诞节期间进行互访,因为他们已经养成了这个习惯。但这类访问并没有给沃尔夫夫妇带来任何快乐。1929年12月30日,维吉尼亚写信给她的姐姐:

> 星期六这雨天里,一辆讨厌的灰色的罗尔斯车来到门口(梅纳德从库尔多夫妇手中买下了这辆车),不请自到来我们家喝茶,他们是凯恩斯夫妇和那个让人厌烦的爱德加。我实在不懂为什么这些朋友可以随意来此打断我们的生活。接着我不得不与莉迪娅一起讲一些布鲁斯贝利的流言和小道消息——对我实在

第五部分 金十字架

是个羞辱——这简直可以杀人,但我们拿它没辙。他们还带来一袋子烤饼,梅纳德将它们浸在牛油中,让莉迪娅去烤。我最讨厌看到的就是梅纳德那副油腻腻的样子。当然我必须承认他俩都绝对的和蔼可亲。后来,他们请我们明天到提尔顿去共进午餐,我们心里在骂,但还是得去。

内吉尔·尼克森写道:"布鲁斯贝利的朋友们都一致认为凯恩斯夫妇请客太过吝啬。"维吉尼亚在1927年9月3日对利顿讲凯恩斯的闲话:"那天晚上在提尔顿吃饭,有3到11个客人在啃一只松鸡的骨头。这种小气的请客方式总让范奈莎感到高兴——当这些骨头在桌上传递时,她的眼睛都发亮了。"因为俄国人请客总是非常慷慨,所以这种吝啬必定来自于梅纳德。他不大喜欢喝葡萄酒,所以喝得很少。他吃东西狼吞虎咽,毫无滋味。事实上,这两个人也许对吃喝本身都不讲究——或者说对家政不太关注,所以不愿在这方面多动脑子和花时间。

尽管朋友们明显地不愿和梅纳德和莉迪娅在一起,他们在自己的乡村别墅里还是过得十分愉快。他们远远不是运动型的徒步英雄,但常常从高地到树林里走上几英里,并带着三只狗,帕茜、普希金和罗斯。乡村的气味和声音让他们着迷,莉迪娅在3月初写道:"清晨的旋律真是美极了,空气中流动的音乐,那又强又柔顺的气味,在绝对的狂喜中打打呵欠,伸伸腰腿,眨眨眼睛多么舒服啊。"尽管有时种种事情都让人厌恶,但在夏天的长假里,她能够在院子里和凉廊下享受裸体日光浴,阅读托尔斯泰的《战争与和平》,而梅纳德则心情舒畅地在书房中写他的"银行利率"问题。

第 23 章

凯恩斯的中间道路

1 维多利亚时代的种种前提

维多利亚时代的政府相信经济如果任由市场去主导就会达到最高的繁荣，从这个逻辑里产生了"不干预的自由放任主义"的金玉良言，那种认为经济可以被"管理"以达到既定的"目标"比如充分就业或物价稳定的观点在维多利亚时代会被认为是幻想和不可思议。在《和平的经济后果》一书的第二章里，凯恩斯向这种观念进行了挑战。他否认英国经济的繁荣是由自由放任主义造成的；相反，应当是当时的历史条件使得政府有可能对经济后果放任自流，而在现在的条件下已成为不可能。国际和平与安全曾给自由贸易的保障和资本自由流动创造了基础；而养成"节省十分之九"的勤俭习惯的社会和道德之间的平衡也使国内的阶级之间的战争不曾爆发。然而，这样一种"复杂而又人为造就的体制"有赖于种种不稳定的平衡支点的支撑，而这些平衡支点在第一次世界大战爆发之前就已经岌岌可危，战争则进一步将其摧毁；这些支点包括劳—资之间的阶级平衡，积蓄和消费之间的心理或道德平衡，美欧之间贸易和互相投资方面的平衡。

正是由于对资本主义文明的不稳定性的感觉，促使凯恩斯对货币政策发生了兴趣。货币价值的不稳正在瓦解着资本主义赖以生存的基础——"社会契约"。工人对很少的收入表示默认的前提是资本家继续尽自己的投资义务。通货膨胀和通货紧缩将个人努力和收益之间的道德关系割断了。有些人毫无道理地暴富，而另一些人则毫无道理地日益贫困化。凯恩斯还指出现代社会——他最了解的是英国社会——对于货币价值的升降越来越不愿意进行内部经济结构的调整。所以，物价的稳定乃成了社会稳定的必要条件。

凯恩斯也充分意识到，如果资本主义不能实现自己的承诺，另一种经济制度，即共产主义制度就会取而代之。这种制度对那些具有比赚钱更崇高目的的人们是有吸引力的。19世纪的经济学家曾指望自由主义政治来支撑经济繁荣。凯恩斯是第一个持相反看法、认为经济繁荣乃是自由主义政治唯一保障的经济学家。

2 自由主义的背景

凯恩斯对现代资本主义弊病的理解以及开的药方并不是在真空里创造出来的。他同休伯特·韩德森一起看到了控制经济周期的新理论也许会给自由主义提供一个介于右派贸易保护主义和左派的财富再分配主义之间的第三条道路。这条道路如果用戏剧化的语言描绘成创造就业的政策就更有吸引力。劳合·乔治对这一点看得很清楚，而阿斯奎斯一直都不明白。这就是为什么一个有思想的人会同一个热恋行动的人又走到了一起，尽管他们在过去有过不愉快的关系。

凯恩斯在1924—1929年间积极参与了自由党的政治活动，这就带来了一个问题：他的自由主义思想同战前流行过的那种"新"或"社会"自由主义的观念到底是什么关系？这种战前的新自由主义同以前古典的、以个人自由为基础的自由主义是不同的。韩德森写道："从1906年到1914年，有一种共同的经济政策将左派团结在一起——即用公共资金来发展社会服务项目，并用对富人的高税收来筹集所需资金。"凯恩斯的自由主义同这种传统之间既有相似的地方又有所区别。首先而且最明显的是，凯恩斯给战前的自由党人的经济政策增加了宏观经济的稳定政策，并给予它优先的地位。他认为资本主义制度在短期内的不稳比长期的财富和收入分配不均更为危险。经济的最大弊病是"风险、不确定和无知"所造成的。国家的主要经济责任在于抵消这些恶劣效果，并用货币政策和资本投入来达到目的。凯恩斯所做的是将社会公正的问题从微观经济的领域转移到宏观经济的领域。社会不公正成了一个"不确定"因素造成的问题，而社会公正则成了一个事先有契约的、可以预知的事情。财富的再分配在他的社会哲学里只占有微不足道的地位，而且只是宏观经济的稳定政策机器的一个附庸，而不是达到一个理想目标的手段。

其次，凯恩斯的国家至上主义和精英主义使他高踞于战前的那些新自由派之上。新自由派珍视民主制度，并想将它的功能扩展到控制个人和公共权力的集中化倾向的范围，凯恩斯的目的则需要一个管理式的国家体制。

最后一点是牛津和剑桥的学术风格的差异。1906年，凯恩斯在阅读了哲学家霍瑞斯·约瑟夫的一本论逻辑的书以后，写信告诉父亲："牛津真是一个病态思想的家园。"牛津大学正是战前的新自由派的大本营。牛津大学不仅没有经济学（从剑桥的角度看），而且，牛津对经济自由放任主义的批评所用的是黑格尔式的和生物学的两种语言的混合。凯恩斯那一代的剑桥人对此深恶痛绝。但是，我们必须既要注意到剑桥和牛津学术上的区别，也要注意到两者之间的关系。G.E.摩尔的"有机统一体"理论中就有大量的黑格尔主义的影响；到20年代以后，凯恩斯本人也开始承认生产和消费的许多阶段是"有机的"，而不是相互隔绝的。

当然，把凯恩斯的中间道路看成是左派和右派之间的调和也是错误的。这个理论中有很多左右两种传统都不熟悉的新思想。所以，我们最好称之为"新道路"，今天也许会被称之为"第三条道路"。

3 自由放任主义的终结

凯恩斯在1924年11月6日在牛津大学作的西尼·鲍尔演讲的题目是《自由放任主义的终结》。这篇讲稿于1926年出版，这是对他在过去五年里的思路发展的总结。如同他所有的杰作一样，这里面也充满了活泼的笔调和让人深思的观点。他似乎阅读过，或至少涉猎过大量的经济思想史和政治思想史的著作。他的这篇讲稿引用了洛克、休谟、卢梭、佩利、边沁、戈德温、伯克以及科勒瑞奇，还有很多19世纪的经济学家。莱斯利·史蒂文（即维吉尼亚·沃尔夫的父亲——译注）的《18世纪英国思想史》是他这篇讲稿的一个重要书籍资料来源。这篇讲稿还反映了凯恩斯的另一个特点，他的华丽的写作文风掩盖了在论证上的草率。正如熊彼特所指出的，凯恩斯对他偶然发表的文章从来不愿意多用必要的额外两周时间来加以完善。

凯恩斯将自由放任主义的根源追溯到18世纪的一种观点，这种观点把社会福祉的来源看做是所有的个人对自身利益的判断的总和，这个观点被达尔文的自然选择理论有力地综合证明了。"适者生存的原则可以被看做是李嘉图经济学的最一般化的结论。从这种更广义的综合逻辑来看，社会主义对经济的干预不但是不明智的，而且是邪恶的，因为它旨在阻滞经济发展的那个强有力的进程。而我们自己正是像爱与美之神阿芙罗狄特从原始泥潭中渐渐升起那样从这个进程中发展起来的。"自由放任主义的另一个支撑点是"刺激人们竭尽最大努力的那种个人得以赚钱的无限机会"。"对钱的热爱"启动着自由放任主义的机器,就像"性欲"启动自然选择的机制一样。然而,这个理论的美妙之处是建立在忽略事实的基础之上的:"个人为自己的利益所采取的独立行动将产生最大限度的总财富"这个结论有赖于各种各样的不现实的假设,即认为生产和交换过程绝对不是一个有机的过程;对经济条件和要求事先能够预测,而且人们还有足够的机会取得这些知识。

凯恩斯并没有就这些问题继续探讨,而是将自由放任主义的现存生命力解释为"反对派对它的替代方案的低劣质量所造成的——一种是贸易保护主义,另一种则是马克思的社会主义"以及它在19世纪经济思想中的根深蒂固的地位。凯恩斯的结论是,不能用抽象的方法来确定个人和国家行为领域的合理界限。每一个时代都需要在国家和个人各自应该做什么事上做出明确的区分,或者用边沁的说法,应该区分政府的"干预日程"和"无干预日程"。

凯恩斯接着论及了看上去像公共产品理论的政府干预论。他写道:"我们必须将那些技术上有社会属性的事情同那些有私人属性的事情区别开来。政府干预的日程安排上最重要的项目不应该涉及那些个人的行为,而应该是那些落在个人领域之外的功能,即那些除了国家以外没有任何人会关心的决策。"要克服由"风险、不确定性和无知"带来的弊病,就必须"以一个中央机构来对货币和信贷加以控制,这个机构同时还应当对经济活动的事实进行搜集和传播"。此外,他还建议"对总积蓄和它在国内和国外投资的分布情况统一做一种明智的判断"。同时还应采取一种对人口素质,而不光光是人口数量进行关注的政策。凯恩斯并没有解释上述的两种公共产品,即总积蓄和人口为什么在"技术上有社会属性",换句话说,为什么个人不能在积蓄和孩子问题上确定自己满意的数量。这里,我们就看到一个试图将集体主义的结论建立在个人主义的前提之上的困境的一个明显的例子。

凯恩斯所说的公共产品将由政府来提供。他谈及国家时常常将公私区别抹杀了,因为有很多中间机构的存在。他指出,"半独立的机构在国家体制中"不断生长,比如说"大学、英格兰银行、伦敦港务局,甚至还包括铁路公司",同时还有工业组织的混合型机构,比如控股机构,"这类组织在一定的年限以后和扩展到一定规模以后就会像国家经营的而不是私营的公司"。令人惊讶的并不在于凯恩斯认识到私人领域的权力的增长对国家和经济的关系提出了新的问题——这在当时已是广泛被承认的事实——而在于他提出的解决这个问题的办法。旧式的自由派仍然着眼于分解私人权力的集中;而新自由派(社会自由派)则力图使私人权力置于"民主"控制之下——不管是通过共同决策还是共享利润或更广泛的所有权的共享。社会主义者则认为这足以证明国有化的正确性。这些措施的目的都在于取得追求责任的权利——无论是对消费者,对工人,还是对选民。凯恩斯对这些问题不感兴趣,他不是一个多元主义者。他认为社会总产出总是趋向稳定经济;他也毫不怀疑地接受这样一种观点,即工商界的领导人事务太多,不能分身为公共利益服务;他同时也设想由一批相互联系的精英分子来管理国内的经济组织,不管它们是私营的还是公营的,以使它们协调一致。他并没有展开来论证这个设想,只是认为这是一批牛津和剑桥所培养出来的企业管理者、银行家、政府文官、经济学家和科学家,这批精英人物一直就受到为公共事业服务的训练,并以此为荣。也就是说,凯恩斯认为权力的分散和下放只应该到精英这一层即可。

凯恩斯的反市场机制、反民主制度的偏见来自于他对科学专业知识和个人的公正无私品格的信赖。在这方面,他显得过于天真,但这确实是他的著作中重要的一条政治哲学的前提。

《自由放任主义的终结》是一部有缺陷的著作,但仍不失为是在世界大战所造成的困难条件下,对社会和经济哲学所做的一种最令人难忘的、简明扼要的叙述和定义。在它出版后近80年的今天,我们仍能感受到这本著作的宽广胸怀、人道主义精神和精彩语言的闪光。它的缺点是内容太少,写得太仓促,每个命题都需要进一步发展、批评和完善。如果凯恩斯多活一段时间,他一定会将他后来发展的经济理论与这篇东西结合起来,写一部足以与哈耶克的《自由秩序原理》一书相对抗的政治、社会哲学杰作。直到今天,这两种思想的论争也没有结束。资本主义也许击垮了社会主义,但自由放任主义与凯恩斯的中间道路的哲学之间的辩论仍在激烈地进行着。

在此后的五年里,凯恩斯将他在《自由放任主义的终结》中的分析向几个方向进行了扩展。其中有三个方面值得我们注意:他对"资本主义发展诸阶段"的论述,他对政党的态度,以及他对经济发展和美好生活之间的关系的看法。

在《自由放任主义的终结》里,凯恩斯已经论及半独立组织在政府和个人之间日益增加的现象。在1925年夏天的两次演讲中——即8月1日在剑桥的《我是否仍是自由党人?》以及9月15日在莫斯科的《英国经济的转型》——他都试图将资本主义内部组织的新发展放在历史的框架中来解释,并创造了一种非马克思主义的"经济发展阶段"理论。对凯恩斯这个思路有着重要影响的是不为人们所注意的任教于美国威斯康星大学的制度经济学家约翰·罗杰斯·康芒斯。事实上,正是康芒斯最早提出了"经济发展阶段"的概念。凯恩斯在1927年曾写信给他说:"在我看来,没有任何一个经济学家的大思路与我的想法那么合契。"

康芒斯将资本主义发展划为三个阶段——他称之为稀缺阶段、富足阶段和稳定阶段。这第二个阶段则是个人主义大获全胜的阶段。凯恩斯声称:

> 英国现在正在进入第三个阶段,也就是康芒斯教授所称的稳定阶段,而且可以真正称之为是"马克思的共产主义的实际替代选择"。在这一阶段中,他指出:"个人的自由开始受到限制,部分是由于政府的制裁措施,但主要由于通过协调一致的行动而引起的经济制裁,不管这种制裁是秘密的、半公开的、公开的还是武断的。而参与协调行动的有各种社会组织、公司和工会,此外还有一些生产商、销售商、工人、农民和银行家所组织的集体行动。"
>
> 在这个阶段里,滥用政府职权的一方面是法西斯主义,而另一方面是布尔什维克主义。社会主义不能作为中间道路,因为它是在富足阶段(第二阶段)的前提下产生的……从经济无政府状态过渡到一种旨在控制和引导经济的政权——其目的是得到社会公正和社会稳定——将是一个在技术上和政治上都非常不易的事情。然而,我的建议是,新自由主义真正的使命在于寻求解决这些难题的方法。
>
> 资本主义制度已经变得僵硬,而政府仍然以为它很灵活,并据此制定政策。
>
> 过去那个世界的人们认为,在改变货币价值以后所带来的全部后果都将可以通过供求关系来调节,但是那是50年或100年以前的形势,因为当时工会没有任何势力,而在经济迅速发展的道路上,任何经济霸主的垮台都无人会去阻挡,人们甚至可以鼓掌欢呼。
>
> 我们的政治家们所习惯使用的常识中有一半在过去某一个历史时期中是正确的,或者说是部分正确的,但在现在却已一天一天地变得不符合现实。我们应

第 23 章 凯恩斯的中间道路

当为新的时期创造新的知识。同时,如果我们想要改善目前的状态,就必须对上辈人表现出非传统的、爱找麻烦的、危险的、不顺从的态度。

凯恩斯在这里所描述的正是曼苏尔·奥尔森后来在80年代所说的"患硬化症的社会"——即一个由于既得利益集团势力的不断膨胀而导致经济活力萎缩的社会。凯恩斯对这个过程的表述方式对我们理解他的经济学的实质很有帮助。他一直相信,经济学的伟大艺术就在于审时度势地选择合适的模式。有组织的产业资本现在可以抵制对自己的利益有损害的变化。所以,稳定物价的重要性就凸现出来:"因为对社会公正和社会稳定干扰最大的——迫使19世纪对此不得不屈服的——恰恰是那些由价格水平变化所造成的那种干扰。"所以,"第一重要的任务……是建立一个新的货币体系……而这个体系将不会过于依赖扩散原理而破坏自己的工作效率。"但是,除此之外,还需要建立一种政府和私人经济之间新型的伙伴关系以同工业界日益成长起来的统合主义相适应。"我们的任务是必须在任何可能的地方都实行分权和放权,并建立半独立的法团和行政组织以承担政府旧的和新的责任——同时不会损坏民主原则或危及英国议会的主权。"

尽管凯恩斯的"新常识"试图超越党派政治之上,但仍然存在一个问题,即哪一个主要政党最有可能将他的理念运用于现有统治术之中去。有历史传统的自由党已经气息奄奄,即将退出政治舞台;凯恩斯相信自由党的结局将是"为保守党政府提供内阁,而为工党政府提供思想"。他在《我是否仍是自由党人?》的演说中曾问道:"我怎么能成为一个保守党人呢?他们既未向我提供吃的又未向我提供喝的——既无思想又无精神上的安慰。我不会因此而觉得有趣、兴奋或受到开导。"对凯恩斯那一代的自由党人来说,保守党过去是宿敌,在两次世界大战的间歇期间仍然如此,尽管斯坦利·鲍德温被认为是正派的政治家。保守党是一个愚蠢、迷信和充满偏见的政党,同时也是一个主张贸易保护主义和好战的政党。另一方面,保守党人是凯恩斯这一代人反叛的那套道德规范的卫道士。凯恩斯认为保守党人的愚蠢性的根源是世袭制原则,同时,它还说明英国工业为何效率不高。英国资本主义现在已被"第三代"资本家所统治。他对鲍德温政府一开始表现出来的尊重很快也开始消失——"一开始鲍德温看上去不那么聪明,所以很有意思。但当他一味地对他自己的愚蠢表示伤感时,就变得十分无聊。"然而,我们完全可以想象凯恩斯在老朋友麦克米兰和巴特勒(后期的保守党领袖——译注)的保守党中必定有宾至如归的感觉。他仰慕保守党的精英主义,他曾赞叹道:"保守党的核心圈子几乎可以全权决定政策的细节和技术层面。"他反对的只是低能的精英主义。

在当时的实际条件下，他毫无疑问地看出只有工党更有希望推行他的中间道路政策。如果说保守党是一个愚蠢的政党，那么工党就是一个糊里糊涂的政党，但至少工党的政策重心基本上没有错位。他建议给工党的糊涂脑瓜套上自由党人的纲领。他的大部分政治评论都是在同工党进行对话，这就让他所使用的语言带有一种模棱两可的特点，因为他既要将自己的立场同社会主义区分开来，同时又要说明自由主义和社会主义的志向在很多方面是和谐一致的。在他的乌托邦理想中，也同样反映了这个特点。他坚称"我心目中的理想国乃位于天体的极左端"。但他心中的理想社会——他有时也称之为社会主义社会——与生活目标有关，比如休闲、美感、优雅、激情或者多样化。正如安东尼·克劳斯兰正确地指出的那样，这些理想"不可能被归入任何能够说得通的社会主义的定义范畴中去"，因为社会主义理想更关注的是平等、博爱和民主。

凯恩斯郑重其事地否认社会主义可以成为医治自由放任主义弊病的经济药方。他认为社会主义的原则都是意识形态化的、过时的，与现实不符，对创造财富有妨害，而且很可能对个人自由进行大规模的干涉。他在苏维埃俄国亲眼目睹了社会主义在经济上的低效率和不尊重现实的做法。此外，凯恩斯也不赞成社会主义的革命性的那一面。他对此有两个理由。第一，他并不认为现存的体制已经坏到无法改造的地步；第二，如果用革命手段建立起一个比它摧毁的那个还要坏的制度，那就是错上加错了。

凯恩斯还不赞同社会主义的以阶级为基础的意识形态和政治原则。"这个党（指工党）是一个阶级政党，而它代表的并非是我的那个阶级。所以，如果我要追求阶级利益的话，就只能追求本阶级的利益……我当然会受到在我看来是公正和善意的影响；但是在阶级斗争中，我只能站在那些受过良好教育的资产阶级那一边。"凯恩斯的态度自然受到他自己的社会背景和环境的影响——这种背景的人在牛津和剑桥的环境下并不是反工人阶级派，而仅仅是非工人阶级派：这是一批伊顿公学的公费生，有文化教养的金融家和工业家，以及上层阶层的作家和画家。凯恩斯毫不犹豫地自称为"平等派"："我希望塑造一个所有的不平等和造成不平等的原因都被消灭的社会。"但他接着指出："我不想制造一种针对个人的平均标准。我希望对特别努力的人，有特殊才能、特殊勇气和个性的人进行鼓励。我不想让成功和有特殊才能的人感到周围对他有敌意。我相信如果将每个人都进行比较，中产阶级甚至上流阶级的人的素质要比工人阶级优越。"

最后，凯恩斯还不赞成工党反精英主义的立场。他觉得"工党的知识分子将永远不能

第 23 章 凯恩斯的中间道路

对政策有足够的控制,而决策者都是那些什么也不懂、对自己讲的东西也不明白的人"。

凯恩斯对社会主义的三个方面表示敬佩:对社会公正的热情(尽管他自己对此敬而远之);费边主义的公共服务观念;以及以取消"金钱动机"和"热爱金钱"为基础的乌托邦主义。正是他自己的那种乌托邦主义将他作为经济学家的工作同美好生活的追求联系起来。

他的乌托邦主义最充分地体现在一篇题为《我们孙儿辈的经济前景》的文章中。这篇文章最初是一篇1928年3月17日在温切斯特学院的"作文协会"上的演讲稿,后来他在别的地方也演讲过同一题目,并在1930年发表之前做过多次修改。这篇文章产生的背景十分重要。他在1925年夏季的后期访问了苏维埃俄国,这次访问引发了,或更准确地讲是重新启动了他对资本主义道德观的思考。他在11月6日告诉莉迪娅说他已完成一篇"关于'热爱金钱'的哲学思考"。对他有重要影响的另一个因素是弗洛伊德。是年6月,詹姆士·斯特拉彻曾提到凯恩斯"在埋头研究弗洛伊德的案例"。凯恩斯被弗洛伊德关于人们同金钱关系的病理原因的思考所迷住,特别对弗洛伊德所提出的"肛虐性格"同金钱之间的关系以及将这个理论加以升华的一整套手法更加着迷。弗洛伊德让他对资本主义的毁灭自我的特征有了进一步的认识,凯恩斯在《和平的经济后果》一书中曾首次提到过这个特征。经济进步的代价是"收租资产阶级"的文化畸形化——这些人为了获取复利而牺牲了"享受生活的艺术"。经济进步似乎有赖于那些被宗教视为不道德的、而心理学称之为神经质的个人动机。有没有办法从这个因素中脱离出来呢?

在很短的一段时间里,凯恩斯脑子里闪过一个想法:也许苏联已发现了对这个问题初始的答案。他于1925年12月出版的《俄国掠影》一书不用说是对苏联共产主义最激烈的攻击之一:

> 我是一个在自由空气中成长起来的人,既没有宗教黑暗势力的压迫,也没有任何值得害怕的东西。赤色俄国对我来说,有太多的东西令人反感。生活舒适和习惯总使得我们愿意放弃一些东西,但我尚不能接受这样一种信条:这种信条对摧毁不管多少日常生活中的自由和安全都漠不关心,并刻意采取迫害、破坏以及国际争斗的武器来达到目的。我不可能仰慕一种在家庭和社会团体中花数百万金钱培养间谍,并在国际上制造麻烦的政策。我怎么能够接受这一种被他们奉为圣经的经济教条呢?我知道这个自诩为绝对正确的教条实际上是一本过

时的教科书,不仅在科学上是错误的,而且在现代世界里不能引起人们的兴趣,也不能在实践中运用。我怎么能采纳这样一种宁要污泥而不要鱼的信条呢?这种信条将粗陋的无产者凌驾于资产阶级和知识分子之上,而后者不管他们有什么错,总是代表着生活的素质和人类进步的种子。即使我们真的需要一种宗教,我们怎么能在那种红色书店出售的乱七八糟的垃圾作品中找到呢?对于有教养的、体面的、聪明的西欧文明之子来说,在那里他不可能找得到他心中的理想,除非在此之前他已经经历了某种奇怪的、可怕的皈依过程,从而改变了他所有的价值观。

尽管他发现这个制度在很多地方令人厌恶,他仍然觉得苏式共产主义"也许代表一个伟大宗教在初始阶段的那种混乱的躁动",在它的残酷和愚蠢的外表之下,"也许隐藏着一种理想的因素"。他认为布尔什维克主义的重要性并不在于它的经济学理论,而在于它试图建设一个谴责个人致富并创造不让这种致富行为当道的社会制度。他觉得正是在这一方面,共产主义在道德上比资本主义优越。

他于1928年4月再次访问俄国。这一次他不太情愿地得出了一个结论:为了这个信条所付出的代价实在太大。"在到达那个国家之前,人们不可能记得这批人是多么的疯狂,他们为了实验的成功而不顾及任何实际效果。"凯恩斯这时对苏联体制的浪漫情结明显地结束了。只有当体制能够正常运转时,人们才可能有好的心态。凯恩斯同苏联共产主义适度的调情反映他和他那"无信仰"的一代人对一种事业、一种美好生活的理念的追求,以使他的"世俗"活动与这种理念联系起来。凯恩斯写作《我们孙儿辈的经济前景》的目的是为了展示资本主义尽管有缺陷,但是也许能够发展出美好生活所需要的条件。

凯恩斯的中心论点是,资本主义的引擎是由一种"爱钱官能症"所推动的;但是这种官能症也是通向美好生活的手段,因为它是达到物品极大丰富的手段,而物品的极大丰富最终将使资本主义成为不必要的制度。凯恩斯测算,如果资本以每年2%的速度递增,人口增长不变并且生产率以1%的速度增长,那么在100年以后,"文明国家"人口将享有比在20年代的生活标准高出四到八倍的水准,而达到这个标准所需要的只是现在所做努力的很小一部分即可。

由于大多数的需求都得到满足,"爱钱官能症"被看做是"一种让人厌恶的绝症,是一种半犯罪、半病态的心理倾向,只有精神病专家才能对付得了这样的毛病"。人们将

第 23 章 凯恩斯的中间道路

再次自由地采纳那种"明确的宗教原则和传统道德观",着眼于今天而不是明天,着眼于目的而不是手段,着眼于至善而不是功利。

《我们孙儿辈的经济前景》从想象与实证的关系来看是凯恩斯在饭桌上聊天的一种典型的谈话方式。这些是在他不受学术的严格限制下经常思考的观点。通过它,我们比从其正式的学术著作中更能窥见他的内心思想活动。他对企业家追求利润的倾向提出批评,但这是一种典型的英国"有教养的中产阶级知识分子的后代"的观点:他们蔑视把赚钱作为一种职业,但也不反对自己拥有一部分财富。他的乌托邦所想要的是这样一种社会分布,以扩大以后的布鲁斯贝利高踞社会的顶端,把面包和马戏团作为享受馈赠给人民大众。这是一个悠闲阶级的乐园。然而,大多数人在这个乐园中干什么呢?在这种所谓的"文明的"小圈子里本身就有眼界狭小之嫌。

在这篇文章中,凯恩斯议论道:"将生命不朽的观念引入我们宗教的实质和核心的种族同时也是在获取利润上最得力、并对人类社会所有机制中目的感最强的赚钱机制特别偏爱的种族,这样一个事实也许并不是出于偶然。"凯恩斯的著作中有不少地方提到犹太人,这些议论在今天看来颇有反犹太主义之嫌。在《俄国掠影》一书里,他对"共产主义能否使得犹太人的贪婪本性减少"表示怀疑。他于1926年6月访问柏林之后,把德国描绘成在"肮脏的犹太人的丑陋的手掌控制之下"的国家,这些犹太人"将生命不朽的观念升华为复利"。这篇文章是为"回忆俱乐部"所作的一次演讲准备的,在他死后才发表;这是他对犹太人最带偏见的议论,但这个议论同一般人,甚至连丹尼斯·罗伯逊当时都能说得出口的那种危险的反犹语言相比,确实算不了什么。

对犹太人的成见在凯恩斯的朋友圈子中是常有的事,而这些成见往往是偏见。凯恩斯私人信件中的反犹情绪很少,而莉迪娅和那些布鲁斯贝利的朋友们则不同。凯恩斯对个别的犹太人朋友是按照"特殊性"方法来区别对待的,也就是说,不愿意承认他们的犹太性。这是公平与偏见的调和,但是这种公平并非常常发生。尽管维吉尼亚·沃尔夫的丈夫是个犹太人,(剑桥的)斯拉法(著名经济学家——译注)和维特根斯坦有一半的犹太血统,但是凯恩斯在20年代的社交圈子中很少有人是犹太人。只是到了后来才从中欧来了一些犹太难民。与此同时,对犹太人的偏见可以公开表达,没有必要加以掩饰,因为这并不违反社交禁忌。

凯恩斯对犹太人的偏见往往不是庸俗的偏见,而是表现在哲学上的。他同韦伯的弟子桑巴特的看法一样,认为犹太人是资本主义"精神"的象征,也就是说,他们是"爱钱主义"的抽象表现形式。凯恩斯的想象基于生命不朽与复利之间的联结——表现于犹太人的心灵状态、犹太人的历史以及资本主义的发展史。"复利"是"不道德"的欲望的一种"不纯"的表现形式。所以，凯恩斯把犹太人分为两类：一类是纯洁的或宗教型、知识型的，如爱因斯坦、梅绍尔和他的得意门生理查德·卡恩；另一类则是酷爱金钱型的，如克雷蒙梭的财长克劳茨等。凯恩斯的表弟内维尔·布朗记得凯恩斯曾怀疑他是否有犹太血统，因为他能够在脑子里进行数学演算，而这个能力一般是犹太人才具有的。《我们孙儿辈的经济前景》一文发表时，美国加州大学的瑞丁教授指出凯恩斯的假设前提同事实不相符。他告诉凯恩斯，说"犹太人的神学中，生命不朽的原则完全不重要"，而且，犹太人"并不是专注于复利和聚敛钱财"。相反，由于其社会地位的不稳，促使他们在生活上过于奢侈，而且"倾向于豪赌，而不是小心翼翼地积累财富"。凯恩斯答复道，他对他的"传统思路"表示道歉，但不愿放弃他的设想："我仍然认为这个种族已经显示出，并且不限于偶然场合，它比一般人对积聚高利贷利息更加感兴趣。"这个对话发生在1933年秋天，我们必须将它同凯恩斯对德国当时发生的"野蛮行径"的看法平衡起来看。凯恩斯的反犹主义不过是一种神学上的臆想，也许是他自己家庭的新教背景所带来的一些悬而未决的冲突的一种表现。没有任何证据表明这对他的个人行为有多大的影响。

4 小结

凯恩斯在20年代的中间道路可以从两个方面来理解：一方面，我们可以把它看成一种亚里士多德的平衡观，因为他认为19世纪的个人主义和20世纪的共产主义都是极端价值观的表现。另一方面，我们也可以把凯恩斯看做是捍卫个人主义的先知。社会组织已经发展得像礁石一样坚硬，要使国家的大船不至于触礁撞毁，就必须用最好的技术来驾御这条船。愚昧、糊涂和过时观念在政府管理中已经没有立足之地了。防止社会秩序崩溃的唯一方法是求助于一种慷慨、无私、以知识和科学为基础的政策精神。

这两种理解都是有道理的。第一种理解反映了凯恩斯所受到的教育；第二种理解则反映了他的实际经历。1926年间，在政治高层中根本看不到他所提倡的那种政策精神。鲍德温政府同工会已走上了对抗的道路。

第 24 章

同劳合·乔治的合作

1 全国大罢工的前奏

"'所有的工人都应当面临工资的降低,'这就是鲍德温先生在说教和提供津贴的间隙之中的喃喃自语。"这段话是工党政治新秀奥斯瓦尔德·莫斯利讲的。莫斯利准确地抓住了鲍德温政府在重返金本位以后的心态。要维持战前的汇率水平就必须要求全面降低工业生产的成本,但是,政府一方面要保持自由放任的市场经济,另一方面又惧怕社会革命,所以它既不敢推行自己的工业政策,又不敢在企业主和工会之间的斗争中袖手旁观。这种不可抵抗的经济逻辑首先在煤矿工业中同不屈不挠的势力发生了冲突。当煤矿业主要求工人减薪10%时,全英工会联盟发出全国大罢工的警告,而鲍德温政府立即提出了一个妥协方案:在给煤矿业发放津贴的同时,成立一个由赫伯特·山缪尔爵士为主席的皇家委员会,以调查并提出煤矿工业重组的方法。国家津贴将于1926年4月30日到期结束。工会摩拳擦掌,准备抗拒,政府则在准备应付大罢工,而好心人则希望山缪尔委员会能够拿出一个魔术般的解决方案。

当这个定时炸弹在滴答作响时,凯恩斯完全无能为力。他已经明确地表示了反对以降低工资来"加剧失业"的政策。1925年10月13日,他在英国工业家联合会曼彻斯特分会的一次演说中提出一个避免削减工资的办法——这个政策的目标是动用最大的生产能力,达到充分就业水平,这就能支付现时的真实工资并同时减少成本。这个想法似乎提出了一个新的观察事物的视野。如果起用那些闲置的厂房和设备岂不能减少业主对每个工人的工资成本吗?这个念头在他的脑海里闪了一下就熄灭了。他坚持的观点只剩下一条:

即繁荣是靠"积累"才能达到的,英国工业现在需要的是"增加体重"而不是"节食"。1925年秋季,凯恩斯同往常一样地抱怨工作太忙(要做的事情太多,没有消闲的时间,没有安静的环境,思考的问题太多,等等)。他的一个重要责任是组织"伦敦艺术家协会",他做这件事是出于对艺术和朋友的双重热忱。凯恩斯想给布鲁斯贝利的主要画家和他们的弟子们提供坚实的经济保障,从而使这批在邓肯·格兰特、范奈莎·贝尔和罗杰·弗拉埃领导下的艺术家们能够专心作画,不受金钱的困扰。凯恩斯这样做也许也是为了对邓肯失去作为他的财产继承人地位的一种补偿。他说服山姆·库尔多和其他两位生意人一起设法让这个协会的成员每年有150英镑的收入。他们于1926年4月在莱斯特画廊举办了第一次画展。他们的坚韧不拔的宣传家克莱夫·贝尔把它吹捧为"极其重要的事件……差不多等于建立了一个英国画派"。到1929年为止,他们已售出700件画作,价值2.2万英镑。

伦敦艺术家协会从初创开始就产生了紧张关系,反映出提尔顿和查尔斯顿之间的矛盾。凯恩斯想吸收非布鲁斯贝利的成员,例如马修·史密斯和保罗·纳什,他这么做部分原因是为了加强协会的经济基础。邓肯、范奈莎和罗杰都反对他的介入。但凯恩斯是对的,至少他判断邓肯和范奈莎很快就会对资助那些不赚钱的画家感到厌倦。但在查尔斯顿,大家都一致认为凯恩斯没有对艺术的判断能力,他的作用只是付钱,然后让他们自己决定艺术上的事情。范奈莎写信给罗杰·弗拉埃,说"如果我们想让他做什么事情,唯一的办法是让他说话,但一句也不要听,专心思考自己的看法,然后,不管他说了什么,把这些想法说给他听"。

梅纳德的朋友都以为莉迪娅在结婚以后会放弃芭蕾舞。在她结婚前的那一年,莉迪娅只有三周的演出机会(在一个轻喜剧《邮差》中担任一个角色,而她在演出中从自行车上摔了下来),所以大家都这么想是理所当然的。然而在1925年10月,迪亚格列夫给她一个在伦敦歌剧院演出四个星期的机会,并让她出演她最喜爱的剧目《小商店》、《幽默贵夫人》、《嘉年华》以及《佩特鲁斯卡》。她没有进行全面的训练,所以在歌剧院的演出伤及她的脚趾。但演出仍大获成功,1926年夏季她又受到邀请。

1926年年初,自由党的前途成为一个问题。自1924年大选惨败以后,阿斯奎斯(现在已是"牛津的阿斯奎斯伯爵")仍然担任自由党的领袖,而由劳合·乔治领导在下议院的42名自由党的残余议员。而劳合·乔治手中有一大笔在联合政府统治时期不知用什么手段聚集的资金。自由党的左派和右派议员纷纷脱党,当时还有传言说劳合·乔治本

第 24 章 同劳合·乔治的合作

人正试图与工党的拉姆塞·麦克唐纳做交易;在《国民周刊》上,休伯特·韩德森也在鼓吹工党同自由党建立一个进步的同盟。

凯恩斯于2月9日参与了这场关于工党—自由党关系的争论,并在曼彻斯特"改革俱乐部"的晚餐会上发表了一个"坦率的演说"。这个场合的严肃性促使他理了一次发。这篇演说稿于2月20日发表在《国民周刊》上,题为《自由主义与工党》。他的论点是,明智的自由党人应该同明智的社会主义者进行对话。他的这种失败主义情绪让劳合·乔治非常不快。然而,真正的问题在于,凯恩斯自己也必然意识到,双方"明智的"人物缺乏头脑。拉姆塞·麦克唐纳在乌托邦主义和财政部控制经济这两个观念上没任何东西可以向自由党人提供;菲力浦·斯诺顿则是一个亨利·乔治式的老派社会主义者,他同劳合·乔治一样热衷于土地改革,但在其他方面则是一个正统的格莱斯顿式的自由派。同样,自由党的"明智"分子,或称"阿斯奎斯派"并不赞同凯恩斯的观念,他们一致支持恢复金本位。劳合·乔治既有思想又有干劲,但自由党的"明智派"认为他是魔鬼的化身。

工党中被凯恩斯的理论所说服的最重要的人物是奥斯瓦尔德·莫斯利,但他也不被看做是一个"明智的"社会主义者。绰号"汤姆"的莫斯利当时是一个放荡的年轻人,对大众和女人都极有诱惑的本事(莉迪娅有一天晚上做梦与他接吻)。然而,莫斯利在1925年发表了一本小册子《理性的革命》,这是他第一次运用凯恩斯的经济政策理论来达到政治目的的尝试。莫斯利直率地将失业问题归罪于"有效需求"的不足。凯恩斯在伦敦的一些晚餐会上见过莫斯利,但没有证据表明他读过或同他讨论过那本小册子。他后来读过一本在小册子基础上扩大的、但更是含混不清的书,作者是莫斯利的朋友约翰·斯特拉彻。凯恩斯于1926年1月5日告诉斯特拉彻:"我非常喜欢这本书。"但他不可能欣赏莫斯利在"一念之间"产生的"缺乏有效需求"的观念。当然对莫斯利来说这也只能是"一念之间"的想法。如果他能把这个问题讲清楚,那么他,而不是凯恩斯,将成为新经济学的鼻祖了。

凯恩斯对独立工党在1926年发表的小册子《活工资》的反应也十分具有同情心。这本书受到J.A.霍布森的"消费不足"理论的重大影响,其目的是想通过税收来进行财富再分配以及扩大信贷,这样才能够增加工人阶级的购买力。在1926年10月27日,凯恩斯给该书的作者之一布莱尔斯福德的一封信中说:

第五部分 金十字架

我并不完全赞同霍布森的"消费不足"理论,但我确实同意一种与它有关联的观点,即经济繁荣是个累积的过程。如果在现行条件下我们可以做一些正统或非正统的事以期刺激需求,而不管这个需求是在哪个领域,那么这个需求就会要求供应的增加,然后能够维持和增加需求,如此继续下去。但是这并不说明霍布森的脑子也是这样思考的。

在这个阶段,凯恩斯的思想发展还停留在将向海外投资或提供贷款,同时没有带来出口的增长这个因素作为需求不足的根本原因。他尚未看到消费者的"节俭"也会造成需求的不足。

工党领袖所提供的前景让人感到意气消沉,但这时的凯恩斯却从老一辈的费边主义那儿找到一些新的共鸣之处。当他的文章《自由主义与工党》出现在1926年2月20日的《国民周刊》上以后,比阿特丽丝·苇伯给他写了一封热情洋溢的感谢信。她特别喜欢凯恩斯对费边主义的老观念——"渗透"理论所做的正面呼应。在第一次世界大战以前,凯恩斯常常在这个问题上嘲笑苇伯。但当他于3月19日同她和萧伯纳两人共进午餐以后,他将苇伯夫人的书《我的初学生涯》带到了(西班牙的)安达露西亚去阅读,他和莉迪娅在那里度过了复活节假期。这本书早就寄给了他,并请他在《国民周刊》上写书评,但他一直不愿动笔。现在他被她的书深深地打动了。在这本书里,苇伯夫人回顾了她在试图用一种"新的人道宗教"来取代失去的基督教信仰时所经历的斗争过程。他们于4月18日度假结束回到英国,邓肯·格兰特写道:"梅纳德在西班牙的火车上读过苇伯夫人的大作后差一点成了社会主义者。"他接着恶毒地说:"我觉得社会主义对他们来说将成为卑鄙行为的一个道德上的借口。"梅纳德和比阿特丽丝在相互吸引的基础上建立了一种令人难以置信的友谊,尽管双方并不相互理解,但是他们都相信社会科学和为公共服务。

20年代中期的另一个朋友是H.G.威尔斯。梅纳德在1927年1月22日的《国民周刊》上对威尔斯的小说《威廉·克里梭的世界》给予极高的评价。他的精英主义心态被威尔斯的观点所吸引。威尔斯认为,改革的动力必须来自于权势和知识精英——即工商巨头和科学家——而不是社会主义知识分子或工人。"克里梭的立场偏左——非常非常的左;但他也召唤右派的创造力和建设意志以达到他的目的。"类似的观点在萧伯纳的剧本中也比比皆是。梅纳德和莉迪娅在伦敦开始同这位老费边主义分子进行交流。在萧伯纳的《芭巴拉少校》剧本中,有权势者以军火制造商安得沙夫特为代表,这些人没有理想;

第 24 章　同劳合·乔治的合作

有知识的人没有信仰,所以非常无能;大众没有知识,所以是潜在的破坏力量。凯恩斯议论道:"每一个聪明人都欠萧伯纳的债,也欠威尔斯的……"

从西班牙的复活节假期归来以后,凯恩斯面临着剑桥的一场危机。国王学院的教务长沃尔特·顿福德于4月9日去世,他是伊顿公学的那个喜欢体罚学生的基特博士的外孙。凯恩斯面临的问题是,他是否应该参加竞争?大部分年轻研究员都希望他出任,而老一辈的都热衷于克拉汉姆这位经济史学家——此人代表着新教教义、登山运动以及传统。4月23日,凯恩斯告诉他的"最亲爱的女教务长(戏指莉迪娅——译注)",他有些"心动",但觉得这是"错误的"念头。维吉尼亚·沃尔夫在4月29日向范奈莎报告说:"(凯恩斯)在国王学院教务长的位置及其所带来的体面,戈登广场和一群无赖之间举棋不定。"凯恩斯在给年轻学者的代表C.J.格莱的一封信中将他的疑虑用另一种语言表达出来,但意思还是一样的:"我非常担心教务长这个位置也许在某些方面同我的活动和性情不相符合。"此时形势已经很清楚:如果凯恩斯参加竞争,学院就会分成势不两立的两大派。为了防止这个结果,他全力以赴地支持一个双方都能接受的候选人,年事已高的神学教授A.E.布鲁克,他是卢伯特·布鲁克的叔叔。布鲁克顺理成章地当选了。梅纳德退出竞争的种种交织的动机被维吉尼亚·沃尔夫一语道破,尽管她不无恶意:"梅纳德决定退出竞争……他说他一旦当选,将总是被人称为教务长,而不是凯恩斯;他将有社会体面,但接着会堕落和消失。所以他还没有在布鲁斯贝利消失掉。但是大家都认为,即使他参加竞争,也选不上,他说的那些话不能让我相信。列昂尼德说他看上去非常抑郁。"

在1926年夏季的那个学期里,凯恩斯过得很不愉快。布鲁克当选教务长后的一系列宴会和酒会让他疲惫不堪,"脸色极差"。6月17日,莉迪娅在女王剧场首场出演芭蕾舞剧《波奇奈拉》,梅纳德同列昂尼德·沃尔夫和戈登·鲁斯一起观看,但他过于紧张,弄得列昂尼德十分不快。是年夏季的演出热点是迪亚格列夫主办的斯特拉文斯基的《婚礼》。莉迪娅在5月30日写信给梅纳德说,这出戏的"音乐是精彩的狂欢,但作为芭蕾则更像数学(那样乏味)"。莉迪娅意识到她的舞蹈生涯快要结束了,在六个月没有跳舞以后,她感到"精神上不稳",担心会成为一个"二手舞蹈演员",觉得在这次伦敦演出之后一定要"永远退出舞台"。6月20日,她同梅纳德动身去柏林,梅纳德被邀请在柏林大学作一次演讲。

2 同阿斯奎斯决裂

　　凯恩斯心情抑郁和容易发火的原因不在教务长竞争中的失败,而在全国大罢工及其对他个人心态的恶劣影响。他一生中总是抱怨说局势的骚乱对他的神经带来恶劣的后果,这也就是为什么他总是将心境平和与满足作为政治家的最高素质。然而还有另外一个因素。全国大罢工引发了自由党的一场大危机,在这场危机中,他支持劳合·乔治,站在了阿斯奎斯的对立面。他同老朋友的决裂对他自己也是一件心情沉重的事;同时也让许多其他人难以置信,他从鞭笞那个"威尔士巫师"(指劳合·乔治——译注)最烈的人一下子变成了捍卫他的斗士。凯恩斯辩解说:"我在劳合·乔治先生的思路正确的时候支持他,如果不正确就反对他。"但这个说法没有任何效果。阿斯奎斯派的人是以个人之间的忠诚和历史渊源联结起来的,他们视凯恩斯抛弃他们的领袖为背叛。这批人包括赛蒙、朗西曼、菲力浦斯、麦克林、普林格尔、格雷以及格莱斯顿。凯恩斯的政策建议本来就在上流社会里引起了不信任,现在他又必须为他的背叛罪承担责任,这使他的生活更加不堪压力。

　　他同阿斯奎斯的决裂是全国大罢工引发的。煤矿业终于没有妥协的时间了。山缪尔委员会在1926年3月的报告中建议先削减工资,然后再进行行业的重组。矿业工会联合会拒绝削减工资,而矿主协会则拒绝行业重组;全英工会联合会决定支持矿业工会。凯恩斯当时仍然过于乐观,认为总能谈成一项妥协方案。在4月24日的《国民周刊》上,他信心十足地向读者介绍了他心目中的妥协方案:煤矿工业必须在每一吨煤里增加三个先令的收入,而这只能从削减工资、节约生产过程中的开销和对国内消费者提价这些方面得到。凯恩斯建议三方面每一方出一先令,而由国家对矿业主的那一先令进行暂时的资助。如果实际生活真是那么符合理性当然最好了!凯恩斯以为矿工应该同意这种有限的工资削减,这总比"大规模的失业"要强得多。他也设想政府会继续提供资助,同时相信矿主会同意减少生产的范围,将生产集中在效率最高的那些矿井里。这三个假设全都错了。

　　政府的临时资助在4月30日星期五那天结束。鲍德温在此事上的态度特别漫不经心,尽管他本来就不是一个精力充沛的人,但是他这次的态度还是冷漠得令人感到十分吃惊,他直到政府资助即将结束的那一周才开始寻求妥协方案。当他的内阁否决了他关于延长两周资助的建议后,他以一个站不住脚的借口中断了与全英工会联合会的谈判:当联合

第 24 章 同劳合·乔治的合作

会代表团在周日晚上到达唐宁街10号首相官邸时,首相已经上床睡觉了。

全国大罢工于5月11日开始,但在5月12日,工会联合会的执行委员会收到鲍德温的一个毫无实际意义的保证,说政府会"考虑"赫伯特·山缪尔爵士的某些建议,执行委员会本来就不想举行这场大罢工,于是中止了行动。工会联合会用这个作为遮羞布,以掩盖其无条件投降的事实。矿工们则一直坚持到秋天,为饥饿所迫,不得不接受矿主的条件。政府的策略被认为是正确的,但从长远的观点看,凯恩斯的分析则更有洞察力。他的观点是:对现代的工业社会的管理无非两个方法,一是在主要的利益集团之间进行调和,二是用阶级的力量来运作。他支持前一种方法;而政府采用的是后者,而且获胜。但是,政府对它的胜利不知所措。鲍德温的一个重大决定是拒绝伯肯海德勋爵提出的一整套永远削弱工会势力的措施,这些措施包括取消对工会经费的税收豁免、在罢工决定上要求工会成员秘密投票表决、对工人纠察队的限制以及在政治活动的征税方面做出改革。只有最后这一点被政府采纳了。工会未受到政府的抚慰,当然也不愿意向政府低头。北英格兰、苏格兰和威尔士的工业心脏地区同议会政治的隔阂越来越深。这些地区本来就已经萧条,不久又受到全球经济大崩溃的激烈打击。直到70年代,在经过多年的充分就业和议会的亲工会法加强了工会的势力之后,工会才向政府和中产阶级实施了大规模的报复,以为工人在两次世界大战期间所蒙受的不公正雪耻。在1984年,矿工工会又东山再起,有意识地,但以更加激烈的方式,来模仿1926年的大罢工,但这一次又被压制下去。然而,在这个阶段,凯恩斯的阶级调和的中间道路以及充分就业的政策已被政府所抛弃。

凯恩斯认为当时只有一个政治家对局势应付裕如。在大罢工开始之前,劳合·乔治一直敦促政府坚持谈判,直到达成妥协。当罢工开始以后,他宣布支持政府,但同时又痛斥政府在谈判中的拖沓作风、在中断谈判上的突然性、要求工会无条件投降的做法并拒绝在政府公报上刊登两位国教大主教联名对寻求解决办法的呼吁。劳合·乔治的调子同阿斯奎斯和赛蒙的态度迥异,后两人着重强调罢工的非法和反宪法的特点。

凯恩斯同劳合·乔治的和解已有一段时期。七年前他在巴黎以绝望的语气向玛格特·阿斯奎斯说过,他连再为这个人工作一天,甚至一个小时都无法忍受。但即使在当时,他对劳合·乔治的痛恨之中也还是夹杂着些许敬仰的成分。他于1920年在布鲁斯贝利的回忆俱乐部的演讲中说过:"当你同意他的观点时,他会令人惊异的。"现在他发现他越来越同劳合·乔治的观点一致。劳合·乔治也许对经济和金融一窍不通,但他对经济

第五部分 金十字架

活动扩张的直觉同凯恩斯的观点比同财政部和英格兰银行的紧缩政策更为接近。早在1920年他就宣布过:"我们必须增加产出。"在1924年,他支持公共工程的政策;在1925年,他谴责丘吉尔"令人惊异的胆大妄为",把英国带回到金本位制度。他现在没有权力,他那天生的激进主义又开始抬头,而且精力仍十分充沛。在大家都渴望大胆的思路时,他的吸引力比他当权的时候还要大。

劳合·乔治拒绝参加在5月10日召开的自由党影子内阁的会议,以示对阿斯奎斯对待大罢工的政策的不满。阿斯奎斯据说在夫人玛格特和女儿维奥莱特·邦汉姆·卡特的煽动下,有意将劳合·乔治不出席会议一事扩大化。他俩的信件往来在5月26日的报纸上被披露之后,阿斯奎斯在自由党元老的支持下宣布劳合·乔治已从影子内阁中"把他自己驱逐出去",并声称如果劳合·乔治再回到影子内阁,他就会拒绝继续担任党的领袖,他还呼吁朋友们支持他的立场。

但阿斯奎斯的朋友已经太少了。凯恩斯已不再是其中的一员。同大多数自由党人一样,凯恩斯认为劳合·乔治在大罢工中体现了自由党人的真正态度,同时他对阿斯奎斯将这场政治游戏拱手让给工党大为震惊。5月22日,《国民周刊》认为罢工的失败给自由党一个新的机会,使工党在工业和政治上的"阶级斗争"方法丧失信誉;然而,劳合·乔治的政治家艺术所创造的种种机会都让自由党错过了。休伯特·韩德森在5月29日的《国民周刊》上写道:"谁能够相信,在两个政治家的一场争论当中,劳合·乔治先生毫无疑问是正确的,而牛津勋爵(阿斯奎斯)则大错特错呢?"

攻击《国民周刊》立场的大量信件在读者来信栏中出现;阿斯奎斯的家人也发动了自己的进攻。玛格特·阿斯奎斯对梅纳德的攻击始于5月22日,她像一头愤怒的母狮,以一种绝望的忠心向那些围攻她那已经受伤的雄狮的人们发动了进攻:

最亲爱的梅纳德:

你对劳合·乔治在罢工期间的赞扬,说他的行为意味着"自由主义",实在让我吃惊到极点。可怜的劳合·乔治!他鼠目寸光,只看到鼻子前面的一点点和新闻媒体,他根本没有一点公共的良知,再加上对他的领袖和同事们的背叛,这一切都毁了他自己。没有一个领袖对劳合·乔治像阿斯奎斯那样充满耐心和人性。然而,他是一个天生的骗子,他会敲诈自己的母亲。大罢工展示了政客和政治家之间的区别。正是自由主义和自由党人停止了大罢工的进程。

第 24 章 同劳合·乔治的合作

5月28日，她又写道："这个人真的比大错特错的牛津（勋爵）更能代表自由主义吗？……我宁可要一个小而正直的党，而不要一个大而不正派的党。也许我是一个愚笨的人，但我偏爱真理。"凯恩斯于5月30日回信说：

我亲爱的玛格特：

自从上周二我听到发生了什么事以后，我内心一直很痛苦。我对劳合·乔治的为人是清楚的，大多数同我的观点一致的人都明白——我们并不抱任何幻想。但这次的分裂是因为任何有激进思想的人，只要他不愿将政见屈从于对个人的忠诚，都没有任何其他的选择而做出的。

我对前景一点也不看好，但我的情感至少是不变的，"大错特错的牛津勋爵"仍然是我愿意追随、热爱和敬仰的人。

玛格特·阿斯奎斯在5月31日回复道："很简单：是L.G.（劳合·乔治）还是H.（阿斯奎斯）？那些选择前者的人将不配做我们的朋友。"

劳合·乔治在重新组织可能的政治同盟上动作很快。6月6日和7日，梅纳德和莉迪娅在劳合·乔治的乡村别墅"切特"第一次度周末。梅纳德想："这不会有什么坏处，为何不去呢？"他们回到戈登广场时带回一个礼物——一个自由党的激进土地改革分子钓的一条鳟鱼。星期一，梅纳德写信给莉迪娅说："劳合·乔治在嘴巴里味道不太好，当你回顾时咂巴舌头时就能感到。你怎么看？但是，生活就是这样。"他在6月29日出席了劳合·乔治在伦敦召开的一次会议，目的是讨论在自由党之外组建一个激进党人同盟。

凯恩斯在改换门庭过程中的痛苦更因为阿斯奎斯在6月12日患了中风，三个月不能恢复工作而加剧。在那同一天，凯恩斯的一封信发表在《国民周刊》上。信中说到劳合·乔治在罢工中的表现令人敬佩，如果他退党，自由党人将会由于虚弱而死亡。"牛津勋爵是一个辉格党人，而劳合·乔治先生是一个激进派，自由党只有拥有这两个因素时才会最强大。这两个势力已经共存了许久，能够合作成功。"这封带有调和意味的信促使玛格特在6月20日清晨四点钟（她习惯这时写作——译注）写了一封颇为伤感、但不再像先前几封那么愤怒的信：

我看出你根本不知道亨利的病情有多么严重……我为他拆看所有的信件，

第五部分 金十字架

但只让他看那些让他高兴的信,所以你的信我就没有给他看。当他在病前听到"大错特错的牛津勋爵"的说法时曾对我说:"这不是梅纳德的话,这是韩德森的;梅纳德绝不会支持大罢工的;他太聪明了,不会这样!但我对他将这句话在他的报纸上登出来还是十分惊讶的。"我能看出他受到了伤害……不要忘记他有一种"非凯尔特人"的特点……他将死于心碎,但他从不是伤感的人。

凯恩斯此后再也没有见过阿斯奎斯。阿斯奎斯于1928年2月15日去世。梅纳德在《国民周刊》上写的讣告是充满感情、敬仰和实事求是的:"他是一个能够推行激进政策的完美的辉格党人。他那一代人所做的事情为世人所称道。"玛格特写信给他说:"我知道亲爱的梅纳德,你曾经十分喜欢他,而且你现在十分喜欢我……"

3 自由党人对工业的调查

1926年夏天,梅纳德在提尔顿过了两个周末。8月7日星期六,他和莉迪娅到韦伯夫妇在汉普夏郡的帕斯费尔德角别墅去度假。后来梅纳德又到伊斯顿给独立工党的夏季班作了一次题为《英国工业在将来的均衡》的演讲。比阿特丽丝·韦伯记下了对他的印象:

> 迄今为止,他对我没有多少吸引力——头脑非常聪明,目空一切,对社会学的发现虽然有同情心但没有足够的耐心。但是我那时很少见到他;况且,我认为他的充满爱的婚姻也唤醒了他对贫穷和苦难的同情心,他的夫人是一个很有意思的娇小的俄国芭蕾舞演员。我在周围看不到任何一个人能够以公共利益为基础寻找控制国家财富的方法。他不仅在语言表达上非常出色,在思想上发人深省,而且还是一个现实主义者:他面对现实,在思想上和行动上既有连贯性,也有勇气。他的偏好是行政管理工作,他的脑力足以使他成为科学家,而且具有很高的文学才能,他不是政治领袖人物的那种材料。这并不是说他没有"个性"——他给人印象很好,很有吸引力,他能把握听众,在他周围建立一个追随者和信徒的圈子;如果他能够容忍一个上帝创造的政党,他也能领导它。但是他对普通人嗤之以鼻,尤其是对有组织的芸芸众生看不上眼。所以他厌恶

第 24 章　同劳合·乔治的合作

工会，蔑视普罗文化，也不喜欢民族主义和爱国主义情绪，因为它们同他所尊崇的"公共精神"不是一回事。贵族和富豪的粗俗的利益和鄙陋的偏见也同样让他感到不快——事实上，他讨厌所有庸人的思想和情感，而正是这类思想和情感将人们组织在一起。凯恩斯有可能完成的是一个宏大的社会工程；也许他会被奉召去亲身推行这个工程，但只是作为专家而不是代表。

1925年9月，凯恩斯是被邀请到切特庄园去的"14位教授"之一。凯恩斯写信告诉H.G.威尔斯说："这次开会是试图为一种新的激进主义奠定基础。这在多年以来我是第一次感到政治上的兴奋，觉得在政治世界里有可能做成一些事的机会到来了。但我的信心尚不足。劳合·乔治的信誉像黄金那样可靠，但这能够持续多久，我也不知道。"这年年初，自由党夏季训练班委员会（凯恩斯是成员之一）决定对工业状况进行调查研究。劳合·乔治承诺从他掌握的经费里拨出1万英镑，并提供一个为这次调查研究服务的秘书处。是年初夏发生的事件使这个项目是否能够进行发生问题。但是在10月15日，阿斯奎斯辞去了领袖的职务，自由党的控制权落入劳合·乔治手中。在以后的三年里，他竭尽全部心思、精力、脑力和金钱试图挽救这个根部已经坏死的政党，这是一场英勇但毫无希望的战斗。自由党的最高领导层——除了山缪尔爵士之外所有阿斯奎斯时代的遗老们——中没有一个人对他的计划或对他个人有丝毫的信心；不过这批人本来也都是没有才华的政客。自由党的重新崛起依靠一个人的政治威力和另一个人的头脑，劳合·乔治是政治巨头，而凯恩斯是他的智囊。

在工业调查委员会里，凯恩斯是12个成员之一，主席是沃尔特·莱顿。一开始还设立了五个专家委员会："政府与工业"（拉姆塞·缪尔为主席）、"劳工和工会"（E.D.赛蒙为主席）、"失业"（劳合·乔治自任主席）、"工资与地位"（E.H.吉尔平为主席）以及"工业与金融组织"（凯恩斯为主席）。这些委员会由25位专家和政治家组成工作机构。凯恩斯委员会的任务是负责经济组织和国家金融的问题，这两方面反映了《论货币改革》和《自由放任主义的终结》的作者的兴趣在于如何稳定一种"黏性"经济。凯恩斯没有被委以研究失业问题的任务（也许他自己没有选择这一问题），这不得不让人们联想到如果他同其他的经济学同事一起研究失业问题会有什么结果。参加调研的经济学家有莱顿、韩德森、罗伯逊和斯坦普。

工业调查的活动开始以后，凯恩斯第一次，也是最后一次深入了解英国工业衰落所面临的实际问题。他同马歇尔不一样，他对实业界的活动从来都不屑一顾。但在萧伯纳和威尔斯的影响下，他这时也开始把实业界的巨头看成是社会改革家的一种类型，所以对他们尊重了许多。同时，他也看到大企业的发展过程证明了在利润极大化和社会服务这两个动机之间确实有一个"中间道路"。但他的这些设想还停留在抽象的阶段。英国实业家给他的主要印象是愚蠢和懒惰。他坚信"三代人周期"的观点：有精力有想象力的第一代创业；儿子辈则借着父亲的成就轻松地守业；而孙子辈则开始毁掉家业。在《我是否仍是自由党人？》一文中，他写道："我相信个人主义的资本主义经济思想之所以枯竭的来源是……财产继承的原则。"

凯恩斯虽然对实业界的能力批评有加，但他自己对训练实业界人才的问题却令人吃惊地不予重视。他根本不相信可以开工商管理的课程。他在1927年的一次广播辩论中说："一个大学开设职业企业管理训练的课程是不对的。大学的任务应该是让学生的智力和个性得到发展，以使他对今后将要从事的实业很快就能掌握其特殊的细节。"他不久也将这个理论运用到他自己身上。

凯恩斯对英国的两大衰退工业——煤矿和纺织业——存在问题的兴趣主要始于英国重返金本位和全国大罢工。在《丘吉尔先生的经济后果》一书里，他认为重返金本位使每吨煤增加了两先令的成本，从逻辑上讲应当让工资降低10%。一年以后，他的关注重点转移到减少超量生产规模上。"主要应该做的事情是将工人从煤矿工业中转移出去，减少产量以提高出口价格。"他建议煤矿业主组织一个限制产量的卡特尔。在1926年11月13日的《国民周刊》上，凯恩斯的一篇文章对煤矿和纺织业这两大衰退工业的现状进行了比较。煤矿业自我摧毁的原因是毫无节制的超量生产，而纺织业"有组织地减少工作时间已有五年的历史了"。据凯恩斯估算，兰开夏的粗纺棉织业已经完全转移到日本，但是兰开夏的纺织业并没有将生产能力集中在其效率最高的部门——即精纺部门。相反，它保持生产能力和劳动力的原有水平，其方法是让工人的工作时间缩短。这样就在工资水平之上额外加上了一笔日常管理费用，使其产品价格高于国际市场上有竞争力的价格水平。英国纺织业对外出口的减少，加上缩短的工作时间引起生产成本的上升，"日以继日地走向毁灭的道路——其速度只受限于其他国家扩大纺织品生产的速度而已"。取消缩短工作时间这一方法的任务十分紧迫，必须用"合并、集中或撤消一些车间的办法"来达到此目的。

这个建议引起了震动：凯恩斯不过是一介书生，居然敢向实业家们指手画脚地说应该

第 24 章 同劳合·乔治的合作

如何管理自己的行业！然而，还是有一些愿意听的实业界人士。1926年11月16日，全英纺纱业主联合会的"缩短工时工作委员会"请凯恩斯到曼彻斯特去讨论他在文章里提出的一些问题。他于11月22日到曼彻斯特。他同委员会会谈以后，发表了一篇通告，说他支持纺纱业成立一个确定最低价格和产量的卡特尔。他在这个问题上的立场发生的迅速变化是他的灵活性的典型表现。他原先的观点是永久关闭一些生产车间，但其后果实在太令人不敢想象。所以凯恩斯决定支持一种比较灵活有效的分享市场的计划，将生产的定额从较弱的厂家向较强的厂家转移。这个计划成了1927年2月18日成立的"棉纱协会"的基石，其主席是约翰·莱因。当不少企业趁机搭便车而使得这个计划行将失败时，凯恩斯又支持另一个建议——成立一个纺纱工厂的集团公司以便一方面使生产合理化，另一方面尽可能地买下多余的生产能力。这些努力的结果帮助促成"兰开夏棉纺公司"的成立。这个在1929年建立的公司获得了英格兰银行的支持，其管理层大多来自于"棉纱协会"。凯恩斯对此评论道："人们不禁要同伽利略一起喃喃自语——地球总是要转的。"

凯恩斯每次从曼彻斯特回来都感到"非常悲观"。他对"第三代企业家"的所有偏见都得到了证实。在第二次世界大战的后期阶段，他曾经叹道，希特勒的轰炸机群居然未能摧毁兰开夏的每一座纺织厂，"因为这些厂子里除了管理人员，什么人也没有"。凯恩斯介入棉纺工业使他很快就加强了他对从"供应方"的角度来解决英国工业的失业问题是非常困难的观点。既然这些礁石搬不掉，所以只能用经济繁荣的浪潮将它们淹没。

凯恩斯对英国企业实际状况的了解更加丰富了他对自由党的工业调查的贡献。具体地说，英国工业的现实进一步加强了他的信念：家庭式的企业占主导地位的那个时代已经结束，集团企业的时代已经到来。

凯恩斯留下的文件中有关这次工业调查的内容很少。根据他的记事本，他的那个委员会于1926—1927年冬季在他伦敦的家中开过好几次会。1927年4月8日到11日在切特庄园召开的全体会议中，凯恩斯和拉姆塞·缪尔的两个委员会受命在6月17日以前起草一个总的报告。同时，"重新调整和包装自由党人的胡言乱语"的工作在整个1927年中一直在进行。在切特庄园里，凯恩斯还度过四个周末，即6月24—26、9月17—19、10月28—30日以及12月9—11日，目的都是为最后报告进行定稿，劳合·乔治用了一批戴姆勒车来运送到他家来的调查委员会成员。报告最终完成了。1928年2月初，这份黄色封面的《英国工业的前途》正式发表。凯恩斯在2月5日写信告诉莉迪娅："这个报告的报界反应很差，但我可以斗胆直言，它是咎由应得。内容太长，太啰唆，没有东西说的时候还要说，有东西说的时候，则在那里打转转，不肯直言。这就是我们的自由党人，具有豪侠之心的自由党人。如果这份东西只有一半的篇幅，而且直指那些新颖、有意思和重要的方面的话，就会好得多。"

凯恩斯的看法是正确的。这个报告读起来非常困难。比如说，在第78页里，它提出一个问题，"有多少人明白大都会自来水管理委员会的章程？"并接着对这个章程做了一大通的解释。这个报告所论及的不是目的，而是手段。尽管如此，它还是讨论了当时最关键的政治问题：政府在经济中的作用（诚然，此时还没有提及此后凯恩斯革命的"需求管理"的概念）以及工业界的阶级利益调和的问题。在这两个问题上，该报告都试图在个人主义和国家社会主义之间寻找一条中间道路。

在1927年4月底，凯恩斯曾写了一篇题为《国家金融和工业结构》的文稿，这是基于他在1月给自由党的竞选人作的一次报告，目的是为整个调查报告提供一个基本框架，但在报告的最后版本中，凯恩斯的想法基本没有被采纳。然而，这篇文稿是他的总体思路的一个最简略的表述，尽管他当时也有必要将它修改得适合自由党的需要。这篇文稿的主要观点是将19世纪和20世纪的经济进行了比较。19世纪的经济以小规模的家庭企业为主，大环境是持续的经济扩张。而20世纪是联合控股公司的世界。这种公司由拿薪水的管理人员来主持，股份所有人则在名义上控制公司而实际上什么也不懂。这种公司现在面临的是大规模的结构性调整。向卡特尔、兼并和垄断方向发展的趋势不仅由于生产的技术条件和大规模工业在股市筹资的便利所引起的，而且还由于过量的生产能力对工业的威胁。对新的条件的适应更加必要，但也越来越困难。所以，由那种个人主义的理论家所描绘的社会状况已经不能"同整体事实相符合"。大规模的企业、拿薪水的管理层以及分散的所有权必须被看成是自然演化的结果，既存在有效率的因素，也存在没有效率的因素。法律和中央政府制度应该得到调整，以"适应现实的经济状态"。

凯恩斯接着列出一批"不同类型的社会化、半社会化以及其他政府管理的企业"。他声称这批企业已经掌握了全英国总资本的三分之二；他提示说企业的"演化"过程往往倾向于把私营企业转变成国营或半国营的董事会，资本形式从股票转变为固定利率的公债。他认为这类董事会将渐渐接管工业，而且没有理由认为它们在运作中一定比私营企业董事会的效率要差。所以，选择国营还是私营董事会的方式不过是一个任命什么人做董事的问题。

第 24 章 同劳合·乔治的合作

凯恩斯的文稿受到银行家罗伯特·布兰德的强烈批评。布兰德比凯恩斯要右倾得多。他在1925年曾写过一本题为《为什么我不是一个社会主义者》的小册子,为人们追求利润的动机辩护,说这是对冒风险的奖励,并说国营企业由于没有破产的风险,所以一定会让国民财富受到损失,而私营企业经营不善就会受到惩罚。布兰德声称凯恩斯关于三分之二的企业已不再是私营的说法绝对是误导。凯恩斯开的单子里,除了公用事业的公司以外,并无一家是制造商和贸易商。他说:

> 我坚持这样一种观点:即这个世界是一个有偶然性、有风险的地方,而且永远会这样。我情愿让生活各个领域中内在的风险所造成的损失成为公开的消息,也不愿让那些国营或半国营的公司用银行利率和税收的办法来掩盖这些损失……

上述这些问题将自由党人一分为二。凯恩斯不像布兰德那么愿意冒"社会风险"。他们的争执还同对效率和利润之间的关系的不同判断有关。布兰德从工商活动的角度来看,也就是说从赚钱的角度来看工业问题。他在《为什么我不是一个社会主义者》中说,"现实生活中积累的知识"表明,效率、审计和职业荣誉不可能取代利润动机,正如韦伯夫妇所建议的那样。而凯恩斯则从学术、行政管理和公共服务的角度来看同样的问题,他在报告中说,利润促使人们努力的刺激作用被夸大了。"对于士兵、政治家、文官、教师和科学家来说,这个说法从来都不能成立。"对这批人来说,"一定水平的薪水,加上能够被提升的可能或得到奖金的可能,这才是一般人所期望的事。"这批人的偏好代表了社会大多数人的偏好,所以在稳定和效率之间进行权衡比布兰德想象的会产生更好的后果。也许凯恩斯在将他年轻时在印度事务部的那段经历理想化:当时他曾批评过"昏庸的统治方法"。

布兰德对凯恩斯文稿的反对意见在报告的定稿中起了关键作用。凯恩斯在报告第二部分里的关于经济体制"演化"的猜想几乎全部被删除;同时,还加上了一段强调个人主义美德的部分。凯恩斯关于国营形式也许会成为工业组织的一个典型的构成部分亦被除去;对工商结构进行调整的种种建议只被局限于如何使不同形式的国营企业更加"有活力和效率"。

但是,在报告中有一个部分反映了凯恩斯的典型看法。《英国工业的前途》建议将国家管理的投资资金,不管是借的(比如公路基金)还是通过税收得来的,都应该集中起来,然后在投资预算中分类,并在一个国家投资委员会的指导下进行投资活动。凯恩斯估计该委员会每年可以影响或控制1亿英镑的资金,也就是说,年国民总储蓄的五分之一,把它用来支持"所有中央、地方和临时成立的投资委员会的活动……",同时也可以向铁路的改造计划、甚至私人企业提供新的资本,其运行则根据议会的"贸易改善法"的原则。此外,政府应该发行国家投资债券来创造资本,这就会逐步地用增值债券来取代坏债和死债。

在报告的第二和第五部分里有些典型的凯恩斯风格,所以有些生气。比如说第11章里写道:"无知是当前政治和社会邪恶的根源。""经济学家同其他科学家不同,他只能对根据经验所得到的数据进行摸索和猜测。那么经济学如何才能成为一门真正的科学,使它造福人类的作用等于其他所有科学的总和呢?"这一章的结论是:"知识的国有化是国有化绝对正确的一个范例。"他对货币升值所做的描述更为生动,它"等于是医学界曾经风行一时过的'放血疗法'……毫无疑问,这个政策总是伴随着贸易的萧条,任何时候都是一样"。他指出,英格兰银行应该在责任追溯上有所加强,而在秘密操作上有所下降。国家的账目应当区分为资本和经常性账户,并在财政上区分税收和支出的国家和地方的不同范围。还有一个有意思的建议——制定一个单独的、明确标出的社会服务预算计划。凯恩斯对这个报告的总结颇有先见之明:"这个报告也许会很大程度地影响将来的政治纲领,届时自由党是否还存在以推动这些纲领是无关紧要的。"

第 25 章

储蓄之谜

1 孵化丹尼斯之卵

在政治和经济政策上，凯恩斯与休伯特·韩德森合作最密切。在经济理论上，他的主要合作伙伴是丹尼斯·霍尔姆·罗伯逊。从1913年到1930年，人们很难分清哪些观念属于凯恩斯，哪些属于罗伯逊。他俩的思想火花碰撞的开始可追溯到1912—1913年间，当时罗伯逊正在撰写他的关于经济周期的博士论文。他们在观点上的公开分歧只是到了1931年才开始。他们在一起和谐地合作了这么长时间，可谓剑桥的"追求真理"精神的一段佳话，尽管他们的性格和研究方法相差很大。即使在30年代发生争执，他俩在第二次世界大战期间还是在某些问题上握手言和。

凯恩斯对罗伯逊的能力非常敬佩，他对罗伯逊的感情更增强了对他在专业上的尊重。尚且，他俩的背景和受到的训练也相同：都是伊顿公学的公费生，尽管罗伯逊念古典文学，不懂数学；都是马歇尔和庇古在剑桥的学生；都有艺术方面的爱好；写作风格都很富有文采；而且他们都有一种维多利亚时代的那种责任感。但是凯恩斯比罗伯逊更加愿意在私生活和思想上进行冒险，而在最高的思想层面上比他更加有创造性。

罗伯逊在第一次世界大战前是个优秀的剑桥本科生。他在战争中获得了很高的荣誉，得了一枚"军事十字勋章"。他的著作包括《对工业波动的一种研究》（1915年）、《货币》（1922年）和《对工业的一种控制》（1923年）。这后两本书是为凯恩斯写的，作为"剑桥经济学手册"系列的一部分。这些著作使他在20年代初成为剑桥的主要经济学家之一。然而，在这些辉煌成就的背后是一个孤独、脆弱、自我折磨的人物。他那过分挑剔的脑筋和虔诚的态度使他对别人的观点进行批评的能力比自我创新的能力要强。他渴望得到年轻男子的爱,特别对国王学院的达迪·瑞兰兹情有独钟,但他从来没有能力博得瑞兰兹的真心。他在1925年只有35岁,但看上去要老得多。他那个圆顶的秃头"在双肩之间伸出缩进像一只乌龟"。他是一个很不错的业余演员,最拿手的是演一些害羞或愚蠢的老人。他演的"斯沃洛大法官"(A.P.郝伯特的喜剧人物——译注)大获成功。他有一种猫一般的嬉戏性格。在《货币》一书中的每一章开头,都有一段从《爱丽丝漫游仙境记》中摘抄的引文。他解释什么是货币时,用"布莱得贝利"的语气同别人进行对话。罗伯逊将一个人的银行存款比为"支票巢",因为它"既是生利的地方,又是出支票的地方",就像"鸦巢"和乌鸦的关系一样。但他的幽默有时会变得尖刻。他的经济学著作充满了文学上的暗喻、微妙和自创的新词,读起来犹如进入神秘的花园——既有吸引力,又不可捉摸。正如约翰·瓦希所说的,这个人"很容易让人喜欢,但很难维持长久"。

　　罗伯逊的头脑如此的怪异和与众不同,他的个性又如此受到禁锢,所以后人常常想在他的个性和他的经济学之间找到某种联系。戈登·弗莱彻很有勇气地对此下了很多功夫。据弗莱彻的观点,罗伯逊的双重性格之间存在关系紧张:一方面是他对自己期望的那种自我,另一方面则是顺从他人的那种自我,于是他的经济学就有一种折衷的特点,"既有创新也有保守"。创新来自于他的思想的活跃,保守则由于他"被情性所限,需要维系与自己的根基的纽带……"也就是说,罗伯逊之所以不愿放弃古典经济学理论是因为他个性上的种种不安全感。古典经济学是从复杂的实际生活中抽象出来的,它向罗伯逊提供了一个替代的宗教。所以,他能够将古典经济学的基本原则发挥到逻辑荒谬的地步也不愿将它们抛弃。

　　尽管凯恩斯和罗伯逊在智力上相互刺激,我们能够看出他俩的方法不同,并随着时日的推移逐步加大。从第一本著作开始,罗伯逊就把短期稳定的问题放在获得长远的经济成长的背景之中,而凯恩斯则一直对"长远"不感兴趣,并曾说过一句名言:"从长远来说,我们都已经死去。"罗伯逊认为工业活动的上下波动与对固定资本的使用不可分割,因此也同经济成长不可分割。"在工业错位的混乱之中产生的将是巨大的、永久的财富。"凯恩斯不同意这个看法;他的目标是避免上下波动,而罗伯逊只是想对波动有所限制。罗伯逊比凯恩斯更能接受所谓的"资本主义积累的伦理观",因为他同马歇尔一样,被资本的自我牺牲,也就是利他主义精神所感动,而凯恩斯,正如我们已经在前面看到的,对"热爱金钱"的癖好嗤之以鼻,并讥讽有加。罗伯逊在第一次世界大战以前主要担心的是人们在消费上做出的牺牲太多以至于影响经济的成长,而在战后,他却开始担心在条件已经变化的情况下,人们不愿再储蓄从而影响投资的进行。凯恩斯则正相反,他所担心的人们在清教徒心理的影响之下虽然节省了资金,但又不愿拿出来进行足够数量的投资。

罗伯逊的《对工业波动的一种研究》同货币理论相比,是一种"现实的"景气周期理论。工业上升时期是由新的投资机会,如新的技术发明的出现所驱动的。然而,企业之间的竞争和固定资本支出的酝酿时间过长会大幅增加判断失误的几率,从而引起过量的投资而不能获利,并最终导致难以避免的崩溃。罗伯逊所称的"过量投资"仅仅是指在景气周期上升阶段里,投资额大大高于投资者获利的额度,以至于降低对生产资料的需求;也就是说,生产资料相对于消费产品的边际效益下降,最终必然引起崩溃。

凯恩斯拒绝接受罗伯逊关于在没有投资效益的时候会出现过量的投资的结论。他更感兴趣的是罗伯逊的次要命题——即过量投资从有效储蓄的角度上看有可能发生,正是这一条错综复杂的思路使他们两人在20年代进行了合作。最早在这个问题上对凯恩斯有所启示的是一位法国人——他在1911年结识的马赛尔·拉波戴尔。拉波戴尔是一个非常有才华的业余经济学家,他在1907年的股市中惨遭失败之后,开始对金融危机的原因进行一些哲理性的思考。他研究的结果是三个具有古希腊哲学家色诺芬风格的寓言。他的结论是景气周期波动的原因来自于过量投资与储蓄量的关系。在第三个寓言里,他引入了货币概念,他将投资资金分为"实际资本"和"表面资本"——即银行信贷。正是这种额外的资本来源能够维持一段时期内的相对"真实"储蓄的过量投资,直到银行利率上升,导致崩溃。凯恩斯将这些思路转达给罗伯逊,当时他是罗伯逊的论文指导老师。罗伯逊将"过量投资与储蓄的关系"作为危机的一个可能的原因写进他的关于工商业波动的论文中去。拉波戴尔的思想也是凯恩斯于1913年12月在"政治经济俱乐部"的一次演讲的基础。这个演讲题为《在危机和萧条交替出现的过程中,银行家有何责任?》。这是他第一次结合货币理论和储蓄——投资关系来解析经济周期问题。但他对此并没有进一步发展。他一直到完成了《论货币改革》一书以后才重新思考这个问题。

罗伯逊在他的教科书《货币》中根据凯恩斯在1913年的观点将银行信贷明确标为可借贷的投资资金的来源之一。信贷的创造可以迫使消费价格上升,所有那些在货币收入上赶不上通货膨胀速度的人(主要是指拿工资的人,特别是公债持有人或"老年寡妇")

就被迫减少他们的消费需求,(以他们的储蓄)来"支付"企业家和政府增加的开支。这个"被迫储蓄"的概念可以追溯到贾普林和边沁,但这时已经重新回到了经济学的著作之中,因为学者们要研究政府如何在战争中筹措经费。在《论货币改革》一书里,凯恩斯在关于"通货膨胀税"的那一章中讨论了政府如何用通货膨胀手段来增加开支,这是普通的私人家庭所无法做到的。为了避免"通货膨胀税",凯恩斯希望英格兰银行能够保持物价稳定。他否认通货膨胀本身可以创造额外的投资资金,它能起到的作用只能是在社会内部各个阶层之间的资源再分配。罗伯逊却相信通货膨胀是为企业家提供投资资金的一个重要来源,可以让他们创造新的固定资产。他的《金融政策与价格水平》(1926年)一书是为了批评凯恩斯只强调防止价格水平上下波动的重要性。罗伯逊写道:"我对寻求价格稳定的政策毫无信心。这种政策在(19世纪)40年代扼杀了英国铁路业的繁荣,又扼杀了美国铁路业在1869—1871年间的繁荣,还有90年代德国电器工业的繁荣。我不相信这种政策对有关国家的人民总起来说有任何好处。"

在1924—1925年间的一年多时间里,凯恩斯花了很多工夫在丹尼斯·罗伯逊的理论上,用他的话说,叫做"孵化丹尼斯之卵"。他们两人的争论主要围绕着一个问题,即通货膨胀能否成为储蓄的一个额外的来源。凯恩斯不赞成通货膨胀会自动地产生更多的储蓄,或被罗伯逊称之为的"消费短缺"。通货膨胀能够产生新的储蓄的唯一办法是让整个社会把它的货币收入中比以前更高的部分用于储蓄。罗伯逊后来意识到,这种"不得已而为之的派生储蓄太不稳定,所以不应作为积蓄的额外来源加以考虑"。在他的书里,罗伯逊感谢凯恩斯向他指出"派生储蓄"这一现象的存在,并否认这是通货膨胀所创造的唯一的额外投资资本的来源。

诚然,凯恩斯在这个阶段与罗伯逊的辩论对他自己的思想发展起了关键作用。用《论货币改革》一书做比较,凯恩斯对价格和产出上下波动的原因的解释已从货币数量的变化转移到积蓄同投资的动荡关系方面。但是,他的理论建设中最困难的任务还在后头。他后来告诉罗伯逊说:"毫无疑问,我的思想解放应该从你的《金融政策与价格水平》发表之前我俩进行的辩论开始算起。"多年以后,凯恩斯回过头来看,他当时拒绝接受罗伯逊的"派生储蓄"学说是一个关键的有着负面作用的决定。他在1931年对罗伯逊如是说:

> 当你在写作《金融政策与价格水平》一书时,我们对它进行了讨论,我们都相信储蓄和投资之间存在的不平衡——我们当时对这些名词的用法在某种程度

上是含混不清的——只来源于银行体制所采取的导致通货膨胀或紧缩的行动。我自己以这个为基础进行了相当一段时间的理论建设，然而最终我得出的结论是这个想法是不对的。在对储蓄和投资这两个概念进一步寻求明确的定义过程中，我发现两者之间出现明显的不平衡的现象完全可以在银行体制没有公开介入的情况下发生。

2 撰写《论货币》

在1924年11月30日，凯恩斯从剑桥写信给莉迪娅："今天我开始撰写新书，已经写了一页。下面是第一句话：本书的开始不是以逻辑顺序为准，而是为了尽快让读者明白我要说的最主要的问题是什么。"如果他真是按照这个意图去做就好了！在该书目录的早期拟定的草稿中，我们可以看出凯恩斯的目的是研究货币理论与"信贷周期"变化的关系，其实用目标是设计一种最优化的金融政策。如果银行信贷围绕着可用的"实际信贷"范围的上下波动引起了通货膨胀或紧缩以及繁荣或萧条，那么中央银行采取稳定信贷水平的政策就会同时防止这两种经济现象的出现。这里我们可以看出凯恩斯为什么还不大愿意放弃"货币数量说"：因为它既可以被用来解释宏观经济中的弊病，又可以被用做医治这种弊病的灵丹妙药。

这样，从1924年开始出发的这一思想列车在以后的三年之中基本上没有改变方向：不过列车不断地被加长，乘客也越来越多。与《就业、利息与货币通论》一书不同，《论货币》是独立写作的著作，在成书之前没有散发给同行征求意见，结果在内容上难以在最后阶段进行修改。罗伯逊在1926—1927年间不在剑桥，某种程度上说是为了躲避凯恩斯对他的那种让他感到喘不过气的思想围攻。拉尔夫·霍特利在1928—1929年间去美国哈佛大学工作，他回来后对这本书所做的批评是实质性的，但为时过晚，不能为凯恩斯所采纳。"教授"（即庇古）对凯恩斯毫无帮助，他本来就不喜欢讨论经济学问题，而且在1928年里身体很差，心脏有问题。凯恩斯读过庇古的《工业波动》一书（1927年），觉得"糟糕透了——也许马歇尔夫人的看法是对的，他应该结婚成家。他的脑子已经死亡，只是把他所知道的所有东西用逻辑顺序排列起来而已"。最重要的是，凯恩斯尽管将这本书中的几个初稿的内容在剑桥授课中使用，但他的研究生当中无人能在理论问题上同他进行辩论。这与后来《就业、利息与货币通论》一书产生的背景有很大的反差，在这本书的写作过程中有一个强有力的研究生小组在帮助工作。

凯恩斯在1925年2月开始写第二章，并时断时续地工作到4月。然而，他在该年里没有多少进展，直到1926年4月，他才开始在提尔顿的新书房里重新开始写作。到8月底，他已写出55000字的题为"货币理论"的第一部分。这部分包括"价格的基本问题"以及"货币各因素的变化特性"（尽管这部分初稿表明他仍在使用费雪的"货币数量说"）。到8月31日，他又完成了"价格水平的多样性"以及价格指数存在的问题（他在1909年获"亚当·斯密奖"的论文中已经提及这个问题）；此外还有"银行利率操纵方法"一章。到9月12日，他已经显然开始写第二部分："信贷理论"。他在进展顺利的状况下，于9月22日写信给丹尼尔·麦克米兰："我正在撰写一本严肃的学术著作，题为《货币和信贷理论》，一年到一年半内可以出版。"在这个阶段，凯恩斯考虑的只是两个部分，即货币与信贷，字数大约在10万到12万之间，一共19章。在凯恩斯的印刷商克拉克公司的账本上，有一个在1926年9月28日的记录："基本上为12万字，主要内容为300页，加上附加内容共约400页。"

凯恩斯从1927年1月21日在剑桥又开始了写作。在1月28日星期五那天，他期望到乡村去度三天平静写作的假期，他高兴地说："快乐的国家是没有历史的。"（即套用托尔斯泰的名言：快乐的人民是没有历史的——译注）他对其中的一章重新修改了一遍。然后，他到提尔顿去拿其他几章，但还是忘了把它们带回来。到了5月27日，他在"重写我在提尔顿感到困惑的那一部分，非常成功"。一个夏天他都在写作。凯恩斯婉拒了库尔多夫妇到希腊度假的邀请。（莉迪娅说她告诉山姆·库尔多，"你在绞尽脑汁写那本书，任何人也不能把你拉开。"）从这个阶段留下的三份内容目录上可以看出，这本书非常容易越写越多（这时书名已经改为《论货币》），该书现在已有五个部分26章。凯恩斯的目标似乎在于学术上的完整性，而不是刻意地展示新颖和重要的观点。回过头来看，凯恩斯将原书扩张为一本学术巨著的做法是一个错误。当时他自己的思路尚未成型，还处在特别波动的状态，所以将他的脑力资本大部分用于一种固定投资上是不妥的。

1928年1月18日，凯恩斯从爱丁堡印刷商克拉克公司那里收到了一大包清样，但现在情况已经发生了一个重大变化。丹尼斯·罗伯逊于1927年4月从亚洲访问回来，"看上去很温和——更老了一些，头发掉了不少，额头露得比常人多——很像一个中国人。"罗伯

第 25 章　储蓄之谜

逊回来的一个后果是促使凯恩斯放弃了一个概念：即货币政策的唯一目的应当是价格水平的稳定。因为在"利润缩水"的情况下，价格上升可以改变这个状态，所以价格变化有时是必要的。对这个思路的另一个启示来自于瑞吉诺尔·麦金纳。凯恩斯在1928年11月21日阅读了麦金纳作为米德兰银行董事长在股东大会上的演讲汇编。麦金纳的中心论点是，当存在大规模失业和闲置设备时，为了避免通货膨胀而紧缩信贷无异于一种"不断紧缩"的政策。所以对金融政策的评判标准不仅仅应以充分就业的形势为基础，还应考虑到在经济周期不同阶段的信贷政策。

凯恩斯在这个问题上的新思路反映在写于1928年秋冬之际的《论货币》书稿中：

> 尽管如此，我们必须承认，那些支持价格稳定的人们，我亦算其中一员，在过去犯了一个错误，因为他们所用的语言似乎表明价格稳定是货币政策要达到的唯一目标，从而排除了调节银行信贷供应量，以适应工商界的要求这个方面——或者说，至少应把它看做目标之一。如果这个目标能够达到，其他目标也就水到渠成了。他们的演讲和写作方式不恰当地把问题过于简化了，以至于忽略了银行制度的功能的双重特点（即稳定价格和在储蓄与投资之间取得均衡）……D.H.罗伯逊先生的尖锐和深刻的批评（在他的《金融政策与价格水平》一书里）强调这个问题的另一个方面，其目的是为了正面地影响当代的思想（我本人就受益匪浅）。另一方面，罗伯逊先生在那本书里，根据我的看法，还没有把问题当作不同目标的一种协调来讲清楚——而且必要的话，需要一种妥协办法。

凯恩斯在1928年9月26日写信告诉他的美国出版商阿尔弗雷德·哈库特："我花了整个夏天在撰写我那本《论货币》，这样就完成了我四年的工作……我可以说，五分之四已经完成了。我希望在复活节（1929年）之前能够全部写完，而且在5月能够在英国出版。"

1928年12月10日，凯恩斯仍然以为有可能于"1929年上半年"以一卷本和五个部分的形式出版这本书。到1929年2月18日，他将出版时间推迟到10月1日。然而，在是年秋季出版的计划也不得不放弃。这本书由于1929年5月的议会大选中出现的学术争斗而再次搁浅。凯恩斯于8月20日写信给丹尼尔·麦克米兰："我实在惭愧得很，在我将440多页的清样校完再校样以后，得出了一个结论，有些章节必须大幅度地改写，整个书的内容亦需要在很大程度上重新安排。"新的出版日期定为1930年1月,而且它将以两卷本的形式出现。

3 多面的生活

同大多数作者一样,凯恩斯也总是不停地抱怨他自己决定要做的事情对他写作的干扰。除了在剑桥和伦敦的那些固定的活动以外,还有大量的撰写文章的工作——他的《文集》编辑称之为"活动",这段时间里他写了有几百页。1925年的重点是黄金和俄国,凯恩斯为此颇费心机。1926年和1927年的大部分时间里,他却在关注自由党和纺纱工业的问题。此外还有无休无止的活动安排。尽管他的工作效率很高,他还是不免会忘记原来的思路,把写成的章节丢在提尔顿,一连几个月都无暇顾及。到1928年年底,他对疲乏的抱怨更成为常规。上述这一系列的因素以及他不时地在思想上的转向,使得这本书的各个部分,或者说是各个不同阶段的内容放在一起显得非常不协调。

1927年2月,凯恩斯终于从剑桥的大学管理委员会辞职,从"中国式的严刑拷打"中解放出来,但他仍然积极地参与了国王学院的建筑计划的实施。1927年的学院审计委员会的年度晚宴上,凯恩斯作为第一审计官借此机会对他最钟爱的一个人生理论做了一次实验:

> 最有意思的一件事(他于1927年11月18日写信给莉迪娅)是同一位与学院激烈争斗了七年的农庄主进行的谈判。我过去从未见过此人,但听说他是一个不能令人容忍的角色。他昨晚参加了我们的晚宴,当我一看到他那双手时就意识到人们对他的印象完全是一个错误——他是一个非常和善、绝对诚实和有能力的人。他的唯一缺点是脾气暴躁,但这是我们导致他的脾气发作的。所以我把他看做是一个完全明智的、善良的人来对待,结果我们就双方之间的争执彻底达成了协议。这双手啊!这双手啊!这双手啊!一个人最值得看的就是那双手。我只用了十秒钟就完全改变了对他的个性的看法。

当《论货币》的创作在羊肠小道上孤独行进时,剑桥大学的经济学开始焕发生机。这

第 25 章 储蓄之谜

个阶段还没有发生30年代那样的剑桥经济学派大分裂。一批年轻一代的经济学家开始进入教学和研究领域，这些人对凯恩斯的经济学起了重要作用。在这批上升的新星当中，琼·莫里斯和奥斯汀·罗宾逊在1926年结婚后到印度工作了一段时间，1928年回到剑桥。奥斯汀·罗宾逊成为经济学讲师。奥斯汀在学术政治和管理上的才能要大于理论上的才华，但他的妻子琼·罗宾逊则有一个不同凡响的头脑、个性和外表，用"女才子"这个词来描述她是再合适不过了。从照片上我们可以看到一个严肃认真的年轻女子，生着一双热切的、寻根究底的眼睛。她的头发编成两条马尾辫，看上去像冬天戴的护耳罩。琼·罗宾逊1931年加入剑桥经济学教师队伍。她在"经济学上有特殊的能力，能够一针见血地抓住问题的实质，并用一些经过精心挑选的精练语言来进行描述。她有一个令人不快的倾向，即对凡是她不同意的观点都一概加以排斥"。在整个30年代，琼·罗宾逊将同凯恩斯革命发生密切的关系，并在后来试图从凯恩斯的理论中引出就业的长期理论。

凯恩斯过去也曾有过一些质量好的学生，但是理查德·费迪南·卡恩是第一位有能力、也愿意帮助他的学术研究的学生。卡恩是杰拉尔德·舒夫的学生，并同另外三个学生一起，每隔两周的星期六接受凯恩斯的辅导。"我第一次参加辅导课，走进凯恩斯在学院的房间时，浑身都发抖，"卡恩这样对当时的情景作了回顾。1928年4月29日，凯恩斯写信给莉迪娅："昨天我的得意门生卡恩就我提的问题写出了最佳的回答，我从来没有在学生中获得这么好的回答，他一定能得第一名。"

当卡恩第一次见凯恩斯时，是一个年纪22岁、身材瘦小、认真、漂亮的男青年，生着一头浓黑的头发。卡恩说话有一种安详的权威感，这与他为自己的健康状态特别紧张的心态形成奇怪的对比。他一辈子在健康问题上都过分敏感。卡恩的祖上是德国犹太人，他一生都是一个正统的犹太信徒，对犹太圣经的文字比对其宗教精神还要笃信：尽管他按犹太教规不能在安息日（星期六）拆信件，但他会请学院的宿舍管理人员帮他拆。凯恩斯总是不愿放过任何一个把人分成不同类型的机会，他称卡恩是"小拉比"（即犹太教士）。在同学当中，卡恩被称为"费迪南"，这个称呼似乎比"理查德"听上去要正规一点。他在数学上比凯恩斯小圈子里的大多数人都优秀。他回忆道，凯恩斯本人在1927年以前是一个低劣的数学家。卡恩能够用数学思考的能力在30年代里对凯恩斯是一个极其重要的帮助，他的思路非常周密细致，在帮助朋友的过程中非常有耐心。他同凯恩斯的关系可谓他一生中所有重要关系的一个典范，尤其是同琼·罗宾逊的关系更是如此。他是一个不显山露水的智囊型人物，不喜欢做耀眼的明星；他是一个极有耐心聆听别人意见的人,但有一种过硬的分析能力。

卡恩在毕业时果然获得第一名,并留在国王学院参加研究员基金的竞争。他的研究主题是关于马歇尔的短期经济行为理论,这个题目将他引入了当时在剑桥已经展开的对马歇尔经济学批评的一个方面。这个批评的主导人物是皮埃洛·斯拉法。斯拉法在20年代末给岌岌可危的剑桥经济学打了一针强心剂。年轻一代的学者当时认为罗伯逊的《金融政策与价格水平》一书基本上不可理喻,而凯恩斯的《论货币》尚未出版,因此斯拉法的思想填补了剑桥经济学的断档。凯恩斯于1927年10月9日写信告诉莉迪娅:"斯拉法正式开始在这里工作,但他对讲课害怕得要命。他昨天问我他能不能一下子病倒,然后逃离这里。"

斯拉法第一次在伦敦与凯恩斯相识是在1921年12月,当时他在伦敦经济学院做研究课题。那一年斯拉法23岁,是都灵大学法律专业的毕业生,个子很高,举止非常生硬。他曾写过一篇关于意大利在第一次世界大战期间金融管理政策的论文。尽管他在1926年成为加里亚利大学的经济学教授,他对社会主义的公开同情以及同意大利共产党的领导人安东尼奥·葛兰西的友谊人人皆知,使他在法西斯统治下的意大利度日艰难。当时斯拉法的研究兴趣同凯恩斯正好吻合,他翻译出版了凯恩斯的《论货币政策》的意大利文版本。但是,他已经开始研究他一生中最专注的与李嘉图古典价值理论有关的一系列问题,这就使他离开了凯恩斯所关注的短期货币波动的问题。

1924年以后,斯拉法经常到英格兰来。他于1926年12月在《经济学杂志》上发表的论文《竞争条件下的收益律》在剑桥引起极大的轰动。斯拉法提出的问题是:在成本曲线下降和"不安全的竞争"条件下如何达到经济的均衡?

如果说斯拉法的思想在剑桥经济学上刮起了第二次大风(即在后马歇尔时代),它对凯恩斯的思想帆船没有什么重大的影响。尽管凯恩斯也认为斯拉法的理论"很有意思,有独创性"——这篇文章使他获得了剑桥经济学讲师的位置、教师宿舍以及在国王学院教师餐厅就餐的特权——但是凯恩斯过于专注自己的课题,而没有注意到斯拉法的理论与他的理论有何关系。斯拉法似乎从来没有考虑过"递增的收益"对失业问题有何影响。此外,凯恩斯不认为斯拉法提出的价值理论同现实政策有什么具体联系,所以在实践上并不重要——这是他对斯拉法所有理论的一个总看法。他认为资本垄断的任何倾向都会被企业在几代以后的垮台所抵消。他觉得斯拉法对他的帮助仅在于1928年3月2日同他讨论了两小时的"信贷周期的纯理论",这次讨论使他能够把书中的几个"小错误"进行

第 25 章 储蓄之谜

修正。然而，令人奇怪的是，躲避正统马歇尔经济学只有两条道路：一条是以斯拉法为代表的"不完全竞争"理论；另一条是凯恩斯强调的"有效需求理论"——这两条道路在凯恩斯的一生中从来没有融合过，而凯恩斯学派的中坚分子如卡恩和琼·罗宾逊则积极地参与了这两场"革命"。

斯拉法在剑桥逐步地扎下了根，并成为凯恩斯最好的朋友之一。"周六下午与皮埃洛一起逛逛旧书店"取代了与塞巴斯蒂安·斯普洛特骑马的活动，有时他们还一起去买一些无关紧要的小家具。凯恩斯喜欢关心斯拉法这样的人。这个人穿着打扮完全不修边幅，对讲课感到恐惧，常常采用极端手段来躲避授课。凯恩斯在1929年12月16日写信给莉迪娅说："皮埃洛……本来应该明天上课。他在餐厅用餐时坐在我旁边情绪激动地与我聊天，然后跟我一起去教员公共休息室，然而在起身时他将他的晚餐全部打翻在地，然后躺在地上几乎昏厥过去，而且没有脉搏。他实际上喝了太多的白兰地——所以明天就不用去上课了！我不得不再一次通知学生取消明天的课。"斯拉法对讲课的反感越来越严重，凯恩斯不得不想出种种办法把他留在剑桥大学工作——其中一个项目是请他出任皇家经济学会的《李嘉图全集》的主编。斯拉法的一个嗜好是读福尔摩斯侦探故事，现在他追踪福尔摩斯的线索完全投入了对李嘉图文件的梳理和追踪，他的那种执著精神连大侦探福尔摩斯本人也会感到敬佩的。但是他的"办案"时间花得实在太长。早在1933年，凯恩斯就放风说"大卫·李嘉图的最权威的全集将在本年度内出版"。实际上，这部11卷全集的前四卷直到1951年才面世。在1928年，斯拉法已经完成了一本薄薄的理论著作的初稿，但这本书直到1960年才出版，题为《用商品生产的商品》，该书引起了一场关于资本理论的著名的大辩论。

这样一个花了32年时间才出版了87页的"一种批评的序论"是不可能有任何时间上的紧迫感的。斯拉法对公开发表东西的态度同凯恩斯对公开演讲的态度一样感到厌烦："我坦白地说，每次我在阅读我所写的东西时都会有一种极度的厌恶感，所以不可抑制地要毁掉它，除非我已事先有约要用这篇东西才会例外。"这种神经质的过分苛求以及他脑子的微妙特点都让凯恩斯感到有意思。斯拉法对待自己的母亲可谓无微不至地全心投入，他就像一只跛脚的鹰，需要在这个不祥的世界里受到保护。

斯拉法来到剑桥的一年以后，一个"天才的愚人"也来寻找凯恩斯。他在1928年11月28日写信告诉莉迪娅："我收到路德维希（维特根斯坦——译注）的一封信，说想来此与我待上两个星期。我是否足够坚强呢？也许从现在开始我停止写作，我将会有坚强的意志。"维特根斯坦在1926年放弃了在奥地利乡村小学的教职,回到了维也纳帮他的姐姐建造一座过于讲究实用的房子。现在这个工程已经结束了,他为医治他在思想和感情上的头痛症,不得已又回到了哲学上。1929年1月17日,凯恩斯写道:"路德维希明天到,请为我祈祷!"第二天他又写道:"现在,'上帝'已经驾到,我在5点15分去火车站接他。他打算在剑桥永久地待下去。"当"上帝"在起居室里哼着巴赫的乐曲时,凯恩斯钻到他的书房里给莉迪娅写信:"我知道这会让我疲惫不堪,但我不会让他同我的谈话每天超过两三个小时。"凯恩斯比往常提前一天逃往伦敦。回到剑桥以后,他发现"上帝"的情绪颇佳,因为学校当局已同意让他做法兰克·拉姆齐的研究助手。(1929年6月,维特根斯坦把他的书《哲学逻辑论》提交为博士论文。)凯恩斯抱怨说,他"不能永远同一个僧侣住在一起"。他给维特根斯坦下了逐客令,限他在2月2日搬出去。维特根斯坦在搬进拉姆齐和他的妻子莫莉丝·道伯住的公寓之前,还让凯恩斯染上了严重的伤风,使他10天不能在剑桥上班。

他们两人每天的两三个小时中谈了些什么呢?或者说维特根斯坦说了些什么呢?因为维特根斯坦在独白时从来不喜欢别人打断他的话。大部分内容肯定与哲学有关。凯恩斯对哲学的兴趣在拉姆齐以及理查德·布莱斯威特的影响下一直没有消失,拉姆齐当时只有25岁,但体重已达238磅,在国王学院里十分突出。拉姆齐、布莱斯威特和维特根斯坦都不赞成凯恩斯在《论概率》一书中的中心论点,即概率是一种逻辑关系。当时思想界的潮流再加上弗洛伊德的巨大影响力——是强烈反对凯恩斯那一代人的战前的理性主义的。拉姆齐自己到维也纳去接受了心理分析,以治疗他对已婚妇女的不正常的激情。他认为,凡是有效果的都是理性的。对维特根斯坦来说,哲学是一种具有灵感的疯狂。据说拉姆齐、维特根斯坦和斯拉法同凯恩斯曾共进午餐,讨论概率论问题。我们很难相信这些当时哲学界最优秀的头脑同凯恩斯的交流会没有对他产生巨大的影响,使他最终放弃战前的那种让人感到舒适的确定性,因为确定性同对经济的"自动调节"过程的信任是分不开的。谁还能令人信服地假设人们仍然能够理性地行事呢?或者说,即使人们试图按照理性来行事,逻辑上的直觉能告诉他们什么才是合理可行的或可相信的吗?

在剑桥的卡文迪什实验室里,最终导致核裂变成功的实验已经开始,这使得哲学同实验科学相比要显得虚弱苍白得多。凯恩斯认识那个才华横溢的年轻的俄国核物理学家彼得·卡比查,尽管关系不是很密切。他颇有远见地预言过卡比查一定会回到苏联去,"因为他是一个难以管教、对什么都漠不关心、十分自负而且绝对是一个缺乏文明的家伙,

第 25 章 储蓄之谜

在性情上完全适合当一名布尔什维克"。对科学力量的关注促使在20年代末的剑桥大学出现了第一个共产党的小组,他们大多数是年轻的科学家,并不懂政治,但认为马克思主义是第一个关于人类社会的真正的科学,斯大林的俄国是人类对这些理论的第一个实验室。凯恩斯的小圈子同以卡比查和晶体学家J.D.贝奈尔为核心的马克思主义科学家圈子之间的联系人是艾利斯特·华特生,"一位非常聪明的数学家",后来成为物理学家。华特生于1926年从温切斯特学院来到三一学院,后成为20年代末的信使会的主要负责人。安东尼·布朗特(即后来著名的苏联间谍"剑桥五人团"之一——译注)于1928年5月入会。他们两人在30年代都待在剑桥。

凯恩斯从来没有受到马克思主义的影响,但他也为马克思主义的大胆精神所感染,这是一种新的愿意拿社会和经济政策来做实验的精神。他从对阿斯奎斯的忠诚转向对劳合·乔治的效忠也象征性地反映了这种精神:从一个四平八稳的政治家转向一个有实力的政治家,对任何事情都要问一个为什么,对任何观念都不能盲目地信任。如果某个做法看来对社会有好处,应该大胆地实验,即使李嘉图、穆勒和格莱斯顿都已证明这个做法是荒谬的,也不应当有所顾忌,因为他们所提供的证据不过是僵死的、过时的证据。所以,凯恩斯根深蒂固的"爱德华主义"被事实和时代精神所破坏。但是,即使他向事实和时代精神做了妥协,他绝对不愿意向它们投降。他的最终目标是在爱德华时代的理性的、文明的生活理想的基础之上对新生的势力加以控制。

通过与信使会成员保持的联系,凯恩斯的生活仍然处于战前和战后两代人之间的平衡状态之中。这种混合的生活作风使他既能成为对传统的造反人物,又能成为对新一代的权威人物。令他窘迫的是,他现在的年轻朋友中已经包括了最要好的朋友的孩子们:朱利安·贝尔和莫莉·麦卡锡的外甥法朗西斯·瓦尔·康尼施,他们两人都于1927年入读国王学院。朱利安"是一个外形笨拙、狮子一般的家伙,有着一头浓密的黄褐色卷发、滑稽的鼻子和眼睛,是一个孩子气的运动员类型的人"。已经44岁的凯恩斯发现他同年轻人接触起来越来越困难。他对他们总是很和善,也喜欢同他们聊天,就像学生一样喜欢谈论任何话题,但发现由于他的名气太大,让年轻人敬而远之。他在1928年1月安排朱利安和他的四个朋友一起吃午餐,但发现"很不容易,因为每个话题都要他来引出"。1928年11月25日,他为"年轻人又开了一个晚会"("非常不容易"),客人包括迈克尔·瑞德克莱夫、安东尼·布朗特、朱利安·贝尔以及查斯·克利福德。最后这一位是刚刚从温切斯特公学来到三一学院的数学专业的学生,他曾经在年初组织安排过凯恩

第五部分 金十字架

斯到他们学校去作过一次演讲,题目是《我们孙儿辈的经济前景》。一个月以前,在达迪·瑞兰兹的公寓里开的一个混合型的晚会就轻松得多,当时布鲁斯贝利的新一代和老一代在一起。范奈莎·贝尔来看朱利安,维吉尼亚·沃尔夫向戈尔登女子学校的学生朗读她写的文章《一间自己的房间》。利顿·斯特拉彻,这个调皮捣蛋的叔叔辈,朱利安和他的同母异父妹妹安吉丽卡也在场。是年12月,朱利安,这个有才华的诗人,成功地入选信使会,而他父亲却从来没有当上会员。

20年代末的剑桥学生不关心政治,但对诗歌和戏剧颇感兴趣。凯恩斯受父亲的影响,一直喜欢到剧场看戏。他所受的教育、对语言的热爱以及对文字风格天生的悟性使他对戏剧有一种有识别力的鉴赏能力,不管是古典剧目还是伊丽莎白时期的剧目。就他的情趣来说,国王学院是个合适的地方,在那里,不仅古典作品和文学被当作"生活的一部分"来教——古希腊剧目被译成英文是以舞台表演效果为基准的——而且,这个学院的师生以怪异和同性恋的癖好闻名。国王学院对着装究的年轻人特别有吸引力。学院的戏剧活动由谢帕德、1927年回来的研究生达迪·瑞兰兹、历史学者法兰克·伯奇和唐纳德·比弗斯等国王学院的老师们主持。凯恩斯在1929年年初向范奈莎报告说,有双性恋倾向的朱利安"完全不能自制地迷上了安东尼·布朗特"。

凯恩斯和戏剧的关系还把剑桥拉进了莉迪娅的圈子。莉迪娅在1927年已经35岁,她已经避免参与任何芭蕾舞演出以便要一个孩子。她和梅纳德的信中关于这件事的暗示是含混不清的,我们不知道究竟发生了什么事。有迹象表明,她在1927年5月流过一次产,凯恩斯安慰她说:"我们最终会获得我们都那么渴望的东西。"6月,莉迪娅和内维尔·凯恩斯一起到瑞士去搜集蝴蝶标本;7月她在"王子剧场"客串了一场迪亚格列夫剧团的演出,这次庆典演出的剧目是《波罗弗济安舞》,主宾西班牙国王阿尔方索特别点名要莉迪娅出场。不久,她显然又怀孕了。但在10月10日星期一,凯恩斯在给她的信中说:"最亲爱的莉多士卡,我收到了电报——悲哀的事情已经发生。我那'小面包'的喉咙被割断了。在我见到你之前,什么也不要说了,只是在'小面包'曾待过的地方轻轻地抚摸一下。"我们很难理解这些话是什么意思,因为莉迪娅身体上并没有外在的疤痕。不管怎么说,他们此后就再没有要孩子的计划了。凯恩斯家族的说法是莉迪娅的骨盆太窄,没法生孩子。

既没有孩子,又没有职业,莉迪娅在1927—1928年冬季里毫无目标地整日闲荡。但是凯恩斯有一个计划。1928年10月,我们发现他在信中教莉迪娅正确的英语发音,

404

"sorrow, borrowed, owed.你能听到我是怎么发音的吗？"莉迪娅总是把"O"发成俄文口音的"OAH"，这一点是她的一大问题。凯恩斯已经在剑桥大学的ADC剧场为她安排了三场演出；她将在斯特拉文斯基的叙事芭蕾舞《士兵的故事》里担纲主演。她还将在莎士比亚的诗歌《情女怨》中扮演抱怨被年轻的迈克尔·莱德格瑞夫勾引的那个乡村女仆。邓肯·格兰特被请来制作服装、道具和布景。梅纳德想尽办法不让这次演出受到损失。这是ADC剧场第一次上演莎士比亚的诗歌，而且是莉迪娅第一次以戏剧演员身份，而不是舞蹈演员的身份在英国的亮相。凯恩斯当然知道她在美国也演过戏剧。"从他们在戈登广场聚会上的哑谜表演和胡闹剧中"，他想到莉迪娅在舞蹈中的那种淘气的风采也许能够被转换到台词中去；他也希望她能恢复自己的雄心大志，以便忘却失去做母亲机会的痛苦。

莉迪娅在彩排中引得人人的喝彩，演出的票子很快就已售完。11月初开始的演出进展得十分顺利，法兰基·贝瑞尔忠诚地在《国民周刊》上对她大加赞赏。凯恩斯帮她走上了新的职业生涯。但她直到很久以后才成为剑桥生活中的常客，她此时还只是"造访"，住在哈威路凯恩斯父母家中；而他仍然住在单身汉的宿舍里。但是她在剑桥已有了一席之地，她同剑桥的关系逐年增强。更令人没有想到的是，她在表演艺术方面扩展的意愿，使她成为一种新的英国艺术风格的中心人物。这种风格是伊丽莎白一世时期的假面具同俄罗斯古典芭蕾艺术的结合，最终导致了卡尔玛戈协会（该协会以促进英国式芭蕾为己任——译注）在1930年的成立。凯恩斯进行的这一系列的操作不仅仅是为了把他的不同的世界合为一体，而且也趁机为他的婚姻添砖加瓦，让生活变得更加丰富多彩。

4 惰性经济学

彼得·克拉克曾很有力地论证过，凯恩斯《论货币》一书的最后"出轨"是因为他同劳合·乔治的关系以及同财政部观念的对抗。1929年又有一场议会大选。劳合·乔治将他在政治上的东山再起建立在一项宏大的公共工程计划上，目的是要将"不正常"的失业一扫而光。这个政策受到凯恩斯的积极支持。在1928年7月31日，他在一篇刊登在《旗帜晚报》上的文章中极力替劳合·乔治鼓吹。这篇题为《如何造成一种繁荣的波浪》的文章引起财政部内部和整个政府内部的一场讨论。政府当然也开始关注即将到来的大选。

第 五 部 分　金 十 字 架

在1929年年初，这场辩论公开化，凯恩斯不得不将他的分析方法变得更尖锐，以回应反对意见。对他的建议持反对意见的主要是著名的"财政部观念"。这场争辩的结果促使凯恩斯重新安排《论货币》一书的顺序，并"大幅度地重写"若干章节。这就是这本书推迟到1930年秋天才出版的原因所在。

1928年的那篇文章本身并没有多少新意。凯恩斯锋芒所向是英国工业的萧条形势，失业人数比春季上涨了20万。这是因为"我们通过提高英镑的汇率，迫使信贷紧缩，造成了价格萧条，同时我们并没有降低生产成本"。打破这个僵局的一个方法是政府出面干预，组织公共工程项目以启动促进经济增长的渐进效应；同时应该让工厂车间满负荷运行，因为这样本身就能降低成本；尚且，让物价有所上升可以减少价格和成本之间的差异。凯恩斯写道："当我们有失业的工人和闲置的厂房时，只有完全低能的人才会说我们无法负担公共工程项目的支出。因为正是这些失业工人和厂房才能让我们完成这些项目。""凯恩斯革命"的后期发展史对政府应当干预经济，并将其拉出萧条的基本原理没有做出多少新的改进。

对经济主导思想的一种政治挑战迫使财政部和凯恩斯进一步改进他们的分析工具。关于英国是否应当回到金本位的辩论已经结束，汇率已经固定，而失业却没有消失。只要英国保持金本位，银行利率就不可能降低，所以，对自由党人来说的实际问题是如何在现行利率的条件下争取投资的增长。在凯恩斯的敦促下，劳合·乔治宣称政府必须举债。但是，这个说法提出了，或者说突出了一个问题：资金从何处而来？如果政府从私人储蓄里举债，这就会"挤出"私人投资的数量。凯恩斯本人赞成将"流到海外的积蓄"动员起来，但没有解释清楚为何此举能够增加就业。要么就要能够找到未被使用的储蓄资金，要么就要通过银行来创造"新的资金"，而后者被认为会引起通货膨胀。

正是在这几个问题上，财政部展开了对自由党动议的回应。在凯恩斯的文章发表之后，丘吉尔（财政大臣）要求理查德·霍布金斯、弗里德里克·莱斯—罗斯和霍特利对此发表看法。理查德·霍布金斯爵士刚刚接替奥托·尼迈耶的金融总监的位置，而尼迈耶已到英格兰银行去工作；莱斯—罗斯是他的副手。然而，只有金融调查司长霍特利，他也是财政部唯一的专业经济学家，找出了凯恩斯论证当中的弱点。他根据自己在1925年发表在《经济学杂志》上的一篇文章，指出在货币供应量固定不变的情况下，政府为公共工程项目借的任何债务都必定是在牺牲"消费者支出"的基础之上。这个观点成为"财政部观念"的基石：即任何额外的政府开支必然要牺牲现存的某些开支，除非引起

第 25 章 储蓄之谜

通货膨胀。莱斯—罗斯的评论是："凯恩斯所追求的正是信贷的膨胀。"霍特利的复杂论证方式被简化了，以适合鲍德温首相的演说法："我们要么获取现存的资金，要么创造新的资金。"当然此处的"新的资金"意指人人都厌恶的通货膨胀。

"财政部观念"假设所有的储蓄都在被用于投资上，也就是说被用来购买新的固定资本。但这是否符合事实呢？罗伯逊曾说过，储蓄被"囤积"起来（也就是说闲置不用）。凯恩斯则指出另外两种可能性。一种是用储蓄来购买现存的资产，目的是哄抬其价格，比如在股市上的泡沫即是如此；另一种是流到国外。这批储蓄如果引起资本借出国的黄金流失，从而引起国内银行利率的上涨，则不可能增加国内投资水平。在上述三种情况下，一国的储蓄可以说是"跑到现行的投资的前头"（即被闲置不用）。

凯恩斯再一次拒绝作为自由党在剑桥大学的议员候选人。然而，他是西鲍姆·朗特利任主席的自由党特别委员会的成员。该委员会的任务是将自由党对工业调研的成果报告融入那份称做"我们能够征服失业"的竞选纲领之中。同时，凯恩斯支持劳合·乔治的决定，将他著名的竞选承诺于1929年3月1日公之于众：通过政府发展经济的大规模计划，"保证在一年之内将可怕的失业数字降低到正常水平"。

自由党人提议启动"闲置资金"来支付公共工程项目——这是罗伯逊的想法。麦金纳估计在1919—1928年间，"定期存款"相对"活期存款"的比率从28.6%上升到44.7%；尽管货币总量有所增加，其参与贸易的比例反而下降。这个观点基于传统的"货币流通速度"的方法：货币就像罗伯逊所描绘的老太太一样，得了关节炎；人们情愿囤积货币也不愿投资。J.A.霍布森在《国民周刊》3月30日那一期中也发表了同样的看法，他认为自由党的公路贷款政策是一种"化解冻结的储蓄"的方法。财政部对此的反击发表在斯坦利·鲍德温政府于5月13日提交的《对某些涉及失业的建议的备忘录》中。这是六份备忘录中的一份，主要是否认活期存款处于"闲置不用"的状态。这些存款被工业界看做是最主要的流动资金储备，并借贷给短期货币市场。

凯恩斯自己对公共工程项目的支持反映在他同休伯特·韩德森合写的一篇文章中，发表于5月10日。这篇题为《劳合·乔治能否成功》的文章并没有依赖任何关于"闲置"或"囤积"储蓄的理论。他们针对财政部认为支付额外投资项目的资金并不存在的观点，指出这个说法是假定所有的资源都已经被充分使用。而且，"闲置不用"的资源也应该包括在经济繁荣没有到来之前还没有实现的储蓄。这个说法自然有一些古怪，但是凯恩斯要表达的思路是清晰的：任何能够恢复"正常"收入水平的政策（包括靠政府债务支

第五部分　金十字架

撑的公共工程项目）必定能够创造出投资所需要的储蓄。

与此相对应，政府额外投资所造成的创造就业的效果不会仅仅限于那些直接参与公共项目的人。每使用一个人从事修路或建房的结果，至少能让另一个人找到为他输送所需材料的工作。此外，如此创造的额外购买力将对商业活动产生一种累积的动力，使得某个特点的资本投资产生的就业效应要大大高于与该项目有关的直接或间接的水平，尽管"我们尚不可能对这种效应做出精确的计算"。理查德·卡恩于1931年得出的"就业乘数"就是计算这些"累积效应"的一个尝试。

这份文件的结论是凯恩斯一贯使用的生命与死亡两种势力的对比：

> 否定、限制、不行动——这些都是政府的口号。在他们的领导下，我们被迫扣紧大衣，不敢出声。畏惧、多疑和没有根据的小心将我们关在屋里，噤若寒蝉。但我们不是行将就木的人，我们是一群健康的儿童，我们需要生命的气息。世界上没有任何值得我们害怕的事情。相反，我们的将来会比过去任何时期给我们带来更多的财富、经济自由和个人生活的种种选择。
>
> 我们没有任何理由不让自己感到可以自由地冒险，敞开胸怀，去实验，去行动，去尝试种种的可能。而阻碍我们前进道路的只不过是几个身穿礼服大衣的老绅士。只要我们对他们稍加一点和善的不敬，他们就会像木柱一样自动滚开。
>
> 很可能，在他们度过一段震惊的时刻后，也会乐意享受生活的。

这是激动人心的一段话。

在他自己的雄辩言辞的鼓舞下，凯恩斯对他支持的政党将在大选中的结果特别乐观。他坚信休伯特·韩德森一定能赢得剑桥大学的席位，是凯恩斯劝说他代替他参加竞选的。他还相信自由党能够获得100多个席位。事实上，在1929年5月30日大选揭晓时，工党获得287个席位，保守党获260席，而自由党仅得59席。韩德森没有当选，而凯恩斯损失了160英镑的赌资，尽管他押在丘吉尔身上的赌注赢了10英镑。虽然自由党得到23%的选票（保守党得38%，而工党得37%），它只获得10%的下院议席。劳合·乔治的最后一次冲刺又失败了。麦克唐纳组建了第二届工党政府，自由党则成为两大党之间的平衡因素。凯恩斯在6月3日写信给莉迪娅，心情悲观地说："我不相信从这个大选中会产生任何令人满意的事情。"

5 《论货币》

从某种意义上说，凯恩斯在1929年同财政部对抗所导致的对产出和就业进行比较直接的分析使他觉得他的《论货币》这本书已经不必要了。该书于1930年10月终于出版。他开始是要用货币数量说来解释工业产量的上下波动。当他写完这本书时，才发现他并不需要这个理论来解释明显的事实；实际上，这个理论对他还是一个干扰，因为它重点关注价格水平而不是实际的生产状况。所以我们可以看到一种胚胎形式的生产理论试图从货币理论的束缚中逃离开来。但是，《论货币》的失败还有另一个原因。由于他想对货币做一个全面的、彻底的学术研讨，他自己的一些特有的观点反而被埋没了。也许他是想以一本难以读懂的著作来奠定他的学术地位。不管怎么说，《论货币》放大了他的弱点，同时又未能充分发挥他的长处。他的这种写法更可能暴露出他作为经济理论家的局限性，而不能显示出他作为有独创精神的思想家的优势。而且这本书对他的文风也是一种巨大的压抑。

事实上，这本书的含义非常简单。一个国家的利率由于捍卫汇率的目的而被迫提高，同时又不能降低生产成本以获得利润，就会落入低就业水平的陷阱。这就是凯恩斯对英国在20年代的"特殊难题"的学术性解释。但是在这个解释的背后则是有关现代经济如何运作的一种理论。

凯恩斯的中心前提是认为在一种信贷货币的经济中没有能使储蓄和投资保持均衡的自动调节机制，之所以会这样是因为银行能够创造货币。正如我们在前面已经提及的，他这个思想可以追溯到1913年。资本和利润之间有一个比率（凯恩斯用威克索尔的叫法，称其为"自然比率"），贷款和利息之间也有一个比率——又称为"市场比率"。然而，市场比率是由银行的信贷政策所确定的，所以会高于或低于自然比率。因此，"信贷周期"的特点是市场比率围绕着自然比率而上下波动。

上述这一切的重要性在于，一个信贷货币经济可以用来实现短期均衡的唯一办法是银行政策。在恢复后的金本位体制下，英格兰银行无法将利率定在足够低的水平上以使投资水平同社会的总储蓄水平相吻合：所以会产生大规模的失业。这种解释的关键一点是显示凯恩斯已从对货币存量的重视转移到对货币支出的流动状态的重视。正是由于在投资上的支出相对于储蓄率不足，所以价格水平下跌，而且失业率上升。

第五部分　金十字架

从经济心理学的角度来看，凯恩斯从根本上已同古典经济学认为储蓄是投资的自动资金来源的观点决裂。他用了几个绝妙的段落来批判经济进步中的"禁欲"理论：

> 人们常常以为，世界上财富的积聚是由于一些个人自愿地放弃即时消费的享受而实行自我禁欲的结果。但我们必须明白，光靠禁欲是不够的，它不足以建设城市或清理沼泽地……只有企业家精神才能搞建设和增加世界财富……只要企业家精神仍有活力，不管人们是否节俭，财富照样会增加。如果企业家精神委靡不振，不管人们如何节俭，财富都会下降。
>
> 因此，节俭也许是企业家精神的仆俑和护士，但也未必，并且在一般情况下可能两者都不是。因为企业家精神同节俭的关系并不是直接的，而是间接的；连接它俩的纽带往往不存在，因为推动企业家精神的引擎不是节俭而是利润。

遗憾的是，凯恩斯在第十章的开头用一些枯燥的算式，或称"基本方程式"来规范地展示他的这些有创见的思想。这种表达方式仍然来源于货币数量说。货币数量说的主旨是，货币数量的变化只能引起价格的变化（更确切地说，价格变化是同货币数量变化成正比例的）。所以，货币数量说无法解释产出的变化：这只是一个价格理论。然而，这个理论只有在经济中的所有价格都是即刻并成正比地变化时才有效：当货币供应量增加10%以后，全部物价都立即上涨10%。这个条件是不可能达到的。凯恩斯的策略是用货币数量说的代数来表示货币支出发生的变化可能会造成不均衡的价格。而要消除这些不均衡价格就需要在产出和就业上发生暂时的变化。然而，这个策略有严重的缺陷，它迫使凯恩斯接受对收入、利润和储蓄所做出的特定的（怪异的）定义。同时，它也迫使他服从于这样一个同他的本意不相符合的观点：货币支出的变化从某种意义上取决于价格水平的变化。凯恩斯已经开始认为货币支出的变化相对于货币供应和信贷供应的变化来说，可以是独立的，不受其影响的。而且他也不再寻求一种更加直接的方式来表现货币支出和产出之间的关系。

上述三个令人棘手的定义是：（1）整个社会的货币收入（或称生产要素或生产成本所获得的"正常"或均衡的收入）；（2）利润是指在除去企业家"正常"收入以外的生产成本和销售价格之间的差别；（3）储蓄指社会的"正常"收入中没有用于消费的那一部分。将利润或亏损（凯恩斯称其为"横财"和"横祸"）从收入中排除出去的目的是

第 25 章　储蓄之谜

为了把导致生产扩张或减少的变量分离出来。但是他的这一做法使得收入和储蓄成为无法实际操作的定义，并引起很多误解。总储蓄能够"跑在投资速度之前"或者滞后这个观点能否成立完全取决于对收入和储蓄如何定义。

形式上，《论货币》试图用一套方程式来捕捉一个从一个消费物价水平向另一个水平过渡的经济的内在动力。它一方面向我们展示工人和企业家制造消费和投资产品所赚取的货币是如何进行流动的；另一方面，它又向我们展示了在货币流动中，哪一部分在消费上，哪一部分在储蓄中。只有当制造消费和投资产品所赚的货币的比例同货币在现行的消费和储蓄的支出的比例分别相等时，经济才达到了均衡。

在这种情况下，生产成本同消费品的销售价格相等；利润为零；储蓄同投资相等：这从定义上看是正确的。如果人们决定不用生产过程获得的全部收入来购买消费品，也就是说他们想从"正常"收入中储蓄更多一点，消费品价格就会下降。在这个条件下，根据定义，消费品的生产成本超过销售价格，因而亏损了同样的数量；从而储蓄就会"跑在投资前头"。

凯恩斯的这种处心积虑的方法是为了强调一个要点，如果人们希望储蓄的数量超过投资的成本，经济的总体就会出现萧条，除非有提高投资价值或利润率的举措同时发生。所需的投资并不会自动产生，它是否会发生有赖于另外一套因素：预期中的利润率是否会在今后升高，利率是否会降低，或者两者同时发生？

萧条产生的原因是购买新的生产设备的兴趣不足以吸收"正常"收入的储蓄量——换句话说，如果预期的利润率低于银行定的市场利率的时候就会发生这一现象。凯恩斯用不确定的分析法（他在《论货币改革》中已经开始使用）来解释特定的一组价格——生产资本商品的价格。被变化不定的预期所推动的"自然利率"相对"市场利率"的上下振荡是经济周期变化的根本原因。

在《货币总论》中，凯恩斯对股票市场的心理做了两个著名的分析，这同1929年华尔街的长期牛市的崩盘有很大关系。其中心思想是，由于对将来的资本财产的价值心中无数，人们总是把一部分储蓄进行投机活动。如果股市的股票价格预期会上扬，储蓄将重新分布，从"囤积"转向"有价证券"；如果股市预期会下跌则反向发展。当多数投资者有"牛市"心态，股市就会繁荣；多数投资者处于"熊市"心态，股市就会萧条。所以，在《论货币》中，凯恩斯已经提出了储蓄的"投机"动机，但这还没有成为在《就业、利息与货币通论》中的"流动性偏好"理论。

凯恩斯对操纵市场利率来弥合投资和储蓄之间的差距深信不疑。但是，在一个开放型的固定汇率的经济中，银行利率的两个功能——即调节投资数量和对收支平衡的管理——也许并不协调。如果一个社会希望向国外借出的储蓄超出了它的出口净顺差，黄金将流出，所以金融机构必须用提高银行利率的办法来抵消黄金输出，从而增加国内资本的借贷费用。高银行利率的最终效应是"效率工资"（即货币工资）的下降，使得有可能扩大出口贸易的顺差。这里，他又重复强调了在《论货币改革》中关于政策不连贯的论点。凯恩斯对银行利率的操纵方法的说明在今天仍然具有经典的地位；但这是一种价格水平调节的模式，而并不是他心目中的产出水平调节的模式。

凯恩斯是不是把灵活的工资水平看成是医治储蓄或投资功能转移的灵丹妙药呢？《论货币》中的一部分内容表明他是这么认为的。在第四部分里，我们读到的是一个信贷周期有赖于工资滞后调节的古典描述。在信贷周期的上升阶段商品（价格）膨胀，接着是利润膨胀，然后是收入膨胀。在周期的下降阶段则反方向发展：价格下降，利润下降，最后导致货币工资的下降——这是整个调整过程中的最后一步。然而在第三部分里，凯恩斯却提出了他那著名的"香蕉（种植园）寓言"，在这里，当储蓄由于节俭的刺激而上升，同时雇主削减工资，"大众购买力下降的幅度正好同生产总成本下降的幅度相等"，此时，（假设是一个单一经济实体，即香蕉种植园——译注）工资的灵活性变动并不能防止起始阶段的振荡。只有在所有生产活动停止，而且整个社会民不聊生的时候，或者持续增长的贫困化迫使人们减少储蓄，或者"在投资被某种手段刺激下开始上升"，比如受政府以债务支撑的公共项目的刺激的情形，此时整个经济才能重新达到均衡。如果利率的调整和公共工程项目都被排除的话，唯一现实的调整机制就只有听任贫困化的发展，凯恩斯称其为"自然疗法"。因此，在《论货币》里有两种互相不协调的说法。第一种说法描述的是一种长周期循环，让种种相对价格的调整发生作用，尽管速度缓慢，最终在总产出和就业水平不变的状态下重新回到均衡。第二种说法则通过减少总产出来调节，均衡在社会穷到不能再储蓄的时候开始恢复。这第二种说法后来导致了《就业、利息和货币通论》的出现。但在目前这个阶段，凯恩斯还不能得出一个令人满意的结论，因为他还不能回答在公共工程被排除的情况下，除了大规模的贫困化，经济是否还能用其他办法找到均衡点。

政府货币政策的主要目标应该是使银行利率与充分就业保持一致。而充分就业的价格水平从长远来说是随"效益工资"的变化而变化的。银行利率的独立性只能由汇率的不断调整为保障。凯恩斯认为，国内工资向下调整中存在的"僵硬性"与在对外借出资金上的"自由放任主义"是不相协调的。因此，他认为我们的"货币制度涉及的功能范围比银行制度、关税制度和工资制度要宽泛得多"。他怀疑这是否是明智的安排。这是一种货币民族主义的极端说辞，但这个说辞并非同建立一种较为灵活的国际货币体系的想法完全相矛盾。如果不可能改变金本位，政府就必须启动公共工程计划。

《论货币》的书名是不正确的。凯恩斯所描绘的经济振荡不一定是银行体制的通货膨胀或紧缩行动所造成的。这些振荡也可以被非货币的因素所引发：比如社会节俭运动、工资上扬、景气信心的崩溃等。然而，他仍然期望金融权力机构提供足够数量的货币以抵消这些不安定因素给经济带来的影响。"那些认为金融权力机构应当行使管理价格水平的国家主权的人并不声称货币供应的种种规定是影响物价水平的唯一因素。只要放进足够的资金，我们就能够保持任何一个所需的货币供应水平。我们承认，一个水库的水位高低取决于很多因素，不仅仅取决于引进多少水。这两种思路实际上是不矛盾的。"

第 *26* 章

经济大衰退

1 他是否有预见？

在1929年夏天,没有任何人开始感觉到全球经济不久将要崩溃。华尔街股票仍以吃惊的速度在升值。美国人普遍相信他们已找到了持续不断的经济增长的奥秘。只要美国的繁荣持续下去,全世界就会感到安全。国际政治也没有显示出任何麻烦的迹象。斯大林领导下的苏维埃俄国已从输出革命转向对国内人民的红色恐怖。1925年签订的《洛迦诺公约》大大减轻了法国的不安全感,而且似乎抑制了德国的野心。英国的达伯农勋爵在1929年写道:"希特勒现在已经被人们遗忘。"墨索里尼似乎也变得安定下来;在1928年他让银行界高兴的一件事是将里拉升值。当然,世界经济还是有一些让预言家们担心的蛛丝马迹:美国人的储蓄转入股票市场,造成1928年的股市繁荣,这样一来,全世界的制造业主就更加难以获得资金以对付债务。德国人更难支付战争赔款,而英国则更加难以维持金本位制度。从今天的角度来看,我们可以看得很清楚,需求从生产领域被转移到投机领域,但当时那些少数人的担忧被淹没在多数人的乐观主义情绪之中。

大选的兴奋过去之后,凯恩斯的生活又回到过去的节奏。1929年的夏季,他把大部分时间花在撰写《论货币》上。其间从7月19日到29日他的写作被中断,这十天中他在欧洲大陆访问;其中包括在日内瓦的两天学术演讲,邀请他的是国际联盟的金融部门,他为此颇伤了一些脑筋。接着他和莉迪娅到法国的勃艮第去度假。莉迪娅写信告诉佛萝伦丝说:"尽管很有好处,这类度假只能一年度一次,因为一个人的肝功能实在吃不消。"(意为喝葡萄佳酿太多,勃艮第是著名的葡萄酒产地——译注)

第五部分 金十字架

从法国回来以后,他们在提尔顿和伦敦安排莉迪娅芭蕾排练的事宜。莉迪娅同意与安东·多林和乔治·巴兰辛一起出场在一个五分钟的舞剧里担任角色,这是英国最早的一部有声电影之一的《暗红色玫瑰》中的一段芭蕾插曲。这个"戏中戏"的目的是为了模仿剧中的主要故事情节,并给其中的某个角色助威,正如在莎士比亚的《哈姆雷特》中一样。凯恩斯自然主持所有实际运作的安排。巴兰辛于8月9日到达提尔顿,开始熟悉音乐。这出戏的乐曲是姆索尔斯基的《霍万新纳》中的一段。凯恩斯为此特地从库尔多夫妇那里买了一架大钢琴。巴兰辛的传记作者写道:"巴兰辛同凯恩斯相处得很和谐,因为凯恩斯喜爱谈论芭蕾舞,而巴兰辛喜爱谈论钱的问题……"

当该片于8月19日至8月20日开机时,威尼斯方面传来了迪亚格列夫去世的消息。"这些舞蹈家们坐在地上围成一圈,在那里一连几个小时谈论对迪亚格列夫的回忆。情景实在不寻常,"凯恩斯这样写信给母亲,"各种摄影器材就在旁边,一大帮衣着入时、浓妆艳抹的人(作为观赏芭蕾的观众)也在旁边,而这几个芭蕾演员则身着中亚风情的服装。"迪亚格列夫活着的时候,他是芭蕾舞的代名词,他一去世,争夺他的皇冠的斗争立即开始。是年底,莉迪娅在梅纳德的支持下,协助妮奈特·瓦洛阿成立了卡尔玛戈协会,成为英国国家芭蕾舞团的先驱。

《暗红色玫瑰》一片的运气不佳,其中的芭蕾舞那一段中,音乐同舞蹈动作略有脱节。在10月的首映式以后,一场大火焚烧了该片的制片公司,几乎所有的拷贝都毁于一旦。这是莉迪娅在摄影机前的唯一舞蹈作品。

拍片和同麦金纳夫妇度完一个周末之后,梅纳德又坐下来写他的书。他每周一、三、五的下午都休息,同莉迪娅打网球,每回都打得她无法招架,朋友和亲戚来来往往:韩德森夫妇、塞巴斯蒂安·斯普洛特、彼得·卢卡斯、谢帕德、母亲佛萝伦丝(年届七旬,快要成为剑桥市市长)、他的弟弟杰夫里(现在已是一个资深的、名气越来越大的外科手术医生)。弗朗茜丝·马歇尔到查尔斯顿去度假,发现查尔斯顿"同提尔顿的争斗仍然十分激烈"。莉迪娅整日在玩保龄球,奖品是一头猪。她让村里人大为惊骇的是,一旦没有赢就会大哭不已,不过很快就能恢复。有天上午,她穿一条白色的裤子和红色的衬衫,头戴一顶大沿草帽,上面点缀着罂粟花,出现在查尔斯顿,十分迷人的样子,她说她只是要借几个鸡蛋。两地的争斗在剑桥并不存在。朱利安·贝尔——"一个可爱的老熊"——经常同凯恩斯在一起,尽管他发现他的女朋友海伦·苏特"太过平凡"。山姆和莉尔·库尔多夫妇于9月29日来参加午宴。山姆被凯恩斯支持贸易保护的说法大吃一惊,但他"内心还

第 26 章 经济大衰退

是高兴的"。这段时间里,凯恩斯参加了BBC的一次广播活动,到切特庄园同劳合·乔治待了一晚上,并在伦敦同新任的无任所大臣——兰开斯特公爵郡大臣奥斯瓦尔德·莫斯利会面。莫斯利被工党内阁任命此职的目的是促进公共工程项目。

回到剑桥的两个星期之后,第一次世界大战之后处心积虑建设起来的经济体制开始崩溃。他于10月25日写信给莉迪娅:"华尔街昨天大崩盘。你有没有读到这个新闻?这是历史上最大的一次崩盘。福尔克今晨给我打电话,他的声音非常担忧和不安,这是我的感觉。"《纽约晚邮报》请他写一篇短评。他花了半个小时写成这篇东西,又用25分钟通过电话口授给对方。这给他带来头痛,"我一整天都处于关于金融的令人讨厌的情绪之中"。

凯恩斯用电话传递的对华尔街股市崩盘的后果进行的预测大错特错。他说"英国将有一个充满失业的恶劣的冬天",原因是政府的"高价货币"政策占据了上风;但他同时又预期"廉价货币的时刻即将到来,这正是全世界的工商业的利益所在"。只要低利率出现,"全球的企业将重新发展,商品价格将恢复,农民亦将处于改善的地位"。

众所周知,华尔街的崩盘引发了史无前例的全球经济大萧条。1930年,商品批发价格大崩溃,将廉价货币产生的效果彻底消除,名义利率虽然下降,但实际利率大幅度上升。这些事件动摇了凯恩斯对经济大危机中货币政策可以起的作用的信念。然而,即使在1930年的下半年,人们还没有意识到这是比一般经济周期中的滑坡时期更为严重的形势,所以仍然期待着自我调节、恢复均衡的可能。事实上,1930年春季确实有恢复的某些迹象,如股票价格回升,经济行为开始活跃。

长期以来,人们批评凯恩斯对经济大崩溃毫无预见。据说他在1926年曾说过:"在我们的一生中不会再有进一步的经济崩溃。"此外,如果一个经济学家的价值用他自己的炒股水平来衡量,凯恩斯就显得更糟糕:在1929年年底,他几乎全军覆没,这是他在投资生涯中的第二次。

确切的事实总是比较复杂的。凯恩斯欣赏美国联邦储备局的稳定政策,所以他对美国经济的分析判断多有偏颇。他设想联邦储备局能够而且也愿意采取防止经济崩溃的措施。然而,他从来不愿意相信当时流行的一个观点,即美国"已找到了永久繁荣的奥秘"。到1928年时,他已经有理由开始担心。

这一年,他的投资合伙人奥斯瓦尔德·福尔克得出一个结论,即美国的信贷条件并不健康,所以他和凯恩斯控制的几家投资公司,如国民共同基金、独立投资公司等应该从华尔街撤出，特别要从有价证券中撤出。同凯恩斯一直保持通信的哈佛经济学者、最"正确"的美国金融观察家查尔斯·巴洛克也持这一立场，他对1927年8月美国贴现率降至3.5%以后出现的担保贷款的大幅度增加感到紧张。

上述的这些在1927—1928年间的担忧后来成为解释美国经济崩溃的正统说法。工党下议员肯沃西舰长在他于1935年发表的《水兵、政客和其他》一书中回忆金融专家奥利弗·斯普拉格在1931年对工党议员说的一段话："联邦储备局在1927年想中止美国经济的繁荣，但是那些邪恶的政客施加压力，不让它的这个计划成功，因为胡佛总统正在准备总统大选的活动。"列昂奈尔·罗宾斯在1934年也同样提到，崩溃始于联邦储备局在1927年的扩张信贷的政策，其目的一方面是减轻美国当时的一场不严重的经济衰退，但主要却是为了帮助英国维持金本位制度。这就引发了一场投机的混战，即使在后来强加的"高价货币"的政策也不能阻止投机的势头。这次的大崩溃是一种惩罚，但同时也是灵丹妙药，以整治过去数年中的肆无忌惮的经济扩张行为。繁荣是个幻影，所以崩溃就是现实的再现。

凯恩斯从来不赞成这样一种观点，即经济崩溃是"不可避免的和对人的投机精神的应得的报应"。而且，"如果这么多财富没有后来的全面破产来加以平衡那就是非正义的贪财者的胜利"。凯恩斯称这种观点的鼓吹者为"严肃的、清教徒式的幽灵"。他也不同意把1927年的美国看成一个醉汉。他一贯的观点是，对通货膨胀的考验是"价格的考验"。从商品价格指数来分析，1927年的美国并没有通货膨胀的危险，所以，联邦储备局把贴现率从1928年1月的3.5%提高到1928年7月的5%是为了给繁荣的美国经济降温，并扼杀投机行为。这是凯恩斯对美国经济在1928年的状况的判断基础。是年7月和9月间，他认为美国面临的危险不是通货膨胀，而是通货紧缩。凯恩斯在9月28日写道："困难将在于如何为涌进美国的大量投资资金找到出路——尤其在各国中央银行都不愿降低本国利率的情况下。"他在1928年8月15日问美国经济学家艾林·扬格，"为什么联邦储备局对一种看起来相当健康的局面如此不安呢？"在1928年10月4日，他在回复巴洛克教授的信中说："我不能不感到美国经济的风险在于工商业的萧条。如果用高价货币的手段来抑制投机的时间过长，那么这个政策将会在抑制新投资的过程中引起工商业的全面萧条。"所以到了1928年，凯恩斯认为如果眼下的政策不改变，崩溃是有可能的。

凯恩斯同正统观点的支持者都互相指责对方看错了地方。正统的银行界观点将投机的繁荣看做是不健康的信贷形势的一个明显表现；凯恩斯则认为华尔街股票价格的膨胀不

第 26 章　经济大衰退

是整个经济形势的一个精确的指南，"因为我将崩溃……基本上归咎于长期的高价货币政策给投资带来的影响。这种政策先于股市的崩盘，所以对股市崩溃本身只有次要的影响。"

凯恩斯在1928年的预测受到他自己的生意的影响。他并没有被华尔街股市弄得全军覆没，因为他手头没有股票。他在生意上的难处来自于商品市场。他在期货市场上投机已有六年之久，总体来说是成功的。到了1927年年底，他的净资产达44000英镑。但在1928年，他对橡胶、玉米、棉花和锡放了长线，当市场突然转向而对他不利时，他已无力回天。他在期货市场上的损失迫使他出售有价证券以防止破产出局。他抛出这些证券时已是1929年年底的下滑市场。他剩下的只有1万股的奥斯汀汽车公司的股份，其价格从1928年1月的21先令下降到1929年年底的5先令。此时他的净资产从44000英镑已经降为7815英镑。

凯恩斯对美国经济的描述在某种程度上是从他在1928年的投机经历中得出的一般性结论。在他看来，美国经济是大量的储蓄与内在的低投资倾向的结合，而联邦储备局用扩大信贷的方法来加以纠正。一旦信贷扩张的速度减慢，经济气球就开始萎缩。凯恩斯后来以这个分析为基础来解释危机的深化。他在投机市场上的第二次失败结束了他在金融市场上的投机活动。此后，他采取了他称之为"忠诚"的政策——即在几个最喜爱的股票上投资，不管风云变幻，一直把它们攥在手上。他试图战胜市场的十年经历使他确信，这个新的"忠诚"战略是回应不确定性的唯一的理性方法。

凯恩斯与奥斯瓦尔德·福尔克的亲密合作阶段已经结束。他们两人不仅在对美国价格的走向上持不同意见，而且福尔克在他和凯恩斯共同掌握的投资公司的管理上越来越独断专行。在"PR金融公司"的运作上，凯恩斯和福尔克同意把这个主要投资期货的公司的管理责任一分为二。该公司在1928年度有亏损，后由凯恩斯负责家人和朋友的投资资金（即沃尔特·朗顿·布朗、杰夫里·凯恩斯、内维尔·凯恩斯、A.V.希尔、克莱夫·贝尔、大卫·加奈特、罗杰·弗拉埃和利顿·斯特拉彻），福尔克则主管其他的资金。一年之后，华尔街股市崩盘，凯恩斯控制的资金从28000英镑跌至24000英镑，而福尔克的资金从56000英镑降为20000英镑。福尔克的糟糕成绩是由于他的一时冲动做出的决定所致，他一反在1928年的观点，于1929年夏天开始进入华尔街股市。同样，在"独立投资公司"里，他不听凯恩斯的劝告做了同样的决定，导致该公司在1929—1930年间损失惨重。此后公司要求福尔克"注意聆听"已经扩大了的董事会成员的意见。1930年年初，莉迪娅有点幸灾乐祸地记下福尔克不得不出售他的乡村别墅斯托克顿。在大危机不断加深之后,凯恩斯与一些老朋友的友谊也开始冷却。第一个是福尔克,而与山姆·库尔多、休伯特·韩德森、丹尼斯·罗伯逊等人的关系也受到了影响。最糟糕的是,他原来的学生,也是"国民共同保险协会"的双主任之一的希尼·罗素·库克在1930年7月3日枪击头部自杀,他和他的个人公司"罗和皮特曼"在华尔街股市垮台后的长期熊市里难以继续支撑下去,成为这场金融危机的牺牲者。

2 麦克米兰委员会

凯恩斯在1929年11月25日写信给莉迪娅说:"正如你所说的,我正在又一次成为时髦人物。"此前不久,他被任命为政府的"麦克米兰金融和工业委员会"的委员。这个委员会的任务并不是立即影响政策,而是对金融体制如何影响经济做一次广泛的调查研究。影响经济政策制定的是首相拉姆塞·麦克唐纳刻意成立的"经济顾问委员会"。凯恩斯参加了麦克唐纳在11月和12月主持的三次午宴之后,也被任命为这个委员会的成员。政府将凯恩斯延揽入这些委员会的目的是让政府从表面上,而不是实际上,看来在采取一些极端的措施以挽救经济。事实上,当危机加深时,政府的倾向正是相反:回到正统经济观。每个政策从一开始是开放式的、有灵活性的,但渐渐地集中到一个问题上:如何捍卫对经济的信心,这就包括了对英镑汇率的捍卫。尽管如此,在1929—1931年间,凯恩斯将他的说服能力花在影响麦克唐纳,而不是劳合·乔治的身上。他事实上完全脱离了自由党的政治活动。

麦克米兰委员会和经济顾问委员会使他有机会直接了解"内部观点",他从20年代初开始就不再有过这样的渠道。尤其是,他又有机会同财政部和英格兰银行进行较量,并能够在企业界领袖、银行家、政府文官和经济学家面前坦陈自己的观点,这样双方的思想可以进行交流,相互影响。凯恩斯在这个阶段赢得不少论战,但在一些具体政策上又不得不撤退。此外,在经济顾问委员会的经济学家小组委员会中,于1930年秋天发生了明显的分歧。这促使凯恩斯再写一本主要的理论著作,"以揭示经济学同行之间在一个问题上的巨大分歧。这些分歧在目前的状况下差不多已经摧毁了经济理论对经济的实际影响力"。

在麦克米兰委员会的49天听证会和100多次会议上,"凯恩斯对这些会议的议程居于主导地位。在同证人对话和撰写委员会报告中，他都是核心人物"。此外，他在1930年2月和3月的会议上花了五次时间解释自己对货币理论和政策的思路，并在当年11月又讲了三天。他的发言深深地吸引了委员们。这些发言是持之以恒的逻辑头脑所产生的杰作，同时也展现出他对委员们的情绪控制十分到位，并能够娴熟地运用语言。委员会主席麦克米兰勋爵是一个法官，对金融并不了解，但头脑开放，乐意聆听各种意见。他曾说在凯恩斯发言的时候，他常常忘记了时间。凯恩斯的两个主要盟友是麦金纳和欧内斯特·贝文（后任工党外交大臣——译注）。麦金纳观点犀利，态度傲慢，知识非常渊博，消息十分灵通。凯恩斯想尽办法同贝文搞好关系，此人是"交通运输工人总工会"的秘书长，势力很大。凯恩斯在1929年12月初请他一起出席了伦敦政治经济俱乐部的会议。贝文不但是一个学东西很快的人，而且看出凯恩斯是一个同情工人阶级的经济学家。他受凯恩斯的观点的影响，为第二次世界大战期间和1945年以后在"两党一致性政策"旗帜下的工业政策奠定了基础。

凯恩斯在麦克米兰委员会的发言的基础是他的《论货币》，所反映的是20年代而不是30年代的经历。这是一种对僵化了的经济中出现的问题的分析，而且20年代的世界处于一种中等繁荣的状态。他并没有对30年代的深刻的危机做出任何分析。

他的第一次发言是在1930年2月20日，议题是在金本位的条件下如何操纵利率。他提出利率的一大优点是能够同时矫正国家对外经济和内部经济出现的不平衡局面。然而，这当中有一个人们不大理解的后果。国内生产成本的降低只能让生产要素的所得"低于他们的实际工作贡献"——也就是说，降低利润或者工资。银行利率的直接影响力在于增加借贷的费用，从而降低利润。所以，"银行利率降低物价的唯一办法便是增加失业"。正是由于失业的增加才能降低工资水平，使得出口商品更具有竞争力，于是增加我们对外投资的能力，而让银行利率可以下降——"因为高利率已经完成了它的工作"——这样对外投资量将与出口顺差相等，充分就业就能够得到恢复。

可是，这种均衡机制是否能够运行取决于"这样的假设，即工资水平不是固定的，从而可以适当地浮动并对失业状况有所反应"。但是，如果在实际生活中，物价是灵活多变的，而工资则是固定不变的，那么提高银行利率的唯一作用是提高失业率。均衡调节机制在这个时候就受到阻滞而不能正常运转。"从1924年开始，货币工资在实际上是固定的。"为什么英国工人的工资具有如此的"黏性"特点引起委员会的部分成员进行了最有意思的辩论。对凯恩斯来说，这是一个不解之谜。它直到现在仍然是一个悬而未决的问题。凯恩斯于1929年11月7日在曼彻斯特大学作了"路德维希·蒙德"专题讲座。在这次演讲中,他提出了一个解释原因,工资水平是被"社会和历史的力量"固定的,而不受劳动力的边际生产率的影响。在麦克米兰委员会里,凯恩斯否认货币工资在历史上曾经有过任何下降的灵活特点。所以,1925年重返金本位的决定就给银行利率"赋予一种在英国经济史上从未有过的新的任务"。他不认为失业救济金是造成工资黏性的原因,但他也承认救济金制度对这种黏性有所加强。

凯恩斯这样结束他的证词的第一部分:

> 我的结论是,鉴于上述的种种原因,银行利率政策尽管在理论上还无懈可击,但是作为一个恢复真正的均衡的实用工具已经失灵。这使得我们一直处于虚假的均衡状态,而在这种虚假的状态下,利润受到最主要的打击。只要我们的社会形态仍然是由利润来驱动企业精神,一旦不可能获取利润的形势出现,我们的体制将会逐步地腐朽下去。

凯恩斯发言的核心是在2月21日星期五的听证会上披露的。这就是他对储蓄和投资之间关系的分析。他在2月23日告诉莉迪娅:"星期五的会上,他们对我的发言感到大惑不解,我本来也是这么估计的。但我认为讲得还不错,当然对他们来说,这是一个不熟悉的、充满悖论的说法。尚且,他们无法驳倒我的理论,但也不知道我的说法是否可信……我回到剑桥时已经疲惫不堪。"

凯恩斯在听证会上的发言是对他的《论货币》的一次总结,其间充满了"香蕉寓言"。如果储蓄超过了投资,剩下的用于消费的收入就不足以购买其价格能够抵消生产成本的消费品;所以失业就会出现。投资率是由银行利率控制的,如果它高于预期的国内投资率,那么国内的积蓄就会借贷给外国。然而对外净投资额不可能大于出口减去进口的顺差,而这个贸易顺差只能通过降低英国的货币工资(实际工资的下降不如货币工资的下降重要)才能被提高。因此,在金本位体制下,总投资与总储蓄达到相同的水平毫无保障。"如果有完全的流动性,我们的工资制度将使得我们的对外投资等同于国内投资除外的额外储蓄,这个均衡点一直是存在的;但是,如果我们的工资制度是僵化的,我们对外投资的数额也将是僵化的,难以改变的。"在这种情况下,储蓄"就被泼在了地上,成为企业家的亏损"。凯恩斯进一步指出,在一个不开放的体制下,这个问题就不会存在。

第 26 章 经济大衰退

主席问道：在一个闭关自守的国家里，银行利率能否彻底发挥作用？

凯恩斯答道：是的，因为在一个闭关自守的国家里，你可以将工资固定起来；你能够向这个事实妥协，从而使你的投资永远与储蓄相等，让物价水平按照收入水平进行自我调整。

凯恩斯以一种井然有序的说法总结出他的利率理论与储蓄—投资理论之间的逻辑关系：

强行降低物价的方法是：你必须将利率定在能使储蓄大于投资的水平。企业主遭受损失后，物价下降，最终迫使他们削减生产要素的成本，并且价格（工资？）跟着降低。但是，如果你在这部机器运转的过程中就把它阻滞住，你就会面临一个持续不断的状况：企业主不断亏损，同时失业也不断持续，浪费现象不断下去，而额外的储蓄则被泼在地上。

他的听众非常感兴趣。布兰德问道："我的储蓄到哪里去了呢？"凯恩斯解释道："泼在地上的储蓄恰恰是企业主在他有正常企业收入（即利润和股份收入）时应该使用的。所以你可以看出，泼在地上的储蓄对他来说实际上等于是企业的亏损。"只要凯恩斯坚持（这是他在《论货币》中下的定义造成的结果）把那些并不存在的储蓄称为"额外储蓄"，他的听众必然要听糊涂了。然而，他用他在《论货币》中的定义来解释的不是整个过程中产生的结果，而是储蓄被摧毁和创造的过程。正如他所说的："我想研究的是在失去均衡的过程中会发生什么情况（而不是在均衡状态下会发生什么事）。"

当然，凯恩斯明白，收入降低本身就会减少储蓄：

在现实中，我们还是能够（在储蓄太多的压力下）得到少许缓解，因为社会的逐步贫困化将会导致储蓄的减少；从长远来说，如果其他办法均不奏效，这就是一条达到均衡状态的路径。目前的状况继续下去，整个社会将贫困到连储蓄的余地都没有，只有到那个时刻，我们才会发现失业消失了。事实上，如果不是由于储蓄在减少，就业问题将会严重得多。

凯恩斯在这里给了我们一个明显的暗示，即经济衰退本身会将储蓄和投资重新均衡在

第五部分　金十字架

一个较低的收入水平上。他的设想是当制造业规模减缩以后，失业工人将在工业体制以外寻求低工资的工作——"园丁和车夫"。然而，这种使经济重新达到均衡的方法不但让经济倒退，而且需要很长时间。所以，他在2月28日的第三天听证会上把这个方法列在种种方法的极其次要的位置是不足为奇的。

他开列的单子中，第一个被排除的是英镑贬值政策，认为这只能是最后的一招。第二个方法是在"各方同意下削减全国的货币收入"，他在1925年已有此项建议。这个削减将涉及所有的"工资、薪水和任何报酬"。人们做出的这个牺牲将被生活费用的"大幅度下降"所抵消。贝文反应很快，立即指出其中的困难，"用什么来保证生活费用一定会下降呢？"这个问题后来一直困扰着所有试图制定"收入政策"的努力。工会对工资水平有一定的控制权力，但对物价则毫无影响力。凯恩斯接下来讲的（第三个方法）是对雇主给予税收上的减免。第四个方法是对生产过程进行合理化改造，以期增加长期的效率，来减少生产成本。

上述这些解决办法的重点都是为了降低生产成本。第五个是贸易保护。这个方法能够给企业界直接的帮助，因为在生产成本没有发生变化的情况下提高了产品的价格。贸易保护的好处是"它可以生效，而自由贸易在目前的条件下已经失灵"。自由贸易政策是"利率政策至上观点的一部分"。它假定经济体制具有灵活的流动性，所以就业总是能根据比较优势的原则进行分布。然而，"一旦中间的一个环节断裂，整个自由贸易的论点就会垮台"。在保护主义政策之下，英国生产汽车的效益尽管不高，也比什么都不生产要强。凯恩斯尚不愿意在公开场合支持贸易保护主义，他说他"对贸易保护成为长期的政策感到害怕"。这个说法让委员之中的关税改革派人物沃尔特·莱恩爵士大为失望。凯恩斯还说，这同"吃药"一样：一旦保护主义开始施行，"就很难让它停止"。他主张最力的是第六个解决方法。他将这个方法推迟到3月6日的听证会上再谈。

这第六个方法就是自由党提出的政府用借贷来支撑的公共投资项目。他认为，财政部的观念，即任何额外的投资都将损及现有投资的说法是"纯粹的逻辑错觉"，它忽视了储蓄和投资之间的区别；它"只说明，国内投资并不能医治失业病，但它的假设前提是失业病根本就不存在"。

与财政部的观念相反，政府贷款支撑的公共投资的来源在于已经被用于投资的储蓄。凯恩斯认为新的投资本身就能够创造出偿还贷款的储蓄：一半是在失业救济金上节省下来的，另一半则来自于对"正常利润"的恢复。他接着摒弃了财政部的另一个反对意见，

第 26 章 经济大衰退

即寻求新的、有足够吸引力的投资项目是十分困难的观点。他指出，如果利率为5%，那么一个只有4%利润率的投资项目则为没有效率的投资。但是，这并不是人们现在面临的真实选择：真正的选择也许是在4%的利润率下投资100英镑，还是失去这100英镑。所以，"从整个国家来看，带来4%或在特定条件下只有3%的利润的新投资总比失业和企业亏损要强"。

凯恩斯在3月7日提出了第七个方法："全球主要的中央银行应当制定一个联合的政策，不仅要防止国际物价的继续下跌，而且要让物价与国际货币收入和货币生产成本的水平看齐。"换句话说，通货紧缩是一个世界性的问题，就像他以前说过的那样："是由于很多国家恢复金本位制度引起的，所以这些国家的行为同我们一样。"商品物价指数的下跌是需求不足，而不是过量投资所造成的，"在全球范围内鼓励投资和资本扩张对目前的经济状况有帮助"。起妨碍作用的是法国中央银行的"囤积黄金的痼习"——可以毫不夸张地说，在法国"没有经济科学"，而美国联邦储备局的政策倾向总是被国内因素所左右。在他的总结发言中，凯恩斯第一次指出了全球经济萎缩的开始：

> 现在很明显的是，我们已经在国际信贷周期的下滑坡道上……我们今天面临的问题的严峻性在于国际经济衰退已经强加在我们固有的国内困难之上……一两年前，我们的问题还只限于国内，现在国际上的问题至少也同国内问题一样重要。

此后的几个月里，凯恩斯把这些建议用不同的组合进行展示，并结合到他后来提出的反衰退的种种计划中。

凯恩斯在麦克米兰委员会还进行了九个小时的"私下"作证。这是一次在智力上和风格上都十分优秀的表现。它不仅让听者大为折服，而且让财政部和英格兰银行的官员们立即意识到其中有第一流的重要性：他们原先的那种自信、简练的思维方式被击垮了，而且永远没有再恢复。当然，这不是说凯恩斯在这场争论中"获胜"。英格兰银行和财政部在积蓄他们的弹药，一旦进攻开始，凯恩斯也不是浑身上下无伤痕的。他至少在两个方面被迫进行重新思考。

第一个发动进攻的是英格兰银行。该行一开始参加听证会时信心十足，副行长欧内斯特·哈维爵士在1929年11月的听证后收到凯恩斯的一封"热情的"信，这让他感到，"我们对麦克米兰委员会没有任何可以觉得害怕的地方"。但这种自信在行长蒙塔古·诺曼于1930年3月26日的听证会上遭受盘问之后荡然无存。诺曼的作证是银行的一场灾难,他浑身感到不舒坦,对情况掌握的也太少,回答问题含混不清,自相矛盾,态度恶劣而且不肯直截了当。他十分痛恨凯恩斯、麦金纳、贝文和其他一些人迫使他参与一场带来严重后果的游戏。他不时地被迫使用这样一类词语:"我不知道"、"我不这样看"、"我不敢确定"或"我记不清了"等等。后来他对贝文说了这么一段话:"非常奇怪的一个现象是,很多在伦敦金融界工作的人们对透明度信念难以找到合理的表达方式。"凯恩斯后来回忆说他"像一个小精灵,一个艺术家,身穿一件大衣,隆起身子坐在那里说'我记不得了'——这就回避了所有的问题,然而在离开时装出一副得胜的样子——像要疯了"。诺曼的副手哈维则接下一个苦差事,为他的证词做文字上的润色以作为正式记录,"银行行长的贡献只是一种明显的、故意的消极态度"。

当然,诺曼的策略是很清楚的,他想将失业的责任从银行的肩上推掉,转嫁给别的部门。首先,他否认现存的失业水平是银行造成的。银行的责任只是维持金本位,即使意料不到的困难迫使法国法郎贬值之后,银行还能捍卫金本位。工业能否使自己有竞争性取决于它自己。"我一直不明白为什么在过去的几年中工业不能够调整自己的位置。"更重要的是,他否认凯恩斯所指出的银行对信贷条件的影响力。银行利率只能影响"短期货币行为",而不会改变"整个信贷的数量"。这两个互相关联的论点是英格兰银行的三个经济学家提供的,他们是亨利·克莱、沃尔特·斯图阿特和奥利弗·斯普拉格。这么一种论证实际上是回到19世纪的"真实票据理论",该理论认为银行体系不过是对贸易需求做出回应而不是造成贸易需求现状的原因。

英格兰银行的作证提出了一个关键的理论问题。克莱试图说明信贷的供应具有内生性而不是外生性,银行不可能创造出比需求还要高的信贷。克莱写道,"更加正确的观点在我看来应当是,尽管健康的银行业的条件是限制信贷的扩张,但是信贷的起源是企业家,是他到银行去以一个工商计划来争取银行的支持,而信贷的基础是以该计划能否赢利的概率来确定的。"这种观点实际上否决了货币改革派的所有计划。正如凯恩斯在听证会上盘问斯图阿特时所说的:"你的说法实际上是声称信贷数量永远是合理的。"斯图阿特不相信"银行信贷的扩张是影响价格和贸易行为变化的一个决定性的因素";除了购买商品以外,"人们可以用钱做很多事情。他们也可以把钱留在手上"。凯恩斯反驳道:这就是说,"你必须用钱来治疗这个体系",用"喂饱囤积货币的人"的办法来降低利率。凯恩斯这时对操纵货币的信念已开始动摇但并没有垮台。他仍然相信只要降低利率，投资项目在原来不获利润的边缘上开始可以赢利。但是他承认用利率作为调节经济的工具的作用比他想象得要弱。他第一次开始接受这样一个观点，即经济重振的主要因素应该是"实际"利率的下降，而不是名义利率的下降。此外，"廉价货币本身对修复经济没有多大的作用，它的主要功能是创造一种让企业精神能重新振作起来的氛围"。但是，在这种情况下，还需要一个可以控制的因素，即投资总量。如果说企业主不愿投资，政府总是可以投资的。在这个问题上，财政部的一个观点进入凯恩斯的视野，这就是理查德·霍布金斯爵士的理论。

凯恩斯本来以为他明白财政部的观点，而且他能够对它进行有力的反驳。财政部原来的观点是额外的公共投资对总投资水平和就业无补于事，因为它只是将现存投资的一部分资金转移过去而已。凯恩斯准备好的回答是，这种说法只有在假定一个固定的货币供应量和充分就业的条件下才能成立。但是霍布金斯对这种反驳早就有预感，同时他也有一个政治动机。由于大选之后政府领导人发生了变化，霍布金斯不想让人们觉得财政部反对任何创造就业机会的行动，原先那种让丘吉尔和鲍德温捍卫保守党政绩的论点必须做出修改以适应工党部长们时断时续地对公共工程项目的支持。

于是，霍布金斯在他的作证起始就宣称，财政部并不在原则上反对政府开支，它反对的是一种特定的计划，即由劳合·乔治在1929年提出的计划。这个计划完全不可能像凯恩斯期望的那样能够"形成一个繁荣的周期"。正相反，它很可能产生企业界的信心危机，导致资本外流和利率上升。而且人们对这个计划的不信任越加深，利率则必须上升得越快。这个财政部观点的新的表述后来被称之为"心理挤出理论"。它的目的是显示，即使在充分就业水平没有达到的条件下，政府公债支撑的公共投资可能对就业毫无影响。此外，凯恩斯一直坚持"廉价货币"是经济复苏的主要先决条件，并提出公共投资作为"廉价货币"的替代政策。在华尔街股市崩盘之后，利率开始大跌，那么，凯恩斯所鼓吹的新的公共投资计划是否会延缓利率的下滑呢？

财政部观念的重新表述是一个信心十足的论证，让凯恩斯措手不及。他向霍布金斯提出一连串的问题。而委员会主席的最后结论是："我认为这场战争应算是打了个平手。"凯恩斯在1930年5月18日写信给妻子，说"我结束一场非常有意思的盘问……R. 霍布金斯爵士非常聪明；但他并不理解我们讨论的问题的技术性层面——他的这两种特质的结合使我们的辩论颇有味道。但这也证明财政部并不比英格兰银行对问题的实质懂得多一点——这足以让一个爱国者热泪盈眶"。

霍布金斯提出的中心问题是：如果市场对劳合·乔治的计划不看好，此计划能否奏效呢？或用更一般性的说法：在自由社会里，总投资量是否比银行利率更能得到控制呢？凯恩斯仍然相信政府有能力保证高就业水平，但是他也第一次开始明确地关注"信心"的作用。也就是说，一种政府扩大支出的政策在动态过程中如何被"信心"问题所影响。我们下面将要看到，这个思路促使他在后来的几个月中，越来越强调贸易保护的重要性（因为这对企业界的信心恢复十分重要——译注）。

凯恩斯在麦克米兰委员会中的表现是凯恩斯革命在政策制定层面的开始。1930年以后，不再有政策制定人还继续相信所有的价格水平都是灵活的，只要将汇率固定在一个理想的水平，就能够对生产成本进行自动的调节。1931年，英国放弃了金本位，这一次是永久性的放弃。"廉价货币"成为30年代的口号，这是凯恩斯的胜利。但是麦克米兰委员会的成果不是只偏向凯恩斯一边。英格兰银行仍然坚信货币政策的影响力并不像凯恩斯设想的那么大，这是克莱的胜利。财政部将"信心"问题提交到公共投资的讨论中，这是霍布金斯的胜利。凯恩斯从这些事件中得出一个主要结论，他必须重新设计他的理论以便击垮那些"实际政策制定者"心中根深蒂固的经济"模式"。从某种意义上讲，凯恩斯的《就业、利息与货币通论》是对英格兰银行和财政部对他的建议的反对意见之回应。

3 "经济学家委员会"

在麦克米兰委员会里，凯恩斯试图让银行家、政府文官和经济学家重新考虑他们的基本经济原则。作为内阁"经济顾问委员会"的成员，他有机会让政府采取一些行动。这个委员会每个月开一次会，由麦克唐纳首相主持。财政大臣菲力浦·斯诺顿和掌玺大臣J.H.汤玛斯也参加。凯恩斯很快就发现他又回到了"猴子屋"——他称那些光开会、没有实质性决定的委员会为"猴子屋"。经济顾问委员会的作用被斯诺顿进一步削弱了，因为他成功地阻止了该委员会对货币政策的一些方面进行调研，同时，他比较信赖企业家，而不是经济学家的观点。为了不给企业家多少发言权，凯恩斯敦促麦克唐纳任命一个小规模的经济学家委员会，"让他们聚在一起，在10月底之前对我们当前的经济问题做出一个具有共识的诊断，并提出一套可能的治疗方案"。麦克唐纳于1930年7月24日组建了这样一个委员会，以凯恩斯为主席，庇古、韩德森、斯坦普、列昂奈尔·罗宾斯为成员。

第 26 章 经济大衰退

秘书为A.F.海明,经济顾问委员会的共同秘书是韩德森(他此时已从《国民周刊》总编的位置上辞职)和凯恩斯的学生理查德·卡恩,卡恩现在是国王学院的研究员。委员会于9月10日第一次开会。

5月19日,工党政府的声誉受到打击。奥斯瓦尔德·莫斯利宣布辞职,这就给"经济学家的观点占一点上风"提供了机会。在5月28日的强有力的辞职演说中,莫斯利不但攻击了政府不采取行动的政策,而且还抨击了处理失业问题的整个体制机构。莫斯利的辞职增强了麦克唐纳对付财政大臣斯诺顿的实力,他亲自接管了内阁的失业问题小组,并将声誉大跌的掌玺大臣汤玛斯调到了自治领部。首相还不顾财政部的反对将更多的资金拨到地方政府的名下以支持公共工程项目。麦克唐纳对经济顾问委员会中的经济学家小组委员会的意见也很重视,这对财政部控制经济的权力是一个直接的威胁。如果能够说服其他的经济学同行,凯恩斯就获得了战后影响政策的最佳机遇。

凯恩斯为9月11日的第二次会议准备了一个问题清单。他请委员会成员们判断投资支出会给失业、物价和实际工资带来什么影响,同时也探讨其他替代办法的影响,比如关税的增加或者货币工资的降低。他让他们估计"(1)实际工资,(2)货币工资比现存世界物价水平的基础到底高出了多少?"他接着提出:"如果你对实际工资过高的估计数字大于你对1910—1914年以来的单位生产率的实际工资水平,你将做出什么样的解释?"当这批为英国经济病进行诊断的"医生们"于9月26—28日聚在斯坦普爵士位于绍特兰的家中比较他们的结果时,发现彼此之间的看法大相径庭。

理论上讲,凯恩斯—韩德森轴心的观点,即在1929年那本小册子《劳合·乔治能否成功?》中反映出来的观点应该成为大家争论的核心枢纽。但是,正如道尔顿所指出的,韩德森自从当上"共同秘书"之后,他的"正面的个性"开始萎缩。麦克唐纳最喜欢的经济学家不是凯恩斯,而是韩德森。麦克唐纳想刺激斯诺顿的时候,就请韩德森成立一些委员会,但当韩德森用他那苏格兰口音加以推辞时,他也很乐意(首相也是苏格兰人——译注)。韩德森给"经济顾问委员会"起草的报告也越来越悲观和危言耸听。他越来越担心政府赤字对企业界信心的影响。他的观点的变化同他的地位变化有关,他现在是政府机器的内圈人物,而凯恩斯仍是外圈人物。但是韩德森也认为,这次经济衰退使得单个国家的经济政策不再有多少回旋的余地,而非传统的政策实验将会带来更大的政治和经济风险。韩德森立场的转变代表着一种更为广泛的观念变化。历史学家们一直对当时存在的支持激进政策以改善就业的事实过于夸张。20年代经济相对稳定时期的那种激进主义并没有学术信念的支撑,大危机到来,自然成了第一个牺牲品。在全球各地,对付经济衰退的办法都是经济减缩。

韩德森背叛了《劳合·乔治能否成功》中与凯恩斯所持的共同立场,这反映在1930年5月30日给凯恩斯的一封信中。该信的实质是说,在经济衰退不断加深之际,不应当鼓吹和推行任何让企业家预期会增加税收的政策。在全球经济萧条的形势下,公共工程项目的预算支出必定要大大上升,因为那些项目("公园和游乐场")的经济效益将越来越差。所以企业界就会预期税收的上涨,同时:

> 企业界的警觉将会彻底抵消这个计划所带来的就业量的增加,我们将因此进入一个恶性循环,要求一个规模更大的公共工程计划,然后在经济效益上更加下降,预算中的赤字增加,人们的担忧亦增加。直到我们被迫放弃整个政策,不然就会面临真正的恐慌——外币逃离英镑及其所带来的一切后果。

在回答凯恩斯的9月11日问题清单时,韩德森强调:"在目前的形势下推行任何一种带有赌博性质的政策都是错误的。考虑到现在企业界的信心问题,我十分怀疑任何会明显地使经济在不久的将来恶化的政策能够在总体上给我们带来任何直接的好处。"他支持关税的增加,因为它对政府收入、收支平衡和保护工业有利,但他认为这并不是降低工资政策的替代,只不过可以减少工资降低的幅度。对失业救济金制度要进行审查,这从根本上来说是一个"新的现象",它影响到劳动力的流动性和政府的平衡,"因而在经济周期的历史上又创造了一个新的恶性循环"。

时年53岁的阿瑟·庇古是剑桥大学的政治经济学教授,是委员会中最资深的经济学家。另一个委员列昂奈尔·罗宾斯把他描绘成一个"隐士",因为他"痛恨用口头讨论的方式来谈论技术性的问题"。他的这个习惯从某种程度上造成了他在剑桥的相当孤立的地位。他在20年代患上了心脏病,使他看上去既呆滞又邋遢。他在1929年写信给凯恩斯说:"我的心脏几乎像新的一样好,我下一步是恢复脑子。"但是凯恩斯和卡恩都觉得"教授"也许已经变得"老糊涂"了。凯恩斯喜欢庇古,他们在政策上的共同点要多于不同意见。但凯恩斯不满意的是庇古在经济学上的治学方法。他在1930年1月5日给庇古的信中说:"我主要是对你的那种方法有疑虑:你先把经济问题在以物易物的原始经济条件下抽象出来,然后在后面的阶段里将货币问题考虑进去。就短期内出现的问题来看，这个方法未必合理，因为短期经济问题常常不可避免地与货币因素纠缠在一起。"凯恩斯的《就业、利息与货币通论》也是方法论上的一场革命，其对象主要是庇古的经济分析方法。

在回答凯恩斯的问题清单时，庇古认为失业是因为需求发生了变化而人的位置没有流动，也就是说，失业使那些劳动力分布上不合理的部门得到真正的好处。此外，恢复金本位导致的价格下跌没有同时引起货币工资的下降，所以实际工资水平高于对劳动力的实际总需求。失业救济金加强了在需求发生变化、价格下跌时货币工资的僵硬性。庇古的分析说明，如果货币工资完全灵活的话，不可能有失业的问题。同凯恩斯一样，庇古亦认为工资在短期之内是固定的，所以采取一些虽然在经济上"效益不好"的政策，在心理上对企业和工人仍是有正面影响的。所以，公共投资项目有可能增加就业，如果"它能够迷惑工人，要他们不再要求货币工资的增加与物价上涨相等"；而关税保护政策也可以增加就业，"因为它能够消除企业主的悲观判断的错误，或者说制造出他对前景过于乐观的错误"。凯恩斯就此评论道："为什么这两方面都算是错误呢？"庇古的分析隐含着这样一个思路：货币政策的治疗方法只有在工人和企业主都处于"货币幻觉"的状态下才能真正奏效。关于这个问题的辩论一直持续到今日。

凯恩斯的最顽强的对手是32岁的列昂奈尔·罗宾斯，他刚刚被任命为伦敦经济学院的经济学教授。罗宾斯对剑桥的学术地位很是眼红，下决心要把伦敦经济学院打造成一个同它相竞争的有影响、有势力的中心。他是一个强有力的、充满激情的人物。他反对集体主义，支持自由贸易，脾气同凯恩斯一样急躁。他是委员会里唯一一位能以学术上的坚定信念同凯恩斯的调和主义进行对抗的人。也许凯恩斯当时推荐他参加委员会恰恰是由于低估了他对"自由放任经济"的信念的牢固性；或者说他过高地估计了自己对他人的说服力。在同罗宾斯共事于经济学家委员会的两年之后，凯恩斯拒绝同他在广播中辩论失业问题，认为"他非常难以对付和奇怪！他的不同意见总是与众不同，非常怪异，同他一起辩论很难将真正的论点摆出来，讲清楚，而不至于让听众糊涂"。

他们两人观点不可调和的原因是对经济衰退的原因有完全不同的对立的理论。罗宾斯的理论根源是奥地利经济学派。对罗宾斯来说，经济衰退不是一个等待医治的病：它本身是对先前的那种信贷过分扩张的毛病的医治良方。病人日益消瘦实际上是对多年以来的放荡生活所积累的过量脂肪的清除。如果说这种对20年代英国经济的描述方法很奇怪，罗宾斯还有一个坦率的答案：英国在第一次世界大战中花掉了它的资本财产，而没有把国内生活水平相应地降低，出现危机乃势所必然。如果能够恢复工资水平的灵活性，医治经济问题的方法就不会带来那么多痛苦。在这一点上，罗宾斯同意庇古的看法。但与庇古不同的是，罗宾斯在根本上反对凯恩斯的"种种治疗方案"，他认为这些方案只能阻滞衰退过程中的自我恢复能力。在《就业、利息与货币通论》一书中，凯恩斯将写道："罗宾斯教授引人注目的地方是，他几乎是单枪匹马地继续要维护一套前后一贯的思想。他的具体政策建议也同他的理论一样，属于同一个体系。"罗宾斯后来曾后悔同凯恩斯的争辩。他承认，不管他以过量投资为理由来解释经济衰退是否合理，"衰退的后遗症……是经济完全陷入了紧缩的巨大泥潭"；他开的方子"并不合适，就像一个醉汉不小心跌入冰冷的池塘后爬起来，而我们不愿意给他提供毛毯和其他取暖的条件，因为他原先的问题在于过热（即大量酒精的作用——译注）"。

焦西亚·斯坦普是当时最受尊重的政府文官，他对理论不感兴趣，但他的"直觉"是凯恩斯式的。尽管是英格兰银行的一位董事，他觉得诺曼行长"易冲动，古板，让人感到悲哀"。他在麦克米兰委员会的证词中说，恢复金本位促使了英国工业的萧条，而且认为用赤字财政的方法可以使经济从低就业达到高就业的均衡水平。在1930年2月，他同凯恩斯一起进行了一次听上去明显轻松的广播辩论。斯坦普"有一点偏右"，而凯恩斯略微"偏左"，其间有一些友好的对话，互相开头的话语是，"我亲爱的斯坦普"，和"别说了，梅纳德"，等等。斯坦普一直担心凯恩斯在对外投资问题上的批评过于激烈，但他宽厚地承认，"当你用理论解释问题时，我就答不上了"。他在委员会中的作用是维持平和的气氛。

凯恩斯在9月21日对自己的问题清单做了回答，从内容上说，他的回答太过密集，用语过于复杂，对此他不得不向委员们请求谅解。尽管如此，他的结论提供了一个分析失业与实际工资水平之间关系的理论框架。这个从《论货币》中衍生出来的不均衡模式，连他的最厉害的批评者罗宾斯也赞叹不已，承认它是有"巨大美感的作品"。

凯恩斯写道，一旦利润处于"正常"状态，实际工资就会处于均衡。不均衡实际工资的出现，要么是由于劳动生产率发生了变化，要么是对外贸易条件发生了变化，因为两者中任何一个变化都会影响到企业产品的实际价值。凯恩斯否认英国实际工资的增长速度高于英国劳动生产率的增长速度。只有九分之一的"非正常"失业是由这个原因所引起的。大部分的失业是由于1924—1925年间恢复金本位以后，英国对外贸易的条件由于英镑价格的上升而发生了不利的变化，"同时，货币工资并没有做出相应的下降以适应新的贸易条件的均衡点"。英镑的过高价值减少了出口盈余,从而也减少了对外投资的资金。同时,高利率又迫使英国的积蓄流向海外。用凯恩斯的话说:"当对外借贷开始趋向增加时,国际收支的余额就开始下降。"所以,国内投资的水平低于储蓄的水平,从而企业亏损,失业出现。

在凯恩斯的技术性术语的背后有一个带根本性的问题:即工人们对失业现象能够做多少事呢?凯恩斯承认过高的实际工资同失业是相关的,但他否认工资水平是引起失业的原因,而用其他经济学家的研究方法就不得不承认这个因果关系。他认为,过高的实际工资并没有引起"非正常"的失业:正相反,"非正常"失业和过高的实际工资都是英镑价值过高所带来的两重效应——产品价格下降和失去出口市场——所造成的。正是由于产品数量的下跌导致了工人对产品价值的份额的占有上升,而不是因为工人有意识地要侵犯企业主的利润。因此,"在我看来,实际工资不过是我们采纳的恢复均衡的治疗方案的一个副产品。它不是在我们论证的一开始,而是在结束的时候才加入进来"。凯恩斯批评经济学家像庇古一样,把工资问题看做是一个在经济自我封闭的社会中的"长期分配理论的一部分",同时将"短期的货币和国际贸易的理论"在他们头脑中同工资问题分割开来。

凯恩斯分析中提出的政策建议是,要么降低货币工资水平,以适应恶化了的国际贸易条件;要么设法减少对外资金的流出,以改善现存贸易条件;要么在现存贸易条件不变的情况下,扩大对外收入的盈余。对后面两种选择来说,减少资金外流需要刺激国内的投资,而扩大收支盈余需要贸易保护政策。上述三种解决方案都暗示着实际工资必须下降一点——也就是说,就业工人的生活水平必须要下降,因为货币工资相对生活费用要下跌。但在第二、第三种方案中,实际工资的减少是对需求的外生性刺激的一个"副产品"而已。他写道:"如果可能的话,提高物价比降低货币工资更为可取。"这有三个原因:(1)"如果生活费用上升了X%,保持货币工资不变所遭遇的社会阻力要比物价不变情况下降低X%的货币工资要小。"(2)"尽管降低X%的货币工资意味着减少比X%要少的实际工资,但无人相信这一点。"(3)"提高物价的好处是使负担的承受面更广泛,特别是让靠收租和有固定收入的阶层分担应有的责任。因此,从公正和自身利益的角度来考虑,工会领导人偏爱价格上升而不是货币工资削减的政策来恢复均衡是正确的思路。"凯恩斯从1922年开始就一直笃信这个观点。

为了进一步阐明他的关于增加国内投资的建议,凯恩斯使用了委员会的秘书之一理查德·卡恩发明的"就业乘数"理论的"雏形草稿"。卡恩曾得到年轻的统计学家科林·克拉克的帮助。在《劳合·乔治能否成功》一书中，凯恩斯曾提出过公共工程投资的起始支出将"通过有效购买力的增加"而产生一种"累积效应"。卡恩发明了一个公式来计算参加公共项目的工人所进行的消费能够产生多少净的就业数量。凯恩斯根据卡恩的观点，设想"一定数量的初始就业会产生大致同样数量的辅助就业"。他强调"辅助就业的数量并不取决于初始就业是用何种方法产生的"。这就挡开了财政部关于初始公共投资会影响企业信心的警告。他的估算是，用1.5亿英镑的额外投资可以一年里雇用75万名工人，这就会通过消费增加的效应大幅度地解决失业问题。凯恩斯不承认这种额外投资将引起通货膨胀。但他没有掌握卡恩公式的真实意义：公共投资的计划将同时制造出投资资金来源的新的储蓄。

凯恩斯的回答中最有争议的是他对贸易保护的支持。他认为保护性关税是改善国际收支平衡的一个办法，它能够"抵消在现行利率条件下资金外流的压力"。除此之外，凯恩斯还强调它能够增加资本财富，增强企业信心，提高国内投资水平，以及用提高价格的方法，而不是削减货币工资来降低实际工资水平。他对自由贸易的一个根本性批评是"任何工业生产国都可以同其他工业国一样生产大部分所需的产品"。此外，他还提出要维持"一些必需的产业"，比如英国的农业，即使在效率不高的基础上也在所不惜。他认为这样比让"农民们都住到伯明翰去制造螺丝刀要好"。他对贸易保护的好处如此罗列了一大堆，表明他已开始意识到这是英国政府手中除了不可想象的货币贬值一法以外唯一的政策选择，以使民众避免受到经济衰退的全面伤害。这是他的正确的政治判断，但也是让罗宾斯感到骨鲠在喉的一个选择。

如果让经济衰退自行发展到消失的地步将会如何？凯恩斯承认会有"某些减轻"危机的方法自行产生：

> 全国贫困化的不断加剧将减少积蓄，货币工资的降低将使我们越来越不依靠进口商品；如果我们坚持自由贸易的时间足够长，也许会发展到我们自己开始种葡萄酿酒的境地。假定我们还有出口的余地（比如说出口贵族头衔和退休的公学校长），并且美国人也很乐意进口这些产品，同时我们能够减少必需的进口商品再加上积蓄的余额，我们就能够有同出口余额相等的资金，这样均衡就得以恢复。

第 26 章　经济大衰退

经济学家委员会于9月28日散会，并约定于10月7—8日在伦敦再次开会。为了这次会议，凯恩斯散发了一个草拟的报告，这份东西也许是从他的笔下产生的反映凯恩斯失业政策的最中肯的说法。一方面，他对扩大需求所能产生的效果并不过分夸大；另一方面，他也对供应方面的因素加以注意。它向我们提供了一个极好但不够全面的视角，以窥探凯恩斯用来降低失业的方法的效应条件。凯恩斯为了照顾到其他经济同行的种种分析而不得不采取中肯的分析方法。但是这个做法非但没有削弱他的观点，反而加强了他的理论，因为他不得不考虑政府行为所产生的心理效应。

他仍以第一份报告为基础拒绝接受削减货币工资的主张，但他也同时为了让韩德森、庇古和罗宾斯满意，提出一系列劳动力市场的改革方案，其中包括对种种限制的改革、清除劳动力流动的障碍以及大幅度地修正领取失业救济人员的条件，因为现时条件让衰退的工业领域中的工人处于"一种享受国家津贴的失业状态"，所以不愿积极出去找工作。就提高价格的政策来说，凯恩斯认为应该优先考虑"那些能够对就业有很大影响而对实际工资影响相对较小的"方案。

下一件需要考虑的事情就是"如何在实际操作中增加投资"。恢复企业界的信心乃一要务。凯恩斯采用了休伯特·韩德森的观点，强调提高信心的一些措施，如政府预算平衡、大幅度改革失业救济金制度等。但他同时也指出："从长期的眼光来看，只有企业利润能够得到恢复，才能保持企业界的信心。"对进口工业品征收关税乃是一个例外的"应急"方案：这是唯一一个能够同时提高工业产出，增加就业和利润的方案，而且还不会损害企业界的信心，所以能够避开财政部对公共投资计划的反对。

结果，在10月7—8日和15—16日的两次在伦敦召开的会议上，凯恩斯的报告草案是大家讨论的中心。到第二次会议开始时，韩德森和罗宾斯公开站出来提出反对意见。韩德森指责凯恩斯在草案中"用一种老道的诡辩术"回避了"我们应从当前形势中吸取的明明白白的教训，那就是，不管是否招人厌恶，我们还是有必要削减工业生产的成本，同时也要减少公共事务的支出"。他攻击他的恩师，说凯恩斯并"不在乎外国货币逃离英镑，从而造成英镑价值和英国信贷的大幅度下降"。但他还是给了凯恩斯一个救生圈，说"我看不出有任何足够的理由在这个危急的时刻不能采取一个平和的关税保护政策。它能够减轻预算的负担和对英镑汇率的压力，对就业有些许直接的帮助以及提供对急需的企业信心的刺激"。

韩德森怒气的爆发和罗宾斯的反叛同时发生。罗宾斯激烈地反对任何形式的关税。他

第五部分 金十字架

大气十足地声称，不能令人置信的是英国最优秀的一些头脑居然也同比弗布鲁克和罗斯麦尔这类人（均为英国媒体大亨——译注）混在一起，"在假想的黄金国度中与一帮老朋友共享幸福时光"。他也提交了一份报告草案，并声称，与其接受凯恩斯的草案，还不如单独散发自己的草案。

此时，凯恩斯感觉到"实在太累。在这种无休无止的恶劣气氛下，我简直不知道应该怎么做"。过量的工作自然能够从某种程度上解释为什么凯恩斯，用罗宾斯的话来说，"完全失去了对自己的愤怒的控制"。在剑桥举行的周末会议上，罗宾斯要求散发一个不同的报告的权力，"他当着所有人的面谴责我，并明确地表示，我不过是一人的少数派，无权散发另一份报告"。韩德森当然也不支持罗宾斯的自由贸易观点，庇古和斯坦普则希望能够产生一个反映共识的报告。庇古代表剑桥经济学派的势力告诉这位年轻的伦敦经济学院的新手，"人人应为达成最大限度的共识而努力。然后，如果有必要的话，可以附加一个对具体观点持不同意见的文件"。他们想方设法找出先例，证明罗宾斯的建议是不可接受的。凯恩斯当众宣读了委员会秘书海明写的一封信，对罗宾斯的个人情绪状态给予了"非常负面的评价"。这场争斗在10月22—23日的最后一次会议上继续展开。最后，在海明的提议下，凯恩斯还是让罗宾斯提交了一份不同的报告，但把它放在委员会报告的主要内容之后、统计图表的附件之前。道尔顿是罗宾斯以前的学生，他从罗宾斯那里听到了这场争斗中你来我往的细节。他在日记中写道："关税这一部分令人悲哀。我在剑桥受到的是蔑视贸易保护主义分子的教导，我现在仍然对他们不屑一顾。"经济学家委员会的报告于10月24日公布于众。

这份报告的最后一稿经过庇古、韩德森和罗宾斯的修改和重写，但基本框架仍是凯恩斯的。这是一份"令人惊讶的前后一贯的文件"。凯恩斯在对经济的诊断上做了一些让步，目的是对关税取得最大限度的支持。诊断部分按照庇古—韩德森—罗宾斯的说法，对英国的失业问题的根源做了如下分析：即在第一次世界大战中为应付战争和战争后果对经济的冲击所做的经济调整被劳动力市场的僵硬性所阻滞。卡恩用以支持公共投资项目的"就业乘数"没有被写进报告。凯恩斯在贸易保护上得到大多数的支持。他、韩德森和斯坦普支持对所有进口商品征收10%的临时关税，以增加政府收入。同时，对钢铁产品征收保护关税，条件是"这个部门必须在一个双方同意的计划之下对生产过程进行合理改造"。庇古在理论上同意关税政策，但在具体措施上有不同意见。罗宾斯则在他的报告中更加强有力地反对贸易保护政策，这是他的报告的核心内容。尽管他后来认识到在公共投资项目上与凯恩斯的争吵是"我的职业生涯中犯的最大错误",他仍然坚持在关税问题上的立场。当他争辩道,实行关税容易,但取消关税就难了,凯恩斯显然是这样回答的:"你怎么能够声称公众将不愿意让关税撤消呢?我对这个问题还没有讲清楚呢。"

这份经济学家委员会的报告从传记和思想史的角度来说很重要,在此之前的各种讨论更是如此。但在当时,这个报告对政府政策没有即时的影响。斯诺顿在读了这个报告之后,"对凯恩斯和斯坦普完全看不上眼";他发现罗宾斯的不同意见倒是一个"最有说服力的回答"。他还说罗宾斯"让工党大臣们注意到在专业领域中反对凯恩斯的势头十分强烈"。莫斯利鼓动工党支持贸易保护政策和用帝国内部的安排来隔绝外部的经济因素的干扰,这一招获得了一些年轻的保守党人的支持。(他因此受到鼓舞,并在后来成立了"新党"。)但他没有在自由贸易思想占主导地位的工党内部引起多少反响。该报告在经济顾问委员会五个月的讨论"不能被认为是成功的",而内阁审议这份报告的特设委员会认为这是"一份令人失望的文件",既没有共识,又太一般化,无法在实践中使用。在这些评论之中,该报告就被埋葬了。但是,它关于贸易保护的政治经济因素的解释非常有说服力,所以不可能被忘却,但这需要一个不同的政府才能接受报告中建议的政策。凯恩斯放弃公共工程计划以便全力以赴促成贸易保护的决定反映了他对什么样的政策在今后有政治市场具有一种神秘的预感。他于1931年3月公开支持贸易保护政策,从而为六个月之后的"进口商品关税法案"的通过创造了一定的政治气候。

当政客们、企业家、金融业大亨以及经济学家们还在争论不休的同时,经济衰退则愈演愈烈。"由于股票市场的损失所带来的贫困化的感觉,以贸易量紧缩为特点的'恶性循环'已经全面展开……过去几个月里的初级产品价格的下跌是重大的发展趋势,足以同导致经济史上最严重的危机的那些因素相匹配。"这是韩德森在1930年5月向经济顾问委员会提交的对世界经济日益衰退的分析报告中的一段。他当时仍然指望贸易的紧缩:"尽管已有一段时间的累积效应,贸易紧缩能够启动自我调节的机制,最终找到一个治疗方法;特别是廉价货币。"然而,衰退的累积效应仍然继续加强。在1929年9月物价"灾难性地下跌之后",经济学家的报告宣称:"在近期的经济历史上,还没看到日常用品的价格崩溃的速度如此之快,力度如此之大的记录。"华尔街在一段短暂的恢复之后,于1930年5月和10月两度崩盘。凯恩斯在9月间仍然预期价格会恢复,并劝说兰卡郡棉纱联合会的秘书长约翰·莱茵大量购买印度和美国的棉花做价格投机。到了10月10日,他写信告诉莉迪娅:"华尔街糟透了。巴西发生革命,而德国经济即将垮台——也就是说，买什么东西都不安全。"英国的失业率毫不留情地一路攀升。韩德森颇有先见之明地称这次世界经济危机为"大恐慌"，并认为后世之人将以此来命名它。他说"大恐慌"已吞噬了几乎每一个国家，不管这个国家是自由贸易还是贸易保护国，农业国还是工业国，先进国家还是落后国家……这个形势给凯恩斯日后得出的从"开放式"国家到"封闭式"国家的理论提供了一般性结论的重大背景。同时也使他对"不受管理"的资本主义制度的前景进行了激进的重新估价。

凯恩斯在1930年里消耗了大量的精力，却是一事无成。在大恐慌的影响之下，政府支持的调研项目也开始结束。正如史学家A.J.P.泰勒所指出的，一个关键的事件是工党在1930年5月拒绝了莫斯利提出的"新政"计划："在这一历史时刻，英国人民毫不迟疑地决定以传统的做法来指导经济。"在10月召开的工党年会上，麦克唐纳将经济衰退的责任推卸给资本主义制度。他在会上用悦耳的苏格兰男中音高呼："亲爱的朋友们，我们不是被告，站在被告席上的是我们生活在其中的那个制度。它已经失灵，不仅在我们这个小岛上，而且在欧洲、亚洲和美洲都已经垮掉。在全球各地，这个制度都已不能运转，这是命中注定的事。"

4 梅纳德的快乐精神

凯恩斯对经济危机的分析是有弹性的。他完全不赞成莉迪娅的"布尔什维克"朋友第米特里·莫斯基的说法，即这是资本主义在灭亡之前的最后一次危机。但他同样也不同意正统的观点，尤其是它在道义上的那种强有力的暗示——即这场危机是对先前的经济铺张行为所做的治疗，应该让它自生自灭。一方面，凯恩斯仍然有天生的乐观精神。另一方面，他在分析中也相信资本主义不是生病，而是出现不稳。凯恩斯的积极参与精神促使他对短期内的问题感兴趣，所以对"自生自灭"的那种教条——不管来自马克思还是哈耶克，他都坚决反对。这就是为什么他不愿意接受那些对危机进行的结构分析，因为这类分析预示着要对"生产结构"做出大规模的、灾难性的改革，而他自己的分析则侧重于恢复人们的"快乐心情"，他称之为"动物本能精神"。当然，凯恩斯并不是简单地将古埃（法国心理分析家）的"自信原则"运用到经济中。企业主的低落情绪不会自然地恢复，但他确实相信衰退总会有一个尽头——"早晚会有恢复的一天"。应该创

第 26 章 经济大衰退

造一些事件来促使企业主对这个世界更有信心。然而,在有正面影响的事件发生之前,他必须把衰退看成是人为的危机而不是上帝或自然带来的。也就是说,人们应该把危机看成是可以控制的,没有宿命色彩,而且可以用技术性解决方案来表达,使其看上去有操作可能。凯恩斯提出的悖论很少有人能理解,在今天用普通语言来表述也不会被多数人接受:那就是,非常可怕的事件也许是微不足道的小事造成的,而且其解决方法也许十分简单。当我们生活的那个世界崩溃之时,我们都愿意相信问题极其严重,而不会相信那些把这个崩溃说成是由可以避免的错误决策造成的人。

凯恩斯的快乐精神反映在他的那篇《我们孙儿辈的经济前景》一文中。这本来是在1928年给温切斯特散文俱乐部所作的演讲,后来又于1930年6月9日在马德里作过公开演说。当时邀请他的是英国—西班牙友协。他在演说中宣称:

> 目前蔓延全球的经济衰退,在全球巨大需求条件下的不正常失业率,以及我们所犯的灾难性的政策错误都使我们对这一系列事件的真正原因看不清。我可以预言,两种相对立的悲观主义的判断,尽管甚嚣尘上,但必将在我们这一代人的生命时间里被证明是错误的。一种是革命分子的悲观主义,他们认为现状如此恶劣,除了暴力革命别无他法来改变这个世界。另一种是保守派的悲观主义,这些人认为我们的经济和社会生活中的均衡非常不稳,所以不能经受任何新的实验所带来的风险。

他同莉迪娅两人在西班牙度过的十天假期对他们来说都十分需要。梅纳德被麦克米兰委员会和经济顾问委员会弄得筋疲力尽,而且他还要完成他的著作。是年1月,对凯恩斯打击甚大的是法兰克·拉姆齐的去世。拉姆齐只有26岁,在盖尔医院做黄疸病手术中失去生命。他是"国王学院里最伟大的天才人物,而且是那么好的一个人物,"梅纳德这样告诉莉迪娅,"可怜的莱蒂丝和两个幼小的孩子!"拉姆齐的去世不仅是经济学的一大损失,因为他已经为此做了引人注目的贡献;而且使得剑桥的一个顶尖人才的小圈子支离破碎,这个圈子中包括斯拉法和维特根斯坦。正是这个圈子重新燃起了凯恩斯对哲学的兴趣。西班牙对他们来说,既是休息又是补养身体。在英国驻西班牙大使和马德里的显贵们安排的那些毫无意思的社交活动之后,凯恩斯夫妇一路慢慢地游览卡斯提尔地区的古罗马城市,并从那里取道回国。

第五部分 金十字架

这一年夏天在提尔顿的布鲁斯贝利的乡村生活仍然同过去一样充满着不和谐。克莱夫·贝尔在9月6日告诉利顿·斯特拉彻:

> 邓肯似乎热衷于他同乔治·伯根的恋情,这是一个从纽约东区来的犹太人……范奈莎非常不开心……
>
> 另外,凯恩斯夫妇已经变得最恬不知耻……维吉尼亚在大热天里日子很不好过。那天她在早晨请萨克薇尔—威斯特和她的孩子们吃早餐,中午又请了伊索尔·史密斯吃饭,在喝下午茶的时候,凯恩斯夫妇到来了。她在带他们进入热气腾腾的屋子里时,突然昏厥过去。沃尔夫夫妇不知是因为坚持原则还是不愿花钱,居然没有佣人。所以梅纳德和他的车夫(爱德加·威勒)将维吉尼亚抬进屋,放在地上,接着凯恩斯夫妇和车夫居然走了。维吉尼亚在几分钟后又有一次大的发作,所以大家对梅纳德的行为都加以谴责,尽管梅纳德说他从她的气色看不是昏厥而是中暑。她现在好多了,但还没有完全恢复。

凯恩斯的快乐心态,有人说是冒险心态,在他热切支持莉迪娅的新芭蕾舞计划中反映很突出。莉迪娅从1929年11月以后,已经在剑桥的ADC剧场开始了戏剧演员的第二职业生涯。但她非常渴望有第二次的芭蕾生涯的机会,所以她非常乐意地接受了一个在伦敦制作芭蕾舞剧和为芭蕾舞演员和编舞提供工作机会的计划。1929年秋季,她开始跟赞芙莱达夫人上舞蹈课,这位老师属于传统的、优秀的意大利舞派,她的教学比切盖蒂还要严格。这年年底,她同阿诺德·哈斯凯尔、菲力浦·理查森、爱德温·埃万斯和妮奈特·瓦洛阿一起发起了卡尔玛戈协会。这个名称来自于18世纪的比利时舞蹈家安妮·库比的艺名。他们的计划是每年上演四部古典或新创作的芭蕾舞剧。售票对象是伦敦西区的舞剧爱好者,指望他们预订一季度票。舞蹈演员则来自于"水银剧场俱乐部"和"维克—威尔斯芭蕾舞学校"。莉迪娅成为协会的"编舞顾问"。

妮奈特·瓦洛阿、弗里德里克·阿什顿和康斯当·兰伯特现在成了莉迪娅每星期天安排的全日午宴的常客。他们一边讨论他们的种种计划,一边大量喝梅纳德收集的上等红葡萄酒和大吃俄式大菜。莉迪娅在1929年10月13日对梅纳德说:"我的大高个儿,人类怎么有这么多东西要说!"因为妮奈特此时已在她家待了五个小时。她还不得不直言告诉玛丽·朗伯特"水银剧场俱乐部"的实力演员阿什顿,说他不可能从卡尔玛戈获得主

第 26 章 经济大衰退

角的安排,他的前途不在跳舞,而在编舞。她这样告诉梅纳德:"你看这是多么微妙的问题,但我们必须面对现实,坦诚相见。"阿什顿回忆道:"她一开始往往非常和善,但一会儿就变得直言不讳,口无遮拦。"卡萨维娜当时也住在伦敦,所以也被请来帮助这个新的事业。莉迪娅写信告诉梅纳德,说"她会喜欢同你一起谈论国内工业的问题"。

卡尔玛戈协会是梅纳德支持艺术的又一个项目。他支持伦敦艺术家协会是出于同邓肯和范奈莎的友谊;他支持卡尔玛戈协会以及他后来在剑桥建造的艺术剧场却是为了给他所爱的莉迪娅的天才一个发挥的场所。莉迪娅于1930年12月10—16日在"艺术剧场俱乐部"参加了演出,用她的话说,"是用我的舌头而不是双腿"来演出。这是一出名叫《美、真和珍奇》的诗歌和音乐为主的假面剧。达迪·瑞兰兹是制作人,其他演员都是剑桥的本科生。她又演了一次在1928年扮演的莎士比亚的《情女怨》中的那个受伤害的女仆,并第一次以(弥尔顿的)《酒神》中的贵妇人亮相。她还同阿什顿一起跳了一段多兰创作的宫廷舞。1931年1月,莉迪娅在卡尔玛戈协会上演的《赛法鲁斯和普洛克利斯》一剧中出场,并在4月里同阿什顿一起主演了威廉·沃尔顿的《外观》。11月间,她又在康斯当·兰伯特的《格兰德河》剧中扮演"妓女皇后",并于1932年出演《设计的源泉》,1933年则在《葛蓓丽娅》中担任角色。阿诺德·哈斯凯尔认为莉迪娅在假面剧中的表演和舞蹈都十分出色,但对她在英国芭蕾中于1933年结束的舞蹈生涯有不同的判断,认为她的舞蹈与迪阿戈烈夫那个时代相比差得很远:"道理很简单:对她这样一个有着丰富经验的演员来说,给她的角色的编舞动作不够复杂,让她难以发挥。所以她通过过分的表演来赢得观众的掌声,而她在过去的表演中比较微妙和含蓄……这种传统和新潮的结合绝不可能成功。"梅纳德的家庭成员同卡尔玛戈协会亦有关系,他的弟弟杰夫里·凯恩斯将威廉·布莱克的诗《约伯》进行改编,并由沃恩·威廉姆斯作曲,德瓦洛阿编舞,他的弟媳妇格温·拉伐拉特则负责布景和道具。这出戏是协会最重要的原创作品。

梅纳德对芭蕾舞的支持还有更重要的目的。在经济大衰退的低谷里创立英国芭蕾舞事业是他的信念的一种表现。梅纳德的支持乃是他鼓吹的快乐精神的一个明显的标志。衰退正是人们采取行动的好时机,而不应当把种种活动关停。他在1931年1月的一次广播谈话中宣称:"这个病人并不需要休息,他需要的是做运动。"当然,协会支撑芭蕾的资金很快就告罄。莉迪娅在1931年1月29日恳请梅纳德帮助:"噢,高个儿,委员会不断地开会,我们只要手头有现金,并不需要这种委员会来管理'卡尔玛戈'。但是,我们没

第五部分 金十字架

有钱,只好开会,就像自由党人一样,争吵不休。"梅纳德同意当协会的财务主管。他们试图募集资金的努力使得莉迪娅同库尔多夫妇的关系降至"冰点",山姆·库尔多只愿捐助25英镑。莉迪娅当然不是第一个从库尔多那里空手而归的。莫斯利也在募集筹建"新党"的资金,山姆"非常喜欢莫斯利,但不认为他能够达到治理国家的地位"。山姆给莉迪娅的信中振振有词地说,"我们在艺术问题上应该有不同的看法。"库尔多夫妇对卡尔玛戈协会冷漠的原因不仅仅是艺术观点上的不同:梅纳德在1931年1月了解到山姆的公司股份的价值同18个月前相比,缩水了5400万英镑。在5月的一次同莉尔和山姆的激烈会谈之后,梅纳德似乎得到了他们提供支持的承诺。

梅纳德在公开场合仍然要求政府采取行动。1930年12月13日,他称赞奥斯瓦尔德·莫斯利的"宣言"——有17位工党议员签了字——"为思考和行动的开端。"在1931年1月15日的广播谈话中,凯恩斯告诉英国的家庭主妇不要积蓄,而应当花钱。他对地方政府也提出同样的忠告:

441

> 几天前我谈到一个建议,在伦敦金融城和威斯敏斯特议会区之间修建一个商业区,开一条新的道路,一条同斯特朗街和泰晤士河南岸平行的大马路。这个主意是正确的。但是我还想看到比这更宏大的计划,比如说,我们为什么不能把从威斯敏斯特到格林威治的整个伦敦南区全部推倒重来,把它建设得更好——使这个非常方便上班的地区能够多住一些居民,使他们的住房质量比现在好得多,其中配备种种适合现代生活的设施,同时还能给人们提供几百公顷的广场和大道、公园和公共场所。当这个项目完成时,将给我们以视觉上的美感,而且有实用价值,给人类生活带来方便,成为我们这个时代的一个标志性工程。这个项目能够雇用工人吗?当然,毫无疑问!难道让人们整日无事闲荡,靠领取救济金过活更好吗?当然不是!

在这次广播谈话之后收到了大量的信件,触发了40余篇报界的重头文章和漫画,一时间他觉得自己成了"明星"。他告诉莉迪娅,"我从来没有这么出名过"。然而,在实际生活中,他从来没有像现在这样被孤立。要求缩减政府开支的呼声,特别是失业救济金,正在达到高潮。1931年1月29日,财政部皇家失业保险委员会提交了一份由霍布金斯起草的备忘录,声称"目前政府举债的规模如此之大,而且没有任何偿还的措施,将很快涉及英国金融体制的稳定问题"。2月11日，财政大臣斯诺顿同意设立一个经济委员会，由保险统计专家乔治·麦伊爵士担任主席。斯诺顿在下院的演说中指出，这些政府开支在经济状况好的时期也许"可以让人放心和忍受"，但"在工业严重衰退的时期就无法容忍了"。

韩德森认为凯恩斯已经走火入魔。他在2月14日写信给他：

> 我对你公开发表的文章和言论中的调子之所以不满是因为你没有一次指出政府预算的形势非常严重，应该严肃对待。相反，你不断地暗示这个问题无关紧要，一味地要求增加开支，不管是通过政府还是任何其他人，好像这种开支的预算问题几乎不值得考虑。你这样做的实际后果是让所有的人，不管多么聪明和包容，都认为你已经彻底地发疯了，从而损害了你对他们的影响力。那些对你的说法兴高采烈的都是认为失业救济金制度不能触动的人物。

我们没有发现凯恩斯对这封信的回应。但在2月21日给纽约银行家、凯斯—波莫罗伊公司的合伙人沃尔特·凯斯的信中，凯恩斯拒绝对英镑的前途表示悲观。他说："我认为这种悲观的诊断完全是空想出来的。设置关税是我们手中还可以用的工具，它既能增加政府收入，又能提高企业信心……企业在发现市场存货完全缺乏的时候，它的心态就会突然改变方向……我也许应该补充一句，现任工党政府对采纳增加收入的关税政策并没有完全放弃。"

凯恩斯再一次试图依赖他说服别人的能力。他对即将出现的金融危机做了一个答复。在政府预算通过的七周前，即3月7日，他在刚刚由两家周刊合并而成的新周刊《新政治家与国民周刊》上发表了《增加政府收入的关税提议》一文，这是凯恩斯写的最有分量的文章之一。因为这篇文章彻底放弃了他过去的自由贸易立场，因此引起轰动。在罗斯迈尔勋爵的请求下，他在《每日电讯报》上发表了更为通俗易懂的版本。他在信中对莉迪娅说："你怎么看？为了十根鸿毛而为罗斯迈尔勋爵写文章是不是太下作了？"（其他的稿费是100英镑）在《新政治家周刊》上，贸易自由主义分子撰写了大量文章，捍卫他们珍视的教条。列昂奈尔·罗宾斯写了一篇激烈的、谩骂性的回应，说凯恩斯对他建议的关税收入估计过高，至少多估了2000万—3000万英镑。他认为"对付预算问题的方法至少有半打，每一个措施都比较陈旧、让人丧气的关税方法在经济上和实际管理上要优越"。唯一的解决办法是降低成本;关税一旦设立,只会继续上升,绝不会再下降。比弗里奇和E.D.赛蒙也加入了自由贸易的阵营。凯恩斯用现实来回答他们:"自由贸易同工资水平的高度灵活性相结合在理论上讲是可以站住脚的……我们反对它的实际原因就目前来说是很清楚的,那就是不管我们喜欢还是不喜欢,这都是我们可供选择的几个方案中的一个。事实上,我们没有其他的选择,自由贸易这个选择在纯理论假设以外并不存在。真正的替代关税的政策是什么也不做。"

这场大辩论持续了好几个星期,其他报刊也加入进来。政治上,凯恩斯的新政策立场对最关键的圈子没有多大影响。保守党人欢迎他的这种转变,并把他的观点不十分连贯地加进他们自己的贸易保护的建议里。自由党人则对他的新观点表示遗憾,并刻意提及他在1923年捍卫自由贸易的那些精彩文章。凯恩斯的文章提前送给麦克唐纳、斯诺顿和劳合·乔治,但没有收到任何反应。斯诺顿在4月27日提出的预算方案并没有包括增收关税的项目。凯恩斯在《旗帜晚报》上称它为"浪费时间的预算方案"。

梅纳德在1930年冬天和1931年春季又是忙得马不停蹄,而且是在极恶劣的气候下奔忙。他除了忙于写文章、做广播访谈、写信和教学,兼管着学校的财务主管工作、委员会的工作、金融城的生意和芭蕾舞的财务管理,经常同霍特利、罗伯逊、卡恩和剑桥年轻经济学者的小圈子讨论《论货币》中的问题之外,还要再加上关闭《国民周刊》并将其经营权转到一个新的公司,但他仍然担任董事会主席。《国民周刊》的死亡不是由于经济原因。在它关闭之前的三年里,每年的亏损已下降到250英镑,因为凯恩斯大幅度削减了成本费用而且广告收入也大增。凯恩斯关闭这个周刊的原因是休伯特·韩德森离开了周刊,于1930年进入政府工作,而列昂尼德·沃尔夫也准备辞职。再加上1929年自由党在大选中再次失利,英国政治的中左势力的中心已经转移到工党。当时,《新政治家周刊》也在积极地物色一个新的主编以取代长期担任此职的克利夫特·夏普,此人也是一个酒鬼。凯恩斯第一次建议两家周刊合并是在1929年夏天,提出两者结合为一个新的"自由党人刊物"。对方拒绝了这个提议。1930年秋,他又制定了一个新的合并计划,促使他再试一次的原因是听说金斯利·马丁可以出任《新政治家周刊》的主编。凯恩斯早在剑桥就认识马丁,尽管他当年没有能够在国王学院获得研究员身份,凯恩斯对他写的关于帕麦斯顿勋爵的论文印象非常好,并帮他在《国民周刊》找了一份书评人的职位。当时马丁已在《曼彻斯特卫报》工作,心情不愉快。他告诉凯恩斯说他在谋求新职。凯恩斯把他推荐给《新政治家周刊》的董事会主席阿诺德·班奈特作为主编

第 26 章 经济大衰退

的可能人选。

《新政治家与国民周刊》的第一期发行于1931年2月28日。它将自己称为左派的独立声音，没有任何政党的背景。很多《国民周刊》的作者继续为这本新刊物写作。凯恩斯自己也不例外，上面提到的那篇著名文章就是凯恩斯发表在第二期上的。凯恩斯还继续干预编辑事务，他特别不赞成该周刊越来越同情苏联共产主义的倾向。然而，《国民周刊》很明显是凯恩斯风格的杂志，而《新政治家与国民周刊》则毫无疑问地反映了金斯利·马丁的特点。

从这段时期的紧张活动，我们可以看出为什么凯恩斯的身体会第一次出现大问题。在1月底时，他抱怨说牙疼，在牙科诊所花了一个小时拔出了一小段神经。莉迪娅亲了他的"纠正后的牙齿"。但在2月底，他又染上了扁桃体炎和流感。在休息的一个星期里，他还写了那篇著名的贸易保护文章。他于3月7日回剑桥，正好赶上学院院务委员会的六小时会议，出席这个会议"就像与一群疯子在一起。他们每个人都说看到小老鼠到处在跑，但每两个人看到的老鼠都不一样"。所有这些事情之外，凯恩斯还有佣人的问题。1月，哈兰夫妇在为他服务了10年之后突然离开。阿莉丝·布朗取代哈兰妻子的厨师位置。莉迪娅雇的一个女仆"只有14岁，个子很小，一只眼斜视并戴眼镜，除了条件很差的天主教徒，没有男人会要她"。莉迪娅到了5月就不得不开除她。梅纳德浑身无力的症状在5月4日给莉迪娅的信中反映出来："昨晚在达迪那里打橡皮球，但是这种活动需要过多的外在精力。我老打瞌睡，一动也不想动。我坐在莱蒂丝·拉姆齐身边，无话可说。有人把我介绍给一个暹罗王子，有一半俄罗斯血统，我又找不到任何话题。后来同迈克尔·莱德格瑞夫坐在一起，还是没有话说。所以我必须回到我最亲爱的'健谈的伯爵夫人身边'。"

5月30日，梅纳德和他的"伯爵夫人"从南安普顿登上"亚得里亚号"客轮，起程远赴纽约。这是他在1917年以后第一次访问美国，他受芝加哥大学的经济学家昆西·赖特的邀请，出席哈里斯纪念基金会主办的一个关于失业问题的研讨会。这是一个研究美国状况的实地考察机会。他们在纽约待了两个星期，住在"大使酒店"。梅纳德在那里同专栏作家见面，并在沃尔特·凯斯的引见下，同联邦储备局的官员和银行家们座谈。凯斯的公司，"凯斯—波莫罗伊"金融公司雇梅纳德为咨询顾问。6月20日，胡佛总统宣布对所有的国际间债务实行一年的缓付，不是豁免，其中包括战争赔偿。世界股市繁荣了一个星期。当法国在制造麻烦时，又崩盘了。凯恩斯称赞胡佛的动议为"迈向最大的实际效果的第一个步骤"，是可悲的战争赔款问题的实际终结。但它来得太晚，不能够挽

第五部分 金十字架

救金融体制。凯恩斯告诉在伦敦的福尔克,他没有意识到这些美国银行的破产程度如此严重:"它们购买了过多的二流债券,而这些债券大多已贬值。它们向农民和房地产提供的贷款并没有足够的还债保障。"储户们非常紧张,连保险箱都被抢租一空:至少有4亿到5亿美元藏在这些保险箱里。他还写信给韩德森:"在全国各地,随时随刻都有银行挤兑爆发的可能。只要有任何办法得到现金,人人都疯狂地要把持它。"同时,纽约的一些银行"愚蠢地"反对联邦储备局干预市场以提高公债券的价格。

6月22日、26日和7月2日,凯恩斯在芝加哥作了三场报告。他还在芝加哥对外关系委员会就胡佛延缓偿付计划发表了演讲。这些演讲是他对大衰退原因所做的最系统的解释。这也是他最后一次用不加修正的《论货币》的模式来解释当时的经济现状。

他认为,1925—1928年间的繁荣的主要特点是"在高利率的条件下过量地借贷新的投资资金。由此而引起的繁荣基于全球的电气化建设,以及相应的公路和汽车事业的发展,从美国蔓延到整个世界。但英国除外。通货膨胀所起的作用小得惊人。随之而来的大衰退是"极其愚笨的"政策造成的,而不是由于过量投资所带来的负面影响。经济条件要求利率下降,而联邦储备系统反而提高利率以遏制华尔街。美国的非常昂贵的货币对全球各地都有不利的影响。而且,在外国债券中的资金被吸引到华尔街。所以一旦衰退开始,就已经有了累积的惯性效应。这就是"对大衰退的全部解释"。

凯恩斯还参加了听他演讲的一些经济学家的圆桌会议。大家关注的重点是公共工程计划。芝加哥的经济学家们比凯恩斯还要热衷于用公共投资来解决美国的失业问题。实际上,美国经济学家从20年代初就一直在讨论稳定政府预算的问题。凯恩斯仍然坚持他在《论货币》中的观点,即在一个封闭社会里(美国比英国更加接近这样的社会),降低利率就能立即奏效。尽管芝加哥经济学家比凯恩斯更加热衷于凯恩斯主义理论,在实践上没有一个人对推行公共投资这样一个只有理论基础的政策具有信心。因为这个理论还缺乏一些内容,具体地说,"就业乘数"概念在芝加哥还无人知晓。

凯恩斯夫妇在美国的最后一个周末住在沃尔特·凯斯夫妇在新罕布什尔州的家"秃峰乡村俱乐部"。莉迪娅觉得这里同芝加哥相比,简直是天堂。她在信中写道:"在芝加哥,我们白天被蒸烤,晚上被油煎。我像夏娃一样一丝不挂地到酒店的通道上去吹吹风,很有可能被逮捕。而梅纳德的行为比我好,躺在床上静静地出汗……"在新罕布什尔,梅纳德白天打高尔夫球,晚上打桥牌,他对两者都不精通。

5　大崩溃

他们于7月18日在南安普顿上岸的时候正值英国金融大危机爆发的前夜。当他们还在海上航行时，蒙塔古·诺曼收到了纽约联邦储备银行的总裁哈里逊的一封电报："我们对今天英镑汇率的突然下降感到不安和吃惊。你能否对此有所解释？"诺曼无法解释。麦克米兰委员会的报告于7月13日公布，其中大部分内容是对货币控制所做的复杂的技术分析，并提出一个长期性的建议：货币政策应该更加关注国内物价问题，而不是汇率问题。它反映了对凯恩斯在《论货币改革》一书中的立场的接受，尽管已经姗姗来迟。就诊治经济衰退的药方而言，麦克米兰委员会内部分成几个不同的阵营，这本来是意料之中的事。其中最大的一派以贸易保护关税为掩护，支持凯恩斯的增加投资资本的立场，并以此为内容加进了一个附件。欧内斯特·贝文也另加了一个附件，主张英镑贬值。凯恩斯那一派以"英国目前的特殊条件"为由拒绝了这个立场。麦克米兰委员会的报告从总体上来说被认为是凯恩斯的胜利，然而，这同报告中的一小组数据相比显得并不重要。这组数据显示在1931年3月伦敦对外的净短期债务达到25400万英镑。人人都知道伦敦金融城一直是短期借贷，长期放贷，但由于外国的延缓支付——德国在7月15日无力偿付——金融城的偿债能力成了问题。不久，人们又开始对政府的偿债能力表示怀疑。7月31日公布的罗伊报告则预计政府财政将有12000万英镑的赤字，并要求减少9700万英镑的开支，其中包括对正常的失业救济金进行20%的削减。（原来预期的赤字实际上过低。真正的赤字是17000万英镑。）这样，韩德森一直预计会来临的大崩溃终于到来了，投资者们开始把英国看成是一个不安全的投资场所。一个月之内，工党政府被击垮，不久金本位也寿终正寝。

1914年的金融危机发生时，凯恩斯奉召去伦敦。1931年则不同，他不过在提尔顿庄园为大危机操心而已。麦克唐纳确实在8月2日征求过他的意见，他从洛西莫斯给凯恩斯写了一封信问他对罗伊报告的看法。凯恩斯在5日回答说他的看法不适合公之于众。然而他强烈敦促麦克唐纳不要采纳这个报告提出的建议。除了他一贯的观点之外，他特别提出"现在已经十分清楚，我们在不久的将来将放弃现在的汇兑比值。一旦人们对一种货币的前景产生怀疑，正如对英镑的态度那样，这个游戏就该结束了"。同往常一样，他手头又有一个化灾难为成功的计划。"我将寻求建立一个新的货币同盟"，让英国居于统治地位，以英帝国成员为主"但不排斥任何想加入的国家"。这个货币同盟将以金币为基础，但比英镑至少要贬值25%。他很快就改变了主意，决定把他对罗伊报告的评价公布于众。他在《新政治家周刊》中写道："我想他们是一批如此平凡的人，因为不花钱的好处对他们来说是显而易见的。但他们也许过于平庸，连我现在讨论的问题都视而不见。"这个问题就是，如果按照罗伊报告的建议，削减政府开支以后，将会增加25万到40万的失业人数。这不仅会降低人们的购买力，而且会减少税收，从而将政府预算中节省下来的资金从12000万英镑降为5000万英镑。凯恩斯继续写道："在目前的状况下，所有的政府都有财政赤字，这是防止企业的亏损大到完全停业的一种所谓的自然解决方案。"他提出的政策是"暂时停止偿债基金的功能，继续从失业基金中借钱，并设立增加政府收入的关税"。尽管如此，他认为这个报告仍然有价值，"因为它促使我们下这样一个决心：我们是否要通过把国际物价的下降传递到英国的薪水和工资中去的办法来引发经济的紧缩。"

在这篇文章里，他并没有提到英镑"必定"要贬值。事实上，在他写给麦克唐纳的另一封信里附上了这篇文章的最后定稿。他退了一步说，"我们也许还能够保住金本位"，并说他个人"将在目前的情况下支持任何能够带来激烈的行动、从而导致行之有效的政策"。凯恩斯的犹疑态度被麦克唐纳看成是对英格兰银行建议采纳罗伊报告的一个支持。也许凯恩斯不愿在实际行动中敦促，或者真的希望英镑贬值。他的爱国主义是根深蒂固的。他的生意合伙人福尔克建议他们担任董事的"独立投资公司"应当抛英镑，购买美元。凯恩斯回信说："你建议的实际上是在目前的情况下对英镑进行熊市投机。我承认我不清楚这是否违反国家利益……不管怎么说，我明白在当前任何金融机构都不应该做这种事。"但是，他要求政府不管采取什么行动，都必须"行之有效"，这就反映了他的另一种态度与他的调和倾向不相符。他的这种态度虽然可以理解，但在关键时刻他又一次用模糊不清的观点来提出政策建议，这实在令人遗憾。当一个月后政府正式放弃金本位时，原工党内阁的一位成员托马斯·约翰斯顿说，"没有任何人告诉我们能够这样做"。

英格兰银行从法国中央银行和纽约联邦储备银行获得了短期的信贷后，工党政府试图达成一项各方都赞成的经济一揽子计划以作为其经纪代理公司，J.P.摩根获取进一步贷款的条件。纽约方面的要求是制定一个平衡收支的计划，并必须获得"三大党"的支持。保守党和自由党的领导人（劳合·乔治不在其中，因为他刚动过前列腺手术）告诉麦克唐纳说他们支持他的条件是，政府必须采纳罗伊报告提出的建议。他们知道，让工党政府去执行那些不受欢迎的政策对他们在政治上有利。工党内阁以15∶5的多数票通过了凯恩斯提出的关税政策以助收支平衡一臂之力。如果政府真正执行了这个政策，保守党就没有办法不表示支持，但是斯诺顿将它否决掉了。这样政府就没有其他牌可打。麦克唐纳无法说服内阁中人数不少的少数派接受任何超过5600万英镑开支的政策。他们也不接受用增税来弥补亏空，并要求不要触动失业救济金。首相别无他法，于8月24日到白金汉宫提出辞呈。他非但没有辞掉，反而成为"联合政府"的首相，而联合政府的目标是"捍卫英镑"。这届内阁只有三名工党成员，其余的工党议员都成为反对派，所以麦克唐纳在下院只能依靠保守党和自由党的支持。原先的两个反对党想让工党执行不受欢迎的政策的企图并没有得逞，但他们获得一个次优的结果，将麦克唐纳同他领导的党分离开来。新内阁于8月27日通过了一项削减政府开支的计划，两天后从纽约和巴黎获得8500万英镑的贷款。

凯恩斯对事态的发展非常不快，但对通货紧缩和通货再膨胀合并为一个问题感到略有宽慰。在9月10日的《旗帜晚报》上，他继续敦促对进口商品的控制，尽管他私下里已开始认为英镑贬值对经济有利。两天后，他在《新政治家周刊》上写道，"削减开支"的政策不能防止，只能延缓下一个类似我们刚刚经过的那种危机的出现。如果政府真正要捍卫金本位制度，它就应该立即召集一次国际会议"以扭转通货紧缩的整个局势"。同时，英国应当控制资本输出。他在《新政治家周刊》上写道："政府的预算和经济法案（分别于9月8日和10日提出）充满了不公正和蠢话。"他在9月14日向沃尔特·凯斯解释说："在这个国家里的所有的超级蠢驴和所有痛恨社会进步、偏爱通货紧缩的人都感到胜利的时刻已经到来，于是得意洋洋地宣布，只要我们不对经济进行任何干预，繁荣的时刻会再次到来。"9月11日，在一小批政治家（其中包括莫斯利）的邀请下，凯恩斯在下院的一次会议上对议员们发表了演讲。他的语调充满激情，同他过去在公共场合演讲中刻意不带感情的做法是一个明显的对比：

> 我用全部身心来说话。政府迄今为止采取的政策使我们的地位下降到了令人耻辱的地步，让人不敢想象。在过去的12年里，我对政策的制定没有任何影响力，但作为高喊"狼来了"的那个人，我是一个非常成功的预言家。我将用我所有的名誉来担保，向你宣布，我们在过去几周里所犯的错误是自欺欺人的政客所能犯的最大的罪过。

第五部分 金十字架

在下院中只有一个人理解凯恩斯并支持他的看法，这就是奥斯瓦尔德·莫斯利。但他不久就给排挤在主流政治之外。在9月8日，莫斯利在下院发表了一次强有力的演说：

> 我的观点可以很简单地总结如下：我相信我们应当立即对付工业形势，这比预算问题要重要得多。由于这个原因，我们国家的工业持续地衰退和崩溃使任何试图平衡预算的企图都将落空。你也许能够在现在的收入水平上进行平衡，但没有一个人在下院里可以充满信心地说目前的政府收入水平仍然能够维持很长时间……假使我们认为工业恢复比平衡预算要重要得多，那么我们就应该采纳凯恩斯先生和其他经济学家提出的平衡预算的办法，继续借债——我知道这话对诸位尊贵的议员们是一个震惊——以支撑失业救济基金，或者我更加热恋的看法是借债来提供建设性项目以扩大就业，同时暂时中止偿债基金的活动，并用增收的关税，或一种保护性关税来筹集剩下的空缺资金。

凯恩斯预计会发生的危机比他的设想发生得更快。9月16日，在尹沃尔戈登军港发生了皇家海军士兵的哗变，预示着大英帝国本身已经开始摇摇欲坠。国际金融市场由此而引发了另一次抛售英镑的风潮。9月18日，英格兰银行告诉政府，它已不能将汇率维持到周末以后。9月21日星期一，菲力浦·斯诺顿推翻了温斯顿·丘吉尔在六年前做出的恢复金本位的决定，宣布英镑停止自由兑换。"黄金十字架"终于被除去，这一次是永久性的。凯恩斯戏称："英国走的这一步恢复了对世界金融的霸主地位。"格拉姆·哈顿记得他当时"就像一个顽童，刚刚在他讨厌的人脚底下放了一个爆竹那样大笑不已"。

第一次世界大战以后恢复的金本位终于垮台，并一去不复返。为何它第二次又失败了呢？

凯恩斯在1932年4月的一篇文章中对此做出了回答：他认为英国在1925年重返金本位，其高估的汇率给金融政策一个无法承担的重任。这就是说，它不可能把利率提高到足以削减工资的水平。而低利率则会迫使英国更早地放弃金本位。所以，只有一条中间道路，这就是不断地借债以维持金本位。这个政策的结果是积累了大量的短期债务，"或早或晚……这个不稳的建筑物必定要倒塌"。纽约金融界则持不同的观点，汤玛士·拉蒙特认为英国在1925年重返金本位并没有错。"错误在于让工会组织在全国大罢工之后给英国工业界强加了一种僵硬不变的工资体制，并由政府对由此引起的失业给予津贴支持。"他的朋友卢塞尔·莱芬维尔则认为凯恩斯在其中起了恶劣的作用。"财政部的文官或多或少地追随凯恩斯的观点,这些人没有讲究实际的判断能力,他们是剑桥的数学专家。他们是文官、教授……而不是银行家和企业家。英国银行家和企业家至少懂得一点:信心的基础是对诺言承担责任。这一点是凯恩斯永远不能理解的。"

6　香槟酒晚会的结束

英镑退出金本位的当天,比阿特丽丝和希尼·苇伯夫妇到梅纳德和莉迪娅的乡村别墅小住。比阿特丽丝称提尔顿为"弗里海滨的那幢摇摇欲坠的旧农舍"。她在9月3日写信给凯恩斯:"我对将来最大的恐惧是阶级战争以一种最恶劣的形式出现。一方面,有组织的资本主义政党在那里破坏人们的生活水准;另一方面,一个工会主义的工党不经意地破坏资本主义的事业……但是,这个悲哀的故事给我们什么教益呢?难道是……一个信条专政吗?"凯恩斯同全英工会联盟的总干事沃尔特·西特林在晚餐前到来,"对自己能够推行通货膨胀政策有一种内在的自满……他同丘吉尔一起共进午餐,温斯顿对他说他本来就不想重返金本位"。莉迪娅注意到:

> 比阿特丽丝一进入有关皇家委员会和工党的话题就大大活跃起来,她喝着葡萄酒,抽着烟,把社交的温度一直保持到半夜12点钟。她的丈夫是一个好人,但年纪比她大许多,对退出政界非常不开心。还有西特林先生……同梅纳德调笑。然而一晚上我都听到有人在上下楼和关门。西特林先生吃东西不消化,肚子不舒服,而比阿特丽丝同往常一样早上四点钟就起来泡茶,并把希尼拉起来一道陪伴她。在八点钟时,大家都衣冠整齐地在供水开始前出现,虽然我刻意不鼓励他们去洗澡间洗澡,因为我们的热水炉今年夏天不愿工作。

比阿特丽丝第二天与比弗里奇共进午餐,后者"不喜欢凯恩斯,认为他是经济学家里的江湖骗子"。凯恩斯和莉迪娅于9月27日回到伦敦,他说"这么多事件在发生,我不可能离开这里时间过长"。

金本位一去不复返,联合政府存在的理由已因此消失。保守党人渴望尽快大选,以获得贸易保护政策的使命,其实此时已经不再需要贸易保护了。凯恩斯竭尽全力支持麦克唐纳不要向这些喧嚣让步,敦促联合政府再维持六个月以处理"货币问题、印度会议和裁军会议",不能过早地让众党派各归其政。10月5日,他同首相在后者的乡村别墅共进午餐,接着又去看已恢复健康的劳合·乔治。

不管凯恩斯对麦克唐纳说了什么,大局已定,无可挽回。议会于10月6日解散。梅纳德在10月11日写信给莉迪娅:"剑桥的人虽有法西斯倾向,但主要还是民主派。我们讨论是否要开晚宴。如是,是否要上葡萄酒。最后的决定是组织晚宴,但不要铺张,用啤酒和廉价葡萄酒取代香槟!你看,我们也是爱国者。"莉迪娅告诉山姆和莉尔,她将投工党的票。"我已读过拉姆塞(麦克唐纳)和斯坦利(鲍德温)的竞选宣言,不过马上就感到无趣,看不下去。"10月27日,联合政府以寻求治疗经济病的"医生授权"为口号,在大选中获得英国历史上最压倒多数的胜利,得552席,而工党仅得46席。斯诺顿在广播谈话中恶毒攻击工党的计划为"疯狂的布尔什维克主义",这个广播也帮了联合政府的大忙。

第六部分

救世的经济学家

他的一只脚踏在一个新天国里,但另一只脚仍陷于……边沁学派的数学演算中。

J.M.凯恩斯论G.E.摩尔

你确实有一种令人惊讶的天才,能够将你对传统观念的不满变成"开创新领域"的契机,而不是停留在抱怨和不满的一般情绪之中。

H.O.梅里迪斯给J.M.凯恩斯的信,1936年5月15日

第 27 章

一个不寻常经济学家的肖像

1 时代风尚

凯恩斯本来是一个应用经济学家。他转向理论创造的动机是因为先前的理论已不再能恰当地解释正在发生的事件。像当时的其他一些剑桥经济学家一样，他受经济学吸引的主要原因是憧憬在将来能为改善这个世界做出贡献。他们感兴趣的是庇古所称的"果实"，也就是实际结果。指引他们前进的灯塔是马歇尔。他们认为马歇尔给他们带来"一种思想的研究法"。这是一种强有力的、全面的，同时也是足够灵活的方法，从而可以解释现代经济的行为。他们相信马歇尔的方法比全球任何地方出现的方法都要高出一筹。这个信念一半来自于对外界的无知，另一半则来自于这样一种信念：即马歇尔发掘、筛选、重新表述和综合了经济学领域迄今为止所有的有价值和真实的思想。剑桥经济学家是"改进专家"而不是真正的"学者"，他们相信他们所需要付诸行动的任何理论都能在马歇尔那里找到。这个信念一直延续到20年代结束。凯恩斯在1922年提到"对现行的经济思想方法做重大改进"的机会还很少。经济学家的主要任务是发挥应用上的技能，把现行的原则运用于具体现实。到了1928年，他承认"争议和怀疑已经增加"，但认为进一步的研究就会清除这些争议。所以，在20年代的剑桥经济学准确的称呼应该是"对马歇尔经济学的注解"。

从一开始，这种"科学的"经济学就特别强调规范。增进对"经济法则"的了解是为了将实际经济安排引向一个创造财富最优化的竞争性理想安排，所以同19世纪的经济学和"自由放任"政策关系非常密切。亚当·斯密和他的信徒们最关心的是政府的种种失败，他们认为政府应该维护法律和社会秩序，但应退出经济生活。

第六部分 救世的经济学家

在19世纪的最后25年中,时代的风尚有所变化。"自由放任"的失灵已经显而易见,而政府的能力和公正性大有改善。民主制度的发展对政府的压力加大,要求它能够"解决"或至少减轻种种社会问题。达埃西所称的"集体主义的时代"初露曙光。催促集体主义生长的是日益发展的社会科学,以及同时兴起的推崇行动的知识精英阶层。这批知识精英具有超越他人的思考能力和理解社会的专业知识,声称能够指导社会前进的方向,这个位置原本由贵族和僧侣所占据,而现在已虚位以待。经济学和社会科学的这两种倾向都有一个中心思想,即认为社会是一台机器,可以用蓄意的行动来对它的运行加以改善,而由此造成的一些副作用也是可以被纠正和控制的,就像机械师对机器进行微调一样。这是把(建筑学家)柯布西耶的观点放大运用到整个社会。在艺术和政治领域里确实存在着平行发展的运动,诺埃·阿南说他那一代就是在现代主义和集体主义这两个平行运动的影响之下成长起来的。在艺术和政治的不同的、通常是互相冲突的领域里,知识精英们大胆地宣称我们可以按照我们自己的意愿创造我们的世界和生活。

凯恩斯与现代主义和集体主义这两个孪生运动之间的关系对我们理解他的著作是至关重要的。他同现代主义建立关系的渠道是布鲁斯贝利,而同集体主义的关系则是通过他的哲学和经济学。布鲁斯贝利的美学理论——至少从罗杰·弗拉埃和克莱夫·贝尔等人的文章中可以看出——是将美的定位放在正式的结构中,只能被直感来理解,而不是在艺术作品的主体对象或对它的"描述"中体现出来;写作风格上从叙述转向"意识流"是维吉尼亚·沃尔夫小说的明显标志。与此同时,经济学也开始向形式化,或称"模式化"转变。这种向抽象概念转变的总体效果是将经济学家的头脑,而不是他们对市场的"描述",放在经济思考的核心位置。这样,艺术上的现代主义和政治、经济上的集体主义就在一个焦点上合为一股;即声称对现实的解释是一种创造性的行为。因此,那些自认为懂得现实特性的知识精英对指导社会前进方向的位置的要求就与那种认为现实可以被强有力的头脑塑造出来的观点变得不可区分。

凯恩斯的自信心也有其文化背景。他属于最后一批声称能够以文化的名义,而不是以专业知识的名义指导社会前进的那一代人。他以一个布道者的口吻,而不是以一个技术专家的身份,对世界发表看法。经济学通过他的表述不是以微分学的一个分支,而是以一种"教会"的面孔出现,尽管这个"教会"的神学已经被他重新安排过了。第一次世界大战以后,19世纪所习以为常的那种文化开始解体。各个学科开始内向性发展,学者们不再同世界交流而是在小圈子里互相交流。这个现象产生的主要原因还不是"知识爆

第 27 章 一个不寻常经济学家的肖像

炸",而是原先的那种较宽广的思想框架,那种将知识运用于人类实际生活的思想框架已经出现问题。所以,在宗教的社会作用失灵之后,没有任何东西能阻碍学术界的那种癌肿般生长的迂腐性,也没有任何东西能够阻碍社会上的"爱钱"心态的滋长。

凯恩斯提出的涉及手段的理论要比其关于目的的理论审慎得多,因为目的的好与坏是不言自明的,而关于手段的判断则在"概率的半阴影区"里。理性的行为受到另两个原则的限制,一个是"论证的力度",另一个是"最低风险原则"。这里,摩尔的影响十分重要,尽管凯恩斯从伯克那里也发现了同样的预言。概率也许是"说大话的指南",但它必须克服种种不确定的因素才能起到指导作用。

货币理论给凯恩斯提供了一种理想的工具,通过它可以推行那些有一定局限性但又十分严谨的改良和改革计划,凯恩斯的性情和理解能力十分适合这类计划。现代的剑桥货币理论是马歇尔的遗产,由庇古发扬光大。凯恩斯与威克赛尔和费雪的观点一样,认为物价的波动乃是经济周期发生的主要原因,因此现代的剑桥货币理论应该被运用于物价问题。在第一次世界大战以前,凯恩斯运用这种货币理论,提出稳定季节性变化的印度卢比的购买力。战后,他把货币管理作为稳定英国物价的一个方法。凯恩斯认为,货币理论上的一个"科学突破"是,人们开始意识到,在一种"信贷货币"的经济里,货币流通的数量是受金融体制控制的,而对货币的需求量在短期内并不稳定。这两个命题都在他的《论货币改革》一书中得到阐述。当我们在这个基础之上再加上一个命题,即货币管理机构的责任是调控货币存量以使储蓄量同投资量相等,我们就有了他的《论货币》。在写这两本书的间隙时间里,凯恩斯得出一个结论:除了银行政策以外,没有任何东西能使经济得到稳定。经济秩序不是一个自然秩序,必须由人来创造。这当然是现代主义和集体主义思潮的一个组成部分。然而,凯恩斯不否认经济生活的一大部分是有序的,自我调节的。政府干预最终不过是限制在一点上:保证需求水平与充分就业的一致性,这在30年代中他的进一步完善的理论中看得很清楚。

因此,那种攻击凯恩斯用政治权力和个人意志主导的经济来取代自我调节的公民社会,包括市场经济体制的看法实在是言过其实了。在采取何种手段来达到既定目的的判断过程中,私营企业和政府都面临一个"不确定性"的问题。不确定性既会使自由市场经济的运作不佳,也会对政府政策的效果产生同样的影响。凯恩斯的信徒们,即60和70年代的那些政策制定人确实以为经济学家对经济的控制权力几乎是无限的,因而他们的政策也如是加以反映。这是因为他们只继承了凯恩斯留下的那台机械设备,而没有承接他对这台设备的局限性和实际效率有所界定的那种哲学。这批目空一切的人物被敌手击败是不可避免的报应。

2 一个经济学家的个性特征

同很多雄心勃勃的人物一样,凯恩斯也常常在思考怎样才能成为伟人,以及伟人应该具有什么素质。作为(弗朗西斯)加尔顿(英国著名人类学家,人类智力研究的创始人之一——译注)的崇拜者,他相信遗传因子的作用,但也懂得传统在取得新的成就过程中的作用。他发现(或者发明)一种剑桥经济学的传统,一直可以追溯到"第一位剑桥经济学家"马尔萨斯。凯恩斯通过撰写别人生平的文章来思考和描述经济学和科学上的天才的个性特征。(他从来没有足够的信心去对一个艺术家的生平进行描述)在关于马歇尔生平的文章中,他这样描述经济学:"这是一种很容易的学科,但很少有人能够表现优异。"他接着说:"对这个悖论的解释在于,一个伟大的经济学家必须是多种天资的组合……他必须是数学家、历史学家、政治家和哲学家——至少从某种意义上来说,他还必须同艺术家那样既超然又不被人收买,但有时又如同政治家那样离现实世界非常近。"他用一种惊人的语言来描绘马歇尔的雄心,说他试图"用极其聪明的天使般的眼睛来观察经济生活"。凯恩斯称赞马尔萨斯具有一种"深刻的经济直觉。他能够对个人经历中看到的变化持开放的态度,同时又不断地将他的规范思路中的原则运用到对事物的解释中去"。在凯恩斯看来,这两者的结合是难能可贵的,因为这是一个伟大的经济学家所必须具备的那种智力素质的最理想的组合。他对杰文斯(19世纪著名经济学家——译注)的评价则是强调他"那永远蕴涵丰富而又有独创性的头脑"。他"那具有神灵的直觉"、"引人入胜的好奇心"和在统计学中的快乐,而这些都与他的信而好古的心态、给人以电击似感觉的表达方式、吸引读者和听众的才能以及咬定青山不放松的耐力紧密联系在一起。凯恩斯对杰文斯的看法同熊彼特对他的看法差不多:他没有留下一部完美的著作,但他又"总是试图去做他不能胜任的事情",他是一个"制造零部件的人,但又不能把零部件组合成一个整体"。在凯恩斯论艾萨克·牛顿的文章中,我们看到他对这个第一位现代科学家的评价十分有特色,说他是"最后一位巫师"。凯恩斯写道:"我猜想他之所以这么有名,是因为他的直觉比任何人都强,并拥有人所能获得的最持久的耐力。"

第 27 章 一个不寻常经济学家的肖像

他引用摩尔根的断言:"他的种种猜想似乎显示出他所知道的要比他能够找到的证明方法要多得多,这就使他一直处于幸运之中。"

凯恩斯对伟人素质的界定反映在他不断重复使用的几个概念之中——"神灵般的直觉"、"非凡的持续自省的能力"、逻辑分析能力、对显而易见的事物的感觉、个人风格、多面性、理论结合实际的特殊才能——这些就是他最尊崇、最渴望拥有的素质,并认为这些就是成为一个伟大的经济学家的先决条件,从某种意义上说,所有这些素质都是对他本人的描述,而且他明白这一点。

1912年,凯恩斯第一次对杰文斯和马歇尔做出一个关键的区分(也是有自身的影子的):"杰文斯对理论的某一个部分看得十分清楚,并将它展示到尽可能清晰的程度;马歇尔对整个理论和它的前因后果都明白,但为了占领整个舞台而不愿意使用聚光灯,因为聚光灯只能照亮其中的一部分,而将其余部分留在更深的黑暗之中。"(马歇尔去世后,凯恩斯对他们两人又做了一次比较,对马歇尔更加不敬:杰文斯"在凿石头,而马歇尔在那里织毛衣"。)在这一方面,凯恩斯很像杰文斯。杰文斯属于历史上的那种小册子作者,其主要目的是"迅速传播思想,将它们公之于众"。凯恩斯也曾敦促经济学的同行:"将书本上的光荣留给亚当·斯密就够了。你们应当只争朝夕,在空中散发大量的小册子,永远用笔名进行写作,如果可能,在偶然的机遇里,也许能达到不朽的地位。"马歇尔对这种观点早已有答复,他认为"一个经济学家推理的速度太快,太掉以轻心",他的经济学很可能会不连贯。

罗伯逊对凯恩斯的批评也是因为上述这类错误做法,而且他的批评同马歇尔对杰文斯的评价一样:"他的成功甚至受到他的错误的帮助……他让很多人感到他在纠正一些重大的错误理论,而实际上他不过是在提供新的重要的解释。"凯恩斯同杰文斯相比还要好一点:罗伯逊认为他的小册子是他的学术著作"机器中的幽灵",而他写的专题文章中的观点比其著作中的更好一些。直到今天,在经济学界的"宣传鼓动家"和"综合理论家"之间的争斗仍未停止。在凯恩斯以后的一代人里,卡尔多是第一类的典型,而希克斯则是第二类人的榜样。"宣传鼓动家"的直觉比逻辑感要强,而"综合理论家"则逻辑感优于直觉,尽管在任何科学成就中,两者都不可或缺。在现代经济学中,科学的突破是经常的事,但科学上的革命则不存在。凯恩斯比任何人都接近于创造了一场革命;但是,即使是他也最终被消化和吸收。我们在下面将要做出解释。

从另一个角度看,凯恩斯的思想方法同马歇尔、特别是福克斯威尔这两位他年轻时期

第六部分 救世的经济学家

的剑桥经济学大师很接近。在比较马歇尔和另一位经济学家爱吉沃斯时，凯恩斯写道："爱吉沃斯希望建立在理智和美学上有意思的定理，而马歇尔则想创立在实践中和道德上的重要准则。"他颇有洞察力地指出：马歇尔的数学很好，但爱吉沃斯则用数学来思考问题。同马歇尔一样，凯恩斯相信数学在检验一个人的思路时是有用的，但他绝不用数学来思考问题。他最终让数学知识日益荒废，因为他不愿意把社会科学"数字化"。他也赞同福克斯威尔的观点："经济学属于管理公共事务的一种艺术，其手段是把正确的推理运用到生活的全部经验之中。"当然，凯恩斯绝不赞同福克斯威尔的另一个观点，即经济学不是逻辑学的一个分支。他认为，良好的经济运作需要直觉和逻辑的一种融合，以运用于一大批现实问题，而不只是针对那些简化的、人为创造的假设。但是凯恩斯心胸宽广，深具洞察力，所以对同他不一样的头脑也能欣赏。他把爱吉沃斯比喻成一个坐在苍鹭鸟巢中阅读《荷马史诗》的男孩，"他总是待在这样的地方，对地上的事情不大关心"。

460

凯恩斯对经济学使用数学方法一直持怀疑态度，而且随着年龄的增长，这种怀疑日益加深。这是因为他越来越开始理解社会生活的复杂性和自省性。他在评价爱吉沃斯的文章中有一段基本的看法：

> 数学心灵学作为一种科学研究，没能实现其原来的承诺。在上世纪的70和80年代里，我想人们有理由相信它会很有前途。当年轻的爱吉沃斯选择这个专业时，他可能渴望能够像后来的那些物理学家一样发现非凡的秘密，但这并没有发生。正相反，关于原子的假设在物理学里取得了辉煌的成就，而运用到心灵学则立即失灵。在每一个环节，我们遇到的都是有机统一体的问题，不连续和中断连续的问题——部分的相加不等于总和，量化的比较结果让我们失望，很小的变化却引起巨大的后果。总之，人们为得到一个均匀的、同质的连续统所做的所有设想均未获得成功……爱吉沃斯知道他是在薄冰上滑行。随着年岁的增加，他喜爱滑冰和对冰层的不放心心情也与日俱增，他的厄运也相应滋生。

然而，凯恩斯在试图抓住重要的理论模式中的要点上绝不退缩，这是从大卫·李嘉图开始形成的经济学上的一个显著特点。相反的是，他认为，人类生活越复杂，越不确定，就更需要建立一些简单明了的理论模式以备随时解释经济事件。在哲学上的"演绎—归

第 27 章 一个不寻常经济学家的肖像

纳"法的辩论中,他是站在演绎法这一边的。比弗里奇认为只要累积事实就能够找到事物的"法则"。凯恩斯不这么看,他批评马歇尔和马尔萨斯在他们的晚年都试图用大量的历史细节来使他们的理论变得更加"现实"。真正的现实主义方法应当是选择一种能够解释那个特定时代,或出现特定问题的明显特征的抽象法。所以凯恩斯批评他同时代的古典经济学家仍在用那些以充分就业的假设为前提的理论模式,而不是在创造能够解释失业现象为何挥之不去的模式。凯恩斯自己正相反,他愿意改变自己的模式,或者用公众的看法来说,改变自己的思路,只要事实和问题已经发生了变化。

经济数据的波动性质要求经济学家不仅能够"用模式来思考"(这是比较容易的事情),而且要有想象力和创造力(这就十分困难)。经济学上的进步在于理论创新。凯恩斯在1938年告诉罗伊·哈罗德,优秀的经济学家太少,"因为很少有人具有敏锐的观察力,并据此选择好的理论模式"。也就是说,直觉对于经济学上的演绎推理派和归纳推理派同样是有控制力的。从生活实践中得来的数据几乎是无限的,经济学家要能够看出哪些事实对他所要解释的现象有重要的因果关系。一个优秀的经济学家的最基本的才能在于内省力和对事物的轻重缓急有感觉。凯恩斯一直都赞成改进经济统计数字的努力,但他这么做并不是为了提供证明或反证某些理论,更不是为了能够更好地预测将来,他的目的是限制直觉和想象力的作用。他曾告诉奥斯汀·罗宾逊,说他的最佳想法都是在"整理统计数字,试图弄明白这些数字意味着什么"的时候得到的。

凯恩斯坚称成功的经济学推理的基础是直觉和论辩能力,这并不是说他不认为自己是一个科学家。他只是相信一个科学家的直觉应当像艺术家的直觉一样受到同样的尊重。直觉是一种特殊的人才拥有的知识,而且只有通过与现实"直接接触"才能得到。人们不应该过早地将直觉扼杀,正如学术界的吹毛求疵的风气那样,要么攻击一点不及其余,要么在逻辑上挑点毛病。凯恩斯的这种态度使他成为一个极其成功的教师:他在课堂上同学生平等相处,给予学生的言论自由范围同他自己享受的相同,这就使他的批评者们非常不快。凯恩斯在这个问题上有一段关于对弗洛伊德理论的论述:

> 弗洛伊德教授在我看来有一种天才的科学想象力,这种想象力能够形成大量的创新思想,创造种种可能性和可应用的假设,它们具有足够的直觉和共验的基础,所以值得我们用最耐心和不带偏见的态度来加以审视……但是,一旦我们从实证或归纳证明的角度来看他的理论,就会发现他写的东西远远不够令人

满意。我敢说，如果弗洛伊德和他的信徒们承认他的每一个案例都是教授自己创造出来的，也许他的理论在今天就不会被削弱到现在这个地步。弗洛伊德创造这些案例是为了展示他的理论并给他的读者脑子里留下一个生动的印象。换句话说，在目前的状况下，对弗洛伊德理论是否看重主要取决于它对读者本身的直觉是否有吸引力，能否让他们感到它对人类心理的活动的解释有新意，而且是正确的。所谓归纳核实的方法同它的关系不大……

今天，我们对直觉在认识论中的特殊地位已经远远不像凯恩斯那样重视。

到这里为止，我们就不会对凯恩斯重视"奇谈怪论"，或者用他的话说"古怪的"观点感到吃惊。一个"古怪的"人在凯恩斯看来所具有的对事务的好奇心、投入、鉴赏力或者直觉都不同程度上比他的逻辑能力或智力要强得多，或者说超过后者。现代优生学的创始人法朗西斯·加尔顿差不多算一个"古怪的"人，他在演讲时有一个怪癖，喜欢点出听众中有多少是有躁动不安性格的人。凯恩斯写道："他的独创性天才大大超越他的智力，但他的智力又总是能够足以让他待在'古怪'的正常方面。"当凯恩斯对正统经济学的尊重下降时，他对"经济学的邪端异说"的兴趣大增。在《论货币》中，他引了大量的非正统观点；《就业、利息与货币通论》的第22章充斥了这类理论："持邪端异说和古怪的人物组成的团体在人数和热情上都令人吃惊，他们对现状极为不满……但比那些自鸣得意的银行家们要强得多。"在日常谈话中，凯恩斯爱用"古怪"一词，并不是有所特指，他实际上将"古怪的人"分成两大类。一类是他称之为"怪癖三位一体"的三位经济学者：约翰·泰勒·佩迪、A.W.基特森和道格拉斯少校。凯恩斯对他们毫无耐心。（尽管在《就业、利息与货币通论》中，他试图与道格拉斯言和。）另一类是主动找上门与他联系的一批人，其中包括西班牙巴斯克族的矿业工程师P.拉然纳加，此人给凯恩斯的印象是一个有才华的业余经济学者，不算"古怪的"人；还有M.C.洛迪，一位美国工程师，声称有一个提高投资水平的计划；A.G.麦克格莱格也是一个想要在衰退中提高工资，在繁荣中降低工资的工程师；还有伊安·苏特里，一位澳大利亚人，曾写过一本凯恩斯称之为"有点天才"的题为《货币之谜》的小册子。凯恩斯自己亦越来越离经叛道，所以他对历史上的邪端异说的传统更加重视。他曾试图为自己的理论创建一个"反李嘉图理论"的历史继承谱系。他在阅读了一位捷克难民维尔纳·斯塔克所写的《政治经济学的历史和历史学家》一书以后写道："（托马斯）霍奇斯金比我原来意识到的

第 27 章 一个不寻常经济学家的肖像

要有意思得多。这又是一位以非常模糊而且不完善的方式来领悟对未来的看法的人,他比同时代的同行们更加有意思。人们可根据后世的理论知识来解释他的想法的重要性,而他那个时代的同行们则仍然是一群十分无趣的和庸庸碌碌的人物。"

凯恩斯最欣赏的经济学家当然是托马斯·马尔萨斯。他在1932年写过一篇论马尔萨斯的文章。在最后一稿中,我们可以看到马尔萨斯的两副面孔,一副是人口学家的面孔,另一副是"有效需求"的经济学家。这个描述与凯恩斯自己的两副面孔真是惊人的相似。凯恩斯从来没有写过关于人口的理论著作,但是他将经济问题放到历史中去考察就意味着进入马尔萨斯式的背影中。他一生中考察经济现象大都是用这个方法。

凯恩斯对马尔萨斯感兴趣的原因是多方面的,这远远不只是对剑桥经济学的"开山鼻祖"的那种崇拜心理所致。马尔萨斯的父亲丹尼尔是一个智力突出、朋友很多的人,但他对自己缺乏信心,所以放弃了在学术上的雄心大志。他让凯恩斯想起他自己的父亲,他对马尔萨斯父子关系生动愉快的描述实际上反映了他同内维尔·凯恩斯的关系。凯恩斯还从某种程度上欣赏马尔萨斯的那种英国人特有的个性,这是一种思想上的冒险精神与实际生活的传统精神相结合的产物。他于1927年在"马尔萨斯协会"发表的演讲中曾说:"英国并不需要过一种大胆的生活才能够获得大胆的思想。"凯恩斯对欧洲大陆的激进知识分子一直都不欣赏,认为他们的造反精神只能用存在主义的语言来表达。凯恩斯自己的生活方式并不那么传统,但他在表面上总是循规蹈矩并视其为对外交往的重要方面。他对马尔萨斯的《人口理论》第一版做了如下评价:"这本书代表的是英国人文科学的优秀传统。这个传统热爱真理,崇尚语言的简洁明了,保持一颗平常之心以避免任何感情和形而上学色彩,同时还要出于公心,以为公共事业服务为荣。"凯恩斯对这种传统的崇拜在这段话里表露得十分清楚,但他自己在实践中只是时断时续地按照这个传统去做。他的情性只在某些方面与这个传统和谐一致,而且不管怎么说,这个传统本身也由于人们对一种"神圣"的秩序的信念垮台以后而变得体无完肤。

凯恩斯渐渐开始认为马尔萨斯是英国经济学的"真实传统"的创始人,而这个传统被李嘉图所破坏。在1935年的一篇文章中,他称赞马尔萨斯"用直觉和规范原则的结合来解释当时的事件"。在该文中,他与马尔萨斯的相同性甚至更加清楚:

  在18世纪末期,马尔萨斯把工人阶级的悲惨生活看成是由他们的低生活水准所造成的。在滑铁卢战役以后的那些年里,他认为是失业问题造成的。作为经

第六部分 救世的经济学家

济学家,他在这两个问题上所做的经济分析是成功的。对第一个问题,他提出了人口理论来加以解决。在他的后半生,他都专注于(拿破仑)战争以后的失业问题。他找到的解释是他所称的"有效需求不足"。为了医治这个病,他呼吁公共消费的精神:公共工程项目和经济扩张政策。

当凯恩斯自己的兴趣从资源不足转向对资源的使用率不足时,他对马尔萨斯的关注重点也从人口理论转向有效需求。这在他从1922年就开始写作、后来又不断修改的论马尔萨斯的文章中表现得很清楚。早在1924年,他就引用过马尔萨斯在1814年10月9日给大卫·李嘉图的信,信中否认"消费和资金积累同样增加需求"。在1932年秋天,凯恩斯在重写这篇准备发表的文章时,第一次阅读了马尔萨斯和李嘉图的通信集,这部通信集是皮埃洛·斯拉法发现的。他在文章中写道:"假如19世纪的经济学的根基是马尔萨斯而不是李嘉图,我们今天的世界将更加明智和富有!"凯恩斯受到马尔萨斯的有效需求的影响是完全有可能的。迄今为止,人们都认为他先发明了有效需求,然后才发现马尔萨斯,这个说法未必站得住脚。

凯恩斯和他那一代的剑桥经济学家是在一本书的庇护下成长起来的,这就是马歇尔在1890年发表的《经济学原理》;此外还有一些零星的论文以及他的货币理论方面的"口授传统"。当凯恩斯在1936年发表了《就业、利息与货币通论》之后,剑桥经济学同行中对他批评最激烈的是庇古和罗伯逊。他们的攻击要点在于凯恩斯对"传统大师"的背叛。他们认为马歇尔建造的房子有足够的空间,可以让凯恩斯搬进几件新的家具(所以没有必要把房子拆了——译注)。这个说法从某种程度上说是对的,而且凯恩斯的理论仍然具有马歇尔经济学的特征。他完全赞同马歇尔对经济学的看法,认为它"并不是具体真理的体现,而是帮助我们去发现真理的引擎"。这个观点基于马歇尔对"工业机构和习惯"不会一成不变的认识。凯恩斯在剑桥讲授的货币理论直到30年代初仍然是马歇尔的理论,他一直没有放弃这个理论,只是把它的应用范围限定在充分就业的状态之下。此外,他与丹尼斯·罗伯逊一起对马歇尔的货币理论做了进一步的发展。从剑桥经济学派的观点来看,马歇尔的货币数量方程式比费雪货币数量说优越的地方在于关注人们持有货币的动机。正如卡恩所指出的,费雪和他的信徒们将货币看成是"进行商品交易的一个手段",而马歇尔和他的信徒们则认为货币是"进行正常的、没有麻烦的商品交易所必需的一种财富持有形式"。在这里,马歇尔给我们留下了可以融合货币理论和价值理论的工具,尽管他自己从来没有使用过。最后,凯恩斯一直受到马歇尔在处理时间问题上的方法的影响。

有一个著名的剑桥笑话。60年代,一群剑桥的经济学家在讨论(哲学家)伯格森的名言"时间是用以阻止所有的事情同时发生的一个装置"时,他们当中的一位叫达尔玛·库马(印度著名女经济学家——译注)的开玩笑说:"那么,空间就是阻止在剑桥发生任何事情的装置。"剑桥学派的一个特征就是在经济研究中要意识到所有的事件并不是同时发生的。在《经济学原理》的第一版里,马歇尔就在前言中指出:"时间因素……乃理解几乎所有经济问题核心困难之所在。"在该书第八版的第30页,马歇尔又提出:"在让原因产生结果的过程中有一个时间条件,这是经济学中巨大困难的产生根源之一。"他热切地感到,经济学中的重大分歧多半来自于在时间上没有明确规定影响结果的不同原因。他引进时间观念是为了让经济学能够在理论建设中考虑到既复杂且又不断变化的现实。他自己最喜爱采用的一个方法是在不同的时间段中引出不同的结果。这样,他就调和了杰文斯和李嘉图的价值理论与他的经济学的关系,提出了在短时段里,价值是由效用决定的,而从长时段来看,则由生产成本所决定。在某个被考虑的时段中,非支配性的经济因素统统被划入一个分割开来的空间,叫做"假定其他条件不变"。这些因素的作用并没有被否定,马歇尔宣称:"只不过在一个特定的时段里,它们的干扰效果可以忽略不计。"

正如凯恩斯所指出的,时间问题是马尔萨斯和李嘉图之间争论的核心。李嘉图在1817年1月24日写信给他的朋友说:

> 在我看来,我们经常讨论的议题中出现分歧的一大原因(李嘉图当时正在思考"有效需求"不足的可能性问题)是你脑子中总是在考虑某些特定变化的直接和暂时的影响,而我总是把直接和暂时的因素抛在一边,全心关注处于永久状态的东西,以及从短期因素产生的长远结果。

对此,马尔萨斯在1月26日做了"非常有效的"回应:

> 我确实要常常关注日常事物,这是一个人所写的东西对社会有实际用处的唯一途径。而且,我还认为,注重现实是使自己不要犯拉普他裁缝(《格列弗游记》中爱空想的拉普他人——译注)的那些错误,从一开始就得出与现实完全不着边的结

论。此外,我确实相信社会的进步是非正常运动所构成的,如果我们忽略那些在八到十年里会大幅度刺激或遏制生产发展的原因,那就忽略了国民财富的增长或贫困加剧的原因——这是政治经济学所有的研究要达到的伟大目标。

凯恩斯全心全意地站在马尔萨斯一边。他从来都不欣赏李嘉图的思维方式,并在1933年写道:"马尔萨斯研究方法的被埋没和李嘉图在100年里所处的绝对统治地位是经济学发展中的一大灾难。"

关于凯恩斯就业理论的一个主要的辩论题目是"它在什么样的一个时段里是正确的"。后来的经济学家都指责凯恩斯过早地中止了分析的时间段,他们声称,凯恩斯的短时段忽略了有恢复充分就业倾向的那些因素。他的错误在于把一些影响就业的因素假设为不存在,而排除这些因素纯粹是从方法论角度来考虑的。这个辩论时断时续,至今也没有停息。凯恩斯毫无疑问可以使用"无关法则"来解释,因为对这些因素并没有任何确定的说法。

3 经济学大师?

同他自己定的标准相比,凯恩斯算不算理想中的"经济学大师"呢?他对其他事情都不感兴趣,一心只想成为一位"伟大"的经济学家,仅此而已。他有这个雄心是自然的。他知道他是"知识贵族"中的一员。他的学术生涯一直是在不断的成功中发展。他是马歇尔选定的接班人之一。(我们可不可以说他对父亲没能让马歇尔满意而心存内疚呢?)然而,他也曾是伊顿公学的波普俱乐部成员、剑桥协会主席以及信使会成员。他曾经在四年里面一跃成为财政部一个部门的主管,而这个部门的设立似乎就是为了让他发挥其特殊的才能。他的《和平的经济后果》一书是畅销书,也是第一次世界大战中产生的最有影响力的一本著作。凯恩斯的生活如它所展示的那样,向我们不断地证明了他在很多方面都具有超人的能力。他有全部的理由保持高度的自信心,而他也确实非常自信。他的唯一美中不足的地方是他的长相平平,说话声音不悦耳。他竭尽全力使自己看上去有一个权势阶层的"正常外貌",蓄着军人的小胡子,身着伦敦金融城的服装,即使在乡村度假亦不例外。30年代,他开始享受做提尔顿乡间绅士的乐趣。但他对自己的嗓音则无能为力,这是一种学者的嗓音,反映出他有知识,有教养,略微有点矫揉造作,既不洪亮,也不宽广,在口

第 27 章　一个不寻常经济学家的肖像

头辩论中缺乏效果。他用笔来创造悦耳的音乐。但当他需要口头表述时，他亦是一个极其优秀的辩才，他在麦克米兰委员会中的表现可见一斑。

　　凯恩斯生活的大部分内容都处于隐蔽的、不公开的状态。他最不愿做的事情就是接受采访，表明他自我保护意识很强。他在外表上给人的印象与他实际的思想或习惯并不相符。当头脑和情感之间出现矛盾时，他就立即会表现出思想上的紧张状态，这对解读他的哲学和经济学造成了困难。他留下了大量的精心写作的作品，其中包括三本学术专著。他选择玩学术游戏，因为他喜欢它，而且知道他的影响力取决于他的学术声誉。从他的写作中，我们可以到处看到他虽然接受经济学的传统规则，特别是理性原则，但他实际上把他所用的这种学术技术只看做是一种停留在表面上的技巧，而他的公共生活也只是一种表面上的现象；他知道，在他公开打交道的那些知识下面有一种玄妙的知识，它的大门只对少数人敞开，而寻求这些奥秘让他感到兴奋不已，就像牛顿当年的心情一样。凯恩斯的文章和著作同易卜生的戏剧作品一样，充满了"暗示"，"只有敏感的人才能感受到"，"但如果把这些暗示挑明，并强调这些是不言自明的话，就会使它们显得不合时宜，几乎庸俗化了"。不过他完全知道他的用意何在，为了公共领域的稳定，有必要对一些能够让人们去掉伪装、直言不讳讨论问题的不公开的领域进行保护。

　　他从小就有一种要表达新意的感觉，同时他也认为老一辈人太愚蠢或过于保守，不可能理解他的看法：比如他当年在伊顿公学和之后对主考老师所做的种种评论。在休伯特·韩德森的眼里，凯恩斯的一生一直都是一个肆无忌惮、刻意不肯发表一点传统观念的"捣蛋的孩子"，尽管随着年龄的增长而有所收敛。这不仅仅反映了一个自负的人，而且也反映了一个自负的地方：剑桥。凯恩斯自称是马歇尔正统经济学的造反派，但在他生活的大部分时间里，剑桥经济学，同它的哲学一样，都远远地超出任何别的地方的经济学，居于世界的最前沿。马歇尔学派的经济学家在20世纪初，甚至在20年代，都自认为是学科开拓者，四处传播新知识、新思想。凯恩斯的自负还反映了另一个小圈子——布鲁斯贝利——的特点。剑桥和布鲁斯贝利两者的结合使他有一种"巨大的优越感"，正如他在1905年给斯特拉彻的信中所说的那样。

　　凯恩斯在许多方面都展示了才能，但在任何一方面都不特别突出。他不是莫扎特或维特根斯坦那类的天才——一个"神圣的愚人"，即在一个方面有超人的能力，而在其他方面则如孩童一样。他是一个奇妙的多面手，脑子是一架效率非凡的思考机器。早在伊顿时期，他就在数学和古典文学上都表现优异，并且一生在这两个领域之间游刃有余。

但他并不是一个优秀的数学家，也不是一个伟大的哲学家。作为历史学者，他是一个有灵气的业余爱好者。他对政治有一套理论，但这并不能避免被别人称之为在政治上"幼稚"。凯恩斯的伟大在于各种才能的结合。他的成就是将经济学与伦理、文化、政治、社会中发生的变化密切联系起来——也就是说，同20世纪的时代精神相结合。然而，同杰文斯一样，他的种种素质都未能定形。这就是他一直写不出一部艺术性著作的原因所在，尽管他的著作中充满了艺术技巧。这倒不是因为他写作上过于匆忙草率，实际上他的最佳的有艺术风格的作品都是一些短文，特别是对别人生平的评价。在他的大部著作中，他像一个小册子作者在竭力限制自己的想象力，约束自己以适应规范的学术专著的种种要求。他在逻辑关系和历史关联方面有很强的直觉，可是对持久性的论证就不大感兴趣了。同马歇尔一样，他在思想火花突然迸发的时候才能集中精力。他的性情太不安分，思路过于敏捷，不断冒出新的思想和计划，所以不能在孤独中静心思考。

一般人都认为凯恩斯属于那种"最有直觉的人"，有着人们一般所说的"女性"的直觉——指理性之外的某种东西。凯恩斯给予直觉，特别是他自己的直觉一种特别优越的认识论的地位，这更加令人感到有意思。这能够揭示他与同事和批评者共处的某些特点。他对人们如何获取经济学知识的看法很大程度上影响了他的辩论和说服策略。他认为经济学的论证首先应当是同参加讨论的那些人的"直觉"打交道，所以在这个阶段，凯恩斯总是请求对手在具体事实和逻辑上的错误，或者含混不清的地方"高抬贵手"，因为此时最重要的是让人抓住该论点的要旨，看看它是否有价值。在《论货币》发表以后，凯恩斯参与的最尖锐的辩论是与哈耶克这类人进行的，因为哈耶克在没有抓住他的要旨之前就试图用逻辑上的一些观点来下绊子。这就意味着，当两种相对的直觉同时出现时，辩论和交流就不会有什么结果，除非，或者说要等到，一个学派同另一个学派的沟通开始。在经济学上的交流同任何其他学科一样，只有在双方都有某些共同的情感时才会有益，失去共同情感则很难进行下去。在20年代，凯恩斯同别人进行的有益的交流限于罗伯逊、霍特利、韩德森、杰拉尔德·舒夫，同庇古交流要少得多：这些人都是剑桥人，也都是马歇尔经济学派圈中的人物。30年代，这些有益的交流结束了（同舒夫例外），凯恩斯感到遗憾，但是他的直觉同其他几位已经距离太远。30年代的有益交流则是同他自己的学生比如理查德·卡恩、琼和奥斯汀·罗宾逊等，而他与经济学老同事的交流则每况愈下。

如同所有具有独创性头脑的人一样，凯恩斯的分析方式从来未能充分抓住他自己的种

第 27 章 一个不寻常经济学家的肖像

种直觉。他的书中充满了没有任何"模式"的历史概括。他的"流动性偏好"理论几乎没有把握住他在非正式场合下对囤积货币的心理以及对经济的癌肿"爱钱癖"的推测所反映的丰富的思想和激情。

阿瑟·史密西斯曾论述道,凯恩斯在"分析上的成就总是对他面临的实际形势所做出的反应"。莫格里奇注意到凯恩斯"特别务实,关注的几乎都是政策问题",并说"他用传统分析方法来解释政策问题,直到这些方法不灵时再创造出新的方法来填补空白"。我们还应该加上一条,即他作为政府内部和外部的政策顾问的有效性在于他写作的速度和技巧。他习惯带着全部完成的报告草稿去出席会议,而在会上因为其他人还在"胡说八道",不知所云,所以这些草稿自然就成为大家讨论的基础。在他的一生中,凯恩斯在任何场合对任何问题都有一套计划。这一方面反映了他的极强的自信心,另一方面也显示了他的思考能力。

上述的这些特点都是千真万确的,但还不完全。尽管实际问题的挑战是促使他行动的主要原因,但是凯恩斯在实际问题的需求之外,还有学术上的雄心或品位。认为凯恩斯是"工具制造者"的看法主要来自于那些着意阐述或使用那些工具的人,把他看做是一个特别聪明的政府文官未免言过其实。他毕竟花了十年时间时断时续地撰写《论概率》。事实是,某个具体问题促使他对某个题目感兴趣,但他一旦进入就对发展这个题目开始着迷。《就业、利息与货币通论》中的很多章节作为工具并没有存在的理由,这只是因为他想对经济生活的性质发表一些看法。

凯恩斯作为经济学家的成就同他的文风难以分割。他是20世纪经济学中最有说服力的一位学者。在他的最佳著作中,写作风格和内容的结合造成震惊的效果,不像乏味的拉尔夫·霍特利和过分复杂的罗伯逊等人的著作,凯恩斯的写法能够同时强烈地吸引经济学者和一般读者。他的成功奥秘何在?他至少有四个突出的特点:第一,他希望,也有能力把经济学同常识结合起来,弥合"经济理论所得出的结论和常识所得出的结论"之间的鸿沟确实是他一如既往的目标。当他表明就业取决于总需求的看法时,他实际上是在把一个汽车工人的直觉加以普遍化:"如果没有人买汽车,就不应该再继续制造汽车。"凯恩斯的意图需要用普通人的语言并十分有技巧地来表达,这同大部分经济学家大相径庭,因为他们只会用常人不懂的语言来表述一些违反直觉的理论。第二,凯恩斯的写作让人感到问题的紧迫性。当大多数经济学家在旧的秩序崩溃面前束手无策,寻找种种借口,不愿采取行动时,凯恩斯总是向公众提出一个改善经济条件的计划。第三,他发表的看法有道德信念的支撑;他坚信政府有意识的行为可以,也能够改进现有的条件。最后,他的言论具有权威性:不仅仅是剑桥经济学派和阿尔弗雷德·马歇尔的那种权威,而且还有作为《和平的经济后果》一书作者的那种特殊权威,因为在公众眼中,他当年放弃在政府核心部门的位置的目的是为了能够讲真话。约翰·科兹正确地指出凯恩斯使用的一种特殊言论方式,其特点是文体明晰,论证有力,同那些数学模式的规范的精确性形成鲜明的对比。凯恩斯对经济学的看法同他看待概率论一样:无结果论证的一种逻辑而已。在大众语言发展的历史中,这同亚里士多德"论辩逻辑"的概念最为接近——这种逻辑适宜于对"变化中的事物"的推理,并以读者(或听众)对象所具备的社会知识的多寡为逻辑前提。

人们有必要对凯恩斯如何驾驭语言做一个详细的分析。我们只能给出几个提示。我们不难想象,他的言论对象越有专业水平,他的语言的技术性也就越强;他采用不同的论证风格,目的是说服他特定的读者或听众。但在他的写作中,他总是试图发掘和表达直觉的一种共同的精髓。所以在《就业、利息与货币通论》中,尽管他明确表示读者对象是"经济学同行",他坚称"这里处心积虑表达的一些思想其实非常简单,应该是不言自明的"。他的经济学著作中采纳极其广泛的——如果不算太过分的话——文化参考内容。作为一个牧师的外孙、古典文学的学者以及戏剧艺术的爱好者,这个做法是预料之中的事。他本人就有创造新词语的惊人能力。在他写作的大部分作品中,他都试图说服别人相信正统的观念是错的——不管在理论上还是在实践中——同时又要使他们相信自己提出的替代政策是正确的。所以,他的论点总是有"破"和"立"两个方面。在对付反对意见时,他的用语有时不太审慎。他不在乎用带感情色彩的语言,比如称金本位为"野蛮人的历史遗迹",高利率为"高利贷"等。他也特别喜欢在对手虚弱的时刻发动攻击。另外一个技巧是指出对手所持的信念中的悖论,他最喜爱的是"节俭"和"精明"这两个信念引起的悖论。前一个悖论极其容易走进荒谬的境地。凯恩斯在1931年的一次广播谈话中指出:"举一个极端的情况作例子,假设我们停止使用我们的收入,节省很多钱。为什么……到最后……我们大家都将饿死呢?"关于"精明"的悖论是,一个对家庭来说是"精明"的做法也许对一个政府来说却是"不精明"的政策,反之亦然。他将这类由正统的推理方法所得出的悖论归罪于"合成谬误":即凡是对个人有益的事情必然会造福于整个社会。当然,这种"合成谬误"同经济学家所习惯的"原子构成假想"一样是无法被证明的。也许,凯恩斯的思想方法来源于他在年轻时期对摩尔的"有机统

第 27 章 一个不寻常经济学家的肖像

一体"的积极讨论。

在发展建设性的替代方案时,凯恩斯更加依赖劝导性的论证而不是实证性的论证;换句话说,他尽力从公众对事态发展的一般认识中提取论据的前提。对他打击很大的一件事是他在《论货币》中的那些基本方程式完全没有抓住他要表达的要点。他执意让其他的经济学家承担把他的新书中的理论公式化的任务。为了加强他的论证,凯恩斯使用了一些耳熟能详的劝导方法。一个方法是创造传统:他如果能够找到受人尊敬的历史渊源,他的新理论就不会让人感到那么震惊。他也在很大程度上依赖模棱两可的特点,这种方法的主要作用在于在论辩中争取获得最大可能的共同点,因为用同样的词语可以得出不同的解释,这样就可以有通融的空间。人们一直都在辩论凯恩斯的某些两可之词的含义。他所称的"通论"是什么意思?"投资社会化"是何含义?"社会公正"怎么理解?还有,他怎么看待"国家"?这些概念当然与"科学方法"相去甚远。但是凯恩斯从来不相信经济学是一门自然科学。

他对人的态度是仁慈与不宽容两者的结合。他的感情十分丰富,而且对朋友总是忠心耿耿。比如说,他因为对休·登福德的感情而设法把他保留在国王学院的第二财务主管的位置上,直到1935年,而此前人人都知道登福德不适宜做这个工作。凯恩斯对学生的忠心也很突出,在很多情况下,他在他们离开学校之后都一直在支持他们的生涯。他对人没有恶意或嫉妒心。他欣赏那些奇异古怪和对玄想着迷的人物,认为这些人中有可能出现有意思的角色。他尊崇"天才"(genius),他对这个词的用法是依据它的原始词根,即"自由精神",所以他常常使用它。他热爱他的法国朋友马赛尔·拉伯戴尔,尽管他同他基本上不见面,他欣赏拉伯戴尔那种"充满诗意"的头脑,并称他为"我亲爱的炼金术士",拉伯戴尔也从凯恩斯身上看到同样的素质。同很多知识分子一样,他对实际技能十分尊重,即使是最下层人物亦然。他对年轻和无经验的人的缺点立即就能宽恕。他的社会同情心虽然不如他对个人的同情心一样得到发展,但是随着年龄的增长,他的同情范围也在拓宽。不管任何时刻,他都会对某种不公正的行为感到愤怒,不管这种不公正的对象是个人还是团体。总起来说,他不是一个有耐心的人,但是他愿意对朋友和他觉得应该得到帮助的人不遗余力地给予帮助。

同时,他有时也会变得无礼——特别针对那些他认为应该明白一些的人物更是如此。有关他无礼的故事很多。有一次在国民保险公司的董事会上,他勃然大怒地对法朗西斯·寇松——即寇松侯爵的弟弟——说:"确实,寇松,你只有你哥哥的那种盛气凌人的态

第六部分 救世的经济学家

度,却毫无一丁点儿他的才智。"对头脑不敏捷的人们来说,凯恩斯不是一个容易打交道的人物。几乎在任何场合,凯恩斯都是一群人中最聪明的人,他知道这一点,同时也表现出来。肯尼斯·克拉克在第二次世界大战中曾同凯恩斯在"音乐和艺术促进委员会"中共事,他抱怨说凯恩斯对他的非凡才华的使用"太过分……他从来不把他的前车灯灯光打暗一些(意为咄咄逼人——译注)"。

凯恩斯最崇拜的是艺术家,他自身也培养起了一种成熟的美学欣赏品位,特别热衷于诗,尤其是莎士比亚的作品。他在不同的场合对不同的议题所使用的贴切语言的能力鲜有人可比。他最喜爱的是戏剧艺术,如果在早年就开始欣赏歌剧的话,他有可能更为歌剧艺术所倾倒。但是他对音乐的欣赏很晚才开始,在星期天晚上,他常常溜进学院的教堂中去听音乐会。他对视觉艺术的欣赏能力到底如何是有争议的。不争的事实是他喜欢搜集并支持他的画家朋友的作品,尽管他搜集了不少好的画作,但也常常买一些低劣的作品——主要出于对朋友的忠心。他对家具没有多少品位,但在年轻时,他曾说过他需要在布置很美的房间里工作。随着年龄的增长,他那粗俗的一面,即在给利顿·斯特拉彻的信中和对布鲁斯贝利朋友们进行评价中所反映出来的那一面,终于消失殆尽。那些在他晚年才认识他的人听说他当年的"脑子就像一条下水道"那么浑浊,都大为惊讶。他不是一个特别爱挑剔的人,但也有挑剔的一面。他的高领子一直是由剑桥的一个裁缝特制的,直到这个裁缝不再做这种领子才作罢。他总是穿丝质的内衣,尽管有时已经破旧不堪也不换穿其他的品种。他对双手和指甲的保养特别讲究,并用它们来对别人的个性下判断。他热衷于收藏大批的信件,但将戈迪·娄斯·狄金森的信全部扔掉了,因为这些信太不整洁。他的生活习惯和工作习惯一样,非常有序,同他的思维方式差不多。他对时间的使用非常节约,对娱乐的时间也抓得很紧。他写文章和专著的方式是坐在圆椅上,在一个写字板上,一般用铅笔直抒胸臆,不打草稿,然后将其送出去打字。他写文章一气呵成,很少重写,但他对大部头著作则一改再改,直到最后一稿亦不甚满意。他这么做是出于责任感、快感还是不能放松心态是很难说的。他参加每一个委员会都成为其主导人物,但同时他所做的工作也是最多的。

他也有种种缺点,有些很可爱,有些则不那么可爱,在他所写的一些人物生平的评价文章中,这些缺点在他所崇敬的传主身上都有所反映。他的头脑充满想象力,这使他成为一个重要的"探测员",即探测别人思路的高手。他常常以别人的专业知识来同他们讲话,抓住某个要点,把它换成别的方式来表达,最终创造出一种富有想象力的理论。

第 27 章 一个不寻常经济学家的肖像

举一个典型的例子,在1932年的"彩票管理委员会"的一次讲话中,他声称,美国人之所以热衷于股票市场的赌博是因为他们没有足够的草地以刺激人们去参加赛马赌博。有的人觉得凯恩斯身上有一点江湖骗子的气质。但是他也有轻易上当的一面,就像任何一个炼金术士一样,他在1930年把钱投资到一种据称是能够把低质金属炼成黄金的工业流程中,并预测这个重大发明将能够解决全球的失业问题。他对具体事件的预测有最强烈的自信心,而事实往往证明他是错的,尽管他对总趋势的判断还是非常准确的。在每次大选中,他都要输钱,包括他的朋友和他自己的钱。昆廷·贝尔讲过一个故事,凯恩斯曾对苏塞克斯的朋友们保证,说附近的一个污染严重的水泥厂将要倒闭,因为其财务管理一团糟。事实上,直到凯恩斯去世后的很多年里,这个厂子仍然在继续污染环境。他总是拒绝在集体请愿书上签名,也不愿为别人的著作写序,或者让别人出版他的演讲内容,他坚信做这些事情都没有什么益处。他对律师和会计师非常不信任,认为接受这些人的服务是令人厌恶的、不得已而为之的事情,如有可能要尽量避免。他常常喜欢小题大作,给政府大臣们写一些措辞激烈的信,不但批评他们在国家政策上的失误,而且还批评具体职能部门在一些细小事情上所犯的错误。不管事大事小,都有可能让他感到尊严受辱。他曾经一连几个月对路易斯选区的市政委员会表示震怒,因为他声称提尔顿庄园有一次召来消防队,而当地政府对他征收的费用中有一个小错误。

凯恩斯是一个让人感到很有吸引力的角色,但不一定是一个让人感到在各方面都可爱的人。他在性格上的改善从很大程度上要归功于莉迪娅这个他一生中持久所爱之人的影响。就其本身来说,他是一个伟大的天才和思想家,他的超人的想象力和才智此时还没有充分展现出来。

第 *28* 章

现实的预言家

1 劝导的种种方式

1931年10月初的一天,范奈莎和邓肯到伦敦的一家影院去看电影,这时他们:

> 突然看到梅纳德的巨大形象在电影屏幕中出现。他在一个事先约定好的书房中对着摄影灯光一边眨着眼睛,一边非常紧张地告诉这个世界一切都会时来运转,英国已从一种几乎是绝望的状况下被解救出来,英镑不会垮台,物价不会上涨得太高,贸易将会恢复,人们不必有任何担忧。在目前的气氛下,人们差不多可以相信这个说法……

凯恩斯此时的心情很乐观。1931年10月16日,他将一部手稿交给丹尼尔·麦克米兰,一个月后,以《预言与劝说》为书名出版。在序言中,他写道:

> 我们现在处于一个过渡阶段,有人称它为国家危机,这实际上是不正确的。就英国来说,主要的危机已经过去,我们现在获得了一段休整时间。在1931年秋季,我们在两条瀑布之间的一个平静的水潭中安详地休息。现在很少有英国人对凡尔赛和约,或战前的金本位还有任何信任感,更不用说对通货紧缩的政策。英国人已经赢得了这几场战役,胜利的主要原因是由于不可避免的事态发展所迫,其次也是由于传统观念被一点一点地摧垮。然而,多数人对我们下一

步应该做什么只有一个含糊的想法，对我们将如何利用重新获得的自由选择的机会也不十分清楚。

这本书是他在20年代所写的非理论性文章所组成的集子——这是"狼来了"那种呼喊，而这种呼喊"绝不可能在当时就影响事态的发展"。凯恩斯声称他的预言比他的劝说更成功，这实际上是低估了自己。他的文章在摧毁传统偏见的过程中起了作用。英国在危机后不愿再采取积极的手段恢复金本位就是得益于他在20年代就这一问题所做的劝导工作。《泰晤士报》是货币正统派的旗手，此时对金本位的阶段做了一个结论，说在1925年恢复金本位时，英国由于国家"荣誉所系，有必要做此努力"，但是"英国的工业却没有就此做出相应的调整"。从这时开始，《泰晤士报》对凯恩斯的观点持开放态度，所以他在30年代提出的最重要的政策建议都刊登在该报的评论版中。

1932年1月21日，利顿·斯特拉彻死于癌症。凯恩斯近年来与他没有见过多少次面，但他们仍然保持通信，并互赠所写的著作。莉迪娅不愿到汉姆斯波莱去参加悼唁活动，因为她对斯特拉彻夫人卡琳顿的道德观念不赞同。利顿的死对卡琳顿当然是一个致命的打击，她在3月写信给塞巴斯蒂安·斯普洛特，说"同他那种诙谐和智力的完美性相比，任何东西都不值得一提了"。几天之后，她饮弹自尽。梅纳德给卡琳顿写的信未能被保存下来，也许卡琳顿在自杀前烧了大量的她同利顿的有关文件，这封信亦在其中。利顿是凯恩斯生活的一部分，但莉迪娅对此不能，也不想与他共享。作为朋友，利顿对梅纳德的风格和价值观起了决定性的作用。他俩友谊的见证是几乎多达上千封的信件，这些信大多数是第一次世界大战之前写的，当时他们还可以开诚布公地讨论各自的内心情感，开开朋友们的玩笑，为获取邓肯·格兰特的欢心而争斗。梅纳德在利顿去世后对他的弟弟詹姆士说："那些信怎么办？看在上帝的份上，封存好多年再说。"从他的其他战前朋友那里传来一个又一个的噩耗：戈迪·娄斯·狄金森死于1932年，罗杰·弗拉埃在1934年去世，而法兰基·贝瑞尔和布拉希尔德·波普汉姆则殁于1935年。梅纳德对维吉尼亚·沃尔夫如是说："我是一个理想主义者，所以我觉得总有一些东西能够延续下去。显然，人脑是最让人兴奋的东西，物质并不存在。因此人的思想能够延续下去，但什么思想能够延续则不甚清楚。"

凯恩斯自己的健康也于1931年秋季垮了下来，这已经是这一年里的第二次了。他在1931年10月25日写信给莉迪娅说："我这些天都待在床上，情况非常糟糕。昨天早上

第 28 章 现实的预言家

起来,我感觉胸口痛得太难受,所以立即打电话去请医生。诊断结果是一种风湿病,在环抱肺叶的小块肌肉的外壁有炎症,并不算危险,但疼痛得难受。"他得到理查德·卡恩和宿舍负责铺床的泰勒夫人的照顾,他们看到他的卧室已结有冰柱,于是把他的床搬到书房中去。莉迪娅立即正确地怀疑是胸膜炎。是年冬天和来年早春,凯恩斯一再地抱怨患有支气管炎、腰部风湿痛以及"遍布全身的"风湿病痛。他用每日按摩和莉迪娅的日光灯进行过治疗。凯恩斯过去一直看上去都不太健康,现在他看上去更是病得不轻。他的体重增加了不少,范奈莎于1930年夏天在路易斯看到他时,说他"不可置信的苍白和肥胖"。威廉·罗伯茨在1931年冬天给他画了一副肖像,上面呈现的是一个大腹便便的凯恩斯,刮刀似的手指上紧紧夹着一根香烟,而在一旁的莉迪娅也不再像小鸟那般轻盈了。

在30年代,凯恩斯在公共领域中的活动与1931年以前相比大大减少。其原因,至少在开始阶段,部分是因为政府的经济政策与他提出的方案趋于一致,金本位所产生的通货紧缩的禁锢已被除去,廉价货币在30年代成为可能。凯恩斯在20年代提出的一系列方案被运用到30年代的政策中,使得英国逃避了世界经济衰退的最糟糕的结果。在金本位结束之后,凯恩斯支持,并从某种意义上启发政府采取了廉价货币政策,以及由此而引起的必然相关的政策,将英镑保持在对美元的低汇率上(一开始是兑3.5美元)。他赞赏(新财政大臣)内维尔·张伯伦的决心,将2亿英镑的战争债务的利率从5%下降到3.5%,称其为"第一重要的建设性措施"。该措施的重要性在于对长期利率的影响,而不在于对预算中减少开支的影响。这些政策所起的作用是意料之中的——政府收支平衡很快得到改善。廉价货币(银行利率从1932年6月到1939年保持在2%)造成了私人住宅建设的繁荣,并为经济活动的恢复助了一臂之力。但是经济复苏的速度仍然缓慢,而且不是全面的复苏,而失业率直到1933年年中才下降到20%以下。

凯恩斯还对其他一些政策感到满意。在1932年7月的洛桑会议上,凡尔赛和约的赔款终于被取消。凯恩斯对主持这件事的麦克唐纳表示祝贺:"1919年6月我在巴黎从英国代表团辞职时,心情非常愤怒和难受。从那时到现在已经过去了很长时间,在这个阶段里我们浪费了大量的时光。但是,现在这件事终于彻底解决了,我的心里十分宽慰。不管美国会怎么做,至少对德国来说,赔款已经结束。"英国在1933年12月向美国支付了最后一笔象征性的战争债务,此后就没有再继续下去。第二次世界大战以后,得胜后的盟国不愿意再重复他们在1919年犯的错误,凯恩斯的劝导起了关键作用。

凯恩斯不赞成政府的关税和帝国特惠政策,其原因不是反对这个政策本身,而是觉得这么做偏离了最重要的任务,即国际货币体系的重新整合。自由贸易主义者如列昂奈尔·罗宾斯认为,"汇率的灵活性给英国的国际收支提供了一个完整的解救办法。"凯恩斯认为贸易保护已不像先前那么紧迫,关税能起到的作用,"货币贬值也都能够起到,而且更好"。然而,他相信应该采纳一种被管理的货币,而不是自由浮动的货币体制。他没有回到自由贸易的立场,事实上,他开创了一个将关税和有限的货币贬值相结合的方案。

凯恩斯一贯主张对物价和汇率的稳定找到一个平衡办法。他对英镑贬值的赞赏不是基于狭隘的民族主义立场,而是因为它能够为"英镑区"提供一种非紧缩型的汇率本位。英镑区由二十几个国家组成,其中多数是原材料生产国。因此,这些国家也跟着英镑进行相应的贬值以保护它们在英国市场的地位。这种集体贬值的做法也使得债务国不再受制于由美国和法国领导的债权国,而这些债权国仍然继续保持金本位体制。英镑区是自发产生的,凯恩斯称其为英镑俱乐部。他认为这是一个"为英帝国服务的、有威信的英镑体系,由英格兰银行管理,其运转轴心在伦敦"。英镑,一方面被一揽子商品的价格所稳定,另一方面又由英格兰银行保持其对美元的稳定。两个货币俱乐部(即英镑和美元)最终会通过摧毁美国和法国的债权国地位而达到均衡,这就会为恢复单一的国际货币体系铺平道路。他希望即将于1932年7月在渥太华召开的帝国会议上会讨论这些问题,同时英国将做好准备同各自治领谈判由它们的关税引起的英镑价值问题。但他正确地估计到,"超保守"的内维尔·张伯伦和蒙塔古·诺曼将会"封杀任何建设性的意见"。张伯伦事实上根本不允许讨论任何有关货币的问题。

与此同时,一部分国家与金本位的脱钩使那些仍保持金本位的国家的货币紧缩更加严重,影响了全球的复苏。约有一半的美国银行在大危机中破产,剥夺了存户的购买力。凯恩斯同后来的米尔顿·弗里德曼一样,将美国货币储存量的崩溃归罪于联邦储备局的错误政策。联储局直到1932年才开始大规模地购买政府公债,但此时已为时过晚。那些幸存下来的银行已成了只进不出的机构,不再愿意借出贷款。在这个背景下,凯恩斯将在1933年开始提出一套国际公共工程项目的建议,以期提高全球的物价水平。

凯恩斯意识到在金融危机中,"健康的金融状况"是提高人们的信心、并向廉价货币过渡的必要条件;但是,任何不能增加支出的政策都不可能带来经济复苏。在废除金本位的行动完成之后,他就开始追求扩张性的政府财政政策。他在1932年6月6日写信给哈

第 28 章 现实的预言家

罗德·麦克米兰:"经济外观良好对获得心理上的优势大有裨益。它能为债务的转化铺平道路,同时也能降低长期利率。经济外观不佳则会给企业的心理带来负面影响,而且它难以使经济逃离紧缩状况,而且还可能给企业利润带来损失。"这是在重复他于1930年同休伯特·韩德森和理查德·霍布金斯爵士的那场辩论。这两位强调政府预算不平衡对企业信心和利率的负面影响,而凯恩斯则坚称其对经济活动的复苏有正面影响。

在30年代初,凯恩斯的公共活动相对减少的原因还可以从另一个角度来解释——他的劝导政策所依赖的关系网络已不复存在。政治上,1931年10月的大选表明,自由党几乎已经没有生机,年老的劳合·乔治只领导着四个下议员。下议院中工党党团的成员也所剩无几,工党中凯恩斯经济学信奉者中的头牌人物莫斯利已不在议员之列,并自组了"英国法西斯同盟"。凯恩斯的学术关系网络也崩溃了。金斯利·马丁主编的《新政治家周刊》已经不像《国民周刊》在休伯特·韩德森时期那样给凯恩斯提供同样的发表言论的条件。这个周刊太过左倾,让他不快,而且马丁对经济学不感兴趣。原先的那类自由主义倾向的俱乐部、委员会、文官世界、银行家圈子、政治小集团、经济学家以及社会改革家的种种团体也失去了影响力,因为崛起的"企业保守主义"在内维尔·张伯伦的领导下已从畏首畏尾的麦克唐纳和鲍德温手中夺取了权力。直到1931年,凯恩斯对上述这些小圈子都有魔术般的影响,如今,"星期二俱乐部"的聚会也越来越少,而在20年代,它是凯恩斯对政策发生影响的一个重要基地。从1930年到1934年,凯恩斯没有在那里发表过一次演讲。他仍然能接近麦克唐纳,不但是在私人场合,而且通过麦克唐纳为了加强自己的力量而设立的几个专家委员会。凯恩斯认为麦克唐纳"已经不再胡思乱想"。但是,不管他想什么,这位前工党首相总是他那个具有多数右翼保守党议员席位的议会的囚徒。经济危机在旧的精英阶层中已经造成了种种分裂——自由贸易、预算平衡等问题引起种种辩论,而在经济理论上更是如此。直到30年代末,英国的政治精英才重归于好。同时,凯恩斯开始依靠理查德·卡恩为首的一批得意门生所组成的新的支持他的团体。凯恩斯在30年代比20年代似乎还要孤立,但他的孤立地位恰恰给他提供了喘息的空间,从而让他写出他的名著。

经济危机使他在学术上变得激进,尽管在政治或社会方面他仍然不算激进分子。政治上,他仍然自认是一个自由派,相信个人自由,从而要求有限的政府权力。他从来没有接受社会主义。他在30年代同在20年代一样,坚持政府不应该试图接管私有企业的功能,而只需要填补私营经济涉及不到的空间。他的政治经济思想是20年代的"中间道路"

第六部分 救世的经济学家

的继续。在社会方面,他变得越来越保守。山姆·库尔多在提尔顿度过一个"愉快的"周末后,在1932年9月说,他"是我熟人当中伪装最好的托利党人"(保守党——译注)。在那个周末里,凯恩斯曾对他说:"任何机构的年龄都是评判它是否有用的最佳标准。同时,促进社会进步只有在非常缓慢、几乎看不出来的时候才可以被采纳。"我们将看到,这正是凯恩斯的经济理论被激进化的开端。表面上看来,他这种态度的两方面有矛盾,实际上,他从1919年开始就一直鼓吹这种激进的思想,认为它是防止社会体制发生激烈变化的唯一良方。

尽管他在私下里承认"不可能指望工党政府在1931年10月会东山再起",凯恩斯还是继续与工党进行对话。他于1931年12月13日对一个社会主义团体发表题为《现代社会主义的困境》的演说,其中对工党政府两年来的政绩做了回顾性的评价。他认为工党存在的问题是缺乏一种可行的治理国家的哲学。它对社会主义乌托邦的承诺使它对管理资本主义的任务不感兴趣。结果,工党政府一方面用财富再分配作为威胁,让企业家情绪低落,同时又坚持正统的金融政策,让经济衰退下去。凯恩斯说:"工党对那些有新思想、能够有效管理经济的人,比如劳合·乔治先生和奥斯瓦尔德·莫斯利爵士等不屑一顾,其中还有贝文先生和我本人。"凯恩斯指出,从另一个学术角度——也就是从购买力的一般性不足的角度——来看,他提出的种种政策能够与工党的社会主义政策相一致,尤其是对投资的中央控制,以及采纳那些能够提高购买力而不是打垮资本主义的国民收入再分配的政策。

他在《新政治家周刊》的1932年9月17日和24日的两期中,对工党的银行政策进行了评估,他支持对英格兰银行国有化的政策,但对工党要求对英格兰银行的工作进行"民主干预"的说法进行了攻击。他认为该银行的结构并无问题,问题在于政策。对该银行的"自主权"、"独立性和威望"要加以保护,因为这都是国家的财富。他接受工党提出的国家投资委员会的设想,但不赞成对投资进行"质量上的控制"。这个委员会的任务应当是保持足够水平的总投资率以"保障最佳水平的就业率",而不应当去挑选具体的投资项目。凯恩斯强调"纯粹的私营企业在总投资中占的比重已经很小",如果政府能够确定"公共或半公共的机构的总投资率",那么就能够"放心地让工业界去根据需要决定何时筹资和筹集多少资金"。

左派对凯恩斯的这种分析方法绝不是轻易接受的。1931年以后,左翼势力最热恋的方法是用计划经济控制生产。他们相信"社会主义"计划经济和国有化政策本身就能够达到恢复充分就业的目标。除了马克思主义以外,对工党的经济理论提供学术背景的是伦敦经济学院。休·道尔顿在工党金融和贸易委员会中坚持加南(伦敦经济学院教授——译注)那种过时的货币数量说;年轻一代的伦敦经济学院的社会主义经济学家如埃万·杜尔宾和休·盖茨凯尔则受列昂奈尔·罗宾斯和哈耶克奥地利学派影响很深。这个学派对经济的悲观分析似乎证实了他们对资本主义不可避免地会发生危机的信念。此外,"工党对凯恩斯的观念非常怀疑",一方面由于他同劳合·乔治的关系,另一方面是因为他那种令人遗憾的态度。凯恩斯自己也不愿参与工党智囊机构——比如"新费边研究局"以及他的朋友尼古拉斯·戴文波于1932年创立的"XYZ俱乐部"——的活动。历史学家A.L.罗斯曾劝凯恩斯参加工党,说他的思想只能在同有组织的工人阶级建立"正确的关系"以后才能获得成功。但是凯恩斯对工党仍然不信任。他在1936年写信给罗斯说:"如果工党没有分成两个派别,我会正式加入工党,而现在一派是反对任何变化的狂热分子,另一派则是非常保守的领导人,他们的守旧心态如此严重,以至于人们对(保守党)鲍德温抱的希望更大些。"

凯恩斯已经开始感觉到他对实际政策的劝导需要基于一种新的理论。他在1931年11月22日告诉莉迪娅,"我又开始坐在圆椅中悄悄地撰写货币理论了。"1930年经济学家之间发生的激烈大战使他震惊,正如他在《就业、利息与货币通论》的序言中指出的,这场大战"几乎摧毁了经济理论对实际政策的影响力"。《论货币》于1930年10月发表之后,他意识到这本书在技术上是一个失败,但他还没有意识到它在学术上也是一个失败。该书获得的反应不佳,而且总的经济形势从这本书撰写之初到现在证明了他的失误。也许这两方面的失败是互相关联的。对持续的经济衰退需要一种新的解释,而《论货币》又不能胜任这个工作。

2 影响《通论》的因素

凯恩斯回到理论研究的动机在他对经济衰退的分析中已经体现出来。他拒绝把这次危机看做是资本主义的最后危机。在《预言与劝说》的序言中,他强调的"中心论点是(他)坚信目前的经济问题……只是让人生畏的一笔糊涂账,是过渡性的、不必要的混乱状态"。他于1932年1月在汉堡发表演讲时告诉听众,经济复苏的障碍并不在物质方面,而是在"那些身居高位的人们的脑子里,也就是说,在于他们掌握知识的程度、判断能力和理念"。

彼得·克拉克认为,同《论货币》的写法不同,凯恩斯的《就业、利息与货币通论》(从本节起简称《通论》——译注)"必须从'内心'的角度来理解,这本书不是政治上的创新,而是一个学术探索过程产生的结果"。《通论》确实与任何政治斗争都没有关系,而《论货币》则是一场政治斗争的一部分。但是克拉克对凯恩斯《通论》的另类解释却忽略了变化中的经济政治环境对凯恩斯提出他的理论的影响。这是一种为拯救世界而设计的理论,所以不可能完全从"内心"的角度来理解它的思想根源。

《通论》产生的背景不仅仅是世界大危机,而且还有大危机所造成的政治和社会后果。具体地说,就是共产主义和法西斯主义的蔓延。知识精英脱离民主理念已经开始。哈罗德·尼克尔森在1931年9月24日的日记中记有:"史蒂文(斯班德)(英国著名诗人——译注)同我的大部分朋友一样,变得有点布尔什维克化了。"1933年1月,阿道夫·希特勒成为德国总理。

《论货币》是以英国存在的问题为基础所建构的理论专著,而《通论》则是为世界经济大衰退提供一种理论。从这个意义上讲,新理论之所以被称为"通论"是有道理的。当然这只是"通论"含义的一个方面。凯恩斯所做的这个转变有一个特殊原因,他被美国经济崩溃的规模大为触动。美国经济并不像英国经济那样已经进入"硬化症"阶段,19世纪的那种"流动性"特点仍然到处有迹可寻。美国的崩溃刺激了凯恩斯对现代经济的困境做一个更加总体性的思考。他过去对"硬化症"的问题比较关注,现在开始转向"不确定性"问题,因为美国取代了英国成为遭受灾难的国民经济的最佳典型。

从理论规范的角度来讲,凯恩斯在经济理论上的转变标志着从一个"开放"经济的模式转向"封闭"型的模式。在这里,美国的例子也许很重要,因为美国经济依赖对外贸易的程度要大大低于英国。此外,当失业已经成为真正意义上的"总体"性问题的时候,再用比较各国的经济如何失调的方法来分析失业就已经没有太大的意思了。正如凯恩斯在1932年12月24日的《新政治家周刊》上所指出的:"众所周知,经济的交往是在一个封闭的圆圈中进行的。当我们将自己承受不了的压力转移给邻国时,不需要多少时间它就会重新回到我们自己身上,因为我们也在这圈子里运行。"凯恩斯将经济"封闭"起来不啻是在说明,在国内经济体制内找不到解决问题的办法,所以必须借助外力。政府于是成为最后一道防线。世界经济崩溃的另一个后果是促使人们从动态分析转入静态分析。现在需要解释的不再是经济周期的波动,而是为什么经济活动一直处于低水平。

全球经济衰退的总体性和深度损毁了凯恩斯本来就不太坚定的信念:即对古典经济学的价格调节机制的信任。他在1925年曾经鼓吹过用全民"契约"的方式减少英国的总货币收入。他也支持澳大利亚在1931年采纳的类似措施。在1932年6月,他的观点起了变化。他告诉澳大利亚经济学家吉布林:"如果工资被降低,物价也必将随之降低……"也就是说,他现在是用"封闭型经济"的观点来分析:工资的全面降低只会摧毁总购买力。

大衰退的经历还使凯恩斯对廉价货币政策的有效性更加怀疑。他在1932年2月4日的"哈利—斯图阿特讲座"中指出:"贷方的信心被他的经历摧毁以后,他会对借方提出的贷款要求收取对新办企业的贷款利率,而借方在这个利率下不可能赢利。如果这个形势出现,那么除了政府直接干预以促进和资助新投资项目以外,没有任何办法能够避免持续不断的衰退。"这就是说,他的"流动性陷阱"的概念是从大衰退的严峻现实当中提炼出来的。

世界经济的崩溃是他的思想形成的必要的背景:它的存在影响到他的每一个思路。然而,他的新理论也是通过一个学术讨论的过程形成的。这表明他希望所有关心经济的人都应有高度的责任感,让这个理论在逻辑上站得住脚。对这次的讨论过程我们有足够的文件资料。1931—1932年间,凯恩斯时断时续地,但也非常激烈地与霍特利、罗伯逊和哈耶克交换了意见。所谓"剑桥小圈子"也留下了"集体的记录"。凯恩斯还留下了《通论》的一些初稿、其他的作品以及从1932—1935年间他的讲课提纲,和他的一些学生对他的授课所记下来的完整无缺的笔记。

3 《论货币》错在哪里?

凯恩斯经济学的新模式诞生的第一步是摧毁旧的模式。《论货币》中的基本方程式是静态的物价水平方程,凯恩斯加上一些企业赢利和亏损的条件,试图使这些方程式动态化。产出和就业水平的变化,不管如何严重和持久,都算做是价格和成本之间的差异和趋同中的例外现象。该书中的"香蕉园"寓言(即封闭型经济模式——译注)则告诉我们一个不同的、有些自相矛盾的故事:当企业家亏损时(或者说储蓄高于投资水平时),

何以经济会下降到一个低水平而且陷在那里不能自拔？凯恩斯对这个比喻的解释既混乱又不能令人信服。他在麦克米兰委员会中承认这一点，但他也说只要降低利率，就能轻而易举地解决这个难题。这表明他的香蕉园模式是为了展示英国在金本位制度下所面临的特殊问题。他并没有对旷日持久的失业问题提供英国的理论解释。此时的凯恩斯同"国民总产出"的理论还相差甚远。

在《论货币》出版之前，财政部的拉尔夫·霍特利就给凯恩斯提示了他自己也想走的那个方向。他在1930年夏天写信给凯恩斯："如果发生任何影响对商品需求的变化，第一个后果将是增加或减少在现行价格基础上的销售量……价格重新调整的过程总是需要一定的时间，也许很多时间。"此外，"我们现在面临的问题是，在任何价格变化发生之前就产生了破坏均衡的现象。所以这个危机是独立于暴利或暴跌的现实，或者说与投资和储蓄之间的差异没有任何干系。因此，任何时候出现的价格变化本身不足以用来测量经济偏离均衡的程度。"11月28日，凯恩斯承认"将来我们也许很难阻止货币理论与短期供应理论的合流"。在他的脑子里，货币支出的下降在数量上所产生的直接后果已经开始超过它对成本和价格的影响。

霍特利的论点得到"剑桥马戏班"观点的加强，这个名字是后人起的，意指一群较年轻的剑桥同事，他们在《论货币》于1930年10月发表以后开始聚会。他们包括理查德·卡恩、皮埃洛·斯拉法、奥斯汀和琼·罗宾逊以及詹姆士·米德。前四人是剑桥的教师，米德则是在剑桥度过一年的研究生，后来到牛津去做研究员。理查德·卡恩在他的宿舍里于1930年11月开始组织一系列的非正式研讨会，此后时断时续地进行了几个月。凯恩斯并没有参与，但由卡恩作为他们之间的联系人。

这个小圈子很快就发现该书的"基本方程式"是基于固定总产出的前提——即所谓的"寡妇坛子"谬误（来自于圣经故事，其中有一位寡妇有一个看似有限但财富却取之不尽的坛子——译注）。奥斯汀·罗宾逊举例说：如果有一位生财有道的企业家在回家的路上决定让人给他擦皮鞋，他这么做的效果是仅仅提高擦皮鞋的收费而不是增加擦鞋的次数？凯恩斯被这个例子刺痛了。他在1932年4月14日给琼·罗宾逊的信中说："在产出为常数的假设上，我觉得你们对我过于苛刻。在论证的某个特定阶段里，应该允许人家采用简化了的假设前提。"但他承认他的理论"没有跟踪产出发生变化所引起的后果"。

"剑桥马戏班"对凯恩斯的最重要的影响是促使凯恩斯接受霍特利的建议，去设计一

第 28 章 现实的预言家

个产出的方程式,因为一个假设产出不变的经济模式是无法用来解释致使产出发生变化的原因的。

丹尼斯·罗伯逊在1931年9月的《经济学杂志》上对《论货币》所写的书评中批评凯恩斯对"储蓄"和"收入"的定义没有实际操作价值。"储蓄超出投资的那一部分"被定义为"企业亏损",这就意味着,只要企业继续亏损下去,储蓄将永远走在投资前面,换句话说,均衡是完全不可能的。罗伯逊问道:"那些大喊经济衰退是因为储蓄大于投资的人们当中,没有多少人意识到在衰退当中的这些过高的储蓄主要是来自于企业家们未能使用的收入,其原因很简单:因为他们还没有挣到这笔收入。"如果我们把企业赢利和亏损算做收入的增加或减少的部分,那么储蓄和投资之间的差异就会自动地消失。但这不意味着所谓"正常"或均衡收入水平的概念毫无意义。整个社会的收入(或产出)成为一个需要解释的变量,而不是同"正常"收入水平的差异。这就是凯恩斯《通论》的起始论点。

剑桥的新老同事们对《论货币》给予不少建设性的批评,但是弗里德里克·哈耶克的批评则是毁灭性的。哈耶克时年32岁,由列昂奈尔·罗宾斯请到伦敦经济学院作为同剑桥学派对抗的主力军。从维也纳来的哈耶克是奥地利学派的传人,这个学派在捍卫市场力量和反对政府干预的斗争中提出的理论比英美经济学界更加精密,也更加坚定。这个理论的核心是"时际价值理论"——即把边际效用理论运用于资本形成。一方面,消费者的需求有"时间偏好",即在消费品和资本品之间做出选择。这些时间偏好决定他们将多少收入用于消费,多少用于储蓄。另一方面,生产者根据对这两种商品的需求变化制定生产计划。如果大众决定多储蓄,对消费品的需求就会降低,但这个后果被资本品的需求量上升所抵消,反之亦然。(奥地利学派偏爱储蓄,与凯恩斯不同,它相信国民财富的基础是个人的储蓄。)调节消费者和生产者的"时际计划"的价格就是银行利率。可是,利率只有在货币处于"中立地位"时才能充分发挥作用,也就是说,货币权力机构制造通货膨胀或紧缩妨碍其正常发挥。

这正是哈耶克关于经济周期理论的关键之处。信贷扩张引起利率下降给生产者传达了一个错误信息去增加资本品的生产。产生经济大衰退的原因是过量的投资——也就是相对于消费者想推迟消费的那部分数量的过量投资——其资金来源是银行体制创造的信贷。所以衰退只是消除那些不是来自于真正的储蓄的投资。如果政府面临经济衰退时制造出更多的货币,这只能延长经济受折磨的时间。最迅速的解决办法是让大众增加储蓄从而能够降低利率,最终带来投资的复苏。凯恩斯对这种过量投资的理论非常熟悉,他在1913年的多次演讲中也这么说过。在《论货币》里,他设法躲开这个理论,至少在某些方面是如此。

哈耶克于1931年春在伦敦经济学院的演讲中对大衰退做出的解释引起听众的轰动,在剑桥的演讲则反响不怎么样。1931年1月,他在马歇尔协会发表了一次总结他的理论的演讲,但是台下竟然没有丝毫反应。理查德·卡恩坐在听众中间,觉得应该打破沉寂的僵局,便向哈耶克发问:"你的观点是不是说,如果我明天出门去买一件大衣,反而会增加失业?""是的,"哈耶克回答道,他接着指着一个画满三角形的黑板,说"但必须要用很长时间的数学论证来说明这一点"。三四年后,哈耶克的理论同凯恩斯的理论激烈竞争古典经济学继承者的宝座。后来很多的凯恩斯主义理论家,比如尼古拉斯·卡尔多和A.P.莱尔纳都是哈耶克经济学出身。

在伦敦经济学院出版的《经济学杂志》上,哈耶克发表了对《论货币》的书评,他指责凯恩斯没有关于资本的理论。凯恩斯对货币流向(在消费和储蓄之间)的描述有赖于一种僵化的生产结构。对生产的不同阶段做一个分析,表明某些阶段对消费者有吸引力,有的缺乏吸引力,这就能表明储蓄习惯变化本身并不能够产生总的赢利或总的亏损,或者说,产生储蓄和投资之间的差异。只有"有效"数量的货币发生变化才会产生上述的结果。如果把这个谬误除去,凯恩斯的理论不过是一种"强迫储蓄"理论的一个翻版。

凯恩斯对哈耶克的书评大为震怒,他在自己的书上写道:"哈耶克没有按照一个作者所理应期望的那样去阅读这本书。他只要不认真读,当然不会理解我的意思,也不知道我是否正确。"他在1931年11月对哈耶克做了回应。在《经济学杂志》上,他的文章很快就开始对哈耶克自己的著作《价格与生产》进行了批评。他称这本在1931年9月出版的著作是"我所读过的最令人可怕的胡言乱语之一……这是一个典型的例子,表明一个毫无自悔心情的逻辑学者从一个谬误开始,如何能在最后步入疯人院的"。凯恩斯所指出的谬误是,哈耶克关于储蓄的决定同时相当于对资本品的需求。然而,他承认自己的书缺乏"任何关于资本和利息的令人满意的理论",而且许下诺言要纠正这一点。在1931—1932年间的冬季里,他们在定义问题上进行了一系列的互相不能说服对方的交流。后来凯恩斯决定停止通信:"我正在试图重新打造和改进我的中心论点,所以应当把时间花在这方面比继续辩论要好。"

凯恩斯和哈耶克保持了和睦的关系,私下里他们"交往甚欢",哈耶克记得凯恩斯

"作为极优秀的交谈者的魅力以及他在多方面的兴趣和迷人的嗓音"。但是他们两人之间在经济理论上没有共通之处,这主要是因为他们治经济学的方法完全不同。哈耶克的前提不可能引出反常的结果,而凯恩斯的出发点是反常的结果,并试图创造出与这些结果相匹配的前提。凯恩斯尚未做出解释的是,为什么这些反常结果的发生是可能的。

4 迈向《通论》

凯恩斯在1932年年初开始撰写他的新书。他手头上已经有人们对《论货币》的大量批评。在1932年3月22日,他向霍特利和罗伯逊"屈膝投降",承认他的所谓源于收入的"过量储蓄"实际上还没有被赚到。他提议用"总收入"的定义,其中包括"非正常"的赢利和亏损,这样"储蓄和投资在任何时间里都必须是相等的——这确实是一个从相反的观点来看的同样概念"。此外,"来源于总收入的储蓄总会而且必要地迎合投资……所以它不再是那只狗……而只是一条狗尾巴而已"。用这个形式,凯恩斯摒弃了《论货币》中的基本方程式、均衡和非均衡价格以及罗伯逊提出的"自愿储蓄"和"强迫储蓄"的混合政策。产出(实际收入)随着投资的变化而变化,储蓄永远是自愿的,并来源于收入的流向。是年夏天,他在提尔顿"几乎写完了三分之一的我的货币理论的新书",同时还拼写了几篇"传记散文"以作为《预言与劝说》的附录。一位瑞典的来访者佩尔·贾科布森记下了凯恩斯当时在对与"利率有关的一些理论难题"进行苦苦的钻研。贾科布森是当时刚在日内瓦成立的国际清算银行的货币部主任。

我们可以从他于1932年秋天和1933年在剑桥所发表的两个系列共八次讲课中跟踪他的思想发展的轨迹,他的学生对这些演讲所做的笔记经过编辑整理由加拿大经济学家T.K.理姆斯出版成册。

凯恩斯的学生洛理·塔西斯回忆道,在1932年10月10日,凯恩斯的第一讲是这样开始的,"先生们,这些讲课的总标题有所变化,从'纯货币理论'改为'生产的货币理论'——这很重要。"塔西斯说,"凯恩斯这样开始了他的八次授课,实际上宣布了凯恩斯革命的开始。"凯恩斯提出的问题是:在货币经济中,什么因素决定产出的大小?这正是《通论》中的问题,但他的回答在这个时刻仍然在《论货币》的语言和概念的掩盖之下。尽管如此,《通论》中的许多众所周知的理论基石已经展现出来。在1933年上的同一门课中，这些理论基石则反映得更加清楚。

总产出是由总支出来决定的。如果支出低于现存的收入水平，则收入必须通过减少就业的手段下降到支出的水平。为了解释为什么降低生产成本或现行的收入只能通过就业的减少而不是货币工资的降低，凯恩斯提出了《通论》第二章的第一个基本轮廓。他的论证在1933年更加明晰。他提出一个命题：实际工资水平依赖于总支出的水平——他称其为"有效需求"，而不是货币工资上的谈判（"在大衰退中，劳工也许无法避免高实际工资水平"）。同时，他还提出了一个相应的概念——"非自愿性失业"。

在自由放任的经济里，货币支出是由"市场心理因素"决定的，这些因素包括：把储蓄与收入联系起来的时间偏好状态（后来称为消费函数）；预期的投资利润（后称资本的边际效益）；流动性偏好的心理状态，它与货币数量一起，决定利率的大小。这些货币经济的"参数"和总供应量以及"回报反应"（就成本对产品价格而言）都能够告诉我们"产出状态将会如何和我们应该如何影响这些参数以获取理想的产出"。在1933年他讲得更加清楚："决定就业量的基本因素是信心的状态、消费的倾向、流动性偏好和货币的数量。我们可以把它称为就业的一般性法则。"对未来的预期和不确定性的作用现在大大凸现出来。

凯恩斯明白，由心理因素决定的货币总支出量尚不足以维持充分就业的水平，但他在1932年还未能解释清楚个中原因。凯恩斯当时已经认为利率是由货币需求量而不是信贷需求量所决定的，所以"利率确定预期的准租金"。货币权力机构的责任在于"保持一种能够达到最优投资水平的利率"。他的关于持有货币的"投机动机"以待利率下跌的命题直到1933年才表达清楚。

凯恩斯问道：在政府的稳定经济政策缺位的情况下，怎样才能阻止收入和产出持续下滑到整个生产行为完全停顿？简单的答复是，在投资受到极大的冲击以后，消费支出的下降速度慢于收入下降的速度，在这种情况下，"稳定的均衡"就有可能实现。他对这一点也是在1933年讲得更加清楚："储蓄必须同投资相等，收入将自我调节以适应这个状态。"这就是他关于稳定均衡在充分就业尚未达到的条件下也有可能实现的观点的根基。

凯恩斯在1932年的授课讲得不够清晰的一个原因是没有使用卡恩的"乘数理论"。同卡恩一样，他也没有看出乘数理论与货币均衡分析之间的逻辑联系。

理查德·卡恩的文章《国内投资与失业的关系》于1931年6月发表在《经济学杂志》上。这篇东西是为了反驳财政部对公共工程项目的反对意见而作的。财政部认为特定数

第 28 章 现实的预言家

量的公共投资产生的就业数量太少,同时还要增加对政府预算的压力以及将私人投资"排挤"出去。在凯恩斯和韩德森于1929年合写的小册子《劳合·乔治能否成功》中,他们曾指出公共工程计划不但能够提供可以计算的就业岗位,而且还可以由于新就业人员的消费支出带来附加的就业人数,尽管这个数字是无法确切计算的。卡恩提出的问题是:每个人手中额外的1英镑收入在什么情况下才会停止产生提高全社会收入的无穷效应?直觉的回答是,人们在使用额外收入的同时必定要储蓄其中的一部分,一直到额外收入把自己穷尽为止。如果被储蓄的这一部分数量是已知的,那么提高的全民收入的总量或称"附加就业量"就可以成为一个有穷的数字,可以用一个比率或乘数来表达,该乘数可以针对起始投资额,也可以针对起始的就业量。此外,增加的公共投资将通过提高总收入而创造出相应的储蓄量,这就展示了凯恩斯的"投资总是与储蓄同步"的观点,同时反驳了财政部的认为信贷支持的公共投资将把储蓄从已有的项目中挤走的观点。这正是乘数理论的精髓。

当然,卡恩并没有从上述的思路来展开。他的扩大投资和消费支出以获得"漏出"的思路是从减少失业救济金(也就是失业者已在使用的收入)和在进口商品上的额外开销(这不能直接增加国内就业)上来展开的;而且他没有看到他的公式已经建立了储蓄和投资之间的必要相等关系。(在一个"开放"经济中,应当是储蓄和进口,投资和出口之间相等,而不是储蓄和投资之间相等。)把个人储蓄的"漏出"与乘数概念联系起来的第一篇文章由丹麦经济学家延思·瓦尔明在1932年6月发表在《经济学杂志》上。瓦尔明"将一种纯粹是与收入有关的个人储蓄函数与卡恩自己的乘数代数结合在一起,得出了一个很清晰的收入调节机制,通过它可以使储蓄与投资的起始变化达到均衡"。凯恩斯肯定看过这篇投给《经济学杂志》的文章,所以他在这个问题上得到的理论启发较直接地来自于瓦尔明而不是卡恩。卡恩受瓦尔明的影响之后,又从边际储蓄和进口倾向中得出了一个新的乘数,并于1932年12月在美国俄亥俄州辛辛那提的一次会议上作了阐述。凯恩斯在三个月后发表的小册子《通向繁荣的手段》中公布了卡恩的这个修订后的理论以支持他关于信贷公共工程计划的论点。

凯恩斯究竟在何时才开始领悟到他的"有效需求"新理论的?学者们一直争论不休。但是将它界定在1932—1933年间是毫无疑问的。也许凯恩斯本人对这个问题有最好的答案。他在1933年11月6日的讲课中说:"创造性的思想在一开始是脑子里的灰色、模糊和头绪纷乱的怪物。在思想发展的后期才能找到精确的语言来描述它。你能够精确有效地思考问题,但要用所谓'照相'把你的思想记录下来则要花更长的时间。"在1932年,凯恩斯了解的比他能说出来的多,但他在一年以后对他所理解的东西更加有信心,所以就能说得更加清楚。

凯恩斯在1936年8月给哈罗德的一封信中对这个阶段进行了如下的回顾:

> 你没有提到"有效需求"的问题,或更准确地讲,对总产出的需求表……对我来说,从历史的角度来看,最引人注目的事情是相对总产出的供—求关系理论的消失,也就是就业理论,而这个理论在过去的四分之一世纪里是经济学界讨论最多的题目。在我的《论货币》出版之后,我的思想发展过程中最重要的一个过渡环节正是突然开始意识到这一点。我之所以能有这个意识还是在明白了一个心理法则之后,这个法则认为人们的收入增加时,在收入和消费之间的差异将加大,这是一个对我的思路有着极具重要性的结论,但当时别人对用这个方法来描述显然还是无动于衷的。在此之后,我又幸运地获得一个新概念:利息可以用来测量流动性偏好,当我想到这点时,头脑是十分清晰的。最后通过清理混乱思绪的巨大努力和多次修改书稿,我终于得出了联结所有概念的"资本边际效益"的恰当定义。

在剑桥,这段时期对优秀的经济学学生来说一定是一个令人激动的时刻。其中一个学生名叫安东尼·吉尔平,他在剑桥的最后一年(1933—1934年)的辅导老师是凯恩斯,他在给父母的一封信中这样说道:"今年的经济课程几乎都是对去年课堂上所教的理论的阐述或批判。舒夫解析马歇尔经济学;凯恩斯攻击庇古;罗伯逊与凯恩斯的意见相左,所以只有听众能够决定到底谁对谁错,还有一个充满激情的女士,琼·罗宾逊夫人,则给我们解释为什么他们的观点不一致。这一切都很有意思,但也令人非常迷惑。"

5 《通向繁荣的手段》

凯恩斯对自己的分析越来越有信心,所以开始阐述他在30年代条件下的经济政策。到1932年秋,英国经济短暂的复苏又以失败结束。实际利率大幅度下降,然而,在货币

第 28 章 现实的预言家

贬值带来的一系列经济动作之后，国民总产出在1932年的8—9月间降到历史最低点（尽管它的下降不像1921年那样严重），同时有失业保险的劳动力的失业率从1931年1月到1933年5月一直高踞20%以上。尽管保守党占绝对多数的联合内阁达到了预算平衡，但是人们对经济的信心仍然不足。这是凯恩斯提出来的反映在现实生活中的"失业均衡"现象。凯恩斯现在来鼓吹政府投资的增加是达到充分就业的唯一办法更加有理论基础；因为私人投资被国民总收入的下降压得抬不起头来，哪里还有带来经济复苏的自发因素呢？

凯恩斯在1932年年底提出了一个重要问题："到1933年中期时，我们是否将会更明显地看到，这场衰退与过去的衰退的性质一样，只不过更强烈些，并且正一步一步地在自然因素和经济体制的固有恢复能力的驱使下复苏呢？或者，我们是否会看到经济有一些复苏迹象，但完全复苏的希望不大，然后又再次陷进衰退的泥潭中去呢？"他的回答是毫不含糊的。从这个时刻起，他的政策建议一直是要求政府采取行动以增加需求，否则没有任何办法制造繁荣。他当然并不忽略"某些偶然的事件"，也能够"促使投机者开始资金操作并恢复良好的精神状态"。但是古典经济学家们从来不能依赖这个偶然因素，因为它不是一种"内生的有效的机制"。然而，对30年代的经济怎么看，至今仍是一个众说纷纭的话题。英国的衰退在1932年的最后一个季度达到了谷底。在英国和其他国家确实存在着以市场机制为主导的复苏，这个复苏的程度和时间超出凯恩斯的预料（它直到1937年才崩溃）。所以，凯恩斯提出的政策能否在英国取得更好的结果仍然是一个难以回答的问题，尤其是，当时人们对经济预期的气氛和英国经济政策权力分散的特点对凯恩斯的政策效果未必有帮助。美国在"新政"下的复苏还不如英国成功。希特勒德国则是凯恩斯经济学大获成功的唯一范例，然而这个经济的基础是半军事化条件和国内的恐怖政策。

凯恩斯对决策内圈影响的主要渠道是"经济信息委员会"，这是原先的"经济顾问委员会"的一个仍在运作的残余机构。斯坦普任主席，其成员除了凯恩斯之外还有希特林、科尔、阿尔弗雷德·路易斯爵士（国民地方银行总裁）、休伯特·韩德森、阿瑟·萨尔特爵士（刚从国联的经济金融部主任的位置上退休）以及欧内斯特·赛门爵士。出席会议的两位财政部官员是：从1932年开始的是弗里德里克·莱斯—罗斯爵士以及从1935年开始参加的弗里德里克·菲力浦斯爵士。该委员会的第一份常规报告《经济形势概览》于1932年3月问世。阿瑟·萨尔特回忆道：

第六部分 救世的经济学家

大约有20份报告（几乎都是一致通过），每份约有20页。我们对这些报告进行了详尽的讨论，撰写中几易其稿。我要指出的是，在对政府的政策建议方面，主要都是凯恩斯的观点，这些建议同政府在财政部和英格兰银行的联合建议下制定的政策根本相左。从今天的角度来看（指1967年），我相信大家都会同意,在这些不同意见中，委员会是正确的，而政府政策是错误的。

凯恩斯的影响力很快就体现出来。委员会于1932年11月对国内形势所撰写的第一份概览批判预算平衡，削减公共工程计划以及降低工资和失业救济金的政策，称其为"紧缩"政策，并指出，这一政策对克服金融危机也许是必要的，但"廉价货币和更加慷慨的预算政策"的时机已经到来。凯恩斯也开始了他的公开游说活动。他凭直觉感到，社会的心理条件已经成熟。10月《泰晤士报》上的一场论战表明经济学界仍以剑桥和伦敦经济学院分为两大阵营。庇古、D.H.麦克格雷格、凯恩斯、雷顿、萨尔特和斯坦普在10月17日的联名信中声称，削减消费将造成失业。在社会信心低下的条件下，储蓄的资金不会自动转化为投资，而只会降低国民收入，所以公共投资是应该被鼓励的。在持反对意见的信中，最重要的一封来自于伦敦经济学院，签名人为T.E.格里高里、哈耶克、阿诺德·普朗特和列昂奈尔·罗宾斯，他们支持预算平衡的政策。凯恩斯一派在10月21日回复这个批评，指出那种以为今天的储蓄在信心恢复之后就会转化为明天的可供支出的资金的想法是一个幻想。"如果劳动力和资本都处于闲置状态，对资本的所有者支付他们的收入的来源根本没有保障，实际上根本不存在。"可以看出，在这些集体陈述当中，凯恩斯的影响十分明显。

在1933年1月11日与斯坦普一起进行的广播谈话中，凯恩斯提出了两个很好的口号——第一句："首先关心失业问题，预算问题将会自我修复。"第二句："如果想要健康的消费状态，我们必须储蓄，如果我们想要健康的储蓄状态，我们必须消费。"

1933年年初，他感觉到继续进攻的时机尚在。2月22日，他写信给杰夫里·道森："我在过去的一两天里强烈地感觉到我应该写两三篇评论现状的文章，供给《泰晤士报》刊登，然后也许在短期内把它们扩大成一本小册子。"他的目的是为了影响4月将要出笼的政府预算以及即将在6月于伦敦召开的世界经济会议。道森把稿费增加了一倍，以60英镑刊登四篇文章（当然凯恩斯给《每日电讯报》这类流行报刊写一篇就能得100英镑）。2月27日，柏林发生"国会纵火案"，媒体的注意力都在这个事件上。凯恩斯的文章是关

第 28 章 现实的预言家

于"通向繁荣的手段",而且不需要纵火烧掉议会,所以被推迟到3月13—16日才发表。但是,在此之前,已经有一套文本被送到了美国总统富兰克林·罗斯福的手中。凯恩斯的小册子《通向繁荣的手段》在一个月后出版,美国版则于4月1日愚人节这天出版,其中还包括了他在《新政治家周刊》上撰写的有关"乘数"的文章。

凯恩斯的这些文章引起了轰动效应,同他在20年代的作品相比,文章所反映的心境比较冷静,而文笔也更加稳健。在《和平的经济后果》和《劳合·乔治能否成功》里的那种语言上的生动性和对悖论的兴高采烈文风已一去不复返,他放弃了布鲁斯贝利的那种诙谐以及对愚蠢的银行家和政客的挖苦,而用一种认认真真的方式,不加修饰地来阐述他的观点。也许他也感觉到,世界经济危机是一种严重的疾病,不能再用嬉笑怒骂来对待它。人到五十,这个旧时的"捣蛋鬼"开始变得严肃起来。从这时开始,他破坏偶像的举措越来越少,至少在公共领域里是如此。这本小册子由麦克米兰公司,而不是霍加斯公司(即沃尔夫办的出版社——译注)出版,这象征性地显示了他的读者对象的变化。《通向繁荣的手段》不同于原先两本小册子的方面还在于后者的"地方性",而这本小册子真正在讨论"世界"经济危机。对英国经济的解决办法在于世界经济需求的复苏,这一点十分明确。同时,他还提出了一个重新振兴世界经济的计划。这些文章显示了凯恩斯已经成为世界政治家,或者说得更准确一点,是1919年第一次试图为世界经济提供良方的那个凯恩斯在成熟条件下的再现。小册子的出版也体现了一种寻求新共识的氛围。尽管乘数理论是凯恩斯的特殊贡献,但他提出的国际经济计划则是基于韩德森和其他一些人的著作,他的观点很快就成为财政部的官方观念。凯恩斯也从《论货币》的死胡同里走了出来。他把理论问题放在幕后,但他在上一年所做的理论研究使得他能够直接阐述他的简明的思想。

这本小册子以凯恩斯的典型风格开头。世界经济的困境不是由物质破坏所造成的,真正的原因是"脑子中的非物质的设置",换句通俗的说法,是缺乏"清晰的思路"。医治这些疾病的良方是"经济理论与政府统治艺术的混合……也就是政治经济学的方法"。接着他运用乘数理论(这个术语是第一次出现)来反驳两个反对政府信贷投资的论点:即"创造就业的效果很微小"和"对国家和地方的财政预算压力过大"。为了达到乘数效应,"我们必须估计特定的公共投资所产生的个人收入的部分有多少,而且还要估计这个收入中有多少被用于消费,这样,这两个比例的乘数就给我们一个特定投资所产生的初始就业人数同消费数量的比率。然后我们就能够把一系列的创造就业的效应相加。"

按照凯恩斯的计算，英国的乘数为2，而美国的乘数则大于2，具体原因是卡恩提供的。凯恩斯对卡恩的文章做了一些改进，他用国民收入和就业的变化来表述，而这两者基本上是一回事。他还强调这个政策在国际上的正面影响：英国的"善行"将产生双重效应：英国国民收入的增加还意味着可以增加进口商品，这就会产生一个对外贸易的乘数，给它国带来好处。为了简化计算过程，他在"我们的良方获得成功之前"，暂时不考虑物价的问题。如同在自由党的工业调研报告中一样，他建议把预算分为资本和收入两个账户。他认为对政府支出减少的乘数效应同样适用于支出的增加。"正如政府削减开支在一开始是小幅度的，但却能带来如此巨大的灾难，如果用相反的政策也会产生惊人的效果以使经济以惊人的速度复苏。这里没有魔术，也没有神秘的因素，只是一种科学的预测。"奇怪的是凯恩斯这时对简单的数学计算已感到不安，他给在美国讲学的卡恩的信中说："我希望不要酿出大错，最好有你在身边帮我把关。"

第二篇和第三篇文章的要旨是提出和阐明他的提高世界价格水平的计划。该计划的主体是为了减轻债务负担，这对原材料生产国尤为重要：在全球大部分地区，利润的恢复才能导致需求的恢复。这个国际复苏计划是在麦克唐纳的一些没完没了的顾问委员会中同韩德森和巴西尔·布莱克特一起完成的。他用了几个月的时间宣扬这个计划的几种形式，然后于1932年12月24日在《新政治家周刊》上把它的合理性表述出来，这篇文章的文笔要比他在《泰晤士报》上的那些文章生动得多：

> 要唤醒"睡美人"，要爬上玻璃山而不会滑下来需要什么样的魔法呢？如果每个国家的财政部都发现它的金库里有一大批同经济规模相匹配的黄金储备，这难道不是找到了魔法吗？为什么我们不能设计金库？每个国家一直都在印制可兑换黄金的货币，为什么不能在国际范围内印制呢？除了我们的双手已经麻痹，脑子已经迟钝，我实在找不出其他的理由。

为了向正统经济观念做出让步，凯恩斯建议恢复一种经过改造的金本位。他提出设立一个国际机构，创造一种由信用发行的黄金兑换券来增加世界黄金储备，以减轻各国中央银行的忧虑。这些数量可达50亿美元的黄金兑换券将被成员国接受为国际支付的手段。成员国将根据它们在1928年的黄金储备量获取相等份额的黄金兑换券。为了获取这些兑换券，成员国必须承诺回到金本位，但可以有一个较大的浮动范围（凯恩斯提议为

第 28 章 现实的预言家

5%），而且汇率本身亦可调整；同时，它们还要放弃外汇管制，降低关税，清除进口的配额和对外投资的禁令，并取消部分债务。他对他曾经把金本位描绘成"野蛮人的历史遗迹"保持着放松的心态，他说："一个野蛮的遗迹亦有很多传统和威望的成分，所以也可以具有一种象征性的，或者是传统的价值。当然我们必须让它适应新的形式，即一种管理有序的货币体系的框架。这类转型对那些不要通过革命来达到宪法改革的国家来说是很平常的事情。"凯恩斯此时已经开始展望一种永久性的体系："这些增加的国际储备的数量应是有弹性的。它们不应该只是额外添加的储备，而应该成为一个平衡因素。它的运行应当是，在物价如同我们现在这样处于非正常的低谷时，发放这些储备，而在物价上升得太高时则把它们收回。"

小册子的结尾也具有典型的凯恩斯特色，他警告道：如果这类措施被拒绝的话，"我们就必须期待现存的契约体制和债务关系体制停止运转，而正统派的金融和政府机构的信誉将彻底垮台。最终会发生什么结果则很难预料。"

凯恩斯的这些文章让公众开始理解凯恩斯革命，并在几个国家里引发了大辩论。经济学家和政客们都把"经济反弹"这样的概念挂在嘴边，好像他们从来就知道这个概念。两大阵营开始形成，一方是"经济扩张派"，另一方则是"按兵不动，坐观其成"派。《泰晤士报》在3月13日的社论中对凯恩斯表示了谨慎的支持，此后数天里，读者来信像雪片一样飞到该报，大部分都支持凯恩斯。其中有一封信是罗伊·哈罗德起草的，由37位大学经济学教师签名——但没有伦敦经济学院的人。焦西亚·斯坦普爵士积极支持不平衡的预算。正在瑞典的卡塞尔也支持他。阿瑟·萨尔特爵士在3月21日的《曼彻斯特卫报》上写道：凯恩斯"所表达的是强烈的并且是差不多绝大多数人，不管是专家还是一般读者，现在都赞同的观点，这说明，扩大公共投资的时机已经到来……"

同往常一样，财政部和英格兰银行对凯恩斯的文章都是精心研读的。新一代的财政部官员——特别是理查德·霍布金斯爵士和弗里德里克·菲力浦斯爵士——要比奥托·尼迈耶爵士在20年代更加赞同凯恩斯的观点。但他们仍然觉得必须拒绝他提出的政策建议。菲力浦斯主持对凯恩斯文章的分析研究，他在备忘录中写道："我们反驳他的一步妙棋就是拖延。凯恩斯的全部论点都是强调立即行动的紧迫性，而我们清楚地知道至少要一年后才能开始，而其效果至少要三年才能充分显露出来。"凯恩斯在4月5日的《泰晤士报》上对他的批评者进行了回击，他特意把他的着重点从增加政府投资转移到豁免税收上，这样有利于避免拖延，同时又能通过"数不清"的正常渠道"刺激投资和消费"。

菲力浦斯对凯恩斯对预算的估算提出异议:"也许他提出的过程可以被描述为一种长远的、投机性的平衡预算的方法,而对在一开始的几年中所造成的预算赤字并未给予考虑。"菲力浦斯还重申了财政部原先的反对意见,说凯恩斯的论点只有在两个条件下才是正确的。第一,"如果存在大量的尚未被使用的储蓄;第二,这些储蓄能够被吸引到投资金边股票的活动中去,同时也不会提高长期利率"。韩德森对这个批评的反驳击溃了财政部的思路,他正确地指出,凯恩斯的计划并不假设有闲置的银行资金的存在。韩德森认为,对凯恩斯计划的主要反对意见在于:"当英国的国内贸易行为大增之后,除非其他国家也立即有相应的表现,否则只会增加英国的进口,引起对外贸易的赤字……"他在2月28日写信给凯恩斯说:

> 你总是说"空谈信心问题是没有任何意义的,信心依靠订单才能建立"。这也许是对的。但我认为,如果你宣布启动一项2亿英镑的宏大计划,你将会在至少一年的时间内拿不到一个订单,同时,它对金边股票之类的市场会产生迅速的影响。这样,你也许会在良性循环开始启动之前已经被恶性循环所围绕而不能自拔。所以,总体来说,我对公共工程计划作为解决当前困难的观点不敢苟同。

494

政府制定预算的过程同审视凯恩斯计划是同步进行的。张伯伦在3月17日要求面见凯恩斯。凯恩斯问理查德·卡恩,"'杰里科的古城墙'(据《圣经》载,祭祀吹响号角时该城墙即神奇地倒塌——译注)是不是开始摇晃了?"他竭尽全力对财政部官员做最后一次敦促。他在4月5日向张伯伦进言,拯救国民收入以后,政府的收入将增加;而任其下跌,则永远解决不了预算的问题。"不幸的是,财政大臣的政策越悲观,悲观的经济前景越有可能出现,反之亦然。财政大臣不管做什么梦都会实现。"而张伯伦仍在做削减预算开支的梦。在4月25日的预算演说中,张伯伦谴责"那些自认为有权威的人"把预算不平衡看做是拯救经济的良方。那个把平衡预算作为长线目标的计划乐观地认为减免税收能够增加政府收入,但是,"当公众意识到,他们早晚会意识到的,我们现在的开支在不久的将来还要偿还的",那么私人的支出必然大受影响。英国在大危机中比其他国家更能承受冲击,这正是因为我们的预算是平衡的。然而正是在我们的政策即将有所收获并且其他国家也正在跟着英国走的时刻,有些人却要我们放弃我们的优势。张伯伦神情黯淡地宣布:"没有任何一个财政大臣会故意制造一个不平衡的预算。"英格兰银行也做出了反应,强调凯恩斯计划的国际影响,"凯恩斯观点中一个明显的缺失是闭口不谈他的计划对英镑汇率的影响"。不难预料,英格兰银行反对将管理重新恢复以后的金本位的大权交给一个国际金融机构。

《通向繁荣的手段》是凯恩斯革命史上的一份核心文献。在实际政策的层面上,第一次以乘数分析为基础的凯恩斯革命已经进入了通向胜利的坦途。果然不出所料,在第二次世界大战当中和战后阶段,凯恩斯经济学开始大行其道。从此以后,对经济本身是否具有长期的自动稳定的特性之类的抽象讨论被赶回学术的象牙塔中。剩下的一些重要的疑问则涉及凯恩斯理论的实用性和心理后果。

这些疑问是后世的历史学家关注的对象。史学家们估计在30年代初,英国的"乘数"大大低于2,差不多是1。也就是说,凯恩斯的政策建议引起的预算赤字和对外贸易赤字在乘数大约为1的状况下,将迅速带来一场重大的金融和政治危机。其后果是,要么立即采取相反的政策,要么像纳粹德国一样成为完全的政府控制的经济。

6 支持国货

1933年4月17日,凯恩斯受邀到都柏林做两天的访问。从1911年以来,这是他第一次访问爱尔兰。他在大学学院做了第一次"芬利讲座",他选择的题目是《自给自足的国民经济》。这篇演讲稿是在他的那几篇《泰晤士报》上的文章发表之后不久写就的,它显示了凯恩斯从亚当·斯密的立场一下子转到了德国民族主义经济学家弗里德里克·李斯特的立场;或者说,同纳粹德国的经济总管沙赫特博士的观点相近。凯恩斯实际上一直用两种思路在思考——即国际主义和民族主义——但他从来没有把这两者结合起来考虑。在都柏林的演讲中,他提出了支持更加自给自足的国民经济的四条理由。第一,他"不大相信今日的国际分工同往日一样仍然具有经济上的优势……累积的经验证明,大多数的现代大规模生产的过程在大多数国家的气候条件里都能够达到相似的效率……此外,随着财富水平的提高,原材料制造业的产品在国民经济中的地位相对下降,而那些同国际经济交换关系不大的住房、服务和地方设施的地位将会上升……"

第二,他直言不讳地指出,自由贸易同国际资本自由流动相结合,更能够挑起战争而

第六部分 救世的经济学家

不能维持和平。在经济形势不好的条件下，外国资本对别国资产的占有可能会引起紧张和敌对情绪，他暗示这是引起1914年第一次世界大战的原因。所以，"我更加同情……那些试图在最大程度上减少，而不是增加国际经济纠葛的主张。思想、知识、艺术、好客、旅游这类事情在本质上都具有国际性。但我们在可能的条件下，应当让商品以国货为主，而且，最重要的是，让金融以民族性为主"。

第三，凯恩斯极力主张进行"政治—经济"实验："我们每个人都有自己的幻想。由于不相信我们已经得救，所以每个人都想寻求拯救自己的办法。所以我们不想把自己的命运寄托在自然力量的自我调节机制上，按照资本主义的自由放任的理想原则达到永恒的均衡。"

最后，这种在经济上精心算计的社会制度已经彻底失败了，它把人们的生活行为变成了一个会计师的噩梦。带着偏激的维多利亚式激情，凯恩斯宣称道：

> 我们必须受穷，因为致富的手段在经济上"划不来"。我们必须住在茅舍中，这不是因为我们不能建造宫殿，而是因为我们"住不起"宫殿……我们破坏了乡村的美景，是因为这些大自然的恩赐没有给我们带来经济价值。由于太阳和星星不能付给我们红利，所以我们也能够做出关闭太阳和星星，不让它们发光的事情。伦敦是文明史上最富有的城市之一，但它无力承受它的居民能够享受的那种最高的生活水准，因为这样做在经济上"不合算"。
>
> 如果我在今天有权力，我将让我们的首都配备所有的艺术和文明所应有的设施，因为我相信我承受得起这些设施，而且相信所花的钱不仅比花在失业救济金要好，而且将使失业救济金成为不必要的东西。因为，我们在战后花费在失业救济金上的钱足以把我们的城市变成世界上最伟大的人类工程。
>
> 今天我们受失望的煎熬，并不是因为我们比过去穷，而是因为其他的价值观被毫无理由地抛弃了。我们的经济体制在事实上不能让我们在现行技术进步的水平上去充分发挥创造财富的能力，也不让我们感到能把剩余的精力花在有用的地方。
>
> 然而，一旦我们不再愿意受会计师精心算计的桎梏，我们就得开始改变我们的文明。

第 28 章 现实的预言家

对资本主义文明大加鞭挞之后,凯恩斯在结论中提醒人们要提防愚昧、急躁和偏执。但总体来说,这篇文章充满了一面之词。为了自我辩解,他写道:"当思考的人们向不动脑筋的人们发动攻击时,他们的用词应当有点狂妄。但是,当他们取得权力之后,就不应该再发狂想。"凯恩斯像一只羚羊那样从一个跳法转到另一个。他难道没有看到甚至比现行政府还要乏味的人们也难以改变政策吗?或者说,他认为羚羊类的人物将一直掌权?在他的一生中,这是他最接近共产主义或法西斯主义经济学的时刻。英国法西斯运动的领袖奥斯瓦尔德·莫斯利对他向这个方向的转变表示祝贺,凯恩斯回答道:他这样写"不是为了拥护你,而是为了防止英国被你控制"。

詹姆士·弥汉受乔治·奥布莱恩的邀请在都柏林聆听了凯恩斯的演讲。他在给奥布莱恩写的传记中有一段生动的记载:

> 凯恩斯在伯爵广场的物理大厅里发表了题为《自给自足的国民经济》的首场芬利讲座……芬利讲座的听众一贯很多,但这第一次更不寻常,爱尔兰新上任的政府成员几乎全在那里。在瓦列拉带领下的政府成员坐在大厅的一边,与坐在另一边的已下台的政府成员们尽量保持距离。出于某种已被忘却的原因,人们以为演讲人将会谴责引起大衰退的高关税政策,因此坐在大厅一边的人们脸上所发出的微笑和自信要远比坐在另一边的人们明显得多。但随着演讲的进行,凯恩斯完全出乎意料地表示支持贸易保护政策,而且特别强调"如果我是爱尔兰人,我一定会感到现任政府推动的经济自立的政策更加有吸引力",这时,自信和微笑从一边消失,而从另一边开始出现。

正如弥汉所揭示的,凯恩斯在都柏林的演讲以及对爱尔兰的访问是一次政治事件,他来到的时刻正是英国和爱尔兰在"贸易战"上不分胜负的阶段。瓦列拉在1932年取代了考斯格雷夫政府之后,宣布不再对英国效忠,并将英国总督放逐到都柏林郊区的一座别墅里,不给他任何权力和尊严。他同时也停止向英国支付土地酬金。英国用农产品关税来进行经济制裁,而爱尔兰则对英国的煤和工业制品征收关税相对抗。凯恩斯来到都柏林,站在爱尔兰民族主义一边,都柏林政府当然高兴,而英国政府则甚为不快。自然,凯恩斯把自己看做是和平缔造者。他在4月29日给斯坦普的信中如是说:

我演讲的基调是对国民经济趋向自给自足的现时潮流予以肯定。然而,由于瓦列拉正在思考是否采取一些不明智的政策,因此我担心我的演讲也许会被他认为是一种过分的鼓励。所以我刻意加进一段有关爱尔兰形势的插话。

凯恩斯同瓦列拉进行了很长时间的私下谈话:"他给我的印象特别好……我很高兴地发现,他的思路已从愚蠢的小麦计划转入了泥煤方案,而后者所带来的损害要小,而且有可能产生良好的结果。"另一方面,他却发现考斯格雷夫"是一个不可理喻的19世纪的自由派"!

凯恩斯在那里的日程安排与往常一样十分繁忙:与副总督共进午餐,记者招待会,同爱尔兰银行总裁共进晚宴,等等。他还抽出时间去看望国王学院的老朋友乔治·汤普森。在19日的演讲之后,他出席了奥布莱恩主持的晚宴,在凯恩斯的催促下,他邀请了都柏林的几位最有才华的人物到会。据奥布莱恩的说法,晚宴是个失败。聪明人太多,而戈加提讲话太多,此人是爱尔兰诗人,以让人厌倦而著名。更糟糕的是,凯恩斯在晚餐当中被人叫去接电话,回来之后,他对宾主们说:"你们也许会对这个新闻有兴趣:美国刚刚决定与黄金脱钩。"宾主不知所云,沉默了一阵表示尊重,然后由戈加提发问:"这件事与我们有什么关系呢?"

7 告别会议

1933年6月29日,在伦敦国际经济会议期间,莉迪娅·卢波科娃以她的最后一场芭蕾演出给死气沉沉的会议带来一个亮点。这场在考文特花园上演的特别节目《葛蓓丽娅》是由她的丈夫梅纳德·凯恩斯操办的。莉迪娅时年40岁,她决定在这场演出之后就挂鞋不演了。这场演出也是卡尔玛戈协会策划的最后一场活动。在1927年,莉迪娅试图要个孩子,但未能遂愿。卡尔玛戈协会不但延长了她的舞蹈生涯,而且给她一个生活的重心。她最喜欢做的事情就是在戈登广场46号的"俄式午宴"。在这些午宴中,朋友们在梅纳德的好酒的刺激下,整天大谈芭蕾舞界的小道消息,策划新的演出项目和漫谈一些政治话题。在这些场合,莉迪娅有时以非常怪异的方式当梅纳德思想的传声筒,像鹦鹉学舌一样反复地说"更高的物价会创造就业",但"我也不知道为什么"。维拉·鲍温基本

第 28 章　现实的预言家

上已从她的生活圈子中消失；山姆·库尔多仍然是她的持之以恒的爱慕者，他的太太莉尔已于1931年底死于癌症。在这段时间里，莉迪娅的社交朋友主要是卡尔玛戈协会的中坚人物妮奈特·瓦洛阿、弗里德·阿什顿和康斯坦·兰伯特。她的芭蕾生涯最终结束以后，她和梅纳德又开始准备她的下一个赌博，在莎士比亚的《第十二夜》中出演奥丽薇娅的角色。

梅纳德出资操办的这一场芭蕾演出让他获利314英镑，这比伦敦国际经济会议的结果要好。这次会议是两次世界大战间歇期间最不成功的一次国际谈判。66个国家的代表于6月12日在南坎辛顿的地质博物馆开始聚会，他们不久就把考文特花园的剧场包厢的票子购买一空。在会议上，他们不过像哥培柳斯玩具店做的那种带发条的小人，机械地被拨一拨，动一动，没有任何力量能使会议生动起来。在开幕式上，麦克唐纳首相含混不清地提到减少国际战争债务的必要性，而代表们事先已经一致同意不要讨论这个问题，这不是因为麦克唐纳有意破坏事先的承诺，而是因为他年事太高，有点糊涂了。英国方面有一个称为"基什计划"的建议，这是凯恩斯—韩德森计划的一个缩小了的形式。该计划建议将美国和法国的黄金储备重新分配给其他国家，以促进国际贸易的活动。不难预料，美国人和法国人不赞成，所以这个计划在会议上根本就没有正式提交。法国是西欧的金本位集团的领导，它要求恢复国际金本位体系，所以英国和刚刚退出金本位的美国都不同意。美国人支持一项国际公共工程的计划，而英国又不赞同。所以，伦敦经济会议没有产生任何行动计划，而它原有的项目也已经结束。

凯恩斯试图给这次会议注入一些活力，所以提出了自己的一项计划。美国退出金本位是他事先没有预料到的。他在4月23日写信给母亲说："我的一些建议对这个疯狂的世界来说太过于温和。在我看来，一个无所事事的政府和一个行将坠入深渊的政府之间没有什么区别。"但在会议期间，他仍然展示了随机应变的能力。他的任务是为《每日电讯报》报道会议的情况，他借此于6月27日在该报发表了他自己的计划，并将文本送交内维尔·张伯伦和蒙塔古·诺曼。该计划的要旨在于，作为全球经济稳定的序曲，国际主要货币应该同时对黄金贬值20%到33%之间，参与国的财政部由此可以动用大笔的由贬值造成的收入来支持公共工程计划和减免税收。由于黄金的有效储备量的增加，各国将放弃汇率和进口方面的限制政策。主要黄金储备国应当拿出其贬值后的利润所得的5%，建立一个国际储备基金以帮助债务国。这些修正后的建议旨在为英美两国找到共同行动的基础，但对金本位国家集团和债务国则没有什么益处。当时，罗斯福总统在钓鱼度假中，开始形成自己的一套看法。7月3日,伦敦会议的代表们,包括美国代表都为罗斯福的出人意外的政策主张所震惊。总统宣布他对"稳定货币"不感兴趣,称这种政策是"所谓的国际银行家的偶像崇拜"的结果。尽管罗斯福的声明使凯恩斯自己的计划翻船,他仍然宣称"罗斯福总统的思路是极其正确的"。罗斯福的着眼点在于管理本国货币,防止国际因素的干扰。凯恩斯只是希望罗斯福不要否决纽约联邦储备银行和英格兰银行之间的合作。他还指出,英国不应当担心金本位集团退出会议,而应当与美国站在一起建立一个"英镑—美元集团以促进经济进步和经济健康的恢复"。因为美国:

> 促使我们看到,在不愿推翻现有的社会秩序的前提下,我们是否有能力通过常识和科学思考相结合的方法取得比思路的混乱和机会的丧失更好的结果,我们失败的原因正在于坚持墨守成规。美国提出的解决办法并不可怕。我们将(在不顾及国际汇率的基础上)采用种种手段提供工作机会,直到物价水平达到现存的债务和其他用货币来固定的契约关系所需要的水平,然后我们才能够确保我们货币购买力的稳定……事实上,美国人向我们提供了一个可以保护现存契约体制和恢复货币经济信心的唯一途径。

凯恩斯总是乐观派,他实际上是在帮助罗斯福设计他的计划。但不久他就很正确地发现,罗斯福的领导技术同第一次世界大战前的飞机驾驶员一样,找不到着陆的地点。

伦敦经济会议开了几乎一个月,仍然毫无生机。凯恩斯与首相在7月4日共进晚餐时策划一项从美国人口中说出来的声明,试图让会议能够继续开下去。但是,同世界经济本身不同,这个会议已经没有起死回生的可能。7月27日,会议无限期地休会。凯恩斯称这次会议是"包中无猫,帽中无兔,头中无脑"。在对会议报道的最后一篇文章中,他指出66个国家的聚会绝不可能达成任何一致意见。只有"一个大国,或者一组思路相似的大国"才有可能强行通过一个计划。这次会议的教训他永远不会忘记。

第 29 章

新 政

1 社会实验

20年代和30年代的变化节奏有着令人好奇的相似之处。这两个十年都是以灾难开头和结尾，而中间的年月则都给人一种日子将有奔头的错觉。在这两个十年中，世界似乎同样都是正在从战争和衰退中恢复过来，然而结果却是经济衰退和战争。这些大灾难使得人们不再相信主宰着19世纪经济事务的世界主义的自由放任主义理念：即资本主义市场经济，如果让其自由发展，将会给所有想要工作的人带来工作，并会让所有的人都富裕起来——而后者又能同时消灭引起战争的主要因素。然而，20年代和30年代里所发生的这些大灾难使得人们对这些理念产生了怀疑，因此，正如凯恩斯在他的文集《自给自足的国民经济》中所指出的那样，各种各样的社会实验开始成为时尚，而所有这些实验，不管它们来自何种政治背景，都是围绕着如何极大地增加政府作用和限制工商业自由而展开设计的。

对这些社会实验产生较多影响的不是新经济思想，而是道德观念、地缘政治和政治思想意识。20世纪的经济大危机遇上了通过第一次世界大战的经历过滤的19世纪的观念。因此，那些对19世纪持批评态度的人在两次世界大战间歇期间获得了机会，他们反对自由放任的资本主义的原因也许是出于宗教，或道德，或策略，或社会，或美学，等等。战争本身被归咎于世界范围内的"对市场的争夺"；战争同时也显示了政府可以通过调动领土资源来发挥作用，那么如果政府可以为战争目的而调动资源，那么为什么不能为和平的目的也做同样的事情呢？

第六部分 救世的经济学家

凯恩斯经常被人们视做是对19世纪资本主义持批评态度的人中具有传奇色彩的人物。米尼因此把凯恩斯划归为浪漫的、反边沁主义运动的一派,这一派的代表性人物有科勒瑞奇、卡莱尔、阿诺德、罗斯金以及其他反对维多利亚时代的资本主义的人们。而有些人则把他看做是反对不能忍受的工业条件的社会主义反叛者的继承人。有人还不断地试图把他与马克思调和起来看待。而他的《自给自足的国民经济》似乎是回到了弗里德里克·李斯特的观点。另外还有人要把凯恩斯与从战争中产生出来的中央控制机构——计划、统合主义、技术官僚统治等同起来看待。如果说任何一个对19世纪持否定态度的批评家注定在某些方面与其他批评家有一致性的话,那么所有这些看法都能找到市场。当他发起劝导运动时,凯恩斯并没有对老传统嗤之以鼻,因为要使劝导有效,劝导就必须与人们头脑中已有的某些东西联系起来。同时,一个重要之处在于,凯恩斯自己感到他是在对经济行为提出某些全新的看法,这些看法以前从未有人提过或甚至想过——也许马尔萨斯是例外;而这些看法一旦被接受,就能使得绝大多数的传统变成多余的东西,或至少会把这些传统赶出舞台的中心。

19世纪资本主义的批评家们没有一个能够实际有效地挑战自由放任政策的核心经济理论,这个核心理论认为,对一个有竞争性的交换经济来说,自由放任的经济体制要比任何其他体制都更易于生产出更多的产品并对产品进行更有效的分配。这些批评家们面对这个论点的内在逻辑束手无策,无力挑战,只能从外部去攻击这个市场体制,认为它与传统、道德、社会健康或国家安全不相协调。马克思对资本主义的经济批判最有持久性,但即使他也不能很令人信服地证明为什么资本家阶层对工人阶级"财产"的"掠夺"——即使这一点能够得到证实——会妨碍财富创造或最佳的就业状态。

凯恩斯的看法是,所有这些批评都没有考虑到"有效需求"的理论。他指出,自由放任经济的致命错误在于消费相对于收入会发生变化,而变化的根源则在货币的功能和目的上。其产生的结果是,这种市场体制易于遭受长期衰退的打击。如果人们能够通过政策引导人们花费他们能够生产出来的数量,那么这个现行体制就能被保存。因此凯恩斯在经济学上是激进派,而在社会目标上却是"温和的保守派"。凯恩斯的"总需求不足理论"为他和19世纪的批评家们之间开拓了一个很有限的接触区域,但是他提出的弥补自由放任经济的缺陷所必须采取的政府干预方式却远远达不到当时正在欧洲和其他地区所推行的社会革命的要求;这种干预的目的不是要摧毁资本主义市场体系,而是要使其更有效地发挥作用。

第 29 章 新政

从这个立场出发，人们就可以理解凯恩斯在两次世界大战间歇期间对为克服资本主义危机而进行的各种尝试所做的反应。在欧洲，这种尝试的特殊表现形式是法西斯主义，而在法西斯主义背后的思想根源则是地缘政治，而不是经济。这种思想宣称，由于美国和俄国地位的上升，欧洲正在日益衰落。斯宾格勒的著作《西方的没落》（1917年）是一个讣告，宣布了最初以城市为竞争对手，而后以民族国家为竞争对手所组成的老欧洲文化的死亡，未来似乎只属于那些具有洲级版图大小的帝国。因此，欧洲必须统一起来，如有必要可以通过武力来进行统一，以保存它的生活方式和生存手段。如果说在这背后有什么经济理由的话，这就是允许生存手段跨越政治边界来进行交换，也就是说，弱国将受制于强国。一个领土很大的国家才能达到自给自足，如果你没有足够的领土，那就必须攫取它。因此，法西斯主义分子极力要建立帝国，德国要创立的是欧洲大陆帝国。因此我们很容易理解为什么这些观念在世界经济发生大崩溃时能有它们的市场。当然这并不是说这些观念是对经济崩溃的一个合理反应，因为这些观念的产生与世界经济的好坏是没有关系的。

在英国人的眼中，欧洲统一，无论是从政治还是经济上，无论是通过自愿的方式还是通过强迫的手段，都被看成是一种威胁而不是一个有希望的前途。英国的帝国日益衰落但仍旧完整无缺；对英国来说，帝国经济是在大英帝国内部重新整合英国的贸易。凯恩斯对此不感兴趣，但是他也不比大多数国人更感到英国是欧洲的一部分。他的法文从来都不好；他的德语也多年未用；他也从来不用这两门语言去阅读或写作，并不再继续跟踪讲这些语言的人们所做的严肃的争论。"英国仍然站在欧洲之外，"他于1919年写道，"欧洲的无声颤动触及不到它。欧洲与英国不相连，英国不属于它的血肉之躯的一部分，欧洲自己是完整的。"在30年代，欧洲出现了一种可怕的沙哑的声音，这种声音使凯恩斯在情感上对欧洲大陆更加疏远。

凯恩斯在欧洲大陆当然有同属自由派的好朋友，他们的友谊可追溯到他在财政部工作和巴黎和谈的时光。但是麻烦在于，欧洲大陆的自由派都反对进行社会改革尝试，而那些愿意进行社会改革尝试的人却都是反自由派分子。经济学也许能够试着沟通这分裂的两边，但是，尽管在那些主要欧洲国家里有经济学家，但缺少像盎格鲁—撒克逊式的做理论研究工作的经济学行业。瑞典和奥地利的情况与这些国家不同，那里的学者彼此之间互有交流，但是与欧洲大陆的主流传统大相径庭。凯恩斯把法国经济学家看成是一帮时代的落伍者；而在德国也没有什么专业经济学家可以与他打交道，他的崇拜者都在经

第六部分 救世的经济学家

济圈子之外,如德国贸易工会的顾问乌拉迪米尔·沃汀斯基,他曾于1931年12月给予凯恩斯提高价格的建议,而凯恩斯的回复就像约翰·加勒所描述的那样是"礼貌的冷淡"。当有人邀请他到柏林为一些经济学家和工业家们发表演讲时,梅绍尔和经济学家邦斯建议他不要去,因为这些人不是凯恩斯对话的"合适对象"。确实,德国没有具有"合适"想法的"合适"的人。尽管如此,到1934年10月,德国已经有300万人在两年时间内得到了再就业的机会,这个数字代表着原来总失业人数的一半。因此,凯恩斯对希特勒"新政"的沉默有让人震耳欲聋之感受。

凯恩斯保持沉默的原因在于,希特勒的复苏计划混杂着太多的帝国主义目标和为实现复苏所采用的恐怖手段,因此对他没有吸引力。凯恩斯的目标是拯救自由社会而不是破坏它,他对自由社会的敌人是绝不客气的。"德国现在由一帮不受约束的、不负责任的人控制着,"他在1933年7月15日这样写道。同年9月19日,他又写道:"带着破碎的肉体和精神,(他们)要倒退到即使不是奥丁神(北欧神话中的主神,世界的统治者——译注)也是中世纪的那一套方式中去寻找出路。"尽管按照我们今天的标准来看,凯恩斯看上去有时是反犹的,但是面对在纳粹德国爆发的由政府支持的迫害犹太人的运动,凯恩斯感到义愤填膺。1933年8月25日,他给当时正在安排出版他的文集《自给自足的国民经济》的德文译本的斯皮道夫教授写信道:

> 请原谅我用野蛮主义这样的字眼,但是在我们这里所有的人看来,这确实反映了近来在德国发生的一系列事件所产生的影响……按照我们的看法,在任何一个还自称是文明的国度里,已经有很多代没有发生如此不光彩的事件……如果你告诉我这些事件的产生不是通过武力,而是一种公众意愿的表现……那么在我们看来,这将比人们所听到的迫害和暴行……还要可怕十倍。

10月14日,德国退出世界裁军会议,凯恩斯给莉迪娅写信道:"人们不久就会面临这样的抉择:要么完全允许德国重新武装,如果它想这么做的话;要么就是它一旦开始这样做的时候,向它发动进攻。可怕极了!"凯恩斯从未再去看过这个"新"德国。受到反犹运动攻击的卡尔·梅绍尔于1933年12月去世。当汉堡市长于1934年访问国王学院并邀请凯恩斯去访问时,凯恩斯回答道:"在我的朋友去世后……已经没有任何东西可以吸引我到汉堡去了。"他参与为帮助逃避迫害而出逃的德国学者所建立起来的"学术

第 29 章　新政

界援助委员会"的工作并为其捐助钱款。

30年代初期,那个现在被称为对付萧条的凯恩斯方法在日本和瑞典进行了尝试。日本大藏相高桥不大可能从凯恩斯那里得到很多启发,但是瑞典财政大臣厄斯特·威格夫斯却受益匪浅。威格夫斯的这种启发也许比来自于年轻一代的瑞典学派的影响还要大,这一学派的代表人物有林达尔、米尔达和奥林,这些人本来与凯恩斯有联系,但是却从未能从威克塞尔的"货币非平衡处理"(或实际上是《概率论》中的凯恩斯方法)过渡到凯恩斯《通论》的立场上。凯恩斯对瑞典的情况发展一直都关注着,但是瑞典毕竟太小,因此不可能成为其注意力的中心。在给斯德哥尔摩的昂斯克尔银行的马库斯·沃伦伯格的信中,凯恩斯建议在公众事务中进度不宜过快,并且应该有一个比较保守的预算数字,"这样……也许会有助于向一个低得多的利率过渡"。因为"从长远来说……拯救资本主义体制的唯一方法是稳步地降低长期利率以使其达到这样一个水平,在此利率水平上,目前的储蓄在当代的条件下能够按照正常途径而有利可图地得到吸收"。

相对于经济学家们,英国的知识阶层则较易为苏俄所感动,尤其是在30年代当资本主义似乎已到了崩溃的边缘。"苏维埃共产主义:一个新的文明?"韦伯夫妇在他们于1935年出版的最后一部巨著中这样问道(第二版中将问号去掉了)。改革家的希望是以资本主义创造财富的成功作为出发点的,但是资本主义在30年代初的失败使得左派中的很多人相信,要维持资本主义只能通过野蛮手段;因此社会的进步已发展到必须废除资本主义的阶段;在这种形势下,中央计划所有制经济的苏维埃模式给大家指出了一个前进的方向。凯恩斯也曾把苏维埃共产主义作为一种"新的宗教"而与之调情,但是不像韦伯夫妇,他从来不能想象苏俄会成为西方文明的真正知识源泉。早在20年代他就曾说过,马克思主义和共产主义对现代人的思想不能提供任何科学的东西。即使大萧条也未能改变他的这一观点。他认为,俄国"的表现是这个世界上所曾见过的最糟糕的例子,行政管理上无能,还要让人们牺牲差不多所有使生命值得生存下去的东西……";它是"疯狂的魔鬼和不必要的草率的一个可怕的例子";"斯大林将会成为对所有寻求社会改革尝试的人的一个可怖的榜样"。他发现《新政治家周刊》的金斯利·马丁太"亲布尔什维克"。

莉迪娅于1932年年底在她的朋友莫丽尔·佩奇特夫人的陪同下回到列宁格勒看望她的家人,她对此次探访有很多描述,而凯恩斯的这些苛评也许是因为受到莉迪娅的描述的影响。在这次探访中,莉迪娅很难过地发现她的母亲和姐姐与她姐姐的前夫共住在一个很小的公寓里,这就使得她母亲不得不"在长达七年的时间里,晚上只能睡在椅子上以等待"她姐姐的前夫搬出去。费多·卢波科霍夫现在已是马辛斯基大剧院的首席舞蹈设计教师,但是却因为凯恩斯给他从伦敦定期寄些手纸卷、钱和衣物而写了过分恭维的感谢信。除了贫穷和无能以外,斯大林独裁政权的上台更加上了一层恐怖。莉迪娅被忠告在发表私下和公开对俄国的评论时要谨慎行事,因为害怕对她家人的迫害。她和梅纳德都努力与俄国驻伦敦的大使伊万·麦斯基搞好关系,部分原因是试图把费多和安德列伊弄出俄国(以芭蕾的有关事宜为借口),但是麦斯基未能做到。

还有美国。凯恩斯并不是著名的亲美派,他像所有他这个阶层出身的人一样,也具有普遍存在的对美国的物质主义不屑一顾的文化偏见;同时他也对英国的权力和影响转移到美国而心存不满。但是从知识层次上来说,他感到与美国人在一起要比与任何其他外国人在一起更加如鱼得水。美国人至少还在努力制服、管理和调整他们体制中横行的个人主义。20年代,凯恩斯对美国联邦储备局为稳定美元的购买力所采取的措施多有推崇之处;而在30年代,罗斯福的"新政"倍加激发了他对美国的兴趣。因此,在对英国的自由放任经济的幻想破灭之后,吸引凯恩斯目光的不是柏林,也不是莫斯科,而是华盛顿。从30年代以后,他的劝导努力的重心不断向美国倾斜。凯恩斯虽然认为英国在实际经济活动中不再具有优势,但在经济思考中仍旧领先于其他任何国家,但是他也同样意识到,资本主义文明生存与否的钥匙已不在英国人而是在美国人的手上。

2 世界经济实验室

赫伯特·胡佛于1933年3月4日离开白宫的总统职位,结束了美国政府权力中心的瘫痪状态。继任者是富兰克林·德拉诺·罗斯福,他把大萧条比做战争,提出要用紧急战争权力来抗击大萧条;他承诺要打击放高利贷者。他的就职演说给全世界吹起了希望之风。

美国确实需要有所作为。"就是我也很难想象,如果我是总统的话,我该怎么办,"凯恩斯给莉迪娅写信道,"但是我想真要在那种情况下,我应该知道如何处置。"小阿瑟·施莱辛格描述当时的情景是:"国家收入是四年前的一半还不到,差不多有1300万美国人——约为劳动力总数的四分之一——在绝望地寻找就业机会。"对此,罗斯福提

第 29 章 新政

出他的"百日计划","一个美国历史上从未有过的由总统发起的一连串想法和项目"。随着这个"新政"逐步地进入轨道,满怀热切希望的年轻律师、大学教师、经济学家、社会学家蜂拥而至来到华盛顿。国会通过了一个复苏措施的大杂烩,这个大杂烩采自于不同类型的美国政治传统,它的产生不是出自于一个连贯有条理的计划,可以肯定地说不是来自凯恩斯的某个观念,而是来自于这样一个信念:"必须要做些事情"才能避免崩溃,才能使工业之轮转起来。这种狂热的行动主义产生了立竿见影的效果,人们的信心陡然大增,华尔街也开始兴旺起来,这对凯恩斯是大有好处的。3—7月之间的工业生产差不多翻倍。政府,而不是时势,又重新控制了形势。

凯恩斯对罗斯福的尝试怀着真诚而困惑的崇拜心情。在6月11日的一次跨大西洋广播交谈中,他对《先驱论坛报》的专栏作家沃尔特·李普曼说道:"你们的总统已经说服国会给了他一些漂亮的空白写字纸和一些漂亮的削尖了的铅笔,但是我们这边的人根本不知道他真正想要依赖的是他的哪部分权力。"尤其令人不可思议的是,商业活动差不多立即得到了复苏,而且远在总统项目的扩大措施能有时间真正发挥作用之前。凯恩斯担心罗斯福"过多地依靠与真实情况截然不同的心理因素"。那年夏天在去伦敦的旅途上,李普曼领教了凯恩斯的一番指导,李普曼是最早一批提醒罗斯福总统把消费计划、经济恢复与社会改革混淆起来会有危险的人。

这也正是1933年年底凯恩斯自己关注的问题。他还未曾对罗斯福的"新政"横加评论过,但是现在却有人在敦促他这样做,这个人就是哈佛大学的行政法教授费利克斯·弗兰克福特,未来的最高法院大法官,也是罗斯福"智囊团"中的一位非官方成员。1933—1934的学术年度里,他正在牛津大学的万灵学院做访问学者,12月6日与凯恩斯在国王学院一起共进晚餐。弗兰克福特邀请凯恩斯去与总统直接面陈,并希望凯恩斯能告诉罗斯福做什么和不做什么。作为美国进步主义传统中的想要解散托拉斯的人(曾于1924年投过拉福莱特的选票),弗兰克福特希望总统能够废除那个统合主义的"国家复兴总署"法案(NRA),该法案使工业界不受反托拉斯法的限制。那些想要恢复自由市场经济的人越来越多地求助于凯恩斯的消费理论来为他们的目标寻找理论依据。

凯恩斯的《致美国总统的公开信》于12月31日发表在《纽约时报》上,而罗斯福总统在此之前已私下里接到了一份样稿。凯恩斯的观点毫不留情:NRA应束之高阁,这是一个戴着复兴假面具而实质上也许会阻碍复兴的改革项目。罗斯福应该努力控制美元—英镑兑换率的稳定,使其能与一个以贷款融资的公众消费和开放市场操作的促进项目相吻合，从而达到降低长期利率的目的。"如果在以后的六个月里能够得到一个强有力的推动，美国就为向繁荣的进发做好了准备。"赫伯特·斯坦则抱怨说，凯恩斯的信不合时宜且论据糟糕，并认为它"没有提及乘数，也没有考虑到大家所关心的钱从何来的问题……"其实，所有这些都在凯恩斯于年初给总统的《通向繁荣的手段》一书的文章中论及了。斯坦还说，这封信"听上去就像是一个学校教师写给一个非常愚笨的学生的富有的父亲的"。这是一个个人口味的问题，但是毫无疑问，凯恩斯的那种理智的风格，不论是当时还是以后，都引起许多美国人的反感。但这并不影响他的劝导，而他也不指望能够通过邮件来指导这个"新政"。

罗斯福的"新政"计划当然需要从理智的角度来进一步加以巩固。但是，尽管早在1931年凯恩斯的"反周期公共工程"政策就在芝加哥得到大量的支持，"新政"不顾大多数美国经济学家的专业看法开展起来。如今人们认为凯恩斯除了在30年代末以外没有对"新政"产生什么影响，这从罗斯福断然拒绝按照凯恩斯的想法而收回自己的政策的做法上可以看得很清楚。罗斯福希望保持各种各样的可能性，而不管什么"讲逻辑的人会变得失望"的逻辑。但是在一些特定政策上，凯恩斯还是发挥了相当大的影响的，李普曼在1934年4月17日给凯恩斯信中这样写道：

> 我不知你是否意识到你的那封信的影响有多大，当然，据我所知，它的影响主要是对财政部目前正在悄悄地有效地执行购买长期政府公债的政策上……

在凯恩斯还未接到李普曼的这封信之前，他已经决定要到美国去亲眼看看那里正发生着什么样的事情。

梅纳德和莉迪娅于1934年5月9日起程前往纽约。就在他们于5月15日即将上岸前，他们所乘坐的轮船在大雾中撞翻了一艘轻量级的船，造成那艘船上的七人溺水身亡。梅纳德此次美国之行的正式借口是于6月5日在哥伦比亚大学接受授予他的荣誉学位，但是他自己的真实目的是出于"好奇"。他把他的演讲和社交活动减至最少，因为他想了解情况，并且还想在一些关键的场合展开他的私下劝导工作。

他们在纽约的大使酒店住了九天，沃尔特·凯斯为凯恩斯安排与主要的银行家、商人和金融学家见面，从他们那里，凯恩斯了解到工商界对"新政"愤恨程度的第一手资料。凯恩斯于5月24日前往华盛顿，住在五月花酒店——"华盛顿最具品位的酒店"，留下莉

第 29 章 新政

迪娅于5月26—28日在新罕布什尔州与沃尔特·凯斯夫妇共度周末。费利克斯·弗兰克福特则负责安排凯恩斯的华盛顿之行，把他介绍给许多人。"我可以确信，他将给许多华尔街朋友灌满毒药，"弗兰克福特在给"重建金融公司"的汤姆·科可兰写信时这样说道。"他就像山猫一样敏锐，但是即使这样，他也不了解那些给参议院（金融及货币）委员会枪毙掉了的东西，因此他也很难明白美国金融界的海盗行为和贪婪程度，即股票市场的私下秘密活动和滥用权力行为。"

5月25日那一天前后加起来一共有10个小时左右的各种会谈，梅纳德发现"日程安排得太紧张，不大舒服"。早上，他会见了罗斯福的劳工部长弗朗西丝·珀金斯。按照珀金斯的说法，凯恩斯以日用品购买为例子对乘数的概念做了一个简单的说明，把她弄得困惑不解。中午，凯恩斯与雷克斯福特·塔戈维尔一起共进午餐，塔戈维尔在罗斯福智囊团中负责计划，是"沃尔特（凯斯）所嫌恶的人"。下午他与助理国务卿威廉姆·菲力浦斯会面，"讨论战争债务和德国债务等问题"。接下来又与最高法院大法官布伦戴斯一起喝下午茶，"谈论'证券法'、'公用事业证券'等与法律有关的内容"。布伦戴斯和塔戈维尔是"新政"中具有完全相反观点的人——一个想要解散托拉斯，而另一个则要搞计划经济——凯恩斯基本上与前者有更多的一致看法，因为他认为计划经济会分散经济复兴的注意力。那天的晚餐由赫伯特·费斯请客，费斯是凯恩斯在财政部工作时认识的一位老朋友，现在是国务院的经济顾问。"一个人要想一整天都保持在最佳状态，并使自己能被这帮家伙理解实在不是件容易的事，"梅纳德这样告诉莉迪娅。5月26日，凯恩斯"感到最孤单"，他与英国大使馆的伯莱一起吃的中饭，与财政部长亨利·摩根索一起喝下午茶，然后与卡尔文·胡佛一起吃的晚饭，胡佛是一位农业经济学家，是总统智囊团中的一位小人物，凯恩斯为他的关于俄国的书找到一位英国出版商。（胡佛也写了一本有关希特勒"新政"的书，莉迪娅评论他道："他总是走进一个发生巨变的国家里，然后仓促地写下它的影响。"）在使用凯恩斯的盥洗室洗手时，胡佛小心地从一摞毛巾上取下一条干净的擦手，没有弄乱其他毛巾。在他之后，凯恩斯也进去用盥洗室，贵族气派似地把整个一摞毛巾全扔到了地上，在把这些毛巾弄得皱皱巴巴时，他解释说他使用毛巾的方法要比胡佛的方法更能增加就业机会。

凯恩斯最终于5月28日星期一与罗斯福会晤了一个小时，没人知道他们谈了什么。凯恩斯感到这种私下会晤"迷人且给人以启发"，罗斯福则告诉弗兰克福特说，他与凯恩斯有一次"极好的谈话，对他非常欣赏"。凯恩斯就像对任何其他人一样，对罗斯福的

第六部分 救世的经济学家

手也特别予以注意——"相当失望,坚实且相当有力,但并不聪明或优秀。"星期二是他在华盛顿的最后一个整天,他在午餐会上向九位资深参议员就他的复兴计划发表了演讲。晚餐会是在商务部为50多位国家复兴总署的组织者们发表演讲;他还与农业调整局的刘易斯·比伊见了面。他写信告诉莉迪娅:"我已经吃不消了,我必须离开,因为我现在已不能再吸收更多的信息和印象了。"

在这些会晤中,凯恩斯"更多的时候是作为一个好奇的观察者……而不是一个指导者"。但是在某些场合,据说他也曾说过:"如果能把当时一个月3亿美元左右的联邦经济复兴计划的开支增加到4亿美元的话,美国就会有一个令人满意的复兴。"他告诉弗兰克福特:"正是这里,而不是莫斯科,是世界经济的实验室。主持这个实验室的年轻人非常杰出,他们的能力、智力和学问都让我惊叹不已。人们在各处都会碰到一些固守传统的经济学家,他们应该从窗户里被扔出去——所幸的是,大多数已经被扔出去了。"

回到纽约,凯恩斯再一次置身保守派的包围之中,这是一个由雇主组成的全国工业协商会组织的周末会议。但是,凯恩斯没有动摇他对罗斯福"新政"的信念。在6月5日哥伦比亚大学授予他荣誉学位的午餐会上,他说"新政"已经使他产生了"最深刻的同感",因为它代表了一种尝试,且不会破坏"个人主观能动性的自由发挥"和"极为珍贵的自由的思想与言论"。"实验性的和经验性的方法"是不可避免的,因为"没有任何地方可以向总统提供一贯正确的建议"。他的结束语是人们所熟悉的警言:"如果……这个问题得不到解决,那么现有的社会秩序就会变得名誉扫地,以至于最终失去控制,愚蠢和破坏性的变化就会变得不可避免。"

第二天他还有最后一次重要的活动安排,这就是给美国政治经济俱乐部作演讲。在这次演讲中,他向经济学家听众们介绍了他的"有效需求理论"的概要。该理论也是他在华盛顿与官员们进行磋商的基础。因此,美国人在英国人之前就聆听到了凯恩斯主义经济学,因为美国比英国给人以更多的希望。

"在一定的条件下,"凯恩斯说道,"产出和就业不能再增加,除非业主预期到有效需求将会增加,并打算去满足这个需求。"在美国的情况下,这种预期取决于政府贷款支出的大小。另外,他还讲了其他一些令人感兴趣的事。所有的政府贷款支出,包括用在救济上的支出,都应该作为投资来处理,"至少,在……考虑短期效应时应该这样处理"。但是,在第二次世界大战以后,人们机械地使用这种处理方法,结果证明这是一个危险的理论。他解释说,所增加的政府贷款支出一部分将通过增加生产而被吸收,另

第 29 章 新政

一部分会用到提高价格上。随着恢复过程的推进,价格部分的影响将变得越来越大并会遇到瓶颈。在这里,他提前使用了《通论》第19章的内容,认为"真正"的通货膨胀只能在达到充分就业的情况下才可能发生。"当社区里的全部劳动力和资本都已得到使用,在这个时候,有效需求的进一步增加不会有任何效果,除非无限制地提高价格。"在这一点上,稳定经济的金融规则将再次发挥作用。在发表了这些看法之后,凯恩斯于6月8日坐船返回英国。他再一次被人们誉为具有影响"新政"的魔力。反对者们将持续的联邦预算赤字(一年至少40亿美元!)归罪于"英国经济学家约翰·梅纳德·凯恩斯先生在6月给总统的建议"。1935年1月9日,李普曼告诉凯恩斯说,罗斯福的政策"与你去年夏天的建议有很多一致的地方,远远超出了"国家复兴总署的态度。然而,这时的罗斯福因为工商界和司法部门对国家复兴总署的反对而被激怒,同时他再次竞选的前景受到人民党候选人如休伊·朗和考夫林牧师的威胁,因此不久就放手让"新政"落入了一个极端的、非凯恩斯式的轨道。

凯恩斯就像罗斯福一样给不同的人留下了不同的印象。有人认为凯恩斯是把贷款融资的公共开支用做把经济从大衰退深渊中拉出来的动力;而另一些人则把它看做是保持需求的机制中的一个永久组成部分。凯恩斯向国家复兴总署的研究规划司的首席统计学家维克多·冯·蔡利斯基解释说:"不管这个支出是由政府出资还是由私人资本家出资,我的理论都同样适用……只有在发生向社会主义过渡的情况下,人们才会指望政府支出将会不断地起到主导作用的功能。"但是要让人们把理论与政治意图分割开来看待并不是一件容易的事。

蔡利斯基又问了另外一个十分恰当的问题,为什么英国能够在保持平衡预算的情况下,正在从大衰退中恢复过来,而凯恩斯却极力要美国增加其政府贷款支出?对此,凯恩斯回信道:

511 就英国的情况来说,如果我们有更多的政府贷款支出的话,我们所能达到的复苏进展本来应该更快得多,规模也会更大得多。据我所知,我们现有的复苏差不多完全来自于利率的大幅度降低所引起的私人贷款支出的增加。我们国家现在实际上是处于一种建筑繁荣之中。但是对美国,我预期在相当一段时间内不大可能形成一定规模的私人投资。

3　继续工作

凯恩斯于1934年6月从美国返回英国,途中牙齿疼痛难当,他不得不让医生把他的智齿拔掉——"我生活中常会发生的明智之举"——对着护理院的那个管得太细的女护士长,他急躁地这样说道。维吉尼亚·沃尔夫发现他8月在提尔顿"收获颇丰",推测美国气候对工作的影响、犹太移民对德国偿付平衡的影响以及其他问题等等。正是他那种对历史和人性的古怪且富有想象力的热情使得维吉尼亚发现他十分具有吸引力:"他既能根据所读过的某本书来解释燧石和人类年龄","又能对小事情发生兴趣……"他抱怨"大人物,如萧伯纳和威尔斯,不够严肃认真,玩手腕。为什么他们不能朴实点,不摆噱头?他说萧伯纳的话从来没有什么新意,倒是夏洛蒂(萧伯纳夫人)的东西颇有新意。他有着一个涉猎广泛且爱冒险的头脑,对此我十分欣赏。"

1934年春,凯恩斯的就业新理论有了最终的定型。他在这个理论上所做的努力是自从1906—1907年间他撰写概率论方面的论文以来所下工夫最大的。他感到他正在与时间赛跑。希特勒这时已成为德国总理,莫斯利已开始组建"英国法西斯协会",而共产主义则控制了剑桥学生的政治生活。凯恩斯确信在三到四年的时间内将会有另一场大衰退来临,到那时他的思想体系能够准备就绪吗?

以他的一贯作风,凯恩斯一旦行动起来,他的工作进度是惊人的。1933年10月20日,星期五,他从剑桥写信告诉莉迪娅:"今天早上写作时,感到一股极大的爆发力——涂了又写,涂了又写,长达三个半小时,这当然使我累得趴下了。"他的写作中充满了论辩。在10月30日给莉迪娅的信中,他写道:

> 霍特莱一直都是很和蔼的,但是却相当的疯狂。人们在完全理智和有趣的基础上可以和他争辩很长时间,然后会突然掉进一个疯人院。我在想,是不是除了亚历山大(莉迪娅给理查德·卡恩的绰号)和我以外,所有的经济学家都疯了。看上去似乎是这样,但这绝不可能是真实的。我刚刚还和丹尼斯做了一场毫无希望的辩论,他的脑子尽管机灵得惊人,但在我看来却带有蓄意的邪恶,和他也像和疯子争辩一样。但是当我和亚历山大说话时,情况则完全不一样。

第 29 章 新政

1933年11月11日是第一次世界大战的停战纪念日,这一天发生的两件事情在凯恩斯看来是把30年代所有的问题都具体化了。第一件事是谢帕德当选为国王学院的教务长,这位曾经喜爱捣乱的老信使会会员"进入教堂接受任命时,穿着丝制长袍,长满白发的头恭敬地低下去,看上去一副十足的教士派头"! 凯恩斯被这个仪式深深地感动了,这种感觉随着仪式的进行越来越强烈,这使他回忆起他自己在1909年加入这个以"研究、宗教和教育"为使命的学院时的入会仪式,以及他当时为维护他的学院的"法规和传统"所立下的誓言。发生在同一天的第二件事是在剑桥爆发了年轻人大规模的反战示威,这标志着共产主义开始进入学生政治中。两位信使会会员,朱利安·贝尔和盖伊·伯吉斯用朱利安的破旧的莫利斯车冲过彼得楼外的路障。在凯恩斯看来,前者标志着文明所代表的内容,而后者则是反对这种文明的破坏力量,同时发生的两件事只能使他更坚定他的决心,要把过去的传统从破坏分子的手中拯救出来。

凯恩斯在工作中集中注意力的能力十分惊人,虽然在不同的时期里他有着不同的活动中心,但是他的情感把所有这些活动都带向同一个目标,即他所谓的"美好的生活"。因此毫不奇怪在理论工作的压力去除之后,一个新的,更恰当地说是一个很老的梦想会在他的头脑中浮现。早在1913年,他就想过剑桥需要一个能上演轮换剧目的剧场。而现在,他更陷入了要为莉迪娅创造一个舞台的念头。1933年9月18日,在老维多利亚剧院,莉迪娅作为职业话剧演员开始出演莎士比亚剧《第十二夜》中的奥丽薇娅。夏天里,凯恩斯曾帮她很仔细地练过一遍她的角色,但是像她自己意识到的那样,"我的发音并不总是很理想"。演出引起批评家们的一片责难声:《泰晤士报》毫不留情地嘲笑她的"伊利瑞安口音";《每日电讯报》的评论家(W.A.达林顿)称她是"在文学上最没有幽默的女性";维吉尼亚·沃尔夫(私下里)认为她的演出是一个"沉闷无趣的滑稽戏",但她应莉迪娅的请求在《新政治家周刊》上所写的评论还是比较友好的。等到三个星期的演出结束时,凯恩斯在10月15日给她写信道:"对此次演出不要太过悲观。我发誓我们将有另一个剧本演出。我与达迪谈过,他再一次建议(易卜生的《玩偶之家》中的)娜拉,他说这个角色非常适合你……"

莉迪娅自此再也没有演过莎士比亚剧。就在她在戈登广场以"俄式大餐"来安慰自己时,梅纳德则在剑桥为她筹划他的剧场。在1934年2月18日的信中,他提到他在院务委员会"就建筑方案(重建教务长官邸)和剧场方案的首期工程进行争辩"后,感到疲惫不堪至极。"我一共讲了八次话,一次有差不多半个小时,而另一次有45分钟……方案总算还是通过了。"莉迪娅决心要做一个成功的女演员。1934年3月4日，莉迪娅在以伦敦艺术剧院俱乐部作为出品人的演出中出演娜拉，梅纳德投入125英镑作为保证金。这一次批评界比较友好。"亲爱的老梅纳德——是真的——流下了眼泪，"维吉尼亚·沃尔夫给她的外甥昆廷·贝尔写信道，"在剧幕间，我在前排位置上亲吻了她，她确实是个奇迹，她不仅仅是被风吹起来的一片轻轻的叶子，也是有棱角、有深度的演员，她的英文也正是易卜生所想要的那种——这给演出带来了恰如其分的品味。"

1934年秋，凯恩斯的讲课教材就是他的新书的清样，新书现在定名为《就业、利息与货币通论》。当时正在三一学院一年级读书的学生迈克尔·斯特莱特还记得由这些讲课所引起的激动情景："剑桥最大的讲堂里挤满了听众……人们好像在听查尔斯·达尔文或艾萨克·牛顿的讲课一样。当凯恩斯说话时，听众席上鸦雀无声。在接下来的小范围讨论中，他的观点既受到热情的维护，也得到愤怒的攻击。"凯恩斯不喜欢讲课，莉迪娅总是尽力支撑着他的信心。"明天是你受刑的日子，我的大个子，"她在11月18日给他的信中写道。"我知道你会像已往一样激发人们的兴趣，因为你总是能以一个新的手法来表述你所说的每一件事。"

凯恩斯的授课只不过是他正常学期工作的一部分，在学院年度审计时，最为繁忙的财务主管工作占据了他头半学期的大部分时间，而剧场项目也在磕磕绊绊之中向前推进，另外他还要为《新政治家周刊》写一篇文章，再加上频繁的午餐会、晚餐会以及各种各样的正式晚宴——所有这些都使他感到"身体相当不舒服"，给莉迪娅的信上的签名是"你的累坏了的大个子"。11月15日，星期四，他给她写信道：

> 整天都在开会（讨论有关剧场的事宜），很多小的改进被提出，方案已经定下来，现在乔治（肯尼迪）终于能够为建筑商准备计划了。现在离你第一次上台演出的日子不远了……
>
> 邓肯做了一件甚至对他来说都可称得上是破纪录的事！他今晚作为乔治·巴恩斯的客人要来这儿参加晚宴。几分钟前，我接到他的电话，他坐错了火车，现在在彼得波拉！要到九点半才能到达这里。我说，那好吧，在火车上吃晚饭，因为等你到这儿时，除了喝的不会有吃的剩下了。"我不能，"他的声音过来了，"因为我在过国王十字路车站时把我所有的钱都弄丢了，我现在身上只剩下五先令——我给你打电话的钱还是从车站站长那儿借来的。"

12月3日，星期一，梅纳德又写道：

> 我最后一次讲课简直是一场灾难。我的表就在我应该上课之前停了，我也没有发现，一直等到上课时间过了十分钟我才发现。因此我匆匆忙忙过街，到那里气都喘不过来，几乎说不出话来……今晚上我累极了，但是好在，我想，这是最后一天这么繁忙。

12月4日，他又写道：

> 我昨天的的确确是累过头了，而且没有睡好，因此今天我感到很不舒服，时好时坏。但是日子倒很平静，我一整天都在办公室里干事情，只是在下午时与皮埃洛有那么一个小时的论辩；亚历山大也坐在那儿，想弄明白我们所谈的每一句话，但是又做不到。

4 凯恩斯与马克思

凯恩斯确信华盛顿，而不是莫斯科，才是世界经济的实验室，这一观念在剑桥并未得到广泛的认同。安东尼·布朗特在罗马待了一年之后于1934年10月回到三一学院做研究员时就发现："我的所有朋友……差不多所有的知识分子和来剑桥读书的有才华的年轻大学生们……由于希特勒的当权而都突然变成了马克思主义者。"这些"最聪明和最优秀的人"把马克思主义看成是医治战争、法西斯主义和失业的良方。剑桥的社会主义者协会和工会俱乐部都是由马克思主义者所主导的团体，它们的会员人数在西班牙内战爆发时已上升到约有1000人——占本科生总数的五分之一。

马克思主义也侵入和俘获了信使会，这个凯恩斯在剑桥的避难所。按照1935年来国王学院读书的诺埃尔·阿南的说法，1927—1939年间所接受的31名信使会成员中有15名是"共产主义者或马克思主义者"。与这个数字相反的是，两次世界大战间歇期间入会的44名成员中只有5名可以被称为"终身同性恋者"——一个值得质疑的用语。"我们在聚会时无休无止地谈论共产主义，这太没意思了，"凯恩斯的新朋友维克托·

第六部分 救世的经济学家

罗斯恰尔德向他这样说道:

> 盖伊(伯吉斯),阿利斯特(华特生)和理查德(卢埃林)·戴维斯说话时眼睛放光,额头冒汗……感情激烈但是在我看来有些逻辑不清。当休·赛克斯·戴维斯不停地聊着施虐淫和斯温伯恩时,盖伊、(威廉姆·格雷)沃尔特和我则讲关于电流的淫秽笑话来打发时光。事实上,现在正出现一种颓废的气氛,我们这里需要你。

实际上,信使会在30年代已被学生政治边缘化了;它声名狼藉的原因是因为在八个被雇做苏联间谍的剑桥人中有四个是信使会成员——安东尼·布朗特、盖伊·伯吉斯、利奥·朗和迈克尔·斯特莱特。布朗特和伯吉斯属于凯恩斯在剑桥的圈中人——在1934年2月24日的学院节日宴会上,凯恩斯就坐在伯吉斯的边上——但至于他如何看待他们则不得而知。这位有着一双青灰色眼睛的唯美主义者是个无拘无束的小天使,毋庸置疑是吸引人的,他聪明、有趣,是共度时光的好同伴。

凯恩斯以他自己的方式来分析和抗拒那个控制了年轻人的马克思主义。他从来不把它认真地看成是一门科学,而是把它作为一种灵魂的疾病来认真对待。他这一代人对产生这种疾病负有部分责任,如果不是他们这一代人破坏了基督教,怎么会有马克思和弗洛伊德的可乘之机呢?维吉尼亚·沃尔夫曾记录下1934年4月凯恩斯与T.S.艾略特共进晚餐的一段精彩描述。艾略特当时刚刚出版了他的演讲集《追随异教神祇:现代异端邪说入门》,凯恩斯对此崇拜不已。在这本书中,艾略特攻击在文学批判主义中缺乏道德和宗教判断力的状况。艾略特曾于1927年撰写《古希腊阿贡节的碎片》一文,凯恩斯对此文表示欣赏,并在此之后一直深有同感地按照艾略特所描述的那个充满痛苦的道路向基督教回归。在他们这次共享的晚餐上,凯恩斯对艾略特说:"你已经再次提出了一个根本性的问题,而这个问题甚至还不曾有人想过。""没有,"艾略特回答道。他的样子看上去,按照维吉尼亚的说法,"非常像一个有着一对宝石般眼睛的大癞蛤蟆"。凯恩斯告诉艾略特"如果能够证明没有基督教就不可能有道德的话,那么他倾向于不要摧毁基督教"。他对维吉尼亚说:"我开始意识到我们这一代人——包括你们和我……对我们父辈们的宗教负疚很多。年轻一代,像朱利安他们,在成长过程中没有这些宗教信仰,因此他们将不会从生活中得到很多东西。他们会变得浅薄而缺乏道德:就像贪欲的狗一样。而我们则同时拥有了两个世界的最美好的部分,我们在摧毁基督教的同时也在享受它给我们带来的种种好处。"这时朱利安·贝尔进来了,凯恩斯把话题转向"经济问题:这个共产主义的宗教"。马克思主义是"所有信仰中最糟糕的,是建筑在李嘉图老先生的愚蠢错误之上——如果有时间,梅纳德要对它做一番修正,这样就不会有经济上的危机了。然后?朱利安,你们没有道德约束,你将怎么生活呢"?朱利安回答说,没有旧的道德使他们这一代人依靠精神分析,但是"我喜欢我的生活能有多种选择"。

如果道德取决于宗教,那么人们不禁要问:是哪一种宗教呢?凯恩斯不可能永远按照艾略特的途径回归基督教。他自己的那种建立在摩尔的《伦理学原理》上的美妙、轻松和乐观的宗教已经给他和他的剑桥朋友们打过了预防针,因而不曾有过那种道德混乱的经历,而正是道德混乱才促使艾略特发出了要恢复道德权威的呼吁。凯恩斯从不需要耶和华(上帝),因为他从未感受过绝望。使他超脱在基督教阵营之外的原因并不是他的无神论,而是他具有在世俗宗教秩序生活中成长起来的、根深蒂固的对摩尔启示的信仰,这种信仰使他能够对共产主义产生免疫抵抗力。他没有许多寻找宗教信仰的人们感到困惑的"信仰飞跃"的问题:因为凯恩斯的宗教信仰也取决于对善的直觉判断,这种信仰就像上帝的存在一样,既不能被证实也不能被证伪。但是他能看出,在这个燃烧的世界里,布鲁斯贝利和国王学院的信仰对朱利安·贝尔这些人已不再有吸引力。因此灭火是回归真正宗教的必要条件。他与朱利安的共同看法仅限于此,但是他不能容忍把马克思主义当作一种分析,或把共产主义当作一种社会秩序的看法。因此,对这一代共产主义者,他既会因为他们的理想主义而热爱他们,也会因为他们的头脑糊涂而攻击他们。

对以科学自诩的马克思主义和苏维埃体制的恐怖,凯恩斯的攻击从未间断过,并且在大屠杀被揭露之前就是这样。他坚持认为"保护先辈们经过痛苦奋争而得来的每一点一滴的公民自由权和政治自由权是一个原则问题",其重要性无以复加。当伦敦大学试图迫使伦敦经济学院的哈罗德·拉斯基保持沉默时,凯恩斯非常震怒,在《新政治家周刊》上写文章为这位教授辩护,但他同时也补充说道:"左派中有太多的年轻成员们并没有认真地思考过马克思主义的观点,因此在抵抗反动势力对自由的攻击中难以拥有一个清醒的意识。"1934年11月,他为《新政治家周刊》写了一篇文章,展开了对马克思主义的批评,但他所采用的方式却是极其友善的,这种友善方式是他从与老一代哲人们打交道中学到的。写这篇文章的原因起自于H.G.威尔斯对斯大林的一次采访报道,萧伯纳和凯恩斯被邀请对此进行评论。在采访中,威尔斯提出说,在西方,计划经济是由一个由

第六部分 救世的经济学家

技术人员和工程师组成的"中间阶级"创造出来的，而不是由资本家和工人之间的阶级斗争而造成的。对此，斯大林以其最温和的态度回答道，如果不消灭私有财产则不可能有计划经济；技术知识分子不能起到一个"独立的历史作用"。萧伯纳对威尔斯的说法很不以为然，认为它是"克里索德主义"（威尔斯的著作《威廉姆·克里索德的世界》的主人公），并指责他在对斯大林发号施令，而不是聆听斯大林所要阐述的问题。萧伯纳自己在1931年与斯大林有过两个半小时的对话，他的笑话让这个妖魔（斯大林）除了假笑以外，没有其他回应。他显然对此毫无感觉。而斯大林认为萧伯纳是一个滑稽小丑。

凯恩斯在这两个社会主义领袖之间展示出一种微妙的平衡手法。尽管他不太喜欢威尔斯的软弱无力的表现，但他还是努力维护他。他告诉维吉尼亚·沃尔夫说："威尔斯是一个不足为道的小人物……萧伯纳能感觉到这一点。萧伯纳从来不会像写威尔斯那样写任何一位他所尊重的人。"但是凯恩斯在公开场合并不道明这一点。为了反对斯大林和萧伯纳，凯恩斯愿意接受威尔斯的关于中间阶级的概念，就像1927年他第一次评述威尔斯的著作《威廉姆·克里索德的世界》时所做的一样。问题在于威尔斯没有指明任何方向。凯恩斯对整个"计划经济"运动所做的总结是，它全然是机械性的；人们并不知道如何使它变得有生气。另一方面，萧伯纳则像阿斯奎斯和迪安·英格一样是过时的经济学的奴隶。"那个经济体制培养了两种学派：一派认为这种体制代表真理而且不可避免，而另一派则认为它代表真理但却是不可忍受的。19世纪没有出现第三种学派。然而现在有了第三种可能性——这就是它并不代表真理"；这种可能性将使我们能够在无须依靠革命或社会主义的情况下逃脱这种体制。

如果萧伯纳一直在读自维多利亚女王去世之后的报纸的话，他应该知道资本家已不再是19世纪的充满自信的泰坦（传说中曾统治世界的巨人——译注）。"他们的事务现在由那些坐办公室（拿工资）的绅士们在自己的大而阴森的房间里控制着……'时间、联合控股公司'与行政机构已经悄然无声地将这一工薪阶层带进了权力机构。"共产主义作为一种经济体制是"对我们智慧的一种侮辱"，它的"微妙的、不可抗拒的吸引力"就在于它保证会把事情弄得"更糟"。"反对空洞无用的经济福利制对我们当中的禁欲主义者很有吸引力。"威尔斯身上的那种牧师精神为莫斯科所吸引。"当剑桥的大学生们出发去这个布尔什维克国度做例行旅行时，他们会因为那里的恶劣环境而从迷惑中清醒过来吗？当然不会，因为这正是他们要寻求的东西。"

伯蒂（伯特兰·罗素）的第三任妻子多拉·罗素曾提出过一个难以回答的问题：如果

第 29 章 新政

没有人在强力阻止,为什么我们不曾采纳凯恩斯的计划呢?凯恩斯的回答是低调但却始终如一的:"因为我还未能使专家和公众们信服我的观点是正确的。如果我是错的,这说明我们运气好。然而如果我是正确的,我确信说服两者只是一个时间早晚的问题;而等到他们都被说服之后,经过一段正常滞后期,经济政策将照此制定。"

萧伯纳曾给凯恩斯写过两封带有典型萧伯纳风格的生机盎然的信,提醒他关注马克思主义、《古兰经》、李嘉图经济学、杰文斯经济学、费边经济学、萧伯纳自己关于经济学、学术生活的可怖以及更多问题上的评述,并称梅纳德是"一个才华横溢、前途无量的年轻人,只是被剑桥的害人流程弄得残废,而你身上的那种不可遏制的文化火花使你很有意思"。凯恩斯对着维吉尼亚·沃尔夫高兴地念着这第二封信。他在12月2日对萧伯纳的第一封信作了如下的回复:

> 我对《资本论》的感觉就像我对《古兰经》的感觉一样。我知道这本书从历史的角度来说是重要的,也知道很多人把它看成像是耶稣基督一样的东西给人以启示,而这些人并不都是愚蠢的。然而当我读这本书时,我仍然不能理解为什么这本书能有这样的效果。它的沉闷的、过时的、学术上颇有争议的话题显然一点也不适合于达到此目的的材料。然而,就像我已经说过的那样,我对《古兰经》也有同样的感觉。但是我不明白为何这两本书都能使世界上的一半人口为它们而战?它让我困惑。显然我的理解中有什么缺陷……但是不管(《资本论》)针对社会问题的价值是什么,我敢肯定它对当代经济问题的价值却是零(除了偶然但却是非建设性(原文如此)和间断闪现出来的一些洞察力以外)。如果我答应再重读此书的话,你也答应你将再读吗?

凯恩斯的第二封信写于1935年1月1日:

> 我将努力记住你的话。你说的一定有些道理,因为你一般都是有道理的。上个星期,我读了刚刚发表的马克思—恩格斯通信集,它对我没有产生什么影响,我还是对老K.M.(卡尔·马克思)开了一炮。在这两个人中,我更喜欢恩格斯。我能看到他们发明了一种特定的吵吵闹闹的方法和一种邪恶的写作方式,而他们的继承者们把这两样东西都毫无保留地继承下来了。但如果你跟我说,

他们发现了解决经济谜语的线索的话,我却仍然难以信服——除了他们之间的过时的争论之外,我看不到任何有益的东西。

然而,要理解我的心态,你必须知道我自己正在写一本有关经济理论的书,这种理论对世界如何看待经济问题的思路会从总体上产生革命性的影响——我并不认为它能立即发挥这样的作用,但在以后的十年里会产生这样的作用。我不能预测当我的新理论在与政治、意识和激情充分地混合之后对行为和事务所产生的影响会是一种什么样的结局,但是我敢肯定它将会带来很大的变化,尤其是会打碎作为马克思主义基石的李嘉图主义。

我并不指望你或任何其他人在此时能相信我所说的这些话,但对于我自己,我不仅仅是希望我所说的能够实现,而且在我的脑子里,我完全确信这将会实现。

凯恩斯的那个由年轻教师、研究生和高年级的优秀本科生所组成的政治经济俱乐部仍旧保持每星期一晚在他的房间里聚会,参加者中有一位名叫迈克尔·斯特莱特的小伙子,他长着一副英俊而多愁善感的面孔,是"标准石油公司"女继承人的儿子。他母亲的第二位丈夫伦纳德·艾尔姆赫斯特曾在德温郡发起过一个乌托邦式的社区——"达亭顿庄园"。斯特莱特记录下了1935年秋季凯恩斯在两件事情上给他留下的印象。第一次印象是在10月中旬给他母亲的一封信里记录的,描述了一位意大利研究生桑姆帕特·隆巴蒂在凯恩斯俱乐部就"价格水平与稳定"作主旨演讲的聚会,在此聚会上他抽签做第九位发言人,正好在凯恩斯前面。"我感到我的胃在不停地收缩,收缩得快要贴到后背了。我一点也不明白他的那篇讨厌的文章都说了些什么。"在他前面有三个二年级的学生发言:

(彼得)鲍威尔是奥地利人,发言时话说得飞快,以至于没有人能够听清他在说些什么,他因此而蒙混过关。接下来是斯坦普——焦西亚·斯坦普的儿子,他就一个旅行者和一张地图进行了一番冗长和复杂的比拟,其中根本没有提到经济学,也逃过了这一关;而(亚历山大)韩德森现炒现卖了琼·罗宾逊刚刚说过的东西,然后,还未等到别人问他所说的是什么意思就坐下了——他也逃脱了。

我试图就价格水平和稳定说些东西,但未能躲过提问。在我做完一番吞吞吐吐不得要领的发言之后,我把脸转向隆巴蒂,一副询问的样子。但他把头抬起来，一脸困惑，情有可原地说他不明白我想解释什么问题。

我转向四周，用一种绝望窒息的声音问道是否有"任何人"能够明白我所说的要点是什么。

但是不用说，没人能够，这时凯恩斯仗义地解救了我，他说"我想我知道你所指的是什么……"然后开始解释一个很长、很难的理论问题，这个问题我当然从来想都未想过，但是却极赞同他的观点。

等到他精彩地结束了这次讨论，我还没等别人有机会抓住我讨论，就先溜了出去。

在他发表的关于此次讨论会的回忆文章中，斯特莱特说，当凯恩斯发言完之后，他看了他老师一眼，脸上一点笑容也没有，由此表明凯恩斯并不想要他的感谢之情。这件事有力地证明了凯恩斯是如何赢得年轻人的尊敬的。

两个星期后的10月28日，有一场关于马克思主义的讨论。斯特莱特当时是一个热情的马克思主义信奉者，但只是到了讨论会的前一天晚上才头一次打开《资本论》阅读，在他刚刚发表完一番颇具特色的演讲之后，凯恩斯就起身开始发言了。

他站在壁炉前像一个大狗熊，身子前后摇晃着。他说，马克思主义作为一个经济学上的概念甚至比社会信贷还要低。它是一种复杂的欺骗人的东西，它的唯一价值是它的混乱性。他已经读过马克思的著作，感到它就像一本侦探小说，想要对一种想法找到一些线索，却从来未能成功。

斯特莱特回忆说，这是第一次由一位著名的剑桥知识分子向这个"俘获了大学生们思想的新正统观念"发起了挑战。

5 为美好的生活做简朴的准备

30年代的萧条资本主义环境并没有阻碍凯恩斯"令人讨厌地富裕起来"。1929年时他实际上已经损失了所有钱财；1931年时他甚至想过要把他的两幅最好的收藏画——马蒂斯的《脱衣》和瑟拉的《静物》——出手卖掉，但在他开的最低价位上仍然没有找到买主。但到了1936年时，他的净资产已超过50万英镑，相当于今天的1600万英镑。在这段时间里，他的资本已经升值了23倍，而华尔街的股票价格在同期里仅仅翻了三倍，伦敦股票市场的价格则几乎没有怎么动。凯恩斯资产的进账大多来自于纽约。他于1932年重新进入华尔街，到1936年时，他的资产中的40%是美元账户。凯恩斯是个引人注目的成功投资者，尽管也曾过三次大的失败，分别在1920—1921年间、1928—1929年间和1937—1938年间。实际上，他的所有保持下来的收益都是在1932年以后挣的。凯恩斯的年收入可观，但并没有到惊人的地步。1930—1936年间，他的平均年收入为6000多英镑——约相当于今天的15万英镑。而在1936—1937和1937—1938两个税收年度里，这个收入一下子超过1.6万英镑（相当于今天的50万英镑），但此后就再也没有达到这个水平。他的学术收入在1930—1936年间占到总收入的三分之一，其他部分则来自于红利和各种收费。他和莉迪娅的生活十分舒服，但并不奢华。

凯恩斯对几个公司和剑桥国王学院的投资政策也负有部分责任。凯恩斯和福尔克为朋友们所设的"PR投资信托公司"于1935年结束。"独立投资信托公司"在大萧条期间也遭受打击。福尔克和凯恩斯再次闹翻，凯恩斯在30年代几乎没有参与其事务。剩下的公司还有"国民共同基金"和"地方保险公司"（后者是由弗朗西斯·斯科特管理的家族信托基金）。凯恩斯直接控制的力度越大，投资效益也越好。一个突出的例子是他所掌管的"学院公款基金"，不像其他学院基金，这个基金完全在他的掌握之下，它的资本在1920—1936年间增长了近六倍——从3万英镑增加到20万英镑——其增值大多发生在30年代里。"国民共同基金"和"地方保险公司"的投资决策由董事会决定，而凯恩斯只是其中的一个董事，它们的收益远远没有那么好，但其收益指数还是相当可观的。

凯恩斯的个人投资哲学随着他的经济学理论而变，两者之间的共生联系在他的《通论》一书的第12章里展现得很清楚，在那里他对投资和投机做了很明确的区分。在20年代里，凯恩斯把自己看成一个科学的赌客，他在货币和期货上进行投机，与福尔克一起，想按照经济周期来玩一把，这是他相信"预测"的高峰期。他认为可以通过预测短期变化规律在这些市场上做赢家。这种赌博的直觉从来没有完全熄灭过。1936年的一次偶然事件就是一个著名的例子，当市场上的小麦价格下跌时，他不得不从阿根廷向英国调运一个月量的小麦，他计划把小麦囤积在国王学院的小教堂里，但在得知地方太小放不下时，他随机应变对小麦的质量提出异议：清洗小麦花了一个月。等到结束时，小麦的价

第 29 章 新政

钱已经上去了,足以使他毫无损失地从中脱身。当时的抱怨声甚嚣尘上,说某个"可恶的投机者"垄断了市场!

到了30年代,他则倾向于把这类活动斥之为是一种笨蛋的游戏。他的新的投资哲学可以总结为:要牢牢地守住几只经过精心挑选的股票:他称它们为他的"宠物"。在股市下跌时,一个投资者应该是买,而不是卖;找到便宜货的期望要比屈服于大众的恐慌心理要更加理性些。这样,他的个人投资哲学便与他的不断加强稳定投资需求的理论看法相一致。像政府这样的投资者应该与那种要把股票变成现金的狂躁行为做抗争。正如1938年他在"回忆俱乐部"的演说《我的早期信仰》中指出的那样,文明是一个"脆弱而不牢固的外壳",认识到这一点也就明白了(政府)投资行为在社会稳定中的理性利益所在。凯恩斯的头脑中已形成了一个在长期的自身利益和大众利益之间进行平衡的新形式。

作为一个投资者,凯恩斯把自己看做是一个"不随波逐流的人"。他在1937年9月28日对拉鲍戴尔(法国金融记者——译注)这样说道:

> 正是在生活和行动的这个领域里,胜利、安全与成功总是从来只属于少数人,而不是多数人。如果你发现有人同意你的看法,你就应该改变你的主意。当我能够说服我的保险公司的董事会去买某个股票时,那么按照我的经验,这就是应该卖掉这个股票的时候了。

有迹象表明凯恩斯在社会问题上的看法越来越趋于保守,这可从他对乡村生活的投入上窥见一斑。凯恩斯年轻的时候像他那个时代和那种环境下成长起来的任何一个中产阶级成员一样,乡村生活(尽管不拥有一个乡村别墅)被看做是偏见和迷信的同义词。在20年代,他对投资土地不屑一顾,并且把国王学院拥有的许多土地都变换成了现金。这个态度在20年代末开始发生变化,当时的农业萧条使得国王学院在处理1925年购买的位于林肯郡北部的艾尔什姆庄园时面临是卖掉还是自己经营农场的选择。凯恩斯令人难以置信地成为第二种选择的最强有力的支持者。"这里面有某种赎罪的成分,"当时的房产财务主管休·顿福特这样写道。凯恩斯对经营农场的态度曾经就像一个精明务实的会计师的态度一样,但是现在却向土地的浪漫精神屈服了。这种变化并不是一种抽象的冲动,他认真地履行他作为一个正在提高水平的地主的职责,常常去那儿视察,很懂行地与农工们讨论牲畜的品种优劣和猪的吃食习惯等。农工不是英国工人阶级里典型的代表。

他同他们第一次认真的接触使他变得仁慈博爱,而不是激进,并且也培养了一种潜在的家长作风。30年代,他在提尔顿庄园与爱德加·威勒一起搞了一个养猪场,并负责向一个当地的腌制厂家供应高质量的猪肉。他们养了一头巨大的公猪——"提尔顿俊小伙",凯恩斯还对威勒养的大白母猪生了"一大群小猪"表示祝贺。他开始把自己视为是"提尔顿乡绅"。1934年他获得了在提尔顿森林的狩猎权。而在1935年年底时,他签了一个包括房子以及整个农场在内——总计有大约300英亩——的新租约,并任命了一个管家娄根·汤姆森对整个农场进行管理。圣诞节时莉迪娅也开始给农场工人们发放礼物。与此同时,像我们已经看到的那样,他开始称颂国家的自给自足并大谈手工劳动的尊贵之处。所有这些都是他的个性和视野演变的一部分,而他的经济学则为此提供了一个微妙的理论基础。批评家们会说《通论》代表了一种学术上的倒退,其实更公正地说,它应被看做是针对30年代的现实所做的一种精神和道德上的调整。

  凯恩斯不是那种一生按平均数花钱的人,他并不奢侈,但当他有钱时,他就使用,但不是用在改善个人的生活上,而是用在美好生活上。30年代,随着他的财富的增加,他对慈善事业的赞助也有所提高,尽管有两次他的好意因为大萧条而夭折。"卡尔马戈协会",像我们已经看到的那样,在萧条危机最深时推出了两季芭蕾演出之后于1933年解散。"伦敦艺术家协会"也于同一年寿终正寝。1930年,凯恩斯由于极力支持年轻画家的要求而与邓肯、范奈莎和罗杰·弗拉埃在扩大协会问题上发生了激烈的争吵;邓肯和范奈莎在接受了"托马斯·阿格钮父子公司"一个"太有诱惑力而无法拒绝"的出价之后于1931年退出协会。他们的背叛使得协会遭受了毁灭性的打击,因为他们是协会中作品销路最好的画家。在"伦敦艺术家协会"破裂后的几年里,提尔顿和查尔斯顿之间的关系变得极其冷淡。另一方面,就邓肯和范奈莎来说,离开协会最后被证明是一个错误的决定,他们失去了与年轻画家的交流,而他们自己的个性又不足以强到能够影响时代的艺术品味,因此他们的声誉迅速下降。

  凯恩斯用他的财富收藏画作和书籍。在1935—1937年间,他又为他的收藏品增加了两幅塞尚和两幅德拉克洛瓦的画作。他也第一次购买了伊文·希金斯的一幅画作,希金斯是一位年轻的英国人,在30年代后期成为人们所推崇的画家。瑟拉的由三幅画作组成的系列作品"大盆"是画家的精品,凯恩斯没能收藏到全部,他于1935年从画家家族手中买到了一幅,而现在已成了"芝加哥艺术研究院"的瑰宝。他于30年代中期开始大规模地收藏书籍和手稿,他"逐渐有计划地围绕思想史开始了一种真正的综合性收藏"。

第 29 章 新政

他的最初收藏是1934年12月在吉本（即《罗马帝国兴亡史》的作者——译注）的洛桑书房的拍卖中购买的36种书目，在以后的余生中，他一直在系统地进行收藏。他对书籍和手稿日益增长的收藏兴趣吸收了他早期用在股市上的精力，但他所采用的原则与买股票时一样，即购买那些他认为相对于它们的自身价值来说标价偏低的那些股票。也是从这个阶段开始，他开始向慈善机构大量地捐赠，并为"小兔儿"·加奈特、邓肯·格兰特和下一代的亲属们设立年金，还向朋友们慷慨地赠送礼物，这些礼物主要是珍本书籍。

在这些年里，凯恩斯的主要资本花费是在他的建筑项目上。1935年年底，他在获得了提尔顿的新租约之后，委托乔治·肯尼迪帮他重建提尔顿，造一个新的侧面建筑和一个巨大的主楼梯。肯尼迪也为剑桥国王学院的学生们设计了一个耗资4.2万英镑的剧场和住宿楼建筑计划，其位置是一个面对皮斯小山和圣爱德华通道的场地，但是学院的院务委员会不愿为剧场提供资金。凯恩斯于1934年7月25日向院务委员会呈交了一份备忘录，其中他提出愿意在对该场地的一部分商定长期租约的情况下，对建造和运作该剧场承担提供资金的责任，这就打破了僵局。"我相信，"他写道：

> 一个良好的具有所有现代演剧技巧设计的小剧场对我们理解戏剧艺术，以及它与文学、音乐和设计的相依关系是非常必要的，就像实验室对实验科学的必要性一样。正是我们这代人的优秀之处使得我们愿意从学校的真正利益出发努力来把这个剧场恢复……到它在17世纪初所具有的地位。

肯尼迪为剧场设计了一个耗资1.5万英镑的新规划。1934年10月，凯恩斯任命诺曼·奥本肖·希金斯作为建造"剑桥艺术剧场"而成立的公司的经理，年薪400英镑，希金斯当时正管理着那个"极不舒服"的大都会影院。凯恩斯自任公司的主席，公司董事会的其他成员还有达迪·瑞兰兹和J.M.哈维小姐，后者曾是"卡尔玛戈协会"的管理员，现在正管着"伦敦电影社"。希金斯将来也管理剧场，剧场也会放映电影。希金斯说他一点也不懂舞台管理，凯恩斯安慰他说："我们将从经验中学习，不要因为现在的冒险将来也许被证明是不妥的想法所阻挠。"

建筑设计是一个可容纳500—600人的剧场，不久又在设计里加上了一个饭店，凯恩斯坚持认为一个去剧院看戏的文明人"一定要能在剧院内进晚餐"。剧场于1935年3月开始动工。因为没有什么人购买优先股，因此最终建造这个剧场的2万英镑大多都出自凯恩斯，其中一半是以无息贷款的形式提供给公司。凯恩斯的妹妹玛格丽特和哈维小姐也提供了一小笔资金。"有点钱的最大好处在于，我认为，"他于1935年1月17日写信给莉迪娅说，"不用求别人。"

因为他提供了绝大多数的资金，因此凯恩斯自然在费用上严格把关。当然，以凯恩斯的典型作风，他对此项目中的每一个方面都产生了一种永不满足的兴趣。他在1935年2月10日告诉莉迪娅说："你简直不能想象要照顾到多少细节。"凯恩斯在灯光和电的问题上亲自与工程实验室的英格里斯教授联系。对管弦乐器在乐池中的位置他也要唠叨，对用帘子或"某种木制的新发明的玩意"将底层舞台与乐队分开来的声音效果问题也要再三考虑。观众席位的设计和位置由他拍板定夺，他还对镶板的颜色大加操心。因为他曾经感受过莉迪娅的后台条件，他与希金斯一起想办法把更衣间弄得"尽可能的大和方便"。而找一个人来运作剧场的饭店则更是一个无尽头的噩梦：请伯顿太太做管理员的决定因为她自己饭店的破产而不得不匆忙收回，达迪提供了一个"有社会关系的、富有的年轻从男爵"做候选人；卡恩推荐了一个合适的"细腻"女子；而希金斯挑的是一个与匈牙利厨师结婚的男管家。最终定下来的是胡普太太和特拉威斯太太，工资为一周三英镑。让人感到满意的是董事会所做的下列决定："由董事会主席和赖兰兹先生在购买酒的问题上自行做主。"然而，这个饭店从来没有运转得很好。除此之外，组织安排第一个演出季的任务也落在凯恩斯身上。他给剧作家们写信请他们把剧本寄给他，并给剧院经理们写信以交换演出作品；他试图能与伦敦的演出季挂上钩。爱尔兰剧作家肖恩·奥卡西对整个想法持很大的怀疑态度："他（凯恩斯）是不是有点精神不正常？"奥卡西问受凯恩斯之托做中介人的大卫·加奈特："他最好还是为英国剧作评论家们建一个疗养院。"首个演出季终于凑合起来了，它的精彩部分包括一个由维克—韦尔斯芭蕾舞团的首场演出和一组由四场演出组成的易卜生剧，莉迪娅在其中的《玩偶之家》中扮演娜拉，在《建筑师老板》中扮演茜尔达·万格。剧场原计划于10月开张，但不得不延期，因为施工结束比预期的晚。

1936年1月初，凯恩斯仍在检查"火柴盒的设计、小听差制服的设计、换衣间的软木地板的设计等等"。工人们通宵达旦地工作以为演出季开张做好各项准备。终于，到了1月17日，凯恩斯告诉莉迪娅说，"基本工作已经完成"。他对剧场的落成外观非常满意，除了"它的那个好奇的五角形状（它代表了五种舞台艺术：戏剧、歌剧、芭蕾、音乐和电影）我眼里看上去有些不够平衡"。这个剧场本身没有一个正面，是从学生宿舍的底下进去，如今

第29章 新政

仍在使用。它显示了肯尼迪的一种特殊才能,可以从没有空间的地方魔术般地变出宽敞的内部空间,并能将自己的设计风格与周围已存在的建筑的风格融为一体。

梅纳德的书此时也处在"润色"阶段,这表明有一些相当大程度上的重写,主要是缩短和简化。"我要说的东西并不真正如此可怕的复杂,"他写信给哈罗德说,"但是每个经济学家的肘边都坐着某个魔鬼般的天才,迫使他进入所有类型的扭曲和不必要的复杂性中。"1935年2月,他带着他的新理论去了牛津;结果与休伯特·韩德森,他现在是牛津大学万圣学院的研究员,发生了一场著名的争论。长条校样在6月中旬寄给哈罗德、霍特利、卡恩和琼·罗宾逊。与罗伯逊的意见交换不再继续,因为凯恩斯对丹尼斯在那年早些时候所做的评论感到"极度的不愉快";认为他的思想"变态"。韩德森和庇古也没有接到校样。因此,在他这一代人中,凯恩斯认为只有霍特利有着足够的共鸣可以在最后阶段帮助他。战线正在形成。

哈罗德的批评意见有最大的影响;凯恩斯于9月10日写信给他说,他"从你的重击中学到很多东西,希望得到更多的意见"。哈罗德那时在牛津的基督教学院教经济学,尽管他未曾卷到"竞技场"中,但他和米德是牛津的凯恩斯主义主力。不过这并未阻碍哈罗德在1934年的《经济学杂志》上把庇古的《失业理论》一书评价为"最重要的学术成就"。哈罗德的主要目标是要使凯恩斯降低他对传统学派批评的调门,他在1935年8月30日给凯恩斯写信道:

> 在第一卷中,你对传统学派的观念提出了非常重要和有效的批评。传统学派观念的内涵是认为任何给定的产出水平都是与一个给定的实际工资水平——相应的……一旦你对此种说法给予当头棒喝,达到了最大效果,那么产出水平要么就是不确定的,要么就是必须使用传统理论所不能提供的某个新方程来确定。由此而得出的结论是很清楚的,我们需要一个根本性的理论重建工作,而你的新方程就是"流动性优先程序表"……其后就没有必要再对传统学派体系做进一步的批评。你后面所做的所有批评都是一种过于挑剔的、不相干的、含糊的、无益、琐细和让人毛骨悚然的批评。

关于凯恩斯对利率传统理论的攻击,哈罗德批评的出发点是凯恩斯所采用的具有争议的处理手法,但同时他也认为凯恩斯对传统理论的认识有误。对于前者,他敦促凯恩斯

第六部分 救世的经济学家

"尽量减少而不是尽量扩大你对普遍接受的说法所要进行抨击的程度。一个全面的大破坏当然令人激动,但是……你已经不再需要这些人为的刺激因素以引起人们的注意"。

凯恩斯在8月27日曾有过一个回复:

> 但是你的反应的总的效果……使我感到,我对传统学派的攻击应该加强而不是减弱。我的目的当然不是为了哗众取宠,而是需要被理解。我对你身上所表现出来的一种倾向性的蛛丝马迹感到极其担忧,这种倾向性显然接受我的建设性意见,但同时发现这个建设性意见部分与一些普遍采用的观点之间有着相通之处,而这些普遍观点又只能是在误解我的这部分建设性意见之下才可能产生。也就是说,我预计我写的东西中有很大一部分将不会发生作用。我敢确信它将毫无影响,除非我的批评能够强到足以逼迫这些传统学者们做出反驳。所以,可以这样说,我"想要"引起一场争论。

哈罗德在1935年8月12日所做的具有实质性的批评如下:

> 我以为,认为利息使得投资需求量与储蓄供应量相等的说法是有道理的。我还认为,储蓄必须等于投资的这个事实本身并不会使得利息是使它们相等的代价这样一种假设变得无效。此外,我也认为,如果有某种其他机制能保障收入经久不变,就像老的传统学派理论所假设的那样(即它毫无保留地假设收入是经久不变的,而没有把利率设想为是保持收入为常数的机制),那么那种认为利率使投资倾向等于储蓄倾向的传统说法将不仅仅是有道理的,而且也是真实的。
>
> 我感到,你的观点的实质在于,认为在供求分析中的"假设其他条件不变",这里包括收入水平,是站不住脚的。(因此)传统理论也是站不住脚的,但还算不上胡说八道。

哈罗德的批评等于是说,如果实际工资是灵活的,那么利息的传统理论将是真实的。然而,凯恩斯坚持认为利率的传统理论所做的所有假设都没有任何道理,"必须整个儿地放弃,没法再修复成任何一种形状或形式"。他在9月10日写道:

第 29 章 新政

　　传统理论的毛病不在于因为它假设固定收入而限制了它的运用范围，而在于它没有看到，如果它的自身变量（即储蓄倾向和资本的边际效应图表）中的任何一个发生变化，那么收入在"其他条件都不变"时也会变化；这就是说手适应了工具，当它的自身变量变化时，该理论既不明白，也不能告诉我们利率将如何变化。

　　因此，我认为假设收入固定的同时又假设储蓄倾向与资本边际效应计划表是变化的做法是愚蠢的。

　　凯恩斯没有改变他认为传统利率理论是一个"胡说八道理论"的立场，但是他确实放弃了储蓄和投资同一性使这个理论变得愚蠢的观点。他也采纳了哈罗德的建议，在书中绘一张图，这张图成了《通论》中的唯一一张图，图中有相交曲线，第一条曲线表明了在每一个利率下的投资量，而第二条曲线是在每个利率下的收入储蓄量。凯恩斯接受作图的建议是因为该图"最佳地"显示了"在给定的资本边际效应安排和消费倾向下，利率和收入水平之间"的关系，而不是像哈罗德的观点那样，认为储蓄"同时"由利率和收入水平确定；他坚持认为利率与"储蓄绝对没有任何关系"。

　　在叙述历史的那一章中，凯恩斯决心要对他在1913年就J.A.霍布森的一本书写的苛刻书评进行修正。卡恩做了许多补救工作；而凯恩斯自己在1935年已经与霍布森通信，并利用这个机会既向他道歉，同时又简明地重述自己的理论：

　　我要说的基本要点在于，不可能存在有比目前投资结果所能提供的更多的储蓄。因为如果对储蓄意愿不具有很强的吸引力，其结果就是有效需求的不足，从而导致就业减少；失业数字的增加必须要使社会贫穷到使人们愿意储蓄的量减少到与他们愿意投资的量相等时为止。

　　1935年，除了在7月与莉迪娅一起短暂地造访安特沃普讨论稳定兑换问题以外，梅纳德的整个夏天和初秋都是在提尔顿修改他的书稿。他的身体又一次出毛病，6月得了流感，8月又发生一次"严重的胆汁问题"。佛萝伦丝和内维尔·凯恩斯过来住了一段时间，内维尔刚刚奇迹般地从一场大病中恢复过来。8月，卡恩来小住，还有梅纳德的外甥女波莉·希尔也来了，她现在正在纽汉姆学院读经济学，希望她的舅舅能做她的导师。

第六部分 救世的经济学家

金斯利·马丁也前来造访,梅纳德最近说服他继续留在《新政治家周刊》,不要接受在阿伯斯威斯的一个对他颇具吸引力的教席。凯恩斯同时还得解决争论不休的文学编辑位置(雷蒙德·莫提默和"小兔儿"·加奈特两人都想要这个位置);同时,为了给皮埃洛·斯拉法找一份能使他留在剑桥的工作,他也一直备受压力。但是他注定要去帮助别人解决问题。9月15日,莉迪娅告诉佛萝伦丝说,她一直在读一本关于阿比西尼亚(今埃塞俄比亚——译注)的书,"怎么能生活在这样的国家里……除了王中之王以外,没有人能有厕所用……"阿比西尼亚危机即将爆发,而在这之前不久的英国大选中,梅纳德第一次,也是他一生中唯一的一次,投了工党的票,尽管他仍然盼望能够在"善良的鲍德温国王"领导之下能够产生一些渐进式的进展。

圣诞节早上,莉迪娅给村民们带去了"成包的商品"。她和梅纳德一起视察了他们的由"英国最漂亮昂贵的大母猪所生的带黑斑的粉红色小猪……他们神采飞扬,足以让任何一个影星都会仰慕不已"。邓肯·格兰特、邓肯的母亲和卡恩与他们一起共进午餐——有火鸡、火腿、奶酪和芹菜。他们聊了很长时间以至于错过了英王的圣诞讲话,这次讲话是英王去世前的最后一次讲话。莉迪娅向佛萝伦丝报告说,梅纳德"身体很好"。每天,爱德加用车子将他们送到山坡顶上,"然后我们走下来,蜷缩在椅子里,喝茶,让感觉进入梦乡"。

《就业、利息与货币通论》于1936年2月4日发表,而剑桥艺术剧场则在前一天正式开张:两个由同一种情感维系在一起的项目,在时间长河的某个时刻汇在了一起。

第 30 章
"向月亮开枪"

1 视野和方法

《就业、利息与货币通论》（简称《通论》）是一部让读者不断感到着迷的著作。这是一部既简洁又微妙、既艰涩又深奥的著作。它为我们提供的不仅仅是对现时经济运作的行为应该如何做系统性的思考，而且还涉及在任何时候追求更大财富的陷阱。它把对未来的预测与严格的科学方法相结合，展示了就业不足条件下达到均衡的可能性。年轻的有思辨倾向的经济学家把这本书看做是种种带启发性思想的储藏室。但是经济学家对它的主要兴趣还是在它的实用性一面，尤其在这个世界划分为腐朽的民主体制和掠夺性的独裁政权的时刻更是如此。

凯恩斯理论的核心是关于"总产出和总就业的理论"，而不是正统经济学家的关于特定的资源的不同配置和使用对分配的影响的那种理论。凯恩斯是第一位用社会总支出所产生的总产出来观察经济的学者。这种对国民经济的结构的新看法是《通论》最有生命力的遗产。

社会总产出和总就业依赖于社会的总支出。如果工人和机器被闲置不用，只能是因为社会对这两个因素结合所制造的产品的购买不足。如果我们能够用货币来计量社会总支出是多少，以及失业工人如果重新工作以后能够增加的产出是多少，我们就能计算出对社会购买力（或需求）需要注入多少才能弥合"产出的缺口"。所以，凯恩斯的总体概念直接引出了国民收入账户概念的发展，以及同他的名字联系在一起的"需求管理"的政策取向。就业依赖于需求的观点在《通论》中的一个著名的，也是有着极端特点的段落中反映出来：

如果财政部把纸币塞进旧瓶子里,把这些瓶子埋在废弃的矿井里的适当深度之下,用垃圾来把这些矿井填平,然后转交给私人企业,让它用久经考验的"自由放任主义"的原则去挖掘这些瓶子……我们将没有任何失业。

然而,这个经济"模式"深深地根植于凯恩斯把经济过程看做是一个道德过程的戏剧性的推演之中。他认为,"社会心理"决定了人类的永久性的经济问题,因为社会心理是人们对将来的不确定感到担忧,因而不断地要求行动。由于将来是一个未知数,而且令人生畏,所以作为人们经济行为的唯一理性目标的"美好生活"就会被由于体制原因造成的经济的不佳表现所推迟。实际的总产出总是低于"潜在的总产出",在经济衰退中,这个缺口就更是灾难性的。只有在某些"激动人心"的时刻,经济机器才会全速运行。所以,我们可以理解为什么经济进步的速度一直缓慢而且时断时续。

正是由于他明确地意识到不确定性对人类行为的影响,凯恩斯才同古典经济学的观点发生决裂。古典经济学关注的是在资源稀缺的条件下如何做出选择的逻辑,而凯恩斯经济学所关注的则是在不确定的条件下如何做出选择的逻辑。这个视角上的转变引起对行为心理的一种激进的解释。凯恩斯称之为"储蓄偏好"的行为主要源于对将来的担忧,而不是对将来生活能够过得更好的憧憬。投资也不再以理性的算计为主要动力,而是被"动物本能的精神"所驱动。不确定性给将来带来一种永久的阴影,对经济进步是一大障碍。只有用激动人心的事件来刺激经济,才能使它从循规蹈矩中走出来。凯恩斯在《论货币》中做过一个特别的猜测,他认为德雷克(英国殖民探险家——译注)当年从西班牙人手中截获了大量的金银财宝(1570—1580年间)不仅仅是英国海外投资的起源和动力,而且从更一般的意义上讲,是英国经济发展的基础。

对不确定性的关注引导凯恩斯对货币的起源和功能产生了不同的看法。他认为货币的发明主要不是为了改进以物易物的贸易方式,而是为了提供一种"储存价值"的功能。持有现金能够减少人们对不确定性的担忧。人们总是面临一个花钱与如何花钱或者不花钱的选择。手头有流动资金可以让人退出经济活动。凯恩斯否决古典经济学的"萨伊法则"——即"供应总是能够创造对它的需求"的理论。他的逻辑支点正是基于这样一个事实:在货币经济的条件下,人们有不花钱的自由。

凯恩斯对"爱钱癖"的看法在《通论》中也有转变。他过去一直认为"爱钱癖"是对生活的正确目标的一种歪曲,是随着清教伦理一道产生的。但在20年代,他至少把它看做是有一定社会功能的东西:对蛋糕不予以消费就可以提供资本投资所需的资金,由此而引向繁荣的时光。在《通论》中,"爱钱癖"被用来解释为什么这个蛋糕没有被做得更大一些,以凯恩斯的新道德观念,"爱钱癖"的功能不是为了建设更好的明天,而是要保持一种"高利贷"式的利率,从而使企业家缺乏资本来源。因此政府的任务就是要设法降低资本使用的费用,并且在资本不足的情况下提供缺额的资本。只有这样,经济发展的速度才能被提高,人们才能提前进入富足、休闲和享受的大好时光。

我们可以把《通论》解释为是一出道德剧,但它绝不是一出历史剧和社会剧。凯恩斯早期著作中的那些社会场景彻底消失了:那些清教徒式的靠收取租金生活的阶层、经营者阶层以及工人阶层都成了没有血肉的"偏好"而已。书中也没有再提第一次世界大战以及政治和金融的动荡,更没有资本和劳动力之间关系的消长,所有这些可被称为经济大衰退的"原因"。这场大衰退是一个特殊现象还是市场经济运作过程中永远存在的可能性,这个问题光靠经济学是解释不清的,必须还要借助于历史学和社会学。

用经济理论的规范语言来讲,凯恩斯革命性的成就表明了在就业不足的条件下也能够达到经济的均衡。权力分散的资本主义制度没有充分利用所有资源的自然倾向。古典经济理论强调相对价格的互相调节能够保持(或很快恢复)"理想的"均衡状态。凯恩斯则取代这个理论,提出很多不同水平的均衡状态,每一个状态都与一套对将来的预期相对应。约翰·希克斯第一个注意到凯恩斯的"预期方法"的革命性。他写道:"这个方法的要点是把可定因素重新引进变化的过程中去。只要产品的存量(包括资本品)在某个特定时段的开始阶段能够确定,以及我们可以确定人们对将来的市场条件是如何预期的,那么,在任何一个短时段里,我们都能够确定总产出(包括商品和服务)、总就业和整个价格体制的数量关系。"

在劳动力和厂房都供过于求的市场经济条件下也能够达到均衡,这样一个观念就其本身来说并不是第一次被提出,它的根源可追溯到马歇尔提出的"短期"或"暂时"均衡的概念。马歇尔用这个分析工具来区别两个现象:一个是就业量针对某个特定的资本股本(厂房、机器设备)所做的初始调整,另一个是资本股本本身在经济因素的长期作用下产生的扩张或者缩小。他的目的是展示由需求的振荡所引起的供应方面的反应需要一段时间才能充分展开。而在这个间隙期间,劳动力的供应就具有弹性。凯恩斯将马歇尔处理某个特定市场的时间效应方法用于整个经济。他的就业不足的均衡所展现的是整体经济中出现的劳动力过剩同现存的总产业资本股本之间的关系。他用"预期方法"将一个动态的画面暂时凝固住，从而能够声称这个所谓的"短期"也许能持续很长时间。在经济大衰退的条件下，这个分析工具似乎是合理的，同时，这个方法也让凯恩斯能够设计一些稳定的数学函数"以让中央政府可以据此有意识地控制和管理诸种变量"。然而，将动态过程"凝固"起来算不算达到真正的"均衡"状态是有问题的。正如奥地利学派和瑞典学派的经济学家们所指出的，这个方法排除了"生产结构"的变化在"古典式"的调节过程中的核心作用。凯恩斯承认在经济复苏比较缓慢的条件下，"生产结构"的调整在某种程度上可以发挥作用，但他否认这类调整能够导致充分就业。长时段的就业量也许比每个特定时刻的就业量要高，但仍然不是充分就业。

《通论》中既有凯恩斯的实证性理论，也有对他称之为"古典理论"的批判。丹尼斯·罗伯逊说这本书里的攻击对象是"一个不确定时代的复合型的靶子"——凯恩斯把它统称为"古典经济学家"。凯恩斯对这个神秘人物的攻击方法让许多人感到不快，但很有效。他的方法旨在引出他的反对派的那些"暗藏的假设"，用以维持他们对自我调节的市场的信任。他特别有效地展示了他们的信念背后所必须要有的前提。《通论》展现了三方面的创新：凯恩斯不但创建了自己的理论，而且还创造出一个"古典理论"，同时还发掘出一个非正统的学术传统，而他自称是该传统的传人。

凯恩斯在把他的中心观点强行塞进他的理论模式中所受到的种种限制和所遇到的困难使得《通论》成为一本很难消化的著作。第二部分中的大部分内容是对各种概念的定义，读者在阅读此部分时所遇到的困难恐怕并不亚于作者写作时所遇到的困难。他的"失业均衡"到底是短期还是长期持续的现象在书中并不清楚，所以人们很难把它同古典经济学的存在充分就业的大趋势的理论联系起来讨论。在《通论》出版之后，凯恩斯不断警告人们不要过早地把他的理论规范化。但是，把凯恩斯的理论简化为一个机械的模式是同它后来作为政策工具的成功分不开的。

我们比较容易理解为什么《通论》中的简单的思想常常被淹没在大量的迷宫和悖论当中。庇古的评价是："我们看到的是一个向月亮开枪的艺术家。不管对他的枪法如何评价，我们都会敬佩他的独创精神。"一旦《通论》被理解之后，夜间世界的视野就消失了，因为它不是撰写经济学教科书的合适方法。

2 《通论》的要旨

一个经济的产出有赖于两种类型的需求——即消费需求和投资需求；用凯恩斯的术语来说就是 Y = C + I。这个公式的全部含义是说现时的产出必须同购买它的那部分收入相等。《论货币》中的那类使储蓄可以不等于投资的特殊定义已经荡然无存。储蓄 (S) = 收入 (Y) − 消费 (C)，所以投资 (I) = 储蓄 (S)。储蓄和投资就像连体双胞胎一样不可分。它们随着产出（即收入）上下波动。因为就业依赖于产出，所以凯恩斯获得了一个就业理论。他可以说，就业有赖于"有效需求"——即人们在消费和资本品上的支出。这就是《通论》的基本的"简明"的论点。

该书的第三章是对"有效需求理论"的一种初始阐述。有效需求的定义是企业家对他们决定提供的就业量能够带来多少的订单（即企业主收入）预期量。当企业主预期能够销售的产品数量带来的收入同预期的生产成本相等时，就业就处于均衡状态，没有变化的趋势。凯恩斯坚持认为，如果预期的企业主收入同预期生产成本相同，经济也可以在充分就业不足的条件下达到均衡。他在书中的后面部分一直在展示如何会出现这个情况。

第三和第四部分讨论消费需求、投资需求和利率。这是他的分析的核心，因为这几个变量决定产出和就业的水平。短期的"消费偏好"在现时的收入当中是一个"相当稳定"的数量。根据凯恩斯的"心理法则"，当收入增加时，消费增长的速度低于收入增长的速度，而收入降低时，消费的降低也比收入缓慢。消费相对收入而言更加稳定这个事实给经济体制提供了一定的稳定因素。更重要的是，一旦消费偏好成为已知数，我们就能展示收入的增长和下降将如何达到一个固定的位置，在这个位置上储蓄和投资是相等的。如果我们用《论货币》的术语来描述，当储蓄"跑在投资前面"时，收入的下降就会自动地消除过量的储蓄，从而整个社会更加贫困。如果投资超过储蓄，收入的上升就会自动地产生额外的储蓄，从而整个社会就会更加富裕。正如奥斯汀·罗宾逊所指出的："在均衡的状态下……储蓄必须同投资相等……如果这两者不相等，经济活动的水平就会发生变化，直到恢复相等。"

从卡恩的就业乘数得出的著名的收入乘数可以看出，收入水平需要上升和下降多少才能消除预期的储蓄同实际投资之间的缺口。它也可以使收入/产出的调节成为经济达到一个新的均衡位置的主要机制：所以后来的凯恩斯主义的流行口号成为"数量调节，而不

第六部分 救世的经济学家

是价格调节"。据一个主要学者的看法，这个正反两面的表述是《通论》中"主要的新论"。它同时也是《通论》中对政策最有用的内容，因为它告诉政府需要额外支出多少才能解决失业问题，或减少多少才能消弭通货膨胀。在30年代初，通货膨胀不是一个大家关心的问题，但到了第二次世界大战中，凯恩斯的总体计算方法成为交战国政府控制通货膨胀的最有效的工具。

消费函数所展示的是，一个节省一部分收入的社会很有可能发现自己处于"充分就业不足的均衡"状态。凯恩斯提出一个著名的"节俭悖论"，认为除非预期的投资收益上升，任何储蓄倾向的增加反而会导致实际储蓄的减少，因为收入水平已经下降。同时，储蓄偏好的上升也会对投资额带来负面影响，因为企业主的预期投资利润将下降，将来的消费将减少。凯恩斯是这样描述的：进行储蓄的决定让准备今日晚餐的企业委靡不振，同时也没有刺激准备明日晚餐的企业；事实上，"由于对将来的消费的预期主要取决于现时存在的消费经历"，所以储蓄也让规划未来企业活动的企业委靡不振。所以，一个社会越是节俭，产生经济停滞不前的可能性就越大。此外，当经济复苏产生的收入大于消费时，储蓄和投资有可能在充分就业水平达到之前就已经相等。凯恩斯据此提出在自由放任的条件下经济复苏可能在充分就业尚未到来时就已经结束，换句话说，充分就业是一个"特例"，而不是"通例"。

假设一个社会的"储蓄偏好"已知，就业量就依赖于它的投资率，或者说是资本股本增加的速度。一旦预期的投资效益率高于从银行贷款的利率，投资的动力就存在。凯恩斯称其为正的"资本边际效益"。在第12章"长期的预期状态"中，投资需求的不稳定性成为就业波动的关键因素，因为这种不稳定会引起对资本产品利润的预期的多变性。

凯恩斯的出发点是"我们对将来的收益的判断是建立在非常不稳的知识基础之上的"。股票市场让投资者手中有流动资金，所以能减少投资风险，但这同时也使得投资本身变得更具有多变性，因为投资人可以随时买进和卖出股票。股票价格是由时下的主导心态，而不是由真实的投资项目的前景所决定的，股市能够在当时新闻的影响下发生剧烈的动荡。人们对股票价格的一般判断缺乏坚实的知识基础，所以，投资函数只能依赖于"动物本能的精神"，凯恩斯将它定义为"自发的行动欲望，而不是无所行动"。

很多凯恩斯经济学家都认为第12章反映了《通论》的远见卓识，它甚至是凯恩斯革命的核心。一方面，这一章对资本主义的伦理学进行了攻击——"当一个国家的资本开发成为一种赌场的附加活动时，这种对经济的管理工作就做得很差劲。"另一方面，凯恩斯也拒绝接受人类行为可以被量化的观点。他认为："对现代世界经济生活损害很大的是信心危机，而治疗这种危机的唯一激进的办法是使个人在消费掉自己的收入和订购某个特定资本品生产之间没有选择的余地。"但这个讨论所引出的更为清晰的结论是，政府应当"在直接组织投资方面承担更大的责任"。

至此为止，我们可以将凯恩斯的理论总结如下。总产出（或实际总收入）是由消费和投资需求所决定的。假设储蓄偏好为已知，那么实际收入随投资需求的变化而变化。换句话说，实际收入将随之调整以使储蓄同投资相等。但是，这个理论尚不完全：由于银行利率对投资率有影响，所以还需要用利率来确定准确的收入水平。但决定利率的因素是什么呢？

凯恩斯写道："利率是持有现金财富的欲望和可持有的现金数量之间进行均衡的一种'价格'。"人们对他们的储蓄以现金形式的持有偏好越强，让他们借出这些资金的利率就越高。当人们对投资利润的预期崩溃后，他们的"流动性偏好"（现金偏好）就会更强，所以在利率应该下降的时候反而会把它抬高。《通论》的逻辑链条由此得以完善，因为利率可以高于充分就业所必需的"资本收益率"。

为何人们要选择现金形式来持有财富呢？凯恩斯认为，流动性偏好的必要条件，或者说是唯一可以解释它的是不太文雅的持有现金的"投机动机"，也就是说"对将来利率的不确定性"的投机。凯恩斯推断，如果不是这个动机，那么投资者从私人证券市场撤出之后就应该购买政府公债。这就会抬高公债的价格，降低它的收益，而让企业主能在借贷投资中更有利可图。但是，如果"投资者们"认为利率太低——即低于常规的或预期的水平——他们将抛出公债以换取现金，所以就会阻止或扭转利率下降的趋势。凯恩斯没有对预期利率升降的原因进一步地探讨。这个问题后来由丹尼斯·罗伯逊接下去研究。

国家货币管理机构能够通过购买公债（公开市场操作）来进行干预，但如果这个货币政策被认为是"不健康的"的政策，那么这个做法也能产生私人领域对公债的冲销性抛售。这样就进入了一个"流动性陷阱"，在这种形势下，任何货币政策都无法将利率压低到那个为了防止通货膨胀或债务拖欠的利率水平之下。利率越低，非流动性持有的收益就越小，也就是说，防止资本账户出现损失的风险保障就越小。凯恩斯认为这就是阻碍利率降得太低的主要因素。2%的长期利率"将给人更多的畏惧而不是希望，而与此同时它所提供的收益也只足以减少一小部分担忧"。这样流动性偏好就成了"绝对的现象"——即每个人都偏向现金持有,而不愿意借债。然而,这种现象在高于2%的利率条件下也可能产生,就像1931—1932年间在美国发生的情况那样。在绝对的流动性偏好条件下,货币机构对长期利率就失去了控制。尽管如此,让公众有信心的货币政策仍有希望成功,而那种被认为是"试验性的、有可能变化"的政策则注定会失败。

利率理论使凯恩斯的叙述更加完美。利率是由货币市场决定的,它通过对投资行为的影响来帮助确定任何一个时刻的社会总收入水平;通过对特定的收入水平下的储蓄偏好的影响,它能帮助确定乘数的大小。

凯恩斯的《通论》将两个观念结合在一起:(1)在正常的状态下,刺激投资的因素总是太弱,而储蓄偏好总是太强,所以不能给充分就业提供资源。(2)只有总产出和总就业——而不是工资和利率——的变化,才能调节经济以适应对投资需求的任何"冲击"。这两个命题的结合显示了资本主义的国民经济总是在产出和就业都不够"充分"的水平上波动。

第二个命题是凯恩斯的"短期"理论的实质。为了说服其他的经济学家接受这个理论是正确的、有意义的理论,凯恩斯必须说明正统的理论错在何处:他必须摧毁古典经济学对持续的失业现象的解释,因为任何人都不能否认眼前的事实。古典经济学家认为,如果货币工资是灵活可变的,那么不管对货币的需求如何,现存就业率总能够维持下去。但是,工资"黏性"这个事实足以表明为什么失业会发生,而且会持续下去——至少在工资调整开始发生作用之前是如此。这是凯恩斯原先也相信的观点:他在《丘吉尔先生的经济后果》一书中也是这么解释的。在《通论》中,这种解释已经消失,取而代之的说法在第2章中体现出来:降低货币工资未必能保持就业水平,因为就业量取决于实际工资而不是货币工资。同时,货币工资的削减摧毁了购买力,所以会降低物价,这对恢复企业主的利润毫无帮助:凯恩斯在1933年的一句名言是:"在经济衰退时,就业工人都无法逃避实际工资过高的命运。"庇古在他1933年出版的《失业理论》中认为,当工资具有充分弹性的条件下,经济衰退使工资下降的速度大于企业主收入(利润)下降的速度,也就是说生产成本比价格下降得快,这样就能通过减少工人的实际工资保持就业水平。凯恩斯对庇古的理论做了改进,将"收入"之前加上"预期"二字:在第19章里,他指出货币工资的下降对就业有何影响取决于它对预期收益的影响如何,也就是说,对总需求的基本要素,即消费、投资和利率有何影响。他的结论是,对工资的全面削减只

第 30 章 "向月亮开枪"

有在两个条件下才能改善就业：(1) 如果它能改善企业的信心；(2) 如果能减少相对于货币存量的交易资金的需求（或对工资的支付），也就是说，利率能够下降。但是(1) 的不确定性很大，而达到 (2) 的更加有效的政策是增加货币存量，"只有愚笨的人才会偏爱灵活的工资政策，而不是灵活的货币政策"。简而言之，他认为减少实际工资的平均水平以适应经济发展需要应当通过扩大需求的方法来实现，其结果是物价水平的提高。凯恩斯写道，每当相对现时货币工资水平的物价上涨，就业量也随之上升时，"非自愿失业"就开始存在。

因此，凯恩斯的就业理论并不取决于固定的货币工资和物价。他也不相信在总需求扩大之后，工资和物价仍然保持原来的水平；事实上，他认为在"非自愿失业"的条件下，即工人愿意接受现时工资水平但仍找不到工作，或被解雇的条件下，刺激需求能够提高产出和物价。在第21章即"价格理论"里，凯恩斯意识到就业量的增加会引起物价有限的上涨，与平均工资水平的变化无关，这是因为劳动力的类型不是单一的，同时也可能出现供应方面的"瓶颈"现象，此外还由于资本的借贷成本可能比劳动力成本的上升速度要快。事实上，凯恩斯把一定工资水平的相对物价上涨较快看做是经济复苏的一个条件。然而，复苏很可能会促使货币工资水平的上涨，因此，在充分就业达到之前，有可能出现"半通货膨胀"的现象。在充分就业的条件下，货币数量说开始生效，因为任何对货币需求的扩大只能提高物价。货币需求的增加或降低在产出和物价两者中的比例分配如何，至今仍然是一个悬而未决的问题。凯恩斯认为在存在大规模失业的条件下，有效需求只有有限地增加，而且人们的支出不会增加多少，从而对物价影响不大。它的影响主要在于增加就业。1939年，凯恩斯对J.G.邓洛普和L.塔西斯所提出的关于规模报酬的增加和不完全竞争条件将在就业量上升时减少单位生产成本，因而避免了物价上涨和实际工资下跌的局面的理论表示半信半疑。第二次世界大战以后的凯恩斯经济学家们认为这个因素本身就足以把充分就业条件下的通货膨胀排除出去。

凯恩斯讨论工资理论的要点在于批判古典经济学在这个问题上的看法：即在货币工资完全有弹性的条件下，不论货币收入处于哪一种水平对达到充分就业都无障碍。凯恩斯展示出只有一个货币收入的水平（或总需求的水平）才能使实际工资与充分就业相匹配。

另外一个古典的调节机制是利率。凯恩斯坦陈他对古典经济学的利率理论如何进行清晰的表述感到十分困难，但认为一般人的看法是古典理论"把利率看成是一个能够均衡

第六部分 救世的经济学家

投资需求和储蓄愿望的要素"。他称其为"胡言乱语"的理论,因为它忽略了资本需求曲线相对于收入水平的变化,而储蓄的来源正是收入。这个理论只有在假设收入保持不变,而投资发生变化的条件下才有意义。凯恩斯写道:"这个错误的来源是把利息看做是货币持有人等待的收获,而不是不囤积货币的决定所得的收益……只有在货币只用于交易而从来不用做价值储藏的工具时,我们才能说古典理论是正确的。"

《通论》剩下的内容大多是提示性,而不是结论性的。其中包括对经济史的一种解说。凯恩斯把不确定性造成的投资倾向的弱势看做是一个永久性的问题。而19世纪的经济是一个"特例",因为在这个阶段里,人们的心理偏好"同相对令人满意的就业水平"相和谐。凯恩斯认为"我们生活的这个经济制度"的特点是"长期在非正常活动的周围进行上下波动",对此他曾在好几处提到,并由此得出一个悖论:"导致繁荣不是靠更高的利率而是要靠更低的利率!只有这样,繁荣才可能持久。"在第26章里有一段"略论重商主义",在这里,凯恩斯为他的"有效需求"理论找到历史的先例,并为欧洲中世纪的反高利贷的法律做了辩护。罗伊·哈罗德对此感到愤愤不平。凯恩斯对成熟的资本主义制度还做出了庇古称之为"最后审判"的思考。他担心如果政府不进行干预以弥补私人投资不足的话,资本主义则危在旦夕。在第17章"利息和货币的基本特点"中,他对资本主义经济的停滞不前还有另一种说法,这一章对后世的喜欢猜测的经济学家们特别有吸引力。凯恩斯异常清晰地表述了他对通货紧缩的看法。他认为,聚敛钱财的欲望将摧毁任何形式的生产活动,所以在富足的国家里也会发生像古希腊的米达斯王(即点石成金的那个传说中的人物——译注)的那种情况,人们在堆满黄金的城邦里饿肚皮。凯恩斯指出,唯一的解决办法是让货币逐渐失去价值,就像发霉的奶酪一样,从而使人们对持有货币失去兴趣。第二次世界大战以后,很多政府都接受了凯恩斯的忠告,从而造成了另外一种,如凯恩斯于1933年在不同心境下预测的"企业社会,它的特点是创造过量的需求和就业,同我们现在这种需求不足、就业不充分的社会相映成趣"。

凯恩斯的最后一章"社会哲学的结束语"可以被看做是他对自己在20年代发明的"中间道路"在新的理论基础上加以更新。解决过分节俭的办法是重新分配购买力,让消费偏好强的人们(即工人)手中拥有更多的可支配收入。对有囤积癖的惩罚则是降低利率,这就能够防止节俭者利用资本稀缺的状况来获利,从而引出"寻租阶层寿终正寝"的结果。由于货币政策不可能维持一种"最佳的利率",凯恩斯支持某种意义上的"投资社会化"。这个短语的含义并不明确,我们必须从他在十年前支持公用事业的发展来看他的思路。他认为政府控制的投资项目在达到充分就业以后就"不再具有像以前那样对经济生活社会化的必要了"——这是对私人经济的一种不完全的支持。只要消除需求不足,共产主义和法西斯主义就没有吸引力了。在他的著名结论中,凯恩斯预料他的理论将会获胜:"经济既得利益集团的权力被大大夸张了,它与各种意识形态的不断侵蚀相比,简直不算什么。"

3 凯恩斯同古典经济学的关系

《通论》的出版引发了一场经济学家之间的大论战,而这本书则立即被看做是造成大乱的著作,全世界的专业杂志和大众媒体都对它做了大量的评论。尽管大家的反应各执一词,但没有人敢把这本书一棍子打死,即使是最敌对的批评家也承认凯恩斯提出了一个有待回答的论点。我们在这里不可能对《通论》引起的轩然大波做一个全面描述。从根本上讲,两个问题最值得注意。第一,凯恩斯理论同古典经济理论是何关系?老一辈的经济学家们关注的主要是这一点,他们几乎一致地拒斥凯恩斯的新理论。第二是经济学家,特别是年轻一代人内部的辩论,他们都或多或少地接受凯恩斯的某些观点。这里人们想要了解的问题是,凯恩斯经济学只是特定条件下适用的一套政策机制,还是代表着一种全新的经济学?凯恩斯积极、勇敢地参与了这两场大辩论。他告诉莉迪娅他"有一种酷爱争论的天性"。然而他参与较多的是第一场争论。这很可惜,因为他没有能够说服老一辈的经济学家,同时又对年轻一代人对他的"革命"所做的解释失去控制。

凯恩斯在书中深深地伤害了庇古,而庇古则在1936年5月号的《经济学杂志》上进行了反击,对他的书做了一个"最令人惊骇"和"特别吹毛求疵"的评论。凯恩斯读完后心情黯然:"我希望我已成功地把我的论点转达给他了,而我非常想知道他对此如何作想。但是,现在向一个音乐风车吹奏一支新曲已毫无用处,因为这个风车的制造者和音乐家本来是熟人,现在已经不在人世。"

同其他的剑桥资深经济学家一样,庇古对凯恩斯对自己的专业偶像,特别是马歇尔的冷嘲热讽的态度非常不满。他认为这是从《和平的经济后果》一书中发展起来的一种技能。他写道:"爱因斯坦在物理学上取得的是凯恩斯先生自认为在经济学中取得的那种成就。他得出一个非常广泛的一般性理论,从而使牛顿的研究结果成为一个特例。但他在宣布自己的发现时，并没有用精心设计的刺人语言来暗示牛顿和他的追随者都是一群无能的庸才。"庞古还抱怨说凯恩斯有一个习惯，把所有同他意见不一致的经济学家统统放在一起，称为"古典派"，并把很多结论强加到与其不相符的各种理论中去。凯恩斯指责马歇尔和庞古把货币的波动抽象出来看：其实这是大家都认可的一种从一开始就简化假设条件的分析技巧。凯恩斯放弃这个技巧的目的是为了"同时讨论所有因素的那种更高度的抽象"，所以他在概念使用方面就非常随意和不连贯，同时把暂时停滞的状态和动态变化混为一谈。

就理论本身而言，庞古不接受凯恩斯关于利率独立于储蓄供应量或资本需求量的观点。如果对实际资本的需求增加，利率必定会上升，除非用货币政策把它人为地保持在低水平，

> 一个人做出的拔牙决定并不等同于购买一副假牙的决定，但是人们常常在做第一个决定时就已做出了第二个决定。既然对假牙的需求是在拔完牙的几个月里发生的，所以拔牙次数的增加并不会立即增加假牙的资本股本。但是，不管怎么说，保存原有牙齿的"低偏好"对假牙的资本股本的扩张总是有利的。

庞古不接受凯恩斯的经济停滞理论，称其为"（上帝的）最后审判日"理论："我们这个时代见证了电气化、汽车、飞机、留声机和无线电，不用说还有坦克和其他战争机器的发展，所以我们没有理由预测新投资将会消失。"庞古承认就业水平应该比现在的水平更加充分一些，但他也警告说，就业水平提高以后，工人将重新控制他们自己的就业水平，也就是说，实际工资水平，所以任何旨在提高就业水平，使其超出理想水平的银行政策只能引起通货膨胀。

庞古的不快是显而易见的，其原因也很清楚。在《通论》发表之前，他就对它进行了反驳，而且自认为已经成功。没想到凯恩斯对他的批评不屑一顾。庞古以为他已经证明当货币工资下降时，物价也会下跌，但幅度不同，因为对非工资阶层的人的收入来说，什么也没有发生。这就会带来就业的"自动"增加，因为在原有的就业水平下有一个不均衡状态，价格水平高于边际成本。凯恩斯并没有正面地反驳这个观点，他只是说货币工资的变化只能通过它对现金账户和预期心理的影响而反映到就业上。当庞古于1937年在《经济学杂志》上再次重申他的观点时，凯恩斯和他的追随者都称其为"不可容忍的

第 30 章 "向月亮开枪"

废话",是"老糊涂"写的东西。庇古不得不撤回他的观点。但是,庇古坚持不懈地啃这个难题,最终于1941年得出了"庇古效应",这是他对凯恩斯做出的理论回答。他提出全面的货币工资的紧缩将能够恢复充分就业,但不是通过直接投资创造就业机会,而是通过货币实际价值的上升,从而增加了债券持有人的财富,而这些人的额外消费则会抵消其他地方的消费下降。但在1941年,凯恩斯的理论已经被广泛认可,没有人对庇古的观点感兴趣。事实上,早在1936年就没有人再愿意听庇古的意见了。他为了挽救传统理论而加进了一些创新的理论,但是无人对它们加以关注。凯恩斯对传统理论的毁灭性打击在于他声称这种理论在实践中"毫无用处",这个说法同当时知识界和大众的情绪十分吻合。

凯恩斯与庇古很少通信,因为庇古喜欢独自一人研究自己的理论。霍特利则不同,他最喜欢写一些冗长的吹毛求疵的备忘录。他当年对《论货币》也写过一个很长的备忘录。这一次,当他于1935年收到《通论》的清样时就已经开始准备为财政部起草一份内部传阅的评论。他同凯恩斯进行了多次讨论,所以备忘录越写越长,最后成为他于1938年出版的著作《资本和就业》中的一章。尽管霍特利的这份备忘录具有典型的政府文官的那种枯燥文风,并且也没有提出多少新意,但是凯恩斯在《通论》发表后尽量克制对这份备忘录进行批评。霍特利提出一个反复强调的观点,他在1936年2月1日给凯恩斯的信中说:"关于你的基本观点,我认为,你对古典理论的批评也许可以归结为一条:即它假定持有货币的投机动机可以忽略不计。"凯恩斯于4月15日回信道:"我亲爱的拉尔夫,我觉得你的上一封信令人完全失望。因为我读之后感到,不管我说什么都不能让你睁开眼睛。我不是说我的论点是正确的,我只是想说明我的观点——不管是对是错——是怎么回事。我想我们也许不应该再继续通信下去。"但他们还是继续下去了。

凯恩斯和休伯特·韩德森于1930—1931年间在公共工程问题上发生分歧,这个分歧由于《通论》的出版更加扩大了。韩德森于1934年辞去了内阁经济顾问委员会秘书的职务,到牛津大学的万圣学院去当一名研究员。他在1936年2月4日的《观察家杂志》上写过一篇很短的对《通论》的评论文章。但他把主要批评留到5月2日的剑桥马歇尔协会的会议上才拿出来。在这次会议之后,凯恩斯写信给莉迪娅说:

休伯特昨日来到马歇尔协会,在丹尼斯的主持下,宣读了他批评我的著作的论文。我对他的激烈情绪感到吃惊,他认为这是一部恶毒的著作。但在辩论中,他并没有对我的论点加以反对。在琼(罗宾逊)、亚历山大和我的攻击下,他显得狼狈不堪。本科生们对这场"斗鸡"事件大为倾倒。我们觉得他对纯理论问题不大感兴趣,而且是因为情感或政治的原因而对我的那些实际结论不满。在理论批评方面,我对他几乎没有回应的必要。

凯恩斯对这次辩论的看法同会议主席丹尼斯·罗伯逊的看法相左。罗伯逊在读过韩德森在会后立即写就的论证要点后写信给韩德森说:"当然,你打赢了这一场。"韩德森自己的强烈情感在他于1936年4月2日给哈罗德的信中反映出来:

> 多年以来,我克制自己不在公开场合与梅纳德进行辩论……但我不可能容忍梅纳德发动的对正统经济学的那些最放肆的攻击。他让人感到迄今为止的所有理论都是废话,现在才有了一线曙光。所有的异教徒都应该皈依这个新的信仰。同时,他还要求其他的经济学家不要提出实质性的异议,以避免让人感到经济学家在争吵不休。你看,我绝不相信有什么新的曙光,正如我在论文中所指出的,我认为梅纳德的书是一个表面精细、实际混乱的大杂烩。我对某些圈子里的主导心态感到强烈愤慨,这些圈子认为只要你不赞同他的基本原则,你在智力上必然比较低下。

韩德森的攻击主要之点是在他所认为的两个谬误上:即《通论》的就业理论和利息理论。他的方法主要基于历史和制度方面,所以凯恩斯和他的支持者才会觉得他在"理论批评方面"几乎没有任何值得让人回应的必要。韩德森捍卫马歇尔的短期和长期之间的区别。自然因素对经济的调节总不那么顺畅,而且需要长时段才能奏效,所以自由放任主义在实践中难以奏效。但并不表明我们可以把古典理论称之为废话。具体地说,他不赞同这样一种观点,即:"经济体制在一般运作下总是存在长期的和一般性的有效需求的不足。从这里,我们才能找到对失业的解释。"他认为有一种"最低限度"(他后来称之为"自然")的失业率,大约在6%左右。在此之上才是结构性和周期性的失业。凯恩斯试图创造比历史经验里更强、更长的繁荣条件只能导致通货膨胀,从而不可避免地引起市场对它的反作用。

此外,韩德森否决利率不受消费偏好或资本需求的影响的说法,指出利率在衰退时会

第 30 章 "向月亮开枪"

下降、繁荣时会上升这样一个事实。反过来说，即使货币数量发生很大变化也对利率没有长期的影响。这就表明利率的行为完全可以用古典经济学的因素——生产率和节俭来解释；它也表明凯恩斯提出的"只要有足够数量的货币，利率可以被降低至理想的水平并保持下去"的观点是值得怀疑的。韩德森将古典理论的要旨总结如下："利率的实际行为是由资本市场的供求关系决定的。正统经济学理论认为资本市场的供应和需求背后的基本决定因素是储蓄和投资。"

剑桥会议之后，这两位经济学家开始费力地通信交流，而凯恩斯最后决定不再进行下去。韩德森如同当年李嘉图在给马尔萨斯的信中那样告诉凯恩斯："你现在的心态是'不管长期的事情；长期永远不会发生'。而在我看来，任何清晰的经济思想都绝对有必要区分任何变化所带来的即时和最终的后果。"在他的眼中，凯恩斯的真正罪行在于摧毁了古典理论为防止通货膨胀所修建的工事，而他之所以能做到这一点是由于他将货币同其他实际的经济要素隔离开来。令人奇怪的是，韩德森对失业的规模似乎毫不担忧。在剑桥学派的四个资深经济学家里，韩德森最明确地鼓吹弗里德曼后来在60年代鼓吹的那个理论：货币因素并没有长期的实际效应。

罗伯逊也在思考如何对《通论》做出反应。在1936年2月19日，他告诉韩德森，他"怯懦地"拒绝了为《经济学杂志》写一篇对《通论》的书评（后来奥斯汀·罗宾逊写了），但他也许会"写一两篇讨论具体论点的文章以避免对整本书做出评价"。罗伯逊的文章草稿受到斯拉法和韩德森的批评，所以他决定从头再写。他告诉韩德森："糟糕透顶的是，捍卫人类理智这件事在我的无能和乏味的笔下得不到体现。"

凯恩斯和罗伯逊在1936—1938年间时断时续地通信，有时互相指责，有时互相开玩笑，反映了他们两人的友谊已经触礁。1936年9月，罗伯逊在去美国的路上写信给凯恩斯："我如果假装喜欢《通论》是毫无意义的，而我也不能假装不同意'教授'（指庇古）的书评。"他正在写一些他希望能够发表的论文。"我并不清楚我俩之间出现的那道鸿沟能否被消弭……也许我们可以比今年见面的次数多一些，聊聊戏剧，外交政策……甚至瞬间的经济形势。"

凯恩斯回答道：

我们很难不谈经济学问题。但我对你，亲爱的丹尼斯，并无异样的情感，我们必须多接触。而这对我来说确实是非常容易的事情，因为用最难听的话来说，我认为你不过是非常固执，而你和休伯特却认为我非常邪恶！因为我太过自信，并竭尽全力地为我的论点建立支撑点。这对我来说，确实是让人痛苦、但在实践中又是重要的事情。

他俩在10月11日有一次长谈，丹尼斯"让人非常愉快，举止迷人，兴致很高。但我觉得他有点古怪"。

罗伯逊在20年代同凯恩斯辩论之后，就一直在研究自己的利率理论。他的目的是调和古典经济学认为利率由生产率和节俭决定的观点和他自己在《银行政策和价格水平》一书中的观点，认为银行创造信贷的能力也能够使得储蓄偏离投资水平。在1934年，他对"自然"和"市场"利率的区分做了一个新的解释，这就是他的"可借出资金"的利率理论。他用这个理论同凯恩斯抗衡。所谓"可借出资金"是储蓄和银行信贷的混合。

在1936年11月号的《经济学季刊》上，罗伯逊发表了《对凯恩斯先生的就业通论的几点看法》一文。他表述了两个主要批评意见，并且以后一直没有放弃这个立场。首先，凯恩斯的分析是静态分析；其次，凯恩斯忽略了劳动生产率和节俭因素对利率的任何影响。

这篇文章促使凯恩斯在12月13日写信给他："我俩之间并不存在许多基本分歧。"但是，他坚决否认他的利率理论不过是古典经济学的另一种表述方式。罗伯逊自己的立场在向"利率的流动性理论靠拢"，因为他接受了"利率由现金的供求关系所决定"的观点。凯恩斯在信的结尾对罗伯逊进行了辛辣的调侃："我对你最后的一个指责是你的古典和正统特点，但你不像一条正常的蛇那样把你的皮蜕去！你仍然负重行走，直到你自己喘不过气来。我这样说是因为你的大衣原先是你的马甲，而你现在穿的马甲和你的大衣是一模一样。"

罗伯逊在12月29日的回信展示了他对凯恩斯那颇具争议的方法深为不满：

我敢说，你在每长一层新皮时都戴上一副眼罩，所以看不见其他人，特别是庇古在做什么……我在对付你的《论货币》和这本书的过程中都经受了真正的思想折磨，因为我试图确认你的著作中是否像你自认的那样有新意，还只不过是旧理论的一种新组合，而你觉得它们比现存的理论都要优越……

作为开端，我们能不能为了严肃的讨论，放弃那种新闻用语——即把一批作者称为"古典派"而另一批则反之。如果非要用"古典派"，我们应当表述一

第 30 章 "向月亮开枪"

种分析方法——这种方法假设所有经济因素所带来的实物或货币报酬都是可塑的,所以,所有的资源都将会被使用。

罗伯逊接着指出,抛弃动态研究中的那些前提并不要人们抛弃"利率是对某个经济因素使用的单位时间的价格,这就是马歇尔所称的'自由式流动资本'和我称之为的'可借出资金'"。当收入不变时,"可借出资金的供应量,按照我的定义,同储蓄供应量相等;当收入起变化时,它们之间的差异由银行信贷、现金持有或现金清仓的数量所决定"。在这两种情况下,"利率是在可借出资金的需求等于供应的平衡点上的价格",尽管我们也必须考虑到持有现金的倾向所产生的影响。

1937年6月,凯恩斯向罗伯逊(还有奥林)承认,"政府计划的投资在启动之前必须要找到资金来源",所以他有理由感到"我俩之间的严格的学术分歧也许非常微不足道"。

凯恩斯在这一点上过于乐观。在《经济学杂志》上,他俩仍然你来我往,短兵相接。他俩在私下里和公开场合的通信都变得越来越火药味十足。罗伯逊指责凯恩斯"一贯夸张",用"歪曲的眼光来看待一系列的主题"。凯恩斯最不愿意被再次卷入"强迫储蓄"的陷阱,因为他已经费尽心机从中逃脱。他认为罗伯逊在1938年6月的《经济学杂志》上重弹"可借出资金"理论的调子"毫无价值,此外,让人难以忍受地感到无聊"。1938年7月25日,他写信给罗伯逊:"我们的先人相信利率取决于储蓄的供应量,我的理论是说它取决于不活动的货币供应量,两个观点之间毫无调和的余地。"最后,由剑桥的庇古教授出面宣布停战。他要求罗伯逊继续他自己的"建设性的工作",不要老是批评"凯恩斯先生这也不对,那也不对"。罗伯逊开始感到他在剑桥成了不受欢迎的人物。他告诉休伯特·韩德森,研究生们都想得到卡恩和琼·罗宾逊的指导,而不是他的指导。1935年,凯恩斯曾记载道:罗伯逊"差一点成功地阻止琼·罗宾逊的授课安排"。他同凯恩斯和他的弟子们的争吵,特别是同琼·罗宾逊的争吵差点让他精神崩溃。1938年,他在凯恩斯弟子们的日益敌对的态度逼迫下离开了剑桥,到伦敦大学去做了一名教授。

美国对《通论》的主要书评家是艾尔文·汉森、F.W.陶西克、约瑟夫·熊彼特、法兰克·奈特以及雅克布·维纳尔,后两人来自芝加哥大学。这些书评都赞同英国老一辈经济学家的观点:凯恩斯的流动性偏好理论只是对古典利息理论的一种修正而不是替代。这个理论也许能够解释大规模失业的产生原因,但不能确定"就业不足的均衡位置"。凯恩斯对古典经济学进行了歪曲,根据他的理论提出的政策必然要导致通货膨胀。维纳尔是老一代美国经济学家中对凯恩斯理论最同情的一员,他这样写道:"用凯恩斯的建议组织的世界里,印钞厂和工会代表之间将有一场永久的竞赛。如果印钞的速度总是领先,失业的问题就基本解决了。"奈特则认为,投资社会化意味着"将投资从经济活动中提出来,放到政治活动中去"。对熊彼特来说,凯恩斯的书将科学和政治混同在一起,标志着"科学上的倒退"。他的"就业不足的函数"以"固定的生产函数"为假设前提,他的政策建议反映一种"正在腐朽的文明的态度"。凯恩斯只对维纳尔一人做了答复。他在私下里这样写道:"确实,奈特教授做出的两个结论我完全同意:第一,我的书让他极为不快;第二,他觉得我的书非常难以理解。"

其他值得注意的反应来自瑞典。凯恩斯于1936年9月在斯德哥尔摩的经济俱乐部就他的理论作了一次"精彩的演讲",当时他和莉迪娅正在去列宁格勒看望莉迪娅家人的路上。作为交换,贝蒂·俄林于1936年11月在剑桥的马歇尔讲座中介绍了瑞典学派的不均衡方法。这个方法是克努特·威克塞尔发明的,凯恩斯在《论货币》中对它有过短暂的应用。瑞典经济学家特别关注的是作为过程以调和种种不连贯的计划的调节方法;他们的方法自然而然地强调产出和价格两方面对经济振荡的调节作用,同时不必强调两者之间有明显的差异。凯恩斯想劝说他们放弃这种理论风格,但没有成功。缪尔达尔后来写道:"凯恩斯革命是一个英—美现象。在瑞典……凯恩斯的著作被认为是有意思和重要的理论贡献而已,但在任何意义上都不算是一个革命性的突破。"

在英国和美国,凯恩斯同古典理论的辩论总是回到利率在经济大振荡时的调节作用。老一辈经济学家想要给"自然因素"留下一些调节功能,以限制政府的干预和防止通货膨胀。他们坚持自我调节的经济观,因为他们不信任凯恩斯的所谓政治家亦能自我调节的理论。

4 谁的《通论》?

决定《通论》命运的是年轻一代的经济学家对它的看法和解读,这比老一代经济学家的激烈、气喘吁吁的呐喊更加重要。在大西洋两岸,《通论》被看做是一个政策引擎,它能够恢复和保持繁荣,正如凯恩斯的学生洛瑞塔西斯所指出的,"而不必使用监

第 30 章 "向月亮开枪"

禁和死刑的办法"。关于失业的持续辩论本身并不太重要,重要的是应当明白大规模失业可以发生而且挥之不去,并且可以采取措施来解决这个问题。理论上的条件可以由一些临时的假设来设置。诚如保罗·萨缪尔森后来所言:"如果凯恩斯在开头几章中就开宗明义地把这个简单道理讲清楚,说他有现实根据来设想现代资本主义社会的货币工资水平有黏性,难以向下浮动,那么,他的大部分观点就一直会是有效的。"这正是凯恩斯革命在实用主义的美国土壤里扎根的标准表达方式。从某种意义上说,不管是在芝加哥还是在别的地方,美国的土壤已经适宜于将凯恩斯理论运用于本国的稳定经济的政策讨论中去。关键的转折点是艾尔文·汉森这位年届五十的受人尊敬的教授对凯恩斯理论的接受。他在哈佛大学开的讲习班成了研究和传播凯恩斯思想的核心阵地。华盛顿起用大批哈佛大学的年轻活跃分子给罗斯福那奄奄一息的新政注入了新的活力。约翰·肯尼斯·加尔布雷斯写道:"到30年代末,(劳夫林)卡里(罗斯福的主要经济顾问)在所有同财政政策有重要关系的部门里建立了一个由凯恩斯经济理论的信徒们组成的非正式的网络。"

在英国,年轻一代的经济学家对《通论》提出的理论问题并不像美国同行那样看得很轻,但他们对《通论》的基本解释是相同的。以政策为主的凯恩斯方法的奠基人是约翰·希克斯、罗伊·哈罗德、詹姆士·米德以及尼古拉斯·卡尔多。这批人很快从调和凯恩斯理论同古典经济学的立场的努力转向建立一个可以被用于教学、吸收和政策中的模式。

凯恩斯自己对如何驾驭这场革命持模棱两可的态度。他本来的目的是把握经济现实的复杂性和丰富多彩的全部特点,同时还提供一个政策工具。这两个目的都是他的劝导战略的组成部分。从这两个关键的目标中引出的两类理论都是从《通论》衍生而出的。其一是乔治·夏克尔所称的"失调经济学"——经济主导因素是无法控制、无法确定和不断波动的种种预期和关系。其二是可以确定预期和用数学函数表述经济行为的政策工具经济学。凯恩斯自己默认了第二种解释,因为它便于教学和政策制定。但同时他也警告说:"只要我们对付的是预期带来的影响和瞬息万变的经历,我们就不可能达到规范的精确性。"

具有讽刺意味的是,约翰·希克斯虽然从来没有参与这本书的形成工作,却给《通论》的传播制定了一个模式。他的IS—LM曲线图第一次出现于1937年4月他在《计量经济学杂志》上发表的著名文章《凯恩斯先生和古典经济理论:重新解释的建议》中。但

第六部分 救世的经济学家

是,正如沃伦·扬格在他的那本非常有意思的书《解释凯恩斯》中所指出的,希克斯当时在设计数学(但都是非曲线性)的《通论》模式,这些模式的构想最早是哈罗德和米德于1936年9月在牛津的计量经济学会议上提出的。其他一些年轻的经济学家也很快把凯恩斯的模式发展为方程式模式。希克斯完成的工作是将凯恩斯的理论转化为一般性就业理论的一个特例,并可以用一套联立方程式来表述,而不必关注因果关系,这些方程式的解决可以包括任何数量的均衡条件,而这些条件则取决于所采用的那些行为的假设前提而定。

根据扬格的说法,牛津会议"也许是经济学史上最重要的会议"。他认为这次会议明显地分成了两个"通论派"的阵营。他们争论的焦点是:他们展示的解释方法究竟是一个可确定的系统,能够用联立方程式来表述,还是一个混乱无序的系统,充满了"动物本能精神"?卡恩和琼·罗宾逊没有参加牛津会议。他们认为《通论》是同正统经济学的革命性的决裂,而牛津经济学则不愿彻底放弃古典经济理论。"精心设计的数学方法"之所以能够获胜,是因为经济学家一点也不知道该如何来消化《通论》。希克斯的曲线图给他们指明了方向,而且希克斯的模式是"寻求连续性和确定性的思维方式"。希克斯,也许最终还有凯恩斯本人,从两个意义上对思想革命和正统理论进行了调和:一方面是经济学学科的要求,另一方面是为了政治和社会组织的连续性。这种可确定的理论体系使得政府可采用财政政策来取得乘数效应,所以也为经济学家在各国政府的权力中心获得潜在的核心影响力。

牛津会议之后,卡恩和琼·罗宾逊这两位在《通论》形成过程中起了巨大作用的经济学家被凯恩斯革命的发展浪潮抛在了后面。卡恩曾说,把《通论》简化为"曲线图和代数碎片"是一大悲剧。凯恩斯"一直强调预期心理的绝对重要性,其受风险和不确定性影响巨大,这是他的最大贡献。不确定性与时下流行的看法相左,当然这同凯恩斯试图简化他的理论也有关系。现在流行的方法是将凯恩斯的数字图表看做是上天赐予我们的种种稳定的相关性"。然而必须说明的是,没有任何证据表明卡恩和琼·罗宾逊在当时对"把《通论》简化为曲线图和代数碎片"的做法提出任何抗议。他们对"抓住"凯恩斯革命实质的希克斯、哈罗德和米德的解释也没有提出异议。卡恩非常引人注目地不愿参与对凯恩斯革命的公开讨论,也许他感觉到受制于大师本人的立场。

在牛津会议之前,哈罗德曾将他的论文寄给凯恩斯,凯恩斯似乎接受了他用第一种方法解释这个理论的做法:

第 30 章　"向月亮开枪"

> 你不像我那样有历史负担。一个人如果从来没有负重，就没有必要减轻负担。也许你不管过去的做法比我的计划要好。历史经验告诉我们，人们总是划分为因循守旧、不愿改变观点的老一辈，和成长过程不同、什么也不轻信的年轻一代。从黑暗的隧道中闪出的那点光芒对执意待在隧道中的人和那些从来没进过隧道的人来说都是无意义的。我在我那一代人中没有思想伴侣——不管是最早的老师还是学生，但我在思想上还是与他们有一定的联系。

他的意思似乎是：如果年轻一代想把他的思想往这个方向引，由他们去。他是否对哈罗德没能把他的一些最深的直觉告诉他而感到不快？至少他没有流露出来。

希克斯的论文于1936年10月送达凯恩斯，而他直到1937年3月31日——六个月之后才回复，对他这个一贯及时回信的人来说，这是非同寻常的。他在信中说："我觉得这篇东西非常有意思。就批评而言，我无话可说。"

凯恩斯继续为他的理想而奋斗。举例来说，在以1936年9月在斯德哥尔摩的演讲稿为基础发表的那篇文章中，他提到"利率和资本边际效益特别关注的是实际预期的不确定性……它们属于我们的理论发展的某个阶段：也就是我们不再假设将来是可确定、可计算的那个阶段"。1937年2月，他对他的理论做了一种诠释，把认识论上的一些假设前提发挥得比在书中还要好。这篇题为《就业的一般性理论》的文章发表于《经济学季刊》上，其重要之处在于它是凯恩斯在《通论》之后撰写的第一篇理论文章，他不但试图回答老一辈经济学家，特别是罗伯逊和维纳尔的批评，而且对年轻一代学者将他的理论淹没在代数中的做法也提出异议。对正统的凯恩斯学派来说，这篇文章仍然是大师立场的经典解说。

凯恩斯对《通论》的核心思想的重新诠释重点在于不确定性对投资和利率的影响。他对古典理论的反驳基于其对将来可预测、"风险可被精确计算"的观点的批判。他说，事实上，"我们对我们自己的行为会产生什么样的直接后果只有极其模糊的想法"。所以，"用古典经济学理论来讨论财富问题特别不合时宜"。正是由于不确定性，所以我们才能够解释为什么流动现金本身会带来报酬。他问道："要不然，除了在疯人院的病人以外，谁还会把货币作为储藏价值的工具呢？"当然，经济活动的参与者总会用种种手段或传统来表明他们仍然是理性的人。其中一个惯用的伎俩是宣称将来会同现在一样。但是他们的知识基础如此不牢靠，所以在任何转折性的大事件中都会一败涂地。凯恩斯接着指出，"如果我们对将来可以准确预测，"那么就没有必要"创造一种对产出的总供求理论"，因为需求方面永远不会出现问题。他提出的解决方案不是建立在对将来预测的基础上……"这些方案受制于所有的特定假设，并同当时的具体条件有必要的联系"。

最后，凯恩斯还与荷兰统计学家丁伯根于1938年就计量经济学的价值进行了辩论。国际联盟出资请丁伯根对贸易周期的种种理论进行了实证研究，并成书出版。凯恩斯对丁伯根的统计哲学方法进行了惊人的强烈攻击，当然也有些极好的玩笑话。他批评的要点是，由于经济学的研究对象的性质是"伦理科学"，这要求经济学家对选择和运用何种模式不断地做出道德判断。他质疑丁伯根将"多路相关性的方法运用到非同质的研究材料中"，在逻辑上有问题，而且他还假设多头级数的系数是固定的。

> 他是不是说这些方程式大约在下次才有可能奏效呢？人人都可以炮制一个方案以适合于过去发生的有限的事实。但这证明了什么呢？对未来的预期和信心状态到哪里去了呢？非量化的因素又到哪里去了呢？比如技术发明、政治、劳工麻烦、战争、地震和金融危机。

他还警告说，给种种不同的函数填上真实数字是危险的，"因为我们知道这些函数在下一次即不可再用"。他在7月16日向哈罗德解释说：

> 这好像是说，苹果落地取决于苹果的动机，即是否有必要落地或者希望不希望苹果落下来，还要取决于苹果对它和地心的距离所做的错误计算。

哈罗德为丁伯根做了辩护，说他并没有忽略非量化的变数，而是把它们当作偶发的冲击因素。凯恩斯没有被说服，他在对丁伯根的书评中仍然强调他的方法忽略了心理、预期和偶发事件的作用；说他依靠的是不完全的统计数字，并忽略了诸变量之间的相互影响。他用一种"奇怪的思绪"总结道：丁伯根的议题可能会成为"国际联盟在1939年的主要活动和存在的理由"。

凯恩斯试图调和《通论》中的两个不同倾向的目的的做法本身是一个令人困惑不解的故事。该书一方面试图解释为何产出和就业会大幅度地上下波动，这就需要用不确定的

第 30 章 "向月亮开枪"

预期特点来说明。正如他所说的，人们如果对将来可以正确地预测，就不会存在需求问题。另一方面，他想为政策制定人提供一个实用的模式，这就需要一个能够"预测和计算出将来条件"的模式。但这两个必要条件的逻辑是有矛盾的。短时段是分析上的一种虚构，并不是可确定的状态。凯恩斯政策被用于现实世界的上下波动和不确定的预期中，但这些动态因素被假定为"冻结"状态。那么可确定的乘数理论又如何呢？凯恩斯不断警告别人不要用盲目、机械的方法为制定政策而随意操纵他的理论。这固然是对的，但是在希克斯和其他一些学者手中形成的那种操纵方法却曾得到他的首肯。因为预期被认为是固定的，所以这个理论的准确性必然会发生问题。

上述这些问题都是以后发生的事情。在30年代末，凯恩斯革命处于攻势，而古典经济学体系在节节败退。有些古典观点被拯救，但人们渐渐地认为这个世界是凯恩斯所描绘的那种世界，而不是古典理论所描述的世界。1937—1938年间的繁荣崩溃发生在充分就业远远没有达到之前，英国和美国都是如此。这似乎证明了凯恩斯的观点，认为没有管理的资本主义甚至不能在周期过后获得一般性的令人满意的就业水平。然而，凯恩斯的成功却给他个人带来了很大的损失。他是一个感情充沛的人，他与剑桥朋友和同事的争论对他自己亦有伤害，特别是与丹尼斯·罗伯逊的争论更是两败俱伤。G.E.摩尔对他的教诲是，把友谊放在第一位。他对朋友们的坚定信念进行如此的攻击是不是为了把这个世界从苦难中拯救出来呢？如是，这就是他称之为他的"最喜爱的两难题目"——既要与人为善，又要做善事是困难的，或者说是根本不可能的。

第七部分

为战争筹款

我又回来了,就像一个循环小数,在同一个地方为类似的紧急状态做同样的事情。

J.M.凯恩斯给罗素·莱芬维尔的信,1942年7月1日

第 *31* 章

治疗慢性虚弱症

1 "虚弱的呼吸肌肉"

凯恩斯天性不喜欢过轻松的日子。他最喜欢的事情是坐在书房里写作。然而他的生活结构是由各种活动组成的,他的活动有内在的动力。《通论》的发表同剑桥艺术剧场的建成同时完成。1936年2月3日星期一,他和莉迪娅同剑桥的副校长一起坐在包厢里参加剧场的开张典礼。2月17日开始了易卜生戏剧节。莉迪娅在《玩偶之家》中扮演娜拉,在《建筑师老板》中扮演茜尔达·万格。这是莉迪娅在戏剧表演中最成功的一次。戏剧评论家的反应良好,布鲁斯贝利的朋友们都对她赞誉有加。凯恩斯的又一个梦想成为现实,又一个成就值得炫耀。第二年,他花了大部分时间管理他所创造的这两个项目:一方面要对《通论》产生的影响做出反应,另一方面又要推动莉迪娅的戏剧生涯并给艺术剧场的饭店提供良好的餐饮和服务条件。华尔街当时仍处于繁荣状态,他手头宽裕。他请乔治·肯尼迪对提尔顿庄园进行了大规模的改造,增加了一排新房子,一个新的宽敞的大厅和入口平台,并为每间客房配置了一个洗手间。7月13—14日,他在苏世比拍卖行购得艾萨克·牛顿的40批私人文件,并开始研究牛顿的生平。

到了秋季,艺术剧场饭店的餐饮水平仍无提高。他告诉莉迪娅"那个据说是法国大厨的年迈厨师的菜肴一点法国菜的味道都没有"。卡恩在管理国王学院的账户,工作"十分出色",但凯恩斯仍"不得不亲自制作一张数字图表":但是三小时以后,他"疲惫不堪,不得不偷工减料,胡乱拼凑了一些数字。我实在不能继续寻找错误在哪里了"。凯恩斯的忘性已成为一个问题,他常把眼镜留在伦敦;他同维克多和芭芭拉·罗斯彻尔

第七部分 为战争筹款

德夫妇共进晚餐时忘了带自己的香烟。"我以为我把那包烟放在口袋里了——在喝完了芭芭拉倒在威尼斯杯中的高级咖啡之后,特别想抽烟,但什么也找不到!我大为懊恼,在口袋中翻找了整整十分钟,什么也没有。"还有一些迹象表明时间过得飞快。他的剑桥裁缝店"伯杰"不再为他订制特殊的裤子。他从小就爱穿的那种"阿沃加"高领现在已不时兴。"成为老朽真不是件好事。"但是他的睡眠不错,平时不感到太累。"头脑中新鲜思想很多,写作也很顺利。我终于开始撰写福克斯威尔的生平"——这是一篇在福克斯威尔去世后他决定着手的传记文章。他有一次在剑桥的餐厅同W.H.奥登坐在一起,

556

他非常有魅力,聪明,直率,年轻,本科生四年级学生那类人。非常令人愉快——但是他的手指甲从里到外又脏又湿,像个预备学校的学生中最糟糕的那种。所以他的孩童般的表情不完全是装出来的。但这特别让人不安,因为其他的印象都很好,但这些讨厌的手指不会撒谎。我们必须认真对待。我同他聊了他的剧本F.6(这是奥登同克里斯托夫·伊什伍德一起写的)。他对最后一部分进行了重写,并希望我们能够看一看。

凯恩斯认为奥登的指甲表明他对自己的作品不大满意。

梅纳德的脑子仍然像过去一样敏捷,聪明,但是他的身体已经开始出现问题。几年来,他都受着"胸肋部"疼痛的折磨,整个胸部都受到影响。他认为这是1931年10月胸膜炎之后造成的风湿性症状。他还有牙齿和牙床的毛病。现在他又开始抱怨说气急,不光是在运动时发生,躺在床上也有气急现象,就像小时候踢完足球时的那种感觉,但还不太严重。心情焦虑的莉迪娅在1937年1月5日写信给佛萝伦丝·凯恩斯:"梅纳德好一点了。今天上午他走路时感觉很好,后来睡了45分钟。近来他似乎恢复了过去的体力,也许因为他工作比过去少。"梅纳德在1月22日从剑桥给莉迪娅的信中说:"我的健康在改善,虽然到下午六点时感到疲劳,而且气特别急。如果我上下楼,或者快步走时,胸部很痛(这也许意味着风湿症在胸部表皮下很浅的位置)。"其实,这些是冠状动脉出现问题的先兆。两天后,他又写信给她:

我亲爱的姑娘,我的呼吸肌今天特别虚弱,我只能勉强走到哈威路。所以父亲几乎是用暴君的态度大声地命令,立即派他最喜爱的医生来看我。医生给我

第 31 章 治疗慢性虚弱症

开了两种药片和一种油膏,并建议我用日光灯照射的方法。我现在只要坐在一间温暖的房间里就没有问题,但走到西边那些寒冷的屋子里就开始感到虚弱。所以别担心,问题正如我所想象的——胸部的小肌肉有风湿症,再加上流感的后遗症——我的头脑仍然十分健全。

凯恩斯继续勤奋地工作。为《泰晤士报》撰写了一系列的关于"如何避免衰退"的文章。他还写了一篇给"优生学会"的演讲稿。这篇题为《人口下降的一些后果》的讲稿于1937年2月16日宣读,是他撰写的最有激情的作品之一,对需求不足的经济同时面临人口下降会产生什么样的后果做了分析。迄今为止,他一直同意马尔萨斯的人口论,即人口增长会使社会日益贫困,而现在他把人口增长看做是繁荣的主要原因。凯恩斯的演讲预示了哈罗德在1939年的那篇关于"动态理论"的文章。莉迪娅则在剑桥和伦敦的舞台上演话剧,她在莫里哀喜剧《厌世者》中扮演塞丽美纳。评论家雷蒙·莫蒂默尔在《新政治家周刊》中写道,莉迪娅的声音"在力度和音色上都大有改进"。同往常一样,凯恩斯对演出的安排面面俱到,非常仔细。

凯恩斯听从了母亲的劝告,减少了饮食。他不走路时,不会感到胸肋的疼痛,但只要走路超过四分之一英里就会受到疼痛的折磨。莉迪娅在3月13日同凯恩斯一起起程到法国夏纳去之前告诉佛萝伦丝:梅纳德"只需要休息一下,到赌场去赌一把"。而梅纳德的手提箱中仍然放满了他的工作文件,包括他准备要发表的那篇在斯德哥尔摩的演讲。但是他的胸痛仍无好转,他走路不能超过几百码。胸痛常常会发作两到三分钟,而他们到夏纳之后的第三天,他的疼痛发作了45分钟。他们一回到英国,梅纳德就给舅舅沃尔特·兰登—布朗爵士详细地描述了他的病情:

> 母亲让我向你咨询一下我的胸痛问题……四年前(其实已有五年半的历史),我胸膈之间的风湿病严重发作,体温并不太高,在床上待了许久,由剑桥的L.B.科尔照顾。当时我即使是躺在床上也仍然时时作痛。自从那次恢复之后,直到六个月之前一直无大问题。去年夏天结束时和今年冬天我常常感到喘不上气,而在外散步时胸部感到不适。如果我休息一下,继续再走就会好一些。这种疼痛跟过去一样,只不过现在比过去更加严重。

沃尔特舅舅在3月31日给他做了检查,并在第二天给他做了X光胸透。他在4月8日的诊断书中提到,梅纳德最近一次患上的流感"使他心脏周围的一些肌肉有一点病毒感染,也许影响到胸壁,但没有任何迹象表明有机质性病变"。他认为梅纳德应该努力防止在心肌"从病毒性感染中恢复的过程里"对心脏施加过分的压力。他给梅纳德开的药方是,每日服用鲁米那镇静剂和一种称为"普罗西尔纳尔"的心脏强壮剂。几天之后,梅纳德向舅舅抱怨说,这些药让他整天昏昏沉沉,无法工作。他的医生舅舅没有注意到的是他嘴里的大量链球菌。

凯恩斯回到剑桥以后,在5月4日的午餐过后发作了五次类似的症状,但他仍然继续工作,直到5月16日星期天,在父母居住的哈威路的家里坚持不下去了。5月20日,舅舅兰登—布朗告诉佛萝伦丝说:"他的心肌已在一定程度上被损害,他需要进行全面的检查,并且不管如何难以做到,也要长期休息。"但他对梅纳德的病情仍然没有一个明确的概念。他认为,凯恩斯发作的心绞痛是虚幻的,并非真正的心脏病,"病情的预测是良好的,不会出现猝死的可能"。梅纳德在哈威路躺了一个多月,由佛萝伦丝和莉迪娅照顾,在此期间他仍然设法完成了一封给《泰晤士报》的讨论黄金问题的信。朋友们对梅纳德表示慰问。维吉尼亚·沃尔夫在6月6日给莉迪娅的信中说:"我希望他在脑力上不要再加强了,因为他在正常时期的脑力已足以让我够受的了。"6月18日,凯恩斯被送到威尔士北部的罗辛城堡去养病,这是一个富人们爱去的私人疗养院。"国民地方银行"的双董事长之一—F.C.斯考特极力推荐这个疗养院,说它"诊断技术超群",尽管在治疗方法上十分原始。

2 疾病缠身

这个疗养院原先是在苏格兰的班夫城的达夫别墅里。1923年,业主将它迁到交通较为便利的威尔士城堡里。它对外宣传的广告中说它"是一个诊所或私立医院,以科学研究、治病救人和维护健康为宗旨……是英国第一所这种类型的疗养院"。它占地475公顷,有三个建筑群,其中包括城堡的遗址和64间病房。还有一个巨大的接待厅、图书馆、餐厅、门诊室、化验室、厨房、食品储藏室、工作人员住处、办公室、食疗室以及一间X光室和医疗浴室。这里的克利维德山谷中的气候正如疗养院小册子中所说的"温和、

第 31 章　治疗慢性虚弱症

平稳而又不让人感到懒洋洋",山地和高沼泽地之间的空气再加上从爱尔兰海吹来的微风造成了这里的气候特点。小册子还说,"病人家属和朋友将会发现此地的周围很有意思。城里有个九洞的高尔夫球场……"每周的费用最低为15个金币(每金币等于1镑1先令——译注)。所提供的服务包括用餐、护理和一般性的X光检查。凯恩斯住的是最好的城堡区,房间很大,铺有红地毯,可以看到克利维德山的景色,并有自己的洗澡间。他的每周费用肯定达到30个金币。他在罗辛疗养院一共住了三个月,从6月18日到9月25日为止。然后他回到提尔顿庄园,在那里继续休息了18个月,在病痛和健康之间来来回回进行搏斗。

凯恩斯到底得了什么病?对他的诊断是由名医爱德蒙·斯普利格斯爵士主持的。他曾是英王爱德华七世的医学顾问,现在是罗辛疗养院的资深内科顾问。他的助手是病毒学专家、疗养院的驻地医生希尼文特沃斯·帕特森。正式的诊断结果是:"冠状动脉疾病,心脏和主动脉肥大,扁桃体处于感染状态。病人的症状是冠状动脉和心肌引起的,也许与扁桃体的炎症有关。"梅纳德告诉弟弟杰夫里,医生们发现他的"扁桃体处于令人震惊的状况,用肉眼都能看到脓肿,上面都是一种叫做弗西拉里亚的病菌……我猜想帕特森医生认为在我的身体中所存在的病毒如此之多足以引起其他的所有症状。他们在我的扁桃体上面涂抹一种有机的含砷的制剂来杀死这些病毒"。也就是说,罗辛疗养院的医生们下的诊断是亚急性的病毒性心内膜炎。病因是绿色的链球菌进入并攻击心脏瓣膜引起的,或用莉迪娅的话说,"毒汁一点一点地渗入了整个身体机制"。这个诊断表明凯恩斯从1931年开始就已经得了这种病,因为当时他的胸膜多次发生风湿性的病变。不幸的是,当时对他的病情没有有效的治疗方法,抗菌消炎的药尚未问世,用含砷制剂(即砒霜)来消炎(这在治疗梅毒中用得较为普遍),或用所谓曼德尔制剂,即取代砒霜疗法的一种碘类混合剂,都不足以清除他的炎症。所以罗辛疗养院的医生们只好回到最原始的两种方法:休息和抱有希望。

凯恩斯在罗辛疗养院的头六个星期里都是躺在床上,而莉迪娅则住在罗辛城里的城堡旅馆的一间小得可怜的房间里,同一群"母鸡般的罗辛疗养院的寡妇们在一起"。佛萝伦丝来短期探视过几次,她非常得体地让莉迪娅全面负责对梅纳德的护理。莉迪娅仍然以她那独特的、无人可以模仿的写作方法来向她报告梅纳德的病情。7月19日,她告诉佛萝伦丝说,梅纳德的"喉咙已经有三天没有发炎,这表明那些虫子已被围剿和消灭了"。一旦医生允许梅纳德下床活动,而且气候条件可以,他们俩就开车出游,有时还做些散

第七部分　为战争筹款

步。到9月13日，他"可以不服安眠药入睡"，但对将要离开疗养院感到忧心忡忡。"换个环境也许对我俩都有好处，因为我的神经已经到了快要崩溃的边缘，有时我情不自禁地放声大哭，"莉迪娅对佛萝伦丝如是说。

凯恩斯不能够保持安静。他在6月29日写信给莉迪娅说："在不允许身体行动之前，我想应该把脑力活动下的禁令除去，至少我希望如此。他们能够从酗酒的病人手中夺去酒，但不能从我的头脑中夺走我的思想。当穿白大褂的那位主任医生下午来看我时，我将向他承认我已经完成一封写给财政大臣的信件。"

7月1日，他写信给金斯利·马丁，说"我躺在床上常常在思考外交政策"。当他听到范奈莎的儿子朱利安在西班牙阵亡的消息后，他写信给范奈莎：

> 我最亲爱的奈莎：
> 　　我们对你失去这个可爱的、英俊的小伙子，一个有着纯洁、高尚情操的人表示哀悼。他有权利决定对自己的生活做出如此的安排，我们都无话可说。

不久，梅纳德的秘书史蒂文斯夫人带来一大批信件。凯恩斯给剑桥艺术剧场的经理诺曼·希金斯写了一封又一封的指示信，告诉他如何安排演出项目。理查德·卡恩现在已是国王学院的助理财务总监，凯恩斯也写信指导他如何进行投资。

疾病并没有使他的好战性降低。当他读到剑桥同事阿瑟·庇古教授所写的对他理论的批驳文章时，他说，"这是一个在我看来只是有病的人才会写出来的东西"。庇古确实有心脏病，但凯恩斯自己也绝非健康无恙。他对戈特弗里德·哈贝勒的《繁荣与衰退》一书的评价是："为何在错误的道路上如此偏执与固执？"他让卡恩在《经济学杂志》上对其进行批评。

莉迪娅从罗辛疗养院于9月22日给佛萝伦丝的最后报告中说："梅纳德心肌的肿胀已经减轻，但是总体的恢复还需要很长一段时间，而且他将继续按照目前的生活方式修养。他的胸部仍有疼痛（但与过去不同）……"帕特森医生针对他养病写下了具体的指示，饮食安排上令人吃惊的丰富。凯恩斯必须在床上进早餐，午餐之后要好好休息一下，在晚餐之前也要到床上躺一下。每周必须有一天躺在床上，不得下地活动。凯恩斯在伦敦停留了一下后，于9月30日回到提尔顿。他和莉迪娅对罗辛疗养院的评价是"一流的医疗和一流的骗局的一种奇异的结合"。

第 31 章 治疗慢性虚弱症

他离开罗辛疗养院时的心情很乐观，因为医生们承诺六个月之内即可恢复。他本来打算在秋季向剑桥请假，将大部分时间花在伦敦，慢慢地把他的"真实生活"的事务重新安排好。实际上，他在提尔顿一直待到1938年2月。他于2—3月间到伦敦和剑桥去住了三个星期，后来在5—6月间又在剑桥住了三周。此后，他一直住在提尔顿，到10月才离开。他的恢复比预计的要慢得多，所以不得不在家中静养。他仍然是一个病人，每日的病情都有不同程度的变化，只要他一有压力就会旧病复发。

莉迪娅现在成了他的英勇无畏的、充满献身精神的护理。爱情自不必说，她的那种农民特点的本能也促使她对爱人做精心护理。凯恩斯的病情使他俩婚姻的内部平衡发生了反方向的变化。在此之前，莉迪娅一直是凯恩斯的一个负担，而在此后的生活里，凯恩斯成了莉迪娅的一个生活责任。她本来对他的自我的完整性是一个必要的因素，现在他则要依靠她才能生存下去。没有任何人对她提出这样的要求，她自己掌握了帮助凯恩斯恢复健康的控制权。她在护理过程中发挥了她当年作为芭蕾舞女主角的那种自律。在此后的三年中，她对他的健康状况的起伏、心态和外观的变化都一一记录在案。她坚持凯恩斯遵照医生提出的生活方式安排活动，她也坚拒一些不必要的事务和访客。她第一次感到自己对梅纳德不但是个有用的人，而且是绝对必要的人。梅纳德现在成了她生活的全部内容。她放弃了戏剧表演，尽管有时参加BBC电台的广播节目。她没有孩子，自己的家里人远在俄国。梅纳德理解，也接受了这种在生活上的重新安排。他越来越愿意用莉迪娅的权威来挡驾对他的一些令人讨厌或非分的要求。他厌恶成为一个病人，但正如达迪·瑞兰兹一针见血地指出："他同时也喜欢那种受人护理的氛围。"这是凯恩斯第一次在病中不受母亲的护理。佛萝伦丝·凯恩斯主动放弃对她那宠爱和出名的儿子的护理权，说明她是善解人意的。她将这个权力移交给一个俄国来的芭蕾舞演员，而且其头脑被布鲁斯贝利的圈子看做是"轻佻无知"，这更表明梅纳德母亲的宽广胸怀。

莉迪娅坚持按照罗辛疗养院医生们制定的方案执行梅纳德的作息时间。由于凯恩斯连爬上楼的气力都没有，莉迪娅将他的睡房移到楼下大门右侧的一间，墙上挂着一幅塞尚的画作。莉迪娅自己则住在隔壁，这一溜厢房本来是凯恩斯为仆人们所造的。他每日在床上躺上半天，每日上午可以工作两三个小时，要么坐在床上，要么坐在沙发上，用写字板工作。每天下午，由于这年10月的阳光特别充足，他们坐车到附近的格兰德、弗尔、路易斯或伊斯特邦等地去散心，这样他就能吸收"新鲜空气并同秋天的美景融为一体"，她给山姆·库尔多的信中如是说。休息一下以后开始喝下午茶。晚餐用得较早，凯恩斯

第七部分 为战争筹款

饭后又回到床上休息,读一本书,看一出剧本或听听广播来消遣放松。他常常需要服用安眠药帮助入睡。史蒂文斯夫人每周来一次,处理凯恩斯的来往信件。如果她与凯恩斯工作的时间太长,他就会"容易动怒和不舒服"。莉迪娅不欢迎来访者,因为谈话让他情绪过于激动,而且过后让他无精打采,心情郁闷。如果她觉得访客待的时间太长,她就会立即下逐客令。就像医生告诉她应该做的那样,对访客说:"现在你必须走了。"梅纳德一感到疲劳,她就能够看出来,于是叫他躺回床上,不要说话——"这是治疗心脏病痛的唯一方法"。

凯恩斯的长期疗养使他对提尔顿庄园的事情越来越关心。提尔顿在他后来的生活中的重要性也与日俱增。提尔顿有足够的仆役,尽管具体人员变化很大。被人们称之为"婶子"的佩妮·威勒是莉迪娅原来的裁缝,她的侄儿爱德加以及侄媳妇茹比仍然是仆人队伍的核心。爱德加现在的主要任务是照看花园,他原先的驾驶罗尔斯轿车的任务由弗里德·沃尔拉德来担任。弗里德是"婶子"的外甥女的丈夫,在机械上显然很有天才,莉迪娅对他十分欣赏。他能同时担当人们难以想象的三个任务——"图书管理员、车夫和按摩师"。26岁的漂亮姑娘贝蒂做得一手好菜,不过她的脑袋瓜却不敢恭维。此外还有两个整理房间的女佣,一个是罗玛,瑞士人,另一个是不知名的挪威人。这个大家庭里还有一只母狗,叫帕特茜,这是凯恩斯夫妇原先的三只狗中唯一活下来的一只。梅纳德在莉迪娅给理查德·卡恩的信上加上了这么几句话,"这是一条矮胖、爱叫的白褐色相间的杂种狗,"嘴里的味道让人厌恶,"据说它曾经用这股恶味抓住过一只老鼠"。

莉迪娅对来访客进行严格限制。沃尔夫夫妇在10月初来提尔顿喝下午茶,维吉尼亚发现梅纳德看上去好多了,"肤色不是那么苍白,身体也不那么笨重"。而且他已成了一个医药专家。"所有的伦敦医生们对他的病情都有误诊,他的种种疾病只能在罗辛疗养院才能治愈。"他们接受的第一批从外地来的造访者是奥登和伊什伍德,他们在11月11日同"团体剧场"的经理卢波特·杜恩从伦敦赶来看望凯恩斯,同他讨论他们的新的"道德剧"《在边境上》。凯恩斯有意把这个作品搬上剑桥的艺术剧场。他和莉迪娅与"这帮男孩"一起从弗尔灯塔开始散步,发现这几个人"很有意思,让人兴奋"。当凯恩斯得知团体剧场已经没有资金时很不高兴,但还是同意支付在剑桥的演出制作费用并担任该剧的代理人。然而,这两位原作者当时正准备去中国,所以,在剑桥上演该剧的时间向后推迟了一年。

第 31 章 治疗慢性虚弱症

凯恩斯同提尔顿庄园和提尔顿森林签订的租约有效期为50年,从1936年算起,所以他还是一个农场主,并有着足够的时间来做一个拥有300英亩土地的乡间绅士。提尔顿农庄由凯恩斯的农庄经理娄根·汤普森来管理,他是约克郡人,酷爱读小说。提尔顿森林则由切奇尔来管理,他在林中饲养山鸡和鹧鸪。汤普森与挪威来的女佣关系甚好,据莉迪娅说,这位1938年来提尔顿干活的女佣后来让汤普森伤透了心,"他俩常常在提尔顿一起开车兜风,在整个1938年里似乎是形影不离"。养病的凯恩斯喜欢在农场里到处走动,看看玉米脱粒、剪羊毛等活动,检查一下牛奶的质量或者观察一下猪圈中的条件。他曾开过一次以猪为主题的篝火晚会,昆廷·贝尔为一头公猪设计了假面具,农场中干活的工人都享受到香肠和啤酒,梅纳德还发表了一个简短的致辞,莉迪娅则打扮成一头猪来参加晚会。周六的打猎活动绝不具有田园般的情调,克莱夫·贝尔和凯恩斯的家人有时参与这项活动,但梅纳德自己不大参加。农夫们在凯恩斯新建的墙上挂有后印象派画作的大厅中集合,由莉迪娅将这批人带到一间墙上挂着马蒂斯画作的洗手间,对他们说:"你们现在可以在这里先上个厕所然后再走。"圣诞节那一天,莉迪娅对这个"封建制度"做了自己的贡献,给"居住在这个小社区中的45个人"分发了节日礼物。当地人觉得他们这样做有点做作,其中一个农夫说:"盖吉勋爵(梅纳德的房东)是一个勋爵,所以他知道应该怎么做。"

凯恩斯在他的写字板上继续他的写作。他在这年秋天写的文章中有一篇是纪念朱利安·贝尔的。维吉尼亚·沃尔夫读后给他写了一封带有妒意但表示赞赏的信:"我希望你能继续撰写一批人物的肖像描述。尽管我不大情愿,但我还是要承认你在这方面的才能,同时我很清楚,大自然没有赋予我任何数学才能。刻画人物同经济学相比是否更难?"凯恩斯如果回答这个问题一定会说"不",因为"写出论证"是真正的困难所在。在经济学方面,凯恩斯的活动并没有像医生们所希望的那样大幅度地减少。他同庇古辩论弹性工资问题,同罗伯逊争论利率问题,这些都证明他仍然十分活跃。在这个时期里,他还同皮埃洛·斯拉法一起为重印一本由一名匿名作者根据大卫·休谟的著作《论人的本性》所写的《摘要》一书写了一篇介绍文章,《摘要》一书的原稿为凯恩斯所有,由剑桥大学出版社于1938年3月出版。

凯恩斯同公共事务也保持接触。1937年11月14日,他向美国银行家沃尔特·斯图阿特阐述了他对世界局势的看法:"我预计不会发生战争,也不会发生重大的经济衰退。从另一方面看,国际政治将会影响企业信心的全面发展,在你们美国方面确实已经有衰

第七部分　为战争筹款

退的迹象。"到1937年12月，英国自己也已显而易见地处于衰退之中。在这一次的衰退里，凯恩斯计划没有再出现。美国经济衰退的不断加深促使凯恩斯在1938年2月1日给美国总统福兰克林·罗斯福写了一封信，这一次是私信，而不是公开信。

梅纳德健康状况的恶化伴随着他的财富的缩水，并由此而雪上加霜。华尔街股市的下挫发生在他心脏病发作之时，尽管伦敦市场的下跌较为平缓一些。凯恩斯投资的大部分内容都是这两个市场的有价证券。而且，他借贷的数量很大，但他坚持对这些有价证券持有信心，所有一直不愿出手。但他的心里已经越来越紧张，他在9月2日从罗辛疗养院给卡恩的信中说："尽管我的处境仍完全正常，但我不想借一笔巨款。我还未到变为熊市心态的地步，但在借贷上我更不愿意有牛市心态。将债务降低是一个必要而又枯燥无味的、困难的过程。"

但是，这却是他现在所要采取的步骤。他的股票经纪商巴克马斯特—摩尔公司要求他增加保证金，所以他减少债务的唯一办法是在下跌的股市中抛售股票。股市的持续下跌对他的身体恢复起了延缓作用，而股市的短暂复苏和接踵而来的更严重的崩盘对他的心脏也产生了冲击。他在10月10日给母亲的信中说："市场糟透了，但我的感觉是价格现在已经跌到了谷底。"事实上，华尔街在九天后又大跌了一次。莉迪娅在11月的治疗日记中写道："股市暴跌对健康是致命的打击。"1937年11月16日，梅纳德给国民保险银行的G.H.莱克奈尔的信中说："当然，我认为抛售的时机应当在春季，但在当时十分难以确认。"

圣诞节时，凯恩斯的身体恢复到可以去查尔斯顿与克莱夫、邓肯和范奈莎共进晚餐的程度。他还同沃尔夫夫妇在罗得威尔共进午餐。这是他在九个月内第一次参加社交活动。维吉尼亚给外甥女安吉丽卡的信中说："我们用两张椅子把梅纳德送到床上，然后开始聊天，直到梅纳德对政治发生震怒，莉迪娅赶紧叫来车子，他们立即就回去了。"凯恩斯的身体在好转，莉迪娅也开始参与一些活动。她在12月23日的BBC广播节目中朗读了安徒生的童话故事《一双红鞋子》。第二年春季，她还参加了系列广播节目"俄罗斯大师们对童年和青年的研究"，节目的制作人是盖伊·伯吉斯（即后来成为苏联间谍"剑桥五人团"的成员之一——译注）。

凯恩斯于1938年2月11日回到罗辛疗养院去做检查，他对新近出现的心脏部位的疼痛感到担忧，他劳累了一天之后准备上床睡觉时就会发生这种局部的疼痛。罗辛疗养院的检查报告令人鼓舞，他的心脏仍然肥大，但它的压扩功能已有改善。莉迪娅对喉部的检

第 31 章　治疗慢性虚弱症

查如是说："喉部的化验样本现在已不能生长蔬菜了,而上次我们在这里的时候,那上面足足可以长出整个果园。"他的血压仍然偏低。医生们允许他在不久的将来重新参与有限的公共事务,但条件是在夏季里要做长期休息。

他们从威尔士回来的路上,到伦敦住了三个星期。他们在伦敦的家由两幢房子组成。凯恩斯在生病之前接过了戈登广场47号的房子,而47号和46号的客厅中间有一个门接通,凯恩斯把46号的客厅作为书房使用。他们去公园散步,到郊区去开车兜风,并寻访故友,而与此同时,政治气氛开始日益紧张。希特勒正在对奥地利施加压力,张伯伦则试图促使墨索里尼站出来支持奥地利的独立。2月21日,艾登辞去了英国外交大臣的职务。梅纳德写信给维吉尼亚·沃尔夫说:"外交政治几乎让我心脏病发作。我早就知道内维尔(张伯伦)是一个最低劣的平足的爬行动物。但是,英国人民会不会追随他的绥靖政策呢?"列昂尼德和维吉尼亚到戈登广场46号来喝茶,他们发现"梅纳德斜躺在那里,但是思想非常活跃。他认为边沁是万恶之源。莉迪娅则像一个村妇那样,坐在板凳上绞着双手"。1938年2月23日,凯恩斯在国民保险银行发表了每年一次的董事会主席演讲,这是他在病后第一次在公开场合露面。第二天,他主持了皇家经济学会的一次会议。他在这两个场合上的表现都非常出色,但新闻媒体对他的演说意见不一致,让他感到十分疲劳。

梅纳德和莉迪娅在3月10日到14日的周末里回到剑桥,参加研究员选拔委员会的活动,这是他到罗辛疗养院之后第一次回到这里。他们在那里的时间里,德国军队跨过了奥地利的边界,希特勒宣布德奥合并。凯恩斯认为英国政府"完全与现实脱节,英国人民的反独裁情感正在迅速上升"。他们于3月18日回到提尔顿。

3月底,华尔街方面传来更多的坏消息。梅纳德这时在美国股市中仍然持有大量的股票,这对他的健康又产生了恶劣的影响。莉迪娅对此的看法富有哲理,梅纳德身体状况的变化是自然的:因为"工作量这么大,气候又发生变化,世界形势和华尔街的形势,再加上生活本身的总体影响"。在3月的最后两周里,他售出价值4万到5万英镑之间的证券,逐步减少了他对股票经纪商的负债,同时保持了手中的大部分流动资金。在从1937年春季开始的"吓人的衰退"中,凯恩斯损失了他的所有财产中的三分之二。从1936年年末到1938年年末,他的净资产价值从506222英镑下降到181244英镑。而他每年的毛收入也下降了三分之二,从1937—1938年度的18801英镑下降到1938—1939年度的6192英镑。他所主导的那些机构的投资也有惨重的损失——其中包括国王学院、国民地方保险

第七部分 为战争筹款

公司、国民人寿保险公司等等。凯恩斯不得不撰写冗长的报告和信件为自己的"长线"哲学进行辩护。在国民人寿保险公司里,法朗西斯·寇松在凯恩斯不在的时候代行他的董事会主席职务。凯恩斯于3月18日写信给寇松,说他"在市场跌入最低点时仍然持有一股,对此我并不感到羞耻……我认为应当更进一步。一个认真的投资者在面临他的持股缩水时有责任保持冷静而不要自责。任何其他的做法都是反社会的,对自信心有摧毁的效果,而且同经济体制的运作不和谐。一个投资者应当着眼于长期的结果,而且只能被长期的结果所评判"。寇松和董事会对他的说法不以为然,凯恩斯于是在1938年10月辞去主席的职务,并向福尔克解释说:"一个人对他觉得最不满意的那些活动就应当加以放弃。"

在春天过去、夏季来临之时,华尔街终于开始复苏。凯恩斯的身体也开始慢慢好转。4月29日,莉迪娅写信给卡恩说:"昨日梅纳德散了一个小时的步,非常之好。我们看到许多从卵袋里钻出来的蝴蝶,不时地停留在树枝上。"5月中旬,尽管对健康不是很有利,他在剑桥与莉迪娅在圣爱德华巷的新公寓坚持住了三周。莉迪娅的治疗日记中记有他精力充沛的事件("使听众大为折服"),但也有疲劳、疼痛和糟糕的夜晚("他进屋时像一具僵尸……服下安眠药,疲劳至极")。不管怎么说,他在剑桥没有发生大的健康危机。山姆·库尔多在6月26日发现回到提尔顿的凯恩斯"看上去好多了。但他必须小心谨慎,不要给心脏过多的压力,同时也不能过多地谈话。我们下午一起慢慢地散步一个小时,莉迪娅的心境比过去要愉快得多"。6月28日,凯恩斯自我感觉很好,于是他告诉斯普利格斯医生他不会再回罗辛疗养院。

梅纳德和莉迪娅在提尔顿住了四个月。她给佛萝伦丝的信中说:"一个人的拎包和枕头都在一个地方实在是一件舒心的事。"他俩一个是高挑、有点驼背的经济学家,总是穿着哔叽呢的外套,头戴一顶草帽;另一个是娇小、轻盈如小鸟的夫人,一口俄国口音,头戴异国情调的头巾。当地的农民肯定把他们看做是奇怪的一对。梅纳德喜欢把自己看做是一个仁慈的地主,但他的举止并不太令人完全信服。他并不是一个地道的乡绅。他从概念上喜欢乡绅的作用,但并不喜欢做乡绅。他把他雇用的农工看成是奇怪的、两维的动物,他对他们的感觉是好玩,但并不同情。那些农工对他的处心积虑、打破沙锅问到底的习惯以及极度的聪明感到不安。有一次凯恩斯夫妇在农场里闲逛时,莉迪娅不让梅纳德过于吃力,他回过头问牧羊人:"如果一头老羊像莉迪娅现在看着我的样子看着你,你会怎么做呢?"昆廷·贝尔评论道,这样一个问题让"任何人都难以回答"。

凯恩斯在1938年夏天的主要成就之一是一篇关于缓冲基金的论文,他在提尔顿曾就这篇文章与沃尔特·莱顿和阿瑟·萨尔特进行过讨论,并由他在剑桥的同事杰拉尔德·舒夫代表他在英国科学协会的F小组的一次会议上宣读。伊什伍德已从中国回来,他同卢波特·杜恩和本杰明·布列顿一起到提尔顿来拜访凯恩斯,为在剑桥上演《在边境上》一剧做最后的安排。他们同意在11月上演这出戏,由莉迪娅担纲女主角。8月23日,凯恩斯给卡恩的信中对自己的健康状况表示乐观,说他在过去的一个月中身体情况的改善比生病之后的任何一段时间里都要明显,"我的病现在发作时在时间和程度上都远远没有过去那样严重……剧烈的疼痛几乎已经消失,我从疲劳中恢复迅速"。可惜的是,在9月发生的捷克危机并由此导致了"慕尼黑协定",他的平静心态和健康又一次遭受了严重打击。9月27日,他心情郁闷地写信给剑桥的老朋友鲍伯·特莱维兰:"我勉强维持,恢复得太慢。上个月,我们在回忆俱乐部开过一个会,我宣读了一篇关于摩尔的《伦理学原理》对我这个当年还是本科生的人所产生的影响的论文;撰写对摩尔的回忆让我记起你当时的生动模样。"事实上,这个会议是在提尔顿召开的,时间是9月11日。维吉尼亚·沃尔夫记录道:凯恩斯对一群布鲁斯贝利的老少同仁宣读了"一篇内容紧凑、含义深远而令人难忘的论文"。之后,他被"慢慢地送到"楼下的卧室中去休息,而莉迪娅则欢快地请大家吃火腿三明治和热蛋糕。这就是那篇题为《我的早期信仰》的论文,这篇论文直到凯恩斯去世以后才发表。在这篇文章中,他对他的早期信仰中的一部分做了肯定,而对另一部分则进行了批评。1938年10月16日,他和莉迪娅乘车从伦敦回到剑桥——"同卡恩共进晚餐,有点疲劳,他看上去脸色苍白,上床很早,没有疼痛,但也许在心脏周围仍不舒服。"

3 "凯恩斯革命"的临时指挥

凯恩斯革命是在那些战争与和平相互交接的岁月里开始生根发芽的。凯恩斯学派和反凯恩斯学派的相互妥协从1937年开始,其背景是国际形势的恶化促使英国大规模地重振军备。然而,两派调和的奠基者却是凯恩斯本人。只要绕过理论上的争端,凯恩斯《通论》的总体经济方法不但可以被运用到失业问题上,而且可以被运用到充分就业条件下

第七部分 为战争筹款

的通货膨胀压力以及对战争经济的管理上。《通论》的名称起得十分高明，所以在运用上也得心应手，潜力很大。而凯恩斯在利用它的潜力上的表现是惊人的出色，体现了一种由自信、风格、学术上的灵活性以及行政管理上的多样性相结合的混合物，它有着巨大的吸引力。应当承认，被凯恩斯革命所吸引的还只是一个小圈子。路易斯选区的保守党议员、海军上将塔夫顿·比米什谴责凯恩斯的"大规模公共工程的那种陈旧的建议"。约翰·布坎则将凯恩斯描绘成一个"半个冒险家，半个乡绅"，并在1936年发表的小说《羊群之岛》中用一个不道德的金融家巴拉尔提来影射凯恩斯。这是托利党右派对凯恩斯的一种标准看法，即一流的脑子，二流的人格。左派仍然瞩意社会主义而不是有管理的资本主义，但是他们也开始看到对资本主义的管理也可能推进社会主义事业。真正与凯恩斯妥协的是知识精英的中间道路人物，这些人一直对凯恩斯的理论感兴趣。凯恩斯革命获取了中间派的支持，这已经足够了。

从1937年开始，凯恩斯运用《通论》的理论框架来解决英国即将达到充分就业而随之而来的问题，同时，英国也开始为战争做准备。财政部最关心的问题是如何既能给军备生产留出空间，又不会引起通货膨胀和收支不平衡的问题。正是凯恩斯的反通货膨胀的观点使财政部的正统理念同凯恩斯经济学相妥协。凯恩斯的小册子《如何支付战争费用》奠定了战时政府预算政策的基础，这充分地反映了战前的讨论结果。

1937年2月，财政大臣内维尔·张伯伦宣布给重振军备的计划增添一个新的防务贷款。这笔4亿英镑的贷款将分为五年使用。那些因循守旧的人物自然提出旧的问题，即这些额外的资金从何而来？这笔资金难道不是从其他的领域比如说出口贸易领域里转移过来的吗？财政部一贯称出口贸易是"国防的第四个支柱"。这样一种贷款难道不会提高利率吗？通货膨胀是否会随之发生？如此等等。但是，提这样的老问题已经时过境迁。财政部现在已经愿意为重振军备而不断地举债。所以，凯恩斯的理论成为财政部用来强调既要大炮、又要牛油政策的唯一说辞。同时，财政部还可以用凯恩斯的理论来说明低利率的重要性。与此同时，充分就业的（战争）经济的到来也给凯恩斯提供了一个机会，以制服通货膨胀，建立他的反通货膨胀声誉。

凯恩斯在这段时间里发表的观点有五个方面值得注意。第一方面是他于1937年1月12—14日在《泰晤士报》上发表的三篇文章，这批文章所讨论的是《通论》中没有涉及的稳定经济的技术问题。在"控制繁荣"的那一部分内容里，凯恩斯提出了一个我们现在称之为"周期性平衡预算"的政策：即政府应当在经济周期的下降阶段主动举债以刺

第 31 章 治疗慢性虚弱症

激经济,而在经济周期的上升阶段还债。他宣称,财政部应当在繁荣时期,而不是衰退时期,运用紧缩政策。这种以需求管理为基础的财政理论对战后的正统凯恩斯主义有重大的影响。

第二,凯恩斯不断地强调英国在经济总体上来说并不存在人力物力资源的紧缺问题。由于英国工业结构的"不幸的僵化",在经济不景气的地区存在的大量闲置劳动力同其他行业和地区所存在的劳动力紧缺是并存的。所以"我们今天所需要的不是总需求的增加,而是合理的需求分配"。这就意味着要削减在繁荣的南部地区的公共支出,而在萧条的北部和凯尔特边缘地区增加公共投资。这个建议对军备生产有特殊的关系。凯恩斯在1937年3月11日的《泰晤士报》上撰文,说军工生产的订单应当尽量多给失业率很高的那些地区。

> 把这个做法看成是对萧条地区的一种慈善援助是错误的。正相反,这是为了整体的国民利益。需求是否会引起通货膨胀取决于这种新增加的需求是否分配给那些没有剩余资源和生产能力的行业和地区。将军工生产放在特定的地区是重振军备的过程中防止通货膨胀的一种手段。

第三,凯恩斯强调有必要成立一个公共投资的委员会以计划投资需求,这样,当某些投资项目的利润开始下降时,就能立即启动新的投资项目。这在英国在1938—1939年从和平向战争过渡的阶段里显得更加重要。凯恩斯在1938年9月5日给奥斯瓦尔德·福尔克的信中说:"糟糕的是我们被一群笨蛋所统治。这批高级文官们不是把精力放在使我们的国家做好战争的准备,而是全力以赴地向大臣们提供种种不需要采取行动的借口。"

第四,管理需求需要获取国民收入的统计数字。在什么样的失业水平上通货膨胀的压力会实际上升?10%还是5%?没人能回答这个问题。凯恩斯于1937年3月11日在《泰晤士报》上撰写的文章中,使用了一些简单的算术来表示"产出差距"的幅度大小。他相信"财政大臣的贷款支出不一定会引起通货膨胀"。但他抱怨说,由于缺乏统计数字,他的估算只能是一些"大胆的猜想"。

第五个特点是凯恩斯对永久性廉价货币的支持。短期利率应当一直保持低水平,这样才能避免人们对长期利率的不确定性预期。"我们应当像逃避地狱之火那样逃避高价货币",这句话在1937年1月12日的《泰晤士报》上出现。这个原则对此后英国的货币政策

第七部分　为战争筹款

起了主导作用,直到1951年才发生变化。

廉价货币并不是凯恩斯经济学的独有特点。这是古典经济学对经济萧条的一种反应,而且也是萧条产生的自然后果。1932年,银行利率定在2%。财政部在这一年将1917年利率为5%的20亿英镑的战争债务转变为3.5%的债务。这笔债务占英国国民总债务的四分之一。财政部采取这一措施的目的是减轻对预算的压力,并支撑较低的短期利率。当然,财政部丝毫也不怀疑在经济繁荣时利率应当上升。

从传统观点来看,利率上升意味着"储蓄短缺"——也就是需求已经达到资源的极限的一个迹象。因此,在经济复苏进入第四个年头时,政府贷款的增加必定会提高利率。这个前景让财政部不安,因为它希望用最廉价的方法来支付重振军备的费用。正是在这个背景条件下,凯恩斯关于利率的"货币"理论得到了财政部和英格兰银行的积极响应。凯恩斯理论的要旨是,利率上升标志着流动资金的短缺,而不是储蓄的短缺。

这正是凯恩斯的《通论》发表以来的理论辩论的焦点。传统经济学关于自我调节的经济理论在很大程度上依赖于把利率看成是储蓄和投资之间进行均衡的价格。凯恩斯否定了这一点。储蓄的升降是随着收入的变化而变化的,所以利率乃是放弃流动资金的一个价格。用信贷支持的军备生产计划能够提高国民收入水平,从而能够产生足以支付这个计划的储蓄额,而没有必要提高利率。这个理论不能解释为何在1937年年初,短期利率开始上升,正如古典经济理论所预期的那样——在经济进入繁荣时期时利率会上升。这个在"现实世界"里发生的现象促使凯恩斯在理论建设上做了最后一次努力。他在1937年7月发表在《经济学杂志》上的一篇文章是在剑桥病榻上写成的。他指出,一项投资决定也许是在新的储蓄尚未被创造出来之前对资金的一种短时段需求。正常情况下,由银行体制里的周转性借贷基金来进行融资,因为新项目的信贷是从已完成的项目向银行还债的资金中得来的。但是,如果投资需求出乎意料地上升,那么寻求比正常情况下更多的资金所带来的压力就会通过它影响对货币的需求来影响利率。因此,尽管额外的投资(公共或私人的投资)不会被"储蓄短缺"所限制,它仍然能够超出金融机构所能提供的资金。这种情况在两个可能的条件下会发生,一是银行系统不愿增加货币供应量,二是现有的资金持有者提供的资金供应量没有任何弹性。金融权力机构当然可以用加印钞票的办法来创造额外的投资资金,但这是一个"有效,但有时很危险的方法"。这就是著名的货币"财政需求"理论的原始形式。凯恩斯在《通论》中对此并未提及,现在他把它提出来作为连接他的"流动性偏好利率理论"与丹尼斯·罗伯逊的"储蓄产生的可

第 31 章 治疗慢性虚弱症

借贷资金理论"之间的桥梁。克拉克教授把凯恩斯这种创造新理论的方法称之为"就地编造,以对付反对意见"。1938年2月23日,凯恩斯在国民保险公司的主席演讲中又在他的新理论的基础上创造了一个新的说法。1937年利率的上升不是由于政府为军备生产筹措资金所引起的,而是因为这笔资金在使用之前就已经筹措好了。"在使用之前筹措资金不啻是囤积资金的一种形式,自然会造成信贷严重短缺的形势。"利率上升本来是可以避免的。政府如果不在投资项目启动之前就发行国防公债,或者至少同步进行,那么,就不会促使利率上扬。凯恩斯对金融媒体对他的演说所做的反应大为恼火。"几乎所有的伦敦金融城的编辑们都是先天性的通货紧缩分子(就像那些同制造货币有关,但自己又不赚钱的文官和其他一些人一样),"凯恩斯在1938年3月5日给理查德·卡恩的信中如是说。

凯恩斯逃避高利率的另一个技巧是让财政部从短期货币市场上多借资金,一方面可以满足人们对流动资金的需要,另一方面也能够避免过早到期借贷的资金。美国财政部使用这个技巧以使它"能在比英国财政部更低的利率上借到资金",因为利率是随着借贷时间的增长而上升的。

财政部对凯恩斯的原则尚能接受。财政部对利率采取的反周期政策现在已不如降低军备生产贷款的费用更加重要。凯恩斯关于利率的"流动性偏好理论"向财政部提供了降低借贷成本的技巧。这个技巧的含义是,政府可用货币政策将利率确定在它希望的水平上,只要政府有意地扩大货币供应量以满足货币囤积者的需要就能做到这一点,同时,也应当将借贷的时间根据投资者的偏好加以确定。凯恩斯在下一年里将继续鼓吹这个理论。

上面对凯恩斯的政策的简单描述显示出他不但有理论创新的能力,而且在运用理论上有独创的眼光,不管是旧的还是新的理论,他都能够用来解决政府管理上的实际问题。这些政策是在战争的阴影下制定的,所以有一定的"指令性"特点,而这个特点并不是从《通论》中不可避免地产生出来的。

凯恩斯对他的理论的宣传开始把财政部从张伯伦的正统观念的禁锢中解放出来。苏珊·霍森和唐纳德·文奇认为:"到了1937年,与凯恩斯《通论》有联系的宏观经济立场已经改变了财政部绝大多数高级官员的思路。"他们特别引用了内阁经济顾问委员会的经济情报小组于1937年2月19日发布的第22号报告,其中提出了用公共投资作为反周期工具的建议。这个小组的主席是焦西亚·斯坦普爵士,凯恩斯和两位财政部的文官,弗里德里克·菲力浦斯爵士和弗里德里克·莱斯—罗斯爵士均为小组的成员。这个建议同凯恩斯于1937年1月在《泰晤士报》的文章中所提出的方案几乎完全一致。凯恩斯对货币政策的影响更为重要。经济情报小组在1939年7月的最后一份报告和1939年6月30日成立的财政部"储蓄和投资控制委员会"都响应了凯恩斯在那一年的《泰晤士报》上提出的种种建议。这个委员会的主席是弗里德里克·菲力浦斯爵士。1939年10月，政府决定将最高的借贷利率限制在3%的水平，"此后维持这个水平的所有方法都是凯恩斯赞成的方法"。凯恩斯的理论在1937—1939年间成为政策讨论的中心，这并不是因为决策者"接受"他的《通论》，而是因为他的理论正好同决策圈的精英所关注的事情相吻合。很多人对凯恩斯的过于聪明的个性仍然有疑心。正如对凯恩斯有偏见的熊彼特所说的："大多数敬佩凯恩斯的人都接受他的刺激经济的计划，但他们从凯恩斯那里获取对自己有利的东西，然后把剩下的东西抛在一边。"

4 谨慎还是绥靖

在他的《和平的经济后果》一书中，凯恩斯曾写道："如果我们的目标是让中欧地区贫困化，我敢断言，复仇之神绝不会手软。"他对凡尔赛和约的激烈批判受到多方的攻击，但大多数的批评都是没有道理的。很少有人提到过他对这个复仇之神以希特勒的形象出现会做出什么反应。《新政治家周刊》的总编金斯利·马丁在他未发表的自传中有一章对该杂志的董事会主席凯恩斯有如下评论："他一般总是支持鲍德温，有时甚至也支持张伯伦。他对慕尼黑协定的支持是半心半意的，但也表示愤怒。他同我一样认为英国不可能为了保卫东欧而发动一场战争，特别是某种和平仍在手边时，而且我们尚没有必要卷入这些纷争。"对凯恩斯最具有观察力的同时代人是奥斯瓦尔德·福尔克。他提到，凯恩斯头脑中的斗争反映在两方面：一方面，他具有和平主义倾向；另一方面，至少有的时候他也希望同邪恶和侵略行为做斗争。最近，唐纳德·马克维尔写了这么一段评价，认为把凯恩斯看成绥靖分子的观点，"最起码是简单化的观点"。

事实上，凯恩斯从严格意义上讲不算是绥靖主义者，我们将在下面对绥靖主义做出界定。然而，在绥靖和非绥靖之间的界限也是晦暗不明的。同时，凯恩斯关于外交政策所撰写的文章在质量上也大大不如他的经济政策的文章。凯恩斯作为经济学的天才在很大程度上依赖于他对白厅和伦敦金融城的内部运作有第一手的了解。在外交政策方面，他

第 31 章　治疗慢性虚弱症

并没有同样类型的渠道,他对外交没有专业知识,在决策中心也没有熟悉的朋友。他对美国和苏联的了解不深,略知一些皮毛。所以,他对外交政策的判断往往是门外汉的水平。他不过是站在远处进行思考:他的写作风格同已往不同,显得特别含混不清;而他对外交政策的影响几乎为零。

让我们设法把他在战争风云即将到来的心态重新整理一下。首先,我们可以确切地说,《和平的经济后果》一书所造成的影响与他对如何对付希特勒的态度没有关系。他本人对凡尔赛和约的"苛刻和平条件"没有理由感到内疚,因为他一直极力加以反对。此外,他从来没有支持过威尔逊总统的"民族自决原则",因为他认为这个原则只能增加主权国家和边界线,对战前的统一的欧洲经济是一个破坏。所以他没有必要支持那种以语言和民族为借口向德国做出的领土让步。最后,他在1919年支持的那个德国同30年代的德国不是一回事。他厌恶纳粹政权,在1933年以后一直没有访问过德国。他对希特勒的经济政策所取得的成就也故意视而不见——这在当时能这样做是很了不起的(因为希特勒的经济政策是凯恩斯主义的范例——译注)。

第二,凯恩斯可以说是百分之九十的和平主义者。同大多数自由派一样,他把和平看做是绝对至善的东西,只有在极端的情况下才应该放弃,以捍卫核心利益。在这一方面,他是民主国家和平主义者的一个典型。他之所以偏爱和平,是因为他不愿支持欧洲式全球的现状,他对经济制裁作为避免战争的手段过于相信。他对如何对付希特勒和墨索里尼这类人确实感到不知所措,因为这些人宁可冒战争风险来达到自己的目的。战争或好战的行为对他没有吸引力,完全超出了他的想象力范围——这是大多数英国自由派人士所共有的缺点,也可以说是优点。

第三,凯恩斯的和平主义还延伸为这样一种信念:即政府在没有公众支持的条件下,没有权力为了某个原则去冒战争风险。1937年7月24日,他写信给理查德·卡恩,对朱利安·贝尔在西班牙的阵亡做了如下的评论:"他有权做出这样的以生命来抗议不公正的举动,我能感觉到这一点。但我更相信当大多数人民对此表示反对时,《新政治家杂志》和工党没有任何权力催促政府用国民的生命来做这样的抗议。"

第四,凯恩斯在30年代的外交信念受到他对"谨慎"概念的看法的影响很大。这一套哲学态度可以追溯到他本科生时期对伯克的研究以及他那特有的概率理论。他在1904年论伯克的那篇论文中有一段话值得我们回味:"伯克总是正确地坚持这样一个观点,即牺牲眼前的利益而去追求将来的那种令人生疑的好处的做法多半都是错的。此外,我们在追求

第七部分 为战争筹款

的那种条件比原先存在的条件要好是远远不够的,它应当比过去要好到足以弥补过渡期间的那些损失。"如将这段话运用于30年代,其逻辑就很简单:在任何时刻,和平都要优于战争。因此,只有在我们知道战争会让和平更加巩固的时候才能冒战争的风险。当我们知道战争能创造一个比我们现有的和平环境更好、足以抵消战争带来的损失的时候,我们才能够开战。然而,这种预先知道的知识一般是得不到的,所以我们必须延长和平阶段,"每小时,每天都要争取,直到维持不下去为止"。这并不是从现存的不确定条件里得出的必然结论。人们也可以这样说:"如果我们不能对后果做出准确的判断,我们应该按照历史和荣誉教我们如何去做而采取行动。"而这正是丘吉尔的观点。

第五,凯恩斯认为语言的使用是实力的一个重要的组成部分,在军备不足的状态下更是如此。他本人是语言大师,他理解语言的力量。他特别敬佩丘吉尔运用语言的能力。他需要的不是道德上义愤的语言,而是道德上雄辩的语言。在通向战争的那几年里,他总是批评政府忽略"勇气的力量",也就是给人以震慑的威力。这个忽略对减少战争风险毫无帮助,只不过是表明我们将在战争中"没有朋友,也没有与他人共同的目标"。凯恩斯相信,如果英国能在外表上表现得更有自信心,那么就能更快地将美国吸引到反对独裁者们的道德制约中去,并最终导致对独裁者的军事制约。

最后,我们必须区分凯恩斯和张伯伦的政策。凯恩斯对张伯伦的反感也有一定的作用。他确实喜欢鲍德温首相,但对鲍德温的这位继任者几乎不了解,也没有任何喜欢他的理由,更不用说指望他能做什么。张伯伦有一种坚韧的个性,对凯恩斯的魅力和"魔法"有特殊的抵御力。凯恩斯发表的唯一一篇评论张伯伦的文章刊行于1939年,在文章里,他把张伯伦看做是破坏他的所有期望的主要障碍。"就首相来说,他对现时世界的显而易见的事物视而不见,这是他的实力的一个关键因素。如果他能够看到一点点,如果他能稍微意识到种种旨在拯救我们国家的思想和计划正在折磨着大家,他的那种厚颜无耻的自信心就将会被彻底摧垮。"

张伯伦当财政大臣时严格地执行了平衡预算的政策,并相信预算平衡就能带来繁荣。*574* 他在1937年5月当上首相以后,对鲍德温在外交政策上的游移和缺乏活力非常震惊。他决定在对付独裁者们的时候采取明确的政策。他的政策可以用"武装的绥靖"来正确地形容。他在1937年8月1日给他的妹妹茜尔达的信中说,他希望一种"双面政策,既能重振军备,又能同德国和意大利改善关系,这样我们就能安全地渡过险关"。

张伯伦和凯恩斯的不同之处在于,凯恩斯拒绝同他所谓的"强盗政权"积极地达成协

第 31 章　治疗慢性虚弱症

定。他本能地感觉到英国不可能同纳粹达成任何公众舆论能够接受的交易。但这并不表明他热衷于支持欧洲和欧洲以外的现状。他最赞成的政策是强大的军备，不要明确的结盟，建立一个爱好和平的国家之间的防务同盟，其中包括美国和苏联，同时做出一种让人估摸不透的威慑姿态。这个观点最接近安东尼·艾登的看法。艾登在鲍德温内阁中曾担任国联事务大臣并在张伯伦内阁中任首任外交大臣。艾登的政策是让独裁者们捉摸不定英国的意图，同时改善同美国和苏联的关系——这同张伯伦的改善同独裁者关系的政策取向正好相反。麻烦在于，这两个独裁者也能玩虚张声势的游戏，所以，战争边缘政策总能够让神经相对坚强的一方轻易获胜。同时，美国尚处于孤立主义状态，而斯大林则残忍至极，所以，假想中的同美国和苏联的和平同盟根本不可能实现。凯恩斯和平政策的实际逻辑是英国式的孤立主义，以英吉利海峡和皇家海军为防御的屏障。但凯恩斯从来不接受这样一个逻辑。

凯恩斯在外交政策上的论辩从1935年意大利入侵阿比西尼亚开始。他一开始的攻击目标主要是左派，而不是政府。他对《新政治家杂志》要求人们消极抵抗政府重振军备政策的建议所做的批评尤其激烈。他还呼吁对意大利进行军事制裁，并向内战中的西班牙共和派提供武器。因为凯恩斯是《新政治家杂志》的董事会主席，他感到该杂志的立场和总编金斯利·马丁对他是一种人身侮辱。他对杂志的惩罚是停止投稿，同时还给马丁写了许多封表示生气的信。他的立场是："情愿有强大的军队和不明确的外交政策，也不要在第一个星期里反对军备生产，而下一个星期里则鼓吹军事同盟。"他认为，政府的政策并不反映它对法西斯政权的同情，而是反映了人民不要战争的意愿。英国应该领导一个和平的同盟，包括法国、苏联和美国，并把它建设得令人畏惧，"只有疯子才会同它对抗"。他在罗辛疗养院的病榻上写道："从罗马将军费边那个时候起，还没有任何一个时刻更需要拖延的战术……英国应当加强海军实力，并等待那些独裁者犯错误。"

斯大林在苏联进行大清洗的事实被披露之后，即使是凯恩斯也不像过去那么乐观。他在7月25日写信给马丁："事实上，世界上只有两种意识形态，即极权国家和自由国家。"他正确地估计到纳粹和苏联签约的可能性，但他仍然希望把美国从孤立主义中争取过来。

凯恩斯从来都不理解美国的"恐英症"达到何等严重的地步。这正是其孤立主义的真实根源。在整个30年代，美国人对法西斯恶棍的厌恶总是同对英国帝国主义的厌恶相辅相成的。布鲁斯·布利文在美国的《新共和》杂志上发表了凯恩斯的许多文章。他是一个典型的美国自由派,喜欢将英国和日本在中国的殖民主义政策相提并论,凯恩斯对此厌烦至极。美国人对英国人在1933年拒付战争债务特别反感,这个做法促使国会通过了"约翰逊法案"——禁止向赖账的国家提供私人贷款。H.C.英格尔布莱克特和F.C.哈尼根两人合著的畅销书《死亡商人》(1934年出版)声称军火商和国际银行家同英国的利益勾结在一起将美国诱骗进第一次世界大战。这本书促使国会建立了参议院"奈尔调查委员会"。该委员会的调查结果中包括一连串的"证据确凿的事实",表明英国人在战争当中的恶行。这次调查导致了国会于1935年和1936年通过两个"中立法案"。凯恩斯认为鲍德温和张伯伦推行的绥靖政策降低了英国在美国的威望。这个估计是正确的,美国人不喜欢支持失败者。然而,即使英国当时做出强硬的姿态,恐怕也不能在战争爆发之前促成反法西斯同盟的建立。

  1938年是希特勒颇为得意的一年。他用了两次兵不血刃的行动吞并了奥地利和捷克斯洛伐克的德语区。捷克危机于8月爆发,300万苏台德德语居民开始要求"民族自决"。希特勒加剧了紧张气氛,希望捷克国家从内部自行瓦解。张伯伦派朗西曼勋爵到布拉格去"斡旋"。凯恩斯认为希特勒在那里恫吓。捷克斯洛伐克的领土完整由法国和俄国来保证。他在8月26日给金斯利·马丁的信中说:"世界大战如果开始,希特勒将被击败,他自己也知道这一点。"但他又加上一句:"我同意你的看法,我们应该恫吓到底;一旦摊牌,我们再退出。我偏爱藏而不露、故弄玄虚的那种在公开场合下的乐观主义精神。"换句话说,凯恩斯同张伯伦一样不愿为了捷克斯洛伐克而开战,但他反对把这个意图告诉希特勒。这就是为什么他对马丁在8月27日的《新政治家杂志》上提出改变边界的说法大为震怒。凯恩斯的政策建议是,英国应当明确指出希特勒在恫吓,并逼迫他摊牌。但张伯伦不相信希特勒仅仅是在虚张声势,所以不敢真正地采取行动。9月15日,首相飞到伯赫特斯加登同希特勒会谈,在希特勒提出要求之前已经同意将苏台德地区从捷克斯洛伐克分离出去。希特勒对张伯伦为他出力十分高兴,他立即提高了价码,要求让德军马上占领苏台德领土。在9月22日的哥德斯堡会议上,张伯伦拒绝了这个"最后通牒"。法国开始征召预备役士兵,而英国皇家海军开始进行动员。张伯伦在对英国人民的广播讲话中说:"如果我确信某一个国家已经下决心要统治全世界,我将坚决加以抵制。"几天之内,战争似乎已经不可避免。但是希特勒同意召开新的一轮会谈,并以墨索里尼为"调停人"。9月28日下午,张伯伦宣布将在第二天飞往慕尼黑,为世界和平再做最后一次努力。整个议会下院兴奋得有点歇斯底里。

第 31 章　治疗慢性虚弱症

凯恩斯当时在提尔顿，整日守着无线电台。他对事态的发展紧追不舍，但越来越感到担忧。莉迪娅日记中记有他在9月23日"为世界大战担忧"；9月26日"非常担忧，心情极坏"。9月27日，他的"情绪大为好转，觉得不管发生什么事，战争也许不会到来"。到了7月29日，"他的健康由于新闻和天气而有所改善"。当张伯伦飞往德国之际，凯恩斯给母亲的信中这样说：

> 昨天晚上的新闻给我巨大的宽慰——尽管我从来都不相信希特勒想要战争。希特勒在最后的时刻退出来对他没有任何好处。我们开始动员舰队，并在城市里启动防空袭措施，这十分必要。只有这样，他才会相信我们会采取行动。既然我们在实力上对他有阻遏，那么在外交上也应如此。首相展现了非凡的个性、勇气和良好的动机。但他的同情心则令人厌恶。如果他这次能把我们从困境中解救出来，那么同样也是他（和《泰晤士报》）把我们带入这个困境的，因为他们让纳粹们相信英国的统治阶级的同情心归根到底是在他们这一边的。我们尚未走出困境，但只要首相对德国的"领袖"再稍微强硬一点，我们将会走出来。

在慕尼黑会议上，墨索里尼建议德国军队在十天之内，而不是一天之内占领捷克德语区。希特勒立即表示同意。这当然不奇怪，因为墨索里尼的建议是德国外交部起草的。9月30日，协定宣布达成，张伯伦回到伦敦，在机场兴奋不已的人群中挥舞着那张纸片，宣布"光荣的和平，划时代的和平"！那天晚上，凯恩斯睡得很好："没有战争，被战争的紧张弄得筋疲力尽，但身体还不坏，到交易市场去买了140只羊。一下午都在睡觉。"但是，在10月1日，莉迪娅记到他对"首相欺骗国民非常愤怒"。在凯恩斯那天给金斯利·马丁的信中表示了他的直接反应，他的愤怒只能"是在一种混合的情感中才会这样爆发。一方面是紧张状态的松懈和怯懦，另一方面是恼怒和义愤。再加上他感到整个国家都上当受骗了……这在历史上是没有先例的"。他呼吁所有的进步势力联合起来反对张伯伦重新当选。他认为张伯伦必定会借此机会开始大选。

尽管凯恩斯非常生气，但他与张伯伦之间的真正区别并不大。凯恩斯想到的无非是要张伯伦对希特勒威吓的时间再长一点，这样就能为捷克人争取较好的结果（但什么才算是较好的结果呢？）。他对张伯伦用欺骗性的语言来掩护投降的实质十分不满。凯恩斯认为希特勒在那里虚张声势,对此只有A.J.P.泰勒赞同,其他的历史学家均持不同看法。同很多人一样,凯恩斯也认为双方都在演戏,而真实目的是为希特勒向东入侵的政策扫清障碍。他现在确信张伯伦在背后同意希特勒夺取乌克兰,但忽略了英国对捷克斯洛伐克的剩余领土做出了承诺,这就暗示英国要捍卫现存的东欧领土现状。凯恩斯颇有先见之明地说:"希特勒先生也许会成为从莫斯科撤退的第二位独裁者。"

5 恢复健康

梅纳德和莉迪娅在1938年秋天的大部分时间里都待在剑桥。凯恩斯辞掉国民保险公司董事会主席的职务之后,就不必在每个星期的中段到伦敦去。他没有授课,将精力集中在艺术剧场和写作上。这个秋天的一大事件是推迟很久的奥登和伊什伍德的《在边境上》一剧正式上演。这出戏于11月14日在艺术剧场首场演出,一共上演了六场。早在排练的时候,人们就能感觉到这是一出剧情特别虚弱的马克思主义反战剧,结构上是一出有歌剧色彩的情节剧,其中有一个愚蠢的法西斯主义领袖被一个叫做瓦列利安的邪恶的军火商所操纵,还有一对情人在帮助军火商。莉迪娅饰演女主角安娜·弗里德尼。连凯恩斯自己都意识到这出戏同慕尼黑协定之后的公众情绪完全不合拍。他问作者之一的克里斯托弗·伊什伍德:"你不觉得将这出戏以现在这种方式推出去会让人感到可笑吗?"有趣的是,王室的宫务大臣(旧时还负责审批在英国上演的戏剧——译注)办公室将几段被认为是攻击希特勒和纳粹的对话删除。该剧的制作十分精巧,由卢波特·杜恩导演,罗宾·麦德利设计布景和道具,本杰明·布列顿作曲和演奏钢琴。凯恩斯抱病出席首场演出,并主持了演出后的晚宴。尽管如此,这出戏没有得到好评,也没有得到去伦敦西区上演的机会。T.S.艾略特心情忧郁地给凯恩斯写信道:"我觉得希特勒并不是像剧作者们所描绘的那种笨蛋。"

凯恩斯对艺术剧场的事务不停地干预使得剧场经理诺曼·希金斯感到不快。凯恩斯对他与对任何一位下属一样,总是采取一种仁慈和固执的混合态度。即使在病中,凯恩斯也努力地工作,所以他希望希金斯应当唯他的命令是从,对他的批评也常常不遗余力。希金斯崇拜凯恩斯,总是想方设法让凯恩斯高兴,但也变得特别害怕犯错误。凯恩斯现在时间比较多,所以更加喜欢吹毛求疵。他认为剧场饭店的价格定位不正确。由于对葡

第 31 章　治疗慢性虚弱症

萄酒的需求很有弹性，所以应当把1929年的"克里戈"香槟和1928年的"克鲁格"香槟降低到15先令（相当于今天的20英镑）一瓶，让剑桥的香槟爱好者享用。达迪·瑞兰兹则认为剑桥人太"古怪"，太"有左翼倾向"，所以不会大量享用上等葡萄酒。但凯恩斯坚持要降价，并通过对饭店的葡萄酒账单来寻找支持他的设想的根据，结果发现减价后酒的销售量上涨了14%。几个月以后，希金斯神经开始崩溃。凯恩斯自己掏钱把他送到一只游船上去休养。

1939年1月18日，凯恩斯在伦敦与金斯利·马丁共进晚餐。主菜是山鸡，他们谈论的话题是"民主与效率"。这次谈话的内容于十天之后在《新政治家杂志》上发表，这是凯恩斯对"战争经济"有可能成为战后的经济管理形式的最赤裸裸的表述。一方面，经济计划和组织是必要的；另一方面，他又强调"将个人和政治自由与个人的财产和企业紧紧联系起来"。他认为他提出的计划经济措施还远远不足以达到威胁自由的程度，还需要很长时间才会成为一个实际问题。

2月28日，凯恩斯从剑桥到伦敦的途中患上流感。莉迪娅3月1日的日记中有很短的一句话："糟糕！给普莱什（医生）打电话。糟糕！"凯恩斯在剑桥的这一学期结束了。他在伦敦戈登广场46号一直待到3月底才离开，并同莉迪娅于4月6日回到提尔顿。我们并不知道凯恩斯从何处结识普莱什医生，也许是通过玛戈特·阿斯奎斯认识的，因为她是普莱什的病人之一。普莱什进入他的生活对他的病是一个决定性的转折点。凯恩斯自己认为"毫无疑问，他，而且只有他，才使我重新回到了活跃的生活中来"。凯恩斯对亚诺什·普莱什医生的评价是："天才和江湖郎中之间的人物。"这个看法在普莱什的回忆录中得到证实，因为他在回忆录中对所有的事情都要发表一通看法。凯恩斯在直觉上感到有必要信任这个非英国式的医生，同时他也对自己健康恢复的缓慢感到绝望。普莱什医生时年60岁，是一个靠自我奋斗成功的匈牙利犹太人，于1910年在柏林建立了一个十分时尚的医疗中心。他有多种语言的才能，对艺术有很高的鉴赏力，自己也是不错的画家。他的病人中包括教皇庇护十世，还有德国皇后。事实上，他似乎认识，或为中欧的所有要人都看过病，其中包括阿尔伯特·爱因斯坦。他的一本书《心脏和血管的病理和生理》即是献给爱因斯坦的。1933年，他持匈牙利护照离开了德国，到英国定居。在通过一些必要的考核之后，他开始在伦敦公园街旁的海尔福德大厦里开私人诊所。他的儿子后来说，普莱什不想加入哈利街的医疗机构，因为这里是英国医学界的核心阵地，他必然会受到那里的领军人物如霍尔德勋爵和道森勋爵的阻碍（据说道森勋爵已经毁了

第七部分 为战争筹款

很多人的前程)。但是普莱什还是加入了氛围较好的佩克汉姆医疗中心,在那里,一个病人可以同时被一批专业不同但志趣相投的医生进行会诊。

普莱什对一个"伟大的医生"的素质所列的单子是以自己为蓝本的。"外观必须英俊,和蔼亲切。必须有良好的教育和文化素养,聪明,有礼。当然他也必须对自己的工作了解一二。但是,一个医生如果有真正的个性,他不需要其他的条件也能成功。"普莱什对病人的治疗坚持自己的主见,同凯恩斯要治疗经济的疾病那样固执。他的有效的诊断都是科学和想象的结合。他认为医生必须对病人本身,而不是症状进行研究,并要让"自己的想象力的直觉对病症起作用"。其次,普莱什非常相信病人在医生的帮助下能够自我痊愈。他声称"得到恰当照顾的病人同健康的人差不多"。再者,他坚决反对卧床休息的方法,认为生命的本能比任何因素都更能有效地让人恢复健康。劝告老年人的最糟糕的语言是让他们"不要过劳"。最佳的死亡是发生在工作状态下,只有坚持工作才能把死亡推迟到最后极限之后。普莱什拒绝接受那种中世纪的、把医学看得非常神秘的观念。他认为医学知识应能够用普通人的语言来表达。凯恩斯很快就发现他是一个志趣相投的人。他发现,普莱什能在一个星期里对某个看法坚信不移,而到了下周却又持完全相反的意见。凯恩斯认为他的方法"要么让病人完全恢复,要么彻底失败"。凯恩斯对他的"奇特、有趣的治疗方法"进行了搜集整理。爱因斯坦在1944年读了普莱什回忆录中的几章之后这样评价这位名医:"他从头到脚都有天分,乐意聆听他人的意见,对人感觉灵敏。但又是一个马虎、没有责任感的人。他是一个真正的天使,但在降生的那一刻起已经开始'堕落'……"

凯恩斯正是把自己的健康寄希望于这么一位"堕落的天使"身上。普莱什的治疗方法是凯恩斯式的。1939年5月28日,凯恩斯写信给拉扎尔兄弟银行的鲍伯·布兰德——此人也刚刚成为普莱什医生的病人:

英国的医生们总是让病人卧床养病,两三年内都不能参加任何活动或锻炼。他们对病人没有特别的治疗方法,只是强调要休息,这绝不是普莱什的方法。不管成功与否,有时或许过于激烈,他从一开始就主张积极的治疗方法。他有思路,有创新,对任何可以想象出的方法都愿意试一试,直到找到某种有效的办法。

普莱什一开始并不仅仅治疗凯恩斯所患的流感,他的目的是让凯恩斯起身活动,不要老是卧床休息。他先给凯恩斯制定了一个无盐的饮食方法以减少体内的水分。他还将一个冰袋放在凯恩斯心口,每日三小时冷敷,同时给他一些鸦片镇痛,甚至在他躺在床上

第 31 章　治疗慢性虚弱症

时还对他进行撞击。细菌学检查发现凯恩斯喉咙中布满链球菌，普莱什告诉他说，不击败链球菌，恢复健康就像希腊神话中的"西西弗斯往山上推石头那么难"。他决定采用非常手段，让凯恩斯试用一种新发明的药，叫做"普隆通西尔"。这种药本来是一种鲜红色的染色剂，是拜耳公司的研究部主任于1935年发现的。拜耳公司是化工集团法本公司的子公司之一，它的研究部主任盖哈德·多马克发现这种染色剂有很强的杀菌能力。他在试验中将红血球链球菌注入老鼠体内，然后用这种染色剂来治疗，老鼠立即痊愈了。一年以后，在帕斯特研究所工作的法国科学家特勒富尔夫妇发现身体内的化学因子将"普隆通西尔"分解成两种不同的成分，而其中的一个，即磺胺，对病菌有杀伤力。在罗辛疗养院的帕特森医生在1937年中期没有让凯恩斯试用这种药，这反映了他要么头脑封闭，要么对德国的抗菌技术的新发展一无所知。

磺胺类的药是后来发明的盘尼西林（青霉素）的先驱。用了"普隆通西尔"以后，凯恩斯比原来感到更难过，几乎都站不起来了。但是普莱什医生告诉他，只要把链球菌清除掉，他将会有全面的恢复，因为他的心肌本身尚未受到根本的损害。他和莉迪娅于4月6日回到提尔顿；第二天，他"睡得很好，但感觉到困倦，被身体内的那么多毒素弄得昏头昏脑，但他的心脏倒没有麻烦"。到了4月13日，凯恩斯告诉普莱什他的心脏已没有任何不适，"所以应该向你表示感谢"。他居然能够跑步去赶一列火车。普莱什从蒙特卡洛写信来对他的放肆做法严厉地批评。此时，凯恩斯已开始亲切地称普莱什为"我亲爱的拉比"。莉迪娅则叫他"妖魔"。

毫无疑问，凯恩斯认为"普隆通西尔"对他的身体产生了戏剧性效果。这个看法是正确的。不幸的是，人们到后来才发现"普隆通西尔"只对喉咙中的链球菌有杀伤作用，而对在心脏括约肌上生根的链球菌则不起作用。所以凯恩斯几乎没有可能活到老年阶段。普莱什或凯恩斯是否意识到这一点，或者说过了多久才意识到这一点，我们不得而知。

凯恩斯现在又开始以过去的那种工作速度开始他的生活。在剑桥，他参与了优等生的毕业考试。1939年4月17日和18日，他在《泰晤士报》上就战时财政的问题写了两篇文章，建议保持低利率，对资本出口进行控制，同时成立一个经济的参谋总部——即战时经济协调部。他十分明智地表示这个部门应当归财政部管。他在广播谈话中解释了军备生产对就业的影响。他也帮助起草了内阁顾问委员会经济情报小组的第27次，也是最后一次的报告。在7月24日和25日，他又在《泰晤士报》上发表文章进一步阐述他对低利率的看法。在另一次广播谈话里，他认为军备生产的政府支出将结束"多年的非正常失业"

第七部分 为战争筹款

现象,并且正确地预计到"我们将永远不会再回到旧时的状态"。在战前的最后一篇文章里,凯恩斯写道:"在目前的紧急状态下要为公共财政保持良好的条件,我们就必须拒绝用高利率来支持短期债务,同时当我们达到生产资源充分被使用的阶段后,要防止僵硬的税收政策。"

7月12日,他回到提尔顿。他和莉迪娅到格林德班去看威尔第的歌剧《麦克白斯》。8月13日,他走到弗尔海滩的灯塔,身体没有什么不适,这是他病后第一次走到这里。他的情绪非常活跃和乐观。他在庄园周围装上防野兽的电网,为牛群过冬修建了牛棚。他还给农场经理娄根·汤普森买了一辆很漂亮的新车,"让弗里德(他的车夫)非常嫉妒,因为我自己不愿买一辆新车"。他告诉母亲说他觉得自己的"健康已经恢复了三分之二"。8月15日,他和莉迪娅飞到巴黎,开始在法国度假。他们到维希城附近的罗尔亚温泉去洗浴,同时也想避开波兰问题上的战争阴云。当克莱夫·贝尔告诉他另一个"闹剧"(即他们对慕尼黑协定的称呼)已不可能,凯恩斯反驳说他太过悲观。他在去法国前写信给理查德·卡恩,说"如果战争发生,我将最为感到吃惊"。在8月22日,凯恩斯开始担忧:"希特勒似乎不愿留下任何后路,他正好表现出了伦敦警方所称的那种罪犯的特点,即难以改变自己的犯罪方式。"

8月25日,他给卡恩的信中仍然说,"我还是认为目前的形势是政治而不是战争。"他设想希特勒在等待英国再出一个价码,那么就会有另一个慕尼黑式的协定。但是英国没有做出任何让步。英国人已经忍无可忍,而且,他们对波兰人同对捷克人一样,无法进行控制。8月27日,梅纳德决定起程回国。这不是因为他预期"有重大事件发生",而是因为法国已经开始总动员,旅馆已经被关闭。"一开始是我们的侍者离开了,后来是小提琴手,大提琴手,然后两个点心师傅,最后是雅克先生,我们的和善、聪明的门房也走了,整个旅馆没有他就不能再正常运转。"

他们于8月29日回到提尔顿。梅纳德仍然希望战争能够被避免,但他不像上一次在慕尼黑协议期间那么紧张。9月1日,德军进犯波兰。两天后,英国向德国宣战。梅纳德和莉迪娅听到这个消息后非常平静。事态已经不可逆转。战争当然不是他的选择。他认为英国开战的目的得不偿失,而且美国也没有参加。但他也承认这场争斗是无可避免的。英国人民强迫他们的政府做出了这一选择,凯恩斯认为开战必须要有民众支持这个条件已经达到了。

第 32 章

战时的中间道路

1 "一群老狗"

政治家和将军们关注的是如何打这一场战争,或者说,在一开始所关注的是应不应该开战。在战争的头两年里,梅纳德·凯恩斯所关注的主要是战时财政问题。为战争筹资不外两个方面,一个是国外,一个是国内。政府可以从自己的国民中获取资金,也可以从国外——即盟国、附属国或贸易伙伴中筹资。一开始,凯恩斯关心的是国内资源——即如果能够有效地动员现有的国内资源为战争服务,同时又要着眼于长远,使战后的和平重建的损害达到最小。当战争于1940年夏天大幅度升温时,他也渐渐地开始关注第二个方面,即国外的资源——如何筹款购买战争全面展开所需要的进口商品。

他开始为此努力时并没有任何政府的职位,他其实也没有期待过一项政府任命。战端开后,政府开始组建一支管理战时经济的队伍。尽管政府采取了一些紧急措施,但没有多少大的动作。焦西亚·斯坦普现在已是勋爵,并任"伦敦、中英格兰和苏格兰铁路公司"的董事会主席。他被任命为兼职的战时经济协调顾问。他的任务是对政府部门的战争计划做一个概览,并向财政大臣约翰·赛蒙主持的一个内阁委员会报告。斯坦普在位于格维德大厦的战时内阁有一个办公室,配有一名秘书和两位经济学家——休伯特·韩德森和亨利·克莱,后者来自于英格兰银行。韩德森的办公室在财政部,他的任务一半是协助斯坦普的概览计划,另一半是界定不明确的"顾问"工作。丹尼斯·罗伯逊成为财政部金融司长弗里德里克·菲力浦斯的"临时行政官员"。1939年12月,政府成立了一个"中央经济情报服务处",由韩德森和克莱领导。政府从和平转入战时轨道的速度

第七部分 为战争筹款

如此之慢,在议会上受到大量的攻击。

凯恩斯没有被选中参与这些工作。他已经56岁,而且身体很差。即使把健康问题放在一边,政府也没有一个适合他的位置。他的名气太大,不可能只做一般的文官人员;而他的思路又太敏捷,不可能让他在财政部里我行我素。他本人也没有期待过政府的职位。他一开始想让理查德·卡恩进入财政部"去做我在上一次战争中所做的事情"。同时他愿意接过卡恩在国王学院的财务总监工作和教学任务,这样他就不必经常去伦敦,可以待在家里安安静静地撰写一些政策方面的备忘录。他觉得这是他力所能及的事。财政部很快就挫败了这个计划,不让凯恩斯从后门偷偷运进他的影响。卡恩后来被任命为内阁贸易部的部长助理,条件是不让他插手货币的问题。然而,让凯恩斯一直待在剑桥是不太可能的。他告诉朋友们说他已经恢复了八成的体力,而且普莱什医生许诺在治疗以后的18个月里完全恢复健康,也就是说,到1940年9月,如果战争形势严峻,财政部早晚会请他出山。但在当时,这并不明确。张伯伦仍然是首相,尽管他已把丘吉尔延揽入阁担任海军大臣。绥靖政策的结果远远不是张伯伦所预期的那样,因为希特勒已等不到他继续提供领土而开始征服行动。由于法国和英国都无力阻止德国征服波兰,而且两国也没有进攻的作战计划,大家都不知道战争的进程将会如何发展。

战争伊始,政府采取了一系列的控制措施,主要是进口、交通、价格等方面。凯恩斯对此写了一批抗议的信件。在给财政部的第一封写于9月14日的信里,他尖刻地说:"让人们想方设法到处去搞汽油票还不如把油价抬高,这样也许更能省油。"他希望用自由浮动的物价来刺激国内的必需品生产。他当然也有自己的利益。由于农业部制定的固定关税,养猪的农户卖出的咸猪肉已不能获利,因此凯恩斯在提尔顿庄园养的母猪价格已经崩溃。9月24日,他应财政部要求提交了一份关于对外货币控制问题的报告。他认为应当采取一种平和的"自由货币交易"体制,而不应当用德国模式来全面加以控制。他反对对物品的定量供应,而提出用货币的定量供应来取代它。即使是在战争期间对物品的需求越来越紧迫的时刻,他也坚持这两种定量供应政策的区别。

凯恩斯想获得安静的愿望很快就被事态的发展所打破。在每周的中间,他开始经常到伦敦去,重新与那些熟悉的圈子和朋友们打交道,进行劝导。9月20日星期三,凯恩斯在戈登广场46号召集了第一次的每周聚会,出席者是威廉·比弗里奇、沃尔特·莱顿、阿瑟·索尔特和休伯特·韩德森。保守党下议员罗伯特·布瑟比成为这个圈子同议会的一个跨党派委员会之间联系的桥梁。这个委员会的主席是自由党议员克利门特·戴

第 32 章 战时的中间道路

维斯,此人后来在安排凯恩斯的圈子同议员们会面上起了作用。凯恩斯这批人自称是"一群老狗",他们当中除了韩德森以外都在第一次世界大战中工作过。他们都有点不大情愿地再次出山为国家服务。他们真的像老狗一样,对战争管理的混乱状态大声咆哮。凯恩斯对韩德森说:"这一次比上一次要差五十倍。"财政大臣霍莱斯·威尔逊爵士在考虑一旦伦敦遭受轰炸,把财政部各部门分散隐蔽。凯恩斯评论道:"令人可怕的是,一个能想出这种疯狂计划的人在负责很多方面的政府事务。"凯恩斯最厌恶的是"没有头脑的瞎忙",而这是在战争中经常出现的事。"老狗们"将种种好主意提交给各部门,但发现有关部门只做出一些客气的、没有下文的反应。凯恩斯意识到他写的那些备忘录并没有什么效果,他告诉布兰德:"只有在里面才能发挥作用,否则总是局外人。"

自从他生病以来,凯恩斯第一次开始参加他的那两个晚餐俱乐部的活动——即"另类俱乐部"和"星期二俱乐部"。第一个俱乐部让他与其创始人温斯顿·丘吉尔开始接触。第二个俱乐部让他与财政部保持联系。他给奥斯瓦尔德·福尔克的信中说:"政府各部都乱七八糟,国内的管理一片混乱。同上一次相比,我们更需要星期二俱乐部提出的那种管理方法并对政府提出建设性的批评。"他利用这些有能力的人物的内部聚会来散播他的思想,同时也获得小道消息。

9月27日,德军进占华沙;第二天,德国和苏联确立了各自的占领区。萧伯纳写信给南茜·阿斯特说:"任何能看到他眼前三步的人都会意识到,战争已经结束。"内阁的某些成员也这么看。在政界的晚餐会上,很多人都有失败主义的言论。在下议院,76岁的劳合·乔治在10月3日敦促政府寻求和平谈判。凯恩斯对金斯利·马丁很是担忧,他写信给爱德华·惠特利说:"他的心态总是容易陷入极端的失败主义。我不能完全确信他不会在某一天突然在杂志上写一篇要求在任何条件下开始和平谈判的社论。"惠特利也是《新政治家杂志》董事会成员之一。

10月4日,马丁到伦敦来见凯恩斯。他带来一篇萧伯纳写的文章的清样,文章的题目是《关于战争的非常识》。所谓"非常识"的意思是"要求我们不但要与希特勒谈判和平,而且还要同全世界各国人民修好,而不是延续这场战争来伤害我们的人民"。马丁决定发表萧伯纳的文章,这让凯恩斯一夜没有睡好觉。第二天上午,马丁在办公桌上看到凯恩斯的一张字条,批评萧伯纳的观点是"有害的",希望马丁拒绝发表这篇东西,而且不管怎么样,先要送交言论管制办公室。凯恩斯和萧伯纳随之在电话上有好一番争论,但萧伯纳

第七部分 为战争筹款

对凯恩斯的话几乎一句也没有听清。正如萧伯纳后来所解释的那样,他的"年事太高,耳朵又聋,所以用这种工具来交流已有困难。只有演说才能对我有效"。凯恩斯也同意这个说法:"即使是你听见的那一句,你也把意思搞错了。你问我是否已经精神不正常了,我只是说这篇文章非常不好。然后你的回答是一阵大笑,似乎这是合适的回答……"凯恩斯对这件事十分烦恼,据维吉尼亚·沃尔夫的说法,他的心脏病发作,并从普莱什医生那里开来镇静剂。令他惊讶的是,外交部居然同意发表这篇文章。萧伯纳一点都不感到惊奇,他不能自抑地写信给凯恩斯说:"我本来就确信他们会站出来对我的说法表示赞赏。这是他们想说又不敢说的话。"他认为自己的爱尔兰血统使他对战争的真实性质有先见之明。他温和地说:"你必须对我有所宽容,有时候我还是有点用的。"

凯恩斯并不认为萧伯纳在10月7日发表的这篇文章有什么作用,但他认为,在作者同意下删除一些内容之后,这篇东西"没有多少妨害"。他在10月14日对萧伯纳的回应里展示了他在30年代中期的那种辩论风格:"左派知识精英曾经最强烈地要求不惜任何代价抵抗纳粹的侵略战争。而当决战开始仅仅四个星期后,他们又想起来他们是和平主义者,并给贵刊撰写了这些失败主义的信,而把捍卫自由和文明的任务交给布林普上校(英国漫画人物,傲慢而保守——译注)和那个保守的小圈子,让我们为他们敬三杯酒!"

凯恩斯同丘吉尔一样,将美国参战视为最重要的事情,而张伯伦则不以为然。他对美国舆论的走向是通过阅读《纽约先驱论坛报》上沃尔特·李普曼和多萝茜·汤普森的文章而获得的。他认为这些文章是"全球最佳的反纳粹宣传"。新闻大臣麦克米伦勋爵为了省钱,决定在中立国和英帝国领地停止散发这类文章,凯恩斯写信给他说:"可惜,你的这封信证明了大家的一个看法,即钱应当被花在无用的地方。"凯恩斯草拟了一份"给美国总统的几点意见",但他正确地做出不寄往白宫的决定。也许他已得知,上一次他给罗斯福提供治国方略时,后者并不高兴。

凯恩斯的身体在繁忙的活动中经受了考验。他常常会感到疲劳,但很快就能恢复,所以他能够承受压力。他确信普莱什医生给他注射的一系列药剂使他整个冬天都没有感冒。莉迪娅的日记中记有他同一位澳大利亚"大人物"的会谈,这类会谈让他筋疲力尽。他还常常去剑桥艺术剧场,有时很晚也有活动。凯恩斯对艺术剧场和艺术家们的关心一如既往,战争期间也不例外。他劝说剧场经理诺曼·希金斯不要去皇家空军志愿服务。他还试图通过外交部的R.A.巴特勒让芭蕾舞演员免除兵役。他说,上一次大战中,德国和俄国都让芭蕾舞演员免除兵役,"我们不能比这两个国家在那个时代还要不文明"。巴特勒确实做了努力,但是劳工大臣欧内斯特·布朗拒绝了这个建议。凯恩斯写信告诉雷蒙·莫提默:"我想他是一个野蛮人。"

凯恩斯接到剑桥玛格达琳学院院长A.B.拉姆齐的邀请,参加代表剑桥的议员选举。拉姆齐是剑桥保守党主席,他想请凯恩斯作为没有对手的独立候选人。凯恩斯没有从命。令他惊讶的是,普莱什医生认为他的身体可以担当这个职位,但几经犹豫,他还是拒绝了。他说"繁忙的政治生活不是那种适宜于我的活动"。他的妹夫A.V.希尔取代了他,成为1940—1945年间剑桥的独立议员。凯恩斯在这件事情上咨询了很多人,其中一位是休伯特·韩德森,他希望凯恩斯婉拒议员的位置不排除他"在身体完全恢复的情况下为政府做一些事"。

2 强制性储蓄

凯恩斯在对汽油供应券、萧伯纳和其他事情上表示种种不满之余,还在设计他的"如何为战争筹资"的宏伟计划。他的注意力集中在这个方面,直到1941年4月他的部分计划被政府采纳为止。这个计划很快被称为"凯恩斯计划",它是对财政大臣约翰·赛蒙的1939年9月27日的第一个战争预算方案的反应。"凯恩斯计划"是他在过去两年中写信和演讲的结晶。在1937—1939年间的"准战争"状态下,财政部一直依靠借贷来筹集军备生产的费用,因为它担心用增加税收的方法会对就业和税收产生不良影响。赛蒙1939年9月的紧急预算方案继续了这种政策。他对1939—1940财政年度增收了1.07亿英镑的税收,而国防支出则要增加6亿英镑。由于他在1939年3月的预算中已经预计有5亿英镑的财政赤字,那么现在新的赤字总额将达到10亿英镑——或者说是25%的国民生产总值。这个赤字只能用借债的方法来解决。这个政策是彻头彻尾的赤字财政。很明显,财政部现在已经接受了没有通货膨胀危险的看法,因为有失业保险的工人的失业率在9%以上。但是,财政部对自己采纳了"凯恩斯方法"不该自鸣得意,因为这个方法很快就被纠正了。凯恩斯本人也已经跳出了失业问题,在考虑一个新的方法。他在9月28日的《泰晤士报》上撰文说,现时和将来的问题不在于需求不足,而是需求过剩。应当在充分就业的战争经济条件下限制非军事消费。政府的预算方案对此毫无帮助:新增的那点税收,"对个人来说也许很可怕,却只是用鸡食来喂战争之龙"。

从一开始,凯恩斯就在一点上非常明确,政府必须想出办法制止人民花光由于政府支

第七部分 为战争筹款

出所带来的额外收入,否则将影响战争的需求。第一次世界大战中,政府不得已而采用的方法是通货膨胀政策,以加印钞票来支付国内的战争费用。政府支出的上升引起物价的上涨。工人的工资赶不上物价的上涨,所以只能减少消费。企业发的"横财"则被政府用贷款和税收的方法拿去使用。四年战争的结果是上涨了一倍的物价。从技术上讲,第一次世界大战是依靠工人的"通货膨胀税"支撑的,这种税收通过对企业的征税和向企业的借贷转移到政府手中。

凯恩斯的"宏大的"思路在10月20日第一次被披露,这是他在剑桥的马歇尔协会上发表的题为《战争潜力和战争财政》的演说。莉迪娅称其为"卓越的演讲",但过后他精力不支,不过没有发生胸部疼痛。他把这个演讲改编为文章,并于10月26日投递给《泰晤士报》的主编杰夫里·道森,说"这是我给你的最重要的一个政策建议"。同时,他还将该文寄出去征求各方面的意见。这篇题为《支付战争费用》的文章被《泰晤士报》分成两部分,于11月14日和15日发表。凯恩斯对预期中的工人阶级购买力的上升做出限制的方法是强制储蓄。在政府规定的最低工资收入以上的部分用一种递进的百分比把一部分收入直接交给政府,一部分是税收,另一部分则是强制性的储蓄。这个制度将取代现行的直接税收的制度。这笔款项的一部分将根据实际情况来抵偿个人所得税或附加税。其余部分则存放在邮政储蓄银行中作为个人的有利息的账户,并可以通过国家保险机制来领取。这笔钱在战后将分期返还给个人,以应付战后初期的经济困难。这笔款项的总额将比现行的直接税收所获取的资金高出4亿英镑。

《支付战争费用》一文的中心思想是否决"通货膨胀加消费配额供应"的那种降低工人阶级消费水平的政策。这样,传统的债务财政的做法就自动地被排除了,因为政府借债的来源主要是企业主阶级的通胀后的收入。强制性储蓄乃是一种替代政策。它用一石击中了数鸟:它限制工人阶级的消费,但又没有剥夺他们经过更大努力获取的好处;它大幅度地降低了富人的消费,但又没有对他们征收惩罚性的、抑制性的高税率;对税后收入或非付税收入征收附加额而不是增加税率,这样将使战后和平重建时期的税收负担不会太重;同时这个措施还避免了对消费和物价的全面配额和控制。凯恩斯在12月6日对星期二俱乐部的听众解释说:"你们将会看到,我的目标是在最大可能的情况下维持自然价格的机制。"

"凯恩斯计划"受到媒体的普遍关注,证明了主编道森的信念,即《泰晤士报》发表的重要文章总能在各处受到广泛的关注。凯恩斯希望他的计划成为下一个政府预算的基础。在后来的几个月里，他不厌其烦地在白厅、议会和媒体进行游说。他的劝导活动的高潮是1940年2月发表的小册子《如何支付战争费用》。凯恩斯是一个无畏的辩论家，他不但在公开场合与他的批评者交手，而且还在私下场合对政客、企业家和工会领袖解释他的计划，同时他还有礼貌地给大多数的来信写回信，有时也会是很长的争论。他明确表态他更加重视他的计划的逻辑性，而具体政策细节都可以商榷，并对政策细节不断地做出修正以回应对他的批评和建议。

人们对这个计划的反应究竟如何呢？从一开始，经济学界的人物赞同凯恩斯的逻辑。这并不奇怪，因为凯恩斯已经把这个问题转到了一个新的基础上来讨论，而在这个基础上，凯恩斯学派和非凯恩斯学派存在共识。对这个计划的支持有着特别重要意义的是自命为凯恩斯的"科学对立面"的弗里德里希·哈耶克的赞同态度，他于11月24日公开在《观察家杂志》上称赞凯恩斯计划。在给凯恩斯的信中，哈耶克说："很高兴地知道我们在'资源稀缺经济学'上观点完全一致，分歧只不过是在何处使用这个经济学。"所有的经济学家都热情地接受这种"稀缺经济学"，这表明凯恩斯《通论》中的"资源富足经济学"对他们仍然没有太大的吸引力。在凯恩斯学派的核心圈子里，只有理查德·卡恩对凯恩斯强调反通胀的做法有所怀疑。有趣的是，经济学界对凯恩斯计划中最不能接受的是在战后释放被强制储蓄的资金。哈耶克认为增加消费并不能解决战后初期的萧条问题；不管怎么说，大家都认为战后立即面临的问题不是萧条，而是通胀条件下的繁荣。他同希克斯的看法一样，认为增收资本税是减少战后有效需求的好办法。

财政部中经济学背景的官员们如斯坦普、韩德森和克莱都坚决支持凯恩斯计划的逻辑，但在细节上批评有加。韩德森提出只对加班费收入进行征税，对此凯恩斯表示反对。在给韩德森的信中，凯恩斯写道，"按照你的计划，每个人的收入将同过去一样大，甚至加班的工人也有着比过去大得多的收入"，这就会使总消费水平"比战前高得多"。

另一个老朋友，拉扎尔银行的鲍伯·布兰德则担心强制性储蓄对自愿储蓄会产生不良影响——这个观点是受到与他有着密切关系的拉扎尔银行和国民储蓄委员会的主席罗伯特·金德斯莱爵士的影响。布兰德还认为在固定价格下对必需消费品进行配额管制是对工会的工资限制的一个替代政策，凯恩斯对此不以为然。当布兰德给凯恩斯提供了德国的消费品管制计划的细节时，他尖刻地回复道："固定的价格加上商店中空空如也——这是俄国政府多年来一直采取的应对政策——这当然是防止通货膨胀的最佳手段！"阿瑟·索

第七部分 为战争筹款

尔特、布兰德，约翰和乌苏拉·希克斯联名公开建议"财政部对严格的必需消费品管制提供津贴"的计划时，凯恩斯一开始以费用太高为理由反对这个建议："作为财政部的老人，我非常害怕这个措施。"但他后来还是接受了这个建议，因为他意识到这在政治上是必要的。但他坚持这个措施的先决条件是开始限制性的储蓄。

凯恩斯认为金德斯莱对自愿储蓄的乐观态度是他的"情感波动"的影响。他承认强制性储蓄"会引起现存储蓄中的一部分被提取，但在任何紧急状态下都会发生这样的事……增收高附加税时也会如此"。凯恩斯的观点是正确的，在整个战争期间，"国民储蓄运动"积极地动员小额储蓄，但是它产生的全部储蓄额几乎都是从另一种资产形式转换过来的，而不是自愿的储蓄的增加。

凯恩斯对经济学界、专家和政府圈内人物以外的反应大为震惊。国民储蓄委员会、比弗布鲁克报系和工党对"强制性储蓄"的概念非常害怕，他们在此基础上团结起来，捍卫自愿储蓄和自由的工会主义。《每日快报》在1939年11月16日对凯恩斯计划恶意攻击的方式足以使人们觉得今日的小报《太阳报》更加可信：

> 又一个敌人在攻击人民的自由！这就是凯恩斯先生。他拿出教科书，挥舞他的钢笔，冲出他的书斋，要求立即执行"强制性储蓄"。他说，政府应当拿走工人工资的一部分，强迫他们向政府贷款。这对人民的爱国主义是何等的侮辱！这对我们的人民自愿拿出每个英镑和便士所做出的牺牲是一种诽谤！

凯恩斯的宣传活动之所以对圈内人物有吸引力是因为他的计划直截了当地指出，正如斯坦普所总结的那样，"只有强行攫取工薪阶层上升的购买力中的一大部分，同时又要逐步地降低战前的那种生活水平，我们才有办法支付战争费用"。然而，这恰恰是难以说服工党领袖和工会运动领袖的原因所在，而他们的支持是成败的关键。工党是凯恩斯劝导的主要对象，他对他们做了大量的说服工作。他小心翼翼地把他在《泰晤士报》上的文章于10月24日寄给（工党领袖）克利门特·艾德礼，并写了一封私信说他的计划"是管理战时财政的唯一办法，而且对工人阶级来说也是公平和有利的"。艾德礼的回复让他遭受了巨大的打击。这位工党领袖说凯恩斯的计划对他本人是一个不可忍受的负担。凯恩斯写了一封恼怒的四页纸的信给他，说"实际问题是，你是否情愿被其他方法所惩罚呢？你说你对任何计划都不能接受，这是毫无用处的。不管何种方法，收入的降

第 32 章　战时的中间道路

低是在所难免的"。强制性储蓄的一大优势是工人阶级并不会失去工资上升带来的好处，而不过是推迟消费而已。传统的税收制度或通货膨胀政策都做不到这一点。

工党对凯恩斯计划的公开回应更糟糕。工党副领袖阿瑟·格林伍德在《每日快报》上撰文，说凯恩斯计划有"希特勒主义"的味道。欧内斯特·贝文是全英交通运输工人总工会的领导人，是工会运动的主导人物。他说政府有责任控制物价，如果它做不到这一点，他将用集体谈判的方法捍卫工人的实际工资水平。凯恩斯对贝文的态度特别不满："差不多是战争开始以来我读到的最糟糕的东西。"他在1930—1931年间的麦克米兰委员会时期对贝文的评价甚高。他想方设法要与贝文会面，并通过工党议员克利门特·戴维斯做中间人，但一直未能如愿。工会对其成员日益加重的负担表示反对，这促使政府停止对工人阶级征收更高的税收，即使是用凯恩斯的推迟支付的方法也进行不下去。财政部认为增加税收将会刺激工会要求同样数量的工资上涨。

如果凯恩斯读过工党在那年秋天发表的与凯恩斯的书同名的小册子《如何支付战争费用》，他就不会对工党的冷酷反应大吃一惊。小册子的作者是工党金融工作小组的经济学家伊万·杜尔宾、休·盖茨凯尔和道格拉斯·杰伊。他们的观点是，在税收基础有限、对工业没有任何直接控制的条件下，大规模的政府举债是不可避免的。这将会引起通货膨胀。但是，一种"平和的有控制的"通货膨胀在消费品和其他物品的配额控制条件下是有好处的，因为它可以增加利润，所以会增加军工生产的产量，消费受到限制时能够增加储蓄，而且会减少实际的债务。在战后，可以对资本征税以减轻战时的债务。凯恩斯的说服力不强是由于他没有直接针对工党的论点进行展开。而且，同在第一次世界大战期间一样，他低估了消费品配额管制的吸引力。正如非有色金属工业的主管奥利佛·利特尔顿所说的："没有人会关心公正的问题；平等才是最重要的。"

让莉迪娅感到宽慰的是，他们终于在12月14日回到提尔顿，至少梅纳德可以安安静静地工作，而不必卷入那些无休无止的会议和晚宴。理查德·卡恩是他们唯一的客人。他俩在圣诞节休息了一天，喝山姆·库尔多送的香槟酒，早早上床休息。第二天，凯恩斯又开始工作，下午到查尔斯顿同邓肯·格兰特、克莱夫和范奈莎·贝尔以及他们的儿子昆廷一起共进下午茶。凯恩斯雇昆廷做农场的工作。12月23日，他们到罗德迈尔同沃尔夫夫妇一起喝下午茶，而沃尔夫夫妇于27日对他们进行了回访。在这些老朋友的聚会中，凯恩斯已经不大愿意利用这些机会来叙旧、聊天和探索个人的道德标准。这不仅仅是因为战争、他自己繁忙的活动或者是莉迪娅对布鲁斯贝利的那种思维方式不适应所致，而是因为凯恩斯现在对所有的议题都有万事通的感觉，使别人无法再亲近。维吉尼亚·沃尔夫对他们来访罗德迈尔有如下的描述："梅纳德伸开双腿躺在沙发上，两盏防雾灯在燃烧。莉迪娅像个神话中的小精灵，戴着一只皮帽子。他现在是个大人物，在病榻上称王，他是一个成功的男人——农场主、财务总监，他自称是个务实的人，有资格申请汽油票。他是一个蓄着浓浓的小胡子的胖子，一个说教者，他对他们那只有白斑的黑狗派特茜的兴趣同对欧洲的兴趣一样。他在谈论——奇怪，我很难记得住他都说了些什么——他正在和我们谈盐和水的问题，并告诉我们冷热对小便的作用。"

3 努力劝导

随着大量评论的涌入，凯恩斯在11月27日向哈罗德·麦克米兰建议把他的这批文章编写成一本小书，并初步定名为《战争的经济后果》。麦克米兰同意之后，他开始进行改写。这批文章的目的是争取工党的支持。他现在建议给每个工人家庭提供生活补贴以换取对工资的过高要求。凯恩斯情愿用这个方法来减轻工资压力，而不是在固定的价格下给必需消费品的销售提供津贴。

他在战后征收资本税上做的让步则令他不太愉快，后来他受到反凯恩斯学派的攻击，说他对私有企业怀有敌意。战后如何处理战时的"推迟支付的工资"这一问题引起了公开和私下的讨论，这些讨论对研究福利社会的发展是十分有意义的。最有意思的建议来自同凯恩斯通信的一批人，他们提出将这些强制储蓄的资金转变为人寿保险单。这一措施不仅会避免过早地释放这笔资金，而且给予这些工薪阶层一种抵抗战后经济困难的安全保障。这个做法预示了多年后的那种时髦的"新加坡社会保险模式"。凯恩斯对这个建议感兴趣，但同时指出，要实现这样一种社会保险就必须把强制性储蓄变成永久性的，而不是暂时的措施。哈耶克提出这笔资金以战后的英国工业股份形式支付，而不是现金支付的观点同样具有超前的意识。1942年的"比弗里奇报告"中提出了"用社会保险来推行社会保障"的蓝图，但这份报告没有把战后继续推行强制性储蓄作为手段考虑进去。凯恩斯相信战后的世界需要的是更多的消费而不是储蓄，所以他也没有在原先的思路上继续思考下去。

在佩希克—劳伦斯和沃尔特·西特林两位的努力下，工党的前排议员和全英工会联合

第 32 章 战时的中间道路

会的经济委员会终于在1940年1月24日的上午和下午分别召开会议。凯恩斯向他们提交了修改后的建议,其中包括由工会和同工会友好的团体来管理"推迟支付的资金"、家庭生活补贴以及战后对资金进行征税。他估算这些新的建议将使年收入低于250英镑的人保持战前的生活水平,同时把收入高于250英镑的人的消费减少三分之一。他于1月29日对斯坦普解释说:他的计划"现在不仅仅是一个技术性的措施,而且旨在利用战争财政的机会进行建设性的社会改革,并在社会平等方面跨出更大的一步。我们迄今为止在这方面都没有这么大的进展"。然而,工党领导人仍然不为之所动。尽管他颇有说服能力,凯恩斯发现他的劝导工作越来越让人丧气。他对第一次世界大战时期的财政大臣瑞吉诺尔·麦金纳气愤地说:"问题不在于民意,而在于这批可恶的政客。他们那该死的脑袋瓜几乎不能接受任何传统上不熟悉的事务。如果有人主张这些政策,并让有责任心的政客们理解这些建议,那么就不会有任何反对意见。"

凯恩斯继续努力游说。他于2月20日给20名下议员作了演说,第二天又到费边社去讲了一遍。他对费边社成员们说,自从战争开始,他就一直专注于如何在大众心理能接受、并且反映出社会公正的条件下减少消费的问题。他不喜欢传统的"自由主义"经济用通货膨胀来解决问题的办法,他也讨厌那种"新型的集权主义方式",将生活必需品全面管制起来,这将使英国成为一个奴隶制国家。两者的调和也不能令人满意。一方面是集权对必需的消费品管制,另一方面是其他消费领域被通货膨胀所控制。正确的解决方法是将购买力固定下来,然后允许人们自由地消费。同时,要保证国家的债务由那些实际的债权人,即工薪阶层所拥有。在此基础上,通过精心策划,把财政制度变成社会改革的引擎。

2月27日,麦克米兰公司出版了凯恩斯的《如何支付战争费用》一书。凯恩斯竭尽全力使他的计划能够被更广泛地接受。对工人阶级,他加上了对最低工资收入的家庭进行生活补贴,而且一反他的自由主义的本能,还提出了政府津贴支持下的消费品配额制。针对财政上的正统派,他加上了资本税,以抵消推迟支付的工资所产生的债务。他现在承认政府津贴也许是工资控制的交换条件。同时还有额外的经济保障以抵消现行税制下对儿童减免的税额的降低,同时增加了可偿还的税额的累进速度;资本税可能成为年度的富人财产税的先驱。

凯恩斯的舆论工具开始采取行动,对外散发了380本样书。他也不断地向财政部的各个部门寄送这本小册子。2月28日,他在下议院给250名议员作了一次毫无倦意的演讲。

第七部分 为战争筹款

3月6日,他在工会俱乐部发表演说,由年已80岁的本提莱特主持会议。同一天,巴尔福勋爵在上院发起对这个问题的辩论,凯恩斯给代表政府回答问题的汉基勋爵做了简要的情况通报。第二天,他在财政部同财政大臣的会谈非常艰难,他不得不在床上进晚餐,实在是筋疲力尽。3月8日,他同英格兰银行行长诺曼·蒙塔古会面,然后回到剑桥,"自我感觉良好,晚上还去了剧场看戏"。星期六晚上,艺术剧场上演莎士比亚的喜剧《托伊鲁斯》,一群吵吵嚷嚷的本科生让凯恩斯在圣爱德华路的公寓中无法入睡。3月11日,他接受BBC记者唐纳德·泰也曼的广播采访,赚得30个金币。3月19日,他同议会的货币委员会会谈,主要谈了外汇的形势,同时也回答了与他的推迟支付工资建议有关的问题。

凯恩斯将对他的小册子所做的公开和私下反映的情况详细报告给《泰晤士报》的主编杰夫里·道森。工会领袖对这本小册子的反映不错,但是贝文始终不愿露面。工党的经济顾问——G.D.H.科尔、哈罗德·拉斯基、理查德·克劳斯曼和芭芭拉·伍顿都"强烈支持"凯恩斯的建议。经济学界人士几乎一致赞同凯恩斯的基本原则,不过在细节上有分歧。除了工党的前排议员的带有敌意的质询以外,公开表示反对的只有金德斯利、"明确地说他偏爱通货膨胀"的比弗布鲁克以及共产党的报纸《工人日报》。

3月22日,莉迪娅和梅纳德回到提尔顿过复活节。他的身体在紧张的工作压力下表现很好。他在3月13日给罗辛疗养院的爱德蒙·斯普利格斯爵士的信中说:"我在过去几周内的那些学术和神经紧张的活动在过去是不能想象可以支撑下来的。"3月18日,他去普莱什那里抱怨说他感到"心脏动脉有时不舒服"。普莱什给他开了一种橡皮膏药贴在左腋下。在提尔顿,他的病情在几个月中第一次加剧。3月31日,莉迪娅提到,他同娄根·汤普森一起视察了农场之后"看上去很苍老,疲惫不堪"。第二天是星期日,他同剑桥艺术剧场的演员兼经理唐纳德·沃尔菲特讨论下一季度的演出剧目。他用他现在对任何议题都使用的那种权威语调告诉沃尔菲特,(约翰)福特的剧本《她是个妓女》必须上演。达迪·瑞兰兹认为"没有人会来看这出戏,除非该剧名能够让皇家空军大兵们感到好奇"。4月7日也是星期日,他们招待了沃尔夫夫妇。梅纳德告诉维吉尼亚,英国已经打赢了这场战争。两天后,德国军队进占挪威——丘吉尔称其为"战时的第一次主要交手"。在查尔斯顿,莉迪娅同克莱夫·贝尔进行了激烈的争辩,因为贝尔说了错话,认为德国正在打赢战争。

对凯恩斯的政治遗产做任何评估都不能忽略《如何支付战争费用》这本书。战争结束以后,列昂奈尔·罗宾斯提到,管理战时经济有两种观念——即财政理论和计划经济理

595

论。根据财政理论，政府应当放弃必要的购买力，以避免通货膨胀，同时，让价格体制决定资源的配置。由于凯恩斯常常被人们误解为是计划经济的鼓吹者，我们有必要在这里强调指出，他支持用财政理论来管理战争经济。更重要的是，他是财政理论的创始人，他创造这个理论的目的正是要防止"集权主义"的计划经济。他并不认为需求管理对计划经济、固定价格、消费品配额供应、官僚管理机制等是一个有用的工具。相反，他认为需求管理在战时与和平年代一样，是计划经济的替代物。

《如何支付战争费用》可以说是凯恩斯取得的成就的精华所在。这本小册子涵盖了他那复杂个性的各个方面的素质。在理论与实践的结合，经济原则与政治哲学的联系上，凯恩斯都达到了最有说服力的艺术表现。他的理念的核心是对现代社会的一种理解，他认为现代社会已不能承受市场机制的失灵所带来的"自然疗法"——即通货膨胀和失业——的压力。他得出的解决方法是建立一种永久性的调节支出的体制，以避免过度的繁荣和衰退。他的战争经济管理计划乃是第一步，因为在政治上，以反通胀的政策开始比较能够被接受。他的逻辑仍然遭受许多人的反对，右派的政客和经济学家继续站在传统的自由放任的立场上。即使左派也对此感到不满意，因为大多数社会主义者都把战争看成是引入计划经济——不仅仅在战时，而是永久性地——的大好时机。凯恩斯对这些观念进行了坚决的抵制，他要捍卫价格体制和消费者的自由。他写道："我抓住这个机会在集权主义和自由经济之间引进一个政策原则。"这正是他对"中间道路"的一种哲学表述。

4 财政部的否决

凯恩斯计划的命运现在取决于财政部。财政大臣约翰·赛蒙爵士对他的计划没有提出任何不可逾越的反对意见，凯恩斯感到宽慰。他给道森的信中说：政府没有任何对他的计划的替代方案，"但他们不到万不得已的时候仍然不愿采纳任何激进的方案。直到对大多数民众来说已经显而易见时，他们才愿意这么做"。但是财政部背后的政治权威如此之大，他们实际上没有必要如此惧怕公众舆论，而应该"迎难而上"。

这个解释对财政部面临的问题过于简单化。从20年代开始，财政部对凯恩斯的种种政策建议的基本态度是，尽管这些建议都非常有意思，但是，正如财政部的一位官员对

第七部分 为战争筹款

凯恩斯的1933年的小册子《通向繁荣的手段》所做的评价那样:"他从来不允许人们提出时间差的问题,或者,实际可行性的问题,以防对他的流畅的思路进行干扰。"在一个问题上,财政部同凯恩斯的意见是一致的。凯恩斯反对用高利率来抑制过度繁荣,而财政部正巧也希望用最廉价的方法去借大量的战争费用。同时,凯恩斯也意识到:"第一次世界大战期间的那种对寻租人有利的高利率政策在眼下的社会和政治气候下不可能再被重复使用。"这样,政府预算就要担当起抑制通货膨胀的重任。在这一点上,双方尚未达成一致意见。凯恩斯革命以前的正统观念认为,弥补税收的不足所借来的资金如果被相应数量的自愿储蓄所抵消,就不会有通货膨胀。"财政大臣们以他们认为公众可以接受的水平把税收提高到极限,然后他们又希望从资本市场挤走的资金数量不要大于自愿储蓄的数量。"这就是为什么他们特别热衷于支持"国民储蓄运动"。财政部官员们尚不能意识到,如果政府借来的那部分储蓄本身就是政府增加的支出所创造出来的话,这种借贷有可能引起通货膨胀。凯恩斯第一次提出了两个明确的命题:(a)"支付战争费用"的含义是在战争需要的条件下减少民众的消费。(b)政府只用税收和贷款来筹集战费的话,不可能在没有通货膨胀的情况下造成所需要的消费减少。

财政部反对凯恩斯计划还有一个特别重要的实际原因。从公众手里夺走多少购买力需要以"总购买力"超出"总供应"多少的知识为基础。而在1940年年初,财政部对此并无概念。政府的国内税收司对它征税的对象的收入水平是了解的,但1939年的所得税还远远不是全民的税收,因为五分之三的工资收入者不付税。所以,从现存的纳税人手中挤出更多的资金对大部分工资收入者如何消费他们已上涨的收入毫无影响。反通胀的预算政策要求建立全国或"社会"账户。凯恩斯从1937年开始就一直呼吁政府建立国民收入的统计数据,但无人对此加以理会。他在1939年所做的估算基于科林·克拉克在1938年的开拓性的研究成果,并由一位年轻德国移民爱尔文·罗特巴特加以更新。此人当时在剑桥的经济政治系担任统计研究的助理。

"国民资源的预算"作为凯恩斯的小册子《如何支付战争费用》的附件一同发表。这个统计图表基于《通论》的总需求、总供给的概念,用价格来表示,并划分为不同的组成部分。他用了复式簿记方法,让分类账的收支两边必须平衡。在制定这个图表的过程中,他还必须用种种技巧克服概念和统计上的问题。凯恩斯同罗特巴特和尼克拉斯·卡尔多两人的争执在于对国民收入和国民产出的定义不同。对于工人阶级的储蓄行为直到最近才有人开始关注。剑桥毕业生查尔斯·马吉和汤姆·哈里森两人创立了"大众观察"

的研究项目，凯恩斯为他们争取到了一笔研究资金。罗特巴特对他们的成就感到敬佩："在不完全的信息基础上能做到这一步真不容易。"凯恩斯的态度是十分直率的："如果统计数字与常理相背，我还是情愿相信常理。"

凯恩斯用了很简单的演算方法显示政府在1939—1940年间的支出将上升18亿英镑。所以，它面临的问题是阻止民众花掉手中增加的收入。他估计政府可以出售资本财产，获取9亿英镑。赛蒙财政大臣在税收和其他方面可以每年获取约5亿英镑，这样就存在4亿至5亿英镑的缺口，必须用额外征税或强制性储蓄来弥补。

所有这些数字在逻辑上是讲得通的，虽然有点粗糙。但是凯恩斯对数字的判断过于大胆，波动过大。这种猜测性的判断很难被财政部采用作为财政政策的基础。财政部的态度不仅受到公众对凯恩斯计划的敌对态度的影响，而且受到国内税收司的反对意见的影响。该司以工作量太大以及其他行政管理上的理由对凯恩斯计划提出异议。财政部知道英国不可能同时拥有更多的"大炮和牛油"，但它觉得暂时性的通货膨胀是害处最小的选择，尤其在战争也许不会持续下去，或者全面爆发的状况下更是如此。同时，凯恩斯发动的宣传活动也可以让民众对将来有必要征收高税收时做好思想准备。但目前没有必要采纳凯恩斯的别具一格的政策建议。凯恩斯的宣传鼓动所产生的一个实际结果是斯坦普委员会的建立，其任务是搜集国民收入的统计数据。

这样一来，财政大臣对凯恩斯计划的兴趣是虚假的。约翰·赛蒙爵士在4月23日的预算方案中宣布政府在试探人民的自愿捐助战争的态度。他以很小的幅度提高了间接税，把超额利润税上升到100%。他预计将有15亿英镑的财政赤字，而对自愿借贷的前景做了"荒谬的乐观估计"。他特意拒绝了强制性储蓄的建议，声称它将会"扼杀"自愿储蓄。凯恩斯在4月25日给《泰晤士报》的信中一针见血地说，政府没有能力增加战争物资的生产，这反而使它避免了金融上的困境。"约翰·赛蒙爵士也许可以声称这是他的运气而不是失误。对我们大家来说，这是一个不幸，而且并非出于我们的本意。这个国家对我们需要做出多少牺牲才能赢得胜利几乎一无所知。"

财政部的轻松的金融战略基于对战争的政治和军事上的乐观判断。这些判断很快就被击得粉碎。凯恩斯的半独立的地位也随之消失。5月10日，第三帝国对比利时、荷兰和法国发动了军事进攻。同一天，张伯伦内阁倒台，温斯顿·丘吉尔成为首相，保守党、工党和自由党的联合内阁成立。5月13日星期一晚上，凯恩斯在剑桥观看了喜剧《她是个妓女》，并为剧作者沃尔菲特主持了一个晚会。第二天凌晨在圣爱德华路住所内，凯恩斯

第七部分 为战争筹款

的心脏病发作。莉迪娅在日记中写道:"他看上去十分虚弱,病态的眼圈,蓝色的嘴唇,穿着睡衣在窗外射进的美好的日光下躺着休息。他一病四年真是令人心酸。"星期五,他的心脏病再度发作,莉迪娅写道:"我哭了一场。我不能再忍受疾病和战争。"

第 33 章

战争的巨龙

1 疯狗和英国人

梅纳德·凯恩斯的身体在5月发生的反复预示着他的健康也许永远不能完全恢复。5月和6月里，他一直在剑桥授课。只要一躺下，就要用冰袋盖住心口。战争的消息一天比一天恶劣，他感到无法忍受，将无线电收音机都关掉了。5月24日，他去见普莱什医生，后者给他制定了禁食方案。后来的五天里，他只喝咖啡和茶，吃些生卷心菜和酸橘子。禁食结束后，医生又为他制定了洗冷水浴的方案。直到法国于6月17日投降，英国军队从敦刻尔克大撤退成功，凯恩斯的健康才有所恢复。英国孤军奋战对他来说是一种解脱："就我而言，我对战争的最后结局一点也不担忧。"

凯恩斯对胜利的信心也反映了所有英国人民的心态。在凯恩斯的心里，英国是不可征服的。他也确信希特勒军队早晚要犯种种错误，最终美国人将会加入。他同很多人一样，认为纳粹—苏联的协定是一个没有感情的结合，不久就会垮台。6月12日，他同苏联驻英大使麦斯基共进午餐时预测道："希特勒将在柏林以东很远的地方遭遇滑铁卢。我们将会在那儿。"因此，"二战"时期的反法西斯"大同盟"早在其出现之前就已经在凯恩斯的脑海里形成了。在当时，继续与希特勒斗争的基础还十分脆弱。

希特勒认为英国人发疯了。他于7月16日在帝国议会的演说里呼吁英国人"基于常识"来创造和平，他的呼吁在英国毫无反响。英国同欧洲大陆的隔绝时期是英国的"最佳状态"。英国人从来对法国人就不信任，德国人现在就更不值一提了。在1940年6月的这个历史时刻，英国人对他们自己的传统观念以及他们同欧洲大陆的关系得到了充分的体现。这个光荣孤立的形象将持续很多年。

2 重返财政部

凯恩斯在政府预算方案上对财政部发动了一场公开的战役。同时，他还就外汇管制问题同财政部打游击战。任何基于国民资源的预算都不仅要包括国内资源，而且还要包括从国外吸引的资源——出口的商品或黄金，英国公民售出的外国有价证券以及国外的贷款。1940年年初，凯恩斯认为，对进口战争供应至关重要的外汇资源正在通过财政部在开战初期设立的外汇管理体制中的漏洞流到国外。这个体制的目标是将所有涉及"硬通货"——主要是美元——的外汇交易控制在财政部的"外汇平衡账户"中。英国的出口商必须将他们的硬通货收入卖给指定的清算银行，在固定的汇率下（4.03美元＝1英镑）获取英镑；同时，由这些银行为政府批准的进口交易准备相应的外汇。英国居民不允许售出在境外可以流通的有价证券。在英帝国内部，除了加拿大以外，所有的成员都可以用英镑自由支付，先决条件是它们也要建立同英国类似的外汇管理制度，并将多余的硬通货卖给英格兰银行以换取英镑。这个举措是"强化的英镑区"运作的开始。但是，财政部继续允许居住在英国的外国公民在没有政府支持的货币市场出售英镑证券以换取美元。财政部认为这一自由对吸引和留住外来资金（或贷款）至关重要。这是美元流失的一个渠道。另一个渠道是进口许可证制度的混乱，宝贵的美元资金常常被用来进口一些不必要的商品。

凯恩斯对这个问题的兴趣是1940年2月被财政部的一项决定触发的。财政部当时已经征用了英国人拥有的价值为3000万英镑的美国债券。凯恩斯不得不为了自己，为了国王学院和国民地方保险公司，将100万英镑投入替代的债券中去。但财政部仍然试图在美国出售大量的英国帝国烟草公司的股票。美国的英镑持有者出售英镑，换取美元来购买这些股票，所以让财政部的政策彻底失效：财政部出售美国债券所得的美元又在伦敦市场的自由交易中流失。这件事促使凯恩斯向财政部"开战"，他要求追随沙赫特博士（纳粹德国经济学家——译注）的做法，全面堵住外汇的外流。3月20日，凯恩斯告诉议会货币委员会："数千万的资金本来可以留在国内对付贸易赤字，但都以这种方式付之东流，简直是一大丑闻。"资金外流只要用"一支笔"就能堵住。凯恩斯为两位保守党货币委

第 33 章 战争的巨龙

员会成员,罗伯特·布瑟比和P.C.劳夫图斯提供情况,让他们在议会里质问财政大臣是否会采取措施,阻止外国人把资金弄出英国。赛蒙在回答中阴沉沉地说,卖英镑买外币的自由乃是将非帝国的资金留在伦敦的唯一办法。

凯恩斯直到4月10日才决定坐下来就这一问题撰写文章。但是,要获取有用的数据是不可能的。他轻蔑地对布瑟比说,财政部对过去六个月中到底流失了多少资金毫无概念。他在搜集事实的过程中得到一些人的帮助,其中包括汤玛斯·巴洛——在国民经济和社会研究所工作的匈牙利来的年轻经济学家、理查德·卡恩、奥斯汀·罗宾逊和他的股票经纪人伊恩·麦克弗森。他不久就估算出,自从战争开始以来外汇流失的数额大约有1亿英镑。4月29日,他将第一份备忘录寄给英格兰银行的亨利·克莱,并于5月8日同克莱和亨利·西普曼进行了讨论。英格兰银行是财政部的外汇管制机构的代理机构。凯恩斯发现它比财政部还要关心管制的实际效果。他告诉克莱,说他同他们的谈话让他感到宽慰,因为"处于执行政策位置的人们至少这一次能够胜任他们的工作,而不再偏爱那种永久性的含糊、不清晰和不完全的生活方式"。在凯恩斯的信上,行长蒙塔古·诺曼批了几个难以想象的字:"他必须回来工作。"凯恩斯同英格兰银行的和解是建立在误解之上的。该银行把自己视为被永久性外汇管制所强化了的帝国货币区的主管。凯恩斯把这些管制看成是战时的措施,在紧急状态过后就应该停止。英格兰银行后来成为反对凯恩斯的国际清算同盟计划、布雷顿森林协定以及美国贷款的主要力量。

当德军进攻法国、比利时、荷兰和卢森堡等国时,财政部被迫采纳凯恩斯的建议,禁止外国公民出售英镑债券,并谈判达成了英镑区与中立国家之间的双边支付协定。但它没有继续按照凯恩斯的建议将四个结盟的殖民帝国,即英国、法国、比利时和荷兰的外汇资金汇集起来,以用它们的联合实力与美国谈判信贷。这些垮台的殖民帝国都设法将其黄金储备转移到国外(法国的黄金转移到加拿大)。但是,英国政府从来都不把这些储备看做是自己的储备的一部分,而是看做今后要偿还的债,这个错误给英国带来了极大的损失。

6月11日,凯恩斯同法国驻伦敦的金融事务官员艾马纽爱尔·莫尼克见面之后,起草了一份声明,以备丘吉尔首相或财政大臣使用。这项声明宣布将"为了共同事业"对法国进行无限制的援助。当日下午,他将这份东西拿给新任财政大臣金斯莱·伍德,并向他解释说,这个声明的两个目的是激励法国人,同时也在美国援助到来之前树立一个好的先例。即使是在战争处于绝望的时刻,凯恩斯脑子里想的还是不要在战争结束时面临债务的难题。6月13日，伍德发表了一个声明，提议法国和英国应当"共同担负战争的残酷后果的修复任务"。这个声明没有达到凯恩斯要求的对法国的承诺。丘吉尔首相的负责议会事务的私人秘书布兰丹·卜拉肯曾这样说过："当时如果不是因为法兰西战役的绝望形势，我一定会请老板（指丘吉尔）给金斯莱·伍德的头脑中打进一些氧气。"丘吉尔当时正在考虑向法国承诺更宏大的计划。6月16日，他下令向法国提出法—英同盟永不分离的承诺。但这一切都为时太晚。法国于第二天宣布投降。

凯恩斯当时在剑桥度周末，表示他已经回到正常的教学活动，他从同样也是普莱什医生的病人的阿瑟·庇古教授那里收到一封关于学院事务的信。庇古在信中说：

> 关于毕业优等生大考中出现的最坏的现象（斯拉法和庇古是主考老师）是一大批学生被你那套东西灌输得像香肠一样，所以（1）他们不能够用自己的头脑来思考你的东西；（2）不管与该回答的问题是否有联系，他们总是啰啰唆唆地发挥一大通。我的猜想是，这种鹦鹉学舌的学习方法是那位漂亮的罗宾逊夫人的授课和指导的结果——一只喳喳叫的喜鹊孵出了一大群鹦鹉。我想她用巨大的一个"T"来描写她的真理（truth），这种普鲁士人的效率使得那批男生们都变成了一模一样的香肠，根本没有自己的头脑。

凯恩斯回复道："如果在最上面能够浮现出几个优秀的学生，我可不太在乎底层发生了什么。"

迄今为止，大学是那些从法西斯统治下逃出来的难民的避难场所，但现在政府也要求它们向战争的巨龙供应牺牲品。6月，（意大利人）皮埃洛·斯拉法被作为"敌国公民"监禁起来。曾帮助凯恩斯写作《如何支付战争费用》的爱尔文·罗特巴特（德国人）和另外两位在曼彻斯特大学的德国经济学家汉斯·辛格和爱德华·罗森鲍姆也面临同样的遭遇。凯恩斯为他们的释放做了不懈的努力，从内政大臣开始一直找到他的下属。他正在搜集的最新的国民收入统计数字也因为罗特巴特的被捕而无法继续下去。凯恩斯认为这些人的被捕是"很久以来没有发生过的最丢脸、最让人感到羞耻的事件……如果说这个国家里有纳粹同情者的话，应当到战争部和秘密特工中去寻找"。他终于获取了释放罗特巴特的命令，不久，其他几个人也被解除监禁。但在一年之后，他还在为释放库特·约斯而奔波，约斯于1939年12月把他的芭蕾舞带到剑桥，被囚在怀特岛的监禁处。

第 33 章 战争的巨龙

6月8日，金斯莱·伍德请凯恩斯担任财政部的顾问委员会成员，在一些特别的问题上给政府出主意。凯恩斯对父母说，他被任命为一个"新的超级无用的委员会"的成员，"你们知道，我不喜欢顾问之类的工作，情愿做行政管理的工作，但我想，以这种卑微的身份开始是明智的，而且我能够有机会直接同财政大臣打交道，让我的好主意有地方发挥"。他的"好主意"不久就接踵而来。他向顾问委员会做了一次关于战争损害情况的调查通报，为此他写了三份备忘录。在7月23日财政大臣推出补充预算方案之前，凯恩斯为他写了一系列的报告。他还写了一份备忘录，反对关闭股票市场；另一份报告讨论外汇管制和支付协定问题。在一个月内，他一共写了8份内容充实的文件，一共是52张打字的页数。金斯莱·伍德7月23日的补充预算在标准的税率上增加了一个先令，同时还征收一些间接税。这个预算饱受批评，因为它远远不足以解决问题。凯恩斯安慰他说，新闻媒体对现行的税收水平大为低估了。

在过去的一年当中，凯恩斯一直都在叩财政部的大门，现在他终于被请进去了。8月12日，凯恩斯在没有任何正式职务任命的情况下，被安排做"巡视员"工作——当上几个高层委员会的成员——包括外汇控制协调委员会。这些委员会有权调阅机密情报。同时，在财政部副大臣理查德·霍布金斯的帮助下，凯恩斯搬进了大乔治街的财政部大厦里的一间办公室，并配以半职的秘书。他的隔壁是卡托勋爵，此人辞去了英格兰银行的董事职位，来财政部担任同凯恩斯一样不拿工资的工作。他们很快就成为好朋友。在三年内，他们两人被人称之为"一猫一狗"，在一起亲密无间，合作得很好，直到卡托被任命为英格兰银行的行长为止。医生报告说他的心脏"大有好转"，凯恩斯立即决定增加工作量至每天五个小时。但是，他在8月24日对母亲说："我现在同波丽（凯恩斯的外甥女波丽·希尔，当时在贸易部担任临时公务员）一样，只不过能够打发时间而已，需要做的实际工作并不多。你知道我们凯恩斯家族的人最讨厌的就是无所事事。"

不列颠战役于7月10日开始。德国空军开始集中轰炸英吉利海峡的港口，然后于8月18日将大轰炸转移到伦敦。莉迪娅在8月16日写信给佛萝伦丝·凯恩斯："一整天我们都能听到轰炸和对空高射炮的声音，感到有点不安。但是英国的空军表现得非常出色，对我们保护得很好，这是一场奇怪的战争，我们在田野中散步，而战争恰恰在田野中进行。"他们请"小兔儿"和安吉丽卡·加奈特同他们一起在提尔顿过周末，并在查尔斯顿召开了"回忆俱乐部"的骨干分子会议。在这次会上，维吉尼亚·沃尔夫发现凯恩斯"苛刻、傲慢而残忍"。在伦敦，梅纳德和外甥女波丽·希尔在几个星期的空袭中都睡

第七部分 为战争筹款

在戈登广场46号的地下掩体内,"就像在一只船上生活那样"。凯恩斯惊奇地发现,德国的轰炸给伦敦带来的损失是那么微不足道,"建筑商只要花几天就能修复这些损伤"。真正的问题不是损失大小,而是缺乏交通工具。他告诉母亲说:"我好多年都没有走过这么多的路了。同时,在财政部那个深深的地下掩体的楼梯上上下下奔跑让我有足够的锻炼身体的机会——当然莉迪娅是不允许我走这么多路的。"当德国在秋季对伦敦和其他工业中心的轰炸加剧时,凯恩斯仍然认为对轰炸的损失的评估有点夸张,机器是不怕轰炸的。他在9月6日给佛萝伦丝写信道:

> 昨天晚上我去"另类俱乐部"参加活动,同温斯顿(丘吉尔)坐在一起,同他交谈和听他的意见达两三个小时。我发现他处于完全饱满的精神状态,身体非常健康,心境平和,人情味很浓,而且没有任何自我膨胀的感觉。也许这是他的权力和荣誉的顶峰时刻,但我从来没有见过一个人像他那样,没有独裁者的那种神态和自负。他不像劳合·乔治那样,(一当上首相)就很快表现出目空一切的样子。你也许看到了,他在下午的讲话中把我的新的战争损失的计划放进去了,我现在对这个计划的通过抱有希望。

9月18日晚,他和波丽、弗里德(车夫)、史蒂文夫人和女仆玛丽在家中共进从"福尔特农和梅森"商店买来的鸭子,德军轰炸机投放的一只降落伞炸弹在对面房子前爆炸。他们的百叶窗挡住了弹片,使他们免于受伤,但所有的窗户玻璃都被击碎,前门被震得脱落。梅纳德"异常平静",他说布鲁斯贝利遭受攻击的原因显然是,德国轰炸机以附近的地铁站(尤斯顿站)和新闻部大厦为目标,但有点偏离了。由于还有一颗未爆炸弹尚未被拆除,他不能立即着手修复戈登广场46号的房子。所以,一连三个星期,他每天都不得不在伦敦和提尔顿之间穿梭。由于往东南方向的火车线路已经不通,他只能坐小汽车两头跑。风尘仆仆的夜间行驶有一种神秘感,因为所有的路标都被拆除以阻碍德军登陆的入侵行动。他每天七点钟起床,八点钟离开提尔顿,从伦敦回到家已是晚上八点半。他在9月27日写信给母亲:"我从来没有想到还能一天坚持那么多的工作时间。我常常感到疲劳,但身体却非常之好。"他唯一感到不快的是莉迪娅每晚仍坚持要他用冰袋冷敷心口。即便如此,在提尔顿睡觉比在伦敦舒服。

3 金斯莱·伍德的预算

在9月21日和10月6日之间,凯恩斯写了四份"关于预算的分析报告"。他的目的是改变财政部对战时财政的管理方法。他不是再一次为他的"推迟支付工资"进行辩护,而是要争取财政部接受他的理论方法以创造一种对"预算的判断"。

1940年年初,凯恩斯曾估计战时的"财政缺口"将达到4亿至5亿英镑。他建议用强制性储蓄来弥补这个缺口。事实上,这个缺口被自愿储蓄的增加所弥补,而且没有产生"预算膨胀"的效应。然而,到了1940年秋季,充分就业条件已经达到,政府支出预计还要上升,所以"预算出现的缺口达到4亿英镑"。凯恩斯不断地强调,用通货膨胀手段来降低生活水平同以增加税收为手段可以收到同样的效果。所以,"如果我们不解决预算的问题将是愚蠢的"。他认为,要让工人阶级同意增加税收,就必须保证能够使生活费用的水平达到稳定。

凯恩斯提出一个在他的"推迟支付"基础上的经过修改的计划,用累进征收的战争附加税来获取额外的4.5亿英镑。这种附加税将被加在现行的所得税和附加税之上。为了使表达方式更能为人接受,他强调把这个新的附加税看做是个人纯收入——即税后收入——基础上的一个百分点。如果政府轻率地宣布增收附加税(也就是说提高所得税税率和减少免税的数额),这将会给人以错误的印象:即穷人越穷,富人越富,而实际结果并非如此。也就是说,他提出的表述方式旨在扭转人们的心理状态。然而,这个计划规定附加税中的50或100英镑将被视做推迟的支付,余下的都是直接税收。这个措施将阻止富人出售资本财产以增加推迟支付的数额;同时,对穷人来说,它的吸引力在于它保留了推迟支付的数额。

凯恩斯的报告在财政部上层引起了震动,他被任命为财政部预算委员会成员。当时,财政部内部还有几个同凯恩斯计划竞争的建议:凯恩斯增加财政收入的方法是通过累进的对纯收入的附加税以及保留部分推迟支付的数额;卡托勋爵提出用征收同一种所得附加税的办法;斯坦普的建议最早是休伯特·韩德森提出的,这个计划是对"超额收入"进行征税——同"超额利润税"类似;而财政部的国内税收司则提议直接增加税率。金斯莱·伍德下令对四个方案都进行详细的探讨。凯恩斯在此后的三个月里积极地为他的方法的逻辑、心理基础和数字计算进行了辩护。他强烈地感觉到,国内税收司司长杰拉

第七部分 为战争筹款

尔德·坎内爵士提出的直接增税方案将会让民众的不满达到极大化。他在一份内部讨论报告中写道:"调整目前的所得税,不管幅度如何大,都不会有政治和社会的吸引力。"据赛耶斯的说法,凯恩斯"对国内税收司的备忘录没有一点耐心,这也许对他自己表述的说服力有负面影响"。他找到的证据表明,尽管大多数人都情愿要消费品配额供应也不要"推迟支付的工资",但多数人也在高税率、高物价与推迟支付之间选择后者。他写信给母亲说他"竭力让他们面对种种可能的选择方案,从而能够做出明智的抉择"。

1941年1月初,财政部从轰炸后造成损害的原驻地搬到白厅顶层的"令人恶心"的新的政府办公地点。他告诉母亲,说他"深深地卷入了所有的重大问题,并且同财政大臣和副大臣们挤在一起"。霍利斯·威尔逊爵士对四个建议做了总结,在给财政大臣的报告中,他否决了卡托和斯坦普的计划,只剩下凯恩斯的附加税和国内税收司的直接增税方案。金斯莱·伍德此时的心境是愿意冒风险。他"感到凯恩斯先生的战争附加税方案最有吸引力",并命令对它做紧急的研究。他还要求"财政部认真考虑,我是否应当在严重的预算形势下同意对生活费用指数采取稳定措施"。国内税收司的坎内爵士再一次对凯恩斯计划提出九页纸的反对意见。但他在1月15日承认,如果"推迟支付工资的那个需要偿还的部分只限于在减免部分的税率增加,或者是收入和个人补贴的减少,那么这也许是可行的"。这样,双方就有了妥协的基础。凯恩斯将放弃附加税,接受通过增加所得税来增加政府额外收入的方法。坎内则接受将部分增收的税作为需要偿还的资金。在霍布金斯的要求下,凯恩斯制定了一个所得税增税的方案,其增收的效果同附加税方案一样。

金斯莱·伍德于2月1日做出决定,他认为凯恩斯的附加税在实践上行不通,因为向议会和国民展示这个方案会让人觉得这不过是所得税和附加税的另一种表现形式。它让缴纳附加税的税民感到太轻松,而让国内税收司感到负担太重,而且它只能增加75万个新税民。凯恩斯计划的创新之处在于"推迟支付"那部分,这部分得以保留以便把现行税制下增收的一部分作为人们的"推迟的收入"。金斯莱·伍德对凯恩斯把"推迟支付"的那部分作为"储蓄"而不是税收来表述非常感兴趣。他也接受了凯恩斯提出的对生活费用指数进行的价格支撑的津贴计划。

到底有多少购买力需要被消除仍然是一个问题。1940年7月,霍布金斯怀疑凯恩斯对"通胀缺口"的猜测是否正确,是否有用。由于实际数字每一个月都有波动,他的信心没有增强。7月,通胀缺口是2亿英镑,9月是4亿英镑,而在12月则为5亿英镑。过量的购买力更是由于物品的日益短缺而变得非常严重。

607

第 33 章　战争的巨龙

当"通胀缺口"这个概念于1940年冬天在财政部的备忘录中出现时，由斯坦普主持了一年的国民收入普查已经完成了一些更具有权威性的统计数字。詹姆士·米德在1940年6月加入"中央经济情报服务中心"，他当时已经根据科林·克拉夫在1937年的数字做出了"一套复杂的收支平衡图表"。这个发明同凯恩斯—罗特巴特的研究没有任何关系。8月底，一位27岁的剑桥经济统计学家理查德·斯通也参与了这项工作。财政部一开始对这个项目不大支持，主要原因是有人嫉妒他们的成就，再加上被罗宾斯称之为财政部的"习惯势力"的抵制。1941年1月6日，他们完成了论文的初稿，由凯恩斯把这篇题为《国民收入、储蓄和消费》的论文提交给财政大臣和预算委员会。2月1日，《经济学人》杂志警告财政部，说国民收入自开战以来已经增长了一倍，这说明通货膨胀已经失控。霍布金斯写信给凯恩斯，说"我确实认为我们必须对付国民收入和通胀缺口的问题。也许我们应当面谈"。理查德·斯通相信财政大臣之所以把他的预算判断的基础放在新的国民统计数字上，是因为《经济学人》的文章所引发的轰动。他还同意公开发表由凯恩斯改写过的米德—斯通的论文，把它作为预算白皮书的附件。

斯通的说法不大可信。政府需要用新的税收来弥补2.5亿至3亿英镑的财政缺口是早就存在的事实，它的根据是凯恩斯训练有素的猜测和对政治上可接受多少税收增加所做的预测。事实是，财政部接受凯恩斯—米德—斯通的预算分析的方法是因为他们的计算结果同财政部用传统方法算出来的差不多——传统方法是算出政府收入和支出，并调整税率来弥补两者之间的缺口。但这个新方法给财政部提供了判定政策的更为精确的基础。凯恩斯所谓的"预算方法"中存在的主要问题是不能提供多少信息，比如说，政府额外支出所带来的额外收入中到底有多少应该被储蓄？对这个问题的回答取决于对各个不同阶层的人们的储蓄偏好的了解。"国民收入—国民支出"方法在制定反通货膨胀和社会政策中更加有用，它告诉政策制定人应当征收多少税，多少应当被储蓄，以及如何分担整个社会的利益损失。赛耶斯认为："在1941年发生的新的事件是凯恩斯的方案被普遍接受。同时，凯恩斯计算方法也是一个重要的因素——尽管只是因素之一——最终产生了所谓'决然判断'的方法。"

在预算完成前的几个星期里，凯恩斯每天工作13个小时，但他的健康状态很好，普莱什医生决定允许他停止使用冰袋。预算完成后，他突然感到无所事事，"除了在上午打发时光以外，什么工作也没有"。金斯莱·伍德于1941年4月7日提交的预算是凯恩斯第一次帮助完成的预算方案。凯恩斯也是第一次亲耳聆听在议会提交预算的演讲。他对坐在下面的议员们的典型态度是,这是一群"货真价实的低于人类的动物"。

在他的预算演说中,金斯莱·伍德预计"通胀缺口"将为5亿英镑。他认为个人储蓄将增加2亿至3亿英镑——主要是因为可买的东西越来越少——这样他就能把新增税收的目标定在2.5亿英镑。他决定将标准的所得税率提高到50%,并对额外收入征收最高为97.5%的税,同时将适用于收入中减税的165英镑的税率,以及对较低收入和个人生活补贴所征的低税都加以提高,这样就为所得税纳税人的群体增加了325万人。对个人所得和补贴所增加的税收将"在战后由存放在邮政储蓄系统中的信用(存款)来补偿,这就会对个人和他的家庭提供额外的战后资金"。这些信用等于税收增额的一半,也就是1.25亿英镑。对于超额利润的100%的税也用同样方法加以补偿。财政大臣还承诺维持现有的物价水平——这个水平比战前高出25%到30%之间,方法是对生活必需品,特别是食品进行价格津贴。他同时警告说,如果工资水平再上升,政府就不得不再增税。

这个在1941年建立的预算体制在战争中一直维持到最后。尽管凯恩斯一直待在预算委员会里,他对后来的财政政策的贡献越来越小。11月3日,他写了一份"预算分析报告",鼓吹他原先提出的同高税率交换的条件,所有的家庭一律享受生活补贴。这个计划直到战后才实行。凯恩斯也参与了1943年建立的针对年收入在600英镑以下的个人的社会保险基金——即现时征缴制的创建工作。1944—1945年间,他致力于使超额利润税的偿还成为无条件的机制,同时减少对小企业的税收。他认为"如果我们想使这个国家继续成为自由经济的体制,我们就不应当用现行的税收制度来杀鸡取卵,尽管这只鸡不能够用人类听得懂的语言来解释自己所受的罪"。在借贷方面,他促成1941年12月宣布的"税收储备券"计划,即用为期两年、利息为1%的免税国债来吸收银行的一部分闲置资金。这些资金是银行准备用以偿付税收的基金。他还继续鼓吹政府应当在借贷费用很低的条件下在票据期限的政策上考虑市场的需要,即应当发行更多的短缺债券。他的这个观点鲜有说服力。

凯恩斯在预算上的胜利同他个人生活上受到的一个打击同时发生。每年圣诞节,凯恩斯夫妇总是同沃尔夫夫妇一起喝下午茶。1940年圣诞节喝茶时,维吉尼亚发现梅纳德让人讨厌,自我清高,并且一脸看不起人的样子,只是当她吻他的时候才显得有些和蔼。这是他们最后一次见面。1941年3月28日,维吉尼亚·沃尔夫自溺于乌斯河。梅纳德从未对任何事情感到绝望过,所以对此举不理解。他在给母亲的信中用他那常有的就事论事的风格向她报告这件事:

第 33 章　战争的巨龙

这个周末，我们都为好友维吉尼亚·沃尔夫感到哀伤。她的旧病复发，于星期五投河自尽。上一次我们见到她时，她仍然很健康和正常。我们在星期六给他们打电话，请他们过来喝茶时才听到这个消息。将近30年前，她曾在布朗斯威克广场服毒，是杰夫里迅速帮她洗胃才把她救过来的。我本来以为在列昂尼德的精心照顾下她已经完全恢复健康了。这两位是我们最亲密的朋友。

4　凯恩斯的影响

金斯莱·伍德的预算方案远远不是《如何支付战争费用》一书中提出的蓝本。他在那本小册子里曾建议政府对国内开支的15%由强制性储蓄来支付，最后却只有3%。这反映了两个方面的问题。一方面，他的计划被推迟施行，因为"缺口"被增加的直接税收、物品短缺、配额供应和通胀因素所填补，而这一切都是《如何支付战争费用》一书想要避免的；另一方面，它还反映了政府试图把应偿还的税额降低到最低限度，因为人们既担心战后的通货膨胀，又担心富人们光靠资本就能生活得很好。

金斯莱·伍德预算中的"社会契约"并不是凯恩斯所追求的。在《泰晤士报》的文章里，凯恩斯只要求推迟人们享受额外的工作努力所带来的报酬。他对工资问题没有明确关注。在《如何支付战争费用》一书里，他提出用家庭生活补贴和配额供应生活必需品的方法来降低工资要求。1941年的政府预算把"推迟支付的工资"边缘化，同时推迟了家庭生活补贴的计划。所以这个预算是用惩罚富人（包括100%的超额利润税）的税收、固定物价和全民配额供应的方法来获取工人阶级对增加所得税的支持。财政大臣采用了凯恩斯的技术，但他的预算哲学是社会主义，而不是凯恩斯主义的。

从1940年到1945年政府的国内总支出为194亿英镑。如果说15%的政府支出由"推迟支付的工资"来支持的话，战争结束时将会有30亿而不是6亿英镑的闲置资金。这会产生什么后果呢？社会政策也许会向另一个方向发展。比弗里奇就不可避免地要考虑这些增加幅度很大、分布又很广的个人储蓄对战后支持社会保险有何影响。另一方面，如果政府过早地采纳了凯恩斯计划，在战后初期也许会采取过分紧缩的政策。如果在1940年年初，4亿至5亿英镑之间的私人需求，也就是国民生产总值的10%从经济中退出，那么会有什么样的后果呢？当时失业率仍然在9%，这样会不会使军事工业吸收人力的速度加快? 或者它将产生更多的失业,因为从民用经济转为战争经济有一个时间差。也许,凯恩斯计划当时没有付诸实施对他的声誉反而有好处。

从今天的角度看,大家都同意,财政部接受了凯恩斯关于通货膨胀的逻辑,但这并不等于说它也接受了凯恩斯的处理就业问题的逻辑。用预算来平衡国民收支并不等于用预算在"产出缺口"出现的条件下来增加购买力。在通货膨胀问题上,传统的逻辑同凯恩斯的逻辑是一致的,但在失业问题上两者分道扬镳。

凯恩斯对国内战时财政的贡献有五个方面。第一,他用很强的理论证明说服财政部和英格兰银行采纳廉价货币的政策。政府的最高利率是3%,而大部分战争债务的借贷费用比3%还低。尽管通货膨胀得到控制,政府获取的大部分资金都是在实际利率为负值的条件下得到的。

第二,凯恩斯将预算变成控制通货膨胀的有效武器,因为他清晰地阐明了"通胀财政"的含义。他不厌其烦地指出政府的支出将来源于自动筹集的资金,连"最后半个便士"也有资金来源。唯一存在的问题是用什么方法消除额外的购买力。凯恩斯认为,即使政府的收支是平衡的,也会出现"预算膨胀",因为货币收入的上升将会给政府带来额外的税收和信贷。然而,所谓的"公共财政的革命"只完成了一部分。我们在前面已经看到,金斯莱·伍德的"预算判断"(1941年)是两种方法的"偶合"所产生的:即"预算方法"和"购买力方法"在计算通胀缺口上的趋同。这两种方法的结合主导了后来所有的战争预算。结果,从1940年到1945年,政府用税收方法筹集了54%的战费。而1914—1918年间的战时财政中只有32%靠税收获取。同时,1945年的物价水平同1939年相比只上升了30%,而1914—1918年间的物价上涨了一倍。况且,"二战"中的物价上涨主要是发生在1941年的预算之前。

第三,凯恩斯对预算的新算法表明政府支出当中需要被海外资源支撑的那部分资金同国内的财政平衡没有关系。所以从1941年开始,战时的需求管理不必顾及国民收支的平衡问题。但是,由于对外的收支赤字是用临时的手段加以解决的,预算上的对外收支问题并没有解决,只是被推迟到战后而已。

第四,R.S.赛耶斯认为凯恩斯促使金斯莱·伍德重视税收和国家津贴之间的"重大联系",即"如果政府不能稳定生活费用的水平,所有的税收计划就不完善,而政府若不能吸收过量的购买力,则无法维持物价的低水平"。这样,在充分就业条件下由生活费用来推动的通货膨胀现象第一次被识别。

第 33 章 战争的巨龙

最后,凯恩斯将预算的社会功能放在中心位置。他曾写道:"战争预算的重要性在于社会方面:即防止现在或将来的由通货膨胀带来的社会邪恶;而且,要用一种能够让大众都理解的符合社会公正的方法来做到这一点;与此同时,还要保持对工作和整个经济的刺激因素。"直到80年代撒切尔主义兴起之前,凯恩斯关于预算的主要功能是社会功能的概念被英国社会普遍接受,当然政府的财政政策只是在某些时候受凯恩斯的社会哲学的影响。

"中间道路"的所有哲学都命中注定在当时和后来被右派和左派同时攻击。凯恩斯计划也未能幸免。人们常说凯恩斯保护资本的利益过于热心。确实,凯恩斯对英国的税收基础的弹性估计不足。他在1939年年末认为英国人已经达到了税收水平的承受极限,其实大谬不然。1940年4月和7月以及1941年4月的预算方案对富人大幅度地增加了税收。然而,97.5%的额外收入税以及100%的超额利润税并不是刺激战时经济和增加经济效益的最佳办法。凯恩斯反对这两种税。波兰移民、经济学家米夏尔·卡莱基严厉批评了那种以为通胀缺口可以或应该用财政方法来弥补的观点。他的结论是:"制止通货膨胀倾向的唯一有效的方法是全面的消费品配额供应。"这表明,即使不同意凯恩斯的政治价值观的人也能够用凯恩斯的逻辑来严格地管理经济。

两位美国经济学家,汤马斯·库里和李·奥海尼安认为,英国战时财政用的大规模增税的方法恰恰是英国战后经济停滞不前的原因。英国应当同过去的战争期间一样用借贷的方法来支付战费。这个观点非常愚昧无知,因为英国在拿破仑战争和第一次世界大战之后都进入了经济停滞状态。同时,这个说法也没有击中目标。这两位美国经济学家实质上下了两个断言:其一,英国战时的高税率一直延续到和平时期,所以它减少了战后的投资,降低了英国相对于美国的增长水平,而美国的战时税率要低得多;其二,凯恩斯是这种惩罚性税收哲学的始作俑者。第一个说法是对是错尚难确定,尽管这两位学者忽略了英国的战争动员的水平远远高于美国。第二个说法则明显的大错特错,它忽略了凯恩斯计划只是要求在现存的税收基础上征收"暂时的"附加税,而且当时的税率同战前相比只略微有所提高。税收从战争时期一直到80年代增加了一倍多,而且还有一种惩罚性的额外收入税。但这一切都不是凯恩斯的过错。

毫无疑问,英国经济被战争大大地削弱是不争的事实。这是英国继续生存所付的代价。英国领导人从丘吉尔开始,将英国经济的前途作为押宝,他们的头脑是清醒的,凯恩斯也起了一定的作用。对凯恩斯的战时遗产的批评必须从这里开始。批评家必须面对

第七部分 为战争筹款

一个直率的问题：是否还有更好的选择？英国是否应当同纳粹德国单独媾和？英国是否应当打一场不同的、代价不高的战争？如果它打这样一种战争，是否还能生存下来？这些批评家们只是指出这些政策所产生的负面后果，这当然很容易，但他们忽略了所有替代政策的机会成本。当我们把议题转移到对外收支的问题上时，上述的这些考虑就戏剧般地被摆上了台面。凯恩斯在英—美关系中所起的作用也就十分明显。

第 *34* 章

特 使

1 同美国打交道

英法两国政府同德国开战时都相信罗斯福政府不会看着它的民主伙伴被击败而袖手旁观。凯恩斯也认为美国是英国的天然和必需的盟友,依靠它可以抵御那些"无赖"国家对自由的进攻。他在1939年11月写了一封"给美国总统的战争分析意见",但并没有寄出这份东西。他敦促美国同英国一起对法西斯主义发动一场宗教式的讨伐战争。他提出美国应当开始向盟国政府提供信贷,而盟国将用战后重建欧洲的一个基金来还债。美国应当把欧洲从共产主义中拯救出来——这是战胜国对战败国应付的"赔偿"。

同大多数自由派英国人士一样,凯恩斯对美国国内支持英国的力量估计过高。英国对美国援助的期待完全集中在总统身上,忽略了国会的作用,并以为东部的主流势力精英(大部分是共和党人)代表了美国的民意。凯恩斯是罗斯福新政的积极支持者,他对罗斯福本人也常常是赞誉有加,即使不称赞他时,也是乐观的评价。他对罗斯福在民主同情心和厌恶法西斯主义这两方面的判断是正确的,但他过高地估计了罗斯福和新政派那批人对英国捍卫民主自由价值观的信心。美国的左派认为英国是首要的帝国主义国家,美国的独立是同英国军队战斗而获得的。欧洲大战开始时,英国仍然用武力占据着印度、中东的大部分地区以及非洲的领土。英国也是新政所反对的那种银行资本主义的中心。罗斯福本人对英帝国深恶痛绝,对英国贵族不信任,并怀疑英国外交部有亲法西斯主义倾向。他还认为英国人太狡猾,决心不让美国成为英国"那顶风筝的尾巴"。也就是说,不能上英国人的当,让美国为英国利益服务。美国人普遍认为是英国把美国拖进了

第七部分 为战争筹款

第一次世界大战,国会通过的中立法案正是为了防止这个现象再次发生。罗斯福同丘吉尔的关系在当时也远远不如后来那么和谐。共和党总统竞选对手温德尔·威尔基于1941年2月访英归来时,罗斯福向他询问有关丘吉尔的第一句话是:"他是不是一个酒鬼?"反英的情绪还由于爱尔兰裔移民在大城市里对民主党的地方组织的控制而更加强烈。

共和党人的反英情绪倒不如反罗斯福激烈。他们希望美国不要卷入战争,因为战争将延长他们痛恨的"新政",同时给政府干预经济带来机会。有一位共和党众议员曾告诉英国驻美大使,说罗斯福比希特勒、墨索里尼或斯大林还要危险。但是,共和党也有一个重要的部分——即中西部的德裔选民,有反英的情绪。

法国沦陷之后,孤立主义又找到了一个新的论点:对英国失去信心。罗斯福的驻英大使约瑟夫·肯尼迪于1940年夏天回国时说英国已经完蛋了。美国不应该对失败者有任何承诺。著名飞行家查尔斯·林德伯格的夫人安·莫罗写了一本畅销书《未来的浪潮》,英国已不在其中。这就是1940年9月成立的"美国第一"的孤立主义保守运动开始的背景。在整个1940年和1941年的大部分时间里,美国公众舆论强烈反对美国卷入欧洲的战争。

30年代,英美在经济上的竞争也成为反英情绪的一个新的内容。这是凯恩斯参与的战时英美经济谈判的不愉快的合作背景。我们只有懂得这个背景才能够理解美国为什么在向英国提供任何帮助时都要附加一定的条件。两个主要问题是货币和贸易。

在美国人的眼里,英国人冒犯他们的第一件事是1931年9月停止金本位的决定。美国人不认为这是英国迫不得已的决定,而是一个处心积虑、旨在为英国产品在国际市场上更具有竞争力而进行的货币贬值政策。这个决定直接引发了两国之间的货币战。一开始,美国不愿意接受英镑的贬值。在1933—1934年间,美国政府在财政部长亨利·摩根索的主导下强行将美元价格下降以消除英国在英镑贬值后所占的便宜,并恢复了罗斯福所说的"5美元兑1英镑"。这个政策是成功的,英国政府对此没有任何办法。货币战直到1936年因为英法美三国达成的货币协定才告结束。该协定旨在保持美元、英镑和法郎的暂时稳定,所以又被称为"24小时金本位制"。直到英国走向战争之际美国才默认了1英镑兑4.02美元的较低价格,这个汇率在战争爆发时才确定下来。

贸易问题更加敏感。在美国国会于1931年通过霍利—斯莫特贸易保护法后,英国利用1932年渥太华协定中的帝国特惠制加以报复。即使是自由贸易派的美国人也不能接受

第 34 章 特使

英国的这种过分的报复行为，因为帝国特惠制不仅对市场进入设置障碍，而且对美国产品明确地加以排斥。美国国务卿科德尔·霍尔认为渥太华协定乃是他漫长生涯中所看到的对美国"最大的商业损害"。霍尔具有说教者的气质，他认为关闭市场的做法是引起国际间战争的最重要的原因。他决心使美国外交政策的一个主要任务是摧毁渥太华体系。英国对渥太华体系的实际效果并不满意，同时也为了安抚美国，所以于1938年11月7日同美国签订了英美贸易协定。据霍尔的看法，这个协定"在1932年的英帝国的关税壁垒上打出了几个大洞"。

英国与德国之间爆发的战争并没有平息英美之间的经济冲突。实际上，经济战更加激化，因为英国在贸易歧视之外又加上了货币歧视的政策。1931年英国退出金本位以后，25个国家随之退出，并对美元的汇率自行贬值，以保护其在英国市场上的竞争力，同时也防止自己的英镑债务费用的上升，这就自动导致了英镑区的形成。这个货币区的核心是12个英帝国的领地和附属国，它们本来就使用英镑，而不是黄金来清算互相之间的账目往来，同时也把它们的储备货币（即英镑）存放在伦敦。然而，这些英镑可以自由地兑换其他货币。如前所述，1939—1940年间英国财政部用外汇管制的方法来加强英镑区，以防止宝贵的美元外流去购买非军事用品，同时还在伦敦成立了一个将各地美元集中使用的"美元共同储备"。这对美国的出口商是一个打击。英国人还在拉丁美洲发起了大规模的出口攻势。英国在为自己的生存而奋斗这个事实并没有减轻美国人对这些经济措施的反感。

英美两国对经济大衰退的不同反应说明两国的实力地位已发生了巨大变化。在旧的国际经济体制下，英国是最著名的"国际主义"国家，而美国则是典型的保护主义国家。随着英国国际地位的下降，它也越来越处于守势，贸易保护主义显得越来越重要。美国当年加以保护的"幼稚产业"现在已"长大成人"，所以它开始要求"门户开放"是势所必然。门户开放的最大障碍是英帝国，而该帝国的主导国英国正绝望地要求美国的支援。所以，美国对给予英国援助而要求的交换条件从历史角度来看已经很清楚。英国在战时对这个盟友的最大抱怨便是美国不愿将商务和美国战争利益区分开来。

事实上，反法西斯同盟的事业在很早就获得了一个关键的支持。1939年11月，伯纳德·巴鲁克设计的"现货交易法"对中立法案是一个修正，因为它允许交战国用现金和自己的商船来采购美国武器。这对英国有利，因为英国既有现金储备也有船队。但凯恩斯认为美国这么做不啻是把民主国家和独裁政权相提并论。在开战后的一年半里，现货交易法是英国从美国采购物品的唯一的法律依据。随着英国出口能力的下降,它不得不出售黄金和美国的债券来支付从美国进口的食品、原材料和战争物资。只要它还有黄金、债券以及船队,就还能够继续下去。然而,在1940年2月底,财政部的弗里德里克·菲力浦斯爵士估计英国的黄金和美元储备在1939年12月还有5.45亿英镑,现在正以每年2亿英镑的速度减少。

美国保持"善意中立"的基础由于希特勒在1940年春迅速征服西欧大陆的成功而被摧毁,美国人第一次看到英国战败和德国控制大西洋成为可能。英国的供应问题变得更加严重,因为英军在敦刻尔克大撤退时丢弃了大量的军事装备。此外,当战争动员进一步加速时,英国的出口能力更加下降。战争初期,英国政府决定把黄金和美元储备集中起来为预计三年的战争精打细算地使用。而这时伦敦决定不再按照这个决定去做,内阁采购委员会在一位非常能干的苏格兰裔加拿大人阿瑟·波维斯的领导下开始在美国和加拿大按照总参谋部的要求尽力采购战争物资,而把将来的支付问题像丘吉尔所说的那样"推给上帝去处理"。凯恩斯本人似乎从来没有怀疑过美国会一直给英国提供物资供应,即使英国付不起也会如此。

这个希望只是部分地实现了。是年7月,弗里德里克·菲力浦斯爵士被召到华盛顿讨论英国的金融需求。他预计在1941年6月底结束的上一财政年度里,英国国际收支的净赤字将达到16亿美元(4亿英镑),而英国手中尚有15亿美元(3.75亿英镑)的储备。要不是加拿大帮助英国采购美国物资而且允许英国对加拿大透支,那么英国的资金流出还要多。但这一措施也使加拿大的储备流失。罗斯福问菲力浦斯:"你们能不能出售一些你们在阿根廷的债券?"摩根索则劝他为出售大型的英资在美企业做出安排。固定资本可以被包括在资产负债表中。美国人指望英国能以它和帝国的实力来最大限度地支付战争费用。

英国储备的消耗还由于美国没有国防工业而变得更为复杂。凯恩斯后来声称在"租借法案"开始之前,英国已花了20亿美元在美国进行军工资本建设。1940年7月,英国花了8.8亿美元在美国建设制造飞机的厂房。英国对美国的订货要事先支付然后才能获得货物。英国拥有的那些在美国的工厂后来被"卖给"美国人,但没有获得美方的支付。凯恩斯认为这些花在美国的资本投资是美国欠英国的"道义债务"。随着美国军事工业生产的上升,美国人也开始争论究竟是以西半球为防御对象,还是应当向英国运送武器。在敦刻尔克大撤退后的那一个月,95%的美国人都认为英国将战败,因此给英国运送稀

第 34 章　特使

缺的武器装备是愚蠢的行为。更复杂的一个因素是，1940年是美国的总统大选年，罗斯福和他的共和党对手温德尔·威尔基都用"不让我们的男孩卷入战争"为口号来争取选民。1940年11月2日，罗斯福在布法罗市承诺："你们的总统说，这个国家将不会参战。"

罗斯福在英国驻美大使菲力普·凯尔（即罗希安侯爵）的说服下意识到英国投降和皇家海军投降的危险性，他决定采取行动。1940年6月，他下令对英国出售一大批老式步枪，价格非常低廉。他绕过了不允许政府与政府之间出售武器的中立法案的规定，先将这批步枪卖给美国钢铁公司，而该公司于当日卖给"英法采购委员会"。9月，罗斯福同意向英国移交50艘老式驱逐舰，交换条件是英国允许美国租用在纽芬兰和加勒比海的海军基地，同时，英国还承诺在德国入侵英国本土成功的情况下，将皇家海军交给美国使用。通过这些手段，罗斯福将美国的地位从中立国转变为"非交战国"。这些措施以自卫为目的，而且也是这样被表述的。英国人希望这些措施能够把美国引入站在他们一边的战争，而且越快越好。

英国大使菲力普·罗希安侯爵为国家利益出力不小。罗希安在30年代是绥靖政策的主要支持者——他将德国人民的不满与希特勒的动机混为一谈。他出任驻美大使后人们看不出他在这个位置上会有所作为。但是罗希安有变色龙的素质，对不同的环境很快能够适应。他也深信英美伙伴关系是未来世界秩序的基础。在很长时间里，他曾担任过罗得兹奖学金基金会的秘书，所以对美国十分熟悉。从1939年到任之后，他立即利用所有的机会宣传英美两国的安全是不可分割的。当1940年军事失败接踵而来的时候，他又开始鼓吹一个很简单的观点：美国要想置身战争之外，就必须支撑英国在战争之内。这个信息非常有效。正如亨利·摩根索在1940年7月23日所说的："我们让他们维持的时间越长，我们置身于战争之外的时间也就越长。"这使他做出优先考虑向英国运送武器的决定；当然这并不是说他能容忍英国不付钱。摩根索是美国政府和英国采购委员会之间的关键联系人。只要英国能够动员其海外资金，他都竭尽全力保障它的战争物资的供应畅通无阻。

到1940年11月，英国在美国的地位有所加强，因为在不列颠战役中德国空军被击败，所以对英国本土入侵的危险消失了。同时，罗斯福总统第三次当选，这在美国历史上还是第一次。然而，英国的金融状况已经恶化。在1940年第三季度里，英国流失了6.68亿美元（1.67亿英镑）的储备。按照这个速度，英国的黄金和美元储备将在年底告

第七部分 为战争筹款

罄。10月23日,罗希安大使警告摩根索说,英国的储备已基本耗光。大选刚结束,美国急召弗里德里克·菲力浦斯爵士再度来到华盛顿。11月23日,罗希安从伦敦回到纽约,在拉瓜迪亚机场下机时对等候在那里的记者们说:"孩子们,英国已经身无分文,我们需要你们的钱。"伦敦财政部接报后大怒。罗希安解释说,有必要一次性地让美国人放弃那个传统观念,即英国"有大量的未披露的资源"。

罗希安放出的炸弹"迫使罗斯福政府公开面对英国的美元荒问题"。第四季度的资金外流有所减缓,但这主要是因为延期支付所造成的。12月,英国的储备只剩下1亿英镑(即4亿美元),而它对进口物资所欠的债已达到10亿美元。如果这样的大出血继续下去,英国将不得不拒付。美国政府对英国的困境了如指掌,但不知如何去做,无论从政治上还是技术上都不清楚。此外,美国人也不相信问题真的像英国宣称的那样紧急。他们仍然对大英帝国的"富足"深信不疑。更重要的是,美国尚未做出明确的选择。罗希安认为在两个选项之间,美国必须抉择:美国是否只愿在中立法案的范围内帮助英国,而且在这些不彻底的措施无济于事的情况下默认英国战败的现实;还是从美国自身的利益出发,不管任何代价也不让英国投降。

尽管在财政部,海外金融是由菲力浦斯和大卫·威利两人负责,但凯恩斯从一开始就把他自己在财政部的作用解释为让他参与他在"一战"时的职权范围的许可证。所以,他为菲力浦斯即将去美国的访问准备了情况通报。他在10月27日撰写的备忘录中提议美国财政部应当从1941年1月1日开始接管英国在美国允许下采购的所有军事物资的支付事项。如果国会在1月1日以前尚未通过相应的法案,美国将偿还所有这个日期以后英国支付的黄金。这样,美国政府和人民就会明白"他们付钱的真正目的是什么"。英国和英镑区可以逐渐地动员海外的资产以支付与其他国家的贸易往来。凯恩斯提出的部分自主的战略有赖于美国在"英国资源耗尽之前"给它援助。他指出英国不但在出售资产之前就可能用完现金,而且,一旦资金耗尽,后果则对英国非常不利,因为美国可以控制英国的海外债务。他反对出售英国在美国的直接投资项目,因为这些项目是英国出口能力的一个组成部分,失去它们,英国将不得不在战后限制美国的商品进口。他的备忘录里还有一个要点,即美国的援助应当是无偿的,而不应当是贷款。不能再重复两次世界大战之间的战争债务问题,这个问题使英美关系严重恶化。英国人不应当第二次"接受这个耻辱",并在拒付时遭人责骂,同时,让美国在贸易当中占尽便宜。这一次,如果他们要求我们付钱,我们将用非常手段支付"——也就是说"让两国的商务关系发生革命

第 34 章 特使

性的变化"。凯恩斯暗示,英国在迫不得已的时候,可以在战后关闭它所控制的市场,排斥美国商品。

凯恩斯的备忘录所依据的前提是有问题的,因为他设想英美两国已是盟友,而事实上美国尚未参战。他的目的是要保证美国援助的条件不会在战时把英国降低为卫星国,而在战后摧毁英国的独立。他用一种典型的气愤的口吻写道:"我们不能容许美国来挖大英帝国的眼睛。"

在财政部,没有人不同意凯恩斯的这些建议,尽管无人能够像他那样把它们表达得如此强烈。现在要靠弗里德里克·菲力浦斯爵士来证明这些建议是否可行。菲力浦斯到华盛顿后,指望能够从美国政府获得无偿援助(而不是贷款),以支付英国采购团从1941年1月1日开始的现在和将来所欠的所有资金。这将使英国从帝国的黄金和美元盈余中恢复6亿美元的最低储备要求,同时还能够对付英国同其他国家的贸易赤字,尤其是同加拿大的赤字。至于英国在北美的资产如何处置的问题仍然悬而未决。

菲力浦斯面临的最迫切的任务是说服财长摩根索。伦敦对摩根索一直不够关注,他被认为是罗斯福政策的忠实执行者,而且可能有反英倾向。事实上,他是一个强烈的反纳粹的人物。美国处于中立状态,英国成了必须支持的对象。尽管英帝国不可能成为自由的斗士,但是与纳粹相比当然要好得多。摩根索也赞同新政的思想,对"国际金融资本"不信任。他的政策目标是把国际金融的势力从纽约和伦敦转移到华盛顿。美元将成为"全球新政"的工具。由于摩根索没有金融方面的专业知识,所以他要依靠一小批他所信任的专家。正如费斯所指出的,摩根索"渐渐越来越大地受他身边的一批非常武断的助手的影响。这批人以哈里·怀特为首,他们利用他,他也利用他们"。摩根索的立场是,他支持英国同德国作战,但不支持维持英国的世界地位。

1940年,他开始向英国施压,要它出售在美的大公司——壳牌石油、莱弗尔兄弟公司和布朗—威廉姆森烟草公司。摩根索的传记作者约翰·莫顿·布鲁姆写道,财政部长"意识到英国如果失去它的海外投资,其战后经济将一蹶不振。但他坚持认为英国在1940年还顾不上考虑这个问题"。从历史上看,英国这是第一次成为"资产调查给付"(即必须公开自己的资产状况——译注)津贴的乞求者,而发放津贴的正是摩根索。所以,在凯恩斯和伦敦政府的眼睛里,摩根索成为一个反派角色是情有可原的。

2　租借法案

被美国《时代》周刊称之为"文雅、秃顶的弗里德里克·菲力浦斯爵士"终于在12月初抵达华盛顿。他发现同摩根索的会谈困难重重。美国财长坚持要英国把"口袋上下翻个遍",给他提供在美国和拉丁美洲资产的详细情况,并说明哪些是可动用的。但是,会谈很快就起死回生。12月8日,丘吉尔在罗希安的催促下给罗斯福总统发了一封语调绝望但又不失尊严的信。当时总统正在加勒比海的"塔斯卡洛沙号"游艇上作大选后的休息。丘吉尔告诉罗斯福,英国快要付不起采购美国的船只、飞机、弹药和机器的费用。这些供应对于赢得大西洋战役、将空战引向欧洲大陆以及保持在远东的军事地位都是必要的。丘吉尔用词非常巧妙,暗示英国是美国抵御轴心国从大西洋和太平洋两面入侵的第一道防线。丘吉尔认为这封信是"我写的最重要的信","我们的伟大朋友"独坐在甲板的椅子上把这封信看了一遍又一遍。经过两天的深思熟虑,罗斯福决定无论什么代价也要让英国继续打下去。律师们找到了法律解决办法。

12月17日,总统在华盛顿的记者招待会上宣布一项"租借计划",他打比喻说是借给邻居一只水管,帮他灭火。罗斯福说,保证美国安全的最佳办法是保卫英国,英国的订货对美国的军事工业刺激很大。美国愿意向英国借出或出租"灭火设备",这些设备将在战后归还美国。这个方法不会涉及钱的问题。12月29日,德国轰炸机摧毁了伦敦金融城的大部分地区。罗斯福坐在壁炉前发表了广播演说,称美国为"民主的兵工厂"。

罗斯福说到做到。他于1941年1月11日向国会提交了一个带象征性的ＨＲ(众议院)1776号法案。该法案授权总统对交战国提供任何对"保卫美国"有必要的物资,以总统的判断力为依据,这些物资的发放受一个秘密的非现金的基金管理。英国将可以继续进行现货交易,只要它仍有支付能力和船队。但是,美国战争部门将要求额外的拨款以支付向英国租借的物资。这些物资仍然是美国财产;但在"灭火"之后仍旧归还美国乃纯属想象而已。弗里德里克·菲力浦斯爵士认为,美国人的反英情绪如此强烈,只有总统的"英明的处理方式"才能够使援助成为实际政策。

租借法案是罗斯福总统任内的最冒险的行动,是他在战争期间带头支持英国的一个决定性的举措。租借法案不但绕过了中立法案和约翰逊法案,从而孤立了孤立主义分子,而且,它还与美国的一个老传统——即在商业的条件下对外提供贷款的传统——决裂,这

第 34 章 特使

为战后的马歇尔援助计划开了先例。罗斯福去世以后，凯恩斯于1945年在华盛顿与美国就贷款问题进行艰苦的谈判时，他渴望得到那种"轻快、慷慨和伟大的精神"——这就是在英国最需要的时期提供租借法案的精神。英国人对罗斯福的看法即使后来在英美金融谈判发生种种困难的情况下也没有改变，这说明租借法案提出的那个时刻对英国人有多么重要的心理影响。

罗希安大使在促使丘吉尔给罗斯福写这封信之后就病倒了。南茜·阿斯特（英国下议院首位女议员——译注）使他皈依"基督教科学派"的信仰，这个信仰禁止信徒看医生。他于12月12日因肝病去世，而这个病本来可通过正常医术治疗。他在去世前一天在病榻上发表了书面谈话，对美国人说："如果你们支持我们，你们所支持的绝不会是一个临阵脱逃者。"1941年1月7日，罗斯福派哈里·霍蒲金斯为特使到伦敦去了解英国需要什么的第一手资料。为了给霍蒲金斯以深刻的印象，丘吉尔带他到奥克尼军港去为罗希安的继任驻美大使哈利法克斯勋爵送行，他赴美乘坐的是英国最新的战舰"乔治五世号"。丘吉尔的魅力起了效果。霍蒲金斯于1月14日给罗斯福发电报："这个小岛需要我们的帮助，任何我们可以提供的东西都行。"1月31日，霍蒲金斯见到凯恩斯，后者告诉他，如果总统将租借法解释为涵盖英国在美国的直接和间接战争资源的采购，而且要把英国预订货物的订金归还，这样租借法就能解决英国的需要，同时使它能够重建有效的账户。

租借法案的宣布对英国获得所需的供应带来了保障。但是在租借物资未到之前，英国面临的供应问题并没有得到解决。美国的法案需要几个月才能生效，英国宣称他们已经不能够支付已经订购的物资，更不用说新的订货。丘吉尔在1月2日给总统再一次写信："如果我们不得不拒付欠你们厂商的贷款将会产生什么样的影响呢？我们对这些订货所付的大量订金已经使我们捉襟见肘。"美国官员们对他的说法并不相信。弗里德里克·菲力浦斯爵士一直守口如瓶。国务卿科德尔·霍尔问他为何英国不能找一个附属担保来保障这些订货。"弗里德里克爵士对我提的那些数字的大部分都表示沉默。"霍尔接着再追问也只得到"同样不令人满意的答复"。英国人相信美国人想把他们的家底彻底掏空，而美国人则认为英国人故意对他们的财富打折扣。

他们之间的争执主要集中在对"可使用的资产"的定义。在伦敦或渥太华存放的那些英国的已战败的盟友们的股票和黄金，以及英国在海外的资产是否算得上"可使用的资产"？英国难道不能直接征用南非的金矿？然而在定义争执的背后隐藏着英美两国不同的政策优先内容，在利益上也有冲突。英国对其贫困的程度有所夸张，因为它的目的是

第七部分 为战争筹款

把美国拖进战争,同时保持一定程度的独立自主;而美国人要求"立即付款"是因为他们不相信英国人能够打赢这场战争,同时也因为他们想控制英国的政策。

12月18日,摩根索告诉菲力浦斯,英国应该根据自己的需求订货,不管多少都行。菲力浦斯问道:"谁来付钱?"摩根索的回答是:"总统说过了,现在订货没有问题。"英国财政部把它解释为是美国支付这些订货所做的"道义承诺";然而,摩根索的解释是,他对菲力浦斯说的意思是"只要英国手头有资金,它就可以随心所欲地订货"。换句话说,美国愿意在国防物资上给予英国优先订货的权利。正如金伯尔所言:"罗斯福给英国开绿灯,但并不能兑现他们所做的承诺。"在国会听证会上,摩根索辩解的基础是,英国不久将耗完资金,而不是已经告罄。他于1月28日告诉参议院外交委员会,说"如果阿斯特勋爵(英国巨富)和夫人在纽约有房地产,他们也得同其他人一样拿出来拍卖"。2月1日,摩根索下令每周提供3500万美元的新的订货。但他发现英国人并没有大量地抛售债券,感到十分愤怒。

摩根索面临的政治问题在伦敦得不到同情。凯恩斯在1941年3月11日的内部文件上发的火是有代表性的:"摩根索一方面要安抚国会的反对党,另一方面又想利用他在将来的权力向我们强加他的意志,将我们手中的流动资金在租借法案启动之前全部耗尽,以使我们在战争剩下的时间里几乎两手空空,不能应付租借法案不涉及的那些责任。"凯恩斯认为摩根索的目的是把英国的黄金储备降低为零:"对待我们比我们自己对待一个最低下的、最不负责的巴尔干国家的态度还要不如。"英国的主要目标应当是"保存足够的资产以便保持独立自主的行动"。

租借法案于1941年3月11日成为法律,但是国会还需要再批准70亿美元的拨款法案。英国人本来希望这笔款项的一部分将被用来支付英国很早订的货,或者1941年1月以后所订的货。但在3月16日,这个希望破灭了。美国预算局长哈罗德·史密斯在国会拨款委员会上保证这70亿美元不会被用于3月11日以前的订货。为了让拨款法案加快通过,总统要求英国立即出售一项主要资产。3月15日,新任大使哈利法克斯勋爵和英格兰银行的爱德华·皮考克爵士同意把山姆·库尔多的维斯科斯公司卖给美国的一个银行集团,售价为5400万美元,为其实际价值的一半。

为了防止再度出售英国的资产,凯恩斯接受波维斯的建议,要求由商务部长、得克萨斯商人杰西·琼斯主持的新政机构之一的"经济重建金融公司"向英国借出9亿美元,以所有的英资财产为附属担保。他将这个建议于3月19日提交给美国大使约翰·威南的

第 34 章 特使

顾问本杰明·科恩。凯恩斯认为这个计划的好处在于"不会干预将来的英国贸易体制,并能够把问题转移到一个新的范围里去讨论"。科恩对凯恩斯的技术层面的思路感兴趣,但也警告说这个后来被称为"杰西·琼斯贷款"的方案将面临政治问题:摩根索将会把任何同杰西·琼斯打交道的行为视为背后捅刀子。3月19日,摩根索告诉菲力浦斯,总统、霍蒲金斯和他本人都"同意让陆军和经济重建金融公司来接手英国现存的3亿至4亿美元的订货。此后,英国政府一直都把这个"摩根索承诺"考虑在美国承诺的援助之中。

新任美国驻英大使约翰·吉尔伯特·威南比起他的反英的前任约瑟夫·肯尼迪(即约翰·肯尼迪总统之父——译注)来说对英国更有帮助。此人是新英格兰的名门望族出身,曾任新罕布什尔州的州长,是一个坚定的亲英派。尽管身为共和党人,他支持新政,也是罗斯福的朋友。他在3月到达伦敦后不久就见过凯恩斯。从一开始,他们的交往就非常愉快。他被凯恩斯活跃的学术头脑和莉迪娅的欢快性格所迷倒。威南夫妇常常同凯恩斯夫妇在戈登广场46号的饭桌上进餐。凯恩斯还同大使的经济顾问、头脑聪明的E.F.平罗斯关系搞得不错。凯恩斯有直通威南的专线电话,所以他在财政部的威望更高。

威南同意凯恩斯的看法,认为英美双方应当努力从"商业的方面"脱离开来。他甚至赞同凯恩斯的建议,美国人至少一周内有一天停止吃奶酪,这样就能在两国人民中间改善心理上的联系。凯恩斯对威南倾述了他对两国缺乏官方的团结友爱所感到的烦恼。威南提议:"你为什么不亲自去一趟华盛顿,来陈述英国财政部的立场?"不久,凯恩斯作为财政大臣的私人代表被派往美国,目的是解决租借法案生效之前的英国订货的问题。他于4月14日写信给母亲,说"这也许有点用,一定很令人兴奋。但这个任务很困难,而且没有什么好处。气候也非常恶劣,一定会很吃力"。他向母亲做了一系列的保证:(a)不要过多地谈话,(b)绝对不要直言不讳,口无遮拦,(c)不喝鸡尾酒,(d)完全听从莉迪娅的安排。凯恩斯出行时并没有收到特别的指示,只有一个一般性的任务:争取让英国的储备资金达到黄金储备的最低限度,即6亿美元。

这是凯恩斯代表财政部六次访美的第一次,其中四次是在战争期间。丘吉尔政府先派罗希安,后又派哈利法克斯和凯恩斯这些名人访美,目的是要增强同美国谈判的力度。这次访美对政府和凯恩斯本人都是一场赌博。尽管凯恩斯没有正式头衔,但政府仍期待他用个人的威望取得菲力浦斯不能取得的成就。

当他开始这次艰苦的旅行时,凯恩斯的身体尚好。他的行程是,坐飞机取道里斯本、亚速尔群岛和百慕大群岛,飞越大西洋。一行中除了莉迪娅以外还有路休斯·汤普森—麦考斯兰,后者是英格兰银行的官员,也是剑桥国王学院的奖学金学生。他们于5月8日星期四上午七时终于到达纽约,记者们早已在那里等候。第二天,梅纳德和莉迪娅乘火车去华盛顿,又住在他们在1934年访问时熟悉的"五月花旅馆"。当晚,他们同弗里德里克·菲力浦斯爵士以及爱德华·普莱费尔共进晚餐,后者凯恩斯早在20年代的国王学院时就认识,他现在"英国供应委员会"(即原先的采购团)工作。英国使馆的财政部顾问杰拉尔德·平森在星期六上午与他们聚会。菲力浦斯是一个"特别和蔼和轻松"的人,喜欢听伦敦的小道消息,也爱好传播一些华盛顿的流言飞语。他证实在英国出售维斯科申公司之后,两国关系的氛围大为改善,英国得到的好处大大高于其售价。凯恩斯提出了同摩根索谈判的战略。因为英国的储备出人意料地在一个低水平上稳定下来,所以已没有必要试图从租借法案中挤出每一个可能挤出的美元。菲力浦斯和普莱费尔对政府决定不重开租借法案的谈判感到宽慰,而实际上这正是凯恩斯提出的建议。对租借法案进行"思考"的问题突然被提出来。美国财政部原先要求英国交出帝国的部分财产作为交换,但是国务院否决了这个想法。凯恩斯和菲力浦斯都同意把这个问题推迟六个月讨论,因为凯恩斯认为,到那个时候他们也许将知道美国是否已经参战。普莱费尔和平森两人都分别证实,美国财政部的统计专家哈里·戴克斯特·怀特"对我们深有疑心"。然而,"美国人对我们的普遍不信任感则由于我们常常宣布某日将要破产,而这一天真来临时我们仍然在正常运作这个事实而益愈加深"。莉迪娅在5月12日写信给佛萝伦丝:"梅纳德不停地会见别人,交谈很多,但身体很好。我们常常出去吃饭……明天同摩根索夫妇共进晚餐。"

3 同摩根索打交道

这是凯恩斯自1934年以后第一次访美,他不得不重新发掘对华盛顿的感觉。他同大多数英国人一样,对美国政治体制的运作不大理解。他也不大了解罗斯福管理政府的倾向,即同希特勒一样,通过各部门之间的竞争进行统治。同时他也不清楚华盛顿对英国的金融困境无动于衷到了什么程度。英美之间志同道合的朋友太少,互相猜忌和误解太多,双方在经济、战略、情报方面的合作几乎不存在。

第 34 章 特使

凯恩斯在美国有一种毁誉参半的名声,这种名声起自第一次世界大战,后更因为他那具有争议的经济理论以及在学术上的傲气而加强。他在《和平的经济后果》一书中对伍德罗·威尔逊的攻击至今未能使美国人宽恕和释怀。对保守的银行家,例如汤玛士·拉蒙德以及拉索·莱芬维尔来说,他是摧毁金本位和指导罗斯福糟糕的新政的幕后黑手。而新政的主要人物对他的印象也不佳。摩根索把凯恩斯经济学看做是危险的异端邪说,因此对这位他曾于1934年简短会过面的作者自然不信任。但是,在罗斯福新政机构中有一大批"年轻的凯恩斯经济学的信徒"。劳夫林·加里是总统的行政助手,他那"关于充分就业的备忘录"影响很大,其理论依据"明显的是 J.M.凯恩斯的分析"。财政部的哈里·戴克斯特·怀特"崇敬凯恩斯,并认为他是仍然在世的最伟大的经济学家"。当然,对凯恩斯的敬仰并不等于喜欢他本人,也不意味着美国官员对他有求必应。但是这确实使一些美国官员在同他打交道时对他比较尊重,所以使他的权威要大于一般的英国特使。

凯恩斯的个性是双方摩擦的一个根源。他的耐心不够,常常会突然发火。他有时还故意在一些不重要的小事上寻衅争吵。他那聪明的脑袋常常使他把一个简单的论点复杂化,而本来用简单、直截了当的方法也许会收到更好的效果。这对他同摩根索打交道来说是一个缺陷,因为摩根索对技术层面的事情可谓一窍不通。尽管如此,凯恩斯的综合素质使他成为一个强有力的特使。他把观念变为实际计划的能力是无与伦比的。他的语言非常有说服力,而且十分精确。他对数字的把握能力也很强。列昂奈尔·罗宾斯在战争中三次陪同凯恩斯访美,他在凯恩斯去世后这样评价:"他并不总是一个好的谈判家,但作为特使,他表现最佳。连丘吉尔先生都未必能像他那样,在雄辩的最佳状态下能够把英国的利益解释清楚。"

个人因素之外,凯恩斯同美国人的关系反映了英国和美国在实力上,而不是声誉上已经开始向大西洋彼岸转移的那个现实的时代背景。两者之间的差异是这两个盟友的战时关系的根本因素。尽管美国人手中的王牌很多,他们在文化方面信心不足,同英国人打交道的经验也不足。他们感到英国人总会用计谋制胜,所以要不断地提高警惕。在美国人当中有一种强烈的印象,认为英国人用奸计把美国人拖进了第一次世界大战。更令人不能容忍的是,英国人最终还赖掉了战争债务。很多美国人觉得凯恩斯这类聪明的角色代表了一个处于下降地位的文明给正在上升的文明布下的陷阱。他们下决心不再上当受骗,就像凯恩斯所描绘的那样,当年劳合·乔治欺骗了伍德罗·威尔逊。当美国参战

第七部分 为战争筹款

以后,一些美国官员反而觉得苏联更加令人信服,也更加强大,是战争与和平时期比英国更强大的伙伴。于是,英美关系的框架就这样被确立了,直到凯恩斯去世时仍然如此。

凯恩斯于5月13日星期二同摩根索的会面清楚地反映了他俩之间的个人和政治上的紧张关系。这次会面是场灾难。凯恩斯详细介绍了他如何限制英国使用租借法案的战略,摩根索对此大感不解,问道,对租借法案的广义解释不是对英国更有利吗?凯恩斯回答道,英国需要重新恢复现金储备。摩根索要求菲力浦斯出席下一次的会谈。凯恩斯把帽子丢在财政部,当他给摩根索的特别助理梅尔·考克伦打电话时,后者警告他说,美国对英国以租借法案为掩护来聚积"过量的现金储备"感到不安。他劝告凯恩斯在下次会谈时用简练的语言,"因为他们习惯于这种方法"。

同财政部长第一次会谈的明显失败让凯恩斯非常烦恼和郁闷,他向伦敦报告说:"我从来没有像第一次会谈那样碰到过这么难对付的场面。我无法从他那里得到一丁点儿人性的反应。我想,这是他在没有弄明白你的用意之前的自我保护的方法。"莉迪娅让他情绪变得好一些。在第一次会谈的当晚,莉迪娅在共进晚餐时坐在摩根索边上,她凭自己的第一直觉对梅纳德说:"这是一个好人,他将不会故意伤害你。"梅纳德对这个说法欣喜若狂,在给伦敦的电报中把它也包括进去了。凯恩斯的错误是十分明显的,他在第一次的礼节性拜访中就开始详细讨论对方不熟悉的话题,而且还流露出给摩根索和菲力浦斯两人迄今为止所做的努力泼冷水,暗示他凯恩斯的到来是为了把这件事彻底处理好。凯恩斯和摩根索在处理问题的方式上大相径庭,这对他们今后的关系是一大障碍。摩根索是个敏感、缺乏安全感的人,而凯恩斯则缺乏常人的那种气质。人们不可能想象这样两个人能够一边抽雪茄,喝白兰地,一边在那里一起思考问题,讨价还价地达成交易。

但是,即使没有个人之间的不和谐,凯恩斯的干涉也不会让摩根索满意。凯恩斯想减少英国对租借法案的依赖程度,从而减轻美国对英国国民收支政策的控制;摩根索则为了使英国对租借法案的依赖达到最大,一方面能够促使英国对其资源进行最大的动员,另一方面也能够让英国重建现金储备的能力达到最小;双方都在为战后的地位而争斗。

5月16日,凯恩斯向摩根索提交了一个"简明扼要的安排"的备忘录:英国将不要求租借那些在政治上、行政上或法律上有困难的物资采购,这样就能在租借预算的两年里节省6.5亿美元,而美国应以这些假设中"节省"的美元来"支付英国现存的采购欠账"。他的备忘录没有提正在与杰西·琼斯谈判的贷款。凯恩斯的中心论点是让英国保持更多的储备资金,在采购中就更有选择的余地。但是这个在伦敦看来非常简明扼要、非常合理的安排在华盛顿的现实政治中行不通。这个微妙的安排本身就有圈套之嫌,难以获得美国人的首肯。在现实政治中,这个计划违反了政府对国会承诺的不用租借法的资金来支付先前的订货。凯恩斯在5月19日造访租借法案的主持人,正在病中的哈里·霍蒲金斯。后者向他明确地指出了这一点。这个计划也同摩根索的意思不合。摩根索把自己看成是有钱的老色鬼,让无知少女围着他的钱袋转,听他的指挥。凯恩斯的计划值得一试,但其被拒也是在所难免的。凯恩斯试图同美国财长建立个人关系的努力也没有成功。他在备忘录前写的介绍要点的信中向摩根索谈了英国的担忧和当务之急,其文字之优美让爱德华·普莱费尔"看得掉泪"。普莱费尔"以为这封信也会让亨利(摩根索)掉泪。但当亨利把这封信的某些段落读给弗里德里克(菲力浦斯)听时,一脸讥消的表情(梅纳德对此并不知情)。亨利还认为凯恩斯来访的唯一目的是破坏英国同美国达成的出售维斯科特公司的协定"。

正如普莱费尔所指出的,如果凯恩斯写的是一封乞求的信,摩根索的反应就会好一些。但乞求从来都不是凯恩斯的风格:"梅纳德认为我们是一个伟大的、独立的民族。但在金融方面这显然是不正确的……我想他觉得有道义上的权利提出要求,而美国方面把向我们提供的东西看做是慈善行为。"

英国的"伟大和独立"在军事方面也遭受重大挫折。战争进程是灾难性的:英国人被赶出希腊和克里特岛,隆美尔将军正在北非发动进攻。德国的空袭仍在进行。最糟糕的是,由于德国的潜艇战略,从美国来的物资有三分之一不能安全到达。凯恩斯在华盛顿期间,英国唯一的军事战绩是在5月27日击沉德国的"俾斯麦号"战舰。直到希特勒在1941年6月21日进攻苏联之后,英国面临的军事压力才有所缓解。凯恩斯手中没有什么好牌可打,但他太高傲,又不愿乞求别人。

4 华盛顿的盛夏

凯恩斯从美国回来后曾给一个朋友写信说:"我一直都把访问美国看成是生一场大病,之后需要恢复休养。"他在华盛顿待了11个星期,大部分工作时间都花在政府事务上。他同伦敦财政部保持着大量的通信和电报往来,内容不但包括他的谈判工作的进展,

第七部分 为战争筹款

而且对美国的政治机构和人物也进行了评价。他已有一些成型的观点：美国政府做事缺乏章法，政府部门互相之间不协调，律师们像寄生虫一样到处出没，新闻媒体势力太大、杀伤力太强。行政部门胆子太小，行政和立法的分权制造成严重的后果。

在哈利法克斯大使的引荐下，凯恩斯同罗斯福总统有两次会面。第一次是在5月28日，罗斯福在前一天刚刚宣布全国处于无限制的紧急状态。他同哈利法克斯是为了与总统讨论一份草拟的关于战后经济目标的备忘录，这是凯恩斯为即将来访的外交大臣安东尼·艾登所准备的。如果说罗斯福对凯恩斯在30年代给他写的那些建议治国方略的信件不满的话，总统一点也没有流露出来。他们之间的话题非常广泛。罗斯福坐在办公桌前，"既没有移动也没有站起来"。他让两位客人坐在他的两边，让这两位六英尺以上的大个子没有多少伸腿的余地。他向他们提供一些小吃，用餐巾纸兜着送到嘴里。凯恩斯相信罗斯福的战略是一步一步地走向战争。罗斯福说欧洲大陆在战后应当被解除武装，德国，也许整个欧洲都应该成为一个联邦体制，只有英国和美国才能保持进攻性的武器。凯恩斯问了一个贴切的问题："俄国人怎么办呢？"罗斯福笑道："你把问题搞复杂了。"

第二次会面是7月7日。凯恩斯对总统的健康有如下思虑："他不是一个病人，但也不是一个健康的人。我认为他的身体基本上是虚弱的、疲倦的。他只是用勇气和个人意志在那里支撑自己。"哈利法克斯不同意这个看法："总统身体很好，尽管凯恩斯认为他疲惫不堪。我没有这种印象。事实是，他对凯恩斯所谈的问题的细节不大感兴趣。"

凯恩斯后来在1944年又见过总统一次。他对罗斯福是敬佩的，但他的评价也不是没有批评的成分。他特别对罗斯福"著名的政治直觉"表示怀疑。他认为罗斯福不是在引导国会和公众舆论，而只是对国会和公众进行绥靖。这个分析未免过于简单。也许罗斯福对于政治上的危险过于敏感，但他用国会来做他的挡箭牌是为了避免做英国想让他做的事，或者是为了迫使英国做他想要做的事。凯恩斯从来都不能理解英美两国的利益为何不是相同的，所以他把关系的不和谐归罪于美国的政治体制的缺陷。因此，他特别依赖于用逻辑和雄辩来克服两国之间关系的困难。

凯恩斯认为美国是报纸和律师统治的国家。这个国家没有任何秘密：每个人和每个政府部门都疯狂地泄露机密。他曾向罗斯福建议，说美国对德国的欺骗方法应当是出版大量的重要信息，其数量之多，使德国人没有时间去消化这些情报。总统大笑。凯恩斯给家里的信中说："你还没有完全走出办公室（摩根索的办公室，或白宫椭圆形办公室），你已经开始受到记者的进攻，他们想知道刚才在里面的谈话的全部细节。"凯恩斯从来

第 34 章 特使

没有学会抑制他那创造幽默、讥讽的短语的才能。在华盛顿这座城市里,如果他对嘴巴管理不严,有时会破坏他试图想建立的关系。

从一开始,凯恩斯就感受到美国人的法治倾向。他同摩根索第一次会面时,财长的手下人问凯恩斯的助手汤普森—麦考斯兰:"你们的律师在哪里?"汤普森—麦考斯兰回答说没有律师。美方问:"谁为你们出谋划策呢?"后来凯恩斯最喜欢说的一句俏皮话是,当年"五月花号"从普利茅斯出发到北美殖民地时,船舱里一定坐满了律师。美国人在任何口头协议没有成为法律文件之前是不愿将它形成文字的。而凯恩斯则认为法律上的精确性对国际协定是不合适的,因为在很多情况下,律师们会把常识变成非法的东西。他对高深的法律用语的最佳称呼是"切诺基"(即印第安人的用语——译注)。

凯恩斯同英国驻美使馆的同事们建立了良好的工作关系,尽管一开始并不顺利。普莱费尔在5月22日写道:"梅纳德的访问是令人愉快的事,对我们和美国人来说,他是一个还不错的烦扰。我确信他的访问将对我们有好处,而不会添乱。"哈利法克斯在日记中对莉迪娅有如下描述:"我从未见过这么一个奇特的小女人。我相信她过去曾是俄国芭蕾舞剧团的演员——非常欢快活泼的一个人。在一开始的震惊过去之后,我还是很喜欢她的。"此后,他同凯恩斯常常在一起。哈利法克斯和凯恩斯都是同一个时期的伊顿公学的学生,但他俩之间并未因此而互相同情,因为哈利法克斯是私费生,传统上对那些聪明过人的公费生不信任。他在7月14日的日记中总结了对凯恩斯的看法:"他的脑子敏锐,但有些固执。他是一个可以打交道的人。除了有一些让人讨厌的脾气以外,我喜欢这个人。"

当凯恩斯夫妇来到华盛顿时,那里的气候已经开始变得炎热和潮湿,并且越来越糟糕。他们在"五月花旅馆"的套间没有空调。梅纳德不得不买一套热天穿的西装。莉迪娅写信给他母亲佛萝伦丝,说这套衣服"让他看上去像一只蜻蜓那么瘦——非常优雅、尊贵和耐看"。她对梅纳德的饮食控制被他的工作量和社交聚餐所破坏。在五周以后,梅纳德向母亲精确地报告说他在外面参加午宴和晚宴已达47次,"简直像在前线服役一样,而且比闪电战还要危险"。在第四个星期里的主要社交活动是中国财政部长宋子文为他安排的盛大生日晚会,一共是16道菜,并由宋子文的女儿唱《祝你生日快乐》。在最后的一个月里,"社交活动"开始减少。他和莉迪娅有时可以自行出去,在五月花旅馆对面的一家法国餐馆就餐。尽管工作繁忙,社交宴席过多,他的身体仍然能够承受。他告诉弟弟杰夫里,炎热气候对他心脏有好处,而且他的消化系统完全正常。

第七部分 为战争筹款

他们到华盛顿以外的地区去旅行了几次。第一个周末，他和莉迪娅带着凯恩斯的侄子昆廷·凯恩斯到仙纳杜国家公园去野餐。昆廷当时在驻美大使馆工作。他们开车行驶在"失业工人修建的高质量的公路上"。6月17日，他们给昆廷举办了一个生日晚会，客人中有昆廷的室友约翰·斯帕若和迈克尔·斯特莱特——他是凯恩斯在剑桥的经济学学生多萝茜·爱姆赫斯特的儿子。两周以后，他们来到普林斯顿，凯恩斯同经济学家们交谈，而莉迪娅则住在沃尔特·凯斯的遗孀玛丽的家中。在普林斯顿，凯恩斯同爱因斯坦又重新建立了联系。莉迪娅写道，他们看到爱因斯坦的时候，他"正躺在床上，一头卷发，大脚趾露在外面"。凯恩斯还同沃尔特·斯图阿特和约瑟夫·维利兹讨论了洛克菲勒基金会资助剑桥大学建立实用经济学系的计划。6月底，他们为了逃避华盛顿的酷暑，到弗吉尼亚州的亚巴拉契亚山脚下去度周末，昆廷开一辆漂亮的别克车送他们。

凯恩斯在美国不仅仅是英国财政大臣的特使，而且也是世界上最著名、最有争议的经济学家。在美国政府中工作的那些年轻的凯恩斯学派经济学家自然要征求他对美国国内政策的看法。在关于这个问题的讨论中，有两次活动非常重要。一次是5月22日，地点是总统行政助理劳夫林·卡里的家中，另一次是6月10日在国家新闻俱乐部同物价局的官员们共进晚餐。美国的凯恩斯派学者都读过《如何支付战争费用》，但他们担心的是经济停滞而不是通货膨胀。高税率和价格控制必须要推迟到充分就业的水平时才开始。让他们吃惊的是，凯恩斯批评他们为"通胀派"。美国财政部官员泰勒·奥斯特兰德记得在某次晚宴上，凯恩斯对沃尔克·萨朗说："我必须对你说，你比我还要信奉凯恩斯主义。"

5 原有的订货

凯恩斯出的第一招失败后，他不得不改变策略。英国要重新恢复储备资金的水平就必须把现时的订单尽量让租借法案来涵盖，同时用杰西·琼斯贷款来避免进一步出售在美国的英国资产。获取杰西·琼斯贷款比第一个步骤要容易。华盛顿的经济重建金融公司现在积极支持向英国提供高利率的贷款，并用英国在美资产作为附加担保。凯恩斯于6月8日写信给伦敦财政部："我们有理由相信和期望用在美的直接投资和利润作为偿债担保的条件下获得大量的杰西·琼斯贷款。这样我们就不会进一步地出售任何英资财产。"所以出售维斯科斯公司的可怕措施也许收到了效果。6月10日，美国国会通过了一项中立

第 34 章　特使

法案的修正案,允许在7亿美元的附加担保条件下,发放4.25亿美元的贷款。英美两国政府在几天后就签订了一项临时的协定。

6月17日,凯恩斯向哈里·霍蒲金斯提交了一个新的计划,目的是扩大租借的范围以包括其他项目。该计划承认"我们手头可用的资金不足以缓解现有的订货压力,我在5月16日的备忘录中已经提及那些需求"。霍蒲金斯对凯恩斯的信很不高兴,收到这封信复制件的摩根索亦如此。如果凯恩斯听到他俩的电话谈话,那么他一定会觉得在看一部B级电影,其中哈里·霍蒲金斯是黑老大,而摩根索则是语无伦次的小跟班:

霍蒲金斯:因为我收到凯恩斯的一封长信,一封又长又复杂的信……我不喜欢他的风格和方法。我认为,如果不是英国财政部的意思,他最好待在国内,不必到这里来。

摩根索:你的意见同我一样。

霍蒲金斯:你看,他说他到这里来是有使命的,他的使命必须结束。

摩根索:当然。

霍蒲金斯:我的上帝!我觉得你应该对他说,"那么菲力浦斯在这儿都干了什么呢?"

摩根索:不错。

霍蒲金斯:关于凯恩斯有一点需要注意,如果待在这里一直到我们开始制定一个新的租借法案时,他一定会干涉并告诉我们如何写这个法案,而这里的人们将对此非常不高兴。

不管摩根索是如何想的,美国财政部的官员,如哈里·怀特、丹尼尔·贝尔和雅各布·凡纳对凯恩斯的以旧订单换取新订单的逻辑是感兴趣的。他们劝说摩根索成立一个委员会来决定哪些英国订货应当根据英格兰银行的每日储备报单来做租借的订货。从6月19日开始,凯恩斯、菲力浦斯(后来被肯尼斯·布利暂时代替)和波维斯与不同的美国官员会谈了一个月,以获取对英国订货的批准。在委员会里,凯恩斯发现摩根索"满脸笑容,非常愿意帮助我们恢复美元储备地位"。这是凯恩斯第一次同美国财政部那个"可疑的"货币研究部主任哈里·戴克斯特·怀特连续打交道。

几方面的安排开始汇总。美国将把租借法延伸到英帝国自治领的产品和订货,这样有

689

第七部分 为战争筹款

可能每年节省2.5亿美元的储备资金。摩根索再一次向菲力浦斯承诺,为原有的订单寻找4亿美元的资金。杰西·琼斯贷款为4.25亿美元。美国财政部现在原则上同意让英国恢复6亿美元的"自主储备"。6月25日,凯恩斯同财长吃晚饭时说,他感到他原定的使命已经基本完成。摩根索在最后关头对他仍然不信任,并要求他把这个意思写成文字。凯恩斯欣然从命,并用摩根索自己的话说,"这一切都依赖于这些项目能否顺利完成"。他指出"你们的战争部把我们订的一些坦克和飞机引擎接管了,而且有些运输合同被推迟"。7月14日,凯恩斯在英国使馆举行的记者会上否认英国在用租借的货物来损害美国在拉丁美洲的出口地位。这个问题后来成为两国互相指责的一个严重问题。

凯恩斯的使命究竟是否成功?从他原来的逻辑来看,他和财政部都失败了。现在的解决方案让英国更加依赖租借法案,而不是减少了对美国的依赖性。菲力浦斯曾反对让美国对英国的国民收支进行控制,而这正是摩根索设立的委员会想做的事情。由于美国政府不可能对租借法案生效前的英国订货负任何责任,这种安排是不可避免的。它为租借法案管理办公室监督英国出口政策和储备水平开了先例。在战争进程中一直都是如此。凯恩斯原先的战略中只有一个明显的成果,这就是杰西·琼斯贷款。该贷款防止英国资产的再度流失。尽管一开始不太顺利,凯恩斯后来同华盛顿的大多数官员们都建立了良好的关系。他发现怀特是美国财政部中"少有的几个有头脑的人之一"。他甚至开始对摩根索有一定的好感,"尽管他那一脸奸猾的假笑令人讨厌"。

英国何以能在租借法案生效前一直到1941年4月都能够支付订货?这是一个谜。1941年4月后,租借法案缓解了英国的压力。政府的统计数字显示,英国在4月的储备资金已下降至1200万英镑,后来略有上升。这个谜底只能在货运方面。由于供应跟不上,船只也十分紧缺,实际的货运总是被推迟,所以付款也被推迟。普莱费尔不无自嘲地说:"我觉得我们面临的虚幻的现实十分有意思:我们的数字都是不准确的,但我们总是有数量正好的资金,实在令人不可思议。"事实上,由于运输上的拖延以及租借的开始,凯恩斯到美国的时候,英国面临的极度金融危机已经过去。

我们有必要回头看一看英国如何"支付"战争的外部费用。整个战争期间,英国进口总额是170亿英镑(680亿美元),其中只有70亿英镑(280亿美元)的货物(或者说40%的进口)是靠出口和储备来支付的。英国6年中的对外贸易的100亿英镑的赤字(400亿美元)中由租借法案(又称互相援助法)来支付的有220亿美元。伦敦的美元储备积累了140亿美元,还有40亿美元来自于对英国海外资产的出售。正如阿列克·凯伦克劳斯所指出，而凯恩斯也不断向美国人所强调的："租借法案迫使英国的军事努力达到极限，这就提高了战后英国经济发生崩溃的风险。"如果英国完全依靠自己的资源来打这场战争，它将节省360亿美元，英国经济也许能够生存下去。它的大部分战争努力是花在保卫帝国利益上，在中东与德意较量，在远东与日本较量。它也可以把这些地区拱手交出去，把战争集中在保卫大西洋海上通道上，但这么做的代价将是让德国的战略地位大大加强。英帝国对战争的贡献举足轻重，但这种贡献与美国的贡献大不相同，所以总是给英美关系带来很大的问题。租借物资和积累英镑的储备对英国出口都不利。租借物资是礼物，但英镑储备则是债务。所以，英国在和平到来的时刻的出口只有战前30%的水平，而且还积累了历史上最大的一笔债务——35亿英镑（140亿美元）。凯恩斯和财政部在战争期间一直担忧的是债务的上升和国民收支的赤字增大。但是，由于不惜一切代价争取胜利的政策需要，英国别无良策。

6 谈判细节

凯恩斯在7月仍然待在华盛顿，任务是对租借法案进行进一步磋商。尽管英国现在无须支付就能得到货物，但这些物资不是没有条件的。租借法案的第三部分（b）条授权总统在他认为满意的条件下向英国提供援助。这些条件是为了让美国"受益"——即英国在将来支付、偿还或用资产或任何直接和间接的手段让美国受益。前两个条件不但提出了战后"归还"租借物资的可能性，而且还要求把帝国的一些资产转让给美国。第三个条件则考虑到美国在战后的贸易地位。罗斯福本人对他的目的并不清楚，他也许对一般性的承诺就会表示满意。但是在美国，任何协议都是契约，有契约，就要明确规定条件。

美国财政部和国务院对契约的内容有分歧，它们两家都想主导契约的制定。财政部的目标是让英国能够继续作战，但要它在金融上依赖美国。相比之下，国务院的目标是摧毁英帝国的帝国特惠制。这两个目标是互相矛盾的。如果英国在战后的储备资金太小，它将会竭力维持而不会放弃帝国特惠制，因为这是商业生存的唯一基础。5月16日，罗斯福做出决定，将考虑租借条件的"细节"交给国务院去执行，这给国务卿科德尔·霍尔和他的助理国务卿哈里·霍金斯提供了机会以迫使英国对自由贸易做出承诺。对英国来说，唯一的符合道义的"细节"是"我们应当继续作战"。尽管细节问题成为国务院的

第七部分 为战争筹款

管辖范围，相应的谈判对象也应当是英国外交部，但是凯恩斯还是积极参与了这场讨论。一方面，他是凯恩斯，不可能对此袖手旁观；另一方面，对细节的制定不可避免地会带来经济后果；再者，哈利法克斯对经济问题的理解十分有限，他也有意让凯恩斯参与。

从一开始，凯恩斯同霍尔任命的细节起草人、助理国务卿迪安·艾奇逊的关系就相处得十分融洽。艾奇逊个子很高，颇像一个英国绅士。他出身格罗顿公学、耶鲁大学和哈佛大学法学院，是（大法官）费利克斯·弗兰克福特的弟子。他与凯恩斯有很多共同的朋友、共同的价值观和文化偏好。尽管他支持国务院的政策取向，但同凯恩斯一样是个实用主义者，在自由贸易问题上并不固守意识形态。这两人在智力和高傲的气质上也相匹配。艾奇逊同摩根索不同，他是一个真正的亲英人士。

直到6月18日，凯恩斯仍然信心十足："关于制定细节的背景对我们非常有利，我不相信他们会把我们反对的一些条件强加于我。"他相信他同艾奇逊能够在总统下达的一般性指令下，轻松地草拟出一份有用的文件。6月21日，凯恩斯向金斯莱·伍德提及了一份他自己备用的"协定大纲"。按照这个大纲，美国总统有权向英国要求使用一些海军基地和提供秘密情报；将允许英国在战后使用英资股票为救济和重建服务；同时英国将同美国一起促进"自由和健康"的贸易，在它们的控制下，所有的购买者都有进入原材料市场的机会。同时，两国还参与商品和价格调节的各种机制，减少贸易障碍和歧视，并通过一种恰当的汇率和货币机制保障各国之间的收支平衡。财政大臣警告凯恩斯不要在同美国人的谈判中提出有深远影响的重要建议，他从伦敦给凯恩斯的电报中对他进行了委婉的批评，说他草拟的协定的各大标题都"提出一些最根本的问题。所以，我们感觉到你作为我的代表，不适宜以这些标题来吊美国人的胃口"。

在这个时刻，凯恩斯却陷入一系列的贸易谈判。英国贸易部的约翰·斯特林从1940年12月开始就来到了华盛顿，他的使命是促进英国的出口，并要求美国减少进口关税以换取英国在战时减少帝国特惠制的关税。国务院的商业政策局长是哈里·霍金斯，此人同霍尔国务卿一样是一个狂热的自由贸易者。他提出要换取美国对英国商品的贸易让步，英国必须承诺在战后减少帝国特惠关税、汇率控制和贸易数量的限制。凯恩斯在6月25日同霍金斯和斯特林的会谈中坚决反对美国的提议，谈判陷入僵局。凯恩斯向伦敦发了一封为他的立场积极辩护的电报。他谴责任何旨在战争结束后立即消除所有的贸易控制手段的"发疯"的建议，因为无人知道在战后的欧洲和拉丁美洲的贸易和货币体制将会如何（菲力浦斯和斯特林把这份电报扣下未发）。凯恩斯的这种与英国人一贯的温和批评态度形成鲜明对比的愤怒情绪让美国国务院大为震怒。霍金斯在内部文件中写道：凯恩斯"完全没有看到，在美国人民做出这么多的牺牲以帮助英国人渡过目前的难关（当然也是为我们自己的利益）之后，我们的公众舆论不可能容忍美国的商品在英国或受到英国帮助的国家里受到歧视"。然而，财政大臣、外交大臣和贸易大臣在给英国使馆的电报中支持凯恩斯的立场："至少在过渡时期应当要求全面的行动自由。"

7月28日，国务院起草的七个条款的细节草案送到了凯恩斯手中。艾奇逊回忆道："这是一份简单、非常自由派的文件。"它的基本观点是确认英美之间交换礼物的互惠原则。关键的第七条看似简单，但实际上很有欺骗性。这个条款不再用英国降低帝国特惠税来同美国减少关税进行交换，相反，它禁止"对英美双方的进口商品进行歧视"。凯恩斯看到这个条款再一次勃然大怒。他说英国不可能对此做出可以兑现的承诺，他接着解释为何如此。我们可以想象，当他情绪激动时，说话必然像连珠炮一样。

艾奇逊尽量心平气和地对凯恩斯说，美国所要求的不过是，在给予英国大量的援助之后，英国人不应当继续采取歧视美国贸易的措施，并希望他们同美国人一起商量使贸易歧视不再必要的步骤。这当然是艾奇逊的解释，也许他确实这么看的，但同条款本义相比，这个解释是正确的。

凯恩斯并不是个帝国主义分子，但他不愿意在没有建立一个更好的制度之前就拆除帝国经济体制。同时，他对英国战后的经济形势的严峻性非常清楚。听完艾奇逊的解释后，他"头脑冷静下来，开始对战后的经济问题做一番有见地的分析"。艾奇逊认为："他看得比我清楚得多，尤其是对美国战后的巨大出口能量、世界对美国商品的需求以及支付手段的问题的分析。""在谈话结束时，"艾奇逊写道，"他似乎对这个条款比较能够接受，但还未能彻底想通。"凯恩斯对自己的发火感到内疚。在第二天返回英国之前，他给艾奇逊写了一封道歉信。

7 种种误解

凯恩斯刚刚回到伦敦，那个他认为在华盛顿已达成的谅解便开始瓦解。杰西·琼斯贷款也出人意料地出现了一些故障。皮考克于6月21日回到伦敦，以为基本的原则已经谈妥。然而，在这项贷款谈判上的那种不寻常的友好气氛被美国商务部的那批律师们破坏

第七部分 为战争筹款

了。在律师们的讨价还价之下,美国政府决定增加一项新的"战争灾难条款",即让经济重建金融公司"在英国拒付债务的情况下接手那些作为担保的英国资产"——这是对英国被战败的一个委婉的说法。财政大臣很不情愿地咽下了这个再度修改过的条款的苦果。7月21日,借贷协定在华盛顿签字。

凯恩斯离开美国以后,美国国会削减了战争部的一般性预算。这样摩根索为英国原先的订单寻找资金的承诺将要泡汤。菲力浦斯于8月回华盛顿时提醒摩根索不要忘记这个承诺,但一直到1942年5月,美国战争部才同意支付2.95亿美元,一部分是现金,另一部分是已到期的付款单。

国会通过种种措施来防止英国出口有租借物资成分的商品。从长远来看,这些措施的影响更大。凯恩斯试图阻止这些攻击性的措施,但没有成功。租借法案办公室的执行主任伯恩斯将军提议英国向美国出口一些"传统的商品",比如威士忌酒和哈里斯粗花呢。凯恩斯讥讽地加上"碎肉布丁"。此后的三个月里,两国政府不断地发生争执,而英国方面无法再进一步拖延。1941年9月,英国政府在《出口白皮书》中承诺不出口有租借物资成分或有类似成分的商品,或者那些包含美国稀缺物资的商品,尽管这是英国单方面做出的承诺,美国仍可以从供应方对英国进行监督,以防止英国的黄金和美元储备的上升超过双方规定的最高限。美方一旦发现这些储备上升,就可以减少供应。

当美国参战以后,英国仍然无法让美国修改这些条款。美国同意对英国在美的战争物资的订货提供支付手段,但让英国在中东和远东以自己的资源支付战争费用,这就直接引起了"英镑账目"数量的大增——英国对埃及和印度欠下巨额的战争债务。不管英国方面施加多大的压力,美国人坚决反对将两国的资金放在一起合用的原则。

双方对租借协定第七条的措辞进行了几个月的争斗。"互助条约"(即租借协定的正式名称)终于在1942年2月23日签字。在此之前,罗斯福给丘吉尔一个书面保证,说"我绝对没有想过我们会要求你们用帝国特惠原则来交换租借条件"。

这些事态的发展让凯恩斯非常沮丧。1942年4月28日,他对租借协定引起的一系列英美争执做了如下总结:"这些争执都是因为英美两国在军事和供应方面以外的关系没有发生任何变化。"这个状况在后来也无法加以改善。

第35章

战争期间的凯恩斯

1 是主人而不是仆人

"我又回来了,像一个循环级数,在同一个地点,为同类的紧急状况做差不多同样的事,"凯恩斯在1942年7月1日给拉索·莱芬维尔的信中如是说。但他的工作性质是什么?有什么具体职位呢?他在1941年从华盛顿写的信中曾把美国的预算局长哈罗德·史密斯描绘成一个"奇特的动物,一只真正的怪物,介乎政府文官和部长之间"。也许他写这段话时没有考虑自己的状况,其实这对他在战争期间的作用可以说是绝妙的表述。从1940年8月到1946年去世,凯恩斯一直保持着在财政部的那种不寻常的地位。他的影响力很大,但不是由于职位,而是由于个人的权威。他正式的头衔是财政大臣的非全职、不拿薪水的顾问。他"在财政部里工作,但不是财政部的一员"。尽管如此,据他的一位同事说,"他本人就是财政部"。因为他在重大问题上都举足轻重,例如"出色的战时预算方案,对布雷顿森林体系的构想,以及对英国对外金融政策逐步的控制"。凯恩斯着眼于总体性的经济政策,对任何他感兴趣的问题都有独到的见解。

凯恩斯在战争期间的大量活动和努力在丘吉尔看来并不重要,因为首相关注的是大的地缘政治前景。丘吉尔在他的五卷本《战争回忆录》中只提到凯恩斯一次。丘吉尔对金融的兴趣仅限于它对英国的全球影响力是否起阻碍作用。对首相来说,关于达到某种金融政策所需要的条件,只有在内阁发生争执时他才表现出兴趣。丘吉尔有时会抱怨税率太高。在战争继续进行时,他对"印度的高利贷者"的讥讽也与日俱增,因为英国对印

第七部分 为战争筹款

度的英镑债务大量上升。丘吉尔对战后的社会和经济问题也没有兴趣,他的座右铭是"只争朝夕",不管日后的事情。所以凯恩斯的主要活动没有引起他的注意。丘吉尔认为英美关系第一重要,而且十分看重,也十分小心地培养他同美国总统的关系。他在这一问题上的中心立场是,不要同意任何对战后英帝国地位造成威胁的政策。而在这一点上,他确实有赖于凯恩斯的工作。他对美国政策的不同意见反映在他不愿同罗斯福讨论这类问题。如果罗斯福强迫他讨论帝国问题,他只愿意同意一些虚伪的、富丽堂皇的声明,比如《大西洋宪章》之类。丘吉尔情愿不去考虑租借协定第七条的含义。凯恩斯后来提出的国际清算同盟计划以及布雷顿森林协定等,完全超出了首相的视野。

丘吉尔对战争经济和金融方面的忽略及其产生的后果是保守党领导层以及工党内阁成员共有的毛病,而这种忽略却给经济专家提供了在专业范围里或在"次政治层面"上大显身手的机会。凯恩斯充分利用这个机会,跨越了行政和政策制定的界线。比弗里奇用另一种方法也达到了这个目的。然而,与美国不同的是,专家们制定的战后计划从来没有成为政府的政策。当战争仍在进行时,英国政府对比弗里奇的社会保险计划、凯恩斯的布雷顿森林计划或者国际贸易组织的计划没有做出任何予以采纳的决定。丘吉尔联合内阁之所以解体的一个原因是对战后世界的态度不同。1945年大选中,保守党惨败。对凯恩斯来说,他发现自己在战争的大部分时间里处于一种不正常的状态。他代表英国政府同美国政府、英帝国自治领以及欧洲盟国政府谈判战后的经济安排,但他从来没有得到英国政府的明确授权。

凯恩斯没有成为丘吉尔内阁的成员,但他作为政府代言人的地位由于在1942年6月11日英王生日那天被册封为勋爵而得到加强。布鲁斯贝利的朋友们对这件事的攻击是可想而知的。莉迪娅在查尔斯顿说:"哎呀,我们来这里就是为了让你们讥讽的。""他们当然不手软,"弗朗茜丝·帕德里奇在日记中这样写道,"我觉得查尔斯顿的朋友们对通过个人努力而得来的头衔似乎有一种非理性的偏见。"凯恩斯的老朋友、心情郁闷的"老狐狸"福尔克的反应更加强烈,他觉得凯恩斯接受册封如同伏尔泰把自己当成了图尔阁,也就是说,从思想家变成了政客。他说:"我不会向你说再见,但我不堪想象你在白金汉宫和议会上院的高墙里面的那副样子。"凯恩斯写信答复他说:自己年纪太大,不能再有超前的思想了。"我一直在尽力奔跑,现在已喘不过来气了。如果一个人的思想和主张终于为现实所接受,他该怎么办呢?把自己变成一个修士在那里冥思苦想显然没有什么裨益。"他这段话的中心意思是,他第一次处于可以按照他的思路制定政策的

第 35 章　战争期间的凯恩斯

位置。荣获册封仅仅是一个方面，但即便如此，他也是很高兴的。他的激进主义倾向本来就有局限性，而且他感到自己已经获胜。他在伊顿时期就对他的成就所获得的荣誉感到高兴。他那常有的讥讽语调同利顿·斯特拉彻一样，并不出于信念，而是出于习惯。在英国做一个知识分子不容易，因为人们对信念的不信任程度很高。"大山和穆罕默德"（《古兰经》故事）互不相让，所以走到一起来会面：如果说凯恩斯现在成为"受人尊敬的人"，这是因为他依靠自己的标准，而不是别人制定的标准。这是他接受册封最为满意的逻辑。

凯恩斯对父母亲详细介绍了他们喜爱听的那些有关册封勋爵的老传统和礼仪细节。他将同嘉德勋章院第一主管杰拉尔德·沃拉斯顿爵士会面，挑选他的贵族头衔。他一开始考虑的头衔是"提尔顿的凯恩斯勋爵"，但又想试试看能不能称为诺曼底的"卡阿昂思（即凯恩斯家族的发源地——译注）的凯恩斯勋爵"，但这一想法也许因为嘉德勋章院第一主管提出异议或凯恩斯自己另有想法而作罢。盖奇侯爵同意他可以用提尔顿庄园作为封地的名称，其实这个庄园是盖奇拥有的。这样，他就正式成为"提尔顿的凯恩斯勋爵"。他本来可以在议会上院坐在跨党派的议员席上，但他写信给自由党在上院的领袖赫伯特·山缪尔说："事实上，我仍然是一个自由党人。如果你同意的话，我将坐在你的议席一边。"

他于7月8日被正式引入上院，由布莱得贝利勋爵——即他于1915年第一次加入财政部时的常务副大臣——和卡托勋爵作为他的举荐人，他被安排在男爵席的下端席位上。他一开始不愿意参与上院的辩论，因为他不愿意对那些他有内部信息但又不能使用这些信息的事件发表评论。在上院的生活中也时常有喜剧发生，这在上院这个滑稽的地方是不足为奇的。凯恩斯勋爵与退休海军上将凯斯勋爵常常互相拿错信件（因为他俩的姓只有一个字母之差——译注）。这个海军上将是个说一不二的人。有一次，他参加了一个午宴，其实被邀请的是凯恩斯，而他仍然从容自若，一点也不感到尴尬。又有一次，他拿到一封皇家艺术协会会长乔治·帕里爵士写给"促进音乐的艺术委员会"主席凯恩斯的满纸愤怒的信件，并对此胡诌了一封"非常有礼貌和巧辩的回信"，事后，他告诉凯恩斯，说他不明白"为什么乔治·帕里爵士给我写这么一封信"。

在提尔顿庄园的厨房外面有一棵无花果树，但它从来都没有结过果实。花匠爱德加·威勒记得凯恩斯站在这棵树边悲哀地说："不结果的树，凯恩斯男爵。"（barren fig—tree—Baron Keynes.）

第七部分 为战争筹款

2 战时的财政部

凯恩斯在战时的地位还应从财政部本身的地位有所下降这个背景来理解。当凯恩斯于1940年重返财政部时,财政部的声誉很低。丘吉尔对"财政部观念"一直都有固执的反感,他相信财政部在20年代他做大臣的时候对他有误导,并推迟了30年代的军备生产。同劳合·乔治在第一次世界大战中一样,他决定不惜一切代价打赢这场战争。所以,他把他的第一位财政大臣金斯莱·伍德排斥在战时内阁之外。丘吉尔建立了一种管理体制,将传统的各部(包括财政部)置于几个超级的内阁委员会之下,而这些委员会由枢密院大臣约翰·安德森来协调。这个体制很快就成为"所有内政和经济政策"的主导力量。另一方面,丘吉尔尊重凯恩斯,认为他在金本位问题上是正确的。他与凯恩斯常常在"另类俱乐部"共进晚餐,凯恩斯利用这些机会向他进言,提醒他关注一些特别的问题,比如英镑债务的积累问题——首相有时把他提的问题加以考虑。财政部让凯恩斯回来工作的一个目的就是争取在长远的过程中重新夺回其对经济政策的控制。这一招非常精明,尽管凯恩斯对财政部的内部运作方式有所干扰,他的存在对增强财政部的声誉和影响大有好处。

当然,财政部地位下降的主要原因是战争的压力,而不是丘吉尔的反感。它的传统任务是管理政府的财政和金融政策。凯恩斯想通过预算来管理国民经济。他的《如何支付战争费用》一书就是基于这个哲学。财政部接受这个方法的原因部分是为了避免计划经济的替代选择。一旦德国把总体战强加于英国之后,财政上的计划生效太慢,而且效果不确定。这样,战争所需要的高效率的资源分配,尤其是人力资源分配就必须按照计划经济的方法去做。枢密院委员会就成了计划的中心,它通过一些权力很大的分类委员会对各政府部门的计划进行统筹管理。财政部的工作只剩下三项任务:在尽可能廉价的基础上为政府筹借资金;保证国内物价的稳定,并通过社会公正的税收方法达到此目的;最后,为英国在海外的费用在最有利条件下安排支付的资金。

在政府的核心部门出现了一个经济政策的秘书处是势所必然,但并不是事先计划好的。计划经济的体制要求专家而不是行政官僚的参与。1940年5月的政府更迭之后,原先隶属于斯坦普"概览项目"的"中央经济情报服务中心"得以扩张,专门为内阁的超级委员会服务。1941年1月,它被划分为两个部门:经济处和中央统计处,两个处都在战时

第 35 章　战争期间的凯恩斯

内阁中工作。经济处由枢密院大臣直接负责，所以被称为"安德森马戏班"，该处拥有9—12名经济学家。中央统计处则另有7—8位经济学家。首相办公室也有一个统计处，由自信心十足的切维尔勋爵负责。这三个处成为中央计划下的战时经济的经济和统计的"大脑"。研究内阁经济处的历史学家们声称"在英国历史上，也许在任何国家的历史上，这是第一批专业经济学家全职做政府经济顾问的开端"。凯恩斯称其为"这是我们一直要求建立的经济总参谋部的核心机构"。但是，在英国的行政管理风格的影响下，该处为各部门提供服务，而不是向它们下命令。它的任务是向枢密院大臣就其委员会的议事日程上的项目做简况通报，保证各部的经济计划之间的经济一致性，对专门委员会提供技术服务以及研究政府各部都不管的一些议题。一旦计划经济体制建成并开始运转，经济处的经济学家，比如詹姆士·米德，就有时间对战后的问题进行自由的思考。

凯恩斯是财政部和经济处、中央统计处以及各部门工作的经济学家之间的桥梁。他们是他的同行和同事，很多人还是他的学生，所以他成为他们当然的领袖和盟友。1940年12月，凯恩斯被提名任中央统计处的第一任处长。他拒绝接受这个位置，情愿在财政部以自由身份工作。财政部立即把经济处视为竞争对手，于是想限制它的功能和活动范围。凯恩斯在为两者安排一套临时的工作规则上起了重要作用。他同经济处处长列昂奈尔·罗宾斯尽管在战前有过争论，但他俩的"工作关系十分和谐"。罗宾斯从1941年9月开始担任这个职务，一直到1945年11月。

经济学家和职业文官之间的紧密联系由于财政部的体制结构和地理位置变得很容易。同华盛顿的政治体制相比，美国的机构分散，官僚之间不和谐，泄密成风。白厅在凯恩斯那个时代是一个精干、自我封闭的世界，它反映了英国的中央集权和行政传统。在财政部的六年里，凯恩斯正常打交道的人不会超过50个，而联系紧密、一直有接触的人不会超过12个。所有的重要政府部门的办公室都在一起。白厅里的财政部办公地点是一群复杂的办公大楼的一部分。1940年秋，财政部被德军炸弹直接命中，所以搬到附近的圣詹姆士公园旁的大乔治街，还有一部分办公室移至威斯敏斯特宫里。财政部办公室内的装潢特别简单，象征着它长期作为守护"公共钱包"的作用。凯恩斯的办公室处于战略要地，他那在第二层楼的办公室可以看到议会广场，墙上挂着邓肯·格兰特的一幅画，这是唯一有价值的东西。他的办公室右边即是财政大臣的办公室，走廊对面是常务副大臣的办公室（1942年以后是理查德·霍布金斯爵士），左边是卡托勋爵，即财政部另一位顾问的房间。战时内阁的办公室，包括经济处，也在同一群建筑之中。空袭到来时，

第七部分 为战争筹款

由首相率领众人进入地下室,在这里设有同地面上相对应的各个办公室。对凯恩斯来说,这些安排意味着他不需要走出财政部就能进行工作。大量的会议,其中包括跨部门会议大多在他的房间,或附近的房间里召开。

尽管地理位置如此接近,白厅里也没有能够发展口头交流的传统。

美国财政部的传统是由摩根索每日安排同他的高级官员之间的"头脑风暴"会。白厅绝无此类传统。英国的行政制度强调正式的科层等级关系,决策过程为文件上传的程度所主导,而不是在香烟缭绕的会议室里进行交易的结果。凯恩斯的政策动议总是以一些备忘录开始,进入决策机制中流通,然后被有关官员和部门对这些备忘录进行审视和批评。在货币和对外金融问题上,英格兰银行往往是主要对象。那时还没有复印机和计算机,这个审视过程很复杂,费时很多,要用印蓝纸或蜡纸制作复件,向有关人员散发,然后让他们发表评论,或者接受,或者拒绝这个建议,这样一级一级沿着科层台阶向上报告,最后形成一个报告,让财政大臣定夺。整个过程主要是写作过程。

当国内的财政架构已经确定之后,凯恩斯的注意力自然开始越来越集中到对外金融问题上。他对国际金融的关注有很多原因,其中之一是他在第一次世界大战期间曾担任过财政部"A"司的第一位负责人。我们在这里必须注意,凯恩斯占主导地位的那个舞台,即国际金融舞台,也正是他失败的地方,因为他未能让英国领导人明白战时经济和战后经济生存之间的关系。当对德作战已经胜利在望的时候,凯恩斯开始攻击管理战争的那种"富婆"心态。"经济战事务办公室"的弗里德里克·莱斯—罗斯爵士不幸地成为他攻击的主要对象。凯恩斯常常讥讽地批评他过于热心地接受那些昂贵的救援计划,因为英国根本就支付不起。凯恩斯要求降低在海外的军事开支,中止英镑债务的继续上升,同时要重新推动出口贸易,并同英国的"债主"达成协议以解决"不正常"的英镑债务问题。从1944年开始,他敦促政府在剩下的战争时期减少开支,以便在和平到来时不必向美国借大量的资金。但这个政策并不成功。它的失败迫使凯恩斯和英国政府在1945年接受了带有羞辱性条款的美国贷款。

在对凯恩斯在白厅的工作经历进行描述时,我们也不能忽略当时的紧张工作环境——德军不停的轰炸只是其中的一个因素。凯恩斯曾一再指出,私有经济的一大优势是将经济责任以最大可能的限度进行分担。在战争期间,经济责任被集中的程度是没有先例的,这就意味着在政府工作人员没有大量增加的情况下,工作量大大增加。工作质量被认为比工作数量更重要,这在对美谈判中最生动地反映了出来。其实在政府的所有活动中无不如此。随着战争的进展,每个人都越来越感到疲惫不堪;这批在白厅工作的人当中很少有人懂得爱惜自己的身体,他们从不锻炼身体,大部分人抽烟抽得很凶。他们吃东西也不明智。凯恩斯自己的圈子当中,弗里德里克·菲力浦斯死于癌症,理查德·霍布金斯和休伯特·韩德森得了脑血栓,丹尼斯·罗伯逊胆囊有问题,詹姆士·米德有胃溃疡。在战争的大部分时间里,本来多病的凯恩斯反而成了健康的楷模。他喝酒适量,而且由于莉迪娅的坚持,每天很早上床休息。

3 凯恩斯的关系网

凯恩斯在第二次世界大战期间做过三位财政大臣的顾问:金斯莱·伍德、约翰·安德森和休·道尔顿。金斯莱·伍德于1940年5月取代了决策上犹疑、越来越孤芳自赏的约翰·赛蒙,赛蒙成为大法官。伍德是律师出身,尽管他的声音尖细,却是个效率高、工作勤奋的政治家,自30年代起就一直在政府工作。凯恩斯对他有感情,也比较欣赏,但并不十分敬佩。他觉得参与撰写"伍德预算方案"的工作让他自己很伤心:"因为我知道,如果写得越好,被采用的机会就越小!"理查德·霍布金斯爵士说得更客气:"财政大臣缺乏想象力。"1943年9月,凯恩斯正在华盛顿访问,突然收到伍德出乎意料去世的消息,他在午餐时站起来说了一段让美国人大吃一惊的话:"不管一个经济命题对他是如何的费解,他都有能力把它转变为一个孩童才能懂的东西,这是一种我们不应该小看的伟大的政治才能。"

约翰·安德森爵士接替伍德担任财政大臣。安德森公务员出身,是财政部国内税收司的负责人。1940年10月,他接替不久以后去世的内维尔·张伯伦担任枢密院大臣。罗宾斯认为他是"当代最伟大的公共行政管理人员"。他对人非常傲慢——别人都称他"自负的约翰",当然他也有机智的、长老会教徒的那种幽默。凯恩斯事实上同他打交道不多。当安德森成为财政大臣时,战时经济已经上了自动飞行的轨道,所有重大的金融决定,不管是牵涉到国内经济还是对外经济,都已经确定。

对德战争结束后,凯恩斯担任财政大臣休·道尔顿的首席经济顾问有八个月之久。道尔顿是工党内阁的第一位财政大臣,他在1914年前听过凯恩斯的课。剑桥的纽带把他们连结在一起,但相互之间缺乏好感又使两人分离。凯恩斯过去把道尔顿称为"肮脏的医

第七部分 为战争筹款

生",因为他接受了凯恩斯最早的关于廉价货币的理论,然后就不再理会凯恩斯的学说。凯恩斯与道尔顿的关系在1945年就贷款问题与美国谈判的过程中恶化,在他去世前,他正在考虑要离开道尔顿的财政部。

凯恩斯打交道的第一个财政部常务副大臣是霍利斯·威尔逊爵士。威尔逊的任命非同寻常,因为他来自财政部之外的国内税务委员会,是内维尔·张伯伦首相的密友,是在首相的直接干预下获得此职位的。但他同绥靖政策的公开联系太过明显,所以在新政府里不被重用,一到法定的最低退休年龄60岁时便被解职。他的继任是理查德·霍布金斯爵士,而霍布金斯在1945年又由爱德华·布里吉斯爵士继任。

当时财政部划分为三个主要部门,即金融司、供应司和机构司。金融司又一分为二,即国内金融与国际金融。国内金融部门负责政府借贷和债务管理,国际金融部门则负责国民收支问题。弗里德里克·菲力浦斯领导金融司,战争开始时是第三副大臣。1942年,他同爱伦·巴洛爵士一起成为第二副大臣,后者分管供应司。从1940年到1943年的大部分时间里,菲力浦斯在华盛顿任财政部代表,所以在1942年由威尔弗里德·艾迪爵士接替他任金融司司长。大卫·威利于1943年被提升为次官,主管国际金融。1944年,银行家罗伯特·布兰德接替菲力浦斯担任财政部驻华盛顿的代表。

凯恩斯常说财政部的黄金时代是霍布金斯负责的那个时期,菲力浦斯是他的副手。他把这两人看做是财政部最优秀人才的代表——严谨而不乏活力,能接受别人的意见。他们对他的那些特有的原理不接受,也许也不理解。理查德·霍布金斯直到1945年从常务副大臣的位置上退下来以后才第一次阅读凯恩斯的《通论》。他的目的是利用凯恩斯的脑力而不是他的理论。当然,凯恩斯的理论,或者说他分析问题的方法多少对他们是有影响的。他们对凯恩斯的支持以及凯恩斯对他们两人的尊重是凯恩斯在体制内的实力基础。有时他们也会觉得凯恩斯从中给他们添乱,但他们对他的不停的干涉给予容忍,而且他们知道如何利用凯恩斯的思想来提高财政部的声誉。

"霍布金斯身材瘦小,看上去特别像一只聪明的猴子。在国家财政问题上,他可以同他那一代人中的任何一位相匹敌。"他与凯恩斯是同一时期的剑桥学生,但没有证据表明他们当时有交往。霍布金斯性格安静、内向而含蓄,脑力非常强,并有一种干巴巴的幽默。他有一个密友的小圈子,其中一位是英格兰银行行长蒙塔古·诺曼。他的儿子爱伦·霍布金斯记得有一次诺曼到他家来吃晚饭,这两人在吃饭时几乎一句话都没有说,而诺曼离开时还说感谢他提供的"这个最有意思的夜晚"。爱伦争执道:"可是你们什

第 35 章 战争期间的凯恩斯

么也没有说啊！"他父亲回答道："是啊，但我们的思想没有闲着。"凯恩斯对霍布金斯很热情，很尊重，但有时也有点厌烦。霍布金斯对他的态度也是一样。凯恩斯有一次写信给他说："亲爱的霍比……你们这帮谨小慎微的家伙是那么让人生畏地觉得轻率。"同许多谨慎的人一样，霍布金斯的情绪可以被别人的观点刺激起来。他在财政部争取了大多数人对凯恩斯预算方法的支持；他也获得大家的同意，采纳凯恩斯的清算同盟的计划。他还把米德关于战后就业问题的备忘录转化为财政部的白皮书。

凯恩斯与菲力浦斯的关系也不错，此人也是一个被凯恩斯的知识魅力所俘获的缄默的角色。我们在前面已经看到，1941年他与凯恩斯一起在华盛顿的艰苦环境下同舟共济，成为凯恩斯使命成功的关键因素。凯恩斯回国以后，他们继续保持通讯联系。菲力浦斯的信枯燥无味且就事论事，而凯恩斯的信则妙笔生花，东拉西扯无所不谈。1943年，布兰德从华盛顿写信给凯恩斯："我确信菲力浦斯对这两个计划（清算同盟和稳定基金计划）都有着有价值的看法。我同他进行过不少次超过单音节的谈话。但是，正如你所了解的，同他敞开来讨论这个或任何一个问题都是不可能的。这倒不是说他在这些问题上存心不良，而是说他的缄默现在已成了他的第二天性。"不久，菲力浦斯去世。凯恩斯在《泰晤士报》上的纪念文章中说："他那说话极其简练的风格，或者说，他对某事表示可否所发出的嘟哝声，在华盛顿或渥太华是出名的，在白厅里也同样如此；在日内瓦，他可以用几种语言表示沉默。"

凯恩斯在财政部的工作超出了白厅的范围。在战争时期，他把五分之一，也就是一年的时间花在华盛顿。在那里，英国政府代表团的人数上升到几百人，他们在维拉德旅馆和大使官邸里工作，以哈利法克斯大使为"立宪君主"，但并不是个完全有名无实的"君主"。除了菲力浦斯以外，凯恩斯打交道最多的是雷德弗斯·奥比，一位来自牛津的经济学家，时任驻美使馆的参赞和经济顾问。菲力浦斯去世以后，凯恩斯与继任财政部代表罗伯特·布兰德也交往甚多。布兰德同凯恩斯的友谊可以追溯到1919年的巴黎和会，尽管两人互相以名字相称只是从1944年才开始。布兰德曾是牛津万圣学院的研究员，后成为商业银行家。他在第一次世界大战之前就有很大的名声，至少在朋友圈子里是这样的，被认为是"英帝国最明智的人"。他是一个非常聪明、精明和老练的金融外交家，这位秃顶、戴副眼镜、对人冷漠的人是被凯恩斯的智力和名气所迷倒的又一位政府官员。他曾说，与凯恩斯在一起，总会觉得自己是班里最差的那位学生。但他从来都不惧怕与凯恩斯进行辩论，而凯恩斯对他的头脑和判断力也非常敬重。我们下面将要看到，有很

第七部分 为战争筹款

少的几个人曾对凯恩斯在1945年与美国谈判贷款问题上的判断有所怀疑。布兰德就是其中之一,但他没有足够的信心让这一想法占上风。

银行家汤玛士·卡托——此人在1936年被册封为贵族——是凯恩斯在财政部前四年中的另一个重要的盟友。卡托是一位个子很矮、靠自己努力成功的苏格兰人,他是摩根—格伦费尔公司的合伙人,从1940年开始成为英格兰银行的董事。他在凯恩斯进入财政部之前成为财政大臣不拿薪水的顾问。他的办公室就在凯恩斯隔壁。卡托回忆道:"从我第一次走进他的办公室,手里拿着几份要与他讨论的文件时起,我们似乎就彼此互有好感。我对他有很大的影响,部分原因是他喜欢我,另一部分原因是因为他发现他那敏捷的头脑和让人震惊的理论吓唬不了我,因为我以一种十分友好的态度把这些理论用我在长期以来获得的实践经验加以验证。"卡托和凯恩斯在1941年的预算方案上密切合作,在英镑债务的难题上也是如此。卡托在财政部捍卫了英格兰银行的利益,但也保护了凯恩斯的清算同盟计划,使其免受英格兰银行敌对态度的攻击。

1943年,菲力浦斯去世,霍布金斯的健康也在走下坡路,财政部开始失去内聚力。凯恩斯同新的金融司司长威尔弗里德·艾迪爵士一直没有建立起亲密的关系。艾迪是从关税和国内物品税务委员会被调来财政部的。他是一个好斗、有效率的谈判家。对凯恩斯,他感到高不可攀,有一点畏惧且"非常敬仰",但他缺乏霍布金斯那种能够抓住复杂问题的要害的脑力。凯恩斯有一次对他说:"如果你现在还很年轻,或者我有无限的耐心,也许我会向你讲授一些经济学的基本原理。就目前的状况而言,我必须假设你对所管理的部门有理解能力。"人们不能想象凯恩斯会用这样的语言来开霍布金斯的玩笑。但艾迪倒不在乎,他还用这个故事进行自我调侃。同霍布金斯不同的是,艾迪有一套民族主义、帝国主义的想法,这与凯恩斯的国际主义政策相悖。然而,由于他没有权威,所以只能让凯恩斯不快,而不能击败他。财政部里只有理查德·克拉克,同样是一个外来者,敢于与凯恩斯对抗,但克拉克毕竟年纪太轻,所以同别人一样也心存畏惧。凯恩斯成为财政部里一座高耸的山峰,居高临下地看待那些小山丘。

凯恩斯对财政部的支配地位既有智力,也有身高的因素。纯属偶然的是,与他打交道最多的那几位,伍德、霍布金斯、卡托和艾迪都是小个子,而凯恩斯身高超过六英尺。

> 他那高贵的外表很是突出。三年以来,他一直抱病在身,不得不时时注意以防体力不支。他在财政部里走路时步履缓慢,高大魁梧的身影中透出威严。他

第 35 章 战争期间的凯恩斯

身着深色的服装,脸色如同象牙般苍白,那双深蓝色的眼睛透着沉稳和深思熟虑,有时又充满幽默。在华盛顿,人们注意到了他那双特别引人注目的手。他说话时很少用手势,只有在对某个论点进行总结时例外,或者在预示不祥之兆时,他会摘下眼镜,把它故意折叠起来,用双手托着放在前面。这就是风暴即将到来的先兆。他有时会有点结巴,此时他的话语会由清晰流畅变得较为晦涩沉重,于是那些试图浑水摸鱼的人就会抓紧时机寻找避风港。但天空同样也会变得豁然开朗。

他的地位以及孤立状态在丹尼斯·罗伯逊和休伯特·韩德森于1944年离开政府以后显得更加明显。罗伯逊去了剑桥,韩德森去了牛津,两人都成为经济学讲座教授。这两位是与凯恩斯同辈的经济学家,所以能够同他在辩论中交手。罗伯逊有着"一流的头脑",他在1943—1944年间去华盛顿工作,在布雷顿森林协定的前期谈判过程中起了不可估量的作用。凯恩斯同韩德森的关系则风波更大。韩德森在财政部的工作性质与凯恩斯一样,缺乏明确的界定,而他有意给一些他称之为乌托邦的战后计划泼冷水,这些计划大多数是他原先的恩师凯恩斯的主意。霍布金斯主导下的财政部最喜欢用韩德森的悲观论调来平衡凯恩斯的乐观论调,并在两者之间寻找结合点。

凯恩斯在财政部的关系网解体之后,他与内阁经济处的两位经济学家——詹姆士·米德和列昂奈尔·罗宾斯——的关系开始变得密切起来。后来获诺贝尔经济学奖的米德,是经济处最有实力的思想家,也最有远见卓识。战争初期,他与中央统计处的理查德·斯通一起致力于建立国民收支账户体制。后来,他开始关注战后的就业问题和商业政策。米德是一个自由派的社会主义者,他把凯恩斯对失业问题的分析嫁接到古典的自由贸易和再分配结构上。他给人的印象非常平和,这掩盖了他在争辩中坚持自己理论的耐力和追求自己的计划的决心。"他的兴趣在于政策的原则方面。如果他认为内阁各部的决定在原则上是错误的,他就会不遗余力与之抗争。"换句不太客气的话说,米德很少把政治因素考虑进去。财政部官员克拉克称他为"荒谬至极的学者和追求尽善至美的人"。米德崇拜凯恩斯,但并不是过分敬畏。

同米德相比,罗宾斯少了一些凯恩斯理论却多了一些政治家的成分。他的脑力和个性都很强,有一种"从容不迫的18世纪的风格,同他那类似于山缪尔·约翰逊(18世纪哲学家——译注)的特点相映成趣。尽管他有时会陷入沉思,但仍然具有高雅风趣的素

第七部分 为战争筹款

质"。罗宾斯是财政大臣"自负的约翰"最喜欢的官员,他们之间的关系再加上安德森在战时内阁中的地位是经济处的影响力之关键所在。罗宾斯的主要成就之一是在食品部的强烈反对下,让内阁做出了对食物进行配给供应的决定。罗宾斯在30年代的理论辩论中输在凯恩斯手里,他因此受到了磨炼。在1943—1945年间,凯恩斯同罗宾斯建立了关键的同盟关系,罗宾斯坚决支持凯恩斯的布雷顿森林妥协计划以及凯恩斯在同美国谈判贷款过程中的立场。

对比之下,那些在30年代与凯恩斯革命关系最深的一批人都不是凯恩斯在白厅的圈中成员。琼·罗宾逊仍然待在剑桥。哈罗德特别想得到一份财政部的工作,凯恩斯也推荐了他,但并没有成功,于是他就到切维尔的中央统计处找了一份不稳定的工作,1942年10月又辞掉这个位置回到牛津。在统计处,哈罗德感到不被重视,也不被重用。他喜欢新的观点,不喜欢多种颜色的统计图表。从切维尔的"小帝国"中退下来以后,他也寻求过其他的战时工作,但无人想用他。尽管他的智力很强,但人们说他"缺乏判断力"。事实上,他太书生气,也太自傲,很难适应任何团队工作。他是一个有才华的经济学家,但他后来的生活都由于战时的失败生涯而蒙上了阴影。

凯恩斯还试图把理查德·卡恩弄进财政部,结果同样没有成功。卡恩后来进了贸易委员会。1941年10月,他被派往埃及,作为国务部长奥利弗·李特尔顿的经济顾问。他的任务之一是促进当地的食品生产,以节省海运运力。他是凯恩斯了解中东地区情况的主要信息来源。1942年,凯恩斯提出一项巧妙的建议,向埃及和波斯出售黄金。这个计划由卡恩向上传达。黄金可以作为食品的替代进口物品,具有储藏价值的能力,所以埃及和波斯购买黄金可以降低通货膨胀率并减缓英镑积累的速度。卡恩热爱凯恩斯,他只有在凯恩斯的庇荫下才能正常发挥自己的能力。没有凯恩斯在旁边不停地刺激和提要求,他开始一蹶不振。他在埃及无所事事,于1942年8月16日写信给凯恩斯,抱怨说他现在"没有任何工作责任"。凯恩斯支持他回国的要求,但他的申请被拖延,因为财政部不知道由哪个机构支付他的工资。1943年1月,他回到英国在供应部工作,然后又转到生产部,最后当这两个部合并时又回到贸易部。他们师生两人仍然保持通信。但由于卡恩在圈子外面,他对凯恩斯在战争中的两大成就,即金斯莱·伍德预算和清算同盟计划没有起任何作用。战争结束后,他的部门要求他继续向剑桥国王学院请假,为国际贸易大会准备关税政策的文件,凯恩斯对他表示支持。凯恩斯在1946年2月20日写信给谢帕德,说"他(卡恩)在战争中是第一次感到很愉快,而且对自己的工作也很满意"。但他劝告谢帕德"命令"卡恩周五晚上离开贸易部,周一上午才能回去,这样他就能在剑桥待上三个安静的夜晚,可以帮助达迪·瑞兰兹处理学院的财务事宜。

总而言之,凯恩斯最后16个月在白厅里并不如往常那样愉快,他越来越爱谈辞职的事。他最关心的是两次世界大战之间的那一代人从舞台上消失,代之而起的是一批低层次的,或者说尚未经受考验的官员。在1945年,凯恩斯没有竞争对手,但也非常孤独。正如唐纳德·莫格里奇所说的:"他也许属于少数派,没有人相信他,但他在多数问题上总能够获得支持。"

4 凯恩斯的性情

是什么样的素质让凯恩斯在财政部崭露头角的呢?首先是他那爱好行动的性情。一位财政部官员丹尼斯·普洛克特回忆道:"他对某个问题的直感是基于两个方面:一方面,他设想没有人对这个问题做过研究;另一方面,即使有人做过,其研究方法也是错的。"从他的办公室里经常飞出大批的分析报告,由他向秘书史蒂文斯夫人口授,然后打印成文,第二天上午出现在某个或某几个人的收件箱中。他喜欢把这些复制的文件同时向几个方向分发。

在财政部,甚至在整个白厅,凯恩斯一贯的作风是刺激人们去行动,是个不满足现状的人。"他认为他自己的功能如同古罗马人用来搅动鲤鱼池的那种长矛,用它赶着鲤鱼不停地游动,就不会使它们变得懒洋洋的。"他似乎有一种永远填不满的好奇胃口,对任何有关战争财政的事情都感兴趣,尽管有些问题同他关注的事情没有多大的关系。在战争的大部分时间里,他保持足够的精力和敏锐的脑力以处理一大批的不同事务。每天上午在十点半以前,他已经完成了别人要一整天才能完成的口授工作。他的眼睛像探照灯,寻找有缺点的推理和尚处于黑暗中不为人知的事物。他对行政上的科层等级和分工制度不屑一顾,常常径直向低级官员询问事实或意见,而且毫不在乎用他们的观点来批驳他们上级官员的看法,这就使他成为令人不快的同事。

凯恩斯对某些问题的预感往往发生在他了解事实之前。这当然是不可避免的:他不是一位技术专家,而且也不是财政部管理机器的一部分。但他在没有事实根据的情况下也能形成很有力的观点,提出应该如何行动的建议。在官员们召开的紧急会议上,他往往能够阐述和强有力地捍卫他的看法。他动用论辩上的所有技巧,妙语连珠。然而,由于他对专家的知识还是比较尊重的,他一上来的那种无所不知的态度在专家面前就有所收敛。如果他的某个计划或最喜爱的项目被专家宣布为不实际、"行不通"时,他就会很快地加以修改,或从另一个角度来重新考虑。他对那些他感到太懒、不称职或感觉迟钝的人常常会很粗鲁。他当众贬低别人的故事比比皆是。有一次他对殖民部的官员杰拉尔德·克劳森说,他同意克劳森的那份关于缓冲储备的备忘录中提出的所有观点,前提是"每句话前面应该加上一个'不'字"。然而,正如卡托在他去世后所说的,"同他喜欢的人在一起,他会用一种奇特的、让人愉快的温和方式表示不同意见"。很多人都记得与他工作时所得到的那种乐趣,尽管有时他们自己也是被攻击的对象。

财政部最重要的文件都送给他,请他发表看法。他感到有责任调查每一件他认为缺乏行动或行动不得力的事情。一旦他对细节特别感兴趣时,他就会到低层次的委员会去调查某件事是如何处理的。有时财政大臣要同他谈话,他就会到贸易委员会去出席一个别人都不曾听说的委员会的会议。凯恩斯与别人——不管是上级还是下级——的接触层面要远远超出其他的高级官员。

他有时仅凭一点点外来的信息就开始干预政策。他到财政部不久,对玻利维亚的锡矿问题发生了兴趣。在1940年10月3日给威利的信中,他说:"这个附件表明玻利维亚人背弃了同英国的协定,恐怕要不了多久,所有玻利维亚的锡矿都会被运到美国去冶炼。"普莱费尔于1941年3月3日从华盛顿写信给威利:"梅纳德最近开始对玻利维亚的锡矿感兴趣,这一点上我们的感觉是否对呢?最近我们收到指示,要给美国政府的许多部门提交一份愤怒的最后通牒,以抗议这件事情。但这已经晚了九个月,而且所凭依据是错误的。我们觉得梅纳德现处于相当离奇的状态。即使是赫尔墨斯(古希腊神话中管商业的神——译注)也会犯错。"

1941年秋,凯恩斯利用理查德·卡恩在开罗的机会,给他寄了一份五页纸的关于重新改造中东运输体制的计划。1942年年初,凯恩斯又在积极地反对英国向中国提供贷款。这个被称为"尼迈耶贷款"的项目是陆军方面提出的,目的是阻止日军向东南亚的进攻。在一份挖苦性的便笺中,他叙述了赫胥黎在《不列颠百科全书》里寻找"智力"这个词的故事。赫胥黎发现有几种智力,即"人的智力、动物的智力以及军事智力"(言下之意是军方的智力连动物都不如——译注)。在他的财政部文件档案中,有一批文件的名称是"意大利:对古代纪念碑和艺术财富的保护"。1945年,他对缅甸也开始发生

第 35 章 战争期间的凯恩斯

兴趣。他在一份材料中写道:"缅甸经济重建的财政问题……对我来说是个全新的题目,也许是因为这份报告缺乏背景材料使得我感到对它几乎一点都不懂,是否能重新起草一份,让人们能够明白到底是怎么回事?"当然,即使是凯恩斯也有一定的局限性。他拒绝卷入埃塞俄比亚的货币改革以及在马德里的英国协会的错综复杂的事务。他写道:"毕竟,人总是需要一定的专业知识来处理问题的。"这是他很少用的谦卑的调子。

归根到底,凯恩斯成为一个优秀的文官所具有的那些素质同他成为一个优秀的经济学家的素质是一样的,这是多种素质的混合体。首先,他具有活力和乐观精神。在这方面,他与丘吉尔相同,相信任何问题都有解决的办法。正如奥斯汀·罗宾逊所说的:"在凯恩斯身边总是有事情会发生。"与凯恩斯打交道,不管是读他的书还是面对面地交流都可以是最有趣的事情——即使他的无礼有时也会让一个成年人流泪。他在财政部的一位同事写道:"凯恩斯身上最突出的地方是他在智力上的那种敏感和活力,总是新鲜、有趣,富有独创性和挑战性。"加拿大官员道格拉斯·勒庞把凯恩斯在财政部的办公室描绘成"一个创造奇迹的锻工车间,不断地迸发出新鲜的思想"。罗伯特·布兰德认为凯恩斯的脑子同他最聪明的同事的脑子也不相同:"它不断地迸发出火花。我只能想到一个词,就是'闪光'来描述之。"维吉尼亚·沃尔夫以她同凯恩斯的终生友谊总结出同样的素质:"那种对历史和人性的奇特的、充满想象力的热情。"他的脑子"不停地运动",但也会被一些微不足道的小事所吸引,他的思绪向"不同的方向积极地流动"。他总是过于乐观,所以他相信思考的力量和劝导的作用,尤其对自己充满自信。但是在战争最艰苦的阶段,他这种过于乐观的心态在道义上是正确的,但在实际上却有问题,很多人对他的态度都表示怀疑。

但他不是盲目的乐观。奥斯汀·罗宾逊提到,凯恩斯做事有三个阶段:分析、处理方法和说服。他的脑子在从理论进入实际计划的过程中是不中断的,整个思路都用优美的语言来雄辩地表述。战争给凯恩斯一个机会,让他竭力按照他理想中的那种"经济学大师"的模式去做事情。这种"大师"应当"用同一种思路来思考抽象和具体的问题"。如果说这种思维方式削弱了他脑子里的纯粹的品质,但同时也使他成为一个杰出的政策顾问。

凯恩斯不单纯是一个很强的理论家,他总是明白具体的事件需要什么样的理论,他的目标是提供实用的理论,并不断让他的理论方法适应政府关注的政策。《通论》是为30年代初的国情创造出的就业理论。我们在前面已经看到他如何使《通论》中的理论与财

第七部分 为战争筹款

政部对通货膨胀的担忧联系起来,并同传统经济学妥协。这在开战前的那些年里十分清楚,并在《如何支付战争费用》一书中有充分的反映。我们将在下面看到,他在推崇清算同盟计划时也使用了同一手段,把他的"流动性偏好"理论作为理论支点,以达到建立可行的国际金融体系的目的。他在实践中成功的一个关键因素是对数字的敏感,或用他自己的话说,对数字的"重要性"有感觉。尽管他不是科班出身的统计学家,他比大多数同事都更愿意使用数字或估算来支撑他的政策建议。

凯恩斯行政管理风格中一个较少有人重视的方面是它的灵活性,即愿意妥协的特点。研究凯恩斯的学者们常常被凯恩斯的对抗性的技术所误导。凯恩斯确实有意或无意地用这种方法来寻找自己和反对派的论证上的弱点。凯恩斯对别人的建议的初始反应常常是不屑一顾。他爱用的口头禅是"愚蠢"、"疯了"或"神经有问题"。金斯利·马丁说他在与人首次会面时喜欢把别人当成傻瓜,"常常因为他没有意识到他的那种个性让别人气馁"。不过他的第二、第三反应未必与第一反应相同。他可以摧毁任何论点,甚至是正确的论点,并迫使别人接受他的不正确的观点。但是,他有自我纠正错误的美德。很多人都注意到,他在阐述相反意见时也同样信心十足。

批评凯恩斯前后不一贯有些过分。凯恩斯一向把逻辑和策略区别开来。他明白什么是必须防守的核心阵地,什么是可以放弃的外围工事。对重大原则的态度明确,而在实际操作中保持灵活性和谋略,这正是凯恩斯在政治上成功的原因。从某些方面来看,凯恩斯具有文官的那种心理状态:与米德不同,他能够很快理解政治上的局限性,于是在这些局限当中灵活地运用自己的实力。

有人说,他做的妥协太多,有时以策略为掩护,实际上放弃了核心阵地,或者甚至说,没有什么重大原则让他愿意为之战斗到底。他看重智力、独创性和灵活性,而对合理性则不够重视。他给人的印象是,如果一个人能够像他那样聪明,那么他就能在各方面游刃有余。我们已经看到,在1941年租借协定谈判过程中,他是如何为自己的行为寻找根据的。我们将再次看到他在布雷顿森林协定的谈判中做出妥协,并接受美国贷款,尽管这个贷款没有让他的初始计划兑现。凯恩斯不是政治家,但有时似乎把实用主义运用得有些过头。

凯恩斯说服别人的能力与他对语言的运用有关。他给财政大臣的备忘录以雄辩和讥讽闻名。他出口就是妙语连珠。有一次,他读完一份特别冗长的报告后在上面批道:"这不是一本陈词滥调的选集,而是一部陈词滥调的百科全书。"他特别喜爱使用双关语。

第 35 章　战争期间的凯恩斯

他曾经把米德关于征收资本税（capital levy）的计划称做"轻浮计划"（capital levity），或把演员唐纳德·沃尔菲爵士（Wolfit）称为"孤独的狼"。凯恩斯在枯燥无味的事务里不断显示出炫目的创造妙语的能力，这对那些平庸的政界人物有着巨大的影响。他们觉得凯恩斯是一个神灵般的人物，他既能用政策事务的那种语言说话，又能暗藏着另一种语言。他的诗一般的语言同他论证的逻辑一样，让对手不得不就范。当然，他的这种才能有时也无济于事。那些对他不欣赏的人在语言和逻辑上被他双重击败，心里自然不满，甚至非常愤怒。摩根索即属于不为凯恩斯的语言魅力所动的那种人，但他在长期与凯恩斯打交道之后，也有些动容。此外，凯恩斯还用他的论辩才能去赢得一些本来不该赢的观点。

最后，凯恩斯的忠诚也是让他在战争期间有影响力的原因，这一点也没有得到人们足够的注意。不管他在内部对许多项目进行干涉，他的财政部同事们仍然对他愿意做一个集体中的一员表示敬重。一旦进了内圈，凯恩斯总能按内圈的规矩做事。与喜欢在媒体抛头露面的威廉·比弗里奇不同，凯恩斯从来不用他的内部信息从外部对政策制定施加影响。他在公开场合发布的观点都是事先获得批准的。当他册封为勋爵时，他决定不在议会上院的首场演说中对《比弗里奇报告》发表评论，因为他知道财政部认为这个计划让英国政府承受不了。他对母亲这样解释："我对我与财政部每个同事的关系都看得很重，所以不想冒险开罪他们。"

凯恩斯在战时的影响力建立在这样一些支点上：不断产生火花的头脑、分析能力、思想和身体的活力、理论与实践相结合的能力、管理上的眼光、愿意妥协的直觉、说服语言的大师以及对工作部门的忠诚。莉迪娅曾对罗伯特·布兰德说："关于梅纳德的真实情况是，他有一种非凡的意志力，任何人都拿这个没有办法，我想这是他生来就具有的。"只是到了生命的终点，凯恩斯才显现出衰退的迹象。他的备忘录和谈话里仍然不乏妙语，但这些妙语越来越多地埋没在冗长的语言之中。在晚年，凯恩斯开始失去简明扼要表达自己意思的能力，或者换句话说，他那喜欢口授的习惯加上身体不支终于使他不能明确地自我表述了。

从1943年秋天开始，他的健康开始逐步走下坡路。令人惊讶的是，从现在的角度看，他居然还在抽香烟——一种不太凶的土耳其烟，尽管抽得不多。但是，他的健康垮掉的主要原因是从1943年到1946年去美国进行的五次艰苦的谈判。工作本身对凯恩斯的心脏倒没有大害，但他的担忧和焦虑则对心脏损害不小。他最喜欢的是坐在那里写备忘录,同美国人面对面的谈判则让他筋疲力尽,因为他们要不断地换地方,日程安排过于紧凑。英国代表团的人手大大不足,而他还要承担双重责任——既是专家,又是特使,而且要不断地向伦敦请示。每次从华盛顿回来,他都要到他钟爱的提尔顿庄园去休息和放松十天。财政部对他的缺席很是担忧,但对他从华盛顿归来的焦虑更甚,因为他每次都带回来许多新的、让同事们不安的想法。

5 工作之余

凯恩斯给自己的生活加上了财政部的工作,但并没有减慢他的正常生活节奏。让凯恩斯生活的节奏放慢无异于让一只钟失去时间。凯恩斯的医生普莱什懂得这一点,他采用相反的策略:当凯恩斯自诩能每天工作10小时的时候,他就告诉他应当工作12个小时。凯恩斯本来可以像第一次世界大战中那样向剑桥请假,但他没有这样做,而是周末回剑桥,以示他仍然没有离开剑桥。他通常与莉迪娅一起去,他们在圣爱德华街17号B座有一个公寓。他每次度周末都是一个固定方式:星期五晚上,一辆小车把他从财政部接到国王广场火车站,同时把莉迪娅从戈登广场接来,然后一起乘火车去剑桥。星期六上午是国王学院的管理委员会会议,午餐在教员大厅中进行,有时学院的资产委员会在下午开会。星期六(有时星期五)晚上,他和莉迪娅总爱去艺术剧场的饭店招待来宾吃晚餐。星期天总是与凯恩斯的父母共进午餐,也许还要去教堂听一场音乐会。他们一般在星期一上午回到伦敦。

他直到去世仍是学院的首席财务总监,尽管很多准备年度账目的工作已由达迪·瑞兰兹和一些工作人员一起完成。理查德·卡恩曾提出接管凯恩斯的财务责任,但他拒绝了。他说:"我对学院的事务有真正的兴趣,如果不做这件事我会想它。这对我来说并不是一个异常沉重的负担。"此外,他坚决不愿意在庇古于1943年退休后担任经济学教授的职位。琼·罗宾逊敦促他提出申请,他对她解释说,他不可能在战后再回来做教书的苦差事。理查德·卡恩也拒绝申请,后来这个位置由丹尼斯·罗伯逊获得,凯恩斯对他勉励有加。

凯恩斯并不是学院院务委员会中不大管事的委员。在他快去世前,他对教务长谢帕德发过一通大火。当时管委会的一份报告试图掩饰辞退一名管理员的原因,凯恩斯对此毫

第 35 章 战争期间的凯恩斯

无必要地大光其火，反映出他在战争中一点也没有失去那种精英主义的心态。他要求谢帕德不要容忍那种让人伤感的博爱主义，并希望"我们前人的那种简明的谈话方式重新回来"。他坚称"如果我们否认人与人之间存在能力的差别，这正是我们国家的活力在所有方面都被扼杀的原因"。他的结论是："如果我们沉沦下去，那必定是在泥浆和肥皂泡里沉沦。"

他们在剑桥最开心的是同父母在一起，还有就是参加剑桥艺术剧场的活动。每周日在哈威路6号的午餐是雷打不动的。凯恩斯父母对莉迪娅已经完全接受，并喜欢她的到来，所以这个场合更令人开心。尽管年事已高，身体不免有些问题，但内维尔和佛萝伦丝的身体依然算是健康的。约翰·内维尔·凯恩斯在耄耋之年终于对这个世界没有任何担忧之事了，他在工作期间仍然疑虑太多，现在心态完全放松。他退休之后热衷于搜集邮票，听歌剧，打桥牌，再喝上一点上等的葡萄酒。他的生活没有受到军事形势波动的影响。

1942年8月30日，国王学院为内维尔举办90大寿的生日午宴，凯恩斯发表了简单的演讲，对他父亲漫长一生中的成功与失败做了恰如其分的总结：

> 我想我应该想象一下，在我认识他以前他是什么样的一个人……这是一个文雅的维多利亚时代中期的人，有良好的文化修养，阅读斯文伯恩、梅里迪斯和易卜生的作品，购买威廉·莫里斯牌的墙纸，长着连鬓胡，谦虚而又工作勤勉。但是，他也比较富有，喜爱生活中的乐趣，在一定的范围内算得上有点奢侈。待人慷慨大方，喜欢社交，爱好请客，爱喝好酒，喜欢游戏、小说、剧院和旅游。但是，工作的压力开始滋长，他患上偏头痛，所以对前景越来越不乐观。然后他渐渐地退回家庭，到他亲爱的妻子身边，受到家庭的拥抱。他成为一个完美的、可爱的、可信赖的家长。大度、沉默、内向，他总是让你按照自己的意志和判断去做，但从不掩饰他自己对你的忠告。
>
> 在33年里，他是最好的行政管理者之一。在这些年里，按我的看法，这所大学是处于历史上最好的阶段。

内维尔退休之后的安静生活与他的妻子佛萝伦丝的活跃生活和不安分的思路形成鲜明对比。佛萝伦丝比他年轻九岁，在30年代中期她放弃了公共事业之后，开始研究剑桥和自己家族的历史。在梅纳德去世以后，她出版了两本有关这些领域的著作。在战争中，她把一些未婚的母亲安排到哈威路6号来住，这是她为战争做贡献的方式。1943年，梅纳德接替艾特斯利勋爵担任剑桥市的财产管理员，佛萝伦丝非常高兴，认为这样就把他的家庭背景与剑桥大学和剑桥市紧密联系在一起了。梅纳德的父亲是大学的注册主任，而母亲当过剑桥市长，他在3月6日的就职活动简直是一次家庭聚会，双亲和很多亲戚都参加了。

梅纳德对父母的态度总是充满感情，非常关心，但又不公开流露。父母也为他感到十分自豪，对他做的事情很感兴趣，但也不愿过多地过问。所以他总是向父母讲一些他们喜欢听，尤其是母亲喜欢听的事情：他生活中的事情、他接受的最新任命以及他对各种事务的态度。他在战争期间给父母的信大多数是从提尔顿或国外发出的，这些信既有丰富的内容，又像聊家常一样。他对自己工作上的努力、成就和荣誉以一种剑桥人特有的讥讽态度来看待，因为剑桥人的主要活动是思考而不是行动。这些信并没有暴露出凯恩斯的"内心"世界，即那个自我折磨或自我怀疑的凯恩斯。或者说，这样一个凯恩斯也许已不复存在了？

梅纳德也没有忽略其他的家庭成员。他与弟弟杰夫里常常通信，杰夫里现在已经是空军准将，他俩谈一些家庭琐事和购买的古董书，如贝克莱、斯宾诺莎和洛克的作品。对于担任了凯恩斯曾谢绝出任的剑桥独立议员的妹夫A.V.希尔，凯恩斯则与他在一起讨论军事战略问题。凯恩斯的姨妈，也就是佛萝伦丝的妹妹杰茜·劳埃德想把遗产留给剑桥纽汉姆女子学院，以纪念她的女儿穆丽尔·劳埃德。梅纳德给她出主意，劝她把钱用来建一栋新的房子，其中有"给院长住的一套很好的公寓"。

梅纳德的仁爱和兴趣也延伸到他的侄子、侄女、外甥和外甥女，尽管对他们是慈爱多于兴趣。他很大方地向他们提供借款和年度红包。对这些孩子们来说，他太过威严和出名，所以不太能同他建立特别亲密的关系，但他尽量做一个好的长辈。1945年年初，他安排侄子理查德·凯恩斯和他的新婚妻子安·亚德里安到提尔顿去度蜜月。他也常常邀请侄子和外甥们在圣诞节到提尔顿来打猎。他对他们提出的问题都认真对待。1943年，在华盛顿的昆廷·凯恩斯写信给他，对清算同盟计划的外汇管制措施表示异议。对此，凯恩斯认真地回答道："用最简单的话说，任何人想带10英镑到巴黎去度周末，都应当获得外汇管制机构的批准。""不管我们的集体支付能力如何，我们也不可能容许个人随意地把资金提到国外。不幸的是，这确实意味着所有的游客和旅行者都必须在得到批准之后才能带钱出国，这对控制资金外流是必要的。我只能希望人们对它

第 35 章 战争期间的凯恩斯

进行公正的解释。"

1942年11月7日,凯恩斯参加了在剑桥为已故的恩师阿尔弗雷德·马歇尔诞辰100周年而举行的纪念活动。他在11月13日写信给理查德·卡恩:

> 每个人都到场了,这是多年来安排得最令人愉快的茶话会。(庇古)教授到来时,身着一套新的西装,人们说这是他租来的,但他则说他早就做好了,在上一次世界大战之后就一直放在纸套中没有拿出来穿过。马歇尔夫人没有讲稿,讲了足足十分钟。皮埃洛(斯拉法)尽量把他那张惭愧的脸藏起来,以防别人提及他的那个灾难性的李嘉图项目。在最后关头,他决定不讲话……与此同时,他已被邀请加入"政战部"以在意大利策划一场革命。但他似乎十分犹豫,也许会放弃这个机会。

玛丽·佩利·马歇尔于1944年3月17日辞世,凯恩斯挤出时间写了一篇内容丰富的讣告文章。1943年2月27日,迪尔文·诺克斯去世,这使凯恩斯痛苦地忆起他是初恋情人。他在3月10日的《泰晤士报》上写道:"他在伊顿和国王学院的老朋友们再也看不到他们热爱的迪里了,这实在令人伤心。"1943年6月,他在三一学院宣读一篇题为《牛顿其人》的论文,这是他长期以来打算写的牛顿研究的一个成果的片断。他本打算在纪念牛顿诞辰300周年时完成,但实在抽不出时间。对牛顿的研究促使他提出一个撰写人物传记的信条:"我们受习惯的折磨,"他对尤斯泰斯·提里亚德说,"总是喜欢把对伟人的解释建立在后来发现的事件的基础上,而不研究伟人生平的情况,他们在年轻时接受过什么样的熏陶。传统手法总是把牛顿看做是与伏尔泰那种理性主义相同的纯粹的18世纪人物。事实上,他的思想和性情的全部内容都根植于他以前的那些传统。依我之见,他是最后的一位巫师,而不是第一位理性主义者。"换句话说,对环境的承上启下的关注是理解一个思想家的关键所在。这种撰写思想史的方法现在已经广泛地被人们采纳,但凯恩斯的文章在当时是有开创性意义的。他是否也想过他是如何希望后人去理解自己的呢?

1940年2月,凯恩斯终于放弃了对艺术剧场预约剧目的控制权。他说将来只管一般性的原则问题,当然他做不到这一点。1942年,他积极地参与组建了剧场自己的演出团体。他与舞台监督诺曼·马歇尔一起在1943年春让本院的剧团上演了12周的易卜生和契诃夫的作品。"这正是我们做梦都想上演的那些剧目,"他对剧场经理诺曼·希金斯这

第七部分 为战争筹款

样说。他劝告马歇尔要尽量演一些轻松愉快的戏:"在目前的情况下,人们对阴郁和彷徨心态的忍受是有限的。"舞台监督马歇尔让他十分不满,他"懒散,缺乏想象力,胆子很小,在细节安排上不称职"。经理希金斯则相反,"充满活力,忠诚,聪明,是让人感到非常理想的人物"。战争时期是艺术剧场的愉快的日子。剑桥挤满了避难者、政府工作人员和军队官兵,包括美国空军人员。凯恩斯曾个人出资请3000名儿童观看达迪·瑞兰兹创作的诗歌音乐剧《玩具公主》。

剑桥活动之外,凯恩斯还花大量的时间来关注提尔顿庄园的农场经营活动。由于政府在战时鼓励农耕,所以他的农场得到了政府大量的津贴,他们的农场活动也大为扩张。1941年,凯恩斯和他的农场经理娄根·汤普森联手接管了查尔斯顿的农场。用法朗茜丝·斯波尔汀的话说,是为了防止查尔斯顿的房子开始衰败。凯恩斯借钱给汤普森,让他在查尔斯顿成为独立农场主,并让他获取查尔斯顿庄园的农业利润,以期用这些利润偿还凯恩斯借给他的钱。他们现在加起来一共有600公顷的土地。凯恩斯每年有能力种植100公顷的小麦。他的车夫弗里德·沃拉德负责驾驶新买的一辆价值600英镑的高质量的拖拉机。在剑桥的凯恩斯私人档案中,他与汤普森在战时的通信占了很厚的一个文件夹。他希望了解和理解农场的一切活动,在给汤普森的信中就蔬菜园里种什么都做了详细的指示。他也想明白为什么1944年查尔斯顿的小麦生产的形势如此恶劣。在1941年10月,农场有12位帮工,其中包括昆廷·贝尔。凯恩斯付他2镑1先令的周薪,任务是养猪。昆廷的务农技术并不高明,1943年12月,娄根·汤普森在组织打猎山鸡的活动时告诉凯恩斯:"你不必让昆廷去,他杀什么都不在行。"

凯恩斯是个精明的雇主。有一次,他宣布调高工资,但同时又取消了免费的牛奶,而后者的费用更大。1942年,他向政府工资管理委员会申请降低老年帮工的工资。"这不是因为他们没有技术,而是因为他们工作的速度太慢。"当听到帮工"老霍利斯"被送进济贫院时,凯恩斯说:"很抱歉地听说老霍利斯已被送进了除了这里以外的最后归宿。"

1941年2月,一位英军军官威尔斯上尉要求征用提尔顿庄园作为他的指挥所,凯恩斯理所当然地大怒。他对上尉咆哮道:"完全不可能。"他和他的夫人、他的"老年管家"、厨师和她的女儿都是提尔顿的常住居民。尽管他有一个常驻的经理,但他仍然积极地参与提尔顿农场的事务,因此常常需要来此。他在大病三年之后,回到财政部去做全职工作,但他仍需要照顾自己的身体,而乡下正是他休养的地方。他在信

第 35 章 战争期间的凯恩斯

中写道:"如果我失去家舍,我的身体将会受到很大的影响,这样就会严重地干预我在财政部的工作任务,这些工作对国家是重要的任务。"此后,他再也没有收到征用提尔顿的要求。

凯恩斯还尽量同布鲁斯贝利的朋友们保持联系,他也尽其所能帮助他们克服战争期间所遇到的困难。"回忆俱乐部"的会议是布鲁斯贝利的新老成员聚会的主要活动,梅纳德尽量出席这些由莫莉·麦卡锡主持的聚会。邓肯·格兰特和范奈莎·贝尔在战争期间一直待在查尔斯顿,过着一种"相对平静的生活,作画,整理花园,养鸡,很少与别人打交道"。在因病休养的假期中,梅纳德在提尔顿与邓肯见面的次数要比30年代多。查尔斯顿的朋友则在圣诞节期间到提尔顿来,莉迪娅和邓肯领头组织娱乐活动。凯恩斯在1942—1943年间赞助邓肯、范奈莎和昆廷在伯维克教堂作宗教画。他还对一个很出色的新画廊提供了资金支持,并借画给它展出。这个画廊是一对怪异的姐妹,人称"从米勒来的女士"在路易斯开设的,她们是弗朗茜丝·拜因·斯汤波夫人和卡洛琳·拜因·卢卡斯小姐。

凯恩斯自己在购画上有所停顿,只是偶然地搜集了埃文·希钦斯的几幅作品。1942年,凯恩斯与邓肯和范奈莎一起阻止"小兔儿"·加奈特与邓肯和范奈莎的女儿安吉丽卡结婚,尽管凯恩斯在道德观念上比较开通,但对邓肯原先的同性恋情人要与邓肯的女儿结婚仍然感到实在太离谱。

凯恩斯直到1945年2月仍然担任《经济学杂志》的主编。他做这一工作的主要动力是为了跟上经济理论的发展。战争期间访美时,他总要带上《经济学杂志》有关的资料。当杂志社为他从主编的位置上荣退举行晚宴时,他举杯"为经济学家"祝酒,他说经济学家并不是文明的监护人,而是"文明的可能性"的监护人。哈罗德认为凯恩斯遣词造句是处心积虑的,他表达了他想表达的意思。哈罗德的判断是正确的。凯恩斯直到去世时仍然是《新政治家周刊》的董事会主席,尽管他越来越发现,该周刊的新闻风格让他厌恶。1945年,他反对刊登爱尔默·瓦朗斯写的一篇文章,称它"充满了偏见、诽谤、讥讽和中伤,这正是共产党及其同路人用来建造完美的社会制度所惯用的伎俩"。

1943年1月,他从"马尔萨斯协会"副会长的位置上辞职,因为他反对该协会的理事会通过的一项要求政府对穷人实行计划生育的决定。他在年轻时也支持过这个政策,但现在看到希特勒搞的优生学试验,他觉得这已经让他难以容忍。形成鲜明对比的是,

第七部分 为战争筹款

1941年10月,他很高兴地接受国家艺术馆的理事位置,认为这是一个"让人感到愉快和荣幸的轻松工作"。赛蒙·库尔多对此评论道:"我们所有的受尊敬的机构都差不多被革命化了。"

在战争期间,凯恩斯仍保持着读书的习惯,并对那些他感兴趣的著作发表一些广博的评论。他给弗里德里希·哈耶克的那封评论其新作《通向奴役之路》的信,是他的政治和经济哲学最重要的自白。他对艾弗尔·布朗关于俚语的一本书《你耳朵中听到的那个词》十分着迷,还"给作者写了一两个注释"。1943年,布朗在《观察家》杂志上对凯恩斯有一段描述。凯恩斯对统计学家乌德尼·茹尔的一本书稿《文学语言的统计数字》进行了一番评价。茹尔对作者所选择的名词进行了统计,而凯恩斯认为"这个方法的使用面太窄,不可能用来统计涉及面这么广的问题"。1942年夏天,他在阅读J.H.克拉汉姆的《英格兰银行史》的清样。他为这部"非常有意思"的著作写了八页纸的评论,并且还提出一个问题,该银行在创立的100年当中是如何保护它的储备的呢?他还积极支持捷克难民维克纳·斯塔克在重新发现、重新评价边沁的工作上的努力。他帮斯塔克在剑桥找到一个教职,还用自己的资金向他提供了多次的资助。

1943年5月,苏联驻英大使麦斯基寄给凯恩斯一篇M.米汀院士撰写的文章,题为《25年来的苏联哲学》。他希望凯恩斯能找一家体面的杂志发表这篇文章,"以增进两国人民之间的文化交流"。凯恩斯认为这是一篇"有意思但很可怜的文章",它同"哲学没有任何关系,只是作为社会学的文献才具有真正的意义"。他将此文转给列昂尼德·沃尔夫,但作为《政治季刊》主编的沃尔夫拒绝刊登这篇文章,认为它完全是胡说八道:"我希望我能够理解什么是辩证唯物主义。但从长期的经历来看,无论做出多少努力,这都是一本打不开的书。我永远也不会理解。"凯恩斯仍然不愿放弃,他向《哲学》杂志的主编希尼·胡伯再次推荐,胡伯也决定拒绝。凯恩斯劝他重新考虑,"即使是为了显示人类的愚蠢也值得"。凯恩斯对马克思主义基本是一无所知。他在一次度假中阅读了琼·罗宾逊的小书《论马克思主义经济学》之后,写信给她说:"我觉得这本书非常有意思,尽管其中也有一些无趣的东西,特别是要把没有意义的东西变成有意义的努力……看完这本书以后,我感到他(马克思)有一种深邃和独创的眼光,但却是一个低劣的思想家……"

在晚年,凯恩斯在搜购旧书方面的爱好主要集中在伊丽莎白一世和斯图亚特王朝时期的诗歌和戏剧。一方面是因为这类书的价格比较低廉,另一方面他觉得这些作品"同我

第 35 章 战争期间的凯恩斯

想象的一样,是那么滑稽和神经质"。他在拍卖行里,或者通过马格斯、考里奇等旧书商的书单来购买精品。在阳光充沛的下午,他喜欢在提尔顿庄园的凉廊中审视这些书,由于健康状况恶化而不得不休息的时候就更是如此。他会与专家们通信讨论这些书的内容和市场价格,既兴奋又不太专业地发表一些有见地的看法。

6 回到伊顿

在战争期间,凯恩斯除了财政部的工作之外还担任了两个重要的工作。1941年12月17日,山姆·库尔多的女婿R.A.巴特勒以政府教育委员会主席的身份邀请凯恩斯担任"促进音乐和艺术委员会"的主席。我们将在后面详细介绍这一工作的性质。不过,这一事情的工作量没有下面这项工作的负担重。1940年7月,他接受了R.C.马蒂诺的邀请,成为伊顿公学的院务委员会中代表80位老师的委员。10月5日,他被选为正式委员,并成为总务会的成员。既然是凯恩斯,他就会把他的责任看得很重。在总务会的第一次全体会议上,"他提请大家注意有关伊顿在伦敦的房屋财产被炸毁以后的赔偿问题"。他很快就开始为伊顿的投资政策和税务问题出谋划策。他还参与信托基金和财产的管理,处理伊顿在将来同政府教育制度之间的关系。此外,他还帮助解决学校雇员的种种抱怨。凯恩斯非常高兴能重返伊顿。总务会每两个月开一次会,院务会每年开三次。他一般是星期五傍晚到伊顿,在院长克劳德·艾利约特家中过夜,星期六坐火车回剑桥。在会议之间,他还常常与伊顿通信,如果他不能与会,他就用书面方式表达他的意思,常常是很详细的看法。

凯恩斯接受这个额外的负担并不是因为他喜欢工作,而是因为他对伊顿公学的生存有着深切的关注。这是他的传统心态的一个方面,而他对当年在伊顿的回忆也是十分美好的。一旦开始卷入,他就难以自抑地对什么都要过问和调查,甚至在他正式当选为院务委员之前,他已经发现了学院制度中的问题——女管理员的退休金不足,教员的退休年龄定得太离谱。他批评学校的投资、退休金制度以及税务工作缺乏效益。他发起了一个投资委员会,并用几页纸就重新拟定了一个新的退休金计划。他对待自己作为教师代表的职责非常认真,常常参与解决纠纷,撰写大量的信件。对那些分歧很大的争议,凯恩斯的判断很准确,手法也比较得体。两位学生宿舍的主管泰特和阿什顿进行过一次出名的争斗,都想拿下较大的那幢男生宿舍。当时宿舍主管都把宿舍当作赚取利润的工具。凯恩斯积极支持改革,给宿舍主管们付工资。这项改革于1945年获得通过。有时他也会失去耐心。1943年1月23日,他在给公学财务总监的信中说:"这是我给考尔克洪的一封信的复制件。他让我把他的煤气炉爆炸一事上报到议会上院,但这种事是不可能上报到那里去的。"

凯恩斯所干预的很多事情都反映了伊顿本身的历史,但有些事情也反映出他本人的态度。研究凯恩斯经济学的学者会觉得下面的一张便笺非常有趣。这是公学院长给凯恩斯的:"我将采纳你的关于平衡预算的那些建议。"他在院务委员会中的最主要的盟友是银行家雅思珀·瑞德利。但当瑞德利反对他购买澳大利亚的澳元公债时,凯恩斯对他的投资哲学做了一个丧气的解说:"我的中心原则……是同一般的看法背道而驰。我的理由是,如果大家都看好某个投资项目,那么对其下注的费用就不可避免地会上升,从而失去吸引力。显然我不可能两边下注都赢,所以投资的要点恰恰在于选择大多数人都不同意的项目。所以,如果其他有关人员对我的决定没有足够的信心,那么我将从这场不平等的战斗中退出。"

让凯恩斯爱恨交加的是伊顿的那位十分优秀、但非常怪异的教务长林基·桂格斯伍德。这位以前的休·塞西尔勋爵是辩论口才极好的国教托利党人,具有很多传统的习惯——他坚持穿托利党的短裤进晚餐——在思想上更加保守。他把战争看做是对由来已久的生活习惯的一种普通的干扰。他还反对政府提供防空洞,因为议会法案中没有这一条。"把中世纪老师的无情的习惯强加于人所面临的问题,这并非能被所有人接受,"肯尼斯·罗斯这样写道。凯恩斯回到伊顿的时候正好碰到桂格斯伍德和院长在争夺选择奖学金学生的权力。传统上,这个权力属于教务长和院务委员会成员。林基指控院长克劳德·艾利约特——一个"有优秀的行政管理能力"但"权力欲太大的人"——试图把教务长降到比"梅洛文国王"(即历史上虚弱的法兰克王——译注)还要低的地位。在好斗心态的促动下,教务长在传统章程中寻找支持自己的证据。在院务委员会讨论谁将负责考试委员会的会议之前,凯恩斯收到了教务长寄来的六页纸的信件。他的评价是:"这是智力误用的一个典型范例。"双方吵得筋疲力尽,最后得出妥协方案。对这件事饶有兴趣的凯恩斯对奖学金学生的审查老师法朗西斯·克鲁梭说:"你将看到他们对这件事的处理多么有政治家的风度。他受的神学训练和我受的形而上学训练使得教务长与我达成了一个协议,我认为你会感到满意。但他们可以向院务委员会的那些负责挑选

第 35 章 战争期间的凯恩斯

的委员们陈述他们的意见,并说明如果被允许,他们将如此这般地确定名单。"

1944年,林基·桂格斯伍德准备退休。在战前,他曾攻击英国的主教们在老得不能工作之前总不愿退休。10月14日,他正好75岁。他突然宣布退休:"我将到伯纳茅斯郡去颐养天年。"他的继任是原先的副教务长亨利·马腾,他曾给凯恩斯上过历史课,当时他还在附近的温莎城堡中教伊丽莎白公主(即当今在位的女王——译注)同样的科目。

凯恩斯本人有时在考虑从政府工作中退下来,尤其是在1943年以后,特别想在公共舆论上做些启蒙工作。他的政府身份使他无法接受一些很有吸引力的邀请,比如1942年的罗曼内斯讲座,以及负担不太重的在伦敦经济学院的斯坦普纪念讲座。对他来说,一个关键的问题在于他应当选择继续为政府工作,还是为战争结束后的经济现实制造公众舆论。在乔治·舒斯特爵士向他提出退出政府的建议时,他这样回答道:"我认为我影响公众舆论的时机终究会到来,但现时还没有。白厅,至少财政部,现在正处于一种建设性的、有创业精神的状态。只要目前的状况继续下去,我相信我们通过团队的集体努力所取得的成就将比一只孤犬在那里狂吠要大得多。"这种建设性的创业精神正是指凯恩斯和财政部联手推动的国际清算同盟的计划。

第八部分

这次比上一次要好

经济问题回归为次要问题的那天很快就会到来……人类的心智将被用来，或重新用来应对那些真正重要的问题——生活问题、人类关系问题和关于创造、行为与宗教的问题。

J.M.凯恩斯，《预言与劝说》

第36章
凯恩斯的"新秩序"

1 场景的设定

所有思索未来的人们,即使是在第二次世界大战最黑暗的阶段里,都有一个共同愿望:这一次我们应当比上一次做得要好,也就是说对和平的安排要比第一次世界大战后做得好。当然,第一次世界大战也产生了好的计划。但是,威尔逊式的计划——民族自决、公开外交及国际联盟——主要涉及的是宪政方面。在经济问题上,当时的呼声是"回到1913年",尽管在社会生活方面对此口号是有一些抵触情绪的。在第二次世界大战期间,没有人再愿意回到30年代去,而德国问题、维持和平的问题仍然存在。然而,第二次世界大战中的改革派与第一次世界大战中的改革派的区别在于,前者更加注重经济和社会方面的政策。很多思考这类问题的人都相信两次世界大战之间的那种被凯恩斯称为"乱七八糟"的局面是有缺陷的经济安排所造成的。希特勒可以被视为是对经济大萧条给德国带来的极端恶果的一种极端的反应。充分就业、社会保险、国际合作将是和平安排的有意识的目标,而不再是战争的偶然结果。

美国是一个巨大的未知数。在英美两国的政策圈子里有一种普遍的看法,即美国的孤立主义政策是两次世界大战之间国际经济和安全体制崩溃的主要原因之一。这个看法当然也不是人人都接受的。按照凯恩斯的说法,英国是19世纪国际交响乐团的总指挥。第一次世界大战以后,英国已不再有能力担当指挥的重任,所以这个交响乐团分裂成几个不再互相协作的小乐队。美国是否愿意拿起指挥棒呢?大家都不清楚。在1941年的时候,它甚至还未参战。但是,美国确实有一个战后安排的计划——消除贸易歧视,并且用租借法案这个强有力的工具迫使英国就范。凯恩斯认为这都是"霍尔先生发狂的建议",之所以"发狂",是因为它们不符合实际,而且是宗教启示下产生的。但凯恩斯是一个实用主义者,所以,在一定条件下,英国仍然能够接受美国的战后计划,这个条件就是美国政府愿意使用资金和担当起领导责任,建立一些新的机构,制定一些新的政策来支撑它的自由贸易计划。

凯恩斯与美国进行了数次的争斗。他的一个关键的信念是,新大陆在战后必须同旧大陆紧紧地联系在一起,这是旧大陆享受长期和平和繁荣的根本保障。英国的长远利益要求英国做出这样一种安排,即使这意味着它有时必须承受一定的屈辱。这并不是英国精英一致同意的观点,但大多数人也许是支持他的。这就能够解释英国在战时和战后屈从于美国要求的那种让人不可理喻的做法。

凯恩斯在1941年7月离开华盛顿之前收到了美国国务院租借协定第七条的草案。作为租借协定的一个"细节",英国必须承诺在战后不得歧视美国的出口商品。在1941年8月到1942年2月的这段时间里,英国以两个平行的策略来对付租借协定第七条草案。第一,争取对第七条做出一定的修正,使英国的承诺不必具体化,以换取美国战争物资的供应。第二,设计一些符合美国要求,或至少看上去这样的新建议。凯恩斯在10月17日给艾奇逊的信中说:"我回到这里时,发现白厅比我走之前更愿意关注战后的问题,好几个高层委员会已经成立,专门讨论这些问题。"

1941年12月7日,日本偷袭珍珠港。这就完全改变了租借协定谈判的氛围,因为美国同时也加入了欧洲的战争。英国现在希望用"为共同事业相互做出牺牲"之类的言辞来淹没租借协定第七条的内容。英国人尤其担心太平洋战争将进一步地提高英国的英镑债务。蒙塔古·诺曼希望英国方面敦促美国人建立共用的资源库,而不必谈论租借协定的"细节"问题。哈利法克斯则指望把这个问题推迟到战后再谈。然而,美国方面既不愿建立共同使用的资源库,也不愿推迟讨论"细节"。美国政府坚称,英国已经负有美国的债务,而且强调今后所有对英国的租借物资都按照原来的条件提供。丘吉尔在1941年8月到纽芬兰的普拉森塔湾去同罗斯福谈判《大西洋宪章》。他深知,内阁必定会对这个宪章有分歧,所以提笔把"没有贸易歧视"这几个字划去。1941年12月,他访问华盛顿与美国建立"大同盟",在与罗斯福会谈时,他尽力避免讨论第七条这个问题。

凯恩斯对这个问题则比较认真。他关心的是如何在接受租借协定第七条的同时,英国仍然有经济上的安全。从一开始,他就清楚地意识到,重返金本位和自由贸易是不可能的。然而，有没有可能恢复19世纪的那种在多边支付安排支撑下的扩大贸易的体制呢？这就要求对国际货币体系进行重大改革。如果所有的国家都有足够的储备货币作为保障——旧的金本位制度从来做不到这一点，消除30年代和战争期间的那些贸易障碍也许是可能的，甚至还可能恢复1914年消失的那种统一的国际经济制度。凯恩斯的这种心态促使他于1941年8月开始在提尔顿思考"将来的货币安排"问题。在战争的剩余时间里，这些问题是他一直关注的重点。在华盛顿，财政部的哈里·戴克斯特·怀特也在思考"将来的货币安排"问题。这两个人的计划的妥协方案便是日后著名的"布雷顿森林体系"。

人们也许会觉得，对战后的经济和平的安排不是从贸易而是从货币问题开始，而且在货币方面的进展更快。不管怎么说，租借协定的第七条所涉及的是贸易而不是货币。然而，这种前后次序的安排符合政治和逻辑上的考虑。30年代的世界贸易之所以崩溃是由于金本位的消失，所以消除贸易障碍应当从消除货币之间的障碍入手，因为贸易是由货币来支付的。这就要求对旧的金本位制度加以改善。同时，英美之间在货币问题上达成协议较为容易一些。对多数政客来说，货币问题太玄妙，太枯燥，而贸易问题则立即能引发他们的兴趣、激情和偏见。所以，专家们有机会在他们的战后计划引起政客们注意之前就在货币问题上取得较大的进展。

我们当然不应该以为这些"技工们"——人们喜欢用这样的贬义词来称呼这些专家——在历史和政治的真空里操作。他们每个人对旧的金本位制度为何崩溃都有着各自的看法；并且每个人都代表着不同国家的经历和利益。毕竟，英美计划来自于战后地位大不相同的两个国家。战后英国的地位将是贸易地位下降、资产流失和债台高筑；而美国则完全处于相反的地位。凯恩斯提出的计划是从债务人的角度制定的，而怀特的计划则是债权人的计划。英国人想得到一个无附加条件即可借钱的计划，而美国人则要用借贷来强加一定的条件。除此之外，两国计划的差距还因为另一个因素而加大，这就是英国的计划来自于银行业的传统，而美国的计划则基于法律传统；英国人想要一个以谨慎的格言为基础的计划，而美国人要的是法律条文清楚的东西。英美双方在技术层面上的辩论不仅仅是为了掩盖各自的国家利益。凯恩斯和怀特一样，对理论感兴趣，并真的想找到解决技术性问题的技术性解决方法。政治冲突如果用政治语言来解决就非常困难，但是经济学往往可以通过技术语言来避免政治冲突（有人会说是假装避免）。当双方的专家们互相了解之后，他们形成了一种对付其他圈子的团体精神——共同对付政客、银行家以及各种寻找机会要摧毁凯恩斯和怀特两人的各自计划的既得利益集团。正是由于专家们从头到尾都主导了布雷顿森林协定产生的各个阶段,所以达成协定是势所必然。但这并不表明双方的政客们对此协定都能够信守承诺。

凯恩斯面临着第七条款的挑战,他必须设计一种计划,既能把美国锁进一个让所有国家都达到国际收支平衡的体系,这就不需要贸易歧视政策;同时对赤字国家也没有强迫的紧缩政策、失业或债务羁绊的压力。他从1941年9月从华盛顿回来后不久便开始撰写这个计划了。

2 沙赫特博士

在租借协定签字之前,凯恩斯就时断时续地思考过战后安排的问题。1940年11月,凯恩斯收到一份文件,这就是德国的所谓"冯克计划"的详细资料,这是纳粹德国的经济部长沃尔特·冯克在1940年7月25日的柏林记者招待会上宣布的希特勒的"欧洲新经济秩序"的蓝图。这是第二次世界大战当中出现的第一个战后计划,出自纳粹德国是可以理解的。英国新闻部的哈罗德·尼克尔森把这个计划送给凯恩斯,并附上一张便条,请他对美国人和英帝国自治领发表一个广播讲话,批评"冯克计划"。令尼克尔森大吃一惊的是,凯恩斯回信说,这个计划"非常出色,这正是我们自己应该考虑去做的事"。这到底是怎么一回事呢?

"冯克计划"的要点是在战后成立一个由柏林管理的"欧洲清算同盟",这个同盟的基础是希特勒的前任经济部长夏尔马·沙赫特建立的双边实物贸易的体制,这个体制的目的是为了在德国经济达到充分就业的状况下保持国民收支的平衡。各种双边协定旨在黄金不必流动的条件下让两个缔约国保持贸易的平衡,也不需要动用任何外汇。其最简单的形式是两个贸易伙伴国在各自的中央银行设立特别账户,用本国货币向这些账户支付从另一国进口的商品。出口商获得的是本国货币,只要双方的进出口价值处于平衡状态,就没有兑换货币的必要。到1938年为止,德国已同27个国家签订了这样的协定,大约一半的德国外贸已纳入该体制之中。理论上讲,这个体制是相互对称的;而在实践上,德国可以容忍马克储备(即过量的进口)的上升,因为它可以把马克放进同东欧国家的贸易账户中去,而这些国家的食品和原材料出口依赖于德国市场。这种双边的清算制度

第 36 章 凯恩斯的"新秩序"

消除了关税障碍，也不会产生货币贬值的问题。正如保罗·安其格所指出的："在这个体制下，固定汇率能够被维持下去，因为货币的流动是造成贬值的原因，而在这里不需要货币的国际转让。""冯克计划"正是把这种双边的清算制度转变成在德国控制下的欧洲地区的多边清算同盟，同时，该同盟与美国和其他国家则保持双边的清算机制。

凯恩斯这样解释道：

（尽管沙赫特和冯克）用这个体制损及邻国的利益，它的基本思路是健康有效的。过去的六个月里，财政部和英格兰银行正在建立一种从德国经验的有效内容中借鉴而来的外汇管理制度。如果我们要兑现我们的经济责任，防止战后在贸易上的混乱，我们就必须保持这个制度。但是，同一制度也有助于保护贫困的欧洲国家，是防止世界大战再度发生的基本保障。

在1941年4月25日给外交部的法兰克·阿什顿—格瓦特金的一封信里，凯恩斯第一次在他的上述看法的基础上提出了关于清算同盟计划的不成熟想法，到了这年秋季才开始正式撰写这个计划。基本上来说，他的清算同盟也许是看上去没有美国的参与。他的关注重点在于优先考虑贸易平衡。如果英镑区与美国处于实物交易（即双边清算）的状态，英镑兑美元的汇率问题以及债务国与债权国的关系问题就会成为次要的问题。同冯克不同的是，凯恩斯承认必须针对短期的支付不平衡做借贷的安排，因为英国与德国不一样，不可能对整个帝国的贸易做出计划管理。

凯恩斯从来都不把沙赫特体制仅仅当成是权宜之计。也就是说，他不把它归于他称之为"失败的试验"的政策之列，比如说对货币的操纵。列昂奈尔·罗宾斯认为货币的自由波动乃是解决英国收支平衡的彻底解决办法，而凯恩斯通过两次世界大战之间的历史经验认为浮动汇率乃是国家间在试图躲避金本位的桎梏而进行的盲目争斗中使用的一个武器，其结果往往是引起战争。用"以货易货"的方法，沙赫特体制创造了在自由贸易体制下也许完全不可能产生的贸易行为。所以，实行汇率控制的方法要比货币贬值的方法更优越，这成为凯恩斯思想当中的一个固定不变的观念，同时也成为财政部和英格兰银行的正式信条。沙赫特体制也许不是历史上最好的体制，但也许是现实中可行的最佳体制。

3　清算同盟

英国政府设立的那些考虑战后安排的委员会之中,有一个是卫生部常务副大臣乔治·克里斯托爵士主持的跨部门的战后金融委员会。克里斯托爵士是一个滑稽的人物,在第一次世界大战之前曾写过一本叫做《霍亨洛赫亲王回忆录》的书(霍亨洛赫曾任德意志帝国首相——译注)。与其他类似的委员会一样,这个委员会也很少开会,其工作则由财政部和英格兰银行来做。1941年8月,一份题为"战后货币、财政和贸易政策"的文件开始在白厅内部以一种奇特的方式旅行,一路下来积聚了大量的评论和新的起草人。英国人仍然希望避免接受任何"霍尔主义"(即自由贸易主义)强加于英国的责任,这个观念对这份被称为"财政部三明治",后来又被称为"财政部圣经"的文件的初始草稿产生了重要影响。这份文件是在凯恩斯原先的盟友,后来的宿敌,现也在财政部工作的休伯特·韩德森的主张之下出笼的。韩德森是沙赫特派,他认为英国如果接受第七条款,就会损害英国虚弱的收支平衡的能力。它也不适宜于国民经济计划体制,因为在这个体制下,汇率的控制、中央集权的食品和原材料采购以及进口的数量控制都是密不可分的。他认为这些计划措施不仅仅是为了战争而建立的,它们代表了"向一种更加有序的生活方式的进步"。

凯恩斯在9月初思考"将来的货币安排"时一定看过韩德森的那些悲观的备忘录。与韩德森不同的是,凯恩斯偏爱国际主义的解决办法。他是沙赫特派的原因是他更加注重实际操作,因为他考虑到英国在战后的实际地位,而且他担心美国未必愿意接过英国的责任,或有能力担当好这个责任。他同韩德森在国际和国内政策上的争辩都与这个对前途的基本看法有关。他的"国际主义"有赖于能否让美国担负起一个债权国的责任,即像英国在19世纪那样,把它的盈余花掉,而不是囤积起来。他试图设计出一个体制以保证美国能够这样去做;这就是他的清算同盟的计划。如果此计不成,他将打算回到双边主义的框架中去。

凯恩斯于1941年9月3日星期三回到提尔顿,他告诉母亲他要"安安静静地住上几天,撰写一份关于战后国际货币计划的主要的备忘录"。安静的环境对他来说特别难得。星期五他回到伦敦与蒙塔古·诺曼会面。4月17日,一颗炸弹炸死了斯坦普勋爵,在英格兰银行的董事会里空出一个位置。董事之一的乔治·布瑟——社会改革家查尔斯·布瑟之子——提议凯恩斯出任,而且说明这是工党最乐意接受的、最称职的人选。蒙塔古·诺曼正式邀请他加盟。作为董事,他必须用7300英镑来购买价值2000英镑的英格兰银行的股票。诺曼向他承诺,允许他继续目前为财政部和财政大臣所做的工作。凯恩斯决定接受这项任命,他的任命于9月18日正式宣布。

凯恩斯向佛萝伦丝报告这件事的时候开玩笑地说:"实在让人吃惊,我感到如此受人尊重!(这项任命)是在我当上伊顿的院务委员会之后,我觉得不久我还会成为一个主教,或者是约克郡的教长。我的当选可能会引起一点轰动,因为它显示(可能性大于事实)我的那些典型的政策现在已成为信条。"这项任命的主要意义是荣誉——董事会最重要的功能是选举银行总行长,但这是从金融政策大本营发出的表示赞赏的信号。它的意义何在?美国朋友费利克斯·弗兰克福特兴奋地说:"你的所有的朋友们都高兴得很,因为大山来找穆罕默德,而不是穆罕默德去找大山。"诺曼对这件事则看得很超脱,他对克拉汉姆说:"凯恩斯在一个委员会里就像一个发酵剂。"凯恩斯自己也不能确定到底是谁俘虏了谁。他写信告诉理查德·卡恩:"到底哪一方是那个被诱奸的少女还要过一段时间才能看清楚。"凯恩斯现在的活动又加上了星期四上午的银行董事会议。在一次会议之后,他对布瑟说:"我确实很喜欢在银行开的那些午餐会。蒙塔古·诺曼的风度总是非常迷人,但也总是错的。"他与诺曼的和解只停留在表面。凯恩斯去世后不久,诺曼不大情愿地写道:"他确实是一个伟大的经济学家,但却是一个低劣的银行家。"

在星期五的董事任命的激动过去之后,他又回过头来继续撰写他的计划。9月9日星期二,他完成了一份备忘录。他告诉卡恩,他的目的是"使我的想法具体化",并且"促使与我的意见不同的人也把他们的想法具体化"。同往常一样,凯恩斯的方法是从正面引导,然后迫使别人把他们的不同意见说清楚。

他在这个周末的成就是两份报告:"战后货币政策"和"关于国际货币同盟的一些建议"。第一篇报告要回答的是两个问题:金本位体系的问题何在?英国战后将会面临什么特殊的问题?

他开宗明义地驳斥了古典的金本位理论。黄金的流动从来都不能保证国际收支的平衡;相反,凯恩斯挑战性地声称,在过去的500年里,只有两个阶段,各为50年左右,我们可以看到贵金属在国际贸易里的作用是有效的——这就是16世纪的白银通货膨胀时期和19世纪末的金本位时期。在金本位时期,"以伦敦为中心的国际投资制度将调节的责任从债务国转移到债权国"。他继续指出,历史经验证明,贷款如果不能创造出新的支付源泉,其本身是不能带来国际收支的平衡的。通货紧缩或货币贬值也未必能产生贸易的重新分布。关税、特惠税和出口补贴都有恶劣的副作用。在30年代,沙赫特"在绝望之余偶然发明了一个新办法,从这个办法中滋生出一个有效的技术概念",这就是用快刀斩乱麻的方法让实物贸易取代国际货币的使用。凯恩斯援引了韩德森在30年代写的一篇文章:"如果德国本来希望得到的是牛油而不是大炮,我们没有理由怀疑沙赫特博士的经济政策能够从国外得到牛油而不是金属。"

金本位失败的原因是它将调节政策的重担强加在债务国身上,即调节"对债务国来说是强迫的,而对债权国则是自愿的"。他的意思是说,那些有国际收支赤字的国家不得不采取紧缩政策,而那些有顺差的国家反而可以"囤积"其盈余。这是英国对美国和法国在20年代的经济政策的看法。在大衰退中,债权国的囤积行为由于资本从赤字国向顺差国的流动而更加严重。"在美国的贸易顺差之上又加上了大量涌入的避难式投机的资金,金本位垮台势所必然。"战后对热钱的流动没有任何防范措施。一旦财富所有人的地位受到威胁,"寻找新的机会的速度将同魔术地毯飞行的速度一样快"。凯恩斯套用韩德森的话说:"我们最能确定的事情是一定要控制资本的流动。"

战后,英国在维持经济均衡之前,先得重建均衡。英国除了引进和改善沙赫特的政策创意以外,别无他法。用这个方法能够在战争结束时建立一个"成熟的"支付和清算体系,该体系有可能发展成为永久的和平时期的体系,从而减少双边主义带来的不利因素。通过继续从那些愿意进口英国工业品的国家购买大宗食品和原材料,英国就能够稳定和平衡高额的对外贸易。

至此为止,这些计划都是沙赫特计划的翻版。但凯恩斯突然改变了手法,他将更愿意以一个"理想"的计划来向美国挑战,这个计划将让英国真正地接受那个"神赐的概念,即贸易非歧视的概念"。他的新计划有乌托邦的特点,但并不是说在实践中不可行,而是以更高层次的国际谅解、合作和信任为条件。他毫不夸张地强调人们会接受他的这个"理想"的体制。我们可以想象,在提尔顿的书房里,他掸去落在他的《论货币》一书的灰尘,开始从中寻找那些关于"发行超国家银行货币"的"超国家银行"的有关章节。

他称这个新计划为"国际货币同盟"。它的主要目的是,在不让债务国有不受约束的行动自由的条件下,把主要的政策调节的功能由债权国来担任。它的方法是把沙赫特和冯克的那种"清算"方法同银行的操作原则结合起来,那些在收支平衡之外的所有交易——即贸易顺差和逆差的支付统统交由一个国际清算银行去处理。各国中央银行均在这个国际银行中拥有"清算账户",成员国的中央银行可以用本国货币进行买卖以应付亏空或盈余。这些盈余将存放在国际银行中,以"银行货币"(后来称为bancor,即"班柯")形式保存。每个成员国拥有"班柯"的份额根据它在战前最后五年的年平均贸易量的一半来计算(又称其为"指数份额"),是这个国家可以透支的数量安排。因此,国际清算银行的透支总额达到战前国际贸易总额的一半,约为250亿美元。班柯是以单位黄金量为基础来表示的,而各国货币则以单位班柯来表示。但是,这种同黄金的关系是假想的,用黄金可以购买班柯,但不能把班柯兑换为黄金。凯恩斯称其为"单向兑换"。对丹尼斯·罗伯逊来说,凯恩斯的计划十分离谱:"这是一种对任何人都不能支付(除了对"火星上的国际银行"可以)的黄金储备。"凯恩斯的长远目标是让黄金和货币脱钩,使中央银行对囤积黄金开始失去兴趣,而用班柯作为国际货币体系的最终储备货币。

国际清算银行的目标是保证每个成员国与全世界各国之间的国际收支达到平衡状态。在该行中存入的班柯(债务和债权)是由贸易的顺差和逆差造成的,并通过它们之间的清算来加以消除。凯恩斯还寻找办法,对贸易顺差和逆差的国家都施加压力,迫使它们"清算"其账户。一个每年透支额达到其"指数份额"四分之一以上的中央银行就将被列为"有缺陷的银行",并允许它在年底将其货币贬值不超过5%。如果该行年透支超过其份额的一半,它将成为"受监督的银行"。对这种银行,不但要求它贬值其货币(不超过5%),而且还要求它把多余的黄金卖给国际清算银行;同时还要禁止它向外出口资本。对透支额将征收利息,其利率跟着债务—份额比率的上升而上升。一贯不守规矩的国家将被赶出国际清算银行。与此相应的是对一直保持顺差的国家也要加以限制:允许它的货币升值不超过5%,让外国人拥有账户和投资自由行动。当其在国际清算银行的账户盈余超过四分之一和二分之一的份额时,就要支付5%和10%的利息。超过份额的资金将在年底被没收,放进公共的储备基金中去。如果所有的成员国在年底都处于完全的收支平衡状态,班柯账户中的总和将为零。

凯恩斯提出的清算银行还有一些辅助的机构:跨国的警察部队、一个经济重建和救援的组织以及缓冲储备基金。这些组织的费用将来自于额外的资金透支额的安排、清算银行的公共储备基金以及各顺差国的直接捐款。清算银行管理机构将由一个八个人的董事会和一位主席组成。英国、英帝国、美国和苏联将各出一名董事,剩下两名来自欧洲,一名来自拉美,另一名未定。英国和英帝国对美国是两票对一票,而后者则要担负大部分透支份额的资金,这是非常妙的一步棋。

凯恩斯在这份备忘录中提出的只有两种严峻的选择:要么走沙赫特的道路,要么采用他的"理想"计划,当中绝无"中间道路"。但是对凯恩斯来说,一旦他的计划从理论转向实践时,总是有中间道路可走的。后来他放弃了"沙赫特主义",但也没有实现他的"理想"计划,因为他促使自己相信,美国人提出的取代计划,即国际货币基金组织和世界银行的机构,同他想象的计划差不多有效。凯恩斯的左派信徒们认为这是自欺欺人的背叛行为。对另一些信徒,比如哈罗德和米德来说,这体现了凯恩斯始终将国际主义的方法放在首要地位。历史学家则看出凯恩斯和英国当时并没有其他的选择。

清算同盟计划的中心思想同他从20年代发展出来的关于经济失调理论是相一致的,这个思想集中地体现在他的《通论》中。货币是交换工具,同时也是价值储藏手段。它对实物交易的贸易方法是一个改进,但也给了人们不使用它的自由。战前金本位体制正是体现了一些国家囤积货币的倾向,特别以美国为代表。这种囤积倾向提高了利率,把经济紧缩和失业问题带到了全球各个角落。逃避经济萧条的恶性循环的唯一办法是各国自谋出路,但这就引起了贸易和货币的争执。金本位的一大优势是多边清算机制,如果要恢复这个机制,贸易顺差的国家就必须停止囤积货币。如果顺差国不愿使用其盈余,那么将通过国际清算同盟把这些盈余转让给逆差的国家——其手段便是透支份额的安排。

莫德里奇教授称凯恩斯计划的"核心"是"为了鼓励国际收支的调节"。这个说法把凯恩斯的主要理论洞察力看得过于僵化,因他暗示凯恩斯看到债务国和债权国在调节各自政策上有相同的责任。其实大谬不然,这种相同的责任只是停留在纯粹的形式上。透支份额的总数相当于战前国际贸易总额的一半,这就表明凯恩斯十分清楚,政策调节的主要责任在于债权国。所以,真正的"核心问题"——在全球层面和国内层面都一样——是通过降低囤积货币的趋势来防止失业。

4 凯恩斯在白厅两面受攻

人们很快就把凯恩斯的备忘录称为"凯恩斯计划",它对财政部对付租借协定第七条款的计划是一个贡献。它涉及的不仅仅是财政部、英格兰银行和战时内阁经济处的核心专家,而且还包括贸易部和殖民事务部的官员们。凯恩斯有很多征询意见的非官方渠道。

第 36 章　凯恩斯的"新秩序"

他最喜欢的"第一批评家"是理查德·卡恩，但后者已去了中东。接替卡恩的是首相办公室统计处的罗伊·哈罗德，这个人非常自负、易怒，让人厌烦，不过非常有才华，富有想象力。哈罗德在凯恩斯的清算同盟计划的最后形成过程中出了很大的力，可以说是一个共同作者。

政府里一开始讨论的并不是凯恩斯计划，而是越来越大的"财政部三明治"。财政部的方法是试图区分"过渡性的双边制度"和"我们希望尽快达到的体制"。后者的意义含混，大体是说同美国进行合作，这个方法两面受攻，沙赫特派和自由派都对它进行抨击。

休伯特·韩德森和英格兰银行都不想对将来做出任何的、即使是含糊不清的承诺。他们在备忘录中提出的观点是，各个国家或国家集团应当在战后平衡它们的贸易，其方法仍是战时的那种外汇管制和国际贸易协定的混合。这能使它们维持互相之间的稳定汇率。租借协定第七条提出禁止歧视性的贸易安排，也就是说，禁止一国对某国的出口商品比对另一国的出口商品有偏爱。这个条款击中了财政部哲学的要害。英格兰银行的希望是保持伦敦的国际金融中心地位，这就有赖于维持英镑区，并使用外汇管制来防止黄金和美元的外流。

作为财政部征求意见的人员之一，凯恩斯也接到了财政部的这些备忘录。作为新近任命的董事，凯恩斯对英格兰银行的批评非常客气，但在实质上却具有毁灭性的力量。他在1941年10月22日设问道，英格兰银行难道真的相信它能够在战后保持英镑区为贸易堡垒？南非有能力用黄金支付从美国进口的轿车，为什么它要限制从美国进口其他商品呢？英格兰银行有什么办法阻止英镑区成员用存放在伦敦的英镑账户支付美国商品呢？英国能否维持英镑的存在还要取决于英国以外的英镑区成员国在"相对自由的条件下"对美国贸易出现顺差。

11月8日，财政部的威利将各方反对韩德森和英格兰银行的意见综合如下：

> 外汇管制和贸易控制的信条本身是否有效是有争议的。我们自己都不可能达成一致意见，如何争取美国人的支持？所以把它作为一个信条提出实在是一大憾事。替代的信条认为外汇管制和贸易控制本身无效，但我们在放弃它们之前仍有必要维持一段时间，因为，另一个方法，即货币贬值和经济紧缩的政策更为糟糕。这个信条比较有希望让大西洋两岸达成共识。

第八部分 这次比上一次要好

财政部"三明治"也受到自由贸易派的攻击,既有政治的也有经济的原因。财政部的丹尼斯·罗伯逊觉得这份文件的初期草稿"非常悲观,充满了将来国际冲突和(也许会有的)战争的可能性"。他批评韩德森在试图保持"一种与我们的出口实力不相匹配的货币价值,然而又试图同那些主张沙赫特经济计划的人们达成妥协。这种自以为聪明的做法最终会被沙赫特派所击败"。弗里德里克·莱斯—罗斯爵士则说,将某个做法称为"过渡性的做法"也许是创造一些永久性坏习惯的一个借口而已。财政部的常务副大臣霍利斯·威尔逊爵士担心在一个很长的阶段里,"英国只能让外国商品在利物浦靠岸卸货,只是它必须装满英国工业品离开,否则将不让它入境"。贸易部的常务副大臣霍雷思·奥弗顿爵士是一个自由贸易的强烈支持者,他拒绝赞同沙赫特式的方案。他指出德国从沙赫特体制中得到好处的原因是滥用这个制度,比如说,把通过信贷获得的商品重新放到市场上去出售。威利对凯恩斯相信实物交易的观点也难苟同,认为实物交易"从石器时代直到1939年都被人们搁置不用,而沙赫特博士重新发现了它"。

由坚定的自由贸易主义者列昂奈尔·罗宾斯领导的战时内阁经济处给这次辩论带来了强有力的、打破思想禁锢的影响。它的一份在1941年8月出笼的文件《论战后英美经济关系》指出了很多双边主义和贸易歧视的缺点:减少财富创造的倾向、引起对方报复的危险、对英美关系的损害、容易造成政治经济方面的冲突、干扰帝国内部关系以及巩固既得利益集团的势力。罗宾斯的助手詹姆士·米德敦促财政部文件中加进这些反面观点,并把"明确但有条件的参加战后的非歧视性贸易"写进去。殖民事务部的希尼·凯恩爵士也持坚决的自由贸易立场。

11月中旬,理查德·霍布金斯爵士撰写并散发了他自己对财政部"三明治"的看法,对战后能否迅速回到国际主义体制深表怀疑。在首相办公室统计处工作的罗伊·哈罗德对霍布金斯的"极度悲观"完全不赞同。他认为英国对外收支每年恶化的状况不超过1亿英镑。他有意指出,丘吉尔和罗斯福在1941年签署的"大西洋宪章"本来"就不是为了建立一个由英国取代柏林来指挥的沙赫特体制"。不过,"我们对这样一种广泛展开的国际支付协定和双边贸易协定所形成的体制还有什么更好办法来描述呢"?哈罗德接着提出了自己的一套计划,其内容是债权国的政策调节以及缓冲储备基金。韩德森向霍布金斯阴郁地报告:"(哈罗德的)基本观点是,因为在战后我们无力与美国争吵,所以我们必须放弃原有的、英国反对的经济安排,而将我们的信心全部寄托在罗斯福身上……"

第 36 章　凯恩斯的"新秩序"

到1941年11月中旬为止,韩德森—英格兰银行的战后计划从几个方面遭受打击:双边的实物交易在经济上劣于多边交易;它不能实际解决英国的战后国际收支问题;它也不能保住英镑区;它将引起英帝国内部的冲突;而且美国人也不会接受这个提议。另一方面,自由贸易派对金本位制的货币紧缩倾向持反对意见,他们认为这使得自由贸易不可能进行。所以他们支持用新的货币体系来保障全球的自由贸易。正是这些考虑使得凯恩斯提出的"乌托邦"计划变得非常引人注目了,凯恩斯又一次以一份准备好的计划在早期的辩论中崭露头角。正如哈罗德所指出的,"凯恩斯计划"也许会遭受种种讥讽和责骂,但这是唯一一个突破现有经济安排而出现在台面上的计划。同时它还提出如何避开金本位陷阱和如何争取获得美国支持的建议,这给人们带来了一定的希望。

凯恩斯试图除去英格兰银行的戒心。11月中旬,他向西普曼和博尔顿解释他的计划:

> 这主要是为了对白厅内部的运作和对美外交的策略提供帮助。针对华盛顿而言,这个计划旨在迎合那些对进步的国际主义体制表示公开支持的美国人(这当中包括理想主义者、自由派以及扩张主义者),从而转移他们对只顾自己利益的具体要求的讨论。针对白厅来说,这个计划旨在争取对美绥靖派或自由贸易派的一部分人。不然他们将会加入反对双边主义等政策的阵营。这对他们自己也许有利,但美国人将不喜欢他们的政策。英镑区的原则在帝国的框架下使美国人感到不能容忍,但如果把这个原则变成普通的原则,美国人就可能接受。我预计,尽管美国绝不愿意把它的盈余转让给我们,但它将会同意把盈余转让给一个抽象的 X 国(即英国)。

凯恩斯还需要赢得财政部的支持。拉尔夫·霍特利仍然在财政部工作,由于时间比较充裕,他针对凯恩斯计划写了几份详细的备忘录。霍特利同过去一样,仍然是一个折衷的货币经济学家。他看不出凯恩斯的"超级银行"有任何实际意义,因为它"对一个虚弱、肆无忌惮、盲目或腐败的国家滥用透支安排没有任何安全防护措施"。他认为经济周期本身是一个货币现象,并从1908年开始就一直坚持这个观点。通货膨胀必然会导致通货紧缩。如果所有国家都保持国内物价的稳定,经济和汇率都会保持稳定,根本不需要"契约"规定的资金转让。战后的经济重建的资金只能靠临时办法筹集,不能通过国际清算银行的"自动信贷安排"来解决。短期的金融振荡应通过银行之间的信贷来对付。

第 八 部 分　这 次 比 上 一 次 要 好

如果不均衡状态旷日持久，就必须改变汇率来进行调节。霍特利非常精明地指出："按照凯恩斯计划的方法，在均衡的恢复要求更大幅度的汇率波动时，限制汇率波动在5%的上下限范围内在实际上会把出现在金融恐慌时的唯一退路给切断了。"他认为，更好的政策是在英美之间达成谅解，建立伙伴关系，双方都承诺保持自己的国内物价的稳定，并在需要的时候互相支持对方的汇率水平。在凯恩斯几易其稿的过程中霍特利一直坚持他的看法，认为该计划"完全没有稳定经济的原则。它非但默认外汇管制和进口控制对所有承受不了紧缩压力的国家是必要的，而且，由于它阻止货币贬值，所以更可能迫使这些国家采用这些控制措施。透支份额的安排只能让形势更加恶化"。当时，霍特利的观点被认为已经过时了，他的备忘录太冗长，内容太繁杂而不实在，所以没有多少人注意它们，但霍特利所提出的一些观点确实是精明的。

布兰德从华盛顿给凯恩斯写来贴切的批评意见。他对凯恩斯计划的"总体目标完全赞成"，但预计会有"很多困难"。中心问题是国际合作和国家主权之间能否协调一致。布兰德劝凯恩斯删除任何关于"国际警察部队"的提法，因为它将涉及"超国家政府"。最后，布兰德还提出凯恩斯计划能否解决英国的经济问题，因为战后英国必然要面临大量的国际收支赤字。他问凯恩斯，在战后初始阶段让英镑贬值能不能成为解决问题的一个方法？

凯恩斯在11月18日完成了第二稿，国际清算银行的章程和规则被保留在附件中基本上没有做什么改动（他现在称清算银行使用的货币为"格拉莫"），但是他还写了一份取代原先第一篇报告的备忘录，更加积极地捍卫他的观点，因为他对此更有信心。对实际和预期的种种批评，他也给予了有力的答复。他解释道，任何由英国提出的计划都应该带有普遍性原则，而不能是请求别人对自己的那种特殊的帮助，这样"美国人才会有兴趣，有热情"。他对韩德森—英格兰银行的方法的批评很有分寸，但反对的态度则很明确。他在几周前对沙赫特制度还十分青睐，现在他把它描绘成"基于战争的非正常条件下的一个大杂烩"。凯恩斯同沙赫特的"恋爱关系"正式结束。

凯恩斯也不赞同财政部对"过渡"和"长期"安排的那种自以为得意的区分。他的清算银行正是为了获得战争结束后的那个阶段以及永久的国际收支的平衡。他写道："这个计划旨在用国际贸易扩张主义来取代贸易紧缩主义，特别是在战后的初期阶段。"这个目标也许可以通过美国对欧洲重建的自愿帮助来实现。但是，"一些特殊的安排还要受到其他外在因素，诸如政治因素的影响"。同时，对每个国家的"特殊责任"也要做

第 36 章 凯恩斯的"新秩序"

一些特别的安排。不管怎么说,英国作为战胜国之一,要得到美国的援助是很不容易的。所以,最佳的方法是劝导美国加入一种一般性的、集体负责的体制。这种体制对所有国家都同样适用,其原则是,任何一个相对整个世界是处于债权国地位的国家应当有责任将盈余资金加以使用。

凯恩斯接着对实际和可能存在的批评和误解做了回应。他指出,在他的计划中,"主要的技术性概念是把任何一种封闭型经济中的银行操作原则扩大成一般性的原则,也就是说,债务和债权的款项应当相等"。银行任何债务的增加应当与其债权的增加相匹配。所以,银行本身不会陷入任何困境之中。这就意味着凯恩斯设计的银行将有创造无限货币数量的能力。

凯恩斯并不期望银行的债权余额被充公。"关键之点是债权国不应当被允许采取无动于衷的政策。"汇率调整的规则旨在防止竞争性的贬值政策。对长期债务国的制约并不充分,但现时的体系则对其毫无制约,所以"对它们略微地给予信任,并让它们根据实际经验做出决定,这并不算过分"。凯恩斯也强调国际清算银行透明操作的重要性。该银行将"自动记录债务国和债权国的身份及其总体的金融地位。所有成员国将收到危险信号"。在国家主权问题上,凯恩斯声称他的计划对国家主权的削弱不会超过一般的国际商务和军事协定的范围。尚且一个更好的世界要求某种程度上的"金融裁军"。如果国际清算银行能够成功地保持成员国之间的国际收支平衡,那么歧视性贸易、外汇管制以及资本流动的障碍就没有必要存在。他认为,英国对高关税、出口补贴、进口配额限制、以物易物协定以及冻结账目等做法表示明确的反对将"使科德尔·霍尔先生感到彻底的满意"。这种满意并不像表面看上去那样彻底。高达25%的英帝国特惠制可以允许成员国以政治和区域为基础的特惠协议形式保持下去。此外,反对贸易保护的那些原则在战后的三至五年内暂不启动。

詹姆士·米德曾希望凯恩斯明确提出货币的自由兑换将成为规则。凯恩斯则坚持认为成员国将有必要建立和保持外汇管理的机制,因为这是管理一种可调节的货币挂钩体制的一个组成部分。但这并不需要排除货币交换的自由流动,以及资本交换的长期公开市场。

凯恩斯屈从于白厅的总体看法,即战后的经济秩序不管是以什么形式出现,都要以英美的一致为基础。国际清算银行现在是以"英美俱乐部"的构想而设立的,而其他国家将受邀成为会员。他也赞同英格兰银行的观点,即战后经济秩序并不取代现存的区域经济体制,而是从中发展而来的。国际清算银行的成员在某些情况下是以一组国家而不是单个国家的形式出现的,并受到关税特惠和各种货币同盟的制约。他甚至提出了11个区域性经济集团,包括北美,欧洲有四个:德语国家、斯堪的纳维亚、拉丁语同盟和东欧。英国作为英镑区的中心自然处于"欧洲"之外。凯恩斯吸引人的一个方面是他能够抓住一闪即逝的思路,并用他的想象力加以发挥:

> 我对战后世界的一个看法非常感兴趣,并认为这会带来好的结果:我们应当鼓励把小的政治和文化的实体整合为较大的、或多或少地在经济上有紧密联系的实体。在战后欧洲存在三四十个首都是一件好事。每个首都都是自我管理的国家中心,完全从少数民族当中解脱出来(这些少数民族在必要的情况下可用移民的方法加以解决),并且还是政府、议会和大学的中心,各自以其民族自豪感、民族的光荣、民族的特性和优秀的天赋才能为特征。然而,欧洲存在三四十个完全独立的经济和货币实体则有害无益。

但是这种地方化的战后欧洲图景在后来的计划草案中没有再出现了。

11月1日,两位美国经济学家,艾尔文·汉森和路特·古利克提出一个建议,要求美国和英国政府发表联合声明,承诺建立一个国际发展公司,和一个国际经济委员会以向各国政府提供充分就业政策的协调政策建议。凯恩斯在9月与他们在伦敦见过面,他现在将这些建议纳入他的计划之中。据平罗斯的看法,这两位促使凯恩斯相信美国政府已把充分就业看做是自由贸易的先决条件。凯恩斯解释道,他提出的"投资委员会"将成为把整个债务—债权的清算体制转化为平衡状态机制的一部分。罗伊·哈罗德对此十分热衷,承诺就此制定一个计划。

凯恩斯精心策划的平衡策略在白厅收到了魔术般的政治效果。对米德来说,凯恩斯的计划是"战后具有大度气概和空间的经济合作的唯一希望"。罗宾斯认为它是"当前凝重、沉寂的气氛中唯一的一股新鲜空气"。"我昨晚阅读了你的修改草案,心情非常激动,"丹尼斯·罗伯逊在11月27日写信给凯恩斯说,"我越来越感到伯克和亚当·斯密的精神在地球上又开始复活的希望。"罗伯逊把伯克和斯密放在一起是对凯恩斯的中间道路的一种微妙的敬意。财政部开始把凯恩斯计划看做是向内阁大臣们提交的统一建议。在11月18日到12月15日之间,凯恩斯对第二稿草案再进行修改,产生了第三稿。这是凯

第 36 章 凯恩斯的"新秩序"

恩斯一生中最忙的一段时间。他在财政部每周工作60个小时,参与预算制定、租借协定的最后收尾谈判以及战后救援工作。但他的主要精力花在对付对他的计划的激烈反应之上,并据此进行修改。

这一次,辩论集中在一个阵营里,这个阵营接受凯恩斯计划的基本原则,但想把它简化、意志化和自由化。卡多、威利和不知疲倦的霍特利催促凯恩斯不要过多地强调规则,让成员国、债权国和债务国有更多的自主权。(威利颇有先见之明地指出,美国的新政派人物更愿意接受的是一个"稳定基金"而不是银行,因为他们一贯对"借出资本"心存疑虑。卡多问道,为何向清算银行提供它不能使用的牙齿呢?)这批官员把国际清算银行看做是一个信息和道德论坛,专门用于建设和传播睦邻友好的道德规范。

对凯恩斯计划试图做出重大修改的努力来自于罗伊·哈罗德。哈罗德是白厅里批判沙赫特主义的最重要的人物,他称沙赫特主义为古希腊的"农奴制",在和平年代不可能维持下去。它"将贸易固定在政治上,将每一个新的商业发展变为经济战的行为……如果我们顽固地捍卫帝国特惠制,我们有可能失去整个帝国"。哈罗德以自己的一个新计划来重新塑造凯恩斯计划,其最重要的条件是促使美国承诺调整其债权国的政策,其他一切都是次要的。这种调整只要通过一个简单的办法就能获得,即债权国总是愿意接受债务国的支票,以清偿所有的债务。在清除它们在国际清算银行中的存款时也没有必要对它们施加压力,"只要它们的信贷地位对别处不造成压力,让它们继续积累资金并无害处。"美国人要么使用这些支票,要么撕毁它们。哈罗德不在乎美国人愿意毁掉多少支票,只要它愿意继续接受这些债务国的支票即可。债务国不需要面对同等的压力,因为它们的"债务将在债权国采取必要步骤的时候自动被清除",尽管哈罗德也承认对"极端的债务国"——即那些债务一贯超出债务国平均债务的国家——需要施行一定的惩罚措施。哈罗德计划在所有其他方面都保持与过去一样,每个国家都可自由地选择是否仍然维持国际金本位。外汇管制成为不必要的体制,因为所有的国家都不需要改变它们的汇率。

哈罗德对全球总需求有效性的看法是极端自由主义和极端悲观主义的结合——这种结合并非寻常,但在逻辑上不是没有可能。他关注的"中心问题"是全球的相对于投资的过量储蓄。他想把凯恩斯的清算银行转化为一个国际投资的机器,其主要特点是制造货币的能力。事实上,他反对使用"清算同盟"的称呼,因为它暗示的是一个"简单的金融渠道",而不是一个可以借出资金的银行。哈罗德在思路发展过程中渐渐地把凯恩斯

第八部分 这次比上一次要好

的银行看成是提供全球投资大部分资金的英美共管的一种投资服务机构,而短期的调节则成了辅助性的功能,这就把凯恩斯的轻重缓急次序完全倒过来了。从这个角度来看,哈罗德比凯恩斯更加崇尚自由贸易,因为全球充分就业和经济增长有了这个服务机构作为保障,就没有必要采取任何形式的经济民族主义的政策。哈罗德的政治判断是,只要他那雄心勃勃的"服务机构"裹上自由贸易的糖衣,美国人就会愿意咽下这颗药片。

凯恩斯虽然为哈罗德的论点所动,但并不完全信服,他认为美国不会接受哈罗德提出的那种超越国家主权的计划。尽管美国国务卿霍尔热衷自由贸易,但他并不认为整个美国政府会像哈罗德设想的那样坚定地支持自由贸易。哈罗德的计划反映了一种虚幻的、不切实际的设想,凯恩斯在直觉上不愿与此为伍。

12月1日,凯恩斯在财政部出席了一次跨部门的会议,专门讨论他的计划。贸易部的阿诺德·欧弗顿认为,只要凯恩斯的计划"在实践中可行",他就积极支持。奈杰尔·罗纳德来自外交部,他说外交部支持任何可以同美国人讨论租借协定第七条的建设性方案,罗宾斯和米德则都赞成哈罗德的意见,认为英国不应当要求美国建立外汇管制的完整机制。但与哈罗德不同的是,米德希望保持一套让顺差国的货币可以升值的措施。哈罗德则坚持认为,任何货币计划应当与贸易问题、关税同盟、汉森—古利克委员会方案等等一起作为一个较为宽泛的一揽子计划提交给美方。凯恩斯坚决否决了哈罗德的修改草案,认为他的计划在无限制透支的条件下必定会出故障,因为这将损害美国的利益。他承认他自己也许在制裁逆差国方面有些过于苛刻,但他不同意哈罗德的那种不加制裁的看法。最终,哈罗德计划未能取代凯恩斯计划。计划经济派觉得它过于偏向自由经济,传统派认为它会导致通货膨胀,而美国人对它的"无限制透支"原则根本不可能接受。凯恩斯也不赞成哈罗德的另一个观点,即清算同盟的机制将排除资本管制的必要性。

12月15日,凯恩斯寄给哈罗德一份第三稿的打印本,并称他为"最重要的批评者"。他还写信给卡多、霍特利和威利,说他试图把他们的看法考虑进去。12月19日,他送了一份给蒙塔古·诺曼,说他的计划在白厅里得到"我所提的所有建议中前所未有的支持",并对英格兰银行关心的主要问题做出如下的解释:

> 我尤其相信,一个多边的国际体制是维持英镑区和伦敦金融地位的必要条件。从卡多勋爵那里,我知道你也许对我的计划在这个方面有所误解。就英镑区是否因此计划受到威胁而言,我认为这些计划的一个主要优点恰恰在于它们

第 36 章 凯恩斯的"新秩序"

能够给我们提供维持英镑区的最佳机会,因为从传统意义上说,英联邦使伦敦成为成员国的金融中心……一个多边的国际体制给我们提供了19世纪顶峰时期的那种类似于金本位的体制,允许国际金融(资本控制除外)像过去一样运行。反之,让英联邦成员国互相之间签订一系列的双边协定在我看来并不实际——而且十分危险。

英格兰银行的执行总裁卡麦隆·考伯尔特让诺曼放心,说凯恩斯的第三稿"并无大害,只要有一定的先决条件,而且被认为是一个可能的架构……我们大可随它自行发展"。

凯恩斯认为他提出的第三稿并不是一个"呆板的计划",而是"一个基本思路的另一种表达方式,可用多种方法加以实行"。他解释说,这个基本思路就是建立"一个货币同盟,以一个被称为'班柯'的国际货币为基础,其价值用黄金加以固定(但并不是一成不变的)。成员国将像接受黄金那样接受班柯,目的是进行国际间的结算"。(凯恩斯原先称这个国际货币为"格拉莫",在霍特利的反对下,改称其为"班柯"。)

在前几稿中,凯恩斯认为有必要制定明确的规则,以限制每个国家的班柯数额的最高上下限范围,并惩罚那些超出这个范围的国家。但在第三稿里,他写道:"最难确定的是,多少数额由规则限定,多少数额由各国自主决定。"他选择各国自主决定的办法,削弱和推迟了旨在阻吓和消除债务国和债权国在允许范围里偏离的干涉机制。他向哈罗德做出的一个重要让步是,允许债权国账户无限制地积累资金。取而代之的是,长期处于债权国地位的国家应当与管理委员会"讨论"这个问题,但仍然保留最后的自主权,以决定是扩张本国经济、货币升值还是减少关税,或者对外放贷。对债务国来说,只有当它的亏空超出规定的班柯份额一半以上时才启动纠正措施。这些措施在第三稿中只剩下货币贬值。入超和亏空的数额仍然要付利息,但这不是该计划的核心内容。这些更动给予清算银行以更大的潜力来扩大活动范围,并制造通货膨胀。然而,这些让步也不都是单方面的。在贸易部的压力下,凯恩斯将他原来的禁止贸易保护的规则变得比较灵活。他现在感到科德尔·霍尔只会在"实质"上满意,而不会完全满意。

第三稿比第二稿更加旗帜鲜明地反对英格兰银行提出的那些建议,认为它们不能保持,而只能瓦解英镑区。凯恩斯也出乎意料地对金本位表示赞赏。有时他这么做是为了强调他保守的那一面。同时,他也向哈罗德做出另一个让步,不再坚持所有的成员国都施行资本管制措施。为了向霍特利表示尊重,他不再用很长的篇幅和很大的热情来赞扬

第八部分 这次比上一次要好

关税同盟。他重申建立辅助机构的必要性，并要求英国和美国共同管理国际清算银行。在此之后，他对计划的优势做了一个总结。只要通过一种多边的清算体制和全球贸易扩张，英国才能解决预计中的国际收支平衡问题，并保住英镑区。对美国和其他国家来说，这是一个总的架构，通过它可以达到汇率的稳定和贸易的自由，并把这些机构的重点放在促进战后重建、控制贸易周期和保持全球的就业势头。最后，这个计划"能够激起人们的热情，因为它预示着创建未来的世界政府的开始"。

凯恩斯并不过分注重作为这个计划的作者的自尊心，他为了达到最大程度的统一意见，不遗余力地把各种观点汇成一体。在那么多的互相冲突的压力下完成这样一个重新铸造凯恩斯计划的任务实在很了不起。

这年冬天的天气很好。凯恩斯在提尔顿组织了每年一次的圣诞节打猎活动，他们的战利品是28只山鸡、4只小野兔、1只大野兔、2只山鹬和1只雀鹰。凯恩斯盛宴招待了35个人，"莉迪娅让大家分享牛肉"。他在1941年12月21日写信给母亲，说他的国际货币计划"正如我预期的那样得到支持——在白厅里，这算是惊人的顺利，但还有一些障碍存在"。

最主要的一个即时障碍是财政部，具体地说，是财政部第二副大臣理查德·霍布金斯爵士。哈罗德现在成为自由化的凯恩斯计划的积极支持者，他认为应当把该计划"作为一个完全切实可行的建议"提交给内阁大臣们。他非常精明地估计到，内阁大臣们可能会拒绝从凯恩斯一个人的脑子里产生出来的计划，但不大可能不接受财政部"集体头脑"中产生出来的计划。哈罗德要求把这个计划作为一套互相关联的一揽子计划提交给美国，其中包括一套机构——即国际投资委员会、缓冲储备基金、管理机构、一个营养标准委员会以及商业同盟。如不这样做，美国人就会认为该计划的目标全在帮助英国。霍布金斯于12月24日回复道："我认为凯恩斯计划现在已经达到了最大可能的良好状态，我不相信还有比它更好的计划。"

圣诞节之后，霍布金斯准备把凯恩斯计划列入财政部的"三明治"。凯恩斯在1942年1月12日写信给卡恩：

> 困难来自于英格兰银行，但有多么严重还要再等着瞧。我预计这个计划至少会被用来作为美国人的一个靶子，但对它的支持力度和相信程度有多大尚不得而知。总体来说，我对讨论战后安排的基调非常满意。我对多边主义的支持给你在贸易委员会的那帮家伙再次带来了和谐和一致。

第 36 章 凯恩斯的"新秩序"

1月24日到25日的那个周末里,凯恩斯开始写最后一稿。他的计划被重新命名为"国际清算同盟"。凯恩斯修改了计划中的一个规则,即把透支总额从260亿美元增加到400亿美元。

1942年1月27日,凯恩斯向在华盛顿的菲力浦斯通报说:"霍布金斯已经写好一份总的报告,我们将在几日后进行讨论。"财政部并没像哈罗德所期望的那样,把凯恩斯计划作为财政部的一致意见上报给内阁。相反,正如L.S.普莱斯奈尔所说的,财政部把该计划"用一个题为'对外金融和经济问题'的有84页纸的备忘录组成的褓褓包裹起来,备忘录的观点十分悲观,几乎要让褓褓内的婴儿窒息"。凯恩斯认为财政部的这份报告"还不错",但罗宾斯不赞成它的那种正反论证的方法。他认为"我能够看出一点支持凯恩斯—哈罗德—汉森计划的迹象,但只有一点点而已"。

1942年2月23日,英国在互助协定(即租借协定)上签字,这样财政部原来的那个三明治的内容已完全不合时宜。经过伦敦和华盛顿之间的激烈争辩之后,终于有了一套英国能够接受的语言。两国对消除贸易歧视和减少关税的承诺得以用扩大生产和就业的承诺加以平衡,也就是说,转入更为自由的贸易取决于生产和就业的扩张。协定要求两国以及其他"有相同思路的国家"尽早开始讨论和决定遵守这些承诺的方法。

新年伊始,伦敦方面收到信息,说美国政府对战后安排已有一套自己的想法。英国政府迫于即将到来的英美谈判,不得不做出决定。财政部在凯恩斯计划上达成一致意见的原因是担心美国人的计划可能过于苛刻,英国则必须在不加反对的基础上拿出应对计划。然而,英国方面的一致意见是建立在三个含混不清的问题上。第一,英格兰银行愿意把凯恩斯计划拿出去同美国人谈判,但对它并无表示支持的承诺;第二,凯恩斯和哈罗德代表两种不同的思路,前者不认为辅助机构是清算同盟的必要组成部分,而后者则想推动凯恩斯的一整套思想;第三,清算同盟能否在向和平过渡时期让成员国渡过难关,同时又能永久地维持国际收支平衡这个问题并不清楚。透支数额对过渡时期来说未免过大,而对永久平衡来说又显得不足。但这是凯恩斯希望能够说服美国人不要拆毁帝国特惠制和英镑区的唯一办法。

1942年3月31日,财政部的这份备忘录被提交到战时内阁的重建问题委员会。劳工大臣欧内斯特·贝文成了最后一道障碍。休·道尔顿当时任贸易大臣,他在日记中写道:"贝文很晚才到会。他看上去十分激动,开始谴责这份备忘录,称它为英美银行家针对工人阶级的一个阴谋:它将以200万失业大军来毁掉我们,等等!"道尔顿建议把霍布金

第八部分 这次比上一次要好

斯和凯恩斯请来,他们两人对贝文把凯恩斯计划等同于新的金本位的批评进行了非常聪明的辩解。凯恩斯试图减少贝文的担忧,说班柯的供应绝对是"有弹性的"。在未来,黄金将不能限制贸易所需要的货币量。内阁重建委员会在听取了他们的意见之后,同意向内阁推荐把财政部的报告作为同美国人谈判租借协定第七条款的基础。

凯恩斯于4月22日与贝文私下见面,因为他需要说服贝文,他再一次保证国际清算银行不会成为通货紧缩和制造失业的工具。贝文说,如果这一点能够被挑明,他将"对这个计划感到更高兴"。凯恩斯再一次做了修改,强调那些要求债务国进行调节的措施并"不包括通货紧缩政策,这种由昂贵货币来执行的紧缩政策会……导致失业"。

财政部的备忘录——实际上是凯恩斯计划,又加上了一项让苏联成为清算同盟初始会员国的条目。战时内阁于1942年5月7日批准它作为与美国讨论第七条款的基础。凯恩斯对卡恩说,这个计划之所以没被否决,主要是因为没有更好的替代选择。"现在的问题是如何争取美国人的同情。"

第 37 章

怀 特 奇 案

1 美国倾向

尽管美国已经参战，要赢得它对英国方案的"同情"绝非易事。差不多一年以后，英国和美国的军队才在北非联手作战。1942年初的几个月里，战争中心转移到远东，英国在那里连遭日本的打击，一溃千里。这些军事失利损害了英国的威望，同时也让世界注意到了大英帝国的存在，这使英国异常难堪。沃尔特·李普曼认为："英帝国主义使战胜日本的任务更加艰巨，因为盟国不能以解放者的姿态争取殖民地本土人民的支持。"这是英美双方开始考虑战后国际经济安排的大背景。各方都以自己的思路考虑问题，而双方的思路往往互相冲突。美国国务院希望重新开始凯恩斯于1941年7月在华盛顿十分无礼地中断了的贸易谈判，而英国人则希望开始货币谈判。然而，美国财政部尚未做好货币谈判的准备；而英国贸易部根本不可能重开贸易谈判，因为战时内阁拒绝考虑任何旨在改变帝国特惠制的建议。结果，在美国参战后的18个月里，既无贸易谈判，也无货币谈判。

凯恩斯的"国际清算同盟"是一套相互关联的体制，涉及货币、投资、商品和贸易。然而，具有详细内容的只有一个，即以国际清算银行为机构，以透支条件为基础的货币体系。在凯恩斯的建议下，哈罗德在1941年年底的"几个有空的晚上"设计了一个国际投资银行的计划，并送到凯恩斯手中。在财政部的报告中，哈罗德计划的要点被放进去，但政府对此毫无反应。后来还是美国人注意到它。哈罗德十分丧气。由于凯恩斯认为此计划对英国毫无裨益，所以他没有积极加以推动。

第八部分 这次比上一次要好

然而，在哈罗德的敦促下，凯恩斯在1942年1月20日起草了一份关于缓冲基金的备忘录。凯恩斯的缓冲基金计划是为了迎合以副总统亨利·华莱士为代表的美国农业生产者的要求，他们的利益常常与国务院的自由贸易主张相左。凯恩斯颇有创新地设计了一个方案，其目的是为农业生产者取得稳定的价格，但又不至于促使他们成立生产者的价格卡特尔。他鼓吹的是在自由放任条件下的自由竞争和计划经济下的僵化商业模式之间的中间道路，这是典型的凯恩斯思路。这个新的凯恩斯方案的中心是一组缓冲基金——或缓冲储备，其目的是支撑国际贸易中的主要商品。每项基金将由它的"控制机构"，即一个商品管理的委员会来控制，以保证每项计划都必须符合总的原则。每个控制机构制定其商品的基本价格，以长期均衡条件下的最高效率生产者的成本为定价标准，这个价格可以根据产品储量的增减而变化，通过不断调整的过程来重新定价。如果市场价格低于这个价格的10%以下，缓冲基金就开始购买这个产品，如果上升至10%以上，则开始抛售。这个计划的长期目标是保持稳定的农产品储存，用副总统华莱士的话来说，就是确保一个"永远处于正常状态的粮仓"。

缓冲基金计划没有像清算同盟计划那样获得白厅的首肯。这一次，凯恩斯的"中间道路"让计划经济派和自由贸易派都不高兴。凯恩斯再一次虚怀若谷地听取了各方的意见。但到了1942年秋天，他实在受不了了，他对菲力浦斯抱怨说，他的计划在各部门"遭受了成千上万大大小小的批评"。

詹姆士·米德在内阁经济处工作，是他率先提出了英国对租借协定第七条的贸易要求应当如何回应的具体建议。8月4日，他写了一份关于"国际商务同盟"的报告，由休·盖茨凯尔修改后提交给由贸易大臣休·道尔顿设立的欧沃顿委员会。11月，该报告在委员会进行讨论。米德建议所有的成员国都互相授予最惠国待遇，关税不能高于10%；除了在紧急状态下，不允许任何在数量上的贸易限制，出口津贴限制在国内价格的10%以下的范围内。12月，米德计划得到欧沃顿委员会大多数人的积极支持，但遭到休伯特·韩德森的激烈攻击。这一次，凯恩斯对韩德森的"杰出的"批评表示赞赏，而丹尼斯·罗伯逊则相形见绌。罗伯逊不过对财政部里刮起的贸易保护主义之风表示极度的震惊而已。凯恩斯也许意识到，这股保护主义的风气也开始波及内阁和英格兰银行。

战争对英国考虑战后贸易思路的影响如同一把双刃剑。一方面，它迫使英国依赖美国的慷慨援助，所以不得不接受第七条中的美国计划；另一方面，战争使约瑟夫·张伯伦及其追随者的梦想有可能成真：即将英帝国及其附属国建成一个单一的经济实体。英国

第 37 章 怀特奇案

经济的削弱和帝国组织的加强同时发生，促使民族主义者和帝国主义者都把帝国看成是战后英国独立地位的保障。这种独立性现在还包括推行充分就业政策的自主权。在英国决策圈中，两种倾向——即"美国倾向"和"帝国倾向"——的斗争集中在"过渡阶段"这个非常难以界定的概念之上。双方都同意，由于英国在战后预计会有国际收支的赤字，所以一个过渡阶段的国际经济体制是必需的。然而，如果过渡阶段安排的时间过长，也许会成为永久性的体制。休伯特·韩德森一类的民族主义分子希望过渡体制中的重要部分成为永久制度。列昂奈尔·罗宾斯、米德、哈罗德和罗伯逊所代表的自由派则支持自由贸易机制，但这个机制必须由全球性的管理机构来主导，并设立一些例外条款。凯恩斯处在两者之间，但比较趋向"美国倾向"。

凯恩斯在同财政部、贸易委员会和米德本人的通信中对欧沃顿报告进行了多方面的批评。他声称自己"站在休伯特·韩德森和欧沃顿委员会之间"，并建议对美国提出一个关于总体原则的平淡的声明，而不是一个具体的章程。他在1943年1月15日写道：

> 如果我们以欧沃顿报告为基础向各国提出动议，所有的有关国家都将试图把这些建议加以修改，以适应自己的利益。而此时，我们已经达到极限。我们手中的箭已经发出，而人家手里还有弹药。如果我们不能自我关怀，他人绝不会关心我们的利益。我们在战后的贸易赤字如何消除？这是我们在战后经济前景的根本线索。这不是一个可以轻而易举解决的问题。没有强有力的政策——即便你称其为自私自利的政策也好——我们将堕入深渊。

凯恩斯对国际贸易同盟不支持的态度让韩德森高兴，但米德则颇为丧气。他反对这个计划的真正理由是"我担心把我们的战后计划同这样一个充满了政治炸药的计划过于紧密地联系在一起"。没有凯恩斯的支持，欧沃顿委员会的那些建议在白厅受到了阻碍，同美国进行的贸易谈判亦因此无法启动。

1943年4月14日，财政部批准凯恩斯的缓冲基金计划的第五稿，并将其视做财政部的建议。丘吉尔首相在内阁看到这份文件时，咆哮道："这个关于黄油和威士忌（butter scotch）的报告是什么玩意儿？"（缓冲基金，英文为buffer stock——译注）内阁同意把缓冲基金和贸易同盟的两个计划告知英联邦各自治领，并向美国方面一般性地加以介绍。但是，这两份报告并没有如同清算同盟那份报告一样作为政府白皮书发表。英方也没有把它们提高为英国政府的谈判基础。这样，凯恩斯计划又回到一开始的状态：即以清算同盟为核心，环绕它有一些可供选择的额外方案。

2　怀特计划

英国不知晓的是，在日本偷袭珍珠港从而促使美国对日德宣战后的一个星期以后，即1941年12月14日，美国财政部长摩根索向他的货币研究部主任哈里·戴克斯特·怀特下令准备一份备忘录，探讨盟国之间设立稳定基金，目的是为了战后的稳定货币安排提供基础，并提供一种"国际性的货币"。摩根索任命怀特为助理财政部长，他说："他将为我管理所有的对外事务……我想在外交事务上依赖一个头脑，即哈里·怀特的头脑。"怀特此后成为凯恩斯在华盛顿进行的所有谈判的中心人物。他们两人的争斗是第二次世界大战中最重大的政治较量之一，尽管这个较量被掩埋在金融问题的文件之中。但这个争斗并没有排除这两位"专家"之间那种相互提防的伙伴关系。凯恩斯对这场较量的实质在某些方面也有误解。

怀特对摩根索要求的迅速反应表明了他早已知道他要做什么。事实上，他提出的建议大纲似乎在1941年夏天或初秋就已拟就。12月31日，怀特向摩根索提交了一份20页的备忘录，题为"对盟国之间货币和银行行动的建议"。这份备忘录建议设立两个机构，一个是国际稳定基金，另一个是国际银行。摩根索提出的单一国际货币的想法没有被采纳。怀特促使他相信，全球性的货币自由兑换"将更加现实，而且同样有效"。

在思考战后金融体制时，怀特同凯恩斯一样，也着眼于两次世界大战之间的经历，不过出发点是美国的利益。在华盛顿有一个广泛的共识，即任何战后的国际经济体制都应当提供固定汇率、扩大贸易以及结束歧视性贸易。这些条件被认为是美国和世界保持经济繁荣和预防战争的基础。怀特提出的体制创新在美国过去提的建议中已有雏形：1934年的外汇稳定基金、1936年的三边协定以及1940年的美洲银行的建议。如果说凯恩斯计划是为了把英镑区全球化，那么怀特计划则是将美国的实力和责任向超出美洲的地区进行扩张的努力。然而，怀特的经济计划中还包含有凯恩斯不愿苟同的政治目标。从某个意义上来看，这些政治目标反映了美国的地位。它手中拥有所有的王牌，能够按照自己的意愿来设计对自己有利的战后安排。另一方面，这也反映出他个人的意图，这个意图

第 37 章　怀特奇案

直到今天仍然是一个有争议的问题。

凯恩斯第一次与怀特见面是在1935年，当时怀特在欧洲各国首都进行访问。后来在1941年的华盛顿谈判中，他与怀特接触的机会更多。这一次，怀特提出了一个解决租借协定出现困境的方法。凯恩斯所见到的一定是一个矮壮的男子，40岁出头，有一撮精心修剪过的小胡子，戴一副无边眼镜，声音嘶哑。毫无疑问，他将怀特看做是摩根索心腹圈中一个"坚韧"的犹太人。

事实上，怀特加入财政部的时间不长。在获得哈佛大学博士学位之后，他曾在一个不出名的学院当过教师。他在财政部升迁的速度很快。1938年他成为新成立的货币研究处处长。1941年12月，摩根索让他主管对外金融事务，他因此得以主导美国的战后对外经济政策的制定工作。在华盛顿，怀特是一个以盛气凌人、让人难堪而出名的人物之一。他也被认为是反英派人物，凯恩斯毫无疑问地加强了他对英国这样一个衰落帝国的统治阶级的出自本能的偏见。凯恩斯也许具有怀特没有的风度，但怀特有权力，而且十分清楚这一点。最重要的是，凯恩斯的那种敏锐的头脑既让他感到佩服，也让他感到有必要加以抵制，因为凭凯恩斯的智力足以设下种种陷阱，一不小心就会掉进去。凡是读过凯恩斯《和平的经济后果》一书的美国人总是担心他们会上英国人的当，怀特当然也读过。

凯恩斯不知晓的是，怀特在政治上和社交上与美国共产党的地下组织有关系。他向美共传递机要情报，然后由美共转给苏联情报机构。同时，有一些财政部官员，包括怀特用的人，也是共产党地下组织的成员，或者是间谍，有的还有双重身份，既是党员又是间谍。怀特不认为苏联的利益与美国的利益有冲突。具有争议的唯一一个严重问题是怀特在1944年以前是否知道他提供的情报已落到苏联人手中。

怀特不是美国共产党的党员，他的思想过于独立，不可能接受别人的指令。但同30年代那一批共产党的同路人一样，他非常敬佩苏联的计划经济体制，乐意接受共产党的观点，认为一个强大的苏联是唯一可以抵抗纳粹反犹主义和法西斯扩张主义的可靠堡垒。因此，怀特在内心对社会民主主义美国的期待、希望出现一个有计划的国际经济体制与美苏保障世界和平的双重统治之类的目标并没有冲突。这就是为什么他后来在1948年众议院的"非美委员会"作证时宣称他"不可能做出损害国家利益的任何行为"。在他的信念里有一种对斯大林主义的性质的惊人的幼稚看法，但这在左派当中并不少见。除了秘密行动之外，他的信仰同哈里·霍蒲金斯或副总统亨利·华莱士的信仰差不多。华莱士认为，"历史的进程表明，苏联的试验和美国的新政计划走在一起"将对人类做出更

第八部分 这次比上一次要好

大的贡献。罗斯福也相信美苏合作为和平、进步的世界会带来最大的希望。新政中的左派倾向于美国同"进步"的苏联结成伙伴关系，而不愿同保守、帝国主义的英国建立合作关系。

尽管怀特对稳定经济的计划的技术层面感兴趣，但是他本人制定政策的主要目标是通过大规模的美国贷款确保同苏联的政治、经济同盟关系。早在1939年3月，怀特就提出了大规模向苏联提供贷款的建议。在1944—1945年间，他所做的最后努力是向苏联提供类似于马歇尔援助计划那样规模的帮助。相比之下，他对英国的资金要求就显得十分不情愿。劳夫林·卡里在头两年里是租借法案的实际管理者，他与怀特一样，对英帝国十分反感。英国的纠缠不休对他来说是不得不处理的烦恼的事情。但是英国并不是战后大格局的一部分，因此怀特对英国想要保持大国地位的企图虽然不得不提防，但并不那么认真对待。人们不应当忘记，对美国财政部和国务院的怀特和其他官员来说，英国仍然被看做是一个经济竞争对手，而苏联由于它不同的经济体制并不是美国的竞争对象。美国财政部官员奥斯特兰德记得（英国经济学家）雷德弗斯·奥皮曾告诉他，怀特"反英"比"亲苏"更热烈。怀特制定的稳定基金计划是一项更大计划的一个组成部分，其核心是美苏共管世界，而不是美英合作。英国人审视了怀特计划，并提出批评意见，其目的是如何让这些计划为英国利益服务。但他们从来没有理解怀特计划的重心所在：一只眼睛盯着华盛顿，另一只盯着莫斯科。相比之下，凯恩斯很少考虑到苏联。当他谈及苏联时，总是那一套惯常的讥诮。

1942年3月，怀特修改和扩大了他在1941年12月所起草的第一稿，他的助手是爱德华·伯恩斯坦。凯恩斯第一次看到这份文件时已是1942年7月，此时这份草案已经很冗长，简短的前言之外有80页之多。

怀特要求建立两个机构，即国际稳定基金和复兴银行。他对这两个机构的目的做出如下的描述：（a）防止国际汇率的破坏性波动以及货币和信贷体制的崩溃；（b）确保国际贸易的恢复；（c）提供救援和经济重建的资本。银行计划比基金计划还要宏大，其主要目标是"提供全球各地所需要的巨额资本，以支持重建、救援和经济复苏"。该银行将拥有100亿美元的资本，而且有权发行货币。总体来说，它的功能是凯恩斯计划中的那些辅助机构所具有的。因此，哈罗德对怀特"大计划"中这一部分的内容感到特别兴奋，因为它在当时和后来同他自己的计划非常接近。然而，在华盛顿和纽约，对怀特银行计划的反对声音高于对基金的态度。于是，稳定基金取代复兴银行成为美国计划的核心。

第 37 章 怀特奇案

英国人也是这样认为,目的是把怀特计划同凯恩斯计划进行比较。

稳定基金的构成是黄金、本国货币和生利的有价证券,总额为50亿美元。每个成员国的缴纳份额基于一个复杂的计算方法,其中黄金储量和生产起主要作用。初始会费的构成如下:美国,32亿美元;英国,6.35亿美元。(对于有暂时国际收支困难的成员国,将提供外汇以兑换其本国货币,数额以它们的会员费或"份额"为限。)基金将以黄金为基础确定各国货币的兑换率。这些固定汇率只有在"根本性的不均衡"状态出现时才能变更,而且需要基金会董事会五分之四成员的批准方可。成员国要获得超出其黄金缴纳数额的外汇将要受到不断增强的严格条件的限制,其中包括对国内政策的调整。基金的会员资格向全球开放,其条件是必须同意在基金批准之后才能改变汇率,并在一年之内放弃所有的外汇管制,减少关税,承诺不签订任何双边清算协定或建立地域性的特别汇率,没有基金批准,不允许黄金在国内流通,不允许通货膨胀或紧缩,不允许拒付对外债务。资本允许自由流动,但成员国有权拒绝外国资本的进入,而资本出口国有权征用本国公民的海外投资。怀特还提出一个战时账户的解冻办法,颇具创意。怀特计划坚持汇率稳定,消除外汇管制和歧视性的国际收支政策。这是一个在帮助成员国国际收支方面特别吝啬的计划。另一方面,怀特同意凯恩斯的意见,认为有必要对私人资本的流动进行永久性的控制。

凯恩斯和怀特的两个计划在逻辑基础上是不相同的,这反映了他们观察历史经验的视角不同。两者都试图避免30年代的那种货币战和贸易战,他们都想重建一个汇率稳定、贸易自由的自由经济的世界。对凯恩斯来说,主要的先决条件在于顺差国应当被强制性地花掉这些顺差额。怀特的国际稳定基金的先决条件并不那么严格:逆差国将给予一定的喘息时机,向它们提供短期的储备贷款,让它们把国内经济理顺。这两个计划所需的资金也反映了两者之间轻重缓急目标的不同。凯恩斯的清算同盟要求260亿美元,而怀特的基金只有50亿美元。凯恩斯的清算银行的模式来自于英国在1914年以前维持金本位的经验。清算银行是伦敦金融城的继承者。怀特计划的先例则是金本位后期的国际合作的不断实践。凯恩斯计划对美国有未明确点破的批评,认为它未能像英国在19世纪那样领导世界经济。怀特计划则反映了新政运动对"金融高层"的普遍不信任,不管是美国还是英国的金融机构都是一样。

然而,上面的比较还没有把怀特的"复兴银行"("开发"这个词是后来加上去的,这就是世界银行的全称:国际复兴开发银行——译注)包括进去。怀特的这个银行的功能是促成受战争损害的国家的资本重组、稳定物价和提供反周期的贷款。它的性质与凯恩斯提议的附属机构的功能差不多,而凯恩斯的机构是由清算同盟来支持的。清算同盟的任务是战后救援和重建,它的组成还包括另外三个委员会,即投资、商品控制和反周期经济委员会。凯恩斯的清算同盟以债权国使用顺差余额为唯一的支点,这比怀特的那种把借出贷款的功能一分为二的做法在概念上更为精巧,同时,凯恩斯的机构更加容易区分短期和长期贷款。怀特的基金和银行总共有150亿美元的资产,这就与凯恩斯的260亿美元的建议明显地接近,而怀特的基金本身则只有50亿美元。但是,凯恩斯的260亿美元的资产中,英国有权使用的份额远比怀特150亿美元中让英国使用的相对份额要大得多,因为怀特的复兴银行的资源主要用于苏联的战后重建,而从理论上讲,清算同盟的260亿美元则向所有的逆差国开放,而英国预期在战后初期是最大的逆差国。如果凯恩斯的计划被接受,英国在1945年就不需要向美国借贷款。

1942年5月8日,怀特向摩根索提交了他的计划草案。他建议召开所有盟国(包括苏联和中国)的财长会议来考虑该计划。摩根索同意将此计划同时上报给罗斯福总统和霍尔国务卿,并以"国际经济新政"的概念向总统推销这个计划。罗斯福否决了召开财长会议的提议,认为时机尚未成熟,并下令国务院和其他政府部门对怀特计划做详尽的探讨。摩根索把这个计划看成是自己的得意之作,怀疑国务院由于没有先想到这一步而蓄意扼杀它。5月27日,跨部门的会议开始,怀特是其中的一个技术委员会的主席。7月9日,怀特将一份他的计划文本交给英国财政部派来华盛顿讨论盟国之间救援问题的莱斯—劳斯。怀特与财政部常驻代表菲力浦斯的关系不太融洽。菲力浦斯立即把怀特计划送交伦敦财政部(我们不难设想是摩根索授权让怀特这么做的)。与此同时,菲力浦斯催促伦敦给美国人一份凯恩斯计划的文本,以作为开始谈判的唯一手段。财政大臣金斯莱·伍德在7月中旬加以批准。这样,英美各方终于开始明白对方在做何打算。

3 相互反应

凯恩斯在7月24日带着那一份"泄露"的怀特计划回到提尔顿庄园。他于8月3日回到伦敦时已经写好了对美国建议的看法。他告诉霍蒲金斯,"这个计划行不通"。他给菲力浦斯的信中说:"我很少像这一次这样,在感到如此无趣的同时又感到如此的有趣。"然

第 37 章　怀特奇案

而，他感到既吃惊又受到鼓励，因为他和怀特在并行的起点上思考同类的问题。

他对怀特计划的主要批评是，稳定基金"没有运用银行的操作规则和单向的黄金兑换制，它不过是金本位的一种变形，其目的是增加黄金的有效量来作为货币的基础"，对那些手头只有一点黄金的国家没有多大的帮助。另一方面，他支持"那个处理战争结束时期的全部和部分冻结资金的极其慷慨大方的建议"，并且认为其他的建议也很有帮助或参考价值。他对自己的计划做了重新修正，因为他明白这是向美国人提供的计划，所以刻意缩小他的计划同怀特计划之间的区别。

英国外交部副大臣理查德·劳在8月将修改过的凯恩斯计划带到华盛顿，由菲力浦斯在8月28日提交给怀特。凯恩斯在给卡恩的信中说："现在人人都支持这个计划，除了英格兰银行以外，所有的人都在积极地支持。"菲力浦斯在给怀特的信中说，英国的这些建议是为了"对付战后的另一次全球性的经济萧条"而制定的。

凯恩斯计划在华盛顿被极其认真地加以研究。国务院一马当先，霍尔的助手阿道尔夫·伯尔勒向菲力浦斯提出了许多问题，由菲力浦斯转达给凯恩斯。政治上特别敏感的问题包括份额的总额、美国的潜在的责任、债权国的投票权、对债务国的制约以及"班柯"货币的潜在通货膨胀趋向。菲力浦斯写道，核心的问题是美国人担心"清算同盟将具有发行货币的功能，这将对美元的地位产生不利的影响。同时，这个计划也许会使美国向全世界无限制地提供贷款……"

华盛顿和伦敦之间的那种漫无边际的远距离通讯方式短暂地中止了。1942年10月，摩根索和怀特访问伦敦，视察军工生产的状况以及讨论即将到来的、他们设想会成功的北非战役所涉及的货币安排问题。美国大使威南在摩根索的授意下，安排凯恩斯与怀特见面。他们俩于10月23日在大使官邸进行会谈，双方都有官员参加。大使的经济顾问欧内斯特·平罗斯记得当时的会谈"很活跃，有时不乏相互讥讽的味道，但富有成效"。整个会谈由凯恩斯和怀特占主导地位。凯恩斯说怀特的基金规模不够大，怀特说不可能从国会获得更多的资金。他们讨论了新机构的资本应该用认购的方式还是用自行创造的方式来解决。凯恩斯激烈地攻击了认购方式，而怀特则说这是国会愿意认可的唯一方式。他还说，用清算同盟来做救援和重建工作在政治上是不可能。凯恩斯说，以五分之四多数票决定是否改变汇率的做法英国无法接受，因为英国在必要时要保留自由行动的权力。他坚持在各国财长会议之前先开始英美双方的谈判。怀特说，这将给人以盎格鲁—撒克逊人事先"勾结"的印象。这次会谈结束时，怀特礼貌地提醒英国人，他们国家的地位

第八部分　这次比上一次要好

在国际大背景下已不重要。他们两人都同意对各自的计划做出一定的修改。威南大使"以他那惯常的魅力和技巧"主持了这次会谈。

英国要求双边谈判的要求被拒绝之后，政府开始组织力量支持凯恩斯计划。10月23日到11月9日之间，财政部与英联邦自治领和印度的代表就凯恩斯计划的种种原则进行了会谈。凯恩斯认为这些讨论是"杰出的成就——确实，这是切合实际的、建设性的国际讨论的楷模"。然而，他也不得不意识到，缓冲基金计划和商业同盟计划比清算同盟更受自治领和印度方面的青睐。在这次会谈和与怀特见面的基础上，凯恩斯于11月9日完成了计划的第六稿。这次的草案中，份额的总数被削减，同时加上一个在通货膨胀条件下各成员国同意减少份额总数的条款。清算银行对欠债超过份额的50%的成员国要求附属担保。银行管委会可减少或豁免对过量的盈余账户的利息税。汇率变化变得更加困难，凯恩斯把年度变化不超过5%改为最高限不超过5%；但在规定实施前将有一个五年的长时段作为过渡。这样，英国为适应美国的要求而修改凯恩斯计划的过程就开始了，其原则是不放弃关键性的"银行规则"。

尽管华盛顿方面看上去似乎没有多少动作，怀特本人却在忙于修改他的稳定基金计划，部分原因是凯恩斯在伦敦会谈中提出的批评所引起的。1943年2月1日，美国国务院没有同英国政府进一步磋商或讨论清算计划，把怀特建议的第八稿——当中不包括重建银行计划——提交给英国苏联和中国作为"讨论的基础"。美国建议邀请37位盟国的专家到华盛顿来讨论以怀特计划或其他可能的建议为基础的金融合作问题。英国驻华盛顿使馆安排了受邀访问华盛顿的拉美国家财长接受英方的清算银行计划的文本。

为了同美国对着干，英国政府将凯恩斯计划递交给俄国和中国，并于1943年2月26日在伦敦召开了西欧盟国的财长会谈。美国派出代表参加，但拒绝了英国把怀特计划中的稳定基金建议在会上散发以便与凯恩斯计划进行比较的要求。美国希望把对怀特计划的讨论放在华盛顿，而不是伦敦。凯恩斯在伦敦财长会议上把英国的计划表述为四个互相关联的部分：货币同盟、稳定初级产品价格、商业政策以及国际投资的权威机构。他还解释了他的计划的一个新特点——将银行规则运用到一个封闭的世界经济中去。国内银行业是从中世纪（凯恩斯对这一个历史阶段总是持模棱两可的态度）发展起来的，但现行国家间的金融关系仍然停留在中世纪，也就是说，黄金储备是处于"死亡"状态，如同早先将金币存放起来一样。凯恩斯对怀特计划背后的原则进行了攻击：

第 37 章　怀特奇案

我们尚未能够采用另一种可行的银行原则，即你拥有认购的资本，并可以借出这些资本。把这个原则看成为不必要的观点让有些人感到费解。在银行发展的早期阶段，人们总是把重点放在资本的拥有上。随着时间的推移，他们才意识到这并不重要。如果你置身在一个封闭的经济体系之外，你需要资本以应付你的体制之外的借贷责任。但在一个封闭的体系里，你只需要用一种成员国的存款来抵消另一些成员国的透支即可达到目的。由于没有体系之外的债务，所以没有任何风险，因而不需要资本。

凯恩斯争辩道，将所有的外汇交易集中在各中央银行手中，而最后清算的任务交给国际清算银行，这样，"就能消除外汇投机的所有因素，而货币投机在上次世界大战之后造成了如此巨大的麻烦"。他解释道，份额（即成员国透支的安排）将随着外贸数量的变化而发生变化，所以与金本位下的条件不同，"在固定国际货币的数量时，你必须顾及国际货币在国际贸易融资中所起作用的大小，两者是互相关联的"。

在伦敦的一次晚会上，凯恩斯请求苏联大使麦斯基安排俄国金融专家到伦敦来。麦斯基"同往常一样，面带笑容地说，如果第二战场已经开辟，这件事就容易得多"。与怀特不同，凯恩斯认为俄国不参加清算同盟无妨大局，当然它在同盟之外将令人失望。欧洲盟国总体上支持清算同盟的计划，但拒绝接受任何由英美决定同盟主要政策的建议。凯恩斯认为这降低了预先同美国达成协定的重要性："鉴于欧洲人和自治领都同情我方立场，我们在多边讨论中的地位比双边讨论中的地位要强得多。"

同时，凯恩斯对怀特的稳定基金计划又做了一次研究。1943年2月18日，他写出第一批研究报告，批评怀特计划在技术细节上含混不清，同战前相比，其创新的唯一一个方面是对资本流动加以控制和消除冻结账户的一些规定。

怀特计划的修订草案中有两条让英国大为头痛。稳定基金的账户和每个成员国的货币价值都用"单位货币（Unitas）"来表示。怀特把这个单位货币看做是黄金储蓄的收据，而不是可流通的金融工具。基金本身可以买卖货币以保持互相之间汇率的固定性。凯恩斯认为，如果单位货币成为国际货币，它才能有双重的优点：一方面成为基金的认购原则和清算同盟的银行规则之间的桥梁，另一方面促进多边清算。在1943年的头几个月里，英国把单位货币"货币化"作为接受以基金为框架的国际金融合作的先决条件。

怀特在1942年12月16日起草的方案中还引入了一项"稀缺币种"的条款，该条款授

第八部分 这次比上一次要好

权基金对某个有过量需求的货币进行"配额"管理,这是为了防止预计会出现的美元荒。事实上,缺少美元的成员国将被迫只购买美国的产品。稀缺货币条款可以被看做是怀特试图弥补对债权国进行制约的不足。凯恩斯对这个条款不屑一顾,认为"这个计划似乎行不通"。

但这不是罗伊·哈罗德的看法。在去牛津大学的夜间火车上,哈罗德阅读了怀特的修改草案和凯恩斯的评论。当读到稀缺币种条款时,他感到一种"一生中只会出现一两次的强烈兴奋"。他热切地写道:"美国人接受了对非均衡状态的共同责任原则。"他在半夜两点写信给凯恩斯,说"美国人向我们提供了在同他们谈判中绝对得不到的东西。也就是说,我们(和其他国家)在美元匮乏的时候可以对美国产品采取歧视性的政策"。两天后,他又写道:

> 我建议我们应当采取这样的立场,即我们设想对稀缺币种的配额管制同有限的信贷份额建议有不可分解的关系。我们可以指出,没有配额管制的安全阀,后者不可能行得通……这样,一旦他们决心从配额管制中脱身的时候,就不得不回到清算同盟的无限信贷的立场上。

凯恩斯在3月8日得出的结论是:"从策略角度看,你的观点大有可为……我向菲力浦斯提供了一份我们通信的文本。"在给菲力浦斯的信里,他吐了真言:"有些人(比如罗伊·哈罗德)认为这是美国做出的一个了不起的、体谅的姿态,将全部负担放在债权国的肩上……我对这种如此乐观的看法实难苟同。在我看来,最多是怀特让此计划迅速克服国务院的反对,而这一条款的真正含义没有引起注意。"这一次,哈罗德比凯恩斯更加理解美国人将愿意接受什么样的方案。

由于两个计划的文本已经在那么多国家里流传,公开发表成了刻不容缓的事情。英国政府向美国政府建议在新闻媒体对它们断章取义的报道之前将其正式公布。摩根索要求暂缓发表,让两国的专家到华盛顿举行会谈以防止人们将这个计划看做是对立的计划。3月,英国人决定把清算同盟计划作为白皮书发表,不管美国方面如何动作。当保罗·爱辛格把怀特计划透露给伦敦《金融时报》以后,美国政府别无他法,只能将它公开。1943年4月7日,两国政府各自把自己的计划公之于众。尽管没有达到英美双边讨论的目的,凯恩斯对美国的建议得到广泛的传播感到宽慰。他认为,真正的风险是美国是否"放

704

第 37 章 怀特奇案

弃自己的计划,更不用说放弃我方的计划了"。但现在美国已经很难退出。美国财政部的计划"标志着一大进步。如果这个安排对人们有吸引力,我们就不难从中获得有益的结果。但现在谈论双方的妥协还为时过早"。

英美双方的专家们提出的这些建议在两国的报界得到广泛的报道。德国报纸也对此十分关注。当然,"新闻媒体的评论大多基于爱国主义的理由而不是基于每个计划的内在优点"。然而,两国内部对建立全球性的机构都有潜在的批评。英国驻美使馆报告说纽约金融界对"怀特计划一致地表示反对,并且抱怨甚多。这并不表明他们热衷英国的计划……他们特别厌恶拉丁美洲、亚洲和其他地区的债务国成为管理委员会的有投票权的成员,并参与制定决定所有国家的经济生活的金融政策……"颇具影响力的共和党参议员罗伯特·塔夫托谴责怀特计划,声称怀特要"把钱扔进老鼠洞里去"。5月11日,加利福尼亚大学的保守派经济学家本杰明·安德森在新闻媒体的高度关注下,在洛杉矶的商会发表了一场演说,声称"这两个计划建立了一个超国家的智库,目的是代替世界来思考计划,并告诉世界各国政府如何去做"。这位教授还声称,两个计划都是英国人的计划,因为它们都反映了凯恩斯主义的经济思潮和英国的货币政策。两个计划都治标不治本。汇率的不稳定不过是基本经济因素的不健康造成的货币不稳的一个征兆,真正的病根是没有控制的财政和货币政策。凯恩斯—摩根索计划只会加强这些不良倾向。汇率稳定的前提条件是健康的国内经济政策、有保障的国际和平以及关税的削减。如果这些条件具备的话,欧洲就能够从私人投资者手中获得所需的信贷。

拉索·莱芬维尔在给汤玛士·拉蒙特的一封信里对两个计划中的资本管制大加鞭挞:"人们一般认为,稳定的汇率是理想的,但它是促进商品和服务更加自由流动的一个手段而不是目的本身。这些专家们只是试图用控制的方法来固定汇率,任何资金在没有这个警察的批准下就不能自由流动,这种做法令人失望。"纽约银行家们中意的计划是英美之间的紧密合作,达成一项关于汇率和信贷的协定以重新恢复英镑作为一个主导货币的地位。这个思路由哈佛大学的经济学教授和纽约联邦储备银行副行长约翰·威廉姆斯给出具体的方案,这就是他的"主导货币"计划。威廉姆斯认为,既然"全球贸易几乎全部使用一两种主导货币(即美元和英镑),这个根本性的事实必须用两个货币之间的汇率稳定来加以反映,其他国家的货币则围绕这两个货币进行组合"。

始料不及的是,这两个计划在德国新闻媒体上得到了认真的报道,这表明在那些纳粹政权不感兴趣的问题上,知识界的独立性依然存在。不足为奇的是,德国人偏爱凯恩斯计划，而不是怀特计划，因为前者是德国的"冯克计划"的衍生物。事实上，"德国人认为凯恩斯计划再一次证明德国在过去十多年当中推行的经济政策是正确的。也就是说，国民经济政策优先于对外货币政策，而一国货币的'外在'价值应当服从于它的'内在'价值"。《法兰克福报》在1943年7月4日的评论中认为，"凯恩斯的实际创新在于他酝酿出一个作为国际机构的清算体系，但这也许正是这个计划的弱点所在"，因为在一个地区内建立经济稳定比在全球范围内推行清算同盟要现实得多。[706]

在复活节假期里，凯恩斯就怀特计划提出了一系列的问题，并转交给菲力浦斯。他在5月4日给菲力浦斯的信中说："主要的困难在于，'单位货币'不像班柯那样是一个有效的国际货币单位。如果稳定基金只使用单位货币而不是十几种货币，那么很多困难便能迎刃而解。"凯恩斯对丹尼斯·罗伯逊说他对稳定基金缺乏多边主义十分不满：

> 每个国家的逆差都在单边的基础上进行结算而不是同整个世界的一系列的逆差状态结合起来考虑是行不通的，也是十分荒谬的。其结果是，即使一个与全世界都有顺差的国家也不能利用基金与任何一个国家进行多边的清算，而它同任何一个国家从相互分割的角度看都处于不均衡的关系……这简直是荒谬绝伦，不值一提，哪怕是半心半意的支持也没有必要。

1943年4月19日，凯恩斯写信给母亲，说"我的身体令人惊讶地健康如故——我也不知道为什么。多年来，我的身体状况从来没有这么稳定过。这个星期我把肝脏都豁了出去，每天外出吃午餐，好几次出去吃晚餐。那些食物都是高蛋白的，根本不易消化，但我没有任何不适。"

凯恩斯在1943年5月18日册封为勋爵后在议会上院的首次演讲中为他的计划做了论证，他用一种他最喜欢的语言来"教育大众"。他说，"多边清算用英语来说是一种对全世界所有的贸易结算都有效的世界性货币"，这对英国至关重要，因为"我们的产品的最佳市场常常与我们的原材料供应的最佳市场不相同"。但是，要恢复英国自己的供应市场就需要一种贸易所必需的货币。他的计划将能给每个国家提供额外的"班柯"货币，以作为一次性的馈赠，这个安排不是为了让一个国家长期入不敷出，而"只是一种紧急状态下的救助储备金"。过去出现经济危机的原因不在于那些行事草率的债务国，而是由于债权国完全不必要地囤积盈余资金。英国的建议正是为了避开金本位的僵化性。

第 37 章 怀特奇案

在经常性交易中产生的盈余可以绝对自由地被汇回国内，但是，"如果我们对私人投资不加以控制以适应我们的贸易平衡的话，我们就无法控制国内的利率"。英国并不想把美国"变成全世界的，特别是英国的奶牛"。他的计划并不要求美国或任何其他国家把原来打算用在其他方面的哪怕是一美元转移到计划中来。凯恩斯提出了他一生中最后一篇学术论文中的一个观点，即美国的盈余是全球就业水平低下造成的，在不久的将来必定会消失。他特别强调"现金银行储蓄与一个金融机构的永久性资本进行认购之间……存在着重大的理论区别，前者可以随时被提取，而后者则不能"。但在实践中，这两者的区别并不是很大，因为在美国对此提出的担保要求中，黄金只占很小的比例，大部分是在纸币上印的"借条"，所以，这两种体制的融合是可能的。

从凯恩斯的论证来看，他的清算同盟成员国只有一个自由受到限制，即"不愿花费盈余"的自由。没有任何计划像它一样符合合理性，但由谁来界定"合理的囤积资金"的水平呢？

凯恩斯在议会上院的演讲得到多方的好评。他写信告诉母亲："当然，上院的水平非常之低，任何理性的人话都会受到特别的注意。"他说他不像过去那么忙，但"仍有足够的让我感兴趣的事情要做"。他收到40到50封信，向他建议这个新的国际货币的名称是什么，"多数名称都不可取"。6月5日，凯恩斯在剑桥欢庆他的60大寿。他自我调侃道："我现在是处在两个世界的最糟糕的接合处，太老而不能保持清醒的脑力，但同时又太年轻而没有足够的威严。"如果是一位职业文官，他已到了必须退休的年龄。

第 38 章

建设一个更美好的英国

1 比弗里奇

凯恩斯最爱说的一句话是,他利用战争时期的沉寂来思考战后和平的大动荡。从1942年开始,他的活动越来越多地转向战后问题。他的清算同盟计划使他成为英美寻求战后国际经济新秩序的共识的焦点人物。但是,他也侧面地参与了一项被称为"新耶路撒冷"的国内新政计划,这个计划以向全民提供从生到死的福利保障和充分就业的"比弗里奇计划"为基础。1942年年初,他还成为政府的"音乐和艺术促进委员会"主席,该委员会是战时的产物,后来成为政府永久性资助艺术活动的先驱。凯恩斯从来都不是一个充满激情的社会改革家,但是在敦刻尔克大撤退和1942年11月的北非阿拉曼战役获胜的这段时间里,英国朝政开始向左转,凯恩斯亦未能幸免。他支持约克大主教威廉·坦普尔的立场,要求建立一种基督教化的战后资本主义。他邀请大主教到星期二俱乐部来演讲,为他的新书《基督教义与社会秩序》造声势。凯恩斯提出,大部分的早期经济学家都是教会人士,"至少在身世渊源上是这样,经济学——更确切地说应当被称为政治经济学,乃是伦理学的一个分支"。我们可以看出,凯恩斯青年时代的激进的无神论已发生了如此巨大的变化。

在英美谈判的间歇时间里,凯恩斯抽空思考了重建英国社会保障制度的比弗里奇计划。作为个人和财政部的官员,他的兴趣所在是该计划在资金上能否站得住脚,而这取决于战后英国的国民收入和失业率。这就引起了一个问题,即政府政策在保持高度的战后总需求中究竟是一个什么角色?财政部对这个问题一直未能达成共识。当人们对雄心

第八部分 这次比上一次要好

勃勃的比弗里奇计划提出"英国是否负担得起"这样的问题时，具有很强思维能力的詹姆士·米德给财政部写了一份关于战后就业政策的报告，以内阁经济处的名义送交讨论。财政部一方面对任何昂贵的社会福利计划有一种天然的抵制心态，因为英国战后的对外经济地位很可能朝不保夕；另一方面，英国在战时的政治激进化过程，正如保罗·艾迪森在《通往1945年之路》一书中所记录的那样，使得寻求"新耶路撒冷"的改革承诺成为政治上的必要因素。凯恩斯作为在比弗里奇、米德和财政部之间的一种协调而卷入这场争论。他并没有参与1942年12月出笼的《比弗里奇报告》的形成过程，但对财政部愿意以多大的资金规模来支撑比弗里奇计划的启动起了决定性的作用。

威廉·比弗里奇是一个难以想象的大众心目中的英雄人物，是一个古板且异常踌躇满志的社会科学学者。他总是唱独角戏，但追求重大的责任，并认为自己的才能被政治家们所低估。他的著名报告的出笼完全出于偶然。因为政府中没有一个人欣赏他，劳工大臣欧内斯特·贝文让他主持这个项目的目的是因为把他放在那里不会对政府造成什么伤害。他的任务是制定一个合理的社会保障制度的计划，他接受了这个任务，眼含泪花地离开了劳工部。然而，他很快就决定把他的新任务推动到一个远远超过贝文所打算的程度，确切地说，他雄心勃勃地决定要为社会政策打开一个新的方向，并视自己为指引人们"走向希望之乡的先知"。他的最早的两份报告分别于1941年12月和1942年1月写成，财政大臣读了他那救世主调子和容易引起争议的政治和金融观点，决定让他对此负个人责任，于是把比弗里奇主持的一个委员会的成员们降格为"顾问和技术助理"，这些官员中还包括一名财政部的监察官员爱德华·海斯。始料不及的是，这个安排反而给比弗里奇以个人的名义发表他的报告的自由。比弗里奇和他的主要概念——即"国民保险制度"——直到今天还是英国社会保障制度的名称。

该计划基于三个基本前提：国家医疗服务制度、全民家庭津贴以及充分就业。比弗里奇提出一个全民保险计划来解决退休、失业和残疾问题。这个计划将由中央政府集中管理，资金来源于雇主、雇员和国家财政。每个人在保障基本生活上都有相同的待遇。这个制度将取代原有的那种七拼八凑的由强制性保险、自愿保险和济贫相结合的漏洞很多、不和谐的体制。1942年3月，比弗里奇寄给凯恩斯两份报告文本，请求他在金融问题上帮助解决计划中的问题。凯恩斯对它反应热烈，说他"积极支持这个计划。我认为这是一个建设性的宏伟改革计划，非常重要。而且，我如释重负地发现，它在金融安排上是有可能的"。凯恩斯最关心的是，在该计划启动时不要过多地花费财政部的资金。他不愿

第 38 章　建设一个更美好的英国

接受"全民"保险的想法，认为退休金的那些建议"最不吸引人，也不是计划的必要内容"。这个评价不足为奇，因为凯恩斯对退休金问题不感兴趣，他关注的是失业保险和家庭津贴问题，以及这些安排如何与他自己的管理经济周期的计划相吻合。1942年3月23日，比弗里奇和凯恩斯第一次共进午餐。比弗里奇的传记作者胡塞·哈里斯说这是他们在"雅典神庙俱乐部"欢快会面的第一次。当然，比弗里奇的古板个性并不能自发地引起欢快的气氛。也许他俩的谈话范围超出了社会福利的费用负担问题。

当财政部对比弗里奇计划的开销开始警觉时，凯恩斯成了比弗里奇在财政部的辩护人。在1942年7月1日的一次午餐上，他们制定了一个计划，促使政府成立一个小型的委员会，专门讨论比弗里奇计划的资金问题。凯恩斯说服霍布金斯成立一个三人委员会，其中包括凯恩斯、列昂奈尔·罗宾斯和财政部保险统计官员乔治·爱波斯爵士。委员会与比弗里奇在1942年8月会谈了三次，最后一次是在10月。凯恩斯设想了一个"基本计划"，将原来的7亿英镑一年的起始费用降低到4.5亿英镑，这只比现有社保体制的3.15亿英镑的年度费用略高一点。在与比弗里奇的第一次会谈中，他们削减了1亿英镑，凯恩斯对这一天的成就非常满意。比弗里奇接受凯恩斯的提议，将家庭津贴的发放只限于第二个及以后出生的孩子。然而，凯恩斯自己后来放弃了这个主意，称其为"政治不稳定因素"（英国贵族是长子继承制——译注）。退休金引起的麻烦最多，直到现在仍然如此。凯恩斯建议基本生活的最低保险采取渐进式的办法，分阶段实施。比弗里奇表示可以接受。到8月24日时，委员会同比弗里奇再一次会谈之后，凯恩斯报告说，比弗里奇的诸种建议在金融上已经无懈可击。

比弗里奇报告于1942年12月1日发表。一个月之前，盟军在非洲登陆。1943年1月，德国第六军团在斯大林格勒投降。英国政治上争取选票的序幕已经拉开。数周之内，保守党已经开始失去民心，因为丘吉尔首相和财政大臣金斯莱·伍德对"人民的威廉（比弗里奇）"的建议没有做出热烈的反应。英国公众购买了65万本《比弗里奇报告》，对它的"从摇篮到坟墓"的保障原则热情非凡。财政部仍然担心比弗里奇计划将导致额外征税，从而对战后的经济复苏不利。凯恩斯本来打算在他的首场议会上院演说中谈谈比弗里奇报告，想要说："各位爵爷，我们今天在这里讨论的事情连一个老鼠都惊吓不了。"当他感觉到上议员们都对此心存疑虑，所以决定在这个议题上一言不发。在政治上，这是明智的做法。

凯恩斯对该报告的反应大多是技术层面上的，这与他的朋友和同事们的不同反应形成鲜明的对比，这些人有的热烈支持，有的则勃然大怒。内阁经济处属于热烈支持的一派，它的观点是,该计划中的失业和病残保险的扩大固然会对就业带来负面的刺激,但其正面的影响更大,因为劳动生产率将由于"劳动力的衣食住行和教育程度的改善"而得到提高。休伯特·韩德森不出所料地对该计划批评有加。他警告说,全民福利将比特定福利对象的计划要昂贵得多。他还认为,用这么大的规模来造成财富的再分配将降低经济效益。他对报告中提出的"最后一枪结束后,好时光对每个人来说都将到来"的观点大加鞭挞,称其为"居心不良"的提法。反对派的阵营中还包括凯恩斯的老朋友福尔克,他在1943年12月3日的《泰晤士报》上撰文,说《比弗里奇报告》是"通向民族道德伦理毁灭的道路……它展示的不是我们文明的活力,而是这个文明快要走到了尽头"。从这以后,英国对社会政策的争斗一直是在这两个阵营中展开的。凯恩斯对这场争辩本身并不感兴趣,这是一件奇怪的事情。事实似乎是,凯恩斯对社会政策一贯不感兴趣,思绪从来不放在这上面,他唯一感兴趣的是,财政部能否"负担"得起这个计划。

2 财政哲学和就业政策

比弗里奇引出了所有的衍生话题,这给凯恩斯和米德这样的思想家提供了进一步探讨的有意义的方向。比弗里奇假设战后失业率的平均水平为8%,他把这个水平看做是充分就业水平,并作为全民社保统计基金的结算基础。这个设想是否合理?能否加以改善?这个问题与战后初期的英国国民收入的规模有关:国民收入越高,起始的福利水平也就越高。这些问题在跨部门的"战后国内经济委员会"里得到详尽的研究,该委员会成立于1941年10月。在讨论如何保持战后高就业水平时,这些问题就显得更加突出。詹姆士·米德在1941年7月8日完成了一份报告,题为《防止全面失业的国内措施》。在委员会11月召开的会议上,米德提交了这份报告,这是战后就业政策的先驱,其地位一直十分重要。米德是凯恩斯主义经济学家,他的报告所关注的重点是反经济周期的需求管理,但也简略地讨论了失业问题上的相互冲突和结构性的因素,并提出对付这些问题的办法。财政部对米德报告做出的反应于1942年5月提交给委员会,它的主要作者是休伯特·韩德森爵士,所以它的调子十分悲观是预料之中的事。韩德森以英国在1919—1924年间的经验作为例子,表示他看不出"国内"政策如何能够防止出口工业中的失业问题,而英国的经济困难恰恰来自于这个方面,他对长期的需求水平表示悲观。凯恩斯就这份文件起草了一份意见草案,对它进行了激烈的攻击,"该文作者似乎吓破了胆,除非他能确定一个日子,在那一时刻,失业人数下降到300万以下方能心安"。韩德森在这个问题和其他问题上的看法对新任的第二副大臣威尔弗雷德·艾迪爵士产生了巨大的影响。此外,财政部从20年代起就对公共工程计划和不平衡的预算有行政上和信心上的抵制情绪。

米德希望凯恩斯能设计一个与比弗里奇社会政策相辅相成的有关战后就业政策的凯恩斯计划,但凯恩斯不愿这么做:再搞一个凯恩斯计划也许是画蛇添足。这是一件憾事,因为在战后一直未能出现一个保证充分就业的全面的凯恩斯计划。凯恩斯对1944年5月发表的著名的《就业白皮书》贡献甚少,他只是表示赞赏、给予评价和提出一些批评,尽管其中一些内容反映他的理论观点。然而,在比弗里奇和米德带动下的白厅内部的这场辩论给凯恩斯提供了时断时续的参与机会。他的参与始于1942年,并一直持续到1945年他作为"国民债务调查委员会"的成员的任期内。他的参与展示出一种或多或少有连贯性的就业哲学,同日后的凯恩斯主义的就业哲学大相径庭。他的观点也突出地表达了他所使用的一些关键术语的政治含义。这些政治上难以把握的术语包括"充分就业"、"公共领域"、"资本预算"等等。

我们最好先解释凯恩斯"充分就业"概念的真实含义。他显然不是指零或近似于零的失业率水平。然而,他也不接受两次世界大战之间平均10%的失业率为最佳的可以达到的水平。同韩德森和米德一样,他对结构性失业和需求不足引起的失业加以区分。但与韩德森不同的是,他不相信需求不足造成的失业能够持续下去,《通论》一书的目的就是为了对此进行解释。此外,需求条件的改善也可能改善经济的供应机构,因为劳动力的流动性得到增加,这是他的乐观主义的基础。他相信各国政府已经有经验、知识和意志来防止30年代的那种经济状况的出现。

在战时的财政部,凯恩斯和韩德森针对就业问题重开了他们在30年代的那场辩论。从根本上说,凯恩斯将两次世界大战之间的那种"非正常"就业水平归咎于需求不足,而结构性的调整是第二位的。韩德森的观点恰恰相反。况且,凯恩斯回顾历史的着眼点是1914年以前的失业状态,而韩德森的视线却落在20年代的出口工业的经历上。凯恩斯的较长时段的视角使他得出了5%为英国的"正常失业率"的结论,而这个水平被过分的通货紧缩和旨在恢复金本位的政策所干扰。

米尔顿·弗里德曼在多年后也得出了5%失业率为"自然失业率"的结论,人们很容易产生联想,认为凯恩斯的5%失业率是后者的先驱。从某种意义上说,两者之间是有相似的地方,因为1914年以前的"标准"与周期性的物价调整有关。但两者还是有区别的。弗里德曼的"自然失业率"被看做是"均衡"失业率,而对凯恩斯来说,正如我们在前面所阐述的,某个特点的均衡点并不存在。

对前景乐观的大背景是战争本身。到1942年为止,英国失业者已下降到10万人以下,或者说失业率在1%以下。1941—1945年间,官方的物价指数以每年2%的速度上升。然而,凯恩斯深知这并不是和平时期的正常经济表现。解决失业问题采取的方法同苏联的方法差不多,即非正常的高额政府支出和一系列的管制措施相结合的方法,其中包括物价控制、政府对劳动力的征集以及强制性的劳资仲裁、商品配额供应以及补贴。而租借协定和英镑债务的积累则用于解决国际收支问题。

所以,凯恩斯在思考战后就业的前景时,很自然地把着眼点落在1914年前的5%的失业率上。1942年5月28日,他在政府内部散发了他和统计学者理查德·斯通一起做的对战后国民收入水平的研究报告。这份报告估计战后失业人数在80万到90万之间,也就是说,失业率在5%和6%之间。加上其他一些设想,凯恩斯和斯通估算的结果是,战后国民收入的"标准"水平当在65亿英镑,或者说比战前的实际水平高出15%。凯恩斯自己认为这个估计尚属保守,但是韩德森的估计则悲观得多。他在批评凯恩斯—斯通的估算时提出战后的失业人数为200万,失业率为12.5%,因而相应的国民收入也较低,为57亿英镑。两者之间达成的妥协数字在1943年被定为失业率7.5%,这个数字成为比弗里奇报告的基础,但凯恩斯仍然认为这个数字太高,而韩德森则认为它太低。事后证明,韩德森对国民收入的估计是正确的,但在失业问题上则错了。

凯恩斯并不是说,由于1914年以前的失业率为5%,所以战后的失业率也将会如此。在1942年6月的一个文件里,他解释说,他和斯通得出这个百分比"主要是基于我们认为这是公众能够接受,而不至于要求极端手段的最高限度。同时,我们还认为采用一些措施把失业率降到这个水平在实践中是有可能的"。

因此,对凯恩斯来说,充分就业是一个政治决定的变量,它是社会能够忍受的最高失业水平,同时不会产生政治经济上不想付出的成本——即政治自由的减少或通货膨胀的上升。60年代的那些心高气傲的凯恩斯经济学家们对这个思路一窍不通,他们不懂一个自由的社会在和平时期不一定愿意为了就业水平而付出如此之高的代价。他们坚持说"需求管理"需要得到一些"额外的工具"——比如工资和物价的控制——来支撑。凯恩斯如果在世,会支持这些观点吗?我们从凯恩斯在战前或战后的所有文献中看不到一点他会支持的迹象,他从来没有超出限制工资增长的自愿协定的范围。早在1940年,他已经划分了"自由"和"集权"社会的界线。我们没有理由相信他会放弃这个观点。

凯恩斯后来也从来没有改变他对充分就业在实践中应该是什么水平的看法。1944年12月,比弗里奇出版了《自由社会的充分就业》一书,对战后失业率的估计比《比弗里奇报告》中提出的还低。凯恩斯写信给他说:"目标3%的失业率并非坏事,但如果我们能够达到这个目标的话,我将会感到十分惊讶。"三个月后,他"认为比弗里奇把3%的失业率设为不可违背的目标的做法实在太过分"。

第二次世界大战以后,不管充分就业如何被界定,凯恩斯经济学家们对政府如何保持充分就业都有一个很简单的答案。他们将用国民收入的统计数字来计算总需求和总供应之间的预期平衡值,然后用财政政策来弥补两者之间的缺口。如果预期的需求超出预期的供应,就会有通货膨胀的危险,因此政府在预算上应该有盈余。反之,当失业是主要危险时,政府应当推行赤字财政。在任何一种情况下,政府预算都是平衡因素,而货币在所有时候都总是保持在廉价的水平上。

当我们看看凯恩斯在战前和战后所说的话,我们就会发现这种简洁的综合财政手法是不击自溃的。凯恩斯实际上同格莱斯顿一样有着对平衡预算的强烈信仰!那么我们如何解释凯恩斯提出的用财政政策将经济"平衡"到充分就业的水平呢?其中的奥妙在于,凯恩斯将公共投资看做是平衡因素,而且把这些投资项目当作"预算之外"的资金来考虑。这种观点的产生是基于他对"公共"和"私有"概念的特殊定义以及会计学的传统,即严格区分"经常性"账户和"资本"(非经常性)账户的支出。这些概念源于20年代,特别是1928年他为撰写《自由党黄皮书》而发展起来的内容。这些概念是否有实际意义是另一回事,米德从来不认为它们有什么意义。

财政副大臣霍布金斯在1942年5月组织了财政部对政府预算的调研。凯恩斯在他写的那一部分中(7月20日)指出,"一般"的预算,即政府预算本身"应当在任何时候都处于平衡状态,只有资本账户可以随着就业的需求上下波动"。事实上,凯恩斯同维多利亚时代的人一样,主张政府的"一般"性预算应当有经常性的盈余,在正常时期可以被用来减少债务,或在经济下滑时转移到资本账户中去,并通过生产性或半生产性的还债过程来取代坏账和死账。因此,所谓"赤字财政"对他来说是"将正常的偿债基金降为零"而不是用预算来制造实际的赤字——就像丘吉尔在20年代的预算计划中所做的那样。凯恩斯对使用"资本预算"的概念也是含混不清,具有几种意义,直到1945年他才把这个概念的含义梳理清楚。他这时声称资本预算包含三个特有的概念：(a)"对整个经济的资本支出"；(b)"所有由公共领域，包括地方、政府和公共委员会控制的资本"；(c)"国库支出和收到"的资本账目。所有这三个方面都以下一年为基础进行估算。他把这三种预算分别称为投资预算、公共资本预算和国库资本预算。凯恩斯相信政府能够控制总投资水平，因为他认为公共资本预算是投资预算的三分之二或者更多。

凯恩斯批评财政部同行混淆资本预算与"赤字财政"的区别。他提出的技术是用公共资本预算来纠正任何预期的投资与储蓄之间的不平衡，这与"赤字财政"没有任何关系。资本预算是保持均衡的一个方法，而赤字预算是克服非均衡的一个手段。

凯恩斯将这种看待预算的方法同他对"缓进的社会化"的一般理论联系起来。他在1942年7月20日写信给霍布金斯：

> 我们应当扩展而不是限制国家操作或支持的项目的额外预算的理论与实践，不管这个项目是公共交通体系，电力委员会社会保险，还是战争损害。我们的社会化程度越高，就越应当把特色服务所产生的费用同它们的供应方的资源紧密地联系起来……这是保持健康的财务管理、测量效益、坚持节约和让公众明白这些服务所需成本的唯一方法。

在霍布金斯的授意下，凯恩斯设计了一个税制改革的方案，用缴纳资金为基础的一个自立的社会保障基金来取代所得税。这一方案使得连理查德·霍布金斯爵士这样的人也感到忍无可忍。他在1942年7月21日对这个计划评价时，言简意赅地说道："从现在到8月15日之间的一段时间里，我实难接受凯恩斯勋爵提出的在这个国家里全面改革直接税收制度的建议……"

将"公共"财政一分为二使得凯恩斯能够把政府的经济作用分成两个部分。一般性的预算涉及经济效益和社会公平问题，而资本预算则用于需求管理。凯恩斯的批评者们，包括大多数的财政部同事们都认为这种两分法是有意让人糊涂。公共账户是为了掩饰赤字预算。凯恩斯本人则会持完全相反的看法：他会说他的目的是让一切含混不清的讨论变得更加清晰。在私有经济的领域中，经常性/非经常性账户的区分是人所皆知的事情。然而，在实践当中，将这种区别运用到公共账户中去却有着虚幻的一面。在私有经济中，

第 38 章　建设一个更美好的英国

资本支出是为了产生现金回报，以足以偿还贷款利息和本金所付的支出。凯恩斯的"公共资本"中的大部分项目都不能达到这个要求，尽管他认为公共资本支出"至少有一部分，如果不是全部，是会收回的"。凯恩斯明白新的思想一定要有旧的包装才能在政治上得到接受，对经济界来说更是如此。他严格区分理论和政策："我以为，经济学家们必须非常谨慎地把这两者区别开来。"

在实践中对凯恩斯的"资本预算"的决定性的反对意见是，这个概念表明投资项目可以或应当被操纵以适合反周期政策的需要。正如汤马斯·威尔逊教授所言："不幸的是，凯恩斯有时把投资的目的仅仅是为了将购买力注入经济的一条通道。"由于上述这些原因，战后推行凯恩斯经济学的政府（特别是1951年以后）放弃了"投资预算"，而采用改变税收的不同水平和分期付款的方法来影响总消费。80年代和90年代，各国对随意的政府预算方法开始抵制以后，经常性/非经常性账户的区分又开始流行起来，然而这个区分是否有用仍然是大家公开讨论的话题。

70年代和80年代，各国关注的一个中心议题是税收和刺激经济的手段有何效果。在凯恩斯的著作中，对这个问题几乎没有涉及。他激烈地反对100%的超额利润税，并竭力要求降低这个水平。更有意思的是，他赞同他的学生科林·克拉克的观点，即"25%的税收是容易达到的最高水平……"但他对克拉克根据两次世界大战之间的数据得出的结论是否证明了，或能够证明他的结论感到怀疑。他在《经济学杂志》上安排发表了克拉克的研究成果。

凯恩斯的财政观点有很多反映在他与詹姆士·米德的通信里。他的思想火花两次迸发，第一次是在1942年酝酿《比弗里奇报告》时，第二次是在该报告发表后的1943年，两次都源于凯恩斯对米德的维持就业的建议的回应。经济处在比弗里奇调查委员会的作用表现在米德提出的把反周期变量考虑在国民保险缴纳金里的建议。当失业率上升时，保险金应当相应地降低；当失业率下降时，则应当提高。凯恩斯一开始对此心存疑虑，但不久就接受了这个观点，但他仍然强调其抵消投资需求波动的局限性。他与米德的通信在1943年里更加频繁。《比弗里奇报告》发表不久，由约翰·安德森主持的"重建优先项目内阁委员会"要求内阁经济处研究可能使比弗里奇的充分就业假设得以实现的手段，经济处因此提交了米德的一篇多次修改过的报告《保持就业》。凯恩斯认为这份报告非常难懂，只有"傲慢的约翰"这样的人才能认真地阅读它。凯恩斯要米德接受他的把预算分为经常性和非经常性账户的建议，米德不同意。对国内投资的控制不能及时，或在有些情况下力度不够大,所以消费稳定的因素仍然是必要的:社会保险缴纳金的变化与失业指数联系起来,成为一个即刻的自动稳定器,同时还需对减税加以计划,以防止失业的扩展,尽管这会引起不平衡的预算。在这两个建议里,特别是在第二个建议中,米德天真地相信统计数字会告诉经济学家和政治家应当如何行动。他一直都不愿放弃这个信念。

凯恩斯在回复米德的信中表示,他尽管支持"自动"变化的社会保险缴纳金的想法,但他仍然倾向于用投资作为稳定器。他不赞成税收调节的计划,并指出人们一旦建立了一定的生活水准,在不确定的短时段里用豁免税收的办法不太可能刺激大量的消费上升——这是米尔顿·弗里德曼的持续性收入的假设的早期表述。此外,当就业状况有所改善时再重新开始加税则非常困难。改变国民保险缴纳金的办法之所以能避免这个困难是因为它一方面可以同一个既定方案相结合,另一方面也可以将购买力转到一个不储蓄的社会阶级手里。(从技术上讲,这里的"乘数"效应更大。)然而,他坚称保险缴纳金的调整变化只限于雇员的那一部分,不应当包括政府和雇主缴纳的份额。政府出的那一部分来自它的预算,所以应当保持不变;减少雇主缴纳的那一部分如果只是暂时现象就不会提高就业水平。凯恩斯反对用降低烟酒税的办法让人们多抽烟和多喝酒,因为即将失去工作的人没有这个能力。他认为所牵涉到的"巨大的时间差"使得税收的"短期变化"效应变得不确定。此外,在经济衰退时期,用借贷来进行资本投资的想法要比鼓励人们多消费的做法更能让普通人理解。鼓励消费比借贷投资更能体现出"赤字预算"的特性。资本的支出能收回成本,而且它不会造成国家债务的递增,所以从预算的角度来看更加合理。最后,当经济中资本匮乏时,最好能加快资本支出,直到资本产品达到饱和为止。

从这些评论中我们可以看出,凯恩斯对采用财政手段来调控经济持反对意见。他认为重点应当放在预防而不是治疗上,即保持投资来源的畅通,而不是阻止经济的上下波动。凯恩斯回到他在20年代的立场上说,如果"三分之二或五分之四的投资可以由公共或半公共的领域来主导或影响,一个长期稳定的计划将能把经济波动的幅度降低到比过去还低的水平……如果这个计划成功,用加快或减缓资本支出的手段来对付小幅波动就会易如反掌"。这个思路与战后英国所谓的凯恩斯经济管理的那种积极干预经济、并用谬误百出的所谓精确预测为根据的方法相去甚远。

1943年5月25日,凯恩斯写了一个题为《充分就业的长远问题》的备忘录。与往常不

第 38 章　建设一个更美好的英国

同,凯恩斯以发展的观点来阐述他的财政哲学。引发这篇东西的是休伯特·韩德森撰写的另一篇非常悲观的论文,他认为从战争到和平的过渡阶段将出现大规模的失业。凯恩斯预测在战后有三个阶段。第一阶段也许有五年时间,在没有配额商品供应和其他的控制措施取消后,投资需求将超过充分就业中产生的储蓄。在这个阶段里,政策的重点应当是限制消费以重建战争毁坏的经济。第二阶段也许会持续五到十年之间。他预测在这个阶段里,充分就业的储蓄将与投资大致均衡,其条件是经济自由,而且政府在改变投资进度上积极参与。在第三阶段里,投资需求已经饱和,不能与充分就业的储蓄相匹配,这样政府就不得不出面启动一些浪费而又不必要的投资项目。在这个阶段里的政策目标应当是鼓励消费,不鼓励储蓄,并用减少工作时间、增加假期的办法来提高人们生活的安逸和舒适的程度,以吸收一部分多余的闲钱。这就达到了"黄金时代",即资本饱和时代。最终,凯恩斯认为"折旧基金就基本足以提供社会所需的投资资本"。他在《通论》中早已提及,这是一个"寻租人寿终正寝"的时代,因为人们对新的资本已经没有需求。

凯恩斯又回到了他那篇于1930年发表的文章《我们孙子辈的经济前景》。这是一篇了不起而又有错误的文章,它声称经济的根本问题源于"害怕消费"。社会应当尽快达到资本饱和的阶段,这样,人类才能面对他们永久性的问题:"如何理智而快乐地生活。"这是他的经济治理术的最重要的目标。一旦所有的社会都越过"资源稀缺"的障碍之后,所有的那些凯恩斯本人亦积极参与的经济上的"牙科学"都成了多余的东西,而那个在他青年时代被视为"圣经"的G.E.摩尔的《伦理学原理》所展示的那个人间天堂就会在地球上出现。尽管凯恩斯没有思考那些基本问题,他却在英国历史上资源最稀缺的日子里把他的乐观主义建立在资源极大丰富的基础上,这正是他独特的一面。1945年4月5日,他在给T.S.艾略特的信中说:"用投资手段来达到充分就业不过是某个理论命题的一种特殊的运用。增加消费或减少工作也能达到同样的结果。"

1943年7月,对战后就业政策的讨论又开始升级。在"重建优先项目委员会"上,金斯莱·伍德想推迟这场讨论,工党委员道尔顿和莫里逊则想让政府对米德的计划做出承诺。枢密院大臣约翰·安德森成立了一个"战后就业指导跨部门委员会",让它起草一份报告。该委员会的任务定义为"研究控制总需求的措施",这个说法显然偏向米德一边;委员会中有很多财政部官员,以霍布金斯出任委员会主席,他的哼哈二将是艾迪和吉尔伯特。另一位是列昂奈尔·罗宾斯,他两面为难,既想支持经济处同事的集体看法,又不愿放弃他的较为保守的直觉,这一批人的观点与米德的相反。指导委员会的报告成为在1944年5月26日发表的政府白皮书。凯恩斯没有过多地参与这份报告的形成过程,因为他不是该委员会的成员,他也没有时间对它进行跟踪研究。在1943年9月委员会开始时,凯恩斯正在美国。1944年年初,凯恩斯的时间花在白厅对他的货币计划的辩论上。3月他生病。霍布金斯在委员会报告起草的关键时刻心脏病发作。没有凯恩斯和韩德森的参与,白皮书的文笔非常呆板,但也较容易达成调和的立场。

凯恩斯赞同财政部对米德方法的某些反对意见。如前所述,他不喜欢米德把消费调控作为重点,并认为经济处对结构性的问题估计过低。但他对艾迪连"本科生经济学"都不懂感到更加担心,他把艾迪撰写的一份报告称为"不过是内维尔·张伯伦穿上新衣而已"。同时,他还致力于降低韩德森的那份极具破坏性的备忘录的影响。在两个阵营的交叉火力之间的霍布金斯则试图寻找一条中间道路,他把失业问题分为两个方面,即"需求不足"和"结构性"问题,后者在过渡时期更加重要。他还千方百计地确保指导委员会的报告中"加上对总需求理论的必要修正"。他写道:"保持需求是重要的,但是减少对经济自由的障碍也同样重要。"是年秋,指导委员会加速撰写报告草案,目的是抢在比弗里奇之前。比弗里奇在尼古拉斯·卡尔多的指导和咨询下正在撰写他的就业政策报告。

指导委员会的报告于1944年1月11日出笼。这份报告很有技巧地向各种不同的观点示好,它赞成需求管理方法,但不支持预算赤字并同时强调劳动力均匀分配的"供应方"的政策。它认为充分就业的目标将成为一场"政治足球赛"。它也考虑到相关的国际因素。从美国回来之后,凯恩斯在1944年2月14日对这份报告发表评述,称赞它为一份"优秀的政府文件",代表着"官方观点的一场革命"。他宣称"经济分析已经达到了可运用于实际的阶段"。不寻常的是,凯恩斯接受了数学游戏对经济学的入侵,声称"统计学的快乐时光已经到来,所有的事情即将变得不言自明,就像阳光一样,没有再争论的必要"。他对报告也有两个批评。首先,他对报告中的小心翼翼的财政政策表示不满,它忽略了他的关于资本预算的那些建议。报告没有考虑到向经济注入额外需求的"乘数效应",所以把预算赤字看成是保持就业所付的代价,而"稳定国民收入的措施就成了稳定国家预算的措施"。他问道:"这是不是说经济衰退反而能够增加国民财富呢?"他以一种轻蔑但又机智的态度重新展开了他在战前同理查德·霍布金斯的那些辩论:

第 38 章　建设一个更美好的英国

以为给人们提供就业是一种金融政策上的不谨慎的观点是多么根深蒂固，难以消亡！如果劳工大臣称赞周期性失业的理由是让工人们得到必需的休息并提高他们（在酒吧里）玩投镖游戏的水平，财政大臣就应该出来批评这种浪费时间的行为，并要求以预算稳定为理由提出就业计划。这一部分像是在报告其余部分之前完成的许多年前写成的。

第二，这个报告在结构性问题上也举棋不定。凯恩斯一直认为结构性问题是次要的。他确信英国人在战争期间同美国人的生产率水平已经很接近，一方面是由于经济活动的自由度提高，另一方面是由于英国也采取了美国的那种大批量生产的方法。但是他总是直言不讳地敦促英国政府认真地对待结构性的问题，并批评财政部有失败主义思想。他在1944年2月对列昂奈尔·罗宾斯的反对经济制约的"不同意见"表示积极支持。罗宾斯指出，需求扩张的政策在没有劳动力自由流动和灵活工资制约的条件下将会失败。这也是米德的观点。

1944年3月，最后一场争斗开始展开。韩德森对凯恩斯支持指导委员会的报告愤怒不已，撰写了一大批文章讥讽凯恩斯的观点，并称这个报告为"一大耻辱"。他坚称，失业率的上升将恶化国际收支地位，增加国内需求的政策将导致进口的上升和生产成本的增加。英镑贬值不能纠正对外的赤字，因为它直接会引起工资的上涨要求以补偿收入损失。米德—凯恩斯的"国内支出"政策的主要后果将是英镑汇率的崩溃、资金逃离英镑和通货膨胀的上升。他对米德的以失业指数的变动为基础的社保缴纳金"自动调节"的观点攻击尤烈。他认为这个建议忽略了失业有很多类型的事实（韩德森花了大量时间对这些类型加以鉴定）。类型的不同是因为产生的原因不同，所以需要不同的解决办法。他写道："自动调节的方法基于自由放任主义所引起的对政府的不信任……这并不是说我对政府非常信任，而是因为我对政府的指数更加不信任。"

凯恩斯对此做了最后的反驳。他在开头同意韩德森的大前提（"我同意他的观点，即我们的国际金融地位不容乐观"），接着他得出四个不同的结论。第一，由于"出口对我们来说将是一个生死存亡的问题，我们将不会，也不可能允许在这个领域里发生失业现象"。（艾迪对此也做了恰如其分的评论，说政府对此的无条件承诺本身还不足以增加出口。）第二，凯恩斯承认进口限制是不可避免的，但这种限制将会加大"乘数效应"。第三：

> （韩德森的）一个他认为极其重要的观点是，如果我们允许大规模失业的发展，我们就有良好的国际信用，这纯粹是一种幻想。历史上也许有过这么一个时期，它的这种政策对外国银行家产生了吸引力……但世界在变化。我们的国际信用声誉只有在我们能够积极地解决失业问题的条件下才能得到改善。

最后，韩德森不懂得这样一个事实：故意用国内失业来作为解决我们的对外收支平衡问题的做法在政治上和社会上有严重的后果，这个政策也许会让我们的民主政治制度垮台。所以，"我们必须找到其他的办法"。

《就业政策白皮书》于1944年5月26日正式发表。霍布金斯对它的最后修改得力于韩德森和艾迪，而不是凯恩斯。在前三章里没有一点"凯恩斯经济学"的痕迹，它讨论的是保持出口效益的必要性、过渡时期的问题以及"工业和劳动力的均匀配置"。第四章开始讨论如何对付"一般性失业问题"。这个问题在战争结束后的一段时间之后才会出现，政府的政策能否成功取决于三个同等重要的条件：必须防止对商品和服务的社会总支出下降到一般性失业发生时的那个水平；物价和工资水平必须保持适当的稳定；劳动力可以在行业和地域之间保持足够的流动性。第二和第三个条件不成立，政府就业政策就会"遭受挫折"和"毫无成果"。此外，白皮书三次指出在社会总支出中波动最大的因素是私人投资和出口，而它们又是最难得到控制的因素。另外，总支出中的某个部分的增加只能在有限的范围内抵消另一部分的减少。白皮书在"前言"中开宗明义地指出：

> "政府以保持稳定的高就业水平为首要的目标和职责。"

凯恩斯对白皮书做了有保留的赞扬。他在给奥斯汀·罗宾逊的信中说："我的感觉是，书中的第一句话比其他所有的内容都更有价值。"

凯恩斯明白这个报告尚有一些漏洞。1945年6月5日，他在给澳大利亚记者S.G.麦克法兰的信中说："我预计我们两国都低估了在出口经济占很大比重的条件下稳定国民收入的困难。人们往往在充分就业的条件下不愿考虑工资问题，因为没有任何解决的办法。"凯恩斯本人在接受旨在保持充分就业的国家计划收入水平的道路上会走多远呢？

这个问题从他对哈耶克《通向奴役之路》一书的评价来看特别有意义。哈耶克这本反对计划经济的代表作几乎与《就业政策白皮书》同时出版。凯恩斯在赴美参加布雷顿森林会议的途中在海上阅读了这本书。哈耶克的书采用的是古典经济学的锋利刀刃，而凯

第 38 章　建设一个更美好的英国

恩斯则是站在政府干预经济的前沿,这种干预的观点如果不加以限制将会引向极权主义。哈耶克认为,在自由放任和强制性的中央集权之间并没有一个保持政治稳定的"中间道路"。在也许是针对白皮书的凯恩斯经济学内容的一个段落里,哈耶克写道:

> 很多经济学家希望从货币政策中找到医治(经济活动的总体波动和重复出现的大规模失业)的灵丹妙药,这与19世纪的自由主义没有任何冲突的地方。另一些经济学家则确实相信解决的办法来自于对大规模公共项目的启动做出巧妙的时间安排。这个方法将导致在竞争领域的严重限制。在向这个方向探索的同时,我们应当小心翼翼以防止所有的经济活动会一步一步地依赖政府支出的方向和规模。

凯恩斯经济学阵营的人对哈耶克这本书批评甚烈,凯恩斯本人的反应则出乎人们预料。他认为哈耶克的书是一部"宏伟的著作,我们有最大的理由向你表示感谢,因为你说出了很多应该被说的……在道德和哲学上,我几乎同意你的所有观点,不但是一般的赞同,而且是充满感情的赞同"。

但是,凯恩斯立即找出了该书的一个弱点:

> 你承认在两者之间划分界线是个问题,你也同意必须找到这个界线,而极端的逻辑是不可能的。但你并没有给我们提供在何处划分界线的说法。确实,你我在何处划分也许是不同的。我猜想你大大地低估了中间道路的现实性。但是,只要你承认极端的做法行不通,你的论证就已经不攻自破,因为你告诉我们,只要向计划经济方面迈出一英寸,就会走上通往深渊的道路。

凯恩斯对自己的论证基础颇有自信心,他接着说:"我要批评你将道德和物质的问题混为一谈。在思考和感觉都正确的社会里,危险的行动也可以是安全的,但如果由那些思考和感觉都错误的社会来执行这些政策,就会走向地狱。"

在第一点上,凯恩斯同哈耶克打了个平手。哈耶克从来没办法在自由和计划之间找到满意的界线。他不得不像凯恩斯一样根据直觉和同情心来划分。他区分了一般性的抽象法则与具体的让某个特定阶层受益的法则,但这个区分并不能按他的意愿而奏效。哈耶克在晚年试图给社会大多数人威胁少数人的利益制造一些宪法障碍。凯恩斯在划分界线上也不比哈耶克成功多少。在1940年，凯恩斯曾断言"价格是一个经济制度的自由的必要因素"。但是，一个大部分投资都已社会化、资本市场受到控制、进口通过政府的贸易协定的经济实体如果还算是自由经济，则只能从特定的意义上来理解了。

凯恩斯从哈耶克划分界线失败中得出的实际结论也远远不到位。他的名言，"在思考和感觉都正确的社会里，危险的行动也可以是安全的"，无疑是正确的。在英国，由丘吉尔而不是希特勒来领导战争当然更安全，尽管两国的战时体制都有集权的特点。我们还可以成倍地举出其他的例子：由自由派通过的移民法比种族主义者通过的移民法要安全，管理移民的法规由喜爱移民的人来执行要比痛恨移民的人来执行安全。然而，这不过是一种静态的论证。（从动态的角度看）凯恩斯的这句名言忽略了哈耶克的看法，即"正确的感觉"也会由于政府的不断干涉而消失殆尽。也就是说，"正确的感觉"不是独立于实际行动的。如果在一个社会里，政府的"危险行为"成为一贯的行为，这个社会就会失去对自由是什么的感觉。一个好的例子是社会保障体制的扩大使个人渐渐失去责任心和支持慈善活动的意愿。因此，这成为一个个人判断的问题：哪一套经济和社会实践最有可能保持凯恩斯和哈耶克共同接受的道德价值。

两边都可以说出很多东西，而凯恩斯正确地指出，对经济衰退不加防范的那些政策很可能导致人民的"失望"，或者更糟的是他们对自由价值的丑恶的反叛。另一方面，在70年代生活过的人都会明白凯恩斯的那种怜悯心。他对哈耶克的警告做了典型的英国式的答复："不用担心，在英国不会出现任何问题，因为我们是英国人，不像欧洲大陆人那样疯狂。"在这一点上，凯恩斯和哈耶克打了一个光荣的平手。这场争斗至今仍未结束。

3 为美好生活做简单的铺垫

1942年4月1日，凯恩斯成为政府的"促进音乐和艺术委员会"的主席。劝说他担任此职的是老朋友山姆·库尔多的女婿R.A.巴特勒，时任内阁教育委员会主席。巴特勒给凯恩斯一个诱惑，说该委员会也许会发展为"我们社会制度中的一个较为永久的组织"。这个委员会于1940年1月成立，在当时的教育大臣德拉瓦伯爵的建议下，它的任务是帮助那些在空袭中失去工作的音乐家和艺术家，并使他们能为那些遭受空袭、不得不撤离的

第 38 章 建设一个更美好的英国

厌倦战争的人民带来一些音乐和艺术上的慰藉。(据大卫·韦伯斯特的说法，成立这个委员会的主要原因是伦敦防空洞里娱乐生活的需要。)"朝圣基金会"提供了一笔资金，教育委员会则出资与其匹配，并提供了一间办公室和秘书玛丽·格拉斯哥。议会还成立一个特别委员会。到了朝圣基金会后来退出并由凯恩斯出掌委员会的时候，委员会已经成为一个确定的国家机构，并已组织过以工厂为主要演出对象的8000场音乐会，以及以"为人民的艺术"为主题的展出和戏剧表演。凯恩斯在1941年12月24日对巴特勒警告说，他对"委员会迄今为止的工作原则只有有限的同情心"。他这话里有很多层意思。这个委员会的传统来自于朝圣基金会在战前对失业工人的成人教育，只是现在的任务与前不同。同时，它的传统政策是直接用其本身的资金支持戏剧巡回演出。凯恩斯对这两个传统都不满意。他从艺术角度上反对第一个传统，从资金角度上反对第二个传统。1940年夏，他曾召唤玛丽·格拉斯哥到戈登广场来谈话，"他想了解为何该委员会在非专业的活动上浪费这么多的资金……他认为艺术标准至关重要，保持严肃的专业水平比在不知名的小村子里演出更有价值"。

凯恩斯在委员会工作期间采取的艺术政策与他自己的人生哲学密切相关。他对艺术有崇拜的心态，在资金使用上有一套明确的看法，并带来强烈的但在范围上有限的同情心。他对艺术的尊重可以追溯到很久以前：哲学上源于他在本科生时代吸收的G.E.摩尔的《伦理学原理》。从个人的角度讲，则与他和邓肯·格兰特的友谊和作为布鲁斯贝利的成员有关。

克莱夫·贝尔认为，凯恩斯属于那种"为良好的目的贡献强有力的组织能力的艺术赞助人阶层"。他对艺术赞助有一种复杂的态度。在两次世界大战之间，他提供和获取资金以赞助艺术活动。他不仅仅自己购买画作，而且组织了伦敦艺术家协会，并在剑桥建了一座艺术剧场。但是，他从来都不相信有可供无限制使用的钱袋。如果这类活动被看做是资金上的"无底洞"，那么就不可能从早先的热情支持者那里一直得到资助。赞助艺术的目的不是为了对亏损的事业进行永久的补贴，而是为了启动这些非赢利的活动，其手段是资本赠与或者贷款，或者对亏损做担保。他曾说过，一个百分之百成功的艺术赞助组织除了在日常行政事务上有所开销以外，别无其他的花费。"它将挑选最好的项目，支持大家都认为可以成功的艺术家，这样，它的贷款将被还清，担保从来不会出问题。"他的理想模式是私人和政府共同赞助，但渐渐意识到，当私有经济被高税收毁灭之后，政府赞助是挽救艺术的唯一办法。

第八部分 这次比上一次要好

在他管理的艺术事业里，凯恩斯从来就不仅仅是一个弄钱的角色，他对艺术政策的兴趣很浓。一方面他依靠他的夫人和画家、小说家朋友们的意见；另一方面他也有自己的判断力，特别是在戏剧方面。然而，他在艺术上的偏好的范围并不广，对视觉艺术没有内在的感觉。克莱夫·贝尔有言："如果他从来没有见过邓肯·格兰特，他绝不会对绘画产生这么大的兴趣。"贝尔认为凯恩斯对画家和画作的判断令人沮丧。凯恩斯对音乐只有一点点喜爱。他不能从各国本土的角度来看待外国艺术："不管是法国、意大利，甚至美国的艺术，他都从多佛尔的白色悬崖上去看它们。或者更精确地说，从白厅或国王学院的公共休息室里看这类艺术。"他对艺术的欣赏集中在文学、戏剧艺术（包括芭蕾舞）和建筑。他在词汇运用上有水平，有鉴别能力。他对艺术的文明使命忠心耿耿。他也喜欢与那些艺术家朋友在一起。

凯恩斯在主席位置上的素质与他在财政部一样：善于把设想变为行动计划，喜欢刨根问底，把事情搞清楚，积极地进行干预。他有非常勤奋的工作态度，对马虎糊涂的作风没有耐心。玛丽·格拉斯哥写道："他是一个极其聪明的人，对任何不够清晰的思路和不够明确的目标都不能忍受。他知道自己想做什么，希望他的想法得到实行。有时他也会非常粗暴，而且开罪过一些人。当他对某一个问题感触很深时——这类问题不少，他会毫不迟疑地宣战。"同时，他也给委员会带来了振奋人心的方向感：

> 当时他处于一生中也许是最忙的阶段，常常到美国和加拿大参加金融会议，他仍然给我这个秘书写信，几乎每天都写，有时一天几封。那些口授的公文源源不断地进入我们在贝尔格莱夫广场，后来搬到圣詹姆士广场的总部，这些信件有的发自财政部，有的发自大西洋彼岸，包括正式公文、长篇论述和系列问题，还有对剧场、音乐厅和艺术画廊中发生的事情进行的详尽的评论。这些信中充满了丰富多彩的对人物和机构所做的非正式的评论，也许他发现这个方法能使他从金融政策方面的责任中得到解脱。他说他把五分之一的时间花在委员会的事务上，但作为主席，他应当至少花四分之一的时间才能顺利地管理这个机构。他表扬人时让人心里感到温暖，但他斥责人时亦非常伤人。

凯恩斯希望属下对他提出不同意见，但他让他们感到畏惧，很少有人愿意同他对抗。玛丽·格拉斯哥说，她对"他的畏惧"长达三年之久，然后就突然烟消云散了。

第 38 章 建设一个更美好的英国

凯恩斯在艺术政策上的立场极其明确,第一优先是高度的专业水准;而一部戏剧或一个音乐作品的文化品位高低则是第二位的。委员会副主席肯尼斯·克拉克是一位艺术史专家,他认为凯恩斯"不是能够欣赏街头歌手和业余戏剧的那种人"。他把委员会的重点放在最高的艺术标准上,他相信英国人民应当享有最好的艺术,并希望人民一旦能够得到最好的艺术,就应当感到这是一种享受。他的财务原则是:委员会的资金不是用来补贴演出,而是对亏损提供担保。在他的领导下,委员会鼓励商业艺术团体组织一些非赢利的分支机构。在委员会的担保下,它们可以避免缴纳娱乐业的税金。一开始,委员会未能得到对它的艺术产品税的自动豁免,凯恩斯花了大量时间同那个被他称为"文盲"的关税和国内产品税委员会的戏剧分会联系,试图证明尤里庇底斯和易卜生的作品是对人的教育,而不是娱乐。1943年,委员会开始支持歌剧和芭蕾舞。凯恩斯把他的资助方法看做是战后商业性艺术团体经营的模式,因为战后这些团体也许会为了争取观众而上演一些难度更高的节目。有人抱怨说:"商业性剧场用纳税人的羽毛来构筑自己的小巢。"事实上,"委员会在非赢利的合作演出中没有花一分钱,剧场的管理层承担风险,委员会对其加以支持,而担保亏损的体制应运而生"。

凯恩斯十分明确地认为,委员会的任务是为各城市的中心配备他所谓的"文明艺术和快乐的物质框架",这主要是指建筑物。作为一个剧场建造人,他的崇高理想是每一个城市都有一座自己的"艺术中心"。他还稍稍不乐意地要为每个艺术中心配备一个"英国餐馆"(英国烹调的声誉很差,故有此言——译注)。在战争期间,他到处视察一些可以在战后作为艺术中心的破败的仓库或损坏的建筑。他的大多数设想均未成功。伦敦水晶宫被大火烧毁以后,他想把它恢复成一个"巨大的娱乐中心,让后世的英国人民能在那里玩上一整天"。这个计划没能实现。但是,委员会成功地挽救了在布列斯托的皇家剧院,它的业主想把这个被德军炸毁的剧院改为仓库。

凯恩斯在1943年5月11日到布列斯托去参加该剧院的重新开张庆典,做了一个他一生中最幽默、最充满悖论的演出前致辞。他把他的委员会描述成一个具有"未界定的独立性、不正规的章程以及没有明确的运作规则"的组织,因此它能够做到任何在政府官员的那种感觉里不可能故意去做的事情,并"出于偶然地卷进与一座剧院有关的事情"。他希望"此次创下的先例如果在今后不能再重复将是不恰当的官方行为"。

凯恩斯的计划不是在没有内部争议的条件下得到施行的。1942年年底,委员会成立了一系列的专家小组来讨论音乐、艺术和戏剧问题,每个小组都有组长,而且还成立了苏格兰和威尔士委员会。这些组织中有一大批以自我为中心的人物。凯恩斯主持每季度的小组会议，在这些会议上做出的决定是必须执行的。但这项工作给他带来额外的负担，他不久就把这个工作交给几位副主席——斯坦利·马钦特管音乐，伊弗·布朗管戏剧，肯尼斯·克拉克管艺术。由他们所做的决定必须得到委员会的批准。玛丽·格拉斯哥记得在戈登广场常常举行的晚宴，小组的组长们在地下室的餐厅里讨论他们各自的计划，而莉迪娅则身着羊毛衫，脚穿高跟的毛靴给他们送胡萝卜。

戏剧小组最让人心烦。有一次凯恩斯给其中的一位专家阿什利·杜克斯写信说："我对你那封古怪的信的回复只能是，如果你在散发这封信之前先把事实搞清楚，这样对你自己，也为了使你成为这个星球上的有用的居民都有好处……"

委员会的艺术展出政策则遭到了皇家学会的并不出乎意料的攻击。委员会组织了西科特、威尔逊·斯苇尔以及泰特画廊在战时购买的新作到各地巡回展出，皇家学会的院士们抱怨说这些艺术展出里没有古典大师的作品，并指控委员会的艺术小组有危险的"现代主义"倾向。凯恩斯让亨利·摩尔和邓肯·格兰特参加了艺术小组。巴特勒建议道："为什么不能让爱德温·卢特因斯爵士来平衡这些（现代派的）人？""我不认为他会造成任何妨害。"凯恩斯对这个建议的反应强烈："确实，老卢特因斯（一位73岁的建筑家）无妨大局。"但他也不会做什么好事。"在我们生活中这么早就开始充斥一些受人尊敬的老顽固是否明智呢？"凯恩斯成功地抵制了卢特因斯，但他在1943年4月度假归来时发现巴特勒已经任命了一位画家，即后来成为皇家学会主席的汤马斯·莫宁顿，进入艺术小组以制衡现代派。他写信给巴特勒说："我从来没有听说过莫宁顿，所以也没有理由反对他的任命。但是，如果你能告诉这个小组成员们，你在这件事上没有事先同我协商，这将对我有所帮助。"

凯恩斯对委员会的前途的想法慢慢地开始形成。他在1943年2月15日告诉巴特勒："这个委员会的名字很不好，它的缩字简称（CEMA）对那些不知道它的人来说没有反响，而且特别像'战地慰问演出团'（ENSA）。我的想法是，把它改成'皇家艺术协会'。"巴特勒表示同意："靠缩写简称生存的组织必定只能成为二流组织，我过去多次这么讲过。"1943年6月23日，巴特勒提议成立一个特别委员会来讨论该委员会在战后的前途。

但是此后一直没有什么动作。1944年年初，巴特勒催促凯恩斯把自己的思路写出来。但在这个时候，凯恩斯非常繁忙，身体也欠佳，他正在考虑辞掉这个职务。直到

第 38 章　建设一个更美好的英国

1944年9月，在布雷顿森林会议和华盛顿谈判的间歇期间，他才给巴特勒提交了一份关于委员会的战后前景的备忘录。这份文件的基础是一位委员伊夫·埃文斯早先写好的草稿。备忘录提议一个有11位成员的永久性的皇家艺术协会，其中5人出任执行委员，由执行委员会主持外部专家的小组工作。协会将有一位秘书长和一个小的行政班子。协会的目标有两个：增加大众接触艺术的机会；提高艺术制作和演出的标准。协会将从教育部获得每年为50万英镑的资助，而不是从财政部直接领取，因为"教育大臣对经济的最佳表现没有直接的责任，在将来的条件下由他作为我们的代言人是有利的"。

1945年1月30日，委员会拒绝接受凯恩斯提出的会名，并决定称其为大不列颠艺术协会。但是凯恩斯的其他建议被采纳了。新的执行委员会的第一次会议于1945年2月14日在凯恩斯的财政部办公室里召开。凯恩斯极力设法获得皇室的特许证，以便尽快地成立这个新机构。在欧洲大战快要结束时，丘吉尔的联合内阁所做的决定中的一个是同意艺术协会在战后继续存在。6月12日，财政大臣约翰·安德森爵士宣布政府将以"大不列颠艺术协会"的名义进行注册，起始年度费用为32万英镑。凯恩斯在6月14日给当时已经转任劳工大臣的巴特勒写信说："艺术协会确实已经成立，我们非常感谢你在同我们分手之前把这件事完成了。"

凯恩斯作为协会主席在1945年7月12日作了最后一次广播谈话，他回顾了从音乐和艺术委员会向艺术协会演变的过程。他的谈话存放在BBC的档案库里，很有教养的上流社会的口音，声调起伏不大，喜欢拉长重音，发音略有迟顿。同时，他的谈话中还有讥讽、清高的味道，让人回味到那个由殖民总督统治的时代。那些明智、至善的统治者们在为他们的臣民的幸福未来进行认真的计划。他在开头说，协会的任务是填补被战争剥夺的东西，然后又说："我们很快就发现，即使在和平时代，这个东西也不存在。"

凯恩斯在这个时刻正在思考他过去的梦想，要让伦敦成为欧洲的艺术中心。当皇家歌剧院考文特花园的租借应当续约时，凯恩斯抓住了这个机会。在战争期间，考文特花园被当作舞厅，但在1944年4月由音乐出版商布西和霍克斯获得五年的租约把它重建为"歌剧和芭蕾中心"。凯恩斯成为考文特花园委员会的主席。该委员会从音乐出版商手中再签约以便管理这个剧场。1945年1月，他给财政部同事爱伦·巴尔罗爵士写了一封信，便获得了必需的资金。接着，他为皇家歌剧院买下了妮奈特·瓦洛阿的驻点芭蕾舞团，该团当时在萨德勒·威尔斯剧场活动，凯恩斯给该剧场的好处是以艺术协会主席的身份给它每年提供补贴。皇家歌剧院的新任总经理大卫·韦伯斯特回忆道，当凯恩斯与萨德勒·威尔斯的

第八部分 这次比上一次要好

董事们谈判几乎陷入僵局的时候,凯恩斯在议会上院集会等待国王到来主持1945年8月的议会开场仪式之前的几分钟里,与萨德勒·威尔斯的董事会主席雷顿勋爵达成一致意见,此后又提交了一份杰出的备忘录。不久,这个芭蕾舞团就被转移到了考文特花园。如果说凯恩斯意识到他在财政部、艺术协会和考文特花园上的立场之间有矛盾,他没有一丝一毫的表露,他只是利用他的官方位置对"美好的生活"做出他的贡献。

第 *39* 章

大妥协

1 英美争斗

梅纳德·凯恩斯有一次告诉詹姆士·米德，说他一读到有关人的营养问题时，"脑子就会开小差"。1943年3月，罗斯福总统突然建议召开有关联合国的会议，讨论食品和农业问题。当平罗斯把总统的含混的思路向凯恩斯解释时，这位大经济学家郁闷地回答道："你的意思是说，你的总统具有非凡的政治洞察力，他的最佳战略是用维生素作为战后重建的开端，然后转弯抹角地绕到国际收支平衡问题上！"盟国和与盟国有关国家的代表们于5月到达弗吉尼亚州的温泉城，就此问题进行了激烈的讨论。英国代表团成员之一的列昂奈尔·罗宾斯在日记中写道："住在这样一个豪华宾馆中，所有费用都由别人出，而且没有任何必须完成的任务，因此，大家相互之间比较友好是很容易的事。"

从英国的角度看，更重要的会谈是在华盛顿的两国财政部官员的非正式会议，讨论的中心是凯恩斯和怀特计划。双方都用问答形式来探讨技术层面的优点以及对方政府在政治上接受这些计划的可能性。伯勒在一年前就针对清算同盟计划开列了一个问题清单。1943年5月，凯恩斯针对稳定基金计划提出了自己的问题。丹尼斯·罗伯逊此时在华盛顿使馆工作，他称凯恩斯的问题清单为"26条独特的谴责"。

罗伯逊加入英国与美国的金融谈判给英国代表团增加了大量的知识力量。如果说凯恩斯是新国际秩序的印象派大师，罗伯逊则是点画派大师，他能够把凯恩斯的抒情般的大手笔变为精确的种种关联——就像爱德华·伯恩斯坦同怀特的关系一样。当凯恩斯认为某个不合他的理论的观点有问题，罗伯逊能够利用它，把它变成对付美国草案制定人的

第八部分 这次比上一次要好

极其有力的武器。在后来几个月里，罗伯逊和伯恩斯坦为凯恩斯和怀特达成一致的那些原则制定详细计划，并使它在实践中行得通。

在夏天讨论中得出的一个结果是，清算同盟的计划在华盛顿通不过。美国不愿在认购份额的问题上让步，并要限制美元的负债范围。欧洲的那些在伦敦会议上对清算同盟热情很高的盟国现在也倾向稳定基金，其原因并不是罗伯逊说的"同怀特的单个会谈"的结果，而是因为这些盟国明白谁为风笛付了钱，就应该吹谁的调子。加拿大提出了一个伦敦称之为"非怀特"的计划，试图在英美计划之间寻求妥协。

罗伯逊认为，英国人无非有三个选择：一是为清算同盟计划奋斗到底；二是接受稳定基金的原则，但集中精力扩大其资金基础，并牢固建立一条"稀缺币种"条款；三是接受基金原则，但保存清算同盟的一些好的特点，把"单位货币"变成一个真正的流通货币，而不仅仅是一个会计单位。罗伯逊相信大趋势是第二个选择，当然也要争取第三选择的可能。第一个选择将会"从可选图谱中静静地消失"。

凯恩斯当时在伦敦，他不能不同意罗伯逊的看法。他在4月已经告诉哈罗德，说英国也许不得不接受美国的"外衣"，但他坚持要求罗伯逊在谈判中"尽量不让步"以获取对方的真正让步。对凯恩斯来说，最重要的事情是让美国人对某个计划进行承诺。如果他们偏爱稳定基金，清算同盟的那些技术优点不应给美国人制造障碍。

华盛顿的双边会谈于6月24日结束，"气氛友好，非常坦率"。在伦敦，凯恩斯收到怀特在7月10日写成的另一份稳定基金计划修改草案，他觉得这份修改草案"比过去几稿在逻辑上更加连贯，但在政治智慧和技术能力上没有什么进步。同时，有一些规则是在自私自利的原则上为一个拥有无限数量黄金的国家的利益服务"。怀特告诉菲力浦斯，美国国会要求在四个方面得到满意的结果：英镑—美元的挂钩必须在1英镑兑4美元的水平；美国的债务不能超过30亿美元；国会掌有对美元的金价控制权；货币机构必须是一个基金而不是银行。凯恩斯提议英国接受"怀特的基本条件"，但前提是英国的三个要求：成员国对其汇率有更多的控制权；基金不是以多国的货币，而是用国际单位货币来进行交易活动；份额认购的黄金不超过其份额的12.5%，其余的用政府不流通的有价证券来认购。在怀特计划里，"单位货币"仍然是一个会计单位。凯恩斯认为英国作为妥协的最根本的条件是把单位货币转变为一个"国际交换的真实的中介"。他对雅科布·瓦尔纳解释说："如果基金成员们可以用其单位货币的账户与它们的起始缴纳资金进行交换，那么，作为清算行动的结果，它们就可以互相之间交换单位货币。如果是这样，两个计划之间在基本结构上的区别就会比现在小得多。"此外，凯恩斯还希望单位货币可以在将来使基金成为一个"发放信贷的机构"。他全神贯注地要保住单位货币，这个问题成为后来几个月英美谈判中的主要障碍。

向和平过渡的问题给租借协定第七条的谈判投下了一条长长的阴影。英国欠英镑区的债务以惊人的速度在增长，而在英国人的眼中，美国人管理租借法案的目的正是为了不让英国在战后有足够的储备资金。鉴于美国的怀特基金只能提供非常有限的用于经济调节的资金，英国还能有多少时间能够按照第七条的承诺放弃贸易歧视政策和国际支付体制？8月，哈利法克斯大使对国务卿霍尔提出建议，让英国派一个阵容强大的代表团到华盛顿来讨论第七条所涉及的所有问题。他强调英美两国应当在开始多边国际谈判之前达成协议，怀特表示同意。他已经把大多数国家争取到他的计划一边，他现在为对付英国做足了准备。凯恩斯很高兴，临行前，他告诉威南说："他相信同怀特博士讨论一个周末就能在货币建议的基本要点上取得一致意见。"

凯恩斯在8月里尽量到提尔顿去度假，轻松地阅读他母亲撰写的《剑桥市政史》，觉得这本书非常有意思。他的身体状况已不如在6月那么健康，但在8月底有所好转。普莱什医生在伦敦给他做了一个疗程的温水浴治疗，再加上适当的休息，很有效果。

2 两个计划的融合

9月3日，梅纳德与莉迪娅从格拉斯哥乘坐"玛丽王后号"客轮赶赴华盛顿。与美国会谈的内容是租借协定第七条，而这次谈判被称为"预备性的、非正式的、没有承诺要求和纯粹非官方的"活动。凯恩斯是一个阵容强大的英国代表团的成员之一，团长是外交国务副大臣理查德·劳，其他成员包括财政部的大卫·威利和法兰克·李、战时内阁经济处的列昂奈尔·罗宾斯、外交部的奈吉尔·罗纳德、殖民事务部的杰拉尔德·克劳森、贸易委员会的珀斯维尔·利辛、詹姆士·米德和罗伯特·沙克尔，以及食品部代表P.W.马丁。还有作为凯恩斯私人助理的卢休斯·汤普森—麦克考斯兰，他的主要工作是向英格兰银行报告。华盛顿使馆的丹尼斯·罗伯逊和雷德弗斯·奥皮也将加入。弗里德里克·菲力浦斯将不参加，他在华盛顿的出色工作已经结束，已在7月回国述职。当时他已身患无法治愈的癌症，于8月14日辞世。他的逝世得到各方的哀悼。早在6月，伯勒曾告诉罗宾斯："菲力浦斯是大英帝国的无价之宝。如果你们召回菲力浦斯，摩根索几乎会宣布休会。他们两人坐在一起，每小时不过十来句话，而每句都是至理名言。"英美关系中失去了那种起抚慰作用的菲力浦斯式的沉默。

战时内阁对代表团下达的指令是贸易大臣休·道尔顿起草的，其根据是凯恩斯提出的最低要求，并加上一个重要条件，任何货币体制安排不能把英镑债务包括进去。直到6月22日，凯恩斯才接受了怀特的建议，把这些英镑账户冻结起来，然后在很长一段时期内通过稳定基金加以偿还。实际上，怀特是向英国提供有限的美元，以支撑英国的战争债务。英格兰银行的观点是，冻结这些英镑债务意味着英镑区的结束，可能这正是怀特提出这个建议的动机。

在登上"玛丽王后号"之前，代表团全体成员在格拉斯哥的中央大酒店的一个单间的大桌上共进早餐。凯恩斯开了一个不得体的玩笑，说"这不像是第一个早餐，而像是最后的晚餐"。在驶向大轮的小船上，米德碰到莉迪娅，"她正在命令他那著名的丈夫躺下来休息"。上船以后，船长，"那个咄咄逼人而又健壮的虐待狂"，威胁他们不要违反任何规定，要一直系着保险带。罗伊·哈罗德叹道："梅纳德和莉迪娅的那番模样真是让人难以忘怀。"

专家们都希望英美能够在它们的宏伟计划中的主要问题上达成一致意见，其中包括货币、投资、贸易、缓冲基金和就业，然后由他们把这些共同建议提交给各自的政府，政府首肯之后再召开一个国际会议来批准运作规则和战后经济体系的一些机构。但是，要达到这个目标尚有一大障碍。迄今为止，只是那两个货币计划在技术上、政治上和相互妥协方面达到了较成熟的阶段，其他问题仍在两国政府的各部门里漂浮不定。所有这些问题都同租借协定第七条有关，在米德的眼里，它们都是相互依存的。然而，如果所有这些问题都被一次性地提出，货币计划将有可能搁浅。

英国人手中现在不但有怀特在7月10日完成的稳定基金修改草案，而且还有他的"复兴开发银行"的修改文本。这份东西是雷德弗斯在英国代表团起程之前才从华盛顿发来的。修改过的计划的目标除了重建被战争毁坏的经济之外，又加上了低利息提供或担保工业发展所需的资本，与此有关的机构是一个"必需的原材料发展公司"和一个"国际商品稳定公司"。但是，让罗伊·哈罗德兴奋不已的那种制造信贷的功能被删除了；而且，美国政府内部对此计划颇有争议，尽管摩根索本人支持它。在旅途中，凯恩斯对这

第 39 章 大妥协

个计划的精神表示赞赏，但对其技术层面则不屑一顾，称它为"疯子"计划，而在写作方面更是"不可理喻"。他激烈反对计划中的两个特点：第一，债务国向该银行缴纳同样数额的资本；第二，对无力还债的国家的惩罚过于严厉。怀特"给我们一个间接的证明，即国际投资一直是处于拖欠的状态，将来也不会例外"。英国代表团决定，在美国人不提银行问题之前不要主动提出这个问题。

凯恩斯注意到，怀特的那份7月10日完成的关于稳定基金的修改草案已经送达国会。在6月与英国达成一致意见的那些内容，即大幅度增加基金的资源和汇率变化的灵活性被删去了。而且，认购份额所需的黄金比例上升到25%到50%之间，以储备大小为准，"尽管美国人知道这个条款是不会被任何国家接受的"。这一切都表明美国谈判代表团没有多少灵活的余地。为了防止晕船，英国代表团在船上频频召开会议，讨论谈判的战略。米德对凯恩斯的立场十分高兴，"他积极支持把所有的计划看做一个整体来推动。我曾经担心他也许只会为他的货币安排出力，而对其他问题，比如商业同盟的问题漠不关心"。事实上，凯恩斯确实这么做了。

米德的战战兢兢的日记中继续对凯恩斯的行为做了不少描述。9月11日星期六，凯恩斯在纽约去华盛顿的火车上。"凯恩斯处于最佳状态，一开始他以极快的速度阅读报纸和杂志。他最欣赏的是希特勒就意大利的背叛所作的演讲，并不断地说，他欣赏这篇演说，因为希特勒也非常欣赏它"——这话什么意思不甚了了。"他还不停地对窗外的美国乡村景象发表评论，包括那些防空措施、很少的飞鸟以及贫瘠的土地。他和莉迪娅以及（奈吉尔）罗纳德大谈现代绘画艺术；这个旅行以莉迪娅高声歌唱卡斯—诺瓦塞特的音乐，并用双手做舞蹈动作而结束。"

这一次，梅纳德和莉迪娅住进了斯塔特酒店。他们喜欢这里，因为它与五月花酒店不同。这里有一个咖啡吧，凯恩斯可以在此吃一些简单的东西。他们没打算在那里住多久，如前所述，凯恩斯以为他与怀特只需用一个周末就能解决所有的重大问题。怀特则认为需要"一个星期左右"。事实上，凯恩斯在美国待了六个星期。两国专家的共同声明直到1944年4月才完成和发表。

双方同意分为若干个小组来讨论大计划的细节：货币、投资、缓冲基金和贸易政策，而在全体会议上则强调所有问题的互为依存的特点。第一次全体会议于9月20日召开，理查德·劳代表英国发表了一个"非常感人的讲话"。在第二天的会议上，凯恩斯代表英国作了总结发言。米德兴奋地写道："我从来没有听到他发表过比这更好的演讲，如此

第八部分 这次比上一次要好

聪明，有说服力，充满了幽默，或者说让人感动。他请求大家把所有的经济问题作为一个整体来看待，并准备向公众提供一个解决失业问题、提高生活水平的总体办法。"凯恩斯使用了充满想象力的语言，让专家们大为倾倒。他重复了《我们孙子辈的经济前景》那篇文章中的主题，声称世界正在从"资源稀缺"的状态向资源极大丰富的时代过渡，这就要求我们改变"所有的习惯和传统"，今后的问题是如何保持足够的需求。达成一个全球性计划的困难在于，不同的国家在这个过渡时期的发展速度不同，富裕国家必须向贫穷的国家投资，但它们想要得到投资的全部回报已经是一个过时的想法，所以我们需要新的投资机构。这个说法对理想主义的米德来说简直就是一曲美好的音乐，但他不久就惊讶地发现，凯恩斯的雄辩演说与他的谈判方式相去甚远。

凯恩斯自然是货币小组的英方负责人，协助他的通常是罗宾斯、罗伯逊、威利、奥皮和汤普森—麦克考斯兰（米德后来也加入进来）。9月13日，凯恩斯先与怀特进行了单独会谈，"气氛友好，没有争论"。他很快就报告说，双方谈得很好，怀特同意增加基金的资源，他更关心的是对美元负债的限制。他们在向和平过渡的问题上兜圈子。凯恩斯说，稳定基金不能解决"英国在战后初期的收支赤字问题"，所以战时的那些控制措施仍然需要继续。怀特显然对此没有表示异议。他说英国可以无限期地保留英镑区的收支安排，认为租借协定将会延迟至对日战争的结束。欧洲战争的结束将在对日战争结束之前。他们一致认为在12月或下一年1月即可以召开部长级的国际经济会议。凯恩斯对怀特的立场印象很好："他愿意对所有的问题都从理性的角度去看，并采用同样的解决方法，而不是一味遵循正式或官僚主义的说法。"凯恩斯对英美谈判将是轻松、愉快的幻想不久就破灭了。

9月15日，英美货币小组开始了八次会谈中的第一场谈判。双方都留下了详细的记录，再加上米德的日记和汤普森—麦克考斯兰向英格兰银行的报告，我们能够看到专家们工作的全部画面，有时是十分生动的画面。他们讨论的主题常常过于技术化，让人费解。如果这些会谈发生在50年后的今天，我们就能够使用投影机、计算机打印的资料以及图表。在当时，会谈的主要特点是凯恩斯和怀特的口头争论。一个是机智灵活的辩论家，另一个是口才笨拙的莽汉。理查德·加德纳说："他们俩就像是两位自负、嫉妒心很强的经济学教授在吸引一班大学生的竞争。"凯恩斯在智力上超过怀特，但怀特手中的牌超过凯恩斯。米德写道："十年前在牛津时，我从来没有梦想到能够看到一位经济学家能够在实践中如此运用真正的经济分析！"这样的会谈与一般政治谈判有一个区

第 39 章 大妥协

别,这就是双方都愿意就计划本身的优劣来进行辩论。但凯恩斯、怀特和其他官员都是英国人或美国人,是自己国家的代表,因而也是各自的国家利益的代言人,双方都在必要的时候可以说对方的建议不能被本国政府接受。在美方,借口往往是"国会"和"美国人民"。

这些会谈有一个固定的程式:英国人提出建议,美国否决这些建议,这是两国实力不对称的必然结果。英国人想把美国的计划修改为对自己有利的方案,英国人一出拳,美国人就回敬一拳。凯恩斯和怀特都觉得这种对抗让他们在精神上疲惫不堪,凯恩斯受够了怀特的残忍个性的折磨,而怀特最怕同凯恩斯公开辩论,所以反应往往"过于激烈,对他自己的身体有不利的影响"。怀特常常在与凯恩斯争论中败下阵来,身体就开始感到不适,于是让伯恩斯坦代替他开会。

凯恩斯希望用一个周末就解决主要问题的想法实在太过乐观,因为在技术问题上的争论掩饰了巨大的政治分歧。英国的立场是,基金的资源越少,成员国的自主权就应该越大;而美国人则认为,他们在基金中的债权的数额越大,就越需要对基金成员国中的潜在债务国进行严格的惩戒。

怀特为基金所定的总资产为50亿美元,这与凯恩斯的清算同盟的260亿美元相去甚远。在货币小组开始谈判之前,怀特同意把资金资产提高到80亿到100亿美元之间(取决于多少国家加入),美国缴纳的会费将为30亿美元,而不是先前的20亿美元。资产数额的增加也要求黄金认购比例的增加。

这些问题在9月17日、24日和28日的会议上进行了辩论。凯恩斯坚持说,成员国不应当用超过其份额的12.5%的黄金来认购,美国的25%—50%的比例让这个计划"带有金本位的色彩,我方断难接受"。他建议那些黄金储备上升的国家可以被要求增加认购的比例,这就会使基金渐渐获得美国人想要的"足够的黄金储备"。伯恩斯坦解释说,怀特比例的含义是,成员国用黄金订购的最低限为其份额的25%,或者它的黄金和外汇储备的10%,并以较少的那一端为准。凯恩斯直到回伦敦后才被说服,并相信这将使英国少支付黄金。

在怀特草案里,缴纳的份额与借出的份额是一回事。如果一个国家缴纳价值1亿美元的黄金和价值4亿美元的有价证券,那么它的借贷数额就是5亿美元。显然,总的借出贷款不可能超过基金的总资产。但是,单个国家的最大借贷份额与其缴纳的资金绝对相等则没有什么道理。在9月24日的会议上,凯恩斯提出每个国家应当被允许借其份额的

150%的资金,也就是说,80亿美元的基金资产可以借出120亿美元的贷款,"当然,所有国家都同时使用这个最高限借贷权力是不可能的"。伯恩斯坦对此的回应是,稳定基金计划并不要求缴纳的会费同其借贷的份额绝对相等,但这个差别也不能过大,否则基金就会耗掉所有的资金。在9月28日的会上,怀特指出,认购的份额并不是限制借贷的因素,因为基金可以向小国发放三倍或四倍于它的份额的外汇贷款。这个做法比英国提出的建议更加灵活。英国提出的做法是增加成员国可借贷的资金,以便为那些有特殊需要的成员国提供帮助。然而,美国人向英国人做了一个重要的让步:基金将被允许从成员国借额外的货币,并可以把它对一个赤字成员国的货币持有数额增加到其份额的200%,这就大大增加了基金的超出其认购资产的借贷能力。

但是美国人还是坚持基金有权自行决定是否向一个成员国发放超过其黄金认购份额的贷款。他们认为,一方面美国要尽量减少其供应货币的义务,另一方面又要满足对种种货币的罕见需求,唯一的两全其美的办法是从供应方加以监控。在怀特的7月10日的草案里,成员国的无条件借贷权被限制在其黄金认购的数额里。在这个水平之上,任何信贷都是有条件的,取决于这个国家能否采取"令人满意的步骤"来"纠正其国际中收支的不平衡"。英国不愿接受无条件借贷权不能超过黄金认购额的观点。正如凯恩斯向瓦尔纳所解释的那样,问题在于"在什么阶段"这个条件才能实施?这个问题是9月17日会议的主题,9月24日和10月4日继续就此进行辩论,但一直未能取得满意的解决方案。

在17日的会上,凯恩斯提出监控不应当针对份额本身,而应当针对超出份额的借贷,不然的话,无条件取款权就不能被一个中央银行当作同黄金相当的储备。英国人争辩道,基金不应当成为一个积极的有自主权的权力机构,只应当是一个被动的转移资金的中介。凯恩斯还指出,基金的任何自主权应当考虑到两种国家的区别,一种是(能够谨慎管理自己事务的)发达国家,另一种是一心想利用新的借贷资源的不负责任的国家。怀特回答说,让人滥用基金是愚蠢的。他说他的目标是防止基金的借款安排被用来支持资本外流,或者是一个国家无力提供的对外贷款。

在9月24日的会议上,伯勒成为美方主席,怀特生病未参加,而伯恩斯坦则代表美国财政部。伯恩斯坦坚称,在黄金认购份额保障的借贷权之外,基金有权决定向成员国提供外汇,"如果发现其资源遭到滥用"则可停止供应。凯恩斯反驳说,伯恩斯坦的建议将从根本上损害人们的信心。艾马努埃尔·戈尔登威瑟是联邦储备局官员,他承认大国

738

对伯恩斯坦的建议"不可忍受"。

美国人愿意把语气变得温和一点，但在实质性问题上不肯让步。在10月4日的会上，怀特重申了他的观点，基金的借贷安排是给成员国的一个特权而不是一般性的权力，因此，必须用它的实际行为来加以衡量。凯恩斯答道，美国的建议总是不能逾越这样一个障碍，即当一个成员国在基金里的本国货币的数量达到其黄金份额的水平时，它的行为就会受到严格的监控，他还认为英国政府接受这个建议的可能性很小。

凯恩斯把他的看法在10月17日向雅科布·瓦尔纳做了如下的归纳：

> 我们的观点是，如果要让成员国有足够的信心，它就必须感到能够在正常情况下使用它的份额的相当一部分，并且不会受到监控或遭受出乎意料的阻挡。清算同盟在这一点上也许过于严格，尽管其更大规模的份额能够弥补其缺点……毫无疑问这是一个困难的问题，但我确信，把一个尚未经受考验的新机构变成一个老祖母式的严格管教的组织是不明智的。

关于借款权力的辩论是"微妙的不确定性的"讨论的一部分，这个讨论在华盛顿以外继续进行。

另一个同样引起争论的问题是汇率问题。怀特计划给单方面改变汇率设置了种种障碍。在战后"不确定的"头三年里，成员国可以在10%以下改变汇率，无须稳定基金的批准。超过这个比例则要有基金的大多数成员的批准。此后，在四分之三的成员国投票同意下才可以继续改变汇率以"纠正带根本性的非均衡状况"。

清算同盟也设想汇率是固定的，但国际货币计划不是凯恩斯计划，而是怀特计划，这对英国利益有不同的影响。在凯恩斯计划里，美国在理论上应当接受上限为230亿美元的外国货币，在怀特计划中这部分只有30亿美元。因此，英国只能把重点放在争取成员国贬值货币的自由和拒绝接受顺差国商品的自由上。

战时内阁对英国代表团的指令是保持汇率上的国家主权以备汇率变化的客观检验。米德在他的"贸易同盟"计划中已经提出用限制进口数量来做"客观的统计检验"。凯恩斯认为唯一可取的检验是测定一国的生产成本比另一国的生产成本的增长速度是否更快。米德认为这行不通，并设计了自己的"客观检验"方法，以一国的国际收支和储备的地位发展趋势为基础。

凯恩斯对此并不信服，但他还是委托米德写了一份题为《为了改变汇率而得到足够弹性的问题》的报告。凯恩斯对这个报告很欣赏，它试图在美国的固定汇率和英国的灵活汇率之间寻求一条艰难的中间道路，汇率变化的目的只能是克服"根本性的非均衡"。在10年之内改变10%的汇率可自动得到批准，更大的变化应得到基金的批准。在决定是否批准之前，基金应当考虑到相对生产成本和国际收支的变化（也就是凯恩斯和米德的两个"客观检验"的结合），但如果是社会或政治政策导致的非均衡则不予考虑。如果基金不愿批准，成员可以退出基金。

怀特对"客观检验"不大相信，他说："以基金的自主权为依据不比那种充满政治的事情（即客观检验）要可靠得多吗？"凯恩斯反对美国提出的批准程序时说，用多边的方法讨论汇率变化将引起货币投机，贬值必须是在秘密讨论之后的某个特定的日子里突然开始。怀特认为如果能在三四个主要财政部之间保持连续密切的联系，就无须单方面的紧急改变汇率，而货币投机则可用外汇管制来得到控制。

英国财政部不批准凯恩斯的建议，这对他的谈判立场是一个打击。财政部不愿以条约形式放弃"用调整汇率来保护就业的权力"；并要求在汇率上以一般性的磋商的承诺来取代凯恩斯—米德的方案。凯恩斯向伦敦发电报说："建议每个成员国在仅仅进行了磋商之后就可以完全不受限制地改变汇率将是一个巨大的立场变化。我们在这里的所有人都认为我们的建议给予我们足够的弹性以及独立性。如果完全回到过去的那种思路，用一些明确的规则来保持汇率稳定，我们将后悔莫及。"在伦敦的道尔顿推测道："当猫不在家时，那些老鼠在财政部和英格兰银行的残余分子的率领下抓住机会破坏我们与美国人的协定。"他劝说战时内阁把它的指示的调子降低。

在10月4日的货币会谈中，中心议题是"汇率调整前与基金所进行的磋商是否应当取代得到基金批准的义务"。美国人接受了凯恩斯的提法，即一国的国内政策不应当被当作拒绝它贬值的理由。但双方仍在成员国的自主权应该有多大的问题上意见分歧。

英国人在"稀缺币种"的问题上也得到美国的一些让步。7月10日的怀特草案提出了要对稀缺币种进行"配额"分配，具体如何去做并未提及。希腊中央银行行长基里亚科斯·瓦尔瓦莱索斯曾指出基金对长期的债权国没有制约。在9月28日的会上，凯恩斯提出了这个观点：如果一国的货币被宣布为稀缺币种，而其他成员国必须把本国汇率同稀缺币种挂钩，那么它们就应当被允许在国际支付中限制那个货币的使用数量。10月4日，美国人接受了这个观点，但希望这将导致进口管制而不是外汇管制。米德当时也参与了贸

第 39 章 大妥协

易谈判,他不能相信"霍金斯和国务院的其他官员是否意识到财政部提出的是什么建议"。凯恩斯向财政大臣的报告中说,新的稀缺币种的条款把债权国放在如此明显的位置上,我们在这里的人都认为债权国实在不愿看到这种状况的发生。

凯恩斯的主要努力在于让稳定基金穿上清算银行的外衣,也就是他想把单位货币真正地货币化的建议。清算同盟和稳定基金在结构上的一个关键区别是,在凯恩斯计划里,成员国的中央银行同清算银行发生业务关系,而在怀特计划中则由基金同各央行开展业务往来。成员国将认购放在基金账户里的份额,在份额的基础上,基金可以向任何一个中央银行进行支付,"只要那个国家的货币仍然在外汇市场上交易,其汇率仍然符合基金的规定范围"。凯恩斯认为这个体制有一个主要弊病,即不能保证实现多边的清算,因为基金根据其自主权可以拒绝用法郎购买(打比方说)英镑,即使英镑并不处于供应量过多的状态。英格兰银行对基金的高度活跃的干预行为也十分讨厌,因为它担心基金可能利用其自主权来摧毁英镑区。英格兰银行指示汤普森—麦克考斯兰"在任何情况下都不能允许基金买卖货币或黄金"。

9月21日,凯恩斯把关于以"单位货币"为基础的稳定基金计划建议提交给怀特。在这个建议里,认购的数额将被封存起来,不可转让给其他的成员国。为了偿付成员国在基金的存款,成员国央行将收到单位货币的信贷,并可以用它们来进行交易。这就能取得两个主要目的:一方面,它能保证基金内部的结算处于多边状态;另一方面,货币化的单位货币将表达一种对全世界的偿付要求,而不是针对某个特定货币的偿付要求。同时,它能保证英国的重要目标得以实现,即基金仍然处于"被动"状态。

9月24日,凯恩斯在货币小组发表了"精彩的讲话",阐述了把单位货币转变为真正的可转让货币的问题。伯恩斯坦的回答十分直截了当,即使在会议记录的那种不生动的语言中也反映出他拒绝凯恩斯建议的力度。他说美国要"防止自己的生产实力的一部分被人用一种新的'靠不住'的货币所取走。同时,代表美国经济实力的黄金储备不能下降"。更加贴切的是,他强调"任何魔法都不能掩盖这样一个事实,即基金即使使用单位货币也会在某些特定货币上出现短缺或过剩"。

9月28日的会议主要是凯恩斯与怀特之间的一场决斗。怀特拒绝凯恩斯的这个建议是因为,这样一来,每个国家都对美元有偿付要求,久而久之,有可能美国将不得不向基金提供与所有成员国的借贷权力数额相同的美元。他感到这"将会把清算同盟的原则从后门偷运进来"。但是怀特向英国的立场做了一个重要的让步,基金的账户将可以相互兑换，货币交易只要在"成员国的要求"下即可进行。英国代表团的大多数成员都认为美国的让步已经足够，但凯恩斯不然，他继续为最偏爱的建议奋战。米德对此感到恐惧，认为在这一点上造成谈判破裂将是"犯罪般的愚蠢"。如果凯恩斯一意孤行，"我们必须组织一次造反"。他听说英格兰银行坚持要把单位货币变成真正的货币时大为愤怒："我们谈判中的其他所有问题——贸易同盟、商品建议、投资、充分就业、卡特尔等等都有赖于货币谈判的成功。在货币谈判中我们似乎已经获得了每一个要点，但我听说英格兰银行试图用一个无关紧要的问题让谈判不能成功。到底谁在统治英国？"

凯恩斯比米德更要明白，当英格兰银行与它在政府中的反对势力合流时会对一项国际货币协定起多大的破坏作用，所以凯恩斯坚持英国的立场。具有讽刺意味的是，由于英国坚持多边清算才导致美国把经常性账户中的货币自由兑换作为取得基金帮助的一个条件，而这又引起英国的"不限期过渡阶段"的想法。

在整个谈判过程中，英国政府既想支持凯恩斯试图把基金变成与清算同盟相似的组织，又想保持英国的自主权，因为当时的预测是，英国将没有多少决策的自由。政府目标不确定所带来的不幸后果之一是怀特草案中删去了原有的一段涉及战争期间的非正常债务的支付问题。本来的思路是，基金将逐渐地购买暂时冻结的英国的英镑负债，英国在20年内向基金偿付其债务价值的40%。由于政府的指令，凯恩斯告诉怀特，英国希望推迟对这些"非正常英镑债务"的讨论。这个关键的决策造成此后30年内的英镑债务得不到偿还，储备和债务之间失调在战后引发了一系列的英镑危机。

到了10月初，专家们达到了他们尽可能达到的目的，而会谈的气氛并未改善。英国方面处心积虑地减少双方分歧的战略显然在米德写于10月4日的日记之后已经结束：

> 这些讨论简直是疯子行为！凯恩斯和怀特坐在一起，一群随从坐在他俩的左右。没有任何议事日程或事先准备的想法，他们开始互相攻击，就像决斗一样。在把对方侮辱一通之后，乱哄哄地开始休会……今天，我们先讨论了对基金使用的监控，也许能找到妥协的地方。顺便说一下，怀特认为歧视性贸易或进口限制应当针对稀缺币种的国家而实行，而不是让汇率变化来达到目标……我们接着讨论灵活汇率问题。美国人坚持要汇率稳定，我们则要求单方面的贬值自主权。大家都忘记了"客观检验"的可能性。这种检验可在逻辑上提出解决办法，使得美国人能对他们的公众说，不必要的汇率变化将不会出现，而我

第 39 章 大妥协

们亦可以告诉我们的人民，说我们在必要的时刻仍然有贬值货币的自由。

在讨论批准程序时出现了更多的争吵。9月14日，摩根索在为凯恩斯安排的午餐会上把怀特计划中的复兴开发银行搬上了议事日程。9月30日召开最后一次全体会议，凯恩斯没有出席。怀特突然宣布他的银行计划——除了商品稳定公司之外，已经得到了总统的批准，并将提交国会并公开发表。他这么做事先没有与英国商量，而且也没有征求国务院的意见。第二天，凯恩斯找到怀特，用"直率、刻薄的语言对他表达了英国人对他的看法"。据凯恩斯说，这顿叱骂使怀特恢复了他的幽默感，承诺推迟发表这个计划。这份计划在凯恩斯看来"非常古怪"，其背后有一些"真正的动机"，但这些动机被层层伪装弄得像一个神经错乱的人写的。米德的情绪低落到了顶点，他在日记中写道："凯恩斯现在称怀特的投资计划为神经混乱。这个人是国际谈判的危险人物。"

凯恩斯的恶劣脾气并没有到此为止。在10月6日的联合货币小组会议上，双方都同意起草一个草案委员会的指导方针。该委员会的任务是为专家们希望他们的政府能够接受的原则制定细则，以作为国际货币会议的前奏。10月9日星期六的最后一次会议是为了考虑英美两边各自起草的指导方针，会上硝烟弥漫，争斗十分激烈。米德写道（他并未出席会议）：

> 当伯恩斯坦准备了一份典型的伯恩斯坦式的冗长的文件，而不是一份纪要时，凯恩斯大怒道："你简直让人不能忍受，你又拿来一份犹太法典，我们还不如让谈判破裂。"（伯恩斯坦是犹太人，这个说法当然十分无礼——译注）哈里·怀特回答道："我们将准备一份'殿下'能够理解的文件。"这次谈判在午餐时已经破裂。美国人接着提交了一份比较说得过去的草案……这份文件在下午四点半被讨论之后，大家都兴高采烈，互相祝贺，互相接吻。但是，将来的形势并不妙，除非这类谈判从凯恩斯和怀特这两位自命不凡的角色的手中解脱出来。

凯恩斯相信他的发火是导致谈判突破的原因。伯恩斯坦试图让英国人在他对稳定基金的解释上签字："这份东西是那个'犹太法典学家'在几个月前写就的，而且他从来不愿对此做一丝一毫的修改。英国代表团的其他成员认为我的发火有些过分；但在散会以后，

第八部分 这次比上一次要好

我收到一个电话,说那篇东西已经被撤回……依我之见,这是证明在这个国家里采取过激的反应是何等的重要。"

哈里·怀特对华盛顿谈判所取得的成就所做的评价是中肯的:"有一部分做了妥协,但是美国计划的主要内容不变。"在双方的努力下产生了"英美原则草案的声明",呼吁成立一个国际稳定基金,美国的份额不超过30亿美元,英国则有13亿美元。英美妥协的基本要点是:英国接受美国的有限债权的安排,而美国所做的让步则是小幅度增加基金的资本,贬值上有更大的自由,而且不必考虑"国内社会和政治政策所引起的实际结果";美方还承诺基金在货币交易中持消极态度;英国保留对基金宣布为稀缺币种的货币进行暂时性的管制的权力。双方未能达成共识的部分则由并列的声明来表达。双方继续争斗的问题是:黄金订购的比例、借款权力的条件、货币贬值的范围大小、关于偿还借款的规则以及基金在何种程度上支持资本交易。英国代表团对稳定基金不使用单位货币的做法有保留,凯恩斯——或者说是汤普森—麦克考斯兰——写了一个以单位货币为主的共同声明。声明中对基金开始运作之前的过渡时期没有明确的说法。显然,这次谈判将意义不明确的原则转化为可懂的英文,但这个成果很快就消失了。

怀特不愿在这份双方同意的文件上签字,凯恩斯知道这是美国人的典型做法,所以该文件上只有他一个人的签字。他后来在给财政大臣的信中这样说:"在战争期间,我一共花了五个月的时间同美国财政部进行秘密谈判,他们没有一次同我书面交流或证实我们都谈了什么。"

凯恩斯对美国人处理公共事务的做法继续感到不可理解。他一贯相信美国政府在防范那些虚幻的危险,即使是真的危险,也因为它的自我表达方式太差。摩根索在十年财长的位置上试图对某种"不存在的公众舆论"进行安抚。当摩根索把英美专家谈判的结果提交给国会以后,凯恩斯是这样思考的:"困难在于,提交这些计划的方法,提交者本身以及他们的声音都是人类当中最没有吸引力的。"(令美国参议院感到困惑的是,"哈里故意把他的基金称为银行,而把他的银行称为基金"。)凯恩斯哀叹美国没有"我们所理解的那种政府管理艺术,也许他们用的是另一种我们不懂的艺术"。凯恩斯绝对不能接受美国政府的表达方式。在英国的议会制里,表达方式至关重要,而在美国的政治体制中无足轻重;美国体制的法律之外的政治艺术是利用职权压人,逼迫对方就范以及做背后的交易。

凯恩斯对英国代表团的工作的报告同往常一样十分乐观:"我们是一个非常愉快的团

第39章 大妥协

队,互相之间十分和谐。"米德的日记反映的是不同的状况。凯恩斯在开头阶段表现出色,论证有力,思路清晰,机智幽默,为人热情,但后来却变得脾气暴躁,逐渐让人讨厌。米德最不满意的是,凯恩斯在货币小组里的"坏脾气"损害了他与美国人达成的贸易政策方面的共识。米德正确地指出,凯恩斯对"自由贸易没有兴趣",他喜欢用米德在贸易部的两位同事的名字开玩笑,说货币政策一定要从贸易政策中解放出来("解放","unleash和unshackle"——指Liesching利辛和Shackle沙克尔两位贸易官员)。他在10月8日给利辛的信中说:"你知道,我对回到19世纪的自由放任经济一直持怀疑态度,而你和美国国务院似乎依然那么怀旧。我认为将来的希望在于:(1)国家管理商品贸易;(2)对必需的制造业产品实行国际价格垄断制;(3)非必需制造业产品的进口应当在数量上加以限制。然而,你们试图把所有这些保持有秩序的经济生活的工具弃之不用,视为非法。"哈罗德在引用这封信的时候写道:"从某种程度上讲,凯恩斯是在取笑利辛。"但事情没有这么简单。首先,凯恩斯的目的是让英国政府批准他同美国谈成的货币计划,因此他决心要把货币问题从贸易问题中"解放"出来,以避开战时内阁坚决维护的帝国特惠制。其次,由于怀特的稳定基金与他的宏大的清算银行计划相去甚远,而且在国际复兴开发银行问题上对英国没有补偿,所以凯恩斯更加要维护国家主权,并使用罗伯逊所称的那些"禁止使用的把戏"。第三,凯恩斯不相信在国务院之外,"霍尔主义"(即自由贸易主义)在美国有多少市场,在这点上,影响他的思考的因素是夏季在华盛顿英美谈判租借协定中发生的冲突以及这些冲突所展示的美国的战后目标。

凯恩斯现在非常担心英国在战后将没有支付能力。从1942年年底开始,美国的官方政策是把英国的黄金和美元储备限制在6亿美元以下。此外,英国为了获得租借协定,于1941年9月接受了限制商品出口的要求。这就意味着英国在和平到来时将有大规模的国际收支赤字,而它的储备大大低于在英镑区迅速积累的债务。凯恩斯一直在努力降低在印度积累的英镑债务的增长速度,但是印度事务部激烈地反对。凯恩斯把印度事务部大臣利奥波德·艾莫里称为危险的"疯子"。如果英国面临的压力得不到缓解,它在战后初期不可能实现英镑自由兑换的承诺,或者必须拆除帝国特惠制以及取消战时的进口管制。美国国务院的迪安·艾奇逊清楚地理解在战争期间限制英国出口和储备的政策与租借协定第七条所要达到的目的并不和谐,他因此推动让英国增加储备水平的政策,但他的努力被一个反对派同盟所击败。这个同盟由财政部的哈里·戴克斯特·怀特和1943年7月上任的国际经济管理办公室(该办公室的前身是"租借管理办公室")主任列奥·克罗莱

第八部分 这次比上一次要好

牵头。克罗莱是爱尔兰裔的反英派,同国会中的企业利益关系密切。但哈里·怀特是利用租借协定限制英国储备增长的政策的真正策划者。凯恩斯在租借问题上干预不多,但他的态度美国人都心领神会。1943年9月24日,他在斯塔特勒酒店开午宴招待国际经济管理办公室的官员。他声称英国决心对"现行的限制英国储备的政策"发动"正面的进攻",他的话并没有任何效果。9月29日在美国财政部的一次内部会议上,怀特宣布"美国在减少非军事物资的租借项目上采取强硬路线的时机已经到来"。

尽管在华盛顿有这些反英的潜流,凯恩斯发现美国人对英国人的态度在珍珠港事件之后大有好转,同他在1941年所感受到的气氛不同。他对人物的观察没有小说家的那种视角,而且他对人物的判断基于一些伪科学的因素(比如他们的手的形状和状态),而不是基于密切的观察。尽管如此,他对华盛顿的人物还是有一些敏锐的印象。阿道夫·伯勒"是一个没有吸引力的人。他同他自己和整个世界之间达不到平衡,所以又是一个古怪的有吸引力的人"。凯恩斯对怀特和伯恩斯坦的犹太人特点非常在意,但他没有忘记对这两人做出区分。伯恩斯坦"是一个正常的小拉比,犹太法典的读者",而怀特是"一个政治上的高级拉比",这个看法很有见地。在与怀特的争斗和合作当中,他对怀特开始产生一种既提防又尊敬的心态:

> 你也许可以设想我们同哈里·怀特打交道最多,我们对他的负面看法与他的同事对他的看法相比恐怕是小巫见大巫。他是那种盛气凌人的恶劣家伙,总是用他那粗鲁、嘶哑的语言来威胁别人,他的头脑和待人的态度从美学角度上讲是压迫型的。他对文明的交谈应当如何表现、应当遵循什么规则之类的问题毫无概念。与此同时,我对他非常敬重,甚至有点喜欢。这是一个非常能干、非常卖力的公职人员。他负有重要的使命,既有责任,又要有创造性。他为人非常正直,对国际社会的目标有着理想主义的清晰头脑,真正想为世界做出他力所能及的最大贡献。此外,他的强烈的个人意志同他的建设性的思想结合在一起,这就意味着他能够做出实际成绩,而在华盛顿,很少有人能够做到这一点。对付他的方法是尊重他的目标,唤起他在理性上的兴趣(由于他对任何问题的优点很容易产生真正的兴趣,所以这是同他交流的一个缓冲因素)。同时,当他在辩论和个人行为上误入歧途时,我们就应当坚定地、直言不讳地斥责他。

不久,哈里·怀特也告诉罗斯福,说凯恩斯"是一个特别能干和厉害的谈判家。当然,他对我们面临的问题也有彻底的了解。不过,当他不在谈判桌边或不是在讨论双方分歧点时,还是十分友好的"。

凯恩斯在离开华盛顿之前写信给父母,说"我们都在试图为战后的世界创造良好的经济基础——不管政治问题是多么难以克服"。

梅纳德和莉迪娅在纽约待了几天。梅纳德"用他最好的技巧来说服那些顽固不化的银行家",并为艺术协会安排了到英国参展的美国油画。莉迪娅则去看望芭蕾舞界的老朋友,比如列奥尼德·马西尼。在美国的时候,她的母亲在德军围困列宁格勒的过程中去世。他们再次回到华盛顿参加租借协定的进一步谈判,然后乘坐班机回英国。到达英国时已是10月28日。

在提尔顿庄园的圣诞节同往年一样,他们组织了一场狩猎。圣诞节那一天有35个人参加了午宴,厨师罗玛做了6个兔肉馅饼。凯恩斯给查尔斯顿庄园的范奈莎·贝尔和邓肯·格兰特写了信,对1944年的局势做了预测。他认为欧洲大战将在8月到10月之间结束,盟军将从两个战场发动猛烈的进攻。这个日期对罗斯福总统来说十分重要,"他不会对此加以忽略"。对日战争的长短"难以预料,但仍然会与现在一样没有什么意思"。德国投降以后,"新的、让人困扰的担忧将会产生。由于没有任何人对战后安排有好的解决办法,人们就很难抵制糟糕的计划"。这一次,不仅仅是凯恩斯一个人过于乐观,很少有人怀疑德国将在1944年被击败。因此,保障英国经济在没有租借法的世界里能够生存下去就成了刻不容缓的任务。

3 说服白厅

达成华盛顿共识有两个步骤。首先,专家们尚需继续消除双方依然存在的分歧;其次,两国政府必须对专家的工作予以肯定。第一个步骤比第二个步骤要容易得多,而第二个步骤在华盛顿比在伦敦要容易得多。怀特已从英国和其他盟国那里获得了他所要的东西,他现在成为积极的推动者,而不是被推动的人。他有摩根索的支持,而摩根索又有总统的支持。华盛顿的政治要求加速完成这项工作。1944年11月是美国总统大选的日子,罗斯福想要一个建立国际基金和银行的国际条约,在签字之后送交国会,并最好得

第八部分 这次比上一次要好

到国会的批准。这样,这个条约就可以成为他重新竞选的活动的一部分,他可以用它来攻击共和党人为孤立主义分子。

怀特第一个采取行动。他在11月9日寄给凯恩斯一份修改过的共同原则声明的草稿,凯恩斯在一月后才回复。他正在针对草案中的明显分歧做清除工作。次要问题在凯恩斯和怀特通信里,以及怀特同奥皮在华盛顿的讨论中得到迅速的解决。凯恩斯接受了美国的黄金认购方案,并放弃自己的黄金封存的建议。他还建议把国际稳定基金称为"国际货币基金(组织)"(IMF)。12月17日,凯恩斯加进一段新内容,在过渡期允许成员国在战后不确定的时间里保留外汇管制措施。

摩根索和怀特不理解英国为什么要推迟专家报告的发表,因为这个报告并不要求英国政府的任何实际承诺。他们不懂英国政府公布的白皮书不仅仅是同议会谈判的基础(而且代表政府已经做出的决策——译注)。英国政府对华盛顿专家谈判所涉及的一系列问题远远没有达到可以做出任何承诺的地步。凯恩斯注意到,政府中有些人本来就希望"这些计划自生自灭",当这个希望破灭后,他们开始觉得没必要"把任何国际货币计划积极地放到桌面上来讨论"。

凯恩斯必须在财政部内部为英美共同声明的生存做斗争。财政大臣金斯莱·伍德突然在9月21日去世,约翰·安德森爵士成为财政部首脑。安德森在内阁中的实力比伍德大,然而凯恩斯对他几乎不熟悉,所以新任财政大臣很快就受到别人的影响,尤其是威尔弗雷德·艾迪爵士。艾迪在1943年夏天成为财政部国际金融的主管官员。凯恩斯在美国期间,艾迪与韩德森和英格兰银行联手,企图阻挠货币谈判。道尔顿的政治嗅觉很强,感到"有一种势力很大的阴谋在试图减少凯恩斯的影响力"。

财政部的一个司与英格兰银行的合作给内阁中反对租借协定第七条的人物提供了机会。1944年年初,"哈得逊·艾莫里和比弗布鲁克等大臣在工党的全面支持下,向内阁和丘吉尔提交了一系列的文件,反对英国同美国国务院进行的诸如(理查德)劳率领的那个代表团在1943年9—10月间参加的那种贸易谈判"。在这场反对运动中的重要人物是比弗布鲁克勋爵,现任掌玺大臣。此公原是加拿大人,长期鼓吹用帝国经济联盟来平衡美国的实力。一位加拿大观察家评论道,这批人像一出丑角戏中的各种人物,"既有过气的帝国主义分子和贸易保护分子,也有主张计划经济、反对金本位和国际银行家的正统社会主义者,最后还有新近时髦起来的经济学家(大多数来自牛津统计学研究所)。这些人在理论上支持双边主义"。丘吉尔首相让这场激烈争辩继续展开,他与贝文一样,

第 39 章 大妥协

反对任何金本位制度,但也是一个天生的自由贸易派人物。然而,丘吉尔在经济问题上除了记忆,别无新意。1943年4月,他在一个保守党信徒的会议上声称:"这场争辩还是与过去我们在食品问题上的争论有关(即历史上的'反谷物法'的斗争——译注);上一次我们击败了你,这一次我们同样能做到。"他全然忘记了自己现在是保守党的领袖,而不是1906年的那个自由党的自由贸易派人物。

战时内阁收到理查德·劳的有关华盛顿会谈的报告后,于9月21日要求他准备一份让内阁大臣们可以做决定的报告,所涉及的是租借协定第七条的各个方面的问题。凯恩斯同财政部的其他人以及内阁经济处共同撰写了"劳报告"中的货币部分,他们试图回答大臣们提出的问题。对此持反对态度最强烈的是贝文、利奥·艾莫里和农业大臣罗伯特·哈得森。"劳报告"的货币部分提出两个政策选择,第一个是凯恩斯起草的选择,要求内阁接受英美共同声明;第二个出自韩德森,他建议内阁对此加以拒绝。凯恩斯又一次理顺了他的观点:多边清算体制对英国非常有利,因为"我们的最好的供应方往往并不是我们最好的市场"。华盛顿计划将通过调整黄金的分配不均来"让我们的资源加倍以应付偶然的事件,我们不应该轻易地对它加以拒绝"。

凯恩斯认为,在汇率问题上的妥协"将一个有序的改变汇率的程序与成员国的自主权得到足够的保障结合起来"。单位货币的货币化是我们非常希望的技术安排,但美国人以国会不可能通过这个安排加以反对。我方专家认为英国在这一点上必须按美国人的意思办。就过渡时期的安排而言,财政部已经向华盛顿提交了一个新的条款,使英国在过渡阶段有全部的行动自由。英国应当告诉美国,如果它在租借协定失效以后不愿对英国提供帮助,那么英国就不能加入这个计划。对英国有利的不是拖延,而是尽快抓住这个交易,因为即使在这些规则尚未启动的过渡时期,"一个权威性的国际讨论和协商的机制能够起到特别重要的作用,来帮助我们走出过渡期,而我们不需要在美国财政部大门外面乞求等待"。

内阁在1944年2月9日对"劳报告"进行了讨论,劳本人参加了讨论会,并坚决支持英美在货币问题上的妥协。内阁必须做出决定,因为帝国自治领的代表很快将来伦敦听取有关华盛顿会谈的简报。内阁中的大多数人支持货币建议,尽管比弗布鲁克提交了一个"荒谬"的文件,称这些计划无非是又一个金本位制度;然而内阁对其他问题却拿不出什么看法。因此,它决定成立一个对外经济政策委员会对这个报告做进一步的研究。该委员会的成员包括财政大臣、奥利弗·利特尔顿、比弗布鲁克、道尔顿、劳和切维尔。

第八部分 这次比上一次要好

在这一次和后来的内阁会议上，丘吉尔不愿为这个问题担负领导责任，他抱怨说他不懂复杂的经济问题，而且太忙，没有时间去研究这些文件。他关心的只有一个问题——如何打赢这场战争，其他的问题不是他的兴趣所在。自然，他当时的思绪全在计划中的诺曼底登陆行动上。然而，既然战争的胜负已经基本明确了，他对经济问题仍然漠不关心就说不过去了。正是由于这个态度造成了保守党在1945年大选中的惨败。

从2月14日到17日，内阁对外经济政策委员会共召开了六次会议。凯恩斯只参加了15日的会议。他在听了切维尔对委员会工作的介绍以后，在17日写信给财政部的威利说："这完全是一个疯人院，只有霍布金斯一个人能够维持一下秩序。大臣们不断地开会，胡言乱语，相互争吵。比弗布鲁克首当其冲，他的那种做法简直是犯罪。但尽管如此，还是有一些进展，而且不完全是在错误方向上的进展……"

英格兰银行对专家计划发动了最后一次进攻。它声称，如果公众接受稳定基金的原则，这就意味着"我们公开说我们的目标是建立一个英镑作用下降的货币体制，这将只会使我们的过渡时期安排更加困难，因为我们依靠的是英镑信用"。

凯恩斯尽管也是英格兰银行的董事之一，但他在2月23日给财政大臣的信中对它表示不屑一顾：

> 英格兰银行没有面对任何一个现实。他们不愿承认这样一个事实，即没有美国的进一步帮助，我们不可能实现我们的战后国内政策。他们也不承认如果我们明显地想要唱独角戏的话，美国是有足够的实力引诱我们的许多朋友，或大多数朋友背离我们而去的。同样，他们也不愿承认我们现有的巨大债务和微不足道的储备本身并不具备恢复过去的那种国际金融的最佳条件。

他指责英格兰银行打算把英国引向1931年的那种灾难——"只要出现任何问题，我们就开始豪赌一把，承担我们根本没有能力支撑的金融业务，并采取一种完全忽略国内政策要求的金融政策。"凯恩斯对英格兰银行的虚荣心所做的无情揭露最终产生了效果，卡多勋爵指出："如果有人认为大英帝国就像一个岩洞，可以把所有的污垢都藏在里面，并无视整个外部世界，那么这个人一定是发疯了！我们出口商品的国家并不一定是我们从那里进口的国家，如果我们开始单边的贸易，我们将回到以物易物的时代，在那里只有适者能够生存，更多的战争将会发生。"这段话虽然出自卡多之口，但思路是凯恩斯提供的。

第 39 章 大妥协

2月18日，内阁委员会建议同自治领的货币计划讨论会应当遵循这样一个原则，即"尽管我们将不会做出任何承诺，但我方期待在适当的时候将会发现加入这些计划是有利的"。六天以后，安德森在内阁会议上阐述了对一个条理明晰的货币协定的要求。比弗布鲁克表示坚决反对，他的支持者包括布兰登·布拉肯和那个"迟钝、耳聋和令人讨厌"的哈得森。会场上一片混乱，每个人都开始大喊大叫。"首相本人故意让这件事情达到失控的地步，他说他没有时间阅读这些文件……而且不管怎么说没有必要让人家推着走，'不过是几个自治领的官员们在这里；可以先带他们玩几天，让他们喝酒，领他们去参观轰炸造成的弹坑'。"三个小时以后，"首相说，很清楚我们今晚不可能做决定，但他觉得把这份内阁报告给自治领的官员们看看也无妨，但他们必须明白内阁还未就此做出决定"。在丘吉尔眼里，已经被决定下来的事情是：不能回到金本位；在他国没有降低关税的情况下，不能取消或降低帝国特惠关税；同时也不能对食品征税。这就是他和战时内阁对三个问题——货币制度安排、贸易政策和缓冲基金——的有限的理解，而这三个问题是专家们在上一年里主要考虑的战后经济问题。

在这场争斗中，政治因素和经济问题只有部分是相互交叉的。尽管货币计划被反对派们攻击为"新金本位制"，但凯恩斯意识到，反对派对租借协定第七条的敌意主要来自于这个条款的自由贸易特点。具体来说，禁止"贸易歧视"可能会促使帝国主义分子和社会主义分子联合起来，帝国主义分子想要加强帝国的贸易纽带，而社会主义分子则想搞国家垄断贸易，特别是同苏联的贸易。所以，挽救货币计划的唯一办法是把它与大计划的其他内容分开。他的新提法是："贸易计划在没有货币计划的前提下很难奏效，但货币计划并不依赖于贸易计划的支持。"比弗布鲁克则强调所有这些不良计划的互为依存的特点，他的策略是让丘吉尔相信这个国际货币基金不过是金本位制，并希望首相否决任何危及帝国特惠制的建议。比弗布鲁克写信给凯恩斯说："货币计划把我们引向贸易计划，然后再引向商品计划。我对整个项目的逻辑性和连贯性表示赞赏，但这也正是我本人反对其每一个部分的原因。我不赞成它赖以支撑的信条，因为它既强调国际因素，又强调自由贸易，而我的信念同两者都不相符。"

美国方面对英国方面的进展施加越来越大的压力。4月初，霍布金斯在凯恩斯的催促下，说服财政大臣应该让国际货币基金的计划先行一步。在4月14日的内阁会议上，气氛仍然与往常一样很混乱。安德森建议政府公开发表英美共同声明，但不要做出任何承诺，同时还要加上几条附加意见：基金原则不适用于过渡时期，它将分阶段实施，将加进经济重建的条款,并且如果它不能解决在过渡期的国际收支问题,英国将不加入。内阁接着讨论是否需要声明英国政府"对总体的原则"表示支持。丘吉尔提出几条无关痛痒的"总体原则",道尔顿觉得这些原则只能适用于贸易政策,而不是货币政策。比弗布鲁克不停地嚷道,他也要求发表贸易计划。贝文对他说:"你是想扼死一个计划,并让另一个计划流产。"人人都觉得这句话十分有趣。实质上,内阁的决定是,除了国际货币基金以外,英国停止与美国进行任何经济谈判。丘吉尔在4月告诉下议院,租借协定第七条在要求英国承诺放弃帝国特惠制上同其要求美国承诺取消关税的效果是没有什么区别的。

尽管在最后阶段还出现了一些障碍,但大局已不可逆转。4月22日,英美共同声明在华盛顿、伦敦、莫斯科和重庆同时发表。伦敦的文本还有一个凯恩斯写的解释,他说,稳定基金的目的与他的清算同盟是一致的。声明发表以后,凯恩斯向新闻界和议会做了简报。

凯恩斯只在四天前才回到财政部上班,在此之前他的健康出现了大问题,刚刚开始恢复。在财政部工作的近四年里,他从来没有大的健康问题,而在这样的工作压力下,很多同事都支撑不住,做了古人。这段时间是他的身体力量的里程碑,同时也反映出普莱什医生的治疗方法的效果和莉迪娅精心呵护的成就。2月17日,他写信给玛格特·阿斯奎斯,解释他为何不能到萨伏依庄园去看她:

> 尽管我已经最终恢复了健康,并在外人看来能够全日工作,但实际情况并非如此。出了办公室,我只能待在床上,完成我手头的最重要的工作,我中断了所有的社交活动。

冬季和早春对凯恩斯来说是最糟糕的气候和最不利的工作时期,而挽救货币基金的争论对他的影响更大。3月6日,凯恩斯发生了类似于1937年那次让他大病不起的先兆性心脏震颤。他以为这不过是因为"神经紧张、长期超负荷工作造成的,只要休息一下即无问题"。他强撑着到财政部去上半天班,但几天以后,病情更加严重。3月17日,普莱什医生命令他在床上休息一个月。佛萝伦丝希望她的儿子在休息以后会"像去碳以后的汽车发动机一样"。4月19日,他在给达迪·瑞兰兹的信中说:"我在普莱什医生的手中已经有很多年了,但至少在过去的三个星期里,我所承受的各种药和治疗的折磨要比任何其他时候都多。这些药物的使用量正在减少,我现在试图停止服用它们,我今天就回财政部去上班。"他又加上一句:"诺埃尔·阿南在《新政治家周刊》上写的评论文章非常之好,你不认为我们应当设法选他做研究员吗?"从这时起,他的健康开始走下坡路。

5月10日,凯恩斯在议会下院的贵族席上聆听一个接一个的下议员在那里攻击货币计划,"他的身心都受到了伤害"。这些攻击并没有什么道理,只是因为美国人同意这个计划。有些议员事先听过两位匈牙利裔的经济学家的简报,有的讲话也是他们捉刀代笔的,这两位经济学家就是汤马斯·巴洛夫和尼古拉斯·卡尔多。凯恩斯把这些货币辩论比做是"疯子的野餐会"或"白痴的出游"。那些古怪的议员们本身在下院受到温和的抑制,现在找到一个机会来引起议长的注意。

巴洛夫在那天早晨的《泰晤士报》上发表一篇文章,称专家计划"非常危险",集中攻击货币基金的流动资金的不足、对贬值的期望过高以及对英镑的自由汇兑政策的损害。他认为,货币计划中的精神与帝国特惠制相对抗,并对"那些愿意搞计划生产的国家之间"的贸易协定有敌意。只要"美国愿意购买英帝国和英国本土的资本资产,因而向英国提供美元的话",稀缺币种条款在实践中就将行不通。凯恩斯在回应中写道:"这类沙赫特的思路同伟大的帝国是不相称的。"他显然忘记了他自己亦曾有过这类的非正统邪说,但后来脱离了沙赫特的模式。他对一位美国记者解释议会的反美情绪时说,这是因为他们"极度担心我们将被排斥在可以想象的权宜之计之外,而并不知道这些权宜之计是什么"。此外,英国人还对美国人的"那些完全不实的指控表示不满,因为美国说英国不正当地利用租借协定"。再者,英国人还对美国为了"防止我们出口状况得到改善"而采取的协同手段十分不快。凯恩斯没有说他对这些不满也有同感。

凯恩斯本人也于5月23日在议会上院参加辩论,这篇雄辩的演讲稿非常精彩。他提出货币计划的五大优势:第一,它让英国在不确定的过渡阶段能够保留战时的经济体制。第二,它提供了货币自由兑换的机制。没有自由汇兑,伦敦将不再是金融中心,而英镑将会瓦解。他说:"让我们设想一个双边和以货易货的贸易体制,其中那些拥有英镑的人不知道该如何使用它——如果以为这个体制能最佳地鼓励自治领把它们的金融体制放在伦敦,我认为这是一个近乎发疯的想法。"相反的是,"由于我们的资源遭受如此之大的损害,人们对英镑的信心只有通过把它牢牢地放置在国际体系中才能得到实现"。第三,它"大大地增加了全球的货币储备"。就英国来说,增加了约3.25亿英镑。第四,"稀缺币种条款"是为了防止这样一个现象,当一个国家的借贷和出口大大超过其借出资金和进口的规模时,世界其他地区的储备就开始流失,以偿付这个国家。最后,该计划还制定了汇率的有序变动的规则。

凯恩斯坚决不同意该计划是回到金本位的说法,或者说这是对他的理论的否定。他向贵族议员们发问道:"我曾经把金本位视做是野蛮人的历史遗迹,我怎能被指控在制造新的锁链把我们关在这个陈旧的土牢里呢?"

凯恩斯的批评者们也许会想到,既然英国获得他所展示的那么多好处,那么它付出的承诺究竟是什么?凯恩斯似乎把这个货币计划看做是保持英镑区和帝国特惠制的手段,而美国人则很明显地要摧毁这两个东西。他声称英国主张保留改变汇率的权利,而美国人则想要固定汇率。后来在华盛顿时,他被告知,他那种对货币计划的辩护方法让怀特和其他的美国人十分难堪。凯恩斯回答说,这是在议会大厦里挽救基金的政治生命的唯一办法。

在1944年的头五个月里,凯恩斯几乎是单枪匹马地捍卫在华盛顿达成的共同声明。财政部疑虑重重,英格兰银行坚决反对,而政治上的敌意到处都有。如果说,模棱两可的语言是获得成功的代价,那么他确实愿意付这个代价,因为他最重视的是必须让美国建设性地涉入欧洲的战后生活。他在这一点上的判断是正确的,尽管他对美国以何种形式进入欧洲的生活还不明确。如果英美两国在租借协定第七条所涵盖的所有问题上闹翻了,并且在1944—1945年间两国关系严重恶化,谁都不能设想在美国政府内部的政治力量消长会发生什么情况。谁也不能想象出苏联在利用英美争吵中会找到什么样的机会。

第 *40* 章

美国的谈判方式

1 为布雷顿森林会议做准备

当欧洲大战进入大家都认为是最后一年的1944年的时候,美国开始就租借协定第七条里英国做出的承诺施加压力,这就迫使英国与美国开始自由贸易秩序的谈判。美国人期望在货币协定之后达成贸易协定,但是英国不愿再迈一步。摩根索—克罗莱用租借协定来限制英国储备的政策同国务院的要求英国对自由贸易的承诺有矛盾。英国的"核心资产"只有它的"核心债务"的十分之一,它的出口贸易相比战前已下降到了原来的30%以下,因此不大可能成为美国国务卿科德尔·霍尔的自由贸易世界的初期候选对象。

凯恩斯和白厅工作的其他人一样,对美国似乎刻意把租借协定设计成降低英国独立生存能力的手段大为不满。当爱德华·斯特汀纽斯(后任国务卿——译注)的著作《租借法:走向胜利的武器》一书在1944年发表以后,凯恩斯表达了他对租借法的恼怒,认为这是一个充满恶毒玄机的陷阱:

> 你所没有强调的是,美国政府处心积虑地采取每个可能的步骤,让英国在租借协定生效之前就尽可能地接近破产。你在书的结尾也没有提及,美国的这些做法最近又死灰复燃。按照这些做法,只要还有一线希望使得英国在目前的态势中继续发展下去也许能够在战争结束时不破产的话,你们就要想方设法地废除租借协定。

第八部分 这次比上一次要好

凯恩斯并没有把美国的政策解释为摧毁英国独立的企图，他仍然相信美国的基本出发点是好的。相反，他认为这是美国的法律和企业精神所造成的后果。这种精神与两国追求的共同事业的道德伙伴关系不合拍。他与白厅的同事们都有一个共同的看法，即英国为了共同事业所做出的牺牲大于美国，所以，贡献上的不对称应当在经济上加以补偿，这是涉及公正的问题。这个信念是凯恩斯在晚年同美国谈判中的决定性因素。凯恩斯坚持的目标是"保证我们有足够的资产以便能够独立地采取行动"，对此他只要有机会就总是在努力追求。在这一条主线上的尝试起自1940年，当时他力图通过节省战争费用来缩小租借的范围，从而减少对美国援助的需求以达到最低限度的英国对外债务的水平。他为降低印度和中东地区的英国债务做了努力，但收效甚微。1944年年初，他开始设计一个能够打破美国禁止英国储备和出口增长的政策的战略，这与财政部的战略相辅相成。财政部希望租借协定在"第二阶段"——即德国投降到日本投降之间的阶段——能够继续有效。

租借协定第七条的谈判所处的状态如下：1944年4月21日发表的"专家共同声明"定下了建立国际货币基金的原则，而国际复兴银行还没有经过双边或多边的谈判，所以在这个阶段仍然只是美国财政部的一个建议。凯恩斯在2月21日的备忘录里对这个建议做了不少有说服力的、建设性的批评，并在3月初对此又做了修改。由于英国不大可能得到多少"重建"资金，所以他的主要目标是尽量减少英国缴纳的资金，保证这个银行的主要运作形式是担保而不是贷出，而且，借款方可以在任何地方使用这些资金，而没有购买借出国商品的义务。凯恩斯的这些评论被转达给华盛顿。同时，凯恩斯开始成为怀特的银行在伦敦的支持者。英国财政部的弗兰克·李在1943年9月去过华盛顿，当时是为谈判"商品"——即凯恩斯的缓冲基金计划做准备。罗宾斯认为有必要进行这个谈判，因为"在萧条时，缓冲基金可以释放购买力，通货膨胀时则可以吸收购买力"。但是美国人认为这个计划是投机者的乐园，并背离了租借协定第七条。

如前所述，英国人在贸易谈判上不愿采取主动。上一年的秋季里，美国国务院的哈里·霍金斯和英国内阁经济处的詹姆士·米德在贸易问题上已经有所进展。美国人提出的在贸易政策上的"多边协定"同米德的"贸易同盟"的建议十分吻合。英国人更加强调把保持就业的高水平作为贸易自由开放的先决条件，而美国人则用自由贸易来创造高水平的就业。美国的主要目标是清除帝国特惠制，而英国则着眼于降低美国的关税。然而，他们没有为国际货币基金和贸易协定之间的吻合做任何努力。在华盛顿谈判的几周以内，两国的贸易保护派和出口补贴派提出了一大堆反对意见。英国内阁在1944年7月终于成立一个贸易政策委员会，而该委员会与财政部立即发生争吵。这就使得租借协定第七条的问题无法得到解决。但是美国国务院仍然不愿意罢休。

摩根索曾希望在5月底召开一个华盛顿多边国际会议，批准英美专家共同声明。他想把建立货币基金的协定作为送给罗斯福总统的一个大礼。民主党全国代表大会将于7月19日召开，但是，英国方面仍然没有做出承诺。安德森最多只能在受到邀请之后，再派专家参加国际货币会议。凯恩斯请求哈里·怀特"不要在7月把我们请到华盛顿，这将是一个最不友好的行动"。摩根索对怀特说："把他们请到缅因州或新罕布什尔州，在山里面找一个地方。"5月25日，国务卿科德尔·霍尔邀请44个国家的代表到新罕布什尔州的布雷顿森林参加国际货币会议，目的是"制定国际货币基金组织的明确计划，有可能的话也包括国际复兴开发银行的计划"。在开会之前，一个较小规模的起草委员会将在新泽西州的大西洋城开始工作。

这些决策的背景是即将到来的诺曼底盟军登陆行动。英国政府第一次开始集中精力思考从战争过渡到和平的经济问题。对德战争估计在对日战争前的一年左右可以结束，半和平阶段（即第二阶段）很快就要开始。因此，英国将面临着如何把战时经济转化为和平经济的任务。当第二阶段结束时（即日本投降以后），英国将在第三阶段面临租借协定所掩盖的严重的经济现实：巨额进出口赤字、海外的大量现金支出和大规模的短期英镑债务。因此，英国在第二阶段必须能够为第三阶段进行铺垫，使它在第三阶段里尽量不要依靠美国。

1944年1月初，凯恩斯草拟了一份让人有点恐慌的文件：《对日战争停火以后的英国对外金融地位》。美国已开始暗示在第二阶段里，租借方式将由贷款方式所取代。凯恩斯对此十分警觉，他在5月中旬写了一个备忘录《过渡时期的对外金融问题》，最后一稿完成于6月12日。艾迪阅读后，称它为"近来最可读的万言官方文书之一"。确实，这是他处在权力顶峰时撰写的最后一份政府文件。这份东西的论证公允，有紧迫感也有嘲讽的意味，同他的晚期撰写的大多数文件相比，比较井然有序。他的基本观点是，如果英国不改变政策，将会在租借停止以后出现金融危机。政府以为在战后可以通过进口所有必需的商品来创造充分就业和改善人民生活水平，凯恩斯称这个设想是"盲目的信念"，他的目的是"用实际工作来支撑这个信念"。

凯恩斯估计在战后的头三年里，英国的国际收支赤字应当在15亿英镑（60亿美元）

和22.5亿英镑（90亿美元）之间。他提出四个层面的解决方法：第一，英国应当用零利率为非正常的英镑债务准备偿付资金，并拉长偿付的时间，而有些债主可能由于英国资本品的输出能较快地得到偿付。此外，在过渡时期应当把获得英镑区储备资金的范围限制在成员国的经常性美元收入里。第二，凯恩斯想把英国在战争结束时的净储备提高到5亿英镑，其方法是停止美国在现阶段或在对德战争结束时减少租借，并争取获得租借资金来支撑英国在中东和远东的军事开支。第三，英国应当放弃在西欧和俄罗斯面前炫耀财富的那种态度。西欧和俄国必须用黄金而不是欠单来支付英国生产的用于经济重建的商品。第四，英国必须积极促进出口，即使这意味着降低国内消费也在所不惜。租借协定对英国出口的限制必须在第二阶段里结束，而租借规模不应缩减。对美国的依赖程度应当保持在最低水平——不应超过20亿到30亿美元——英国应当"为完全不需要依赖美国做好准备"。英国要求美国对自己帮助的规模有多大，完全取决于英国追求主要目标的活力。不幸的是：

> 我们自己的习惯是推行上述建议的最大障碍。我们在直觉反应下采取的行为是富人的行为，所以我们对别人的承诺太多。而我们如此强烈地渴望从战争中得到放松，所以我们对自己也承诺过多。作为一个自豪的大国，我们不屑同比我们小而又要求高的国家讨价还价。近年来我们处于极度的困境之中，而我们的金融政策仍然根植于绥靖政策。首先，由于战时的金融问题那么轻而易举地就被悄悄地解决了，所以一般人看不出在和平时期的金融问题会造成更多的困难。

凯恩斯的策略能否成功取决于对第二阶段的安排。英国必须保证租借能够继续下去，而且能够同时让它增加储备，并开始转入出口经济的轨道。这个策略要求英国放弃"边际原则"——即租借协定只能提供英国充分动员了战时经济之后所不足的那个部分。

安德森把这份带爆炸性的备忘录转给他选择的一些大臣。这份东西马上被视为最权威的观点，这反映了凯恩斯本人在这个问题上的权威性。威利对此的评价是："它暗示我们将不得不比任何国家都更加要勒紧裤腰带。"表示佩服和不满的评论源源不断地到来。财政大臣在6月14日召开一个有关大臣出席的会议，凯恩斯、霍布金斯和艾迪到会。凯恩斯是主要发言人，他重复了他的基本观点。7月，内阁批准提前与美国谈判第二阶段的问

第 40 章　美国的谈判方式

题,并立即采取推动出口的步骤。

在6月8日和16日,安德森和凯恩斯制定了英国在美国将要举行的货币会议上的指导方针。第一次会晤中,他们决定英国应当促使美国接受关于汇率规则的"卡多方案"。卡多勋爵已在4月取代蒙塔古·诺曼担任英格兰银行的行长,银行的主要目标是保证各国有确定自己汇率的国家主权。卡多方案允许成员国在贬值之前只需要同基金协商,而无须得到其批准,而基金则有权在事后切断违规的成员国使用基金的条件。此外,两人还同意英国的加入是有条件的,即在基金之外找到解决过渡阶段的金融问题的办法;而且,自由兑换的英镑只限于现实使用的资金,而不包括战时积累的英镑债务;基金只能在英美双方都认为可行的时刻开始生效;在华盛顿专家会谈中达成的共识对英国政府和议会并无约束力。英国对怀特的银行计划的立场以凯恩斯在3月重新修改过的方案为准:该银行的任务是对贷款进行担保,而不是发放,同时英国应担负很少的资金义务。

2　新罕布什尔州插曲

6月16日,梅纳德和莉迪娅从南汉普顿港登上"玛丽王后号",起程赴美,同行的有艾迪、罗宾斯、罗伯逊、罗纳德以及英格兰银行顾问乔治·博尔顿。这一次的英国代表团成员还有外交部的法律专家威廉·贝克特。布兰德、李、奥皮和奥斯汀·罗宾逊已经在华盛顿待命。与英国人一起旅行的还有荷兰、比利时、挪威、捷克斯洛伐克、印度和中国的专家。大多数人都将参加起草委员会的工作,他们在船上已经开始勤奋工作,并产生了关于货币基金和银行的两个"船上草案"。

6月23日,布兰德和法兰克·李在纽约接专家团,然后送他们乘火车抵达大西洋城,下榻克莱瑞奇酒店,一幢20层楼高的丑陋的"摩天大楼"。美国自然疗法协会的年会也将于下周在此召开。在6月24日星期六的英美第一次会谈中,凯恩斯在银行问题上侃侃而谈。罗宾斯写道:

> 这次会谈进展得非常顺利。凯恩斯头脑非常清晰,很有说服力,产生了不可抗拒的效果。在这种时候,我常常想,凯恩斯一定是最了不起的人物之一——逻辑思路敏捷,有老鹰扑食的那种直觉、生动的想象力、宽广的视野,而最重要的

第八部分 这次比上一次要好

是他用词的精确,所以这些素质的结合使他比普通人要高出一筹……美国人坐在那里,对这位"神仙一般的来访者"的歌唱如痴如醉,仿佛他周身都是金色的光环。

凯恩斯对银行的热情日益高涨,他认为这个世界银行与上一次世界大战以后的糟糕的安排相比,是一个更加合理的投资引擎。它将把英国从预付资金的压力下"解放出来,因为英国根本没有能力向银行缴纳所需的余额"。然而,他仍然把世界银行看做是更多地为欧洲重建服务,而不是作为全球长期经济发展的工具。但是,美国财政部对凯恩斯没有任何回应。美国政府内部对银行问题很少讨论,只有国务院的艾米力欧·科拉多支持这个计划,但他是出于另外的动机,他想用银行来争取拉丁美洲国家支持美国在货币基金和其他问题上的立场。

凯恩斯在大西洋城的策略是直截了当的。他在6月25日给霍布金斯的信中说,怀特极力想避免让人们感到英美两国事先已经达成协议,所以他与怀特将试图在私下里准备好一个文本,然后在即将召开的布雷顿森林的"猴屋"会上提出种种替代建议。他们两人将事先就哪些替代选择可用,哪些不可用达成共识。他告诉霍布金斯:"哈里·怀特现在满脸都是笑容,待人和蔼可亲,待客热情大方,既仁慈又自我满足。我怀疑威利是否还认得出这个人。"怀特的态度从去年的华盛顿会谈以后发生了很大的变化,他意识到,没有英国的支持,什么也干不成。而英国的支持意味着凯恩斯的支持,因此怀特在他那咄咄逼人的性格允许的范围内,尽量向凯恩斯示好。他们两人在个人关系上也开始一见如故。

怀特现在同意,国际货币基金组织的成员国无须基金的批准就可以贬值本国货币,而且它们可以自行确定过渡时期的长短。其他的问题,诸如监控、份额的规模、基金的管理以及基金所在地,都将提交布雷顿森林全体会议讨论。

凯恩斯很少参加由怀特主持的井井有条的全体专家会议。他与莉迪娅躲在克莱瑞奇酒店的十楼上,面对大西洋,他觉得这个环境"非常舒适和待得下去"。然而,身心的疲倦开始向他袭来。当他参加了一天会而没有休息之后,"身体开始发生昏昏沉沉的不良之兆"。他很快就恢复过来,但是不停的工作、开会和神经上的兴奋又一次开始影响他那受到损害的心肌。凯恩斯除了与美国国务卿的特别助理帕斯沃尔斯基谈过美国在德国投降后向英国提供援助的问题,在其他场合他对此闭口不谈。

第 40 章 美国的谈判方式

6月30日，梅纳德和莉迪娅坐夜间火车从大西洋城赶到新罕布什尔州的布雷顿森林。这是有100万公顷的自然保护区，是白山国家森林公园里的一大片树林和草地，周围丘陵环抱。莉迪娅把这里比喻为"瑞士和苏格兰的交叉路口"。这里气候宜人，小溪里有鳟鱼，"是一个理想的度假之地，但对梅纳德来说并非如此，他要工作"。今天人们可以从波士顿沿93号高速公路往上（北）去那里，但在1944年，这44个国家和各种国际组织的730名代表和工作人员必须乘专列才能抵达布雷顿森林火车战。代表人数大大超过预计，他们所讲的各个国家的语言把这趟专列变成了一个"有轮子的（上帝创造语言的）通天塔"。代表们住进了华盛顿山大酒店，但该酒店重新开张的准备工作尚未完成。莉迪娅对它的豪华、混乱和低效率印象很深："自来水龙头整天在流水，窗户既不能开也不能关，水管有的已经修好，有的尚未修理，大家都不知道该怎么办。"这里的环境尽管十分优美，但莉迪娅认为布雷顿森林是一个"疯人院"，大多数人都以超出人类承受力的负荷在工作。这个地方一定会让梅纳德想起1919年和会的那个场所——巴黎的"国王大酒店"，那也是一个巨大的"猴子屋"，凯恩斯当时筋疲力尽，终于病倒。与1919年不同的是，这一次凯恩斯是会议的"典仪官"之一，必须不停地参加鸡尾酒会，让记者拍照。

诺曼底登陆行动已经开始。西欧的那些盟国流亡政府将开始重新夺回国家主权，它们要求分享和平的果实。在这种情况下，英美事先达成协议是很有益处的。有关货币基金没有解决的主要问题是基金提取份额的分配问题，怀特特意把这个问题放在全会上讨论是非常聪明的，因为他知道大多数国家的代表所唯一关心的正是它。

怀特计划成立两个委员会，第一委员会解决货币基金问题，第二委员会讨论世界银行。怀特任第一委员会主席，而凯恩斯主持第二委员会。（还有一个处理其余事务的第三委员会，称为"国际合作的其他手段委员会"。）第一委员会讨论起草委员会在大西洋城完成的草案，其中包括所有的修正案；第二委员会必须完成世界银行的章程。怀特表面上在参与整个讨论过程，实际上却执意要控制会议的最终结果。一旦形成决定，将由草案委员会的法律专家们把这些决定变成"协定的条款"，草案委员会的主席是加拿大财政部官员路易斯·拉斯敏斯基。

怀特让凯恩斯当银行委员会的主席是为了钳制他的作用，他十分清楚凯恩斯的身体在走下坡路，如果把他拴在银行问题上，他就没有精力或时间来过问货币基金的事情。这个策略十分奏效，凯恩斯既是英国代表团的团长，也是英联邦团体的非正式领导。尽管

第八部分 这次比上一次要好

英联邦各代表团都指望英国发挥领导作用，但它们并不是事事都听从英国的指令，尤其是作为英国最大的英镑债主的印度和埃及，它们的代表竭力想让基金批准把他们手中的英国所欠的英镑债务变成为可自由兑换的资金，但它们的努力没有获得成功。凯恩斯在7月10日不得不介入第一委员会的事务，他声明，尽管英国将对偿清债务做出承诺，"但是这必须在直接有关的各方之间进行"。这个承诺被称为"凯恩斯誓言"，它排除了单方面拒绝履行还债义务的可能性。

英国对这次会议的组织安排并非理想，其派出的代表团虽然质量很高，但人手太少。在技术、法律和行政方面的人数不够，所以大家都超负荷运载。有一次凯恩斯抱怨说他与技术助手在三天里只有不到五分钟的谈话时间。在会议结束时，他写信给财政大臣说："我们所有人，从上到下都累倒下了。"凯恩斯觉得他从来没有这样连续地超量工作过。事实上，这并不是第一次。他除了写了近100封冗长的电报，向财政部报告会议进展情况，请求给予指示之外，作为英国代表团团长，他同时还"必须在正式场合上发表演说。一旦有麻烦，还必须到场解决问题"。但是他与其他人相比还算好的，因为莉迪娅禁止他在晚餐后参加小组会议，而其他人则不得不每天晚上在小组会议上待到凌晨三点半，然后在九点半又要开始工作。

由于凯恩斯需要休息，罗宾斯和罗伯逊在货币基金委员会里几乎拥有自主的权力来完成英国政府在汇率调整、自由兑换、支取份额的条件等问题上下达的指令。艾迪负责向凯恩斯汇报，但他有时在技术问题上错误百出。伯恩斯坦—罗伯逊轴心是第一委员会完成任务的关键因素。凯恩斯对罗伯逊褒奖有加："丹尼斯一直是绝对必要的角色。唯有他一人具有敏锐的头脑、容忍的心态和坚定的个性。他能掌握所有的细节，并通过伯恩斯坦（伯恩斯坦很欣赏丹尼斯）达到目的，所以我能够对整个形势感到十分满意。"他在给母亲的信中说："绝对一流的脑袋对我确实有帮助。"

尽管凯恩斯十分欣赏罗伯逊，他们两人在会议结束后就协定中的自由兑换条款的性质发生了一场激烈的争辩。凯恩斯认为罗伯逊同意接受的第八条款的措辞剥夺了英国在特定的条件下对外汇进行管制的权利，并认为英国将因此被迫否定已达成的这个条款。尽管这个问题最终表明没有什么实际重要性，但平息这场争论却花了不该花的大量时间。它不仅使得英国批准布雷顿森林协定受到拖延，而且也恶化了凯恩斯和罗伯逊之间的关系。罗伯逊承认为这个"失误"负责，但他"把这个创伤一直带进了坟墓"。

怀特还为会议做了其他方面的组织工作。他安排每天出一期会议简报，让每个人都了

第 40 章　美国的谈判方式

解已经做出的重大决定。他还安排了每日的新闻发布会，他在发布会上魅力四射。凯恩斯只参加了7月6日的新闻发布会，他多少为怀特创造的欢快气氛泼了些冷水，说，人们可以轻而易举地批评货币基金计划，但是所有的代替选择恐怕更加糟糕。戈尔登威瑟的笔记中记载了这个疯狂群体的氛围：一大批速记员在没日没夜地干活，童子军的孩子们做书童和传送文件的信使，法律语言把任何事情都变得难以理解；各种语言让人陌生，还有"在卫队和英语之间苦苦挣扎"的俄国人。怀特想要的正是这么一个被控制的疯人院，这更加容易迫使各国接受既成事实。

各国代表们至少明白一件事：一大批美元在那里等着他们，而他们想获得的数额是越大越好。怀特手下的财政部官员雷蒙·迈克塞尔制定了一个复杂的分配计划来处理90%的可用资金，并留下8亿美元作为备用资金，"由美国决定把它用在哪里"。怀特告诉他，这个方案应当让美国有25亿美元的份额，其中一半归英国和它的殖民地使用，而苏联和中国将分别处于第三位和第四位。为了达到怀特指定的目标，迈克塞尔必须有国民收入的数据，"这些数据必须是近似值，它们的不确定性正好有利于在政治现实要求下对既定的份额做小幅调整"。份额的安排在布雷顿森林会议上首次被披露，但它们的计算方法仍然不公开。当这些数字公之于众时，很多感到屈辱的国家都火冒三丈。怀特的回应是成立一个份额委员会，由美国代表团副团长弗里德里克·文森法官任主席，所有的抱怨都将提交给这个委员会。当俄国代表斯蒂潘诺夫被告知，苏联国民收入的统计数字不能使它获得12亿美元的份额时，他兴奋地答道，他将提交一个新的统计数字，结果他得到了12亿美元的份额。摩根索、怀特和文森决定在7月14日对剩下的数百万美元做最后一次分配。摩根索在做了一次简单的估算后，告诉文森："你瞧，弗里德，这就是为什么我是财政部长，我也能够做加减。"最大份额的国家是美国、英国、俄国、中国和法国。这五个国家一年后都成为联合国安理会的常任理事国，从而显示了世界政治和金融的新秩序。

全会在7月8日批准了英美在汇率规则上达成的协议。基金允许成员国不超过10%的汇率变化。如果高于10%，成员国必须纠正经济的"基本非均衡状态"才能得到批准。基金不能用成员国的"国内社会和政治方面的政策为由，禁止其汇率变化"。然而，"基本非均衡状态"的定义不明确，全会无法就此达成共识。如果成员国在未经批准的条件下调整汇率的幅度超过10%，它仍然可以保留成员资格，但不能利用基金的服务设施。全会还通过了一个没有得到人们多少注意的修正条款，该条款允许成员国在将本国货币

第八部分 这次比上一次要好

与黄金挂钩还是美元挂钩的问题上有自主权，这就使得美元成为唯一与黄金自由兑换的货币，也是这个新体制唯一的主导货币。

英国也达到了它在过渡时期的目标。如果成员国在五年之后仍然继续对国际收支进行管制，它所需要做的只是与基金协商。英国人仍然希望把基金总部设在伦敦而不是美国。凯恩斯给摩根索写了一封很长的信，"请求推迟有关总部所在地的决定"。美国财长在7月13日的一次内部会议上宣读了这封信。怀特评论道："我们比任何国家出的钱都高出一倍……将总部不放在美国的想法实在太荒谬。我们能够获得足够的票数把总部设在任何我们想要的地方，这就是为什么英国人不想现在投票。"怀特正确地估计到，英国人不可能就这个问题使谈判破裂，"如果他们不喜欢总部所在地，随他们的便。纽约已经成为世界金融中心，这些英国人真是不识时务。"凯恩斯表示要保留他重新提出两个问题的权力：一个是总部所在地问题，另一个是基金应当有全职或半职的执行董事。

戈尔登威瑟写道，凯恩斯是一个"杰出的人物……他在两方面特别突出——他既是最聪明的人之一，同时也是一个世界上最糟糕的委员会主席"。不久，摩根索就宣称他"在一生中从来没有收到这么多"对凯恩斯作为银行委员会主席的表现所做的抱怨。7月13日，美国在该委员会的代表迪安·艾奇逊告诉财政部长，说凯恩斯"用一种完全不可接受和恶劣的方法来催促委员会完成任务……他对银行问题了如指掌，当有人提到15节C条时，他立即明白是怎么回事，而屋里的其他人都不知道它为何物。因此在你还没有机会回到15节C条去看看他在说些什么之前，他会说'我没有听到对此条的任何反对意见'，于是该条款就通过了。当时，每个人都还在寻找15节C条在哪里，他却说，我们现在讨论26节D条。然后人人又开始在文件中乱翻，还没等你找到，那一条又通过了"。

凯恩斯的仓促做法与他想减少开会时间有关。他越来越感到疲惫不堪。罗宾斯在7月6日写道："他是很难让别人控制的那种人，他做事情的热切心态使他不能忍受缓慢的工作节奏。"凯恩斯希望在7月16日以前完成这项工作。酒店房间也只订到21日为止。7月17日，摩根索召开了一个指导委员会会议，讨论"延长会议"的问题。他让凯恩斯发言，凯恩斯说他很不情愿地认为会议应当被延长到星期六或星期天，以便给技术专家足够的时间处理尚未解决的问题，让法律专家起草最后草案，并给所有的代表一定的时间对最后草案加以研究。但是，"由于我方代表团的一些成员在工作压力下已经累垮了"，他

第 40 章 美国的谈判方式

要求从现在开始,晚餐后不再举行正式的小组会和委员会会议。他提议,摩根索作为会议领导应当宣布今天为"假日",摩根索立即照凯恩斯的意思做了。

一天假对凯恩斯本人的身体作用不大。他为保留那个被盟国指控与纳粹德国有合作关系的瑞士巴塞尔的国际清算银行做了最后一次努力。此次争论使凯恩斯筋疲力尽,他开始生起病来了。7月19日晚,有传言说凯恩斯的心脏病发作了。当报纸刊登了这则消息之后,希望他早日康复的电报源源不断地到来;德国报纸还发表了一些赞扬他的讣告。凯恩斯对他的病状不十分在意。他在一次赴约途中忘记了身体的状况,跑步上楼时昏倒在地长达15分钟,心情沮丧的莉迪娅把这个消息透露给一位女士,而该女士的儿子是路透社的记者,所以他心脏病的发作成为新闻。凯恩斯给卡多勋爵的信中说:"其实,我的身体非常好。"但这不是事实。罗宾斯在7月20日的日记中写道:"凯恩斯的健康处在危险的边缘。在大西洋城曾发作过一次,在这里的第一周里发作了两次,这个星期三次。我现在能感到他在疲惫和结束会议之间赛跑。"

会议以7月22日的盛大晚宴结束。凯恩斯稍晚一些到场,"他缓慢地走向主宾席,背弯得比平时更加厉害,面色煞白,疲惫不堪,但对会议的成就感到很高兴。全体人员都自动站了起来,安安静静地等他入座,这显示了一个不同凡响的人物到来了。"

晚餐结束时,凯恩斯提出动议,要求大家接受最后草案。他的演讲里充满了文学和神学的语言,反映出他的思想活动方式和影响他一生的文明渊源所在。44个国家终于学会了在一起合作。他说:"如果我们能够继续这么做下去,我们中的大多数人所经历的那种噩梦将要结束,人类的兄弟关系就不再是一句空洞的口号。"全体代表对他的讲话报以极其热烈的掌声。《星条旗永不落》开始演奏。当凯恩斯离开宴会厅时,一些代表——估计是盎格鲁—撒克逊国家的人——开始唱起《他是一个快乐的家伙》这首英语歌。苏联代表对这些奇特的礼仪如何反应则不得而知。

凯恩斯给布雷顿森林协定提供了荣誉而不是实质,这个协定反映的是美国财政部而不是英国财政部的观念,反映的是怀特的思想,而不是凯恩斯的思想。英国的最终贡献在于某些条款被废除、推迟和补充了一些例外条款。协定并不是凯恩斯的《通论》造就的产物,而是美国人用新型的金本位来达到贸易自由化的结果。如果说协定确实有一种意识形态的支撑,那就是摩根索把国际金融的大权集中在华盛顿的观念。正如《商业和金融记事报》所指出的:"代表们并没有达成一个协定,而只是签订了一份看上去像一个协定的文件。"

第 八 部 分 这次比上一次要好

协定还必须得到美国国会和英国下议院的批准。在英国，白厅和议会的"沙赫特派"仍然没有休战，他们支持清算同盟是因为他们认为美国会对此加以拒绝。他们没有指望英国会签订一个在金融上的保护力度低于清算同盟的多边协定。一年以后，英格兰银行的亨利·西普曼对来访的美国财政部的戈尔登威瑟说：布雷顿森林协定"是一个骗局。凯恩斯试图将所有的负担都推给美国，但没有成功。同时双方在各方面都做出一些妥协。但总体而言，这是场骗局"。另一位英格兰银行的官员亨利·克莱说，布雷顿森林协定是"仅次于战争对英国的打击"。他们都认为英镑同黄金和美元的自由兑换将使英镑区的国家失去购买英国商品和把资金存放在伦敦的兴趣。戈尔登威瑟敏锐地指出："他们的担心是可以理解的。他们认为布雷顿森林协定是对伦敦失去了世界金融中心地位的承认。我认为这是他们对此所做的反应的情感基础。"

布雷顿森林会议之后，凯恩斯和莉迪娅到渥太华去谈判增加加拿大援助基金的数额问题。对凯恩斯来说，这次到加拿大的访问是休闲之旅。他只需要工作半天还不到，这是战争开始以来他能够获得的假期般的工作环境。英联邦驻加拿大高级专员马尔科姆·麦克唐纳为他提供了一部车，他与莉迪娅从布雷顿森林出发，在明媚的阳光下不紧不慢地行驶。在渥太华的劳瑞埃城堡酒店入住时，主人把一个九间的摩尔式套房提供给他们。莉迪娅的表现让麦克唐纳高级专员十分着迷。他和他的助手来酒店与凯恩斯进行初步的金融谈判，凯恩斯找不到开红色文件箱的钥匙，莉迪娅在行李中帮他寻找。凯恩斯、麦克唐纳和他的助手在一个书房的桌子边上坐着进行会谈，突然有人敲门，莉迪娅走进来：

768

她除了一件无袖白衬衫（大概还有一条内裤）以外什么都没穿，衬衫直接套在她的光身子上。她对她的近乎裸体的状态做了一个半内疚、半调皮的鬼脸，看着凯恩斯说："梅纳德，亲爱的，我很抱歉，你确实把钥匙交给我了，但我忘记了我曾把它安全地藏在我那娇小的双乳中间。"接着，她捏着挂在脖子上的一根带子，从双乳中取出那把钥匙。就我们目力所及，她的胸部并不那么娇小……她给凯恩斯一个吻，然后以芭蕾舞的旋转动作轻盈地转出了门，并顺手把门带上。

他们的访问十分成功。经过两周的谈判，凯恩斯和艾迪从加拿大人那里又得到6.5亿美元。凯恩斯交了，或者说加强了同一批政治朋友的关系，特别是加拿大中央银行行长格拉姆·塔沃斯和副财长克里福德·克拉克。同时他还同自己的学生鲍伯·布莱斯和温恩·普朗特莱重新建立了联系。他在报告中说："马尔科姆·麦克唐纳（拉姆塞的儿子）照顾我们亲如兄弟。他为我们安排了在山坡上、森林里和湖边的野餐，这类活动对我们来说已经是久违了。"北美的富庶和英国的穷困形成鲜明的对比。凯恩斯写道："在美洲，战争是每个人致富的好时机。"他们常常吃牛排，莉迪娅则大肆购物，每天都去买便宜的女装和鞋子，因为他们有外汇的出差费。凯恩斯感到这太不公平，英国在战争结束时濒临破产，而北美非常繁荣。但总不能把双方为战争所做的牺牲进行重新平衡吧！难道只有这样才算是公平吗？凯恩斯热爱加拿大："如果一个人不得不移民，这才是好地方，而不是美国。"他们回到华盛顿住了几天，于8月20日同艾迪一起乘飞机返回英国。这是他的身体能够承受跨大西洋飞行的最后一次机会。

3 摩根索的挽救措施

一个多月以后，凯恩斯又登上了"法兰西岛号"轮船驶往加拿大新英格兰省的哈利法克斯城，他的任务是为在第二阶段继续租借安排进行谈判。他把这次的使命看做是"最重要（也许是最困难）的一次……我代替财政大臣去做他应当做的工作"。在旅途中，凯恩斯就"第二阶段和第三阶段的金融地位"写了一些笔记。他认为，英国在第三阶段开始时如果不想再受美国在金融问题上的摆布只有两个办法：一是削减对日战争的必要开支以外的其他海外军事费用，"我们不能继续做半个地球的警察，同时又要向另一个半球典当家产"；第二是在1944年底之前取消"政府白皮书对出口的限制条件"，把此事作为与美国重开租借谈判的一部分。他的策略是保证英国的进口继续由租借方法来支付，而它的出口将可以大大扩张。

谈判的要素已经于9月13日至16日在魁北克召开的罗斯福和丘吉尔的"八角"会谈中得到确认。双方认为对日战争将在德国战败的至少一年后才能结束。丘吉尔坚持英国应当参加对日本最后的进攻，这个决定里包含着国家威望和金融的双重因素。英国在远东的威望受到早先的灾难性的溃败的损害，需要得到恢复。此外，如果英国从战争中退出，租借协定亦将停止生效。财政部把这个双重要求看成是一个机会。英国的军工生产的下降幅度必须大于租借供应下降的幅度，这样就能创造出一个增加出口和重建银行储备的空间。

第八部分 这次比上一次要好

美国国务院也看准了这个机会：把租借协定延伸到第二阶段应确定的先决条件是，英国必须承诺结束对美国商品的"歧视"，并重新开始贸易谈判。

罗斯福决定把国务院排除在魁北克首脑会谈之外。他为何这样做，原因不甚清楚。丘吉尔也不让外交部参加，但坚持让切维尔勋爵参加，并建议摩根索也出席。英国人非常精明地估计，他们可以从摩根索那里获得他们想要的东西，而且没有贸易附加条件的纠葛。摩根索的心情很好，英国在布雷顿森林谈判中与他进行了合作，他们现在有求于他，而且他也需要他们支持他的一个计划，这就是著名的"摩根索计划"。这份由哈里·怀特起草的计划要把战后德国经济转化为一个纯粹的农业经济。德国在欧洲大陆的主导地位将由苏联来取代，这就会造成一个他梦寐以求的美苏共管局面。怀特同凯恩斯在8月20日会谈后报告说，凯恩斯"完全支持我们的立场"。但是怀特错了。凯恩斯尽管有时对"暂时"肢解德国的方案感兴趣，但他从来不赞成把德国"非工业化"。他认为应当禁止德国生产军火，但从国防开支的角度看，它应当用出口税来为长时期的维和事业贡献资金。

罗斯福带着摩根索计划（和摩根索本人）来到魁北克。国务院对此表示激烈反对，国务院不但不赞成计划的实质内容，而且不同意让摩根索接管美国的外交政策。当摩根索9月12日解释他的计划时，倒在椅子上的丘吉尔对他进行了一场他一生中都未曾受到过的痛斥。丘吉尔谴责这个计划为"非基督教做法"，这"不过是他用的不算太敏感的措辞之一"。然而，摩根索在第二天说服了切维尔勋爵，切维尔再向丘吉尔做工作，说这个计划有利于英国的出口贸易。丘吉尔口授了计划的最后草案，他和罗斯福共同在上面签了字。这个草案让两国领导人承诺将"关闭"德国的重工业，建立一个"基本上以农业和畜牧业为主的国家"。这是另一个宏大的规划：德国将被"非工业化"，英国将夺走德国的出口贸易，而摩根索保证在第二阶段为英国争取到慷慨大方的租借安排。

9月14日，双方几乎漫不经心地就批准了一项有关租借问题的指导方针。一个以摩根索为主席的联合委员会将以"首相和总统会谈"的内容为准，决定英国的租借要求。这就进一步确认了租借安排将在德国战败后继续生效，数额尚有待确定。（会谈记录中显示，当时所建议的数额为35亿美元的武器装备和30亿美元的民用供应。）同时，英国将在战后的出口政策上有更大自主权。会谈记录当然没有包括一个事件：在会谈中，丘吉尔曾被迫说："你们要我怎样呢，难道向'法拉'（总统的狗）那样站起来乞讨吗？"

魁北克会议是丘吉尔的一次胜利，他得到了财政部想要的东西；这也似乎是摩根索的

第 40 章　美国的谈判方式

胜利，他促使两国领导人批准了他的计划，同时他也恢复了作为英国最喜爱的保护人的作用。但是罗斯福的日子不好过。科德尔·霍尔对英国没有提供贸易上的交换条件愤怒不已，美国军方想单独完成对日作战的任务，也对资源向英国转移表示不满。几个星期之内，罗斯福开始从"魁北克精神"倒退。10月3日，总统告诉战争部长亨利·史汀生："摩根索在德国问题上犯了一个愚蠢的错误。"魁北克会议是摩根索计划和摩根索—怀特轴心的鼎盛时期。此后摩根索的影响大跌，怀特亦如此。英国外交部也成功地促使政府反对摩根索计划。丘吉尔一向不大说实话，在他的《战争回忆录》里，他说："在我的全力支持下，德国田园化的计划未能实行。"

英国内阁任命凯恩斯和罗伯特·辛克莱爵士参加摩根索的联合委员会，凯恩斯代表财政大臣，辛克莱代表生产大臣奥利弗·利特尔顿。但是丘吉尔已经指示切维尔在华盛顿开始就协议的执行层面进行谈判。摩根索表示，他对"凯恩斯勋爵的到来十分高兴"，但"根本问题需要在我和切维尔勋爵之间解决，这是总统和丘吉尔先生的旨意"。但是，摩根索所要的细节方面是切维尔无法提供的。9月22日，切维尔被告知，暂时推迟向美方表述英方的立场，等待凯恩斯的到来。

梅纳德和莉迪娅于10月2日到达华盛顿。他们是从渥太华乘坐加拿大铁路公司总裁提供的专列来的，这趟专列有卧室、起居室，还有一个手艺很好的特别厨师，名叫罗密欧。在华盛顿，他们住进斯塔特勒酒店14层上的顶层套房，这个有空调的套房里的"窗户有一面墙那么大，所以你能把华盛顿市容一览无遗，从来不会感到忧郁和无聊"。凯恩斯在位于财政部隔壁的维拉德酒店的英国代表团里也有一间办公室。

英国代表团的准备工作受到切维尔勋爵的妨碍。切维尔有一种幻想，以为"只要摩根索先生和他单独在一起待上五分钟，他将能获得无条件提供的50亿到60亿美元"。所以，"在凯恩斯到来之前，我们的准备工作是一团糟"。凯恩斯否定了切维尔的方法。凯恩斯根据1941年的经验，知道摩根索只能做出不能兑现的承诺。而且，"所有的决定都要其他部门来具体执行，比如军事和供应部门、国务院以及对外经济办公室，财政部没有任何执行权"。他认为，如果国务院击败了摩根索的德国计划，那么，"摩根索同切维尔达成任何协议亦无补于事"。切维尔应当在华盛顿把谈判正常启动起来，然后找个借口回国。

凯恩斯收到的指令是，争取在第二阶段获得现存租借供应的75%。他还将同美国人谈判对英国出口贸易的限制做大幅度的修改。当他与摩根索和怀特进行初步的会谈时，发现这两人的兴趣不在租借问题，而在于他们那个"疯狂"的德国非工业化计划。为了避免卷入华盛顿的内部争斗，凯恩斯"不得不违心地对此保持沉默"。他只向怀特询问，德国鲁尔工业区的居民如何才能生存下去，怀特说，他们将不得不排队领取盟军发放的面包。凯恩斯问，英国人是否在占领区内有发放面包的义务。怀特说，"只要是在维持低生存水平"的基础上发放的面包，将由美国付钱。凯恩斯写道，怀特要德国成为这样一个国家："山坡成为放羊的牧场，而山谷里到处都是排队领面包的人群……我对此怎么能够无动于衷呢？我不敢想象。"

当摩根索去参加总统竞选活动时，切维尔也离开华盛顿去参加一项科学的使命（即向美国人了解原子弹的性能）。凯恩斯则与同事们一起在准备英方的立场文件，又称"英国在第二阶段第一年中的要求"，他们花了十天时间准备这份文件。伦敦又打来电报，说1945年英国的黄金和美元储备将下降，凯恩斯据此添写了第三章要求增加5亿美元，这笔钱可以用增加烟草和食糖供应以及英国认为美国在租借协定生效前所欠的款项来支付。英国人称这笔欠款为"半死不活的猫"。10月17日，凯恩斯提交给美国财政部六份英方文件的副本。接着他和切维尔同摩根索见面，发现他在西部竞选活动中累得疲惫不堪，并不太高兴地翻弄着在他办公桌上的三本英方文件，他以为这三个副本是一份三卷本的文件。

10月19日，正式会谈在摩根索办公室的一个"指导委员会"里进行，由财政部长本人亲自主持，下设两个从属的委员会：即军火委员会和非军火委员会。凯恩斯不久就发现他不可能在这些乱哄哄的委员会会议上做任何口头陈述。摩根索对会议的进展情况并不了解。凯恩斯写道："在指导委员会里，任何连贯的论证，或者说，超过十几个简单句子的陈述都被认为是不合事宜。"一周以后，摩根索不太情愿地成立了一个由怀特主持的联合小组会议。这起了一点效果。尽管怀特是一个高效率的会议主席，但是美国人却难以在十分钟以上的时间里拥有同样人员的谈判小组，因为小组成员总是要跑出去接电话。美方负责记录的秘书法兰克·科则总是打瞌睡。

在华盛顿，英国人总是不得不适应美国人的工作方式。他们的谈判队伍很小，但必须对付一大批律师、研究人员、统计员、新闻记者和摄影师之类的乱哄哄的人群。当谈判结束后，凯恩斯写道，他在过去的四年中大约有一年是在美国，"在华盛顿炽热的瓦片上像一只猫那样小心翼翼地行走"。他只明白了一件事，"任何形势只是到了最后一刻才开始有所松动"。"我把美国人比做是一群蜜蜂，它们一连几个星期都在向不同的方

第 40 章 美国的谈判方式

向乱飞,既给人们带来蜂针的威胁,又带来蜂蜜的期望。最后,也许是由于王蜂从白蜂箱(喻白宫——译注)中发出了一些微弱的、难以辨认的特殊气味,于是一下子朝着一个方向飞去。"凯恩斯在这次访问中只见到"蜂王"一次,在11月26日,罗斯福总统请他们喝茶。莉迪娅为这次茶会买了一套新衣服。凯恩斯报告说,重新当选的罗斯福"气色很好"。

英国人发现美国人十分客气。摩根索希望把他手里的几十亿美元放进英国人的空钱包里。他们在军火项目上轻松而迅速地达成了协议,尽管与战争有关的部门表示反对。它们不需要英国军队参加太平洋战争。民用项目花去了更多一点的时间,但最终英国人得到了他们想要的大部分供应。凯恩斯对这些租借项目的细节并不十分感兴趣,他更关注的是这些安排对英国在第三阶段中的前景有什么影响。这将取决于在对日战争中美国将允许英国在增加储备和扩大出口方面能走多远。罗斯福在魁北克会议上接受了英国扩大出口的政策,但是会议没有涉及储备问题,而且美国人不大愿意放弃在这方面的控制权。事实上,"怀特在私下里向凯恩斯表达了自己的意见:英国的黄金和美元储备在第二阶段中最好下降到危险的水平,这样就比较容易说服美国人在第三阶段里向英国提供慷慨的援助。凯恩斯恰如其分地表示反对,因为这么做将使英国在第三阶段里任由美国摆布"。

为了增加英国的黄金和美元储备,凯恩斯建议美国退回英国在1942年9月之前为向美国购买飞机所支付的现金,这批飞机在租借协定生效前已经交给美国支配,这也是被称为"半死不活的猫"的资金。英国人想让这些猫起死回生,摩根索则气急败坏,他的强烈反应使凯恩斯感到紧张。莉迪娅对此进行了干预,她径自走到财政部长的办公室对他说:"摩根索先生,梅纳德晚上睡不着觉。他说他只想向你要六个便士,只不过是多六个便士而已!为什么?摩根索先生,为什么你不能给梅纳德六个便士?"据莉迪娅的说法,摩根索立即答应多给六个便士,并称赞她是他所见过的最有能力、最有技巧的谈判家之一。他告诉凯恩斯,他将设法寻找"一大笔新的资金"。凯恩斯向安德森报告说:"我们同他的意见是一致的。用一条新的活狗来取代那些半死不活的猫总要好些。但是到哪个狗窝里去找那条狗呢?"

凯恩斯与哈利法克斯的关系很好,凯恩斯经常找大使谈"凯恩斯的事务"。哈利法克斯对凯恩斯的谈判活动非常体谅,但又从不介入,这种作风在困难的时候有一种安定人心的作用。哈利法克斯更感兴趣的是母校伊顿公学的一些趣闻。他在11月22日写道:

825

第八部分 这次比上一次要好

"林基·桂克斯伍德辞了教务长的位置。他（凯恩斯）想请我担任这个职务，但我认为这个工作不适合我。他对英国对战后事务的决策之难感到沮丧，他也担心大臣们忙于日常事务而忘了这件事。他显然希望约翰·安德森在丘吉尔离任时能担任首相，而不喜欢安东尼（艾登——译注）接任。"在美国总统的大选之夜，梅纳德和莉迪娅在使馆同哈利法克斯夫妇共进晚餐，在座的还有大卫·道威斯·利昂斯夫妇和（哲学家）以赛亚·伯林。在聆听收音机播出的大选结果时，莉迪娅开始有点厌烦，她突然间问伯林："你喜欢哈利法克斯勋爵吗？"哈利法克斯就坐在几张椅子之外。伯林吓得一声尖叫。凯恩斯没有阻止她，于是她接着说："他非常有人缘，但也不一直是这样。你还记得绥靖政策吗？这十分可怕。还有慕尼黑……"

梅纳德一声也不吭。哈利法克斯尴尬无比，站起来去拍他的狗。"法兰基（狗名），够了，别讨论政治啦。"哈利法克斯在与哈里·霍浦金斯通完电话后，宣布罗斯福竞选成功。凯恩斯对罗斯福的胜利兴奋不已，并用一种不必要的无礼语言写道，罗斯福的共和党竞争对手汤玛斯·杜威是"最可怜的老鼠之一"。

俄国人对莉迪娅的行为有一个说法，叫做"斯托基"——大意是"恶作剧"。伯林回忆道："凯恩斯喜欢这种调皮的恶作剧，特别是针对自负的人物更让凯恩斯高兴。"莉迪娅的这类言论与凯恩斯一样都是在华盛顿社交场合上表露的。在科德尔·霍尔举行的一次晚宴上，有人听到她在没有插话机会时对旁边的一位说："我明白两个男人可以抓住对方的某个部位，但是两个女人则不可能。两个女性不可能有性爱。"莉迪娅既缺乏自我意识，又工于心计；人们看到的她的缺乏自我意识的那一面恰恰是她对自己最讨人喜欢的那一面的利用。

凯恩斯在美国的两个月里尽管不停地工作，身体仍然健康。10月31日，他在美国国务院做了一个非正式报告，目的是让美国官员不要心存芥蒂，以为英镑区内的国家在搞阴谋，试图把美国出口商品赶出市场。哈利法克斯大使认为凯恩斯的演讲"应当有点效果"。奥斯汀·罗宾逊记得有一次开车到乔治·华盛顿住过的弗农山庄去参观："凯恩斯一连三四个小时把什么都忘却了，完全沉浸在山庄的精致完美和从阳台上看出去的惊人美景之中；他还对乔治·华盛顿和现代美国发表了轻松的、但完全荒谬的观点。"

摩根索竭尽全力为英国筹集额外的4亿到5亿美元的资金，但是总统不为所动。凯恩斯精明地指出："摩根索先生很容易接近总统本人，但很难接近总统的心灵。"英国得到的这条"新狗"骨瘦如柴，只有2.5亿美元。对外经济管理办公室的利奥·克罗利不愿

第 40 章　美国的谈判方式

把他在1943年从租借项目中除去的烟草和食糖重新列入民用物品的单子。美国向英国提供的不是香烟,而是预制房屋,这对人民的健康有利,但对银行储备则更加不利。

然而,英国人并没有获得重新出口的自由,这是英国关心的主要问题。他们原以为白皮书对出口的限制将在1945年1月1日结束,但在11月22日的摩根索的委员会会议上,克罗列宣布对英国的出口限制将维持到对德战争的结束,不管这个日子何时到来。同时,美国将在德国战败之后保留处置权。凯恩斯大为震怒,称克罗利为"塔马尼大厦(民主党政治机器)的波罗纽斯"(莎士比亚《哈姆雷特》中的犹太人——译注),"他的耳朵离地面如此贴近,连站着的人说话都听不清楚"。凯恩斯获得的最佳结果是美国方面所做出的承诺,从1945年1月1日起放松对英国出口限制的某些管理政策,并在对德战争结束时给予英国全面恢复出口的自由。回到伦敦时,凯恩斯尽量表现乐观地对道尔顿说,这个安排给了英国"我们能使用的全面出口自由"。

这次谈判的结果如何?在租借协定的军用物品方面,英国人要求30亿美元,实际获得28.38亿美元;在非军用物品方面,英国要求30亿美元,实际获得25.69亿美元。摩根索承诺再设法给英国2.5亿到3亿美元作为杂项以帮助英国的储备。令人惊讶的是,这次所得的数额要比英国以前所得到的租借数额还要多,而不是更少,尽管(在德国战败以后)这些资助中用于战争的部分将会更小。

事实上,英美协定的基础并不像表面看上去那么牢固。摩根索尽了力,但是美国的公众舆论再一次出现反英倾向,部分原因是对英国动用军队镇压希腊共产党领导的暴动的反应。美国新闻界大呼租借协定不应当被英国用来支撑英帝国主义,罗斯福总统否决了魁北克会议上美国所作的承诺;英国将不能出口与租借商品相似的产品,直到德国战败为止。英国也没有得到美国在德国战败后继续租借安排的承诺。重要的是,在罗斯福的命令下,美国不肯在所有华盛顿谈判中达成的协定上签字。这就意味着55亿美元的资金未必能够到位,或者,英国的储备似乎有可能继续成为租借管理的标准。克罗利在11月30日的记者会上说:"租借供应的数额和类型将同过去一样,需要不断调整。"正如道布森所说的:"好像魁北克的会谈从来没有发生一样。"

11月27日,梅纳德和莉迪娅带着第二阶段的建议,乘坐一架私人飞机前往渥太华,征求加拿大部长们的意见。下飞机时,莉迪娅快步跑向在机场等候的麦克唐纳,一把搂住他,大声喊道:"啊,我亲爱的高级专员,你好吗?我曾梦见我躺在床上,而你躺在我怀里。"这次访问的气氛大不如前。加拿大当时在义务兵役制问题上发生政治危机,

第八部分 这次比上一次要好

政府官员无暇顾及凯恩斯的访问。他们决定在1945年再次举行会谈。12月6日，梅纳德同莉迪娅从纽约乘坐"新阿姆斯特丹号"轮船返回英国。

在旅途中，凯恩斯起草了给财政大臣的一封长信，总结了他的访问成果，总体来说他是乐观的。凯恩斯自我安慰地认为，美国现在已经全面做出承诺，帮助英国恢复大国地位。美国对它的其他盟国的幻想都已经，或者正在破灭。"在英国和英联邦版图以外，美国再也找不到其他诚实可靠的盟友了。这已成为美国根深蒂固、不可改变的信念——不管这个信念的外表如何，它是我们可以安全依靠的基础。"但是，我们也应当为第三阶段吸取一些教训。主要的教训是，我们必须避免在对日战争结束后，美国将为进一步的援助设立"不方便于我们的条件"。他要求"英国政策的一个主要目标应当是在金融上独立于美国……一个在金融上依赖他人的大帝国将会黯然失色"。英国"必须依靠自己站起来，不然的话就只好趴下了"。

梅纳德和莉迪娅于12月12日抵达南安普敦。此时，他们离开英国差八天就满三个月了。

776

第九部分

最后一搏

777　期待或指望国与国之间有真正的恩惠,实乃最严重的错误。

乔治·华盛顿,《告别演说》

第 *41* 章

诱 惑

1　高利贷

从英国财政部的角度来看，最理想的战争结局是，德国在1944年年底投降，而日本继续打到1945年年底。这样一来就会给英国提供一年的时间，把战争经济转化为民用经济并在租借协定的掩护下重新振兴出口贸易。这样，和平到来时，英国对美援的依赖会小得多。然而这一如意算盘落空了。1944年12月16日，希特勒在阿登森林发动了最后一次反击。盟军虽然很快就钳制住了他的反扑，但俄国在东线没有采取进一步的行动，这两个因素将对德战争的胜利推迟了七个月。另外还有一个凯恩斯不知道的因素，这就是美国研制的原子弹已经达到了可以用于实战的突破点。凯恩斯期望"日本人不要过早投降以使我们失望"。但是，原子弹的使用最终还是迅速地在1945年8月结束了对日战争。英国本来指望第二阶段的安排能够使之在战争结束前恢复一定程度的金融自立。然而，不仅第二阶段的启动被推迟到了1945年5月，而且离日本投降所剩下的时间只有被压缩了的三个月。英国想避免"金融敦刻尔克"的希望在日本投降的那一刻就破灭了，因为美国决定立即取消租借协定，而不愿让它缓慢地结束。英国的和平阶段是以战时的国际收支赤字规模开始的，也就是说，英国不得不去做凯恩斯一直想避免的事情——到华盛顿去乞讨。

在盟军准备向德国发动最后进攻时，凯恩斯的精力暂时被国内的战后金融问题所吸引。这些问题不如国际金融问题紧迫。理查德·霍布金斯爵士在一年前的秋季就成立了国家债务调查委员会，凯恩斯也是委员会成员之一，其他成员来自财政部、国内税收部和内阁经济处。毫无疑问，英国的国家债务在战争中大大增加，财政部正在设法寻求一个以现代经济理念为基础的解决办法。凯恩斯在1945年3月8日、22日和27日的三次会议上，就储蓄与投资、利率与资本预算等问题发表自己的见解。据米德的日记记载，凯恩斯处于一种乖僻的状态："古怪，才华横溢，而又偏执"：他在他的流动性偏好理论上走得太远，对一位财政部的高官赫伯特·布列顿爵士十分无礼（称他为"智力上的可怜虫"），但在政策建议上他却很谨慎，很有见地。

凯恩斯认为，战后必须保持低利率，这从财政部面临的实际形势来看是有道理的。但他用理论上的极端观点来说明他的想法，反映出他那种奇特的理论背景。丹尼斯·罗伯逊试图说服凯恩斯放弃他的一个观点，即利率同生产率和节俭没有任何关系，而且他对凯恩斯指出，将利率永久性地固定在利润率之下，只会产生通货膨胀的繁荣。凯恩斯有时可以接受这个看法，但罗伯逊不在场同他辩论时，他又回到了那种极端的看法。他对寻租阶级的痛恨对他的经济论证有负面影响，因为这种心态根植于"神学"而不是"科学"方法。债券持有人在他看来都是中世纪的高利贷者，或者说是莎士比亚笔下的夏洛克，这种人的赚钱方式是通过向别人贷款。凯恩斯在4月9日写信给国内税收委员会的主席科内柳斯·格列格爵士："换句话说，从借方手中榨取超出贷方付出的真实代价的钱就是放高利贷。借方由于其不利的谈判地位，或由于某种原因急需用钱，才会接受高利贷条件。我这么表达是十分有意义的，因为这同我的流动性偏好理论完全吻合。"

我们应当注意到，凯恩斯在向美国要求无偿资金援助或无息贷款时，脑子里也是这么想的。在英国急需用钱时，向英国收取利息无异于高利贷，在英国为盟国的事业做出与其实力不相称的巨大贡献之后更是如此。

2　为第三阶段做准备

1945年1月4日，英美之间的非正式贸易会谈在伦敦再度进行，参加者有英方的利辛、罗宾斯和艾迪；美方代表是哈里·霍金斯和驻英使馆的欧内斯特·平罗斯。美国人提交了一个涉及关税、帝国特惠、卡特尔、农业补贴、冻结的账户以及解冻程序等问题的"多边协定草案"。英国人提出他们支持美国的基本目标，但在贸易自由化上主张渐进式的方法。直到6月，英方才得以向美方提交一份"原则性声明的草案"。凯恩斯本人

第 41 章　诱惑

希望英美组成一个关税同盟,"不管哪些国家愿意加入",他认为都比"多边贸易协定"更好些。

英国人没有一份明确的对租借协定取消之后的世界经济的指导性文件。凯恩斯当然有他自己的想法。他在1945年2月15日告诉布兰德:"罗斯福的新思路应当是重新考虑对战争付出的代价所应共同承担的责任。"他的意思是说,美国应当向英国提供一笔无偿的援助,以偿付部分战争费用。这个想法在上一年秋季的第二阶段谈判中就已经形成了。凯恩斯曾把这个看法告诉在3—4月间访问伦敦的总统顾问罗森曼法官和劳夫林·卡里两人。不幸的是,还未等到凯恩斯的想法进入罗斯福的头脑,总统就已逝世。但即使罗斯福还活着,他也不太可能认真考虑这件事。

加拿大人催促英国人采取更加积极的行动。英国农业大臣在访问加拿大时宣称英国人不能忍受"多边的胡话"。加拿大中央银行行长格拉姆·塔沃斯很惊讶,于1945年1月8日准备了一份政策声明——"战后贸易前景:避免国际贸易关系出故障的一个建议"。加拿大政府接受了塔沃斯的提议,在2月23日给伦敦发电,以三年期的利率为2%的12亿美元贷款来取代"互助"项目——这个加拿大的租借形式。偿还这笔贷款将在10年以后开始,而且在国际收支出现困难的情况下还可以暂时免还。加拿大政府认为,如果英国能够从美国获得同类的贷款,就有能力放弃管制性和歧视性的贸易政策。加拿大人还建议美国同加拿大一起接过部分英镑债务,并降低剩下的欠款。他们希望到伦敦来讨论这个问题。丘吉尔批准加拿大人来访的计划,时间定在初夏。从事后来看,加拿大计划居然没有让英国人看出美国以后采取的援助形式为贷款形式。加拿大人的访问所带来的一个后果是引起了凯恩斯的反应。为了向英国官员提供同加拿大人讨论的材料,凯恩斯在3月的第二个星期到剑桥"休息十天"。他撰写了一份题为"第三阶段的海外金融安排"的备忘录。这份于3月18日完成的文件在政府内部被广泛地讨论和修改,最后于5月15日提交给内阁。这份备忘录后来成为与美国谈判贷款的既有理论、又有幻想的根据。

凯恩斯建议英国提出两种战后的金融交易。对于美国人应当以50亿美元无偿援助为条件,同意让现时赚取的英镑自由兑换;对于英镑区的国家则应当允许它们将一部分战争英镑债权立即变成可自由兑换的资金,而交换条件是同英国达成取消部分债务、并为余下的债务提供资金的协定。这两笔交易的基础是他已同布兰德提出过的"返还战争费用"的支付概念。也就是说,如果美国和英镑区国家补偿英国做出的超比例的战争贡献,英国则将在更高水平的储备和降低的债务的条件下,同意加入多边贸易和支付体系。对

第九部分 最后一搏

战争费用的"公正"计算才有可能使和平以自由经济的原则开始。这个建议里有一种美好的道德平衡术，同时，它也把道德伦理和自身利益混合起来。所以，凯恩斯的论证对所有阅读过这份备忘录的人来说具有直觉上的吸引力。

这份文件里还有一个典型的凯恩斯经济学的特点，即把解决英国的国际收支前景问题的方法划分为三种——理想的、最糟糕的和暂时的方案，他将这三种方案分别称为公正、苦行和诱惑。凯恩斯提出三种可选择的方案不仅仅是因为他是一个优秀的政府官员，而且因为他用这些框架来讨论问题以便争取政府内部的两大派——国际派和沙赫特派——都能接受他的建议。凯恩斯在撰写第一篇关于清算同盟的备忘录时也采用了同样的方法，他所使用的词汇很快就生根。此后所有参与讨论的人在美国援助问题上都按照凯恩斯的思想框架进行辩论。这未必是唯一的框架，而且也不一定是最好的框架，但是，凯恩斯是白厅最有思想魅力的人物，他提出的框架自然很有吸引力。这一份备忘录比凯恩斯早先的作品更加冗长、繁琐，自我标榜也更加明显，这说明他的思考能力有所下降，也许因为疲倦，再加上长期养成的自信的说教习惯。

他指出，英国如果不改变政策的话，将会在战后（第三阶段）面对每年为14亿英镑（即50亿美元）的收支赤字，三到五年之内的赤字将积累到20亿英镑，或80亿美元。必须有个办法来消除这些赤字。苦行生活的方案（后来被称为"饥饿之角方案"）是拒绝美国援助的结果，这个政策的支持者包括休伯特·韩德森、帝国主义分子和左翼社会主义者——凯恩斯把这批人一律称为"沙赫特派"。这个方案要求战时的配额供应和管制不但继续下去，而且还要加大力度，并要求国家用计划经济，用苏联的方法指导国际贸易，推迟国内的社会工程，推迟需要资金的军事或外交活动。凯恩斯认为这个方案将"在政治上和社会上带来极大的风险，并使我们暂时从一流大国的地位中退出"。凯恩斯越想越不喜欢"苦行方案"。从经济角度来看，双边主义没有任何意义，因为英国从它的非出口市场购买的产品太多，所以，同美国谈判双边的安排将使英镑区解体，因为美方要求英镑"自由兑换"。然而，这个方案的最主要的问题还在于，它将激起美国的强烈反对，因而扰乱自由世界。同时，美国还能向英镑区提供英国不能提供的种种好处。"一句话，在我们暂时失去金融实力并欠全世界各地大量债务的时刻，我们不可能动员债主们和我们联合起来去与现时的金融中心相抗争。这场抗争的目的并不是要求得到偿付，而是要求得到更多的贷款。"

凯恩斯认为上述的"灾难性选择"只是为得到援助而吓唬美国的一个方法。他认为，

第 41 章 诱惑

如果英国愿意让英镑区的收入自由兑换,并完全同意租借协定第七条的规定,那么美国就会愿意,并且很积极地向英国提供80亿美元的商业贷款,利率会低到2%,把清偿推迟十年,并会有近期支付的例外条款。这就是"诱惑"政策。这个政策的缺点不仅仅在于英国将被迫处于无法脱身的债务约束,而且还在于"它是证实国际实力消长的一种无法让人忍受的方法"。凯恩斯认为,英国尤其不能忍受在和平开始时的欠债超过200亿美元(英镑债务加美元贷款),这与盟国想从德国获得的赔款数字大致相当。凯恩斯愤怒地写道:"我对这个方案反对的根本原因是,它无法在现金基础上进行计算。""诱惑"方案也可以被转化为理想的、近乎"公正"的方案,但前提条件是美国减轻贷款的付息和付本金的负担,并在贸易谈判中保证英镑债务不会受到金融压力,以缓付和停付的手段予以帮助。但这些缓解步骤仍然不够。"伙伴之间的公平关系将被'生意'的比喻所掩饰。真正的'公平'要求我们重新考虑战争负担的合理分配问题。"

公平的方案应当是,美国偿还英国在租借之前购买美国产品的30亿美元,然后再向英国提供最高为50亿美元的十年贷款,收取象征性的低利率,条件也应当宽松。加拿大将取消5亿美元的英国欠债,并低息向英国提供5亿美元的贷款。作为交换条件,英国将在战争结束的一年之内接受英镑在事实上的自由兑换。这个交易条件是凯恩斯建议的核心。

凯恩斯对策略亦有一些看法。英国在谈判中必须强硬而且不让步才有希望达到这个目标。他认为在第一轮谈判结束时也许会出现问题。英国应当以呼吁"公正"的方式向美国表达立场,并指出"这是代价很少地获得公正的最佳机会"。谈判最早应当从9月开始,因为那时对德战争已经结束,美国国会的最后一次租借拨款已经被通过,而且它已批准了布雷顿森林体系协定。这个时间表说明凯恩斯仍然以为对日作战将继续进行一段时间。

在华盛顿的经历应当使凯恩斯明白一件事:美国人绝对不会承认他们欠英国一笔道德债,即使英联邦也不会这样认为。凯恩斯的观点有象牙塔的学术味道,离现实的可能性十分遥远。凯恩斯脱离现实的分析还有一个原因,他对华盛顿的"感觉"受1944年两次成功经验的影响。第一次是关于布雷顿森林协定,第二次涉及第二阶段的有利安排。他对第三阶段的期望基于罗斯福—摩根索双头政治,以及声誉如日中天的丘吉尔首相的继续存在。这三个人物在1945年都离开了政坛,罗斯福辞世,丘吉尔在大选中败北,而摩根索辞职。然而,当这些事件发生的时候,凯恩斯的总体设计已经在白厅根深蒂固,难以除去。当他于9月再度到达华盛顿时,他发现所有的条件都发生了变化,只有他自己的计划未变。

3 说服白厅

凯恩斯的观念要成为英国的政策,就必须被白厅所接受。这一次他没有从原先那批"一流的批评家"那里获得多少评论。韩德森、罗伯逊、卡恩和哈罗德都不在场。财政部对于凯恩斯草案的讨论由艾迪第二副大臣主持。艾迪是沙赫特派。在后来的故事里,艾迪是反对同美国达成任何妥协方案的主导人物。凯恩斯在一份备忘录中写道:"我们当中的大部分人都宁愿要'诱惑'方案,而不要'饥饿之角'方案。"威尔弗雷德·艾迪爵士不那么看。在对凯恩斯计划做第一次批评时,艾迪写道:"这必须是一个要么全部、要么什么也没有的计划。"也就是说,要么是"公平",要么是"苦行"。他认为凯恩斯提出的50亿美元的贷款再加上返还的30亿美元"纯粹是诱惑,并且是危险的诱惑"。贷款只能恶化英美关系。此外,艾迪提出三个实际问题。首先,他不相信英国在战后一年内能够接受"事实上"的英镑自由兑换,因为英国的出口贸易尚不足以为自由兑换创造条件。其次,他建议把"重新分配战争费用的负担"这个说法清除掉,因为它将使英镑区的债权国十分愤怒。最后,他警告说,只要"英国对租借协定第七条不采取明确支持态度",凯恩斯"艰巨的金融外交"将难以成功。

事实上,艾迪指责凯恩斯把"公正"和"诱惑"两个选择之间的方案忽略了,并竭力对这两个方案表示乐观,认为可以轻而易举地成功。艾迪提出的代替方案是,向美国借商业贷款以购买必要的美国产品,同时将贸易向英镑区或有双边支付协定的国家转移。

财政部和英格兰银行都提出了日后造成麻烦的反对意见。第一条反对意见涉及英镑债务。凯恩斯建议,如果英镑区国家不愿接受他的三分法结算方案(即三分之一自由关税,三分之一冻结,三分之一取消),英国应当把所有的债务都冻结。财政部官员欧内斯特·罗韦—达顿指出,这种惩罚方式有弱点:英镑区将因此而瓦解。第二条反对意见是,凯恩斯用以同美国做交易的经常性开支中的英镑自由兑换风险非常大。财政部海外金融司副司长威利拒绝接受在未来的某个日期开始英镑的全面自由兑换。第三,正如罗韦—达顿所指出的,如果英国提出的"公正"方案被拒,除了"无条件投降"之外,恐怕难有别的选择。英格兰银行的立场由考伯特和博尔顿在7月进行了有力的阐述:贷款不解决问题,无偿援助又看上去像受人怜悯。后者也许能被接受。但英格兰银行同艾迪一样,宁

第 41 章 诱惑

可向美国借钱来购买必需的美国产品,也不愿动用现存的美元储备。考伯特颇有信心地认为,只要英国在美国的开支得到支撑,它就能继续同英镑区保持贸易顺差来弥补同其他国家的贸易赤字。

对凯恩斯的方法批评比较严厉的是英国驻华盛顿的金融代表团。它的两位领导人,布兰德和李,对美国的政情十分了解。布兰德认为从美国获得任何无偿援助都是不可能的,这需要"一种同现在完全不同的氛围"。他也不赞成用赔偿的说法来争取无偿援助。"我们不能对美国人民说,给我们无偿援助才是公平的,因为他们本来应该早一些参战,所以他们欠我们30亿美元。"英国人不能以公平为由要求无偿援助,而应以对方慷慨大方为由:应该说英国需要帮助,但无力偿还这笔钱。为了掩饰英国已经破产的事实,布兰德希望把无偿援助包装一下,使它看起来不像人家送的礼物。布兰德还预计美国会把任何援助与解决英镑债务的问题联系起来。他认为凯恩斯的建议"就像一个公司的大规模重组以及对它进行新的投资一样",美国方面将想知道英国如何对付它的其他债主国家。这种用企业来比喻的方法从一个银行家脑子里出现是不足为奇的。凯恩斯非常厌恶这种比喻。在秋季的谈判中,当美国联邦储备局主席马利诺·艾克利斯也用同样的比喻来阐述自己的观点时,凯恩斯非常不快。布兰德还建议把一些过渡措施整合为一个计划,让我们在租借结束后的一年或更多的时间里渡过难关。这就要求英方发起一场宣传战,同时还取决于美国的反苏情绪能否具体化。

最后这一点显示,英国本来就应当把反苏作为一个值得认真考虑的替代策略。凯恩斯没有把地缘政治考虑在他的争取美援的计划中。丘吉尔懂得地缘政治,但没有把它同金融联系起来。他在1945年5月12日给杜鲁门总统的电报中第一次使用了"铁幕"的概念:"任何人都能看到,我们在欧洲大陆的军事力量将消失……(留下欧洲)使俄国人可以为所欲为地扩张到北海和大西洋。"他下令停止英国在欧洲大陆继续减少武装力量。丘吉尔对苏联的恐惧同凯恩斯对美国无偿援助的渴求从来没有联系在一起。金融谈判应当需要一个政治背景,在1945年,这也许还不成熟,所以布兰德强调"临时性安排"是有道理的,金融和政治列车尚不在一条轨道上行驶。直到1947年6月,马歇尔援欧计划宣布时,它们才开始合为一股。马歇尔计划成为战后的租借安排。但对英国来说,它到来的时间已经太晚。

为了进一步探讨"苦行"方案,艾迪找到一位强有力的盟友——理查德·克拉克。此人在从事金融新闻的生涯之后于1944年加入财政部的海外金融司。5月11日,克拉克撰写

第九部分 最后一搏

的数篇备忘录中的第一篇，要求在"公平"方案行不通时，考虑认真的退却方案。克拉克同韩德森一样，对出口前景十分悲观，认为即使到了1950年，英国将仍有5亿到6亿美元的贸易赤字，即使在不大可能出现的全球繁荣阶段亦将如此。他认为主要原因是英国缺乏"出口的意志"。英镑汇价过高也是一个因素。为了回到收支平衡的状态，英国必须减少进口，向殖民地出口资本产品以发展它们的农业、交通和电力，并用英镑债务中的长期借款的那一部分来支持这些发展项目（坦桑尼亚在1948年启动的落花生项目即是这类计划的一个奇怪的版本）。克拉克支持同美国的"公平"结算，但又反对英国成为永久的借贷国或"领取退休金者"，他坚称"我们应当保持双边主义的权力和工具，这样，当事实证明双边主义仍然有必要时，我们就可以做到这一点"。而他所称的"双边主义"的含义是，除了美国之外，另一个主导力量将是"以英国为基础的小于整个世界的多边群体"。这个群体要求在英国经济恢复到平衡条件之前仍然保留"货币和进口的歧视措施"。

受到凯恩斯的一些批评之后，克拉克制定了他所称的"第二个计划"。他的关键之点在于对"诱惑"方案的拒绝。因为贷款必然要有一些限制条件，风险太多。从复杂的第二计划中，我们可以看出，克拉克主张把西欧国家和它们的殖民地包括进来，以扩大"美元共同储备"。艾迪在注脚中建议成立一个非美元的货币同盟（他称为协会），以英镑为基础，并由伦敦来管理，这个同盟能够赚取足以支付美国产品的美元。他希望这个同盟自然地发展，而不应表现为对美国的"威吓"。

凯恩斯认为克拉克的备忘录是个幻想。他写道："这些数字表示的意思是，如果一场海啸淹没了北美洲和南美洲，除了饥饿之外什么也不会伴随着发生。"即使把英镑加以扩大，英国仍然还有25%—30%的对美赤字，它不能从英镑区借款中解决，因为"英镑区国家对美洲国家也有很大的逆差"。这些批评的语句结束了白厅对欧洲经济政策的第一次非正式的讨论。凯恩斯对欧洲经济政策的敌对态度不仅源于技术层面，对他来说英吉利海峡总是比大西洋还要宽。也许他一直是这么认为的。

5月29日，凯恩斯在财政部与官员们开会时仍然相信租借协定将一步一步地被取消。其他不少人都对此表示怀疑。刚从华盛顿飞回来的法兰克·李认为凯恩斯的"饥饿之角"方案对国务院有效果，但说服不了国会山。他不相信"公平"的方法"能够解决英国的困难"。

这件事就暂时告一段落。同美国人有关第三阶段的谈判预计在9月开始。然而，丘吉

第 41 章　诱惑

尔政府对凯恩斯的计划没有做出任何的决定。克拉克对凯恩斯的过分乐观以及迫切的心态做了最敏锐的描述,他认为凯恩斯之所以有这两种感觉是因为:

> 凯恩斯把英美在这一点上达成协议看做是一项宏大事业的支撑,因此他从1941年就开始在此基础之上致力创建一个全球性的多边金融体系。让英镑尽早自由兑换也许是除了获取美援之外的最主要的目标。在过去的三年里他为实现这个目标克服了所遇到的所有内在障碍,他因而不能忍受由于英国不能履行自己的义务,而使整个项目有可能垮台、大厦将倾的前景。所以他当然必须相信美国人将会帮助他完成这个为公众服务的伟大杰作。他也许已经强烈地意识到他的身体将经不住1946年或1947年的谈判;他也许应对大臣们、财政部以及英格兰银行完成这个计划的能力和意志持更加信任的态度,而他当时的不信任感有点过分。

4　美国压力

1945年5月7日,德国宣布投降,英国开始进入第二阶段。凯恩斯对这场人类历史大灾难的结束的任何深刻的或一般的有关看法都没有保留下来,因此即使他对布鲁斯贝利的朋友们谈过他的看法的话,但一直记录他的言行的维吉尼亚·沃尔夫却已经不在人世了。梅纳德和莉迪娅又开始在戈登广场46号举行宴会活动。德国投降后的第三天,一位在加拿大驻英高级专员代表团工作的年轻官员道格拉斯·勒庞在国家艺术画廊重新开张的典礼上看到凯恩斯。英王乔治六世和王后伊丽莎白主持仪式,凯恩斯是国家艺术画廊的信托董事。他站在E.M.福斯特和亨利·摩尔中间。"我惊讶地发现凯恩斯的块头很大。他身着一套双口袋深色西装,显得正规而得体。他在两位朋友中间显得很突出,很慈祥,一副招前顾后的长辈的样子。"

凯恩斯在5月的一次主要活动是参加在剑桥国王学院举办的加拿大研讨会,正是由于加拿大代表团的来访才促使凯恩斯撰写了关于第三阶段的备忘录。加拿大人到达之后,他把他的思路与白厅以外的人做了第一次交流。然而,内阁尚未看到这份备忘录,不用说对它加以批准了。这是降灵节的那个周末,1945年5月19日和20日。来剑桥担任记录员

第九部分 最后一搏

的勒庞对凯恩斯的活动做了详细描述。勒庞是一位诗人兼小说家，所以对周围的气氛特别敏感，对事件的实质也记录得比较准确。他描述凯恩斯"展示了他所有的才能——智力、演讲术、社交手段、文化素养——就像一根冒着火花的导火线"。

凯恩斯的同性恋倾向长期以来只反映在感情上，但在年轻小伙子的刺激下，他仍能焕发出惊人的魅力。在星期五的晚宴上，凯恩斯拉着20多岁的勒庞，让他坐在他身旁。勒庞一头金发，"身材纤细，算得上英俊"。凯恩斯似乎已觉察到勒庞的个人癖好——当时没有被公开——同他的差不多。当意识到勒庞一点不懂经济学时，凯恩斯十分得体地把话题转到芭蕾舞上。勒庞的脑子里仍然是在国家艺术画廊上看到的那种身高体重的印象，"但当他回头去看大厅里的活动时，我也感受到他的幽默和亲切。这是一个有趣、固执而顽皮的灵魂"。

研讨会的全体会议在国王学院的听证大厅中举行，凯恩斯主持会议，在他的左边坐着的是财政部的霍布金斯和艾迪，还有英格兰银行的执行总裁考伯尔，英国在渥太华高级专员代表团的戈登·梦罗，自治领部的亚列克·克拉特巴克以及凯恩斯在20年代的学生、财政部的下级官员弗雷迪·哈莫。坐在他右边的是三位加拿大的高官：代理副财长比尔·麦金托什——副财长本人生病，不能与会；加拿大中央银行行长格拉姆·塔沃斯和加拿大关税委员会主席海克特·麦金农。

凯恩斯像一个"大指挥家"那样宣布会议开始。他不仅带来了自己的那份关于英国的政策选择的备忘录的修改稿，而且还有许多支持材料。"这是他在会上的依据，但他很少翻看这份材料。"他在会上讲了差不多一天半。勒庞说，"我从来没有听过这么优秀的演讲"。"常常腾空飞起，展开羽翼，开始飞翔。既光彩夺目，又充满幻想，语调也不断发生变化。"凯恩斯从来不愿讨好人，所以他的个性要么让人感到有魅力，要么让人讨厌。"塔沃斯对他有根本上的、感情深厚的同情心。"麦金托什则认为他是一个"被人惯坏的顽童"。

凯恩斯和莉迪娅在学院的公共厅主持了星期六的午宴。教务长谢帕德，很多学院的院长以及一些同事，如约翰·克莱汉姆、丹尼斯·罗伯逊以及奥斯汀和琼·罗宾逊夫妇，也参加了午宴。勒庞是第一次见到莉迪娅，觉得她"活泼、欢快，让人感到很有趣。她的眼神常常变得十分调皮，说话一会儿变得十分冒失，一会儿又变得一本正经，经常有出人意料之举，十分泼辣。她是这种气氛古板的午宴的最佳女主人。即使她的丈夫也不能活跃气氛。很明显，她对梅纳德十分着迷，梅纳德对她也是一样"。勒庞认

第 41 章　诱惑

为,尽管他俩都无拘无束,他们的婚姻仍然是传统式的、健康的。他同样注意到,虽然凯恩斯"敢于大胆假设,大胆怀疑,并在论证一个问题时喜欢刨根问底,但他同古老的神圣责任仍然有很紧密的联系,并希望我们同他一起分享对剑桥和它的传统的那种亲切的、几乎是家庭式的自豪"。在午宴的座位安排上也反映了剑桥的传统。主人被称为"剑桥郡的最高保护人",其他贵宾们的家世也得到展示。列昂奈尔·罗宾斯也注意到"这是一次典型的剑桥活动",他也觉得凯恩斯的大胆假设的学术风格同他对传统的尊重形成鲜明的对比。

剑桥的这一段插曲里还包括在艺术剧场的一场戏剧演出和一场音乐会。勒庞对这个周末的最后一点回忆是他们从国王学院后面的草坪向河边方向散步的情景。比尔·麦金托什说:"这里真美。"走在后面的凯恩斯接上来说:"是的,确实很美。我们想保持它的风貌,这就是为什么你们来到这里。"凯恩斯给勒庞这位年轻的加拿大官员留下了不可磨灭的印象。"我完全被他迷上了。同我交谈过的最了不起的人物就是他。难道他属于我们人类这个物种吗? 或许他从另一个世界中来。他身上有一种神秘、童话般的东西。我感到他像一种斯芬克斯怪兽,是有翅膀的那种,一定是古希腊晚期的那一种斯芬克斯怪兽。"

政府对凯恩斯建议的研究是在原有的政治构架介体中进行的。5月20日,工党大臣们从联合内阁中集体辞职,丘吉尔组织了一个"过渡"内阁。6月15日,丘吉尔解散议会,大选在7月5日举行。但是,大选结果在三个星期内仍没有宣布,因为前线将士的选票尚未计算完毕。在此期间,丘吉尔、杜鲁门和斯大林决定召开波茨坦三巨头会议,决定德国和波兰的前途。凯恩斯觉得这个时间表表明政府在8月1日以前无暇考虑他的备忘录。同大多数的"圈内人"一样,凯恩斯预计保守党将赢得大选。

与此同时,杜鲁门总统的新班子正在确定如何回应英国将要提出的战后援助要求。美国政府的一致立场反映在新任助理国务卿威廉·克莱顿于1945年6月25日撰写的一封信中。这封信是写给即将接替摩根索出任财长的弗里德里克·文森的,其中提到"向英国提供无偿援助是不明智的……即使是向它提供信贷,而没有附加那些能使我们达到战后目标的条件也是不明智的"。克莱顿考虑向英国提供"20亿或30亿美元的信贷",利率很低,偿付期为30年,而且在世界经济衰退时允许推迟支付。交换条件是:取消英镑区的美元共同储备,偿清或削减英镑债务,并废除(或至少大幅度地降低)帝国特惠关税。

凯恩斯对大选结果的预测一向运气不好,这次也不例外。7月26日大选结果公布,工

第九部分 最后一搏

党大获全胜，拥有140席的多数。艾德礼成为首相，欧内斯特·贝文出任外交大臣，休·道尔顿这位对经济充满信心而与凯恩斯关系不大好的前剑桥学生成为财政大臣。道尔顿立即重新任命凯恩斯为他的首席经济顾问，但对他颇有防备。他的首席私人秘书伯克·特兰德这样对道尔顿的传记作者本·皮姆洛特说："道尔顿明白凯恩斯不是那种可以在森林里一起打猎的密友，但他也意识到没有必要冒犯这种野兽。"这两个前国王学院的学生互相提防，他们后来的关系真像是林中觅食。

凯恩斯在收到英格兰银行的评论之后，于7月23日开始修改他在3月撰写的那份备忘录。同往常一样，他竭力把别人提出的所有建议都包容在里面，以期获得一个共同立场。他的一个重大修改是把"诱惑"方案排除在外，这样就只剩下两个选择。"苦行"方案被称为"拖延试验"，也就是说，英国应当继续从英镑区借款，并让英镑区和美国签订双边支付协定。为了考虑到考伯尔和艾迪的意见，凯恩斯把这个方案描述为更有成功的希望。但凯恩斯本人偏爱的方案，是在取消和筹资的基础上解决英镑债务问题，由美国提供为期三年50亿美元的无偿援助（原有30亿美元的信贷不再提及）。作为交换，英国将立即让战后的英镑区收入开始自由兑换，并分期解除对英镑债务账户的封存。英国向美国借新的贷款的偿还期应在英国偿清英镑债务之后，而且不应当用美元贷款来还英镑债务。这些是"最后的决定"。英国向美国提出的这个规模的无偿援助，其主要观点应当是，没有这个规模的援助英国将不可能信守租借协定第七条的承诺。7月20日、23日和30日，财政部根据这份备忘录就财政部在第三阶段的最后立场进行了讨论。布兰德建议，无偿援助应当在英国人表述之后由美国人提出，凯恩斯很不情愿地接受了这个建议。然而如果有机会的话，无偿援助的想法可以在私下里先同美国人进行沟通。

机会很快到来。威廉·克莱顿到伦敦来参加联合国救援署的会议。英国在救援署中仍然充硬汉，为欧洲的重建提供了3.2亿美元的慷慨贡献。这位美国的助理国务卿和他的一班人马在8月3日和14日同英国人就金融问题举行了会谈，英方出席的有凯恩斯、艾迪和刚从华盛顿回来的布兰德。他们还同贸易委员会进行了几次会谈。凯恩斯把他准备在下个月的华盛顿会议上提出的问题和盘托出。美国人对此做出了反应。克莱顿表示，30亿美元的信贷是可行的，但条件是英国清除美国出口商所厌恶的英镑区美元共同储备，接受一个"令人满意的"（即非歧视性）的贸易政策，同时削减英镑债务并为此筹款。凯恩斯说，他希望使用一个"更加没有意义"的短语（即无偿援助——译注）来取代"信贷"，而且30亿美元不足以给人们提供信心："如果英国离破产还有一个先令的距离，

第 41 章 诱惑

它将不得不破产。"

8月11日和15日，凯恩斯出席了在贸易委员会同美国人的贸易政策谈判。克莱顿明确地说，金融和贸易谈判是不可分开的，因为"国际贷款能否被收回取决于扩大贸易的自由和多边措施"。

根据克莱顿对8月14日会谈的记录：

> 凯恩斯说："过于现实的头脑是糟糕的，对世界面临的问题要有一种创新的解决办法，这就需要一种疯狂的头脑。"对此，克莱顿回答说，他个人十分赞同这样一种看法，即银行家的解决办法不够实际，但是他（他也相信美国人民）从根本上来说是现实的，因此英国不应该指望它能够以无偿援助的形式获得资助，他将向凯恩斯坦率地说明这一点。

克莱顿对此次会议有如下总结：

> 当然，我们意识到凯恩斯是以他一贯的极端方式来表达英国的态度的。我个人认为，英国用一种非常可怕的前景来掩饰它的非常脆弱的金融地位。他们的态度非常坚定。在这种情况下，英国人一定会走双边贸易这条路。我相信英国人将对我们提出于我们不利，或者我们不可能提供的金融援助。我们同英国人的谈判将会十分吃力。

双方都知道对方要做什么。英国将要求50亿美元的无偿援助，交换条件是经常项目的英镑自由兑换，仅此而已。如果他们得不到这个礼物，或类似的礼物，他们就不得不选择"沙赫特主义"。美国只能提供30亿美元的贷款，条件是解决英镑债务，"开放"帝国贸易，保证英镑同美元自由兑换。但是这些要求都可以被看做是一场漫长游戏中的前戏。

凯恩斯对英美金融会谈的急迫要求被太平洋战争的结束迅速推动。8月6日，美国人在广岛投放了第一枚原子弹，三天后另一枚落在长崎。8月10日，天皇裕仁在广播里宣布日本投降。由于第三阶段即将到来，所有的安排都加快了步伐。凯恩斯不得不说服政府立即把他派往华盛顿。8月15日，他与外交大臣会面。欧内斯特·贝文说他希望"在我们的思路更加清晰的时候"再开始金融和贸易安排。道尔顿态度好一点。他在前一天收到了凯恩

第九部分 最后一搏

斯写的让人担心的备忘录《我们的海外金融前景》。如果得不到帮助,凯恩斯预计英国将遭受"金融敦刻尔克大溃败"。克莱顿也敦促美国政府接受英国人的来访。

8月17日,杜鲁门总统决定立即停止租借安排。财长文森曾建议一步一步减少租借项目,而克罗利则向总统进言立即加以中止。8月20日,克罗利向布兰德通报了总统的决定,美国将不再提供新的物资,对已经预定的物资必须要付款。这个消息让白厅的机器超负荷地运转。8月20日,道尔顿告诉贝文:"我们应当立即同美国人进行谈判。"第二天,贝文和道尔顿首次同克莱顿会面,克莱顿证实,英国不可能得到"除了贷款以外"的任何援助,而信贷条件是经济自由。但他又说他将尽力"保持当前物资供应的畅通,但不能危及美方提出的条件"。外交部的鲍伯·狄克森打电话给在约克郡的加罗比度假的哈利法克斯,通知他提前结束休假,因为贝文想让他率英国代表团赶赴华盛顿。这位大使抱怨说:"这真是太让人讨厌,完全破坏了我的计划。"

第 *42* 章

避免"金融敦刻尔克"

1 梅纳德的乐观精神

1945年8月23日星期四晚上10点15分,唐宁街十号正在召开一次紧急内阁会议,由首相艾德礼主持,主要大臣们都参加了,其中有枢密院大臣赫伯特·莫里逊、财政大臣休·道尔顿、外交大臣欧内斯特·贝文、贸易大臣斯塔福·克里普斯爵士。坐在首相对面的,包括哈利法克斯、凯恩斯、布里吉斯、艾迪、布兰德、辛克莱和外交部的爱德华·霍尔—巴奇。会议的议题只有一个——凯恩斯在几天前的备忘录中提出的问题,如何避免"金融敦刻尔克"。租借协定和从英镑区的借款使得英国国际收支出现大量赤字,估计为21亿英镑,相当于80多亿美元。租借赤字为13.5亿英镑,而租借协定很快就要终止。从英镑区的借款仍将继续,但规模将大幅度减少。通过扩大出口、消除军火进口以及减少海外支出,1946年的英国国际收支赤字可以下降到10亿英镑,或40亿美元以下。1947年,它的赤字可能降为5.5亿英镑,而在1948年为2亿英镑。英国能够在1949年恢复收支平衡。但在三年里英国必须为17亿英镑(70亿美元)的赤字筹集资金。凯恩斯问道:"这笔钱从哪里来呢?"英国在1945年的黄金和美元储备只有5亿英镑,可以把它用掉2.5亿。英国也许能够继续在1947—1948年间向英镑区借1.5亿英镑(除去利息)。这样,在三年里,英国的赤字可以下降为13亿(凯恩斯写的是12.5亿)英镑,相当于50亿美元。凯恩斯在备忘录中写道:"结论十分清楚,如果英国能够按自己的要求进行支出,它就必须从美国获得50亿美元的援助。"美国愿意提供的数额当在30亿至50亿美元之间,但英国必须在条件和规则上进行艰苦的谈判。英国必须拒绝接受贷款,但如果"信

第九部分 最后一搏

贷"这个词被用来掩饰无偿援助,那可以另当别论。凯恩斯认为,作为交换条件,英国"不应当设法逃避租借协定第七条的承诺"。他警告说:"我们至今尚未得到一个合理的、可以接受的安排。在这个安排没有出现之前,我们事实上处于破产状态。公众期待中的那种经济基础并不存在。"他最后指出:"当然,在实践中,我们将接受我们能够得到的最终条件。"

在后来英美谈判中的主要困难都反映在这份自相矛盾的文件中。英国拒绝接受贷款,但不反对以"贷款"为包装的援助。这意味着什么呢?英国明确地对有些条件不能接受,但最终英国将接受任何条件。难怪艾迪把凯恩斯的谈判方式称为"极度困难的金融外交"。

哈利法克斯在8月23日的日记中写道:"凯恩斯作了很好的陈述,他的结论比较乐观。我们也都发表了自己的看法。大臣们决定给凯恩斯临机处置权,但最后决定必须得到国内的许可。凯恩斯正需要这个权力来加强他的谈判地位。"

内阁的正式记录没有显示凯恩斯对这个使命过分乐观。他告诉大臣们:"美国人提供的条件,从无偿援助到商业信贷都有可能。"他坚持说,对他的授权只能是接受无偿援助,而不是其他方案。对低于无偿援助的方案是否接受,要求大臣们在伦敦深思熟虑后再做决定。他还指出:"金融援助的附加条件将是最大的障碍。"所有这一切都表明凯恩斯并没有盲目乐观。道尔顿后来说凯恩斯保证能获得60亿美元的说法是不正确的。他告诉大臣们,美国人考虑30亿美元,但"有可能上升到50亿美元"。凯恩斯只要求针对一个交换条件的授权:这就是"请求英镑区成员们取消一部分英国的债务,并同意让剩下的英镑债务分期实行自由兑换"。他认为,这是他能在谈判开始时提出的唯一一个建设性的建议,下一步棋怎么走尚不清楚。凯恩斯认为,英国可以履行布雷顿森林协定中的那些义务,但这些义务不能同我们在贸易政策上做出"危险的让步"相结合。他的主要意思是,允许经常性收支中的英镑自由兑换。英国履行这个义务需要多少钱?尽管总数应为50亿美元,但具体数额并不十分清楚。凯恩斯在一个问题上误导了大臣们,他有意降低金融援助和贸易之间关系的重要性。"凯恩斯勋爵强调,在目前阶段,美国不会向我们提出在贸易政策上达成详细协定的问题。"这话本身没错,但是美国"打算在下一年同英国一起邀请15个国家参加国际会议,它要求的绝不仅仅是开会而已"。更糟糕的是,凯恩斯解释了两国在贸易政策上的分歧,但没有指出,金融谈判的结果取决于对这些分歧的消除。

第 42 章　避免"金融敦刻尔克"

内阁委员会接受了布兰德的建议，英国不主动提出无偿援助的直接要求，而是让这个建议从英国的表述中自然产生，然后由美方提出。艾德礼对这次会议做了总结：谈判将由"凯恩斯勋爵和他的同事们按照他的方案进行，而谈判进程中必须向伦敦请示，必要时应向在伦敦的大臣们提交报告"。

由于财政部和英格兰银行一致拒绝考虑凯恩斯的"诱惑方案"，所以凯恩斯对替代选择的表述受到极大的损害。"诱惑方案"是"苦行方案"和"公正方案"之间的中间道路，在凯恩斯去华盛顿之前，这条中间道路没有得到应有的讨论。换句话说，他离开之前，没有获得一个一致同意的退却方案。由于他十分讨厌"苦行方案"，他只有夸大"公正方案"成功的几率。艾迪和英格兰银行都希望凯恩斯的使命失败，这样，经济紧缩的"苦行方案"就成了唯一的选择。工党大臣们处于这两个阵营对阵的交叉火力之内，因此他们希望"公正方案"能够成功，并以凯恩斯对此做过承诺来安慰自己。

8月24日，议会下院宣布了凯恩斯访美的使命。代表团成员中没有贸易部的官员，美国人对此十分不满，因为这意味着英国人不想认真地讨论贸易问题。在克莱顿和霍金斯的压力下，英国内阁于8月31日同意派贸易部的列昂奈尔·海尔莫作为"观察员"参加英国代表团，并在"尽快的时间里"安排一个单独的贸易部代表团访美。罗宾斯不久评论道："如果有人告诉我，白厅的高官们相信在没有贸易协定的前提下就能解决金融问题，我当时一定不会相信这是真的。"

凯恩斯使命的宣布在大洋彼岸引起不同的反响。保守的银行家莱芬维尔当年在巴黎和会上同凯恩斯交过手，他认为派凯恩斯来谈判是一步错棋。"我认为英国派凯恩斯勋爵来此让人担忧。尽管他是一个有才华的人，但他太过聪明，所以难以说服我们美国人。很多美国人仰慕他……但是不管是对还是错，有多少美国人信任他？又有多少人能接受他的游说？一个人都没有。"

莱芬维尔认为英国应当在得不到任何外援的前提下制定战后的经济计划，就像丘吉尔在1940年制定战争计划时一样，这样才有可能获得美国人自发提出的帮助，这比"上千个凯恩斯"还要有效。换句话说，英国只有遭遇"金融敦刻尔克"，美国人才愿意打开钱袋。正像1940年敦刻尔克大溃败所产生的效果一样。从心理上讲，这个想法是很有见地的。

2　在华盛顿的开局策略

梅纳德和莉迪娅于8月27日从南安普顿港乘坐加拿大运兵船"帕斯特号"前往魁北克城，同行的有财政部的弗里德里克·哈莫、外交部的爱德华·霍尔—巴奇和贸易部的列昂奈尔·海尔莫。哈利法克斯和布兰德已先期返回华盛顿。即使按照英国的标准，这也是一个很单薄的代表团。团长不仅身体很弱，而且开始显得老态龙钟。凯恩斯的头发和胡子都已变白，而他的脸色一直是苍白的。他遵照医嘱进行的减重对心脏有好处，但却使他那高高的身材显得无法支撑。他现在要用度数很深的眼镜来阅读。只有在他摘去眼镜之后，人们才能看到他那闪光的、风趣的眼神。在谈判中，他仍然没有失去智慧和鲁莽的态度。

梅纳德和莉迪娅从魁北克飞往渥太华。飞机驾驶员有意低空飞行以减少对凯恩斯心脏的压力。在渥太华，他们又住进1944年住过的劳瑞埃城堡酒店的"摩尔套间"。同加拿大谈判"互相援助"项目非常吃力，但"气氛非常友好，双方都没有感到痛苦或难过"。英国人获得额外的3亿美元。9月6日，梅纳德和莉迪娅乘火车前往华盛顿，他们再一次住进斯塔特勒酒店。梅纳德的情绪很好，当英国官员询问国内情况时，他开玩笑地说，形势还不错，"但不能让美国人知道。我们必须在嘴里装上假牙，当每个假牙被拔掉时大声喊痛"。代表团的记录员保罗·巴罗注意到"那种危险的乐观情绪在传播"，凯恩斯正是以这种态度开始谈判的。

在9月11日的第一次正式会议上，英美最高委员会决定成立几个小组，讨论金融、租借收尾工作、剩余物资的处理（主要是军事物资）以及贸易政策。金融小组由哈利法克斯和凯恩斯担任英方主要代表，美方是文森和克莱顿。凯恩斯还代表英国谈判租借的收尾工作，对手是克罗利。英国供应委员会副主席亨利·塞尔夫爵士代表英国谈判剩余物资问题。

美国国务院坚持要成立相应的贸易政策委员会，这对凯恩斯和伦敦来说都是意料之外的，这是英国的谈判策略遭受的第一个挫折。然而，凯恩斯从克莱顿的态度上得到宽慰，提出由他和哈利法克斯代表英国谈判贸易政策。克莱顿表示愿意在谈判里只涉及一般性的问题。米德认为凯恩斯介入贸易谈判，而没有"贸易政策的专家"帮助是危险的，他认为凯恩斯对贸易政策的思路是"疯狂的、无知的和自相矛盾的"。凯恩斯收到指令，把第一次谈判推迟到9月17日。他必须等待贸易部官员的增援，尽管他和哈利法克斯都表示反对，伦敦否决了他们的意见。

第 42 章 避免"金融敦刻尔克"

美方的主要人物是国务卿伯尔内斯的代表威廉·克莱顿和摩根索的继任者弗雷德·文森,这对英国有好处,因为这两个人都属于亲英派。克莱顿是一个六英尺六英寸高的从得克萨斯州来的纺织品生产商,他靠自己的奋斗成功,一口柔软的南方口音,是一个坚定的国际派人物。文森原来是职业棒球手和肯塔基的联邦众议员。他是一个有地方观念的律师,对公共演说的那种欺骗术十分着迷。他当上财长实在是名不符实,今天的历史学家都认为他被提升过快。凯恩斯很喜欢文森,但文森并不喜欢凯恩斯,因为他常常从凯恩斯那里受到呵斥。其他的美国人起了很小的作用。联邦储备局主席马利诺·艾克利斯只有一个观点,他常常用洪亮的声音对此作长篇演讲:英国是一家破产的公司,美国必须在其他债主之前率先得到偿付。(原副总统)现任商务部长亨利·华莱士被凯恩斯看成是"一个彻头彻尾的老糊涂,他在任何会议开始的五分钟之内就开始打瞌睡"。利奥·克罗利,这位租借项目的最高主管正在失去他的影响力。他的面部表情是凯恩斯开玩笑的对象,凯恩斯说这些表情"让人想起狒狒的屁股"。这个绰号后来成为英美贷款谈判中,英方代表团从财政部收到的电报的代号。凯恩斯恢复了同哈里·怀特的友谊。怀特劝他除了在必要的时候,不要轻易发脾气。然而,摩根索离开财政部之后,怀特的影响也大大降低。凯恩斯一直都不知道,在1945年8月21日,伊丽莎白·本特利向联邦调查局报告,说怀特是苏联间谍。怀特本人相信自己将被财政部解雇,所以他在国际货币基金组织或世界银行寻找新的工作。凯恩斯对怀特仍有一定的幻想,他觉得怀特对新任财政部长仍有影响,而且对英国仍然持支持的立场。

哈利法克斯—凯恩斯轴心是英方谈判的核心。凯恩斯迅速同这位有魅力的大使建立了亲密的关系,他后来说他们合作得很好,"像一对兄弟"。大使对贸易谈判并没有出多少力,他更加喜欢打网球、狩猎和同老朋友们叙旧(芭芭·麦特卡夫夫人整个秋天都待在使馆),对金融问题则兴趣不高。或者说,对所有的工作都不太热衷。他并不想假装理解技术性问题,他的主要作用是对英国代表团日益紧张的神经起镇定作用,并把他们关注的事情放在英美关系的大框架之下来审视。凯恩斯同美国人发生摩擦时,哈利法克斯是润滑剂。在夜间,他常常把凯恩斯给伦敦的那些越来越生气的电报改得平和一些,并劝他不要辞职。他总是非常欣赏莉迪娅,并对凯恩斯越来越敬佩。

9月12日,凯恩斯和哈利法克斯在使馆召开了一次记者招待会。凯恩斯站着宣读了一份讲稿,陈述了英国如何受到战争的折磨,并解释租借协定如何让英国放弃三分之二的出口,尽管租借协定对它全面动员战争资源是必要的。他还提到了英国的国际收支赤字

第九部分 最后一搏

问题、英镑债务问题以及自由贸易的好处。凯恩斯开始织一张网,把美国人套在里面。他强调说,商业贷款对英国有害无益,英国宁愿不接受它,而设法找到其他解决办法。我们可以想象当时的情景:一位高个子、有些驼背、戴着眼镜、看上去身体很差的人物,时而看看稿子用颇有教养的声音向一屋子记者宣读他的声明。这些记者都是久经沙场、非常了解实际情况的美国人。哈莫认为凯恩斯有意让他的声明看上去"既有戏剧性,又不做作"。巴罗的印象却不大好,"他的声明没有得到热切的反应。凯恩斯式的句子,比如'我们受的苦,我们同你们一样受的苦,更多地源于肚皮的饱满而不是头脑的丰富。我们的胃口不如我们的机会大',没有让美国人感到十分有趣"。一小时一刻钟后,哈利法克斯提议开始鸡尾酒会。他认为"凯恩斯不明智地让记者逼得太紧",巴罗却认为凯恩斯对付记者问题非常老道。

9月13日、14日和17日,高层委员会在联邦储备局大楼的会议室召开了三次冗长的起始会谈。凯恩斯发表了一通演讲,这是勒庞在5月的剑桥会议上听过的那个演讲的修改稿。英国大使在凯恩斯的第一次长达两个小时的报告后认为,"他干得很出色"。

9月17日星期一,据巴罗的回忆,凯恩斯对他的陈述又做了进一步的发展。他认为,尽管德国人发明了"总体战"的概念,英国人实际上在日常生活中已经对它加以彻底的应用。具体反映在英国人在战争期间为了共同事业把他们的海外资产和国际贸易消耗殆尽。"难道不是这种挥霍的做法引起局势转变和导致了胜利吗?"凯恩斯以这个问题结束了他的讲话。他对他希望获得的大规模无偿援助只字未提,他以为对方会提出这个问题,但对方毫无反应。谈判结束后,美国小道消息专栏作家保罗·艾迪生写道:"凯恩斯勋爵在谈判中首先发言……他讲了足足三天,解释英国的形势非常糟糕。"

英国人在策略上犯了一个错误。他们提交了一份比较英美在战争中所做的努力的文件,自然是英国付出的更多。凯恩斯后来承认:"把我们的立功勋章拿出来展示是一个失误。"这份文件被美国人泄露,约翰·克莱德在《纽约时报》上做了报道。

9月19日和20日,凯恩斯在联合金融小组上做了进一步的陈述。他提出英国的两个解决问题的选择方案,他称其为"饥饿之角"和"公正"。他谨慎地指出,这不过是两个极端的选择,在两者之间还能找到许多调和的方案。他明确表示反对经济紧缩方案,因为它不可避免地会引起双边对抗,并缩小贸易量。第二个选择的目的是"尽快消除战争带来的金融问题"。作为交换条件,凯恩斯提出了他的"三管齐下"的计划,同时对付非正常的英镑债务——即取消部分债务、筹集部分资金和逐步释放封存的账户。他没有

第 42 章　避免"金融敦刻尔克"

提出任何具体数字。英国还将在1946年年底之前实施布雷顿森林协定的主要内容，这就是英镑同其他货币的自由兑换，回到战前的那种状态。凯恩斯问道：美国人如何考虑？他希望得到一个提供援助的建议。保罗·巴罗对美国人的反应做了如下描述：

> 文森表示对凯恩斯的陈述非常失望，认为他并没有把形势明朗化。他说凯恩斯在描述第二个选择时留下那么多的空白，对美国人来说差不多没有什么意义。很显然，文森以为第二个选择要求美国人的帮助，而凯恩斯并没有提及这件事，也没有说明援助的规模。

在克莱顿的敦促下，凯恩斯说，尽管英国希望降低英镑债务，但通过一个方法，或双边的方法做不到，只有根据不同的个案，同英国的债主单个地结算。此时，已经打瞌睡的亨利·华莱士突然醒来，问道，为什么英国不能以印度独立为条件，减少欠印度的债务呢？凯恩斯和哈利法克斯对这个建议大为惊恐。（联邦储备局主席）马利诺·艾克利斯大声咆哮，过去的荣耀和金融上的正确性都必须与战争引起的变化重新吻合，英国就像一家有待重组的破产公司，债权人必须负起责任。他的比喻让英国人难以忍受，这等于是说，印度和埃及是债主们组织的一个银团的成员，目的是为大英帝国的破产事业重新融资。这个说法对英国人来说简直不可思议，完全是颠倒了是非和秩序。法兰克·李在英国人离开会议室的时候冷冷地说了一句："这些人永远不能够管理一个帝国。"

凯恩斯被逼得不得不亮出底牌。在9月20日的会议上，他说英国也许能够取消120亿美元的英镑债务中的40亿美元，筹集72亿美元清偿债务，并在过渡阶段释放8亿美元的封存资金。三至五年里，它将至少需要从美国获得50亿美元，再加上一笔租借收尾资金。只有这样，英国才能对付贸易赤字、支撑英镑提款以及偿清一些数额较小的非英镑债务。"美国人连眼睛都不眨地接受了50亿美元的数额。"交换条件是"英国必须在1946年年底之前取消英镑区的歧视性措施"。文森说，美国人将对这件事做研究，会谈暂时休会几天。

凯恩斯意识到，美国人对英国代表团不愿在英镑债务问题上交底十分恼火。他请求伦敦授权于他，就取消债务问题进行更详细的讨论。伦敦担心这个消息会被泄露到英镑区国家，对此建议加以否决，并要求凯恩斯设法让美方提出建议，最好是让美国人来说"他们提供的帮助是以调整英国的债务为条件。这就对我们十分有利"。伦敦最担心的是英国单方面拒付的发生，所以想利用美国对英镑债主们施加压力。

为了开始贸易谈判，英方派出一个由珀斯维尔·利辛爵士和列昂奈尔·罗宾斯为首的八人代表团。他们于9月21日出发，27日抵达华盛顿。凯恩斯对他们的到来"十分恼火"，他客气地对罗宾斯表示欢迎，并请他加入金融小组。正如他所预料的，10月1日开始的贸易谈判由于伦敦方面做了大量的准备工作而进展顺利。双方围绕美国人提出的一个关于"国际贸易组织"的章程草案进行了谈判，制定了特惠税、补贴、国家贸易、出口税、外汇管制以及卡特尔等方面的游戏规则。英美在如何消除"非关税花招"上意见不一致，美国主张一概禁止，英国则坚持按个案处理。凯恩斯也做出了他的特殊贡献。在讨论如何控制卡特尔时，他插话道："我们的计划是为了做好这件事，而你们的计划是为大批的律师找到谋生的办法，不是这样吗？"文森勃然大怒，说："这正是你能说出的话。"不难想象，如果所有的谈判都由凯恩斯来主持会产生什么后果。11天的谈判之后，唯一的障碍只有帝国特惠制。美国人从一开始就坚持把单方面取消特惠制作为美国金融援助的一个条件，英国人则愿意用减少特惠税来换取全面的关税削减，并反对把贸易上的让步同金融援助明确地联系在一起。然而，两个宝贵的星期已经过去，其中一个星期是在等待英国贸易代表团。凯恩斯认为这种迟延把他在口头陈述时所制造的那种气氛驱散了，这对最后结果有妨害。

罗宾斯很快就觉察到金融谈判中发生了什么事。他在9月29日的日记中写道：

> 很清楚，纯粹的无偿援助已经不可能。梅纳德对这个现实已经明显地加以接受，并认为，如果还有人心存幻想，那真是十分荒谬。我能够控制住自己，而不会对他说"我早就告诉过你"。但是我感觉到，让伦敦从睡梦中惊醒不是一件容易的事。而且我认为，由于是梅纳德使国王陛下的财政官员着了迷似的在那里幻想着理想中的"公正"，我们应当告诉他，是你自己创造的魔法，你有责任对此加以纠正。

3 回到"诱惑方案"

9月25日和27日，哈利法克斯和凯恩斯同克莱顿和文森在布莱尔大厦举行了两次非正式会谈。双方的立场已经十分清楚，双方都"明白，解决问题需要大约50亿美元，他们

第 42 章　避免"金融敦刻尔克"

和我们的想法是一致的"。但是共识到此为止。大使在日记中写道:"我刚刚开始以为进展顺利时,就出现了麻烦。"美国人明确指出他们不能考虑无偿援助或无息贷款。"我们则说不能考虑付息贷款,因为我们无力付息。双方僵持不下。"在第二次会谈中,美方的两位对凯恩斯提出的无偿援助同低息贷款相结合的办法并没有激烈反对,但他们担心国会不会通过。哈利法克斯和凯恩斯说他们将向伦敦报告,下周再谈。

9月26日,凯恩斯请求伦敦批准他讨论"无息贷款的可接受性问题",每年的偿债不超过1亿美元。他彻底改变了原先的观点,道尔顿说,他认为无偿援助已经完全不可能,因为用租借前的英国采购来追回资金的方法在这里根本行不通——布兰德一直对他这么讲过。用巴罗的话说,凯恩斯"已经把他早先有关'公正'的那些概念同幽灵和骷髅放在一起,只有傻子和白痴才会把它们再翻出来"。无息贷款或许还有可能。很明显,哈里·怀特向文森建议向英国提供这种贷款。凯恩斯极力主张英国接受50亿美元的贷款,用50次分期偿付的办法,第一次偿款期推迟到五至十年后,这样英国还是还得起的。释放英镑债务将让英国支出1.5亿美元的费用。这样,英国应当支付的总额应当低于进出口平衡的目标——即65亿美元的5%以下。"要么我们能够以此来对付困难,要么我们就不得不崩溃。"作为这个方针的一部分,英国应当接受一个例外条款:"不以我们的支付能力为基础,而以债权国是否愿意接受英国产品为基础。"

这正是凯恩斯本人的退却方案,他一直都愿意接受这种"诱惑方案"。"我的建议是,如果没有更好的选择,我们应当接受这些条件,"他在10月1日给道尔顿的电报中这样说。他要求"临机处置权"——但没有直截了当地这样讲——以同美方达成交易。但他此时还没有完全放弃"更好的事情也许会发生"的想法。不出所料,道尔顿对此加以拒绝。道尔顿的传记作者写道:"凯恩斯从乐观的判断中一再退却让伦敦负责谈判事务的三位大臣,贝文、道尔顿和克里普斯大惑不解。凯恩斯在伦敦的时候激起的期望和华盛顿的现实之间产生了一条巨大的鸿沟。"在凯恩斯试图降低伦敦期望值的同时,工党政府对谈判的态度却越来越强硬。艾迪在9月28日提醒凯恩斯,工党新政府同它的前任政府相比,并不那么害怕经济紧缩政策,也许还欢迎这种苦行方案,"一方面,节衣缩食是一种更高尚的生活方式,另一方面,它可以把人们的失望在心理上加以升华"。

在第一轮会谈期间,凯恩斯在"海外作家俱乐部"发表了一次演讲,对英国和自治领的记者做了情况通报,并在哈利法克斯安排的同美国参众两院议员的晚餐会上试了试他的劝导艺术。哈利法克斯认为凯恩斯在这类场合表现很好,尽管有时"令人筋疲力尽"。

第九部分 最后一搏

美国政治家们担心哈罗德·拉斯基在英国的影响,害怕美国的援助将被用来"资助社会主义"。他们还不明白,"让我们的经济重新站起来,以及让英镑区自由化"对美国有什么好处,而且担心"英国人能否变得更有效率"。哈莫参加过一次这类的活动,他在10月9日的日记中有精辟的评价:

> 在这个国家里,亲英派总是要捍卫自己的观点,而反英派根本不必这么做。这是一个心理问题,不应被看得过于严重,但这是我们在这里处理任何重要问题时一个不能忘却的事实。这不是说这里有一种根本的对英国的敌对情绪,正相反,美国人对我们十分友好。但是他们的国家以独立战争为历史的开端,这就对他们的所有思考有了影响。他们必须表现出他们不会被我们算计。

10月6日星期六晚上,大使"请凯恩斯同外交部的罗吉·麦金斯夫妇一起共进晚餐。凯恩斯夫人兴致很好,让大家开怀大笑。我们让凯恩斯谈谈对蒙蒂(蒙塔古)·诺曼的看法。他说他非常喜欢诺曼,但他一生中的某个方面有一个危险的顽童和江湖骗子相结合的特点。他认为诺曼的权力巅峰是在斯诺顿担任财政大臣的时期。斯诺顿对他着了迷"。

10月的头两个星期是凯恩斯最后一次访问华盛顿的过程中最愉快的一段时间。谈判尚未进入过分紧张的阶段,华盛顿的亚热带酷暑天气开始转凉,每天都是阳光灿烂,微风徐徐。莉迪娅在10月13日给佛萝伦丝·凯恩斯的信中说:

> 我们起得很早。我打铃叫早餐,"勋爵"一边喝茶,一边吃面包和果酱,我则喝咖啡。但在喝之前,我用一个安哥拉羊毛头巾把它包住,保持温度。有时我们得到的报纸不是我们要的,我就到走廊里去偷一份我们要的报纸,乘人家还在那里睡觉。总的来说,美国人起得很早,八点钟之前,电梯里已经乘满手拿着雪茄出门办事的男人。

10月8日,凯恩斯终于从财政大臣那里获得新的指示。道尔顿在电报中说:"如果对方最多只能提供2%利息的贷款,我们将不能接受。我们的立场仍然十分坚定,我们不能接受那些不能兑现的承诺。而且,这种商业贷款的解决办法将被视做对双方在战争中所

第 42 章 避免"金融敦刻尔克"

做努力的不公正结论。"道尔顿让凯恩斯对自己的幻想负责任。什么样的方案才能被接受呢？道尔顿提出两个选择：伦敦将接受20亿美元作为租借前的返回资金的一部分，同时再加上30亿至40亿美元的信贷。英国将对所提取的款项支付1%的利息。如果这个方案行不通，它愿意接受一个为期50年的50亿美元的无息贷款，而且"条件应当合适"。道尔顿强调两个要求：(a) 英国有限制进口的绝对自主权；(b) 凯恩斯提出的"免付"例外条款。同时，凯恩斯在现阶段不应提出这些建议，让美国人采取主动。

凯恩斯现在感到伦敦接受了他的"诱惑方案"的形式。他需要做的是提出道尔顿的第一方案，并希望在第二个方案上获得成功。10月9日，凯恩斯和哈利法克斯同文森和克莱顿再次会谈。凯恩斯极力主张美国向英国提供20亿美元的无偿援助，但美方不为所动，说在政治上行不通。文森和克莱顿还再次强调，无息贷款在政治上也过不了关。英国人从克莱顿那里得到了一个新的建议：美国人可以提供一个50年分期偿付的50亿美元的贷款，还贷日期在5年以后，同时还加上每年的5000万美元以支付2%的贷款利息。如果任何一年里英国无力偿还，利息将被免去而不是推迟支付。克莱顿请凯恩斯起草一个"免息"的例外条款。在同一天的记者招待会上，克莱顿"实际上提到50亿美元为双方同意的数额"。

这是英国人获得的最佳方案，但是美方能否兑现还不明确。凯恩斯显然认为这个方案为解决问题提供了基础，但他这时犯了一个关键的策略错误。本来他应当向伦敦发一个简短的电报，解释美方的提议，并请求授权在条件适合的情况下对此加以接受。但他没有这么做，相反，他把精力花在"免息"例外条款如何制定这个过分复杂的问题上。一句话，他把眼睛从球上移开，自然打不好这场比赛。尽管如此，哈利法克斯认为，"现在看来我们的运气还不错，有希望找到解决问题的方法"。哈莫则主张"争取在几星期之内达成协议"。

伦敦方面的拆台戏来得既快，又非常残酷。道尔顿在10月13日给他的电报中直截了当地说："我们认为以这些条件提供的贷款不可以接受。"它在原则上不能通过两个考验：第一，它没有任何"公正"的味道；第二，英国不能保证偿还这笔债。对克莱顿和文森来说，1亿和1.5亿美元（付贷费用）之间的区别也许微不足道，但不幸的是，"对我们来说并非如此"。除了每年支付的费用之外，还要加上向英镑区支付的债务。把这笔支付同美国贷款联系起来是我们无法接受的"最后一击"。道尔顿指示英国谈判代表继续争取一个"全部或部分的无息贷款，防止每年的支付费用超过1亿美元"。

英方没有一个退却方案,这个事实对谈判开始产生致命的影响。凯恩斯在伦敦时曾坚持只接受无偿援助,当他要求在谈判中被给予灵活性时,伦敦断然否决。

4 大恐慌

凯恩斯和哈利法克斯不得不在10月15日和16日向克莱顿和文森提交道尔顿的那个愤怒的方案。他们要求获得20亿美元的无偿援助,以及2%利息的30亿美元贷款,本息的偿还在五年后开始。但他们"毫无任何进展,会谈气氛既阴沉,又缺乏建设性"。此外,克莱顿的思路开始向"不令人愉快的方向转移,他建议把贷款减少到50亿美元以下,但仍然要求英国每年支付1亿美元"。

10月17日星期三,凯恩斯起草了一份第177号电报,在凌晨一点发给伦敦。哈利法克斯在当天的日记中写道:"这份电报写得棒极了。他用幽默的笔调来点缀正式电文中的那种古板的气氛。"这份电报"给大使、布兰德、塞尔夫、利辛、罗宾斯和霍尔—巴奇看过,并征求过他们的意见。这代表着'集体的观点'"。电报的要点是请求伦敦批准接受克莱顿的提议。凯恩斯承认英国人没有达到他们的任何目标。"在这个商业国度里,每个人都有道德上的义务来赚钱。如果我们不想冒犯这个国家的道德原则,必须假装按照正常的银行交易规则办事。此外,同美国达成协议至关重要。"他希望政府授权让他接受年息为2%的50亿美元贷款。偿还以50年为期,只要"国内生产的出口商品不足以支付战前的进口水平",就能得到"免息"待遇。

凯恩斯没有料到的是,当他发出这份电报时,克莱顿已经收回了他的提议。凯恩斯的朋友哈里·怀特在他背后捅了一刀,他到死也不明白事情的真相。怀特在美国财政部主持的一个委员会上得出结论,说英国人有意夸大国际收支的困难,英国在过渡时期并不需要50亿美元来渡难关。

在10月18日的会谈中,文森告诉凯恩斯、哈利法克斯和布兰德,他们可以提供最高为35亿美元、利息为2%的贷款,分50年还清,同时还可以提供一些资金在2%的利息基础上帮助租借的扫尾工作,这笔贷款将在30年还清。这样,所有贷款的总额成为40亿美元。英方询问从哪里得出这个较低的数字,克莱顿回答说,他们设想英国可以在过渡期结束时从黄金和美元储备中拿出10亿美元。这就回到了当年美国人关于租借协定的立场,而且，英国对英镑区的支付手段自由化的承诺条件保持不变。

哈利法克斯写道，凯恩斯对美方的提议"非常气愤。在某个时刻，双方的争辩非常紧张。我本想在凯恩斯大怒时阻止他，后来一想，他的愤怒也许能有好的结果，所以任其自由发展"。凯恩斯说，他们的提议不可能被伦敦接受，并请他们考虑，他是否应当中止谈判，并打道回府。这样做比等待"危险的、甚至是悲剧的结果要好"。文森迟疑地说："在肯塔基州，我们从来不会请客人离开。"

凯恩斯想回到克莱顿的50亿美元的建议上，但已为时过晚。美国人可以把贷款提高到40亿美元，再加上租借收尾的资金。他们接着讨论了"免息"条件。克莱顿坚持"我们的国外收入必须包括净无形收入"。

凯恩斯在10月21日给母亲的信中说："我们在谈判中已经达到这样一个阶段，没有伦敦的指示就无法进行下去。从表面上看，事情发展得并不顺利，但双方都认为达成一个各方都能接受的方案是至关重要的，所以我仍然保持乐观。在老年时期到来时，我不再像过去那样忧虑太多。"道尔顿当时在准备10月23日发布的预算，所以还得等一段时间。

在过去的七个星期里，伦敦的大臣们同他们在华盛顿的代表之间的鸿沟越来越大。简单地说，英国在华盛顿的谈判代表都是亲美派，而他们在伦敦的上司一律是反美派，保守的谈判家们在为致力于大规模国有化的工党政府进行谈判（凯恩斯是自由派）。凯恩斯在美国和俄国之间选择美国的立场在工党上台和冷战开始之后得到加强。工党内阁不愿把英国的命运同美国拴在一起的原因正是凯恩斯想要这么做的原因，而且对他来说越来越重要。

正如在布雷顿森林协定的前期谈判中一样，凯恩斯常常批评美国，有时还说要中止谈判。但是，除非他确实感到美国的做法将伤害英国的时候，他是不会这么做的。所以，美国人在谈判中的让步足以使他相信美国是处于根本的良好动机。因此，他很容易用一些次要因素来解释英美关系，把英美争斗看成是工作方法不同所造成的"误解"。最重要的是，美国行政当局必须让国会满意。

凯恩斯也深知时间安排上的重要性，布雷顿森林协定必须在年底获得英国议会的批准，如果同美国在金融上达不成协定，布雷顿森林协定将会垮台。对凯恩斯来说，中断谈判是不可取的，因为整个战后的重建工作有赖于此。文森和克莱顿也受时间表的限制，他们希望国会在12月中旬休会前批准对英贷款，不然反对力量还会加强。凯恩斯坚信美

第九部分 最后一搏

国不会逼迫英国中止谈判。这给了他一点点的筹码。

凯恩斯想加快进度的原因还同他的不稳定的健康状况有关。在给家人的信里，他总是说他"感觉很好，能够胜任下一轮的工作"。莉迪娅在"饮食、冰袋、休息和睡眠上都执行了铁的纪律"。只要有可能，他俩总是在斯塔特勒酒店的套间里吃晚餐，早早上床睡觉。莉迪娅从沙拉底下找出冰块，做成冰袋，放在梅纳德的胸前。然而在10月7日，凯恩斯已经发作了一次心脏病，原因是"工作太多，吃得太过量"。谈判时间延长后，他的胸口痛也重新发作，他开始服用苏打胶囊来缓解疼痛。如果是一个完全健康的人，他就会飞回伦敦，要求更加灵活的指示，但他的病状把他拴在华盛顿。他不能冒飞行的风险，所以他请求内阁秘书爱德华·布里奇斯爵士到华盛顿来，让他亲自证实代表团所言不虚，但是艾德礼首相否决了这个建议，因为他"不想把注意力集中在金融问题上"。因此，正如罗宾斯所说的，凯恩斯常常"在深夜起草电文。这些电文在文学风格和措辞上都是一流的，但最好由小人物这样写，因为这种写法对那些大臣们来说有点莫名其妙，他们觉得已经被他的雄辩才能骗过一次"。最后这一点很重要。凯恩斯有雄辩的才能，但没有简练的习惯，他需要一个能够施展他的劝导能力的气氛。今天，我们可以欣赏他那些电报的写作氛围，但也应当理解那些承受很大压力的大臣和官员们为什么会觉得这些电报让人糊涂。

美国条件的恶化促使凯恩斯想尽快完成谈判任务，而伦敦的态度则正好相反。有些官员仍然希望获得理想中的"公正"，另一些人则担心英国的负债能力。大臣们还看到另一个陷阱：英国将在收支平衡到来之前就被迫让英镑自由兑换。

英格兰银行的立场最顽固，但在政治上也最没有希望。为了保住英镑区，它反对取消英镑债务，反对不成熟的自由兑换，也反对从美国借贷。如果说它有政策，那就是在英国搞紧缩政策，用英镑债务作为筹码，迫使英镑区接受英国的出口商品。这就把贸易政策提到议事日程上。帝国主义派和国家贸易派的社会主义者合为一股，要求放弃租借协定第七条的那些承诺。财政部的艾迪和英格兰银行的考伯尔都反对任何束缚英国手脚的协定，这在工党内得到呼应，因为内阁担心美国贷款的附加条件将限制英国推行闭关自守的社会主义经济的可能性。

现实主义的评论家们也许会指出，凯恩斯对英美两国之间的真正利益冲突视而不见。但在伦敦的批评者们并没有提出行得通的替代选择。不管怎么说，没有人愿意面对"饥饿之角"。英国是一个民主国家，而不是苏维埃政权。然而，正如弗雷迪·哈莫所指出

第 42 章 避免"金融敦刻尔克"

的,伦敦"抱住一个极端愚蠢的观念不放,以为我们既能够同美国在重大问题上决裂,又能够得到帮助我们渡过难关的资金"。

伦敦的不一致的看法在10月27日由道尔顿签发的电报中反映出来,这份电报是对凯恩斯在10月19日和20日的电文的答复。米德认为这是"艾迪和考伯尔的糟糕的表现"。这些电报基于一个逻辑上站得住脚的观点——即以义务来交换援助。英国可以接受45亿美元的贷款,其中25亿的利息为1%,而英国承诺将批准布雷顿森林协定,组织一个国际贸易会议,并解决英镑债务问题。或者,英国可以借25亿美元的商业贷款,再加上租借收尾资金,但不能承诺任何义务。

道尔顿的电报让"凯恩斯气得脸色煞白,说要辞职"。但在第二天,哈莫写道:"梅纳德经过深思熟虑,在写了两份措辞尖刻的电文又把它们毁掉之后,完成了一份很好的电报。他告诉道尔顿,第二个选择根本行不通。商业贷款的利息是3%,而且要求立即开始偿还,如果提出这个要求,美国人就会认为英国在组织一个不同的经济区。第一个选择也许有希望,但利率是2%,而不是1%。伦敦同意接受2%的利息。

凯恩斯为解决英镑债务问题所做的努力同样碰到困难。美国人要求解决这个问题,因为英镑债务的存在将影响英国对美国贷款还本付息的能力。当凯恩斯提出的取消、筹资和解冻三个建议传到伦敦时,"考伯尔和艾迪大为光火,说我们并不能向美国人保证取消部分债务或者释放多少封存的账户,并允许这些账户转化为美元账户"。他们同凯恩斯进行了激烈的争论。后来凯恩斯这样讥讽英格兰银行:"有些遮羞的做法或许能骗过伦敦的老太太,但在严重的状态下,谁也骗不了。"凯恩斯被授权向哈里·怀特提出他的关于英镑债务的建议,但不许给出数额、承诺和时间。在第156号电报里,道尔顿解释说,如果美国的援助是无偿的,其"道德动力"将会使英国获得英镑债务的大幅度削减。没有这种"道德动力",无人能够保证结果如何。如果美国试图迫使英国做出数额上的承诺,"整个谈判将会中止"。

同时,贸易谈判也由于自治领反对消除帝国特惠而岌岌可危。罗宾斯和霍尔—巴奇于10月28日飞回伦敦,公开的说法是"讨论英美在帝国特惠问题上的分歧",并消除在金融谈判中的误解。罗宾斯给道尔顿带来一封凯恩斯的信,该信抱怨美国到处都是危险的、发疯的游说,"并警告政府不要重蹈1931年金融大危机的覆辙"。"除了美国的大规模援助之外,政府不可能通过国内政策找到出路。"凯恩斯和哈利法克斯决定在罗宾斯回来之前,暂不向美国人提交道尔顿的第一个计划。

第九部分 最后一搏

罗宾斯和霍尔—巴奇于11月7日从伦敦返回,他们报告说,大臣们已乱成一团,让人感到可怕。他们用所有的时间来讨论国有化理论,大多数高级官员都快累垮了。斯塔福·克里普斯明白是怎么回事,贝文也开始理解当前的形势。但道尔顿尚未能阅读任何文件,也没有在这个问题上询问首相的意见。凯恩斯评论道:"我第一次认识道尔顿的时候,他还是国王学院的本科生,是约瑟夫·张伯伦的狂热信徒。他的房间里贴满了支持帝国特惠制的宣传品。一天晚上,他喝醉酒以后,被卢伯特·布鲁克改变了信仰,成为费边派分子。这就是为什么我们现在的麻烦那么多。"罗宾斯和霍尔—巴奇在伦敦造成了一定的影响。关于帝国特惠制的争论得到解决——至少是被束之高阁,这样内阁就能够接受"美国提出的在11月6日成立一个'国际贸易组织'的建议"。道尔顿的第二个计划被放弃了。在华盛顿的代表被告知,全力争取第一个计划,如果再失败,代表团可以接受修改过的第二个计划——即为期50年的40亿美元贷款,利息为2%,并有可能在同样条件下再借10亿美元。这样,伦敦一步一步地做了让步。

哈利法克斯大使在11月6日的日记中这样描述:

> 我从国务院来到财政部,在那里,我同凯恩斯、鲍伯·布兰德一起询问美国人对伦敦两个方案的意见。不出所料,他们不甚喜欢这些计划,他们还要再考虑一下。我越来越感到文森比克莱顿更难对付。我们在一间过热的会议室中讨论这些问题,尽管外面阳光灿烂,威尼斯式的窗帘仍然紧闭。我从来不明白美国人为什么要这样生活。

英国人提交了一份协定草案作为英方新的计划,美国人的高层委员会用休会时间来考虑这个计划。根据这份草案,美国的贷款将分为两个部分:一部分是20亿美元,再加上(英国人希望为5亿美元)租借收尾所需的资金;另一部分也是20亿美元,其作用是让现时的英镑收入能够同非英镑货币进行交换,并帮助释放部分英镑欠款账户。第一部分的25亿美元以2%的利息计算,偿还期为50年,偿还从1951年开始。第二部分的信贷也是分50年偿还,并从1951年开始,但在任何一年里,英国的有形和无形出口低于70亿美元的水平,也就是低于战前进口水平时,就能够获得免息待遇。当多边国际清算出现故障时,英国还可以推迟偿还本金的时间(英国商品出口的国家中,约有75%的国家的货币可以同美元自由兑换)。在国际经济衰退或者在美元被国际货币基金宣布为"稀缺币种"时

第 42 章 避免"金融敦刻尔克"

也可以推迟。

美方对第一计划考虑了三天之后,由文森和克莱顿在11月9日出面加以拒绝,凯恩斯立即启动了退却计划。双方继续开始谈判。英方要求把贷款增加到45亿美元,其中包括租借收尾资金,利息为2%。但美国在数额上的让步伴随着一大批新的和旧的要求,美国人明白英国人已经沉不住气了。他们要求,利息可以缓付,但不能免付;启动缓付程序要包括英国储备的状况。经常性收入的英镑不仅要在英镑区内自由兑换,而且还要扩大到所有同英国有收支协定的非英镑国家。偿付美国的贷款要优先于其他的债务。

凯恩斯忍无可忍。巴罗当时并不在场,他所做的半官方记录反映了这个戏剧般的时刻:

> 凯恩斯勋爵对继续谈判已经失去了耐心和兴趣。他想按美国人的意见,用他的临机处置大权达成协议。星期六上午,他说要达成协议,并在当天下午就开记者招待会,但他被劝说不要按这个计划进行。

11月10日星期六的会谈"非常紧张和折磨人",美国人进一步施加压力,要求撕毁9月24日刚刚签订的"英美石油协定"。该协定遵照布雷顿森林协定的第九条第二款,允许英国对其他国家的石油产品采取歧视的政策。"我们在石油问题上碰到很大麻烦,"哈莫写道,"在我们(特别是列昂奈尔·罗宾斯)的坚持下,梅纳德开始认真对待它,而不是把它搁在一边。"伦敦的最后一个难题是美国人对外汇管制的要求。美方提出,作为贷款的交换条件,英国必须放弃布雷顿森林协定第十四条所允许的在过渡时期继续采用战时的外汇管制。

11月12日星期一,双方的专家讨论技术性问题,大使和凯恩斯同文森和克莱顿再度会谈,但仍无进展。凯恩斯火气冲天地说:"为什么你们要这样折磨我们?"克莱顿坚持他的原则,滔滔不绝地告诫他们,说英国的伟大成就本来就是建立在自由贸易和货币兑换自由的基础上的。从这次火药味很浓的会谈中出来时,凯恩斯说:"有时我以为,'五月花号'上的第一批到美洲的移民都是律师。现在我想回到我早期的信念,这批人都是神学家。"哈莫报告说:"梅纳德神经紧张,难以同人相处,他已经筋疲力尽,对我们大家都有不好的影响……这一切都像一场噩梦。"美国人表示在11月15日拿出反建议草案。霍尔—巴奇写道:"我越来越感到担心。我们在'烟雾缭绕'的会议室进行谈判时没有证人,没有记录,这种谈判方式只有在我们对谈判对手有充分的信心,知道他

第九部分 最后一搏

们有权信守对我们的承诺时才行得通。我们现在是同一群'兔子'打交道,所以这种方式未必有效。"

尽管如此,凯恩斯仍然有些乐观,认为美方的修改草案会把英国专家的观点考虑进去,他能够在11月30日乘"玛丽王后号"回国。美国的新草案在11月15日上午9点送达斯塔特勒酒店。弗雷迪·哈莫到"梅纳德的套间时,发现他在床上,浑身颤抖,脸色惨白;他只能说一句话:我们最好收拾行李,准备回国"。哈莫觉得"美国的专家们有意采用种种愚蠢和侮辱性的技巧来撰写这份新草案:他们还加上几个新的要点。伦敦看到以后必然会怒不可遏"。英国代表团于10点钟在使馆集合。哈利法克斯"要求采取坚定的立场。他们决定不同美国人讨论这个草案,只是把它发回伦敦,并警告美国人,这份东西可能会产生什么影响。梅纳德神经紧张,很难抑制自己的情绪(这件事对他个人的打击是显而易见的)"。当哈里·怀特打来电话,要同凯恩斯讨论技术性问题时,"梅纳德在电话中对他非常无礼——我们都想避免发生这种事"。

下午三点,联合金融委员会"最重要的"会议开始。哈利法克斯、凯恩斯、罗宾斯、霍尔—巴奇、李和哈莫代表英方,文森、克莱顿、艾克利斯、麦科布、汤马斯、怀特和科拉多代表美方。

哈利法克斯在开场白中"用威胁的口吻和清晰的语言表示",美国的建议让这次谈判到了崩溃的边缘。美国草案中的有些内容是伦敦不可能接受的。如果这是美国的最后底线,英国代表团别无选择,只能打道回府。也许在一年或一年之后,他们可以在更加有希望成功的时候重开谈判。同时,英国不可能批准布雷顿森林协定或参加国际贸易组织的谈判。巴罗写道:

> 大使的声明明显地让美国人震惊。文森立即回答说,他完全不理解为何大使认为美国的草案根本不能作为讨论的基础。当艾克利斯在滔滔不绝地瞎说时,文森和克莱顿进行了耳语交谈。文森说大使所说的这一切并不表明双方面临谈判的破裂,他认为这份让英国人感到受到侮辱的文件和条款还可以再讨论,不应把它发回伦敦……大使非常得体地接住话头,说"在这间屋子里我们都是朋友,我们都想为同样的事业而努力"。

凯恩斯接着一条一条地评价美国的草案,一副嘲弄的神态。美国人要求,当英国人的

812

第 42 章 避免"金融敦刻尔克"

黄金和外汇储备超过进口的15%的时候就不能享受到贷款免息的待遇。凯恩斯反驳道，这样做的结果是"让英国人永远排队去领面包"，这个场合引发出了凯恩斯最著名的一句妙语。他正在解释英国的黄金储备已经太少，一位联邦储备局的官员打断他说："你们的黄金储备必须作为贷款条件的一个标准。你们也许能在一个岩洞里发现大批隐藏的黄金。"凯恩斯立即对法兰克·李说："岩洞里的黄金，法兰克，把它写进协定中去，我们接受这一条。"他严厉批评"延期付贷"而不是"取消还贷"的条款，"美国人同意，当我们无力还贷时，我们可以在55年中不还，但在55年以后，即使我们没有能力，也必须还"。最后，凯恩斯拒绝接受美国贷款的偿付应当处于优先地位的条款。艾克利斯争辩道："如果美国对一家破产公司进行资产重组，它有权要求相对于其他债主的最高偿还金额。"凯恩斯勃然大怒："你不能把一个伟大的民族当成是一家破产的公司。"哈莫认为"梅纳德情绪不好——过分激动。整个气氛令人难受。但是他的发言使得双方同意立即再进行一次会谈，在第二天上午先讨论不太重要的技术性问题"。

第一次会谈于11月16日星期五召开，凯恩斯的对手是怀特。哈莫写道："他们进行了艰苦的谈判，梅纳德几乎失控。"星期六又开了一次会，这一次更糟糕。哈莫说："我们现在都十分担心，梅纳德的身体不能承受这种压力。最重要的一件事是让他在下周休息一次。我们都希望在星期一的会谈之后有一段间歇，因为我们要等待伦敦方面的指示。同时，我们必须设法在星期一结束时不再发生激烈的冲突。"

凯恩斯和其他人在星期日起草了一批给伦敦的电报，列出相关的要点。代表团在这批电报的开头语中说："我们遭遇重重困难，我们应当提醒你们，更多的麻烦还在后头。"大使在11月18日星期日的日记中第一次提到了"内部冲突"："凯恩斯具有天才人物的种种缺陷，他是整个团队中难以相处的人。我同他的关系很好，而且大家都十分敬慕他的素质，但是，大多数人的头脑没有他来得快，所以对他提出的种种创新的建议心有疑虑，因为他们来不及全面思考这些建议。鲍伯·布兰德心态十分正常，我在很大程度上仰仗他的判断。"巴罗证实，"那天发生了'哗变'"。在为星期一的会谈做准备时，英国代表团决定由大使担任主讲，"不让勋爵多说"，而技术性问题则由布兰德这位谨慎的银行家领衔。

英国人希望美方在11月19日的金融委员会上提出正式的建议，然后他们可以把它发往伦敦。但是，"他们提出对草案进行讨论，只是把我们提出的修改意见和要求取消的部分用方括号表示出来"。文森"粗暴地"建议逐条进行讨论。由于这涉及技术性的问

第九部分 最后一搏

题,大使和布兰德都无法对付,所以英方别无选择,"只能把球传给凯恩斯勋爵"。他们"对草案各个要点进行了冗长、枯燥的讨论"。会谈之后,按照哈莫的说法,凯恩斯"恢复了正常",说他和哈里·怀特都同意,按照马利诺·艾克利斯的意思去做的代价不高,因为它涉及布雷顿森林协定和40亿美元。凯恩斯接着说:"怪不得此人是摩门教徒,没有一个女人能受得了他。"凯恩斯现在的俏皮话越来越少。

11月16日、17日和19日的三次会议又把双方带到突破的边缘,尽管在当时看起来不明显。后来发生的噩梦则是源于伦敦对凯恩斯谈判结果的否决。

双方的分歧被限制在下面几个问题上。在贷款数额上,英国想要借40亿美元再加上5亿美元的支付租借停止时英国已经订购的物资,两笔贷款的利息均为2%。美方则只愿意提供37.5亿美元利息为2%的贷款,并以2.38%的利息提供7.5亿美元应付租借欠款。英国想要的数额是净数额,而不是毛数额,而且要求把银行储备作为启动免息条款的一个标准。美方则坚持在两种情况下才能启动免息条款:一是偿还英镑债务的数额同时减少;二是偿还英镑债务的速度加快时也应当加快偿还美国贷款的速度。英国人希望把偿债的削减限制在美国贷款之后英国借的债,而且不把殖民地包括在加速偿还的限制之中。他们还要求把英镑自由兑换限制在英镑区的英镑收入里,而美方要求让英镑区之外的国家的英镑收入也包括在内。凯恩斯认为再有一天就能达成协议,他这么想是可以谅解的。

在伦敦考虑这些建议时,凯恩斯于11月2日给艾迪发了几封"关于会谈气氛"的信:

> 你也许能够猜到,过去三周或更长的时间里,我们的日子过得简直像地狱;当然我怀疑你能猜想出是什么样的情形。
>
> 我们同高层委员会达成的一致意见被他们不准确地转达给专家和律师们,而这些人并没有参加讨论。这批人的工作情况没有向我们通报,他们为高官们所写的东西同我们已经达成一致意见的东西毫无相同之处。美方的高层委员会采纳了他们的建议,随后扔给我们,就像一个最后通牒。我们只好通过一系列的会谈,尽可能地清除我们不同意的内容,并把双方原来已同意的文本,尽管不是全部地重新搬到台面上。这种情况不止发生了一次,而是不断地发生。

他在11月21日给佛萝伦丝·凯恩斯的信中这样说:

第42章 避免"金融敦刻尔克"

> 他们并不想伤害我们——但他们的思路如此狭窄,对将来缺乏远见,他们的知识非常有限,在固执己见方面却又毫无约束,他们在法律上的古板让人恼怒。但愿我不要再去说服任何人按我的意思做,因为我手头的牌实在太少。
>
> 你不难想象,我已开始耗尽全身的体力……

从华盛顿回来以后,凯恩斯给普莱什医生的信中详细描述了他的健康如何恶化的背景:

> 在头八九个星期里,只要不走路,不去想我的身体的病状,我感觉非常健康。在最后几周里,我两面作战,既感到责任重大,又感到非常恼火,我就开始撑不下去了。每隔两三天,只要有特烦恼的事或过分劳累,我的症状就会出现,让莉迪娅十分生气。每当我的心情引起肾上腺素上升时,我那衰老的心脏就承受不了。所以除了使用冰袋之外,我在24小时内尽量处于水平状态。然而,真正让我渡过难关的是苏打胶囊带来的奇特效果。

伦敦完全反对美国的草案。内阁在11月23日召开了一次紧急会议,赫伯特·莫里逊攻击财政部,说它不给凯恩斯足够的灵活余地。英国代表团收到了新的指示,这一回是从首相那里直接来的,英国政府愿意接受"不少于40亿美元的贷款,其中包括租借收尾费用,利息为2%,为期50年,五年后开始偿还"。作为交换,英国将让英镑区原有的安排"自由化",提请议会批准布雷顿森林协定,并采纳在11月6日达成的"贸易政策原则"。但是,英国不能(重复一次不能)同意在1946年年底之前就英镑债务同债权国完成谈判,不同意美国债务优先于他国债务,不接受把英国储备作为免息的一个标准,或者放弃对非英镑区国家的外汇管制的权利。凯恩斯一时没有看到危机即将来临。他在11月26日同文森的会谈进行得很顺利,文森同意对租借费用只收2%的利息。凯恩斯起草了一系列涉及争议问题的妥协条款,他认为美国人会接受,他把这些条款发给伦敦。他在11月27日请求道尔顿"迅速批准……这样我们既能达成协议,又能回国"。伦敦的反应,按照哈莫的说法,"既迅速,又让人不安"。伦敦"不同意就何时让英镑区自由化确定一个具体时间"。凯恩斯非常恼火,因为他已经对美国人有所承诺,这是整个计划的一个组成部分,他认为没有退却的办法。后来几天,日子越来越难熬,梅纳德的身体状况岌岌可危;莉迪娅泪流成河。电报仍在你来我往,梅纳德一天比一天感到绝望……

而伦敦来的电报越来越短,没有任何价值。

凯恩斯相信道尔顿背离了"我们能够提供的最有吸引力的建议"。他指出,道尔顿彻底误解了战后出口的英镑收入和战时的英镑债务之间的区别,所建议的自由兑换只涉及前者。道尔顿心虚地答道,他"并不知道在谈判封存的英镑债务之前就有承诺经常性英镑收入的自由兑换的'长远事业'"。凯恩斯正确地看到艾迪在给他的这场难堪中所起的作用,他怒气冲冲地说:"这批电报要么是威尔弗里德·艾迪爵士写的,要么是财政部送信的孩子们写的……"11月29日,内阁召开了一次关键的会议,辛维尔和比万两位大臣攻击凯恩斯提议的条件。下午4点40分,内阁同意的草案被发往华盛顿,当地时间29日上午到达。内阁坚持要求英国保留继续进行外汇管制的权利——该权利已被布雷顿森林协定所否定,英国还拒绝为英镑区的自由兑换设定一个时间。此外,政府还想要推迟支付本金和免除利息的条件,并拒绝在美国的债务和他国的债务之间建立任何联系。

收到这份电报,英国代表团一片混乱。他们在11月30日凌晨3点17分发回的第419号电报中说:"大家一致的意见是,我们被命令采取的步骤将酿成大灾难。"艾德礼和道尔顿给哈利法克斯的简短回电是:"我们明确的意见是,你们必须将我方的草案尽快提交给美国人,包括我们给你们的支撑的材料。"面临着代表团的集体哗变,道尔顿决定派内阁秘书爱德华·布里吉斯同财政部官员A.T.K.格朗特火速赶赴华盛顿,执行内阁的指示。罗宾斯对这天上午做了简短的记录:"当面挨了(伦敦)一巴掌。布里吉斯电报收到,同大使见面。戏剧化的场面——梅纳德声称要辞职。同大使共进午餐。"布里吉斯在12月1日星期六的午餐时间到达华盛顿,他立即同代表团开会。巴罗写道:

> 尽管布里吉斯对代表团同仁的处理很有手段,很快我们就明白,从伦敦来的电报中可以看出,他将取代凯恩斯成为金融谈判的领导。所以电报的抬头都要他本人"亲阅"。格朗特说:"凯恩斯不久前已经丧失了伦敦大臣们对他的信心,他们都为凯恩斯至今未辞职而感到吃惊。"当然,这批人一直都想让凯恩斯辞职。

布里吉斯在星期六那一天发现,整个代表团都团结在他们的病态的、严阵以待的团长(凯恩斯)的周围。12月2日星期天,英美双方在联合金融委员会进行了一整天的会谈。文森意识到发生了什么事,他刻意对凯恩斯领导的谈判大加赞扬。一天下来,一些英国

第 42 章 避免"金融敦刻尔克"

官员几乎累垮了。克莱顿也是一样,他是从病床上赶过来的。

果然不出预料,谈判的结果正如罗宾斯所说的是"丢脸"。英方提交了自己的草案。美国人表示不喜欢。美国人于是拿出他们的草案,英国人则花主要的时间试图修改成伦敦所要求的那样。他们在几个问题上有成果。美国人现在愿意提供37.5亿美元,再加上6.5亿租借收尾资金。这样一共是44亿美元,超过英国的预期数额。在免息问题上,美国人拒绝接受推迟偿还本金的条款,但愿意放弃美国债务优先的要求。在何时开始英镑自由兑换的问题上,美国做了一个小让步,把它推迟到国会批准英美贷款协定的一年之后,即1947年中期。然而,美国人坚持要英国放弃布雷顿森林协定第十四条的外汇管制权——即对英镑区以外的国家的英镑收入的管制权。布里吉斯得出一个结论:"没有多少可以再争论的东西了。"他请求伦敦授他全权同美方达成协议,"不必再去请示"。换句话说,布里吉斯在明白了华盛顿的氛围之后,有礼貌地告诉伦敦不要再继续干涉。他的行动非常迅速果断。当有人告诉他刚刚收到一份伦敦的电报,他说:"把它搁在那儿。如果那帮没用的家伙能有正确的答案,我就不用谈判了。"巴罗注意到,布里吉斯很快就完全站在代表团这一边。

伦敦继续坚持要保留英国在过渡期间的外汇管制权,但是毫无效果。政府几乎打算在这个"明确的、重要性有限的问题"上退出谈判。道尔顿在日记中写道:"他们(指美国人)将不得不在一两个月内重开谈判。"还是一相情愿的想法!在谈判结束时还有一段奇怪的插曲。英国官员们在12月4日星期二的晚餐后到维拉德酒店集合,等待一份"最高级别"的电报,美国总统事先收到通知,英国首相将发一份电报给他。电报到达时却是首相给布里吉斯的,要求在过渡期的外汇管制权上再作最后的抵抗。哈利法克斯给杜鲁门总统打电话,请他安心睡觉。凯恩斯也建议大家都回去睡觉。这时布里吉斯说,他们必须找到文森,把英方的方案交给他。但是文森在哪里呢?好几通电话之后,他们发现文森正在维拉德酒店的夜总会里。文森来到布兰德的房间,已经是醉醺醺的了。但他的头脑在拒绝英国最后的要求时仍然是清醒的。英国人想把英镑自由兑换限制在英镑区内。布里吉斯接着给国务院的迪安·艾奇逊打电话,后者态度更加坚定。第二天上午5点40分,布里吉斯给首相发了第463号电报,他说:"你必须明白,我们不可能在这个问题上改变美国的看法。向总统提出要求也无济于事。如果我们打算达成协议,我们相信唯一的办法是接受美国的方案……这份电报已让大使、布兰德和凯恩斯看过,他们都完全表示支持。"上午十点钟,伦敦决定投降的电报到达。大使写道:"他们告诉我们再争斗一次，但不要太过分，不要把事情弄僵。所以，我们几个商量之后，立即赶到会场，用凯恩斯的话说是'对着文森打上一梭子空枪'。"

英美谈判终于结束。12月6日，英美金融协定在国务院举行签字仪式，由哈利法克斯和克莱顿分别代表本国签字。在仪式上的集体照片显示，凯恩斯坐在哈利法克斯右边的一张玻璃台子上，无精打采。他已经疲惫不堪。但这只是一天活动的开始。他有一场给英国和英联邦记者的招待会，还有很多备忘录和信要写，然后为美国评论家和社论撰写人开一场鸡尾酒会。最后，他在斯塔特勒酒店为代表团全体成员举行晚宴，"为团队完成的工作表示庆祝"。他小口地进食，然后站起来开克莱顿和文森的玩笑，说大家今后绝不要再把美国人看成是英国人的奇特的一支。大使心情愉快，妙语连篇。他说在莉迪娅离开以后，华盛顿的零售店将会遭遇一场生意上的衰退。布兰德重复他常说的笑话，说同凯恩斯一同工作让他觉得自己是班级里的傻瓜蛋学生。法兰克·李则幽默地开凯恩斯的玩笑，罗宾斯则振振有词地谈论如何从黑暗时代中逃脱出来。莉迪娅很高兴，说梅纳德至今还活着。

12月7日星期五，凯恩斯面见杜鲁门总统，向他道别。然后他同莉迪娅一起去纽约。他们看望了几位银行家朋友，代收了J.P.摩根送给英格兰银行的特制银杯，然后在12月11日登上"伊丽莎白王后号"客轮离开了他的使团。正如法兰克·李所说的："没有你的激励和火力，代表团将失去时间和激情。"

5 凯恩斯的辩解

当凯恩斯还在海上的时候，英国政府在议会通过英美贷款和布雷顿森林协定。下院投票支持的占大多数（343∶100）。但对这两个协定的辩护却十分不得力。工党议员有29人投反对票。保守党议员中投反对票的有70人，多数是帝国派。他们不顾党内要求他们弃权的指令，一意孤行。即使是贷款的支持者也认为这是一个糟糕的交易。《经济学人》杂志对普遍的反应做了这样的总结："我们没有理由说我们喜欢这个协定……我们目前的需要是这样一个事实的直接后果，我们的参战比别人早，比别人时间长，比别人艰苦。"

罗宾斯回忆道："凯恩斯心情阴郁，十分烦恼。他坐在船舱里，从无线电里听到对他

第 42 章 避免"金融敦刻尔克"

的贷款和他的努力的颠倒黑白的说法,越来越感到生气和受辱。他竭尽全身精力来为他的辩护词润色。"他于12月17日抵达英国。从南安普顿港出发,在戈登广场做了短暂的停留之后就直接奔向议会上院。议会上院对布雷顿森林协定和贷款协定的辩护已经开始。他在那里坐了五个小时。

819 第二天,凯恩斯自己第一个在辩论中发言。他的目的是消除上下两院在辩论中出现的那些无知和怀疑的见解。贷款的支持者也认为这是一个屈辱的被别人强加在头上的协定。他们把攻击的矛头指向贷款的来源——美国。凯恩斯的辩护主题是,同美国达成的交易——接受贷款、布雷顿森林协定和贸易政策协定都是互相关联的一个总体计划的组成部分。每个协定以及总体计划并不代表美国在展示实力,而是两个伟大的民族为了一个共同目标所做的妥协:共同目标是重建自由经济。英国并没有受到侮辱。正相反,英国得益很多。此外,英国还得到了一个利息仅为2%的特殊贷款,这是对英国在盟国胜利中所做的特殊贡献的认可。凯恩斯就这样把在华盛顿的殊死搏斗包装起来,供大众享用。

凯恩斯对英美两国的谈判地位的悬殊以及国家利益的冲突做了巧妙的处理。他说,美国和英国用不同的方法来达到共同的目标,因为两国的民族特点不同。所以,他用"国会山复杂的政治"、"公众舆论的冷漠"、"契约和商业为基础的美国生活方式"等语言来解释美国同英国谈判的特点。美国对什么事情都要求明白无误,而英国人则比较喜欢模棱两可。所以这一揽子交易是他们寻求的确定性和我们希望的灵活性之间的调和。但从根本上说,双方的目标是一致的。

我们可以看出,凯恩斯试图从两方面达成一种微妙的平衡:一方面是英国能够期待的东西,另一方面是美国愿意给的东西。他只在一个问题上失去了平衡,他的激情暴露得很明显:"就利息来讲,只要我活着,我就不会停止对贷款的利息表示遗憾。这不是一个无息贷款。向我们收取利息同基本现实不合拍。这是基于一种错误的比喻(即把英国比喻成破产的公司——译注)。"美方收取的利息同英国在战争中的特殊贡献有矛盾。但是,即使在利息问题上,美国人也做了实质性的让步。我们在没有能力的时候可以不付利息。况且,本金的偿还期很长,而且在战后的早期阶段不用偿付,这样,我们一开始的偿债负担将比每年支付无息贷款还要轻。

用这种辩护的方法,凯恩斯进行了他的长篇演说:

第九部分 最后一搏

> 互相隔离的区域经济集团及其必然带来的冲突和敌意是走向一个相互敌对的世界的因素……只有发疯的人才会偏爱这样的世界。让贸易成为真正的国际贸易以避免形成互相隔离的区域经济集团的坚定努力……是一个充满希望的世界的必要条件。世界的最大希望将寄托在英美相互理解之上……我们当中有些人在完成战争任务和近期的和平任务时,从经验中懂得了一个道理,英美两国是可以合作的。然而,两国分道扬镳也是很容易的事。我请求那些对此计划不满的人扪心自问,你到底要走哪条路。

上院在继续辩论了五个小时之后,通过了金融决议案,90票对8票,大约100人弃权。这样,布雷顿森林协定在两院没有重大分歧的情况下获得通过。

凯恩斯在演说中制造了很多神话。但是考虑到公众舆论的敌对态度和他体力的严重透支,他的这篇对自己工作成就的辩护词是他一生中最富有勇气和最有技巧的公开演说。他知道如何进行表述,他为自己的想象力找到了恰当的音符。在华盛顿的那种单调的文风几乎被他变成了诗歌。也许在雄辩方面,他真正是一个伟人。雄辩一词在古典意义上的意思本来就是"劝导艺术"。詹姆士·米德曾经叹息:"如果理性的人们在理性的行为上达到一致以后,还能被允许用理性来描述,那么处理国家事务就会容易得多。"凯恩斯有时候也理性地表达自己。但他的感觉和他使用的语言要求人们用不同的标准来加以接受,有时他也能够让人们接受。那些字词和短语从他的脑子自然地涌现,这是因为他的个性和文化背景使然。半个多世纪以后,凯恩斯语言的魅力仍然不减。但当我们回过头看,就必然会问:他的梦想与现实是否合拍?或者说,这不过是一种"狂人的见解而已"?

关于凯恩斯的谈判风格,前人已有了很多描述。在他最后一次去美国的过程中,他实际上同两方面进行谈判:华盛顿的美国人和伦敦的英国人。我们如何判断他的表现呢?在华盛顿,他最大的失败是没能同文森搞好关系。一个是肯塔基州的律师,一个是享有特权的布鲁斯贝利知识分子。两人如同粉笔和奶酪,互不相容。凯恩斯在华盛顿的旧关系网已经解体。他实在太疲劳,身体又差,没有精力去构建新的关系网。他不是那种长时间交锋的华盛顿会谈的理想的谈判家。巴罗的说法有代表性:"他太聪明,太咄咄逼人,到最后也太劳累。"

但是,就凭这些,我们并不能说他是一个失败的谈判家。尽管他有时会陷入绝望的心

第 42 章 避免"金融敦刻尔克"

情,但他的适应性特别强,而且,正如大使正确地观察到的,有坚强的毅力和丰富的想象力。他早上醒来就充满了战斗精神。1945年秋天在华盛顿的英国官员里没有一个人能像他那样具有技术能力和信心对付一场复杂的金融谈判。文森和克莱顿在辩论中从来斗不过凯恩斯。但他们手里有鞭子。这是一场智力同强权的斗争。毫无疑问,凯恩斯常常让他们摸不着头脑。然而,在11月产生的许多技术上的困难——尤其是两位美国主要谈判代表不断地从原有立场上的倒退——却不是凯恩斯的错,而是由于他们的无知。他们发表的意见被幕后的"专家们"批评,然后被迫收回。

把凯恩斯看成是在代表团的孤立的成员也是不对的。哈利法克斯、布兰德、罗宾斯和利辛都在推动谈判中起了重要作用——特别是凯恩斯在重压下撑不下去的时候。华盛顿谈判中最感人的是这几位和他们的部下给凯恩斯的支持。他们敬佩他,尊重他,有些人还热爱他,因为他有非凡的才能、适应性、乐观精神、快乐心态以及毅力。当他的身体逐渐走下坡路时,他们对他更是呵护有加。

凯恩斯在伦敦方面则不太成功。他自己的主要责任是对英国的目标能够实现的可能性估计过高。因此白厅依赖他的"魔法"来获得根本得不到的东西。当时的一致观点认为凯恩斯给白厅做了"催眠",让政府相信他们想要相信的事情——也就是说,英国能够左右逢源,得到所有的好处。凯恩斯在去华盛顿之前对他的想法已有修改,也有疑虑。他也没有向大臣们说明英国也许要做出让步的可能性。他的"催眠"效果不在于论证,而在于他使用的语言。他的短语"甜蜜的公正"给谈判的结果树立了一个评判标准。而他的"饥饿之角"以及"金融敦刻尔克"则是对失败的惩罚。政府的所有决策都在他自己建立的情感框架之中。

他在离开伦敦之前迷惑了白厅。他到华盛顿以后还要为白厅解惑。但是,他的交流艺术不适宜用电报稿那种形式表达。他需要空间来展开他的宏大的、精妙的论证,而那些心情烦恼的大臣们只要求简短的、是非分明的电文,并要求明确的政策建议。布里吉斯在谈判最后一周才能做到这一点。凯恩斯本来就想让布里吉斯早点来华盛顿,但他最后到来时却是凯恩斯的一个屈辱。凯恩斯直到10月17日才告诉伦敦,唯一可能获得的是2%利息的贷款,即便如此,他还加上一句,"更好的方案也许会出现"。从他给伦敦的所有电文中找不到一段直截了当的说法,即这个或那个方案是美国能提供的唯一的方案。大臣们总是对凯恩斯的电报感到措手不及。最终的结果是对他的谈判技术失去信心。

然而,这些问题也不能归咎于凯恩斯一个人。弗里德里克·菲力浦斯已经去世,理查

第九部分 最后一搏

德·霍布金斯爵士身体有病，处于半退休状态，所以凯恩斯在财政部的影响大大下降。金融司的三巨头，艾迪、克拉克和格朗特一直反对贷款，并希望谈判失败。道尔顿在内阁做出最后的让步之后，给凯恩斯写了一封很客气的信："我亲爱的梅纳德，衷心感谢你完成了这场漫长而艰苦的战斗。你克服了种种困难，给我们争取到了美元。"但是他并不信任凯恩斯，而且有自己的算盘。道尔顿的敌意是因为他讨厌哈利法克斯——这位"慕尼黑协定"的主要人物，同时也是丘吉尔内阁的旧臣。况且，同凯恩斯一样，他在新政权里没有任何地位。

如果丘吉尔和罗斯福仍在当政的话，或者丘吉尔一人还在位，英国有可能至少获得无息贷款，而且附加条件较少。文森和克莱顿不断地强调国内政治不能允许无息贷款。我们不应当忽略，凯恩斯在1945年秋季的谈判对手都非常担心向一个社会主义政府提供资金。他们背后的国会则更担心。丘吉尔如果仍然在位，这就不是一个问题，而且他将能够，并且愿意打苏联这张牌。但是在1945年秋，苏联牌还未必奏效。1945年12月29日，苏联拒绝批准布雷顿森林协定。哈罗德·詹姆士认为这是冷战的真正开端。乔治·凯南的著名"长电报"是1946年2月22日从莫斯科发回的。这是把苏联作为美国的敌人的第一份重要的分析报告。然而，这些事件来得太晚，对凯恩斯使命的结局没有多少影响。

这就提出一个问题：凯恩斯在1945年3月18日的那份备忘录中提出的是否是正确的方案呢？"苦行方案"是节俭和沙赫特主义的不美满的结合。但它没有考虑英国可以采取的另外两个选择，既不用面临饥饿，也不用同美国对抗。

第一个选择是英镑贬值。英国在1949年不得不采取贬值政策。但在1945年也不是绝对不可能的。哈里·怀特在1945年夏的参议院金融委员会作证时，就指出英镑贬值的可能性，所以英国并不需要大规模的过渡阶段的援助。凯恩斯一直不赞成这种思路。因为它将产生的出口价格下降会超过出口数额的增长。此外，他对战后工业恢复的速度持悲观态度。这两个思路反映在他于1945年12月12日召开的华盛顿记者招待会上：

> 对一个国民经济有好处的贬值需要一些条件。汇率水平是否适当取决于相关国家的实际工资水平。如果工资处于真正有竞争力的水平，我相信我们的水平既是如此，那么贬值只会恶化这个国家的经济形势，而不能改善它。你们可以看到，这将意味着为进口商品支付更多的钱，同时又从出口收到较少的钱。如果一个国家的市场地位十分艰难，它也许不得不这么做。但我们现在不是这种

第 42 章 避免"金融敦刻尔克"

情况……我们可以出口任何我们能够生产的东西。我们面临的问题是，尽快把战时工业转换成和平时期的工业，并开始出口贸易。在这种情况下，把产品以不必要的低价格出口实在是太愚蠢了。

因此，在1945年，凯恩斯认为英国仍然在价格上有竞争性。出口的困难来源于供应不足。内阁经济处的米德在年初的"国民债务调查报告"中就批评过凯恩斯这个观点，他指出："由于我们的工业产品要同很多的出口国家竞争，而且还要同很多英国的出口市场的国内工业竞争，如果我们的出口价格下跌，肯定会带来出口量的大幅度上升。"米德也许还可以加上一点，英镑汇率的下跌所产生的主要影响是出口的利润率上升，这就能引起供应方面的回应。但是凯恩斯对这个观点不肯做出一点让步。

第二个被忽略的选择是耐心等待。当英国的战后经济形势比较明朗以后，再考虑借短期贷款来支付必需的进口商品。凯恩斯认为，一旦英美谈判开始，以后再产生破裂，英美关系将受到很大的损害。这个判断是正确的。但是，如果谈判根本就没有进行，或者至少没有这么大张旗鼓地进行，对英美关系就不会有太大影响。克拉克对这件事的回顾是有道理的：

放弃在1945年秋天制定"宏伟计划"的念头是最简单的计划，但当时无人能够说服凯恩斯。我们可以轻而易举地说："我们愿意签订布雷顿森林协定，参加国际贸易政策会议，但我们在没有看到新的世界将如何发展之前，不会做出任何承诺。我们将愿意在1947年开始谈判。"比方说，我们将会借10亿美元，而且接受租借协定的后续贷款，利率同主要贷款一样。这样，当战争突然结束，租借停止的时候，美国人就无法拒绝我们的要求，或者对我们强加附加条件。事实上，1947年的事态发展证明，那些多边主义的神学家们对"战后经济走向的观念"完全是错误的。1945年谈判的那些原则是美国政策的一部分。而且，共产主义对欧洲的威胁以及全球美元荒，促使美国提供几百亿美元（马歇尔计划）来支持欧洲对美国的贸易歧视！因此，推迟"宏伟计划"的谈判，借少量的贷款，如有必要，可以接受更高的利率，这些政策被后来的事态发展证明才是正确的。

第九部分　最后一搏

这不仅仅是做事后诸葛亮。布兰德、贝文、艾迪和英格兰银行在当时提出这类建议，但他们都是顺带提出而已。如果凯恩斯支持这个观点，他不会遭遇什么反对意见。回过头来看，我们能够理解为何这个选择被弃之不用。凯恩斯本人渴望在他离开这个世界之前建立一个国际经济体系，而工党则希望建立一个"新耶路撒冷"。两个希望的结合得到的结果是一个无法奏效的协定。希望战胜了现实。[824]

第 43 章

人死灯灭

825　从美国回来时，凯恩斯已经疲惫不堪，处于半死不活的状态。道尔顿在萨伏伊饭店宴请贷款谈判团成员时，凯恩斯"不得不躺在沙发上，整个晚上差不多都在休息"。但他体力恢复的惊人功能最后一次救了他。当列昂尼德·沃尔夫来提尔顿庄园参加一年一度的圣诞晚宴时，他的感觉已经好多了，但莉迪娅却筋疲力尽。他们谈了维吉尼亚·沃尔夫的事。凯恩斯建议列昂尼德在"回忆俱乐部"的下一次会议上朗读维吉尼亚日记的一些选段。2月，列昂尼德在戈登广场46号按凯恩斯的意思做了。圣诞节的第二天，莉迪娅为农工和他们的家庭开了一场晚会，"慷慨地分发了她在华盛顿购买的礼物"。他们"表演小品，唱歌，喝着啤酒，吃着点心，孩子们非常可爱，举止也很得体。查尔斯顿的朋友们也来参加。我们感到这里有一种乡村的文明"。查尔斯顿的朋友们表演了一出流行广播滑稽剧《智囊团》，由邓肯·格兰特扮演一位主教大人。12月28日，梅纳德的侄子理查德和史蒂文带着莫里斯·希尔来参加打猎活动。梅纳德很高兴同"小伙子们在一起"，史蒂文第一次打到一只山鸡。

1946年1月1日，秘书史蒂文斯夫人到来，"梅纳德的工作也开始了"。但这是他喜爱的工作——"没有忧虑"的事情，他主要是在为皇家歌剧院的重新开张做准备。此外，他也做了其他工作。他给财政部的丹尼斯·普洛克特写信，反对会引起通货膨胀的劳资协议。他还开始继续撰写一篇论文《美元荒会到来吗？》。他在华盛顿谈判的间歇期间同哈莫和苏格兰银行的大卫·麦克拉克一起写了一个提纲。

1月5日，"完美的气候"让他再次感到"十分健康"。几天后他将重返伦敦，开始财政部的工作。1月18日，一位在财政部办公室见到凯恩斯的美国财政部官员发现他"气

第九部分 最后一搏

色很好,得到了充分的休息"。

凯恩斯在1946年2月2日的政治经济学俱乐部的聚会上宣读了他的《美元荒会到来吗?》。该俱乐部现在由丹尼斯·罗伯逊主持,周四晚上在三一学院他那寒冷的起居室中举行。凯恩斯的中心观点是,美国的美元顺差将比人们预料的要消失得更快,这是市场机制的"无形的手"所造成的。已故的哈里·约翰逊记得凯恩斯坐在一张圆椅上,靠近壁炉。壁炉的火苗虽旺,但没有散发出多少热气,"他的双腿荡在身前"。他几乎不看手边的发言稿,给大家做了一场"高品位的演讲,结构十分精巧,每个句子都是优美的英语,而且每个段落都有抑扬顿挫的节奏——真正是一流的表现"。演讲的论点实际上是"反凯恩斯经济学"的观点。他对他自己提出的问题给予否定的答复,这就要依赖"长时段的古典经济学的机制,从根本上说,就是国际收支顺差对货币、工资等有什么影响"。会后,约翰逊告诉罗伯逊,说他非常喜欢这篇论文。罗伯逊答道:"噢,但是你没有看到过去在这里常有的东西——他那顽皮的脑袋。"

达迪·瑞兰兹希望凯恩斯在1946年不光要为国民经济做贡献,还要"找时间阅读詹姆士一世时期的戏剧作品,并在身边放上一瓶葡萄酒"。凯恩斯也确实希望减少在财政部的工作。一方面,他的健康不佳,另一方面,他对新政府没有好感。他同道尔顿的关系并不亲密,对工党的计划经济倾向也感到怀疑。在社交当中,他同保守党左派的关系比同工党右派的关系要好得多。但他决定不提出辞呈,因为他的工作为"防止邪恶"提供了机会,这是"一个人在世界上所希望能够做到的事"。和平时期的金融问题虽然还不是灾难性的,但并不比他在战争中面临的形势缓解了多少。况且,如同任何对某件事有重大影响的人物一样,他觉得他如果不继续做这件事,他的使命就没有完成。

最主要的任务是让贷款起实际作用,他坚信这是可以做到的。他告诉美国专栏作家沃尔特·李普曼,最大的障碍"是英国人的心态。他们打心眼里不想接受英国的地位已经完全走下坡路的现实,也不愿意看到,英国不但不借钱给别人,而且还要向别人乞讨金融援助"。贷款能否奏效取决于英国人愿不愿意削减海外和国内的过量开支,并解决英镑债务问题。作为预算委员会成员,凯恩斯也参加一些预算公布前的讨论,但他在白厅的时间主要是花在与贷款有关的事务上。

他在1月29日写信给布兰德:"外交部和其他部门既有沙文主义倾向,又有济世倾向。财政大臣在很多事情上拿不出办法。我们的美国贷款的果实正在被人家享用,而英国人自己却得不到。"2月,凯恩斯写了一份"耸人听闻"的报告,并立即把它提交给内阁。他警告说，英国正在浪费贷款"以在全世界面前摆阔"。他对英国在海外的金融负担批评甚烈。在意大利维持一个波兰军的费用必须同英国国内的咸猪肉的配额供应联系起来看。英国应当停止提供所有的政治贷款。它应当大幅度削减扎在希腊、埃及和别处的海外驻军："我们不能把我们的计划建立在我们已做好一半准备，并且是半心半意地准备同苏联开战的基础上。我们在收支平衡方面花了双倍的代价，而在国家经济的安全上花了一半或者四分之一的代价。英国单独为德国负责，为非工业化和破产的德国提供食品。这样一个政策简直是疯狂已极——我们不能忘记上一次大战的教训。"

凯恩斯也在为国际货币基金组织和世界银行的开幕活动做准备。2月19日，他被任命为这两个组织的英方董事。经过一段时间的谈判，开幕式定于3月初在美国乔治亚州的萨凡纳城召开。他在2月12日给布里吉斯的信中说："我仍然为是否出席而左右为难。"但他希望在它们诞生之际能在现场。此外，关于两个机构的总部所在地问题尚未解决，还有执行总裁的功能也有待进一步谈判。普莱什医生和莉迪娅则认为在较暖和的气候下休息一段时间，工作量也不大，对他的健康有好处。他决定出席会议的一个主要因素是他对海上航行的偏爱。他告诉谢帕德："海上航行就像假期中的短途游览。"

凯恩斯的身体状况不久就出现问题。考文特花园的皇家歌剧院将在2月20日重新开张，并上演一出《睡美人》，由萨德勒剧院的维尔斯芭蕾舞团担纲主演，布景由奥利弗·麦瑟尔重新设计，康斯坦特·兰伯特任指挥，马戈特·冯坦因主演奥萝拉——这是莉迪娅在1921年曾演过的角色。当时凯恩斯正在追求莉迪娅，那出由迪亚格列夫制作的《睡美人》虽然非常优秀，但票房收入很不理想。罗伯特·海尔普曼同时扮演弗劳里蒙王子和邪恶的精灵卡拉鲍斯。作为考文特花园信托委员会主席，凯恩斯应当迎接英王和王后，并引导他们去皇家包厢。他对剧院的重新开张非常兴奋。在他的组织下，这个战时用来做舞厅的剧场恢复了战前的辉煌。木制地板被拆除，小乐队的舞台被移走。原有的红色椅子已从仓库里取出，整个剧场又重新粉刷了一遍。在开张前的两三个星期里，凯恩斯神经紧张地去剧场视察了好几次。他特别高兴的一件事是在月底把94岁的老父亲请到剧场经理的包厢观看了一场早场演出。

凯恩斯告诉母亲，开幕式演出"非常辉煌"，王室成员和内阁都出席了。不幸的是，凯恩斯"在财政部忙了一天，非常繁忙，天气也很冷。到了晚上，他身体支撑不住了，不能履行所有的职责"。他是在故意轻描淡写。实际上，他同道尔顿进行了三个小时艰难的预算会议后，迅速赶赴剧场，而在王室成员到来的几分钟前，他犯了一次轻微的心

第九部分 最后一搏

脏病。莉迪娅代表他迎接乔治六世和伊丽莎白王后以及其他王室成员。凯恩斯强撑着在第一次幕间休息时招待一批来宾,并在第二次幕间时段向国王和王后介绍了剧场情况。玛丽王太后的记忆力很好。她告诉凯恩斯,她在几年前很高兴地同他的母亲佛萝伦丝·凯恩斯见过面。开幕式结束以后,凯恩斯收到很多信,说这个场面让他们感到非常感动。他认为:"这主要是因为很多人在心里都有恐惧感,以为优美、文雅的那些旧时的东西已经一去不复返了。所以,当他们突然发现这些东西尚未完全消失,心里就有一种异样的振奋感。" [828]

凯恩斯的身体又一次奇迹般地恢复过来。第二天他自己感觉很好,普莱什医生再一次允许他出国旅行。2月24日,梅纳德和莉迪娅乘坐"玛丽王后号",最后一次登上了去美国的旅途,陪同他的有财政部的罗韦—达顿、英格兰银行的罗伊·布里奇和乔治·博尔顿,他们于3月1日抵达纽约。尽管这次横渡大西洋的旅行十分艰苦,凯恩斯没有放弃任何一次进餐的机会。他们在纽约的一个星期里参加了很多与芭蕾舞有关的活动。他同莉迪娅一起还写了一封给萨德勒剧院的维尔斯芭蕾舞团团长妮奈特·瓦洛阿的信,大谈芭蕾界的小道消息。他们同巴兰辛和丹妮洛娃一起喝茶,认为他们的俄罗斯蒙特卡洛芭蕾舞团是"这个国家里唯一的一项严肃的艺术事业"。

3月5日,他们再次回到华盛顿的斯塔德勒酒店。凯恩斯同摩根索和他的继任文森见了面,他告诉摩根索"贝文是一个好人"。当摩根索问他,如果美国对"法西斯的"阿根廷进行经济制裁,英国将如何动作?凯恩斯用他惯常的鲁莽态度说:"什么也不会做,我们没工夫顾及这类事情。我们非常依赖阿根廷的牛肉。"他还告诉摩根索,温斯顿·丘吉尔来华盛顿的目的是为了阻止伯纳德·巴鲁克对英美贷款的抵制。事实上,丘吉尔做得更加漂亮。在萨凡纳开幕式三天前,丘吉尔到杜鲁门总统的家乡发表了著名的"富尔敦演说"。他警告说,"铁幕"已经降临欧洲,这是以苏联为中心的共产主义扩张运动的结果。共产党通过在西方的"第五纵队"采取行动。这个"第五纵队"的间谍之一是哈里·戴克斯特·怀特。怀特认为世界的未来将更多地依靠美苏之间的友好关系,而不是英美关系。

凯恩斯同文森会谈之后,感到萨凡纳会议并不是他期待中的度假。文森直言不讳地告诉他,国际货币基金组织和世界银行都将把总部设在华盛顿,而不是英国希望的纽约。这个决定是为了使这两个机构不要受到"国际金融资本"的污染。据凯恩斯的说法,他对此"反应十分强烈"。他们也谈到了哈里·怀特。凯恩斯本来希望怀特出任国际货币

878

第 43 章 人死灯灭

基金组织的总裁，而美国参议院已批准他做执行主任。文森说，原先对他做总裁的考虑被取消了。美国人希望世界银行总裁由美国人出任，所以国际货币基金组织总裁就应当由欧洲人出任。凯恩斯并不知晓，怀特的总裁提名被取消的原因是杜鲁门总统在2月4日收到的一份联邦调查局的报告。政府决定，把怀特挤出财政部，不让苏联有所警觉的最佳办法是让他出任安全风险不高的执行主任。怀特当时已被联邦调查局监控。萨凡纳是凯恩斯和怀特在国际场合见面和争论的最后一个地方。

萨凡纳在纽约以南750英里的地方。梅纳德和莉迪娅住在会议所在地威明顿岛的奥格尔索普将军酒店。出席会议的人很多——被提名的董事、候补董事、观察员、秘书，还有记者。凯恩斯非常喜欢这个19世纪的优雅的城市，那里还有一个20世纪的现代化的港口。他到达时对媒体发表了一个讲话，称萨凡纳为"隐藏在精美的面纱后面的美丽的女人"。他在给哈利法克斯的信中这样评价美国南方："这简直是另一个国家。在很多方面，我对它更加偏爱。"

不幸的是，在萨凡纳出席会议的美国代表团还是他在华盛顿打过交道的那批人，由文森和克莱顿率领。巴罗写道，在3月9日星期六的开幕式上，"文森发表了一个冗长而华而不实的演讲，其中充满了冲动而又言不由衷的那种对将来的希望。他讲完之后，中国人、捷克人、法国人和墨西哥人都用同样的调子说了一通。凯恩斯的演讲给会场带来了一股新鲜空气，他用童话中的精灵来做比喻……"在凯恩斯的脑海里和词汇里，这对孪生兄妹——"基金先生和银行小姐"——的出生场面让他想起了刚刚看过的芭蕾舞剧《睡美人》的开场命名那一幕。他当然希望"基金"是女孩而"银行"是男孩。在《睡美人》里，童话中的教母们给刚刚出生的奥萝拉公主赠送礼物。凯恩斯给基金和银行赠送的礼物是"普世主义"、"勇气"和"智慧"。他在巧妙地编织了这个主题之后，说他希望今后不会出现"邪恶的精灵和卡拉鲍斯"。会议的组织者忘了请他们到会，如果真的请了他们来参加金融机构的命名大会，邪恶精灵一定会发出这样的诅咒："你们两个娇儿长大后将成为政客；你们的每句话和每个行动都有不可告人的企图，你们决定的事情不是为了事情本身，而是另有所图。""如果这对孪生兄妹真的在今后变得政治化了，最好让他们进入永久的睡眠。"代表们对凯恩斯这段非常精密构筑的故事是否听懂了还很难说。文森觉得凯恩斯的讥讽语言是针对他而来的。他抱怨道："说我邪恶我还能接受，称我为精灵可不敢当。"

英美在两个主要问题上有分歧：基金和银行的总部驻地以及基金的操作形式。英国希

第九部分 最后一搏

望这两个机构不带政治色彩,以技术标准来决策。所以他们希望把总部移到华盛顿之外。此外,他们希望货币基金由一位总裁和他的班子来控制,不受任何政治权力的干预。基金将由12位执行董事和候补董事代表国家和地区,但这些董事的位置不是全职工作,工资也不是全职工资。美国人则想把基金和银行都放在华盛顿,希望让执行董事为全职工作,工资待遇很优厚。他们设想有一个300人的技术人员队伍,而凯恩斯认为30个人就"足以处理日常事务"。

双方在3月13日和14日讨论了这两个问题。保罗·巴罗的记录显示:"总部驻地问题小组在下午开会。美国非常粗鲁地拒绝了所有的反对意见。"凯恩斯决定有礼貌地做出让步,但他认为这是一大错误。他说,把总部放在华盛顿的决定并没有人反对,但也不是说所有的人都赞成。第二天,克莱顿就第二个问题提出了一个调和方案,凯恩斯也不大情愿地接受了:尽管执行董事和候补董事都是全职人员,但平时只要一个代表即可。但凯恩斯不同意所有人员的工资都是免除税收的安排,而且以美国的标准为基础。他认为,让这两个机构的预算承担一大批官员的工资是错误的。"在道尔顿的指示下,凯恩斯投票反对那种职责不明确、工作不繁重而享受优厚的免税工资的华盛顿生活方式。"不出所料,他是唯一的批评者,他的反对票也是会上的唯一的一张。

凯恩斯后来曾说:"我到萨凡纳去的目的是同整个世界打交道,没想到我碰到的是一个暴君。"然而,他夸大了萨凡纳会议上的争斗。凯恩斯非常注意自己的身体,事实上,在萨凡纳的工作很少。尽管如此,他仍然感到过于劳累。3月19日早晨,他在萨凡纳去华盛顿的摇晃的专列上,从长长的火车通道里到餐车去吃早餐。据他说,他走的速度太快,一下子喘不过气来。他挣扎着走到餐车,但已经累垮了,就像一次长跑之后的那种全身紧张的状态。一个小时以后,他感觉好了一点,又开始走回包厢。他在半途中支撑不住,由别人把他抬回餐车,放在餐桌上。莉迪娅在他身边,鲍伯·布兰德和哈里·怀特在一旁焦虑万分。两个小时以后,他又恢复过来。到华盛顿以后,他艰难地坐进出租车回到斯塔特勒酒店。经过一晚上的休息,他觉得"跟过去一样"。第二天,他和莉迪娅住在纽约的华尔道夫酒店,并于3月21日早上乘坐"玛丽王后号"驶往南安普顿。

凯恩斯对他的最后一次访美所作的思考反映在他于4月4日给伦敦的道尔顿的信中。他很有信心地说,美国贷款将会在国会通过,"因为同苏联的关系已经发生了变化"。他建议在英镑债务问题上"拖延"六个月,因为贷款让英国能够继续积累债务,这显然回到了他的"诱惑方案"。他重复表示,美国现在已成为高生产成本的国家。所以,美

第 43 章 人死灯灭

元荒将最终消失。

凯恩斯于3月27日回财政部上班,艾迪对他的面容大为吃惊:"他不但面色惨白,而且瘫坐在椅子上,非常温和,似乎他已经不能对日常事务重新感兴趣了,而在平时,他总是给我们指引方向。"但不久他又恢复常态,在批评米德的经济预测时,用种种"讥讽、粗暴和无礼的妙语"让米德气得掉眼泪。米德制定了一个计划,将国民收入和支出放在一个预算年度中作为政府收入的预测,这样就能让经济计划和财政计划采用同一套数据。凯恩斯非常气愤。他希望战时的计划经济自行死亡,并认为把计划经济尽量排除在预算考虑之外是最佳的催命符。这是米德同凯恩斯的最后一场冲突。这件事并没有影响米德对凯恩斯的评价:"这是一位我所认识的最伟大的天才。"他后来一直把凯恩斯称做"我的上帝"。

凯恩斯在复活节假期到来之前找机会去提尔顿过了两个周末。在其中的一次周末里,他写了一篇3000字的文章《萧伯纳和艾萨克·牛顿》。萧伯纳已是一位90岁的"可怜的老人",他在1月给凯恩斯写信,对他在议会上院的贷款演说大为赞赏,说这是一场"悲剧表演"。"那帮贵族老爷们大声喊叫,啊,多么认真哪!但他们对自己讲的事情却一窍不通。这时,那个奇怪的人物梅纳德·凯恩斯站起来,用知识和现实让这帮人的头脑冷静下来。"凯恩斯被邀请为萧伯纳的90大寿的论文集写一篇文章。他在4月7日星期日开始写作,并向论文集编者写信道歉,说这篇东西"写得太差,太马虎"。他的文章对萧伯纳的剧本《查理王的黄金时代》进行一些批评,指出其中的小错误和不合时宜的地方。这部戏的背景是牛顿在剑桥的家,而牛顿并没有在剑桥安过家。文章的结尾是这样写的:"我希望这部庆祝萧伯纳生日的文集不要漏掉我,但我由于把精力都花在世界事务上,思考和下笔都难免不顺。我十分匆忙地写下这些简短的话,但远没有反映出我对萧伯纳的热爱和崇敬。"

4月11日星期四,他在英格兰银行董事会后在那里进午餐。他告诉亨利·克莱,说他依靠亚当·斯密的"看不见的手"来把英国带出目前的困境。他继续指出:"20年前,我试图把'看不见的手'赶出经济思想,但现在我越来越依靠它的力量来找到解决问题的方法。"亨利·克莱在信中写道:"这是一位最重要的计划经济学者所做的很有意思的忏悔。"蒙塔古·诺曼已经退休,他收到克莱的这封信后,在回信中说:"关于凯恩斯……我认为他依靠的是智力,这意味着他忽略'看不见的手'。而且,我认为他被哈里·怀特引入了歧途。然而,获得贷款而不考虑偿债必定不是难事,难的是如何偿还。

第九部分 最后一搏

除非大西洋两岸都产生通货膨胀,这样就会影响美国人的还债索求,并能够让英国人的日子好过一些。除此之外,还有什么希望呢?"

凯恩斯在第二天,4月12日,开始复活节假期。这年春季的气候非常好——"绝对不是英国的那种天气,难道是太阳黑子运动的结果吗?"他每天早晨做几个小时的财政部工作。他坐在花园里阅读最近购买的伊丽莎白一世和詹姆士一世时期的剧本作品。他的母亲来提尔顿小住,他们一起在农庄里散步。有一天上午,他戴着在华盛顿买的草帽,身着浅蓝色的西服,带母亲去看小牛如何被切割成大块肉,这是为农场的农工家庭的复活节宴会准备的。

凯恩斯非常疲惫,但他还不准备死。4月18日星期四,他同克莱夫和范奈莎·贝尔夫妇以及邓肯·格兰特一起在查尔斯顿共进下午茶。莉迪娅没有一同前去,而他则在那里一直待到晚餐时分,就像在过去的时光里一样。克莱夫·贝尔给玛丽·哈钦森的信中说:

> 很少看到他的情绪如此之佳。他非常快乐,有很多事情要做。我们谈到罗杰(弗拉埃),我正好要为美国人写一篇关于他的文章。我们还谈到泰特画廊的成功画展以及今后办法国画派画展的计划。他对金斯利·马丁在俄国占领区的遭遇感到高兴。他对英国政府大加诋毁,并用半个多小时的时间认真讨论邓肯的一个狂热的计划,要在考文特花园为萧伯纳的90大寿举办一场庆祝演出,最后由一位漂亮的女演员(不是西珀尔·桑戴克夫人)给他戴上一只花环,就像伏尔泰那样。也许他能够成功地实现这个计划。我有理由相信他已被授予荣誉勋章,而且非常高兴。(凯恩斯确实获得此勋章)……他最后告诉我,他想写一篇关于利顿(斯特拉彻)的文章,如果能够完成,他将在下一次的"回忆俱乐部"聚会时宣读这篇东西。

4月20日星期六,他第三次去弗勒灯塔的海滨,这次是乘车去的,莉迪娅和他母亲也同他在一起。回来时,他和莉迪娅决定徒步行走。他已经多年没有走这段下坡路了,从他生病以后就没有走过。他感到身体还可以,能够再试一试。

佛萝伦丝后来写道:"我看着他们两人渐渐地从坡顶消失了。他弯下腰对她热切地讲着什么,她抬头看着他,热切地回应。"他在对她描述汤玛士·帕奈尔的一首诗。帕奈尔是波普和斯威夫特的朋友,凯恩斯刚刚买到他的诗集的第一版。他用这些话来结束他

第 43 章 人死灯灭

的评论:"所有这一切都只有一个意思:不用担心,神圣的公正总是存在的。"

4月21日是复活节,星期日,他躺在床上离开人世。人们在他如何去世的细节上有争议。罗伊·哈罗德写道:"第二天清晨,他母亲听到他的房间里传出咳嗽的声音。她出去找莉迪娅,莉迪娅很快赶到。过去发作过多次的心脏病又一次向他袭来,但这一次却是致命的,他在几分钟内就离开了人世。他死时的神态非常安详。"

克莱夫·贝尔(两天后在查尔斯顿)所描述的情景则不同:"梅纳德是突然去世的。莉迪娅在上午十点钟给他端来一杯茶;他做了一个鬼脸,然后就昏厥过去……"莫格里奇的说法是:"第二天上午,凯恩斯的心脏病再次发作,这次没有再恢复过来。他在几分钟内去世,莉迪娅在他身边。"凯恩斯去世时莉迪娅和佛萝伦丝都在场。克莱夫的说法应该比较准确,因为这是最接近事件的记录;娄根·汤普森当天上午就把这个消息传给查尔斯顿的朋友们。凯恩斯去世前留下什么话没有?如果有也没有被记录下来。

这一次莉迪娅既没有小声哭泣,也没有大声嚎啕。当天晚上,范奈莎和邓肯在莉迪娅的要求下同她共进晚餐,她表现得十分平静。几十封信已经到来,有的来自政要显贵,有的来自他的学生、经济学家和老朋友。大多数的信都写得十分精彩,有的甚至让人叹为观止。休·道尔顿在信中说:"他教导我们要把理性和希望结合在一起。大家都认为凯恩斯是个特殊人物,不可替代的人物。"列昂奈尔·罗宾斯说:"他就像在战场上倒下一样把生命献给了他的国家。"他的头号学术对手弗里德里希·哈耶克写道:"他是我所认识的一位真正的伟人,我对他的敬仰是无止境的。这个世界没有他将变得更糟糕。"历史学家查尔斯·韦伯斯特是凯恩斯不太熟悉的人,他对凯恩斯做了最简练的总结:"他是我们这一代人中最大的知识动力,也是最伟大的行动家之一。"他的弟弟杰夫里指出一个同样重要的事实:梅纳德和莉迪娅是不可分开的一对搭当。"我特别喜欢看到他俩在一起。他们互相之间都十分重要,彼此都能不断地找到乐趣。他俩的婚姻从来没有出现过死水一潭的迹象。"

4月22日的《泰晤士报》发表讣告文章:"如果要找到一位同他的影响同样大的经济学家,我们就不得不追溯到亚当·斯密……最后,还有他的个性:才华横溢,英气夺人,生机勃勃,性格欢快,出口都是调皮的玩笑。他是一个有人道关怀的人,真心地献身于人类的共同幸福。"在他隔壁的办公室工作过四年的卡多写道:"我越来越敬佩他的理性才华,他那生动的、激动人心的想象力,可称得上是一个天才;他在演说和写作上的能力令人感到着迷……他对自己的信念坚定不移,然而,在他喜欢的人们中间,他也能

第九部分　最后一搏

够用一种奇特的、温和的态度表示不同意见。而且，同人们对他的一般看法相反，他能够接受建设性的批评意见。"他的财政部同事大卫·威利则专门提到他的"远见卓识，宽广的视野和勇气"。他写道："凯恩斯总是能够看到超前的几步棋。"而且，他从来没有写过一段枯燥的东西，"由于他不可能对任何东西不感兴趣，所以他也不可能让别人感到枯燥无味。所有的东西都让他感兴趣，因为任何东西在他的脑子里都会立即转化为智慧和愚蠢的斗争……他在白厅没有敌人，认识他的人都深深地热爱他"。艾迪写道："当我们在梅纳德死后回到财政部，毫无生气的走廊里一片灰暗和寂静，堆放在那里的文件显得沉重和死气沉沉。那个和蔼的光芒已经熄灭。"[834]

　　凯恩斯的遗体于4月24日在布莱顿被火化。他生前希望把他的骨灰盒存放在国王学院教室的地窖里，他的弟弟杰夫里忘记了他在遗嘱中的这一要求，把他的骨灰撒在提尔顿庄园和丘陵中间的高地上，这是梅纳德生前最喜欢去的地方。4月25日，华盛顿大教堂的贝斯列汉祈祷堂里举行了一次追悼仪式，文森和克莱顿出席了这个活动，鲍伯·布兰德念了《圣经》片断。5月2日在伦敦威斯敏斯特大教堂也举行了同样的仪式。5月4日的仪式在剑桥国王学院的教堂中举行。

　　在威斯敏斯特大教堂的追悼活动是不同寻常的。凯恩斯一生中的有关人物都参加了仪式，他的遗孀、父母和其他家庭成员；内阁的大多数资深阁员在首相的率领下出席，而温斯顿·丘吉尔因在美国自然不能参加；英格兰银行的董事会除正在国外的行长卡多外都在场，前行长蒙塔古·诺曼也来了；财政部还活着的那些同事集体出动，还有美国大使约翰·威南，澳大利亚总理和英联邦的高级专员们。此外还有国王学院的教务长和研究员，伊顿公学的教务长和副教务长，英国著名的经济学家，他在艺术协会的同事和一大批勋爵。布鲁斯贝利的幸存者邓肯·格兰特、范奈莎·贝尔、克莱夫·贝尔和列昂尼德·沃尔夫也在场，再加上很多他以前的学生、艺术家，包括最近参加《睡美人》演出的马戈特·冯坦因和罗伯特·海尔普曼。

　　梅纳德·凯恩斯的逝世受到统治阶层的哀悼并非不合时宜。凯恩斯常常对这个统治阶层大肆讥讽，对统治阶层的宗教原则不屑一顾，称其为"骗术"。然而凯恩斯的圈子都是英国统治阶层的人物，他在60年生命中一直是这样。他的教养、爱好、倾向性、语言以及最重要的"英国性"，都是他连接统治阶层的纽带。所谓统治阶层不是指一个闭关的秩序或组织，而是指一个富有弹性的、有一种自我保护直觉的、且有非凡的自我更新能力的精英阶层。这个阶层用择优的原则来挑选精英，只有非凡的人物才能享受权威和

第 43 章 人死灯灭

荣誉。在英国，反叛者不是要成为革命者才能进入精英层，他们被既定的秩序所吸收，并被用来捍卫它。欧洲大陆的传统则更加严苛，它们会把英国的这种吸收过程看做是对统治阶层的背叛和对下层阶级的同化，这也正是一些固执的凯恩斯经济学家用来解释他们的"大师"在生命的最后几年中回到经济自由主义的说辞。凯恩斯本人当然不会这么看：穆罕默德也许向大山靠拢，但大山也曾向穆罕默德走来过。在经济学和金融领域里，凯恩斯的地位同丘吉尔在政治领域中的地位相当：他确实是他那个领域里的丘吉尔。两人都在危难之际得到国家的召唤，对过去的错误既往不咎。

这个秩序的弹性取决于共同的"英国性"特点，而英国性又引出一种很简单的爱国主义，这些词语只是到了后来才变得复杂起来。几乎可以这样说，只要一个人的爱国主义没有问题，所有的缺点都可以被原谅。熊彼特有一段精辟的论述，他认为凯恩斯的建议"永远是一种英国人的建议，即使问题牵涉到其他国家，他的建议总是从英国的问题出发的"。他除了在某些艺术品味上有国际主义的特点，"他是一个令人惊讶的国家本位主义者，即使在哲学上也是如此，而在经济学方面则尤其如此"。他的"爱国主义如此纯真，已经成为下意识，所以很难在他的思想中除去偏见，'不愿意'对外国人（包括美国人）的观点、条件、利益，特别是信念做全面的了解"。这个看法有一个缺点：熊彼特忽略了凯恩斯发表看法时的那种充满想象力的素质，这使凯恩斯有一种普遍的吸引力。直到今天，他的话仍然对全球的经济学家和非经济学家有刺激和推动的力量。

凯恩斯的追悼活动在威斯敏斯特大教堂举行，而且用的是英国国教的仪式，这也是恰如其分的。一方面，威斯敏斯特大教堂同议会如此接近反映了英国的国家至上（伊拉斯塔斯学说）的特点。另一方面，凯恩斯深深地植根于基督教的文化。摩尔的《伦理学原理》一直是他的"心中的宗教"。这是一种世俗化的修道主义，有"出世"的特点。凯恩斯曾说过，"这种修道主义与《新约》相比较，后者只是政客的一本从政手册"。当然，梅纳德·凯恩斯绝不会去修道院。当他的"入世"情结不断上升时，他开始意识到，基督教并不是敌人，真正的敌人是"边沁算术"，或者用通俗的话讲是唯物主义。年龄大了以后，他青年时代的那种无神论，即对基督教教义的拒绝，也不再能够决定他对基督教的态度，他开始重视它的社会和道德价值。

同奥德赛（荷马史诗）一样，凯恩斯不是一个悲剧式的、而是一个成功的英雄。他听到了海妖的优美歌声，但又做了防止触礁的准备，坚守他的才华和世界给他指定的大方向。他十分精明地追求所有的美好事物，既有生活，又有工作。他奇迹般地差一点达到

第九部分 最后一搏

了这个目的。

就这样，凯恩斯进入了永久的安息。莉迪娅写道："没有他，我现在完全感到孤独。光芒已灭，我哀伤，我哭泣。"

后记

凯恩斯的遗产

1 梅纳德的遗赠

梅纳德·凯恩斯最关心的是他的家庭和朋友、艺术、国王学院和他的国家。他去世的时候知道他为大家都留下了丰厚的遗赠。他的一句名言是："从长远来说，我们都已死去。"但是凯恩斯的影响如此之大，即使在今天，也很少有作者敢把这句话用在他的身上。最直接受他影响的是他的遗孀、家庭、朋友和学院。在此之外，才是他的一生成就和思想所带来的影响。现代世界没有凯恩斯就不能发展，没有马克思也不能发展，两者的地位相当。然而，人们不断地宣布他们两人已经死亡和已被埋葬。两个人都对人类状况的永久真相作了表述，尽管这些表述对他们认为将会发生或想让其发生的事情有至关重要的作用。

凯恩斯的遗嘱在1946年9月19日得到验证。他的遗产有479529英镑，大约相当于今天的1200万英镑或1900万美元，其中40万英镑多一点是有价证券，其他包括他收集的油画、稀有书籍和手稿。他的财产监护人和执行人是他的弟弟杰夫里·凯恩斯和他最得意的学生理查德·卡恩。他遗赠了4万英镑，8个侄甥辈每人4000英镑，其余给邓肯·格兰特、娄根·汤普森、诺曼·希金斯、弗里德里克·伍拉德以及农工和佣人，每人一小笔数目。凯恩斯要求为剩下的遗产设立一个信托基金，其收入（除了给邓肯和他的秘书史蒂文斯夫人的年度津贴以外）给他的遗孀莉迪娅，在她的有生之年使用，并要求她的税后年收入不得低于1500英镑，这表明他对莉迪娅的经济前景很悲观。莉迪娅去世以后，基金的本金将同他的油画、书籍和手稿一并转给剑桥国王学院,特别是牛顿的手稿。

凯恩斯把他的私人文件一分为二。他把个人文件和在回忆俱乐部的演讲稿留给杰夫里·凯恩斯,在莉迪娅去世后成为国王学院的财产。他的经济学文件交给理查德·卡恩,今后将被存放在剑桥的马歇尔图书馆。

凯恩斯给予遗产监护人和最终受益者——国王学院很大的自主权,监护人可以根据自己的判断用基金进行投资。他虽然对国王学院没有"强加的要求",但他希望能把最终收到的钱用于学院的那些"令人愉快和美丽的建筑",并给予剑桥艺术剧场资助或贷款。有趣的是,他要求(而不是指示)他的弟弟"销毁大部分私人文件",并要求理查德·卡恩销毁大部分的经济学文件。他不想发表任何未刊文章,除了他回忆在布鲁斯贝利俱乐部的那两篇。

当罗伊·哈罗德完成他的《凯恩斯正传》时,他把凯恩斯的战时文件还给了财政部,这让卡恩大为光火。卡恩把剩下的经济学文件保留了下来。一些私人文件被杰夫里·凯恩斯销毁。这些私人文件被传记作者广泛使用过,但至今已刊出的只有发表于1949年的两篇回忆文章《梅绍尔博士》和《我的早期信仰》,以及凯恩斯和莉迪娅·卢波科娃在结婚前三年中的通信。三分之一的经济学文件已被发表,即皇家经济学会出版的30卷的《凯恩斯文集》(1971—1989年间陆续出版)。这套选集的成功的编撰者是伊丽莎白·约翰逊和唐纳德·莫德里奇。

凯恩斯还留下了一些公共遗产,其中最主要的是剑桥艺术剧场——这是他自己掏钱修建的,还有英国艺术协会,在欧内斯特·普力爵士的领导下于1946年8月正式成立,该协会每年将得到财政部32万英镑的资助。此外,还有皇家歌剧院——即再生的考文特花园。这三个机构今天仍然存在,但都没有达到凯恩斯的理想要求。

他在经济方面的公共遗产则颇有争议。最明显的是他在1945年谈判中获得的37.5亿美元的贷款,帮助英国渡过了战后头几年的难关。但这笔遗产维持的时间最短,在1947年的英镑自由兑换危机时已经烟消云散。然而,如果没有对贷款作用的错误期望,英国的福利社会也许永远不会生根。布雷顿森林协定一部分是他发明的,英国之所以接受它是由于凯恩斯不知疲倦的鼓动。国际货币基金组织和世界银行——他在萨凡纳称做孪生兄妹的两个机构——至今还在运作,不过,有些因素,比如固定汇率和资本控制,均已不复存在。当然还有"凯恩斯革命"——保证充分就业,避免1929—1933年大危机的经济管理的逻辑和实践。从凯恩斯自己留下的理论框架看,他的革命从来没有被全部接受。关于凯恩斯革命的价值和同现状的关系以及他在思想史和政府管理艺术中的历史地位的讨论至今仍在进行,我们仍然生活在凯恩斯的阴影下,不是因为他的遗产已被全部吸收,而是因为它仍有争议。

2 莉迪娅的世界

838   凯恩斯去世时,莉迪娅·凯恩斯53岁,她又活了36年。凯恩斯去世一周以后,他的侄儿理查德·凯恩斯报告说她"心情非常愉快,在哈威路6号的周日午宴上依然如故"。不久她想起凯恩斯,又开始痛哭起来。莉迪娅天性不是一个郁闷的人。几年之后,她告诉弗雷德·阿什顿:"我曾经每天都想念梅纳德,现在我一点儿也不想了。"事实上,尽管她同梅纳德在一起的时间非常幸福,但他的生活中的一大部分内容都超出了她的范围、兴趣和理解。关于她的生活中的其他部分内容,她一直保持沉默,没有任何人能够引诱她回忆过去的事情。只有作家才会对此感到惊奇。她从来不是一个搬弄是非的人,也不是一个作家。不管怎么说,她的主要记忆涉及的是私生活,不能到处流传。她为了梅纳德做出了应有的社交贡献,现在她有权保护自己的隐私。每当新闻记者打电话请她发表意见时,她总是拿起电话,假装是自己的秘书,用浓重的俄国口音说:"不,夫人从来不接受采访。"

最重要的是,她现在已经没有梅纳德来保护她了,所以她退入芭蕾舞的圈子。她在年轻时曾是一位芭蕾明星,她对此也有很多专家的见解,即便如此,她在公共场合仍然需要人帮忙。1947年,她被邀发表一个演说,来赞扬妮奈特·瓦洛阿。她写信给国王学院的教务长谢帕德说:"请你在打字机上写几行字,把你放在我的位置上考虑,给我神经紧张的头脑灌输一些理智。"她的签名是"你的不懂经济学的日本歌舞伎"。

同时,她继承了梅纳德的收入(由两位信托人,即杰夫里·凯恩斯和理查德·卡恩管理),几处房舍、佣人、油画以及他的家庭和很多朋友,还有他的生活习惯。她保持并扩大了他们婚姻中的那一部分同舞台有关的生活方式,她是英国艺术协会戏剧委员会的成员,也是剑桥艺术剧场的信托董事,不过她不久就从艺术协会退出。她同结婚的时候一样,把时间分别花在提尔顿、戈登广场和国王学院的圣·爱德华巷。在他死后的十年里,她仍然热衷在布莱顿、伦敦和剑桥看戏剧演出。

她继续到剑桥来看望那些"老朋友",她也常常请他们到提尔顿去,这批人包括国王学院教务长杰克·谢帕德、达迪·瑞兰兹和新朋友诺埃·阿南。阿南在1956年接替谢帕德担任教务长,年仅39岁。当然还有梅纳德的父母。内维尔·凯恩斯于1949年去世,时年97岁。莉迪娅与佛萝伦丝的关系一直很好,直到后者在1958年去世,佛萝伦丝给她的简明、充满爱心的信也一直持续到最后。在她去世的前两年,佛萝伦丝写信给莉迪娅:"我总是在想你和你给他的幸福。"在剑桥时,她一般到公寓对面的艺术剧场的饭店用餐,由领班邱奇先生亲自服务。她与国王学院的那些喜欢戏剧的教师们自然很亲近,她的俏皮话和对双关语的运用非常适合学院的环境。她曾告诉诺埃·阿南说英国男人要么是男孩,要么是老家伙(此处是双关语,也可以指圈中人——译注)。这是她的敏锐观察,而不是对社会的抱怨。50年代末,她去剑桥的次数越来越少。她有好几年没有住在圣·爱德华巷的公寓,后来于1965年把它放弃了。1967年她年届75岁,她谢绝出席新的凯恩斯大楼的落成典礼。

在伦敦,凯恩斯夫人仍然被邀请出席一些她丈夫会出席的正式活动,但她几乎从来不接受这些邀请,只在1950年破例到美国大使馆去出席为(国务卿)艾奇逊夫妇举行的晚会。在晚会上,她觉得英国外交大臣欧内斯特·贝文的身体看来很糟糕。大部分的时间里她都待在自己的世界里。她的"男朋友"都是同性恋人物,例如理查德·巴克尔、弗雷德·阿什顿、塞西尔·比顿、雷蒙·莫蒂梦、爱迪·萨克维尔—维斯特。这些人,特别是芭蕾理论家巴克尔可以充当她的社交陪伴。莉迪娅同劳伦斯·奥利维埃和费雯丽的关系也很"深厚"(用她的话讲)。戈登广场47号被她租出。在46号,她占用的空间越来越小,一方面是因为冷,另一方面是费用太高。她把地下室租给一个管家,楼上租给一个基督教慈善组织,因为他们比较爱清洁。莉迪娅常常听到门铃后自己去开门,然后对着那位陌生人开玩笑说:"你是基督徒吗?"她自己住在过去的餐厅里,也就是一楼的前厅。在那里她有一张床、一面大镜子和一排练习芭蕾舞的扶手。有朋友来,她在后面的一个小房间里请客,餐桌上铺着油布。巴克尔写道:"那里有一大堆书籍和食品罐头,但你会十分惊讶地发现一幅毕加索的立体派画作或者德拉克洛瓦为《雅各与天使摔跤》那幅壁画所画的素描。她每天都到夏洛特大街的"安托安饭店"进餐。

1955年,美国《新闻周刊》请她比较当代舞蹈同她年轻时的舞蹈,她回答道:"为何把今天的标准同30年前的标准混为一谈呢?今天是今天,昨天是历史。重要的是,芭蕾舞仍然兴旺发达。"1950年11月,帕伯洛·毕加索来伦敦访问,她向毕加索索求那幅

后 记　凯恩斯的遗产

他在20年代所画的她同马西尼在《奇异商店》一剧中一起跳坎坎舞的作品，他许诺把它寄来，但找不到了，于是把那幅画作的照片寄给了她，上面用法文写着"送给在等待原作的莉迪娅"，但原作一直没有到来。1949年4月13日，她请梅纳德的老朋友邓肯·格兰特和范奈莎，克莱夫和昆廷·贝尔观看弗雷德·阿什顿的新作《灰姑娘》。她说："这出戏好极了。弗雷德完成了一部大师作品。我笑了，也流泪了。"到50年代初，她觉得阿什顿有点"枯燥"，她想躲开萨德勒的威尔斯芭蕾舞团。她对现代芭蕾不感兴趣，认为它纯粹强调舞蹈技巧和特技动作。考文特花园在60年代再现辉煌。这是因为马戈特·冯坦因同鲁道夫·奴里耶夫的合作，以及弗雷德·阿什顿和肯尼斯·威廉姆斯全新恢复的那些完美的芭蕾剧团。莉迪娅对这一切漠不关心。1965年，她放弃了戈登广场，此后她开始在她喜爱的提尔顿过着隐居的生活。

莉迪娅有一次告诉妮奈特·瓦洛阿，每次她同梅纳德从旅行中回到提尔顿，"我们都像两个孩子一样准备过一个长长的假期"。她的年纪越大，就越不愿离开她同梅纳德一起躲开尘世的二人世界。梅纳德去世以后，她再也没有出过国，连俄国也不愿意去，只同她的弟弟——列宁格勒马林斯基剧场的编舞——费多·卢波科霍夫保持通信联系。"提尔顿最适合我"，她这样告诉理查德·卡恩，"没有外交，没有'君子协定'，也没有出风头的人"。她的隐居心态很好，从来不感到孤独或枯燥。她写道："世界上充满了噩梦，但提尔顿森林则到处都是美景。"当夏日的阳光把她晒成"印第安红人"时，"对我来说，24小时已不够愉快了，我希望每天为48小时"。她对乡村生活——特别是夏季——非常喜爱，简直到了幻想的程度，"在刀豆、绿豌豆和野草的环绕下"，她的皮肤"在阳光下颤抖"，"那么让人心旷神怡，汗水淋淋"，她觉得自己"变成了有两只胳膊的植物"，这里的生活是"一支优美的旋律，远离（伦敦的）牛津大街"。在小丘顶上，她穿着农夫的靴子，像"天仙一样飘过山梁，汗水洗掉了皮肤的纤维组织炎"。在冬天也别有一番情趣，果园中的苹果在12月"仍然挂在树枝上，就像旧风俗习惯"。

一旦莉迪娅不必再扮演一位大人物的妻子，她那豪放不羁的生活方式又开始显露出来。她的着装一直都别出心裁，现在更是变得怪异。她喜欢用毛线帽和颜色鲜艳的长统靴打扮头和脚的两极，中间的衣服则无所谓，只要暖和就成。她把英国的气候看成是俄国气候的延伸，一年中大多数时间比较寒冷，但时而有宝贵的阳光出现。她着装也是根据这个条件来安排的。一年中大部分时间她都把身子包得很紧，屋内屋外都是一样。当太阳出现之后，她几乎全部脱光，在健康的阳光下融化她的身体。提尔顿庄园的人们总是看到她的两种景象：要么在硬石小道上走来走去，头上包着旧头巾，身上穿着梅纳德的毛线衣；要么在花园里的刀豆、卷心菜之间半裸体地跑来跑去，或在小路边几码的茶蔗子灌木丛中几乎一丝不挂地享受日光浴。有一次别人问梅纳德这是不是让人有点尴尬，他回答道："不会的，因为过路人对他们所看到的根本不敢相信是真的。"

莉迪娅对老年的到来并不担忧，她情愿要舒适也不要聪明的脑子。50年代中期，编舞专家沃尔特·戈尔给她拍一张照片，她回答道："你喜欢现在的我，还是过去的我？两者区别很大。"塞西尔·比顿在1951年7月来造访时，她"穿着奶油色叶状的丝光裙子、可可色的丝袜、毛短袜、草靴、一条围裙，还在丝衬衫以外加上三件不同颜色的羊毛衫。她头上扎了一条玉米色的手绢。灰白、发亮的脸上没有化妆，但在脖子后面有皮肤斑和日光浴的印记"。在提尔顿庄园，她总是系一根头巾，叼一根烟在房间里走来走去，就像一个打杂女工，但她很少清理房间。她对自己的卫生也不太关心。有一次到（著名演员）奥利维埃夫妇处去小住，她忘了带牙刷，费雯丽要借给她一把，她说："不要啰，刷牙有什么用？人的牙齿早晚要掉光的。"1965年，她告诉国王学院财务管理员杰克·彼得斯："我终于除去了所有剩下的牙齿，一点不痛，非常成功。我现在不需要再用牙刷来刷牙了，只需用牙医提供的一种特殊清洗剂就可以科学地做这件事。"把这个消息告诉彼得斯实在令他意外。莉迪娅最喜欢做的事情是阅读梅纳德喜欢读的报刊杂志，她没有停止订阅它们。她也喜欢坐上农场经理娄根·汤普森开的车到路易斯或伊斯特伯恩去吃午餐和购物，或者到布莱顿看戏。还有在提尔顿附近的丘陵上散步，研究诗歌以及享受乡间的"旋律"。

同戈登广场46号一样，莉迪娅对提尔顿的大部分房间都弃之不用，把自己活动的范围缩小在一楼，就像鸟一样在那里筑巢。她从来不下厨，也不去位于后面的厨房。她在大门左边的一间小餐厅里用餐，娄根·汤普森有时也加入，因为她"喜欢饭桌上有个男人"。大门右边是梅纳德去世的房间，也是她的卧室，在梅纳德建的那一溜房间的尽头是洗手间。餐厅的后面是一个很大的苹果绿颜色的起居室，里面拥挤地放着一些灰色沙发和30年代风格的圆椅、两只有书架的六角形桌子、一架旧货店买来的立式钢琴，窗户上挂着厚厚的米色窗帘。她主要是在晚上或者有朋友来的时候才用起居室。年复一年，莉迪娅的活动越来越集中在前厅部分，一个可以关闭的拱形门把这里与墙上带镶嵌板的后室隔开。在这里，莉迪娅的周围摆满了战时储备的大量罐头食品和奶粉，她没有把这

后　记　凯恩斯的遗产

些东西移走，也许担心今后有贫困的时候。地板上则到处是小巧的靴子、鞋子和芭蕾舞鞋。在主体建筑后面带围墙的院子后部是梅纳德的书房，现在已经非常潮湿，无人使用。埃德加·威勒精心培育的花园也越来越破败，花圃和网球场已成为粗糙的草地，果菜园的护栏已经损毁，园中野兔纵横。

这幢衰败的房子里仍然挂着很多油画，最好的是一幅瑟拉的作品、两幅赛尚的作品以及在起居室的毕加索的作品。莉迪娅说："塞尚画了几百幅苹果写生，我有五幅。"由于梅纳德的这些画极其有价值，所以在花园外墙上安装了一个巨大的报警器。房东盖吉勋爵为了保护这些画，有意把通往大路的私家小道上留下很多坑，即使是胆子很大的小偷也要三思而行。有时一个树枝掉下来，挂在电缆线上也会触发报警器响亮的铃声。有人不小心碰了这些画也会引起警铃大作，警察会立即赶到。所以这些画被越挂越高，以防止触发报警器。莉迪娅无法再忍受，她想把这些画移走。她同理查德·卡恩啰唆了一年（卡恩总是借口很忙，"有重要公务在身"），终于在1967年把它们转移到国王学院，然后又转到费兹威廉姆画廊，在那里作为永久的借展作品，直到今天。她告诉那位懒惰的信托人："现在我在起居室里不再受骚扰。我把空出来的地方挂上了邓肯、范奈莎、马修·史密斯、戈尔和昆廷·贝尔的作品，效果很好。其实，我对一两幅的偏爱更甚于老画。"

随着时间的推移，"仆人问题"越来越严重。她不大愿意让客人在她家过夜，而宁愿花钱把他们安排在路易斯的怀特哈特旅馆。她在1967年写信给理查德·卡恩："我希望你不要把我看成是非常无礼的人。现在我喜欢在白天里与客人待上几个小时，但不喜欢看到他们坐在家里的台阶上。请你多多原谅。"她对杰夫里·凯恩斯也是一样："我爱你，渴望见到你，但不想同你一起共进早餐"。

莉迪娅接手的佣人队伍由于战时劳动力缺乏已经大大减少，而且后来也一直没有恢复到先前的人数。在戈登广场，特尔托太太负责清洁，伯蒙太太掌厨。在提尔顿，车夫弗里德·沃拉德在"罗尔斯"车被卖掉之后已经离去。埃德加·威勒开始在外面做全职工作。但他和妻子茹比仍然待在提尔顿，茹比负责清扫。负责做饭和花园的是卡特夫妇。佣人问题很快就开始出现。1949年，伯蒙太太要求睡在外边，而且要求星期五和星期一放假，对此莉迪娅告诉她"辞职越快越好"。卡特的太太萝茜要进医院开刀，拿掉鼻孔中的一块息肉。1956年，卡特夫妇在提尔顿工作了12年之后突然离开，而莉迪娅只在他们要走的一个星期前才知道。卡恩同情地说："这都是因为充分就业的形势，都是梅纳德的错！"泰勒夫妇接管了这一工作。泰勒太太在伊斯特伯恩的疯人院还有一份半工，她对莉迪娅同对疯人院的病人差不多。莉迪娅十分讨厌她，但从未想过要解雇她。她请人在主人住的楼和佣人住的地方之间砌了一堵砖墙，这样她就不会被泰勒太太的唠叨气疯了。两个院子的通道只能经过正门，饭菜则由一扇输送东西的小门来传送。厨师放假时，莉迪娅和娄根就到怀特哈特旅馆去进午餐。

莉迪娅用的第三对"厨师夫妇"是莱西特夫妇，他们从1962年到1966年在提尔顿。玛维丝·莱西特，现在是希克斯太太，记得莉迪娅是一个生活很有规律的人。每天早晨，她为自己做早餐，在餐具室洗一些盘子，喂猪，然后在小路上散散步。茹比来做清洁工作。娄根则来同她共进午餐，晚餐也时常在这里，晚餐后则去伯威克的酒吧里喝上一点啤酒。莉迪娅现在很少去伦敦。莱西特夫妇有两个儿子，莉迪娅很喜欢他们。玛维丝说，"她把我们当作自家人"，当他们要移民到新西兰去的时候，她很难过。此后一年里没有人取代莱西特夫妇。然后威特夫妇来了。琼·威特发现这里的一切都已经十分破败。她恢复了一楼的客房，让凯恩斯家庭成员来了有地方住。她发现内衣和床单到处都是洞，因此不让莉迪娅在床上抽烟。她同茹比争吵不休。

她同查尔斯顿的关系已经释然，但她早年被他们伤害得太多，而现在她又喜欢独居，所以她不愿意花时间同布鲁斯贝利的那帮旧友打交道。她每次去看让她害怕的声音低沉的范奈莎·贝尔还是需要鼓足勇气。但她发现列昂尼德·沃尔夫"和蔼而且高尚"。查尔斯顿的朋友们有时被请来帮助莉迪娅招待到提尔顿来的梅纳德的外甥和侄儿们。安吉丽卡·加奈特的女儿亨丽叶塔记得这两个庄园的关系虽不冷若冰霜，但也不亲密。1955年夏天，亨丽叶塔只有10岁，她在某个下午大胆地到提尔顿庄园去敲门，迎接她的是一个娇小的老太太，身上包着毛线衣，头上戴着头巾，看上去像一个保暖用的茶壶套。除了她的脚——那是一双精巧、美丽的脚，还有一双优雅的手。她把亨丽叶塔带进起居室，给她一杯甜果汁，然后开始给她讲第一次世界大战前在圣·彼得堡的芭蕾舞。亨丽叶塔后来多次去过提尔顿，她想"同莉迪娅喝茶是多么奇怪的事情，她那里从来没有茶"。莉迪娅比所有的第一代布鲁斯贝利的朋友都活得长。范奈莎·贝尔死于1961年，克莱夫·贝尔死于1964年，列昂尼德·沃尔夫在1969年去世，最后是邓肯·格兰特，1978年去世。

娄根·汤普森取代了凯恩斯成为提尔顿庄园的男主角，也许是莉迪娅生活中的男人，但没有任何证据表明他俩有性关系。娄根仍然管理提尔顿和查尔斯顿两个农场，他同莉迪娅分享农场的利润。他工作得越来越少。他的父母去世后，同他的姨妈住在提尔顿的

后　记　凯恩斯的遗产

管家屋里。娄根对莉迪娅忠心耿耿，她也越来越依赖于他为她写信、理财、陪伴和带她出游。他努力把住房和院子保持得有条有理。后来他的姨妈去世以后，娄根于1966年放弃了农场，搬进了提尔顿。他是一个沉默寡言的人，但莉迪娅喜欢同他默默相待，就像摩根索同弗里德里克·菲利浦斯在战争期间那样。

莉迪娅同娄根和茹比、威勒的关系很奇怪，既有民主也有主仆关系。他们常常一起去布莱顿看戏，吃炸鱼和土豆片。但茹比总是称她"尊贵的夫人"，娄根则称她为"太太"。茹比在提尔顿一直待到最后。她同莉迪娅常常争吵，但她说："你不能不喜欢她，不是吗？"

理查德·卡恩的任务是设法防止莉迪娅在用钱上透支，这个任务很难完成。她继承的收入并不比梅纳德去世前两人共有的水平低多少，但是，她面临的税收要高得多，因为政府需要支付战争债务和为"新耶路撒冷"筹集资金。她自己也有一些有价证券，在1956年值2.4万英镑。卡恩悲观地告诉她，如果梅纳德当年不把她的霍克·西德利的股票卖掉，现在就值很多钱。

莉迪娅不是一个大手大脚花钱的人，但她非常粗心。每当她需要现金时，她会开出支票，从来不留底或核对银行的记录。她常常只在支票上签个字，然后就让娄根和其他人来填写数额。她既有慷慨大方的一面，也有农民家庭的那种习惯。退休的舞蹈演员向她求救，她总是有求必应，比如卡莎维娜、巴兰诺娃、拉里诺夫和冈察洛娃等。1950年，她成立了一个信托基金来帮助他们。她告诉理查德·卡恩，"梅纳德一定会为解除他们的忧虑而立即采取行动的"。她还出钱赞助了理查德·巴克尔的一出戏。但她在家里却把报纸剪开，做卫生间用纸来省钱。

购物以后，她会写封内疚的信给理查德·卡恩，狡黠地设法再多得一些钱。1949年3月18日，她说："我买了一顶新帽子、一条新围巾和一双鞋。我想重新打扮自己。"1950年9月14日，她写道："如果我现在不买那件大衣，羊毛价格就会维持不下去。"1951年5月27日，她告诉卡恩："我将去伦敦，必须买些东西，否则就会产生失业。"她用已故丈夫的理论来支持她的购物习惯："梅纳德总是说，'钱是让人用的，然后就能不断地流通'。"

卡恩若有所思地反驳了莉迪娅的经济观。他在1952年6月26日写道：

> 在我看来，你过早地把已故的凯恩斯勋爵的理论运用到财政大臣最近所说的

这个国家将会出现一些失业的暗示上。3月份我们给你的账户打进了500英镑,而最近一次又在5月中旬打进了500英镑,而这两次你都有透支。6月21日又出现透支,所以我们又放进去500英镑。这就是说,在上一季度你的支出比正常水平超出一倍。我不得不负责任地警告你,这不能再继续下去了。

莉迪娅在这段时期为何开销甚大尚不清楚。她对卡恩的信表示感谢,但说他写的那些东西对她来说就像"中国文字"。她在1959年给卡恩的信中说:"亲爱的理查德,我觉得应当'重新装饰'一次了。我在镜子前看自己,感到早就应该这么做了,我很乐意听取你的意见。"在她放弃了房产以后,现金方面宽松起来。到60年代末,她的收入已经超过支出。

理查德·卡恩对莉迪娅十分忠心,不仅仅是为了她,而且是因为她在他的英雄的一生中所起的作用。但他不是一个完全令人满意的信托人。在商业交易中他并不具有凯恩斯那样的速度,并会由于陷入忧郁症而不能进行任何金融活动。莉迪娅只好用农民的办法,通过变卖家具和其他财产来弥补亏空。1956年,她需要修补提尔顿的房顶,由于卡恩总是不回信,她只好以5000英镑出手了一幅德加画的《芭蕾舞演员》,这是山姆·库尔多当年给她的礼物。1958年,她在给达迪·瑞兰兹的信中说:"卡恩总不来信,看来又是不畅通。"

卡恩一般在圣诞节以后到提尔顿来同娄根·汤普森讨论农场的账目,莉迪娅很讨厌这种查账的访问,但她尽量装出很高兴的样子,保证让卡恩"享受提尔顿的特殊待遇——电热毯",并且保证有"80度的热水",而且在"洗澡时不会出现故障"。她有一次问他:"你床上要不要加上几床床单?"她对娄根保护有加:"娄根是一个农夫,不是财务主管,也不是整天撰写备忘录的政府文官。"她嘲笑她的这位信托人的记性("我们在一起大笑,特别是当你签字时把自己签字为娄根时"),她也嘲笑他的难以辨认的手迹("阅读你的打字信是我的梦想")和笑话他的官僚作风("昨天我们看了一场电影,这部片子你一定喜欢,是一位在财政部的文官的生平故事")。她批评他把她看做为一张图表或者一个贸易周期,并把他的一篇关于苏联的文章交给娄根,自己看也不看。当有日本人向她询问一些问题时,她把这些询问转给卡恩,说"我完全不能对付东方的经济学"。在收到另一批学术论文之后,她问卡恩:"如果我发一封通电,说梅纳德不在人世已有五年,这会引起失业吗?"

然而莉迪娅同卡恩的关系很紧密,这不仅仅是由于梅纳德遗嘱里的安排,而且是因为他对梅纳德的热爱。她企图化解他的冷冰冰的情感:"你在信中看上去十分疲倦,如果你去摘摘刀豆,就会忘记所有的物价指数……"有一次她把他讥讽为"奥利弗·克伦威尔(英国历史上的独裁者——译注)"。但结论性的说法是:"总体来说,你是一个高尚的好人,我非常喜欢你。"

尽管耳朵越来越背,性格也越来越古怪,卡恩坚定不移地要完成老师的嘱托。1959年,他把她的财产权转化为一个年金保险,以释放一部分资金来建造国王学院的新"凯恩斯大楼"。他向她保证她的收入将不会受到损害。莉迪娅自然对固定数额的年金表示担心(她是正确的):"如果我能活到100岁,而你们这帮经济学家让通货膨胀失控怎么办?"1970年,莉迪娅通知卡恩她已经80岁,而卡恩在1970年4月10日的信中提出异议:

> 你将记得当时我和杰克·彼得斯同保险公司谈判你的年金保险时,我们必须估算你的年龄。我们手头有种种证据、护照、一份结婚证明、你弟弟的证明,还有一份你自己的证明,不管它可靠不可靠。很明显,你年轻的时候总是喜欢把年龄报得比实际小得多,而你年纪越大,就越喜欢夸大年龄。
>
> 我们尽力做出一个合理的估算,保险公司也接受这个估算,我们认为你现在应当是78.5岁。

3 凯恩斯的声誉经久不衰吗?

在去世后的30年里,凯恩斯的声誉曾经很高,然后又跌下来。他的魔法似乎很奏效,然后又突然销声匿迹了。成功的年月是被称为"黄金时代"的50年代到70年代初,当时西方国家的"混合经济"创造的经济稳定和增长的速度是经济史上前所未有的。此后麻烦开始出现,经济机制出现了故障,历史上出现过的繁荣—萧条周期又开始了。"凯恩斯时代"——即人们通常所知道的"黄金时代"——以"停滞加通货膨胀(滞胀)"现象结束,这是一种通货膨胀上升与失业上升同时并行的现象。新的魔术师们开始出现,他们要求"回到市场制约"和"维多利亚时代的价值观",他们认为,政府是经济问题的症结所在而不是答案。在"黄金时代",大多数经济学家都称自己为"凯恩斯派"经济学家,到90年代初,只有很少一部分人还这么称呼自己。凯恩斯本人同"黄金时代"和它的垮台到底有多少关系呢?

战后凯恩斯经济学有四个重要的组成部分。第一,由于种种无法解释的原因,国民经济不是流动性的,而是黏性的。它对经济振荡的反应不是即时的,而是滞后的,所以凯恩斯提出政府必须干预以防止失业的进一步发展。如果政府不干预,失业就会一直延续下去。

第二,有一个强有力的政治经济学论据:自由的社会不能承受严重的、持续的失业。长期来看,我们也许能够达到充分就业,但从长期来看,我们已经离开这个世界了。而在近期,如果我们任由失业增长下去,就有可能出现革命。这就是凯恩斯对哈耶克的回应。

第三,尽管大多数经济学家不赞成经济"长期停滞"的观念,但他们都受凯恩斯的思路的很大影响。凯恩斯认为在富裕国家里的投资将会下降,而储蓄仍然保持不变,所以这些国家将不断面临萧条,即使在繁荣时期也不能刺激足够的投资。凯恩斯本人预测繁荣是不能持久的。

前三个观念都是向后看的观念。第四个观念则着眼于未来,这就是凯恩斯所说的"通过统计数字获得的快乐"。对凯恩斯来说,这只是一句俏皮话,他实际上对统计数字用于预测未来非常不信任。但他的后继者们则把这句话完全当真了,正如詹姆士·米德所说的,他们坚信他们能够通过国民收入的初步计算来把凯恩斯经济政策完全变成科学的政策或"自动有效"的政策。这个信念使他们忽略了一个反凯恩斯派常常要关注的问题:经济政策是受政治家控制的,他们制定经济政策时有政治动机和野心。这些非科学的干扰完全被凯恩斯学派排除在外,并用预测的模式和越来越多的方程式取而代之。

最终,所有这些假设、信念和希望都开始坍塌。有些问题源于理论本身,另一些问题源于对这个理论的接受方式,更有一些是因为人们对它的应用。有些问题与凯恩斯和凯恩斯主义毫无关系,而凯恩斯却受到人们的指责。这一切都为60年代末开始的"反凯恩斯革命"提供了政策和理论依据。在这场"反革命"中人们重新发现了一些经久不衰的真理,但另一些新的事实却又被忽略了。

凯恩斯的《通论》并不如他想象的那么具有一般的规律,至少它忽略了需求不足以外的引起失业的因素,尤其是劳动力缺乏流动性和对经济条件变化反应迟缓的特点。即使在总需求足够的条件下也会出现失业。休伯特·韩德森一直都强调,英国在第二次世界大战期间的失业具有结构性的特点。凯恩斯知道"结构性失业"的存在，但这不是他的理论的研究对象。从这个意义上讲，他的《通论》是一本不够平衡的著作，它留下来的也是一份不平衡的遗产。也就是说，它对"黄金时代"的"供应方面的问题"没有给予关注。而且，正如后世的学者所说，供应方面出现的问题趋于积累或提高"自然"失业率。很难想象，凯恩斯本人不会不致力于解决这些问题，但他已不在人世，只剩下他的书。

更深层次的问题是他的理论本身。对凯恩斯来说，大规模失业或对现有资源的利用不足都是逻辑上的可能性，源于人们对将来的预期的不确定性。但是经济学家从来都不能理解失业为何能够持续，甚至发生，因为工人们总是愿意寻找工作，待价而沽。他们觉得，虽然失业的事实不能被否认，但凯恩斯对它没有做出适当的解释。所以，经济学的主流又回到传统的解释。强大的工会和社会立法破坏了能够让经济毫无痛苦地在震荡中调整的必需的条件，即工资的弹性和劳动力的流动性。"古典理论"认为在工资和价格完全有弹性的条件下不会出现失业的看法终究是正确的，但这个理论同现实不符。于是50年代出现的所谓的"新古典综合理论"把"古典理论"称之为通例，而凯恩斯理论是特例，"是工资缺乏弹性条件下的一种特殊古典理论"。然而，这个特例正是现代世界的实例，所以，在经济从低水平均衡向高水平均衡的运动中，或者说在防止出现低水平均衡的过程中，凯恩斯主义的政策仍然能够发挥重要的作用。

这种与古典经济学理论的调和论把经济学弄得一团糟。无法解释的工资和价格"黏性"的设想与经济学的一个更为强有力的原则发生矛盾——即经济行为者都是理性的功利最大化者。于是在理论上就有必要做澄清工作。当凯恩斯主义的政策出现故障以后，这种澄清工作是以"反凯恩斯主义"的形式出现的。

第二个出现麻烦的凯恩斯理论是经济停滞和失业的长期趋向的存在。战后的繁荣活力特别强劲，在自由世界里延续了很长时间，即使在战后重建完成以后也是如此。当时，这个成就就被归功于凯恩斯主义的政策，但是在实践上很难得到证明。英美两国政府确实把政策目标锁定在失业问题上，但由于实际结果超出了预定目标，所以目标本身也不断地加以降低。低失业率似乎并不是政府对低失业率目标的追求所造成的，相反，低失业率的目标本身是低失业水平所造成的。

那么50年代和60年代为何是"黄金时代"呢？很大一部分原因是"技术赶超"，即大批新技术尚未被应用，所以导致了经济增长的潜力很大。"这些尚未被利用的技术包括生产方式和工商业组织结构，它们在战争结束时已被美国人采纳，但还未被推广到其他西方国家"。在两次世界大战之间,"技术赶超"之所以不成功,是因为"第一次世界大战带来的非正常后果,以及此后多年中发生的政治和金融动荡。同时,经济大衰退对各国的影响是不同的,而且全球贸易都受到了限制"。在两次世界大战期间,美国和其他国家之间的生产力鸿沟开始加大。到了战后,经济迅速增长的三个要素才结合在一起:技术差异的扩大,社会功能的扩张,以及能够迅速发挥增长潜力的其他种种条件。

充分就业政策在多大的程度上也是这些条件之一尚不清楚。正如约翰·希克斯在1947年所指出的:"比较迅速的技术进步(这确实是事实)和增加对集体产品需求的社会主义倾向(这也是事实)两者的结合在没有凯恩斯政策的刺激因素下也能够带来繁荣。因此哪个因素的作用大,至今尚不明确。"

毫无疑问,战后的国际贸易和货币体系对最优秀技术的传播起了重要作用。凯恩斯对这两个体系都有直接的贡献,但这两个体系的制定原则,即贸易自由、固定汇率以及货币自由兑换都不是凯恩斯理论的特点。它们反映了美国的信念,认为两次世界大战之间出现的问题都是货币和贸易战造成的。

凯恩斯的特殊理论,"债权国调整"的原则在布雷顿森林会议上被拒绝。这就意味着这个1944年的协定对战后的美元荒没有任何应对机制。1945年,国际货币基金未能向英国和法国提供双边贷款,此后布雷顿森林协定被打入冷宫几乎达15年之久。国际贸易组织也同样流产。这些机构没有成为"战后世界贸易、生产、就业和投资的基石",如某个历史学家所言,相反,布雷顿森林协定的规则和机构在"黄金时代"里几乎没有起到什么作用。这些机制的基础——在固定汇率下的货币自由兑换机制一直到1959年才被主要欧洲国家采用,而这个时候"黄金时代"已经进入了高潮。

美元荒是英国在布雷顿森林会议前最担心的问题之一。它消失的原因并不是凯恩斯所设想的市场机制"看不见的手"——也就是他在"班柯(Bancor)"被拒绝后想出的一个有点绝望的替代物,而是由于美国下决心不让西欧和日本受到共产主义的控制。这个政策促使美国在1949年接受英镑、法国法郎和德国马克的贬值;它带来了"马歇尔援助计划",并伴随着大量私人资本的涌入;它还促使美国支持"欧洲结算同盟",允许它对美国产品采取歧视态度,这正是当初英国所得不到的待遇。这个国际收支的发展趋势反过来又使汇率逐步稳定下来,并重新建立了货币自由兑换,这就减少了贸易障碍,加快了经济增长的速度。1960年,J.P.摩根公司的合伙人罗素·莱芬维尔在他死前的最后一年中写道:

后 记 凯恩斯的遗产

我们把人权当作世界道德标准的做法是明智的。我们向外国的朋友们提供资金和技术,我们在国外进行固定资产投资。我们是反对苏联和中国共产党人的世界警察。我们在国外有军事基地、驻军、军舰和飞机。这一切都要求我们在海外开支巨额的美元。

我们和我们的朋友们一直都在担心会出现美元荒。直到最近为止,很少有人注意到美元的短缺已经消失,美元的供过于求已经出现。我们的外援项目比我们想象的要成功得多。西欧和日本的经济已完全恢复,现在正同我们在这里和海外进行激烈的竞争。因此我们的贸易顺差已经下降到很少,或者零。

我们在海外花费了超出我们收入的数百亿美元,由此产生的收支赤字反映在我们流失的黄金和短期国外债务的上升上。在四分之一个世纪以后,我们将第一次不得不受到金本位的惩罚。

凯恩斯对这一切有任何影响吗?这些美国政策,我们可以说,有凯恩斯经济学的效果,但它们不是根据凯恩斯的理论来制定的。

但这还不足以说明问题。凯恩斯经济学的氛围在战后繁荣持续到50年代末的过程中越来越重要。凯恩斯在1937年设计了一个"繁荣控制"的技术,政府应当保持预算顺差,但同时要像避免"炼狱之火"一样避免高价货币。此后15年里,大多数政府采取的都是这种财政收支顺差但利率相对偏低的廉价货币政策。这个政策也支撑战后繁荣的时间也许远远超过了不采取这个政策的时间。到60年代初,这种政策开始出问题,因为政府对财政和货币政策已经失去了控制。

财政政策作为"繁荣控制"的一个方法出现故障有三个原因:第一,政府开始使用财政政策来取得更加雄心勃勃的目标——提高国民经济增长率,这个方法并不成功。第二,福利支出的大爆炸。第三,美国由于支付越南战争的经费而造成的通货膨胀。其结果是全球过量需求的不断增长,政府采用预算赤字来弥补亏空,美国国际收支赤字的大幅度增长也造成全球需求的上扬。与此同时,政府还利用货币政策来应付工会推动的工资增长。无约束的财政政策和货币政策两者的结合产生了通货膨胀。同时,政府对经济的"供应方面"日益僵化的状态予以默认,从而使不断恶化的失业和通货膨胀交替发生,在持续的经济周期里,失业率和通货膨胀率往往一同上扬。到了70年代,凯恩斯的政治经济体系在面临各种"冲击"之下开始解体,而这些"冲击"的根源至少有一部分是财政和货币上的管理不善。布雷顿森林体系的固定汇率在1971年崩溃，因为各种货币已经逃离曾经不可一世的美元。三年之后，能源的价格上涨了四倍。政府试图回到凯恩斯在1940年排斥的措施——即对物价和工资的控制——在工会的强力反对下失败。

人们把这场灾难归罪于凯恩斯革命本身。米尔顿·弗里德曼成为反凯恩斯主义的芝加哥学派的首席代表。弗里德曼重新启用了"自然均衡"的概念——他称之为"自然失业率"——并认为所有的国民经济都以此为重心。自然失业率是由劳动力市场的机制特点决定的。同凯恩斯相反，弗里德曼和其他的古典经济学家一样，把自然失业率看做是充分就业。他接着论证说扩大需求只能在短期内改善均衡条件，而其代价是通货膨胀的上升。这样就为恢复"货币数量说"，恢复对市场机制的信任以及80年代的那种"供应学派"的政策创造了条件。在80年代末，由于苏联东欧集团的垮台，反凯恩斯主义运动和市场经济的自由主义大获全胜。

然而，这个新的魔法还是有缺陷的。80年代采用的相互矛盾的财政和货币政策消除了通货膨胀，但没有消除严重的、持续的失业，这正是凯恩斯预测的结果。尽管30年代的货币战没有死灰复燃，但布雷顿森林体系在1971年垮台之后产生的浮动汇率体制引起了短期的汇率波动和长期的汇率失调，很多国家都因此损失惨重。这些反凯恩斯革命中出现的出乎意料的后果，使得凯恩斯主义又开始重新恢复生机。新的解释价格黏性的理论开始出现，政策制定者又开始重新关注"产出缺口"问题。今天，大多数国家都采取经济稳定政策，然而它们使用的工具是利率政策（即货币政策）。没有一个国家把目标锁定在维持每年的预算平衡上；所以，尽管很多经济学家是反凯恩斯主义者，但没有人完全回到凯恩斯以前的经济学。

4　虽死犹生

凯恩斯对病态的经济开的处方有成功，有失败，但这一切都不是他的遗孀感兴趣或能够理解的，莉迪娅完全生活在旧日的回忆之中。安吉丽卡·加奈特同邓肯·格兰特在 [852] 1972年1月初去看她，她当时已79岁，"屋里亮着灯，莉迪娅立即出来在门口张望，完全像'鼹鼠夫人'——娇小，浑圆，头戴一顶茶色的织法奇特的帽子。当她看到邓肯向她走来时，一脸高兴的样子，热烈拥抱了他——两只灯光照射下的老鼹鼠搂在一起"。她

后 记 凯恩斯的遗产

在80岁时仍然能够把一只腿抬到头顶的位置。但在几年以后,她被一种严重的病毒性肺炎所击倒。这次病后,她开始失去记忆和肢体移动的能力。她和娄根常常在提尔顿的宽敞大厅里,面对着大门坐上许多个小时。莉迪娅整天差不多都在小口地喝葡萄酒。安吉丽卡·加奈特的女儿亨丽叶塔在1975年5月1日造访莉迪娅:

> 莉迪娅和娄根在坚固的圆椅上相对而坐,上方挂着一个电器。她的形体已经萎缩。她同平常一样,头上戴着几条头巾;她的那双小脚套在一双棕色皮靴里。她身穿一件深绿色的尼龙夹克衫,扣子一直扣到下巴,看上去比过去更像俄国人。我们互相亲吻。娄根从椅子上站起来,他的腿已经越来越跛。
>
> 同过去一样,她给我一杯果汁,我也同样接受了。谈话也很快转到芭蕾舞上。"……那是一所很好的舞蹈学校,亲爱的。我们学到了真本事。现在的学校不行,不是那时的教师了。而且,我们吃得很好,这非常重要。"

最后在提尔顿见到莉迪娅的人当中的一位是梅纳德的侄孙赛蒙·凯恩斯。他同父母一起在1975年9月第一次同莉迪娅见面,他看到她和娄根·汤普森坐在大厅里,而这时的大厅"非常整洁"。她"身着最奇特的衣服——灰色的毛料套裙,很多毛边有意露在外面;头上是一顶奇怪的帽子,脚上是一双九英寸高的靴子"。她夸耀说这套装束只花了她20英镑,并脱下上衣让大家看看做工如何,娄根担心她里面什么也没穿。莉迪娅调皮地明白大家都在期待她的聊天内容,她同安娜·凯恩斯大谈她自己的乳房如何仍然饱满。她前言不搭后语地反复谈到迪亚格列夫、尼金斯基、马西尼和布鲁斯贝利,特别提及列昂尼德·沃尔夫。她没有提到梅纳德。她很想请他们共进晚餐。赛蒙·凯恩斯对他不曾结识头脑完全清楚的莉迪娅感到伤心。"但她的特殊性格是显而易见的。她那种调皮劲儿,对芭蕾和艺术的执著追求。她对英语的掌握虽不完美,但很不错,这使她能够用风趣的手势和面部表情来创造特有的表达方式。"

1976年,莉迪娅被送进西福德的护理院。是年10月,工党首相詹姆士·卡拉汉在工党年会上发表演说,宣布凯恩斯经济学的终结。"用政府支出来把经济带出低谷的政策已不复存在",这个政策"在过去是通过给经济注入通货膨胀因素"才得以成功的。1984年,英国保守党政府的财政大臣奈吉尔·劳森在"梅斯讲座"中宣布了新的正统观念:宏观经济政策的任务是打击通货膨胀,失业问题将由微观经济政策来处理,这完全扭转了凯恩斯经济学派的信念。凯恩斯如果活着,他也许会对这个观点表示某种程度的赞同。

莉迪娅一直活到撒切尔时代,于1981年6月8日辞世,终年89岁。理查德·凯恩斯把她的骨灰撒在他父亲杰夫里·凯恩斯35年前撒梅纳德骨灰的地方。然而,思想是不会很快随风飘去的。只要这个世界有需要,凯恩斯的思想就会一直存在下去。

译 后 小 记

认识罗伯特（当时还不是勋爵）是在1984年夏天。作为华盛顿约翰斯·霍普金斯高级国际问题研究院欧洲系二年级的硕士生，我对学校不久前拒绝给我系这样一位极有才华的英国籍副教授终身教职愤愤不平。据说，理由是他的著作《莫斯利传》被认为有反犹倾向。其实他是1939年出生在中国哈尔滨的俄籍犹太人，婴儿时就同父母一起被日本关东军拘押在日本一年。战后由于无法拿回在哈尔滨的巨大家产，后移居英国，并再也没有回来。

他的《凯恩斯传》使他成为"20世纪最伟大的传记作家之一"，并被英女王册封为勋爵。据我的看法，这本积30年功力的书只有一个思想：经济学不是"科学"，而是伦理学的一种应用，经济学家首先要有文化和道德观。今年，在我的一再催促下，终于决定重返在中国的家园。我也决定推迟我自己同三联书店的新作《中美关系的意识形态背景研究》，全力将他的《凯恩斯传》译出，以飨国人。

2005年8月

JOHN MAYNARD KEYNES 1883-1946: ECONOMIST,
PHILOSOPHER, STATESMAN（三合一）
by
ROBERT SKIDELSKY

Copyright © ROBERT SKIDELSKY 2003
Translation Copyright © 2006 by SDX Joint Publishing Company.
All rights reserved.

本作品中文简体版权由生活·读书·新知三联书店所有。
未经许可，不得翻印。

图书在版编目（CIP）数据

凯恩斯传／（英）斯基德尔斯基著；相蓝欣，储英译 . —2 版 . —北京：生活·读书·新知三联书店，2015.4　（2023.6 重印）
ISBN 978 – 7 – 108 – 05254 – 4

Ⅰ . ①凯…　Ⅱ . ①斯…　②相…　③储…　Ⅲ . ①凯恩斯，J.M.（1883～1946）－传记　Ⅳ . ① K835.615.31

中国版本图书馆 CIP 数据核字（2015）第 026074 号

责任编辑	薛松奎　王　竞
装帧设计	陆智昌
责任印制	董　欢
出版发行	生活·讀書·新知三联书店 （北京市东城区美术馆东街 22 号 100010）
网　　址	www.sdxjpc.com
图　　字	01-2018-6773
经　　销	新华书店
印　　刷	北京隆昌伟业印刷有限公司
版　　次	2006 年 4 月北京第 1 版 2015 年 4 月北京第 2 版 2023 年 6 月北京第 9 次印刷
开　　本	787 毫米 × 1000 毫米　1/16　印张 56.75
字　　数	997 千字　图片 48 幅
印　　数	38,001-41,000 册
定　　价	128.00 元

（印装查询：01064002715；邮购查询：01084010542）